한국연구재단 학술명저번역총서

● 서양편 ●

한국연구재단 학술명저번역총서
서양편 ● 79 ●

경제분석의 역사 3

조지프 슘페터 지음 | 김균·성낙선·이상호·정중호·신상훈 옮김

한길사

History of Economic Analysis

by Joseph A. Schumpeter

Published by Hangilsa Publishing Co., Ltd., Korea, 2013

- 이 책은 (재)한국연구재단의 지원으로 (주)도서출판 한길사에서 출간·유통을 한다.

이 도서의 국립중앙도서관 출판시도서목록(CIP)은
e-CIP 홈페이지(http://www.nl.go.kr/ecip)에서 이용하실 수 있습니다.
(CIP제어번호:2013010350)

경제분석의 역사 3

일러두기

1. 이 책은 Joseph A. Schumpeter의 *History of Economic Analysis*(New York, Oxford University Press, 1954)를 번역한 것이다.
2. 이 책의 원서는 한 권으로 출판되었지만 번역서를 한 권으로 발간하기에는 양이 방대하여 세 권으로 나눴다.
3. 원서에서 대문자로 시작하는 단어나 이탤릭체로 강조한 부분은 고딕으로 표시했다. 다만 저자가 ( ) 안에 이탤릭체로 독일어나 프랑스어를 추가한 경우에는 고딕으로 표시하지 않았다.
4. 독자의 이해를 돕기 위해 각주와 본문에 옮긴이 주를 넣고 —옮긴이라고 표시했다.
5. 원서의 단락이 지나치게 길 경우 독자가 읽기에 편하도록 행을 나누었다.
6. Cary와 Carey의 발음이 케리로 같아 혼동을 피하기 위해 Cary는 케리로, Carey는 케어리로 구분했다.
7. 경제학자 Carl Menger와 그 아들 Karl Menger는 발음이 같아 Carl은 카를로, Karl은 칼로 구분했다.

경제분석의 역사 3

제4부 1870년부터 1914년(과 그 이후)까지

경제분석의 역사 1

제1부 서론—범위와 방법

제2부 고대부터 첫 번째 고전적 상황(1790년 무렵)까지

경제분석의 역사 2

제3부 1790년부터 1870년까지

제4부

1870년부터 1914년(과 그 이후)까지

"전반적으로 사업가 집단은 이 시기에, 적어도 20세기 초까지는,
비록 유럽에서보다 미국에서 훨씬 더 그러했지만,
계속해서 자유를 누리고 있었다. 그러나 이 집단에서
자유방임에 대해 말없이 확신하던 태도는 사라지고
그에 대한 자부심도 사라지고 있었다.
이 집단이 타협해야만 하는 적대세력들도 서서히
그 힘을 결집해가고 있었다. 좀더 중요한 것은
타협해서 적의 견해를 수용하려는 견해가
점차 늘어났다는 사실이다. 이에 따라 경제적 자유주의는
때로는 원칙의 포기를 의미할 수도 있는
단서조항들로 가득 차게 되었다."

제1장 서론과 장별 계획

1절 범위

이 부는 1870년 무렵부터 1914년까지 진행된 분석작업의 역사를 다룬다. 시작 지점의 타당성을 위해 나는 거의 모든 경제학자가 부정하지 않을 만한 사실을 환기시키고 싶은데, 그것은 바로 1870년 무렵에 비로소 사회개혁에 대한 새로운 관심, '역사주의'의 새로운 조류, 경제 '이론' 분야의 새로운 활동이 확연해지기 시작했다는 점이다. 다시 말해서 우리가 발견을 기대할 만큼 분명하게 전통과 단절되는 상황이 나타났는데, 그것은 언제나 근본적으로는 하나의 연속적인 과정임이 틀림없다. 종결지점의 타당성은 제1차 세계대전이 하나의 '외부요인'이었다는 명제에 있다. 비록 이 시대의 경제분석을 종결짓고 또 다른 시대로 나아가게 만든 영향력이야 (1914년－옮긴이) 이전에도 아주 분명하게 발견할 수 있다고 해도, 아울러 그러한 영향력조차 이후 수십 년이 지나도록 완전히 만개된 것이 아닐지라도, 전쟁의 발발은 한 시대를 종결짓기에 충분할 정도로 강력했다.

이는 모두 그 어떠한 시기구분에도 적용되는 것과 동일한 단서조항(qualification), 특히 이전 시기에 대한 우리의 관점을 옹호하는 데 필요한 것과 비슷한 단서조항을 담고 있음이 틀림없다. 많은 사람과 저작이 두 시기에 걸쳐 있으므로 상당히 자의적인 판단을 하지 않는 한 어느 한 시기로 제한할 수 없으며, 관점 · 태도 · 방법에서 중첩되는 부분도

상당히 많다. 부분적으로 이러한 이유 때문에, 연대기상으로는 이전이나 이후의 시기에 속하는 일부 사람과 저작을 이 부에 포함시켰다. 그렇지만 우리가 속하기도 한 이 시대의 발전에 대해 언급——때로는 매우 충분하게 언급——해야 하는, 사안에 따라서는 우리의 이야기를 훨씬 뒤의 시기(1949년)로까지 연장해야 하는 또 다른 이유가 있다. 다시 말해서 오늘날의 발전은, 5부에서 피상적인 형태로나마 다룰 예정이지만, 적어도 수많은 중요한 지점에서 오늘날의 저작들이 1870~1914년의 작업에서 얼마나 많이 영향을 받았는지, 즉 우리 자신이 이 시기에 세워진 토대 위에서 얼마나 많이 건설했는지를 보여줄 수 있는 기회를 제공하는데, 여기서 이 기회를 활용해보는 것도 바람직할 듯하다.

그러나 시기구분이 오류——나 터무니없는 헛소리——로 흐르지 않도록 하는 데 필요한 모든 단서조항 때문에 우리가 지금 실제로 논하려고 하는 시기가 하나의 현실적인 단위(real unit)를 구성한다는 사실을 인식하지 못해서는 안 되는데, 이 사실은 설명상의 편의라는 요구조항과 완전히 별개로 인정되어야 하기 때문이다. 1870년 무렵에 전통과 단절되는 상황은 이 단절과 연결된 사람들에 의한 것이었다. 이들에게는 그 단절이, 역사학자들에게 보여지는 것보다, 좀더 분명하면서도 좀더 중요하게 보였을 것이라고 추측해볼 수 있는데, 그렇다고 해서 이것을 그들이 완전히 상상에 사로잡힌 것으로 이해해서는 안 된다. 이러한 '혁명' 이후 20여 년 동안 논쟁과 다소 열띤 토론이 이어졌다. 그 과정에서 1890년대는 우리가 정의했던 고전적 상황의 전형적인 모습이 또 다시 출현했다. 여기에 속하는 선도적 저작들은 공통기반의 대규모 확산을 보여줌과 동시에 안정감을 드러냈는데, 이 두 가지 요인은 피상적인 관찰자들에게 완성태(finality)——구름 없는 하늘에 완전한 형상이 그려진 그리스 신전의 완전함——에 관한 하나의 인상을 남겼다. 그러나 제1차 세계대전이 발발하기 직전의 10여 년 사이에는 피상적인 관찰자들조차 쇠퇴, 가까운 미래의 단절, 혁명(으로 이어지는 변화—옮긴이)의 징후를, 당시까지는 그것이 또 다른 고전적 상황으로 완전히 나아

간 것이 아니었음에도, 발견했음이 틀림없다.

2절 기타 사항

이 시기는 '혁명'과 그 강화를 통한 실질적인 진보를 보여준다. 나는 우리가 이 업적을, 흔히 스미스에서 밀로 이어지는 시기의 업적을 과대평가하는 것만큼이나, 과소평가하고 있다고 생각한다. 부분적으로 그 이유는 일부 독자들이 이 편을 읽으면서 부딪히게 될 어려움의 주요원인이 되는 다음과 같은 사실에 있다. 그것은 바로 경제학자들이 좀더 복잡한 기법을 개발하기 시작했으며, 점차 그것이 교육받은 사람들이라면 누구나 특별한 교육이 없더라도 습득할 수 있을 법한 예전의 기법 가운데서 단순한 것들을 대체하게 되었다는 점이다. (이러한 변화의—옮긴이) 자연스러우면서도 필연적인 결과로, 경제학은 좀더 전문화되고 일반 독자들이 접근하기가 더욱 힘들어졌으며, 이러한 경제학자들 때문에 일반독자층을 대변하는 사람들만이 아니라 이 독자층 내부의 분석기법에 덜 익숙한 사람들에게서도 엄청난 비난——완전히 비이성적인 것이지만——을 받게 되었다. 그러나 그 과정은 느렸으며, 마셜 같은 지도자들은 '기업가들에게 읽힐' 야망을 품고 그런 의도에 따라 글을 썼으며, 일간신문에 본격 평론난을 여전히 확보하고 있었다. 굳이 지적할 필요는 없겠지만, 이러한 성공은 언제나 비용을 동반하는데, 그래서 우리가 거기서 확인해볼 수 있는, 학계와 일반대중에 대한 이점에는 분석효과의 부분적인 상실이 놓여 있음이 틀림없다.

과학은 아직도 분별력(wisdom) 속에서보다 규모(bulk) 속에서 잘 자란다. 이는 부분적으로, 그것이 거듭되는 전문화(professionalization and professorialization) 속에서 급속도로 '진보'하기 때문이다. 우리는 심지어 이전 시기에도 경제학자들이 서로에 대해 전문능력을 소유한 사람으로 인정했으며, 전문적인 업적기준과 같은 것들을 개발했음을 알고 있다. 이것이 우리가 살피고 있는 이 시기에 훨씬 더 분명해졌으며,

그 사이에 경제학——이나 심지어 경제학이라는 줄기에서 인정받고 있던 몇몇 가지까지도——은 전임직종(full-time job)으로 발전했다. 이것이 전문화를 더욱 강화했을 뿐만 아니라, 그 역의 움직임 또한 그만큼 강했다. 이전 시기에는 주요한 경제학자들 대부분이 학술적인 교사들이 아니었다. 그렇지만 우리가 살피고 있는 이 시기에는 모두가 실제로 여기에 속했다. 영국에서는 이러한 변화가 그 어느 지역보다도 훨씬 더 충격적으로 나타났다. 왜냐하면 거기서는 이 시기에 과거에 거의 없었던 경제학 교수들(이나 다른 직함을 가진 학술적인 교사들)이 절대적인 숫자면에서 비록 적기는 했지만 늘어났는데, 그럼에도 관련학계(field)를 장악하지는 못했기 때문이다.[1] 미국에서는 하버드대학교에서 1871년에 처음으로 정치경제학 분야의 정규직이 마련되고(비록 도덕철학과 정치경제학 분야에서는 컬럼비아대학교에서 1818년에 가장 먼저 자리가 마련되긴 했지만), 1872년에는 예일대학교에서도 그렇게 된 후에 학술적 교사들이 놀라울 정도로 증가했다. 독일, 이탈리아, 에스파냐 그리고 북유럽국가들은 경제학 관련 전문직종을 전통적인 방법에 따라 개발했다. 그러나 프랑스에서는 1878년 전까지 파리를 제외하고 그 어느 지역에도 정기적으로 진행되는 공인된 경제학 관련 교육이 없었지만, 이 해에 국내의 모든 법학부에 경제학 교수직이 마련됨으로써 획기적인 진전이 이루어졌다.

그렇지만 오늘날의 기준으로 볼 때 연구시설——도서관 시설은, 특히 미국에서, 크게 확장되었지만——은 여전히 형편없었다. 그러한 시설이 완전히 부재한 곳도 많았다.[2] 교육방법은 나라마다 다르게 발전했다. 우리는 미국과 영국에서 모두 전문적인 경제학 연구가 여전히 시행착오 과정을 통해 독자적인 길과 방법을 개척하기 위해 싸워야만 하는 새로

1) 화폐와 금융업 부문의 조건에 대해서는, 이 부의 8장 참조.

2) 그러나 이러한 언급은 지나치게 좋지 않은 인상을 제공하기 쉽다. 예를 들어 독일에서는 연구역량이 충분한 교수들에게 아주 적절한 (실질)소득과 함께 장기 휴직을, 특히 큰 대학에서, 제공했다.

운 것이었으며,[3] 다른 일부 국가에서는 이 시기에도 법학연구의 아주 사소한 보조물로 남아 있었음을 명심해야 한다. 경제학 강의가 개설되고 경제학 박사학위(Ph.D.)가 수여되던 인문학부('철학' 분야)에서 경제학이 훨씬 더 독립적인 위상을 확보했던 프러시아와 독일의 일부 다른 주에서조차, 경제학의 정교수는 대체로 두 명에 불과했으며[4] 여기에 아마도 한두 명의 사강사[5]가 더 있었을 것이다. (오늘날—옮긴이) 미국학생들이라면 동일한 인물이 일반경제학, 재정학, 노동경제학, 화폐와 금융경제학, '농업정책', 국제무역, 산업조직과 통제(산업정책*Industrie-politik*)를, 그것도 3학기에 모두 가르치기로 예정되어 있다는 정보를 접했을 때 상당히 싫어하는 반응을 보일 것이다.

그러나 교과과정(유감스럽게도 모든 강좌가 반드시 흥미진진한 것은 아니었다)을 보완하기 위해 그리고 적어도 박사학위 논문을 준비하는 학생들의 개별적인 관심사에 부응하기 위해 세미나(모든 교수는 경제학 연구자의 연구논문을 이용할 수 있게 됨에 따라 이 모든 주제를 무차별적으로 담고 있는 일반세미나를 개설했다)가, 나중에는 전문화된 세미나까지 개설되었다. 비록 세미나 방법이 널리 복제되기는 했지만, 진보는 지역마다 제각기 다른 방식으로 진행되었다. 그렇지만 경제분석의 진보를 가로막는 많은 난제를 설명해줌과 동시에 평균적인 경제학자의 능력을 가능한 수준 아래로 떨어뜨렸던 상황에 대해서 충분히 언급되었는데, 이러한 낮은 능력 수준은 오직 상호이해의 실패에서 비롯되었을

---

3) 이러한 측면에서, (영국의) 케임브리지대학교에서 경제학과 정치학 관련분야에 1903년까지 트라이포스(Tripos: 케임브리지대학교의 우등 졸업시험—옮긴이) 제도가 도입되지 않았다는 사실은 상당히 중요하다. 그때까지 경제학은 실제로 교육이 이루어졌지만, 정규 전문연구 분야로서는 인정받지 못했던 셈이다. 이후 교육은 확산되었지만, (우리가 살펴보고 있는—옮긴이) 이 시기에도 오늘날의 '경제학과' 같은 것은 존재하지 않았다.

4) 잉글랜드와 스코틀랜드의 대학 중에는 단 한 명의 경제학 교수가 있는 곳도 많았다.

5) Privatdozenten: 독일 고유의 제도로, 정부에서 주는 정기적인 급료 없이 수강료와 학생지도비만으로 생계를 꾸려가는 대학교원—옮긴이.

뿐인 쟁점 없는 논쟁이 빈번하게 나타났던 이유와 역사학자의 임무를 훨씬 더 복잡하게 만드는 한 가지 사실을 설명해준다. 연구업적 측면에서 소수의 지도자급 연구자들과 나머지 연구자들 사이에 상당히 큰 간극이 존재할 경우, 생생한 전체상을 묘사하기가 더 힘들뿐더러 평균을 잡아내기도 어렵다.

점점 더 많은 연구자가 조직화되면서, 이들의 최신성과물을 위한 출구가 마련되었다. 거듭 말하지만, 몇 가지 중요하면서도 익숙한 사실들을 넘어서는 일은 필요하지도, 가능하지도 않다. 사회정책학회가 1872년에, 미국경제학회(American Economic Association)가 1885년에(미국역사학회Historical Association는 1884년에), (영국의—옮긴이) 왕립경제학회(Royal Economic Society)는 1890년——이 이름을 마침내 사용할 수 있게 된 해인——에 각각 창립되었는데, 이 세 가지 사안은 아주 중요하다. 왕립경제학회는 연구자들에게 중앙조직과 잡지를 제공했으며, 미국경제학회는 여기에 덧붙여, 우리가 알고 있듯이, 논문발표와 토론이라는 거대한 프로그램에 따라 진행되는 연례 학술회의까지 제공했다. 사회정책학회는 특별한 목적 때문에 이 명칭을 사용했는데, 그 목적은 순전히 '과학적인' 것이 아니었지만(이에 대해서는 이 부의 4장을 참조)[6] 특정한 서약을 담고 있었으며, 이것이 10여 년이 지난 후에는 연례토론회의 주제와 정신을 모두 결정했다. 그렇지만 궁극적으로 다른 두 조직들은 처음부터 경제학의 전 영역에 대해 실질적으로 '과학적인' 특성을 지닌 학회가 되려는 움직임을 보여주었다. 좀더 중요한 것은 미국경제학회와 왕립경제학회의 프로그램만이 아니라 실제 움직임

---

6) 미국경제학회의 최초의 정관은 "우리는 정부(the State)를, 그것의 적극적인 도움이 인간의 진보에 필수불가결한 조건 중의 하나인, 기구로 취급한다"—이 문장은 정책원리를 제공하려는 의도에서 비롯된 것이다—로 씌어진 3조(Article III)에 힘입어 어느 정도 선례를 따르는 모습을 보여주고 있다. 그렇지만 머지않아서 이 조항은 학회의 실제특성에 부합되지 않는다는 사실이 감지되었으며, 그 결과로 그것은 일찍이 1888년에 삭제되었다.

에서도 존재하지 않는, 사회정책학회의 또 다른 특징이므로, 그것은 바로 이 학회가 처음부터 팀연구를 조직했다는 사실이다. 이 학회의 중앙위원회 위원들에게는 누구나 기획안을 제안할 수 있는 권리가 있었다. 집행위원회에서 채택된 안건은 소위원회로 넘겨졌으며, 후자는 다시 관심 있는 회원들로 연구집단을 구성하고 이 집단의 연구결과를 연례회의의 토론주제로 상정했다. 논평문을 포함하는 최초의 논문집이 188권의 학회 『저작집』(*Schriften*)으로 출판되었다.[7] 이러한 대규모 팀작업에 대해서는 찬성의견만이 아니라 반대의견도 존재한다. 그러나 독자들이 명심해야 할 사항은 이것이 그러한 작업의 최초 사례라는 점이다.

과학적 작업을 위한 새로운 출구가 새로운 잡지의 형태로 마련되었다. 아주 중요한 몇 가지 사례만 언급하더라도, 『르뷔 데코노미 폴리티크』(*Revue d'économie politique*), 『경제학자 잡지』(*Giornale degli Economisti*), (영국—옮긴이) 『이코노믹 저널』(*Economic Journal*), 『쿼털리 저널 오브 이코노믹스』(*Quarterly Journal of Economics*), 『저널 오브 폴리티컬 이코노미』(*Journal of Political Economy*), 『아메리칸 이코노믹 리뷰』(*American Economic Review*), 『경제학 연구』(*Ekonomisk Tidskrift*), 『슈몰러 연보』(*Schmoller's Jahrbuch*), 『사회과학과 사회정책 연구』(*Archiv für Sozialwissenschaft und Sozialpolitik*), 『국민경제학과 사회정책 그리고 행정에 관한 잡지』(*Zeitschrift für Volkswirtschaft, Sozialpolitik, und Verwaltung: Zeitschrift für Nationalökonomie*의 전신) 등이 이 시기에 나온 잡지들이다. 물론 전문잡지와 마찬가지로 포괄적인 경제학 사전도 새로운 것은 아니었다. 그렇지만 『팔그레이브 경제학 사전』(*Palgrave's Dictionary of Political*

---

7) 이러한 시스템이 작동되는 방식이나 그것의 산출결과에 대해서는 (1939년에 『저작집』의 마지막 권으로 출판된) 뵈즈(Franz Boese)—수년간 학회간사로 활동했던 인물인—의 『사회정책학회의 역사』(*Geschichte des Vereins für Sozialpolitik*, 1872~1932)에서 설명되고 있다. 이 책의 넘치지 않는 단순함은 오히려 그것을 훨씬 더 인상 깊은 것으로 만들어주었다.

Economy), 신판 『정치경제학 사전』, 『국가학 소사전』(*Handwörterbuch der Staatswissenschaften*) 따위와 같은 협동작업들은 모두 새로운 시대——한동안이기는 하지만——의 역동적인 상승세와 "그 시대의 업적, 식을 줄 모르는 논쟁, 수많은 성과, 이전 세대들에게 지나치게 높은 비중을 부여하는 것처럼 보이는 '정통이론'〔정말일까? J.A.S.〕으로부터의 탈출구"[8] 등을 반영한다. 마지막으로 이러저러한 방법으로 경제학을 존중하는 새로운 기관들이 확립되었다. 그 가운데서도 단연코 가장 중요한 기관 중의 하나인 런던 정경대학(London School of Economics, 1895)[9]에 경의를 표해보자.

한 가지 중요한 사항은 교수직, 연구기금, 연구조직 등의 과학적 업적의 중요성을 강조하는 습관이 있는 사람들에게는 영국의 업적이 국제적으로 맨 밑바닥이거나 그 근처에 있는 수준으로 추론될 수밖에 없을 것이라는 점이다. 그런데 실제로는 그것이 최고의 수준이었다. 이전 시기에 영국이 이루어낸 경제학적 업적의 우월성에 대해서는 실제로 이론의 여지가 없다. 그렇지만 (이 시기의—옮긴이) 결정적인 기여, 특히 독창적인 기여 중에서 비영국인의 것은 이전보다 훨씬 더 많아졌다. 영국은 산업과 금융에서 우위를 유지한다는, 바로 그러한 의미에서만 우월성을 유지했다. 그러나 영국은, 특히 위신에 관한 한, 그 지위를 여전히 유지했다. 그리고 다시 한 번 말하거니와, 이것은 영국의 지도자급 연구자들의 업적 때문만이 아니라 아마도 좀더 주된 이유인 '2류 학자들'(second line)의 자질 때문이기도 하다. 다시 말해서 그것은 마셜이나 에지워스의 탁월한 능력(이나 그 이상) 때문만이 아니라, 나머지 연구자 중에 완전한 무능력자가 거의 없었다는 사실 때문이기도 하다. 우리

8) 이는 케인스가 1940년 왕립경제학회 50주년(Jubilee) 기념식에서 직접 묘사한 내용이다.(*Economic Journal*, December 1940, p.409) 물론 우리는 기념식이라는 상황을 참작해야 한다.

9) 이 기관의 초반 50년사에 대해서는 하이에크의 유용한 설명(*Economica*, February 1946)을 참조.

는 여기서 다음과 같은 교훈을 얻는다. 연구기금과 교수직이 모든 것은 아니며, 고용하거나 구매할 수 없는 요인들도 존재한다. 그래서 만일 기금과 교수직이 이러한 요인들을 좀더 진전시키지 못한다면, 그것들은 어떠한 성과도 제공하지 못할 수 있다.

3절 4부의 구성

전반적으로 이 부의 구성은 이 책, 2권, 3부의 것과 동일하다. 그렇다고 해서 (두 부의－옮긴이) 대칭을 위해 희생된 것은 없다. 전에는 조금도 중요하지 않았거나 거의 중요하지 않았던 것 중 상당수가 강조되어 마땅한 듯 보였으며, 그 역 또한 그러했다. 아울러 다른 이유로 많은 것이 재정리될 필요가 있는 듯 보였다.

이 책, 2권, 3부와 마찬가지로, 우리는 우리의 주요임무를 준비하기 위해 사회적 배경――시대정신――(2장)과 함께 경제학에 어떠한 영향을 미쳤거나 그러할 것이라고 추측해볼 만한 인접분야의 발전(3장)에 대해 살펴볼 것이다. 이러한 서술방식이 피상적이라고 생각하는 독자들이라면, 이 두 장에서 언급될 사실들이 그 자체의 의미만을 위해 언급되는 것은 아님을 다시 한 번 기억해야 한다. 이것은 경제분석의 역사다. 다시 말해서 사람들이 자신들의 이성――과 의지――을 적용해서 상황(things)을 변화시키려는 시도들에 관한 역사가 아니라, 자신들의 이성을 적용해서 상황을 이해하려는 시도들에 관한 역사다. 그러고 나서 서로 별개로 취급되기 쉽지만, 서로 연결된 두 집단과 그 사상에 대해 언급할 것인데, 사회개혁에 관한 당대의 관심사에 작업을 집중하고 그 지도자들이 강단 사회주의자들(*Kathedersozialisten*)이라는 부적절한 이름으로만 불렸던 집단과 역사학파라 명명되고 스스로도 그렇게 불렸던 집단이 그것이다.(4장)[10] 수없이 논쟁된 경제학자의 가치판단 문제는

10) 〔원래 J.A.S.는 이 주제를 서로 독립된 두 개의 장으로 처리할 생각이었지만,

전자와 관련해서 논의할 것이며, 저 유명한 '방법논쟁'(과 이것의 미국판인 제도학파 논쟁)은 후자와 관련해서 논의할 것이다. 어느 정도 이러한 서술방식은 우리의 기획안을 손상시키는데, 왜냐하면 우리가 '일반경제학'에 속한 인물과 집단 그리고 그 발전에 대해 약술하게 될 때는(5장과 6장) 이미 이 '일반경제학'에 대해 가장 중요하게 영향을 미친 요인 중 두 가지를 제거한 상태일 것이기 때문이다. 그러므로 나는 독자들에게 이 장들을 순서대로 정독해보기를 권유한다.

이 부의 마지막 두 장은 독립된 영역으로 남겨두는 것이 가장 좋을 듯 보이는 주제들을 다룬다. 7장(「균형분석」)은 이 책, 2권, 3부 6장에 대응되는 부분[11)]으로, 여기서는 3부에서 시니어에게 부여되었던 지표기능(piloting function)이 발라에게 부여된다. 이 장의 목적은, 비록 그 방법이 비이론가들에게 지나치게 보이는 것만큼이나 오늘날의 이론가들에게는 만족스럽지 못한 것으로 드러날까봐 두렵기는 하지만, 오늘날의 순수이론을 구성하는 요소들의 출현에 대해 설명하려는 것이다. 전자(비이론가들—옮긴이)라면 5장과 6장에서 이 주제와 관련된 부분을 읽어보는 데서 만족하는 편이 좋을 것이다. 효용이론과 현재까지의 그 계승자들의 흥망성쇠에 관한 7장의 부록은 별도의 장이거나 그에 준하는 상태이므로, 이 문제에 특별한 관심이 있는 사람들만 읽어보기를 원한다.[12)] 또 마지막 장(8장)에서 화폐, 신용, 저축과 투자 그리고 경기순환이라는 주제를 별도로 분리시킨 것에 대해서도 자세하게 설명할 필요가 있다. 3부에서와 마찬가지로, 이러한 분리는 설명하기 위해 편의상 나눈 것인데, 그렇다고 해서 이러한 필요성 때문에 내가 이 시대

이후에 양자를 결합했다. 합쳐진 장은 미완성된 채로 남겨졌지만, 아래(4장)에서는 그것이 발견된 상태 그대로 실었다.〕

11) 〔J.A.S.는 이러한 언급에 대해 약간의 회의를 품고 있었다. 그래서 그는 연필로 "이 상태가 그대로 유지될 수 있을까?"라는 메모를 남겼다.〕

12) 〔이 효용에 관한 노트를 작성할 때 J.A.S.는 별도의 장으로 독립시킬 의도였지만 이후에 7장의 부록으로 전환시켰다. 이에 따라, 원래의 안에 따르면 (이 부는—옮긴이) 열 개의 장이 필요했지만, 여덟 개의 장으로 줄어들었다.〕

(1870~1914년-옮긴이)의 화폐이론에 관한 오늘날의 견해를 수용하고 있다는 인상을 제공하기를 원하지는 않는다. 이에 대해서는 이후에 충분히 명료해질 것이다.

제2장 배경과 패턴

우리에게 가까운 시대일수록 우리가 이해하는 것은 점점 더 줄어든다. 우리 자신에 대해서는 이해하는 것이 가장 적다. 이러한 이유만으로도, 살펴보고 있는 시기의 문화적 패턴을 설명하기 위해서는 이전 시기에 비해 좀더 신중하게 접근할 필요가 있다. 게다가 부르주아 시대의 시간이 흐르면서 문화적 패턴은 실제로 어느 곳에서나 매우 복잡하게 변해왔다. 독자들은 이 책, 2권, 3부(의 3장)에서 모든 시대의 문화적 양식이나 시대정신은 통일성이 부재하다는 문제와 관련해서 언급된 내용, 즉 어느 시대에서든 하나의 지배적인 시대정신에 대해 언급하는 것은 사실의 왜곡――대부분 이데올로기적 왜곡――을 의미한다는 점을 상기해주기 바란다. 문화사회학의 이러한 근본적인 진실은 지금 논의되고 있는 시대에도 철저하게 적용된다. 이에 대해서는, 우리가 아무리 심하게 논의를 단순화할 필요가 있다고 해도, 이하의 언급에서 충분히 명확하게 보여줄 것이다.

1절 경제발전

다시 한 번 말하거니와, 우리가 살펴보려는 시기는 경제발전이 급속히 진행된 시기다. 독일과 미국이 선진산업국의 지위를 확보한 것도 바로 이 시기였다. 그러나 도처에서, 이를테면 오스트리아, 이탈리아, 일본 그리고 러시아에서 산업화 과정은 상대적으로 낮지 않은 정도로 진행

되었다. (물론 절대적인 기준에서는 그렇지 않았다.) 영국의 경우, 1900년 이후에는 (발전속도면에서 이러한 국가들에게—옮긴이) 뒤처지게 되었지만 대략 이 시기까지는, 1880년에서 1900년 사이에 영국의 노동자 일인당 실질임금이 거의 50퍼센트 가까이 상승했다는 사실로 그 특징이 드러날 수 있는, 부의 증가를 경험했다.[1] 이것이 일반대중에게 완전히 새로운 생활수준을 제공했다.

그러나 거의 세기말까지 물리적 생산량의 팽창은 물가하락, 실업자 증가, 영업손실 등을 동반했다. '번영'의 시기는 '침체'의 시기에 비해 짧고 그 정도도 약했다. 실제로 1873년에서 1898년에 이르는 기간 전체가 대불황기(Great Depression)로 명명되었다.[2] 이 '풍요 속의 빈곤이라는 역설'의 특별한 판본에 대해서는 설명하기가 어렵지 않다. 모든 관찰가능한 현상들은 이전의 20여 년 동안 크게 팽창된 경제구조로부터 쏟아져나오는 생산물의 영향으로 충분하게 설명될 수 있다. 사회주의 사회에서는 이 시기가 수확의 계절로 환영받을 만한 것일지도 모른다. 자본주의 사회에서도 수확이 중단된 것은 아니다. 그렇지만 이러한 측면은 기술적 · 상업적 진보의 첫 번째 결과인, 현존하는 산업구조의 혼란(dislocation)으로 야기된 공포, 고통 그리고 분노에 의해 완전히 묻혀버렸다. 이에 대해서는 한 가지 사례를 예시할 수 있다. 1870~80년대에 육상 · 해상 운송수단이 개선되면서 유럽에 값싼 미국산 밀이 대량으로 유입되었는데, 이는 유럽 농업의 심각한 불황을 의미했다. 물론 이것이 앞서 언급했던 영국 노동자의 실질임금의 50퍼센트 상승을 설명해

---

1) A.L. Bowley, *Wages and Income in the U.K. since 1860*(1937), Table xiv, p.94. 물론 이것은 (이 기간에 총실질 국민소득 또한 50퍼센트 상승했으므로—옮긴이) 총임금이 총국민소득의 일정 비율을 계속해서 유지해왔음을 의미할 뿐이다.

2) 이에 대한 한 역사학자의 반론에 대해서는 H.L. Beales, "The Great Depression in Industry and Trade", *Economic History Review*, October 1934 참조. 저자는 1886년까지만 위와 같은 평가가 타당하다고 본다. 그러나 이 평가가 지칭하는 모든 징후는 이후 10여 년 동안에도 지속되었다.

주는 본질적인 요인은 아니었다. 그러나 유럽의 농민들과 그 대변인들은 그렇게 보지 않았다. 만일 이들이 그렇게 보았다면, 그것(미국산 밀의 대량유입—옮긴이)으로부터 아주 자그마한 위안이라도 끄집어냈을 것이다. 어느 곳에서나 농업부문은 그 불황을 충분히 다른 부문으로 전파시킬 수 있다는 점에서 중요하다. 그러나 이것이 드러나기에는 좀더 넓은 공간이 요구되지만, 제조업 부문 또한 여기에 비견될 만한 독자적인 고통을 안고 있었다. 어떤 의미에서 이것은 장기 번영국면에서 또 다른 번영국면으로 넘어가는 적응과정에서 나타나기 쉬운 표면적인 고통일 수 있다. 그러나 수많은 개인이나 집단에게 유일하게 가능한 적응방법은 파산이었다. 노동자들에게 그것은 실업이거나 그와 관련해서 상존하는 위협이었다.

독자들은 이러한 상황에서 비롯된 실제문제들과 그에 대한 집단, 계급, 정당, 정부의 대응방식을 그려보기가 쉽다는 점을 발견하게 될 것이다. 이 장의 나머지는 바로 이러한 배경에서 서술될 것이다. 그러므로 매우 분명한 사항은 이미 결정된 정치사와 문화사에 대해 사실들이 암시—'진보'와 흥망성쇠 모두에 대해—해주는 정도를 과대평가할 위험성보다 그것을 망각할 위험성이 좀더 약하다는 점이다. 예를 들어 위와 같은 사실들은 우리가 관찰하는 대중의 급진화에 대해 많은 것을 설명해주는데, 향상되는 생활수준과 새로운 권력감각은 그 결과가 실업의 위협보다 약하지 않은 문제를 야기했다. 그것들은 또한 사회개혁을 향한 전반적인 열망, 산업조직화(특히 카르텔 유형) 경향, 점증하는 정부개입, 자유무역의 결과에 대한 불만족, 심지어 부활하는 군사주의에 대해서까지 많은 것을 설명해준다. 그러나 좀더 중요한 사실은 이러한 경향들이 전쟁(제1차 세계대전—옮긴이) 이전 15년 동안, 그것도 경제적 외관이 완전히 달라지던 기간—그 대부분이 실제로 점점 더 많은 추진력을 끌어 모으면서—에 약화조짐을 조금도 보여주지 않았다는 점인데, 여기서 우리는 위와 같은 설명을 과도하게 신뢰해서는 안 됨을 알 수 있다. 좀더 근본적인 요인이 있었다. …… 〔원래 J.A.S.는 이에 대해

설명할 계획이었다.〕

2절 자유주의의 패배

전반적으로 사업가 집단은 이 시기에, 적어도 20세기 초까지는, 비록 유럽에서보다 미국에서 훨씬 더 그러했지만, 계속해서 자유를 누리고 있었다. 그러나 이 집단에서 자유방임에 대해 말없이 확신하던 태도는 사라지고 그에 대한 자부심도 사라지고 있었다. 이 집단이 타협해야만 하는 적대세력들도 서서히 그 힘을 결집해가고 있었다. 좀더 중요한 것은 (집단 내부에서—옮긴이) 타협해서 적의 견해를 수용하려는 견해가 점차 늘어났다는 사실이다.[3] 이에 따라 경제적 자유주의[4]는 때로는 원칙의 포기를 의미할 수도 있는 단서조항들로 가득 차게 되었다. 1880년대 이후 정치적 자유주의는 겉으로 보이는 것보다도 훨씬 더 빠르게 선거민들에 대한 영향력을 상실했다. 진정으로 자유주의적인 정당——이 용어가 이 책에서 사용되는 의미에서——이 선거에 나가 패배를 경험하는 것조차 오로지 독일이나 오스트리아 같은 소수의 국가들에 한정되었다. 다른 국가들, 특히 영국에서는 기존의 정치조직과 지도자들이 급진화된 강령으로도 선거에서 승리할 수 있을 정도로 그 힘이 아주 강했

---

3) 여기에는 대중적인 정치행위 이론이 수용하지 않은, 강요된 후퇴와 자발적인 후퇴의 구분이 포함된다. 이 이론에 따르면, 어떠한 계급도 자발적으로 후퇴하는 적은 결코 없다. 내가 나의 (강요된 후퇴와 자발적인 후퇴의—옮긴이) 구분을 지지해주는 사례로 인용할 만한 어떠한 사실도 이 이론의 후원자들에게는 '전략적' 후퇴로 해석될 것이다. 그러나 이러한 전략적 후퇴의 발생이 허용된다면, 직접적으로 강요되지 않은 '양보'는 모두 정의상 전략적인 것이 되므로, 각각의 '양보'의 전략적 목적이 확정되지 않는 한 문제의 이론은 그 의미를 상실하게 된다. 내가 생각하기에, 비록 여기서 증명할 수 없지만, 이것은 경우에 따라 가능할 수도, 그렇지 않을 수도 있다. 예를 들어 '온정주의적' 고용주나 부르주아 급진주의로 분류되는 집단의 경우에는 가능하지 않다.

4) 이 책에서 이 용어와 정치적 자유주의라는 용어가 의미하는 바에 대해서는 이 책, 2권, 3부 2장 참조.

다.[5] 이 모든 점이 미국에서는 달랐던 이유와 그 정도에 대해서는 여기서 설명할 필요가 없기를 바란다. 만일 장문의 분석이 존재할 필요가 있다면 그것은, 국가정책에 가시적인 영향력을 행사하기에 충분할 정도로 힘을 갖고 있지 못했던 수많은 집단과 운동을 제외할 경우, 평균적인 미국인의 급진주의가 도달한 것은 결국 대기업(Big Business)에 대한 적대감('독점규제')——이는 경제학자들에게도 그대로 적용된다——이었다는 말로 요약될 수 있을 것이다.

공공정책이 주된 관심사가 되는 부분(3절)에 이 모든 점이 얼마나 반영될 것인지에 대해 살펴보기 전에, 앞서 우리가 부르주아의 자유방임에 대해 적대적인 정치세력들이 이 시기 동안 힘을 결집하고 있었다고 묘사했던 것에 대해 간단하게나마 살펴볼 필요가 있다. 정통 사회주의가 가장 분명한 사례다. 그러나 이것이 이 시기에 가장 중요한 사례는 아니었다. 어찌되었든, 이것의 진행과정에 대해서는 독자들이 매우 친숙하다고 가정할 수 있으므로, 우리의 목적을 위해서는 몇 가지 언급으로 충분할 것이다.[6] 첫째, 이 시기에는 거의 모든 국가에서 마르크스주의 정당

---

5) 독자들을 당혹스럽게 만들지도 모르는 하나의 명백한 역설(paradox)의 해답은 바로 여기에 있다. 1880년에는 글래드스턴이, 1906년에는 캠벨-배너먼(Henry Campbell-Bannerman) 경이 압도적으로 승리하던 바로 그 시기에 영국의 자유주의가 쇠퇴했다고 말한다는 것은 역설처럼 보인다. (글래드스턴과 캠벨-배너먼은 모두 자유당을 이끌던 인물들이다—옮긴이.) 그러나 이러한 역설은, 글래드스턴이 이끌던 정당(Gladstonian party)의 경우에서처럼 한 정치조직의 연속성이 개인적 지도력의 (실질적인) 연속성에 의해 강화되는 곳에 대해서조차 우리가 정당의 명칭에는 관심이 없다는 점을 상기한다면, 사라진다. 글래드스턴이 이끌던 정당의 경우, 내가 지적하고 싶은 요점은 1880년대에 발생했던 자유당의 분열(영국의 자유당은 1830년대에 전통적인 휘그당과 토리당이 보수당과 자유당으로 재편되면서 등장했으나, 1886년에 아일랜드 자치법안을 계기로 분열되었다—옮긴이)로 잘 입증된다. 피상적으로 본다면, 이 분열은 아일랜드 자치(Irish Home Rule)문제로 발생했다. 그러나 이 문제와 관련해서 충성을 포기했던 사람들의 대부분은 그렇게 행동할 만한 이유를 갖고 있었다. 그들은 급진파에 의해 끌려가는 모습을 더 이상 원하지 않았다.

6) 이 가정을 인정할 수 없다고 느끼는 독자라면, 레이들러(H.W. Laidler)의 저작

의 발흥이 목격된다. 그러나 이중에서 가장 성공적인 사례인 독일사민당(German Social Democratic Party)조차, 역량이나 숫자면에서는 중요한 정치세력이었지만 정치적 책임영역과 거리를 두려는 원칙을 고수했기 때문에,[7] 그것의 실제적 영향력은 심지어 사회입법의 문제에 대해서조차 예상보다 낮은 수준이었다. 오스트리아의 경우를 제외하면, 다른 국가의 마르크스주의 정당 중에는 그 어느 것도 숫자면에서 중요하지 않았다. 점차 비사회주의적인 노동운동 단체로 변해가면서 거리낌없이 부르주아 정당과 정치적으로 협조하기도 했던 비마르크스주의 계열의 사회주의 정당들은 여기저기서 행정부와 가까워지거나 거기에 직접 가담하게 되었다. 이러한 사건들——밀레랑주의(Millerandism)[8]라는 격론을 불러일으킨——과 1906년에 영국의회에서 노동당이 등장한 것은 매우 중요하다. 그러나 한동안 이 중요성은 징후에 불과했다. 여론의 동향을 주시하던 사람들에게는 또 다른 징후가 훨씬 더 중요했는데, 그 정도는 매우 화려한 혁명적 연설을 훨씬 더 능가하는 것이었다. 확실히 말하자면, 부르주아 중에는 사회주의라는 말의 단순한 소리에도 습관적으로 폭발하는 사람들이 많았다. 그러나 사회주의의 이념에 동조하

(*Social-Economic Movements*, 1944)에서 해당 부분을 찾아 비교해보기 바란다.

7) 우리는 이러한 태도의 이유에 대해 더 이상 설명할 수는 없다. 그러나 그것은 결코 오기의 문제만은 아니었다.

8) 후에 프랑스 공화정의 대통령이 된 밀레랑(Alexandre Millerand)은 노동관련 변호사로 악명을 떨치다가 급진사회당원(*radical-socialiste*)으로 내각에 참여했다. 급진사회당은 비사회주의 계열의 정당이었으며 부르주아 급진주의 우파의 모습을 띠었다. 당 명칭은 필자가 설명하고자 하는 오늘날 자본주의의 사회상황을 아주 잘 표현해준다. 그러나 밀레랑은 이후에도 계속해서 자신의 태도를 사회주의자로서 더욱 분명하게 정의했으며, 1899년에 발데크-루소(Waldeck-Rousseau) 행정부의 관직을 수용했을 때는 어느 정도 사회주의적인 신념을 갖고 있던 60명 하원의원 그룹의 지도자였다. 그래서 그는 대국에 속하는 나라에서 사회주의자로서 부르주아 내각에 처음으로 참여했던, 그리고 그 사례가 한동안 유일했던 인물이다. 이에 따라 그의 이름은 위와 같은 행위를 지칭하는 말이 되었지만, 북반구의 국가들에서는 이러한 행위가 어떠한 어려움도 야기하지 않았다.

는 사람들도 있었는데, 이들은 항시 공공연한 것은 아니었지만 이러저러한 방식으로 이 이념에 실제적인 후원을, 그것도 통상적으로 알려진 것보다 훨씬 더 높은 수준으로 제공했다. 물론 비사회주의자들이 사회주의정당에 대해 표를 던지는 행위는 대체로 일시적인 분노의 표현에 불과했다. 그러나 사회주의의 궁극적인 목적을 인정하거나 사회주의 정당의 직접적인 목표를 시인하는 사람들——아니면 두 경우에 모두 속하면서도 여전히 사회주의자가 아니라고 공언하는 사람들——은 그 수가 증가하는 추세였다.

직접적인 의미에서 볼 때, 부르주아 급진파와 그 정당의 성장은 좀더 실제적인 중요성을 갖고 있었다. 이 집단은 사회개혁의 다소 중요한 항목을 담지하고 있는 오래된 유형의 자유주의자들에서부터 과거의 철학적 급진파의 후계자이면서 베른슈타인과 같은 '수정주의적' 사회주의자들(이에 대해서는 이 부의 5장 8절 참조)과 거의 차이가 없는 지식인들에 이르기까지, 그 유형과 프로그램면에서 아주 다양했다. 좀더 선진적인 유형의 급진주의자들이 자신들의 투표력 이상으로 정치적인 영향력을 행사했——거나 영국의 페이비언주의자들(Fabians: 1884년 영국에서 결성된 페이비언협회fabian society에서 비롯된 말로, 혁명이 아니라 의회정치를 통해서 사회를 점진적으로 개혁하고자 했던 영국의 사회주의자 집단을 지칭함—옮긴이)[9]처럼 전혀 투표력이 없었——던 이유는 불확실한 위치에 있던 정부가 종종 이들의 지지를 요구했기 때문인데, 이러한 요구는 급진주의자들이 자신들의 정당을 결성했거나 성격이 다른 거대정당의 좌파 진영을 형성했던 곳에서 모두 나타났다. 바로 이러한 상황이 이 시대의 특징이었다.

부르주아 급진주의는 사회주의 성장의 단순한 부산물로 추정될 수도 있다. 그리고 후자는 자유방임 사회의 부산물임이 틀림없다. 그렇다면

9) 페이비언주의자들에 대해서는 이후에 논의할 것이다. 〔J.A.S.는 페이비언주의자들에 대해 이 부의 4장 1절에서 논의할 생각이었지만, 이 부분을 완성시키지 못했다.〕

사기업 체계가 사회주의적 기업조직 형태로 발전하려는 경향을 지니고 있음을 깨닫기 위해 반드시 마르크스주의자일 필요는 없다. 우리가 지금까지 살펴본 사실들은, 부르주아의 질서에 해로운 것일지라도 바로 질서 자체를 구성하는 부분이며, 이런 의미에서 완벽하게 '자연스러운' 것이다. 그러나 자본주의 진화의 도식이나 논리에 부합되지 않는 부분도 존재했다. 그중에는 분석작업에 난제를 제공하는 것이 있는가 하면, 전혀 그렇지 않은 것도 있다.

(분석작업에 난제를 제공하지 않는—옮긴이) 후자에 관한 한, 사실상 우리는 급속한 자본주의 진화가 그것에 의해 위협받으면서도 새로운 존재형태에 적응할 수 없는 계층의 저항을 야기할 것임을 조금도 어렵지 않게 이해할 수 있다. 유럽의 소농(peasantry)——영국, 특히 아일랜드의 경우에는 차지농도 포함해서——과 유럽대륙의 독립 수공업자들이 바로 여기에 해당된다. 물론 지주들도 이들과 같은 운명이었다. 그래서 이들은 아주 자연스럽게 보호입법——경제적 자유주의의 교리를 파괴하는 경향이 있는——을 옹호하고, 사회주의자들이 아니면서도 자본주의에 반대하는 집단이나 정당을 지지했다.[10] 그러나 이러한 현상들 내에서조차, 우리는 그것이 전부였다고 확신할 수는 없다. 이 집단의 대변인 중 상당수는 이 집단이 특히 어려운 경제적 상황에 관심을 보이고 있음을 눈치 채지 못했다. 부르주아 급진파들과 달리, 이들은 자유주의 도식의 전부——그것의 법적 · 도덕적 측면을 포함해서——가 근본적으로 잘못된 것이라고 생각했다.

특정한 경제적 어려움과 명시적으로 얽혀 있지 않기 때문에, 동일한 견해라도 문제의 훨씬 더 많은 부분을 드러내고 전달하는 경우가 (분석작업에 난제를 제공하는—옮긴이) 전자에 해당된다. 관료제가 강력한 국가들에서 그리고 독일처럼 그것이 과거에 경제적 자유주의를 후원했

10) 영국에서는 이러한 움직임이 나타나지 않았거나 비교적 약했다. 그 이유에 대해서는, 아주 흥미진진한 것이긴 하지만, 여기서 설명하지 않을 것이다.

던 국가들에서 의미 있는 변화가 나타났다. 그것은 바로 관료들이, 명시적으로 적대적인 태도를 보이는 단계까지 나아간 것은 아닐지라도, 사업가 집단을 다른 방식으로 바라보기 시작했다는 점이다. 그래서 오늘날 미국의 관료제에서 드러나는 것처럼, 이 집단을 그대로 방임하기보다 통제하고 관리해야 할 대상으로 고려하기 시작했다. 숫자가 급격히 늘어난 사무직 노동자 계급(white color class)과 이른바 '신중간 계급'——'구중간 계급'은 차지농, 수공업자, 소상공인으로 구성된다——으로 불리기 시작한 집단은 사회주의자들의 선전선동에 대해 두드러질 정도로 강력한 저항을 보여주었다.

그러나 우리가 정의했던 의미에서의 경제적 자유주의나 정치적 자유주의를 수용한 사람들과 사회주의자가 된 사람들은 모두 소수였으며, 전자가 후자보다 (많기는 했지만—옮긴이) 훨씬 더 많은 것은 아니었다. 나머지 사람들은 자신들의 견해를 바꾸고 계획을 수정했다. 마침내 모든 계급의 구성원들과 하위집단들은 경제적 자유주의와 정치적 자유주의에서 벗어나, 비록 종종 이 명칭을 사용하기는 했지만, 서로 비슷하게 행동했다. 아울러 이들 사이에는 의심할 나위 없이 다양한 이해관계와 문화적 선입관이 공존하고 있음에도 한 가지 공통점이 있었는데, 그것은 바로 이들이 국가와 민족——민족국가——에 대해 중심적·통제적 위치를 부여하고 있다는 점이다. 이후 이러한 움직임은 흔히 '민족주의적' '신중상주의적' '제국주의적'인 것으로 묘사되었는데, 그렇지만 이와 같은 문구들은 설명하는 것만큼이나 정의하기도 어려운 사고방식의 몇몇 측면을 드러낼 뿐 그 전부를 드러내지 못한다. 마르크스주의자들은 이러한 현상을 자신들의 도식에 꿰어 맞추어줄 간단한 공식으로 보여주었는데, 아마도 '제국주의'는 자본주의의 마지막 단계(또는 마지막 카드)라는 표현이 가장 간단한 사례에 속할 것이다. 대중적인 사회심리학은 또 다른 간단한 공식을 보여주었다. 나에게는 (보여줄 만한—옮긴이) 어떠한 공식도 없으며, 나는 다만 우리가 현재 현대 전체주의의 기원을 살펴보고 있음을 지적하는 것으로 만족할 뿐이다.

이와 본질이 매우 다르기는 하지만, 우리가 정의한 의미에서의 경제적 자유주의와 정치적 자유주의에 대해 똑같이 적대적인 또 다른 운동이 존재했는데, 이것은 그 자체로 규정되었기 때문에 정의하기가 훨씬 수월하다. 우리는 단순화를 위해 그것의 통상적인 명칭이긴 하지만 잘못된 용법인 기독교 사회주의(Christian Socialism: 기독교의 '박애'정신에 입각해서 노동자들의 협동조합을 결성하는 것만이 이들을 비참한 상태에서 구제하는 길이라고 주장하는 주의—옮긴이)를 그대로 채택할 것이다. 또한 단순화를 위해 그것의 구교분파(Roman Catholic branch)로 논의를 한정할 것이다. 이 분파는 독특한 모습을 보여주는 상당히 독립적인 정당(독일의 중앙당Center party[11]처럼)을 형성했던 유일한 집단이었다. 이들은 오로지 구성원들의 종교적 신념을 통해서만 결합할 뿐 그 범위가 극단적인 보수주의에서 극단적인 진보주의에 이를 정도로, 경제적 이해관계나 정치적 견해 측면에서는 가능한 한 많은 차이를 안고 있었지만, 효과적인 협동관계를 유지했다.

이 시기 내내 유럽의 대륙에서 가톨릭 교회는 적대적인 정부나 의회로부터 비판받는, 입법부와 행정부의 공격대상——영국에서는 적대적인 태도가 '교황 절대권주의'(Vaticanism)에 대한 격렬한 반론 수준을 넘어서지 않았다——이었는데, 이는 두드러지게 '자유주의적인' 세계에서 예상될 만한 상황이었다. 예상할 수 없었던 점은 이러한 공격이 도처에서 패배로 끝나면서, 가톨릭 교회를 과거 수세기 동안 좀더 강력하게 만들어주었다는 사실이다. 정치적 가톨릭주의(Catholicism)를 낳은 것은 종교적 가톨릭주의의 부활이었다. 거슬러 올라간다면, 우리는 가톨릭 교리를 결코 포기한 적이 없었던 사람들이 그것을 다시금 주장하는 모습만이 아니라, 그 교리를 포기했던 사람들 사이에서 나타나는 태도변

11) '중앙당'(*Zentrumspartei*)은 옛 독일제국 시기에 가톨릭 교도들에 의해 만들어졌지만, 점차 개신교 신자들도 참여하면서 범기독교 정당으로 변모했으며, 제2차 세계대전 이후에는 그 명칭이 '기독교 민주연합'(*Christlich Demokratische Union*)으로 변경되었다—옮긴이.

화 또한 찾아볼 수 있다. 1900년경에 흔히 관찰되는 모습은 하나의 가톨릭 가정에서 노년층과 장년층은 세속주의자이자 자유주의자고 청년층은 가톨릭 교도이자 '성직자'인 상황이었다. 이것은 우리의 이야기에서 가장 의미 있는 빛을 발하는 부분 중 하나다. 그러나 이 책의 목적을 감안하면 또 다른 사실이 좀더 중요한 의미를 지닌다. 처음부터 정치적 가톨릭주의는 사회개혁을 옹호했다(는 점이 바로 그것이다—옮긴이). 나는 먼(Mun), 케텔러(Ketteler), 포겔상(Vogelsang)이라는 이름들을 언급하는 선에서 그칠 수밖에 없다.[12] 이와 같이 가톨릭 교회가 노동조건에 관심을 보이는 것은 새로운 현상이 아니라 시대의 문제에 낡은 전통을 적용한 경우에 불과했다.[13] 그러나 세기말에 이르러 새롭게 진전된 것이 나타났으니, 그것은 바로 현존하는 사회집단 내 협동요소를 이용하는 특정한 사회조직화 방식으로, 여기서 사회——와 국가——는 자치적인 직업협회들(vocational associations)에 의해 윤리적인 규칙 안에서 운영되는 모습으로 그려졌다. 이것이 바로 회칙 40주년(encyclical *Quadragesimo Anno*, 1931 : 교황 비오 11세가 회칙 새로운 사태Rerum Novarum 반포 40주년을 기념하면서 당시 노동과 경제의 위기에 대응해서 발표한 회칙—옮긴이)에서 어렴풋이 모습을 드러낸 '조합주의' 국가였다. 그것은 규범적인 프로그램이었지 분석의 결과가 아니었기 때문에, 이 책에서 더 이상 언급하지는 않을 것이다. 단지 나는 여기에 이러한 사회관을 위해 누구보다도 많을 일을 했던 사람인 페쉬(S.J. Heinrich Pesch)[14]라는 이름을 추가할 뿐이다.

---

12) 독자들은 니티(F.S. Nitti)의 책(*Catholic Socialism*, English trans., 1895)에서 이와 관련된 설명을 발견할 수 있을 것이다.

13) 이는 몇몇 회칙(encyclicals), 특히 『새로운 사태』(*Rerum Novarum*, 1891)에 힘입어 노동의 대의명분을 옹호하는 가톨릭 교도들에게서까지 공식적으로 인정받게 되었다.

14) 이 위대한 사람(1854~1926)은 분석적인 경제학에 특별히 뛰어난 인물이 아니었으며, 그의 저작인 『국민경제학 강의』(*Lehrbuch der Nationalökonomie*, 1905~23)에 대해, 비록 박식함에 관한 한 비견될 만한 것이 거의 없다고 해

마지막으로 경제학자의 태도는 무엇인가? 이 문제에 대해서는, 경제학자들의 공화국이 정치조직을 교란시키는 갈등요인과 동일한 이유로 분열되었기 때문에, 대답하기 어렵다. 순수한 형태의 자유주의 신념을 고집하는 개인들은 아직도 상당히 많았으며, 미국에 특히 많았다. 아울러 엄밀한 의미에서 자유주의적인 집단도 존재했는데, 유럽에서는 파리 그룹(Paris group, 5장 3절 참조)이 그 대표적인 사례였다. 그러나 마셜은 자신이 사회주의의 목표에 동감하고 있음을 인정했으며, 이를 '불평등의 악덕'(evils of inequality)에 대해 설명하거나 정의하지도 않은 채 표현했다. 또한 그는 자유방임이, 비록 완전경쟁을 구현하고 불평등의 악덕과 독립된 것일지라도, 사회 전체의 복지를 극대화할 수 없음을 이론적으로 입증한 최초의 이론가였다. 그래서 그는 진정한 자유주의와 양립가능한 수준보다 높은 세율을 옹호했다. 이것은 대부분의 영국 경제학자들에게 수용되었다. 만일 우리가 이들을 '자유주의자'로 분류한다면, 그 이유는 바로 이들이 자유무역을 강력하게 옹호했다는 점과 우리가 앞서 언급했던 영국 자유당의 교리의 변질에 대해 충분하게 고려하지 않았다는 사실 때문이다. 대부분의 독일 경제학자는 사회정책의 중심인물이었으며, '스미스주의'나 '맨체스터주의'(Manchesterism: 19세기 전반 '맨체스터'를 근거지로 하여 곡물법의 철폐와 자유무역을 주

도, 더 이상 언급하지 않으려는 이유는 바로 여기에 있다. 그의 다른 저작들이 그의 교리를 훨씬 더 잘 보여주는데, 『자유주의, 사회주의 그리고 기독교적 사회질서』(*Liberalismus, Sozialismus, und christliche Gesellschaftsordnung*, 1896~99)가 그 대표적인 사례다. 독자들은 내가 그의 제자로 여겨질 수도 있다고 믿는 사람의 저작, 즉 폰 넬-브로이닝(O. von Nell-Breuning)의 『사회적 경제의 재조직화』(*The Reorganization of the Social Economy,* English trans., 1936)를 참조하기 바란다. 페쉬의 교리를 이해하는 일은 마르크스주의자와 자유주의자들의 잘못된 해석 때문에, 그리고 그것을 스콜라주의와 너무도 가까운 것으로 보려는 경향—그를 좋아하는 사람이나 싫어하는 사람 모두 똑같이—때문에 더욱 어려워졌다. 물론 (그의 교리와 스콜라주의 사이에는—옮긴이) 사회철학과 도덕철학의 동일한 배경이 존재하지만, 가령 몰리나와 페쉬에 의해 예시된 문제들 사이에 비슷한 점은 거의 없다.

창했던 집단의 경제적 자유주의 이념—옮긴이)에 대해 철저한 혐오감을 드러냈다.[15] 전반적으로 모든 국가의 경제학계는 여전히 지배적인 자유주의보다 여기에 반대하는 움직임을 정치적으로 지지했다. 이러한 의미에서 우리는 경제학과 자유주의의 동맹관계——경제학과 공리주의의 동맹관계를 제외한다면——는 해체되었다고 말할 수 있다.

3절 정책

모든 공공정책 분야에서 드러난 사건들은 여전히 지배적인 자유방임적 자유주의의 흐름과 그 반대흐름을 모두 반영하는데, 여기서 후자는 정치권력의 재분배를 요구하면서 새롭게 나타난 움직임으로 이에 대해서는 앞 절에서 간단하게 언급했다.

1. 자유무역 정책과 외교정책

1870년경에 많은 관찰자——슈발리에(M. Chevalier)를 포함해서——는 세기가 끝나기 전에 보편적이면서 완전한 자유무역이 지배하게 될 것이라고 예상했다. 명시적으로든 암묵적으로든, 이들은 또한 자유무역과 연계된 대외정책 원리와 그 관행——예를 들면 상호양보나 조정을 통한 분쟁의 해결, 군축, 국제적인 금 단본위제(gold monometallism) 따위——이 승리할 것으로 예상했다. 이러한 예상은, 그들이 오늘날 우리들에게 보이는 것처럼, 그렇게 어리석은 것이 아니었다. 왜냐하면 이

15) 글래드스턴적인 의미의 자유주의에 어느 정도 철저한 인물은 언제나 존재하며, 심지어 독일에서조차 그러하다. 그러나 이러한 인물은 아주 드물며 동료들에게서 분명히 환대받지 못한다. '스미스주의자'는 교수직을 차지하기에 적합하지 않다고, 슈몰러가 공개적으로 밝힌 적도 있었다. 미국의 '뉴딜정책 옹호자들'조차 이렇게까지 행동하지는 않았다. 그러한 유형의 매우 탁월한 경제학자였던 울프(Julius Wolf)의 생애가 문제의 핵심을 잘 보여준다. 그는 자본주의(적 시장질서—옮긴이)를 강력하게 옹호했지만, 그 결과는 '냉담한 반응'이었다.

모든 요인은 사실상 우리가 정의했던 의미에서 경제적 자유주의와 정치적 자유주의의 본질에 속하며, 지배적인 체계의 논리에서 도출된 그러한 예상이 어리석은 것으로 불릴 수는 없기 때문이다. 더구나 세기말에 이르기까지 그것을 뒷받침해주는 논리적 추론 이상의 요인들이 존재했다. 영국은 자유무역을 지지한 반면, 다른 열강들[16]은 거기서 벗어났지만 적절한 범위 안에 있었다. 몇 건의 커다란 전쟁이 발생했다. 그러나 여기에는 과거의 유물과 물려받은 환경이라는 원인도 있음을 감안해야 했다. 더구나 모든 경우에 동의에 의해서 그리고 보복조치도 없이 평화에 도달했다. 헤이그에 있는 국제재판소와 몇 가지 분쟁조정 사례가 평화주의는 아닐지라도 평화로운 상태를 향한 진보를 약속하는 듯 보였다. (대략) 1900년경까지 군비지출은 어느 곳에서나 비교적 적정선을 유지했으며,[17] 재무장관들도 이 선을 방어하는 데 실패하지 않았다.[18]

---

16) 프랑스는 나폴레옹 3세(Napoleon III)의 몰락 이후 자유로워지자마자 곧바로 보호주의 전통으로 복귀—그러나 부드러운 방식으로—했다. 독일은 처음에 거의 자유무역에 가까운 정책을 유지했다. 비스마르크(Bismarck)의 관세개혁은 보호주의의 색채를 띠었지만, 오늘날의 기준에서 보면 아주 약한 것이었다. 그의 후계자인 카프리비(Caprivi)의 동맹정책(treaty policy)은 자유무역과 실질적으로 다르지 않은 체계로 복귀하려는 시도였다. 이후에 좀더 의도적이지만 여전히 온건한 보호주의 정책이 출현했지만, 이는 농민들과 중공업자들의 이해관계에서 비롯된 압력으로 설명될 수 있다. 미국은 1890년대에 보호주의 전통을 다시 강조했다. 러시아와 에스파냐는 보호주의 정책을 고수했다. 그러나 대체로 그리고 제1차 세계대전 기간과 그 이후에 일어난 상황들과 비교해보더라도, 원칙적으로든 실제적으로든 세계는 '실질적으로 자유무역 상태'에 있었다고 말하는 편이 타당할 것이다. 적어도 미국, 러시아, 에스파냐를 제외한다면, 적극적인 보호주의로 불릴 수 있는 경우는 오직 극단적인 자유무역론자들이 주창하는 원칙과 비교될 때뿐이다. 이는 또한 관세 이외의 대외무역 정책 수단을 이용하는 문제에 대해서도 똑같이 적용된다. 가장 중요한 예외사항이었던 유럽대륙의 설탕보조금도 이 기간에 폐지되었다.

17) 이는 국민소득만이 아니라 전체예산에 대해서도 비교된 것이다.

18) 상황이 바뀌자 대부분의 재무장관들은 굴복했다. 1904년 (인상된—옮긴이) 군비예산안 때문에 (장관직을—옮긴이) 사임한 뵘-바베르크가 대표적인 예외 인물이었다.

영국과 프랑스는 식민지를 크게 확대하고 독일과 이탈리아는 식민지 개척사업에 뛰어들었는데, 그 방법은 모두 뻔뻔하게 무력을 이용하는 것이었다. 그러나 여기에서조차 동시대의 '자유주의적' 관찰자들은 몇 가지 사실에서 위안을 얻었을 수도 있다. 예를 들어 영국이 보어족의 공화국들(Boer republics)[19]을 취급하는 방식과 같이 '제국주의적' 태도가 매우 강하게 드러났지만, 그 의미는 (영국에서도—옮긴이) 자유당의 일부가 이러한 정책에 강하게 반발했으며 곧이어 치러진 선거(1906년)에서 이 당의 지도자(캠벨 배너먼 경)가 대승을 거두었다는 사실에 의해 실질적으로 반감되었다.

'예외'와 '퇴보'에 대해 또한 독일 해군의 성장, 밸푸어정부[20]의 전쟁 준비, 독일의 급성장, 영국의 효과적인 협상정책 따위와 같은 것들에 대해 우리로 하여금 다양하게 해석하도록 유인하는 것은 결과에 대한 우리의 지식일 뿐이다. 그렇지만 사실상 이 모든 것은, 위와 같은 '예외'까지 포함해서, 글래드스턴적인 자유주의의 반발에 대항하면서 성장해서 군비경쟁과 기타 명백한 징후들이 나타난 세기말 무렵에는 그것을 누르게 된 하나의 새로운 사고방식[21]를 예고해주었다. 이러한 '제국주의적'

---

19) 보어족은 남아프리카공화국의 네덜란드계 백인으로 17세기 중반부터 케이프 지역을 중심으로 식민지를 개척했지만, 1814년에 케이프식민지가 영국령(領)이 되자 대부분 북동부로 이주해서 트란스발공화국(Transvaal Republic)과 오렌지 강 자치국(Orange River Sovereignty)을 세웠다. 그렇지만 이 국가들이 영국과 이른바 보어전쟁(1899~1902)에서 패하면서, 남아프리카공화국은 영국의 식민지가 되었다.

20) Balfour Government: 밸푸어가 수상으로 재직했던 1902~1905년 사이의 정부—옮긴이.

21) 다시 한 번 말하거니와, 이러한 사고방식은 두 가지 서로 다른 해석의 가능성을 안고 있다는 점을 언급하고 싶다. '제국주의는 자본주의의 마지막 단계'라는 명제로 요약될 수 있으며 그래서 자본주의적 이해관계는 대규모 생산이라는 새로운 조건—덤핑, 임금비용의 상승 등—아래서 '제국주의'로 전환된다는 판단에 이르게 되는 해석이 그 하나라면, 부르주아가 자기 것이 아닌 다른 것들—물론 그것을 최대한으로 이용했지만—을 받아들였던 것처럼 자신의 통제력을 상실하면서도 '제국주의' 정책을 수용했다는 명제로 요약될 수 있다는

'신중상주의적' 태도는 일반적인 현상이었다. 그러나 이것은 체임벌린(Joseph Chamberlain)의 뛰어난 지도력과 연결된 영국의 보호주의[22] 운동에서 고전적인 전형을 보여주었다. 비록 이 운동은 머지않아 실패로 끝나긴 했지만 말이다. 이러한 운동의 본질적인 요소는 보호무역 자체가 아니라 제국에 대한 특혜였으므로, 보호관계의 경제적 장점이나 단점에 대한 경제학자들의 논증은 실질적인 쟁점——제국주의——을 완전히 놓치고 있었다.

2. 국내정책과 사회정책

19세기의 말에 이르면, 선거권을 새로운 계층에게로 확대하는 문제는 자유당만이 관심을 보이는 전매특허 사항이 아니었다. 이 시기에는 보통선거권에 완전히 도달하지는 못했지만, 그것을 분명히 예견하게 할 만큼 (선거권이—옮긴이) 한층 확대되었다. 이것은 물론 자유주의 조류와 보조를 맞추면서 진행되었는데, 그렇지만 이것이 반대조류를 야기하는 잠재적인 요인이었다. 나머지 국내정책들도 이것(자유주의 조류—옮긴이)과 보조를 맞추면서 진행되었지만, 이는 전반적인 모습일 뿐 사소한 예외사항도 존재했다. 산업정책의 영역에서 최초의 규제나 통제조치가 모습을 드러냈는데, 주간통상법(Interstate Commerce Act: 1887년에 미국 연방의회에서 철도를 비롯한 운수업 전반의 운용을 규제하기 위해 제정된 법률—옮긴이), 공공서비스 가격에 대한 법률적 규제, 셔먼반독점법(Sherman Anti-Trust Act: 1890년에 미국 연방의회에서 주州 사이나 국제거래에서 독점과 거래제한을 금지하기 위해 제정된 법률—옮긴이)이 미국의 대표적 사례다.[23] 그러나 공적 규제나 통제는 여전히

해석이 다른 하나다. 자유주의 교리와 다른, 새로운 태도가 출현했다는 사실은 의심의 여지가 없으며, 그래서 더 이상 언급할 필요가 없다.

22) 관세개혁: 1903년에 식민지와 자치령에서 수입하는 곡물에 특혜관세를 부과하는 것에 반발하여 보호무역을 주창하면서 시작된 것으로, 밸푸어 내각의 분열을 초래한 원인이 되었다—옮긴이.

'간섭'을 의미했는데, 이 말은 불허라는 의미를 필연적으로 내포한다기보다, 산업영역에 대한 입법부나 행정부의 행위가 모든 개별적인 사례나 사례유형에서 특별한 정당성을 충족시킬 필요가 있음을 지칭하는 듯 보인다. 그러나 훨씬 더 중요한 사항은 노동자의 이익을 위한 사회개혁——**사회정책**——을 옹호하는 새로운 태도였다.

실제로 개혁은 주로 (1) 정부로 하여금 노동조직과 노동쟁의에 대해 다른 태도를 취할 수 있도록 해주는 법률(영국에서 결정적인 진전은 지난 1870년대, 즉 디즈레일리 정부 시기에 이루어졌다)과 (2) 노동시간과 다른 노동조건에 관한 법률(영국에서 그 시초는 1908년에 광산노동자들에 대해 하루 여덟 시간 노동제를 도입한 것이다)을 제정하고 (3) (산재, 질병, 고령 그리고 마지막으로 실업에 대한) 사회보험을 도입하는 방식으로 지속적으로 진행되었다. 사회보험의 경우, 독일이 먼저 시작했지만(1884년과 1887년의 조례가 1890년대의 입법화를 통해 확대적용되었다), 캠벨-배너먼 정부의 비기여형 노령연금(non-contributory old-age pension)[24]과 애스퀴스(Asquith) 정부 아래서 취해진 좀더 진전된 조치들은 독일의 사례를 넘어서는 중요한 진보를 보여주었다. 미국의 경우에는, 몇몇 주에서 부분적으로 법제화된 경우를 제외한다면, 실제로 이와 비슷한 그 어떤 것도 존재하지 않았다. 그러나 유럽에서는 모든 국가가, 그 속도의 차이는 있을지라도, 이러한 방향으로 나아갔다.

---

23) 해석은 종종 어려움을 드러낸다. 셔먼 반독점법은 자유주의 도식의 본질적인 요소 중의 하나인 경쟁을 옹호하는 하나의 제도로 해석될 수도 있다. 사실상 이것이 이 법의 이데올로기였다. 그러나 그것은 정반대 방향, 즉 기업가의 이익을 옹호하는 새로운 태도의 표현이라는 의미로 해석될 수 있는 가능성 또한 안고 있을 것이다.

24) 연금재정은 흔히 연금혜택을 연금재정에 기여한 만큼이나 그에 비례해서 제공하는 확정기여형 연금제도(defined contribution pension)와 기여 여부와 무관하게 제공하는 확정급부형 연금제도(defined benefit pension)로 구분된다. 독일의 연금제도가 전자를 대표하는 사례라면, 영국이나 스웨덴의 연금제도는 후자를 대표하는 사례다—옮긴이.

그러나 우리에게 중요한 것은 실제로 벌어진 일이 아니다. 또한 우리의 주된 관심은 실제로 취해진 조치들이 어느 정도 자유주의 도식에 부합될 수 있는지 그리고 그것들을 과거 정책——과거 자유주의적 · 가부장제적 국가의 정책——의 연장으로만 이해하는 것이 얼마나 가능한지에 있지도 않다. 물론 이러한 두 가지 의문에 대해서는 어느 정도 긍정적인 답변도 가능할 것이다. 아울러 **사회정책**에 대해 옹호하거나 반대하는 사람들이 모두 믿고 싶어했던 수준보다 약한 새로운 출발점도 존재했다. 그렇지만 이러한 조치들이 우리에게 중요한 이유는 거기에 담긴 새로운 정신과 이것들에 대한 대다수 부르주아 대중(bourgeois public)의 새로운 태도 그리고 그것들이 훨씬 폭넓은 개혁도식의 첫걸음으로 여겨지고 있다——거듭 말하거니와, 옹호하는 사람들만이 아니라 반대하는 사람들에게서도——는 사실 때문이다. 이는 모두 이후의 근본적인 개혁과 관련된 것인데, **사회정책**이 정반대의 조류에 휩싸이게 된 (보수화된—옮긴이) 이유도, 심지어 그것이 급진파나 보수파의 지지가 아니라 새롭게 출현한 개혁적인 자유주의자들의 지지를 받는 곳에서조차, 바로 여기에 있었다.

마지막으로 **사회정책**이 제국주의나 민족주의 · 신중상주의와 맺는 관계에 대해 주목할 필요가 있다. 이 관계는 보편적인 것이 아니었다. 그것은 지지자 집단 중의 하나인 부르주아 급진파들 사이에서는 나타나지 않았기 때문이다. 이들이 지지자 집단의 중심을 이루었던 곳에서는, 이를테면 영국처럼, 이러한 관계가 겉으로 드러나지 않았다. 그러나 체임벌린 같은 사람에게조차, 사회개혁과 제국주의는 상호보완적이었다. 독일에서 이는 훨씬 더 분명하게 나타난다. 민족의 자주적 선언과 **사회정책**이 거의 한 동전의 두 측면이라고 여겼던 사람들을 고려하지 않는 한, 이 시대 독일은 이해되지 않는다.

3. 재정정책

정치영역에서 채택된 재정정책만큼 한 사회와 문명의 특성을 명료하게 보여주는 것은 없기 때문에, 우리는 이 분야에서 하나의 흐름과 그에 반대되는 흐름이 아주 뚜렷하게 구분될 것이라고 기대해볼 수 있다. 실제로 그러했다.

한편에서 균형예산(balanced budget)——사실상 약간의 잉여금이 부채축소에 이용되는——은 실제로는 종종 지켜지지 못한 적도 있지만, 여전히 재정정책과 관련된 하나의 근본적인 신념사항으로 존재했다. 게다가 과세는 오직 세수조달을 위해서만 이루어졌으며, 그것도 불가피한 수준 이상의 또 다른 효과를 낳지 않도록 하는 선에서 이루어졌다. 가급적 세율을 낮게 유지하기 위해 지출은 '꼭 필요한' 목적으로 제한되었다. 글래드스턴(과 그의 내각의 재무부장관들)은 이러한 원칙을 철저하게 지켰다. 두 번째 솔즈베리 행정부(1886~92)의 재무부 장관이었던 고센도 그러했으며, 역사에는 아마도 푸앵카레(Raymond Poincaré), 비테(Witte), 피어슨(Pearson), 뵘-바베르크[25] 그리고 미크벨 따위와 같은 이름으로 기록되었을 법한 대륙의 모든 재무부 장관도 가능한 한 그렇게 했다. 마지막 세 명의 인물은, 아직도 자유방임 자유주의에 부합된다고 말할 수 있는 글래드스턴의 재정정책을 넘어서는 진전——1909년에 영국에서 특별소득세(super-tax: 일정 소득 수준이 넘는 사람들에 대해서만 과세되는 것으로, 당시 영국은 연간소득이 5천 파운드 이상인 사람들에 대해 파운드당 6페니의 특별소득세를 부과했다)를 도입한 것에 부분적으로 비견되는 진전——을 이루어낸 사례로 거론될 수 있을 것이다. 이들의 선언에서 확인되듯이, 개인의 총소득에 대해 누진소득세를 도입하는 것은 당연히 영국에서 도입된 소득세(특별소득세—옮긴이)와 상당히 다른 것이었다. 익히 알다시피, 그동안 우리는 대부분 이

25) 피어슨에 대해서는 아래 5장 6절 참조. (이 각주는 '피어슨'에 해당되는 내용이므로, 그 위치가 잘못되어 있다—옮긴이.)

러한 혁신조치의 대담성에 대해 알지 못했다. 그러나 독자들이 당시(1890년대)에 어느 강대국에서도 이와 같은 것이 도입된 적이 없음을 기억한다면, 아울러 당시 영국의 제도가 경제적 · 행정적 성공에 힘입어 상당한 명예를 누렸음을 기억한다면, 프로이센과 오스트리아의 재무부 장관인 미크벨(Johannes von Miquel, 1891~93)과 뵘-바베르크라는 이름과 주로 관련된 업적의 위대함을 깨닫게 될 것이다.[26)]

다른 한편에서는, 반대흐름이 의기양양한 모습을 드러내면서, 앞서 언급된 세 가지 원칙이 모두 훼손되었다. 첫째, 내가 아는 한, 균형예산, 아니 좀더 정확히 말해서 흑자예산이 의도적으로 훼손된 적은 없었다. 물론 여기에는 독불전쟁(1870~71—옮긴이) 이후 프레이시네(Freycinet) 정부의 재건 프로그램과 청일전쟁 이후 일본의 개발 프로그램을 그렇게 해석하지 않는다는 단서조항이 따라붙는다.[27)] 전체적으로 적자재정은 여전히 가치없는 것이자 존경받을 만한 정부가 해서는 안 될 사항으로 평가되었다. 그러나 다른 두 원칙은 정치의식에 대한 장악력을 점차 상실했다. 예를 들어, 하커트(William Harcourt) 경의 누진상속세(estate duty, 1894)와 조지(Lloyd George)의 '민중예산'(people's budget, 1909: 부유층에 대한 증세를 전제로 한 예산안—옮긴이)은 단순한 세수조달 이상의 또 다른 목적을 추구했다. 그리고 세 번째 원칙은 사회적 목적을 위한 지출이 대두되면서 붕괴되었으며, 이를 위한 열정은 이 시기의 말에 고소득자들에 대한 낮은 세율과 '긴축정책'이 지닌 대중성을

26) 뵘-바베르크는 재무부 장관을 세 번 역임했지만, 오스트리아의 직접세 제도가 실제로 크게 개혁되던 시기(1896년)에는 장관이 아니었다. 정치적 명예는 다른 사람이 가져간 것이다. 그러나 그는 이러한 개혁작업을 준비하기 위해 1899년에 자신의 교수직을 사임하고 재무부 참사관(senior permanent officer)으로 재무부에 들어갔으며, 실제로도 개혁은 주로 그의 작품이었다. 또 한 사람의 유명한 이론가가 여기에 동참했는데, 그는 바로 당시 의원이었던 아우슈피츠(R. Auspitz; 아래 5장 4절 1항 참조)였다.

27) 예를 들어 오스트리아에서는 1890년대에 경기침체를 완화하기 위한 정부의 개입이 끊임없이 요청되었다.

종식시켜버렸다.

4. 화폐

통화정책의 영역에서는 이 시기 내내 경제적 자유주의와 정치적 자유주의가 실질적으로 지배했다. 실제로 이 교리는 영국의 1918년 컨리프 보고서(Cunliffe report, 최종보고서는 1919년에 출간되었다)와 1925년의 금본위법(Gold Standard Act)에서 충분히 입증되듯이,[28] 정책 자체보다 오래 지배했다. 이 교리(자유주의—옮긴이)의 모든 조항에서 금본위제는 최종 목적지였다.

8장에서 좀더 충분히 살펴보겠지만, 은은 대부분의 사람에게 여전히 화폐를 대표하는 금속이었으며, 도처에서 이러저러한 종류의 지지를 받고 있었다.[29] 그러나 모든 '선진'국에서는 금본위제가, 경우에 따라서는 상당한 희생을 동반하면서까지, 계속해서 유지되거나 확립되었다. 오늘날 대부분의 경제학자는 심지어 영국조차 1880년대에는 약간의 화폐적 자극(monetary stimulation)을 통해서만 유지될 수 있었음을 알게 될 것이다. 또한 독일제국이 1871년 이후에 금본위제를 채택하기 위해 얼마나 노력했는지에 대해서는 의아하게 생각할 수 있을 것이다. 그러나

---

28) 제1차 세계대전 후 영국의 경제는 전쟁기간에 국가에 의해 과다하게 발행된 지폐 때문에 파운드화의 가치가 급락하는 문제에 직면했다. 이에 영국정부는 과잉발행된 지폐를 정리 · 보고하기 위한 위원회를 설치해서 대안을 모색했는데, 컨리프위원회(Cunliffe Committee)가 그중 하나였다. 이 위원회의 보고서는 소득조정보다 물가조정을 통해 국제수지의 균형을 유도하는 경로를 강조했다. 한편 1925년의 금본위법은 영국정부가 과잉발행된 지폐문제를 해결하기 위한 수단으로 긴축정책과 금본위제의 복귀를 선택하면서 제정된 것이었다. 그렇지만 이러한 선택은 영국경제의 수출력을 더욱 떨어뜨리고, 파운드화의 가치를 더욱 하락시켰기 때문에, 역설적으로 이후에 영국정부가 금본위제를 스스로 포기하게 된 원인이기도 했다—옮긴이.

29) 밸푸어가 복본위제도를 옹호했다는 사실은, 비록 그의 내각에 참여했던 사람들이 여기에 조금이라도 동의했다는 이야기를 들어보지는 못했을지라도, 주목할 만한 가치가 있다.

이 시기에 지폐의 가치가 은가치에 비해 평가절하되었던 오스트리아-헝가리 제국, 이탈리아, 러시아 등의 국가들이 자국의 화폐가치를 주로 자의적인 금평가(gold parity) 수준으로 상승시키기 위해 성장세를 약화시키면서 고난을 자초한 이유에 대해서는 거의 이해할 수 없을 것이다. 이 국가들은 '금본위제 바깥'(off gold)에 머물러 있는 편이 좋았을 수도 있으며, 설령 금본위제를 수용해야 했다면 이 제도를 실제로 적용했을 때 지배적으로 나타날, (자국 화폐의) 금가치 수준으로 도입할 수도 있었을 것이다. 이 정책을 강요한 그 어떠한 정치적 압력도 존재하지 않았음을 깨닫는다면, 수수께끼는 더더욱 난해해진다. 왜냐하면 실제로 정치적 이해관계의 측면에서 이것은 모든 사람——차지농, 지주, 제조업자, 노동자——에게 고통을 안겨주었고, 심지어 채권자의 편익조차 의심할 만한 것이었으며, 정부관료만이 명확한 승리자였기 때문이다. 시대적 조건, 특히 개별국가의 관점에서 보더라도, 우리는 이것이 얼마나 경제적 타당성을 지녔는지에 대해서는 더 이상 언급할 수 없다. 이에 대해서는 의심할 나위 없이 결정적인, 몇 가지 초경제적 · 초국가적 고려사항을 언급하는 것으로 충분할 것인데, 평가절하된 화폐와 관련된 과거의 경험이 금본위제에 도전받을 수 없는 권위를 제공했다는 점, 자유롭거나 '자동적인' 금통화(gold currency)가 건전한 행위의 상징이자 명예와 예의의 증명서가 되었다는 점, 여기에 채권자라는 위치까지 추가된 영국의 특별한 사례가 존재했다는 점이 여기에 해당된다. 아마도 이러한 설명은 문제를 해결하기보다 더 많은 의문을 제기하는 것일 수도 있다. 그렇지만 그것은 진실임이 틀림없다.

그러나 반대흐름은 화폐정책에서도 자기의 목소리를 냈다. 우리는 '고전'적인 할인율 정책이 아니라 중앙은행을 통해서 화폐시장을 통제할 필요가 있음을 깨닫게 된 사람들이 점점 더 늘어나고 있음을 알 수 있다. 또한 시간이 흐르면서, 금환본위제[30]가 채택되고 심지어 영국과

30) gold exchange standard: 금본위제를 채용하고 있는 다른 나라의 통화를 태

독일에서는 '금수출입점 조작정책'[31]이 시행되었다는 데서 알 수 있듯이, 모든 국가에서 금본위제가 점점 더 마지못해 유지되고 있음을 알 수 있다. 추측하건대, 금본위제는 결코 '자동적인' 것이 아니었으며, 설령 그렇다고 해도 세기말 무렵에는 더 이상 그러한 모습이 아니었음이 분명하다.(이에 대해서는 이 부의 8장 참조) 그 이유는 순수하게 경제적인 것이라기보다 정치적인 것이었다. 그것은 신중상주의적 태도와 1900년 무렵부터 감지되기 시작한 국제관계의 긴장강화와 관련된 것이자, 공공지출이 점점 더 늘어나는 상황과도 관련된 것이었기 때문이다. 자유로운 금본위제에 대한 반론이 늘어났다. 난처한 진실을 드러내는 버릇없는 아이처럼, 그것은 점차 대중성을 잃어가고 있었다.

4절 예술과 사상

지금까지 우리는, 거의 모든 곳에서 부르주아 노선(bourgeois lines)을 따라 움직이는 일상적인 행위의 배후를 탐사할 때마다, 곧 닥쳐올 근본적인 변화를 암시하는 움직임과 그 반대 움직임이 새롭게 형성되었음을 알게 되었다. 예술과 철학에서 그 시대의 시대정신을 표현하는 문제에 눈길을 돌릴 때, 우리는 이와 동일한 인상을 만나게 된다.

1. 부르주아 문명과 거기에 반발하는 후손

흔히 말해지는 바에 따르면, 이 시대는 양식(style)이 없는 시기다. 여기에는 약간의 진실이 담겨 있다. 의심할 바 없이, 사업가 집단과 전문가 집단은 대체로 자신들이 수집한 오래된 양식의 물건들의 명예를 실추시키는 누추한 집에서 소박한 삶을 살았다. 이들은 비슷한 유형의 누

환준비(兌換準備)로 보유함으로써 자국 통화의 안정을 도모하는 화폐제도로, 제1차 세계대전 이후 금부족에 시달리던 국가들이 대부분 채택했다—옮긴이.

31) gold devices: 중앙은행이 당행의 금매매 가격을 소폭 변동시켜 금의 수출입을 유발하는 시장환율 수준을 변경시키는 방법—옮긴이.

추한 가구와 특징이 없는 그림을 구입했고, 과거로부터 계승된 연극과 음악을 존중하는 전통을 지지했으며, 전문 과학서적을 제외하면 거의 모든 분야에서 주로 대중적인 서적을 읽었다. 모든 영역에서 이러한 생활양식——영국에서는 빅토리아적(Victorian)이라 불리게 되는——은 오늘날 촌스러움과 따분함의 전형(byword)이다. 사실상 이것은 문화적 지도력에 대한 부르주아의 능력부재를 입증해주는 것처럼, 이는 마치 부르주아가 정치적 지도력에 대한 능력부재를 드러내는 것만큼이나 분명하다.

그렇다고 해도 분석자가 여기서 멈춘다면 이는 잘못이며, 그가 오류를 범한 지점을 지적하기도 쉽다. 그는 이 시대의 부르주아 문명이 상당한 독창성을 갖고 있음을 보지 못하며, 자식이 부모의 지도능력의 부재 때문에 부모에게 반대해서 행동할 수 있을지라도 그 부모의 자식이라는 사실에는 변함이 없음을 깨닫지 못한다. 이 시기에는 계속되는 변화를 통해서 새로운 음악, 새로운 회화양식, 새로운 소설, 새로운 드라마, 새로운 시가 출현했으며, 공포스러운 빅토리아 시대(Victorian horror)에도 새로운 건축학이 출현했다. 분명히 말하건대, 부르주아 대중은 이러한 창안물의 대부분에 대해 놀라워하면서도 그것을 억누르기 위해 최대한 노력했다. 이와 마찬가지로 분명한 사실은, 창조물 가운데 많은 것이 그 본성상 자신들의 등장배경인 사회구조에 대해 적대적이었다는 점이다. 아울러 창조적인 개인 중 상당수가 자신들이 바라보는 사회세계의 적이었으며, 스스로를 또 다른 세계의 창조자(demiurgos)로 느끼고 있었다는 점이다. 그렇지만 이러한 요인들 때문에 작품들이나 사람들이 모두 기존의 구조로부터 생겨났다는 사실이 달라지지는 않는다. 대부분의 사람이 부르주아로 태어나고 양육되었다는 사실 또한 그러하며, 철도나 발전소만큼이나 이들의 작품들도 부르주아 정신의 산물이라는 사실 또한 마찬가지다. 그러므로 자본주의 사회는, 세계를 혼란스럽게 만든 1914~18년의 의미 없는 대재앙(제1차 세계대전—옮긴이)에 직면했을 때조차, 새로운 문명을 향한 자신만의 길을 가고 있었던 것이다.

2. 부르주아 문명과 그 철학

지금까지 우리는 이 시대의 종교적 · 정치적 사고체계——나 그와 관련된 특정한 변화——에 대해 간단하게 살펴보았는데, 이는 우리에게 세속적 자유주의(laicist liberalism)의 세계관이 압도적인 지배력을 확보하지 못했음을 입증하기에 충분하다. 그렇지만 이것이 지배하는 한, 부르주아 대중의 정신적 특징(mental furniture)을 묘사하는 일은 부르주아 가정의 물리적 특징(physical furniture)을 그려보는 것만큼이나 어렵지 않다. 만일 다양한 이상화 시도나 의도적인 회피를 포기한다면, 우리는 공리주의 윤리——공리주의적 의미에서 사회적 서비스에 초점을 맞추는——를 발견하게 될 것이며, 기계적 물질론이 아닌 진화론적 물질론을 하나의 '철학'으로 만나게 될 것이다.[32] 대부분의 경우, 종교는 명시적으로 폐기되었다기보다 말없이 제거되어, 하나의 '태도'——이 말은 이 시기를 이끌던 경제학자 중의 하나인 마셜[33]에 의해 사용된 것이므로, 기억할 만한 이유가 충분하다——로 대체되었다. 이 태도는 기독교의 윤리적 유산을 의미하는데, 우리가 알다시피, 그것은 호전적

---

32) 내가 보기에, 이러한 용어들의 의미는 자명하다. 그러나 진화론적 물질론은 두 가지 서로 다른 형태를 보이고 있음을 강조할 필요가 있다. 지배적인 경향은 다윈주의적인 것이었지만, 콩도르세-콩트 유형의 진화주의(이에 대해서는 이 책, 2권, 3부 3장 4절 4항 참조)도 이들에 대해 한 번도 들어본 적이 없었던 사람들에 의해 폭넓게 수용되고 있었다.

33) J.M. Keynes, *Essays in Biography*, p.162. 마셜전기에 관한 이 걸작은 그 내용이 바로 이 한 페이지에 집약되어 있으며, 케임브리지라는 공간에서 관찰되듯이, 기독교 신앙이 영국 지식인 사회에서 부드러우면서도 신랄하지 않은 방법으로 제거되는 과정에 대해 당시까지 나타났던 그 어느 책보다도 시사하는 바가 많다. 이와 비슷한 발전은 도처에서 나타났다. 내가 이해하는 한, 마셜이나 시지윅 같은 여타 케임브리지의 사람들은 비슷한 조건에 놓여 있던 대륙의 사람들과 오직 한 가지 사실에서 차이가 났는데, 그것은 바로 전자가 철저하게 성공회신학(케임브리지와 옥스퍼드의 칼리지 교칙에 따르면, 이 신학에 대한 특정한 복종이 요구된다)에 뿌리를 둔 지적 노력에서 출발해서 의식적인 싸움을 통해 마지막 입장에 도달했는 데 비해 후자는 대부분 무관심을 통해 불가지론자로 성장했다는 점이다.

인 세속주의를 보이기도 했지만 일반적으로 폐기된 신앙과 그것을 가르쳤던 교회에 대해서는 적극적으로 반대하지 않았다.

이것은 역사적 독해를 유용하게 만들어주었다. 혹자에게는 이것이 파괴작업을 완성할 수 있는 수단이었지만, 다른 사람에게는 교조적인 신앙을 존속시킬 문화적 · 윤리적 공감을 이끌어낼 수 있는 수단이었다. 세속주의를 추구하면서도 기독교에 대해 결코 명시적으로 반대하지는 않았던, 르낭(Ernest Renan)의 『예수의 생애』(*Life of Jesus*)와 같은 저작이 일반대중에게 크게 인기를 끌게 된 비밀은 바로 여기에 있는 듯 보인다. 그러나 역사적 독해를 선호하는 분위기는 신학영역에 국한되지 않았다. 무비판적인 자유주의는 (이미 보았듯이) 수많은 사람을 실망시킴으로써 그것의 피상적인 낙관주의마저 잃어버렸으며, 가톨릭주의(Catholicism)와 마르크스주의적 사회주의를 제외하면, 이 시기는 일반적으로 신념상실의 시대였으며, 정치적 민주주의에 관한 한 특히 그러했다. 이러한 정신구조에 역사와 역사적 비판이 매력적으로 다가왔다. 이것이 가장 두드러지게 나타난 곳은 프랑스였다. 그러므로 텐(Hippolyte Taine)의 『근대 프랑스의 기원』(*Origins of Modern France*, English trans., 1876~94)이 거둔 대중적 성공이야말로 우리가 이 점을 예증할 수 있는 유일한 사례일 것이다.[34] 예술사, 문학사, 철학사 등이 모두 이와 같은 이유로 요구되었다. 당시까지 거의 손상되지 않았던 고전교육(Classical education)이 이러한 관례를 조장했다.

물론 여기서 끝나는 것이 아니다. 시대의 정신에 관한 한, 물리학에 대한 관심도 비슷한 정도로 폭넓게 퍼져 있었으며, 그 결과 상당한 인기

---

34) 그러나 비슷하게 비관적인 유형의 문학적 비판이 성공을 거두었다는 사실이 우리의 논지를 훨씬 더 잘 보여줄 것이다. 이에 대해서는 상당한 인기를 누렸던 한 인물과 그의 저작을 언급하는 것으로 충분할 것인데, (이 시기의—옮긴이) 아주 독특한 성과를 보여준 (시를 전공한 교수였던) 파게(Émile Faguet)의 『무능력 예찬』(*Le Culte de l'incompétence*, English trans., 1911)이 바로 그것이다.

를 누린 저작이 출현했다. 아직까지 '수백만 명의 눈길을 사로잡은 과학'(science for the millions)이 나타나지는 않았지만, '수만 명의 눈길을 사로잡은 과학'(science for the tens of thousands)이라 불릴 만한 것들은 존재했다. 그렇지만 우리의 목적에 비추어볼 때, 여기서 언급할 필요가 있는 것은 이러한 저작에 대한 전체 요구 중에서도 주로 다윈주의적인 유형의 생물학적 진화에 관한 저서와 논문을 요구하는 모습이 두드러졌다는 점이다. 앞서 언급한 내용에 비추어보면, 그 이유는 이해할 수 있을 것이며, 그 결과 헤켈[35] 같은 인물의 전문적인 저작조차 대중적인 성공을 거둘 수 있었다. 한 저자가 진화주의와 순진한(naïve) 자유방임 옹호론을 결합시킨 것을 살펴보면, 훨씬 더 잘 이해할 수 있을 것이다. 이러한 결합이 바로 스펜서[36] 저작의 인기를 설명해주는 요인

---

35) Ernst Haeckel(1834~1919), *Anthropogenie*(1874; English trans., 1879) 참조. 그는 자신의 매우 호전적인 태도(*Kampf um den Entwicklungsgedanken*, 1905 참조; English trans., 1906)와 진화론을 일반적인 철학체계로까지 확대하려는 시도(*Welträtsel*, 1899 참조; English trans., *Riddles of the Universe*, 1900)로 대중의 주목을 받았다. 독자들은 내가 헤켈을 대표적인 인물로 언급하는 이유를 이해할 것이다. 수십 명의 좀더 분명히 '대중적인' 저자들을 언급하는 편이 나았을지도 모르겠다.

36) 스펜서(Herbert Spencer, 1820~1903)는 (독학으로—옮긴이) 물리학과 수학을 공부하고, 철도기사, 발명가, 당대의 경제적 쟁점에 관한 저자로 활동했으며, 신문기자(『런던 이코노미스트』*London Economist*지의 편집차장을 5년간 지낸 것을 포함해서)로 재직하기도 했던 인물로, 특히 사변적인 인생을 위해 태어났다는 특별한 의미에서 진정한 철학자였다. 사실상 그는 1860년에 『종합철학 체계』(*Synthetic Philosophy*)의 저술작업에 착수했는데, 이 책은 서론격인 『제1원리』(*First Principles*)를 비롯해서 『생물학, 심리학, 사회학, 윤리학 원리』(*Principles of Biology, Psychology, Sociology, Ethics*)라는 제목으로 1862~96년 사이에 출간되었다. (원래 『종합철학 체계』는 『제1원리』를 필두로 해서 2~3권인 『생물학 원리』, 4~5권인 『심리학 원리』, 6~8권인 『사회학 원리』, 9~10권인 『윤리학 원리』로 구성된 것이다. 아마도 슘페터는 2~10권에 이르는 책들을 총칭해서 *Principles of Biology, Psychology, Sociology, Ethics*로 명명한 듯 보이는데, 옮긴이는 본문을 충실히 옮긴다는 생각에서 이를 『생물학, 심리학, 사회학, 윤리학 원리』로 번역했다—옮긴이.) (비록 그의 가장 특징적인 언급들이 1884년에 출간된 『인간 대 국가』*The Man versus the*

이다. 당시 부르주아 식자층이 당대의 문명을 혐오하는 사람의 초창기 성과들에 대해 깜짝 놀랄 정도로 호의적인 반응을 보였음을 고려할 필요가 없는 한, 우리는 이 지점에서 논의를 멈출 수도 있을 것이다.

여기서 필자가 토마스주의 사상의 부활을 언급하려는 것은 아니다. 이것은 당시에 부르주아 문명 일반에 대해 적대적인 것——이라기보다 이 문명의 특별한 세속주의적 판본일 뿐이다——으로 정의될 수 없으며, 어찌 되었든 당시까지는 일반대중의 사고를 사로잡지도 못했다.[37]

---

*State*와 같은 짤막한 글들에서 발견되기는 하지만) 여기서 언급될 만한 또 다른 책이 있다면, 여덟 권으로 구성된 『서술적인 사회학』(*Discriptive Sociology*)—연구보조원들이 땀 흘려 수집한 사실들을 인상적으로 모아놓은 책인—이 유일하다. 스펜서는 심오함과 현명함 그리고 어리석음이 놀라울 정도로 공존하는, 탁월함을 대표하는 인물이다. 다윈의 글이 과학계를 경악시키기도 전에, 낮은 단계의 (단순한) 유기체로부터 높은 단계의 (복잡한) 유기체로 진화한다는 뷔퐁의 아이디어를 재발견한 사람이라면, 심오하다고 말해도 당연할 듯 보인다. 아울러 (기관차용) 속도계와 다른 수십 종의 기계부품을 발명한 사람에 대해서는 '현명하다'는 표현이 정확하다.
그러나 위생관리, 공교육, 공적 우편서비스 등을 인정하지 않을 정도로 자유방임 자유주의를 추종함으로써, 자신의 이상을 스스로 우스꽝스럽게 만들고, 자신이 지지하는 정책을 비꼬는 것으로 이용되기에 적합한 글을 실제로 썼음을 깨닫지 못한 사람에 대해, '어리석다'는 표현만큼 어울리는 말은 없다. (분석적일 뿐만 아니라 규범적이기도 한) 그의 경제학이나 윤리학은 우리에게 조금의 가치도 없다. 우리가 주목할 만한 가치가 있는 것은, 사회개선을 지향하는 정책이 모두 자연선택(natural selection)을 방해하며 그래서 결과적으로 인류의 진보까지 방해한다는 이유로 비판의 대상이 된다는 주장이다. 그러나 독자들은 (스펜서가 스스로 자신의—옮긴이) 거의 병적인 부조리(nonsense)를 피할 수도 있었음을, 그리고 '적자생존이 예정되어 있음을 입증하는 데 자연선택보다 인간적이면서 과학적인 방법을 발견할 수 없는 한'이라는 단서조항을 추가할 경우 그의 주장에서 건전한 요소가 부분적으로나마 구제될 수도 있음을 인정해야 한다.

37) 성 토마스의 가르침이 (1879년 회칙encyclical인 『원한 아버지』*Aeterni Patris*를 통해) 가톨릭 교회의 공식교리로 인정된 것은 바로 이 시기였다. 그러나 이는 단지 기존의 상황을 승인한 것일 뿐, 가톨릭 성직자들에 대해서까지 영향력을 행사했던 것은 아니었다. 그(토마스—옮긴이)를 가장 영향력 있는 '근대' 저자 중의 하나로 만들어줄 정도로 모든 국가의 평신도—대부분은 신교도

또한 필자가 비사회주의적 독자들 사이에서, 마르크스주의 저작이 점차 대중성을 얻어가고 있음을 언급하려는 것도 아니다. 왜냐하면 그것은, 비록 자본주의 세계의 경제장치에 대해서는 충분히 적대적인 것일지라도, 부르주아의 공리주의적 합리성에 대한 숭배나 그것의 세속주의, 심지어 그것의 민주적 인간중심주의(humanitarianism)에 대해서까지 적대적인 것으로 정의될 수 없기 때문이다.[38] 여기서 내가 언급하고자 하는 바는 정확히 합리성과 '진보'에 대한 위와 같은 자유주의자들의 숭배와 바로 그러한 자유주의적 · 민주적 인간중심주의에 대해 반대하는 사고조류다. 정치영역에서 그것은 반민주주의적인 것으로, 철학영역에서 그것은 반지성주의적인 것으로 각각 불릴 수도 있다. 니체(Nietzsche)는, 그의 가르침이 이러한 사고노선을 충분히 순수하게 보여주는 형태가 아니며 그의 영향력 또한 우리가 때때로 믿고 싶어하는 수준보다 낮았——으며 오늘날에도 그러하——다는 두 가지 이유에서, 여기에 속하는 사례가 아닐 것이다. 당시 철학계를 대표하는 사상조류를 꼽는다면, 베르그송이라는 이름이 훨씬 더 타당하다. 그러나 우리가 보여주고자 하는 바를 이상적으로 대변하는 인물이 하나 있었는데, 바로 소렐이었다.[39]

와 유대교도—사이에서 토마스주의가 인기를 끌게 된 것은 1920년대 이후부터였다. 게다가 미국에서는 그 인기가 조금 더 늦게 나타났다.

38) 마르크스는 흔히 수많은 부르주아 지식인의 아이디어가 그에게서 비롯된 것만큼이나 종종 (그 아이디어를—옮긴이) 대리하는 인물로 읽히기도 한다. 그러나 그는 또한 정통 사회주의 진영 외부, 특히 경제학에 대해 문외한인 지식인들 사이에서 (중간단계 없이—옮긴이) 곧바로 읽히기도 한다. 여기에는 흥미로운 이유가 있다. 경제학자에게 마르크스는 가장 어려운 저자 중의 하나다. 그러나 사실상 그의 저작을 읽은 비전문가들은 자신이 그를 이해하지 못했음을 결코 눈치채지 못한다.

39) 소렐(Georges Sorel, 1847~1922)은 부르주아 지성주의에 대한 적대적인 태도로 똘똘 뭉쳐진 수많은 책의 저자였다. 이 책들은, 비록 다른 모든 측면에서 이해하기 매우 어려운 주제들과 (때로는 서로 모순되기까지 하는) 관점들을 특이하게 분류하고 있기는 하지만, 반지성주의적 원칙의 부정적 의미와 긍정적 의미를 모두 강조하면서, 이 원칙으로 새롭게 조망해볼 수 있는 경제적 · 정

지금부터 필자는, 전문철학자들의 저작은 다양한 '과학'분야의 과학자들의 저작보다 시대정신에 좀더 가깝다는 이론에 기초해서, 이 시대 철학적 사고의 수많은 조류 중 일부——정확히 열 가지로, 각각 1-10으로 번호를 매길 것이다——에 대해 매우 간략하게 살펴볼 것이다. 여기서 철학은, 비록 인식론과 논리의 문제에 관한 철학자의 관심이 여기에 포함될지라도, 엄밀하게 정의될 것이다. 우리의 정의가 판단을 포함하는 것으로 이해되어서는 안 된다. 우리는 이 시대의 특징인 사상조류에 관심이 있으므로, 이는 그것의 장점에 대한 우리의 판단과는 무관한 문제다. 내가 토마스주의에 대해 재론하지 않는 이유는 바로 여기에 있다. 마르크스주의의 순수하게 철학적인 측면——엥겔스는 마르크스의 철학적 관심사에 기대어 작업했으며, 독일 (공산—옮긴이)당은 디츠겐(Dietzgen)이라는 이른바 당의 공식철학자를 보유하고 있었다——은 앞선 시기의 독일 고전철학과 동일했으므로, 은연중에 그것을 드러내고 있다. 우리가 말하고자 하는 바의 핵심은 지금부터 본질적으로 비철학적이면서 반형이상학적인 시대, 그래서 대학의 교과목에서 철학이라는 단어를 제거하려는 계획안이 실제로 시행되던 시대의 철학에 대해 살펴볼 것이라는 점이다.

이에 따라 우리는 철학사에 몰두하는 전문적professional(이고 전

치적 · 문화적 문제들의 전체 범위를 충실하게 보여준다. 혁명적 생디칼리즘(syndicalism), 이탈리아 파시즘, 레닌주의적 볼셰비즘(bolshevism)에 대해 그가 (일시적으로) 공감했던 것이 그의 사상의 한 측면을 보여주긴 하지만, 이는 전체적인 측면에서 보면 부차적인 문제일 뿐이다. 그의 가장 특징적인 주장은 『소크라테스의 재판』(*Procès de Socrate*, 1889)과 『진보의 환상』(*Illusions du progrès*, 1908)에서 찾아볼 수 있지만, 그의 저작 중에서 지금까지 가장 잘 알려진 것은 『폭력론』(*Réflexions sur la violence*, 1908; English trans., 1914)이다. 부르주아들은 그의 책에서 무엇보다도 산업지도력에 대해서는 찬양하지만 의회민주주의에 대해서는 경멸하는 느낌을 받는다. 우리의 관점에서 볼 때, 소렐의 생각이 이 시대 가장 위대한 경제학자 중의 하나였던 파레토의 생각과 부분적인 친화성을 갖고 있다는 사실에 주목할 필요가 있다. 여기서 다른 친화성은 우리의 관심사항이 아니다.

업적professorial)인 철학자들을 예상해볼 수 있다. 우리가 발견한 것은 바로 이것이다.(1) 어느 시대, 어느 국가에서나 훌륭한 철학사는 다수 존재한다. 나는 하나의 이름만을 거론할 것인데, 내게는 이 사람의 저작이 당대를 포함해서 그 어떤 다른 시대와 비교하더라도 최고 수준의 '역사철학'에 도달했던 것처럼 보이는데, 그는 바로 빈델반트(Wilhelm Windelband)[40]다.

이와 비슷하게 우리는 철학적 창조욕구가 줄어들었기 때문에 과거의 철학적 창조물이 그 생명력을 유지하거나 부활하게 되었음을 이해하게 될 것이다. 이 또한 우리가 발견한 사실이다. 우리가 공리주의를 하나의 철학으로 부를 수 있다면, 이것은 한 가지 예증사례로 충분할 것이다. 왜냐하면 그것은 이 시기 내내, 특히 밀의 영향 아래 있는 영국에서, 틀림없는 교육대상이었기 때문이다.(2) 도처에서 우리는, 예를 들어 신칸트학파(Neo-Kantians)나 신헤겔학파(Neo-Hegelians), 또는 그 어떤 신학파(Neo's)를 발견한다. 게다가 언제나 헤르바르트(Herbart)와 쇼펜하우어(Schopenhauer)를 지지하는 사람도 일부 존재했다.(3)

다음으로, 우리는 출현 자체를 충분히 예상할 수 있었던, 또 다른 사고유형을 발견한다. 실험과학이 종교적 신념의 토대만이 아니라, 형이상학적 사변——종종 허무함을 느끼거나 철학자로서 일자리를 원하는 경우에——의 토대까지도 효과적으로 파괴했다고 믿는 사람이라면, 누구나 세계상(Weltbild)이 개별과학의 가장 일반적인 성과들로부터 종합될 수 있다고 생각을 인정——하거나 그러한 생각을 콩트에게서 수용——할지도 모르겠다. 철학의 대체물은 다양한 형태를 취할 수 있으므로, 비록 그 아이디어가 때로는 지주회사와 비슷한 것을 시사하는 방식으로 표현된다고 하더라도, 그것이 필연적으로 철학

40) 지면을 절약하기 위해, 특별한 저작에 대해 관심을 불러 모을 만한 특별한 이유가 있는 경우가 아니라면, 각 저자들의 책에 대해서는 언급하지 않을 것인데, 관심 있는 독자라면 어렵지 않게 그것들을 구해볼 수 있을 것이다.

을 보편과학(universal science, *scientia scientiarum*)으로 구성하는 것은 아니다.

이러한 의미에서 철학은 철학자마다 교육과정에 따라 그 모습이 판이하게 달라질 것이다. 한 유형은 물리학에 뿌리를 둔 철학자 집단에서 출현했는데, 이것은 아베나리우스(Avenarius)와 마흐[41]의 '경험-비판주의'로부터 도출된 원칙과 다르지 않은 실증주의나 일원론(monism) 유형이었다.(4) 또 다른 유형은 심리학자나 사회학자로 교육받은 철학자 집단에게서 출현한 것으로, 이후에 철학적 인간학(Philosophical Anthropology)(5)으로 불리게 되었는데, 이것은 언제나 사회철학이나 사회학 자체와 구분하기가 쉽지 않다.[42]

이 두 가지 유형은 전문가의 이론에 대한 오해[43]를 불러일으키면서 그의 전문영역을 침해하지만, 이상하게도 비난을 받지는 않았다.[44] 여

---

41) 마흐(Mach)의 견해는 클리퍼드(W.K. Clifford), 피어슨, 푸앵카레의 견해와 매우 비슷하다는 점을 주목하기 바란다. 피어슨의 『과학 원리』(*Grammar of Science*, 1892)와 푸앵카레의 『과학의 가치』(*La Valeur de la science*, 1904)는 내가 독자들에게 경험-비판주의를 쉽게 소개하는 책으로 권해주고 싶은 책이다.

42) 지멜(Georg Simmel)의 사회학이 후자(사회학과 구분하기가 쉽지 않다—옮긴이)를 예시해준다.

43) 이러한 오해의 흥미로운(또는 슬픈?) 사례는 물리학의 영역에서조차 발견되는데, 철학자들이 상대주의라는 용어를 빈번히, 그것도 몇 가지 다른 의미로 사용하는 것이 바로 여기에 해당된다. 이 시기 물리학의 가장 중요한 발견 중의 하나가 이른바 상대성 이론인데, 물론 이것은 그 어떤 의미의 역사적 상대주의나 철학적 상대주의와도 관련이 없다. 그럼에도 아인슈타인의 상대성 이론을 후자의 표현으로 해석함으로써 자신을 조롱거리로 만들어버린 사람들은 많다. (처음에는 나도 믿지 못했던) 이 사실은 내가 프랭크(Philipp Frank) 덕택으로 알게 된 사항이다.

44) 경제학은, 물리학처럼 오래된 명예에 힘입어 보호받지 못하기 때문에, 빈번히 희생양이 되었다. 나는 지멜의 『돈의 철학』(*Philosophie des Geldes*, 1900)을 그 한 가지 사례로 제시할 수 있는데, 이 책의 주제는 거의 대부분 경제학 영역에 속한다. 이 책의 어떠한 명제도 전문가적 의미로 이해되기를(분과학문적 의미로 이해되기를*ist einzelwissenschaftlich gemeint*) 원하지 않는다는 지멜

기서 비롯된 분위기는 이후의 **통일과학**(Unity-of-Science)운동 같은 기획의 성공을 훼손하거나, 어찌 되었든 여기에 대한 철학자의 영향을 손상시켰다. 이것은 또한 이제부터 언급하게 될 또 다른 탐구유형, 즉 엄밀한 의미의 철학영역에는 포함되지 않을지 몰라도, 휴얼(Whewell)과 밀 그리고 이전 시기 독일의 **과학론**(*Wissenschaftslehre*), 즉 과학적인 절차에 관한 일반적인 방법론 등의 노력을 계승한 탐구유형의 권위마저 손상시켰다. 예를 들어 제번스, 지그바르트, 분트의 저작을 꼼꼼히 살펴보자.[45] 카를 멩거, J.N. 케인스, 시미앙(Simiand)의 사회과학 방법론, 특히 경제학 방법론은 다른 맥락에서 언급될 것이다.(이 부의 4장 2절 참조) 그러나 딜타이, 빈델반트, 리케르트의 기여

의 주장—이것은 물론 그가 (책의—옮긴이) 주제를 유일하게 이해하거나 이해해야 하는 사람들에게서 제기되는 비판을 수용하지 않겠다는 의미로 해석되었다—으로 나아지는 것은 없었다.

45) 이 세 명의 저작은 크게 다르다. 제번스는 이 시기를 주도했던 경제학자 중의 하나였으므로, 그의 『과학원론』(*Principles of Science*, 1874)은 당연히 우리에게 중요하다. 이 책은 특정 과학자나 모든 과학자의 관행과 관련된 것은 아니지만, 과학적 추론에 관한 하나의 이론으로 평가될 수도 있다. (이 세 명의 저작은—옮긴이) 이후의 경향을 예견케 하는, 놀랄 정도로 독창적인 두 가지 견해를 드러냈는데, (1) 모든 분석('연역적인' 것이든 '귀납적인' 것이든지 간에)은 궁극적으로 동일성 명제로 환원된다는 생각을 중시하는 견해와 (2) 확률—즉 과학적 진실은 기본적으로 확률적이라는 사고—을 기본조건으로 취급하는 견해가 그것이었다. 지그바르트(Christoph von Sigwart)의 『논리학』(*Logik*, 1st ed., 1873~78)은 제번스의 『과학원론』에 비해 독창성면에서는 떨어졌지만 좀더 포괄적인 내용을 담고 있었으며, 근본원리에 대한 분석서이기도 했다. 분트(Wilhelm Wundt, 이 사람에 대해서는 이 부의 3장 3절 참조)의 『논리학』(*Logik*, 1st ed., 1880~83)은 세 권의 저작 중에서 유일하게 개별과학의 실제 관행을 분석하고 거기서 출발했던 책이었다. 그러므로 여기서 다음과 같은 어려움이 제기되는데, 그것은 바로 개별과학의 당시 상태나 심지어 1880년과 같은 시대상황에서는, 그 어느 누구라도 오로지 세부사항에 관한 개인적인 연구체험에서만 나올 수 있는, 실제 탐구절차에 대해 친숙한 지식을 확보할 수 없었다는 점이다. 분트는 자신의 한계를 깨닫고 이 문제를 전문가들의 도움으로 해결하고자 노력했지만, 이 과정은 명백히 나름대로의 한계를 갖고 있었으므로 그 효과 또한 분명히 없었다.

에 대해서는, 이들이 행사한 영향력(내가 아는 한, 독일에 한정된 것이긴 하지만)과 위에서 언급된 한계를 보여주는 전형적인 사례라는 두 가지 이유에서, 여기서 반드시 언급되어야 한다.[46] 중심로(the high road)로 돌아가자. 그 길을 따라 걸으면서, 우리는 다음과 같은 풍경에만 눈길을 돌릴 뿐, 다른 모든 것에 대해서는 보지 않을 것이다.

사회유기체의 구조적 변화와 관련된 독특한 상관관계에 대해 생각하도록 계속해서 강요하는 역사학자라면, 자신의 이론이 이 시기에 특정한 철학의 출현으로 훌륭하게 그 타당성이 입증되었다고 자신 있게 주장할 수도 있을 것이다. 그 철학이란 바로 진실로 받아들여야 할 신

---

46) Wilhelm Windelband(1848~1915), *Geschichte und Naturwissenschaft*. (History and Physics, 1894; 3rd ed., 1904; 이 책은 크게 주목받은 학장 취임연설을 엮은 것이다.) Heinrich Rickert(1863~1936), *Kulturwissenschaft und Naturwissenschaft; ein Vortrag*(Cultural and Natural Science, 1899); *Grenzen der naturwissenschaftlichen Begriffsbildung*(1902; 2nd ed., 1913). Wilhelm Dilthey(1833~1911), *Einleitung in die Geistswissenschaften*(1883; 'Geistswissenschaften'은 '생리심리학을 제외한, 정신과 사회에 관한 과학'sciences of mind and society excluding physiological psychology이 가장 타당한 번역용어다.) 그렇지만 나는, 상당히 폭넓은 영역에서 주도권을 행사했던, 이 걸출한 인물들을 무시하지는 않는다. 이들의 정신은 철학자, 역사학자, 문헌학자의 임무 그리고 그와 관련된 교육을 통해 형성된 것이었다. 그래서 이들은 부러워할 만한 확신으로 우리들을 위한 법칙을 규정하면서, '자연법칙'과 '문화발전 법칙' 또는 '법칙 정립'(nomothesis)과 '역사적 서술'(idiography) 사이에 완전히 비현실적인 경계선을 설정했는데, 이는 사회과학의 상당 부분이 이 경계선 위에 걸터앉아 있다는 사실을 망각한 것이므로, (진정으로 문헌학적 · 역사적인 서술 측면에서는 그것이 타당성을 갖는다고 하더라도) 유용성에 심각한 한계가 있는 셈이다. 이들은 이러한 사회과학 부분의 문제의식이나 인식론적 특성에 대해서는 단순한 이방인이었으므로, 자신들의 논증내용이 특정한 영역에만 적용가능한 것임을 알지 못했다. 그래서 이들의 말에 귀를 기울였던 수많은 경제학자—이를테면 리케르트에게 강하게 영향받은 베버(Max Weber)—가 종종 오류에 빠져들었는데, 이는 애석함만큼이나 필연적인 것이기도 했다. 그러나 베버의 방법론적 좌우명처럼 읽힐 수 있는, 딜타이의 깜짝 놀랄 만한 언급에 대해 주목해보자. "우리는 자연현상을 설명한다. 우리는 정신현상(또는 문화현상)을 이해한다."

념에 관한 개별적이고 사회적인 삶의 가치 속에서 진리의 기준——심지어 그에 대한 정의까지——을 발견하는 실용주의(Pragmatism)[47](6)를 지칭한다. 그러나 이 철학의 구성요소들은 철학 자체만큼이나 오래된 것이다. 아울러 제임스(William James: 실용주의를 전 세계로 전파한 인물—옮긴이)가 그것들을 정식화하는 방법 또한 인간의 행동이나 사고——그 어떠한 종류의 것이든지 간에——와 결코 무관한 것이 아닌 아이디어를 체계화하는 수준 이상은 아니었으며, 철학적 사고의 계통발생 메커니즘만으로도 조금 이르거나 늦게나마 충분히 나타날 수 있는 것이었다.

실용주의는 적어도 시대정신의 주요흐름과 충돌하지 않았지만, 베르그송(Henri Bergson)의 『창조적 진화』(*L'Évolution créatrice*, 1907)(7)는 이것과 충돌했다. 그의 반합리주의, 반지성주의 철학은 실용주의의 반합리주의와는 완전히 다른 것이었다. 후자는 일상생활의 목적이나 가치관과 무관한 순수한 이성의 산물인 '순수한' 진리의 존재를 부정할 뿐이었다. 베르그송에게 새로운 진리, 또는 좀더 일반적으로 표현해서 새로운 창조는 논리적 추론과정의 산물이 아니었다. 사실상 이것은, 제임스의 철학과 달리, 당시 문화발전에 관한 일반적인 견해(마르크스주의를 포함해서)와 전혀 다른, 완전히 새로운 세계관을 포함하고 있었다. 이만큼 새로운 것은 아니었지만, 위대한 교사라는 개인적인 매력에 힘입어 좀더 큰 영향력을 발휘했던 것이 크로체의 철학(8)인데, 우리에게는 이것이 특히 흥미롭다. 왜냐하면 크로체 자신이 경제학자의 특성을 갖고 있으며, 어떤 철학자보다도 이탈리아 경제학자들의 전문적인 저작들과 부분적으로나마 얽혀 있었기 때문이다. 그의 저작 전체에 담긴 생각——과 유감스럽게도 정확히 거기에 담긴 가장 독창적인 요소들——은 몇 마디 문장으로 전달될

47) 실용주의는 행동과 실천을 중시함으로써 실제생활에 유용한 지식만이 참이라고 주장한다. 여기에 따르면, 신이라는 관념 또한 그것을 믿음으로써 현실에 유용한 결과를 초래할 수 있다면 진리가 된다—옮긴이.

수 없지만, 거기에 포함된 기본적인 철학원리는 한 문장으로 환원될 수 있다. 헤겔주의 정신은 보편사의 실제 경로 속에서 자신을 구현하므로, 철학의 주제는 역사과정에 관한 형이상학과 동일해진다는 문장이 바로 그것이다.[48]

이 시대의 철학적 조류에 관한 설명에서 후설(Edmund Husserl)이라는 이름과 현상학(Phenomenology)(9)의 등장은, 비록 나에게는 그 특징만을 소개하려는 시도가 혼동만을 약속하는 것처럼 보일지라도, 결코 제외될 수 없는 주제다. 이에 따라 나는 하나의 참고문헌[49]을 참조하는 방법을 선택했다. 그러나 나는 우리 시대의 모든 철학 중에서 후설의 철학이 사회적 사실이나 사회심리학적 사실에 대해 가장 독립적이라고 말할 수 있다. 이 철학은 오직 철학적 사고의 계통화(filiation)로만 설명될 수 있는데, 그것이 의존하면서도 더욱 발전시키고자 했던 이전의 철학들을 제외한다면, 그것은 아마도 스콜라 시대에 씌어지는 것이 더 좋았을지도 모르겠다. 이는 또한, 다른 측면에서 본다면 그 어떠한 '다른' 과학에서도 문제삼지 않는 문제에 대해서 완전히 다른 방식으로 접근하는 것을 포함하는 것처럼 보이는 (후설의—옮긴이) 철학적 사유체계——비록 '실제로 그렇다'기보다는 '그렇게 보이는' 수준일지라도——의 경우에도 동일하게 적용된다. 이제 나는 비트겐슈타인(Wittgenstein) 이전 시대의 케임브리지 철학에 대해 언급하고 싶은데, 이 철학은 이 시대 후반부에 러셀(Bertrand Russell)과 무어(G.E. Moore)(10)에 의해 주도되었다고 말할 수 있을 것이다. 한 부분[50]을 제외한 마지막 문장이 시사하듯이, 이 관점은

---

48) 크로체의 후예들은 때때로 헤겔주의라는 낙인에 대해 분개하면서, 이를 오해한 것이라고 주장했다. 그렇지만 앞서 언급한, 원리의 '발산주의적' 본질을 부정한 적은 없었다.

49) Marvin Farber, *The Foundation of Phenomenology*(1943). 물론 이 책에서 주로 다루어지는 내용은 이후에 성숙된 현상학이다.

50) 아마도 맥락상 무어인 듯 보인다. 무어는 관념론을 거부하고 비판적 · 분석적 방법을 강조한다는 점에서 비트겐슈타인이나 러셀과 비슷하다. 그렇지만 분석

철학을 여느 과학처럼 특별한 임무를 지닌, 즉 다른 과학이나 일상생활에서 확신하지만 무비판적으로 사용되는 용어(예를 들면, 수數)나 명제의 의미를 분석하는 임무를 지닌, 비사변적인 전문과학으로 전환시켰다. 이러한 관점을 수용한다면, 정신분석(analysis of mind)과 물질분석(analysis of matter) 같은 주제조차 나에게는 철학영역에서 인식론이나 논리학 영역으로 넘어간 듯 보인다. 그리고 이 관점은 또한 철학을 새로운 논리학, 특히 러셀과 화이트헤드의 공저인 『수학원리』(*Principia Mathematica*, 1911~13)로 전환시킨 근본적인 이유이기도 하다. 그러나 이에 대해서는 더 이상 거론할 필요가 없다. 지금까지 출판된 분석사 관련서적 중에서, 그것이 경제학에 관련된 것이든 다른 학문에 관련된 것이든지 간에, 이 새로운 논리학이라는 용어가 대변하고자 하는 발전에 대해 고려하지 않은 책은 없었다. 그러나 이 발전은 정확히 경제분석의 역사가 실제로 도달하지 못한 것이다.

마지막으로 우리는 다음과 같은 질문을 던져야 한다. 이것이 이 시기를 이끈 경제학자들에게 어느 정도 영향을 미쳤는가? 나는 실제로 아주 약했다고 자신 있게 대답할 수 있다. 그것도 이 이전의 두 시기에 그것(철학—옮긴이)이 행사했던 영향력보다 약했으며, 그래서, 우리가 아는 한, 그 영향력은 크지 않았다고 대답할 수 있다. 그러나 이와 다른 견해가 빈번히 제기된다는 사실을 감안하면 좀더 깊게 살펴볼 필요가 있다. 이를 위해서는 우리의 질문을 두 부분으로 나누어야 한다. 첫째, 철학——이나 어떠한 전문철학(particular philosophy)——이 경제학자들의 분석작업에 어느 정도 영향을 미쳤는가? 아니 좀더 정확히 말해서, 경제학자들은 철학의 영향력에 의존하는 것으로 보일 수도 있는 결과에 도달했는가? 둘째, 철학이나 전문철학이 인간

적·비판적 방법을 이용해서 상식과 일상언어적 표현의 정당성을 옹호하고 이러한 상식과 일상언어에 기초해서 독특한 윤리관을 제기했다는 점에서는, 논리학 중심으로 철학을 발전시킨 비트겐슈타인이나 러셀과 다르다고 볼 수 있다—옮긴이.

이자 시민인 경제학자들에게 어느 정도 영향을 미쳤는가? 그것은 이들의 일반적인 태도와 인식지평에 얼마나 영향을 미쳤는가? 이러한 구분은, 이미 관찰했듯이, 어느 시대, 어느 곳에서나 중요하다. 그러나 그것은, 경제학이 좀더 전문화되고 분석기법(technical)이 좀더 발전하는 시기에는, 좀더 중요한 의미를 지닌다.

첫 번째 문제에 관한 한, 도처에서 마르크스와 마르크스주의자들을 옹호하는 답변이 나타났다. 그렇지만 그 답변은 이제부터 내가 다른 경제학자들을 위해 대답하고자 하는 내용과는 상당히 다를 것이다. 방법론을 탐구하거나 사소한 논쟁을 벌이는 경우를 제외한다면, 그 어떠한 철학도, 당대의 경제학자들이 철학자의 안내가 없었다면 불가능했을지도 모르는 분석적 결론에 도달했거나 그렇지 못했다는 의미에서, 이들에게 영향을 미쳤음을 입증할 수는 없다. 경제학자들은, 자신들의 탐구방법에 관한 생각을 명확히 하고자 하거나 그와 관련된 논쟁에 참가할 때, 실제로 엄밀한 의미의 철학적 가르침이 아니라 철학자들에 의해 씌어진 방법론에 관한 가르침에 의존——베버가 가장 두드러진 사례다——해야 했는데, 이는 당연한 일이다. 그러나 경제학자들이 국내산업의 조건, 철도요금, 트러스트 문제와 같은 당대의 과제에 대해 탐구하거나, 12세기의 상인길드나 이와 관련해서 뵘-바베르크의 이자이론의 정당성 여부에 대해 탐구할 때, 철학자들에게 자문을 구할 수 있다고 주장한다면, 매우 어리석은 짓일 것이다. 에지워스는 언제나 공리주의를 공언했다. 그러나 분석결과에 따르면, 이러한 공언은 그의 경제적 명제들로부터 분리된다 하더라도 애석하지 않다.[51]

두 번째 문제에 관한 한, 대답은 (첫 번째 문제와—옮긴이) 다르다. 실제로 이 시대의 모든 경제학자는 부르주아 가계 출신이었으며, 대부분의 국가에서 심지어 중등 교육과정(즉 대학 이전의 교육과정)에

51) 물론 이러한 공언이 윤리에 대한 그의 숙고에서 분리된 것일 수는 없다.

조차 철학이 포함된 정교한 교육체계의 수혜자이거나 희생자였다. 청소년기에 그들은, 설령 철학을 독약만큼이나 싫어했더라도, 어느 정도 그것의 기초를 공부하는 문제를 피해갈 수 없었다. 그렇지만 실제로 이들은 그것을 싫어하지 않았다고 추정해볼 수 있다. 이들은 주로 1, 2, 3, 5로 표기된 유형의 철학을 교육받았으며, 이탈리아에서는 세기말 무렵에 아마도 8로 표기된 유형의 철학까지 추가된 듯 보인다. 그런데 이것은 독일 고전철학, 특히 칸트의 철학이 중시되었음을 의미한다. 흥미로운 사실은 마셜이 자신의 『원리』 「서문」에서 헤겔의 『역사철학』(*Philosophy of History*)──과 스펜서의 저작(!)──을 자신의 관점의 '실체'(substance)를 형성하는 데 주로 영향을 미친 요인으로 언급했다는 점이다.[52] 추측하건대 이 시대의 수많은 경제학자도 이와 비슷한 견해를 표현했을 것이며, 철학공부가 이들을 좀더 문명화된 존재로 탈바꿈하는 데 틀림없이 기여했을 것이다. 만일 내가, 이것이 전부며, 한 개인의 윤리적 · 문화적 태도는 철학의 영향을 거의 받지 않았지만 사회적 연민이나 정치적 선호는 결코 그렇지 않다고, 계속해서 말한다면, 수많은 독자는 틀림없이 내 의견에 동의하지 않을 것이다. 이 책에서 우리는 오로지 분석의 방법과 그 결과에 대해서만 관심이 있으므로, 이러한 차이는 그렇게 중요하게 취급되지 않는다.

---

52) 이 문제를 좀더 심각하게 고려한다면, 앞서 첫 번째 질문에 대해 우리가 답변한 내용은 당연히 틀린 것이 될 것이다. 그러나 그것을 심각하게 고려할 필요는 없다. 마셜의 분석에서 헤겔주의나 스펜서주의의 영향력은 흔적조차 찾을 수 없다. 만일 마셜이 (독일어를 그대로 사용해서) 존재(*das Sein*)보다 생성(*das Werden*)을 좋아한다고 언급하면서 스스로 이것이 헤겔주의와 관련된다고 진실로 생각했다면, 그가 헤겔을 결코 이해하지 못했다는 평가가 유일하게 가능한 추론일 것이다. 마셜은 칸트를 훨씬 더 좋아해서 자신을 인도하는 인물로, 그리고 자신이 유일하게 숭배했던 인물로 묘사하기도 했다.(J.M. Keynes, *Essays in Biography*, p.167) 그렇지만 그가 이 두 인물에 대해 진지하게 공부했다는 점은 틀림없는 사실이다.

제3장 인접분야의 발전

앞으로 이 장에서 거론될 인접분야의 발전에 관한 사실들은 파편적인 것일 수밖에 없다. 다시 한 번 말하거니와, 그것들은, 저자마다 경제분석의 발전을 위해서 적합하거나 적합할 수 있다고 판단하는 자신의 아이디어에 따라 서로 다른 방식으로 선택했을, 인상적인 부분들(impressionist patches of color)이다. 실제로 내가 이러한 영역들의 역사 자체에 대해 쓰고자 한다면 다르게 접근해야만 했을 것이다. 이러한 어쩔 수 없는 자의성——나의 개인적인 한계에서 비롯된, 어쩔 수 없는 자의성에 의해 더욱 강화되는——은 과거보다 이 시기에 좀더 심각하다. 왜냐하면 전문화된 작업이 다루기 힘들 정도로 많아졌으며, 간결한 논리구조를 확보하려는 시도가 모두 허사로 되어버린 것이 바로 이 시기였기 때문이다. 선택에 영향을 미친 또 다른 관점도 기억할 필요가 있는데, 독자들은 바로 이를 이용해서 필요한 정보를 쉽거나 어렵게 획득할 수 있다. 경제학의 경우, 사회학은 가장 중요한 이웃이다. 그러나 이와 동시에 그것(사회학—옮긴이)은, 미숙한 발전상태 때문에, 역사적 발전을 파악하기가 매우 힘들다. 우리에게는 심리학 그리고 더 나아가 역사편찬이 중요하지만, 그것의 발전에 대해 좀더 만족스럽게 설명할 수 있기 때문에, 언급할 필요성은 오히려 적다. 우리에게는 모든 인접분야 중에서도 통계학이 가장 가깝지만, 이 시기 이 분야의 발전상은 이 장에서 우리가 완전히 무시해도 좋은 경제학도들에게 주로 알려졌(으므로, 이에 대해서는 더 이상 언급하지 않을 것이—옮긴이)다. 다만 기억해야 할

몇 가지 사실들에 대해서는 이후 **계량경제학**(Econometrics)에 관한 절에서 언급할 것이다.[1)]

1절 역사

역사편찬에 관한 한, 우리에게 중요한 사건은 이것이 **역사학파 경제학**(Historical School of Economics)의 프로그램에 포함된 경제학과 밀접하게 얽히게 되었다는 점이다. 그러나 정확히 말해서, 이 사건은 4장에서 약간 상세하게 거론할 것이므로, 역사편찬 일반에 대해서는 굳이 언급할 필요가 없다. 물론 역사학자의 부분적인 정복이 경제영역에만 국한된 것은 아니다. (이미 앞 시기에 정복이 이루어졌던) 법률학과 사회학을 포함해서, 모든 사회과학은 역사학자의 부분적인 지배권 아래 놓여 있었기 때문이다. 이는 역으로 역사학자를 이전과 다르게 사회의 상태나 과정에 관한 연구자로 전환시키는 것이었다. 사회사(social history)의 비개인적 사실들(때로는 약간 불확실하게 입지를 구축한 생물학 이론이나 심리학 이론이 가미된)[2)]은 분쟁이나 음모와 관련된 소설 같은 이야기를 비용으로 지불한 대가로 얻어진 것들이다. 게다가 사회

---

1) 〔4부 7장 2절 참조. J.A.S.는 4부에서 최근의 계량경제학에 대해 좀더 길게 쓰고자 했지만, 실제로는 몇 쪽의 예비적인 언급에 그쳤을 뿐이다.〕

2) 이는 람프레히트(Karl Lamprecht, 1856~1915)의 인상적인 저작에서 그 대표적인 사례를 찾아볼 수 있다. 그는 무엇보다도 경제사를 독창적이면서도 끈기있게 탐구(이와 관련해서는 특히 *Deutsches Wirtschaftsleben im Mittelalter*, 1885~86 참조)했지만, (콩트처럼 발전단계에 관한) 진화도식을 거의 보편적인 타당성을 지닌 것으로 옹호하면서 수용하고 이를 자신의 사회심리학 이론에도 적용(그의 기념비적인 저작인 *Deutsche Geschichte*, 1891~1909 참조)했던 인물이다. 이러한 사회심리학은 신뢰할 수 없는 도락주의와 매우 비슷한 요소가 독창적인 아이디어—이를테면 폭넓게 수집된 아이들의 그림에 관한 연구—와 이상하게 결합된 형태다. 그러나 그는 당연한 비판 앞에서도 자신의 총을 든 채 의기양양하게 서 있었다.(이에 대해서는 그의 저작인 *Moderne Geschichtswissenschaft*, 1905 참조; English trans., 1905.)

사학(social historiography) 내부에서조차 (선택된—옮긴이) 문제들—이를테면 6~7세기 봉건영지의 출현, 도시의 기원과 기능, 중세고역의 조직화, 자본주의의 발흥 따위와 같은—에 맞게 조정된 연구가 국가와 시기별로 규정된 연구를 희생한 대가로 그 정당성을 획득했다. 물론 대부분 법률가로 교육받은 역사법학자들도 언제나 전자와 같은 연구작업을 수행했는데, 이들에 관한 한, 우리가 주목할 필요가 있는 것은 이들의 연구범위가 상당히 확장되고 그 방법 또한 매우 발전되었다는 사실뿐이다.

그러나 중요한 것은 이러한 경향이 일반화되었다는 점이다.[3] 현대 경제사학에서 좀더 분명해진 또 다른 경향은 수량적 측면을 강조하는 것인데, 물론 이와 관련된 연구는 완전히 부재했다—결코 존재한 적이 없다—기보다 아직까지는 보편적으로 인정된 경제사학자의 연구항목이 아니었다. 그러나 본질적으로 통계적인 몇 가지 주제가 주목을 받았다.[4] 그리고 거의 예상하기 힘들었을 법한 곳에서 중요한 문제—얼마나?—가 제기되었다.[5] 마지막으로 '일반'역사가 점점 더 규격화되면

---

3) 역사법학을 대표하는 인물로는 브루너(Brunner), 기르케(Gierke), 메이틀런드(Maitland), 메인, 비노그라도프(Vinogradoff) 등이 있다. 나는 문제사 기술(problem-history writing)을 추구하는 일반경향에 대해 언급할 때 참조했던 저작유형을 예시하기 위해, 두 사람의 이름을 언급할 것인데, 이미 언급된 인물인 텐(1828~93)이 그중 하나다. 현재 맥락에서 중요한 그의 저작은 『현대 프랑스의 기원』(*Les Origines de la France contemporaine*, 1876~1893; English trans., 1876~94)이다. 또 한 사람은 벨로(Georg von Below, 1858~1927; 특히 그의 *Territorium und Stadt*, 1st ed., 1900~1902 참조)다. 추측하건대, 이 두 사람은 전에는 결코 한데 묶일 수 없었을 것이다.

4) 예를 들어 물가의 역사에 대해 어쩔 수 없이 불완전하게 연구된 저작인 로저스(Thorold Rogers)의 책(*History of Agriculture and Prices in England*, 1259~1793; 7 vols., 1866~1902)과 다브넬(G. d'Avenel)의 책(*Histoire …… de tous les prix*……, 7 vols., 1894~1926)을 참조. 오늘날 이들은 받아야 할 만큼의 평가를 받고 있지 않은 듯 보인다. 덧붙이자면 다브넬은 장기에 걸쳐 두드러진 가격변화가 사회·정치사에 던지는 폭넓은 함의를 파악하고 있었다.

서, 역사과정의 경제적 조건을 점점 더 강조하는 쪽으로 변모했다. 경제학자들은 이것을 마르크스주의의 영향으로 설명하곤 했다. 세기말 무렵에는 이 영향이 분명했다. 그러나 문제의 경향은 그 이전에도 활발한 움직임을 보였으므로, 마르크스가 전문 경제학자나 공식 사회주의자가 아닌 역사학자에게 영향을 미쳤다고 주장하는 것은, 1870~80년대의 경우, 전문가가 자신의 영역에 대한 외부요인의 영향에 대해 반응하는 속도를 지나치게 과대평가하는 것이다. 나는 (이와 관련된—옮긴이) 대표적인 사례로 니치(Karl W. Nitzsch, 1818~80)[6]를 거론하고 싶은데, 그는 몇몇 역사학파 경제학자, 특히 슈몰러와 밀접한 관계를 유지했기 때문에 우리에게 아주 중요한 인물이다.

참고. 독자들은 이 장의 서두에서 불연속적인 부분들(disconnected patches of color)에 관한 주의를 기꺼이 기억해야 할 것이다. 그렇다고 해도 나는 이 시기에 완전히 새로운 사료에 기초해서 역사편찬이 발전한 것이 지닌 중요성을 지적하지 않은 채 이 주제를 끝마칠 수 없다. 가장 중요한 사례가 이집트 파피루스에 의해 제공된 것으로, 파피루스학(papyrology)은 로마법에 관한 학문분야를 혁명적으로 변화시켰다. J.A.S.

---

5) 나는 이른바 계량화 정신(quantitative sprit)을 접하고 상당히 충격을 받았는데, 이 시대의 가장 위대한 경제사학자 중의 하나였던 도프슈(Alfons Dopsch)의 저작에도 이것이, 비록 그의 자료들이 여기에 틀림없이 부합되는 것은 아니었지만, 깊게 배어 있었다. 이에 대해서는 그의 저작인 『카롤링거 왕조시대의 경제발전』(*Wirtschaftsentwicklung der Karolingerzeit*, 1912~13) 참조. 또한 말년의 저작, 『카이사르에서 카를 대제 시대까지 유럽 문화발전의 경제·사회적 토대』(*Wirtschaftliche und soziale Grundlagen der Europäischen Kulturentwicklung …… von Cäsar bis auf Karl den Grossen*, 1918~20)도 참조.

6) 특히 그의 유작인 『아우크스부르크화의까지 독일 민족사』(*Geschichte des deutschen Volkes bis zum Augsburger Religionsfrieden*, 1883~85)를 참조. (아우크스부르크화의는 1555년에 아우크스부르크에서 개최된 제국의회의 결의를 통해 루터의 종교개혁이 공식적으로 인정받은 사건을 지칭한다—옮긴이.)

2절 사회학

지금 살펴보고 있는 시기에, 사회학은 사회 속의 인간에 관한 보편과학——콩트는 이렇게 보았다——이 아니라 사회과학의 일부로서 학문적으로 인정받기 위한 크고 작은 싸움에 휘말렸다. 비록 그 주제가 실제로 그러한 것인지에 대해서는 그다지 분명하지 않았지만 말이다. 모든 사회과학은 사회에 관한 특정한 근본문제에 직면하게 되며, 그중 어느 것도, 사회생활의 원동력이나 메커니즘에 관한 한, 어느 정도 유능한 경쟁자에게 자신의 권리를 포기하지 않는데, 이는 우리가 경제사회학을 인정할 수밖에 없다는 점에서 그대로 입증된다. 사회와 사회적 과정 자체에 대한 연구의 가능성이나 필요성은 생활용품의 증가와 기술의 발전이 점점 더 전문화를 요구함에 따라 나타난 것이다. 아리스토텔레스와 스콜라학자의 사회과학은 하나의 통합체였으며, 전체적으로 보더라도 전문연구직이 아니었다.

자연법 철학도 비슷한 경우였다. 흄이나 스미스, 튀르고나 베카리아는 경제학과 다른 많은 학문분야만큼이나 사회학도 어렵지 않게 끌어들일 수 있었다. 그러나 이것이 19세기에 변하면서, 폭넓은 범위가 점점 더 연구의 질을 해치는 요인으로 평가되기 시작했다. 사회 전체의 본질에 대해 탐구했거나 사회구조를 결정하는 요인이나 혁명을 유발하는 요인 따위와 같은 문제를 중시했던 연구자들은 화폐, 이자율, 고용 따위와 같은 주제에 관한 책을 쓰기가 점점 더 불가능해졌다. 이것은, 비록 방법론에 따른 것은 아닐지라도, 연구주제에 따른 하나의 사회학 유형을 규정했다. 게다가 이미 보았듯이 과거에는 실증——비형이상학——분석의 주제였던 윤리, 종교법 그리고 다른 많은 주제가 자연스럽게 사회학 자체의 연구영역으로 들어왔다. 마지막으로 공인된 전문가들이 거의 존재하지 않았던 성차별 관계나 공인된 전문가들의 주요 관심사가 아닌 문제를 드러냈던 교육과 같은 사회문제도 존재했다.

이에 따라 불완전하게 자율적인 사회학은, 진심에서 우러난 수용은

아니었을지라도, (그러한 수용에 힘입어—옮긴이) 성장하고 확대되었다. 물론 마지못해 수용되는 이유에는 타당한 것만큼이나 잘못된 것도 많았다. 그렇지만 그것은 집단이기주의(trade unionism)만의 문제가 아니었다. 사회학으로 알려지게 된 분야의 진지한 연구자들조차 문필가(*littérateurs*) 집단의 공격을 받았는데, 후자의 존재는 전자의 명분을 근본적으로 훼손했다. 우리의 서술이 더욱 어려워지는 이유도 바로 여기에 있다. 그래서 도락주의라는 비난에 직면했을 때 최상의 사회학자 중 상당수는 자신의 전문능력을 강조하기 위해서, 가능하다면 다른 이름으로, 이를테면 법률가, 지리학자, 민속학자, 인류학자, 역사학자, 경제학자 등으로 불리기를 원했다. 마지막 두 범주(역사학자, 경제학자—옮긴이)에 대한 선호가 특히 강했다. 역사편찬은 전문적인 효율성(technical efficiency)의 새로운 수준을 보여주었다. 그래서 이에 대해 당연히 자부심을 느끼던 역사학자들은, 새로운 학자표준을 끊임없이 파괴하는 방식으로 그것을 사용하는 저자들(사회학자들—옮긴이)의 행동을 고깝게 바라볼 수밖에 없었다.

이와 비슷하게, 경제학도 전문적인 효율성의 새로운 수준을 향한, 길고 험난한 자갈투성이길을 오르고 있었다. 경제학자들은 자신들의 대열에서 뒤떨어진 사람들과 항시 오해하는 대중에게 자신들의 연구작업을 충분히 방어할 수 있었으며, 반쯤은 철학적이거나 인문학적인 비전문가들에게 괴롭힘을 당하는 낌새도 없었다. 이러한 비전문가 중 일부는 한때 학문적인 무능력으로 당연히 비난받다가 상황이 바뀌면서 (이들의 견해가—옮긴이) 근본적으로 타당하다는 점이 입증되기도 했으므로, 이들은 결코 역설적인 존재도, 그 자체가 비난받을 만한 문장에 대해 책임이 있는 사람들의 무능력7)을 보여주는 증거도 아니었다.

---

7) 학계 지도자들의 무능력은 당연히 위에서 암시된 현상의 원인일 수 있다. 열역학 이론의 역사에서 우리는 한 가지 대표적인 사례(Robert Mayer)를 발견할 수 있다. 그러나 모든 사례는 그것의 장점에 비추어 판단될 필요가 있다. (아마도 단점만으로 판단해서는 안 된다는 의미인 것 같다—옮긴이.)

겉모습은 심리학자들이나 경제학자들처럼 자신들만의 방법론이나 연구자료의 타당성을 지나치게 옹호하는 다양한 사회학자 집단들 사이의 내분으로 점점 더 혼란스러워졌다. 그러나 이러한 겉모습 아래에는 건전한 성취와 미래를 위한 약속이 동시에 존재했다. 독자들은, 방금 언급된 마지막 문장에서 한 구절만 제외한다면, 과학적인 사회학(a science of society)이 형성되고 있었음을 쉽게 확인해볼 수 있는데, 이것은 수많은 준독립적인 영역이나 완전히 독립적인 영역을 실제로 포함하고 있었지만 당시에 믿고 있던 수준보다는 훨씬 더 그 영역이 제한된 것이었다. 사회, 사회관계, 사회과정 자체와 관련된 의문이 제기되는 영역에 일종의 본부가 있었는데, 이 본부에는 분명히 통제권이 없었다.[8] 그리고 조금씩 발전하면서 '응용'분야나 전문분야가 나타났는데, 이를테면 종교사회학(hierology), 윤리사회학, 정치나 경제제도 따위와 같은 온갖 종류의 전문기술(arts)과 관련된 사회학——좀더 최근에는 과학사회학(*Wissenssoziologie*)까지——등이 그것이다. 이것들은 대부분 두 종류의 전문가 집단(아마도 사회학의 본부, 즉 이론사회학에 해당되는 집단과 응용사회학자 집단을 지칭하는 듯—옮긴이)에게 도움이 되었다. 이를테면 실무적인 법률가들이나 교육자들은 법사회학이나 교육사회학

---

8) 사회학은 (사회라는—옮긴이) 하나의 실체(entity)를 지칭하는 것으로 정의할 수 있다. 그러나 영혼이 모든 '심리적인 현상'을 지칭하는 용어로 정의되는 것만큼이나 하나의 '사물'로도 정의될 수 있듯이, 사회학도 집단 간이나 개인 간 관계들의 총체나 일련의 과정들의 총체를 대변하는 용어로 정의될 수도 있다. 관계적 사회관은 지멜(1858~1918)에 의해 『사회학』(*Soziologie*, 1908)에서, 그리고 좀더 이전에는 『역사철학의 문제』(*Die Probleme der Geschichtsphilosophie*, 1892)—제목이 아주 의미심장한 함의를 드러내는—에서 매우 열정적으로 표현된 바 있다. 이에 따라 사회학은 인간관계에 관한 이론(오늘날에는 비제Leopold von Wiese의 용어인 관계이론*Beziehungslehre*이 사용되고 있다)이 되었다. 이와 반대로 사회 자체의 존재를 가정하는 견해가 '보편주의자들'(슈판Othmar Spann과 그의 후계자들)에 의해 채택되었지만, 이것은 또한 비보편주의적인 저작에 기대어 형성된 것이기도 했다. 전자에서는 사회가 솔직히 형이상학적인 실체이지만, 후자에서는 그것이 방법론적인 구성물이다.

에 관한 글을 통해 거의 도움을 받지 못했으며, 이들은 모두 또 다른 작업을 필요로 했다.

그러나 이러한 구분(순수이론과 응용이론의 구분—옮긴이)은 전적으로 실무적 생활의 필요성에 따라 결정된 것이 아니었으며, 순수하게 과학적인 연구영역에도 확대 · 적용되었다. 예를 들어 과학적인 경제학자들은, 자신의 연구작업을 실무에 응용하는 문제와 거의 무관했지만, 자신의 영역의 완전한 자율성을 요구했다. 그 어떠한 사회학적 고려사항도 힉스의 『가치와 자본』(*Value and Capital*)을 개선시킬 수는 없을 것이다. 그러나 법, 종교, 경제행위 따위에 관한 사회학은, 다른 모든 주제의 사회학과 마찬가지로, 사회학의 본부와 활발하게 소통했는데, 어떤 의미에서 이 소통은 사회학 전체를 묶어주는 요인이었다. 본부는 최소한 자료를 예시하고 검증할 필요가 있었으므로 순수하게 사변적인 영역에 한정될 수 없었으며, 그래서 그것은 이 모든 '응용' 영역이나 '전문' 영역에 의존할 수밖에 없었다. 역으로 후자는 전자로부터 도출되거나 심지어 그것의 도움을 받기까지 한 개념을 사용하거나 명제를 포함하고 있었다. 어느 정도 이 모든 일은, 상당한 불쾌감을 동반하고 필요 없는 논쟁을 수없이 거치기는 했지만, 완료되었다. 그러나 이 모든 일은 우리에게 주로 수용된 자료에 의해 결정되는 방법이나 접근방식에 대해서는 거의 말해주지 못한다.[9] 이제 이러한 측면에 대해 간단하면서도

9) 연구자의 자료가 지닌 본성이 접근방식, 방법론, 방법론적 원칙, 이 원칙에 내포될 수도 있는 호전적인 태도를 결정짓는 주요요인이라는 사실은 사회과학의 역사를 이해하는 데 매우 중요한 사항—비록 지난 4반세기나 한 세기 내외에서는 상대적으로 덜 중요해졌을지라도—이다. 이것의 중요성은, 우리가 자료의 선택이 모든 경우에 자유롭지 않다—아마도 대부분의 경우에 자유롭지 않을 것이다—는, 한발짝 더 나아간 사실을 고려할 경우, 완연해질 것이다. 왜냐하면 이 시기에는 어떠한 사람이 처음에는 철학자이거나, 역사학자 · 민속학자이거나 법률가였다가, 다음에는 이러한 지식을 사회학적 용도로 전환시키는 경우가 흔했기 때문이다.(아마도 일반적인 모습이었겠지만) 그러나 이러한 전환이 나타났을 때마다 그 사람은 자신의 자료와 방법의 노예였으며, 곧바로 그것을 다른 것으로 변화시킬 수는 없었다. 그가 자신의 교육기간에 습득했던 자료와 방

압축적으로 설명해보자.

[1. 역사사회학]

역사학의 왕성한 진군과 그것의 두드러진 특징을 동시에 기억한다면, 이 시기에 사회학 분야에서 이루어진 최상의 연구작업 중 많은 것이 그 본성상 역사적인 것이었음을 알았다고 해서 놀랄 필요는 없다. 첫째, 역사학자에 의해 수행된 이 작업 중 많은 것이 본질적으로 사회학적인 것이었다. 즉 우리는 좀더 적절한 용어가 없어서 '문제사'(problem history)라고 불렀던 영역의 글을 남긴 역사학자들을 사회학자와 구분하기 어렵다. 둘째, 최상의 사회학자 중 많은 사람이 주로 사료에 의존해서 연구했으며, 이 사료를 어느 누구보다도 잘 이해했다. 셋째, 이를 넘어서 일부 사회학자는 사회학을 역사과정에 관한 분석으로 정의했다.[10] 중요한 사항은 앞서 언급했던 물질주의적인 역사해석이 지금까지 가장 성공했던 일반적인 '역사이론', 즉 역사과정의 추동력——만일 존재한다면——에 관한 포괄적인 가정이 아니라는 점인데, 나는 내가 이 점을 충분히 입증했기를 바란다. 장기적으로 좀더 주요한 것은, 앞 절에

법은 그가 실질적으로 이해하고 있는 자료와 방법이었다. 만일 우리가 사회학(이나 그 어떤 다른 학문영역) 내부의 집단적인 적대관계와 이 관계가 사회학의 역사에 미친 영향력을 정확히 진단하고자 한다면, 위와 같은 사실을 결코 잊어서는 안 된다.

10) 예를 들면 마르크스와 크로체가 여기에 해당되는데, 이중에서 후자만이 '사회학'보다 '철학'에 가깝게 말했을 뿐이다. 이러한 관점에서 씌어진 사회학사 관련저작이 바르트(Paul Barth)의 『사회학으로서의 역사철학』(*Philosophie der Geschichte als Soziologie*, 1897)으로, 이 책은 크게 성공했으며 4판은 1922년에야 뒤늦게 출간되었다. 이 책은, 제목이 잘못 붙여지긴 했지만, 역사적 인과율에 관한 일반이론의 역할을 과대평가하는 부분을 제외한다면, 위에서 언급된 관점에서 씌어진 본질적으로 (아직도 유용한) 사회학사 관련저작이다. 비저(Friedrich von Wieser)가 '사회학은 이름 없는 역사다'(아마도 사회학은 역사학이라는 이름을 갖지 않는 역사학이라는 의미일 듯하다—옮긴이)라는 취지의 말—과장된 것이기는 하지만, 중요한 진실을 가르쳐주는 수단인—을 남겼음을 기억해보자.

서 제시된 사례들과 같은, 좀더 제한된 문제들을 해결하는 데 기여하는 것이다.[11] 경제사를 연속적인 단계(예를 들면 촌락경제, 도시경제, 영방경제, 국가경제, 세계경제—슈몰러의 도식)로 도식화하려는 시도는 우리에게 별다른 흥미를 유발하지 못하므로, 이에 대해 더 이상 언급할 필요가 없다.

[2. 선사-민속사회학]

그러나 사회학의 역사적 방법은 선사시대 고고학——논의되고 있는 시기 이전에는 그 초기 모습만이 존재했던——과 같은 논리적으로 인접한 분야의 자료나 당시 결정적인 진보를 보이던 민속학을 사용하는 데까지 실질적으로 확장될 필요가 있다. 왜냐하면 아무리 사실발견 방법이 역사연구, 선사시대 연구, 민속학 연구에서 서로 다를지라도, 이렇게 다양한 분야의 자료들에서 사회학자들이 추론하는 방법은 근본적으로 동일하다. 그러므로 우리는 바로 이 시기에 자기 모습을 확립한, 역사-선사-민속사회학에 대해 언급할 수 있다.

내 알량한 지식에 비추어볼 때, 선사시대 사회학의 가장 인상적인 사례는 멩힌(Oswald Menghin)의 『석기시대의 세계사』(*Weltgeschichte der Steinzeit*, 1931)다. 여기서 나는 민속학이라는 용어를 아마도 좀더 자주 문화인류학이라는 말로 표현되는 의미로 사용할 것이다. 인류학이라는 말은 신체적 인류학(physical anthropology)[12]을 지칭하는 것으로 사용될 것이다. 여기서 내가 핀랜드 사회학자 웨스터마크(Edward Westermarck, 1862~

---

11) 나는 여기에 해당되는 저작을 예시해주는 하나의 걸작으로 모니어(René Maunier)의 『촌락의 기원과 경제적 기능』(*L'Origine et la fonction économique des villes*, 1910)을 꼽을 것인데, 이것은 수많은 저작을 대표하는 책임이 틀림없다.

12) 아마도 '신체적'이라는 말은, 정신을 드러내는 '문화'인류학과 구분된다는 의미에서 사용된 듯 보인다—옮긴이.

1939)의 두 역작을 거론한다고 해도, 내 스승(아마도 웨스터마크를 지칭하는 듯—옮긴이)에 대한 애정 때문에 오류를 범하는 것은 아니기를 빈다. 이 사람은 1906~30년에 런던정경대학에서 사회학을 가르치면서, 비록 이후에 그 세부적인 내용이 모두 비판받기는 했지만, 이 시기 민속사회학 분야 최고의 업적(*History of Human Marriage, 1889; Origin and Development of Moral Ideas*, 1906)(으로 평가될 만한 두 역작—옮긴이)을 남긴 인물이다.

그러나 이 시기 가장 중요한 민속학 '학파'(어떤 의미에서는 웨스터마크도 포함되는)의 형성은 타일러(Edward B. Tylor, 1832~1917)의 연구나 가르침과 연결되는데, 이에 대해서는 특히 『원시문화』(*Primitive Culture*; 1871년에 1판이 나온 후, 수많은 개정판이 출판되었다)를 참조하라. 이 학파는, 비록 대담한 구성을 싫어하지는 않았지만(예를 들어 타일러는 애니미즘 신앙이 종교의 기원이라는 생각을 지지했다), 실제 민속학 연구작업에서 항시 견고한 토대를 구축하고 있었다. 아마도 그것이 사회심리학의 민속학 분야(이 장 3절의 5항 참조)와 구분될 수 있는 이유는 여기에 있을 것이며, 그렇지 않았더라면 전자는 서서히 후자로 전환되었을 것이다. 방법론 측면에서 이 학파는 몇 가지 흥미로운 사항을 보여주는데, 통계분석 방법의 적용(Tylor, "On a Method of Investigating the Development of Institutions", *Journal of the Anthropological Institute*, 1888~89)이 그중 하나다. 아마도 바흐오펜(J.J. Bachofen, 1815~87; *Mutterrecht* [matriarchate], 1861)으로 대표되는 대륙의 연구자 집단과 비교해볼 때, 방법론적 우월성과 폭넓은 민속학 연구는 이 학파의 독특한 속성이기도 하다. 프레이저(Frazer)의 『황금가지』(*Golden Bough*, 1890)와 비슷하게 유명한 다른 저작들, 이를테면 모건(L.H. Morgan)의 『고대사회』(*Ancient Society*, 1877)에 대해서는, 앞뒤가 맞지 않는 듯 보일지라도 더 이상 언급하지 않을 것이다. 그렇지만 우리에게는 그래브너(Fritz Graebner)의 가르침(*Methode der Ethnologie*, 1911)을 과거에도 추종했고 오늘날에도 추종하는 학파에 대해서만 언급하는 특별한 이유가 있다. 무엇보다도 이 학파의 걸출한 인물인 슈미트(M.G. Schmidt)는 민속경제학 분야에서 우리가 보유하고 있는 유일한 책(*Grundrisse der ethnologi-*

schen Volkswirtschaftslehre, 1920~21)을 남긴 사람이다. 또한 코퍼스(Wilhelm Koppers)의 글("Die ethnologische Wirtschaftsforschung", *Anthropos*, 1915~16)도 참조하기 바란다.

그러나 우리에게는 이 학파의 특징인 문화권 이론(Kulturkreistheorie)이 훨씬 더 중요하다. 이것의 두드러진 특징을 요약하면 다음과 같다. 원시문명 형태에 대해 탐구할 경우, 언제나 '기원'——예를 들면 관찰된 장식용품 따위의 유형이나 가축의 사육 같은 관찰된 행동유형에 관한——의 문제가 당연히 제기된다. 또한 시간의 흐름에 따른 관찰된 변화('진보')를 설명해줄 만한 요인에 관한 문제도 제기된다. 민속학자들이나 문화인류학자들은 사안에 따라 매우 다른 설명을 제시한다.[13] 그러나 이들 중 대다수는, 관찰된 행위나 행위를 반영하는 관찰된 물리적 대상의 유형은 원칙상 적어도 각각의 발견물이 귀속될 수 있는 집단이나 부족의 조건으로 설명되어야 한다는 점에 대해 동의——하거나 오히려 이를 당연한 것으로 여긴다——한다. 즉 대부분의 민속학자들은 '독립적인 기원'과 '독자적인 발전'에 관한 이론으로 불릴 수 있는 것을 지지한다. 이들은 원시문화 패턴이 오랫동안 매우 안정적이라는 사실을 강조한다. 그래서 이들은 비슷한 도구들과 같은 것들의 독립적인 기원과 자율적인 발전에 대해서는 부정하지만, 비슷한 것들의 발생을 그것들이 시작된 공통의 원천을 보여주는 징후——비록 그것을 입증해주는 증거는 아

---

13) 예를 들어 발명의 기원(Origin of Invention)에 관한 '이론'에 대해서는 이와 제목이 동일한 메이슨(Otis T. Mason)의 저작(1895)을 보라. 동일한 주제에 관한 현대의 저작들, 이를테면 어셔(A.P. Usher)나 길필란(Gilfillan)의 저작과 비교할 경우 이 책은 흥미롭다. 그러나 기원문제에 관한 한, 이 시기에 가장 흥미로운 글은 한(Eduard Hahn)의 저작이나 논문에서 찾아볼 수 있다. 이에 대해서는, 특히 Eduard Hahn, *Die Haustiere*…… (1896); *Die Entstehung der wirtschaftlichen Arbeit*(1908) 참조. 나는 한의 저작에 대한 비판의 타당성을 평가할 만한 위치에 있지 않다. 그렇지만 의심할 수 없는 사항은, 경제학자가 그의 저작을 살펴본다면, 경제학의 범위와 방법에 관한 견해가 어떠했든지 간에 당분간은 틀림없이 제도주의자로 변모할 것이라는 점이다. 왜냐하면 분명히 이러한 점들은 단순한 경제학자가 말할 수 있는 것보다 훨씬 더 중요하고 교훈적이기 때문이다.

닐지라도——로 본다. 가령 특별한 단추유형의 사용은 독자적으로 발명된 것이 아니라, 전파를 통해 확산된 것이다. 문화권 이론이 등장한 이유는 여기에 있다. 우리가 이론을 액면 그대로 수용하든 수용하지 않든지 간에(실제로 이 이론은 독자적인 논리가 수용을 어렵게 만드는 요인이다), 이 이론은 사회학 전체에 대해 근본적인 중요성을 갖고 있음이 분명하다. 제한된 수용만으로도, 그것은 이 시기의 진화관에 대해 심각한 충격을 던졌으며, 우리가 사회학의 중심(headquarters sociology)이라 불렀던 이론과 매우 큰 차이를 보여주었다.

우리는 라첼(Friedrich Ratzel)의 『인류지리학』(*Anthropogeographie*, 1882~91; 4th ed. 1921~22)을 언급하면서 논의를 끝낼 것이다. 이 책은 (이러한 학문분야의—옮긴이) 형성에 영향을 주었으며, 특히 점점 더 늘어나는 인간지리학(human geography) 분야의 저작들의 출발점——비록 그 근본원인은 아닐지라도——이었다. 우리가 이러한 탐구유형을 역사사회학의 토대에 포함시킨다면, 이는 아마도 한 측면을 과대평가하는 것이 될 것이다.[14] 그것은 분명히 생태학이라는 용어가 시사하게 될 전문성, 즉 오늘날 미국에서 강렬하게 연구되고 있는 집단과 제도의 공간관계에 관한 연구와 좀더 밀접한 상관성이 있다. 그러나 적어도 잠재적인 측면에서 인간지리학은 역사사회학의 자료를 보완——칼둔(Ibn Khaldun)이 보여주었듯이——해주기 때문에, 이 시기의 뛰어난 업적에 대해 언급할 필요가 있다.

[3. 생물학적 학파]

이 시기의 사상을 전체적으로 살펴볼 때, 생물학 연구결과를 사회현상에 적용하는 현상이 아주 많은 곳에서 나타나기 때문에 이를 그냥 지나쳐버릴 수는 없다. 우리는 이 분야를 그냥 지나쳐버리고 싶기도 한데, 왜냐하면 그것이 우리와 같은 경제학자들조차 익숙한 수준을 넘어설 정도로 이데올로기적 편견과 도락주의에 휩싸여 있었기 때문이다. 그러나

14) 그러나 어셔의 가르침에 친숙한 독자들이라면 그렇게 생각하지 않을 것이다.

무엇보다도 생물학적 고려사항은 언제나 경제학자들에 의해서 실제로 이루어진 연구의 근처를 맴돌고 있기 때문에, 비록 그 주변만을 건드릴지라도, 우리는 그렇게 할 수 없다. 여기서 우리는 결코 전문적인 생물학 연구의 발전에 대해 기술하지 않을 것이다.[15] 다윈주의 계열의 저작 그리고 이와 관련된 멘델 지지자의 저작과 기타 논평을 제외하면, 영향을 미친 것이 없음을 언급하는 것으로 충분하다. 이(영향을 미친 것—옮긴이) 가운데 우리에게 가장 중요한 인물은 바이스만(August Weismann, 1834~1914)[16]이다. 그리고 우리에게 가장 중요한 쟁점은 타고난 특성의 중요성과 획득형질의 계승문제다.

물론 역사사회학이 존재한다는 의미에서, 생물학적 사회학 같은 것이 존재하지는 않았다. 생물학적 고려사항이 다소 중요한 설명가설을 제공——경제적 고려사항이나 그밖의 다른 고려사항과 마찬가지로——할 수도 있지만, 그것을 포괄하는 사회학은 여전히 독자적인 방법과 자료에 힘입어 자신의 정체성을 유지한다. 그러므로 **생물학적 학파**(Biological School)라는 느슨한 문구가 의미할 수 있는 것은 그저 생물학적 요인이나 그 측면을 강조하는 것뿐이다. 이에 대해 우리는 네 가지로 나누어 설명할 것이다.

첫째, 사회는 '기계적인' 존재가 아니라 '유기적인' 체계이므로, 인간의 신체 같은 생물유기체와의 유비를 이용해서 효과적으로 분석될 수 있다는 견해가 있다. 내가 보기에, 경제학자로 불리는 사람 중에는 셰플[17]의 저작이 그 예에 속한다. 그러나 우리는 이러한 견해의 명백한 유치함 때문에, 경제과정의 '유기적 본성'에 대한 강조가 매우 합리적인

---

15) 이 공백을 채워줄 수 있는 자료는 많은데, 노르덴스키올드(Erik Nordenskiöld)의 『생물학사』(*History of Biology*, 1928)가 그중 하나다.

16) 우리에게 중요한 그의 저작은 모두 영역본이 존재한다.

17) Albert E.F. Schäffle(이 책의 4부 5장 4절 참조), *Bau und Leben des sozialen Körpers*(1st ed., 1875~78). 다행스럽게도 이 책은 사회체(social body) 속에서 신경기관과 소화기관을 찾아내려는 저자의 노력에 힘입어 완전히 망가지지는 않았다.

방법론적 원칙을 제공하는 방편일 수도 있다——예를 들면 마셜에게서 확인되듯이——는 사실까지 무조건 거부해서는 안 된다. 이론가들——특히 '계획화' 유형의 이론가들——은 종종 몇 가지 경제적 집계변수 사이의 소수의 기능적 관계로부터 '실제'결과를 추론하는 어리석은 관행에 빠져들어, 이러한 분석장치로는 그 본성상 좀더 근본적이면서 미묘한 관계들——양적 크기를 측정할 수는 없지만, 국가의 문화생활을 위해서는 이 크기가 측정가능한 것보다 훨씬 더 중요할 수도 있는——이 설명될 수 없다는 사실을 완전히 무시하곤 한다.[18] 이러한 야만적인 절차에 관한 한, 아마도 '유기체'라는 고려사항——비록 그 자체로는 거의 적절한 것이 아닐지라도——이 가장 분명한 해독제일 것이다.

둘째, 생존투쟁과 적자생존이라는 다윈주의적 개념을 자본주의 사회의 실제 산업계와 직업계에 적용해보려는 시도가 존재한다. 여기서는 두 가지를 조심스럽게 구분할 필요가 있다. 한편으로, (우리가 더 이상 논증하지는 않겠지만) 개인-기업 체계의 몇몇 측면은 정확히 생존투쟁으로 설명될 수 있으며, 이러한 투쟁에서 적자생존의 개념은 동어반복이 아닌 방식으로 정의될 수 있다.[19] 그러나 만일 그렇다면, 그 측면들은 경제적인 사실에만 의존해서 분석되어야 하며, 조금도 생물학에 호

---

18) 한 가지 사례가 이를 입증해줄 것이다. 앞서 우리는 러시아가 19세기 후반에 자국의 경제발전 속도를 늦출 수도 있는 금융규제 정책을 추진했다는 사실에 대해 언급한 바 있다. 동시에 나는 이러한 정책의 경제적 타당성을 입증할 수 있는 가능성에 대해 암시했다. 이는 모순이 아니었다. 그러한 정책을 간단히 어리석다고 보는 견해는 금융 · 신용 체계의 명백한 역학(mechanics)에만 의존할 뿐, 주어진 금융정책이 한 국가의 경제적 · 정치적 · 도덕적 패턴을 구성하는 모든 요소의 결과이자 그러한 요소들에게 때로는 분명한 방식으로, 때로는 그다지 분명하지 않은 방식으로 영향을 미치는 요인이라는 사실을 전혀 고려하지 못한다. 이를 간과한 채 정책의 효과를 평가하는 것은, 실천적인 관점에서 볼 때, 그저 쓸데없는 짓일 뿐이다. 정확히 말한다면, 이것이 바로 '유기체라는 고려사항'을 강조하는 사람이 말하고자 하는 내용일 것이다.

19) 생존하는 것을 '적자'로 정의한다는 것, 즉 생존한다는 사실에 의해 적자로 정의된다는 것은 당연히 (가치 없는) 동어반복일 것이다.

소해서는 안 될 것이다. 이는 역으로 이 주제와 관련해서 생물학자들이 환대할 만한 견해는 비전문가의 입장으로 제외될 것임을 의미한다. 다른 한편으로, 생물학적 사실과 이론에 진정으로 호소하는 견해가 존재할 수도 있다. 이는 인간이라는 대상의 신체적 · 정신적 특징의 유전문제가 등장할 때마다 항시 제시된다. 이 문제는 특정한 제도와 정책의 효과를 평가하는 데 분명 타당하다. 아니 그래야만 한다.

이후 이 두 가지 사항은 불완전하게나마 구분되었다.[20] 여기서 우리는 두 번째 문제에만 관심이 있으며, 그중에서도 특히 이것이 이 시기의 사회개혁 논의와 어떠한 관계를 맺고 있는지에 관심이 있다. 물론 최하계층을 보호하려는 정책이 인간자산의 평균적인 질을 떨어뜨리는 결과로 이어질 수 있다는 주장은 다윈주의보다 훨씬 오래전부터 존재했다.[21] 현재 논의되는 시기에 이에 대한 수많은 지지자가 나타났는데, 그 중 가장 중요한 인물은 스펜서였다. 그렇지만 그는 생물학적 선별에 관한 연구에 기대어, 이전의 아이디어를 정교화하는 데 그쳤을 뿐이다. 이와 관련된 비판은 관련된 생물학 이론이 아니라(대부분의 경우, 비판자들은 그렇게 할 수 있는 위치에 있지 않았다), 자연선별 개념을 실제 사회적 선별영역에 적용하는 것, 즉 오늘날 생존에 적합하다는 점을 '사회적으로 바람직한' 특성과 동일시하는 관행——오늘날에도 진부할 정도로 익숙한 방식으로 계속되는——에 대한 것이었다. 아쉽지만 이러한 논의에 대해 두 가지 요점을 언급할 필요가 있다. 경제학자들은 이러한 문제들에 적절하게 주목하는 데 완전히 실패했다. 이들의 기여라고는 경솔하게 찬성 의견이나 반대 의견을 표현하는 것이 전부였다. 경제학

---

20) 어쩌면 용감하게 인기 없는 진실을 밝혔기 때문에, 경제계에서 인정받은 적이 없고 오늘날에도 완전히 잊힌, 멀록(William H. Mallock, 1849~1923)이라는 인물의 수많은 장점 중의 하나가 바로 이러한 측면에서 올바르게 행동했다는 점이다. 이 사람에 대해서는 *Social Equality*(1882), *Aristocracy and Evolution*(1898) 참조.

21) 그 한 가지 사례로 이 책, 1권, 2부 5장 1절 3항 참조.

계를 이끄는 인물 중에서 피구만이 좀더 신중하게 고민했으므로, 나는 좀더 많은 정보를 원하는 독자들에게 이 사람을 참고하도록 권유한다.[22] 설상가상으로, 경제학자들은 편들기에 가담하면서 이데올로기적 편견의 영향을 한탄할 만한 정도로 드러낸다.[23] 이는 인간자산의 질에 대해 위험요인이 될 수도 있다는 생각을 무조건 옹호하는 사람들에게만 해당되는 사안이 아니라, 그것을 깔보는 사람에게도 (비록 그 정도가 좀 더 강한 것은 아닐지라도) 해당되는 사안이다. 그러므로 **천성**(Nature)이냐 **양육**(Nurture)이냐의 문제는 오늘날까지도 가장 만족스럽지 않게 해결된 상태로 남아 있다.

셋째, 두 번째 경우에 속하지만, 우리에게 방법론 차원에서 중요한 도움을 제공하기도 했던, 통계적인 생물학, 즉 생물통계학(biometrics) 분야의 저작을 강조하기 위해서 분리해서 살펴보게 될 연구성과가 있다. 이에 대해서는 두 명의 저명한 이름으로 충분할 것인데, 그것은 바로 피어슨과 골턴(Francis Galton) 경이다.

피어슨(1857~1936)은 분명히 더 이상 소개할 필요가 없을 정도로, 이는 마치 (그의 명성을 위해서는—옮긴이) **생물통계학**(*Biometrika*) 분야 이외의 업적이 요구되지 않는 것과 같은 이치다. 그러므로 상당히 의미심장한, 그의 저 유명한 두 개의 문구를 상기하는 것으로 그칠 것이다. "(개인의—옮긴이) 능력은 혈통으로 유전된다"와 "국민은 실패로부

---

22) 이는 1912년에 일어난 일이었다. 그러나 나는 1929년에 출간된 (피구의—옮긴이) 『후생경제학』(*Economics of Welfare*) 세 번째 개정판의 1부 10장을 읽어보라고 권유한다. 유명할 뿐만 아니라 즐겁기도 한 문장— "사람만이 아니라 환경에게도 자식이 있다" —은 115쪽에 실려 있다.

23) 관련된 이데올로기가 필연적으로 계급 이데올로기인 것은 아니라는 점에 주목해보면 흥미롭다. 물론 그러한 경우가 흔하기는 하다. 그러나 사람들은 이렇게 특수한 논증방식으로는 진리의 요소를 발견하지 못할 수도 있는데, 이는 그것이 개인이 소중하게 간직하고 있는 일부 도식이나 이상에 부합되지 않는다는 간단한 이유 때문이다. 이러한 도식이나 이상은 계급구조 내의 위치와 일대일 관계를 맺는 것이 아니다.

터 힘을 얻는다"가 바로 그것이다. 골턴(1822~1911) 경은, 만일 내가 영국 특유의 위대한 과학자의 유형과 과학적 창조유형에 대해 정의해보라는 질문을 받는다면, 그 대표적인 사례로 선택해야 할 인물이다. 그는 의학을 공부했지만 거기서 멀어진 채, 자유분방하면서도 형식에 구애받지 않는 태도로 자신을 끌어당기는 온갖 부분의 사상세계를 좇아 방황했다. 대학이나 교육계와 절연한 채, 자신의 문제의식을 정립하고 이를 타고난 독창성——완벽하게 매혹적인——으로 해결하고자 노력했다. 그러므로 그는, 자신의 친척인 다윈과 아주 비슷하게, 가장 진정한 과학자였지만 학계와는 가장 거리가 멀었던 인물이다. 그의 수많은 업적 중에서 우리에게 중요한 것은 다음과 같다. 그는 독자적으로 발견한 상관관계를 하나의 효과적인 분석도구로 갖고 있다고 말할 수 있는 인물이자, (1905년에 우생학연구소를 설립해서) 우생학(eugenics: 이 용어 자체가 골턴이 창안한 말이다—옮긴이)을 독립적인 학문분야로 정립시킨 인물이었다. 또한 그는 새로운 심리학 분야인 개인별 차이에 관한 심리학의 중요성을 깨닫고 이 분야의 연구를 개척한 인물이자, 비록 아주 부적절한 방법으로 접근하기는 했지만, 천성과 양육의 문제(*Hereditary Genius*, 1869; *Inquiries into Human Faculty and Its Development*, 1883; *Natural Inheritance*, 1889)에 매달렸던 인물이다. 나의 알량한 지식으로 볼 때, 이 모든 사항은 그를 세 명의 위대한 사회학자 중의 한 사람으로 만들어준 요인이 되었으며, 비코와 마르크스가 나머지 두 사람이다.

넷째, 인종이론이 있다. 여기서 이해되듯이,[24] 이 이론은 생물학 이론

---

24) 한 영토에서 공생(Symbiosis)한다는 것은, 특히 그 효과가 정치동맹에 의해 강화된다면, 일반적으로 몇 가지 공통의 관심사와 관례 그리고 이에 관한 의식까지 산출하기에 충분한 요인이 될 것이다. 물론 이러한 사실에 대해 의문이 제기된 적은 없었다. 또한 그것이 상대적으로 영속적인(즉 '민족적인') 행위유형을 산출하는 경향이 있다는, 좀더 진전된 사실이 사회학에서 차지하는 중요성에 대해서도 의문이 제기된 적은 없었다. 우리에게 인종이론은 이러한 행위유형을 그 집단 공통의 신체적 특성과 연결시키는 이론을 의미할 뿐이다.

의 하위분파였다. 물론 인종에 따라 사회학적으로 적절한 특성이 달라진다고 믿지 않더라도, 개인별 차이가 아주 크다——수학적 재능이나 음악적 재능에서 관찰되는 거대한 차이를 생각해보라——고 믿는 것은 충분히 가능하며, 심지어 통계분포상의 개인의 위치가 주로 유전의 문제라고 믿는 것 또한 그러하다. 그런데 전자(인종에 따라 사회학적으로 적절한 특성이 달라진다–옮긴이)를 믿는 것은 인종이론의 특별한 경우에 해당된다. 초과학적인 이러한 '인종주의' 신념은 인류만큼이나 오래된 것이며, 이것의 높다란 업적이 구약성경이다. 그러나 과학적인 방법으로 이것을 정립하려는 시도가 출현한 시기는 지금 논의되는 시기보다 크게 앞서지 않았다. 내가 이 분야의 가장 강력한 성과(고비노의 업적)에 대해 이 책, 2권, 3부——연대기상으로 여기에 해당된다——에서 언급하지 않았던 이유는 바로 여기에 있다. 유일하게 언급할 만한 또 다른 이름은 암몬이다. 다른 측면은 보애스가 그 정점을 보여준다.[25] 이 이론

여기서 우리는 '심리학적' '문화적' 유형이 어느 정도의 영속성을 지니고 신체적 유형도 절대적으로 안정된 것이 아니므로, 이렇게 차별화된 두 가지 유형이 서로에게 영향을 미치면서 상대방을 조금씩 변화시킨다는 점을 기억할 필요가 있다. 그렇지만 이 시점에서는 그 각각의 개념적 특징을 강조하는 것이 중요하다.

25) 고비노(Joseph Arthur Comte de Gobineau, 1816~82)는 자신의 소설과 사회학적 성취로 보더라도 높게 평가되어야 할 역사서술(예를 들면 *Renaissance*, 1877)을 통해 불후의 명성을 얻었다. 여기서 우리는 그의 『인종의 불평등에 관한 고찰』(*Essai sur l'inégalité des races humaines*, 1853~55)에 관심이 있다. 이 책은 그의 소설과 마찬가지로 인상적인 개인의 역량에 관한 것인데, 이 책에서 '힘'(strength)이라는 요소가, 이를테면 우리가 강력한, 즉 설득력 있는 비판요소에 대해 언급할 때 사용하는 의미와 다르게 사용되면서, 강조되는 이유도 여기에 있다. (이 책의–옮긴이) 거대한 비전은 거의 모두 잘못된 방법—사실상 도락주의적인 방법—과 명백한 부조리로 오염된 상황이지만, 그렇다고 해도 이러한 이유로 고비노를 비판하는 사람이, 공정하고 논리적이라면 마르크스를 존경할 수 없을 것이다. 자료와 방법에 관한 한 암몬(Alfred O. Ammon, 1842~1916)은, 비록 아직도 만만치 않은 숫자의 반론이 존재하기는 하지만, 상당히 탁월하다.(이에 대해서는 그의 저서 『사회질서』*Gesellschaftsordnung*……, 1895 참조) 과학적 양심과 탁월한 능력 때문

의 극단적인 단순성은 개인별 '능력'의 차이와 이 능력의 유전문제를 매우 중요하게 취급하거나 그래야만 하는 경제학자들이 특히 후자의 인종주의적 측면에 대해 거의 자연스럽게 관심을 보인다는 사실에 의해 정당화된다. 사실상, 내가 아는 한, 좀바르트(Werner Sombart)는 주목할 만한 경제학자 중에서 유일하게 인종이라는 요소를 의미심장하게 이용한 인물이었다.[26] (이와 관련해서—옮긴이) 내가 유일하게 언급할 필요가 있다고 느끼는 사항은 여기서 우리는 유치한 싸움——즉 유치한 사람들 사이의 논쟁——으로 설명될 수밖에 없는 것으로는 현실문제에 대한 연구가 거의 불가능하다고 생각하고 있다는 점이다. 왜냐하면 이 문제는 현실적인 것이지, 단순히 지나친 상상력이 낳은 이상징후가 아니다. 이 점은 많은 측면에서 사회학에 중요한데, 사회계급 이론에 관한 사회학이 그 한 사례다.[27]

에 보애스(Franz Boas, 1858~1942)는 매우 암묵적인 방식으로 양보했는데, 이는 그가 생각했던 것 이상으로 단절이 커서 그의 모든 결론을 갑자기 정반대의 의미로 전환시킴으로써 그가 제시한 사실들로부터 추론할 수 없을 정도가 되었다. (이에 대해서는 특히 *The Mind of Primitive Man*, 1911 참조; 독일어 원판에는 원시primitive 대신에 미개*kulturarm*라는 말이 사용되었다.) 아쉽지만, 나는 불행하게도 사회학적 문제와 경제문제에 대해 종종 제시되는, 다음과 같은 충고와 함께 이 각주를 끝내야 할 것 같다. 인종이론의 강점을 파악하기 위해서는 그 반대론자들(의 저작—옮긴이)을 읽고, 이 이론의 약점을 파악하기 위해서는 그 주창자(들의 저작—옮긴이)를 읽어라.

26) 그의 책 중에서 『유대인과 경제생활』(*Die Juden und das Wirtschaftsleben*, 1911; English trans., 1951) 참조. 이 책은 하나의 분석모델로는 좀처럼 설명될 수 없다. 그러나 인종이라는 변수를 부차적으로 참고하는 일은 경제학 관련저작에서 훨씬 더 빈번하다. 우리는 밀의 『원리』에서 그 사례를 찾아볼 수 있다.

27) 케임브리지대학교의 민속학자인 해든(A.C. Haddon)의 가르침은, 문제에 대해 과학적으로 접근하고 그 과정에서 민속학 자료를 효과적으로 이용하는, 하나의 모범적인 사례를 보여준다. 그러나 이러한 점은 강의에서만 나타날 뿐, 그의 출판된 저작에서는 찾아볼 수 없다. (한때 유명했지만 오늘날에는 거의 잊혀진) 또 다른 저자에 대해 언급할 필요가 있는데, 이 사람이 문제에 접근하는 방식은 오늘날 모든 고통을 야기하는 특별한 요인(아마도 인종주의를 지칭하는 듯—옮긴이)에서 자유로우며, 아울러 인종별 특성과 문화적 특성 사이의 특

[4. 자율적인 사회학]

지금까지 우리가 매우 폭넓게 역사사회학을 정의했음을 알고 있는 독자라면, 과연 역사사회학이 아닌 영역이 존재할 수 있는가라는 의문을 제기할 수도 있을 것이다. 왜냐하면 모든 사회학자나 경제학자는, 아무리 사변적인 성향을 보일지라도, 몇 가지 사실을 이용해야 하는데, 그것들 대부분은 우리가 정의했던 의미에서 역사적 특성을 지닐 수밖에 없기 때문이다. 그러나 이것이 내가 말하고자 하는 바는 아니다. 우리는 오직 진정으로 역사적 · 민속학적인 연구에 스스로 참여하거나, 적어도 이와 관련된 다른 사람의 연구에 기초를 둔 분석으로 자신의 결론을 도출한 사람에 대해서만 역사사회학자로 정의한다. 어떠한 이론을 예시하거나, 심지어 그것을 검증할 목적에서 일관성 없이 역사적 사실들을 이용하는 사람이 있다면, 그는 역사사회학자가 아니다. 이와 동일한 맥락에서, 이러저러한 유형의 '심리적' 사실을 이용하지 않는 사회학적 분석을 실제로 상상하기 어렵다는 이유로 비심리학적인 사회학이 존재할 수 있는지에 대해 의문을 제기하는 독자가 있다면, 이는 본질적인 논점을 놓치고 있는 것이다.

이 책에서 심리학적 사회학이나 사회심리학(이 장의 3절 5항 참조)을 판가름하는 기준은 전문심리학의 방법과 결과를 사용하느냐에 있지, 사회학자 자신에 의해 관찰되고 개념화된 공통경험에 관한 사실——설령 이것이 심리학적 본성에 부합되는 것일지라도——을 사용하느냐에 있지 않다. 우리는 7장에서 이러한 구분의 경제학적 사례에 대해 조금 상세하게 살펴볼 예정인데, 이를 통해서 우리는 이 구분이 단순한 말의 문

별한 상관관계, 특히 다른 인종에 대한 한 인종의 전반적인 '우월성'이나 '열등함'에 관한 그 어떠한 암시가 없더라도, 인종차이라는 변수의 설명력이 유지될 수 있음을 보여준다. 그는 바로 (그라츠Graz대학교의 공법학 교수였던) 굼플로비치(Ludwik Gumplowicz, 1839~1909)로, 이에 대해서는, 비록 그의 (신체적) 인류학은 미완의 상태로 남겨져 있지만, 『인종투쟁』(*Rassenkampf*, 1883)과 『사회학의 기초』(*Grundriss der Soziologie*, 1885)를 참조.

제가 아니라, 방법론적으로 상당히 중요한 문제이자 수많은 오해의 원천이기도 하다는 점을 알게 될 것이다. 후자(수많은 오해의 원천-옮긴이)는, 진지하게 전문심리학을 이용해본 적도, 이것의 방법론이 조금이라도 요구되는 연구에 참여한 적도 없는, 사회학자들과 경제학자들이 자신들의 분석절차를 심리학적인 것으로 설명하면서, 아주 당연하다는 듯이 자신들의 가짜 심리학적인 구성물을 전문적인 비판의 무대에 내놓는다는 사실에서 비롯된 것이다.

그러므로 우리는 이 시기에 독자적인 문제와 방법을 탐구하는 자율적 사회학이 성장했음을, 설령 그 결과가 가짜 심리학적이거나 가짜 역사적인 개념과 명제로 충만한 것일지라도, 인식하게 될 것이다. 앞서 우리가 '본부'나 '순수사회학'으로 묘사했던 것이 바로 이 자율적 사회학인데, 사회, 계급, 집단, 구조, 지배와 예속, 지도력, 동화 그리고 조정 따위가 바로 여기에 해당되는 항목들이다. 쿨리,[28] 기딩스(Giddings), 홉하우스(Hobhouse), 로스(E.A. Ross), 지멜, 슈판, 슈테펜,[29] 타르드(Tarde), 퇴니에스(Tönnies) 등이 이러한 사회학의 다양한 접근방법을 대표하는 이름들이다. 그렇지만 그 다양성에 대해서는, 설령 지면이 충분하다고 해도, 저자들——이들의 저작에 대해서는 아직도 정독해볼 만하다——이 스스로 가능하다거나 바람직하다고 생각했을지도 모르는 수준보다 훨씬 적게 언급할 수밖에 없다.[30] 이러한 인물들의 노력은, 이

---

28) 쿨리(Charles H. Cooley, 1864~1929). 이 사람의 대표적인 저작으로는 『사회 조직화』(*Social Organization*, 1909)가 있으며, 이와 함께 듀이(John Dewey)의 『인간 본성과 행동』(*Human Nature and Conduct*, 1922)을 참조.

29) 슈테펜(G.F. Steffen, 1864~1929)은 스웨덴의 사회주의를 이끌던 인물로, 그의 『사회학』(*Sociologi*, 1910~11)은 무시될 수 없는 책이다.

30) 위 이름들—보기에 따라서는 매우 부당하게 선택된—은, 내가 참조할 만하다고 생각한 책이자 독자들에게도 자연스럽게 추가적인 읽을거리를 제공해줄 수 있는, 바로 그러한 유형의 사회학 저작을 가르쳐주기 위해 언급한 것이다. 이들 각자의 저작들에 대해 더 이상 언급하지는 않겠지만, 그것들을 유형별로 구분하고 평가했더라면 하는 아쉬움은 남는다. 그렇지만 빼먹을 수 없는 사항이 하나 있는데, 정반대 인물—이를테면 지멜과 슈판—을 한 묶음으로 처리

전 시기의 '일반경제학'만큼이나 전반적으로 폭넓게 인정받는, '일반사회학'을 실제로 산출하지 못했다. 이러한 일반사회학은 산출되었다기보다 어렴풋한 윤곽만을 보였을 뿐이다. 어쩌면 이는, 당시 존립투쟁을 벌이던 학문분야로서, 지극히 당연한 일인지 모른다.

그러나 이후에도 이 과제를 완성하지 못했다는 사실을 고려할 필요가 있다. 당연한 말이겠지만, 이는 과거나 오늘날에 매우 중요한 사회학자들이 충분히 노력하지 않았기 때문이다. 바꾸어 말해서, 이는 단순히 제2차 세계대전 후 사회학자들이 점점 더 전문적이면서도 매우 '사실적인' 문제에 빠져들고 있다는 사실에서만 비롯된 문제가 아니다. 거기에는 또 다른 원인이 놓여 있는데, 그것은 바로 순수이론이 실제로 수량적인 영역에서만 번창했으며, 거기서 제기되는 문제들도 필연적으로 비수학적인 것이었고 그 범위도 지극히 제한된 것이었으며, 그래서 얼마 지나지 않아 관심권에서 멀어졌다는 사실이다. 이제부터는 이 시기 전문영역에서, 그렇지만 자율적인 사회학——외부에서 방법론과 추론결과를 도입하지 않은 사회학——에 속하는 영역에서 일구어낸 몇 가지 성과사례를 언급할 것이다. 우리는 종교사회학을 대표하는 인물로 뒤르켐

하는 것이, 비평가들에게는 적어도 완전한 무지나 오해 말고는 달리 설명될 수 없는 논평처럼 보일 것이라는 점이다. 그래서 그것은 내가 『사회심리학』(*Social Psychology*, 1908)을 쓴 저자 로스와 『경제심리학』(*La Psychologie économique*, 1901)을 쓴 또 다른 저자 타르드를 비심리학적 사회학자로 분류하는 것에 대해 어떠한 다른 설명도 제공할 수 없다. 따라서 나는 계속해서 차이를 축소하려는 나의 노력과 관련해서 두 가지를 지적하고 싶다. 한편으로 나는 이 차이가, 깜짝 놀랄 만할 정도로, 실체보다는 언어(표현—옮긴이)에 영향을 미치는 철학과 방법론적 교리에서 비롯된 것임을 보여줄 수 있었다. 다른 한편으로는 후자 유형(방법론적 교리—옮긴이)의 차이가 적대적이기보다는 보완적인 명제를 산출했음을 보여줄 수 있었다. 식인행위(cannibalism)의 근인을 특정한 정신적 야망에서 찾는 저자라면, 일반적으로 인간의 신체가 돼지고기와 그 맛이 비슷할 뿐만 아니라, 식인행위가 실제로 일어난 상황에서는 (인간이—옮긴이) 인기 있는 음식(*recherché* delicacy)이 된다는 사실에 기초해서 식인행위를 설명하는 이론과 완전히 양립불가능한 것으로 보이는 견해를 따르게 될 것이다. 그러나 실제로는 그렇지 않다.

을 선택했으며, 에를리히(Ehrlich)와 르 봉(Le Bon)을 각각 법사회학과 정치사회학을 대표하는 인물로 선택했다.

뒤르켐이라는 이름은 여기서 반드시 빼먹을 수 없는 사항인데, 그 이유는 단순히 그가 종교사회학을 이끄는 인물 중의 하나였다는 사실에 국한되지 않는다. 그는, 몇 가지 다른 전문분야에 기여했다는 사실 외에도, 결코 새로운 것은 아니었지만 그에게서 특별한 형태로 나타났던 원리에 입각한 방법론을 추종하는 사회학의 한 학파를 일구어냈다. 그는 개인의 행동이 그 자신에게로 귀속되는 사실만으로 설명될 수 없으며, 그래서 사회환경의 영향까지 고려할 필요가 있음을 깨달았다. 이것은 다양한 방식으로 이루어질 수 있다. 뒤르켐이 선택한 길은 (개인으로 하여금 특정한 방식으로―옮긴이) 느끼고 생각하고 행동하게끔 하는 집단정신――왜냐하면 그의 방법은 원시문명에 관한 자료, 즉 부족정신을 이용해서 설명하는 것이었으므로――을 구성해내는 것이었다. 이러한 생각 자체는 낭만주의에서 비롯된 것이었으므로, 우리는 뒤르켐의 견해를 실증주의적 낭만주의의 일종으로 묘사할 수 있다. 예를 들어 이러한 원칙에서 도출된, 종교현상에 관한 (그의―옮긴이) 근본적인 설명은 "종교는 본질적으로 집단숭배다"라는 문구로 요약될 수 있다. 전문적인 심리학――사회심리학이든 그 어떠한 심리학이든지 간에――과 비슷한 것으로는 결코 이러한 이론을 지지해줄 수 없다. 뒤르켐의 방법[31]을 레비-브륄(Lévy-Bruhl)의 방법과 혼동해서는 안 되는 이유가 바로 여기에 있다.

물론 유서 깊은 법 '철학'은 언제나 진정으로 사회학적인 요소들을 포

31) 특히 Émil Durkheim(1858~1917), *Les Formes élémentaires de la vie religieuse*(1912, English trans., 1915) 참조. 또한 *De la Division du travail social*(1893), *Les Règles de la méthode sociologique*(1895) 참조. 뒤르켐에 관한 저작은 꽤 많다. 소로킨(Pitirim Sorokin)도 『현대 사회학 이론』(*Contemporary Sociological Theories*, 1928)에서 뒤르켐에 대해 분석했는데, 말이 나온 김에 말하자면, 나는 이 책을 독자들에게 권하고 싶다. 레비-브륄에 대해서는 이 장의 3절 5항에서 논의될 것이다.

함하고 있다. 이 시기에도 이 학문은 여전히 존속——부분적으로 '법철학사'가 필수과목으로 요구되는 데 힘입어——했지만, 이와 별도로 법적 현상에 대한 엄밀하게 과학적인 연구도 진행되었다. 가장 중요한 진전 중의 하나는 법률적인 실무에 관한 이론의 토대인 법률학(jurisprudence)에서 추론해내기보다 실제 법이념과 사람들의 관례(살아 있는 법 *lebendes Recht*)를 연구하고 거기서 일반성을 도출해내는 데서 나타났다. 에를리히[32]의 생각이 바로 여기에 해당되는데, 이것은 상상가능한 범위 중 가장 불행한 상황에 놓여 있던 오스트리아의 자그마한 한 대학(아마도 에를리히가 로마법 교수로 재직했던 체르노비츠Czernowitz대학교를 지칭하는 듯 보인다—옮긴이)에서 나타난 것으로, 간헐적이기는 하지만, 그 무게만으로 전 세계적인 주목을 받았다. 사회생활 중에서 정치영역만큼 과학적 관심사에 의해 유도되는 연구의 필요성이 절실한 곳은 없는데, 여기서는 철학자의 꿈이 가장 명백한 사실조차 철저하게 무시하면서 이데올로기적 쟁점을 양산하기 때문이다. 공공정책에 대해 언급할 경우, 정치학자들(Political scientists)과 경제학자들은 모두 똑같이 자비로운 신과 아주 흡사하게 허공에 떠 있는(그래서 환상적인—옮긴이), 그렇지만 '정치가'와 국가가 추구해야 할 드높은 목적인 공공선에 관한 유쾌한 전망을 계속해서 만들어낸다.[33] 여기서는 집단싸움, 기계, 우두머리, 압력집단의 선전선동, 대중정신병 그리고 부패 따위와 관련된 사실들이 본질이 아니라 일탈—— '정당정치'가 현실적으로 존재해서는 안 되는 것으로 여겼다——로 취급되었다.

그러나 이 시기에는 과학적 양심을 일깨우는 것과 유사한 움직임이 시

---

32) Eugen Ehrlich(1862~1922), *Grundlegung der Soziologie des Rechts*(1913); Roscoe Pound, "Scope and Purpose of Sociological Jurisprudence", *Havard Law Review*(1911~12) 참조.

33) 우리는 스미스가 이러한 문제에서 놀랄 정도로 벗어나 있음을 이미 알고 있다. 그러나 제임스 밀은 그렇지 못하다. 그는 물론 '국가주의자'(statist)가 아니었지만, 그의 민주주의 이상에 관한 '거대한 원리'는 분석적 의심(analytic scruple)에서 아주 많이 벗어나 있었다.

작되었으며, 정치사회학——정치제도를 그것의 실제 작동방식에 비추어 연구하는——도 그 모습을 드러냈다. 어쩌면 우리는, 누구에게나 즐거우면서도 유익하게 읽힐 수 있는, 매력적인 인물의 매력적인 저작[34]을 증표로 선택할 수도 있을 것이다. 그러나 그 대신에 나는 누구도 넘볼 수 없는 열정으로 자신의 견해를 납득시킬 수 있었던 인물의 책——당대에는 성공을 거두었지만, 오늘날에는 적대적인 비판에 압도당하는——을 선택할 것인데, 이것이 정치행위에 대해서만이 아니라, 어떠한 집단행위에 대해서도 분석하는 데 근본적으로 중요한 사항이기 때문이다. 크게 보면 르 봉의 업적이 이 범주, 즉 모든 사람이 일상생활 속에서 진실이라고 언제나 알게 되는 것을 우리 눈앞에 펼쳐 보여줌으로써 분석에 필요한 '발견'을 제시한 경우에 해당된다. 누구나 경험에서 알 수 있듯이, 대중(Crowd) 속에서는, 그 대중이 영국이 아닌 나라의 도시 거리에서 날뛰는 군중(mob)이든(영국의 군중은 '날뛰지' 않기 때문에) 나이 든 교수들로 구성된 전공위원회든지 간에, 곧바로 지식 · 도덕 · 책임성 따위의 수준이 스스로 생각하고 행동하면서 습관적으로 보여주는 수준 아래로 떨어진다. 그러므로 이러한 현상을 거기에 내포된 모든 함의와 함께 제시해준 (르 봉의—옮긴이) 장점은, 설령 르 봉의 글과 방법이 모두 비판받을 수 있다고 해도, 사실상 위대한 것이다.[35] 마지막으로 우리는 경제학자가 저자——베블런, 비저, 파레토——인, 상당히 중요한 세 권의 저작을 언급할 필요가 있다. 그렇지만 여기서는 지면관계상 이것들에 대해 평가하는 것은 고사하고 그것들을 분류하는 것조차 불가능하다. 베버의 사회학 저작은 이후 이 부의 4장에서 언급할 것이다.[36]

---

34) Graham Wallas, *Human Nature in Politics*(1908; 3rd ed., 1914).

35) Gustave Le Bon(1841~1931), *La Psychologie des foules*(1895; English trans., *The Crowd: A Study of the Popular Mind*, 1896; 1926년에 출간된 16판이 인상적임). 이후 이 책을 뿌리로 하면서도, 기술적인 한계들을 제거하는 데 대체로 성공한 상당수의 저작이 나타났다. 그러나 이 책을 합리적으로 옹호한다면, (거기에 담긴—옮긴이) 비대중적인 생각이나 사실까지 구제해주어서는 안 될 것이다.

3절 심리학

이 시기에 전문 심리학 분야——다른 분야에서 나타난, 다소 심리학적인 성질의 저작과 구분되는——의 발전성과는, 비록 그 대부분이 과거에 뿌리를 두고 있으며 오직 소수만이 새로운 출발이었을지라도, 이루 말하기 힘들 정도로 풍성했다. 그렇지만 이 풍성한 성과는 우리의 목적을 위해 다섯 가지 항목으로 축소될 수 있는데, (1)실험심리학, (2)행태주의, (3)형태심리학(gestalt psychology), (4)프로이트 심리학, (5)사회심리학이 그것이다. 이중에서 이 시기에 경제학 연구에 대해 말에 그치는 것이 아닌 실질적인 영향력을 행사한 것은 없다. 그러나 이것들에 대해서는 그 발전이 이 시기의 시대정신에 미친 영향력과 이것들이 지닌 잠재적 중요성 때문에 반드시 언급되어야 하므로, 이제부터 각 항목별로 살펴볼 것이다.

1. 실험심리학

내성(introspection)이 아닌 방법으로 측정가능한 사실이나, 적어도 관찰가능한 사실을 탐구하는 작업은 물론 새로운 것이 아니다. 심리학은 언제나 이러한 의미의 관찰에 의존했으며, 그 지지자 중 상당수는 언제나 물리학 방법에 대한 충성을 공언했다. 그러나 심리학에 관한 한,

---

36) 베블런(Thorstein Veblen)의 저작은 실제로 모두 경제사회학에 속하지만, 나는 특히 그의 『유한계급론』(*Theory of the Leisure Class*, 1899)을 언급하고 싶다. (권력에 관한 사회학으로 높게 평가되는) 비저의 『권력의 법칙』(*Gesetz der Macht*)은 1926년에 충분히 상세한(*in extenso*) 형태로 나타났지만, 근본적인 아이디어는 이미 『법과 권력』(*Recht und Macht*, 1910)에서 제시된 바 있다. 파레토(Vilfredo Pareto)의 『일반사회학 개론』(*Trattato di sociologia generale*, 1916)은 『정신과 사회』(*Mind and Society*, 1935)라는 제목으로 영역본이 출간되면서 1930년대에 미국에서 상당한 호평을 받았다. 그렇지만 나는 이것이 이 책의 흥미로운 분석도식 때문인지, 아니면 파레토가 퇴폐적인 자유주의의 비극적 운명에 대해 언급했던 상당히 많은 중요한 진실 때문인지 결코 분간할 수 없다.

홉스, 로크, 흄, 밀의 '경험주의'는 거의 실용주의였으므로, 실제 실험과 측정을 유도해내지 못했다. 이것(실제 실험과 측정—옮긴이)은 이전 시기에 고안되었으며, 이 시기에는 그 힘을 모아가고 있었다. 가장 인상적 징후는 심리실험실의 출현이었다. 분트의 라이프치히 실험실(Leipzig laboratory)이 그 대표적인 사례일 것이다.[37] 이것의 방법과 정신은 폭넓고 깊게 영향을 주었는데, 심지어 위와 같은 의미의 좁은 실험심리학 범주와 분트 개인의 견해를 모두 빠르게 뛰어넘은 제임스(William James)나 홀(G. Stanley Hall) 같은 사람들에게까지 영향을 미쳤을 정도였다. 이러한 유형의 저작을 통계적으로 보완해주는 일은 이후에 미국에서 크게 발전되었다.(손다이크Edward L. Thorndike) 여기서 파생된 수많은 결과 중의 하나[38]가 아래 각주에 설명되어 있는데, 경제학

---

37) 분트(Wilhelm Wundt, 1832~1920)는 이 시기에 뛰어난 과학자 중 가장 영향력 있는 사람 중의 하나였다. 그는, 일류의 독창성을 보여주지는 않았지만, 거의 믿을 수 없을 정도의 열정과 생산성을 보여주는 연구자이자 지도자 그리고 교사이자 작가로서, 다른 분야의 발전에도 자신의 이름을 남겼다.(이에 대해서는 이 부의 2장 4절의 2항 참조.) 라이프치히 실험실은 오랜 역사를 갖고 있으며, 이전부터 오랫동안 이어져온 노력의 결실이었다. 분트는 (실험심리학의 선구자인—옮긴이) 로체(R.H. Lotze, *Medicinische Psychologie*, 1852)의 직접적인 후계자로 평가될 정도로, 의학지식을 습득하고, 생리학에 기대어 심리학에 접근했다. 때때로 과거에 경제이론의 중요한 우군처럼 나타났던 것—아마도 미래의 어느 시점에선가 다시 나타날 수도 있는—의 기원을 추적하기를 원하는 독자들에게 도움될 만한 이름으로는 뮐러(Johannes Peter Müller), 베버(E.H. Weber), 페히너, 헤링(Ewald Hering), 헬름홀츠(H. von Helmholtz) 등이 있다. 이들은 모두 생리심리학자로서, 이들의 저작은 감각의 측정 문제(정신물리학psychophysics: 1860년에 페히너가 마음과 물체의 관계를 규명하고자 제창한 학문—옮긴이)에 집중되어 있다. 아주 흥미롭게도, 지금까지 경제학자들은 이러한 연구가 제공할지도 모르는 기회를 이용한 적이 없었다.(이에 대해서는 이 부의 7장 참조)

38) 이것은 개인별 특성의 차이, 특히 능력의 차이에 관한 연구다. 수많은 분파(roots and lines)를 구분해야겠지만, 나는 다만 두 가지를 언급하고 싶다. 분트의 가르침과 연결되고 슈테른(William Stern)의 『차이심리학』(*Differentielle Psychologie*, 1911)에 의해 대변되는 것이 그 하나라면, 골턴에게서 비롯된 것—그의 아이디어를 이행하는 한에서—이면서 이후에 스피어먼(Charles

자들은 이에 대해 주목해야 했지만 실제로는 그러하지 않았다.

분트의 실험실 작업은 열 권으로 구성된 그의 『민족심리학』(*Völkerpsychologie*, 1900~20)이라는 흥미로운 보완물을 갖고 있다. 이 책은 언어 · 신화 · 관습에 대한 연구로, 라이프치히 실험실보다 홉스나 비코의 생각에 좀더 많이 부합되는 것처럼 보인다. 이 책이, 실질적으로 속해 있는 민속사회학[39]에 대해 서술하는 곳이 아니라, 여기서 언급되는 이유는 분트 자신의 관점과 그의 사고도식 내부에서 보면 이러한 탐구유형이 사실상 실험실에서 생산된 결과를 보완해주기 때문이다. 비록 그와 다른 관점에서 보면 상당한 간극이 있어서 결코 그렇게 보이지는 않지만 말이다. 사회현상에 진짜 계량심리학(psychometrics: 감각, 성격, 기호처럼 직접 측량할 수 없는 심리학적 구성개념을 측량하기 위한 방법을 총칭하는 개념—옮긴이)을 적용해보려는 움직임이 나타난 것은 이보다 훨씬 뒤의 일이었다.

2. 행태주의

어떤 의미에서 비교심리학(주로 동물심리학)[40]과 이것을 지배하는 행태주의[41]는, 비록 양자 모두 새롭게 나타난 것일지라도, 분트의 실험실

Spearman)의 주요인자(Central Factor) 이론(이에 대해서는 연구분야를 개괄적으로 설명하고 있는 스피어먼의 *Abilities of Man*, 1927 참조: 인자분석은 수많은 변량 사이의 상관관계를 비교적 소수의 인자로 설명하는 통계분석 방법으로, 이것은 스피어먼에 의해 고안된 것으로 알려져 있다—옮긴이)에 의해 대변될 것이 다른 하나다. 경제학자라면 누구나 이 두 책을 반드시 읽어보아야 한다. 물론 우리에게는 아동심리학과 교육학의 특별한 측면 또한 명백히 중요하다.(이에 대해서는 특히 E.L. Thorndike, *Educational Psychology*, 1913~14, vol.III 참조.)

39) 이것은 또한 (부족심리학tribal psychology이 그 의미를 좀더 잘 전달해주지만, 흔히 '민속심리학'folk psychology으로 번역되는 Völkerpsychologie이라는 말을 만들어낸) 라차루스(Lazarus)와 슈타인탈(Steinthal)이라는 이름을 여기서 언급하는 이유이기도 한데, 이들은 이 분야에서 분트의 직접적인 후계자로 여겨질 수도 있다.

40) C.L. Morgan, *Introduction to Comparative Psychology*(1894) 참조.

리학에 그 뿌리를 두고 있다고 말할 수 있다. 미국의 일부 경제학자가 심리학 영역의 발전 중에서 행태주의자들의 실용주의 선언에 가장 큰 관심을 보였으므로,[42] 독자들로서는 행태주의 원리를 사회과학에 적용하는 데 심각한 제약요인이 따라붙는다는 점을 깨닫는 것이 중요하다. 그러므로 근본적으로 행태주의 방법은 행태를 객관적으로 통제가능한 자극에 대한 객관적으로 관찰가능한 반응——즉 우리가 내성이나 '의미'에 대한 어떠한 다른 심리학적 해석에 의존하지 않더라도 관찰할 수 있는 반응——으로 설명하려는 것이다. 다시 말해서, 이 방법은 (로크가 '정신'을 설명했던 방식과 아주 비슷하게) 반응 메커니즘을 독자적인 성향이 없는 완벽한 공백으로 취급하면서도, (로크를 넘어) 의식 · 감각 · 지각 · 의지 · 분노 · 본능 따위와 같은 말들이 지시하는 개념과 해석의 전 복합체를 거부한다. 하등동물의 행태와 어린 시절 인간의 가장 단순한 반응이 행태주의 방법의 보루가 되는 이유는 바로 여기에 있다. 이 보루의 경계선을 넘어서는 발걸음은 모두 어떠한 도구 없이도 살아갈 수 있도록 우리를 도와주는 진전이며, 그 정당성에 도전할 수 있게 해준다.

그러나 조작적인 범위를 넘어서면, 즉 통제가능한 조건화에 의해 독특하게 결정되는 반응을 실제로 생산할 수 있는 영역을 넘어서면, 이러한 방법 자체는 타당성을 잃게 된다. 인간의 행태가 실험적으로 확증할 수 없는 주변환경에 의해 독특하게 결정되는 효과에 관한 일반화는 틀린 것이라기보다 의미 없는 것이다. 그러나 정확히 이러한 일반화가 일부 행태주의자들이 추구하는 목표다. 즉 그것이 근본적으로 건전한 탐

41) 이 말과 그 프로그램의 뼈대는 왓슨(John Broadus Watson)의 작품이다. 이에 대해서는 그의 *Behavior: an Introduction to Comparative Psychology*(1914), *Behaviorism*(1925) 참조.

42) 현대 경제학 문헌에서 행태(Behavior: 경제학에서는 행위나 행동으로 번역되지만 행태주의Behaviorism라는 용어를 고려해서 행태로 옮겼다—옮긴이)라는 말이 빈번하게 나타나는 이유도 여기에 있을 것이다.

구방법을 이데올로기와 구별 짓는 경계선이므로, 이에 대한 대중의 호응을 이해하기는 어렵지 않다. 이것이 극단적인 환경주의를 지지하고 있음은 분명하다.

3. 형태심리학

형태심리학(에렌펠스Ehrenfels, 쾰러Köhler, 코프카Koffka, 베르트하이머Wertheimer, 리즐러Riezler)은 단 하나의 기본사실에서 발전했는데, 요소집합의 어떠한 개별요소도 개별적으로 지각 · 평가 · 해석될 수 없다는 사실이 그것이다. 여기서는 노래의 한 음, 카펫의 한 색깔, 심지어 저녁식사의 일부인 와인잔까지 결코 고립적으로 '경험'되지 않으며, 만일 그렇다면 그것은 우리에게 그것이 실제 의미하는 바와 매우 다른 것, 즉 그것이 나타내는 특정집합의 일부로 다가올 것이다. 우리가 이렇게 명백하게 아주 중요한 발견——왜냐하면 그것은, 설령 나의 정식화가 너무도 평범하게 들릴지라도, 실제로는 매우 중요하기 때문에——에 대해 언급할 필요가 있는 것은 다음과 같은 두 가지 사항뿐이다. 첫째, 그것의 발전은 주로 이후 시기에 나타났으며 현재 논의되고 있는 시기에는 그것의 시작만이 있었을 뿐이다. 둘째, 형태심리학을 사회과학에 적용할 수 있는 수많은 방법 중에서 상당히 중요한 것이 적어도 하나 있다. 형태심리학은 심리 · 사회적 집합들——이를테면, 사회 자체——에 관한 감각적이면서 비형이상학적인 개념에 도달하기 위해 이용될 수 있다.

4. 프로이트 심리학

19세기 말 이전에 정신분석은 브로이어(Josef Breuer)와 프로이트(Sigmund Freud)의 노력에 의해, 특히 '히스테리성' 운동마비를 치유하는 데 상당히 성공을 거둔 하나의 치료법——파리에서 샤르코(J.M. Charcot)의 가르침에서 시작된——이었다. 그러나 1900년경에는, 여전히 치료법으로 존재하기는 했지만, 매우 폭넓은 측면을 드러내기 시작

했는데, 그것이 인간정신의 작동에 관한 일반이론으로 개발되기 시작했기 때문이다. 잠재의식 상태의 인성(personality) 그리고 이것과 의식적인 자아(ego)의 갈등에 관한 오래된 생각이 프로이트에 의해 정교화되면서 탁월한 효력을 보이는 것으로 탈바꿈했다.[43] 이와 관련해서 나는 다만, 앞으로 사회학——특히 정치사회학——과 경제학에 폭넓게 적용될 수 있는 가능성이 희미하게나마 예상되는 듯하다고 말할 수 있을 뿐이다.(아마도 더 이상 언급할 필요성이 없을 것이므로) 즉 프로이트주의적 정치사회학(경제정책을 포함해서)이 아직까지는 하나의 자그마한 출발점만을 보여주고 있지만(리버스W.H.R. Rivers), 언제인가는 프로이트주의를 적용한 그 어떤 다른 분야보다도 중요한 것이 될 수 있을 것이다. 또한 방법이나 목적은 다를지라도 다른 측면에서는 프로이트의 사상과 비교될 정도로 중요한 또 다른 사상조류들(도 존재했는데, 이—옮긴이)에 대해서는 더 이상 언급하지 않을 것이다. 그렇지만 나는 리보라는 이름만큼은 언급하고 싶다.[44]

---

43) 오늘날 프로이트의 저작은 미국에서 값싼 판본으로 만나볼 수 있는데, 독자들은 이를 참조하기 바란다. 내가 프로이트에 대해 언급한 소수의 문장들이 비난의 의미로 해석될지도 모르겠다는 생각이 든다. 그렇지만 이는 내 의도가 결코 아니다. 모든 위대한 업적은, 기나긴 임신기간 이후의 마지막 출산행위일 뿐이다. 프로이트에게는 다양한 집단으로 분화된, 그중 일부는 더 이상 프로이트주의자로 불릴 수도 없는, 많은 수의 제자가 있었다. 그러나 사회과학을 풍요롭게 만들 수 있는 가능성은 이들 모두(즉 내가 아는 모든 사람)의 몫이다.

44) 특히 Théodule Ribot(1839~1916), *Maladies de la personalité*(1885; English trans., 1895) 참조. 이것은 내가 경제학자들에게, 가능하다면, 반드시 읽어보라고 권유하는 또 다른 책이다. 위에서 비교될 만하다는 언급은 당연히 프로이트 자신의 저작과 비교된다는 것이 아니라, 프로이트의 후계자로 입문한 몇몇 인물, 특히 아들러(Alfred Adler)의 저작과 비교된다는 데서 나온 말이다. 리보의 저작 중에서 언급될 필요가 있는 것이 또 한 권 있는데, 『일반이념의 진화』(*Evolution of General Ideas,* English trans., 1899)가 바로 그것이다.

5. 사회심리학

이 심리학 분야는 어떠한 방식으로든 심리적 사실을 사회현상과 연결시키는 온갖 탐구유형, 특히 집단이나 민족 또는 이러한 종류의 또 다른 집합의 정신개념에 기초하고 있는 온갖 탐구유형을 모두 포함시키기 위해 흔히 아주 폭넓게 정의된다. 이러한 관행은 상상가능한 범위 내에서 적절한 사실이나 암시의 모든 원천을 조화시키는 데 유용하게 이용될 수 있다. 그렇지만 우리는 이것을 받아들일 수 없는데, 왜냐하면 그것이 사회심리학을 쓸모없는 분류항목(여기서 우리가 이 용어에 대해 부여하는 유일한 용도인)으로 만들었기 때문이다. 우리의 목적에 비추어볼 때 헤르더(Herder)를 포함하는 낭만주의 철학과 역사, 웨스터마크나 타일러를 포함하는 문화인류학, 로스를 포함하는 '자율적인' 사회학처럼, 인물이나 방법 측면에서 너무도 상이한 것들을 한데 묶어 처리할 만한 이유는 조금도 없다. 그래서 우리는 이 시기에 맥두걸이 가장 중요한 업적을 남겼던,[45] 아주 제한된 영역만을 (사회심리학의 항목에—옮긴이) 남겨두고자 한다. 그는 전문심리학자였으며, 개인들이나 집단들 사이의 상호작용 현상과, 집단정신이 일단 형성되면 거기에 귀속되도록 태어난 개인들에게 그것이 행사하는 영향력을 모두 설명해줄 특별한 심리학을 고안하고자 노력했다. 그가 창조적인 요소를 강조하고 본능과 정서에 기초해서 추론했다는 사실은, 자신의 교리가 초기에 강력한 성공을 거둔 후에 빠르게 행태주의자와 환경주의자로 변모되는 상황에서 매력을 잃어버린 이유를 설명해준다.

또 하나의 전문 심리학자는, 레비-브륄이라는 전문성이 떨어지는 심리학자였다.[46] 그러나 이 사람의 주요 관심사는 정신이었으며, 사회는 부차적인 관심사에 불과했다. 많은 이름을 추가하지 않더라도, (사회심

---

45) 특히 William McDougall, *Introduction to Social Psychology*(1908) 참조.

46) 레비-브륄(1857~1939)의 저작은 많지만, 여기서는 『미개사회의 정신구조』(*Les Fonctions mentales dans les sociétés*, 1910; English trans., 1926)를 언급하는 것으로 충분할 것이다.

리학자에 해당되는—옮긴이) 상당히 완전한 명부를 만들어낼 수 있다. 여기서 언급하지는 않겠지만, (주로 통계적 특성을 보이는) 심리학적 탐구가 몇몇 실용적인 전문분야——내가 보기에는, 일반사회학의 문제에 가장 가까이 다가간 아동심리학 분야——에서 수행되었다.

[제4장 사회정책과 역사적 방법[1)]]

[1절 사회정책]

이 시기 경제학자들은, 초기 자유주의의 영향력을 경험했을 때처럼, 그리고 우리가 오늘날 사회주의의 영향력을 경험하게 되었을 때처럼, 새로운 분위기의 영향력을 감지했다. 이 모든 경우에, 이것(새로운 분위

---

1) 〔이 장은 원래 완성되지 못한, 그래서 만족스럽지 못한 상태였다. 장의 제목이나 절의 제목도 없어서, 편집자가 끼워 넣었다. 이 장에 관한 나의 지식은 J.A.S.가 4부에 관한 도입부에서 언급했던 내용과 내가 발견한 서류철에서 수집된 것이다. 이 서류철에는 독립된 원고뭉치로 구성된 두 절(section)의 타자본이 담겨 있었다. 거기에는 J.A.S.가 스스로 개정작업에서 사용할 생각이었던 수많은 노트와 소책자 그리고 재판본(reprints)도 담겨 있었다. 이 서류철의 표지에는 '4부/4'라는 글씨가 씌어 있었다. 원래는 '4부/4, 5'였지만, 저자가 두 개의 독립된 장 대신에 한 개의 장으로 통합하기로 결정하면서 5를 지워버렸다.

4부 1장 3절, '4부의 구성'에서 J.A.S.는 이를 다음과 같이 표현했다. "그러고 나서 서로 별개로 취급되기 쉽지만, 서로 연결된 두 개의 집단과 그 사상에 대해 언급할 것인데, 사회개혁에 관한 당대의 관심사에 작업을 집중하고 그 지도자들이 강단 사회주의자들(Kathedersozialisten)이라는 부적절한 이름으로만 불렸던 집단과 역사학파라 명명되고 스스로도 그렇게 불렸던 집단이 그것이다.(4장과 5장) 수없이 논쟁된 경제학자의 가치판단 문제는 전자와 관련해서 논의될 것이며, 저 유명한 '방법논쟁'(과 이것의 미국판인 제도학파 논쟁)은 후자와 관련해서 논의될 것이다."

강단 사회주의에 대해 설명하는 부분은 매우 불충분하다. 사실상 그것은 마치 여기에 해당되는 독일인들을 전부 제외시킨 듯 보인다. 이러한 유형의 프랑스인들에 대한 설명도 제외된 것이 분명하다. 이 특별한 절은 1943년 12월 17일

기의 영향력—옮긴이)은 새로운 사실과 문제만을 의미한다거나 심지어 대부분 그러한 영역에 해당되는 것을 의미하는 데서 그치지 않고, 새로운 태도와 (초과학적인) 교리[2]까지 의미하며, 그래서 적어도 일정기간에는 제약조건——어느 시기에나 시간이 흐르면서 열기가 식게 되면 분석작업에 참가한 사람들이 스스로에게 부여할 필요가 있다고 생각하는——에 대해 반발하는 것을 의미하기도 했다. '중상주의' 저자들은 경제학자가 정책을 제안하고 그것을 위해 싸우는 것 말고도 할 일이 있음을 알아채지 못했다. '자유주의' 시대의 경제학자들도, 종국에는 정리(theorem)와 정책권고안이 서로 다르다는 점을 알아채긴 했지만, 처음에는 이들보다 더 나은 상태가 아니었다. 이들과 비슷하게 현재 논의되고 있는 시기의 경제학자들도, 독자들이 유혹으로 부를 수 있거나 아니면 의무에 대한 호소로 부를 수 있는 것에 굴복함으로써, 과학의 승리로 나아가는 험로(iron road)에서 벗어났다.

[1. 분석작업에 대한 영향]

그렇지만 이 시대의 경제학자들이 경제정책에 관한 새로운 정신의 영

에 씌어졌다. 역사학파에 관한 절은 1943년 1월 10일에 씌어졌다. 이것들은 의심할 나위 없이 예비적인 연구였으므로, (이후에 기회가 있었다면—옮긴이) 완전히 다시 씌었을 것이다. 강단 사회주의와 가치판단에 관한 절은 특히 불만족스럽지만, 이 책에서는 이 절이 그대로 출판되었다. 왜냐하면 슘페터는 아주 예리하게, 수많은 경제학자의 작업이 지금까지 이들의 가치판단에 의해 손상되었으며 지금도 그러하지만, 이들의 분석작업에 관한 한 그러한 영향을 고려할 필요가 없다는 점을, 감지하고 있었기 때문이다. 이러한 그의 신념은 그의 모든 저작에서 명백하게 드러난다.

역사학파에 대해 설명하는 부분도 불충분하다. 신·구 역사학파와 방법논쟁에 대해 몇 가지 언급한 후에 독일 외부, 특히 프랑스와 영국의 역사학파 경제학에 대한 논의가 뒤를 잇는다. 그러나 4부의 구성에 관한 절에서 약속했던, 미국과 미국의 제도학파에 대한 설명은 조금도 없다—편집자.〕

2) 〔이 페이지의 맨 위쪽에는 수많은 메모가 있으며, 다음과 같은 J.A.S.의 언급이 그 뒤를 잇고 있다. "나는 다음의 평범한 말을 오해하지 않도록 하기 위해 내가 더 이상 무엇을 할 수 있는지에 대해 알지 못한다."〕

향 아래서 자신들의 분석작업을 진행하는 방식이나 그 정도는 나라나 집단에 따라 크게 달랐다. 영국의 경우, 연구와 학설의 연속성이 심각하게 훼손된 적은 없었다. 영국의 자그마한 경제학자 집단은 물론 시간이 흐르면서 변화——이는 밀의 후계자들에게는 어려운 일이 아니었다——되었지만, 오래된 가치판단을 좇아 과학적 분석도구의 일부를 폐기하지는 않았다. 부분적으로 이것은 이 집단의 평균 수준의 구성원들이 경제이론을 다른 국가의 평균 수준의 경제학자들보다 훨씬 잘 이해했다는, 그래서 자신들이 선택할 수 있는 사회적 교리를 위해 경제이론이 남겨놓은 영역 전체를 깨달을 수 있는 위치에 있었다는 사실 때문이었다. 나머지의 경우, 수많은 번거로운 요소를 제거한 영국적 환경에 힘입어 유별나게 평화로운 상태가 간단히 진정한 자유의 한 층위가 되는 상황이 보장되었다. 많은 사람이 경제학과 자유방임 정책 사이에 동맹관계가 존재한다고 믿었지만, 여기에 반대되는 견해가 자그마한 정통 사회주의자 집단의 내부와 그 외부에 모두 존재했다. 그러나 이러한 견해는 대단한 것이 아니었다. 특히 그것은 새로운 '학파'로 발전되지 못했다. 〔J.A.S.의 노트에 따르면, 그는 바로 이 지점에서 페이비언주의자들에 관한 문단을 쓰기를 원했다.〕

미국의 경우, 과학적 전통은 조금도 강하지 않았다. 전문경제학자 집단의 전형적인 구성원들이 보여주던 '급진주의'는 오래된 학설에 담겨진 내용, 즉 보호주의와 '독점적인' 대기업——이후에 전형적인 미국 경제학자의 주요한 회피항목이 되었던——에 대한 반대를 넘어서지 않았다. 경쟁적 자본주의의 과정도 공격을 받았는데, 일부 경제학자는 '대중의 인기에 영합하는'(populationist) 운동에 대해 공감을 표시했으며, 또 다른 일부는 조지(Henry George)[3]의 생각을 조건부로 지지했다. 아울러 베블런처럼 솔직하게 표현하는 사람은 소수에 불과하기는 했지

3) 〔(J.A.S.는—옮긴이) 이 지점에서 조지에 관한 각주를 쓰고 싶어했지만, 실제로는 씌어지지 않았다. 이 저자에 대해서는 이 부의 5장 7절 참조.〕

만, 자본주의의 질서 일반에 대해 적대감을 드러내는 견해도 없지 않았다. 그러나 그 공격의 정도는 약했다. 대다수 경제학자는, 당시까지 유럽 동료들의 불안감을 공유하지 않았던 사업가들의 거침 없는 확신에 대해 동조했다. 그 누군가에게서 어떤 의미에서든 '지도'를 요청받았을 법한 경제학자 중에 자신을 급진적인 사회개혁 도식과 동일시하는 사람은 없었다.

〔원고는 여기서 중단되었다. J.A.S.는 아래 문장으로 이어지기 전에, 당연히 프랑스와 독일에서 나타난 사회개혁의 전개과정에 대해 간단하게 서술할 생각이었다.〕

나는 위와 같은 성취 수준이 전문 경제학자 집단에 관한 기록 중에서 가장 중요한 것 중의 하나였다고 감히 말할 수 있다. 이 점을 명쾌하게 함으로써, 나는 이제부터 서술하는 내용을 오해하지 않기를 바란다. 이러한 성취 수준은, 그 자체가 대단한 것이기는 했지만, 과학적인 분석영역에 속한 것은 아니었음이 분명하다. 그래서 이것 자체는 우리의 관심사가 아닌데, 왜냐하면 이 책의 대상은 과학적 분석의 역사이기 때문이다. 우리의 관심사는 그것의 또 다른 측면——내가 기꺼이 인정하지만, 비교적 덜 중요한——즉, 그것이 학설과 연구에 미친 영향이다. 이러한 영향에 대한 평가는 필요하다면 경제학자의 가치판단 문제에 대해 접근할 수 있는 기회——물론 그렇게 할 필요가 있는 한에서——를 제공할 것이다.

의심할 나위 없이, 가르침의 효과는 신통치 않았다. 앞서 나는 학술 강좌가 사회개혁의 정신을 전파했음을 강조했다. 독일의 '강단 사회주의자들'은 진보적인 정치인과 세속인의 이상——개혁을 설파하면서 여기에 방해되는 세력들을 비난하는 교수들의 이상——을 확실하게 구현했다. 브렌타노는 학생들에게 자신이 정치적 모임을 주도하고 있는 것처럼 말했으며, 여기에 학생들은 박수갈채로 화답했다. 바그너(Adolf

Wagner)[4]는, 적어도 노년층의 무감각이 그를 침착하게 만들기 전에는, 상상의 반대자들을 향해 소리치면서 주먹으로 치거나 두 주먹을 불끈 쥐어 보였다. 다른 사람들은 기세나 효과면에서 이들보다 약했지만, 의도에 관한 한 이들 못지않게 장려할 만하다.[5] 이러한 강의는, 거기에 담긴 기법을 가르치는 효과가 필연적으로 약할 수밖에 없는 것은 아니겠지만, 대체로 그러하다. 이것이 윤리와 열정에 대해 값싸게 지불하는 방법이라고 생각하는 사람이 있다면, 교사가 학생의 분석능력을 개발하는 것 대신에 자신의 치료술을 찬양하는 수사법에 매달릴 경우, 가령 내과학(internal science)은 어떻게 될 것인지에 대해 잠시 동안 고민하게 될 것이다. 점점 더 많은 수의 학생이 대학을 떠나 별 볼일 없는 능력의 경제학자들에게 문호가 개방된 실무작업에 참여했으며, 그리고 그들 중 일부 최상의 인물들은 철저한 혐오감을 지닌 채 떠났다.[6]

---

4) 바그너에 대해서는 이 부의 5장 4절과 8장 2절 참조.

5) 여기서 나는 독일의 강좌나 세미나가 정확히 매력적이었다고 주장하려는 것이 아니다. 예시된 두 가지 사례는 예외적인 현상이었다. 대체로 교수들은 종종 오래된 노트를 그대로 읽었으며, 박사학위 후보자들이 자신들의 논문준비 원고를 발표하는 세미나를 시큰둥하게 주재했다. 이것이 미국인 방문자들에게 비춰진 모습이었으며, 이들의 이러한 경험이야말로 우리가 수많은 미국의 대학에서 발견하는 교수방법에 대한 비타협적인—아울러 내가 생각하기에는 과장된—적대감을 초래한 원인 중 하나였을 것이다.

6) 학문세계의 예법과 관련된 농담과 일화에 대해 신물이 나겠지만, 어떠한 상황을 다른 어떤 것보다도 훌륭하게 예시해주는 사례가 존재한다. 그래서 나는 이러한 두 가지 사례를 감히 언급하고자 한다. 그 하나는 한동안 통용된 경제학에 대한 정의다. "경제학, 이게 뭐지? 오, 알겠다. 내가 알기에, [……] 당신이 노동자의 생활공간을 측정하고 그것이 너무 좁다고 말한다면, 당신은 경제학자다." 다른 하나는 내가 언젠가 매우 지적이면서 세련된 독일 여성에게서 들었던 의견(*dictum*)이다. "나는 경제학 강좌를 이수하고 시험을 쳤지만, 아는 게 없으며 이에 대해 별로 걱정하지도 않는다. 당신도 알다시피, 나는 대학에서 '공부'하는 유행을 좇아야 한다고 생각했지만, 진지하게 파고들 생각은 없었다. 그래서 나는 경제학을 선택했는데, 왜냐하면 대학에서 시험관을 만족시키기 위해서 요구되는 것은 모두 윤리, 개혁, 통제 등에 대해 조금이나마 토론할 수 있는 능

[2. 사회정책학회]

연구에 관한 한, 신뢰받는 한 가지 항목에 대해 먼저 살펴볼 필요가 있다. 앞서 지적했듯이, 독일 경제학자들의 개혁에 대한 열망은 영국의 페이비언주의자들의 경우와 아주 비슷하게 개별문제나 정책으로 그 초점이 모아졌다. 시간이 흐르면서 근본적인 사회변혁의 움직임이 나타나기는 했지만, 이는 그것을 직접적으로 추구하는 노력의 결과라기보다는 오히려 하나의 부산물이었다. 이러한 과정에서 상당한 규모의 사실이 축적되고, 인상적인 연속간행물인 『사회정책학회지』(*Schriften des Vereins für Sozialpolitik*)——188 '호'(volumes) 대부분이 실제로 몇 권(volumes)의 책으로 이루어져 있다——는 가차없이 파헤치고 싶은 소망을 드러냈는데, 여기에 힘입어 우리의 사실지식이 크게 확대될 수 있었다. 동일한 유형의 수많은 추가작업이 전문연구자들의 합동작업[7]과 연결되었거나 이와 무관한 개인들이나 집단들에 의해 이루어졌다. 지면관계상 『사회정책학회지』가 이러한 종류의 분석을 보여주는 유일한 사례로 거론될 수 있다면, 이 책은 모든 국가에서 이루어진 연구작업——영국에서는 이전과 마찬가지로 부분적으로 왕립위원회(Royal

---

력이었기 때문이다." 물론 나는 이것들이 대부분이거나 심지어 많은 교사의 기준이라고 말하려는 것이 아니다. 일화의 의미가 과대평가되어서는 안 된다. 그러나 적어도 19세기의 마지막 30년에 해당되는 것이 아닌 한, 그 어떤 것도 완전히 무시되어서는 안 된다.

7) 이러한 작업은 전국적인 전문경제학자 집단의 작업으로서 필적할 만한 대상이 없을 정도로 중요하기 때문에, 이러한 조직에 대해 몇 마디 언급하는 것이 바람직할 것이다. 그것은 본질적으로 팀작업 체계였다. 모든 구성원, 특히 대규모 평의회의 모든 구성원은 연구기획안을 자유롭게 제안할 수 있었다. 사회정책학회는 이중에서 선택한 후에, 관련된 연구의 통제권을 개인이나 자그마한 위원회에 맡겼다. 그 과제는 다시 공동연구자들에게 나뉘어 맡겨졌으며, 이후 다시 각자의 연구결과—『사회정책학회지』에 게재될—가 통합되었다. 게다가 합동연구자들은 (통상 두 명의) '서기'와 다른 참석자들이 배석한 학회의 모임에서 자신들의 연구결과에 대해 토론했다. 이러한 모임에서 성공한다는 것은 개인의 학문경력에서 어느 정도 중요했다. 〔이러한 정보의 일부는 이미 이 부의 1장에서 언급된 바 있다.〕

Commission)[8]에 맡겨졌다——의 대부분을 예시해주는 것으로 이해되어야 한다.

수많은 책은, 자그마한 부분까지 세심하게 관심을 보여주는 대표적인 사례였을 뿐만 아니라 분석적으로도 중요한, 아울러 과학적 · 실제적인 긴급과제에 대한 고려에서 촉발된, 높은 수준의 성과를 보여주었다. (1910년에 시작된) 사회정책학회의 포괄적인 물가연구를 그 대표적인 사례로 볼 수 있다. 그렇지만 그것들 대부분은 이러한 탐구가 어느 때나, 어느 나라에서나 보여주었거나 보여주는 수준 이상도, 이하도 아니었다. 그러나 슈피토프(Arthur Spiethoff)의 지도 아래 진행된 금생산의 영향에 대한 연구(*Der Einfluss der Golderzeugung auf die Preisbildung*, 1890~1913; *Schriften des Verein für Sozialpolitikv*, vol.149)는, 그것들 중 일부이긴 하지만, 일반적인 수준을 훨씬 상회했다. 그렇지만 전반적으로 『사회정책학회지』의 각호를 채워주는 글을 발표할 책임이 있는 경제학자들은 분석적인 정교함에 대해 거의 관심을 보이지 않았다. 이들은 자신들이 발견한 사실에 대해 더 이상 고민하지 않았으며, 오히려 이들 대부분은 사실유형에 관한 인상에서 곧바로 정책권고안을 도출했는데, 이는 비전문가나 보여줄 만한 행동이었다. 이들은 이론기법이나 통계기법을 사용하거나 그것을 위해 기여할 수 있는 기회가 분명히 존재했지만, 그렇게 하지 않았다. 그래서 경제학의 분석장치가 이들의 손에서 향상되기는커녕 파괴되기까지 했다.

게다가 누구나 자신을 경제학자로 자리 매김하고, 적당한 때에 학문적으로도 인정받기 위해 필요한 것이 단지 우유도매업자의 거래관행(이는 아마도 사회정책학회 회원들이 독일인들의 주식에 해당하는 우

---

8) 이러한 위원회의 보고서 중에서, 경제분석의 측면에서 특히 흥미로운 것을 소수 언급한다면, 다음과 같다. *Shipping Dues*(1853), *Coal Supply*(1866), *Agriculture*(1881), *Housing*(1885), *Depression of Trade*(1886, 특히 세 번째 보고서), *Gold and Silver*(1887), *Poor Laws* (1909; 특히 저 유명한 minority report).

유의 가격동향이나 시장특성에 대해 자주 언급했기 때문인 듯 보인다-옮긴이)을 묘사할 수 있는 능력과 사회정책학회의 이상——의심할 나위 없이 약간의 철학과 독일문화의 다른 요소들로 미화되는——에 대한 열렬한 추종뿐이라면, 공급 자체가 수요특성에 부합되도록 변화되는 모습에 놀랄 필요가 없다. 그렇지 않을 경우, 유능한 사람이라 해도 과학적인 창안과 엄격함이라는 상위영역을 기대하지 못한다. 다른 측면에서는 유능하다고 설명될 수 없는 사람들은 안도감과 함께 그것들(과학적인 창안과 엄격함-옮긴이)을 구석에 처박아놓고 그러한 행동에 대해 자부심을 갖고 있었다. 언제나 (자신만의-옮긴이) 깃발을 휘날리는 소수가 존재하기는 했지만,[9] 영국에서 이해되는 것과 같은 경제이론은, 하나의 연구영역으로서만이 아니라 과학적인 사고습관을 지닌 학생을 길러내는 수단으로서도, 많은 지역에서 수십 년 동안 거의 완벽하게 활동중지 상태로 남아 있었다.

20세기의 처음 10년 동안에 오스트리아와 외국의 영향으로 '생각 없는 경제학'에 대한 반발이 나타났을 때, 그 (생각 없는 경제학의-옮긴이) 폐해의 전모가 사람들이 경제학의 의미에 대해 거의 알지 못하고 있다는 사실 속에서 드러났다. 이제 많은 사람은 그것이 경제생활에 관한 일종의 철학이거나, 아니면 간단한 방법론이었다고 생각하게 되었다. 수많은 외국인 관찰자는 이러한 상황의 책임을 역사학파에게로 돌렸다. 그러나 역사학파는, 비록 다른 종류의 순수한 과학적 관심을 계발하는 중이었지만, 하나의 과학적 관심을 계발했다는 사실에는 변함이 없으므로, 확신을 성과로 대체한 책임을 이 학파에게 전가시켜서는 안 된다.

[3. '가치판단' 문제]

사회정책학회를 과학적인 단체에 좀더 가깝게 변화시키는 것이, 그리

---

9) [원래는 여기에 딜(Diehl), 디첼, 오펜하이머, 렉시스(Lexis)에 관한 각주가 예정되어 있었다.]

고 이러한 변화가 어느 정도 이루어졌을 때 경제학자들이 스스로 분석한 현상에 대해 독자적으로 판단——도덕적인 것이거나 다른 것이거나——할 수 있는 권한을 갖고 있는지에 대한 문제에 접근하는 것이 바람직하다고 생각하는 사람들이 점점 더 늘어났는데, 아마도 경제학의 미래에 관한 관심이 그 한 가지 이유였을 것이다. 20세기의 처음 10년 동안에 이 가치판단(value judgement, *Werturteil*)의 문제는 열띤 토론을 불러일으켰으며, 1909년 빈회의에서 거의 그 정점에 도달했다. 많은 사람에게는, 사회정책학회의 역사적 실천의 원칙에 관한 이러한 공격이 이 학회가 후원하는 정책에 동의하지 않는 경제학자들에게서 비롯된 것임이 틀림없다는 점이, 선험적으로 명백한 듯 보일 것이다. 그렇지만 이는 사실이 아니었다. 물론 학회의 적대자들은 언제나 과학적 '객관성'의 부재를 비판했다. 그러나 학회의 뛰어난 지도자 중에는 가치중립성(freedom from evaluation, *Wertfreiheit*)을 주창하는 사람도 있었는데, 베버와 좀바르트[10]가 바로 그들이었다. 이 두 사람은 학회의 급진파에 속했지만, 자본가의 이익을 대변하는 인물은 결코 아니었다.

그렇지만 지금까지 언급한 바에 따르면, (가치판단과 관련된—옮긴이) 논쟁의 격렬함을 설명해주는 요인은 거기에 포함된 인식론적 문제가 아니라, 서로 다른 질서에 대한 고려였음이 아주 분명하다. 어떤 이는 과학의 내부에서 가치판단이 차지하는 논리적 지위에 대해 조금도 고민하지 않을 수 있다. 그렇다고 해도 그는 (1) 과학자의 선별기준을 분석능력에서 신념(creed)으로 대체하면 진보가 방해받을 것이며, (2) 인류의 지식의 보고를 넓히고, 심화시키고, '다듬는' 임무에 참여한다고 공언하면서 문명사회에서 이러한 특별한 과제를 수행하는 사람들에게 관례적으로 인정해주는 특권을 강조하는 사람들이, 과학자라는 보호막 속에서 실질적으로 특별한 종류의 정치적 선전행위에 전념할 경우에는,

---

10) 〔J.A.S.는 다음과 같이 쓰고 있다. 좀바르트에 관한 각주를 위해 여백을 남겨 둘 것.〕

자신들의 계약내용을 완수할 수 없다고 말할 것이다. 이와 다르게 생각했던 사람도 문제의 핵심이 과학적 논리가 아니라 그들(과학자—옮긴이)의 직업상의 지위에 있으며, 그것만이 직업활동에서 가장 중요한 것이라는 점을 깨닫게 될 수밖에 없음을 쉽게 알게 될 것이다.

인식론적 문제 자체는 매우 어려운 것도 매우 흥미로운 것도 아니며, 몇 마디 말로 설명될 수 있다. 이 일은 영국적 환경을 참조할 경우 간편하게 해결된다. 여기서도 문제가 자연발생적으로 제기되었지만(즉 과학이 성숙함에 따라 비판의 초점이 관례적인 태도나 관행으로 모아졌지만), 도처에서 문제처리 방식에 영향을 미치는 정치적 논쟁은 훨씬 덜 중요했다. 지금까지 우리는 문제에 대해 어느 정도 자각했는지, 시니어와 케언스 사이에 존재했던 경제학자들이 그것을 어떻게 처리했는지 살펴보았다. '존재'에 관한 추론과 '당위'에 관한 추론의 구분은 과거에 정립되었지만, 이 구분에 대한 정확한 해석은 시지윅[11]에 의해, 수정할 사항이 거의 없는 방식으로, 아울러 마셜과 그의 직접적인 후계자들에 의해 수용——적어도 원칙상으로——되었던 것처럼 보이는 방식으로 정식화되었다.

'당위', 즉 계율이나 권고는 우리의 목적을 위해 선호나 '바람직함'에

11) 그는 자신의 『정치경제학 원리』(*Principles of Political Economy*, 3rd ed., 1901, pp.7~8), 「서문」에서 다음과 같이 말한다. "나는 실제적인 문제에 대한 교조적인 언급을 피하고자 항시 조심했다. 정치가에게 제시되는 실제 경제문제가 기본적인 원리로부터 추상적인 추론에 의해 주저없이 결정될 수 있는 경우는, 설령 있다고 해도, 매우 드물다. 그에 대한 정답은 흔히 실제사실에 대한 완전하면서도 정확한 지식을 요구하는데, 여기서 사실확인의 어려움이 엄밀하게 과학적인 절차를 통해 적극적인 결론에 도달하는 길을 종종 방해하곤 한다.
그렇지만 이러한 문제와 관련된 경제이론의 기능은 여전히 중요하며 필수불가결하다. 왜냐하면 가장 비이론적인 전문가의 실제적 결론조차 언제나 암묵적·명시적으로 그 어떠한 경제원리로부터 추론된 것이기 때문이다. 만일 그 원리나 추론에 문제가 있다면, 결론의 타당성은 오직 우연에 의해서만 가능할 뿐이다."

관한 언급으로 환원될 수 있다. 이러한 종류의 언급——예를 들어 '경제적으로 좀더 평등하게 만드는 것이 바람직하다'——과 관계에 대한 언급——예를 들어 '사람들이 주어진 국민소득으로 저축하게 될 규모는 무엇보다도 소득이 분배되는 방식에 따라 결정된다'——의 적절한 차이는, 전자(가치판단)의 수용이 언제나 다른 가치판단의 수용을 추가로 요구하는 데 반해 후자의 수용은 오로지 관찰의 논리적 규칙과 추론에만 의존한다는 사실에서 잘 드러난다. 이러한 차이는, 우리가 한 개인이 가치판단을 내리는 이유를 계속 추적할 때 도달하게 되는, '궁극적인' 가치판단이 주어진 문화적 환경에 속한 모든 정상적인 개인에게서 공통으로 나타날 경우, 별다른 중요성을 갖지 못한다. 그러므로 자신의 처방이 과학적 전제에서 추론된 것이라는 의사의 주장에는 해로운 것이 없다. 왜냐하면 거기에 포함된 가치판단——엄밀히 말해서 초과학적인——은 우리의 문화적 환경에 속한 모든 정상적인 사람에게 공통으로 나타나는 것이기 때문이다. 즉 우리 모두가 건강에 대해 말하고 건강을 즐기는 것이 바람직하다는 것을 알게 될 때, 거기에는 공통의 의미가 상당히 많이 담겨 있기 때문이다. 그러나 우리가 공공선(Common Good)에 대해 말할 경우, 거기에는 공통의 의미가 담겨 있지 않다. 이는 단지 우리가, 공공선이 특정한 사례 속에서 규정되어야 한다는 점과 관련된, 문화적 비전에 따라 어쩔 수 없이 달라지기 때문이다.

시지윅은, 당시 자신의 조국에서 흔히 관찰되던, '궁극적인 가치판단'에 관한 영국인 특유의 자신감으로 충만한 모습을 갖고 있었다. 이에 따라 그는 '과학'적인 경제학을 넘어 '예술'과 비슷한 경제학의 존재를 인정했는데, 여기서 명제는 계율이었지만 그 계율은 논리-사실적인 명제에 못지않게 집행가능한 것이었다. 그러나 그는 실질적인 문제를 파악하고 있었는데, 이는 그가 제시한 하나의 뛰어난 예시, 조금 과장한다면, 이후에 (가치판단—옮긴이) 논쟁의 핵심을 압축하는 데 기여하게 될 예시를 통해 확인될 수 있다.

한 사람의 보호주의자나 자유무역주의자를 양성하는 과정에는 수많

은 자극과 고려사항이 개입한다. 그중에는 국민적 스타일이나 이상 속에 존재하는 한 개인의 취향과 관련된 요인도 있다. 그러므로 그 어떠한 과학적 논증도 이러한 개인에게 보호주의를 옹호하거나 거부하도록 강요할 수 없다.[12] 그러나 그의 행위동기에는 경제분석 영역에서 추론될 수 있는 원인들과 결과들——그 일부든 전부든지 간에——에 관한 명제가 포함될 수도 있으며, 대부분 실제로 그러하다. 예를 들어 어떤 개인이 보호무역을 실업대책으로 믿기 때문에 보호주의자가 된 것이 분명하다면, 경제학자가 이것이 어떠한 경우에는 성립하지만 다른 경우에는 그렇지 않으며, 이러한 의미에서 인간은 무조건 보호주의자가 되어서는 '당연히' 안 된다고 지적하는 문제는 그의 권리에 속한다. (즉 지적할 수도, 지적하지 않을 수도 있다—옮긴이.)

독자들은 이러한 종류의 고려사항이, 순수하게 인식론적인 측면에 관한 한, 쟁점의 실제적 중요성을 크게 축소시킨다는 점을 깨닫게 될 것이다. 특히 만일 어떠한 경제학자가 환경에 대한 전형적으로 역사적인 의미에서 자극받았다면, 그는 자신의 직업적 능력의 경계선을 넘지 않으면서도 역사적으로 상대적인 권고안을 제시——가치판단이 주어진 환경과 연결된 지식으로부터——할 수 있을 것이다. 이것이 경제학자의 가치판단을 정당화하는 쪽으로 나아가는 방법——그 전부는 아닐지라도 부분적인——이다. 그것은 또한 가치판단에 관한 논쟁이 매우 중요한 결과를 조금도 산출하지 못했던 이유를, 적어도 부분적으로나마, 설

12) 이것은 경제학자의 신념이 과학적 분석의 주제를 만들어낼 수 없음을 의미하지도, 사소한 것을 의미하지도 않는다는 점을 명심해야 한다. 첫 번째 사항과 관련해서, 우리는 주어진 개인이나 집단이 주어진 경제정책에 관한 주어진 신념을 채택하는 이유를 설명하고 싶어할 수도 있다. 두 번째 사항과 관련해서, 한 경제학자의 관점은 그가 속한 계층의 태도를 반영하는 것일 수도 있으며, 그래서 우리가 하나의 정치패턴을 진단하는 데 도움을 제공할 수도 있다. 게다가 문제의 경제학자는 자신의 정치적 선호를 주목할 만한 것으로 만드는 데 개인으로서 충분히 관심을 갖고 있을 수도 있다. 그러나 이중 그 어느 것도 여기서 문제되는 사항과 관련된 것은 없다.

명해준다. 그렇다고 해도 경제학의 진보——실제적 유용성과 관련된 진보를 포함해서——는 지금까지 경제학자의 준정치적인 행위에 의해 심각하게 방해받았으며 지금도 여전히 그러하다.

[2절 역사주의]

이 책의 주요목적 중의 하나는 경제학자들이 집단적으로 역사적 사실이나 당대의 사실에 대한 탐구를 조롱했던 시대, 또는 경제학 전체가 순수하게 사변적이었거나 사실적인 보완이 부재했던 시대가 존재한 적이 있다는 신화를 파괴하는 데 있다. 그렇다면 자신들을 역사학파라고 불렀던 집단의 특징은 무엇이며, 어떻게 해서 이들은 이 학파의 프로그램을 새로운 출발점으로 여기게 된 것일까? 당연한 말이겠지만, 경제사학자가 경제적 진실의 중요한 원천임을 인정했던 사람들이 모두 이 학파에 포함되지는 않을 것이다. 또한 우리는 역사적 사실에 대한 폭넓은 지식을 갖고 있거나, 정책의 역사적 흐름과 명제의 역사적 상대성에 대한 감각을 보여주는 사람들을 모두 한 묶음으로 처리할 수도 없는데, 왜냐하면 여기에는 여전히 리스트와 마르크스 그리고 마셜이 모두 포함될 것이기 때문이다. 심지어 역사연구(historical work)의 실제 성과(를 기준으로 사람들을 분류하는 방법－옮긴이)조차 충분하지 않은데, (이 방법을 적용할 경우－옮긴이) 제임스 밀이 정의에 포함되면서 핵심이 없어져버리기 때문이다.

그렇지만 이러한 고려사항들은 우리가 찾고자 하는 바를 직접적으로 가리키고 있다. 역사학파 방법론적 신념의 기본적이면서 특징적인 조항은 과학적 경제학의 원칙(organon)이 주로(처음에는 배타적인 의미였다) 역사연구의 성과물과 거기서 추론된 일반화로 구성되어야 한다는 것이었다. (이 관점에 따르면－옮긴이) 경제학자는, 자신의 직업의 과학적 부분에 관한 한, 무엇보다도 역사적 기법(historical technique)을 연마해야 한다. 이 기법은 그에게 유일하게 요구되는 과학적 장비였는

데, 그는 이를 이용해서 경제사라는 바다에 들어갈 때 비로소 시간적·공간적인 자신들의 모든 구체적인 삶 속에서 특별한 패턴이나 진보를 탐구할 수 있게 되며, 독특한 향을 풍기는 방법을 배울 수 있다. 그렇다면 사회과학에서 유일하게 획득가능한 유형의 일반지식이 바로 이러한 작업으로부터 점진적으로 성장하게 될 것이다. 이것이 바로 경제학의 역사적 방법으로 알려지게 된 것의 독특한 핵심내용이었다.[13] 여기서 비롯된 견해와 프로그램이 바로 다양한 학파의 경제학자들에게 역사주의라는 말이 의미하는 바였다.

물론 전사(前史, prehistoric)와 당대에 관한 사실들과 민속학의 기여를 모두 포함하기 위해서는 역사라는 말을 폭넓게 해석할 필요가 있다. 우리가 역사학파를 정의하는 방식은 의심할 바 없이 역사적 경제학자와 경제사학자(economic historian)의 구분선을 제거하려는 것이다. 그러나 여기에 한계가 없는 것은 아니다. 왜냐하면 역사학파의 방법론적 교리는 정확히, 하나의 연구자로 고려되는 경제학자가 주로 경제사학자이어야 한다는 명제로 요약될 수 있기 때문이다. 역사학파 경제학자의 작업은 실제로 경제사학자 고유의 작업을 보완해주고 이것에 의해 보완되었지만, 후자는 당시에 역사학의 일종으로 확실하게 자리 잡았으며, 때로는 전자를 불공정경쟁이라고 여겼을 정도로 항시 환대했던 것도 아니었다.[14] 이와 같이 본다면, 다른 나라에서도 역사학파가 주도한 적이 있

---

13) 위에서 언급된 역사적인 방법의 의미는 동일한 용어의 다른 의미, 이를테면 역사학자의 기법의 총합이나 발생론적 표현방법의 의미와는 어떠한 상관관계도 없음을 알게 될 것이다.

14) 누구라도 이러한 대립관계의 집단이기주의(trade-union)적 측면을 인정하지 않을 수 없을 것이다. 그러나 일부 경제사학자와 다른 역사학자의 적대관계—왜냐하면 역사적 경제학자들이 때때로 경제사라 불릴 수 있는 영역을 넘어섰기 때문에—는 밝혀질 필요가 있는 또 다른 이유가 있었다. 경제학자들, 특히 슈몰러의 제자들이 항시 역사학자의 분석장비를 획득하기 위해 많은 노력을 기울였던 것은 아니었으므로, 실제로 이들의 작업은 종종 역사학자의 전문적인 기준을 충족하는 데 실패했다. 이러한 종류의 비판은 심지어 슈몰러 자신에게도 해당되는 것이었다.

다고 말할 수는 없다. 그러나 19세기 마지막 20~30년 사이에 그것은 독일의 경제학계에서 순수하게 과학적인 특성을 보여준 가장 출중한 요소였다. 우리가, 이것과 비교될 만한 다른 나라의 움직임에 대해 간단하게 살펴보기 전에, 독일 역사학파의 성과에 대해 어느 정도 충분하게 알아보려고 하는 이유는 바로 여기에 있다.

[1. '구'역사학파]

확립된 전통에 따라 우선 우리는 세 명, 즉 힐데브란트, 로셔, 크니스의 저작에 대해서 언급할 것인데, 이들은 **구역사학파**(Older Historical School)의 지도자로 분류된다. 그러나 우리의 기준——독자들은 이 책에서 학파라는 말이 특정한 사회학적 현상을 의미하며, 그래서 우리가 선택할 수 있는 특정한 저자 집단에 대해 이 말을 마음대로 적용할 수는 없음을 명심하기 바란다——에서 본다면, 사실상 이들은 하나의 학파를 형성하지 않았으며, 이들이 경제사에 대해 맺고 있는 관계는 단일하지도, 모든 시대의 각기 다른 경제학자 집단들이 보여주는 경우와 크게 다르지도 않았다. 힐데브란트는 수많은 장점을 지닌 활동적인 인물인데, 그는 프로그램과 성과 측면에서 경제적 문명의 진화적 특성을 강조——그러나 '자연법'에 대한 신념을 포기하지 않은 채——했으며, 사료의 근본적 중요성도 동시대의 대다수 사람보다 훨씬 더 강조했다. 로셔는, 주로 철학-역사적인 성격의 것이긴 했지만, 학자로서 교육받은 인물의 전

그러나 우리의 정의가 고려하고 있는 것, 즉 실질적으로 어떠한 구분선도 존재하지 않는다는 사실이 우리에게 상당한 어려움을 초래할 수도 있다. 우리의 정의에는 당시의 역사문헌이 포함될 수 없지만, 실질적으로는 이를 포함시키는 것이 타당하다. 역사학파에 의해 지지되는, 폭넓은 의미의 경제학사에 벨로, 도프슈, 그리고 메인을 포함하는 그밖의 수많은 인물이 포함되지 않는다면, 그것은 비참할 정도로 불완전한 것이 될 것이다. 왜냐하면 이들은 우리에게 중세의 사회경제적 제도와 그 과정에 관한 지식을 그 어느 경제학자들보다도 많이 제공했기 때문이다. 그렇지만 이러한 구분선에 대해서는 다음 기회로 미룰 수밖에 없다.

형이었다. 아울러 그는 경제사상사 분야에서 그가 보여준 학자로서의 노력 때문만이 아니라 경제학계를 이끌던 인물로서도 실제로 언급될 필요가 있다. 이와 관련해서 그는 방대한 분량의 저서와 생기 없는 강의에서 당대의 정통학설——주로 영국의 학설——을 역사적인 사실을 통해 간단히 예시하면서 성실하게 전달하고자 노력했다. 그러나 이것은 말 그대로 역사적인 경제학자를 만들어내는 요인이 아니다. 또한 이것은 '역사법칙'에 대해 언급하는 것도, 경제학이 '경제사에 관한 철학'——특히 (경제사 영역이 아닌—옮긴이) 나머지 부분에 대해서는 누구나 다른 사람들과 똑같이 이론화했다면——이라는 만골트(Mangoldt)의 경구적 표현에 대한 인정을 언급하는 것도 아니다. 크니스는 세 명 중에서 가장 뛰어난 인물이다. 그러나 그의 주요업적은 화폐와 신용영역에 있으며, 여기서 그는 자신을 하나의 이론가로 자리 매김했다. 그와 역사학파의 유일한 연결고리는 (역사학파의—옮긴이) 프로그램에 따른 한 권의 책에 있다. 그는 이 책에서 정책에 대해서만이 아니라 학설에 대해서도 역사적 상대성을 강조했는데, 이 책은 진짜 역사학파 경제학자들의 찬사에 힘입어 합당한 수준 이상의 호평을 받았다.15)

[2. '신'역사학파]

새로운 출발점, 독특한 연구 프로그램, 진정한 학파의 출현은 슈몰러(Gustav von Schmoller, 1838~1917)16)라는 이름과 연결된다고 보는

---

15) 〔*Die Politische Ökonomie vom Standpunkte der geschichtlichen Methode*(1853; enlarged ed, 1883). 크니스에 대해서는 이 부의 5장과 8장에서 거론될 것이다.〕

16) 방법론에 관한 그의 저작에 대해서는 논문모음집인 『국가학과 사회과학의 문헌사』(*Zur Literaturgeschichte der Staats- und Sozialwissenschaften*, 1888)와 『사회정책과 국가학의 근본문제』(*Grundfragen der Sozialpolitik und Volkswirtschaftslehre*, 1897)를 거론하는 것으로 충분할 것이다. 후자의 경우, 특히 중요한 연설문("Changing Theories and Established Truths in the Field of the Social Sciences")이 실려 있다. 또한 독일의 『국가학 소사전』

편이 공정할 것이다. 이와 같이 간단한 설명에서는 그의 저작과 지도력에 논의의 초점을 맞출 수밖에 없다. '2급 지도자들' ──동일한 공정성 기준이 요구된다면, 우리는 단호하게 이러한 명칭을 붙여야 한다──인 브렌타노, 뷔허(Bücher), 헬드(Held), 크나프(Knapp)에 대해서는, 각주에서만 언급할 것이다.[17] 그러므로 이보다 낮은 수준의 인물들의 저작은 완전히 무시될 수밖에 없다.

슈몰러는 말뿐만이 아니라 행동으로도 학파──알다시피 신역사학파(Younger Historical School)──를 이끌었다. 그는 청년시절에 스트라스부르(Strassburg)의 방직업자와 의류업자에 관한 논문을 발표한 바 있는데, 이 논문은 다른 측면에서는 두드러진 점이 없을지라도 이 학파의 프로그램을 확정하는 데 중요한 역할을 담당했으며 수많은 제자와 제자가 아닌 추종자들의 저작의 모델로 기능했다. 그렇지만 역사연구에 대한 그의 관심은 이것이 시사하는 수준을 훨씬 능가했다. 그는 또한 공인된 역사가가 아닌 사람들에게는 흔치 않은 작업을 담당하기도 했는데, 예를 들어 그는 프로이센의 공공행정의 역사와 관련된 기록들을 편집 · 출판하는 엄청난 일을 주도했으며 그 업적에 대해 항시 자랑했다. 그러므로 비록 경제학자의 역사연구로서는 새로운 것이 아닐지라도, 당시 그것은 전례 없는 규모로, 그것도 새로운 정신에 입각해서 진행된 것

에 실린 그의 글("Volkswirtschaft und Volkswirtschaftslehre")의 최종판본도 거론할 필요가 있는데, 여기에는 이 주제에 관한 그의 가장 성숙된 생각이 담겨 있다. 이번 기회에 나는 슈몰러가 지도자로서 에너지, 투쟁정신, 엄청난 작업능력만이 아니라 상당히 전략적이면서 조직적인 능력까지 발휘했음을 덧붙이고 싶다. 무엇보다도 그는 잡지—『슈몰러 연보』로 알려지게 된—를 창간했으며, 학파 구성원들의 저작을 출판하기 위한 명분으로 이용되었을 뿐만 아니라 그 수단까지 제공했던 일련의 논문집—『연구』(*The Forschungen*)—을 편집 · 출간했다. 그는 전형적인 교장이었다.

〔또한 J.A.S.의 기나긴 논문("Gustav v. Schmoller und die Probleme von heute", *Schmoller's Jahrbuch*, vol.L, 1926, pp.337~388)도 참조.〕

17) 〔이들에 대해 예정되었던 각주가 실제로는 씌어지지 않았지만 브렌타노, 헬드, 크나프의 경우에는 도처에서 언급되고 있다.〕

이었다. 이에 대해 지나치다고 생각——하고 역사주의에 대해 경멸적인 의미로 언급——하면서 비판하는 사람들에게는, 다음과 같은 두 가지 답변이 타당할 수 있다. 첫째, 모든 인간의 업적에서 편향은 필연적이다. 둘째, 온갖 성취를 무시한 채, 이 시기의 저작들이 우리가 바라는 만큼 멀리 나아간 한 가지 영역에 대해서만 언급하는 것——적어도 나는 그렇게 할 수 없다——은 불가능하다.

그의 연구의 상당수는 의심할 나위 없이 평범했다.[18] 그러나 그 총합은 사회과정에 관한 지식의 정확성 측면에서 엄청난 진보를 의미했다. 주요제목을 열거하는 것으로 충분할 것인데, 경제정책(특히 재정정책)과 행정, 사회의 계급구조, 중세 이후의 산업형태(특히 수공업자 길드와 상인 길드), 도시의 성장 · 기능 · 구조, 개별산업의 진화, 은행신용 연구 그리고 (슈몰러의 저작 중에서 가장 세련된 사례에 속했던) 공기업과 사기업 연구 등이 속한다.

슈몰러와 그를 따르는 사람들은 농업부문에 대해 크게 신경쓰지 않았다. 그러나 다른 사람들은 이 부문에 대해 열심히 탐구해서 역사적 경제학의 최고의 업적 중의 일부를 산출했다. 한센, 마이첸, 크나프가 그 대표적인 경우다.[19]

---

18) 의미심장한 몇 가지 특성으로 주인공들을 묘사하는 입센(Henrik Ibsen: 노르웨이 출신의 극작가—옮긴이)의 뛰어난 능력을 찬양하는 사람이라면, 다음의 사실을 인정하게 될 것이다. 『헤다 가블러』(*Hedda Gabler*: 입센의 연극작품—옮긴이)에서 입센은 두 명의 남자주인공 중의 하나인 헤다의 남편 테스만(Tessman—옮긴이)이, 저능아는 아닐지라도, 매우 평범한 능력의 부지런한 학자라는 인상을 가급적 빠르게 창조하기를 원했다. 입센이 그에 대해 독자들이나 청중들에게 전달한 첫 번째 사항은 무엇인가? 테스만은 마침내 16세기 브라반트(Brabant) 지역의 아마포 산업에 관한 연구를 완성했다! 이것은 의심할 바 없이 세속인을 상대로 한 세속인의 연구였다. 그러나 여전히……(아마도 '그것이 평범한 세속인의 연구에 불과했다'는 언급이 생략된 듯 보인다—옮긴이.)

19) 한센(Georg Hanssen, 1809~94)의 저작—『농업사 연구』(*Agrarhistorische Abhandlungen*, 1880~84)를 언급하는 것으로 충분할 것이다—과 (괴팅겐 대학교에서의) 가르침은 두 측면에서 방법론적인 독창성을 지닌다. 한편으로

종합을 시도했던 일부 사례를 살펴보기 전에, 이러한 저작들의 몇 가지 특성을 강조할 필요가 있는데, 이 특성들이 언제나 제값만큼 주목받았던 것은 아니었다.

그는 수많은 학생에게 농업사를 재구성하는 작업을 눈앞에 놓여 있는 조건에서 출발하도록 가르쳤으며, 과거 조건의 분석적 · 설명적 가치를 애써 전달하고자 노력했다. 다른 한편으로 그는, 농민점유지(peasant holdings)의 초기형태를 보여주고 장원경제의 구조에 대해 새로운 정보를 제공하는 지도와 그밖의 지형학적 기록 따위와 같은, 새로운 사료들을 제시했다.

이 자료들은, 통계학자의 경험을 이러한 (자료들을 분석하는—옮긴이) 임무와 연결시켜준 인물인, 마이첸(August Meitzen, 1822~1910)에 의해 완벽하게 활용되었다. 그의 『서게르만인과 동게르만인, 켈트인, 로마인, 핀란드인과 슬라브인의 토지개간과 농업양식』(*Siedelung und Agrarwesen der Westgermanen und Ostgermanen, der Kelten, Römer, Finnen und Slawen*, 1895)은 무엇보다도 사람들이 자신들의 땅에 정착해서, 촌락을 세우고, 경제를 계획하는 방법을 묘사하고 비교하려는 시도다. 그러나 우리의 목적에 비추어볼 때, 아주 중요한 것은 이러한 기념비적 연구 결과가 지닌 분석적 용도다. 마이첸은 거기서 사람들의 초기 지리적 분포상태, 농업기술, 관습, 인종을 추론하고자 노력했으며, 이들의 사회조직을 만들어준 요인들에 관한 대담한 이론—비판이 없지는 않았지만—을 과감하게 시도했다.

크나프(Georg Friedrich Knapp, 1842~1926)는 약 15년 동안 이 농업부분—위의 두 사람과는 무관하게 족적을 남긴—을 연구했다. 그동안 그는 『농민해방과 농업노동자의 발생』(*Die Bauernbefreiung und der Ursprung der Landarbeiter*, 1887)과 『영주권과 기사령』(*Grundherrschaft und Rittergut*, 1897)이라는 두 권의 걸작—칭찬하는 의미의 '고전'— 을 산출했는데, 이 책들은 자본주의 시대의 문턱에서 발생했던 독일 농업세계의 변화를 설명하는 것으로, 이 변화는 독일의 사회적 진화의 결과이자 그 진화의 잠재적인 원인이기도 했다. 크나프의 분석은 이러한 저작들을 위한 표준패턴을 창조했을 뿐만 아니라, 그 주요결과들이 경제학 교리의 공통적인 흐름 속으로 흡수되기도 했다. 안타깝게도, 이러한 종류의 성과에 내포된 일반적인 메시지로 불릴 만한 것들을 이와 같은 간략한 설명으로 전달하기는 불가능하다. 예를 들어 크나프는 포괄적인 비전과 세부적인 탐구를 놀랍게도 조화시켰는데, 이 측면은 느껴질 수 있고 그러한 느낌을 통해 배울 수도 있지만, 몇 마디 문장으로 설명될 수는 없다. 이러한 종류의 작업에 참가하는 사람이라면 이론 훈련의 필요성을 설령 느꼈을지라도 그 횟수는 아주 드물었을 것이므로, 이러한 훈련의 부재를 (그가—옮긴이) 화폐분야(연구—옮긴이)에서 심각한 한계를 드러낼 수밖에 없는 이유로 보는 것이 타당하다.

첫째, 지금까지 우리는 슈몰러 자신과 그의 추종자들 대부분이 자신들의 개인적인 가치판단을 최대한 열정적으로 옹호하면서 사회개혁을 위한 싸움에 뛰어들었다고 지적했다.[20] 그런데 이는, 이들의 과학적 신조(Scientific Credo)가 가치판단에 대해, 그리고 자신을 정당과 동일시하면서 정책을 권고하는 경제학자들의 관행에 대해 매우 비판적이었다는 사실을 간과하는 것이다. 슈몰러가 스스로 '스미스주의'라고 불렀던 것에 대해 반대하는 한 가지 이유는 이 스미스주의자들이 정치적 '처방'을 만들어내는 경향이 너무 강하다는 점이었다. 부분적으로 그는 경제적 자유주의에 의해 제시되는 특별한 처방을 좋아하지 않았기 때문에, 이러한 입장을 취했음이 틀림없다. 그러나 이것이 전부는 아니었다. 그에게는, 경제정책의 다양한 원리에 대해 충성을 바치는 측면을 넘어, 경제적 사실에 대한 존중과 이 사실이 스스로 말하게 하려는 의지가 있었다.

둘째, 위와 동일한 진정으로 과학적인 비판정신이 이 학파로 하여금 역사철학의 본성에 속하는 폭넓은 일반화를 회의적인 시선으로 바라보도록 만들었다. 슈몰러는 설명적 가설이라는 의미에서의 이론의 불가피성에 대해 당연히 깨닫고 있었지만, 그것을 만들어내는 측면에 대해서는 전문적인 역사가들에게서 통상적으로 나타나는 수준보다 적게 고민했다. 그러나 그는 역사과정 전체를 한두 요인의 행위로 설명하려는 시도를 멀리하고자 노력했다. 그는 콩트–버클–마르크스와 같은 유형의 단일가설을 궁극적인 목적으로서 꿈에도 생각해본 적이 없는데, 그에게는 역사진화에 대한 단순한 이론이라는 생각 자체가 잘못된 것처럼, 사실상 비과학적인 것처럼 보였다.

이 점은 그의 사고체계를 이해하는 데, 그리고 특히 이 체계를, 역사——위에서 언급한 대로 너무도 흔히 사용되었던——를 참조한다는 점

20) [J.A.S.는 이 장의 1절 앞부분에서 이 주제에 대해 좀더 길게 논의할 의도가 분명히 있었지만, 그렇게 하지 않았다.]

을 제외한다면 이것과 어떠한 공통점도 없는, 다른 모든 체계와 구분하는 데 필수적이다. 위에서 언급한 대로 아주 흔히 사용되는 예를 들어 우리에게는 역사가 사실의 원천이라는 관점을 콩트주의로 명명할 수도 있을 것이다. 그러나 콩트는 '역사법칙을 발견——자신이 자연과학(physical sciences)에서 사용되는 것과 동일하다고 믿었던 절차를 이용해서——하기 위해서 이 원천에 주목했(거나 그렇게 하라고 우리에게 말했)다. 슈몰러의 과학적 의도는 매우 달랐다. 그가 보기에, 콩트의 제안은 '자연주의적 오류'의 화신이었으며, 콩트주의 역사법칙은 가짜였다. 사실상 그의 저작에서 콩트의 영향은 그 흔적조차 찾아볼 수 없다. 이는, 우리가 그의 저작과 그 배후에 놓여 있는 프로그램에 대해 간략히 설명하면서, 분명히 해야 할 사항이다. 또한 저작과 그 프로그램 양자의 뿌리는 오로지 독일의 과거에서만 발견된다는 점도 분명히 해야 할 사항이다. 역사학의 높은 수준, 역사적 사실에 대한 폭넓은 존중, 이론경제학의 낮은 수준, 그(이론경제학의—옮긴이) 가치에 대한 존중의 부재, 국가에 대한 최상의 중요성 부여, 그밖의 다른 것들에 대한 자그마한 중요성 부여 등, 이 모든 사항은 (역사—옮긴이)학파를 독특하게 만들어준 요인으로, 그 약점만이 아니라 강점에서도 모두 전형적인 독일의 것이었다.

셋째, 슈몰러는 항상 경제현상을 '고립시켜' 분석하는 것에 반대——그와 그의 추종자들은 '고립의 방법'에 대해 언급했다——하면서, 그것을 고립시키게 되면 곧바로 그 본질을 잃어버리게 된다고 주장했다. 물론 이러한 견해는 그가 경제학의 영양분을 오로지 역사학 논문들에서만 찾겠다는 결심의 산물이었다. 왜냐하면 그 결과만이 아니라 그 소재 역시 분명히 그 어떠한 고립시도로도 처리할 수 없는 것이기 때문이다. 대부분의 경우, 사실상 그것들은 고립되게 되면 의미 없는 것이 된다. 이러한 결과는, 비록 그것이 완전히 이해될 수 있——고, '이론'에 대한 취향이 조금도 없는 모든 경제학자에게서 완전히 수용될 수 있——다고 해도, 슈몰러 유형의 경제분석이 주제의 거의 무한한 확장가능성에 비해

범위의 한계를 안고 있음을 암시해준다. 사회적인 질서나 무질서(social cosmos or chaos) 중에서 실질적으로 슈몰러주의 경제학에 포함되지 않는 것은 없다. 원리상, 실제는 약간 다르지만, 슈몰러주의 경제학자는 실제로 역사 쪽에 편향된, 가장 폭넓은 의미의 사회학자였다. 이러한 측면에서 전문화는, 설령 적절한 작업(decent work)이 나타난다고 해도, 실제로 주제넘는 말이 될 것이다. 그렇지만 소재에 따라 강요되는 분업은 존재했는데, 그것은 중세연구자들(medievalists)과 가령 낭만주의자들 사이에 존재해야만 하는 차이와 동일한 유형의 것이었다.

이것이 슈몰러가 자신의 학파에 붙여주었던 명칭의 과학적 의미다. 그는 그것을 단순히 역사적인 것으로 부르지 않고, 역사-윤리적인 것으로 불렀다. 이 명칭은 또한 다른 의미도 담고 있었는데, 그것은 바로 영국의 '고전파'에게 그 책임이 있다고 가정되는, 완전히 상상 속에서 사적 이윤의 추구를 옹호하는 주장에 반대하는 것이었다. 그러나 의심할 나위 없이 대중에게 충분히 잘 전달되었던 이러한 표면적인 의미 이면에는, 약하게 드러나긴 하지만, 상술(salesmanship)에 관한 의미도 존재했다. 이 학파는 경제현상의 모든 측면을 공부하는 체했다. 그래서 경제행위자의 경제논리만이 아니라 이 행위자의 모든 측면을, 역사적으로 드러난 인간의 모든 행위동기——여기서는 특별히 경제적인 동기가 '윤리적'이라는 말이 이용될 수 있는 나머지 동기보다 더 강하지 않았는데, 이는 아마도 후자가 초개인적인 구성요인을 강조하는 듯 보였기 때문일 것이다——를 공부하는 체했다.

넷째, 전문적인 역사학 연구논문의 결과가 간단한 조정을 통해 그리고 논문을 생산해낸 사고작용이 아닌 사고작용의 도움이 없더라도, '일반경제학'과 조화를 이루게 되길 원한다면, 이는 당연히 착각이다. 그러나 우리가 간과해서는 안 될 사항은, 이러한 연구와 그 결과들을 조정하는 연구의 통합이 명료한 정리를 산출하지는 못한다고 해도, 적절한 조건이 부여되면 훨씬 더 가치 있는 그 무엇을 산출할 수도 있다는 점이다. 이 통합이 미묘한 메시지를 드러낼 수도 있다. 즉 사회적 과정, 특히 경

제적 과정에 대한 근본적인 이해나 역사적 전망(perspective), 독자들이 원한다면 유기적 일관성——정의하기가 매우 어려운, 아마도 불가능한——에 대한 느낌을 제공할 수도 있다. (이를 이해하기 위해서는—옮긴이) 아마도 내과의사의 임상경험——이나 그 일부——과 비교해보면, 오해(를 초래할 수도 있겠지만 그—옮긴이)보다 더 큰 유용성을 얻게 될 것이다.

이러한 고려사항은 슈몰러학파 내부에 존재하는 종합의 가능성을 명확히 하는 데 크게 기여할 것이다. 가장 분명한 종합은 당연히 포괄적인 경제사며, 독일의 중세에 대해서는 이나마-슈테르네그의 『독일 경제사』(*Deutsche Wirtschaftsgeschichte*, 1879~1901)[21]가 대표적인 사례에 속한다. 그러나 슈몰러 자신은 다른 가능성을 그려 보였다. 시간이 무르익었을 때, 그는 자신과 자신의 그룹이 성취했거나 의도했던 것을 꼼꼼하게 살펴보면서, 역사학파에 관한 체계적인 논문이 보여줄 수 있는 모습을 세계에 제시하고자 노력했다. 두 권으로 구성된 '개론서'(『개요』*Grundriss*)[22]가 그 결과였다. 그러나 당시 그는 극단적인 '역사주의'의 교훈에 대해 침묵할 정도로 깨닫지 못했다. 그는 자신의 개인적 이론에 기대어 모든 유형이나 제도에 대한 역사적 진화를 간단히 소개

---

21) 이나마-슈테르네그(Karl Theodor von Inama-Sternegg, 1843~1908)는 (우리가 보기에는 통계위원회Statistical Board로 불러야 마땅한) 오스트리아 통계소(Austrian statistical service)의 우두머리 시절에 그가 이루어낸 업적 때문에, 그리고 이와 동일한 시기에 한 세대의 통계학자들과 경제학자들에게 강력하게 영향을 미친 교사로서의 활동 때문에, 말년에 국제적인 명성을 획득했던 경제학자이자 통계학자였다. 그러나 이 뛰어난 인물의 학문경력을 대표하는 사례는 그의 개인적인 연구가 순전히 역사학적인 것이었다는 사실에 있다. 그는 역사기록을 편집했다. 그는 순전히 역사학적인 두 편의 논문을 발표했는데, 이 논문에서 그는 이른바 장원제도 이론(Manorial Theory), 즉 자본주의의 여명기에는 장원조직이 시장, 도시, 산업활동을 결정짓는 주요요인이라는 이론을 제기했다. 위의 책(『독일 경제사』—옮긴이)에서 언급되는 역사는 그의 종합방법의 결과였으며, 이 종합은 우리에게 중요한 한 경제학자의 성과로서, 그것은 종합에 관한 전문적인 역사학자의 생각과 원칙적으로는 다르지 않았다.

22) *Grundriss der allgemeinen Volkswirtschaftslehre*(1900~1904).

(어떤 경우에는 대가다운 소개)하면서, 사회사에 관한 풍성한 자료들을 이전의 전통과 근본적으로 다르지 않은 틀 속에 끼워 넣었다. 예를 들어 그는 사회계급에 관한 장에서 역사적 · 민속학적 자료를 현상에 관한 분업화된 이론(a division-of-labor theory of the phenomenon)의 주변에 배치했다. 당연히 그는 개념장치를 사용해야만 했으며, 경우에 따라서는 경제이론가들——전통적으로 이렇게 불리는——과 동일한 방식으로 추론해야만 했다. 그의 이론화 수준은 약했지만, 그렇다고 해서 (이러한 의미의) 그의 이론이 실제로 근본적인 수준에서조차 잘못된 것은 아니었지만, 그는 그렇게 하는 데 주저함이 없었다. 가치와 가격에 관한 문제에서, 슈몰러는 카를 멩거의 가르침을 실제로 채택했거나 그렇게 할 생각이었다. 여기서 나는 다음과 같은 말로 요약하고 싶다. 밀의 글을 생각해보라. 그리고 밀이 전통적 의미의 이론을 중시했던 것만큼이나 제도적 측면을 강조하면서 그 타당성을 중시하는 또 다른 사람의 글을 상상해보라. 그에 따라 전자(밀—옮긴이)에게 할당되었던 공간과 생각을 축소시켜보라. 그러면 당신은 슈몰러의 『개요』를 만나게 될 것이다. 물론 우리의 관심사가 아닌 정치철학적 배경을 제외해야겠지만 말이다.

[3. 방법논쟁]

그러므로 지도자는 칼을 칼집에 넣었다. (슈몰러는 치열하게 논쟁하지 않았다—옮긴이.) 훨씬 더 중요한 것은 '역사주의'라는 파도가 밀려오자, 우호적인 관용에 대한 감정이 모든 곳을 지배하기 시작했다는 점이다. 두 집단의 생존을 편안하게 확인했으므로, 잠시 우리는 이후에 방법논쟁(Methodenstreit)으로 알려지게 된, 이론적인 경제학자들과 역사적인 경제학자들 사이의 저 유명한 충돌로 돌아가보자. 주요사실은 이렇다. '역사주의'가 그 정점을 향해가고 있던 1883년에, 카를 멩거는 방법론에 관한 책[23]을 출간했다. 이 책은 사회과학의 분석절차에 대한 근본문제를 포괄적으로 다루고 있었지만, 이론적 분석의 타당성을 옹호하

면서 슈몰러학파의 자리 ── 그것은 아주 부차적인 자리였다! ── 를 찾아주려는 의도를 매우 명백하게 담고 있었다.[24] 슈몰러가 자신의 『연보』(*Jahrbuch*)에 이 책을 좋지 않게 평가하는 글을 게재하자, 멩거는 『역사주의의 오류』[25]라는 제목의 소책자에서 상당히 격분하는 모습으로, 물론 반박근거를 제시하긴 했지만, 대응했다. 이것이 상당히 나쁜 감정을 조장했을 뿐만 아니라 연속적인 저작의 흐름을 만들어냈는데, 이 두 가지 측면은 수십 년이 지나서야 진정되었다. 이러한 저작들의 역사는, 논리적 배경을 명확히 하는 데 약간 기여했음에도 불구하고, 실질적으로 좀더 좋게 이용될 수도 있었을 에너지가 낭비되는 역사였다.

역사과정을 대상으로 하는 과학에서 역사연구의 기본적 중요성에 대해 진지한 의문이 제기된다거나, 자료를 처리하는 데 이용되는 분석도구 집합을 개발할 필요성에 대해 진지한 의문이 제기되는 일은 있을 수 없으므로, 이러한 모든 논쟁과 마찬가지로, 이 논쟁 또한 우리에게 완전히 의미 없는 것으로 보이는 것이 당연할지 모른다. 이러한 인상은, 누

---

23) *Untersuchungen über die Methode der Socialwissenschaften und der Politischen Ökonomie insbesondere*. 방법론 자체에 대한 우리의 관심은 거의 제한된 것이므로 여기서는 이 책에 대해 공정하게 판단할 수 없다. 이 책은 이 분야의 가장 중요한 성과 중의 하나임이 틀림없지만, 논리적 본질에 관한 한, 밀의 『논리학』(*Logic*)을 거의 넘어서지 못하고 있다. 이번 기회에 나는 방법론에 관심 있는 독자들을 위해, 카우프만(Felix Kaufmann)의 역작 『사회과학 방법론』(*Methodenlehre der Sozialwissenschaften*, 1936; English trans., *Methodology of the Social Sciences*, 1944)을 언급하고 싶다.

24) 얼마 후에는 뵘-바베르크가 이끄는 멩거의 후계자들("The Historical vs. the Deductive Method in Political Economy", *Annals of the American Academy of Political and Social Science*, 1890)에 의해서, 그리고 멩거의 이론적 가르침의 후계자가 아니라 그 적대자였던 독일의 이론가들, 특히 디첼("Beiträge zur Methodik der Wirtschaftswissenschaften", *Jahrbücher für Nationalökonomie*, 1884, 그리고 그의 다른 저작)에 의해서 동일한 입장이 개진되었다.

25) *Die Irrthümer des Historismus in der deutschen Nationalökonomie* (1884).

구라도 논쟁과 주장이 교차하는 현상의 배후를 들여다보려 애쓰면 충분히 분명하게 알게 될, 충격적인 사실을 통해 더욱 강화되는데, 그것은 바로 어느 쪽도 실제로 반대편의 태도를 철저하게 문제 삼지 않았다는 점이다. 논쟁은 우열과 상대적인 중요성에 관한 것이었으므로, 모든 유형의 작업에 대해 그에 걸맞는 위치를 찾아가도록 허용했더라면 해결되었을지 모른다. 한동안 어느 쪽도 이러한 입장을 채택할 수 있다고 생각하지 못했던 이유는, 과학사회학과 과학사——어떠한 과학을 대상으로 한 것이든——에 대해 분명한 언급을 요구하기에 충분할 정도로, 중요한 문제다.

과학적인 전문가 집단 사이에서 벌어지는 모든 논쟁에 대해, 첫 번째로 고찰해야 할 사항은 거기에 개입하는 상호 오해의 정도다. 이 요인은, 동질적인 교육, 엄밀한 발언 습관, 높은 수준의 전반적 능력 때문에 그것이 제거될 것이라고 기대될 수 있는, 가장 선진화된 과학영역에서조차 발견된다. 그러나 경제학처럼 이 모든 측면과 관련된 조건들이 수학이나 물리학에 비해 훨씬 열악한 곳에서는, 다른 동료들이 실질적으로 고민하는 바에 대해 거의 잘못 생각하는 경우가 빈번하게 발생한다. 그러므로 상당히 많은 전투는, 전사의 상상 속에서는 사실상 적대적인 요새이지만, 꼼꼼히 살펴보면 해 없는 풍차에 불과한, 진지(positions)를 향한 것이다.

둘째, 설상가상으로, 방법론적 논쟁은 종종 기질과 지적 성향의 싸움이라는 점이다. 이는 우리의 사례에도 그대로 적용된다. 이를테면 역사적이면서 이론적인 기질이 존재한다. 즉 역사과정과 개별적인 문화적 패턴의 온갖 색깔을 탐닉하는 정신유형이 존재한다. 이와 달리 그밖의 어떤 요인보다도 간결한 정리를 선호하는 유형도 존재한다. 우리에게는 두 유형이 모두 필요하다. 그렇지만 그것들은 서로 상대방을 인정하지 않는다. 물리학에도 이와 비슷한 경우가 있는데, 실험물리학자들과 이론물리학자들이 항시 최상의 친구 사이인 것은 아니다. 그러나 거듭 말하지만, 어느 쪽도 조정해서 깊은 인상을 남길 정도로 뚜렷한 성공을 자

랑할 수 없는 경우, 상황이 더욱 어려워질 것이다. 더구나 점잖은 작업자라면 누구나 자신의 작업을 사랑한다. 그리고 오직 이것만이, 우리 중 일부에게는, 완전히 비합리적이고 충동적인 방식으로 다른 '방법'을 혐오하는 태도를 암시해주는 요인이다.

셋째, 진정한 학파는 사회학적 실재 ── 살아 있는 존재 ── 라는 점을 잊어서는 안 된다. 그것은 독자적인 구조(지도자와 추종자 사이의 관계), 깃발, 전쟁구호, 분위기, 인간적이기도 한 온갖 관심분야를 갖고 있다. 그것의 대립관계는 집단 간 대립과 전쟁의 일반사회학 내부에서 도출된 것이다. 이러한 학파들에게 승리와 정복, 패배와 영토상실은 그 자체로 가치 있는 것이자, 바로 그 존재 자체의 일부다. 그것들은 명예롭다고 여겨지는 명칭 ── 우리의 사례에서는, 두 당사자 모두 '경험주의적' '현실주의적' '근대적' '엄밀한' 따위의 수식어구에 대한 권리를 주장했다 ── 을 차지하고, 반대자들의 작업에 대해서는 명예롭지 못한 명칭 ── '사변적' '쓸모없는' '부차적인' ── 을 붙이기 위해 노력할 것이다. 이러한 명칭은 그 자체로는 의미가 거의 없거나 전혀 없지만, (논쟁과정에서—옮긴이) 독자적인 생명을 획득하며, 이것이 역으로 논쟁에 활기를 불어넣는다. 이 모든 사항은, 국내정치나 국제정치에서 드러나듯이, 그 어떠한 현실적 쟁점보다도 훨씬 더 중요한, 개인적인 허영심, 관심사, 싸움성향 따위가 작동될 수 있는 가능성을 제공한다. 그래서 사실상 실질적인 쟁점을 망각하게 만든다.

[4. '신세대' 역사학파: 슈피토프, 좀바르트, 베버]

이러한 유형의 모든 논쟁이 그러하듯이, 위의 논쟁은 점차 시들해졌으며, 역사연구를 향한 열망도 정상으로 복귀했다. 그러나 슈몰러학파의 작업은 그를 이어받은 새로운 인물들의 지도 아래 계속되었다. 이들은 자신들의 사고형성기에 그의 주장으로부터 영향을 받았으므로, 이후에 그와 다른 견해를 갖게 되었으며 연구의 목적이나 방법 그리고 그 성과 측면에서도 서로 달라졌지만, 그가 강조했던 근본원칙들에 대해서는

여전히 신뢰하고 있었다. 우리는 (이러한 사람들을—옮긴이) 거의 '신세대'(the yongest) 역사학파로 부를 수 있을 것이다.[26] 이들 중에서 슈피토프, 좀바르트, 베버가 지금까지 가장 뛰어난 인물에 속한다.[27]

---

26) 독일의 통일과 슈몰러학파의 등장이 구역사학파와 신역사학파의 분기점이라면, '신세대' 역사학파는 이른바 '방법논쟁'의 산물이다. 방법논쟁 이후, 신역사학파는 슈몰러의 역사적 · 귀납적 방법을 여전히 강조하는 구세대와 이 방법과 멩거의 연역적 방법의 종합을 주창하는 신세대로 분화되었기 때문이다—옮긴이.

27) 이들의 저작 그리고 이보다 훨씬 더 중요한 이들의 영향력은 부분적으로 다음 시기에 속하긴 했지만, 나는 논의의 편의를 위해 이들에 대해 여기서 언급할 것이다. 슈피토프—오랫동안 슈몰러의 조수였(고 후자가 주관하던 계간지 『슈몰러 연보』에 자신의 이름을 내걸고 편집하기 전에도, 오랫동안 사실상의 편집장이었)으며, 이후에 본대학교의 교수가 되었던—의 국제적 명성은 경기순환 연구분야에서 그의 뛰어난 업적에 근거하고 있다. 이 주제나 인접주제와 관련된 순수하게 이론적인 성격의 초기논문들을 무시한다면, 우리는 『국가학 소사전』(vol.VI, 1925) 4판에 실린 '위기'(Krisen) 항목을 언급하는 것으로 만족할 것인데, 여기에는 실질적으로 한 편의 긴 논문에 해당되는 내용이 압축된 형태로 담겨 있다. 『슈몰러 연보』(1932)에 게재된 그의 논문("Die Allgemeine Volkswirtschaftslehre als geschichtliche Theorie: die Wirtschaftsstile")에는 매우 흥미로운 그의 과학적 신조—상당히 많은 수의, 경제생활의 역사적 '유형들'을 인정하는, 그것도 이것들 각자가 '초역사적인 이론'에 귀속되는 공통의 개념과 명제 외에 독자적인 이론을 필요로 하는—가 담겨 있다. 슈몰러의 견해에서 아주 멀리 떨어져 있으면서도, 슈피토프의 의지는 그것을 특정한 방향으로 발전시키는 것으로 해석하고 싶어한다. 그의 저작을 특징 짓는 접근방법은 주거공간의 가격과 도시토지의 임대료(rent)에 대해 탐구한 『토지와 주거』(*Boden und Wohnung*, 1934), 그리고 그가 편집하고 세심한 부분까지 감수했지만 그의 제자들에 의해 연속해서 출판된 두 권의 책 『본 시 연구』(*Bonner Städteuntersuchungen*)와 『경기순환 연구』(*Beiträge zur Erforschung der wirtschaftlichen Wechsellagen*)에 잘 나타나 있다.
〔J.A.S.가 본대학교에서 가르치는 동안, 그는 슈피토프를 유능한 동료이자 신실한 친구로서 알게 되었다. J.A.S.가 죽은 후에, 슈피토프는 슈나이더(Erich Schneider)와 함께 독일에서 J.A.S.의 수많은 초기논문과 수필에 관한 전집을 출판(하고 편집)하기 위해 노력했다. 그 처음인 세 권의 책이 1952년에 출간될 예정이다.〕
한 사람의 인간이자 학자로서, 좀바르트(Werner Sombart, 1863~1941)는 모든 측면에서 슈피토프의 정반대 인물이다. 두 사람의 명성의 차이—이는

주로 공적인 것에 국한된 문제가 아니다—는 과학사회학의 주제에 관한 생각거리를 제공한다. 여기서 언급할 만한 그(좀바르트—옮긴이)의 유일한 저작인 『근대 자본주의』(*Der Moderne Kapitalismus*, 1902, 2nd ed., much enlarged, 1916~27)는 종종 중요하지 않은 문제에서 뛰어난 능력을 발휘함으로써 전문적인 역사가들을 깜짝 놀라게 했다. 이들은 이 책에서 실질적인 연구—사실상 이 책의 자료는 완전히 2차적인 것이었다—라 부를 수 있는 것을 찾아내지 못했으며, 그것의 수많은 경솔함에 대해 비판했다. 그렇지만 그것은 어떤 의미에서 역사학파의 최정점에 서 있었으며, 심지어 오류 속에도 상당한 자극이 존재했다.

베버(Max Weber, 1864~1920)는 지금까지 학계에 나타났던 가장 강력한 인물군에 속한다. 그의 지도력—주로 옳은 일을 한다는 기사도적인 열정에서 비롯된, 때로는 그것이 돈키호테적인 행위에 가까운 것이었지만—이 동료들과 학생들에게 가장 크게 영향을 미친 것은 학자로서의 그의 업적과 거의 무관한 것이었지만, 말로는 형언할 수 없는 활력소(학파를 만들어낸다기보다는 분위기를 만들어내는)였다. 『로마 농업사』(*Römische Agrargeschichte*, 1891)와 같은 그의 초기연구 가운데 일부에 대해서는, 좀바르트의 경우와 달리, 전문적인 의미에서 약간은 역사적인 연구를 수행했다고 언급하고 지나갈 수 있다.

기념비적 저작의 순수하게 분석적인 측면을 살펴보면서 불행하게도 나는 소수의 문장에 초점을 맞출 수밖에 없었는데, 그 문장(의 의미—옮긴이)은 다음의 저작을 언급하는 것으로 적절하게 표현될 것이다. (1) 『프로테스탄티즘의 윤리와 자본주의 정신』(*The Protestant Ethic and the Spirit of Capitalism*; 독일에서는 1904~1905년에 출간된 『사회과학과 사회정책』*Archiv für Sozialwissenschaft und Sozialpolitik*지에 "Die protestantische Ethik und der 'Geist' des Kapitalism"라는 제목으로 실렸다가, 『종교사회학 총서』 *Gesammelte Aufsätze zur Religionssoziologie*에 수록되어 재출판되었으며, 영역본은 파슨스Talcott Parsons의 번역으로 1930년에 출간되었다.) 이것은 매우 중요한 의미들로 충만한 저 유명한 이론, 즉 프로테스탄티즘의 기원인 종교혁명이 자본주의 정신을 주조한, 그래서 자본주의 자체를 만들어낸 결정적인 요소였다는 이론을 제시한 저작이다. 이것은 (이후에 『사회과학과 사회정책』에 실린) 위대한 종교들에 관한 사회학 연구들보다 훨씬 더 많은 주목을 받았으며, 모든 국가의 사회학자가 참가하는 논쟁을 야기했다. (2) 「로셔와 크니스 그리고 역사적인 국민경제학의 논리적 문제」("Roscher und Knies und die logische Problem e der historischen Nationalökonomie", *Schmollers Jahrbuch*, 1903~1905)는 그의 수많은 '방법론' 연구 중에서 가장 중요하다. (3) 『일반 경제사』(*General Economic History*)는 죽기 1년 전에 뮌헨대학교에서 강의한 내용에 대한 기록으로, 주로 학생들의 노트를 편집한 것이다. 영

분석기법의 훈련에 관한 한, 슈피토프는 결코 역사학자가 아니다. 그러나 그의 문제에 대한 접근방식에는 슈몰러의 권고가 개입하고 있는데, 그 방식은 다음과 같다. 위에서 언급했던, 그의 거대한 연구 프로젝트 출발점에는 하나의 단순한 개념장치가 서 있다. 이것은 조심스럽게 구성되긴 했지만, 개선 자체를 목적으로 한다기보다 특별한 연구의 타당성을 입증할 목적으로 존재한다. 그는 이 장치와 잠정적인 분석적 아이디어나 가설을 이용해서, 그 장치와 아이디어가 적절하다고 제시한 선택된 사실집합에 대해 상세히, 때로는 개인의 주택이나 특정기업의 경제학을 분석할 정도로까지, 접근한다. 마지막으로 그는 어떠한 정교한 방법의 도움이 없더라도 드러나는 양식(pattern)의 일반적인 모습에 대해 설명하는데, 이 일반적 모습이야말로 대답되어야 하는 문제에 적절하게 부합되는, 그의 '이론적' 결과였다. 나는 독자들이 이러한 절차에서 새롭다는 인상을 그다지 많이 받지 않을 것이라고 단언하는데, 이들에게는 그것이 명백한 상식에 불과한 것처럼 보일 수도 있기 때문이다. 그러나 그것은 간결함, 명료한 단계구분 그리고 모든 단계에 대해 똑같이 관심을 보이는 것에서 새로운 것이었다. 이런 점에서 슈피토프는 특정한 유형의 '현실주의적 이론'을 떠들썩하게 요구하지 않고 실제로 개발하는 데 성공한 셈이다. 명심해야 할 점은, 그는, 비록 폭넓은 문화적 관심사를 보이는 사람이었지만, 엄밀한 의미에서 전통적인 경제학

역본은 다름 아닌 나이트라는 권위자에 의해 번역되었다. (4)『경제와 사회』(*Economy and Society, Wirtschaft und Gesellschaft*)는 베버가 주도하고 편집한 『사회경제학 요강』(*Grundrisse der Sozialökonomik*: 이 책은 다수의 저자에 의해 여러 권의 저작으로 1914년부터 출간되기 시작했다)의 일부로, 여기서는 비록 지나치듯이 언급될 뿐이지만, 독일 경제학의 역사에서 중요한 이정표를 차지한다. (5)『노동력의 적응과 선별』(*Adaptation and Selection in the Labor Force*: 이것은 그가 제안하고 주도한 사회정책학회의 연구결과로, 그 일부만이 학회지에 게재되었다)의 경우, 나는 그의 사고의 신선함과 독창성을 보여주는 사례로, 그리고 그의 머리에 쉽게 다가왔던 문제 유형을 예시해주는 것으로 언급할 뿐이다. 이 사례는 또한 우리가 미국의 제도주의에 대해 논의할 때 유용해질 것이다.

영역에 속하는 연구자로 남아 있었다는 사실이다. 그는 경제학을 포괄적인 사회학 속으로 끌어들이는 데 관심이 없었다. 이러한 점에서, 그는 슈몰러의 사례를 따르지 않았다.

그러나 좀바르트는 슈몰러의 사례를 따랐다. 그리고 그는 전문적인 능력의 범위에 대해 조금도 고민하지 않았으며, 심지어 슈몰러의 사례에서 벗어난 슈몰러(out-Schmollered Schmoller)에 대해서조차 그러했다. 그의 『근대 자본주의』——이 제목은 실질적으로 아주 넓은 영역을 포괄하고 있다——는, 일반적인 경제사 유형이나 슈몰러의 『개요』와 모두 구분되는, 역사학과 종합의 세 번째 유형을 대표한다. 그것은 예술적 특징을 지니고, 역사적 사실을 자양분으로 삼음으로써 과학 영역에 들어오며, 기초적인 분석도식으로 표현되는, 역사과정에 대한 하나의 해석이다. 그것은 추론이 강조되는 **분류된 역사**(*histoire raisonnée*)며, 사회상태에 관한 프레스코(frescoes) 벽화가 연속된다는 의미에서 체계가 강조되는 체계화된 역사(systematized history)다. 이러한 종류의 역사이론은 지대로부터 산업자본의 초기축적을 설명하는 좀바르트의 이론——비록 그것이 마르크스의 영향으로 볼 수 있으며, 2판에서는 폐기되었다 할지라도——에서 가장 대표적인 사례를 찾아볼 수 있다. 이러한 이론은 사실들에 의해 제시되는 설명가설이다.

그러나 그의 이론은 오로지 경제적인 것도 심지어 주로 경제적인 것도 아니다. 그와 같은 이론은 분류를 거부한다. 거기에는 역사과정의 총체성 속에서 작동되는 모든 요소가 포함되고, 포함되어야 한다. 그래서 전쟁과 유대인이 저축이나 황금발견과 함께 들어온다. 게다가 이는, 우리가 (1) 이러한 포괄성이 바로 그 특정유형의 과학적 노력의 특권이고, (2) 이 유형은, 신뢰할 수 없는 도락주의로 퇴행하지 않는다 할지라도, 다른 유형의 작업에 의해 제공되는 소재에 의존하지 않고는 존재할 수 없으며, (3) 좀바르트의 성공은 필수적인 집중력 속에서는 흔히 함께 발견되지 않고 원한다고 해도 가질 수 없는 개인적 특질들의 결합에 의존한다는 점을 기억하는 한, 매우 타당하다. 이러한 사항은, 좀바르트의

저작이 국제적으로 폭넓은 호소력을 갖고 있음을 고려할 때, 강조되는 편이 좋다.

좀바르트의 '방법론적' 견해는 유행을 아주 가까이 따른 것이어서 흥미롭지 않다. 처음에 그는 어리석게도 '로빈슨 크루소[28]를 반복해서 가르치는'(4부 6장 1절의 두 번째 각주 참조) 사람들을 경멸했다. 생각이 바뀌자, 그는 한 사람의 이론가로 인정받기 위해 노심초사했으며, 때로는 '연역적인 방법'을 이용하는 것을 신뢰하기도 했다. 그의 저작과 미국 제도주의의 관계를 고려할 때, 이러한 태도변화는 반드시 기억되어야 할 정도로 중요하다. 그러나 훨씬 더 중요한 사항은, (좁은 의미의) 경제사에 대한 적대감이 없었으며, 그 정도 또한 사회과학에서 논리적 과정의 본질이 차지하는 의미에 대해 훨씬 더 중요한 견해를 제시한 베버[29]와 동일했다는 점이다.

베버는 일반적인 문구로 표현된 방법론적 신념을 단순히 공언하는 것으로 논점을 제한하지 않았다. 그는 실질적으로 문제에 접근해서, 자신의 이해범위 내에서 실제로 사용된 사고형태들, 즉 주로 역사적인 경제학자와 사회학자에 의해 사용된 것들을 분석했다. 그리고 그는 엄청난 노력 끝에 특정의 실증적 학설(a definite and positive doctrine)을 제시했다. 이 학설은 **이념형**(Ideal Type)과 **의도된 의미**(Meant Meaning)라는 두 가지 개념에 의존했다. 그의 주장에 따르면, 사회과학에서 우리는 물리학과 완전히 다른 종류의 작업을 수행한다. 물리학에서는 설명이 서술(description) 이상의 의미를 지니지 않는다. 사회과학에서는 설명이 '문화적 내용'에 대한 이해, 즉 의미에 대한 이해를 포함한다. 그

---

28) 이는 아마도 당시에나 오늘날에도 주류경제학이 방법론적 개인주의를 가정함으로써, '로빈슨 크루소 모형'으로부터 논의를 시작한다는 사실과 관련된 듯 보인다—옮긴이.

29) 자신의 방법론에 따라 작업하면서 베버는, 스스로 생각하기에, 동시대의 철학적 저작에서 얻어낼 수 있는 도움(항시 유익한 것은 아니었지만)을 이용했다. 특히 리케르트와 빈델반트의 학설의 영향은 종종 매우 뚜렷하다.

래서 **이해사회학**(Interpretative Sociology, *Verstehende Soziologie*)이라는 말이 생겨난 것이다. 떨어지는 돌이 낙하법칙 이상의 의미를 띠고 있는지에 대해 질문하는 것은 의미가 없다. 그러나 소비하는 가정이란 무엇인가에 대해 질문하는 것은 의미가 있다. 후자—와 모든 사회현상—에 관한 분석을 진전시키기 위해서는, 관찰자가 떨어지는 돌을 이해할 수도, 이해할 필요도 없다는 의미에서 자신의 탐구주제를 이해해야 한다. 이를 위해서 그는, 경제인처럼 필연적으로 순수한 것은 아닐지라도, 본질적인 속성만을 포함할 뿐 비본질적인 속성을 제거하여 추상화시킨 **유형**(Types)을 만들어내야 한다. 그것이 바로 **논리적 이념**이다. 그러고 나서 우리는 이러한 유형이 행동하고 느끼고 말하는 바에 대해 그것의 행동, 느낌, 발언이 우리, 즉 관찰자에게 어떠한 의미인지가 아니라, 연구하고 있는 유형에게 어떠한 의미인지에 대해 질문하는 방식으로, 이해하고자 노력해야 한다.

다른 말로 말해서, 우리는 그 유형이 자신과 자신의 행동에 대해 부여하고자 의도했던 의미를 파악하고자 노력해야 한다. 이것이 독자들에게 무엇인가를 제공한다면, 독자들은 사회과학의 논리에 관한 이러한 이론—어떤 식으로든 그것의 장점이나 한계만이 아니라, 그것의 원천까지 전문적인 철학에서 비롯된—이 다양한 종류의 분석행위에 사용될 정도로 매우 중립적인 것임을 깨닫게 될 것이다. 특히 전통적인 의미의 경제이론도 여기서 제외되지 않는다. 그리고 이론가의 실제작업에서 어떤 방법론자(Mr. Methodologist)가 그에게 이윤극대화 조건을 탐구하는 과정에서 '이념형'의 '의도된 의미'를 탐구하라고 말했는지, '법칙'이나 '정리'를 찾아보라고 말했는지는 그다지 중요하지 않다. 사실상 베버는, 자신의 사고가 가장 성숙한 시기에 경제이론가들이 스스로 분석하고 있다고 생각하는 것, 즉 이들의 분석절차에 대한 인식론적 해석에 대해 동의하지 않았으면서도, 거의 완전한 무지에서 비롯된 판단에 따라, 경제이론가들의 실제행위에 대해 원칙적으로는 조금도 반대하지 않는다고 거리낌없이 공언했다.[30]

사실상 그는 실질적인 경제학자가 결코 아니었다. 전문적인 비판으로 방해받지 않는다면, 그에게는 사회학자라는 명칭이 명확할 것이다. 그의 저작과 학설은, 경제제도의 분석이라는 의미에서 **경제사회학**——이것을 독자적인 분야로 인정하기에는 아주 많은 '방법론적' 쟁점이 놓여 있지만——의 등장과 아주 밀접한 상관성이 있다.

지금까지 우리는 특별히 독일적인 뿌리에서 성장하고 전형적으로 독일적인 강점과 약점을 보여준, 독일 고유의 현상에 대해 살펴보았다. 물론 독일의 역사학파의 발흥을 설명해주는 요인 중 일부는 어디나 존재했다. 게다가 모든 국가에서 여기에 비견되는 움직임——콩트주의가 가장 중요한 사례 중의 하나에 속한다——을 옹호하는 다른 요인들도 존재했다. 마지막으로 독일학파의 저작은 매우 중요해서, 다른 국가의 상황에 대해 영향을 미칠 수밖에 없었다. 그렇지만 이것에 비견되는 움직임들도, 설령 비슷했다고 해도, 본질적으로는 달랐으며, 사람들이 생각할 수 있는 수준보다 적게 독일 사례로부터 영향을 받았음을 깨닫는 것이 중요하다. 아울러 미국 제도주의라는 가능한 예외를 감안하면, 그 움직임 중에는 전통으로부터 단절시키고 연구방향을 수정시킬 정도로 충분히 강력한 것도 없었다. 이는 물론 부분적으로 전통의 힘이 좀더 강하고 좀더 수월하게 옹호될 수 있었기 때문이기도 했다.

이탈리아는 일부가 독일의 **사회정책**에 주목하면서 독일의 전개상황(development)에 대해 공감하는 상황이 나타났다. 그러나 그 어느 것도 기존체제를 바꿀 수 있을 만큼 영향을 미치지는 못했다. 이탈리아 경

30) 그가 『사회경제학 요강』(*Grundriss der Sozialökonomik*)을 위해 '이론'을 기술하고 학설사를 개관하며 방법을 기술하기 위해 마셜적 의미의 경제이론에 대한 두 명의 강력한 인물을 불러들인 이유는 바로 여기에 있다. 거듭 말하지만, 이는 그가 때때로 제도경제학을 대표하는 인물로 연상된다는 사실에 비추어볼 때 타당하다. 〔두 명의 강력한 '이론'가는 슘페터와 비저였다. (슘페터의 경우—옮긴이) 학설사와 방법에 대한 개관은 『학설사와 방법론사의 시대』(*Epochen der Dogmen- und Methodengeschichte*)에서 이루어지고 있는데, 이 『경제분석의 역사』는 어떤 의미에서 이 책의 부산물이다.〕

제학은 언제나 '사실' 측면에 강세를 보였으며, 이런 추세는 계속 이어졌다. 어느 누구도 이에 대해 싸우려고 생각하지 않았던 것처럼 보인다. 일부 지도자——이를테면 에이나우디(Einaudi)——의 경우 작업의 일부나 대부분이 경제사 분야에 해당되기도 했지만, 독특한 과학적 집단이라는 의미에서 이탈리아 역사학파라고 이름 붙일 만한 사람은 거의 존재하지 않았다.

프랑스 역시 이와 동일했다. 당연히 프랑스 역사학의 거대한 전통이 지속되었으며, 시대적인 관심사를 좇아 경제사가 관심항목에 추가되었다. 일부 경제학자는 역사를 연구했다. (여기서는—옮긴이) 르바쇠르[31] 만을 언급할 것이다. 좀바르트의 작업을 암시해주는 일부 저작에 대해서는, 예를 들어 세(Henry Sée)의 저작이 여기에 해당되는데, 이후에 언급할 것이다. 게다가 이보다 앞서 존재했던 뛰어난 역사학자나 역사사회학자들도, 이를테면 저작이 교양인의 '필독서'가 되어버린 텐이나 토크빌 같은, 상당한 정도로 경제적 색채를 띠고 있었다. 이중에서 전문적인 경제학을 위한 새로운 출발점을 보여준 것은 없었다.[32] 그러나 시

31) 르바쇠르(Pierre Émile Levasseur)의 저작 중에는 『율리우스 카이사르의 정복에서 (1859년) 혁명까지 프랑스 노동계급의 역사』(*Histoire des classes ouvrières en France depuis la conquête de Jules César jusqu'à la Révolution*, 1859)와 『1789년 이후 오늘날까지 프랑스 노동계급의 역사』(*Histoire des classes ouvrières en France depuis 1789 jusqu'à nos jours*)가 가장 중요하다. (두 책의 2판에는 모두 et de l'industrie라는 말이 추가되어 있다: 책의 제목이 '노동계급의 역사'에서 '노동계급과 산업의 역사'로 바뀌었다—옮긴이.) 그러나 그의 책에서 충분히 분명하게 드러나듯이, 그는 방법론, 아니면 그 어떠한 다른 근거로도 자신을 5장에서 언급될 집단으로부터 분리하지 않았다.

32) 일부 독자들은 벨기에 경제학자인 라벨레예(Émile de Laveleye, 1822~92)의 이름을 잊어버렸을지 모르겠다. 그는 수많은 장점을 갖고 있는 인물로, 생전에 이미 그에 합당한 정도의 국제적 명성을 누렸으며, 그 결과 그의 이름은 오늘날까지도 살아 있다. 그러나 그를 독일의 역사학파나 존재한 적이 없었던 프랑스 역사학파의 일원으로 취급할 수 없는 유일한 이유는, 그가 사유재산에 대한 역사-민속학적 분석인 『소유권과 그것의 원시적 형태』(*De la Propriété et de ses formes primitives*, 1873)라는 책을 썼다는 사실에 있다. 그의 기초

미앙의 저작과 방법론적 교리는 그렇지 않았다. 비록 그는 독일의 영향—만일 그의 저작에 과거의 요소가 존재한다면, 그것은 콩트의 것이다—을 조금도 받지 않았지만, 그가 실험적인 이론(*théorie expérimentale*)으로 대체한, 전통적인 이론에 대한 그의 견해와 여기에 반대하는 그의 주장(공중에 떠 있는 사변의 성채)은 슈몰러의 경우와 거의 비슷했다. 하지만 아직까지 그의 기준에 따라 결합된 집단은 없다.[33)]

적인 연구서(*Éléments d'économie politique*, 1882)는 뛰어나지도, 독특하지도 않으며, 분석기법에 관한 한 그가 비판받는 경로에서 그다지 벗어나지도 않았음을 보여준다. (타우시히의 「서문」이 첨가된 영역본이 1884년에 출간되었다.)

33) 시미앙(François Simiand, 1873~1935)은 자신의 방법론적 교리를 『경제학의 실증방법』(*La Méthode positive en science économique*, 1912)에서 정식화했는데, 나에게는 이 책이 분석절차 문제에 대해 씌어진 유럽의 모든 책 중에서 제도주의 관점을 가장 잘 대변하는 책처럼 보인다. 수많은 오해가 개입함으로써 가능한 수준보다 그 효과가 떨어진 그의 비판과 종종 실증적인 방법을 암시하는 부분이 빛을 발하는 그의 방법론적 고려사항은, 여기서 유일하게 언급되는 또 다른 그의 저작인 『임금, 사회진화 그리고 화폐』(*La Salaire, l'évolution sociale et la monnaie*, 3 vols., 1932)에서도 상당한 공간을 차지할 만큼 가치를 갖고 있다. 이 책은 그의 실제 연구방법을 보여주며, 독자들에게 그의 모든 분석단계를 펼쳐 보이려고 노심초사하고 있다는 점에서 독특하다. 비록 그 결과는, 추측하건대, 완전히 고무적이지 않았고, 좀더 적은 노력으로도 도달할 수 있었을 정도로 변변치 못한 수준이었지만, 그의 작업이 그나마 상당히 중요한 의미를 지니게 된 이유는 바로 그러한 노고 때문이었는데, 이 점은 실질적으로 좀더 널리 알려질 필요가 있다. 간단히 언급하기 위해서, 여기에 부당한 중요성을 지니게 될 수도 있는 사항을 덧붙인다면 부당할까? 시미앙(앞의 책, 2권, 544쪽 이하)은 매우 적절하게도 최소생계비 임금이론(the minimum-of-existence theory of wages)을 비웃었는데, 이 이론은 사실상 불량품(bad workmanship)의 대표적인 사례다. (비록 그것은 실질적으로 현대이론의 비판대상으로 불러낼 필요조차 없는 것일지라도 말이다.) 그러나 그는 이 이론의 오류가, 그것이 결함이 없는 것은 아니라는 점 말고는, 특정한 종류의 방법의 문제점을 논증하는 것은 아니라는 사실을 간과했다. 게다가 그는 이렇게 특별한 실책이 18세기와 19세기 초의 경제학자들이 시미앙이 주창하는 방법을 추종했다는 바로 그 이유 때문에 발생한 것임을 간과했다. 이들은 당시의 폭넓은 사실—즉 노동자들이 대체로 생계비 이상을 벌지 못했다—이 그에 대한 하나의 가설로 적합하고, 그것이 입증되었다고 확신하

[5. 영국의 경제사와 역사적 경제학]

영국으로 눈길을 돌릴 경우, 우리는 우선, 당시 새로운 수준으로 도약하면서 오늘날에도 아주 중요한 성취 수준을 위한 토대를 닦았던, 경제사학자들의 작업의 질과 양을 발견하게 될 것이다. 커닝엄의 업적을 그 대표적인 사례로 거론할 수 있을 것이다.[34] 그는 자신이 '주로 분석적인' 것이라고 정의했던 '경제과학'(economic science; *Growth of English Industry and Commerce During the Early and Middle Ages*, vol.I, p.18)에 대해 본질적이며, 과거부터 줄곧 언제나 본질적이었던 작업을 몸소 수행하고 있다고 정말로 생각했다. 그는 그것(그의 경제과학—옮긴이)이 이론가들에 의해 이용되는 것을 보고 싶어했으며, 경제학자의 교과과정에서 당연히 한자리를 차지할 만하다고 주장했다. 그러나 그는, 분석적인 경제학의 개념장치가 자본주의 시대 이전의 조건에는 쉽게 적용될 수 없다는 신념을 표현하는 것 말고는, 그것이 역사연구로부터 도

고 그렇게 했기 때문이다. 좀더 좋은 이론가들이었다면, 아마도 이들은 그러한 사실에 대해 그토록 암묵적인 믿음을 갖지 않았을 것이다.

34) 커닝엄(William Cunningham, 1849~1919)은 아주 많은 글을 남긴 사람이었다. 우리의 목적을 위해서는 그의 위대한 저작인 『고중세시대 영국 상공업의 성장』(*The Growth of English Industry and Commerce During the Early and Middle Ages*, 1st ed., 1882, greatly improved 5th ed., 1910~12)과 『경제 측면에서 바라본 서구문명』(*An Essay on Western Civilization in its Economic Aspects*, 1898~1900), 그리고 『영국 자본주의의 진보』(*Progress of Capitalism in England*, 1916)를 언급하는 것으로 충분하다. 레비(Leone Levi)의 『영국의 상업사』(*History of British Commerce*, 1872, 2nd ed., 1880)와 토인비(Arnold Toynbee)의 저 유명한 『영국의 산업혁명』(*Lectures on the Industrial Revolution in England*, 사후인 1894년에 출간됨) 같은 기념비적인 저작들을 지나치는 것은 합당하지 않은 듯 보인다. 이것들은 망투의 저작(*La Révolution industrielle au X VIIIe siècle*, 1905)에 의해 대체되기까지 이 분야의 표준적인 저작으로 기능했다. 그러나 이렇게 간단하게 살펴보는 데 역사연구 전체에 대해 공평하게 관심을 보이는 것은 불가능하며, 수많은 이름과 저작을 거론하는 것은 유용하지도 않다. 이는 또한 독자들이 앞으로도 지난 30년 동안 경제사 연구를 이끌었던 인물들에 대한 그 어떠한 언급도 발견하지 못하게 되는 이유이기도 하다.

출된 일반화로 대체되는 모습을 보고 싶다는 소망을 드러낸 적이 없었다.

경제사를 옹호하는 주장은 눈에 띌 만한 어떠한 저항도 만나지 않았다. 로저스[35] 같은 몇몇 경제학자는, 그들의 연구주제에 관한 한, 주로 경제사학자였다. 마셜은 이후에 그의 경제학을 비역사적이고 사변적이라거나 이와 비슷한 그밖의 이유 등으로 공격했던 사람들 대부분에 비해 훨씬 좋은 역사학자였다. 이에 대해서는 오로지 그의 『산업과 무역』(*Industry and Trade*)을 언급하는 것으로 충분하다. 비록 그의 역사연구의 전반적인 업적은, 케인스(J.N. Keynes)의 전기가 출판되기까지 그의 학파 외부에는 알려지지 않았지만 말이다.

이러한 상황이라면, 독자적인 프로그램을 위해 애쓰는 과학자 집단이라는 의미에서 역사학파를 위한 공간은 분명히 없다. 있다 해도 그것은 사실상 아주 자그마한 조각일 뿐이다. 한 명의 '선구자'로 존스[36]가 있

---

35) 로저스(J.E. Thorold Rogers, 1823~90)는 옥스퍼드대학교에서 두 번째로 임명된 경제학 교수였다. 그의 주요업적은 총 일곱 권으로 구성되어 1866년에 출간된 『영국의 농업과 물가의 역사, 1259~1793』(*History of Agriculture and Prices in England, 1259~1793*)이다. 그러나 그의 좀더 대중적인 『노동과 임금의 6세기』(*Six Centuries of Work and Wages*, 1884)가 훨씬 더 폭넓게 알려져 있다. 그는 또한 새로운 『국부론』 판본을 출간하고자 노력했으며, 그다지 뛰어나지 않은 『정치경제학 강의 교재』(*Manual of Political Economy for Schools*, 1868)와 기타 다른 저작들을 쓰기도 했다. 그는 사력을 다해 코브던과 브라이트(18세기 초반에 영국에서 곡물법 폐지와 자유무역을 주창했던 인물들)의 생각을 전파하고자 했다. 그러나 학자로서 그의 명성은 오로지 『역사』(아마도 『영국의 농업과 물가의 역사, 1259~1793』를 지칭하는 듯—옮긴이)에서 비롯된 것이다.

36) 존스(Richard Jones, 1790~1855)는, 무엇보다도, 헤일베리(Haileybury)대학교의 교수를 역임한 맬서스의 후계자로서, 강한 확신으로 충만한 인물이었다. 그는 리카도주의 경제학을 혐오했기 때문에 (리카도주의 경제학 같은—옮긴이) 성급한 일반화에 대해 강력하게 반대하면서 지속적인 사실연구를 옹호했으며, 이를 통해 궁극적으로 현존하는 '체계들'에 대한 잠정적인 구조를 대체하고자 했다. 그리고 그는 『부의 분배와 과세의 원천』(*Essay on the Distribution of Wealth and the Sources of Taxation*, 1831)을 통해, 자신이 가장 중요하게 생각하지만 부분적으로만 완성한 사례—지대에 관한—를 제시했다. 그러므

었으며, 이후 독일에서 슈몰러학파가 욱일승천하던 시기에는 몇몇 영국의 경제학자가 다소 비슷한 원칙에 대해 충성을 공언했다. 기억해야 할 중요한 인물로는 애슐리, 잉그램, 레슬리가 있다.[37)]

로 그는 자신에게 부여된 경제학사 연구자라는 역할에 대해, 그가 선언한 프로그램 때문인지, 아니면 그가 제시한 사례 때문인지 분명하게 말하기는 쉽지 않지만, 그다지 부족한 인물이 아니었다. 리카도를 향한 일부 반론은 제대로 된 것이 아니었다. 그렇지만 좀더 중요한 사실은, 그 반론의 상당 부분이 어느 이론가가 어떤 다른 이론가를 향해 보여줄 수 있을 만한 것들이라는 점이다. 이를테면 리카도 자신도 예상하고 반박했던, 농업의 수확체감 법칙이 기술진보라는 사실에 의해 부정되었다는 반론이 그것이다. 더구나 그는 기초적인 정치경제학(Primitive Political Economy; 이 책, 1권, 2부 7장 3절 참조)에 대해 논의하면서, 학설의 역사적 상대성에 대한 그 어떤 생각도 내비치지 않은 채, 당시의 견해에 입각해서 주장했다. 게다가 그의 선언과 사례는 모두 역사학파의 아이디어를 정말로 암시해준다. 읽어볼 만한 그의 강연문과 저작들은 휴얼에 의해 편집되어 『유고집』(*Literary Remains*, 1859)이라는 제목으로 출간되었다.

37) 세 사람 중에서 의심할 바 없을 정도로 가장 강력한 개성의 소유자였던 애슐리(William James Ashley, 1860~1927)는 버밍엄대학교의 교수로서 조셉 체임벌린이 이끈 보호주의 운동의 학계 지도자였으며, 영국의 경제학자 중에서 당시의 독일식 보호주의의 유형을 가장 강력하게 옹호한 인물이었다. 젊은 시절에 경제 · 법사학자들(특히 토인비와 메인, 이후에는 독일인의 영향)의 영향을 받았으므로, 그는 방법론적 주장과 사회정책과 경제적 민족주의에 대한 공감을 통해서만이 아니라 저작—이를테면 그의 성실함이 돋보이는 책이자 가장 성공한 책이기도 한 『영국의 경제사와 경제이론 소개』(*Introduction to English Economic History and Theory*., 2 vols., 1888 and 1893)—을 통해서도 이 유형(당시의 독일식 보호주의 유형—옮긴이)의 전형적인 모습을 보여주었다. 그러나 그는 당시 영국의 환경으로부터 자신의 세련되지 못한 초창기 생각에 대해 반대되는 증거를 충분히 수용했다. 영국에 살았던 사람이라면, 어느 누구라도 슈몰러가 초창기에 보여주었던 것만큼, 그토록 완전하게 경제이론을 오해할 수는 없었을 것이다.

잉그램은 완전히 다른 종류의 인물이었다. 그는 매우 폭넓은 문화적 자산을 소유하고 있었지만(그는 철학자이자 시인으로, 1866년에는 더블린대학교의 그리스어 흠정강좌 담당교수Regius professor직에 임명되었으며, 셰익스피어와 테니슨Tennyson에 대한 글을 쓰기도 했다), 도대체 그 어떠한 경제적 연구를 수행했다고 말할 수 있는 부분이 거의 없다. 『정치경제학의 역사』(*History of Political Economy*; 처음에는 『브리태니커 백과사전』*Encyclo-*

그러나 이 세 사람은 모두 주목을 받고 그 흔적을 남겼지만, 어느 누구도 전투적인 집단은 고사하고 (느슨한—옮긴이) 집단조차 만들어내지 못했다. 이는 심지어 1870년대에도 그러했다. 이후 마셜의 지도력이 분명해졌을 때, 대다수 경제학자(와 특히 재능 있는 경제학자)는 그의 기준 아래 몰려들었다. 몇몇 반대자가 있었지만, 그 이유는 부분적인 것

---

paedia Britannica, 1885년판에 실렸다가, 1888년에 독자적으로 출판되었는데, 가장 최신에 출간된 것은 스콧W.A. Scott의 보충하는 장이 추가된 1915년 판이다)는 그의 철학(특히 콩트주의)과 역사에 대한 박식함과 함께 기술적 경제학에 대한 부적절한 이해를 동시에 보여주는 증거다. 그에게는 후자의 사실이, 그렇지 않았을 경우보다도 훨씬 더 수월하게, 미래에 나타날 새로운 경제학에 대해 청산유수처럼 말할 수 있게 해주었을 것이며(예를 들어 그가 1878년에 개최된 영국학술진흥회the British Association for the Advancement of Science의 더블린 회의의 연설문인, 「정치경제학의 현재 위치와 전망」The present Position and Prospects of Political Economy을 생각해보라), 이에 따라 그의 이름은 프로그램 선언에 강점이 있는 인물로 연결되었다. 풍부한 감정과 도덕적인 논조—이 점에서는 마셜과 곧바로 견줄 만한—는 경제학을 다른 사회과학 연구로부터 고립시키는 것에 저항했으며, (콩트주의적) 진화와 역사적 상대성, 귀납 대 연역의 구분에 대한 강조는 대중적인 호소력을 지니게 된 주요한 원천이었다.

레슬리(Thomas E. Cliffe Leslie)가 이름을 남긴 이유는 '서술적인' 종류의 학문적 연구—비록 그중의 일부는, 이를테면 아일랜드, 잉글랜드, 유럽의 토지체계에 대한 연구와 같은, 아주 뛰어난 것이었지만—나 당대의 정책문제에 관한 그의 논문—그 일부가 강한 논조이면서도 뛰어난—에 있는 것이 아니라, 현명하고 효과적이면서도 나름대로 인상적인, 그의 역사적인 방법에 대한 옹호에 있었다. 그의 방법론이나, 그가 불리기 원했던, 사회과학 철학을 제시한 두 편의 논문(1879년에 간행된 『정치 · 도덕 철학 연구』*Essays in Political and Moral Philosophy*에 실려 재출간되었으며, 2판은 그 일부를 남기고 다른 것을 추가한 형태로 사후에 출간되었다)은 슈몰러주의 프로그램을 재정식화한 것처럼 많이 읽혔다. 이러한 사실 때문에, 그것이 처음으로 출판된 해(1876년과 1879년; 아마도 1876년은 논문이 처음으로 출간된 해인 듯하다—옮긴이)에 비추어, 우리로 하여금 그 독창성을 부인하도록 유도해서는 안 된다. 그리고 만일 시니어 같은 이론가들이 보여준 어느 정도 경솔한 언급을 고려한다면, 우리는 경제학자들이 항시 사실에서 출발하고 사실에 의해 연역을 검증받아야 한다는, 다른 경우라면 결코 놀랄 만한 일이 아닌 (그의—옮긴이) 주장에서 심지어 약간의 장점을 발견할 수도 있을 것이다.

이긴 하지만, 본질적으로 방법론적인 것이었다. 여기서 우리는 홉슨과 웹 부부[38]를 거론할 수 있다. 우리는 더 이상 논쟁적인 저작의 적당한 속임수 때문에 지체해서는 안 된다. 그러나 우리는 공평한 추론정신에 기대어 방법론적 쟁점의 대부분을 해결했던, 그것도 전문가들까지 만족시킬 정도로, 케인스(J.N. Keynes)의 뛰어난 업적을 기억해야 한다. 20여 년 동안 이 책은 탄탄한 권위를 유지했다. 비록 시간적인 간극이 존재하긴 하지만, 그것의 성공만이 아니라 그것의 장점 때문에라도, 그것을 한번 읽어보라고 권유하고 싶다.[39]

---

38) 홉슨(John A. Hobson, 1858~1940)이 마셜경제학과 충돌했던 이유는 기본적으로 방법론이 문제가 아니었다. 그러나 그는 동시대 이론들에 반대했으며, 방법론적 원칙에는 도전하지 않았지만 항상 그것들과 싸웠다. 그렇지만 이러한 충돌에는 방법론적인 측면도 존재했다. 예를 들어 홉슨은 자신이 소비자들의 비합리적 행위라고 여기는 것과 그러한 행위를 결정하는 제도적 요인—'합리적 선택'이 아니라—을 고집스럽게 강조했는데, 여기에는 실질적으로 역사-사회학적 유형의 연구프로그램이 담겨 있다. 이 점을 깨닫는 일은 중요한데, 왜냐하면 그것은 홉슨과 미국 제도주의 사이의 연결고리 중의 하나를 제공하기 때문이다.

이러한 맥락에서 베아트리스 웹(Beatrice Webb, 1858~1943)과 시드니 웹(Sidney Webb, 1859~1947)을 반드시 거론해야 하는데, 그 첫째 이유는 실질적으로 영국의 경제사학자들의 업적에 기여했던 이들의 연구의 본질 때문이며(특히 *History of Trade Unionism*, 1894; *The Manor and the Borough*, 1908 참조) 두 번째는 상당한 규모의 여론에 대한 자신들의 커다란 영향력을 통해서 독일 역사학파와 비슷한 방법론적 관점이 지지받을 수 있도록 도와주었다는 사실 때문이다. 이는 적어도, 내가 런던 정경대학에서 들었던, 방법론에 관한 시드니 웹에게서 받아들인 인상이었다.

39) John Neville Keynes(1852~1949; 케인스 경의 아버지), *Scope and Method of Political Economy*(1st ed., 1891). 그렇지만 그의 성공에 가려진 작지만 주목할 만한 기여 중에서, 우리는 배젓과 케언스의 업적을 언급할 수 있을 것이다. 배젓(Walter Bagehot)의 열정적인 펜은 반복해서 방법론적인 주제들을 다루었다. 리카도의 분석절차의 타당성에 대해 의문을 제기하지 않은 채, 그는 그것의 적용가능성을 자본주의적 사업의 문화적 패턴으로 한정지으면서, 역사연구를 그것의 자연적인 보완물로 취급하려는 경향을 보였다. 이에 대해서는 특히 『경제학 연구』(*Economic Studies*, 1880)에 재수록된 「영국 정치경제학의 공리」(The Postulates of English Political Economy)를 참조.

〔이 장의 원고는 여기서 끝났다. 미국의 제도주의에 대한 절은 분명히 씌어진 적이 없었다.〕

케언스(John E. Cairnes)의 『정치경제학의 특징과 논리적 방법』(*Character and Logical Method of Political Economy*: 강연원고는 1856년에 넘겨졌으나, 출판은 1857년에 이루어짐)은 당시에나 그 이후에 그 장점에 걸맞게 평가된 적이 없었는데, 그 이유는 그가, 그에 앞서 시니어가 했던 것처럼, 정치경제학이라는 용어를 대부분의 사람이 항시 정치경제학이나 경제학의 자그마한 일부로 여기는 것, 즉 흔히 '순수이론'으로 알려진 경제적 합리성의 논리체계를 지칭하는 의미로 사용했기 때문이다. 그 자신의 저작은 단지 그가 이러한 논리체계(기억되어야 하겠지만, 이것이 우리의 의미에서 경제이론 전체를 구성하는 것은 결코 아니다)가 경제문제에 관한 우리의 모든 지식을 구성한다고 믿는 것과는 아주 거리가 멀다는 점을 입증하고 있을 뿐이다. 그러나 오해에 힘입어, 그 부분적인 이유는 그에게서 비롯된 것이긴 하지만, 그는 이후에, 예를 들면 잉그램과 슈몰러에 의해, 그 어떠한 사실연구에도 사용되지 않는 '연역'을 완고하게 고수하는 인물을 대표하게 되었다. 그렇지만 논리체계의 본질에 관한 그의 분석은 하나의 실질적인 기여였다. 그것의 순수하게 가설적인 특징, 그것의 비현실적인 가정, 관찰가능한 현상으로부터 그것을 분리시키는 간극의 깊이, 통계적이거나 다른 관찰가능한 근거로는 그것의 구성요소들에 관한 명제를 검증하기 어렵다는 점, 이 모든 것을 과거 그 어느 누구보다도 분명하게 보여주었다. 다만 그는 이러한 체계가 어떠한 법칙도 산출할 수 없으며, 오로지 도구적인 능력으로만 이용될 뿐이라는, 분명한 결론에 도달하지는 못했다.

제5장 당시의 일반경제학: 인물과 집단

1절 제번스, 멩거, 발라

사회개혁에 대한 요구가 경제학계의 현실적인 관심사에서 새로운 초점으로 부상했지만, 이 요구는 경제학 저작의 취향이나 방향에만 영향을 미쳤을 뿐 분석적 저작의 기법에는 별다른 영향을 미치지 않았다. 실제로 (사회개혁을 주창했던—옮긴이) 역사학파는 과학방법론을 혁명적으로 변화시켰지만, 이 혁명은 독일에서조차 절충으로 마무리되었다. 이들의 영향이 사라지자, 일반경제학의 범위와 방법은 실질적으로 그 이전과 다르지 않은 모습을 유지했다. 그러나 가치나 분배라는 용어가 점차 대중화되지만, 그 분석적 핵심은 1900년경에 전형적인 고전적 상황으로 빠져들어가는 혁명적인 변화를 겪으면서, 경제학계에서 이 시기에 세 번째로 큰 사건을 만들어냈다. 우리에게 친숙한 전통에서 출발하자면, 이 혁명의 핵심은 제번스, 멩거 그리고 발라라는 세 명의 지도자들의 이름과 결부된 한계효용 가치론의 등장이었다. 우선 이들에 대해 간략하게 살펴보자.[1)]

제번스(William Stanley Jevons, 1835~82)는 공무원이자 교사라는 평범한 경력 기간 내내 자신의 성과에 걸맞는 평가를 받은 적이 없었다. 생전에 그는 자신의 위대한 성과보다 화폐와 금융 관련저작이나 그밖의

1) 이들의 선구자들에 대해서는 6장 3절에서 언급할 것이다.

당시의 현실적인 관심사에 대한 저작, 심지어 그의 태양흑점설이나 수확경기 순환이론(이하 8장 참조)으로 더욱 잘 알려졌다. 그렇지만 그에 대한 기억은, 영국에서조차 '제번스 혁명'을 일관되게 폄하한 마셜의 강력한 주도권에 의해 가려졌다. 여기에는 여러 이유가 있다. 제번스는 자신의 제자들을 거의 남기지 못했으며, 이는 그에게 기회가 없었기 때문(그는 중요한 지위에서 가르친 적이 없었다)이기도 하지만 지나치게 겸손하거나 단호하지 못한 그의 성격 때문(자신의 생각의 혁명적 참신성을 강조하면서 '보상받고자 하는' 습성이 없었던 것은 아니었지만)이기도 하다. 그러나 경제이론에 관한 그의 작업이 완성되지 않았다는 점도 사실이다. 그의 성과는 자신의 비전에 미치지 못했다. 탁월한 개념과 심오한 통찰(특히 그의 뛰어난 수학적 사유방식, 가치이론, 자본이론과 이자이론)은 적절하게 다듬어지지 않은 채, 개괄적으로(*aperçus*) 서술되었으며, 낡은 요소들과 섞여 거의 피상적인 것으로 비쳐졌다. 그에 대해 매우 인색했던 마셜의 태도 역시 한몫했다.

따라서 영국에서는 그가 자기 몫을 차지한 적이 없었다. 특히 그의 독창성은 응당 받아야 할 대접을 받지 못했다. 왜냐하면 그는 의심할 나위 없이 진정으로 가장 독창적인 경제학자 중 한 사람이었기 때문이다. 제번스처럼 과소평가의 '근원'에 대해 말하기 어려운 경우(라에가 또 하나의 예다)는 매우 드물다. 그는 자신의 선구자들에 대해 나중에 알게 되었는데, 이러한 특별한 문제에서 그의 경우는 자신이 나중에 발견한 이들에 대해 관대한 평가를 내렸기 때문에 변명의 여지가 있다. 그는 자신이 알고 있는 것보다도 더 크게 밀의 영향을 받았던 것으로 보인다. 그는 자신이 가르칠 때 사용해야 했던 밀의 『원리』를 매우 혐오했다. 그럼에도 훌륭한 사격연습 목표였던 밀의 속임수는 그에게 많은 것을 가르쳐주었던 것 같다. (이는 아마도, 이 책, 2권, 3부 5장 5절 3항에서 설명했듯이, 밀의 체계가 세의 관점을 수용하면서도 리카도의 유물을 간직했기 때문에 제번스가 이 체계를 파괴해야 한다고 믿었으면서도 실제로는 계승했던 측면을 의미하는 듯하다—옮긴이.) 하지만 이 점을 제외하면, 그

는 자기 스스로 만든 벽돌로 자기 가르침의 핵심을 쌓아 올렸다. 순수 이론에 관한 작업은 그의 『정치경제학 이론』(*Theory of Political Economy*, 1st ed. 1871; 하지만 그가 '최종효용도'final degree of utility 개념과 관련해서 자신의 우선권을 확정한 시기는 그가 영국과학진흥협회British Association for the Advancement of Science의 케임브리지 모임 F 분과에서 「정치경제학의 일반 수학이론에 대한 주석」Notice of a General Mathematical Theory of Political Economy이라는 논문을 발표한 1862년이었다)에 포함되어 있다. 화폐와 경기순환에 관한 저작들은 폭스웰이 편찬한 『통화와 금융에 관한 고찰』(*Investigations in Currency and Finance*, 1884)에 실려 있는데, 경제학자라면 누구나 이 저작에 대해 필히 연구해야 할 것이다. 게다가 제번스는 경제학자였던 것 못지않게 논리학자이기도 했다. 나는 그의 『과학원리』(*Principles of Science*, 1874)를 언급하고자 한다. 내가 보기에, 이 책은 그에 합당한 인정을 받지 못했지만 제번스의 진정한 논리력과 독창성을 담고 있는 저작이다. 참고문헌 목록은 제번스 부인이 1886년에 편집한 『서간과 기고문』(*Letters and Journal*)에 수록되어 있다. 제번스 부부(Mrs. and Professor H.S. Jevons)는 1934년 7월 『이코노메트리카』(*Econometrica*)지에 그의 생애와 저작에 관한 간단한 논문을 발표했다.[2)]

멩거(Carl Menger, 1840~1921)는 짧은 공무원 경력을 거쳐 빈대학교 법학과의 정치경제학 교수로 임명되어, 이곳에서 은퇴했다.(1873~1903) 이곳은 결코 이상적인 곳이 아니었다. 여기에는 세계의 관심을 주도할 만한 전통은 고사하고 이 분야(경제부석—옮긴이)에 대한 나름

---

2) 아마도 지금이, 이제는 잊혔지만, 제번스와 마셜 모두에게서 칭송을 받은 인물의 저작을 언급하기에 가장 좋은 기회라 생각한다. 헌(W.E. Hearn)의 『국부학』(*Plutology*, Melbourne, 1863; London, 1864)이 그것이다. 이 사람은 멜버른대학교에서 가르쳤다. 이 책은 내게 큰 인상을 남기지는 못했다. 그러나 부분적으로 그것은 진지한 제번스주의자로 읽힌다. 하지만 출판날짜는 효용 측면에 관한 제번스의 독자성을 증명해준다.

의 전통조차 존재하지 않았을 뿐 아니라 그의 강의를 듣는 학생들은 미래의 법률가와 공무원들로, 그의 강의에 그리 큰 관심이 없었기 때문이다. 당시에는 민법과 공법을 잘할 경우 경제학 시험쯤은 낙제해도 문제가 되지 않았다. 그러나 이 대단한 사람은 끈질기게 자신의 주장을 펼쳤으며, 마침내 자신의 지적 능력에 대한 개인적 추종자들을 찾아냈으며, 험난한 시기가 없었던 것은 아니지만, 학파를 창설했다. 이 학파는 왕성한 에너지와 일관성을 보였으며, 비록 이러한 성과를 조건 지우는 수단과 이점들을 결여하고 있었지만, 1930년대에 (일시적으로?) 해체될 때까지 국제적으로 영향을 미쳤다. 그의 근본적인 한계효용 원리는, 비록 재발견의 우선권은 제번스에게 있지만, 주관적인 의미에서는 그 자신이 확립한 것이었다. 주관적으로나 객관적으로나 이 원리를 확립하는 과정에서 나타난 여러 정리 역시 그러하다. 그는 좀체로 실수하지 않는 신중한 사상가였으며, 적절한 수학적 도구들을 가지고 있지 않았기에 그의 천재성은 더욱 인상적으로 돋보였다. 그의 가르침의 궁극적인 뿌리는 헤르만과 튀넨에서 정점을 이루었던 독일의 이론적 전통에 있었다.

하지만 스미스, 리카도, 특히 밀의 영향 역시 중요했다. 제번스와 마찬가지로 멩거 역시 혁명적으로 변화시키고자 했던 대상은 바로 이들의 가르침이었다. 나중에 언급될 다른 저작들뿐 아니라 『국민경제학 기초』(*Grundsätze der Volkswirtschaftslehre*, 1st ed. 1871; 2nd ed. 1923; 그의 말년의 저작에는 본질적으로 새로 추가된 것이 없었다) 또한 런던 경제대학교(London School of Economics)에서 네 권(짜리 『전집』—옮긴이)으로 재출간되었다.(1933~36) 이 『전집』(1권)에 수록된 하이에크의 「서문」은 그의 인물됨이나 사상가로서의 면모에 대한 가장 훌륭한 소개서다. 블로흐(H.S. Bloch)의 「카를 멩거」("Carl Menger", *Journal of Political Economy*, June 1940)도 참고하라. 〔『국민경제학 기초』의 영어번역본인 *Principles of Economics*는 나이트의 「서문」과 함께 1950년에 출간되었다.〕

앞에서 강조했듯이, 경제학은 상이한 관심사와 능력을 가진 많은 승

객을 태우고 있는 커다란 승합차다. 하지만 순수이론에 관한 한, 내 견해로는 발라가 모든 경제학자 중에서 가장 뛰어난 인물이다. '혁명적인' 창조성이라는 자질과 함께 고전적 종합이라는 특성까지 겸비하고 있는 그의 경제균형 체계는 이론물리학의 성과에 견줄 만한 유일한 경제학 저작이다. 이것과 비교할 때, 당시나 그 이후 시기의 대다수 이론적 저작은, 그 자체로 얼마나 가치가 있고 주관적으로 얼마나 독창적이든 간에, 발라적 진리의 몇몇 특정한 측면을 따라잡고자 하는, 거함 옆에 서 있는 보트들처럼 보인다. 그것은 경제학이 엄밀하고 정확한 과학의 지위를 향해 여행하는 도정 위에 놓인 뛰어난 이정표였으며, 오늘날에도 유행에 뒤진 것이긴 하지만 우리 시대에 가장 뛰어난 이론적 저작들의 근저에 놓여 있다. 불행하게도 발라 자신은 사회정의에 관한 자신의 의문스러운 철학, 토지국유화 계획, 통화관리 계획 등 순수이론에서의 자신의 탁월한 성과와는 아무런 상관도 없는 것들에 더 큰 중요성을 부여했다. 이러한 이유로 그는 많은 뛰어난 비판가의 선의를 잃어버렸으며, 내가 생각하기에 많은 독자의 인내심을 시험해야만 했다. 어쨌든 내가 위에서 보낸 찬사는 그의 순수이론에만 관련된 것으로 이해되어야 한다.

발라(Marie Esprit Léon Walras, 1834~1910)는 프랑스인이었는데, 출생지만 그런 것이 아니었다. 추론 스타일과 그가 거둔 성과의 본질 역시, 라신(Racine)의 희곡과 푸앵카레의 수학이 그렇듯이, 전형적으로 프랑스적이다. 그가 거둔 성과의 모든 뿌리 역시 그러하다. 그는 스스로 자신의 아버지인 오귀스트 발라(Auguste Walras)와 쿠르노의 영향을 강조했다. 하지만, 앞에서 지적했던 대로, 우리는 여기에 그의 진정한 선구자인 세의 영향을 추가해야 할 것이다. 또한 발라가 얼마나 의식적으로 받아들였든 간에, 세라는 인물의 배후에는 모든 프랑스적 전통——콩디야크, 튀르고, 케네, 부아기유베르——이 있다. 그는 스미스에게는 통상적인 존경심만을 보였다. 나머지 위대한 영국인들은 그에게 거의 의미가 없었다.

그의 이력은 타고난 사상가가 개인적 삶에서 부딪히는 현실적인 문제

들을 제대로 해결하지 못하는 모습을 전형적으로 보여준다. 그는 학교에서 성공하기에는 너무나 독창적이었다. 그가 광산기술자로서 받은 훈련은, 그 덕분에 수학을 익힐 수 있었지만, 그를 충분하게 먹여살리지 못했다. 그는 자유기고가로 직업을 바꾸었고, 사회개혁에 관한 다양한 착상들——당시 프랑스 중간계층 급진파에게서 전형적으로 나타나는——을 발전시켰지만, 두각을 나타내지는 못했다.[3] 하지만 우연한 행운이 그의 천재성을, 사장될 위험에서 구해주었다. 1860년에 그는 로잔에서 개최된, 조세에 관한 국제대회에 참석해서 논문 한 편을 발표했는데, 청중에게서 좋은 평가를 받았다. 이 청중 중에는 훗날 보 주(Canton de Vaud) 교육부의 수장이 되는 뤼쇼네(M. Louis Ruchonnet)가 있었다. 그는 1870년에 로잔대학교 법학과에 정치경제학 교수직을 창설하고, 이 자리를 발라에게 제안했다. 발라는 자신이 원했던 터전이 마련되자, 연구에 몰두했으며 죽을 때까지 계속해서 연구를 진행했다.

하지만 그가 창조적으로 작업했던 기간은 종신교수직에 있었던 시기(1870~92)와 대략 일치한다. 중요한 모든 저작(과 그렇지 않은 몇몇 자료) 대부분은 이미 이전에 연구논문이나 학술논문의 형태로 출간(1873년부터 시작해서)된 바 있는데, 나중에 세 권의 저작, 즉 『순수 정치경제학 요론』(*Éléments d'économie politique pure*, 1st ed. 1874~77; 5th ed.; 최종본 1926; 이하 『요론』*Éléments*—옮긴이), 『응용 정치경제학 연구』(*Études d'économie politique appliquée*, 1st ed. 1898; 레덕이 편집한 2판은 1936년 출간), 『사회경제학 연구』(*Études d'économie sociale*, 1st ed. 1896; 레덕이 편집한 2판은 1936년 출간)로 묶여 출간되었다. 1권(5~34강)은 위대한 성과를 포함하고 있다. 2권은 그에 대한 보론을 포함하고 있으며, 그중 일부 특히 화폐와 신용에 관한 내용은 매우 중요하다. 3권은, 우리의 관점에서 보면, 별로 흥미롭지 않

3) 하지만 그는 협동조합운동의 기관지였던 『노동』(*Le Travail*)지의 편집자로 활동(1866~68)했으며, 동시에 여기에 기고하기도 했다.

다. 「자서전」("Autobiography", *Giornale degli Economisti*, December 1908), 「저서목록」("Bibliography", *Revue du droit public et de la science politique*, May and June 1897), 제번스와의 서신들(*Journal des économistes*, June 1874) 그리고 야페(William Jaffé)의 논문("Unpublished Papers and Letters of Léon Walras", *Journal of Political Economy*, April 1935)과 힉스의 논문("Léon Walras", *Econometrica*, October 1934)도 참고하라.

오늘날에는 발라의 영향을 인정하지 않는 이론가를 찾기 어렵기 때문에, 그가 자신의 학파를 형성하지 않았다는 얘기가 이상하게 들릴 것이다. 하지만 로잔에서 그의 강의를 들을 기회가 있었던 법학도들은 그의 과학적 메시지에 접근하기 힘들었다. 또한 그와 동시대의 경제학자들은 대체로 무관심하거나 적대적이었다. 프랑스에서 그가 오프티(Aupetit) 같은 소수의 추종자를 발견하기는 했지만, 사실상 생전에 인정을 받지는 못했다. 이탈리아에서는 바로네(Barone)가 초기의 개종자였다. 판탈레오니(Pantaleoni) 역시 그의 저작이 갖는 중요성을 제일 먼저 이해한 사람 중 하나였다. 내 생각으로는, 발라가 자신의 뛰어난 학생이자 계승자였던 파레토[4]를 발견한 것도 바로 판탈레오니를 통해서였다. 그러한 상황 아래서 파레토는 발라의 '로잔학파'라기보다는 파레토의 로잔학파라 할 수 있는 것을 창설하게 된 인물이었다.

그러나 일관성을 갖춘 학파로서 이러한 특성은 이탈리아와 그 근방에만 국한되었다. 영국에서는 볼리(A.L. Bowley)가 발라-파레토 체계의 핵심을 교과서 형태(*Mathematical Groundwork*, 1924)로 제시하기 전까지, 그와 대등하지만 훨씬 더 강력한 힘을 발휘한 마셜의 가르침이 그 어떠한 직접적인 영향도 가로막았다. 독일인들(오스트리아인들을 포함해서)은 발라의 저작에서 특히나 불쾌한 수학적 치장을 두른 오스

4) 발라가 오프티, 바로네, 판탈레오니, 파레토에게 미친 영향에 관해서는 이하의 3절과 5절을 보라.

트리아학파의 학설밖에 보지 못했다. 미국에서 발라는 피셔와 무어라는 두 명의 일급추종자를 얻었다. 하지만 사실상 나머지 경제학자에게는 무시되었다. 당연하게도 그는 내내 아주 소수의 추종자만 가졌다. 발라는 자신의 생각을 완성한 지 오랜 시간이 흐른 후에, 그것도 자신의 사후 10여 년이 지난 후인 1920년대가 되어서야 비로소 정당한 평가를 얻게 되었다. "만일 하루빨리 수확을 거두고 싶다면, 당근과 샐러드를 심어야 한다. 만일 떡갈나무를 심을 야심을 가지고 있다면, 스스로 이렇게 말할 수 있어야 한다. 내 손주들은 내 덕분에 이 나무 그늘에서 쉴 수 있을 거야"[5]라고, 그는 한 친구에게 썼다.[6]

우리는 당분간 제번스-멩거-발라 '혁명'의 결과가 무엇이었는지, 그것이 새로운 분석엔진을 만드는 데 성공했는지에 대해 살펴보지 않고, 우선 당시 일반경제학의 전반적인 지형에 대한 예비적 이해를 얻기 위해 당시의 인물과 집단에 대해 개관하고자 한다. 이 책, 2권, 3부 4장과 마찬가지로, 이 개관 역시 국가별로 이루어질 것이다.

2절 영국: [마셜의 시대]

마셜이 케임브리지대학교에서 교수취임 연설을 한 영광의 해인 1885년 이전까지 영국의 상황은 다음과 같이 설명할 수 있다. 훌륭한 연구, 특히 뉴마치의 저작과 같은 훌륭한 실증연구가 많았다. 배젓이나 레슬리의 저작에서 볼 수 있듯이, 가끔 번뜩이는 저작들도 없지 않았으며, 밀, 케언스, 포셋에게서 연원하는, 당당하게 깃발을 세우고 있던 뛰어난 가르침도 있었다. 그러나 제번스의 메시지를 제외하면 평범함을 넘어서는 것은 없었다. 제번스의 메시지는, 이론에 관한 한, 아직까지 죽은 숲

---

5) 안토넬리(Étienne Antonelli)의 저작 『자본주의 순수경제학』(*L'Économie pure du capitalisme*, 1939) 「서문」에서 인용.〔번역은 J.A.S.〕

6) 〔독자들은 슘페터가 모든 저서에 대한 개관(여러 참고문헌을 포함한)이 작은 철자로 인쇄되어 사실상 각주로 다루어지기를 의도했었다는 사실을 기억하라.〕

의 황야에서 외치는 (울림 없이 공허한—옮긴이) 목소리에 불과할 뿐이었다. 1876년에 만찬석상에서 한 연설자가 기존의 경제학설을 발전시키고 적용하기 위해 경제학자들이 해야 할 일은 많이 남아 있지만, 위대한 작업은 이미 이루어졌다고 말했는데, 이는 당시의 매우 일반적인 정서를 훌륭하게 표현한 것이었다.[7] 이 모든 것을 바꾸고 골짜기로부터 햇볕이 잘 드는 산꼭대기로 이끈 것이 바로 마셜이었다. 영국에서 이 시기는 단연코 마셜의 시대였다. 무릇 어느 과학이든 그 분석기법이 발전할수록 불가피하게 일반 대중이 접근하기가 점점 어려워진다는 사실, 또 자유무역이 가장 번창하던 시기였기에 마셜은 자신을 후원해줄 든든한 정치세력도 없었다는 사실을 고려한다면, 마셜의 성공은 스미스만큼이나 위대한 것이었다.

[1. 에지워스, 윅스티드, 볼리, 캐넌, 홉슨]

마셜의 위광은 시지윅이나 니컬슨[8]처럼, 실제로 장점이 없는 것은 아니었지만, 계속해서 밀을 따르는(post-Millian) 분석층위에 머물렀던 영국의 경제학자들만이 아니라 에지워스나 윅스티드의 모습까지도 가려버렸다. 사실상 에지워스와 윅스티드는, 역사적 사실과 당대의 사실에 대

---

7) W.S. Jevons, "The Future of Political Economy", *Fortnightly Review*, November 1876.

8) 여기서 언급해야 할 시지윅(Henry Sidgwick, 1838~1900)의 유일한 저작은 『정치경제학 원리』(*Principles of Political Economy*, 1883, 3rd ed., 1901)다. 이 저작은 실질적으로 밀의 전통에 속하는 것이며, 깔끔한 개념화를 통해 그 전통을 개선시켰고, 국제가치론 같은 분야를 다룰 때처럼 논의를 제대로 따라가지 못하거나 올바르게 따라가지 못하는 경우에도 많은 유용한 주장을 제시했다. 화폐와 이자에 대한 논의는 특별히 주목할 만하다. 단어의 의미를 추적하는, 그의 낡은 방법은 이미 언급했다.
니컬슨(Joseph Shield Nicholson, 1850~1927)은 1880년에서 1925년까지 에든버러대학교에서 교수로 활동했다. 그는 화폐에 관한 뛰어난 저작을 남겼으나, 지금 우리가 관심을 갖는 저작은 『정치경제학 원리』(*Principles of Political Economy*, 1893, 1897, 1901)다. 전혀 독창적이지도 않고 마셜의 성과에 비할 바도 못 되지만 이 저작은 신뢰할 만한 성과물이었다.

해 마셜만큼 포괄적으로 이해하거나 개인적인 능력을 갖지는 못했지만, 이론가의 작업범위 내에서는 그와 지적으로 대등한 인물들이었다.

에지워스(Francis Ysidro Edgeworth, 1845~1926)는 옥스퍼드대학교에서 시니어를 이어 정치경제학 교수직(1891~1922)을 거친 인물 중 하나로, 『이코노믹 저널』의 편집자와 공동편집자(1891~1926)였다. 그는 잉글랜드계 아일랜드인 젠트리(gentry) 가문 출신으로, 운동을 제외한 모든 면에서 전통적인 옥스퍼드식 교육이 낳은 전형적인 인물이었다. 두 명의 대가가 그의 인물됨과 사상가로서의 면모에 대해 글을 남겼다. 케인스의 글(*Economic Journal*, March 1926; *Essays in Biography*, 267쪽 이하에 재수록)과 볼리가 쓴 글(*Econometrica*, April 1934)이 바로 그것이다. 나는 이 글들을 소개하는 데 그치고자 한다. 하지만 그가 우리에게 어떤 의미가 있는 인물인지 알기 위해서는 여기서 몇 가지를 언급해야 한다. 첫째, 나는 그의 공리주의에 대해 언급하고자 한다. 그의 공리주의는 처음부터 강하게 드러났으며(*New and Old Methods of Ethics*, 1877), '교양이 있는' 인물에게는 매우 부자연스러워 보였다. 이것은, 내가 반복해서 언급했던 대로, 경제학과 벤담철학 사이의 불경스러운 동맹——전혀 불필요하게도——이 살아남는 데 많이 기여했다. 그러나 다시 반복하자면 그의 경우에, 제번스의 경우와 마찬가지로, 우리는 그의 경제적 저술들로부터 과학적 내용들에 영향을 주지 않고도 공리주의를 벗겨낼 수 있다.

둘째, 에지워스의 이름은 통계학의 역사에 영원히 남게 될 것이다. 여기서 나는 지수(Index Numbers)에 관한 그의 저작들(이하 8장 4절을 보라)을 말하려는 것이 아니라 그의 일반화된 오류법칙(Generalized Law of Error)을 핵심으로 하는 통계적 방법과 그 토대에 관한 저작을 말하려는 것이다.

셋째, 경제적 주제들에 관한 그의 많은 논문이 있으며, 그중에는 독특한 표현방식 때문에 가려지긴 했어도 뛰어나게 독창적인 것들(모든 사람이 나처럼 그러한 특징들을 찾는 일에 즐거움을 느끼지는 않을 테지

만)도 많이 있다. 그러나 그의 글은 오직 소수에게서만 적절하게 평가받았을 뿐이다. 경제학의 분석장치에 대한 실질적으로 새로운 공헌(무차별 곡선, 계약곡선, 수확체감, 일반균형 등)이라는 측면에서 그의 글은 마셜의 『원리』만큼이거나 그 이상으로 대단한 것이었다.

넷째, 그렇다면 도대체 왜 이 위대한 인물이 마셜에 의해 완전히 가려졌던가? 그 대답——이는 과학사회학 관점에서, 특히 무엇이, 어떻게, 또 왜 성공했는가라는 관점에서 아주 흥미로운 문제인데——은 다음과 같다. 에지워스는 인상적인 논문을 쓰고 추종자들을 모으는 능력이 결여되고 있었다. 온화하고 너그러웠던[9] 그는 자기자신의 주장을 앞에 내세운 적이 없었다. 그는 한편으로는 지나치게 예민했으며, 다른 한편으로는 지나치게 겸손했다. 그는 자신이 아킬레우스(Achilleus)로 숭상한 마셜의 뒷좌석을 차지한 것에 만족했다. 그는 대화할 때 망설였으며, 병적일 정도로 정신이 빠져 있었고, 우리가 상상할 수 있는 최악의 연설자이자 강연자였다. 내 생각에 그는 인간적으로 무능했다. 즉 지도자감이 아니었다. 그의 『정치경제학에 관한 논문집』(*Papers Relating to Political Economy*, 전 3권, 1925)과 『수리심리학』(*Mathematical Psychics*, 1881, London School Reprint, 1932)은 사실상 경제이론에 관한 그의 모든 저작을 포함하고 있다. 볼리는 1928년 왕립통계학회의 후원 아래 출간된 소책자(*Edgeworth's Contributions to Mathematical Statistics*)에서 (에지워스의 공헌을—옮긴이) 요약했다.

나는 약간의 지면을 할애해서 인간 윅스티드(Philip Henry Wicksteed, 1844~1927)를 올바르게 평가하고 싶다. 나는 1906년 원티지에 있는 그의 저택 앞 잔디밭에서 한 시간 정도의 대화를 통해 그의 인격을

9) 내 생각에 에지워스를 아는 모든 사람은 그가 '너그러웠다'는 사실을 인정할 것이다. 그러나 그의 너그러움은 특별한 유형의 너그러움이었다. 그것은 온통 마셜과 리카도-밀의 유산을 향한 너그러움이었다. 참으로 인간성이란! 그는 오스트리아학파, 발라, 윅스티드에게 특히 너그럽지 않았으며, 내가 이해할 수 없는 이유로 무어(H.L. Moore)에 대해서도 너그럽지 않았다.

느낄 수 있었다. 그는 침착했지만 냉담하지 않았고, 너그러웠으나 나약하지 않았으며 그의 단순함은 세련됨과 잘 어울리는 것이었고 그의 겸손은 품위를 잃지 않은 것이었다. 사실 나는 단테(Dante)를 전공한 강사였던 이 신학자가 경제학계와는 어느 정도 거리가 있었다고 말할 수 있을 뿐이다. 이는 그의 저작이 교과서적인 수준에서는 매우 뛰어난 것임에도 그 이상의 별다른 두각을 나타내지 못한 이유 중 하나다. 그의 가장 독창적인 저작인 『분배법칙의 조정에 관한 논구』(*An Essay on the Co-ordination of the Laws of Distribution*, 1894, London School Reprint, 1932)는 거의 주목받지 못했으며, 겨우 두 권만 팔렸다는 사실, 심지어 오늘날에도 스티글러(Stigler)만이, 내가 아는 한, 그 저작의 가치를 올바르게 평가하는 유일한 경제학자라는 사실을 믿을 수 있겠는가?

그의 『정치경제학의 상식』(*Common Sense of Political Economy*, 1910; 새 판본은 『논문과 서평 모음집』*Selected Papers and Reviews*과 함께 로빈스Lionel Robbins의 「서문」을 싣고 두 권으로 1933년에 출간됨)은 몇 가지 독창적인 점을 포함하고 있으며 당시에 이미 확립되어 있던 학설들을 대중화한 것 이상이었다. 특히 개념들의 토대와 비판적 설명(예를 들어 『쿼털리 저널 오브 이코노믹스』 1889년 4월호에 실린 「제번스의 『정치경제학 이론』의 몇 가지 경로에 대해」On Certain Passages in Jevons' *Theory of Political Economy*라는 논문에서 그가 경제학의 발전에 크게 공헌한 차원이론과 관련해서)에서 그의 생각은 자신의 시대를 훨씬 넘어선 것이었다.

윅스티드는 마셜의 반대자라기보다는 독립적인 학자였다. 그와 마찬가지로 마셜에 대해 독립적이었으며 훨씬 덜 적대적이었던 인물은 런던 정경대학교(London School of Economics) 교수 볼리다. 그의 경력의 앞부분은 지금 논의 중인 시기에 속하며, 자신의 과학적 태도라 할 만한 것을 발전시켰는데, 이것은 이후 계량경제학회 회칙(1조: 「통계학과 수학의 관련 속에서 경제이론의 발전」The Advancement of economic

theory in its relation to statistics and mathematics)에 들어 있는 범위에 대한 규정을 미리 언급하고 있다. 볼리가 수많은 출간물을 통해서 수행하고자 했던 기획은 당시로서는 새로운 것이었으며, 독특한 견해를 보여주는 것이었다. 그러나 그러한 생각은 당시에는 거의 주목받지 못했는데, 이는 그가 정책에 대한 방법론적 입장천명을 통해 그것을 발전시키려고 하지 않았기에 더욱 그러했다.

또 한 명의, '독립적'이지만 좀더 반대자에 가까웠던 이는 역시 런던경제대학교의 교수였던 캐넌[10]으로, 이 사람은 열성적인 학자였고 당시에는 학자들과 학생들 모두에게 볼리 교수보다 더 잘 알려진 인물이었다. 우리가 언급해야 할 다른 이들도 있지만 여기서는 그럴 여유가 없다. 또한 (마셜에 대한—옮긴이) 반대자들도 있었으며, 이들이 모두 낡은 사고방식에 머물렀던 것은 아니었다. 물론 홉슨[11] 같은 '이단자'도

---

10) 이 책의 독자들은 이 책, 2권, 3부에서 반복적으로 언급되었던 『1776~1848년의 생산과 분배이론의 역사』(*History of the Theories of Production and Distribution 1776~1848*, 1893)를 통해서 캐넌(Edwin Cannan, 1861~1935)을 알고 있을 것이다. 이 저작과 그가 편집한 스미스 저작, 『영국의 국지적 이자율의 역사』(*History of Local Rates in England*, 1896)가 그의 주요한 학문적 업적이다. 하지만 누구든 화폐와 화폐정책에 관한 그의 짧은 논문을 읽으면 쾌감을 느끼고 도움을 얻게 될 것이다. 물론 이것이 교사로서의 그의 능력, 인물됨, 그의 양식, 그의 솔직함, 그의 신념 등을 정당화해주지는 않지만, 우리와는 다른 관점에서 볼 때 분석적 세련미의 결여를 보상하고도 남을 만한 미덕이다.

11) 홉슨은 운 좋게도 마셜학파의 전성기에 스스로를 원조이단자로 부각시켰으며, 이것이 명예훈장이 되는 시대까지 살아남았던 인물로 여러 면에서 매우 흥미로운 인물이었다. 그는 정력적이었으며, 다재다능하고 공격적이었다. 그는 교양인(educated man)—고전적 교육을 받았다는 의미에서—이었으며, 정서적으로는 급진파였다. 이 (이질적인—옮긴이) 두 가지의 결합은 당시 영국 사회과학 문헌들 때문이다. 그는 경제학을 자기 나름의 방식대로 혼자 공부했으며, 그 결과 훈련받은 경제학자들이 보지 못하는 측면들을 볼 수 있었을 뿐 아니라 경제학자들이 당연하게 여기는 측면들을 보지 못하기도 했다. 그는 전문경제학자들이 왜 자신의 주장을 받아들이지 않는지 이해할 수 없었으며, 그와 같은 유형의 다른 많은 이처럼, 자신에 반대하는 마셜주의자들이 계급적 이해까지는 아니더라도 반대자들을 무조건 숙청하려는 종교재판식 성향에 사로잡혔다고 하

있었다. 더구나 시드니 웹[12)]처럼 반(反)이론가도 있었다. 그에게 분석적인 세련화 따위는 경멸스러운 것이었다. 그러나 분석가로서 비교할 만한 수준에 있던 사람 가운데 어느 누구도 마셜에게 반대하지 않았다. 마셜은 리카도가 그랬던 것 이상으로 무대를 실질적으로 장악했다. 대가다운 모습을 지닌, 또 어떤 이들에게는 거의 교황처럼 보였던 이 대가는 거의 모든 이후 세대의 영국경제학자들을 자신의 학생과 추종자로 만들었다.

[2. 마셜과 그의 학파]

마셜은 진정한 의미의 학파를 창시했다. 학파의 구성원들은 잘 정의된 과학적 원리를 통해 사고했으며, 이 원리를 강한 인간적 유대를 통해 보완했다. 잘 알려진 인물 중 몇 명만 언급하자면, 그의 케임브리지대학

는 편리한 설명을 결코 거부하지 않았다. 그가 제대로 된 (경제학—옮긴이) 훈련을 받지 못했기 때문에 그의 주장 가운데 다수, 특히 그의 비판들이 잘못된 것이거나 이해부족에 기인한 것일 수도 있을 가능성은, 많은 사람이 지적했음에도, 그의 머릿속에 결코 들어가지 않았다. 그는 주로 그의 과소소비론 때문에 케인스의 시대에 늦게 인정을 받게 되는데 이는 이하의 8장에서 논의될 것이다. 그의 수많은 저작과 소논문 중에서 다음의 것들만 언급하는 것으로 충분하다. 『산업의 생리학』(*The Physiology of Industry*, A.F. Mummery와 공저, 1889), 『현대 자본론의 발전』(*The Evolution of Modern Capitalism*, 1894), 『산업체계』(*The Industrial System*, 1909), 『금, 물가 그리고 임금』(*Gold, Prices and Wages*, 1913), 『실업의 경제학』(*The Economics of Unemployment*, 1922). 하지만 그의 인물됨과 그에 부수적으로 경제학자의 오류의 코미디나 비극을 알고 싶은 독자는 그의 유쾌한 저작, 『한 이단경제학자의 고백』(*Confessions of an Economic Heretic*, 1938)을 놓치지 말아야 할 것이다.

12) 1906년인가 1907년에 시드니 웹은 런던정경대학교에서 방법론에 관한 강연을 했는데 나도 거기에 참석했다. 만일 이 강연과 그 논조를 무리 없이 일반화시키고자 했다면, 그는 강연에서 강단 사회주의자들이 해야 했던 것들에 대해서만 언급했어야 했다. 이 강연자는 마셜과 그의 가르침에 대해서는 한 마디도 하지 않았지만, 그 함의는 강하게 반마셜적(anti-Marshallian)이었다. 이 견해 차이는 기본적으로 정치적인 것이 아니었다. 마셜은 (당시의) 페이비언(Fabian)협회의 목표에 대체로 동조적이었기 때문이다. 차이는 주로 과학적 방법론에 대한 것이었다.

교 정치경제학 교수직 후임이었던 피구 교수, 피구 교수의 후임자였던 로버트슨 교수 그리고 케인스 등이 있는데, 이들은 그의 가르침을 통해 경제학을 배웠으며, 그들이 그의 가르침을 얼마나 넘어섰든 간에 그의 가르침은 그들의 출발점이었다. 1930년 이후에 케인스 자신과 이른바 3세대 학자들은 사실상 그에 대한 순종을 거부했다. 그러나 순수하게 과학적인 분석에 관한 한, 이것은 겉보기만큼 큰 의미가 있는 것은 아니다. 그들 중 몇몇은 마셜을, 그의 사유방식뿐 아니라 인간적 면모까지도 싫어하게 되었지만, 그들 모두의 머리 위에는 여전히 그의 도장이 찍혀 있었다.[13)]

이 학파는 일국적인 학파였으며(어떤 의미에서는 지금까지도), 특히나 영국적인 특징을 간직하고 있었다. 나는 마셜의 성공을 스미스의 경우와 비교했다. 사실상 그의 성공은 스미스보다 더욱더 자연발생적이었으며 즉각적이었다. 『원리』는 모든 사람과 신문의 갈채를 받았다. 신문들은 『국부론』의 경우 처음에는 오히려 냉소적이었지만, 『원리』에 대해서는 서로 경쟁적으로 찬사로 가득 찬 서평을 실었다. 하지만 여기에는 한 가지 유보사항이 있다. 해외에서 마셜은 결코 스미스만큼 성공을 거두지 못했다. 그 이유는 먼 데 있지 않다. 마셜의 메시지——그가 '사업가들에 의해 읽히기'를 얼마나 원했든 간에——는 결국 경제학계에 보낸 메시지였다. 경제이론을 접했던 모든 국가의 경제학자는 1890년 무렵에는, 비록 그 기법은 열등할지 몰라도, 근본적인 생각에서는 실질적으로 마셜의 체계와 유사한 체계를 자체적으로 발전시켰고, 받아들였다. 처음이자 마지막으로 마셜은 당시의 위대한 영국경제학자였으며, 스스로도 그렇게 생각했다. 그렇다고 해서 마셜의 위대한 저작이 당시의 고전적 성과라는 사실, 즉 다른 어느 저작보다도 1900년경에 등장한 고전적 상황을 완벽하게 체현한 저작이라는 사실을 바꾸지는 못한다.

---

13) 힉스에게는 이것이 해당되지 않는다. 그의 이론적 토대는 마셜이라기보다 발라였다. 이 사실은 케인스주의자들의 극적인 이탈보다 더 의미심장하다.

나는 케인스가 '현대 영국경제학'을 출범시킨 1890년의 세 가지 사건 중 첫 번째로 『원리』의 출간을 거론했을 때,[14] 이와 유사한 평가를 내린 것이라고 믿는다. 앞으로도 이 4부 전체를 통틀어서 우리는 그 궤적 내에서 움직일 테지만, 여기에서 마셜의 저작들 전체에 대한 주요사항들을 언급하고 넘어가는 게 편리할 것이다.

마셜(1842~1924)에 대해서는 그 인물됨, 학자, 교사, 사상가로서의 초상이 케인스에 의해 더할 나위 없이 화려하게 묘사된 바 있다. ("Alfred Marshall", *Economic Journal*, September 1924; 『전기』 *Essays in Biography*, 1933에 재수록.) 또한 그의 인생의 수호신이었던 마셜 부인 역시 그렇게 묘사된 바 있는데, 그녀의 기억은 마셜의 기억과 분리될 수 없는 것이었다.("Marry Paley Marshall, 1850~1944", *Economic Journal*, June 1944) 나는 독자들에게 다른 두 개의 참고문헌에 주목할 것을 강력히 추천하는 바다. 피구가 편집한 『회고논문집』(*Memorials of Alfred Marshall*, 1925)과 또 한 명의 주도적인 마셜학파였던 쇼브(G.F. Shove)의, 「경제이론에서 마셜의 『원리』의 위치」("The Place of Marshall's *Principles* in Economic Theory", *Economic Journal*, December 1942)에 대한 논문이 그것이다. 포괄적이고 완벽한 마셜의 저작목록은 『이코노믹 저널』 1924년 12월호에 실린 케인스의 글에 나타나 있는데, 이 글은 『회고논문집』에 재수록되었다. 그러나 마셜이 출간한 저작 대부분은 『경제학 원리』(*Principles of Economics*, 1st ed., 1890년, 1910년에 나온 6판까지는 I권으로 불렸다.[15] 이하에서는 1898년에 나온 4판을 기준으로 할 것이다), 『산업

---

14) *Economic Journal*, 1940, p.409. 다른 두 가지 사건은 왕립경제학회(영국경제학회)의 창립과 팔그레이브의 『정치경제학 사전』(*Dictionary of Political Economy*)의 완성이다. 〔케인스는 마지막 사건의 연도를 착각했다. 『팔그레이브 사전』은 1893년에 완성되었고, 1894년에 출간되었다. 팔그레이브의 「서문」에는 1893년 크리스마스라고 적혀 있다.〕

15) 마셜은 처음에 원론(I권)과 각론(II권)으로 구성된 전 2권의 저서를 구상했기 때문에, 6판까지는 『원리』를 1권이라 불렀다. 그러나 이후 계획이 수정되어

과 무역』(*Industry and Trade*, 1919), 『화폐, 신용 그리고 상업』(*Money Credit and Commerce*, 1923) 안에 들어 있다. 이 세 권 모두 핵심적인 저작이다. 『원리』만 아는 사람은 마셜을 제대로 아는 사람이 아니다. 앞의 저작들은 그의 사후에 출간된 『공식 문헌들』(*Official Papers*, 1926)에 의해 보충된다. 그외의 저작들에 대해서는 그의 『대외 교역의 순수이론』(*Pure Theory of Foreign Trade*)과 『순수 국내가치론』(*Pure Theory of Domestic Values*, 1879년에 사적으로 출간되었고, 런던정경대학교의 재발간본 1판은 1930년), 그와 부인이 함께 저술한 『산업경제학』(*Economics of Industry*, 1879)——이 저작은 『원리』로 나아가는 가장 중요한 디딤돌이기도 했다——과 마지막으로 1897년 1월 『쿼털리 저널 오브 이코노믹스』에 실린, 「구세대 경제학자들과 신세대」(The Old Generation of Economists and The New)에 대한 매우 의미심장한 연설을 언급하는 것으로 충분하다.

마셜과 스미스는 성공과 경제학의 역사에서 차지하는 위상에서 갖는 유사성 이상의 것을 공통적으로 가지고 있었다. 두 사람 사이의 수많은 시대-제약적인 차이를 무시하면, 우리는 비전이나 과정, 특히 경제적 진화에 대한 일반적인 관념에서 강한 유사성을 발견하게 된다. 또한 우리는 두 사람이 '이론'과 '사실'을 거의 동일한 비중으로 배분했다는 사실을 발견하게 된다. 물론 마셜의 더욱 탁월한 솜씨로 인해 『원리』에서는 단순한 사실의 나열을 넘어서는 데 성공했지만 말이다. 『산업과 교역』을 간과하는 독자들에게는 그의 서술방식이 실제보다 더 '순수이론적'으로 보일 것이며, 스미스보다 훨씬 더 그런 것처럼 보일 것이다. 그러나 이들 사이의 유사성은 여기서 머물지 않고 그들의 목적과 구성(나는 주제의 순서와 같이 비본질적인 사항들을 지칭하고 있는 게 아니다) 그

처음에 II권으로 계획되었던 각론은 『산업과 상업』이라는 별도의 제목으로 1919년에 출간되었으며, 『경제학 원리』 8판 「서문」에서 전 2권의 계획안을 다시 전 3권으로 확대하려는 계획을 발표한 후, III권에 해당되는 저작인 『화폐, 신용 그리고 상업』을 1923년에 출간했다—옮긴이.

리고 성과의 특징에까지 확장된다. 마셜은 이를 잘 알고 있었다. 그는 "모든 것은 스미스 안에 있다"라고 얘기한 것으로 알려졌다. 이 말 속에는 단순히 오늘의 저작은 필연적으로 어제의 저작에서 발전된 것이라는 사실에 대한 인정 이상의 것이 담겨 있다. 여기에는 유사성에 대한 인정이 포함되어 있다. 그리고 둘 사이에는 마지막 유사성이 존재한다. 『국부론』과 『원리』 모두 수십 년에 걸친, 완전히 성숙한 작업의 결과며, 무한한 노력을 기울이고, 노고를 견뎌냈으며, 세월의 흐름에 개의치 않았던 정신의 산물이었다. 이러한 사실은 스미스와 마셜 모두 자신들의 지혜를 전파하고 정치적 실천에 영향을 미치기 위해 노심초사했기에 더욱더 놀라운 일이다. 하지만 두 사람 모두 자기의 초고가 자신이 할 수 있다고 생각한 만큼 완전하지 않으면 결코 인쇄를 허락하지 않았다.16)

내 생각에, 『원리』 전체에 대한 독서지침은 불필요하다. 5부(수요와 공급의 균형이론)가 분석적 성과의 핵심을 담고 있다고 말하는 것으로 충분하다. 분배를 다루는 6부는 5부의 분석을 확대적용한 것이다. 1부는 첫째로, '경제사에 대한 개관'(an economic history in one lecture)을 제시하고 있는데, 약술하려다 보니 그 분량이 심각하게 축소되어 내용이 하찮은 것들로 채워진 것처럼 보이고, 실제로 이루어진 연구의 폭과 깊이를 전달하는 데 완전히 실패하고 있다. 두 번째로, 경제학의 역사에 대해 믿을 수 없을 만큼 편협하게 개관하고 있다. 2부의 경우, 몇몇 근본적인 관념(개념)은 19세기의 평범한 누구라도 쓸 수 있었을 것이다. 3부(욕구)와 4부(생산요소)는 몇몇 새로운 내용들과 때로는 깊이 있는 통찰(예를 들어 12장 11, 12절)을 담고 있으나, 잘 다듬었더

---

16) 내 생각에 이것은 대단한 미덕이다. 이와 다른 견해의 근거는 케인스의 논문에서 찾을 수 있다. 하지만 케인스의 논증은 자신을 위한 변명(*oratio pro domo*)처럼 보인다. 또한 마셜은 사실상 화폐문제에 대해 자신이 가졌을 우선권에 대한 권리를 상실했지만, 출판일자의 지연 때문에 그가 『원리』에서 다루고자 했던 주제 중 일부를 다룰 수 없었다는 건 사실이 아니다. 이러한 측면에서 보자면, 『원리』의 위상은 그것이 1880년에 나왔더라도 크게 다르지 않았을 것이다.

라면 더 나아졌을 많은 것이 그대로 묻혀버리고 말았다.

모든 것이 지극히 평범한 상식으로 변해버리는 아주 잘 닦인 표면을 꿰뚫어 보는 독자라면, 우선 엄청나게 많은 분석적 · 사실적 세부사항들에 부딪히게 될 것이며, 대단히 솜씨 좋은 장인에 의해 만들어진 질서를 뚫고 들어가게 될 것이다. 책을 쉽게 쓰려는 시도보다 더 어려운 일은 없겠지만, 이 장인에게는 그러한 일이 결코 발생하지 않을 듯 보인다. 모든 것이 방대한 구조 속에서 적재적소에 자리 잡고 있으며, 모든 것은 그 위치를 잡기 전에 한 예술가(마셜—옮긴이)에 의해 깔끔한 경제학적 개념화를 통해 분석적으로 그 형체가 갖추어졌다. 두 번째로, 독자는 마셜의 불멸의 업적을 구성하는 특징을 발견하게 될 것이다. 독자는 마셜에게서 탁월한 기량을 갖춘 분석가, 심오하게 학습한 역사가, 탄탄한 설명가설 수립자의 모습만 보는 것이 아니라 무엇보다도 위대한 경제학자의 모습을 목도하게 된다. 이론기법에 관한 한, 마셜이 스미스보다 뛰어났듯이, 오늘날의 분석가들은 마셜보다 더 뛰어나겠지만, 이들과 달리 마셜은 자본주의 과정의 작동방식을 이해했다. 특히 그는 대다수의 다른 과학적 경제학자보다도 사업과 사업의 문제 그리고 사업가를 잘 이해했다. 그는 자신이 정식화한 것보다 훨씬 더 강하게 경제생활의 유기적 필연성을 느꼈다. 따라서 그는 단순한 기록자——나 단지 이론을 위한 이론가——가 아니라 권위를 가진 사람으로서 발언했다. 나는 이러한 성취——주로 학계에서 활동했으며, 전체적으로 학계의 편견을 공유했던 인물로서는 매우 놀라운 것이지만——가 당시에 매우 뜨겁게 논쟁되던 실제문제들에 대해 그가 보여준 올림포스 산정의 휴식(Olympian repose: 즉 하찮은 인간들의 싸움에는 끼어들지 않는 신의 한가한 태도—옮긴이)과 함께 오늘날 그의 이름이 인기 없게 된 이유를 부분적으로 설명해주는 것이 아닌가 생각한다.

세 번째로, 한 발 더 나아가서 부드러운 표피와 살 속에 들어 있는 분석적 뼈대를 어떻게 보아야 하는지에 대해 아는 독자라면, 오늘날 우리가 부분분석(Partial Analysis)이라고 부르는 분석장치, 즉 상대적으로

소규모의 경제부문——독자적인 산출량, 가격과 요소수요의 변화를 통해 사회적 집계치들(특히 실질 · 명목 국민소득)에 반향을 미치기에는 너무도 작은 규모인, 그래서 그 외부에서 나타나는 모든 것은 주어진 것으로 간주되는 개별 '산업들'(아래의 7장 6절 참조)——에서 나타나는 현상을 분석하기 위한 목적으로 다듬어진 분석수단들을 보게 될 것이다. 5부는 이러한 부분분석의 고전적 걸작인데, 어떤 이들에게서는 극찬을, 다른 이들에게서는 심각하게 비판을 받았다. 이와 관련된 문제들은 나중에 다룰 것이다. 지금은 다른 문제에 주목하고자 한다. 부분분석의 관점은 마셜의 저서 전체에서 뚜렷하게 드러나며, 그가 만들고 잘 가다듬은 편리한 부분분석의 개념은 당시의 경제학 교육에서 일반적으로 받아들여졌기 때문에 마셜에게서 부분분석의 대가라는 모습밖에 볼 줄 모르는 이들에게도 변명의 여지는 존재한다. 그러나 이러한 견해는 마셜의 사상이 가진 깊이나 폭을 제대로 이해하지 못하는 것이다. 모든 경제적 수량의 일반적인 상호의존 관계에 관한 포괄적인 개념들은 『원리』 안에서 간헐적으로 언급되는 데 그치지 않는다. 마셜은 실제로 (『원리』의—옮긴이) 부록 14번, 19번 주석에서 이러한 포괄적인 개념들을, 맹아적이기는 했지만 명시적으로, 정식화했다. 또한 『회고논문집』에는, 쇼브가 위에서 언급했던 논문에서 올바르게 강조하고 있듯이, 다음과 같은 구절이 포함되어 있다. "나의 온 생애는 내가 할 수 있는 한 19번 주석을 가장 현실적인 형태로 제시하는 데 바쳐진 것이었으며, 앞으로도 그럴 것이다."(417쪽) 따라서 마셜을 한계효용 분석 자체만이 아니라 일반균형 체계의 창시자 중 한 명으로까지 보는 편이 온당할 것이다.

마셜의 업적이 제한적이라고 보는 다른 견해에 따르면 또 다른 문제가 존재한다. 그의 이론장치는 매우 정태적이다. 그렇다고 해서 그가 진화적 현상이나 정태적 방법을 적용하기 어려운 경제적 현상을 다루지 않은 것은 아니다. 케인스가 자신의 『화폐론』(*Treatise on Money*, 2권, 406쪽)에서 지적했듯이, 마셜은 "종종 자신의 균형이론이 가진 본질적으로 정태적인 특성을 동태적 문제들에 대한 지혜롭고 통찰력 있는 부연

설명(*obiter dicta*)을 통해서 보충하고자 했다." 그러나 그러기 위해서는, 이러한 (동태적—옮긴이) 문제들까지는 팔이 닿지 않는, 자신의 분석엔진의 운전석에서 내려야만 했다. 『원리』의 범위는 그 저작이 천명하는 이론의 범위보다 훨씬 더 넓으며, 이론 자체는 그것이 직면한 긴장, 특히 평균비용 체감현상의 근처에서 직면한 긴장에 의해 훼손되었다.

네 번째로, 편견에 사로잡히지 않은 독자라면 전기에서 충분하게 논의될 이중적인 사실, 즉 마셜의 이론구조는, 그 기법상의 우위나 세부적인 사항의 다양한 발전을 제외할 경우, 근본적으로 제번스, 멩거 그리고 특히 발라의 이론구조와 동일하지만 이 새 저택(마셜의 이론구조—옮긴이) 안에 있는 방들은 불필요하게도 리카도의 유물들로 채워져 있으며, 이 유물들은 그것들의 기능적 중요성에 비해 지나치게 강조되었음을 깨달을 수 있을 것이다. 따라서 소수의 영국학자와 대다수의 비영국학자가 마셜을, 리카도주의를 의미하는 영국 '고전파'의 분석원리와 주로 제번스와 오스트리아학파를 의미하는 '한계효용학파'의 분석원리를 화해시키고 결합(또는 타협)시키려고 했던 절충주의자로 폄하한 것도 이해할 만한 일이다. 반면 마셜 본인과 마셜학파 모두 이러한 해석을 받아들이지 않았고, 신경질적으로 반응한 것도 이해할 만하다. 이들이 옳았다. 마셜의 강력한 분석엔진——오늘날에는 낡아 보일 수도 있지만——은 창조적인 노력의 결과였지, 종합하려는 노력의 결과가 아니었다. 특히 나처럼 마셜체계 안에 있는 리카도주의의 중요성을 크게 평가하지 않는 사람들은 이 사실을 받아들여야 할 것이다. 하지만 그렇게 되면 이것은 마셜저작의 뿌리와 독창성의 문제로 이어진다. 이 물음은 단순히 케케묵은 기록의 문제가 아니다. 이 물음들은 경제학의 역사에서 중요한 이 국면을 규명하기 위해서 꼭 답변되어야 한다.

마셜저작의 뿌리는 쉽게 해명된다. 경제학자로서 그는 스미스, 리카도, 밀의 전통 속에서 교육받았으며, 스스로 훈련했다. 특히 경제학과의 만남은 1867~68년에 밀을 읽으면서 시작되었다.(『회고논문집』, 10쪽) 그리고 그는 밀의 지적 위상에 현혹되지는 않았지만, 평생 동안 밀에 대

한 존경심을 잃지 않았다. 게다가 『원리』, 1판 「서문」에서 그는 쿠르노와 튀넨의 영향을 신중하게 인정하고 있다. 이 점은 놓칠 수 없는 사항이다. 이 다섯 명을 제외한 학자들은, 심지어 제번스, 뒤퓌, 젠킨[17]조차 마셜에게 개별적으로 사소한 점에서는 많은 영향을 미쳤음이 인정되지만, 그의 근본적 토대에는 그렇지 못했다. 하지만 결과적으로 그렇게 보이는 것은 완전히 가능한 일이다. 우리는 앞에서 밀의 논문이 지녔던 고유한 특성에 주목했다. 그의 글은 리카도와 세 사이에 머물면서 교정을 위한 재정식화를 허용했다. 수학과 물리학을 익히고 극한개념, 따라서 한계원리의 수리적 부분이 자신의 아침식사용 베이컨만큼이나 친숙한, 마셜 같은 인물이 『원리』의 순수하게 이론적인 부분이 드러나는 지점에 도달하기 위해서는 밀의 느슨한 서술을 이용해서 그 정확한 모형(방정식 체계)을 세우는 게 필요했을 뿐이었다. 그렇게 해서 부수적으로 나타나는 (이론적—옮긴이) 혁신은 그에게 당연하게도 '혁명적'이라기보다는 밀을 발전시킨 것에 불과한 것으로 보였을 것이다. 더구나 잘 훈련된

---

17) 젠킨(H.C. Fleeming Jenkin, 1833~85)은 중요한 경제학자였다. 그의 주요 논문들은 연대기적으로 이전 시기에 속하지만 나는 여기서 논의하기 위해 미루어두었다. 왜냐하면 이 논문들은 네 가지 중요한 측면에서 밀과 마셜 사이의 분명한 디딤돌을 구성하기 때문이다. 그는 베리나 쿠르노처럼 깔끔하고 명확하게 수요함수를 논한 최초의 영국인이었다. 그는 소비자 지대(소비자 잉여—옮긴이) 개념을 조세문제에 적용하고 발전시켰다. 그는 이후에 마셜이 그랬듯이 원칙적으로 도식을 통한 설명방식을 사용했다. 그는 임금이론 특히 노동조합이 임금률에 미치는 영향과 관련해서 임금이론을 크게 향상시켰다. 게다가 그는 시스몽디처럼, 또 더욱더 깔끔하게 시간-임금 체계, 본질적으로 '보장임금제'(guaranteed wage)를 제안했다. 그는 처음에는 공학기사였다가 나중에는 공학자가 된 인물이다. 경제학에 대한 그의 공헌은 주목을 받지 못한 채 지나가버렸다. 그러나 마셜은 그에 대해 언급했다. 콜빈과 유잉(Colvin and Ewing)이 편집한 『논문모음집』(*Papers, Literary and Scientific*, 1887)을 보라. 그는 스티븐슨(R.L. Stevenson)에 못지않게 유명인사로서의 삶을 살았다. 하지만 이제는 런던정경대학교에서 재출간된 젠킨의 논문집(*The Graphic Representation of the Laws of Supply and Demand, and other Essays on Political Economy, 1868~1884*, 1931)이 있다.

다수의 부하를 거느린 강한 지도자는, 과학에서든 정치에서든, 혁명을 하지 않는 법이다. 그는 이러저러한 소동은 내버려둔 채 단지 부드럽게 이끌 뿐이다. 혁명을 필요로 하는 것은 다른 사람들이 자신들의 얘기를 들어주도록 만들기 위해 소리를 질러야 하는 소수집단이다. 내 생각에 이것은 마셜학파가 제시한 견해[18]와 잘 부합하는 것이다. 어쨌든 이것은 내가 마셜의 창조적 업적(상기시키자면 순수이론 내에서)을 정당화하는 방식이다.

위와 같은 사실을 인정함으로써 우리는 이미 독창성의 문제를 판단한 셈이다. 마셜은 오스트리아학파와 발라는 고사하고 제번스에게조차 아무런 채무감을 느끼지 않았다는 사실에 어떤 의문의 여지도 남겨놓지 않았지만, 자신의 주관적인 독창성에 대한 그의 주장이 완전하게 알려진 것은 『회고논문집』, 케인스의 전기, 쇼브의 논문이 출간된 이후였다. 우리는 여기서 이러한 주장을 의심 없이 받아들인다. 물론 이것이 객관적인 독창성이나 우선권을 의미하지는 않는다. 1890년에 출간된 '한계주의' 논문——이나 이 주제와 관련해서는 1880년에 출간된 논문——은 기존의 학설을 개선시키고 발전시킬 수 있었지만(마셜은 분명 그렇게 했다), 근본적으로 새로운 진리를 밝힐 수는 없었다. 내가 과학사의 통상적인 기준이라고 믿는 바에 따르면, 한계효용 원리를 재발견한 공로는 제번스의 것이다. 일반균형 체계(물물교환 이론을 포함해)는 발라의 것이며, 대체원리와 한계생산력 이론은 튀넨의 것이다. 수요와 공급곡

---

18) 만일 내가 내 생각대로 쇼브의 논문을 마셜학파의 공식선언으로 간주한다면, 이제 단 한 가지 차이점만 남게 된다. 쇼브는, 인용구절을 논거로 제시하면서, 마셜저작의 기초는 밀보다 리카도에게서 발견된다고 주장한다. 리카도와 밀의 차이점을 최소화하는 쇼브의 해석에 따르게 되면, 이것은 별로 문제가 되지 않는다. 이 두 사람 사이의 관계에 대한 나의 해석에 따르면, 훨씬 더 커다란 차이점이 드러난다. 이는 마셜경제학의 등장에서 세의 역할이 갖는 중요성을 인정하는가 그렇지 않은가의 여부와 대체로 일치하는 차이이다. 사실 마셜과 리카도 사이를 연결해주는 가교는, 물론 만들어낼 수도 있겠지만, 실제로 존재하지 않는다. 밀(또는 스미스)과 마셜 사이에는 이미 존재하는 가교가 있었다.

선 그리고 정태적 독점이론은 쿠르노의 것(예를 들면 직접 표현된 적은 없지만 가격탄력성 개념)이며, 소비자 지대는 뒤퓌의 것이다. '도식'을 이용한 서술방식도 뒤퓌나 젠킨의 것이다. 만일 이러한 사실들이 항상 명확하게 이해되었더라면, 더 이상 설명할 필요도 없었을 것이다.[19)]

하지만 이것은 일반적으로 이해되지 않았으며, 심지어는 오늘날에도 모든 경제학자가 이해하지는 못하는 것이다.[20)] 이는 다른 사람들의 명성을 침해하는 결과를 가져왔으며 많은 이의 마음속에는 당시의 과학적 상황에 대한 잘못된 형상이 존재하게 되었다. 이것을 교정하는 일은 역사가의 의무다. 이 의무는 고된 작업이다. 왜냐하면 이렇게 잘못된 견해가 퍼진 이유는 대체로 마셜 본인의 잘못이기 때문이다. 오스트리아학파 대(對) 마셜(과 에지워스)의 경우는 뒤에서 살펴볼 것이므로 여기서 다룰 필요는 없다. 리카도와 밀에게 보여준 관대함과는 매우 대조적으로, 마셜은 자기자신의 업적과 긴밀하게 연관된 업적을 쌓은 이들에게는 훨씬 덜 관대했다. 하나의 예외가 튀넨이다. 그의 저작은 『원리』, 1판 「서문」에서 일반적인 수준에서 적절하게 평가되고 있을 뿐 아니라 본문 구절(1판 704쪽)에서도 '튀넨의 위대한 대체원리'에 대해 언급하고 있다. 그러나 쿠르노는 일반적인 수준에서만 평가를 받았으며, 우리가 특

19) 이전에 출간된 적이 있다는 사실을 알고 있으면서 그 결과를 독자적으로 재발견했다고, 암묵적으로라도 우선권을 주장하는 문제는 우리 모두가 스스로 해결해야 할 문제다. 혹자는 그러한 행위를 비난하기도 했다.

20) 나는 능력 있고 저명한 경제학자들이 '객관적'인 의미로는 다른 사람의 업적인 것들(심지어 '마셜의' 수요곡선조차도 그러하다!)을 마셜의 업적으로 무비판적으로 받아들이는 것을 보고 여러 차례 놀랐다. 하지만 우리는 케임브리지 학파를 넘어갈 필요도 없다. 『전기』, 222쪽 이하에서, 케인스는 "에지워스 교수가 제공한 주석들의 도움을 받아" 『원리』에 포함된, "지식에 대한 더욱 놀라운 공헌들" 몇 가지를 열거하려고 시도했다. 그중 여섯 가지(역사적 「서문」에 대한 논평을 제외하고) 모두가 객관적으로 새로운 성과로 간주되었다. 그것 중 어느 것도 다른 이들의 저작을 제한적으로라도 언급하지 않고는 받아들일 수 없는 견해다. 물론 전체적인 맥락과 광범위한 독자들을 위한 일반적인 논문의 여러 요소로서 충분히 새로운 것이긴 하지만 말이다.

별히 언급될 것으로 기대하는 지점, 즉 독점이론에서는 전혀 언급되지 않았다. 하지만 우리는 마셜이 자신의 부채를 제대로 인정하지 않았다고 비난하는 일——케인스와 쇼브는 이러한 비난으로부터 그를 사면해주었다——보다는 그가 우선권을 제대로 인정하지 않은 일에 관심이 있다. 제번스의 경우가 가장 분명한 예다.

그러나 발라의 경우가 더욱 심하다. 수학적으로 잘 훈련받고, 자신의 21번 노트(note XXI)가 갖는 핵심적인 중요성에 대해 뛰어난 견해를 가졌던, 다른 누구도 아닌 마셜 같은 이가 발라가 거둔 업적의 우선권뿐 아니라 그 위대성을 몰랐을 리가 없다. 하지만 발라의 위대한 이름은 『원리』에서 그의 성과와는 관련도 없고 별로 중요하지도 않은 세 곳에서만 나타난다.[21] 그리고 이러한 일은 뒤퓌와 젠킨같이 덜 중요한 경우에도 정확히 동일하게 나타난다. 이들은 겨우 각주에서만 언급되었으며, 이것은 그들에게 적당한 자리가 아니었다. 하지만 나는 여기에는 정상을 참작할 만한 상황이 있었음을 서둘러 강조하고자 한다. 케인스는 그중 하나를 정식화했는데, 마셜이 제번스와 오스트리아학파들의 저작에서 기법상의 오류나 이 저자들과 거리를 두지 않으면 새로운 원리의 성공을 훼손시킬 수도 있을 다른 실수들을 발견했다는 점이 그것이다. 또 다른 상황도 있었다. 분석적 작업의 연속성은 하나의 자산이다. 그리고 새로운 이론체계의 창시자들이나 최소한 제번스와 오스트리아학파는 자신들과 그 이전 세대 사이에 존재하는 간극을 불필요하게 넓혀버렸다. 또한 마셜은 국가적(National) 지도자로서 자신의 역할을 잘 인식하고 있었다. 그는 자국의 전통을 지키는 게 자기의 의무라고 생각했을 것이다.

---

21) 에지워스 역시 유감스럽게도 오스트리아학파뿐 아니라 발라에 대해서도 관대하지 않았다. 하지만 그가 그들에게 너그럽지 않았던 것은 마치 헌신적인 어머니와 아내가 자신이 매우 사랑하는 아들이나 남편의 경쟁자에게서 아무런 미덕도 볼 수 없는 것과 같은, 이해할 만한 옹졸함이라고 할 수 있다. 내가 아는 한, 그는 자신의 이익 때문에 다른 이들에게 너그럽지 않았던 적이 없었다.

그러나 다행스럽게도 나는 좀더 유쾌한 주석으로 끝맺을 수 있다. 마셜의 위대한 저작에서 가장 위대한 점은 아직 얘기되지 않았다. 그 위대한 업적의 뒤에는 그것보다 더 위대한 메시지가 존재한다. 다른 어느 경제학자보다도, 아마도 파레토를 예외로 한다면, 마셜은 스스로를 넘어선 곳을 가리켰다. 그는 독점적 경쟁이론을 가지고 있지 않았다. 하지만 그는 한 기업의 특수시장(Special Market)을 고려함으로써 그것을 지향했다. 위에서 이미 언급했듯이 그의 순수이론은 지극히 정태적이지만 그는 경제동학도 지향했다. 그는 계량경제학적 작업을 하지 않았다. 하지만 그는 늘 경제이론의 통계적 보완물에 한쪽 시선을 두면서 추론했다. 또한 통계적으로 처리가 가능한 개념을 정초하기 위해 최선을 다했다. 그는 「구세대 경제학자와 신세대 경제학자」(The Old Generation of Economists and the New)라는 자신의 연설문에서 현대 계량경제학 프로그램의 주요부분들을 개관했다. 당연하게도 그의 저작은 이제 낡은 것이 되었다. 그러나 그 안에는 썩지 않는, 살아 있는 샘이 들어 있다.

3절 프랑스

1870년에서 1914년까지 프랑스의 상황은 참으로 흥미로웠다. 발라가 활동하고 있었고(1892년 무렵에), 쿠르노는 (사람들의—옮긴이) 망각에서 벗어나고 있는 중이었다. 경험분석의 분야에서는 르 플레와 그 학파, 시미앙, 르바쇠르, 망투, 마르탱(Martin)을 비롯한 여러 사람이 있었다.[22] 최정상의 성과들만 고려한다면, 우리는 이 시기 프랑스의 경제학을 모든 나라 중에서 최선두에 놓고 싶을 것이다. 하지만 실증분석 분야를 제외하면 이러한 최정상의 성과들은 거의 전파되지 못했으며, 우

---

22) 르 플레에 관해서는 3부 4장 참조. 시미앙과 르바쇠르는 이 부의 4장에서 논의되었다.

리 시대에 그토록 급속하게 기반을 상실하게 되는 광범위한 활동의 징후들은 거의 존재하지 않았다.[23] 하지만 당시 프랑스 경제학계의 명성이 보잘것없었던 것은 '순수이론' 분야에서 부족——응용분야에 관한 한, 그렇게 생각할 이유가 전혀 없었지만——했기 때문이 아니라 애초부터(*a limine*) 근대 급진파들로 하여금 글래드스턴적 의미의 자유주의를 인정하지 못하게 만드는 다른 무엇 때문이었다. 주도적인 프랑스 경제학자 그룹의 정치적 유대는 아주 분명했으며, 그들의 정치학은 그들이 저술하는 모든 문장을 완벽하게 지배했기 때문에 우리는 이 당시 상황을 개관할 때 정치적인 잣대를 채택하는 것 말고는 다른 방도가 없다.

따라서 우리는 우선 파리그룹으로 알려진 극단적 자유방임주의자들(laissez-faire ultras)을 살펴볼 것이다. 왜냐하면 이들은 대다수의 홍보수단뿐 아니라 『주르날 데 제코노미스트』(*Journal des économistes*), 새로운 (경제학—옮긴이) 사전, 파리의 핵심적인 학술조직, 콜레주 드 프랑스(Collège de France)와 여타 기관들을 장악했기 때문이다. 이들의 정치적 · 학문적 반대자들은 피해망상증에 사로잡히기 시작할 정도였다. 이제 많은 세월이 흘렀음에도 우리의 의미에서 일종의 학파였던 이 집단을 제대로 평가하기란 극히 어렵다. 나는 단지 몇 줄로 이 집단

---

23) 하지만 오프티의 발라주의적 저작과 로랑(Laurent)과 앙토넬리(Antonelli)가 저술한 발라나 파레토학설에 관한 교과서적 소개는 언급되어야 한다. 오프티(Albert Aupetit)의 『화폐 일반이론 연구』(*Essai sur la théorie générale de la monnaie*, 1901)는 숙독할 만한 가치가 있는 놀라운 수준의 야심찬 저작으로 화폐이론에서 상당히 중요한 족적을 남겼으나, 여기서는 그것이 발라 균형이론을 상대적으로 초기에 재정식화한 것이라는 중요성 때문에 언급되는 것이다. 로랑(Hermann Laurent, 1841~1908)은 짧지만 매우 뛰어난, 발라-파레토 이론에 관한 저작(*Petit Traité d'économie politique mathématique*, 1902)을 저술했다. 그리고 앙토넬리(Étienne Antonelli)는 실제로 사회과학개방대학(Collège Libre des Sciences Sociales)에서 과감하게 발라경제학에 관한 강의를 시도했으며, 이 강의는 1914년에 『순수경제학 원리』(*Principes d'économie pure*)라는 제목으로 출간되었다. 이것은 선구적 모험이었다. '수리경제학'에 관한 다양한 저술이 있었으며, 그중 일부는 뒤에서 언급될 것이다. 이 저술들은 거의 영향을 미치지 못했다.

전체를 특징 짓거나 그 구성원들을 규정하는 대신에 그들의 저작에 관심을 가진 독자들을 안내해줄 몇몇 이름만 언급할 것이다. 그들 중 가장 두드러진 이름은 폴 르루아-보리유(Paul Leroy-Beaulieu), 쿠르셀-스뇌유(Courcelle-Seneuil), 그리고 앞서 언급되었던 르바쇠르, 지칠 줄 모르는 몰리나리(Gustave de Molinari), 기요(Yves Guyot), 블록(Maurice Block)[24] 그리고 레옹 세(Léon Say)다. 이들은 반국가주의자(anti-étatistes)였다. 즉 이들은 경제학자들의 주된 임무가 사회주의 강령을 반박하고 모든 사회개혁안과 일체의 국가개입안들에 내포되어 있는 심각한 오류들과 맞서 싸우는 것이라는 믿음에 사로잡혀 있었다. 특히 그들은 무조건적인 자유무역과 자유방임의 축 처진 깃발 옆에 굳건하게 서 있었다. 이것은 그들이 사회주의자, 급진파, 가톨릭 개혁가, 연대주의자(solidarists) 들에게 인기가 없었던 이유를, 우리에게는 별로 중요하지 않은 일이지만, 쉽게 설명해준다.

우리에게 중요한 사실은 그들의 분석이 방법론적으로 그들의 정치학에 못지않게 '반동적'이었다는 점이다. 그들은, 간단히 말해서, 우리 주제의 순수한 과학적 측면을 좋아하지 않았다. 세와 바스티아 그리고 이후에 약간 희석된 한계효용 이론은 그들의 과학적 취향을 만족시켜주었다. 이 집단의 정치학에 동조했던 몇몇 인물——이들은 매우 중요하지만 그 내부구성원이 아니었으므로 그리 자주 언급되지는 않을 것이다——은 더욱 높이 날아올라 주목할 만한 작업을 했다. 이것은 특히 항상 저명한 경제학자 목록에 오르는 두 사람, 콜송과 셰송에게 해당된다. 두 사람 모두 훈련받은 공학기술자였으며, 이러한 측면에서 그들은 뒤퓌의

24) 르루아-보리유와 쿠르셀-스뇌유는 이 책, 2권, 3부 4장에서 이미 논의된 바 있다. 블록의 개괄적 저작인 『스미스 이후 경제학의 발전』(*Le Progrès de la science économique depuis Adam Smith*, 1890, 2nd ed., 2 vols., 1897)은 이 학파가 어떤 것을 순수하게 분석적인 저작으로 간주했는지를 보여주는 훌륭한 표본으로서 언급될 것이다. 르루아-보리유의 저작 『부의 분배연구』(*Essai sur la répartition des richesses*, 1881)도 간과해서는 안 된다.

이름이 상징적으로 보여주는, 오늘날에는 더욱더 활발해진 프랑스의 전통(경제학에 대한 수리적 접근은 흔히 프랑스 경제학의 가장 두드러진 특징 중 하나로 꼽힌다—옮긴이)을 이어갔다. 만일 내가 이 책에서 채택한 것과 다른 의미로 학파라는 용어를 사용하고자 한다면, 실질적으로 과학적 경제학에 기여했거나 하고 있는, 공직에 종사했던 뛰어난 프랑스 공학기술자들이 하나의 학파를 이룬다고 말해야 할 것이다.[25)]

하지만 그리 높게 날지 못했던 다른 사람들조차도 한 가지 커다란 미덕을 가지고 있었다. 그들의 철학은 한심스러웠고, 그들의 이론은 취약했다. 하지만 그들이 현실적인 문제들에 대해 저술할 때는, 그들의 선배나 마셜처럼 자신들이 무엇에 대해 쓰고 있는지를 알고 있었다. 다시 말하자면 그들은 사업과 정치적 실천과 매우 밀착되어 살았으며, 사고했다. 그들은 신문이 아니라 경험을 통해 배웠다. 그들의 저작에는 현실성과 통찰력이 들어 있었으며, 이는 부분적으로는 과학적 영감의 결여를 보상해주었다.[26)]

---

25) 콜송(Clément Colson, 1853~1939)은 자신이 교육받은 분야에 걸맞은 직업에 종사하지 않았으며, 가장 광범위하고 영예로운 의미에서 공복이었다. 우리가 그의 다양한 활동—교직활동을 포함해서—과 장점을 자세히 살펴볼 수는 없다. 다만 여전히 숙독할 가치가 있는, 그의 『교통과 관세』(*Transports et tarifs*, 1890)와 『정치경제학 강의』(*Cours d'économie politique*, 1901~17)를 언급하는 데 그치기로 한다. 후자는 그 전체가 다 추천할 만하지는 않지만 몇 군데 특히 교통문제와 관련해서 상당한 수준을 갖춘 저작이다.

셰송(Émile Cheysson, 1836~1910; *Oeuvres choisies*, 1911)은 많은 미덕을 갖춘 인물이었다. 나는 1887년에 '기하통계'라는 제목으로 출간된 그의 『강연집』(*conférence*)만 언급하기로 한다. 이 저작은 통계적 수요, 수입과 비용곡선, 입지와 운송률(그는 일종의 비율-무차별 곡선을 가지고 있었다), 임금(그는 오늘날 '거미집' 모형으로 알려진 것과 같은 유형의 모형을 만들었다), 임금의 함수로서 매출액, 원재료의 합리적 선택, 품질, 생산물 다변화, 이윤 극대화에 관한 제안들—그중 일부는 매우 독창적인—로 가득 차 있다. 나는 이토록 놀라운 분석수단들과 기본발상들이 (셰송의 저작에—옮긴이) 존재했음을 나에게 지적해준 슈탈레(H. Staehle)에게 감사한다. 그가 아니었다면 간과했을 것이다.

26) 따라서 높은 수준을 갖춘 이론가들과 반자유주의자들이 이 집단에게 보낸 경멸

정치가들은 자유무역을 옹호하거나 실현불가능한 자유주의에 빠져 있던 집단을 좋아할 수가 없었다. 그래서 정부가 프랑스 모든 대학의 법학과에 경제학 교수직을 만들려고 했을 때(1878년), 신임교수는 결코 파리그룹의 정치적 입장을 갖지 말아야 한다고 규정했다. 물론 이것이 변화를 가져오긴 했지만, 이 변화——그때까지 변두리의 어둠 속에 머물러 있어야만 했던 대다수 불행한 지방에 경제학의 빛을 가져다주는 것이었다는 점을 뺀다면——는 애초부터 과학적이라기보다는 정치적인 것이었다. 하지만 우리가 생각하는 것 이상의 의미로 자신들 스스로를 새로운 세대(new men)라고 생각했던 이들은 '이단파 잡지'인 『르뷔 데코노미 폴리티크』(*Revue d'économie politique*, 1887)를 창간했으며, (그들 대다수는) 자유방임주의를 뒷받침하는 자연법에 의문을 가졌고, 어찌됐든 그때까지 남아 있던 보호장벽을 호의적으로 바라보았으며 온건한 사회개혁 프로그램을 옹호했다. 과학적인 측면에서 볼 때, 이것은 처음에는 별다른 의미가 없었다. 하지만 이 제도가 처음 실시되었던 때부터 계산해서 35년여가 흐르는 동안 실질적인 발전이 이루어지게 되었다. 이러한 발전은 이 새로운 교수들뿐 아니라 당시의 시대정신 덕분이기도 했다. 일단의 자유방임 신도들은 놀라울 정도로 오랫동안 강한 신념을 가지고 테르모필레(Thermopylae: 기원전 480년에 스파르타의 장군 레오니다스Leonidas가 인솔하는 그리스군이 페르시아군과 싸워 전멸한 그리스의 옛 싸움터다—옮긴이)에서 싸운 레오니다스의 스파르타 군대처럼 저항했지만, 파리는 점차 변화하게 되었다. 대표적인 인물

은 정당하지 않다. 한 뛰어난 이론가에게서 이 불쌍한 기요(*ce pauvre Guyot*)라고 불린 기요(1843~1928)의 예를 들어보자. 만일 이 이론가가 예를 들어 파레토를 비교기준으로 생각했다면, 아마도 그가 옳을 것이다. 하지만 내가 사업가나 정치가였다면, 향후 6개월 동안 고용이나 금속가격의 동향이 어떻게 될지 알고 싶을 때 파레토보다는 기요—그는 현실적인 진단에서는 거의 마법사였다—에게 자문을 구했을 것이다. 만일 우리 중 누군가가 우리의 영역을 훨씬 벗어난 과제에 직면하게 된다면, 그게 누구일지라도 불쌍한 사람이라는 별명을 얻게 되기 십상일 것이다.

들로는 우선 코웨(P.L. Cauwès)를 들 수 있다. 이 사람은 경제학자라기보다는 법학자로서 독일의 **사회정책**(Sozialpolitik)과 역사주의의 영향을 받았으며, 과학적 경제학자로서 뛰어나진 못했지만 분별력과 능력을 갖춘 인물이었다. 여기에 덧붙여 나중에 유명해지는 지드와 리스트,[27)] 프랑스 경제학의 새 시대를 연 최초의 선구자들인 두 사람, 랑드리(Landry)와 아프탈리옹[28)]을 언급하는 것으로 충분할 것이다. 내가 아는 한, 사회개혁안을 주창했던 집단의 어느 누구도, 사회주의자와 연대주의자를 포함해서, 분석의 역사에서 주목할 만한 기여를 한 인물은 없었다.[29)]

4절 독일과 오스트리아

이미 알다시피, 독일에서 **사회정책**과 역사학파의 저작이 일반경제학에 미친 영향은 다른 어느 나라에서보다 컸다. 이러한 관심이 일반경제학의 전통을 완전히 파괴하거나 그 안에 들어 있는 '이론적' 구성요소들

---

27) 지드(Charles Gide, 1847~1932)는 분석의 역사에서는 대단한 지위를 차지할 수 없지만, 가장 유용하고 그와 동시에 신뢰할 만한 역할을 수행했다. 그는 만능의 지도자로 아무런 편견도 없었고 당시에 진행되고 있던 모든 사안에 대해 동조적이었으며, 이러한 동감을 다른 사람들에게도 나누어주는 품성을 갖추었다. 그는 당시에 가장 성공한 교과서를 집필했으며, 리스트(C. Rist)와 함께 그보다 더 성공적인 『경제학설사』(*Histoire des doctrines économiques,* 1st ed., 1909; 7th ed., 1947; 영역본 1915; 프랑스어판 6판과 7판의 추가부분을 영어판에 수록한 것은 1948)를 저술했다. 이 저작은 오늘날에도 널리 사용된다. 이 분야에는 몇 가지 다른 성과도 존재한다.(Perin, Espinas, Denis, Dubois, Rambaud, Gonnard)

28) Adolphe Landry, *L'Intérêt du capital*, 1904 참조. 아프탈리옹과 쥐글라는 그들의 저작이 속하는 분야를 다루는 8장에서 소개될 것이다.

29) 부스케(G.H. Bousquet)의 『경제사상의 발전』(*Essai sur l'évolution de la pensée économique*, 1927), 피루(Gaëtan Pirou)의 『경제학설들』(*Doctrines économiques*, 1925) 그리고 지드와 리스트의 잘 알려진 『경제학설사』는 위의 개관을 훌륭하게 보완해줄 것이다.

을 완전히 깨뜨려버린 것은 아니었지만, 도처에서 그에 준하는 영향력이 나타났다. 1900년경에 그에 대한 반발이 나타나고, 1914년경에는 그 힘이 제법 강력해졌지만, 당시 20대이던 사람들은 사실상 분석수단을 다루는 방법을 교육받지 못했으며, 그들 중 일부는 실제로 '이론'이 사회주의나 개인주의에 대한 철학 내지 '방법'에 관한 논쟁으로 이루어진다고 여겼다. 즉 그들은 '도구상자'(box of tools)로서의 이론이라는 개념을 알지 못했다. 개괄적으로 얘기하자면, 진정한 의미의 토착이론은 별로 중요하지 않았고 함량미달이었으며, 유일한 활력은 오스트리아학파나 마르크스주의에서 나왔다. 당시 상황은 이전 시기만큼이나 철저하게 제각각이었기 때문에 간단한 개관을 통해서 묘사하기가 어렵다.

가장 단순화시켜서 얘기하기 위해 나는 다음과 같은 방식으로 논의를 진행시킬 것이다. 우선 오스트리아학파를 살펴볼 것이다. 그러고 나서 그들이 이전 시대에 누렸던 명성의 토대를 닦았고 지금 고찰하고 있는 시기에, '노장학자'로서 상당한 영향을 미쳤다는 사실을 제외하면, 하나의 집단으로 보기 어려운 여러 대표적 인물을 훑어볼 것이다. 끝으로, 마르크스주의자들은 이 장의 말미에서 별도로 다루기로 하고, 흔히 어떤 그림을 완성하기 위해서는 인상주의적 색채가 필요한 법이라는 말이 있듯이, 이미 앞 장에서 시작된, 독일 경제학의 '생애와 저작'에 대한 완전한 그림을 그리는 데 도움이 되는 몇 명의 대표적 인물을 추가할 것이다. 이하의 세 소절에서는, (전체적인 윤곽을 나타내는—옮긴이) 그림을 그린다는 목적상 너무 많은 이를 등장시킬 수 없기에 다수의 인물을 부당하게 누락시켜야 하는 상당한 '비용'을 치를 수밖에 없다.[30)]

---

30) 이런 점에서 나는 비판받을 가능성이 매우 높다. 나에게 매우 친숙한 광경(슘페터는 오스트리아-헝가리 제국 출신임을 상기하라—옮긴이)이기에 잘 모른다고 핑계를 댈 수가 없기 때문이다. 하지만 내가 소개하지 못하는 일부 공백은 여러 자료, 특히 이하의 두 기념논집으로 채워질 수 있는데, 그중 하나만 이 시기에 출간되기는 했지만 둘 다 이 시기에 빛을 던져주었다. (1) 1908년판 슈몰러 기념논집인 『19세기 독일 국민경제학의 발전』(*Die Entwicklung der deutschen Volkswirtschaftslehre im neunzehnten Jahrhundert*)과 (2) 1925년

1. 오스트리아학파와 빈학파

오스트리아-헝가리 군주정과 독일 사이에는 긴밀한 문화적 유대가 존재했지만, 그것이 우리 분야에서 독일과는 완전히 다른 과학적 상황이 오스트리아에서 등장하는 것을 막지는 못했다. 이것은 대체로 인물과 관련된 두 가지 사실에 기인한다. 멩거는 매우 비범한 능력을 가진 지도자였다는 사실과 그가 자신과 지적으로 대등하며 자신의 성공을 완성시킨 두 명의 제자인 뵘-바베르크와 비저를 발견했다는 사실이 바로 그것이다. 이들은 사실상 2세대로 불리기보다는, 모든 상황을 고려했을 때, 놀라울 정도로 중요하고 오래 지속될 학파의 공동창시자로 여겨질 만한 자격이 있는 사람들이었다. 여타 몇몇 주목할 만한 추종자(이를테면 삭스Sax와 주커칸들Zuckerkandl 같은)도 있었고, 당연히 제2세대도 이 시기에 등장했다. 하지만 내 생각으로는 이 소절을 위의 두 지도자[31]와 다른 두 인물, 즉 학설의 측면보다는 인간적인 면에서 약간 거리가 있었기에 합당한 평가를 받지 못했던 아우슈피츠와 리벤(Lieben)으로 국한하는 것이 올바르며 정확한 인상을 얻기 쉬울 것으로 보인다.

뵘-바베르크는 경력으로 보자면 기본적으로 공직자였다. 우리가 그의 과학적 저작을 평가할 때 이 사실을 꼭 명심해야 한다. 이는 우리가 리카도의 저작을 평가할 때 그가 사업가였다는 사실을 명심해야 하는 것과 마찬가지다. 우리 앞에 놓인 저작은 뵘-바베르크가 생각하던 최종완성판이 아니다. 많은 부분이 급하게 씌어졌으며, 그는 그 결론들을 수정할 기회를 갖지 못했다. 이 사실을 보이기 위해서 오로지 의무에 대한 헌신, 완전한 공평무사함, 고도의 지적 노력, 폭넓은 문화적 관심, 진정한 단순함 등으로 뚜렷이 특징 지워지는 그의 삶에 대한 기록——이 모

판 브렌타노 기념논집인 『전후의 경제학』(*Die Wirtschaftswissenschaft nach dem Kriege*), 그중에서도 특히 이 논집의 2권 3부에 실린 아몬(Amonn)의 「순수 경제학의 상태」(Der Stand der reinen Theorie)가 그것이다.

31) 폰 필리포비치는 뒤에서 언급될 것이다. 이 시기 말에 화폐에 관한 저작을 출간한 미제스(L. von Mises)에 대해서는 화폐에 관한 장에서 언급될 것이다.

든 사항은 (그에 대한 나의—옮긴이) 독실함이나 포교하고자 하는 마음과는 완전히 무관하다——에서 몇 가지 적절한 예를 발췌하고자 한다. 그의 초기 학문적 발전은, 우리가 이미 알고 있듯이, 그가 공직자가 되자마자 경제학에 대해서는 눈길을 돌릴 여지가 없었을 정도로 바쁜 일상적인 법률연구를 완성하는 일에 배치됨으로써, 심각하게 방해받았을 것이다. 그가 30세에 인스브루크대학교(University of Innsbruck)의 교수로 임명되어 거기서 가르쳤던 8년이 그가 자신의 능력을 과학적 경제학에만 온전하게 전념할 수 있었던 시간이었다. 그는 근면하고 체계적이며 효율적인 연구자였기에 우리는 그가 강단에서 가르치는 일 때문에 자신의 에너지를 많이 빼앗겼을 것이라고 생각할 필요는 없다.

하지만 그는 논쟁에 빠져들게 되었으며, 이 논쟁을 통해 그 당시 멩거의 가르침을 따르는 이들 중 가장 유명한 챔피언으로 자리 잡게 되었다.[32] 이하는 그의 필생의 역작인 『자본과 자본이자』(*Kapital und Kapitalzins*, 1권 1884년, 4판 1921년, 영역본 1890년; 2권 1889년, 4판 1921년, 영역본 1891년)에 할애하고자 한다. 1권(*Geschichte und Kritik der Kapitalzinstheorien*)과 2권(*Positive Theorie des Kapitales*)은 영국에서 각각 『자본과 이자』(*Capital and Interest*), 『적극적 자본이론』(*Positive Theory of Capital*)이라는 제목으로 출간되었다. 그의 독창적인 공헌을 포함하고 있는 2권에 대한 작업——1권은 기존의 이자이론에 대한 일련의 비판을 담고 있다——은 축소될 수밖에 없었으며, 1896년 대규모 재정개혁을 준비하기 위해 재무성에 다시 들어갈 예정이었던 저자가 일부분을 쓸 때마다 서둘러서 출간되어야 했다. 다양한 생각이 불완전하게 결합되었으며, 본질적으로는 저술과정에서 저자의 생각이 바뀌었다. 그의 사상의 다양한 갈래가 병렬적으로 전개되었으며, 결정적으로 중요한 뒷부분의 장들은 솔직히 예비적인 것이

32) 이 당시와 그 이후의 논문들은 뵘-바베르크의 제자 중 가장 뛰어난 인물이었던 바이스(Franz X. Weiss)에 의해 『전집』(*Gesammelte Schriften*, 2권, 1924~26)으로 재출간되었다.

었다.(개정 이전의 2판 「서문」을 보라.) 그는 자신이 만들기를 원했던 작품이 아니라 만들 수 있었던 작품을 만들었던 것이다. 그는 1889년에서 1904년까지 화려하지만 눈코 뜰 새 없이 바쁜 직업에 종사했는데, 그동안에 그는 세 차례나 내각에서 일을 했으며 가끔씩 있는 출장이나 이른 아침처럼 공식업무에서 벗어난 약간의 시간 이외에는 짬을 낼 수 없었다. 그럼에도 그는 강단과 느슨하나마 관계를 유지했다. (그는 빈대학교의 명예교수였으며, 가끔 세미나를 주관하기도 했다.) 또한 그는 논쟁적이거나 개론적인 성격의 글을 몇 편 쓸 수 있었다. 그외에도 그는 마르크스주의 체계에 대한 저 유명한 비판을 제기했다.[33)]

하지만 그는 독창적인 작업을 할 수 없었다. 그는 1905년에 (국왕이 선사한, 가장 수입이 좋은 직위를 거부하고) 빈대학교의 '전임'교수로 임명되고 나서야 비로소 여유가 생겼다. 이것은, 당시의 모든 '정부당국'은 추밀고문관(Privy Councilor)에 대해 무한한 존경심을 품고 있었기 때문에, 그가 스스로에게 부과한 임무 이외의 모든 일과 현대적인 삶의 번잡함으로부터 벗어나는 것을 의미했다. 하지만 그는 몇 년 만에 몸과 마음이 더욱더 늙었다. 그는 자신이 죽을 때(1914)까지 그의 유명한 세미나를 이끌었지만, 그의 창조력은 고갈되었다. 그는 자신의 『자본과 자본이자』를 다듬었으며, 상당한 분량의 부록을 추가했으나 더 이상 실질적인 진보는 불가능했다.

『자본과 자본이자』 개정증보 3판은 1909~14년에 세 권으로 출간되었다. 〔2권은 II-1, II-2, 두 권으로 확대되었다.〕 개정되지 않은 4판은 비저의 「서문」과 함께 1921년에 출간되었다.

이제 우리는 뵘-바베르크의 한계효용 원리에 대한 옹호와 마르크스에 대한 비판 그리고 언급할 만한 다른 몇 가지 사항은 접어두기로 하

---

33) *Zum Abschluss des Marxschen Systems*(1896). 이 책은 『카를 마르크스와 그 체계의 종말』(*Karl Marx and the Close of His System*, 1898)로 번역되어 출간되었다. 〔(힐퍼딩의 답변이 포함된) 개정판은 1949년 스위지(P.M. Sweezy)의 편집으로 그의 「서문」과 함께 출간되었다.〕

고, 그가 이룩한 주요공헌의 특징과 중요성이 무엇인지 질문해보도록 하자. 대부분의 사람은 아마도 그의 이자이론과 그와 관련한 '생산기간'이라고 답변하기 쉽다. 이 대답은 완전히 잘못된 것이다. 뵘-바베르크의 이자이론과 그에 수반되는 생산기간은 경제적 과정에 대한 포괄적 모형 안에 들어 있는 단지 두 요소일 뿐이다. 그 뿌리는 리카도에게서 발견될 수 있으며, 마르크스의 모형과 비견할 수 있다. 당연히 그 요소들은 「완전히 발전한 자본시장」(『적극적 자본이론』, 3판과 4판의 4부, 2부를 참조)에서 절정을 이루는 이자뿐만 아니라 완전한 분배이론의 일부인 것이다. 여기서는 재화스톡, 회전기간, 임금과 이자가 동시에 결정된다. 만일 우리가 경제학의 역사에서 그의 위치를 정하고자 한다면, 그를 부르주아 마르크스라고 부르는 편이 낫다.[34)]

따라서 뵘-바베르크 자신은 전혀 몰랐지만, 그의 성과에는 리카도라는 뿌리가 존재했다.[35)] 또한 그는 한 가지 핵심적인 점에서 라에가 자신을 선취했다는 사실을 알지 못했다.[36)] 마지막이자 훨씬 더 결정적인 점

---

34) 이 문장을 읽으면서 독자들이 당혹감을 느끼는 데는 좋은 이유와 나쁜 이유가 있다. 좋은 이유는 마르크스가 경제학자 이상이라는 것이다. 물론 위의 문장은 자본주의적 과정에 대한 마르크스의 경제이론만을 지칭하는 것이다. 나쁜 이유는 마르크스를 생각할 때 우리는 습관적으로 이 책의 관점에서 보면 비본질적인 사항—선동적인 몸짓과 예언자적 분노—을 머릿속에 떠올리게 된다는 점이다. 이러한 점을 제쳐두고 이하에서 서술되는 차가운 분석적 뼈대를 보게 되면, 독자들은 내 말이 그리 놀라운 것이 아님을 발견하게 될 것이다. 뵘-바베르크의 한계주의는 기법상으로 다를 뿐이다. 하지만 그것은 더욱 효율적인 수단으로 그의 길 위에서 마르크스가 직면했던 허구적 문제들을 제거해주었다.

35) 이 점은 나이트 교수와 에델버그 박사에 의해 거듭 지적된 바 있다.(이 책, 2권, 3부 4장 2절 참조)

36) 라에가 독창적인 저작을 썼을 때, 뵘-바베르크는 라에의 분석적 핵심을 제대로 드러내지 못한, 밀의 인용구절 이상으로는 라에에 대해 알지 못했다. 그는 라에를 3판에서 이용했다. 이 점에 대해서는 C.W. Mixter, "Böhm-Bawerk on Rae", *Quarterly Journal of Economics*, May 1902 참조. 하지만 이 글은 지나치게 라에를 옹호하고 있다.

은 제번스가 이미 그의 이론을 선취했다는 사실이다. 제번스와 그의 관계는 마셜과 제번스의 관계와는 달랐다. 이러저러한 사항들에 대한 간헐적인 선취는 매우 빈번하게 일어났는데, 이미 보았듯이, 어떤 것은 시니어에게서, 또 어떤 것은 뉴컴(Newcomb)의 『원리』(*Principles*)에서 발견할 수 있는 것이었다. 하지만 주관적으로 그는 완전히 열성적인 멩거의 사도였으며, 그외의 다른 영향들을 찾을 필요가 별로 없다. 그는 가치와 가격의 문제에서만 멩거를 따른 것이 아니었다. 다음의 두 명제, 주어진 자본 '량'의 생산성은 생산기간을 늘림으로써 증대될 수 있다는 명제와 우리가 습관적으로 현재의 쾌락보다 미래의 쾌락을 낮게 평가한다는 명제——앞으로 보겠지만, 이것들은 특히 뵘-바베르크의 자본과 이자이론의 두 주춧돌이다——역시 멩거가 지적했던 것이다.[37] 뵘-바베르크의 독창성 문제가 제기되는 지점은 제번스의 우선권 여부가 아니라 바로 여기다. 그가 (멩거의—옮긴이) 맹아적 주장들을 훌륭한 유기적 전체로 발전시켰다고 보는 사람에게는 더 이상의 해명이 필요없다고 얘기할 수도 있다. 하지만 반드시 그런 것은 아니다. 뵘-바베르크를 경제학의 위대한 창시자 중 한 명으로 만든 것은 위에서 개괄한, 경제적 과정에 대한 그의 모형 내지 도식이며, 이 도식은 제번스가 가졌던 비전의 범위뿐 아니라 멩거의 비전도 벗어난 것이기 때문이다.

우리 분야에서 최고의 두뇌 중 소수의 인물, 특히 빅셀과 타우시히[38]

---

37) 이 점은 더욱더 주목할 만한 것이다. 왜냐하면 멩거는 처음에는 이 이론을 자기의 주장을 발전시켰다고 반기는 대신에 격렬하게 비난했기 때문이다. 그는 예전에 나에게 약간 과장되게 다음과 같이 말한 적이 있었다. "사람들이 언젠가는 뵘-바베르크의 이론이 지금까지 행해진 것 중 가장 심각한 오류를 범했다는 사실을 깨닫게 될 때가 올 것이다." 그는 자신의 저서 2판에서는 이러한 뉘앙스의 단서들을 삭제했다.

38) 이 유명한 인물(타우시히)은 나에게 예전에(내 생각에 1914년 봄이었던 것 같은데), 자신이 리카도만 제외하면, 뵘-바베르크를 모든 시대를 통틀어 가장 위대한 경제학자로 생각한다(또는 리카도와 뵘-바베르크를 동렬에 있는 두 명의 위대한 경제학자로 생각한다고. 어느 쪽이었는지는 정확하게 기억나지 않는다)고 말한 적이 있다.

는 사실상 그를 있는 그대로 이해했다. 하지만 처음에는 비판하거나 혹평하는 사람들이 훨씬 더 많았다. 이것은 무엇보다도, 그가 많은 학생을 거느렸으면서도, 마셜처럼 이들을 자신의 사도들로 전환시키지 못했다는 사실에서 비롯된다. 그래서 그는 자신을 방어하기 위해 나설 준비가 된 학문적 경호원들을 얻지 못했다. 두 번째로, 이 유명한 논쟁가는 다른 사람이라면 지체없이 해결해버렸을 고려사항들을 차곡차곡 쌓았다.[39] 세 번째로, 위에서 설명했듯이, 뵘-바베르크의 저작은 끝내 완성되지 못했다. 그것은 본질적으로 (공식적으로는 아니지만) 초고였으며, 더욱더 완벽한 것으로의 발전이 중단된 채 계속되지 못했다. 게다가 뵘-바베르크의 초보적인 기법 그리고 특히 수학적 훈련의 결여가 그로 하여금 완성에 도달하지 못하게 한 이유가 아닌지 의심스럽기도 하다.

따라서 이 저작은, 이해하기 매우 어렵다는 점 이외에도, 부적절한 내용들로 가득 차서 비판——예를 들어 그가 지적했듯이, '생산기간'은 거의 난센스에 가까웠다——을 자초했으며, 독자들이 그의 사상의 핵심에 접근하는 것을 방해했다. 결과적으로 (그의 저작의—옮긴이) 개별적인 사항들에 대한 비판은 종종 성공적이었으며, 이러한 조그만 패배들이 전체의 명성을 손상시켰다. 심지어 그는 피셔와 같이 공정한 정신을 가진 것으로 유명한 이에게서도 비판을 받았다. 피셔는 다른 어느 누구보다도 자신이 발견한 선구자들을 온당하게 평가하기 위해 무척, 심지어 지나치리만큼, 신경을 썼음에도 자신의 『이자이론』(*Theory of Interest*)이 얼마나 뵘-바베르크에게 빚지고 있는지를 깨닫지 못한 듯 보인다.

---

39) 종종 뵘-바베르크에게 제기되었던 비난들, 즉 그가 비판에서 공정하지 못했다는 비난, 이를테면 마셜의 비난에 대해 간단히 살펴보기로 하자. 내 생각에 이 비난은 근거가 없지 않다. 하지만 뵘-바베르크는 변호사의 정신을 가진 사람이었다. 그는 상대방의 변론문을 볼 수 없었으며, 공소장이 일말의 진실을 담고 있는지 자문한 적이 없었다. 물론 그럼에도 그의 비판은 그러한 유형의 이론적 사고 중에서 최고 수준이었지만, 이 점은 종종 그의 비판적 논증을 손상시켰다. 따라서 그에게 동의하지 않는 독자들은 이러한 비난이 담고 있는 인상을 받는 것도 이해할 만하다.

케인스가 자신의 『화폐론』을 쓸 때쯤에는, 뵘-바베르크의 이론은 심각한 오류에 불과하며 더 이상 진지하게 논의될 필요가 없다는 게 거의 일반적인 견해였다. 그러나 그의 발상들은 아직도 계속해서 발굴되고 있으며, 비판하거나 혹평하는 사람들을 포함하는 많은 사람에게 해야 할 일을 가르치고 있다. 사실상 이것은 처음부터 행해졌던 일이다. 뵘-바베르크는 찬사를 별로 받지 못했으며, 그 추종자들도 거의 없었지만, 과거에도 지금도 위대한 경제학 교사 중 한 명이다.[40)]

비저(Friedrich von Wieser, 1851~1926)는 매우 다른 인물이었다. 그는 타고난 사상가였으며, 젊은 시절에 잠깐 공직생활을 한 것과 60대 중반에 그보다 더욱 짧게 내각에 있었던 일을 제외하면 평생 동안 프라하와 빈에서 평온무사한 교직생활을 했다. 그러나 이 사상가는 특징 짓기가 어렵다. 그의 위대한 점은 표면 아래 깊숙한 곳에 들어 있는 포괄적인 비전이다. 하지만 그는 이 비전을 완전하게 실행하지 못했다. 그는 뵘-바베르크처럼 거기에 필요한 기술적인(technical) 훈련을 받지 못한 데다가 효과적인 논증을 이끌어내는 능력을 갖추지 못했다. 실제로 주목받은 것 이상의 가치가 있는 그의 사회학(*Recht und Macht*, 1910; *Gesetz der Macht*, 1926)은 이미 앞에서 소개된 바 있다. 화폐이론에 대한 그의 기여는 나중에 적절할 때 다시 소개될 것이다. 일반이론 분야에서 그의 위대한 세 저작 중 첫 번째인 『경제적 가치의 원천과 그 근본

---

40) 이것은 1930년대 초 하이에크의 경기변동 이론이 거둔 커다란 성공에 뒤이어 부수적으로 나타난 뵘-바베르크의 부활과는 별개로 타당한 것이다. 나이트 교수가 1933년("Capitalist Production, Time and the Rate of Return", *Economic Essays in Honour of Gustav Cassel*)과 1934년("Capital, Time and the Interest Rate", *Economica*, August)에 뵘-바베르크의 가르침에 대해 맹렬한 공격을 개시했을 때, 그가 (돈키호테처럼—옮긴이) 풍차와 대결한 것은 아니었다. 이 글들은 치열한 논쟁을 불러일으켰다.(주요쟁점들에 대해서는 N. Kaldor, "The Recent Controversy on the Theory of Capital", *Econometrica*, July 1937 참조.) 불행하게도 뵘-바베르크의 메시지의 핵심사항은 이러한 문헌들에서 간헐적으로만 주목받거나 간과되고 있다.

원리』(*Über den Ursprung und die Hauptgesetze des wirthschaftlichen Werthes*, 1884)는 가치에 대한 멩거의 논의를 다시 강조하고 발전시켰다는 장점을 가지고 있다. (그는 Grenznutzen, 즉 한계효용이라는 용어를 만들어냈다.) 이것도 그 당시로서는 대단한 것이지만 다른 장점은 없다. 두 번째 저작인 『자연적 가치』(*Der Natürliche Werth*, 1889; 영역본 1893)는 멩거가 간단하게 약술하는 데 그쳤던 오스트리아학파의 비용과 분배이론을 정립했다. (그는 Zurechnung, 즉 귀속이라는 용어를 만들어냈다.) 이 저작은 그러한 사실과 명백한 기법상의 오류가 있는데도 독창적인 성과로 높이 평가되어야 한다. 세 번째 저작인 『사회경제론』(*Theorie der gesellschaftlichen Wirtschaft*; 베버의 『사회경제학의 기초』*Grundriss der Sozialökonomik* 1권에 포함, 1914; 영역본은 *Social Economics*, 1927)은 본질적으로 새로 추가된 게 없지만, 자기 평생의 경제사상에 대한 인상적인 요약록이다. 그의 생각 중 일부는 멩거보다 발라에 좀더 가깝지만, 역사는 그를 주로 오스트리아학파의 구조를 완성한 사람으로 기억——하지만 역사가 그를 얼마나 기억할지는 역사가마다 크게 다를 것이다——할 것이다. 그를 이론가로서 가장 높게 평가한 것은, 이 책에 대한 소개는 여기가 마지막이 될 텐데, 스티글러의 책이다.[41] 비저의 『전집』(*Gesammelte Abhandlungen*, 1929)은 하이에크에 의해 그의 전기적 「서문」과 함께 편집, 출판되었다.

다른 두 명의 뛰어난 인물들이 쓴 저작에 대해서는 지면관계상 간단한 소개에 그치기로 한다. 아우슈피츠(Rudolf Auspitz, 1837~1906)는 자기에겐 이득이 될 카르텔에 반대했던 기업가이자, 누진소득세를

---

41) George J. Stigler, *Production and Distribution Theories*, 1941. 이 책은 제번스, 윅스티드, 마셜, 에지워스, 멩거, 비저, 뵘-바베르크, 발라, 빅셀, 클라크 등의 이론을 담고 있다. 유능한 이론가가 쓴, 이 뛰어난 저작은 아마도 당시의 주도적 인물들의 이론적 저작들에 대한 현존하는 최고의 개론서일 것이다. 강력하게 추천하는 바다. 그렇다고 해서 내가 이 책에 나온 모든 사실과 평가에 동의하는 것은 아니다.

도입하는 법안을 공동발의한 정치가였다. 그의 친척이자 학문적 동료였던 리벤(Richard Lieben, 1842~1919)은 예술가적 취향을 지닌 사은행가(private banker)였다. 그들은 당시의 뛰어난 이론적 성과 중 하나인 『물가이론 연구』(*Untersuchungen über die Theorie des Preises*, 1889; 1부는 별도로 1887년에 출간되었으며, 프랑스어 번역본은 1914년)를 저술했다. 기법상으로 볼 때, 이들은 자국의 동료학자들보다 뛰어났으며, 바로 이 점과 그들이 부분분석 문제를 전면에 내세웠기 때문에 그들의 저작은 실제보다 덜 '오스트리아학파'적인 것으로 보인다. 이 저작은 에지워스에게서, 또 그 이상으로 피셔에게서 상당한 인정을 받았지만, 자국에서는 거의 인정받지 못했다. 그들이 사용한 총공급 · 총수요곡선, 한계공급 · 한계수요 곡선(그들은 평균곡선을 사용하지 않았다)은 당시로서는 독창적인 공헌이었으며, 전혀 주목받지 못했지만 부록의 일반이론 역시 그러하다.

나는 오스트리아학파를 독일의 일반경제학에 커다란 영향을 미친 두 흐름 중 하나로 묘사했다. 하지만 이 영향은 1900년이 지나기 전에는 자각되지 못했으며, 심지어는 이후에도 이들에 대한 독일인들의 태도는 그리 호의적이지만은 않았다.[42] 여기에는 몇 가지 이유가 있다. 첫째, 기본적으로 자기 시대의 실제적인 문제들과 역사적인 저작에 관심이 있는 사람들로서는 자신들이 보기에 근본적으로 틀렸거나 적어도 흥미를 느끼지 못하는 유형의 연구가 다시 부활하는 것을 환영할 수 없었던 것은 아주 당연한 일이다. 둘째, 나중에 자신의 실수를 인정한 슈몰러를 제외한 많은 사람은 이론을 **맨체스터주의**(Manchesterism), 즉 무조건적인 자유방임주의와 결부시켰다. 그리하여 그들은 자기들이 좋아하지 않는 분석유형의 부활뿐 아니라 자기들이 혐오하는 경제사상이나 정치

42) 심지어 1918년이 되어서야 카셀의 『이론사회 경제학』(*Theoretische Sozialökonomie*)이 커다란 성공을 거둔 것은 그것이 교과서로서 유용했기 때문이기도 하지만 그것이, 피상적으로는, 오스트리아학파와 발라에 대해 적대적이었기 때문이기도 했다.

경제학 유형의 부활을 목도하고 있다고 생각했다. 셋째, 기존 이론가들 대다수는 마르크스주의의 영향권 아래 있거나(그래서 마르크스주의자들은 이 새로운 이론에서 부르주아의 변호론을 위한 재료들밖에 보지 못했다), 아니면 영국 '고전파'의 충실한 추종자들이었다. 이들 중 일부는 리카도와 밀을 숭배하여 마셜을 탈마셜화(out-Marshalled)했다.

하지만 그들은 마셜과는 달리 그들을 넘어서 나아가는 것을 완강하게 거부했다.[43] 더구나 스스로의 힘으로 새롭게 출발하고자 시도했던 게릴라들은 아무리 단순할지라도 어느 정도의 이론적 훈련 없이는 평가될 수 없는 분석도식을 더 이상 받아들이려 하지 않았다. 영국에서는 초기의 발전이 곧 오스트리아학파의 초가집을 '험상궂게 째려보는' 마셜학파의 성채에 부딪혀버렸다. 미국에서는 (오스트리아학파에 대한—옮긴이) 인정이 다수의 경제학자에 의해 자유롭게 확산되었다. 하지만 이 나라가 독자적인 '한계주의' 학파를 발전시키고, 가장 저명한 미국 경제학자 중 몇몇, 이를테면 피셔가 오스트리아학파 3인방(triumvirate: 멩거, 뵘-바베르크, 비저—옮긴이)보다 발라를 따랐기 때문에, 상황은 영국과 그리 크게 다르지 않았다.

프랑스에서는 오스트리아학파의 가르침이 자국의 전통에 부합했기에, 발라의 수학적 교리보다 훨씬 쉽게 받아들여졌고, 상당한 진전을 이루었다. 르루아-보리유, 지드, 랑드리, 콜송(훨씬 더 발라적이긴 하지만) 그리고 많은 이가 오스트리아학파를 이러저러한 형태로 받아들였다. 이탈리아에서는 처음에 이들의 성공이 뚜렷했다. 그러나 오스트리아학파의 영향은 파레토의 교리에 의해 곧 사라지거나 수면 아래로 가라앉게 되었다. 오스트리아학파가 가장 먼저 또 가장 오랫동안 성공을 거둔 곳은 네덜란드와 스칸디나비아 국가들이었다.

---

43) (아래에서 논의되는) 디첼은 어느 누구보다도 더 멀리 나아갔다. 그는 실제로 '고전파'의 전체 구조를 보존하는 것이 가능하다고 생각했는데, 이에 대해서는 그의 1921년 저작(*Vom Lehrwert der Wertlehre*……) 참조.

2. 노장 학자들

뵘-바베르크가 한때 침착하지 못하고 고집까지 센 젊은 친구에게 얘기했듯이, 과학은 늙은 스승의 죽음을 통해 진보한다. 하지만 그러한 방식으로 과학이 진보하기 전에는 늙은 스승들이 그림 속에 있으며, 그중 일부를 언급해야 한다. 나는 1894년까지 살았던 로셔, 크니스, 셰플, 슈타인을 선택할 것이다. 이들은 모두 우리가 이미 만나본 인물들로, 중요한 영향을 미친 인물들이기도 하다.

로셔에 대해서는 더 얘기할 필요가 없다. 크니스(1821~98)는 무엇보다도 하이델베르크를 교육과 연구의 중심지로 만든 위대한 교사였다. 여기서는 매우 다양한 유형의 연구가 환영받았으며, 공동작업을 했다. 수많은 저작 중에서 나는 그의 중요한 성과인 『화폐와 신용』(*Geld und Credit*, 1873~79) 한 권만을 소개할 것이다. 셰플(Albert Schäffle, 1831~1903)은 슈바벤 출신의 급진파(Swabian radical)——만일 그가 오늘날 미국에 살았더라면, 우리는 그를 뉴딜주의자(New Dealer)나 말뿐인 진보주의자(Parlor Pink)로 정의했을 것이다——로, 오스트리아 내각의 장관(1871년)을 지낸 후 30년 넘게 자신의 조그만 고향마을에서 편안하게 학문을 연구했다. 그는 가르칠 기회가 별로 없었으나 저자로서 영향을 미쳤다. 하지만 그의 야심작인 『사회적 신체의 형성과 삶』(*Bau und Leben des Sozialen Körpers*, 1875~78)은, 내가 발견할 수 있었던 것 이상의 내용이 들어 있는 것이 아니라면, 그가 창안한 경제적 분석이 들어 있다고 말하기는 어렵다. 조세에 관한 그의 저작은 나중에 소개될 것이다. 〔6장의 조세에 관한 절은 완성되지 못했다—편집자〕 슈타인은 프랑스 사회주의 연구자로서 1855~88년 동안 빈대학교 교수를 지냈으며, 행정학과 공공재정 분야의 권위자였다. 그가 쓴 경제학 교과서는 그리 중요하지 않으며, 내가 그를 소개하는 이유는 오직 뛰어난 인물을 그림에서 제외하는 것이 부조리하게 보이기 때문이다.

3. 대표적 인물들

이 시기 독일의 경제학자들을 생각할 때 머릿속에 맨 처음 떠오르는 주도적인 학자들의 이름은 당연히 앞 장에서 소개된 사람들, 특히 브렌타노, 뷔허, 크나프, 슈몰러, 좀바르트, 바그너, 베버 등이다. 나는 당시 상황의 다양한 측면을 조명하기 위해서 보르트키에비츠, 딜, 디첼, 라운하르트, 렉시스, 폰 필리포비치, 슐츠-게베르니츠를 선택할 것이다. 하지만 나는 이 정도에서 그쳐야 한다. 그래서 성공한 수많은 교사, 예를 들어 많은 미국인 방문자의 친절한 스승이었던 콘래드(Johannes Conrad), 콘(Gustav Cohn), 폴레(Pohle), 헬드(Held)나 뛰어난 나세(Nasse), 헤르크너(Herkner) 같은 인물들은 그냥 지나칠 것이다.

첫 번째 그룹에서는 바그너(Adolf Wagner, 1835~1917)만이 추가적인 논평을 필요로 한다. 우리는 이미 그가 사회정책(*Sozialpolitik*)을 위한 투쟁의 지도자였으며, 정치적으로는 보수적인 개혁가였음을 알고 있다. 게다가 그는 8장에서 다루어질 화폐이론 분야에서 실질적인 성과를 이룬 인물이기도 하다. 또한 우리는 공공재정에 관한 그의 저작(*Finanzwissenschaft*, 전 4권, 1877~1901)에 주목해야 한다. 그의 역사적 명성은 바로 이 성과 위에 놓여야 할 것이다. 이제 우리는 그를 분석경제학자로 고찰해야 한다. 그는 자신이 역사주의에 반대한다는 의미에서 스스로를 '이론가'로 생각했다. 하지만 그는 슈몰러학파에 대해 호의적이지 않았으면서도, 그다지 새롭지 않은 저 유명한 (제도, 행위형태, 과정의) '역사-법적' 범주와 '경제적' 범주의 구분을 통해 역사적 상대성을 강조했다. 이에 대해서는 설명할 필요가 없을 것이다. 그는 로트베르투스(Rodbertus)와 셰플을 자신에게 가장 많은 영향을 준 두 경제학자라고 말하곤 했으며, 자신에게 마지막까지 '최고의' 이론가로 남았던 리카도에 대해 항상 비판적 관심을 나타냈다. 그는 많은 외국경제학자, 특히 마셜과 타우시히를 인정——그다지 큰 의미가 없이 형식적으로——했으며, 역으로 특히 마셜에게 그와 유사한 인정을 받기는 했지만, 당대의 저작들로부터는 피상적인 의미만을 받아들였다. 화폐 분야

를 제외하면, 분석경제학에서 그의 독창성이나 능력은 그리 높게 평가받기 어렵다. 하지만 그의 이름은 다른 수많은 전문분석가보다 훨씬 더 오랫동안 살아남을 것이다. 참기 힘들 정도로 체계화를 향한 집착(rabies systematica)에 영향을 받은 그의 방대한 저작 중에서 『정치경제학 원리』(*Grundlegung der politischen Oekonomie*, 1st ed., 1876)만이 여기서 소개될 필요가 있는데, 이 책은 그가 참여한 공동기획물인 『논문집』(*Lehr- und Handbuch der politischen Oekonomie*)으로 대체된 바 있다.

두 번째 그룹은 매우 이질적인 요소들로 구성되어 있다. 보르트키에비츠(Ladislaus von Bortkiewicz, 1868~1931)는 교육받은 수학자이자 물리학자였다.[44] 또한 렉시스학파(Lexis school)의 통계학자로 높이 평가받는 사람이었다. 이론가로서 그는 주로 마르크스와 뵘-바베르크에 대한 가장 뛰어난 비판가로 알려져 있다.[45] 본질적으로 비판적인 그의 성향으로 인해, 경제이론에 관한 한, 아무런 창조적인 저작도 만들어내지 못했다. 그러나 이것이 전부는 아니다. 그의 비판은 세부적인 사항 ──어떤 의미에서 그는 사소한 결점을 찾아내는 사람(comma hunter)이었다──을 향하고 있을 경우 뛰어났지만, 그에게는 이론모형의 폭넓고 심오한 의미를 파악할 수 있는 시야가 없었다. 보르트키에비츠는 자신을 마셜주의자로 묘사했다. 하지만 이 말은 마셜의 『원리』

---

44) 이러한 경력은 하노버 기술학교의 교수였던 라운하르트(Wilhelm Launhardt, 1832~1918)에게도 동일하게 적용된다. 그의 『국민경제학의 수학적 기초』(*Mathematische Begründung der Volkswirthschaftslehre*, 1885)는, 실질적으로는 발라적이고 여러 오류에 의해 가려져 있지만, 주목할 만하고 몇 가지 점(특히 교통과 입지에 관해서)에서는 독창적인 저작으로 소개되어야 한다. 따라서 독일에 '수리경제학'이 전혀 없었던 것은 아니었다. 어느 한 유형의 연구가 훤히 보이는 곳에 존재하는데도 주목받지 못한 채 지나쳐지는 상황—우리 경제학 분야의 조건이 지닌 특징이지만—을 관찰하는 일은 매우 흥미롭다.

45) 이 점에 대해서는 스위지, 앞의 책 참조. 스위지는 마르크스의 가격이론에 대한 보르트키에비츠의 수정을 완전히 받아들인다.

안에서 가장 덜 인정받고 가장 덜 발전적인 몇 가지 점을 그가 좋아했다는 의미 이상은 아니다. 하지만 만일 그가 슈몰러와 바그너에 의해 가려진 채로 갓길에 서 있지 않았더라면, 그리고 조금만 더 유능한 교사였더라면, 베를린대학교에서 유익한 영향을 미칠 수도 있었을 것이다.

그와 반대로 딜(Karl Diehl, 1864~1943)은 갓길에 서 있지 않았다. 그는 독일에서 가장 유명한 프라이부르크대학교의 교수직——그는 부분적으로는 이전에 이미, 부분적으로는 이것 때문에 유명해졌다——을 차지하고 있었다. 또한 그는 강의실뿐 아니라 세미나에서도 가장 유능한 교사였다. 그는 세미나에서 많은 학생을 길러냈고 지적 자극을 주었다. 그는 특히 역사적 상대성에 대해서 강한 제도주의적 성향을 가진 인물이었다. 그럼에도 그는 진정한 '이론가', 즉 몇몇 철학과 개념을 둘러싼 논쟁을 다룰 때 이론을 빠뜨리지 않는 경제학자였다. 하지만 그는 이론을 문제해결의 수단으로 이용했다. 그의 이론은 독창적이지도, 현대적이지도, 세련되지도 않았지만(그의 이론적인 뿌리는 영국 '고전파'였다[46]), 그와 동시에 유용한 이론이었으며, 당시의 상황에서는 상당한 의미를 가진 것이었다.

디첼(Heinrich Dietzel, 1857~1935)은 본대학교의 또 다른 주도적 교수진의 구성원이었으며, 다른 성향을 가진 인물이었다. 그 역시 기본적으로 이론가였으며, 논리의 엄밀성에서는 딜보다 우월했다. 하지만 그는 기질이나 과학적 메시지의 불모성으로 인해 교사로서는 훨씬 덜 유능했다. 그는 단순히 '자신의 발톱을 파묻었으며', 지적으로는 '고전파'적 입장에 머물렀고, 일찌감치 완숙기에 도달했다. 그는 '고전파'적

46) 그의 『리카도의 기본원리에 대한 사회과학적 규명』(*Sozialwissenschaftliche Erläuterungen zu David Ricardos Grundgesetzen*, 이 책, 2권, 3부 4장 참조)은 이 분야에서 그가 이룩한 주된 학문적 성과였다. 하지만 그의 기념비적인 『원리』(*Principles*: *Theoretische Nationalökonomie*, 전 4권, 1916~33)도 숙독할 만한 가치가 있는 저작이다. 프루동에 대한 그의 저작은 이미 앞에서 소개된 바 있다.

관점에서는 상당히 존경할 만한 저작을 썼고, 바그너의 『논문집』(*Lehr- und Handbuch*)의 이론에 관한 부분(*Theoretische Socialökonomik*: 주로 방법론)에 흥미로운 글을 기고했지만, 뵘-바베르크와의 논쟁을 제외하면 따로 기억될 것 같지 않다.

바그너와 디첼의 경우, 그 자체로는 대단한 것이 아닐 수 있지만, 다른 학자들에게 지적 자극을 주기 위해 필요한 분석적 저작들이 언뜻 보기에도 쇠퇴했던 것처럼 보이는 이유가 사회정책(Sozialpolitik)이나 역사주의 때문이라기보다 당시에 가르쳐졌던 '이론'의 특징 때문임을 보여준다. 위대한 통계학자였던 렉시스(Wilhelm Lexis, 1837~1914)의 경우는 약간 다른 각도에서 똑같은 사실을 보여준다. 렉시스는 많은 분야에서, 특히 화폐정책과 대외무역의 문제에 관해서 수준 높은 저작을 서술했다. 그는 또한 (1894년에 『자본론』—옮긴이) 3권이 출간되자 마르크스의 체계를 공격한 비판가 중 한 명으로도 유명했다. 하지만 뛰어나게 예리한 지성을 갖춘 사람으로서는 놀라운 일이지만, 그의 저작들은 모두 이론적 측면에서 약점을 드러내 보인다. 하지만 그의 교과서는 이 수수께끼를 해결해주고 있는데, 결론적으로 말해서 그는 분석장치를 개선하는 작업에는 조금도 관심이 없었으며, 반(反)이론적인 분위기에서 성장한 그로서는 자신이 중년기였을 때 등장하기 시작한 새로운 사고의 학문적 가능성을 깨닫지 못했다. 어쨌든 그의 순수한 지적 관심은 통계이론이었기에 자신의 경제학을 위해 수학——그로서는 익히는 데 그리 힘들지 않았을——을 사용하는 데 별다른 어려움을 느끼지 않았다.

우리는 여기서 폰 필리포비치(Eugen von Philippovich, 1858~1917)를 잊지 말고 소개해야 한다. 나중에 그의 유명한 교과서를 '학생들이 얻은 것'(the student got)의 대표적인 사례로 들기 위해 그 이름을 다시 언급해야 하겠지만 말이다. 그는 당시의 위대한 교사 중 하나였고, 높은 지적 수준을 갖추고 당대의 사회 · 경제적인 문제에 몰두했던 인물이었다. 하지만 신중한 사상가였으며, 자신이 접할 수 있었던 모든 과학적 경제학 조류에 대해 열린 태도를 보였다. 이러한 미덕과 특히 학

문적 취향에 대한 포용력은 중재가 절실하게 필요할 때 그를 이상적인 중재자로 만들었다. 그는 이를 슈몰러와 멩거 그리고 이들이 옹호한 모든 것 덕분으로 돌렸으며, 뉴딜 유형의 사회정책에 진심으로 동조했다. 그 자신은 '이론가'가 아니었지만(그의 연구는 전적으로 '실제적인' 것이었다), 자신의 영향권 내에서는 분석의 문화가 바닥으로 떨어져서는 안 된다고 보았다. 그는 다른 오스트리아학파보다 훨씬 일찍부터 독일 경제학의 정신——그는 빈대학교의 교수였다——에 영향을 받았으며, 한계효용 이론이 독일학생들에게 전파된 것은 주로 그가 자신의 교과서를 통해 영향을 미친 덕분이었다.

슐츠-게베르니츠(Gerhart von Schulze-Gaevernitz, 1864~1943)는 기껏해야 또 다른 유형의 인물을 보여줄 따름이다. 경제학적 분석기법에 관한 한, 이 프라이부르크대학교의 교수는 경제학자라고 부르기 어렵다. 하지만 그는 그 이상으로 진정한 사회철학자였으며, 내가 더 부르기 좋아하는 명칭을 붙이자면 사회신학자이자, 동시에 현실성을 결여하지 않은 정치비평가였다. 따라서 그는, 그의 인식론적 입장에 대한 우리의 견해가 무엇이든, 해당분야의 명작이며 나름의 위치를 차지하는 광범위한 주제의 저작들[47]을 저술했다. 이것들은 하나의 목적, 즉 사회적 메시지를 전파한다는 목적으로 씌어졌다. 하지만 이 목적만으로는, 그것이 아무리 중요한 것일지라도, 옆에서 뛰어난 기법을 보유한 교사가 없었다면 충분하지 못한 법이다. 만일 우리가 사회적 · 국제적 사안에 우리의 추론을 적용하고자 한다면, 우리는 사회적 비전, 이상, 사실

---

47) 이 저작들은 우리로 하여금, 내가 여기서 빼먹지 말아야 한다고 생각하는 동일한 유형의 또 다른 인물인, 헬드(Adolf Held)의 『영국사회사 2부작』(*Zwei Bücher zur sozialen Geschichte Englands*, G.F. Knapp ed., 1881)을 떠올리게 한다. 슐츠-게베르니츠의 가장 중요하면서도, 내 생각에 가장 특징적이기도 한 두 저작은 『사회 평화를 위해』(*Zum socialen Frieden*, 1890; 영역본의 부제는 "a description of England's education to Sozialpolitik in the nineteenth century")와 『영국의 제국주의와 영국의 자유무역』(*Britischer Imperialismus und englischer Freihandel*, 1906)이다.

관계만이 아니라 우리가 라플라스의 악마(Laplace's demon: 라플라스가 과학적 인식의 확실성을 입증하기 위해 가정했던 가상의 존재로, 과거의 모든 사실과 자연법칙을 완벽히 알고, 이에 기초해서 계산을 수행함으로써 미래에 대해서도 완벽히 예측할 수 있는 능력을 보유했다고 알려졌다—옮긴이)가 아닌 이상, 몇 가지 기법도 필요하다는 점을 그는 결코 깨닫지 못했으며, 최소한의 경제학적 기법들을 학생들에게 전달해 주지 못(하고 이를 위해 스스로 학습하는 데 실패)함으로써, 그중 일부는 나중에 유명해지게 되는, 자기 학생들에게 본의 아니게 피해를 주었던 셈이다.

마셜학파가 지배하는 영국에서조차 수많은 홉슨이 있었다. 하지만 독일과 오스트리아에서, 모든 전문경제학자의 전체적인 능력이나 비판의 수준이 높을 수가 없었던 상황, 즉 내가 '다채로운 색깔'로 지금 묘사하고 있는 그런 상황에서는 여러 명의 홉슨이 번성했어야 했고, 자유기고가 경제학자들은 셀 수 없이 많았다. 훈련——그것이 어떤 훈련이든 간에——된 학자들 또한 종종 기존의 과학적 도구들을 이해하거나 숙달하는 데 실패함으로써 잘못된 독창성에 빠져들곤 했다. 능력 있는 사람들도 커다란 실수를 저지르거나 문제를 잘못 인식하고, 자신들의 실수를 새로운 발견으로 간주하기도 했다. 그 결과 우리는 경제학계에서 성공을 거두고 상당한 지위를 차지하지만 전문적인 관점에서 특징 짓기가 어려운, 매우 긴 인명록을 갖게 되었다. 나는 그러한 유형의 저자 중 일부에 대해서만 언급할 것이다. 에페르츠, 고틀, 리프만, 오펜하이머, 슈판 등이 바로 그들이다. 나에겐 이 저자들을 이러한 방식으로 다루는 이유를 설명해야 할 의무가 있을 것이다.

이 의무를 완전하게 충족할 수는 없다. 그러기 위해서는 별도의 책 한 권이 필요할 것이다. 나는 단지 내가 생각하는 이유들만 제시할 수 있을 뿐, 그 이유를 논증할 여유는 없다. 에페르츠(Otto Effertz)는 우리의 인명록에서 교수직을 얻는 데 실패한 유일한 사람이며, 약간 비극적인 인물이다. 그는 『노동

과 토지』(*Arbeit und Boden*, 1890~91)라는 저작을 썼는데, 원판과는 상당히 달라진 최종판의 형태로 프랑스에서 『경제적 적대』(*Les Antagonismes économiques*, 1906)라는 제목으로 출판되었다. 이 저작은 능력은 있지만 자신의 과제를 어떻게 다루어야 할지 모르는 사람이 쓴 전형적인 책이다. 내가 이하의 소개에서 에페르츠를 제외시키는 이유는 증명가능한 실수들을 제외하면 그의 논증이 지극히 상식적이기 때문이다. 나와 다른 견해에 대해서는 이 저작의 프랑스어판 「서문」을 참고하라. 나는 뚜렷한 지위를 점했고 많은 추종자를 거느렸던 고틀-오틀릴리엔펠트(F. von Gottl-Ottlilienfeld)를 평가하는 유일한 방법이나 내가 그를 제외한 이유를 확인하는 유일한 방법이 그의 저작을 읽는 것이 아닐까 두렵다.[48] 리프만(Robert Liefmann, 1874~1941)은 특히 카르텔에 관해서 장점을 갖춘 경제학자였다. 우리의 어려움은 그의 이론——예를 들면 『국민경제학의 원리』(*Grundsätze der Volkswirtschaftslehre*, 신판, 1922)에 잘 요약되어 있는——에 있다. 그것은 한 가지 흥미로운 특징을 보여준다. 화폐의 한계수익 균등화라는 그의 근본원리(와 '주관적' 가격이론 전체)는 (그 안의 몇 가지 실수는 제외하더라도) 오스트리아학파 이론의 주요내용을 너무나 부정확하게 표현한 것에 불과하다. 하지만 그는 그것을 독자적으로 발견했으며, 다른 어떤 이론과의 유사성도 완강하게 거부했고, 논쟁하는 데 평균 이상의 힘을 낭비했으며, 어느 누구라도 진지하게 받아들일 수 없는 주장을 펼쳤다. 가격이론에 대해 '주관주의'와 '객관주의'(또는 '물질주의'와 '자연주의')라는, 허구적 주제에 관한 무의미한 발언을 남기기도 했다. 이 책의 목적에 부합하는 주제와 관련된 그의 순수한 공헌은, 카르텔에 관한 저작을 제외하면, 하나도 없다. 오펜하이머(Franz Oppen-

---

48) 하지만 그의 저작을 읽는 정신적 비용은 저작 대신에 1925년에 『삶으로서의 경제』(*Wirtschaft als Leben*: 이 서평의 원래 출처는 "Kritische Bemerkungen zu Gottls' methodologischen Schriften", Zeitschrift für Nationalökonomie, May 1929)라는 제목으로 재출간된, 고틀의 방법론적 저작에 대한 하벌러의 서평을 읽음으로써 상당 부분 줄어들 수 있을 것이다. 하지만 그의 다른 저작들에 관해서는 이러한 조력자가 존재하지 않는다.

heimer, 1864~1943)는 독특한 인물로, 주도적인 시온주의자이자 '실증주의'사회학자로, 그 분야의 사상사에서 결코 자신의 지위를 잃지 않을 인물이었다. 또한 자라나는 많은 지성을 길러낸 훌륭한 교사였으며 활발한 논쟁을 통해 경제이론의 깃발을 휘날리려고 많이 노력한 인물이었다. 그의, 토지의 사적 소유에 대해 조지[49]와 비슷한 태도[50]는 그 자체로는 그의 학설에 대해 길게 논의하길 거부하는 나의 이유를 설명하기에 충분치 않다. 내가 그를 제외시키는 이유는 그의 분석장치(그의 '객관적' 가격이론)의 경우는 치유가 불가하기 때문에, 아니 오히려 그 결함에 대한 유일한 치유책은 이론을 공부하는 것이기 때문이다. 그러나 그는 통찰력이 없지는 않았으며, 많은 훌륭한 생각을 제시했다. 무엇보다도 그는 비교정태분석(Comparative Statics)이라는 용어를 만들어냈으며, 그 개념의 용도를 알았다.(7장 3절 참조)[51] 슈판

---

49) 조지(Henry George)는 단일토지세를 주장한 『진보와 빈곤』(*Progress and Poverty*, 1879)으로 유명한 인물로, 리카도 지대론(地代論)에 입각해서 인구의 증가나 기계사용에 의한 이익은 토지의 독점적 소유자에게 거의 흡수되어 버리기 때문에 빈부격차가 커지고, 지대는 상승하며 이자와 임금은 하락한다고 주장했다. 이에 따라 그는 토지공유의 필요성을 설파하고, 그 방법으로 모든 지대를 조세로 징수하여 사회복지 등의 지출에 충당해야 한다고 역설했다. 이러한 그의 사상은 19세기 말 영국의 사회주의 운동에 커다란 영향을 미쳤다—옮긴이.

50) 오펜하이머는 토지독점에 대해 얘기한, 그중에는 스미스와 시니어도 포함된, 수많은 저자 중 한 명이었다. 하지만 내가 본문에서 말한 의미는 이것이 아니다. 그는 조지(와 이 책, 2권, 3부에서 주목했던 몇몇 사람)처럼 자신들에게 자본주의적 엔진의 원활한 작동으로부터 벗어나는 것으로 보이는 모든 현상을 토지소유나 노동자들이 토지에 대한 자유로운 접근으로부터 배제(Bodensperre)되는 탓으로 돌리는, 훨씬 더 소수의 저자 중 하나이기도 했다. 물론 이 입장은 토지가 희소한 이유는 바로 사적 소유라는 명제를 동반한다. 이러한 토지에 대한 접근권 제한(Bodensperre)의 철폐는 (실질적으로) 많은 이의 공감을 얻었던 자유주의적 사회주의(Liberal socialism)가 추구하는 바다.

51) 오펜하이머의 여러 저작 중에서 우리의 목적에 부합되는 것은 『순수와 정치경제학 이론』(*Theorie der reinen und politischen Ökonomie*: 1924년에 출간된 그의 『사회학 체계』*System der Soziologie* 개정 5판의 3권)과 『가치와 자본이윤』(*Wert und Kapitalprofit*, 2nd ed., 1922)뿐이다. 오펜하이머의 이론구조에 대한 아몬의 정교한 비판적 분석도 유용할 것이다.(*Zeitschrift für Volks-*

(Othmar Spann)[52]은 빈대학교의 교수(1916년 이후)였으며, 그의 가르침은 거기서 커다란 성공을 거두고 우리의 의미에서 진정한 학파를 형성했다. 그에 대해서는 앞에서 가끔 언급했다. 여기서는 그의 사회철학이나 인식론, 사회학이 문제가 아니다. 우리는 그의 이론에만 관심이 있다. 그리고 이것은 완벽하게 불모적인 결과를 보여준다. 공공재정에 관한 저작이든 경기순환에 관한 저작이든 간에 또 그 이론을 적용하려고 하는 어떤 주제에 관한 것이든, 사용하는 몇 가지 용어만 다를 뿐이다.[53]

5절 이탈리아

제 아무리 너그러운 관찰자라고 하더라도 1870년대 초반의 이탈리아 경제학을 칭송할 수 있는 사람은 없을 것이다. 또 가장 혹독한 관찰자라도 1914년경에는 이탈리아 경제학이 둘째가라면 서러울 정도의 수준이었음을 부정할 수는 없을 것이다. 이렇게 진정 놀라운 성과를 이룬 가장 두드러진 요소는 두말할 필요도 없이 파레토와 그 학파의 저작이다. 하지만 한 번 더 강조할 점은 지배적인 학파가 완전히 장악하지는 않았다는 점이다. 파레토학파와 그 동조자들은 결코, 리카도학파가 영국 경제학계를 지배하거나 슈몰러학파가 독일 경제학계를 지배했던 만큼 이탈

---

wirtschaft und Sozialpolitik, 1924) 오펜하이머에 관련된 문헌도 상당수 존재하는데, 그중에서 나는 『사회연구』(*Social Research*)지 1944년 2월호에 실린 하이만(E. Heimann)의 『프란츠 오펜하이머의 경제관』(*Franz Oppenheimer's Economic Ideas*)만 소개하기로 한다. 만일 독자들이 이 논문을 참고한다면, 하이만이 오펜하이머를 사회철학자이자 정치사상가로 칭송하고, 오펜하이머의 가르침이 지닌 장점들을 극찬—추모논문이라는 성격에 어울리게—하고 있지만 그의 순수하게 분석적인 저작에 대한 암묵적 평가는 본질적으로 본문과 다르지 않다는 사실을 발견할 것이다.

52) Othmar Spann, *Fundament der Volkswirtschaftslehre*, 3rd ed., 1923 참조.

53) 고틀, 오펜하이머, 슈판의 학설이나 영향은 1920년대까지 성숙되지 않았다. 하지만 나는 이 책의 5부의 부담을 덜기 위해 이 기회를 이용하고자 했던 것이다. 최소한 이 저자들의 사상의 형성단계는 지금 살펴보는 시기에 포함된다.

리아 경제학계를 지배하지 못했다. 진정으로 놀라운 일은 그와 반대로 이탈리아 경제학계는 파레토와 무관하게 다양한 이론적 노선과 그 모든 응용분야에서 높은 수준에 도달했다는 점이다. 특히 화폐와 은행, 공공재정, 사회주의와 농업경제학 분야에서 씌어진 뛰어난 저작 중 일부에 대해서는 뒤에서 살펴볼 것이지만, 모두를 완벽하게 보여줄 수는 없을 것이다. 일반경제학의 다양한 흐름조차, 그중에서도 특히 이탈리아에서 실제로 일반경제학을 살찌웠으며 독일처럼 '이론'과 충돌하지도 않았던, 역사적이거나 그밖의 실증연구——1914년 이후에 비로소 주도적인 견해로 등장한 것이긴 하지만 에이나우디(Luigi Einaudi)의 저작으로 대표되는 유형의 일반경제학——조차 충분하게 다루어지기는 힘들 것이다. 우리는 이 개관을 세 부분으로 나눌 것이다. 이 부분들은 각각 구세대 학자들과 판탈레오니 그리고 파레토를 다룰 것이다. 간략하게 묘사하려다 보니 불가피하게 누락되는, 흥미로운 인물 하나가 바로 로리아인데, 이에 대해서는 아래 주석에서 간략하게 소개할 것이다.[54)]

---

54) 로리아(Achille Loria, 1857~1943)의 저작은 천재성과 잘못된 분석적 훈련의 교잡산물이다. 하지만 이러한 잘못된 훈련은 그 자체가 흥미로운 유형이며, 경제학에서 드물지 않게 나타나는 일이다. 그는 무지하지 않았으며, 오히려 많은 교육을 받은 인물이다. 그는 거의 온몸으로 영국 '고전파'를 알았으며, 마르크스에 대해서도 아주 약간만 불완전했을 뿐이다. 더구나 그는 역사와 철학에 대해 잘 알고 있었다. 하지만 그는 경제학의 분석기법에 대해서 배우지도 않았으며, 그것에 대한 관심도 없었다. 게다가 그는 자신이 좋아하는 착상들에 관해서는 완전히 자기비판을 결여하고 있었다. 따라서 그는, 이전의 많은 저자처럼, 자신의 경제사회학적 사상의 핵심이 된, 자유토지의 존재나 부재 여부를 설명하는 작업에 근거 없는 커다란 가치를 부여하게 되었다. 그는 이 생각을, 유지하기 힘든 리카도 가치이론의 발전과 마르크스의 독특한 비임금 소득개념—한꺼풀 벗기면 이자(이윤)와 지대로 분리되는—과 결합시켰으며, 이 요소들로부터 '토지소유권 경제학 체계'를 구축했다. 이것은 그 개념이나 의도에서 오펜하이머와 다르지 않은 방식으로 구성된 것이며, 마르크스 체계에 필적하는—마르크스주의자들은 일종의 희화화라고 말할 것이다—것이었다. 그는 자기가 학파를 창시했다고 믿었다. 하지만 내가 여러 문헌에서 얻을 수 있는 결론은 그가 자기 동시대인들의 관심을 불러일으켰으며, 자극을 주었다는 것, 또 그들 중 일부에게서 예의상의 인사말인지 진정한 감사의 말인지

1. 구세대학자들

이미 언급했듯이, 이탈리아 경제학의 활기찬 부활은 종종 페라라, 메세다글리아,[55] 코사[56]의 가르침과 연결되어 있다. 사회학적 지식은 우리로 하여금 이탈리아가 상황이 유리해지면 이 분야에서 자국의 화려한 전통을 되살릴 게 확실하다는 사실, 민족통일이 그러한 상황을 가져왔으며 추가적으로 새로운 민족적 문제와 기회들을 만들어냈다는 사실, 이탈리아 경제학이 이용할 수 있는 현실적인 자산이 많지 않았음에도 형편없는 보수를 받는 수많은 학자가 존재했다는 사실을 강조하게 만든다.

그러나 이러한 사실들이 이 위대한 교사들과 그들을 추종한 이들의 장점을 폄하시키지는 않는다. 이들의 성과를 설명하는 데는 개인적인 요인들이 많은 비중을 차지한다. 비범하게 능력 있는 사람들이 비정상적일 정도로 많았다는 점이 이러한 객관적인 기회 대부분을 만들어낸 것이었다. 과학을 가르치고 학자정신을 전파시켰으며, 끊이지 않는 정쟁——특히 자유방임 대 사회정책——으로부터 거리를 두고, 새로운 학문 세대로 하여금 앞으로 해야 할 일을 발견하도록 만든 것은 코사와 메세다글리아의 특별한 덕목이었다. 그들은 부분적으로만 성공——누가 그

구별하기 어려운 종류의 인사를 받았다는 사실이 전부다.

55) 페라라와 메세다글리아에 관해서는 이 책, 2권, 3부 4장 6절 참조.

56) 코사(Luigi Cossa, 1831~96)는 파비아(Pavia)대학교의 교수로 누구보다도 훌륭한 교사였으며, 오늘날의 미국 교사들처럼 지극히 평범한 관심을 가진 대다수의 학생에게서 개인적인 접촉이 주는 생생한 영향에 자신의 마음을 열 준비가 된 소수의 학생을, 마치 마술처럼, 추려낼 기회를 필요로 하지 않았던 사람 중 하나였다. 두 번째, 그는 매우 교양 있는 사람이었다. 그의 『정치경제학 연구 입문』(*Guida allo studio dell'economia politica*, 1876, 영역본 1880)은 실제로 소개서였다. 하지만 과거 저자들에게 새 신도를 인도하는 안내서였다. 이 책은 여러 국가의 언어로 번역되어 아주 널리 읽혔는데, 프랑스어 번역판의 제목(*Histoire des doctrines économiques*, 1899)이 내용상의 특징을 가장 잘 보여준다. 이 책은 독창적인 연구에 기초한 것으로 경제학에 관한 역사서로서 높게 평가된다. 〔프랑스어 번역판과 영어 번역판(1893)은 *Introduzione …… dell'economia politica*라는 제목으로 출판된 이탈리아 3판(개정증보판)에 기초한 것이다.〕

이상을 할 수 있었을까?——했으며, 낡은 논쟁이 공공연하게 계속되었을 뿐 아니라 학문적인 논쟁으로 치장된 '자연법' 논쟁도 계속되었지만, 그들은 연구를 유발시켰을 뿐 아니라 연구분위기를 만드는 데 일조하기도 했다. 일반경제학에 관한 한, 이 연구는 외국의 사례에서, 특히 역사학파와 오스트리아학파의 사례에서 출발했다. 하지만 그에 대한 비판과 독창적인 저작들을 통해 빠른 속도로 '토착화'(nationalized)되었다. 수많은 위대한 학자가 이러한 자극에 성공적으로 반응했으며, 많은 위대한 이름을 언급해야 하는데, 이를테면 수피노(Supino)와 리카-살레르노(Ricca-Salerno), 코사의 제자이자 로리아의 스승인 코니글리아니(Conigliani), 그라치아니(Graziani) 등이 여기에 해당된다. 하지만 우리는 여기서 그칠 수밖에 없다.

2. 판탈레오니[57)]

『순수경제학 원리』(*Principi di economia pura*, 1889)가 하나의 경계표로 사용될 수 있다. 이 저작의 근본적인 원리는 오스트리아학파 내

---

57) 판탈레오니(Maffeo Pantaleoni, 1857~1924)는 다양한 활동을 했던 인물로, 우리가 모든 비학문적인 활동을 제외하더라도 그렇다. 이탈리아 경제학에서 그의 명성은 위의 본문에서 언급된 책에서 비롯되는 것이었지만, 이탈리아 학자들 사이에서 그의 명성은 그가 파비아의 교수직에 임명된 1900년이나 그가 로마대학교에서 메세다글리아의 뒤를 잇게 된 1902년까지 거슬러 올라간다. 『순수경제학 원리』(*Principi*, 영역본 1898년: 이 영역본은 1894년에 출간된 2판을 옮긴 것이다)를 쓰기 전에 그는 조세귀착에 관한 중요한 책을 썼다. (*Teoria della traslazione dei tributi*, 그의 석사학위논문, 1882) 하지만 이 책이 미친 영향이나 그의 독창성은 크게 평가되기 어렵다. 그의 제안들은 그의 수많은 논문을 통해서 다루어졌으며, 그중 가장 주요한 글들은 『경제학 논총』(*Scritti vari di economia*, 1904~10)과 『경제학 문답』(*Erotemi di economia*, 1925)으로 재출간되었다. 1925년에 발표된 「1905~1907년 위기」(La crisi del 1905~1907, *Annali di economia*)는, 정부의 요구로 작성된 보고서이긴 하지만, 순환적 변동이론에 대한 중요한 공헌이었다. 이 글과 여타 실증작업들—그중 일부는 통계이론에도 중요하다—은 그의 인물됨과 학자로서의 자질을 평가할 때 반드시 고려되어야 한다. 그는 다른 누구보다도 '순수이론'을 이

지 '오스트리아-발라학파'였으며, 국내외 교역에 관한 마셜의 분석도구(1879년에 그가 사적으로 인쇄한 소논문에 들어 있던)로 풍성해진 것으로, 낡은 것을 벗어나 새로운 것으로 나아가는 중요한 진전을 보여준다. 이 저작의 중요성은 바로 여기에 있다. 왜냐하면 이 책이 비록 탁월하게 씌어졌고 아직도 일독할 만한 가치가 있기는 하지만(에지워스가 그것을 '보석'이라고 부른 것은 잘못이 아니었다), 그 안에는 완전히 독창적인 내용이 담겨 있지 않기 때문이다. 판탈레오니의 독창적인 생각은 그의 논문과 연설문 여기저기에 흩어져 있다. 몇 가지만 언급하자면, 그는 가격고정(*prezzi politici*)의 주제를 다루려고 했던 최초의 이론가 중 한 명이었다. 그는 산업결합(sindacati) 이론에도 기여했다. 그는 집단적 만족극대화라고 하는 속임수 같은 개념을 사용하기도 했으며, 나름대로 성공을 거두지 못한 것은 아니었다. 그는 가격이 부재한 경우에 자산을 평가하는 문제에 대해 시사적인 글을 쓰기도 했다. 무엇보다도, 무어가 인정했듯이, 그는 내생적 경기변동 이론을 암시한 최초의 이론가였다. 이것들 중 어느 것도 그는 멀리 끌고 가지 않았다. 하지만 그는 자신의 제안들을 널리 전파했으며, 일이 진행되는 것을 도왔다. 그리고 그는 파레토에게 발라의 저작을 소개했다.

다시 한 번 많은 이름을 여기서 언급해야 한다. 하지만 나는 세 명으로만 국한하겠다. 첫째가 바로네[58]다. 그는 1890년대 초반부터 자신의

해했지만, 결코 '순수이론가'는 아니었다. 그의 사후에 수많은 저명한 이탈리아 경제학자가 그에게 추모사를 썼으며, 이 글들은 『경제학자 잡지』(*Giornale degli Economisti*, 1925, 전기도 포함)에 게재되었다. 또한 피루(G. Pirou)의 글(Pantaleoni et la théorie économique, *Revue d'économie politique*, 1926)도 참조.

58) 바로네(Enrico Barone, 1859~1924)는 군인이자 정치가였으며, 훌륭한 수학적 훈련을 받은 교사였다. 그의 출판물 대부분은 『경제학자 잡지』(*Giornale degli Economisti*)에 실려 있다. 그중 몇 가지는 나중에 소개될 것이다. 그의 『정치경제학 원리』(*Principi di economia politica*)는 1908년에 처음 나왔다. 나는 왜 이 뛰어난 경제학자의 공헌이 자국에서 더 크게 인정받지 못했는지 이해할 수 없다.

저작을 출판하기 시작했다. 그는 발라에게 고정생산 계수를 다루는 방법을 알려준 인물이었으며, 마셜의 부분분석이 갖는 한계를 정식화한 인물이었고, 몇 가지 점에서는 마셜을 뛰어넘고, 다른 몇 가지 점(공공재정 이론)에서는 에지워스를 넘어선 인물이었다. 또한 파레토가 제시한 기초 위에서 사회주의 경제이론을 막아내기도 했는데, 이와 관련해서는 오늘날 우리 시대의 저작들도 그의 방법을 실질적으로 개선하지 못한 것일 정도다. 이 마지막 성과와 그의 탁월한 교과서만이 제대로 인정을 받았다. 하지만 그는 내가 지금 이름을 밝히려고 하는 두 번째 인물인 안토넬리보다는 나았다. 안토넬리의 놀라운 성과는 전혀 주목을 받지 못했다.[59] 언급해야 할 세 번째 이름은 파노[60]다. 그의 초기저작은 이 시기에 속한다.

3. 파레토

마침내 우리는 파레토라는 유명한 인물을 다룬다. 만일 우리가 그의 사도들을 따라서 파레토의 시대에 대해 말하고자 한다면, 그 시기는 1900년으로 거슬러 올라갈 것이다. 이때는, 앞에서 우리가 지적했듯이, 그가 자신의 입장을 정하고 자기학파를 형성하기 시작한 때다. 모든 진정한 학파가 다 그렇듯이, 이 학파도 핵심과 동맹, 동조자 그리고 해외 영향권을 가지고 있었다. 많은 저자가 각각 이 범주들에 포함된다. 하지만 우리가 이 당시나 그 이후에 국제적 명성을 얻게 되는 이탈리아 경제학자들만 꼽는다면, 그를 엄격하게 따르는 추종자들——'핵심'을 형성하는 이들——은 매우 소수임을 발견하게 된다. 나는 1910~40년의 학문적 상황을 아는 사람이라면, 누구나 머릿속에 아모로소, 브레시아니-

---

59) G.B. Antonelli, *Sulla teoria matematica della economia politica*, 1886. 내가 보기에, 이 조그마한 논문집은 몇 가지 중요한 점에서 이후의 저작들보다 앞선 것으로 보인다.

60) 특히 Marco Fanno, "Contributo alla teoria dell'offerta a costi congiunti", *Giornale degli Economisti*의 부록, October 1914 참조.

투로니(Bresciani-Turroni), 델 베키오(Del Vecchio), 에이나우디, 파노, 지니(Gini), 드 피에트리-토넬리(de Pietri-Tonelli), 리치(Ricci) 등의 이름을 떠올릴 것이라 생각한다. 이들 중에서 아모로소와 드 피에트리-토넬리만이 파레토학파의 핵심에 속한다.[61] 에이나우디와 그의 제자들은 매우 멀리 떨어져 있었으며, 자신들의 토대 위에 서 있었다. 그리고 다른 모든 저자는 파레토의 뛰어남을 인정했다는 의미에서 기껏해야 '동맹 내지 동조자'였으며, 개별적인 점들에서는 그에게서 영향을 받았지만, 본질적으로는 각자 자기의 길을 갔다.

아마도 '동맹'이라는 단어가 너무 강할지도 모르겠다. 파레토의 국제적 영향권을 평가하기 위해서 독자들은 네 가지 상이한 사항을 구별해야 한다. 첫째 파레토의 사회학은 국제적으로 성공을 거두었으며, 1930년대 짧은 시간 안에 우리가 미국에서 이미 목격했던 제한적인 파레토 유행을 만들어냈다. 둘째, 그 유명한 파레토의 (통계적) 소득분배 법칙은 전 세계적으로 많은 관심과 비판──대부분 적대적인──을 초래했다.[62] 셋째, '순수'경제학자로서 파레토는, 알렌과 힉스가 자신들의 가

---

61) 로마대학교 교수였던 아모로소(Luigi Amoroso)의 공헌은 수많은 논문 속에 들어 있지만, 여기서는 그의 『수리경제학 교과서』(*Lezioni di economia matematica*, 1921)만 언급하기로 한다. 그와 마찬가지로 베네치아대학교의 교수였던 드 피에트리-토넬리의 독창적인 저작을 그의 논문들에서 찾아야 할 것이다. 하지만 우리는 프랑스어로 번역된 그의 논집 3판인 『합리적 경제학 개론』(*Traité d'économie rationnelle*, 1927)만 언급하고자 한다. 여기서 프랑스어 'rationnelle'은 (영어—옮긴이) 'pure'와 동일한 의미다.

62) 파레토는 자신의 『강의』(*Cours*, 1896~97)와 1896년 스위스 전국박람회 때 로잔대학교 법학과에서 출간한 『모음집』(*Recueil*)에 실린 논문("La courbe de la répartition de la richesse")을 통해 규모별 소득분배의 통계적인 법칙을 출간했다. 이 출간물이 초래한 수많은 문헌(아직도 나오고 있는)은 그 중요성과 자극적인 영향을 결정적으로 입증해준다. 이에 대한 논의는 비판자들과 후원자들 모두의 정치적인 선입견 때문에 불쾌하게 왜곡되어버렸다. 그렇지만 진지하고 뛰어난 수많은 글 중에서 독자들에게 (입문서로) 두 가지 글만 추천하고자 한다. 맥그리거(D.H. Macgregor)의 「파레토법칙」("Pareto's Law", *Economic Journal*, March 1936)과 브레시아니-투로니의 「소득불평등 측정

치이론(무차별 곡선 접근, 이하 7장 부록 참조)을 발전시키면서 그의 업적을 인정함에 따라, 영국과 미국에서 친숙한 인물이 되었다. 하지만 이것은 단지 1930년대뿐이었다. 넷째, 파레토 경제학의 나머지 부분은, 특히 독일에서 그의 독점이론에 대한 적대적인 비판을 제외하면, 사실상 독일권 국가들에는 알려지지 않은 채로 남아 있었다. 프랑스에서는 상황이 파레토에게 좀더 우호적이었다. (하지만 이는 1920년대 후반 이후의 일이었다.) 프랑스에서는 부스케가 그의 학설을 지지했으며, 디비지아(Divisia)와 피루는 그것에 주목했다.[63)]

파레토(Marchese Vilfredo Pareto, 1848~1923)는 제노바 출신 아버지와 프랑스인 어머니 사이에서 태어났으며, 기술자(engineer) 교육을 받았다. (젊은 시절에는 실제로 기술자로 일하기도 했다.) 이 사실은 그가 수학교육을 제대로 받았다는 것 이상을 의미한다. 그의 뛰어난 정신은 응용과학의 영역을 훌쩍 뛰어넘어 완전히 일반적인 순수개념의 영역으로 들어갔다. 궁극적으로 모든 올바른 과학과 그 부분들은 근본적으로 하나라는 사실을 그만큼 강하게 느꼈던 이는 거의 없었을 것이다. 경제이론에 대한 초기의 관심은 1877년 왕립농업아카데미(Reale Accademia dei Giorgofili)[64)]에서 행한 '새로운 경제학파'의 논리에 관

방법」("On Some Methods of Measuring the Inequality of Incomes", 이집트의 정기간행물인 *Al Quanoun Wal Iqtisad*, 1938)이 그것이다. 로즈(E.C. Rhodes)의 「소득의 파레토 분배」("The Pareto Distribution of Incomes", *Economica*, February 1944)는 뛰어나기는 하지만, 비수학자들에게는 좀 어렵다. 자본주의 사회의 소득구조에 대한 우리의 조망을 위한 법칙이 갖는 함의—실제적인 것이든, 가정에 따른 것이든—는, 내가 아는 한, 영국에서 피구의 『부와 후생』(*Wealth and Welfare*, 1912)에 의해 처음으로 진지하게 논의되었다. 그의 논의는 진지하기는 하지만, 감정적 선입견의 징후를 드러낸다.

63) 특히 G.H. Bousquet, *Cours d'économie pure*, 1928: *Essai sur l'évolution de la pensée économique*, 1927; *Instituts de science économique*, 1930~36 참조. 또 François Divisia, *Économique rationnelle*, 1928; G. Pirou, *Les théories de l'équilibre économique: L. Walras et V. Pareto*, 1934도 참조.

64) 판탈레오니의 영향에 대해 얘기한 것은 이 정도로 한정되어야 한다. 이런 언급은 이탈리아 과학진흥협회(Italian Society for the Progress of the Sciences)

한 연설에서 드러났다. 하지만 초기에는 경제정책에 대한 관심이 훨씬 분명하게 드러났다. 이 사실은 논평을 필요로 한다. 왜냐하면 파레토의 정당한 영향력은 많은 그의 독자가 그의 정치적 견해에 반대하게 됨으로써 감소되었기 때문이다. 독자들에게 그는 (어쨌든 그의 일반사회학 저작인 『일반사회학 논고』*Trattato di sociologia generale*가 출간된 1916년까지는) 자유방임적 의미에서 극단적 자유주의자로 보였다.

하지만 그의 자유주의는, 경제적이든 정치적이든, 독특한 유형이었으며, 독특한 뿌리를 갖는 것이었다. 그는 강한 열정을 가진 인물이었고, 이 열정은 그로 하여금 정치적 사안이나 그와 관련하여 문명의 한쪽 측면 이상을 보는 것을 효과적으로 가로막는 유형의 것이었다. 이러한 성향은 그가 받은 탄탄한 고전적 교육, 즉 그로 하여금 자기시대의 이탈리아나 프랑스——나머지 세계는 그에게 단지 존재만 할 뿐이었다——만큼이나 고대세계에 친숙하게 만든 교육에 의해 완화되기보다는 오히려 강화되었다. 그리고 그는 이탈리아와 프랑스의 자유민주정 아래서 나타난 정치가들의 행태를 격정적인 분노감을 가지고 바라보면서 분노와 절망에 의해 반국가주의적(anti-*étatiste*) 태도로 빠져들었다. 하지만 이후의 사건들이 보여주듯이 이 태도는 실제로 자신에게 맞는 것이 아니었다. 그와 동시에 그는 (마르크스처럼) 자신이 증오한 문명의 산물이었으며, 따라서 (역시 마르크스처럼) 실증주의자이자 세속주의자였다는 사실을 덧붙이면, 우리는 그의 초기저작에서 표면적으로 나타난 자유주의를 이해하게 될 것이다.

그가 발라의 은퇴로 공석이 된 로잔대학교의 교수직을 받아들여서 이탈리아를 떠난 게 그의 나이 45세 때였다. 그리 좋지 않은 건강과 상당한 자산을 상속받게 됨에 따라 그는 비교적 이른 나이에 은퇴하여 제네바 호숫가에 있는 셀리니(Céligny)에 머물렀다. 그는 여기서 거의 20년

에서 드 피에트리 토넬리가 행한 파레토 추모연설 덕분이다. 이 연설은 『정치경제학 논평』(*Rivista di Politica Economica*, 1934~35)의 3부로 출간되었다. 이 기회에 독자들에게 일독을 권한다.

동안의 여생을 사색과 꾸준한 저술활동을 함으로써 자신의 천재성과 지적 야심을 완벽하게 채우는 여유를 누렸다. 그는 그곳에서 '셀리니의 외로운 사상가'가 되었으며, 다른 사람들은 경외심 비슷한 느낌을 가지고 그를 고대의 현자처럼 바라보게 되었다. 당시에는 방문하기도 힘들었던, 고양이가 득실대는 허름한 저택(즉 빌라 앙골라Villa Angora)에서, 쾌적하긴 했지만 완전한 은둔생활을 했던 사람이 그토록 커다란 영향을 미칠 수 있었다는 사실은 매우 흥미롭다.[65]

만일 우리가 이제 그의 사회학과 파레토 법칙을 사상한다면, 그의 성과가 얼마나 위대한 것인지 정의하기가 어려워질 테지만, 그 뿌리를 규명하기는 오히려 쉬워진다. 페라라와 다른 이들, 그중에서도 쿠르노가 그 단서를 제공해줄 수 있을지도 모른다. 하지만 그의 저작은 그가 처음으로 분석적 경제학에 전념했던 로잔 시절에 완성되었기에 완벽하게 발라체계에 뿌리를 두고 있으며, 다른 사람의 영향을 언급하는 것은 오히려 잘못된 길로 이끄는 것일 뿐이다. 비이론가에게는 이것이 그리 중요해 보이지 않을 수도 있다. 왜냐하면 파레토의 이론은 발라의 생각과는 다를 뿐 아니라 정반대이기도 한 사회학, 철학, 방법론 속에서 떠돌고 있기 때문이다.

하지만 순수이론의 측면에서 볼 때 파레토의 이론은 세부내용만이 아니라 기초까지도 발라적이다. 물론 『정치경제학 강의』(*Cours d'économie politique*, 1896~97: 이하 『강의』*Cours*—옮긴이)를 중심으로 하는 1900년 이전의 파레토 저작에 대해서는, 어느 누구도 이를 부정하지 않을 것이다. 이 저작은 발라학파의 탁월한 글이다. 이후에 파레토는 발라가치론을 폐기하고 자신의 가치이론을 에지워스가 발명하고 피셔가

65) 부스케는 『파레토, 그의 생애와 저작』(*Vilfredo Pareto, sa vie et son oeuvre*, 1928, 같은 해 영어본 출간)에서 그의 인물됨과 사상가로서의 면모를 매력적으로 그려냈다. 나는 이 기회를 빌려 같은 저자의 『파레토의 저작 연구 입문』(*Introduction à l'étude du Manuel de Vilfredo Pareto*, 1927)을 소개하고자 한다.

완성한 무차별 곡선(indifference curves)의 개념에 기초하게 된다. 그는 또한 발라의 생산과 자본화 이론을 재정비했고, 화폐와 그밖의 문제들에 대해서는 자기자신의 논리들을 다양하게 발전시킴으로써 발라의 가르침에서 벗어났다. 이 새로운 체계는 『정치경제학 개론』(*Manuale di economia politica*, 1906: 이하 『개론』*Manuel*—옮긴이)에서 제시되었다. 이 저작의 수학적 부록은 프랑스어판(*Manuel*, 1909)에서 크게 개선되었다.[66] 하지만 이 프랑스어판조차, 항상 그렇듯이, 사회학을 제거하면 발라의 저작과 별로 다르지 않은데, 이는 두 저자의 정확한 모형을 그려보면 입증될 수 있다. 하지만 이 저작은 대단한 능력과 탁월성에 의해 만들어져서, 비록 그 성과를 평가할 때는 이러저러한 점들을 감안해야겠지만, 새로운 창조물이라고 불러도 손색없는 것이 되었다. 거기에는 중요하지 않은 것이 없으며, 여전히 발라의 체계가 우세하게 남아 있다. 그의 창작물의 수준을 인정한다고 해서 실제로 필요한 것 이상으로 거리를 두면서 발라의 가르침에 대해 그리 너그럽지 못한 태도를 보여주었던 것까지 용서되는 것은 아니다.[67]

66) 이미 『일반사회학 논고』(*Trattato di sociologia generale*, 1916)를 언급했으므로, 이 책의 목적을 위해서 『정치경제학 강의』와 『정치경제학 개론』 이후에 나온 출판물만 추가한다면, 『사회주의 체계』(*Les Systèmes socialistes*, 1902~1903)와 『수리과학 백과사전』(*Encyclopaedia of the Mathematical Sciences*) 프랑스어판에 실린 「수리경제학」(Économie mathématique: 이전의 독일어판에 있던 해당항목은 중요하지 않다)을 꼽을 수 있다. 1890년대에 『경제학자 잡지』(*Giornale degli Economisti*)에 수록된 논문들은, 흥미가 없진 않지만, 재출간되어야 할 정도로 파레토 본인의 관점에서는 1900년경에는 이미 쓸모없어진 것이었다. 순수이론 분야의 이후 논문들은 『정치경제학 개론』과 『수리과학 백과사전』에 실린 논문의 편린에 불과했다.

67) 개인적으로 귀족출신인 파레토와 중산층 출신인 발라는 서로 좋아하지 않았다.

6절 네덜란드와 스칸디나비아 국가들

두 가지 사실이 이 시기 초반 네덜란드의 학문적 상황을 잘 보여준다. 그 하나가 경제학 분야에서 미스(Mees) 같은 인물들에 의해 소중하게 유지된 오랜 전통에 기초한 높은 수준의 역량과 문화라면, 다른 하나는 과학혁명을 향한 국내적 동인의 부재가 그것이다. 네덜란드 경제학자들은 일체의 '방법논쟁'에서 벗어나 있었지만, 역사주의 내지 당시의 다른 신조류들로부터 약간의 영향을 받았다. 이들은 사회주의, 사회정책, 화폐, 자유무역에 관한 통상적인 논의를 했지만, 전체적으로 평안했다. 따라서 이들은 '새 이론'을 받아들일 능력이 있었고 기꺼이 받아들였다. 물론 그것은 발라학파나 마셜학파보다 오스트리아학파의 이론이었는데, 그 이유는 단순히 멩거의 가르침이 다른 이론들보다 먼저 그들에게 이용가능한 형태로 존재했기 때문이다. 당시 주도적인 네덜란드 경제학자 피어슨[68]은 이 가르침을 자신의 체계 속에 집어넣었고 하나의 학파를 창설했는데, 스튜어트(Verrijn Stuart)와 드 브리스(de Vries) 같은 지도자들의 지원 아래 급격한 단절 없이 최신 조류들과 동화되는 1920년대까지 지속되었다.[69]

우리는 우리 목적을 위해 하나로 묶을 수 있는 스칸디나비아 국가들

---

68) 피어슨(Nicolas Gerard Pierson, 1839~1909)은 기본적으로 공직자였다. 젊은 시절에는 네덜란드 중앙은행 이사, 나중엔 은행장, 재무장관, 총리직을 역임했고, 마지막까지 국회의원을 지냈다. 이러한 경력은 그처럼 뛰어난 지성으로 하여금, 엄청난 작업능력과 결합되어, 과학적 경제학자로서의 명성—그는 사실 대략 백여 권의 저술과 논문을 출간한 다작가였다—을 얻게 만드는 데 장애가 되지는 않았을 테지만, 독창적인 저작을 생산하는 에너지원을 고갈시켰을 것이다. 그의 주요저작인 『정치경제학 교본』(*Leerboek der Staatshuishoudkunde*, 1884~90)은 영역본(*Principles of Economics*, 1902~12, 원본 2판의 번역이다)으로 이용가능한테, 이것은 당시의 학설사적 발전에서 보자면 판탈레오니의 저작과 유사한 역할을 수행한 저작이다.

69) 예를 들어 C.A. Verrijn Stuart, *Grondslagen*…… 〔*Fundaments*……〕, 1920 참조.

에 대해서도 이와 크게 다르지 않게 설명할 수 있다. 하지만 나는 버크(코펜하겐대학교), 데이비드슨(웁살라대학교)과 카셀(스톡홀름대학교)에 대해서만 언급할 것이다.[70] 그러고 나서 바로 북구의 마셜인 빅셀에 대해 언급할 것이다. 빅셀은 스웨덴뿐 아니라 우리 시대 경제학의 등장에서 가장 중요한 요소 중 하나가 되는 저작을 쓴 인물이다.

빅셀보다 더 세련되고 높은 수준을 갖춘 인물이 우리 분야를 축복한

70) 버크(L.V. Birck, 1871~1933) 교수의 위치는, 경제이론에 관한 한, 피어슨의 위치와 비교될 만하다. 그의 『한계가치이론』(*Theory of Marginal Value*, 1922)을 보라. 데이비드슨(David Davidson) 교수는 스웨덴 중앙은행의 역사 저자로서 주로 화폐이론에 대한 공헌으로 또 빅셀의 우호적 비판가로 알려졌다. 하지만 그 역시 주목할 만한 이론가였다. 나는 그의 자본형성에 관한 저작을 통해 이렇게 추론한다. (하지만 스웨덴어에 대한 나의 독해능력이 불충분하기 때문에 내가 실제로 알고 있다고 말할 수는 없다.) 이와 관련해서, 스웨덴의 학설들을 영어권 독자들에게 소개하고 있는 토마스(Brinley Thomas)의 뛰어난 저작(*Monetary Policy and Crises: a Study of Swedish Experience*, 1936)을 보라. 카셀(Gustav Cassel, 1866~1945) 교수의 국제적 명성은 제1차 세계대전기와 그 이후의 화폐정책에 대한 논의(이하의 8장 참조)에서 보여준 공헌과 역할, 그리고 그의 교과서인 『이론 사회경제학』(*Theoretische Sozialökono-ie*, 1st ed., 1918; 영역본 *Theory of Social Economy*, 1923) 때문이었다. 하지만 그는 「기본적인 가격이론의 기초」("Grundriss einer elementaren Preislehre", *Zeitschrift für die gesamte Staatswissenschaft*, 1899)라는 논문을 통해 이론가로 출발했다. 이 논문은, 출판 연도를 고려할 때 중요한 저작인데, 효용개념을 사용하지 않고 발라의 방정식을 재정식화하려는 시도였다. 그의 참신한, 그것도 한 가지 이상의 의미에서 참신한 저작인 『이자의 본질과 필연성』(*The Nature and Necessity of Interest*, 1903)은 몇 가지 근거 없는 비판과 훨씬 더 근거 없는 독창적인 주장에도 불구하고 상당한 성과며, 1930년대에 유행이 되어버린 이자이론들에 대한 일종의 해독제로서 숙독할 가치가 있다. 이론가로서 카셀은 제번스-멩거-발라 구조를 완성시킨 2세대 학자 중 한 명이기 때문에 이러한 맥락에 속하는 인물이다. 다만 그는 멩거보다 발라를 추종했다. 그의 교과서는, 그 근본개념에 있어서는, 그 안에는 발라의 이름이 나오지 않는다는 사실에도 불구하고 기본적으로 발라의 학설의 한 판본—이거나 그 대중화—이다. 카셀은 능숙하고 영감을 주는 연설가였으며, 순수이론과 관련해서 현대 빅셀학파의 견해 중 일부는 그의 가르침에서 연원하는 것이다.

적은 없었다. 만일 그의 사상의 깊이와 독창성이 실제만큼 명확하게 잘 드러나지 않는다면, 이는 오직 그의 겸손――그는 자신의 새로운 성과를, 약간 망설이면서, 기존의 분석장치를 개선하기 위한 자그마한 제안으로 표현했다――때문이다. 또한 다른 어느 누구보다도 온당하게 자신의 분석체계가 실질적으로 자신의 창조물이라고 말했지만, 끊임없이 자신의 선구자들인 발라, 멩거, 뵘-바베르크를 지목한, 존경할 만한 솔직함 때문일 것이다.

빅셀(Knut Wicksell, 1851~1926)은 마셜처럼 훈련받은 수학자였다. 그 역시 당대에는 고난을 자초했던 급진파였지만, 자신의 감정 때문에 자신이 과학적 진리라고 믿는 것을 희생하려고 한 적은 없었다. 이러한 점에서 그는 자신의 체계가 형성되는 데 영향을 미친 인물 중 하나이자, 특히 자신과 신맬서스주의(neo-Malthusianism)[71]를 열정적으로 공유했던 밀과 다르지 않았다. 이러한 점들을 제외하면, 그의 삶은 매우 평온하게 은둔하는 퇴직한 학자의 삶이었다. 그는 뒤늦게 교수직(룬트 대학교)을 얻었으며, 비교적 짧은 동안만 그 직위를 유지했다. 그럼에도 그의 영향은, 특히 그가 은퇴한 이후에, 그 자체의 동력에 의해 널리 전파되었다. 그는 은퇴 이후에 이전보다 더 활발하게 당시에 진행되던 논쟁에 참여했다. 그는 매우 뛰어난 자질을 갖춘, 많은 제자를 길러냈다. 실제로 오늘날 잘 알려진 스웨덴과 노르웨이 경제학자들은 모두, 직간접적으로, 그의 제자들이다. 하지만 그의 국제적 명성은, 화폐와 이자에 대한 현대의 저작 중 가장 가치 있는 모든 것을 그가 선취했다는 사실이 학계의 주목을 받기 시작하던 1920년대 후반에서 1930년대 초반 이전

---

71) 빅셀 자신은 인구문제에 관한 자신의 저작에 커다란 비중을 부여했을 것이다. 하지만 여기서 우리는 이 문제들에 그리 큰 관심이 없으므로 그 저작을 충분히 다룰 수 없다. 빅셀은 항상 산아제한을 노동계급의 미래에 핵심적인 요소로 여겼으므로, 그의 시대에 나타나기 시작한 출산율 저하경향을 무조건적으로 환영했다—아마도 밀의 평가인 듯하다—는 사실을 언급하는 것으로 충분할 것이다.

에는, 그가 거둔 성과에 미치지 못했다. 그의 저작 중 이 주제에 관한 부분은, 과세에 과한 저작과 함께, 뒤에서 고찰될 것이다. 이 장과 이하의 두 장에서 우리는 주로 그의 '일반이론'에서의 성과에 관심을 기울일 것이다. 빅셀의 저작을 주의 깊게 분석하고 있는 표준적인 전기인, 소마린(Emil Sommarin)의 논문("Das Lebenswerk von Knut Wicksell", *Zeitschrift für Nationalökonomie*, October 1930)을 참조하라. 불행하게도 이 논문은 영어본이 없다.

경제이론에 관한 그의 첫 번째 출판저작인 『가치와 자본 그리고 지대』(*Über Wert, Kapital und Rente*, 1893, London School Reprint, 1933)는 42세 때인 중년기의 저작이며 그의 『정치경제학 강의』(*Lectures*, 1901; 독일어판 1913; 영어본은 로빈스Robbins 교수의 뛰어난 「서문」과 중요한 두 가지 부록과 함께 1934년 출간) 1권의 기본골격을 담고 있다. 『정치경제학 강의』 1권은 이 분야에서 그가 이룩한 많은 공헌을 담고 있다. 비록 몇몇 논문, 이를테면 그의 마지막 작품인 이자이론에 관한 논문("Zur Zinstheorie", *Die Wirtschaftstheorie der Gegenwart*, III권, 1928)을 여기에 추가해야겠지만 말이다. 독자들에게 독서목록을 제시하지는 않을 것이다. 『정치경제학 강의』의 첫 부분이 기본적인 내용을 담고 있을뿐더러 효용이론과 '한계주의' 일반과 관련된 낡거나 새로운 오류들을 제거하기 위한 목적에 좀더 부합되기는 하지만 이 책 1권을 전부 읽지 않은 사람이라면 경제학도로서 훈련을 완수했다고 말할 수 없을 것이다. 그의 주요한 독창적인 공헌은 로빈스 교수의 「서문」에 잘 설명되어 있다.

7절 미국

1870년에서 1914년까지 미국에서 이루어진 개별적인 성과들의 배경은 다음과 같이 친숙한 사실들에 의해 적절하게 묘사된다. 이 시기 동안 미국의 경제학계는 대내외적으로 자기위치를 확립하게 되었다. 대학과

국가에서 분명한 지위를 획득했고, 조직을 갖추게 되었으며, 과학지식으로 정착한 분야가 갖추어야 할 모든 것을 갖추게 되었다. 또한 다른 학문분야들로부터도 점차 (하나의 독립된 학문분야로—옮긴이) 인정받기에 이르렀다. 또한 미국경제학은 점차 전문직으로 자리 잡게 되었다. 하지만 1870년에 거의 무에서 출발하여 너무도 빠른 속도로 발전함에 따라, 충분한 능력을 갖춘 인물들의 성장속도는 그들에게 열린 기회를 쫓아가지 못했다. 이 새로운 분야로 들어온 많은 이는 실상 제대로 훈련받지 못했으며, 선입견으로 가득 찬 마음으로 자신의 전문직종에 접근했기 때문에, 분석의 방앗간을 돌릴 준비가 전혀 안 되어 있었다. 심지어 낡은 사회과학 운동의 정신이 재등장했으며, 이는 제도주의의 성공과 밀접하게 연관되어 있었다. 그리하여 많은 경제학자는 포퓰리즘(Populism: 일반대중을 정치의 전면에 내세우고 동원하여 권력을 유지하는 정치체제로, 소수의 지배집단이 통치하는 엘리트주의와 대립된다. 이 말의 어원은 1891년 미국에서 결성된 포퓰리즘 정당Populist Party, 즉 인민당People's Party에서 비롯되는데, 여기서는 이 인민당의 강령이나 정책을 지칭하는 것으로 보인다—옮긴이)에 동조했다.

이 나라에서 자기가 원하던 것을 발견하지 못한 사람들은 계속해서 유럽식 사고와 방법에 의존했는데, 이 유럽식 사고와 방법은 더 이상 영국적인 것만을 의미하지 않았다. 특히 독일 순례는, 그럴 여력이 있었던 이들에게는, 마치 옛날 기사의 여행처럼 자기경력을 위한 거의 필수코스가 되었다. (이 시기 유명한 미국경제학자들은 대체로 독일유학파들이었다—옮긴이.) 그들은 만나서 서로의 개별적인 생각들을 확인하고 나면, 서로의 관점에 대한 평가는 고사하고 그 위치에 대해서조차 이해하기 어려웠다. 따라서 이들 사이의 의견대립은 대체로 몰이해에서 비롯된 것이었다. 전문적인 훈련이나 일반적인 교육 모두에서 동질성이 없었기 때문에, 놀라울 정도로 상이한 지적 수준——과학적 분석수단뿐 아니라——이 나란히 발견되었다. 상당히 오랫동안 공인된 직업적 표준이 없었으며, 수준 높은 가르침도 항상 보장된 것이 아니었다. 대다수

경제학자는 국가적 관심사의 사실관계에 대해 연구할 때는 최선을 다했으며, 그들은 이러한 연구를 철저하게 수행하는 법을 배웠다. 바로 이러한 유형의 노력(실증연구—옮긴이)에서 최초의 성공이 나타났다. 하지만 애초부터 '이론'은 대다수 학자에게 인기가 없었고, 독일의 영향을 강화시키는 것과는 별개로 반대에 부딪히기 쉬웠으며, 반대가 합리화되어 제 목소리를 내기 오래전부터 그러했다. 이러한 사실들은 단점뿐 아니라 명백한 장점도 가지고 있었다. 게다가 그러한 문제들은 시간이 흐름에 따라, 즉 길고 고되며 낭비적인, 하지만 영광이 없지 않은 투쟁을 통해서 점차 해결되었다.

한두 가지 예외를 제외하면 독자들이 당연히 알고 있어야 할 이름들을 독자들에게 상기시켜주는 가장 좋은 방법은 우리가 앞에서 사용했던 것과 유사한 도식을 이용하는 것이다. 우선 (1) 우리는 1890년대 이래 이루어진 발전의 토대를 닦는 데 도움을 준 몇 명의 인물을 간략하게 살펴볼 것이다. 이들은 우리가 앞에서 '구세대학자들'이라고 불렀던 범주에 정확하게 대응하지는 않는다. 그들은 단지 이러한 발전이 시작되기 전후에 올바른 사유를 옹호했으며 표준을 확립하는 데 도움이 된, 훌륭한 경제학자이자 훌륭한 교사들이었을 뿐이다. 그다음에 우리는 (2) 클라크, 피셔, 타우시히를 하나로 묶어서 살펴볼 것이다. 그리고 우리는 (3) 일반적인 상황을 묘사하려는 우리의 목적을 위해 이러저러한 이유로 필요한, 대표적인 인물 몇 명을 마지막 그룹으로 묶을 것이다.

하지만 우리는 우리의 인명록에 있는 다른 어느 누구보다도 대중에게 커다란 인기를 얻은 경제학자, 조지[72]를 그냥 지나칠 수 없다. 그와 관

---

72) 조지(Henry George, 1839~97)는 따로 소개할 필요가 없을 정도로 유명한 인물이다. 다만 여기서는 『진보와 빈곤』(*Progress and Poverty*, 1879) 외에 그의 사후에 출간된 『정치경제의 과학』(*Science of Political Economy*, 1897)만을 언급할 필요가 있다. 그의 「생애」(Life)가 포함된 『전집』(*Complete Works*)은 그의 아들에 의해 편집(1906~11)되었다. 조지 학설의 토대와 계보에 대한 학술적 평가는 타일하크(E. Teilhac)의 『미국 경제사상의 선구자들』(*Pioneers of American Economic Thought*, 1936), 3장에서 찾을 수 있다.

련해서 분석의 역사에 적합한 사항은 다음과 같다. 그는 독학을 한 경제학자였지만, 그는 (정규교육을 받은 다른 경제학자들 못지않은—옮긴이) 경제학자였다. 자신의 생애 동안 그는 당시에 학교에서 배울 수 있었을 대부분의 지식과 경제학적 논증을 다루는 능력을 (스스로) 익혔다. 이 점에서 그는 다행스럽게도 만병통치약을 제시하는 대다수 경제학자와 달랐다. 그의 만병통치약(단일조세The Single Tax)과 그와 연관된 어법들을 제외하면, 그는 매우 정통적인 경제학자였으며, 방법에 관해서는 극히 보수적인 인물이었다. 그 방법은 영국 '고전파'의 방법이었으며, 그는 특히 스미스를 좋아했다. 그는 마셜과 뵘-바베르크를 이해하지 못했다.

하지만 그는 밀의 논문을 포함, 거기까지 이르는 경제학에 대해서는 매우 정통했다. 또한 그는 영국 고전파 경제학과 관련된, 당시의 몰이해나 편견을 가지고 있지 않았다. 심지어 그의 만병통치약——토지의 국유화가 아니라 몰수적 성격의 조세를 통한 지대의 국유화——조차도 경제학자로서 그의 능력에서 비롯된 것이다. 왜냐하면 그는 민간기업 경제의 효율성에 대한 침해를 최소화하는 방식으로 자신의 '처방'을 만들려고 신경 썼기 때문이다. 그의 단일조세안에 주목하고 조지의 가르침, 그 뿌리와 가지를 비난한 전문경제학자들은 그를 제대로 평가하지 못했다. 이 제안 자체는 케네의 단일세(*impôt unique*)를 계승한 것 중 하나로서, 빈곤현상이 토지지대를 통한 모든 잉여의 흡수[73] 때문이라는 유지되기 힘든 경제이론과 결합되는 바람에 훼손되기는 했지만, 그러한 조세수익에 대해 근거 없는 낙관주의만 동반하지 않는다면, 경제학적으로는 불합리한 것이 아니다. 어쨌든 그것을 단순히 난센스로 치부해서는 안 된다. 만일 경제적 진화에 대한 리카도의 비전이 옳았다면, 그것은 명백한 지혜가 되었을지도 모른다. (그러나 실제로는 그렇지 못했다—

73) 그는 기업이윤을 정확히 밀(Mill)처럼 리스크 프리미엄, 임금과 이자로 분해했다. 따라서 그는 기업이윤을 처분가능한 잉여로 간주하지 않았다.

옮긴이.) 또한 조지가 『진보와 빈곤』(9권 1장)에서 재정적 부담의 제거 ── 그러한 제거가 가능하다면 ── 로부터 기대할 수 있는 경제적 효과에 관해 논의한 내용은 실제로 명백한 지혜에 해당된다.

[1. 기초를 다진 인물들]

우리가 분류한 첫 번째 그룹에 속하는 인물들의 저작과 공헌에 대해서는 던바, 해들리, 뉴컴, 섬너, 워커, 웰스 등을 통해 예시될 것이다.

던바(Charles F. Dunbar, 1830~1900)는 학문적 온실(즉 대학교-옮긴이)에서 자란 인물이 아니었다. 그는 매우 미국적인 이력 ── 오늘날에는 과거의 추억일 뿐인 의미에서 미국적인 ── 즉 사업, 농업, 법률, 기자 그리고 신문사 운영을 거쳐서 하버드대학교에서 최초의 경제학(정규) 교수가 되었으며, 대학행정에도 적극적으로 참여했고, 자신이 1886년에 창간한 『쿼털리 저널 오브 이코노믹스』의 편집장으로서 성공적인 활동을 수행했다. 우리는 그가 창조적인 연구를 했으리라고 기대하지는 말아야 할 것이다. 그렇다면 어째서 그를 언급하지 않고는 미국 경제학의 역사를 완성할 수 없는가? 또 학생들은 그에게서 무엇을 얻을 수 있는가? 두 질문 모두 동시에 답변할 수 있다. 그는 직접적인 경험을 통해 경제학의 주제를 깨달았다. 그의 정신은 맑았고 통찰력을 갖추고 있었다. 그의 저술은 엄밀한 의미에서 '학술적'이지는 않았지만, 어떤 학자들이든 그것으로부터 배울 수 있었다. (아직도 배울 수 있다.)[74] 그의 행정능력은 그로 하여금 당시에 존재하던 모든 기회를 활용하여 우리 분야의 연구들을 조직할 수 있게 했다. 끝으로 당시의 과학적 분석장치의 핵심적인 부분들은 그리 복잡하지 않았기에 능력 있는 사람 ── 무엇이 무

74) 그의 최고의 성과는 『경제학 논구』(*Economic Essays*, 타우시히의 「서문」과 함께 스프라그O.M.W. Sprague가 편집, 1904)에 집약되어 있다. 하지만 그의 『은행론』(*Chapters on Banking*, 사적 출판, 1885; 공식 출판 1st ed., 1891년, 5판은 스프라그에 의해 *Theory and History of Banking*이라는 제목으로 출간, 1929)도 읽을 만한 가치가 있다.

엇인지를 직관적으로 아는 정신의 소유자——이라면 단기간에 그것들을 숙달할 수 있었다. 그리고 이 책에 걸맞은 의미에서는 위대한 경제학자가 아니었지만, 신의 눈으로 볼 때 그는 위대한 경제학자였다.

해들리(Arthur T. Hadley, 1856~1930)도 교사나 학자라기보다는 행정가에 가까웠지만, 그래도 순수한 학자에 좀더 가까웠던 인물이다. 그의 이름이 여기서 언급되는 이유는 그의 『경제학』(*Economics*, 1896) 때문이다. 독자들은 그것을 직접 보아야 한다. 그러면 그리 세련되지는 않지만, 매우 유용하고 현실적인, 제도주의적 틀 속에 억지로 꿰맞춰진 (정치와 정책으로 가득 찬) 이론적 핵심을 발견하게 될 것인데, 이는 존경스러운 수준의 포괄적인 입문서로는 이상적이다. 또한 그의 가르침 일반이 그렇듯이, 적절하게 정식화할 줄 아는 재능이 빛을 발하는 저작이다. 이러한 논의 수준에서 누가 체감비용과 체증비용에 대한 그의 정의를 반박할 수 있겠는가? 만일 한 생산자가 주어진 양이나 그 이하로 파는 것을 기꺼이 감수하고자 하는 가격을 설정한다면 그것은 비용체증일 터이고, 그가 그 가격에 주어진 양이나 그 이상을 팔려고 한다면 비용체감일 것이다.

뉴컴(Simon Newcomb, 1835~1909)은 저명한 천문학자이면서 경제학을 가르쳤고, 경제학에 관한 저술활동도 했지만, 그에 합당한 영향을 주지는 못한 인물이다. 그는 주로 건전통화주의자(sound-money man)나 극단적 자유방임주의자(laissez-faire ultra)로 기억되지만, 여기서 언급되는 이유는 그의 『정치경제학 원리』(*Principles of Political Economy*, 1885) 때문이다. 이 저작은 클라크-피셔-타우시히 이전 시기에 미국 일반경제학의 뛰어난 성과다. 그는 제번스-멩거-발라의 반열에는 '오르지' 못했으며, 그의 분석은 실질적으로 '고전파적'이었다. 하지만 그의 서술은 매우 탁월했으며, 설득력이 있었고, 몇 가지 점에서는 독창적이기도 했다. 하지만 피셔가 그의 공헌이라고 했던 교환방정식(Equation of Exchange)은 이러한 독창적인 사항에 포함되지 않는다. 이것은 단지 당시로서도 오래된 이야기를 정식화한 것일 따름이다.

섬너(William G. Sumner, 1840~1910)는 학계에만 머문 인물이었으며, 건전-통화주의자이자 극단적 자유방임주의자[75]였지만, 그밖의 점에서는 완전히 다른 인물이었다. 그는 저명한 사회학자였으며, 화폐와 금융에 대한 그의 역사적 저작은 미국경제학의 최고 성과로 꼽힌다.[76] 하지만 이것이 그를 여기서 언급하는 이유는 아니다. 이 모든 것에 덧붙여서 예일대학교의 교수였던 이 사람은 훌륭한 교수의 표본이었으며, 넓은 시야를 가진, 능력 있고 활력을 주는 교사였다. 역사가이자 사회학자인 이 사람은 피셔로 하여금 수학적 이론의 가능성에 대해 관심을 갖도록 만들었다!

프랜시스 아마사 워커(Francis Amasa Walker, 1840~97)는 아마사 워커(Amasa Walker, 이 책, 3부 4장 7절 참조—옮긴이)의 아들로 던바나 해들리처럼 기본적으로는 매사추세츠공과대학교의 행정가였다.(프랜시스 아마사 워커는 MIT대학교의 초대학장을 역임했다—옮긴이.) 그는 한때 진정한 군인이자 뛰어난 (재정수입과 센서스를 담당하는) 공직자이기도 했다. 하지만 지치지 않는 근면성은 그로 하여금 학자로서도 대단한 명성을 얻게 해주었다. 그의 명성은 기본적으로 화폐와 통화정책에 관한 그의 저작(이하 8장을 보라)에서 비롯된 것이지만, 일반경제학 분야에서도 영예로운 성과를 이루었다.[77] 그는 무엇이든 손만 대면

---

75) 지금 우리가 살펴보고 있는 인물들의 '정치적 성향'(politics)은 우리의 관심사가 아니지만, 뉴컴과 섬너의 경우에는 그들의 극단적인 자유주의(ultra-liberalism)가 과학적 경제학자로서 그들의 판단에 기초한 이론적·사실적 논증을 함축하는 데까지 나아갔다는 사실이 언급되어야 한다. 이 점은 동시대의 유럽인들에게도 적용된다. 하지만 당시 미국의 환경에서 뉴컴과 섬너의 입장은, 마르크스 본인에게는 그 당시의 역사적 분위기에서 커다란 인상을 주었을지 몰라도, 이를테면 몰리나리(M. de Molinari)의 경제적 자유주의에는 아무런 영향을 미치지 못했다는 사실들에 의해 뒷받침된 것일 수도 있음을 잊지 말아야 한다.

76) 그의 주요성과는 『미국 통화사』(*History of American Currency*, 1874)와 그에 뒤이은 『미국 은행의 역사』(*History of Banking in the United States*, 1896)다.

고치지 않고는 못 배기는 유형의 인물이었다. 그는 다양한 활동을 전면에 나서서 했다. 무엇보다도 그는 미국경제학회(American Economic Association)의 초대회장이었고, 미국통계학회(American Statistical Association)의 회장, 국제통계연구소(Institut International de Statistique)의 공동회장(또는 '부'회장)이었다. 과학적 경제학자로서 그는 살아 있는 동안이나 역사적 기록 모두에서 과분한 대접을 받았다. 특히 경제이론에 대한 그 자신의 공헌(임금의 잔여청구권자 이론, 기업가 역할에 대한 강조, 임금기금설 비판)은, 만일 덜 유명한 사람이었더라면 받았을 것보다 더 많은 주목을 받았다. 하지만 내가 이런 얘기를 하는 이유는 다른 사람들의 기억——과 당시 미국경제학의 역사적 위상——을 되살려보기 위함일 뿐, 분명 우리 분야의 역사에서 영원히 살아남을 만한 가치가 있는 인물의 공헌을 폄하하기 위함이 아니다.

웰스(David A. Wells, 1828~98)는 이미 언급된 바 있다. 다시 언급되는 이유는 미국의 경제학 연구 전체에서, 또 미국 일반경제학의 형성에서, 실증적 요소가 얼마나 중요했는지 독자에게 각인시켜주기 위함이다. 그의 유명한 『최근의 경제적인 변화』(*Recent Economic Changes*, 1889)는 오늘날의 모든 경제학도가 공부해야 할 저작으로 내가 말한 의미를 훌륭하게 예증해준다. 여기서 웰스는 한 커다란 집단을 대표한다. 라이트(Carroll D. Wright, 1840~1909) 역시 그에 못지않은 훌륭한 예일 것이다. 하지만 우리의 개관을 일람표로 격하시킬 수는 없다.

[2. 클라크, 피셔 그리고 타우시히]

20세기의 처음 10년 동안 클라크와 타우시히가 미국경제학에서 실제로 차지했던 위치에 대해서는, 그 당시 피셔의 위치에 대해서라면 몰라

---

77) 특히 『임금 문제』(*The Wages Question*, 1876)와 그의 교과서 『정치경제학』(*Political Economy*, 1883)을 참고하라. 그의 활동범위에 대한 단서를 제공해주는 저작목록은 『미국통계학회 출판목록』(*Publications of the American Statistical Association*, June 1897)에 수집되어 있다.

도, 추종자든 반대자든 견해 차이가 있을 수 없다. 정작 어려운 것은 미국경제학의 역사에서 그들의 위치를 평가하는 일이다. 이 세 사람은 매우 상이한 틀 속에 있었다. 이들 모두가 가진 공통점은 유명했다는 점과 순수한 강단 경제학자였다는 사실이다. 하지만 다른 공통점도 있을지 모르겠다. 세 사람 모두 기법이라는 의미에서 경제학자로 돋보였다. 다른 측면으로는 당대 자국의 상식들을 무비판적으로 수용했다. 세 명 모두 솔직한 기질을 가진 전형적인 미국인(*animae candidae Americanae*)이었다. 하지만 혹평자들조차도 그들이, 아무리 시대적 조건에 힘입은 바 크다고 할지라도, 당시 미국의 '저' 위대한('the' great) 경제학자들이었다는 사실을 부인하지 않을 것이다.

클라크(John Bates Clark, 1847~1938)는 한계분석 원리를 독자적으로 발견한 마지막 인물군에 속하는 사람으로, 가장 중요한 이론구조 중 하나를 창시했던 인물이지만, 컬럼비아대학교에 초빙되었던 1895년 이전에는 강단에 서지 못했다. 그는 여기서 은퇴할 때(1923년)까지 머물면서, 1895년부터 1910년까지 지속되었다고 얘기할 수 있는, 자신의 학설이 유행되는 상황을 목도했다. 하지만 그의 이론체계의 기본적인 요소들은, 그 일부는 그가 유럽을 방문하기 전인 1870년대 초에 자신의 머릿속에 떠올랐던 것으로 보이지만, 내 생각에는 주로 1880년대 이전에 확립된 것이다. 부분적으로 이 사실은 그가 1880년대 출간한 논문들에서 드러난다. 만일 지면이 허락되었더라면, 이 논문들을 통해 그의 사상의 발전단계를 매우 흥미로운 방식으로 보여줄 수 있었을 것이다. 그것들은 또한 한계생산력 분배이론으로 나아가는, 그의 독자적인 경로를 드러내기 때문에 위에서 암시한 (한계원리의 독자적 발견자로서의—옮긴이) 그의 권리를 확증해준다. 그가 한 일은 지대를 한계내(intramarginal) 잉여로 이해함으로써 가격문제로부터 지대를 제거한 '리카도' 지대이론을 과정상의 동어반복 없이 모든 유형의 경쟁적 수익('세 가지 지대이론')에 일반적으로 적용되는 원리로 바꾼 것이었다. 이 과정에서 자연스럽게 한계효용(이나 비효용)이 등장한다. 이 사실은, 한편으로 뒤

넨, 다른 한편으로는 제번스, 멩거, 발라가 우선권을 가지고 있음에도 불구하고, 아주 중요한 성과였으며, 덧붙이자면 주관적인 독창성을 가진 것이었다.

하지만 그것이 그의 유일한 업적은 아니다. 자본이론(이하 6장 2절 3항 참조)과 별개로, 그는 기업가의 기능과 기업가의 이득에 대한 만족스러운 이론을 향한 커다란 발걸음을 내디뎠으며, 이와 관련하여 정체상태(stationary state)와 진화상태(evolutionary state)의 명확한 구분에서 비롯된 모든 경제적 문제의 해명을 향한 또 다른 큰 발걸음을 내디뎠다. 그는 사실 이것을 정학과 동학 사이의 구분과 동일시했다. 하지만 이 점은 그리 큰 문제가 아니었다. 그는 정체상태의 모형을 구축하는 데 수반되는 핵심적인 요소들을 보았고, 그 특징들을 묘사하기 위해 동시화(Synchronization)라는 개념을 만들었다. 따라서 그를 단순히 미국 한계주의의 대가라고 부르는 것은 그의 분석적 메시지 전체를 파악하지 못하는 셈이 된다. 설사 그의 성과가 몇 가지 점에서 뵘-바베르크, 마셜 그리고 발라의 성과에 미치지 못한다고 하더라도, 다른 점들에서는 그들보다 위에 있었다.[78] 그러나 그는 주로 미국 한계주의의 대가로 미국

78) 클라크의 첫 번째 저작인 『부의 철학』(*The Philosophy of Wealth*, 1885)은 그의 사람됨과 세계관—아마도 주위환경의 산물인 그의 정신 역시—을 특징적으로 보여주는데, 내가 본문에서 얘기하려고 하는 한 가지 점을 제외하면 우리의 목적에는 적합하지 않다. 하지만 이 저작은 그의 명성을 확립하는 데 크게 기여했다. 그의 유명한 『부의 분배』(*Distribution of Wealth*)는 1899년에 나왔는데, 이는 정체과정에 대한 이론이며, 핵심적인 요소들은 모두 이전에 출간된 것들이었다. 개인적인 측면에 관한 한, 그 날짜는 마셜의 경우에 1890년만큼이나 잘못된 것이다. (『원리』의 내용은 이미 그 전에 확립된 것이라는 의미다—옮긴이.) 그에 못지않게 중요한 저작이 『경제이론의 핵심요소』(*Essentials of Economic Theory*, 1907)다. 그의 다른 저작 중에서는 『트러스트에 대한 통제』(*The Control of Trusts*, 1901; 자신의 아들과 공동으로 1912년 재집필)와 『독점의 문제』(*The Problem of Monopoly*, 1904)만이 여기서 언급할 필요가 있다. 하지만 우리는 그의 경험연구, 주로 카네기재단의 경제분과와 함께 작업했던 연구를 잊지 말아야 한다. 나는 독자들에게 이 위대하고 사랑스러운 인물의, 그의 자식들이 준비해서 1938년에 사적으로 인쇄된, 매력적인

학계와 전 세계에 알려졌다.[79] 독자들은 아마도 클라크학파나 한계학파에 대해 종종 들었을 것이므로 내가 이 용어를 채택하면서 느꼈던 어려움이 놀라울 것이다. 경제이론에 관심이 있는 미국과 많은 외국경제학자는 당연히 클라크에게서 커다란 영향을 받았으며, 그에게서 배웠다. 이 점에는 의문의 여지가 없다. '동맹과 동조자'의 범위는 극히 광범위했으며, 분명 '해외 영향권'도 존재했다.

그러나 그의 영향의 정도를 정확하게 규정하기는 쉽지 않다. 왜냐하면 그의 분배이론에 관한 한, 이 영향은 유사한 체계를 만든 다른 모든 창시자의 영향과 구분할 수 없을 정도로 뒤섞여 있기 때문이다. 미국에서조차 어느 저자가 자신의 한계생산력설을 클라크에게서 가져왔는지, 아니면 마셜이나 오스트리아학파에게서 가져왔는지를 정확하게 파악하기 위해서는 그 저자——예를 들면 그의 이론적 특징——를 매우 유심히 살펴보아야 한다. 더욱 중요한 점은, 리카도나 마셜처럼 충성을 서약한 사도들로 구성된 핵이 존재한다는 의미에서 분명하게 판별가능한 '핵심'이 존재하지 않았다는 사실이다. 클라크의 영향을 표방하는 논문들이 수없이 많았던 것만큼이나 엄밀하게 말해서 클라크학파의 논문들은 드물었다. 중요한 이론적 저작 중에서 클라크학파의 학설을 발전시키는 데 가장 근접한 것이 카버[80]의 저작이었다. 그러나 교과서를 제외하면, 나는 다른 저작들을 알지 못한다.

『비망록』(*Memorial*)을 소개하고 싶다.

79) 이 점에 관해서는 호만(Paul T. Homan)의 『현대 경제사상』(*Contemporary Economic Thought*, 1928)에서 클라크에 관한 장 참고.

80) Thomas N. Carver, *Distribution of Wealth*, 1904 참조. 나는 이 기회를 빌려 클라크와는 독자적으로 한계이론을 발전시킨 미국경제학자 이름을 한 명 언급하고자 한다. 우드(Stuart Wood)가 바로 그 사람으로, '주관적 독창성'을 보여주는 또 다른 놀라운 사례다. 1889년경 우드는 사실상 혼자의 힘으로 가변생산(대체)계수를 추가한, 완전한 발라체계를 발견했다. 이론적인 기초작업이 이루어졌더라면, 그는 마셜적인 논문도 쓸 수 있었을 것이다. 이에 대해서는 특히 G.J. Stigler, "Stuart Wood and the Marginal Productivity Theory", *Quarterly Journal of Economics*, August 1947, p.644 참조.

그럼에도 한계주의는 빠른 속도로 독자적인 학파의 상징으로 간주되기에 이르렀다. 그뿐만 아니었다. 그것은, 몇몇 사람의 눈에는, 자본주의를 변호하고 사회개혁을 방해할 준비가 된 반동적 괴물로 자라날 정치적 함의를 획득하기조차 했다. 논리적으로 이 주장은 아무런 의미가 없다. 한계원리 자체는 분석수단이다. 그 용도는 분석이 성숙해지면서 결정되는 것이다. 만일 50년만 늦게 태어났더라면 마르크스도 당연히 그것을 사용했을 것이다. 미적분학의 용도가 수학이나 물리학 분야에서 어느 과학학파나 집단을 특징짓는 데 사용될 수 없는 것과 마찬가지로 경제학의 학파를 특징짓는 데 사용될 수는 없는 것이다. 오늘날 한계주의라는 용어의 용법은 원리의 본질에 대한 잘못된 관념을 잘 보여준다. 사후적으로 보더라도, 그것은 정책이나 사회철학과는 아무런 관련도 없다. 영국에서는 이러한 사실이 완벽하게 이해되었다. 영국에서는 급진파나 사회주의 모두 그것을 공격하지 않았다. 그러한 관련을 갖게 되는 것은 한계분석의 결과에 주어진 정치적 · 도덕적 해석일 따름이다. 그리고 앞에서도 지적했듯이, 클라크는 이러한 비난으로부터 자유롭지 못했다. 물론 그가 『부의 철학』에 대해 논하는 어느 책에서 자신의 도덕적 평가를 천명했을 때, 이는 급진파들의 신경을 거스르는 유형이기는 했지만 전적으로 그의 권리였다. 그러나 그는 더 나아가서 한계생산력 '법칙'에 따라 이루어지는 분배는 '공정'하다고까지 주장해버렸다. 그리고 이 주장은, 전문가들——그 대다수는 어떤 종류이건 이론에 우호적이지 않았던 이들——의 눈에는 '클라크적 한계주의'와 자본주의 변호론 사이의 관념결합으로 비쳤다.[81] 이 '한계주의'가 기법상의 차이만 제외하

---

81) 이 주제로 되돌아가는 것을 막기 위해서 우리는 이 기회에 그러한 관념결합이 살아 있게 만드는 또 다른 요인에 주목하기로 하자. 개혁가들 역시 다른 사람들과 마찬가지로 실수할 수 있다. 그러한 오류들을 지적하는 게 전문경제학자들의 의무다. 이제, 만일 경제학자가 그렇게 하면서 '한계'방법을 사용한다면, 비판받는 사람이 느끼는, 인간적으로는 이해할 만한 분노는 종종 자신이 한계주의라 불리는 보수주의적 괴물로부터 공격을 받았노라고 불평하는 형태를 취하게 될 것이다. 만일 실제로 그에게 논리적 오류가 존재한다면, 그는 일반적

고는 랑게와 러너같이 사회주의를 설득하고자 했던 과학적 경제학자들의 추론에서도 클라크의 경우와 똑같은 역할을 수행한다는 반증적인 사실에도 불구하고 말이다.

우리가 다음으로 고찰하게 되는 타우시히(Frank William Taussig, 1859~1940)는 나로서는 이 짧은 지면에서 묘사하기가 클라크나 피셔보다 훨씬 더 어려운, 다재다능한 인물이었다. 그는 클라크보다 늦게 유명해졌으며, 1917년 새로 창설된 관세위원회(Tariff Commission) 위원장직을 그가 수락할 때도 그의 영향력은 계속 커지고 있는 중이었고, 전시에는 명성이나 권위가 더 높아지며 다른 다양한 공직을 맡았다. 이러한 단절을 제외하면 그는 자신의 생애 내내 하버드대학교의 교수였고, 분명 그때까지 가장 위대한 경제학자 중 하나였다. 강의실에서의 가르침과 조언 그리고 무엇보다도 그가 보여준 본보기는 수많은 젊은이를 단련시켰으며, 그처럼 자신이 살았던 시기 내내 꾸준히 평가가 높아졌던 사람도 없었을 것이다. 하지만 국제무역 분야를 제외하면, 그는 우리의 의미에서 학파를 형성하지는 못했다. 작업시간을 따져보면, 그의 연구는 기본적으로 실증적이었다. 특히 그는 국제무역, 그중에서도 관세에 관한 이 나라의 최고권위자였다. 그는 사실분석과 이론분석을 잘 조합시킬 수 있는 대가였지만, 이 분야에서도 사실이 먼저 나오고 이론은 나중에 제시되었는데(*International Trade*, 1927), 이 주제에 관한 초기 출간물은 이후 그의 고전적 저작인 『미국 관세사』(*Tariff History of the United States*, 1888)로 발전되었다. 또한 그는 경제사회학에 대한 관심을 발전시켜 중요한 결과들을 만들어냈다. 『발명가들과 화폐주조자』(*Inventors and Money Makers*, 1915)와 『미국의 주도적인 기업가들』(*American Business Leaders*, 조슬린C.S. Joslyn과 공저, 1932)이

으로 이러한 분석도구들을 사용하지 않고 그 잘못을 깨달을 수도 있을 것이다. 그러나 이론을 이해하지 못하면 그는 이 오류를 깨달을 수 없으며, 당연히 비판가의 논증 중에서 자기가 제일 이해하지 못하는 이 부분들을 향해 날을 세우게 된다.

그 중요한 사례다. 그의 이론적 뿌리는 리카도와 뵘-바베르크에게서 발견되며, 이들의 영향은 그의 가장 야심찬 이론적 시도인 『임금과 자본』(*Wages and Capital*, 1896; London School Reprint, 1932)에서 분명하게 드러난다. 더욱 오래된 전통에 의해 훈련을 받았기에, 그는 새로운 학설들——뵘-바베르크의 자본이론을 예외로 하면——에 대해 묘한 거부감을 드러냈으며, 이 점은 그 주창자 중에서도 마셜이 그에게 가장 설득력 있어 보였던 이유이기도 하다.

하지만 이러한 거부감은 점차 사라졌으며, 결국에는 마셜과 크게 다르지 않은 몇 가지 형식적인 유보사항들을 제외하면 모두 없어지게 되었다. 하나의 전환점이 된 논문이 「임금이론 개요」("Outlines of a Theory of Wages", *Proceedings of the American Economic Association*, April 1910)인데, 이 글은 한계분석을 솔직하게 포괄하고 있다. 기법의 측면에서 보면 그가 가르쳤던 일반경제학에 대한 비판도 제기될 수 있으며, 그중 일부는 1900년의 시점에서 보더라도 타당한 것이었다. 하지만 그는 이론가, 역사가, 경제사회학자 이상이었다. 무엇보다도 그는 위대한 경제학자였다. 그의 『경제학 원리』(*Principles of Economics*, 1911) 초판은 당시에 '학생들이 무엇을 배웠는지'를 평가하는 데 도움이 될 것이다.[82)]

피셔(Irving Fisher, 1867~1947)는 처음부터 끝까지 예일맨(Yale man)이었다. 그는 예일의 학문적 성과를 드높인, 가장 위대한 두 스타 중 한 명이었다. 다른 한 명은 위대한 물리학자인 기브스(Willard Gibbs)다. 피셔는 훈련받은 수학자였으며, 1년 동안 천문학을 가르치기도 했다. 우리는 경제적 분석과 무관한, 그의 학문활동과 홍보활동들(금주법, 품종개량법, 위생법 등)을 무시할 것이며, 당분간은 그의 화폐

---

82) 이 위대한 인물을 이 책에서 충분히 평가하는 것은 불가능하므로 독자들은 그의 동료 몇 명이 『쿼털리 저널 오브 이코노믹스』(1941. 5)에 기고한 비망록을 참고하라. 〔이 구절은 슘페터가 콜(Arthur H. Cole)과 메이슨(Edward S. Mason)의 도움을 받아 쓴 것이다.〕

와 경기순환 이론에 관한 저작들 역시 그러할 것이다. 이 저작들은 이 부의 마지막 장에서 다루어질 것이다. 또한 우리는 통계이론에 대한 그의 상당한 공헌들(지수, 시차분포distributed lags[83] 등)도 살펴볼 수 없다. 다만 그 덕분에 통계적 방법이 더 이상 경제이론의 단순한 부속물이 아니라 경제이론의 일부가 되었다는 사실은 강조되어야 한다. 달리 말하자면 그는 본질적으로 페티와 케네의 흐름을 잇는 계량경제학자였던 것이다.

일반이론 분야에서 그의 세 가지 주요저작에 대해서만 언급할 것이다. 첫째는 그의 학위논문인 『가치와 가격의 이론에 대한 수학적 고찰』(*Mathematical Investigations in the Theory of Value and Prices*, 1892; Reprint 1926)로 발라학파의 기초를 탁월하게 제시한 것이었다. 하지만 피셔는 여기에 덧붙여서 최상급의 중요성과 독창성을 지닌, (적어도)[84] 두 가지 공헌을 추가했다. 그는 소득의 한계효용을 측정하는 방법을 제시했으며(그는 나중에 이 주제를 『존 베이츠 클라크를 기념하는 경제학 논문집』*Economic Essays Contributed in Honor of John*

83) 하지만 어떤 교란이 그 영향을 받게 되는 변수의 이후 값에 미치는 효과가 배분된다는 생각은 경제이론에 매우 중요하다는 점을 고려해야 한다. 특정 시점 t기에서 발생한 변수 x의 교란이 시점 t+1기에 변수 x의 값(또는 x에 의존하는 다른 어떤 변수의 값)에만 영향을 주고 다른 시점에는 영향을 주지 않는다고 말하는 것은 분명 비현실적—이며 사실상 실망스러운 방안—이다. 우리는 모두, 이를테면 어떤 가격이나 가격집합의 급격한 변화가 다소 긴 기간에 이 가격이나 다른 가격들의 이후 값들에 영향을 미칠 것이며, 그 기간과 함께 영향의 강도도 변할 것이라는 사실을 알고 있다. 이러한 사실을 고려하지 못하는 경제적 추론은 어린애의 때를 벗었다고 말하기 어렵다. 하지만 피셔는 이 문제에 도전한 최초의 인물이었으며, 그것을 통계적으로 고려하는 방법을 발전시키려고 했다. 이 방법은 매우 불완전했다. (이후 알트Franz L. Alt에 의해 개선되었다.) 그러나 그것은 오랜 시간에 걸쳐 열매를 맺게 될 선구적인 모험이었다. 독자들은 알트의 논문("Distributed Lags", *Econometrica*, April 1942)에서 해당 참고문헌들을 찾아볼 수 있을 것이다.

84) 다른 공헌들도 있다. 하지만 나는 오늘날 일반적으로 인정되는 두 가지 공헌에만 국한하기로 한다.

Bates Clark, 1927에 수록되는 논문으로 발전시켰다), 『수학적 고찰』 2부에서는 (에지워스가 그랬듯이) 각 개별상품의 효용을 모든 상품의 수량의 함수로 취급하면서 무차별 곡선분석의 기초를 발전시켰다. 두 번째로 그의 『자본과 소득의 본질』(*Nature of Capital and Income*, 1906)은, 파레토가 극찬한 저작으로, 최초의 경제학적 회계이론을 제시한 것 이외에도 현대 소득분석[85]의 기초다. (또는 기초임이 틀림없다.) 세 번째는 『이자율』(*The Rate of Interest*, 1907; 1930년에 *The Theory of Interest*[86]라는 제목으로 개정판 출간)로, 여기서는 그가 라에와 뵘-바베르크의 우선권을 너그럽게 인정하는 바람에 자신이 거둔 성과의 강력한 독창성이 실제보다 덜 드러나 보인다. 이자의 '절욕'이론은 한 요소일 따름이다. 이 책에 자본주의적 과정에 대한 또 다른 이론이라는 제목을 덧붙이면 그 특징이 좀더 잘 드러날 것이다. 여러 가지 세부적인 참신성 중에서 자본의 한계효율 개념(그는 그것을 비용을 초과하는 한계수익률이라고 불렀다)을 도입한 것은 특별히 주목할 만한 가치가 있다.[87]

---

85) 이 부분에도 중요한 공헌들이 있다. 그 부록들에는 피셔의 모든 결과에 동의하지 않는 사람에게도 설득력 있는 풍부한 제안들이 담겨 있다.

86) 이 저작은, 충분치는 않지만, 『자본과 소득』과 피셔의 연구논문인 「평가와 이자」("Appreciation and Interest", *Publications of the American Economic Association*, August, 1896)의 많은 부분을 포함하고 있다.

87) 지나는 길에 두 가지만 언급하고자 한다. 첫째, 피셔의 개념과 케인스의 자본의 한계효율 개념이 동일하다는 사실은 케인스(그리고 칸)에 의해 인정되었지만, 케인스의 추종자 중 몇 명 특히 러너는 이를 부정했다. 둘째, 뵘-바베르크의 저작에 대해 피셔가 너그럽게 감사를 표했다는 사실을 강조한 것은 앞의 4장 1항에서 내가 했던 말과 모순되지 않는다. 피셔는 뵘-바베르크가 거둔 성과가 어느 정도인지 완전하게 깨닫지 못했으며, 후자의 표현상의 피상적 결함들에 의해 지나치게 큰 영향을 받았다. 이러한 주장은 피셔는 자기 스스로가 뵘-바베르크에게서 본 모든 것을 너그럽게 인정했다고, 자명한 사실을 말하는 것과 완전히 양립될 수 있다. 피셔, 케인스 그리고 빅셀은, 만일 내가 말하는 '적절한 감사(를 한 사람)'의 예를 들어보라는 질문을 받는다면 대답하게 될 세 명의 이름이다. 사실상 이 세 명은 내가 말한 이상의 것을 보여준다. 세 명 모두 자신들의 선구자들을 솔직하게 밝힘으로써 발생하는 결과, 즉 몇 가지 점에서는 오히려 진실을 감추게 되는 결과(그들의 독창적인 성과가 그 선구자들의

이 점은, 화폐와 경기순환 분야에서 피셔의 저작과 함께, 어떤 미래의 역사가는 피셔를, 우리 시대에 이르기까지 미국의 과학적 경제학자 중에서 가장 위대한 인물로 평가하게 될 것이라는 얘기를 입증해줄 것이다. 하지만 이것은 그와 동시대인들의 견해가 아니었다. 학계와 전 세계에서 피셔는, 지금 고찰하는 시기에 관한 한, 그가 많은 사람이 싫어한 '보상달러'(compensated dollar)의 피셔가 될 때까지는 널리 인정받지 못했다. 심지어 그 이후에도 '안정화폐'(stable money)와 '예금에 대한 100퍼센트 준비제도' 같은 것들 때문에 진정으로 과학적인 그의 저작들은 주목받지 못했다. 이러저러한 문제들에 대해서 피셔는 수준 높고 순수한 개혁가로서, 자신의 과학자로서의 명성이 치르게 될 비용——괴짜로 취급받게 되는 매우 고통스러운 비용——에 대해서는 생각한 적이 없었다. 게다가 그가 거둔 성과의 본질적인 특징 자체가 단숨에 (대중적으로) 성공하기 어려운 것이었다. 물론 『수학적 고찰』은 실제로 거의 주목받지 못했으며, 그 내용이 역사적인 관심사 이상이 아니게 되었을 때야 비로소 온당한 주목을 받게 되었다. 『자본과 소득의 본질』의 내용은 대다수의 사람에게 상투적이고 진부한 것들을 정리한 저작으로 간주되었다. 『이자율』은 국내적으로나 국제적으로 좀더 나은 대우를 받았으나, 그것이 1930년에 재정식화되어 출간되기 전에 그 메시지를 완전하게 전달했는지는 의문이다.

[3. 그밖의 주도적인 인물들]

경제학계는 아웃사이더들을 바벨탑만큼도 기억하지 못한다. 하지만 우리는 이들을 이미 어느 정도 살펴보았으며, 다음 장에서 조금 더 자세히 살펴볼 것이다. 전체적인 풍경을 자세히 살펴보면, 이러한 인상은 훨씬 쉽게 설명될 뿐 아니라, 겉보기보다 훨씬 덜 타당한 것이기도 하다. 우리는 이 소절에서 당시에, 오늘날처럼, 명백한 무질서 속에서 등장하

것으로 오인되는—옮긴이)로부터 보호되어야 한다.

면서 점차 성장하던 미국경제학자 사단에서 두각을 나타낸 주도적인 인물 몇 명을 소개함으로써 이 풍경을 조금 더 살펴볼 것이다. 독자들이 한 번 더 명심해야 할 사항은 우리가 앞 장에서는 제도주의의 흐름[88]에 속하는 인물(특히 베블런과 코먼스)에 주목했으며, 뒤에서 당시 응용분야의 저작을 개관할 때, 몇 명을 추가로 언급할 것이라는 점이다.[89] 하지만 독자들이 다시 명심해야 할 사항은 우리의 목적상 경제학 분야의 교수와 학생들에게 별 가치가 없는 일을 한 인물들, 즉 여기서 다루고 있는 유형의 저작을 쓰지 않았거나 기본적으로 분석장치의 발전에 기여하지도, 그것을 능숙하게 사용할 줄 아는 대가임을 보여주지도 못한 인물들을 배제하거나 뒤로 제쳐둘 것이라는 점이다. 애덤스(Henry C. Adams), 엘리(Ely), 홀랜더, 로플린(Laughlin), 시거(Seager), 셀리그먼 같은 이름이 바로 그들이다.[90]

---

88) 〔슘페터(J.A.S.)는 완성되지 못한 4장에서 미국 제도주의에 대해 서술하려는 의도를 가지고 있었다는 점을 상기하라.〕

89) 물론 이러한 방식은, 응용분야의 저작들을 온전하게 평가하지 못한다는 점은 제쳐두더라도, 단점을 가지고 있다. 이러한 단점을 예시하기 위해 리플리(William Z. Repley, 1867~1944) 같은 인물을 예로 들어보자. 이 사람은 유럽의 인종에 관해 저술했으며, 철도와 노동에 대해 저술하고 강연했던 인물—이것이 그가 했던 활동의 전부는 아니다—로, 그의 저작은 이러저러한 분야 어느 쪽으로도 적절하게 규정지을 수 없다. 하버드대학교에서 그의 학생이었던 누군가가 나에게, 자신은 다른 누구보다도 그에게서 많은 영감을 얻었노라고 말한 적이 있다. 당시 하버드 경제학과에는 타우시히, 카버 그리고 영(Young)이 있었다. 따라서 리플리는, 어떠한 분석기법상의 결함을 가지고 있었든 간에, '일반경제학자' 중 한 명으로 분류되어야 한다. 이것은 그와 동일한 부류의 여러 사람에게도 적용된다.
〔당시에 응용분야에서 나타난 저작들에 대한 개관(6장 6절)은 불행하게도 완성되지 못했다.〕

90) 자세히 고찰하고자 하는 독자들이라면, 내가 이 이름들을 언급한 함의를 손쉽게 따라갈 수 있을 것이다. 미국인의 피부를 한, 뛰어난 독일인 교수였던 엘리에 관한 추도사(『왕립 경제학회지』*Economic Journal*, 1944년 4월호에 실린 테일러H.C. Taylor의 글 참조)와 친절한 지도자였고 지칠 줄 모르는 연구자였던 셀리그먼의 사망기사(G.F. Shirras, *Ibid.*, September 1939)가 특히 유익

이 (미국 경제학자—옮긴이) 사단에 속하면서 사실상 그것을 만드는 데 많은 일을 한 인물인 페터(Frank A. Fetter, 1863~1949)는 20세기의 첫 번째 십 년 동안에 주도적인 위치로 올라섰다. 그는 기본적으로, 전적으로는 아니더라도, 이론가이자 과학의 진보를 믿는 인물이었으며 과거의 이론적 유물에 호의적이지 않았다. 그는 종종 '오스트리아학파'로 분류되지만, 이것은 정확한 것이 아니다. 사실 당시의 모든 진지한 이론적 노력은 제번스, 멩거, 발라에 의해 닦인 토대에서 출발해야 했으며, 수학에 능통하지 못한 이들은 다른 두 사람에 비해 멩거를 선호했다. 또 그가 마셜을 좋아하지 않았다는 것——그가 이미 낡아버린 유산을 보존하려고 했다는 바로 그 이유로——도 사실인데, 이러한 감정은 아마도 피차 마찬가지였을 것이다. 하지만 이러한 특징이 그를 멩거의 추종자로 만들어주기에는 충분하지 않다. 이러한 기초 위에서 페터는 전체적으로나 '심리소득'(psychic income)과 같이 세부적인 많은 점에서 자신만의 독창적인 구조물을 세웠다. (그의 독창적인 구조물이—옮긴이) 그의 비판적 개척이론(theory of his critical exploits)에 대한 미국 경제학계의 관심에 미친 영향은 그리 높게 평가될 수 없다.[91)]

테일러(Fred M. Taylor, 1855~1932)는 우리가 이 나라에서 오늘날

하며 참고할 만하다. 하지만 리카도에 관한 홀랜더의 저작은 이미 언급되었고, 화폐와 스미스에 관한 로플린의 저작 일부와 공공재정에 관한 셀리그먼의 저작은 적당한 곳에서 언급될 것이다. 카버는 앞에서 이미 언급했다.

91) 페터의 『경제학 원리』(*Principles of Economics*, 1904)를 읽어보는 것만으로는 위의 얘기를 입증하기에 충분하지 않다. 하지만 이 저작은 페터체계라고 불릴 만한 모든 핵심적인 요소를 제공하고 있다. 그의 논문 몇 편은 나중에 만나게 될 것이다. 지대와 이자의 관계에 대한 글은 페터의 영향권의 경계선을 흐려버린다는 점, 그리고 그의 가르침과 피셔의 가르침 사이에는 상응관계가 존재한다는 점을 잘 예증해준다. 「낡은 〔리카도적〕 지대개념의 소멸」(The Passing of the Old〔Ricardian〕 Rent Concept)은 페터가 가장 직접적으로 반마셜적인 위치에서 저술한 성과다. 나는 마셜이 그러한 비난—완전히 타당한—을 어떻게 생각했는지 모른다. 하지만 나는 에지워스가 자신은 그런 종류의 제목을 단 논문을 좋아하지 않는다는, 별로 신빙성 없는 근거를 들면서 이 논문을 유감스럽게 생각했다는 사실을 알고 있다.

이룩한 경제분석의 수준을 자축하기 위해 (모두에게서—옮긴이) 충분한 존경심을 이끌어낼 수 있는 인물을 생각할 때마다 머릿속에 떠오르는 또 하나의 이름이다. 그는 경제이론——경제학적 추론의 세세한 부분에 이르기까지——교수로 유명했으며, 많은 후학을 길러냈다. 그중에는 오늘날 가장 유명한 경제학자들 일부가 포함되어 있다. 한 창시자와 한 가지 학설이라는 의미는 아니지만, 테일러학파는 분명 존재한다. 그 자신의 저작은 강의로부터 발전되어 다시 강의에 반영되었으며, 출판을 매우 주저했다. 하지만 결국 출판되어 세상에 나오게 되었을 때, 그의 『경제학 원리』(*Principles of Economics*, 1911, 9th ed., 1925)는 대단한 성공을 거두었다. 이 저작은 기법상으로는 많은 반론에 열려 있지만, 오늘날의 경제학도들이 테일러의 세계에 뛰어들어 자신을 재충전하는 데 만족을 느낄지는 의문스럽다. 테일러의 문제들 역시 당시 이론가들 대다수의 문제와 마찬가지로 오늘날에는 매우 멀어 보인다. 사회경제 이론에 대한 테일러의 중요한 공헌은 다른 곳에서 언급될 것이다.

이 시대(1870~1914—옮긴이)의 마지막에 다다를수록, 수학적으로 훈련을 받지 못한 이론가들은 점차 어려운 과제에 직면하게 되었음을 깨닫게 되었다. 이는 대븐포트(Herbert J. Davenport, 1861~1931)에게도 적용된다. 만일 우리가 이러한 인물들과 비슷한 다른 사람들의 역사적 위치와 공헌을 평가하고자 한다면, 현대적인 엄밀한 기준을 적용해서는 안 된다. 왜냐하면 오늘날에는 초보적인 것으로 보이는 개념——연속성, 체증량, 확정성, 안정성 등——을 알지 못했던 당시의 사람들에게는 타당한 변명거리가 있기 때문이다. 그 결과 이들은 한편으로 오늘날에는 허구적인 것으로 보이는 난점들과 싸웠으며, 다른 한편으로는 오늘날 우리를 괴롭히는 문제들을 보지 못했다.[92] 대븐포트는 당시

92) 이러한 사실은 경제학에서조차 '진보'를 얘기하고 주어진 발전상태를 우리의 것보다 '낮은 수준'이라고 평가하는 것이 가능하다는 의미를 잘 예증해준다. 이것이 '경제사상' 일반에 대해 적용될 수는 없다. 당시의 경제학자들은 오늘날 지배적인 것과는 다른 사회 · 경제정책에 대해 자신의 견해를 가지고 있었

로서는 뛰어난 이론가였으며 위대한 교사였다. 교수직은 그에게 자기 시대 이론의 근본적인 문제들을 해결하기 위해 엄청난 노고를 감수해야 한다는 의무감을 느끼게 만들었다.[93] 그에 관해서는 또 다른 흥미로운 점이 있다. 그는 열광적인 베블런 추종자(Veblenite)였으며, 반동의 사악한 정신——그들의 존재를 입증하려는 노력도 없이, 사실 필요도 없었겠지만——이 학계와 전국을 휩쓸고 있다고 생각하는, 중서부(Middle Western) 유형의 강성 급진파였다. 따라서 대븐포트는 그 시기에 이론에 몰두하면서 제도주의에 동조하는 게 완전히 양립가능한 예를 보여준다.

이러저러한 인물들의 저작은 급격한 단절 없이 클라크(J.M. Clark), 나이트, 바이너, 영(Allyn Young) 같은 인물들과 등치시킬 수 있는, 우리 시대 저작들의 일부로 흡수되었다. 이정표는 이것으로 충분하다.[94]

다. 하지만 이러한 차이는 사회적 조건과 시대정신에 기인한 것이며, 사실상 그들보다 우리가 더 우월하다고 느끼거나 성취된 진보에 대해 얘기하는 것은 분별없는 짓일 뿐이다. 하지만 분석과 관련해서 우리가 당시의 이론가들이 하고자 했던 것과 동일한 유형의 노력을 하고자 하는 한, 저급한 기법에서 우월한 기법으로의 진보라는 것을 얘기할 수 있다. 이는 마치 우리 시대의 운송밀도가 1900년의 그것보다 더 우월하다고 말하는 데는 명확한 의미가 있는 것과 같다.

93) 특히 그의 『가치와 분배』(*Value and Distribution*, 1908)를 보라. 이 책은 지루하지만 독자들에게 유익한 책 가운데 하나다. 이 책은, 최소한 주관적으로는, 독창적인 몇 가지 점을 포함하고 있다. 그의 『기업 경제학』(*Economics of Enterprise*, 1913)은, 비판보다는 구성에 더 초점을 둔 것임에도, 훨씬 덜 독창적이다. 나는, 직접 알지는 못하지만, 마셜의 체계에 관한 그의 원고(*The Economics of Alfred Marshall*, 1935)에 대해 들어본 적이 있다. 그의 교과서는 특기할 만한 점이 없다. 하지만 그의 몇몇 논문은, 지면만 허락했더라면, 살펴보아야 했을 것이다.

94) 앞의 세 사람 못지않게 잘 알려진 인물들을 '소개'할 필요는 없지만, 나는 이 기회에 영(Allyn A. Young, 1876~1929)에 대해서 몇 마디 하고자 한다. 이 위대한 경제학자이자 뛰어난 이론가는 잊힐 뻔했었다. 논문집인 『경제적 문제, 새로운 것과 낡은 것』(*Economic Problems, New and Old*, 1927)과 『미국 은행통계에 대한 분석』(*An Analysis of Bank Statistics for the United States*, 1928; 처음에는 *Review of Economic Statistics*, 1924~27에 수록)은

우리는 이 시대의 그림에서 가장 밝은 '색채' 중 하나인 패튼과 정상에 외롭게 서 있던 무어를 잠깐 들여다보는 것으로 만족해야 한다.

만일 비전이 전부라면, 패튼(Simon Patten, 1852~1922)——1888년에서 1917년부터 펜실베이니아대학교에서 가르쳤던——은 역사적으로 거의 대적할 자가 없는 인물로 간주되어야 할 것이다. 만일 분석기법이 전부라면, 그의 이름은 어디에도 없을 것이다. 실제로 그는 그사이 어딘가에서 독자적인 토대 위에 서 있는 존재다. 그는 주로 보호주의의 옹호자——이 점만이 그와 학계의 대다수 사이에 존재하는 장벽이었다——로, 그리고 수확체감도 검약도 더 이상 중요하지 않게 되는 '풍요의 경제'(economy of plenty)라는 개념으로 기억된다. 이 개념은 한편으로는 도락가적인 향내를 풍기지만, 다른 한편으로는 이후의 사상흐름들을 성공적으로 예견한 것이었다. 어느 쪽 인상도 완전히 옳은 것은 아니지만, 당시의 학계는 패튼의 생각이 지닌 일종의 맹아적 중요성을 인정하긴 했지만, 이 문제에 대해 전자의 견해를 취하는 경향이 있었으며 이 엄격한 교사이자 쾌활한 대화주의자——그와의 아침식사는 곧 점심으로 이어지기 십상이었다——를 제대로 평가하지 못했다.

그의 출판저작 대부분을 포함하지만, 그의 사상의 폭과 깊이를 제대로 전달하지 못하며 그가 미국경제학과 그의 수많은 학생에게 의미하는 바가 무엇인지는 더더욱 전달하지 못하고 있다. 하지만 독자들은 사자의 발톱으로부터(*ex ungue leonem*), 즉 발톱만 보더라도 사자의 모습을 머릿속에 떠올릴 수 있을 것이다. 즉 그의 논문 「수확체증과 경제적 진보」("Increasing Returns and Economic Progress", *Economic Journal*, December 1928)를 보라. 그는 1900년 이후 경제분석이 진입하게 된 과도기적 단계를 이해하고 거기에 맞춰 자신의 가르침—최대한 내 능력껏 설명하자면, 자기자신이 집어넣은 여러 제안과 함께 마셜의 가르침과 발라의 가르침 사이에서 나온 잡종(cross)이라고 묘사할 수 있을 것이다—을 형성한 최초의 인물 중 하나였다. 그의 이름이 개인적으로 그를 알았던 사람들의 기억 속에만 살아 있는 이유 중 하나는 자기자신의 독창적인 점들을 강조하기보다는 감추는 그의 습관 때문이었다. 예를 들면 전국은행 통계에 관한, 그의 간결하고도 겸손한 분석 안에서 전체 화폐 신용 이론에 대한 더욱 뛰어난 부분들이 들어 있다는 사실을 알아차리려면 우리는 전문가뿐 아니라 매우 주의 깊은 독자가 되어야 할 것이다.

경제학의 역사에서 무어(Henry Ludwell Moore, 1869년 출생)의 위치는 동시대인들에게 패튼의 위치만큼이나 확고한 것이다. 우리 경제학 분야에 대한 향후의 어떤 역사적 기록에서든 그를 망각하는 것은 페티경을 잊는 것만큼이나 쉬울 것이다. 그리고 이것은 그가 쓴 글자 하나하나까지 모두 부인하는 미래의 경제학자들만큼이나 그를 숭배하는 미래의 경제학자들에게도 적용된다. 왜냐하면 그의 이름은, 우리가 좋아하든 싫어하든 불가피하게 점점 더 기술적 경제학(technical economics)과 동의어가 되어버린, 현대 계량경제학의 등장과 불가분하게 결합되어 있기 때문이다. 그가 지속적으로 명성을 유지할 자격을 갖는 마지막 이유는 그의 저작이 1930년대 초반에 등장하게 될 통계적 수요곡선이라는 분석흐름의 과학적 근원이기 때문이다.

그의 위대한 점은 그가 수많은 천재적인 장치를 통해 통계적으로 작동하는 비교정학(이하의 7장을 보라)을 확립하려고 과감하게 시도했다는 사실에 있다. 이 대담한 시도는 1929년에 출간된 『종합 경제학』(*Synthetic Economics*)에 수록된 일련의 논문들로 구체화되었으며, 우리가 그것을 이용하든 안 하든 간에 주목해야 할 이정표적 성과의 하나다. 따라서 이 시대의 과학적 상황과 과학사회학이라는 우리의 그림을 위해서는, 그토록 훌륭한 인물이 그에 합당한 명성을 얻지 못했는지를 설명하기 위해서 잠시 멈춰볼 필요가 있다. 그는 자신의 통계적 수요곡선 덕분에 어느 정도 인정—대부분 그의 추종자인 슐츠(Henry Schultz)를 통해서—을 받았고, 그의 수확경기 순환이론(crop theory of cycle)—제번스 이론의 개량판이다—을 통해 다른 사람들을 놀라게 하기는 했지만, 그의 명성은 합당한 수준에 미치지 못했다.

물론 그 첫 번째 이유는 그의 저작이 지닌 특징 때문이다. 발라의 체계를 통계적으로 작동하게 만들려는 시도는 당시의 과학지평을 넘어서는 것이었다.[95] 두 번째 이유는 그가 매우 겸손했고, 그와 동시에 매우

95) 그의 『면화 수익과 가격의 예측』(*Forecasting the Yield and the Price of Cot-*

예민한 인물이었기 때문이다. 만일 그가 맹렬한 홍보를 통해서 밀어붙였거나 기존의 이론—'정통'—에 대한 혁명이라고 표현했더라면, 그의 연구 프로그램은 다른 사람들에게 이해되었을 것이고, 제도적 후원까지도 받을 수 있었을 것이다. 하지만 무어는 그렇게 전술적인 인물이 아니었다. 그는 답신을 받지 못하면, 스스로 포기해버렸다. 그는 엄청난 정신적 압박감에 시달리는 판매사원과 정반대 유형의 인간이었다.[96] 하지만 세 번째 이유도 존재한다. 무어는 사실상 학계가 익숙하지 못한, 이해하기 힘든 일련의 논문들을 출간했다. 그의 첫 저작은 유능한 평가를 이끌어내기보다는 오히려 방해했다. 그의 천재적 저작인 『임금 법칙』(*Laws of Wages*, 1911), 『경제순환: 그 법칙과 원인』(*Economic Cycles: Their Law and Cause*, 1914), 『경제순환의 발생』(*Generating Economic Cycles*, 1923)의 진가를 제대로 평가하기 위해서는 선구적인 노력들이 갖는 특유의 장점들을 충분히 허용할 필요가 있다. 하지만 이것은 몇 가지 점에서 국제적으로 주목을 받은 『종합 경제학』에도 적용된다. 그렇지만 이 저작이 가고자 했던 길은 어려웠을 뿐 아니라, 다른 대안적인 방법들이 개발되던 시대에는 인기가 없는 것이었다. 그럼에도 모든 현대 분석가는 이 저작을 주의 깊게 연구해야 한다. 그렇게 하는 과정에서 무어의 추종자가 아니라 숭배자가 될 수도 있겠지만 말이다.

---

ton, 1917)은 그렇지 않다. 하지만 당시 이론가들은 이것이 경제이론이라는 사실을 미처 발견하지 못했다.

96) 나는 무어의 성격과 습성을 묘사하는 데, 밀(F.C. Mills) 교수에게 많은 도움을 받았다. 그리고 이것은 1913년 컬럼비아대학교에서 무어를 만났을 때, 내가 받은 인상과 유사하다. 〔1951년 말에 무어는 여전히 살아 있었으며 완전한 은둔생활을 하고 있었다.〕

8절 마르크스주의자들

우리는 이 시대의 많은 경제학자가 오늘날 우리의 의미에서 급진주의자였음을 이따금 살펴보았다. 사회주의는 지적 프로테우스(Proteus)로 불렸는데, 급진주의자 중에서 얼마나 많은 사람을 사회주의자——최소한 잠재적으로라도——로 부를 수 있는지 말하기는 쉽지 않다. 하지만 급진주의자든 사회주의자든지 간에, 분석적 접근에서 차이를 수반하지 않는 한, 좀더 쉽게 얘기해서 경제과정에 대한 '이론'에서는 다르지 않고 자본주의 경제와 문명에 대한 목적 · 공감 · 평가에서만 차이를 드러내는 한, 이들은 우리의 관심사가 아니다. 만일 우리가 (앞에서) 급진주의적 · 사회주의적 신념에 대해 언급했다면, 이것은 단지 당시의 과학적 저작에 대해 광범위하게 퍼진 편견을 깨뜨리기 위함이었다. 예를 들어 페이비언주의자들은 우리에게 단지 경제학 연구를 수행한 집단이었으므로, 경제계획자나 정의에 따라서는 사회주의자라는 이유로 동일한 일을 한 사람들과 별도로 취급될 필요가 없다. 이 절에서 우리는 상이한, 특히 사회주의적 과학경제학을 천명한 사회주의자들에게만 관심을 갖는다. 이들 중에서 다른 어느 누구보다도 마르크스주의자들이 훨씬 중요하기 때문에, 우리의 목적을 위해서 그들만 고찰할 것이다. 하지만 우리는 자연스럽게 이들에 대한 사회주의적 비판가들도 다루게 될 것이다. 이 비판가들의 저작은 그들이 비판하는 체계와의 연관 속에서만 그 의미를 갖기 때문이다.

마르크스주의자들은 한 가지 이상의 의미에서 집단이나 분파였다. 하지만 그들은 무엇보다도 과학적 학파였다. 왜냐하면 앞에서 이미 설명했듯이, 한 교리에 의존한다는 사실이 그 집단의 작업이 지닌 과학적 성격을, 영향은 미치겠지만, 파괴하지 않기 때문이다. 마르크스주의자들을 여기서 다루는 이유는 오로지 그들이 우리의 의미——그 구성원들이 분석적 작업을 하고, 한 명의 창시자와 하나의 교리를 받아들이며, 늘 조화롭지는 않더라도 긴밀한 관계 속에서 작업하는 집단이라는——에

서 하나의 학파이기 때문이다. 마르크스주의의 다른 모든 측면——아마도 핵심적인 요인까지 포함해서——은 배제되어야 한다. 실제로 마르크스주의의 노선에서 행해진 과학적 작업과 마르크스 저작의 과학적 내용에 대한 충분한 연구는 1930년대까지 대체로 독일과 러시아의 저자들에 국한되었으므로, 다른 측면에 대해서는 언급할 필요가 없다.[97] 또한 이미 지적했듯이, 마르크스주의가 비사회주의 경제학자들의 작업에 커다란 영향을 미쳤던 것은 독일과 러시아뿐이었다. 상당 기간에 이 국가들의 이론지향적인 경제학자들에게는 마르크스에게로, 독일에서는 로트베르투스에게로 돌아가는 방법 말고는 다른 대안이 거의 없었다.

러시아 인텔리겐차의 사회주의자 그룹을 마르크스주의가 장악하게 된 것은 독일의 강력한 문화적 영향 때문만은 아니었다. 부분적으로는 마르크스주의적 사변이 러시아의 심성과 잘 어울린다는 사실에서 비롯된 것이기도 했다. 하지만 전체적으로는 독일의 영향에서 비롯된 것이었으며, 러시아와 독일 마르크스주의자들의 관계는 (항상 우호적이진 않았지만) 레닌의 사망 내지 트로츠키의 패배 시기까지도 인간적인 의미에서 매우 밀접하게 유지되었다. 수행된 분석작업의 측면에서 보면, 매우 교조적인 저자 중에서 플레하노프와 부하린만 언급할 필요가 있

97) 이 사실은 영국의 경우에 명백하다. 지금까지 어느 누구도 하인드먼(H.M. Hyndman)과 그의 그룹이 경제분석에 기여했다고 얘기한 적이 없었다. 이것이 영국의 지식인들에게 미친 영향을, 당시 이 영향은 극히 미미했지만, 부인하는 것을 의미하지는 않는다. 또한 마르크스주의가 이후의 영국경제학에 영향을 미쳤다는 사실을 부인하는 것도 아니다. 하지만 라틴어권 국가들에 대해서도 동일하게 얘기하기 위해서는 단서조항이 필요한데, 이는 주로 마르크스주의 역사이론에 대한 사회주의자들과 다른 사람들의 연구 때문이다. 그러나 영국보다는 프랑스, 이탈리아, 에스파냐에서 마르크스주의 사고가 훨씬 광범위하게 알려졌고 훨씬 주의 깊게 해석되었다는 사실을 인정하는 데는 아무런 단서조항도 필요없다. 왜냐하면 이것은 기술적 경제학(technical economics)에서 말하는 분석작업이 아니었기 때문이다. 또한 일본의 마르크스주의 역시 훗날의 일이다. 미국의 경우에도 사정은 마찬가지였지만, 하나의 예외가 있다면 바로 레온(Daniel De Leon)의 저작일 것이다. 예를 들어 그의 『개혁이냐 혁명이냐?』(*Reform or Revolution?*, 1899)를 보라.

다.[98] 하지만 마르크스주의는 실제로 당시의 모든 러시아 경제학자에게 중요한 영향을 미쳤다는 사실을 잊지 말아야 한다. 마르크스는 그들이 실제로 정통하고자 노력했던 저자였으며, 마르크스주의 교육은 마르크스주의를 적대적으로 비판했던 사람들의 저술에서조차 명확하게 나타났다. 이러한 준마르크스주의적 마르크스 비판가 중 가장 유명한 이가 바로 아래서 논의할 투간-바라노프스키(Tugan-Baranowsky)다.

98) 플레하노프(G.V. Plekhanov, 1855~1918)는 러시아의 소규모 마르크스주의 정당의 늙은 지도자였으며, 이 세기 초반까지 주도적인 위치에 있었던 인물로, 다른 유형의 역사에서는 우리가 여기서 그에게 할당하는 것과 전혀 다른 위치를 차지할 만한 사람이었다. 덧붙이자면 그는 학자이자 사상가였다. 뛰어난 경제학자는 아니었지만, 마르크스주의 사회학자로서 특히 사회-심리적 '상부구조' 분석가로서 매우 높은 수준을 갖추었던 사람이다. 이것은 적어도 내가 직 · 간접적으로 접근할 수 있었던 그의 많은 저작을 통해 받은 인상이다. 특히 그의 『마르크스주의의 근본문제』(*Fundamental Problems of Marxism*, 영어번역본, 1929)를 보라. 스탈린에 의해 숙청된 비타협자 중 하나인 부하린(N.I. Bukharin, 1880~1938)의 저작에 대해 내가 알고 있는 것은 『제국주의와 자본축적』(*Der Imperialismus und die Akkumulation des Kapitals*, 1926)과 『유한계급의 경제이론』(*The Economic Theory of the Leisure Class*, 1914년 저술, 영역본 1927년)이 전부인데, 전자는 앞으로 언급할 독일의 성과에 주로 기대고 있으며(사실상 독일의 논의의 일부이자 조각이다), 후자는 훨씬 덜 독창적인 저술이다. 몇몇 독자는 이 시기에 속하는 방대한 저술을 남긴 레닌의 이름을 그리워할지도 모르겠다. 하지만 레닌은 활동가였으며, 누구보다도 예리하고 총명한 전술가였다. 그를 숭배하는 러시아인이나 다른 사람들의 관점으로부터 오늘날 신성화될 그를 위대한 사상가라고까지 주장하는 것은 오류다. 아마도 그는 정치사상에도 기여했을 것이다. 하지만 나는 내가 접할 수 있었던 그의 모든 저작에서 제시된 것들을 모두 마르크스 안에서 발견할 수 있었다. 단 한 가지 예외가 있었다. 그는 마르크스가 본 적도 인정한 적도 없었던 사실, 즉 프롤레타리아의 '해방'은 결코 프롤레타리아 스스로의 힘으로 달성될 수 없다는 사실을 솔직하게 인정했다. 이는 (그 함의를 고려할 때) 정치사회학의 위대한 발전이다. 예를 들어 『국가와 혁명』(*State and Revolution*, 영역본, 1919년) 참조. 그는, 마르크스 본인과 독일 마르크스주의자들에 의해 이미 선취된 것들을 제외하면, 경제적 분석에 기여한 바가 전혀 없다. 트로츠키도 마찬가지다.

[1. 독일의 마르크스주의]

독일에서 마르크스주의가 성공한 밑바탕에는 두 가지 사실이 존재한다. 첫째는 사민당(Social Democratic party)의 놀라운 성공이고 두 번째는 이 정당이 마르크스주의를 공식적으로 채택한 일(에르푸르트 강령Erfurt Program, 1891)이 그것이다. 이 두 가지 사실은 모두, 비록 우리가 살펴볼 겨를은 없지만, 정치사회학의 가장 흥미로운 문제를 제기한다. 하지만 두 가지가 강조되어야 한다. 정통 마르크스주의의 관점에서 볼 때, 진정한 사회주의 정당은 필연적으로—아마도 '변증법적'으로—마르크스주의적이어야 하기 때문에 두 사실은 실질적으로 하나다. 정통 마르크스주의가 아닌 다른 관점에서 본다면 정치적 책임을 향해 급속하게 성장하던 정당이 자본주의 사회에서 일체의 정치적 책임으로부터 면제되도록 규정된 강령을 채택한 것은 유일하게 가능한 길이 아니라 그와 반대로 대단히 놀라운 길이었으며, 실제로 이 세기가 끝나기 전에 현실화되었듯이, 당내의 이견을 약화시키는 선택이기도 했다.

그렇지만 실제로 이 정당은 마르크스주의자와 잘 어울렸다. 거대한 조직은 오직 정통 마르크스주의자에게만 영감, 지원 그리고 일자리—사실상 정규직—를 제공했다. 최소한 원칙적으로는, 아무리 그가 헌신적인 급진주의자였을지라도 다른 어떤 사회주의자에게도 그런 것은 제공되지 않았다. 이러한 토대 위에서 방대한 정통 문헌을 생산하는 대규모의 유능한 지적 추종자 집단이 발전했다. 이 집단은 정당 기관지 이외에도 자신들의 출구로 '딱딱한' 잡지 『신시대』(*Die Neue Zeit*)—나중에는 오스트리아의 『투쟁』(*Kampf*)지가 생겨났다—를 가지고 있었다. 이 잡지에 대한 연구는 이 집단의 연구에 친숙해지기 위한 가장 훌륭한 방법일 것이다. 비마르크스주의적 사회주의자들은 쫓겨난 부랑자 같은 존재로서 당에 맞서 어렵고 힘든 투쟁을 감행했지만, 당은 다양한 수단을 동원해서 이들을 물리쳤다. 이것이 동전의 한쪽 면이다. 반대쪽 면을 보기 전에 이것이 경제적 분석에 미친 결과를 살펴보자. 이러한 환경에서는 본질적으로 변호론적이고 해석적인 문헌이 나타날 수밖에 없

었으며, 창시자의 의미에 대한 조심스러운 재해석이라는 가면을 쓰지 않으면 틀림없이 처음부터 실질적인 참신성이나 실질적인 반대가 모두 불가능했을 것이다.

엥겔스(Friedrich Engels)는 자기가 죽을 때(1895)까지 이 정당의 위대한 원로로서 권위를 떨쳤다. 종종 이 권위에 대한 도전——예를 들어 룩셈부르크(Rosa Luxemburg)——이 있었으나, 전술적인 문제를 제외하면 성공한 적이 없었다. 교리적 지도권(실제적인 정치는 말할 것도 없이)은 마르크스를 알고 있던 카우츠키(Karl Kautsky, 1854~1938)에게로 넘어갔는데, 그의 지도권은 고위성직자의 역할로 축소되었다. 이것은 그가 그다지 교조적이지 않았으며 구체적인 사항에서는 당 내부 저자들의 반론을 용인할 줄 알았기 때문만은 아니었다.[99] 그는 『잉여가치 학설사』(1905~10)를 편집했으며, 베른슈타인의 비판에 대한 공식 답변과 다른 많은 변호론과 반비판을 작성했다. 또한 역사에 대한 경제적 해석에 관한 저술도 썼으며, 응용이론의 문제, 특히 사회주의 농업정책의 문제도 다룸으로써 여러 방면에서 마르크스주의 교리의 발전에 기여했다. 이 저술들은 두드러지게 독창적인 점이 없다. 설사 그가 독창적인 발상을 가지고 있었다 하더라도 그가 차지했던 지위의 특성이 애초부터 독창성을 가로막았을 것이다. 하지만 카우츠키의 저작 전체를 보면, 우리는 그가 역사적으로 중요한 성과를 거두었다고 말할 수 있다.[100] 치

---

99) 카우츠키가 마르크스 · 엥겔스와 맺은 관계 그리고 그의 이들에 대한 의문의 여지 없는 충성심이 그를 이 지위에 추천한 유일한 이유는 아니었다. 어느 누구도 평생 동안 호언장담하면서 살 수는 없으며, 그렇게 보일 수도 없다. 문구 하나하나에 대한, 원칙적으로는, 철두철미한 충성심과 사실상 그와 다른 이들이 수행한 재해석은 모두 자신들의 기회를 원하던 열렬한 추종자들에게 그의 인기를 떨어뜨렸다. 또한 그는 기본적으로는 이론가였지만, 사실상 훌륭한 이론가는 아니었으며, 이 집단의 가장 뛰어난 지성들과 잘 지내지도 못했다. 하지만 이러한 점 때문에 그의 고귀한 품성이나 능력 또는 마르크스주의에 기여한, 또 마르크스주의를 통해서 사회과학 일반에 기여한 공헌을 망각해서는 안 된다.

100) 다른 어느 것보다도 그 자신의 독창적인 내용을 제일 많이 포함하고 있는 저

열한 논쟁과정에서 마르크스주의 교리의 다소간 새로운 측면들을 밝히는 데 성공한 저자들은 통상 네오-마르크스주의자(neo-Marxists)로 불린다. 이들 대부분이 형성된 때는 지금 고찰하고 있는 시기에 속하나, 그들의 많은 출간물은 다음 시기에 속한다. 하지만 우리는 다른 문제를 다룰 때 선택했던 것과 동일한 방식에 따라, 이 개관의 범위를 현대까지 포괄할 것인데, 이는 5부의 부담을 덜기 위함이다. 나는 예시를 위해 바우어, 쿠노, 그로스먼, 힐퍼딩, 룩셈부르크 그리고 슈테른베르크(Fritz Sternberg)를 선택할 것이다.

이러한 선택에서 누락되는 인물 중에 내가 제일 아쉽게 생각하는 사람은 바로 아들러(Max Adler)[101]다. 이 뛰어난 인물은 정당활동으로 자신의 능력을 소진했으며, 마르크스주의 이론가들의 빈그룹(즉 오스트리아 마르크스주의—옮긴이)의 핵심구성원이었지만, 자신의 재능에 부합하지 않는 정당활동과 법무활동으로 자신의 에너지를 소진했다. 바우어(1877~1941)는 매우 예외적인 능력과 그에 못지않은 고귀한 품성을 갖춘 인물로, 지도자의 지위에

작이 그의 『농업문제』(*Agrarfrage*, 1899)다. 여기서 그는 마르크스의 농업집중화 법칙을 확장하려고 시도했다. 그는 자기 진영에서 비판에 부딪쳤으며, 바우어(Otto Bauer)의 『사민주의적 농업정책』(*Sozialdemokratische Agrarpolitik*, 1926)은 카우츠키의 관점에서 훨씬 멀리 떨어져 있었다. 하지만 그의 저작은 많은 문헌을 촉발시켰으며, 그중에서 바우어의 저작이 가장 주목할 만한 성과였다. 베른슈타인에 대한 카우츠키의 답변—실패한 것이 아니었던—인 『베른슈타인과 사민주의 강령』(*Bernstein und das Sozialdemokratische Programm*, 1899)과 『유물론적 역사관』(*Die materialistische Geschichtsauffassung*, 2nd ed., 1929), 에르푸르트 강령 해설집(*Das Erfurter Programm*, 1891; 영역본은 *Class Struggle*이라는 제목으로 1910년 출간), '위기이론'에 관한 논문(*Die Neue Zeit*, 1901~1902) 등이 아마도 언급될 만한 가치가 있는 다른 성과일 것이다.

101) 오스트리아 사회주의의 다양한 전국적인 분파들을 (한동안) 통합시켰던 지도자 빅토르 아들러(Victor Adler)나 제1차 세계대전 전후에 그와 상이한 종류의 악명을 얻은 빅토르의 아들 프리츠 아들러(Fritz Adler)와 혼동해서는 안 된다.

오르기 전부터 아들러와 비슷한 어려움에 처해 있었다. 하지만 이미 언급된, 농업정책에 관한 저작 이외에도 최소한 그의 「자본축적」("Akkumulation des Kapitals", *Die Neue Zeit*, 1912~13)은 설득력과 독창성을 갖춘 분석상의 기여로 평가되어야 한다. 다른 많은 저술도 마르크스주의 정치사상 연구자들에게는 흥미로울 것이다. 힐퍼딩(Rudolf Hilferding, 1877~1941)은 바우어의 절친한 친구이자 동지였는데, 뵘-바베르크의 마르크스 비판에 대한 뛰어난 답변(*Böhm-Bawerks Mark-Kritik*, 1904; 영역본은 스위지의 「서문」과 함께 1949년 출간)을 저술했다. 다른 요인에 대해서는 좀더 자세한 서평이었다면 그냥 지나칠 수 없었을 테지만, 여기서는 그가 네오-마르크스주의자 그룹의 가장 유명한 성과인 『금융자본』(*Das Finanz Kapital*, 1910)의 저자라는 사실만 언급하기로 한다.

이 책의 1장에서 나오는 낡은 화폐이론이나 4장에서 나오는 화폐적 공황이론을 어떻게 생각하든지 간에, 그 핵심주제(은행이 산업 전반에 대한 통제권을 획득하고 산업을 독점적인 형태로 조직하는 경향이 있으며, 이것이 자본주의의 안정성을 증대시킬 것이다)는, 독일의 발전단계를 성급하게 일반화한 것이긴 하지만 흥미롭고 독창적(특히 3장을 보라)이며 레닌에게 일정한 영향을 미쳤다. 이와 같은 맥락에 부합되는 쿠노(H. Cunow, 1862~1936)의 유일한 출간물은 그의 논문시리즈인 「붕괴론」("Zur Zusammenbruchs-theorie", *Die Neue Zeit*, 1898~99)이다. 룩셈부르크(1870~1919)의 『전집』(*Gesammelte Werke*)은 1925~28년에 출간되었다. 하지만 마르크스주의 이론에 대한 그녀의 가장 큰 공헌은 "제국주의의 경제학적 규명을 위해"라는 부제와 함께 출간된 『자본축적』(*Die Akkumulation des kapitals*, 1912)이다. 〔스위지에 따르면, 그녀는 전시에 감옥에 있으면서 비판자들에 대한 답변으로 쓴, (부제는 다르지만) 제목이 동일한 두 번째 저작을 남겼다.〕 그로스먼(H. Grossman)의 『자본주의 체제의 축적과 붕괴법칙』(*Das Akkumulations- und Zusammenbruchsgesetz des kapitalistischen Systems*, 1929) 그리고 슈테른베르크의 『제국주의』(*Der Imperialismus*, 1926)는 좀더 젊은 세대를 대표한다. 전자는 기본적으로 마르크스주의 학자

였다. 후자는 최근에 매우 성공적인 저작(*The Coming Crisis*, 1947)을 출간했는데, 마르크스의 이론에 대한 관심보다는 마르크스가 살아 있었다면 썼을 거라고 자신이 생각하는 바를 쓰려고 노력했다. 이들의 저작은 곧 살펴보게 될 마르크스주의의 부활이라는 범주에 들어간다.

앞에서 언급된 제목들 대부분은, 치열한 논쟁에도 불구하고 네오-마르크스주의자들이 공통으로 가지고 있던 목표를 가리키고 있다. 진정한 마르크스주의 정신에 입각해서 사상과 행동, 이론과 정책을 동일시하면서 그들은 주로 자신들이 자본주의의 마지막 단계——제국주의——라고 믿었던 시기에 사회주의적 전술과 직접적으로 관련되거나 그렇게 보이는 마르크스주의 체계의 부분들에 관심을 가졌다.[102] 따라서 그들은 헤겔의 변증법과 노동가치론 그리고 총잉여가치를 바꾸지 않고도 마르크스의 가치를 '생산가격'으로 전형할 수 있는지 없는지 하는 문제에는 큰 관심이 없었다. 그들이 훨씬 더 관심이 있었던 것은 '제국주의'와 자본주의의 붕괴문제, 즉 축적, 위기 그리고 빈곤증대에 관한 이론이었다. 개별저자들의 다소간 천재적인 체계들의 매우 광범위한 차이들을 세세히 논할 수는 없다. 매우 포괄적으로 얘기하자면, 결론은 이것이다. 그들은 보호주의의 경제이론과 전쟁의 가능성을 증대시키는 자본주의 사회의 실제적이거나 가정된 경향에 대한 경제이론을 정립하는 데 비교적 성공했다. 여기서 그 내용에 대한 소개나 비판이 모두 시도되지는 않을

102) 이것은, 정도 차이는 있지만, 이들 모두에게 적용된다. 또한 이것은 완전히 제국주의에 주목하는 레닌주의와 트로츠키주의의 교리 사이의 접점이기도 하다. 이를테면 레닌의 『제국주의론』(*Imperialism*, 영역본, 1933)에서 제시된 생각과 바우어와 힐퍼딩의 생각을 비교하는 것은 매우 시사적이다. 특히 다른 측면에서 네오-마르크스주의자들은 반볼셰비키였기에 더욱 그러하다. 〔독일어로 씌어진 슘페터의 긴 논문 두 편(원래 1919년과 1927년에 출간) 중에서 전자가 이러한 네오-마르크스주의적 견해를 공격하고 있는데, 이것은 영역되어 『제국주의와 사회계급』(*Imperialism and Social Classes*, 1951)이라는 제목으로 출간되었다.〕

것이다.[103]

하지만 이 이론을 너무 심각하게 생각하는 경향이 있는 비판가라면, 그것이 대체하고자 했던 논증이 무엇인지 상기해야 한다. 그것은, 틀릴 수도 있지만, 과학적 정신과 같은 것을 가지고 현상을 보고자 했던 최초의 시도였다. 빈곤이 증대한다는 이론은 조용히 폐기되거나 그 반작용 요인들이 힘을 다하는 불확정적인 미래로 연기되었다. (슈테른베르크의 '폐쇄된 계절'이론, 즉 이 시기에는 빈곤증대 경향이 중단된다는 이론과 비교해보라.) 축적의 작동양식과 붕괴이론은 가장 뜨겁게 싸우는 전쟁터를 제공했다. 여기서 가장 놀라운 사건은 힐퍼딩이 붕괴이론을 솔직하게 단념한 것이었다. 심지어 그는 자본주의 사회가, 그대로 내버려두면, 점점 더 자신의 지위를 공고화할 것이며, 일종의 중세적 · '위계적' 조직으로 고착될 것이라고 주장했다. 당연히 이러한 주장은 몇몇 사람에게는 반역행위로 보였다. 하지만 힐퍼딩의 이론을 거부한 사람들이나 그 일부조차도 마르크스의 전면적 붕괴론——이 단어가 무엇인가를 의미한다면, 그것이 바로 마르크스가 상상했던 바이기 때문에——을 약화시켜서 단순히 자본주의 사회가 전통적인 축적률을 유지할 수 없다는 내용으로 바꾸었다. 이것은 리카도가 상상했던 정체상태에 빠지는 것과 크게 다르지 않았으며, 붕괴라는 단어가 불러일으키는 느낌에는 거의 상응하지 않았다.[104]

[2. 수정주의와 마르크스주의의 부활]

계속해서 앞으로 나아가기 전에, 잠시 동전의 다른 측면인 수정주의

---

103) 독자들은 이미 언급했던 스위지의 『자본주의 발전이론』(*Theory of Capitalist Development*)에서 이러한 추론방식의 계보에 대한 매우 정통적인 소개를 발견하게 될 것이다.

104) 힐퍼딩과 룩셈부르크의 저작은 하이만(Eduart Heimann)의 『경제학설사』(*History of Economic Doctrines*, 1945)에서 간략하지만 훌륭하게 다루어졌다.

를 살펴보자. 앞에서 살펴보았듯이, 대단히 많은 동조자를 가지고 있는 그토록 거대한 정당(사민당—옮긴이)이, 엄격한 마르크스주의자들의 주장대로, 매우 교조적인 원리를 절대적으로 받아들였다고 생각하기 힘들다. 에르푸르트 강령이 통과될 수 있었던 것은 그것을 받아들여서라기보다 철학적 · 이론적 세부사항에 대한 무관심 때문이었다. 교리에 무관심하지도 않았고, 더 나아가 마르크스주의 강령이 자신의 정당에 해가 될 것이라고 믿었던, 중요한 인물인 베른슈타인[105]은 전면공격을 감행하기로 결심했다. '변증법', 역사유물론, 계급투쟁, 노동이론, 빈곤증대, 집중, 붕괴(혁명적 이데올로기를 포함해서), 이 모두가 그에 의해 전면적인 비난의 대상이 되었다. 우리는 이후에 전개된 상황이나 당에서 절대적인 지배권을 가지고 있던 베벨(August Bebel)의 전술에는 관심이 없다. 뛰어난 전술가였던 베벨은 처음에는 필요한 만큼의 분노를 표시했으며, 그다음에는 극단적으로 나아가지 않고 형식적인 항복을 수용——소수그룹들은 다양한 방식으로 처벌받았지만——했으며, 마지막에는 수정주의가 적대적인 행동을 자제한다는 조건 아래 당 내부에서 용인되는 상황을 묵인했다.

또한 우리는 몇몇 뛰어난 당원이 수정주의자였거나 그렇게 되었다는 사실, 그리고 그들만의 정기간행물인 『사회주의 월보』(*Sozialistische Monatshefte*)와 필진을 확보하게 되었다는 사실에는 별 관심이 없다. 왜냐하면 이들 저자 중 몇몇은, 특히 개별적인 현실문제들에 관해서 신뢰할 만한 글——예를 들어 대외무역 정책에 관한 쉬펠(Schippel)의 글——을 썼지만, 이 저작들은 어쩔 수 없이 자신의 독특한 색깔을 잃어버

---

105) 베른슈타인(Eduard Bernstein, 1850~1932)은 학자이자 유쾌한 인물로, 노력형 사회주의자였으며 오랜 (마르크스주의—옮긴이) 옹호자로서 비중을 가진 인물이었다. 하지만 수년 동안의 망명은 그를 급진화시켰다. 그를 페이비언주의자로 변화시킨 것이다. 그의 저술 중에서 1899년의 저작만이 언급할 가치가 있다. 이 저작은 영어본(*Evolutionary Socialism*, 1909)으로 이용할 수 있다.

리게 되었다. 우리가 관심을 갖는 것은 오직 수정주의 논쟁의 결과가 마르크스주의의 분석에 어떠한 결과를 가져다주었는가 하는 점이다. 안전하게 얘기하자면, 베른슈타인의 공격은 자극적인 효과를 가졌으며, 여기저기에서 좀더 개선되고 신중한 정식화를 생산해냈다. 이것은 아마도 마르크스주의자들이 전면적인 빈곤이나 붕괴의 예언을 점차 포기할 준비가 되었던 사실과도 어느 정도 관련이 있을 것이다. 하지만 전체적으로는 마르크스주의자들의 과학적 지위에 관한 한, 그 결과는 그리 높게 평가될 수 없다. 분석 측면에서 볼 때, 베른슈타인의 공격은 그것이 당과 대중에게 미친 영향에 훨씬 미치지 못했다. 그는 존경할 만한 인물이었지만 심오한 사상가는 아니었으며, 특히 이론가는 더더욱 아니었다. 역사와 경제력의 집중에 대한 경제적 해석과 관련한 몇 가지 점에서 그의 논증은 특히 천박했다. 다른 점들에서도 그는 어떤 부르주아 급진파라도 만들어낼 수 있을 법한 평범한 논증들을 제시했다. 만일 주목할 만한 점이 있다면, 그것은 그에 대한 답변을 제시한 카우츠키의 글 속에 있을 것이다. 그리고 그가 주목받게 된 정치적 함의만 없었더라면, 마르크스주의자들은 그에 대해서 별로 걱정할 필요가 없었을 것이다.

우리는 계속해서 이후 시기에 속하는 두 가지 현상을 자세히 살펴볼 것이다. 마르크스주의의 분석은 1914년 이전에 이미 쇠퇴기미를 보였다. 물론 반대 주장도 종종 제시되지만, 이는 사고보다는 바람이 더 멀리 나아간 저자들의 주장일 뿐이다. 하지만 1920년대 우리는 수정주의보다 과학적으로 훨씬 더 중요한 현상을 목격하게 된다. 마르크스에 대한 최고의 존경을 표하면서도 그의 순수경제학이 쓸모없게 되었다는 점을 깨닫기 시작한 사회주의 경제학자들——이들 가운데 일부는 정치적으로 급진적이지만, 정치적인 의미에서 모두 수정주의자이거나 '노동주의자'(laborist)는 아니었다——의 수가 점차 증가했다는 사실이 그것이다. 마르크스주의는 여전히 그들의 교리였고 충성의 대상이었지만, 순수하게 경제적인 문제에서 그들은 비마르크스주의자처럼 논증하기 시작했다. 달리 표현하면, 그들은 경제이론이 추론기법이라는 진리를 배

운 것이다. 또 기법은 그 본질상 중립적이라는 사실과 마르크스주의를 옹호하거나 한계효용 가치이론과 맞서 싸우는 것이 사회주의에 득이 된다고 믿는 것은 잘못이라는 사실, 어떠한 기법도 무용성으로부터 면제될 수 없다는 사실 그리고 사회주의 교리를 글자 그대로 변호하는 것은 낡아빠진 도구들에 집착함으로써 효율성을 떨어뜨리게 된다는 사실을 배운 것이다. 이러한 깨달음이 진정한 과학적 경제학의 진화를 위해 가지는 중요성은 아무리 높이 평가해도 지나치지 않을 것이다.

마침내 이 지점에서, 객관적으로 과학적인 구조를 세울 수 있는 토대의 존재에 대한 인정, 그것도 이러한 인정을 가장 혐오하던 그룹의 인정이 나타난 것이다. 1920년대의 이러한 경향은 레더러와 돕(Dobb)의 이름으로 대표된다.[106] 이들은 모두 위의 사실을 인정한다고 해서 정치적 열정이 조금도 손상되지는 않는다는 사실을 입증한다. 이러한 인정은 그 두 사람 모두에게는 현실문제를 희석시키는 게 아니라 논리의 문제였다. 이러한 성과는 1930년대의 격변 속에서도 완전히 사라지지는 않았다. 우리가 방금 고찰한 마르크스주의의 부활에도 불구하고 과학적으로 훈련된 사회주의자들은, 경제사회학을 제외하면, 더 이상 마르크스주의자가 아니었다는 점은 한 번 더 강조되어야 한다. 랑게와 러너의 이름이 그 예가 될 수 있다.[107]

---

106) 레더러(Emil Lederer, 1882~1939)는 말년에 뉴욕에 있는 뉴스쿨의 사회과학대학교(New School for Social Research) 교수를 지낸 인물로 1920년대 독일의 주도적인 강단 사회주의자로 평가될 수 있다. 그는 하이델베르크와 베를린대학교에서 영향력 있는 교사였다. 그의 작은 교과서(*Grundzüge der ökonomischen Theorie*, 1922)는 지금 얘기한 경향을 잘 보여준다. 돕은 마르크스주의에 빠져든 적이 없었는데, 여기에는 영국적인 환경의 특수성이 고려되어야 할 것이다. 하지만 그는 지적인 면으로나 다른 면에서 마셜이나 페이비언주의자보다는 마르크스에게 더욱 공감을 느꼈다. 그렇다고 해도 그를, 경제분석에 관한 한, 마르크스주의자로 볼 수 없다. 그의 『자본주의 기업과 사회진보』(*Capitalist Enterprise and Social Preogress*, 1925)를 보라.

107) 독자들에게 소개하자면, 랑게는 자신의 논문인 「마르크스주의 경제학과 현대경제이론」("Marxian Economics and Modern Economic Theory",

우리가 주목해야 할 다른 현상은 마르크스주의의 부활 그 자체다. 이 현상의 사회학은 우리가 (별도의 설명을—옮긴이) 기다리기엔 너무나 분명하다. 하지만 거기에는 우리의 관점에서 주목해야 할 세 가지 측면이 있다.

첫째, 방금 언급한 경향을 분석함으로써 얻게 되는 이득은 부분적으로는 사라졌지만 최근까지도, 우리의 예들이 보여주듯이, 완전히 사라지지는 않았다. 오히려 수준 높은 경제학자들이 마르크스주의자로 개종했다. 이는 마르크스의 사회적 · 정치적 메시지를 받아들인다는 의미——사실 이것은 당사자들이 알아서 행동할 문제일 뿐이다——도, 그들이(랑게처럼) 마르크스의 경제사회학 대부분이나 전부를 받아들인다는 의미——이는 옹호될 수 있는 것이다——도 아니다. 나아가 그들이 마르크스의 역사적 위대성에 존경을 표했다는 의미——이 사실에 대해 시비를 걸 사람은 별로 없을 것이다——도 아니다. 오히려 그것은 그들이 실제로 살아남은 네오-마르크스주의자들과 힘을 합쳐서 마르크스의 순수 경제학을 되살리려고 노력했다는 의미다. 그 뛰어난 예가 스위지(P.M. Sweezy)와 로빈슨(J. Robinson)이다.[108] 둘째, 마르크스를 케인스화하거나 케인스를 마르크스화하려는 시도들이 존재한다. 이러한 시도들은 지배적인 이데올로기를 잘 보여줄 뿐 아니라 순수하게 분석적인 작업에 대한 인식을 드러낸다. 사실 이 두 사람은 분석적인 면에서 결정적

Review of Economic Studies, June 1935)에서 이러한 견해를 매우 명확하게 보여준다.

108) 나는 스위지의 『자본주의 발전이론』(1942)을 마르크스(와 대다수 네오-마르크스주의자들)의 경제사상에 대한 훌륭한 소개책자로 강력히 추천한다. 여기서 주목할 점은 스위지는 이 책에서 제시된 경제이론이 오늘날에도 실제로 유용한 이론이며, 이를테면 랑게가 사용한 기법과 대등할 뿐 아니라 더 우월하기까지 하다고 믿었다는 사실이다. 좀더 주목할 만하며 심리학적 수수께끼라 할 수 있는 것은 로빈슨 여사의 『마르크스 경제학에 관한 논구』(*Essay on Marxian Economics*, 1942)다. 이에 대해서는 Shove, "Mrs. Robinson on Marxian Economics", *Economic Journal*, April 1944 참조.

으로 중요한 문제들에서는 정반대 입장에 서 있지만, 다른 요소들에서 떼어낸 몇 가지 특징을 가지고 이 두 저자의 이론을 풍부하게 만드는 것도 가능한 일이다. 하지만 이러한 시도는, 내가 아는 한, 마르크스의 이론적 장치들을 되살리려는 시도로까지 나아간 적이 없었다.[109] 셋째, 영국과 미국에서 불어닥친 마르크스의 유행은 부분적으로는 이민의 자연스러운 결과지만, 사실 그 이상이기도 하다. 영국과 미국의 경제학과 학생들에게 마르크스의 학설은 새롭고 신선한 것으로, 당시의 교재와는 다르며 시야를 넓혀주는 그 무엇으로 여겨졌다.[110] 이러한 충격은 과학적으로 가치 없는 감정으로 소모될 수도 있지만, 생산적인 것이 될 수도 있는 법이다. 어쨌든 마르크스의 영향은 오늘날의 학문적 상황을 규정하는 요소 중 하나로 간주되어야 한다.

109) 이런 시도 가운데 가장 흥미로운 저술 중 하나는 알렉산더(S. Alexander)의 논문("Mr. Keynes and Mr. Marx", *Review of Economic Studies*, February 1940)이다.

110) 그 이유 중 하나는 마르크스에 관한, 특히 이론과정에서, 강의가 없었으며, 당시에도 이루어지지 않고 있었다는 점이다. 그리고 또 다른 한 가지 이유는 그를 규정하기 까다롭기 때문이다. 그의 장점과 오류 모두(이를테면 그의 장광설과 반복 때문에 '규정'을 어렵게 만드는)로 인해, 내쳐졌거나 그의 이론을 전달해야 한다고 느끼던 여타의 평범한 교사들을 내몰아버렸다.

제6장 일반경제학: 특징과 내용

1절 전경(前景)

1. 일반경제학의 사회학적 틀[1)]

이미 보았듯이, 경제사회학 특히 사회제도에 대한 역사적 · 민속학적 지식은 이 시기에 매우 만족스럽게 발전했다. 하지만 이제부터 내가 서술하려고 하는 일반경제학은 이러한 발전들에 의해 거의 영향을 받지 않았다. 그 제도적인 틀은 사실상 다루어지지도 않았다. 즉 영국 '고전파', 특히 밀이 제시한 형태 그대로 내버려져 있었던 것이다. 민족(Nations)은 실체 없는, 개인들의 집합체로 남아 있었다. 사회계급은 살아 있고, 서로 싸우는 실체가 아니라 경제적 기능에 붙여진 딱지(나 기능적 범주)일 뿐이었다. 개인들 자체도 살아 있고 갈등하는 실체가 아니었다. 그들은 여전히 경제학적 논리명제를 걸어두는 빨랫줄에 불과했다. 그리고 표현상의 엄밀성이 개선됨에 따라 이 빨랫줄은 이전 시기의 저작들에서보다 훨씬 더 가시적으로 나타났다.[2)] 비판가들은 냉소를 보냈다. 그들

---

1) 나는 여기서 다시 호만(P.T. Homan)의 『현대 경제사상』(*Contemporary Economic Thought*, 1928)을 참조할 것이다. 이 책은 1928년 '당시의' 사상이 아닌, 우리가 지금 고찰하고 있는 시기의 사상을 다루고 있다. 반복해서 소개될 다른 일반적인 참고문헌은 스티글러의 『생산과 분배이론』(*Production and Distribution Theories*, 1941)이다.

2) 이것은 비판가들의 환희와 분노를 유발하는 데 특히 효과적인, 다음과 같은 두 개념이 살아남았으며 심지어 점점 더 많이 사용되었기 때문이기도 하다. 첫째,

은 이 모두가 빈곤한 사회학이며, 더 나아가 빈곤한 심리학이라고 보았다. 19세기 전반의 선배들과 마찬가지로, 그들은 제한된 범위의 문제들에 대해서는 이것도 건전한 방법론일 수 있음을 보지 못했다. 여기에 수반되는 해석상의 문제가 중요하기 때문에, 나는 이 점을 다시 한 번 분명하게 하기 위해서 잠시 눈길을 돌리고자 한다.

마르크스주의자들만이 아니라 다른 사람들도 한계효용 이론을 심리학주의(Psychologism), 다시 말하자면 사회적 생산과정에 대한 객관적인 사실을 분석해야 하는, 경제학의 진정한 문제를 완전히 놓쳐버리고 이러한 객관적 사실에 대한 개인의 심리적인 반응이나 주관적인 태도라는 완전히 부차적인 문제로 대체해버렸다고 비난했다. (예를 들어 카우츠키가 마르크스의 『잉여가치 학설사』(1905~10) 1권에 붙인 「서문」 19쪽에서 오스트리아학파에 대해 언급한 부분을 보라.) 오스트리아학파와 여타 그룹들은 '심리적' 크기를 잘못 강조했기 때문에

몇몇 경제학자는 순수한 선택논리의 몇 가지 측면을 표현하기 위해서 이른바 로빈슨 크루소라고 불리는, 고립된 개인이라는 낡은 개념을 사용했다. 비판가들이 이러한 이론가의 의도를 이해하지 못할수록 그 이론가는 '크루소를 집어넣음'으로써 사회문제를 해결하려고 시도하는 경제학자들의 모습을 즐겼다. 둘째, 몇몇 이론가, 예를 들어 파레토 같은 사람들은 경제행위의 순수논리의 다른 측면을 표현하기 위해서 경제인(*homo oeconomicus*)이라는 개념을 사용했다. 이들이 실제로 사용한 용법에는 잘못된 것이 없었다. 하지만 비판가들은 이러한 실제적인 개념사용은 보지 못하고, 자기들이 믿기에 경제학자들이 가진 인간의 본성관이라는, 우스꽝스러운 희화화 그 자체만 보았다. 몇몇 지도자, 특히 멩거와 마셜 같은 이들이 오해를 막기 위해 필요한 모든 사항을 얘기했지만, 서투른 변호가 종종 사태를 악화시켰다. 마셜의 적절한 구절, 즉 경제학자는 사업활동의 일상적인 추구를 연구하는 사람이라는 말은 올바른 방향으로 가는 길을 잡아준다. 두 가지만 추가로 지적하고자 한다. 첫째, 독일어인 'Wirtschaftssubjekt'는 종종 경제인으로 번역되지만, 실제로 이 말과 동의어가 아니며, 둘째, 우리는 경제인이 이러저러한 행동을 한다고 말하는 대신에 이러저러한 행위가 이를테면 만족이나 이윤을 극대화하게 될 것이라고 말함으로써 문장의 의미를 바꾸지 않고도 경제인이라는 용어의 사용을 손쉽게 피할 수 있을 것이다.

위와 같은 잘못된 반대에 대해서 스스로를 탓할 수밖에 없다. 사실 이 반대가 마르크스주의적인 것이라면, '새로운' 이론가들은, 스스로가 필요하다고 느낄 때면 언제든지 망설이지 않고 자본가의 심리(예를 들면 축적과 관련해서)를 얘기했던 마르크스의 이론보다도 훨씬 덜 심리학적임을 지적함으로써 손쉽게 처리되었을 수도 있었을 것이다. 하지만 그에 더해 점점 더 많은 비판가가 심리학 자체가 아니라 경제 이론가들이 자신들의 명제로부터 도출한다고 여겨지는 쾌락주의적이거나 건전하지 못한 심리학에 반대하게 되었다. 이러한 반대에 대해서는 다른 부분에서 간략하게 고찰될 것이다.(이하 7장 참조) 여기서 우리는 정체를 확인하기 위해서 우리가 정치적 개인주의, 사회학적 개인주의, 방법론적 개인주의라고 이름 붙이게 될, 비판이나 오해의 세 가지 원천에 대해 주목해보자.

우리는 정치적 개인주의(Political Individualism)라는 용어를 단순히 경제정책에 대한 자유방임적 태도를 의미하는 것으로 사용한다. 독일에서 이것은 스미스주의(Smithianism)나 맨체스터주의(Manchesterism)라고 불리는 태도를 지칭한다. 개별가계와 기업의 행위에 대한 가정으로부터 이론구조를 정립한 경제학자들은 자신들이 묘사하는 개별적 자기이해(self-interest)의 자유로운 상호작용 결과를 권장한다는 의심을 받았다. 비판가들의 눈에는, 그런 이론가 중 다수가 실제로 경제적 자유주의자며 그중 일부, 예를 들어 초기의 파레토 같은 이들은 자신들의 이론을 극단적 자유주의 정책을 위해 사용했다는 사실로 이런 의구심이 확인되는 듯 보였다. 하지만 이것은, 다른 모든 이가 그랬듯이, 당시의 이론가 중 자유방임주의자들 또한 (이론의) 현실적인 적용문제를 논의할 때마다 자신들의 정치적 선호를 표출하는 나쁜 습관에 빠져 있었다는 사실 이상을 의미하는 것이 아니었다. 그렇지만 앞에서 지적했듯이, 대다수는 더 이상 무제한적인 자유방임의 추종자가 아니었다. 그것은 시대에 따라 변했다. 영국인과 오스트리아인은 사회정책(*Sozialpolitik*)과 누진세제를 받아들였다. 마셜은, 짐

짓 선심 쓰는 듯한 태도로 표현해서 짜증스럽기는 하지만 사회주의의 궁극적인 목표에 대해 공감한다고 고백했다. 발라는 준사회주의자로 표현되는 편이 가장 적절할 것이며, 빅셀은 부르주아 급진주의자였다. 하지만 더 중요한 점은, 당시의 이론가들이 실제로 표명했던 정치적 자유주의는 그들의 한계효용 이론과 조금도 관련이 없음을 깨닫는 것이다. 마르크스주의자들은 분명 이것들이 사회적 변호론을 위해 고안된 것이라고 믿었다. 그러나 '새로운' 이론들은 현실적인 문제와 상관없이 순수하게 분석적인 사안으로 등장한 것이다. 또한 그 안에는 낡은 이론들보다 더 훌륭하게 변호론으로 사용될 수 있는 요인들이 들어 있지 않았다. 사실, 그 반대를 주장하는 편이 더 쉬울 것이다. (예를 들어 한계효용 체감 '법칙'의 평등주의적 함의를 비교해보라.) 그리고 이 시기에 합리적 사회경제 이론을 발전시킨 이들은 바로 '부르주아' 경제학자들이었다.(이하 7장 5절 참조) 자유롭고 완전한 경쟁은 모두의 만족을 극대화시킨다는 학설을 소박한 동어반복 논리의 수준으로 떨어뜨린 사람은 바로 마셜, 에지워스 그리고 빅셀이었다.[3)]

우리가 의미하는 사회학적 개인주의(Sociological Individualism)는 17, 18세기에 널리 퍼졌던 견해, 즉 자율적 개인들이 사회과학의 궁극적인 단위를 구성하고, 모든 사회현상은 개인의 의사결정과 행동으로 분해되며, 이것은 초개인적인 요소들을 통해서는 더 이상 분석될 수 없으며 그럴 필요도 없다고 보는 견해를 지칭한다. 물론 사회과정에 관한 이론을 함축하는 것이라면, 이 견해는 유지될 수 없다. 하지만 이러한 사실로부터 특정한 유형의 고찰을 위한 특별한 목적으로, 개인의 행위를 형성하는 요소를 고찰하지 않은 채 주어진 개인들의 행위에서 출발하는 것은 받아들일 수 없다는 결론이 도출되는 것은

3) 새로운 가치이론이 실제로 정치적 선호로부터 얼마나 독립적인지는 발라와 파레토의 경우가 잘 보여준다. 이론과 관련해서 파레토는, 수많은 기술적인 문제에서 발라의 체계를 개선시킨, 발라의 추종자에 불과했다. 하지만 정치적으로는 두 사람 사이에 커다란 간극이 있었다.

아니다. 주부가 시장에서 하는 행위는 그 행위를 형성하는 요소들을 고찰하지 않고도 분석될 수 있다. 이러한 시도는 여러 사회과학 분야 사이의 분업을 고려함으로써 제시될 수 있으며, 사회와 개인이라는 주제에 대한 어떤 이론을 의미하는 것은 아니다. 이렇게 하는 경우에는 우리가 방법론적 개인주의(Methodological Individualism)라는 용어를 사용할 것이다. 이 개념은 당시 일반경제학의 실제 절차에 얼마나 적용될 수 있을까?

한편으로 환경의 영향, 집단적 태도, 집단적 가치 등은 밀이 했던 것과 마찬가지의 방식으로 고찰되었으며,[4] 이것이 역사학파가 의식적으로 그에 반대해서 '윤리적' 측면을 강조해야 했던 이유 중 하나였다는 점 또한 사실이다. 다른 어떤 주도적 이론가보다도 이 방향으로 많은 일을 했던 마셜 역시 기존의 전통에 머물렀다. 이론가들이 이보다 더 멀리 나아가지 못했다는 것은 그들이 '순수하게 이론적인' 수많은 문제를 다루는 데서도 느낄 수 있는 사항——오늘날에도 그러하듯이——이다. 그러나 다른 한편으로, 기본적으로 그들의 관심을 끌었던 문제의 범위 안에서, 즉 경제적 메커니즘의 논리에 포함되는 문제들의 범위 내에서, 당시의 이론가들이 행한 절차는 방법론적 개인주의로 변호될 수 있으며, 그들이 거둔 결과는 이러한 방법론에 내재한 한계에 의해 실질적으로 훼손되지 않았다는 점도 분명할 것이다.

2. 인구

이미 알다시피, 기본적으로 맬서스의 이론인 인구론은 이전 시대 일

4) 독자들은 『쿼털리 저널 오브 이코노믹스』(1931년 11월호와 1932년 2월호)에 실린, 마셜에게 특히 주목하는 파슨스의 두 논문, 「마셜의 욕구와 활동」(Wants and Activities in Marshall), 「경제학과 사회학: 당대의 사상과의 관련 속에서 본 마셜」(Economics and Sociology: Marshall in Relation to the Thought of His Time)을 통해서, 이러한 범주에 속하는 문제들에 대한 시사적인 분석을 발견하게 될 것이다.

반경제학의 핵심적인 부분을 구성했다. 이 사실은 경제학자들이 인구압력(pressure of population)에 대해 우려했고, 이러한 사태에 대한 걱정이 사회의 미래에 대한 그들의 비전과 경제정책에 대한 생각에 영향을 미쳤다는 것 이상을 의미한다. 이것은 실제인구나 예상인구 증가율에 대한 가정이 수확체감의 법칙과 마찬가지로 그들의 이론화 작업에 돌입했으며, 그 결과 그들의 이론분석은 이러한 가정 없이는 불완전했을 것임을 의미한다. 따라서 시니어가 경제이론의 기본가정들에 완화된 맬서스주의를 포함시킨 것은 옳았다. 우리가 포착해야 할 핵심은 이러한 상황이 지금 우리가 고찰하고 있는 시기에 중단되었다는 점이다. 말하자면 1890년의 어떠한 이론적인 저술도 시니어가 했던 일을 하고 있다고 생각하지 않았을 것이다. 이것은 더 이상 인구압력에 대해 걱정할 이유가 없었기 때문은 아니었다. 그것은 한계효용 체계가 더 이상 출생이나 사망에 대한 특정한 가설에 의존하지 않으며, 어떤 저자가 적합하다고 생각하는 어떠한 가설이라도 고려할 수 있는 위치에 있게 되었기 때문이다. 그리하여 일반경제학의 인구론적 흐름은 약화되는 경향이 있었으며, 그 대신에 인구연구라는, 반드시 경제학자들에 의해서만 개척된 것은 아닌 새로운 분야가 발전했다. 우리가 이 특정분야를 제대로 개괄할 수 없기 때문에 더 이상 이 주제에 큰 관심을 보이지 않고, 이하의 세 가지 논평으로 그치고자 하는 이유는 바로 여기에 있다.

첫째, 비록 더 이상 일반경제학에 핵심적인 요소는 아니었지만, 그토록 오랫동안 핵심적이었던 주제를 금방 포기하지는 않았다. 많은 지도자가 이러저러한 형태로, 적어도 불특정 미래에 대해서는, 맬서스의 주장을 여전히 수용했다는 사실은 흥미로운 일이다. 뵘-바베르크, 마셜, (어느 정도는) 발라, 그리고 특히 빅셀[5]은 자신들의 분석구조가 더 이

5) 빅셀은 특히 (인구)숫자의 증가를 노동자 계급의 생활수준 향상을 막는 주요한 위험이라고 단호하게, 심지어 그 자신이 스웨덴 정부와 관계가 악화될 정도까지 단호하게 강조했다. 지나는 길에 그가 최적의 인구 개념을 되살렸다는 사실도 지적되어야 한다. 이에 대해서는, L. Robbins, "The Optimum Theory of

상 맬서스의 주장에 기초하지 않았음에도, 모두 그것을 존중했다. 다른 사람들의 경우, 맬서스 법칙을 둘러싼 결론 없는 찬반논쟁이 좀체 사라지지 않고 교과서와 연구논문에 남아 있었다.[6)]

둘째, 처음에는 고소득 계층에서 그다음에는 저소득 계층에서, 또 처음에는 도시 그다음에는 농촌에서, 처음에는 몇몇 국가에서 그다음에는 사실상 산업화된 모든 국가에서 나타나기 시작한 출산율의 저하는 그 이후 시기 동안 일종의 역맬서스주의(Malthusianism in revers), 즉 출산율과 사망률의 행태가 계속해서 1920년대처럼 지속된다면 그 경제적 결과가 어떻게 될 것인지에 대한 광범위한 관심을 불러일으켰다. 그런데 이는 그 세부사항과 기법을 제외하면, 맬서스의 방법론을 반대방향으로 재생한 일종의 외삽법이었다.[7)] 이 시기에서 우리는 이러한 현상의

Population", Gregory and Dalton eds., *London Essays in Economics in Honour of Edwin Cannan*, 1927 참조. 파레토에 관해서는 Spengler, "Pareto on Population", *Quarterly Journal of Economics*, August and November 1944 참조.

6) 다른 사람 중에서 두드러지는 몇 명을 언급하자면, 페터가 젊었을 때 쓴 『인구론 연구』(*Versuch einer Bevölkerungslehre*, 1894), 오펜하이머의 『맬서스의 인구법칙』(*Das Bevölkerungsgesetz des T.R. Malthus*, 1900), 로리아의 『맬서스』(*Malthus*, 1909) 등을 들 수 있다. 일반적인 개관을 위해서는 고나르(R. Gonnard)의 『인구론의 역사』(*Histoire des doctrines de la population*, 1923)와 비르질리(F. Virgilli)의 『인구문제』(*Il problema della popolazione*, 1924)를 참조. 경제학자들의 정신적 과정을 예시하기 위해서라면 흥미롭게 불붙었던 논쟁(*Economic Journal*, December 1923)에 주목해야 한다. 식량과 원료가 대량으로 판매중단된 시기의 초입에서 케인스는 이 세기의 초반 어디서부터인가 '자연'이 인간의 노력에 대해 이전보다 덜 관대해졌으며(이는 당시에 발생했던 농산물 가격의 상승에 대한 흥미로운 오독이다), 더 나아가 인구압력이 제1차 세계대전과 러시아혁명의 원인 중 하나라고 주장했다. (이런!) 그의 이러한 주장은 베버리지 경(Sir William H. Beveridge)에 의해, 상식의 이름으로, 공격받게 된다. 하지만 케인스는 전혀 위축되지 않고 계속해서(상당 기간) 맬서스의 악마가 다시 무대 위를 휩쓸고 있다고 주장했다. 그러나 이 문제에 대해서는 소수의 경제학자만이 케인스의 주장을 따랐다는 사실이 추가되어야 한다. 그들 대다수는 실제로 걱정했다. 하지만 그들은 곧 반대방향에서 걱정하느라 정신없이 바빠졌다.

첫 시작만 발견하게 된다. 게다가 출산율의 하락 자체——또는 이러한 현상의 명백히 직접적인 이유인 피임의 동기——는 다양한 관점에서 공격받는, 설명상의 문제를 제기한다. 나는 이 분야에서 가장 중요한 성과로 보이는 몸베르트의 출산율 하락의 '번영이론'을, 이것 역시 다음 시대에 속하는 것이지만, 언급하는 데 만족하기로 한다.[8)]

셋째, 이 분야에서 이룩된, 진정으로 가치 있는 진보는 인구통계 자료를 가공하고 해석하는 방법의 커다란 개선에 있다. 이 성과는 앞에서 언급한 새로운 전문분야를 형성하고, 인구문제를 경제학자들만 다룰 수 있는 영역에서 제외시키는 데 커다란 도움이 되었다.[9)] 물론 그렇다고

---

7) 예를 들면 Enid Charles, *The Twilight of Parenthood*, 1934 참조. 경제학자들의 이 새로운 골칫덩이에 대한 가장 뛰어난 서술로는 해러드(R.F. Harrod)의 뛰어난 논문인 「현대 인구 추세」("Modern Population Trends", *Manchester School*, 1939)와 그에 대한 죽스(John Jewkes)의 비판인 「인구희소성」("The Population Scare", *Ibid.*, October 1939)을 보라.

8) 이 시기에도 브렌타노와 같은 선구자들이 다수 존재했지만, 이들을 살펴볼 여유는 없다. 몸베르트(Paul Mombert)에 관해서는 베버의 『사회경제학 요강』(*Grundriss*……)에 실린 그의 글("Bevölkerungslehre")과 그의 『인구변화와 경제상태』(*Bevölkerungsentwicklung und Wirtschaftsgestaltung*, 1932)를 참조하라.

9) 우리가 이 시기의 문헌을 다룰 수 있다면, 순수하게 통계적인 접근 중에서 렉시스, 크나프, 크닙스, 피어슨의 이름을 언급해야 한다. 독자들에게 방향이라도 제시해주기 위해서, 나는 추가로 카-손더스(Carr-Saunders)의 『인구문제』(*Population Problem*, 1922), 라이트(H. Wright)의 교과서 『인구』(*Population*, 1923), 쿠친스키(R.R. Kuczynski)의 『인구성장의 측정』(*Measurement of Population Growth*, 1936), 더블린(L.I. Dublin)이 편집한 『미국과 캐나다의 인구문제』(*Population Problems in the U.S. and Canada*, 1926)를 소개하고자 한다. 내가 이 저술들을 선택한 데는, 이것들이 해당주제의 역사에 대한 편리한 접근로를 열어줄 것이라는 믿음 이상의 의미는 없다. 내 생각에 다른 사람은 다른 선택을 할 수도 있을 것이다. 마지막으로 전혀 소개되지 않은, 이 시기의 성과 중 하나—과거의 인구문제에 대한 역사가들의 저작—에 대해서는 내가 이 분야에서 뛰어난 성과를 거둔 것으로 믿고 있는 인물의 이름을 언급하는 것으로 그칠 것이다. 벨로흐(Julius Beloch)의 『그리스-로마 세계의 인구』(*Die Bevölkerung der Griechisch-Römischen Welt*, 1886)가 그것이다.

해서 이 문제가 일반경제학에 다시는 포함되지 않을 것이라는 의미는 아니다. 만성적인 정체 내지 '성숙' 이론은 그 근본적인 가정들의 집합 안에 인구에 대한 가설을 포함하며, 따라서 이 소절에서 관찰된 경향(출산율의 하락 경향—옮긴이)이 미래에는 다시 역전될 수 있는 가능성을 보여준다.

2절 비전, 기업 그리고 자본

이제 경제이론의 '혁명'에 대해 평가해보자. 사회학적 틀을 제외한 일반경제학의 다른 측면에 대해서는 다루지 않을 것이다. 이것이 일반경제학에서 혁명의 영향을 받지 않은 부분들에서는 진전이 없었다는 의미로 이해되어서는 안 된다. 앞으로 계속해서, 특히 당시의 화폐이론과 경기순환 이론에 대해 논의할 때 보게 되겠지만, 상당한 진전이 있었다. 다만 이러한 진전이 '새로운' 가치나 분배이론과 본질적으로 결합된 게 아니었으며, 후자가 없었더라도 이러한 진전은 이루어졌을 것이다. 이 절에서 우리는 경제이론의 가능한 한 가장 엄밀한 범위 내에서, '혁명가들'에 의해 다루어지지 않았던 몇 가지 주제——스스로를 혁명적이라고 생각하지 않았던 마셜의 경우에는 사후적으로 다루어진——를 개관할 것이다.

1. 비전

언급해야 할 첫 번째 항목은 경제과정에 대한 경제학자들의 비전(Vision)이다. 우리는 이미 이 개념과 비전이 과학적 노력에서 수행하는 역할에 친숙하기에(이 책, 1권, 1부를 보라) 추가적인 설명은 불필요하다. 당시의 모든 지도자, 제번스, 발라, 멩거, 마셜, 빅셀, 클라크 등과 같은 사람은 밀이나 스미스의 방식과 아주 비슷하게 경제적 과정을 묘사했다. 말하자면 이들은 경제적 과정에서 일어나는 일들과 일반적으로 이러한 과정이 작동하는 방식에 관해서 이전 시기의 생각들에 아무것도

추가하지 않았다. 또는 동일한 내용을 달리 표현하자면, 이들은 경제분석의 주제, 설명해야 할 문제 전체를 스미스와 밀이 보았던 것과 동일하게 보았는데, 이러한 노력은 모두 그것들을 좀더 만족스럽게 규명하기 위함이었다. 당시에 창안된 개념들은 새로운 사실이나 새로운 경향을 가리키는 것이 아니었다. 이 점은 이들이 경쟁을 다루는 방식에서 확인된다. 이들의 경제세계는, '고전파'의 세계와 마찬가지로, 수많은 독립적인 기업이 존재하는 세계였다. 이들은 놀라울 정도로 경쟁의 경우를, 몇 가지 목적을 위해 이론가가 유용하게 구성할 수 있는 표준적인 경우일 뿐 아니라 현실의 정상적인 경우로 바라보았다. 더구나 소유자 경영(owner-managed firm)은 현실보다 경제이론에서 훨씬 더 잘 살아남았다. 그럼에도 이들이 가졌던 커다란 장점은 이러한 비전을 '고전파'보다 훨씬 뛰어난 분석으로 보완했다는 점이다. 앞으로 보겠지만, 그들은 경쟁을 정의했고, 그 작동양식(modus operandi)을 매우 성공적으로 분석했다. 그들은 독점이나 과점 등과 같은 여타 경우에 대한 이론도 확립했다. 게다가 마셜은 기업들이 체감하는 비용곡선에 직면하는 경우를 약술했으며, 따라서 1920~30년대에 이론가들의 주목을 끌게 될 일련의 현상들을 명백하게 보여주었다. 그러나 모든 핵심적인 사항에서 당시 분석가의 비전은 여전히 밀의 것이었다. 이들은 '트러스트'와 카르텔에 대해 점점 더 큰 우려를 나타냈음에도, 어쨌든 그것들을 예외 내지 정상적인 상태로부터의 이탈로 취급했다.(이하의 7장 4절 참조)

우리는 또한 비전과 가장 밀접하게 관련된 주제가 경제적 진화이거나 당시의 모든 비마르크스주의 저자들이 불렀던 대로 '진보'라는 사실을 알고 있다. 이러한 관점의 내부에서는 아무런 변화도 없었다. 이 점에 관해서 독자들은 발라의 『순수정치경제학 요론』(*Éléments d'économie politique pure*, 1926) 36강을 공부하는 것으로 충분할 것이다.[10] 마셜

10) 지금 우리의 관심을 끄는 유형의 논의는 한계생산성에 대한 고려, 특히 가변생산계수를 삽입하게 되면 흐려진다. 하지만 나머지 부분—경제적 진보와 기술적 진보의 구별에도 불구하고—에 대해서는 밀에 의해 씌어질 수 있었을

의 진보이론은 그의 동시대인이나 선배들의 이론보다 훨씬 풍부하지만, 뼈대만 추려보면 동일한 것이다. 인구는 증가하고, 축적이 진행된다. 그 결과 시장은 확대되며, 내부경제와 외부경제(조직과 생산기술에서 비용을 절감시키는 개선들)를 유발한다. 이러한 노력에 덧붙여, 예측가능한 미래에는 그렇지 않을지 몰라도, 우리는 당시에 막 나타나던, 유발된 게 아닌(non-induced) 혁명적 발명노력——이것은 모두 식량과 원료의 생산에서 수확체감의 법칙이 작동함으로써 방해받을 수 있다——을 추가할 것이다. 이 모든 것은 밀이나 스미스를 근본적으로 넘어서는 것이 아니다. 특히 이러한 진보는 어떠한 고유 현상이나 문제도 포함하지 않는, 연속적이고 거의 자동적인 과정으로 생각되었다.

2. 기업

대부분의 사람에게 경제적 진화라는 사고는 그와 결부된 관념인 기업을 머릿속에 떠오르게 한다. 여기서도 실질적인 분석적 진전이 있었으나, 기본적으로는 이전의 흐름을 따라 진행되었다. 말할 나위 없이 기업가는 자본가와 구분되며, 그의 이윤이 이자와 구분된다는 사실은 시간이 흐름에 따라 더욱더 명확해졌다. 하지만 대부분의 저술은 밀이 말한 이윤의 세 요소나 만골트의 능력지대라는 발상을 정교화한 것에 지나지 않았으며, 설명상의 차이는 주로 강조점의 차이나 정식화의 차이였다. 이러한 상황에 대해서는 간단한 약술만으로도 충분할 것이다. 제번스와 뵘-바베르크를 제외한 오스트리아학파 구성원들은 이 문제에 대해 할 얘기가 별로 없다. 뵘-바베르크의 이론은 마찰이나 불확실성 이론이었다. 독자들은 어느 쪽이든 좋아하는 명칭을 선택할 수 있다. (이 이론에 따르면—옮긴이) 일이란 계획한 대로 진행되지 않는 법이라는 사실에 기업가 이윤의 원천이 있는 것이다. 한 기업에서 양의 이윤이 지속된다는 건 평균 이상의(better-than-normal) 판단에 기인한다. 이런 설명의

내용이다. 특히 이 책, 2권, 3부 1장 3절의 정리를 참고.

명백한 상식은 그 부적절성을 손쉽게 덮어버릴 수도 있다.[11] 발라의 기여는, 부정적이기는 했지만 중요하다. 그는 자신의 체계에 이득도 손해도 보지 않는 기업가(*entrepreneur ne faisant ni bénéfice ni perte*)의 모습을 집어넣었다. 또한 이 체계는 본질적으로, 다음 장에서 소개될 몇 가지 동태적 요소가 있지만, 정태이론이었기 때문에, 기업가의 이윤은 정태적 균형의 필요조건을 충족시키지 못하는 상황에서만 발생할 수 있으며, 완전경쟁이 지배적이면 기업들은 균형상태에서도 무너질 수 있다——이는 이윤에 대한 모든 명확한 사고가 출발점으로 삼는 명제다——는 취지의 생각을 표현했다.[12] 하지만 마셜은 경영자(management)의 수익에 대한 주의 깊은 분석에서 누구보다도 더 멀리 나아갔다. 그는 밀의 감독임금 개념을 훌륭하게 확장하고 심화시켜서 실제로 새로운 무엇을 만들어냈다. 그는 다른 유용한 주장들도 제시했다. 그중 하나는 그가 능력지대라는 만골트의 아이디어를 받아들인 것이다. 하지만 그는 이

---

11) 뵘-바베르크가 이런 이윤이론(경영자 수익*Unternehmergewinn*이란 의미에서)을, 리카도-마르크스적 의미에서는 이윤이론이기도 한 이자(*Kapitalzins*) 이론과 결합시켰다는 사실에 한 번 더 주목하자. 우리는 이하에서 이 점을 논의할 것이다.

12) 물론 발라에게 이것은 단지 기업('기업가'entrepreneur)이 자기가 소유한 것과 동일한 종류의 자본에 대한 현행 이자 수준, 자기가 소유한 것과 동일한 종류의 천연자원에 대한 시장의 지대 수준, 그들이 고용한 것과 동일한 종류의 경영서비스(스스로를 고용한 소유경영자의 서비스를 포함해서)에 통상 지불되는 경영자들의 임금 수준을 넘어서는 잉여를 거둘 수 없다는 의미일 뿐이었다. 게다가 그러한 조건들은 극단적인 상태의 특징에 속한다. 만일 이러한 극단적 상태가 실제로 나타난다고 하더라도, 현실은 정체적이지 않기 때문에 기업가들은 여전히 그 이상을 바랄 것이다. 따라서 기업가의 동기가 사라진다는 이유로 기업가에게 이윤도 손실도 없다(*entrepreneur ne faisant ni bénéfice ni perte*)는 관점에 반대한 에지워스의 견해는 타당하지 않다. 하지만 또 다른 비판이 제기된다. 발라는 영의 (잉여)이윤(앞에서 지적한 의미의)을 가정했다. 그러나 그는 이윤이 0으로 수렴된다는 사실을 정리(theorem)의 형태로 증명하지는 않았다. 하지만 그의 다른 가정 아래서, 그것을 입증하기란 그리 어렵지 않다. 따라서 이 비판은 논리적으로는 타당하지만 순전히 형식적인 것이다. 이하의 7장 7절 참조.

개념을 이윤에 대한 설명이라는 특수한 목적이 아니라 좀더 일반적으로 개인적 노력에 대한 모든 정상 수준 이상의(super-normal) 수익을 설명하는 데 사용했다. 또 다른 제안은 그의 준지대(quasi-rent) 개념[13] 속에 자리 잡고 있다. 클라크의 공헌은 가장 중요한데, 그는 이자(와 지대) 이상의 잉여로 간주되는 기업가의 이윤을 기술적 · 상업적 · 조직적 개선이라는 경제적 과정의 성공적 도입과 연결시킴으로써 새로운 제안을 한 최초의 인물이었다.

나머지 사람 중에서 많은 저자가 밀(이나 스미스)의 위험(risk)요소를 발전시켰다.[14] 이러한 시도는 홀리와 특히 나이트에 의해 가장 성공적으로 수행되었다. 우리는 나이트 덕분에 첫째로, 보험가능한 위험(insurable risks)과 보험불가능한 불확실성(non-insurable uncertainty)의 구별이라는 매우 유용한 강조점을 알게 되었으며, 둘째로 이러한 보험불가능한 불확실성을 한편으로는 급속한 경제변화——초경제적인 교란을 제외하면, 이것은 불확실성의 주된 원천이다——와, 다른 한편으로는 사업능력의 차이——무엇보다도 경제가 급속하게 변화하는 조건에서의 이윤과 손실을 설명하는 데 적합한——와 연결시키는 이윤

13) 물론 나는 준지대가 기업가 이윤과 동일하다거나 고유하게 연관되어 있다고 말하는 것이 아니다. 하지만 그것은 사업이득에 대한 분석에서 손쉽게 등장한다. 세 번째 제안은 아마도 그에게서 연원한 것일 터다. 1920년대와 1930년대에 케임브리지대학교의 경제학자들은 정상이윤(normal profit)과 화폐체계의 작동에서 나타나는 초과이윤(windfall profit)을 구별하게 되었다. 우리는 아직 이 도식(schema)을 고찰할 준비가 안 되어 있다. 하지만 신용과 물가의 순환적 행태에 대한 마셜의 부연설명(*obiter dicta*)에는 이러한 종류의 초과이윤 이론의 맹아가 담겨 있으며, 경영자 수익에 대한 그의 논의에는 정상이윤 이론의 핵심이 담겨 있다는 사실을 지적하자.

14) 이에 대한 반론은 이미 지적되었다. 필자는 홀리(F.B. Hawley)의 『기업과 생산과정』(*Enterprise and the Productive Process*, 1907) 그리고 나이트의 『위험, 불확실성과 이윤』(*Risk, Uncertainty and Profit*, 1921)을 참조했다. 후자의 저작은 연대기적으로는 이 시기에 속하지 않지만, 다른 경우에도 그랬듯이 이 시기에 그 뿌리를 두고 출발한 중요한 분석적 진전의 한 흐름을 조명하기 위해서 여기에 언급하는 것이다.

이론을 알게 되었다. 그리하여 그는 통상적인 유형의 위험이론에 대한 주요반론에 해당되지 않은 종합을 이루어냈다. 이 방향으로 한 발 더 나아간 시도는 돕[15]에 의해 이루어졌다. 우리는 지금 고찰하고 있는 시기에 이루어진 분석적 발전의 상당 부분을 구현할 뿐 아니라 사실상 특징짓고 있는, 나아가 1920년대에 가장 뛰어난 성과 일부를 이루어냈으며 마침내 그 이론적 구성요소에 관한 한 소멸하게 되는, 이 주제와 관련된 방대한 문헌들을 더 자세히 살펴볼 여유는 없다.[16] 이 분야에서는 만나기가 특히 어려운 실증연구는 겨우 걸음마단계였다. 성공적인 연구에 대한 기록은 1920년대에, 특히 이전에는 자료부족이 거의 치명적인 장

---

15) M. Dobb, *Capitalist Enterprise and Social Progress*, 1925 참조. 이 저작은 다른 맥락에서 이미 인용된 적이 있다.

16) 하지만 나는 이 주석에서 이러저러한 이유로 대표적인 공헌으로 간주될 수 있는 몇 가지 추가적인 공헌을 소개하고자 한다. 이 문제에 대한 미국의 연구는 워커(F.A. Walker)에 의해 시작되었다고 말할 수 있는데, 그의 『임금문제』(*The Wages Question*, 1876)와 「사업이윤의 원천」("The Source of Business Profits", *Quarterly Journal of Economics*, April 1887)이 그것이다. 주목할 만한 좀더 최근의 공헌은 튜틀(C.A. Tuttle)의 논문("The Function of the Entrepreneur", *American Economic Review*, March 1927; "The Entrepreneur Function in Economic Literature", *Journal of Political Economy*, August 1927)이 있다. 독일의 연구는 단지 오래된 전통을 지속시켰을 뿐이다. 예를 들어 마타야(Victor Mataja)의 『기업가 이득』(*Der Unternehmergewinn*, 1884)이 있으며, 이전의 출간물로는 피에르스토르프(J. Pierstorff)의 『기업가 이득에 대한 학설』(*Die Lehre vom Unternehmergewinn*, 1875)이 있다. 왜 이 대다수 문헌이 미국 아니면 독일이어야 하는지도 꽤 흥미로운 물음이다. 아마도 기업가의 모습이 그 당시에는 영국이나 프랑스보다 미국과 독일에서 더욱 두드러졌던 것일까? 아니면 최소한 영국경제학자들은 기업가적 기능과 기업가의 이윤을 당연한 것으로 치부했기 때문에 그들이 마셜에게서 발견한 것 이상의 분석을 별로 필요로 하지 않았던 것일까? 그들 대부분이 이자문제가 만족스럽게 해결되었다고 여겼듯이 말이다. 하지만 나는 이 기회에 한 가지 중요한 저작에 대해 독자들이 주목하기를 요구하고자 한다. 이 저작은, 정확하게 기업이윤의 문제를 다루고 있지는 않지만, 그 문제와 관련이 있기에 여기서 언급한다. 라빙턴(F. Lavington)의 「사업위험 이론에 대한 접근」("An Approach to the Theory of Business Risks", *Economic Journal*, June 1925)이 그것이다.

애였던 미국에서 시작되었다.[17]

하지만 그냥 지나칠 수 없는 한 가지 사항이 더 있다. 지금까지 언급된 기업가의 활동과 이득에 관한 모든 이론은 기능적(functional)이다. 말하자면, 그것들은 모두 기업가에게 생산과정에서의 핵심적 기능을 부여하는 것으로 시작하며, 기업가 이득을 이러한 기능수행의 성공에 의해 설명한다. 물론 저자에 따라서는 이 기능을 정의하는 방식이 다르다. 하지만 기업가(undertaker)란 경제적 삶에 대한 '지배적 의사결정을 내리는' 사람들이라는 돕의 최근 표현(앞의 책, 54쪽)은 그들 모두의 공통표어로 쓰일 수 있다. 이 주제에 관한 당시 저작들을 경제분석에 대한 주요한 공헌 중 하나로 묘사하는 데 있어서 우리 역시 동일한 관점을 선택할 것이다.[18] 그러나 자본주의 경제의 핵심인물과 관련된 문제에서, 더 나아가 대다수 경제학자로서는 믿을 만한 사실정보를 얻기 힘든 문제에서는 어떠한 기능적 이론이라도 이데올로기적 편향이라는 의구심에서 벗어나기 어려우며, 얼마 안 가서 마찬가지로 의심스러운 반대이론(기업가는 아무런 '생산적' 기능도 수행하지 않으며 단지 다른 사람들의 생산적 활동에 기생할 뿐임을 입증하는 것이 이 이론의 과제일 것이다)에 부딪히는 것이 당연하다. 이러한 이론들은 오늘날 대중적인 경제학에서 광범하게 통용되고 있다. 그러므로 우리의 첫 질문은 다음과 같다. 그러한 이론을 주장한 저명한 경제학자가 있었는가?

17) 그 한 가지 이유는 대체로 미국의 기업계가 1907년의 위기 때까지 적절한 감가상각이나 비용회계 방법을 채택하지 않았다는 점이다. 따라서 이윤에 관한 사실연구는 부정확한 지표를 이용해야 했는데, 이것이 오류를 초래하기 십상이었다.

18) 하지만 기업가 활동에 관한 이러한 이론들—이나 그 일부—이 타당하기 위해서는, 이 활동이 자본주의 사회에서 본질적인 기능을 충족시킨다는 명제를 넘어설 필요는 없다는 점이 다시 한 번 강조되어야 한다. 다른 어떤 사회, 이를테면 사회주의 사회에서 그와 유사한 기능이 어떻게, 누구에 의해 그리고 얼마나 효율적으로 충족될 것인지는 완전히 다른 문제다. 당시의 저자들이 이 문제에 대해 어떻게 생각했는지는 이들의 이론을 자본주의적 과정에 적용할 때 그 이론들이 갖는 도구적 가치와는 무관하다.

독자들은 마르크스와 마르크스주의자들을 떠올릴지도 모른다. 만일 그랬다면, 현재의 논점을 놓친 것이다. 이 시기 내내 기업가를 자본가에게서 기업가 이득을 자본 이득에서 떼어놓으려는 경향을 따라가지 않은, 상당히 많은 경제학자가 존재했다. 이들은 원칙적으로는 스미스나 리카도와 똑같은 의미에서 기업가를 자본가와 동일시했다. 그리하여 그들에게 주요하게 설명해야 할 문제는 자본에 부가되는 수익이었다. 이러한 접근방법을 견지했던 모든 경제학자 중에서 집단으로서는 마르크스주의자들이 가장 중요했다. 따라서 마르크스주의 착취이론은 자본에 의한 노동의 착취이론이며, 이 이론을 이자이론 중 하나로 간주하는 것도, 지금도 통상적인 관행이며 이전부터 그래왔듯이, 옳다. 기업가도 분명 마르크스주의 희곡(drama) 안에 존재한다. 하지만 그는 무대의 뒤편에 있으며, 그의 이득은 마르크스주의의 문제가 아니다. 그는 비마르크스주의적 재해석을 통해서만 마르크스주의 체계 안에 들어갈 수 있다. 심지어 집중과정에 대한 마르크스의 묘사에서도 소규모 자본가들을 등쳐먹는(약탈하는expropriate) 것은 대자본가다. 우리가 이 사실을 깨닫자마자, 그래서 마르크스주의자들이나 그들과 유사한 견해를 채택한 다른 저자들을 제외하자마자,[19] 우리는 기업가 이득의 약탈이론(depredation theory)이라고 부르는 것의 공인된 옹호자들을 찾기가 어려워진다. 베블런이 그 예에 가장 가깝다. 그의 경우에는 분명 몇 가지 유보사항이 있어야 하지만, 우리는 그를 위에서 암시한 대중적인 이론의 학문적 선조로 간주할 수 있다. 하지만 현대 과학적 사회주의자들은, 랑게와 돕의 저술에서 볼 수 있듯이, 그러한 유보가 필요 없다.

이러한 환경 아래서는 기업가의 역할과 이득에 대한 기능적 설명이 이데올로기적으로 훼손되었는가라는 질문을 던지거나 그 저자들의 머릿속에 변호론적 의도가 자리 잡고 있었다는 이유로 폄하되어야 하는가

---

19) 동일한 근거로 우리는 특히 다양한 교섭력 이론들(bargaining-power theories)을 제외한다. 이 이론들은 주로 자본이윤을 설명할 목적으로 이용된다.

라는 질문을 던지는 일은 별 가치가 없다.[20] 불행하게도 이것은 문제를 해결하지 못한다. 왜냐하면 첫째로, 기능적 이론들은 사업계의 관행에 알려진, 이윤과 손실항목의 모든 내용을 포괄하지 못한다. 이것은 이 항목이 자가소유 요소들——이 이론 중 일부, 특히 좀더 오래된 이론들은 밀의 예를 따라 이러한 요소들을 포함시킨다——에 대한 수익을 포함하기 때문만이 아니라 기업가나 심지어 단순한 경영자, 특히 관심대상인 소유경영자가 (양이나 음의) '잔여수익'(leftovers)의 수혜자로 위치 지워지기 때문이기도 하다. 따라서 그의 이윤에 적용되는 잔여라는 단어는 총수익에 대한 지분에 대해 여타 청구권자들의 경우보다 훨씬 더 명확한 의미를 갖는다. 게다가 상품시장과 요소시장 사이에 있는 기업가나 소유경영자는 유리한 상황을 찾아낼 더 많은 기회를 갖게 된다.[21] 그리고 다른 사람보다는 자기와 동일한 일을 하는 사람들의 행동에 훨씬 더 취약하다. 따라서 기업가의 개인소득 신고서에 있는 이득항목의 의미에서 전체 순이윤은 극히 다양한 특성을 갖는 요소들의 집합이며, 그것들은 다른 사람들의 수입과 마찬가지로, 특정이론을 채택하자면, 우리가 '순수'이윤이 그 '기능적' 소득이라고 간주할 수 있는 그 어떤 것과 그리 긴밀하게 연관된 것이 아니다. 그 차이는 상당하며, 근본적이지는 않지만, 우리가 기업가 이득의 균등화 경향에 대해 얘기하지 말아야 하는 이유를 구성한다.

---

20) 물론 이것이 역사적 발전에 대한 분석에서 경제학자들로 하여금 다른 요소들의 희생 아래 기능적 측면을 강조하도록 만드는, 경제과정에 대한 비전 속에 들어 있을 가능성을 배제하지는 않는다.

21) 이것의 특수한 경우는 고든(Robert A. Gordon)이 '지위상의 이득'(gains of position)이라 부른 것이다. 이것은 기업의 이사회 구성원들이 얻을 수 있는 이득을 지칭한다. 그의 『대기업에서 사업의 리더십』(*Business Leadership in the Large Corporation*, 1945), 272쪽을 보라. 하지만 내가 위의 본문에서 얘기한 것은 동일한 용어를 적용할 수 있는, 훨씬 더 광범한 이득 내지 기업가 '기능'의 충족으로 발생하는 게 아니라 이 기능을 수행하는 이들이 얻는 이득의 범주다. 나는 지금 논의 중인 경제학자들이 이러한 현상을 인정했다고 말하는 것이 공정하다고 생각한다. 그들은 그렇게 하지 않을 수 없었을 것이다.

근본적인 이유는 기업가 이득은 결코 영구수익이 아니라, 나이트-돕 이론의 용어를 사용하자면, 불확실성의 조건 아래서 어느 한 기업가의 의사결정이 성공으로 나타나는 매 순간 발생하는 것이며, 고용된 자본량과 아무런 확정적인 관계도 없다. 달리 말하자면, 기업가 이득은 기술적 실업처럼 항상 존재하지만, 또다시 기술적 실업처럼 사건들의 연쇄(sequence of events)로부터 발생한다. 이 사건들 각각은 고유한 것이며 자동적으로 영구적인 이득이나 실업을 초래하지는 않는다. 0인 수준을 제외하면, 이러한 '개별적으로 일시적인' 이득을 균등화시키는 메커니즘은 존재하지 않는다. 하지만 당시의 많은 이론가는, 명시적 · 암묵적으로, 이러한 경향의 존재를 가정했는데, 이는 단순히 그들이 기업가 이득과 자본 이득의 관념결합으로부터 완전히 벗어나지 못했기 때문이다. 이 경우에는, 만일 위험을 감안하지 않는다면, 실제로 그러한 경향을 갖는다는 점을 입증할 수 있다. 이 주제는 어렵다. 오늘날 비수학적 경제학도들이 현대 이론을 어렵다고 느끼는 것과는 다른 의미이긴 하지만 말이다. 그리고 우리는 이 주제를 더 이상 자세히 다룰 수 없다. 하지만 한 가지만 덧붙이자면, 부분적으로는 그러한 이유 때문에 우리는 '사업능력의 공급'이라는 말을 써서는 안 된다. 영국인 저자들이나 이와 비슷한 사람들은 그렇게 얘기했다. 왜냐하면 그들은 자신들이 의미심장하게 부른 경영자이득을 임금과 동일시하는 경향이 있었기 때문이다. 이러한 용어사용법이 변호될 수는 있다. 하지만 설사 우리가 다른 어떤 종류의 작업에 대해서도 공급곡선이 존재한다고 믿는다 하더라도 우리로 하여금 기업가 서비스의 공급곡선을 그리게 해서는 안 된다.

두 번째로, 다른 측면에서 그 본질이 무엇이든, 기업가 이득은 실제로 항상 독점적 가격설정과 일정한 관계를 가진다는 사실이 고찰되어야 한다. 이러한 이득을 만드는 것이 무엇이든, 이러한 이득은 최소한 일시적으로는, 경쟁자들이 따라올 수 없는 무엇인가를 필요로 한다. 만일 경쟁자들이 따라오게 된다면, 비용(기업가의 '임금'을 포함하는) 이상의 잉여는 발생할 수 없다. 새로운 상품이나 브랜드의 성공적인 도입이 아마

도 가장 좋은 예증일 것이다. 게다가 성공적인 기업가에게는 자신의 독점적 · 준독점적 지위를 누릴 기간을 연장시키고 경쟁자들이 자신을 따라오기가 더욱 어려워지게 만들 수 있는, 유용한 수단——특허, '전략' 등과 같은——이 존재한다. 분명히 이것은 현실적인 그림을 도출하기 위한 수단으로 이전 문단에서 살펴보았던 경우의 요소들과 연결될 수 있다. 이 그림은, 실제적인 목적을 위해서라면, 직접적인 약탈이론에 따라 그려진 것과 크게 다르지 않다. 이러한 종류의 사실들에 적절한 중요성을 부여하고, 그와 동시에 그것들을 지나치게 강조하지도 않는 경제학자들이란 사실 희귀새(rare birds)다. 정치적 이해뿐 아니라 이데올로기적 편향이 자신의 권리를 주장하는 곳은 관련된 이론의 근본물음들에서가 아니라 바로 이 지점에서다. 원칙적으로, 어느 기능적 이론의 후원자가 있다면 그는 자신이 원한다면 마음대로 약탈활동에 커다란 비중을 부여할 수 있다.[22] 하지만 1914년 이전에 저술한 대다수의 경제학자는, 자기후배들이 남용했던 것만큼이나, 이러한 자유를 너무 적게 사용했을지도 모른다. 하지만 대기업과 '트러스트'에 대해 널리 퍼진 적대감은, 그것에 대한 분석적 의미가 존재하는 한, 동일하게 언급된 사실들에 대한 광범한 인정을 함축한다는 사실을 잊지 말아야 한다.

3. 자본

우리는 한 번 더 진보(advance)에 대해 언급해야 한다. 하지만 이것은 가치와 분배의 '혁명'과는 거의 아무런 관련이 없다.[23] 이 시기 내내 모든 국가의 경제학자는 단어의 의미를 추적하는 방식으로 문제를 해결

---

22) 이것이 약탈이론의 후원자들에 대한 그의 이점이다. 약탈이론의 후원자들은, 만일 자신들의 이론이 독특한 것이 되려면, 기업가는 약탈이나 그 작동을 방해하는 경우를 제외하면 현대 산업조직의 등장과 아무런 관련이 없다고 주장해야 한다. 물론 이 주장은 이론적 · 역사적 분석 모두에 의해 쉽게 반박될 수 있다.

23) 이 시기의 자본형성(저축과 투자) 분석에 대해서는 이 장의 5절과 다음 장에서 논의될 것이다.

하려는, 한심한 '방법'에 집착하는 경향을 보였다. 자본의 개념에 관한 하나의 논쟁, 아니 몇 가지 논쟁이 있었는데, 뵘-바베르크가 주역이었던 논쟁과 피셔가 주역이었던 논쟁이 대표적이다.[24] 그렇지만, 부분적으로는 긍정적이지 못한 '방법'을 통한 것이었을지라도, 진지하면서도 나름대로 성과도 있는 분석작업이 수행되었다는 사실을 간과해서는 안 된다. 주요요점을 간단하게 살펴보자.

첫째, 알다시피, 피셔는 자본을 매 시점에 존재하는 부의 스톡으로 정의했다. 이러한 정의는 분석에 두 가지 이점을 제공했다. 펀드(funds)와 플로(flow)의 근본적인 차이를 강조할 때, 그것은 항시 이점을 제공했다. 이렇게 특별한 경우에 분석은, 피셔의 주장에서 드러나듯이, 경제학자의 자본개념과 회계사의 자본계정 사이의 연결고리를 획득할 수 있었다. 실제로 대부분의 경제학자는 계속해서 자본을 재화의 스톡으로 정의했지만, 이는 총스톡이라기보다는 특정범주의 재화의 스톡을 의미했다.[25]

둘째, (자본에 관한—옮긴이) '물리적' 개념들이 여전히 큰 인기를 누리고 있었지만, 비(非)물리적 개념들도 나타나기 시작했다. 자본은 점차 화폐로 구성되거나 화폐로 평가된 자산들의 총합이나 펀드가 변모되었

---

24) 이 논쟁에 대한 뵘-바베르크와 피셔의 기여는 각각 『자본과 자본이자』(*Kapital und Kapitalzins*) 2권과 『자본과 소득의 본질』(*Nature of Capital and Income*) 그리고 이 두 권에서 인용되고 있는 모든 저자의 저서 속에 담겨 있다. 이 자본논쟁과 나란히 소득에 대한 논쟁(이것은 우리 시대에 흥미롭게 부활된 바 있다)도 진행되었다. 독일어권의 기여가 특히 많았는데, 그중에서도 나는 마이어(R. Meyer)의 저작(*Wesen des Einkommens*, 1887)만을 언급할 것이다. 나머지에 대해서는 피셔(의 저작—옮긴이)를 참조할 수 있다. 아직까지 소득은 오늘날의 소득분석(Income Analysis)에서 수행되는 역할을 보여주지 못했기 때문에, 이 개념을 좀더 상세히 논하지는 않을 것이다. 하지만 페터의 심리적 소득(Psychic Income, 『원리』, 6장) 개념이나 이와 비슷한 개념을 피셔가 개발했다는 점(앞의 책, 10장)은 지적해두고자 한다.

25) 많은 경제학자는 사회적 자본과 개인적 자본의 구분에 대해 고민했는데, 내 생각에 이는 불필요한 것이었다.

다. 이러한 움직임은 멩거의 저서에 잘 나타나 있다. 그는 처음에 그의 『국민경제학 원리』(*Grundsätze*)에서 자본을 '고차재'(goods of higher order)로 정의했다. 하지만 이후 자신의 자본이론에 관한 논문("Zur Theorie des Kapitals", *Jahrbücher für Nationalökonomie*, July 1888)에서는 "생산적으로 사용된 화폐의 총합으로 〔간주될 수 있는〕 생산적 재산"으로 정의했다. 이것은 후대의 경향을 미리 보여준다. 하지만 우리는 어떻게 이러한 관점이 갑자기 여기저기서 나타났는지를 설명하지는 않을 것이다. 왜냐하면 이 시대에는 몇 가지 사소한 것을 제외하고는 대단한 것이 없었기 때문이다.[26] 기대소득 흐름의 할인된 가치라는 자본개념은, 뵘-바베르크와 피셔의 저작 이후에, 자본 그 자체가 아니라 자본의 가치라는 외양을 띠고 출현했다. 그러나 이 개념이 조금 이후 세대가 생각하던 것과 별 차이가 없었다는 점은 분명하다.[27]

셋째, 대부분의 저자는 생산의 3요소——'자본'은 그중의 하나다——라는 생각과 이 세 요소 각각에 해당되는 소득의 3요소(기업가 소득은 별도였다) 사이의 대응관계를 고수했다. 이것은 또한 마셜에게도 적용된다. 비록 그가 조직을 네 번째 요소로서 공식적으로 도입하긴 했지만

---

26) 하지만 우리는 지나는 길에 간략하게 지적해둘 것이 있다. 자본에 관한 화폐적 개념은 확실히 물리적 개념과 달리 자본주의와의 관련성을 보여준다는 점에서 분명 약간의 이점이 있다. 마르크스주의 집단이나 다소간 그 영향을 받은 경제학자들을 제외하면 자본주의라는 용어는 거의 사용되지 않았다. 잘 알다시피, 마르크스는 노동자 이외의 사람들에 의해 물리적 자본이 소유된 경제를 자본주의라고 정의했다. 이런 정의가 비마르크스주의의 경제학자로 하여금 자본주의 경제에 대한 자신들만의 고유한 특성을 발견하도록 유도했을 것이라고 생각할 수도 있을 것이다. 하지만 민간기업 경제(private enterprise economy)나 사유재산 경제(private-property economy) 같은, 마르크스주의적 명칭과 크게 다르지 않은 이름표에 만족하지 않는다면, 이는 사실이 아니다. 정작 이런 이름들도 마르크스의 것과 그리 다르지 않은 것이다.

27) 비판가들은 자본가치가 할인과정의 결과(특별한 의미에서 '현재가치화' capitalization)라는 생각이 뵘-바베르크의 자본이론의 주요요점 중의 하나라는 사실을 종종 인식하지 못했는데, 이는 아마도 자신을 표현하는 데 그다지 능숙하지 못했던 뵘-바베르크 자신 때문일 것이다.

말이다.

이제 3요소와 그 대응관계를 고수한 모든 분석가는, 사실상, 자본을 생산과 분배면에서 노동요소나 토지요소와 동일한 위상을 지닌 것으로 정의하고픈, 분석적 관심——정치적 관심으로 언급한다면 웃기는 일이다——을 강하게 갖게 되었다. 이들은 또한 자본을 하나의 동질적인 양, 즉 증가와 감소가 명확한 의미를 갖는 수량으로 취급하려는 분석적 관심도, 좀더 약하긴 했지만 여전히 강하게 갖고 있었다. 어떤 이는, 매우 비논리적이긴 했지만, 달러로 표시된 자본요소를 노동시간으로 측정된 노동요소나 에이커로 측정된 토지요소와 나란히 배치하는 방식으로 이를 보여주었다. 이런 관행은 심지어 1930년대에도 발견된다.[28] 그러나 어떤 경우든지 간에, 자본이 물리적 재화의 집합——공장, 기계, 윤활유, 원료 등——을 의미하는 한, 이런 식의 자본의 수량화는 결코 인정될 수 없음이 분명하다. 이러한 재화의 집합은 일상적 의미에서 단일한 수량으로 간주될 수 없고, 행렬로 표현될 수 있다는 의미에서 하나의 '복합수량'(complex quantity)으로 간주될 수 있다.[29] 여기서 그치지 않는다. 동일한 논리가 비동질적인 토지요소나 노동요소에도 적용된다. 하지만 아직도 여전히 고려해야 할 것이 남아 있다. 이러한 세 가지 '복합수량'이나 행렬들의 원소들은 서로 분명하게 분리되지 않고, 서로에게 영향을 미친다. 예를 들어 철도는 인간이 만든 것이지만 자연요소처럼 움직이며, 법률가의 기법은 '투자'의 결과(이거나 그렇게 여겨질 수도 있)다. 오늘날 우리는 이 모든 것에 익숙한데, 이는 나이트의 어느 누구도 따라올 수 없는 정열적 노력 덕택이다. 그는 '생산요소'라는 전체

---

28) 자본을 수량화하기 위한 클라크의 좀더 정교한 시도에 대해서는 곧 언급될 것이다. 여기서는 독자들의 관심을 분산시키지 않기 위해 살펴보지 않을 것이다.

29) 수학에 익숙하지 않은 독자라면, 이것을 이해하는 데 뵈허의 『고급 대수론』(*Introduction to Higher Algebra*) 2장의 첫 페이지와 6장의 첫 페이지를 찾아보는 것으로 충분하다. 이후의 내용은 신경 쓰지 않아도 좋다. 여기서 사용된 복합이라는 용어를 '복소수'라는 말의 의미와 혼동해서는 안 된다.

개념을 "경제적 논의에서 가급적 간략하게 제거되어야 하는, 경제분석의 몽마(夢魔, incubus: 잠자는 여성을 범한다는 상상 속의 악마—옮긴이)"[30]로 묘사했다.

우리가 그의 견해에 동의하기 위해서는 두 측면에서 단서조항을 첨부해야 한다. 첫째, 나이트는 이 문제에 대해 완벽하게 올바른 관점을 주장하면서도 과거의 성과에 대해서는 심각하게 부당한 관점을, 그것도 불필요할 정도로 보여주었다. 위에서 설명한 것처럼, 생산의 3요소는 그것의 도입이 하나의 진전이었듯이, 이후의 분석단계에서는 그것의 폐지가 또 다른 진전일 수 있는 사항에 속한다.[31] 둘째, 생산요소라는 생각을 완전히 없애는 것은 결코 쉬운 일이 아니다. 왜냐하면 그가 생산요소에 대해 쏟아부은 비난은 그가 경제적으로 중요한 차이가 없는 무한히 다양한 생산요소[32]를 인정한 것으로 해석될 수도 있기 때문이다. 그러나 이런 관점을 채택하는 데서 비롯된 표현상의 난점을 무시한다고 하더라도, 현실적이거나 중요한 생산필수재의 세계에는 상당한 차이가 존재한다. 이 차이는 명확한 구분이 불가능하기 때문에 현실성이 떨어지는 것도, 중요하지 않은 것도 아니다. 심지어 이 차이를 가장 이상적으로 순수한 (그리고 동질적인) 노동, 천연자원 그리고 그러한 유형의 자본——이를테면 삽처럼 서로 명확히 구분되는——에 비추어 추론하는 방식으로 설명하려는 시도조차 비현실적인 이론가들의 행동 중에서

---

30) Knight, *Econometrica*, January 1938, p.81.

31) 나이트는 이 점을 처음으로 인식한 사람이었다. 왜냐하면 3요소에 대한 초기의 대표적 지지자인 세(J.B. Say)는 생산요소의 다원성을 주장하기 위해 그것을 이용했으며, 나이트가 채택한 분배에 대한 관점, 즉 '분배'는 단순히 생산적 서비스에 대한 가격결정이라는 바로 그 관점을 주장하기 위해 그것을 이용했기 때문이다. 3요소론은 이 목적을 위한 조야한 도구일지는 몰라도 확실히 효과적인 도구였다. 앞으로 논의되겠지만, 심각한 부당성의 또 다른 사례는 그가 매우 추종했던 뵘-바베르크 학설에 대한 비판에서 나타난다.

32) 엄격한 논리를 따르자면, 이러한 생산요소들의 수는 무한(infinite)해야 한다. 왜냐하면 개념적으로 그것은 하나의 연속체(a continuum)를 구성하기 때문이다.

가장 가증스러운 짓에 속하는 것으로 여겨서는 안 될 것이다.

하지만 독자들은, 이러한 주장을 통해 이 문단의 서두에 암시했던 경제학자들의 견해로 인도하려는 의도가 내게는 없다는 점에 주의해야 한다. 내가 말하고자 하는 바는 물리적 자본재를 노동과 토지로부터 분리하는 것에 대해 반대할 만한 필연적인 이유는 없으며, 이것이 경제의 구조적 관계분석에 유용하게 쓰일 수도 있다는 점이다. 나는 지금 경제학자들의 마음속에 있던 으뜸가는 목적, 즉 노동 서비스의 가격이 임금이고, 천연자원 서비스의 가격이 지대를 구성하는 것처럼, 그 서비스 가격이 이자를 구성하는 (물리적) 자본이라 불리는 실체를 구축하려는 특수한 목적을 옹호하려는 것이 아니다. 지금 당장은 이자에 대해 관심이 없다.[33] 하지만 오해를 피하기 위해 말해두고 싶은 것은, 나는 이 이자이론이 완전히 이치에 맞지 않는다고 생각하며,[34] 3요소 주장이 그 이론의 목적에 복무하는 것 또한 전적으로 불행한 일이라고 생각한다.

다수의 경제학자가 3요소도식을 고수했지만, 여기서 멀어지려는 움직임이 심지어 '물리적' 자본 개념을 옹호하는 사람들에게도 나타났다. 멩거의 '고차'재 개념(소비재는 가장 저차재에 속한다)이 종종 이런 맥락에서 언급되곤 했다. 3요소론에 대한 가장 강력한 공격은 뵘-바베르크에게서 나왔다. 그는 자신의 비판작업 중에서도 가장 뛰어난 것 중의 하나에서, 위에서 언급한 이자이론을 파괴시켰을 뿐만 아니라 '물리적' 자본이 '원초적' 생산요소인 노동이나 천연자원과 동일한 위상에서 취급될 수 있는, 독자적인 생산요소라는 생각과 싸우기도 했다.[35] 이렇게 3

---

33) 하이에크가 지적했듯이(*The Pure Theory of Capital*, p.5), 자본분석은 이자문제를 지나치게 강조함으로써 물리적 자본과 관련된 다른 문제들을 배제할 경우 자본분석은 훼손된다. 인용된 위의 저서에서 독자들은 다른 문제들과 관련된 풍부한 사례를 발견할 수 있다.

34) 물론, 경제체계에서 모든 것은 서로 연결되어 있다. 따라서 위의 주장이 물리적 자본구조가 이자와 아무런 관련이 없다고 말하는 것은 아니다.

35) 그러므로 칼도(Kaldor) 같은 수준급 이론가가 뵘-바베르크의 문구와 정신에 분명하게 어긋나는 문장으로 그의 자본이론에 정반대되는 견해를 표현했어야

요소를 2요소로 축소하는 것은 그 분석동기와 지혜가 모두 의심받았지만, 일정한 영향력을 행사하는 한에서 그것은 분명 3요소론을 불신하도록 만드는 데 기여했다. 물론 이 2요소도식(dyad)은 나이트의 관점에서 있는 또 다른 2요소론과 반드시 구분되어야 한다. 그리고 이것은 시간이 흐르면서 점점 인기를 얻었다. 점점 더 많은 경제학자가 천연자원을 자본재와 유사하게 취급하기로 결정했다. 그 이유는 전자의 특성이 있다고 하더라도 별도의 취급을 받을 정도는 아니라는 것이었다.[36)]

마지막으로 우리는 물리적 자본을 수량화하려는 작업 중에서 가장 과감한 사례인 클라크의 시도에 대해 주목해야 한다. 그 또한 자신의 자본재 개념에 토지를 포함시켰다. 그러나 그는 이 개념과 함께 추상적인 생산력의 기금(a fund of abstract productive power)을 지칭하는 순수자본(pure capital) 개념을 고안했다. 만약 그가 이 순수자본을 화폐나(또는 다른 가치) 단위로 정의했다면, 훨씬 쉽게 이해되었을 것이다. 하지만 그는 그것을 물리적인 의미로 생각했으며, 비유를 통해 그 의미를 전달하고자 노력했다. 어떤 주어진 순간에 폭포는 개별물방울들로 구성되어 있지만, 이 물방울들은 흐르면서 다른 물방울들로 대체된다. 하지만 폭포 자체는 여전히 동일한 폭포로 남아 있다. 이와 마찬가지로 순수

했다는 사실은 유감스러운 일이다.(*Econometrica*, April 1938, p.163) 그리고 다음과 같은 질문으로 이런 관점을 지지했어야 했다는 사실 또한 놀라운 일이다. '만약 이것〔즉 자본이 독자적인 생산요소이고, 자본과 이자는 노동과 토지와 같은 선상에서 생산과 분배이론의 틀에 포함될 수 있다는 것을 보이는 것〕이 그 이론의 목표가 아니라면, 무엇이 목표겠는가?' 하이에크의 동료는 어렵지 않게 이 질문에 대한 답을 찾을 수 있어야 했다. 이하에서는 뵘-바베르크가 가장 적절하게 프리미엄(premium, *Agio*)이론이라 불릴 수 있는 이자이론의 저자라는 사실을 칼도에게 감히 일깨워드리고 싶다.

36) 이런 배치는 목적에 따라 편리할 수도 그렇지 않을 수도 있다. 그리고 이에 대해 언급할 만한 사항은 이것이 전부다. 실제로는 중요한 문제인 양 토지를 자본에 포함시키는 것이 '옳으니' '그르니'에 관한 지루한 논의가 있었다. 그러나 다른 많은 사례에서와 같이 여기서도 가상적인 '문제'에 대한 경제학자들의 관심만이 주목할 만하다. 우리는 주장과 반론을 검토하기 위해 더 이상 여기에 머물 이유가 없다.

자본도 어떤 한 시점에서는 개별자본재들로 구성되어 있지만, 그것들(이나 그 대부분)은 실제로 파괴되거나 다른 자본재들로 대체된다. 하지만 순수자본 자체는 여전히 동일한 순수자본으로 남아 있다. (또는 균제상태에서 동일한 순수자본으로 남아 있을 수 있다.) 물론 우리가 이러한 설명방식이 모든 문제를 해결해줄 것이라고 믿는 어리석음에 빠지지 않는다면, 인구와 같이 스스로를 갱신하는 모든 요소집합에 대해 이런 식으로 설명할 수 있을 것이다.[37] 하지만 클라크는 그렇게 현혹되어 순소득을 창출하는 영구적 생산요소의 존재를 확립했다고 굳게 믿고 있음을 드러냈다.

넷째, 이 분야에서 국제적으로 주목받았으며 이후에도 계속해서 논쟁과 실증작업의 풍부한 원천이 되었던 사건은 자본이론에 관한 뵘-바베르크 저작의 출간이었다. 제번스가 주요발상을 미리 보여주었으므로, 그의 책(*Theory of Political Economy*)의 자본이론에 관한 장(7장)에서 시작하는 것이 편리할 것이다. 여기서 제번스는 '고전파'(리카도학파) 전통이 자신의 견해와 근본적으로 동일하기 때문에, 이것을 따를 것이라고 선언했다.[38] 그러나 그는 (마르크스와 마찬가지로) 리카도의 자본개념에는 서로 이질적인 것이, 즉 한편으로는 임금재가, 다른 한편으로는 공장 · 설비 · 원료가 모두 포함되어 있음을 간파하고 나서, 자본이라는 용어를 오직 임금재에 대해서만 사용해야 한다고 주장했다. 이는 분명 마르크스가 가변자본인 임금재를 불변자본인 나머지와 구분했던,

---

37) 디비지아(F. Divisia)는 이런 체계를 갱신된 총체(*ensembles renouvelés*)라 불렀다.

38) 책의 성격이 본질적으로 수필적 · '개략적'이라는 점을 고려하면서, 나는 과감하게 다음과 같은 가설을 제안한다. 제번스는 자본에 관한 글을 쓰기 시작할 때, 이것이 자신이 혁명적으로 변화시켰다고 믿었던 이론과는 아무런 연관이 없다고 생각했다. 그래서 그는 실제로 자본을 '고전파' 전통에 따라 논하고자 했다. 그는 자신의 생각을 펼치면서, 자신이 새로운 이론의 윤곽을 그려내고 있음을 어렵지 않게 깨달을 수 있었다. 하지만 부주의하게도, 그는 자신이 말하려는 의도를 완전히 파악하기 전에 씌어진 「서문」을 그대로 두었다.

바로 그 이유 때문이었다. 임금재의 독특한 기능을 가장 잘 정의하는 방법에 대해 질문한 후, 그는 아주 자연스럽게 답을 찾았다. 그것은 결코 새로운 것이 아니었다. 그것은 노동자들이 실제로 고용되고 있는 작업이 끝날 때까지 걸리는 시간 동안 노동[39]을 유지하는 데 이용되는 자본——만일 그가 원했다면 노동을 착취한다고 말해도 좋았을——이었다.

그러나 이 지점에서 리카도학파의 주장에서는 명시적으로 보이지 않았던 다른 생각들이 나타난다.[40] 제번스의 언급처럼, 자본은 "미리 노동을 확대하도록 해준다." 그리고 임금재 자본에 대한 지배는 "모든 형태의 상품공급의 개선을 위한 하나의 전제조건이다. 이것은 노동이 수행되는 시점과 궁극적인 결과 · 목적이 완수되는 시점 사이의 평균기간을 확장한다." (248쪽: 강조는 제번스) 예를 들어 철도 건설이 그러하다. 그러므로 우리가 '자금을 조달'할 수 있는 기간(time)——제번스의 논의에서, 이것은 도로를 건설하는 데 직 · 간접적으로 고용된 노동을 유지하기에 충분한 임금재를 확보하고 있는 기간과 동일한 의미다——은 생산방법의 선택을 제약하는, 그래서 그 결과로 나타나는 생산물을 결정하는 환경들 가운데 하나가 된다. 이제 생산과정과 자본개념 모두에 포함된 시간은 건설 · 생산 기간만이 아니라 내구재나 일련의 재화로 구성된 산출물의 경우에 '투자휴지'(uninvestment)기까지 포함하고 있는 것으로 간주되어야 한다. 따라서 우리는 이제 '투자된 자본량'(amount of capital invested)과 '자본의 투자량'(amount of investment of capital)을 구분할 수 있다. 후자는 "어느 한 시점에 투자된 자본량에 투자된 상태로 유지되는 기간을 곱해서"(249쪽) 결정된다. 이어서 설명을 위한 사례만이 아니라 유명한 도표까지 제시된다. 이것은 생산장치의 시간구조에 대한 새로운 개념이거나, 그것을 제안하는 것이다. 독자들이 스스로 제

---

39) 오직 노동뿐이다. 노동가치론에 대한 위대한 적대자가 이 주장에서 생산에 필요한 다른 모든 요소를 간과했다는 것은 이상한 실수였다.

40) 하지만 이것은 제번스가 다른 장에서처럼 이 장에서도 인용했던 헌(Hearn, *Plutology*, 1863) 같은 학자들의 영향인 듯 보인다.

번스를 찾아보는 것도 좋을 듯싶다. 덧붙여 독자들에게 감히 두 가지를 요청하고 싶은데, 세부적인 것을 무시하고 근본생각에 주목하라는 점과 현재까지 이 생각은 분명하지도 않고, 완전히 터무니없는 것도 아니라는 점이 그것이다.[41] 지금까지 뵘-바베르크의 자본이론을 주관적으로 독창적이라고 믿을 수 있는 몇 가지 이유가 제시된 바 있다. 하지만 이 이론을 제번스의 발상[42]에 대한 정교화에 불과한 것으로 다루는 편이 적합할 것이다.

우선 우리는, 뵘-바베르크의 생존기금이 제번스의 임금재 자본[43]과 동일한 역할을 수행할지라도, 그(뵘-바베르크—옮긴이)가 자신의 자본을 중간생산물로 정의했다는 사실에서 비롯된 난점에서 벗어나야 한다. 우리는 제번스의 개념을 받아들이지만, 이것은 우리가 뵘-바베르크의 완성과정에 있는 소비재(타우시히의 '미완성의 부'inchoate wealth)로서의 중간생산물(도구와 원료) 개념을 강조할 경우 폐기처분될 수 있다. 후자의 개념에는 제번스에게서 발견할 수 없는 깊이가 있다.[44]

---

41) 이런 요청이 이상하게 들릴 수도 있다. 하지만 이것은 1930년대 논의에서 제시된 몇 가지 주장에 영향받은 바 크다. 또 다른 요청을 추가할 수 있는데, 이 책의 본문에 분명하게 나타난 의미에서 '기간'(duration)은 경제적 타당성이 없는 단순한 기술적 세부사항이 아님을 인정하라는 것이다.

42) 리카도학파나 마르크스주의적 발상의 유사성 또한 분명하다.(위의 5장 4절을 보라.)

43) 이후 빅셀에 의해 제거되었지만 뵘-바베르크의 생존기금 역시 동일한 결함을 보여주고 있다. 즉 그것은 천연자원(이나 자본 자체)의 서비스에 대한 지불이 아니라 단순히 (리카도와 같이 동질적으로 간주된) 노동을 유지하기 위한 기금이다. 하지만 이렇게 처리한 이유는 단지 자신의 기법상의 능력에 부담이 되는 문제를 단순화하기 위함이었다.

44) 뵘-바베르크 메달의 다른 측면에 대해서도 언급해둘 것이 있다. 그의 중간생산물은 미완성의 소비재다. 그러나 다른 측면에서 보면, 그것은 축적된 생산적 서비스다. ('고전파'에게는 이것이 저장된 노동hoarded labor이었다.) 이것은 사실 자본의 '두 가지 원초적 생산요소 서비스'로의 '분해'라는 문제를 제기한다. 이 문제는 뵘-바베르크가 매우 중요시했고, 그의 비판자들 역시 그 이상으로 중시했던 것이다. 선사시대(gorilla days) 이래로 어떤 중간생산물도 노동과 천연자원 서비스에 의해서만 생산된 적이 없기 때문에, 이러한 분

다음으로, 제번스가 자신의 임금재를 통해 우리에게 허용한 '자금조달'할 수 있는 시간의 길이와 우월한 생산방법의 사용 사이의 관계를 강조했다는 사실을 기억한다면, 우리는 동일한 발상을 뵘-바베르크의 우회 생산과정(*Produktionsumwege*), 즉 중간생산물 생산을 경유한 소비재 생산개념에서 추가적인 강조점들과 함께 발견할 수 있다. 우월한 기술의 초과생산성(*Mehrergiebigkeit*)은 추가적인 생산단계의 도입과 매우 밀접한 상관성이 있으며, 후자는 다시 주어진 투자가 생산과정에 묶여 있는 기간의 연장과 연관된다. 그런데 우리는 여기서, 비교적 중요하지 않은 예외사항(이것을 인정하기 위해 그는 자신의 길에서 벗어났다)을 무시한다면, 뵘-바베르크가 (주어진 투자가 생산과정에 묶여 있는—옮긴이) 시간을 연장시키는 것이 아니라 단축시키는 개선의 가능성을 인정한 것은 아닌지 의심스럽다.[45] 당시 그는 주어진 '노동'량의 산출물

해는 수용될 수 없을 것이다. 하지만 이 절의 끝부분에서 보여줄 것처럼, 이것이 필수적인 것은 아니다.

45) 이 문제와 관련된, 뵘-바베르크를 향한 끝없는 비판의 관점에 비추어볼 때, 두 가지 사항에 주의해야 한다. 첫째, 곧 살펴보겠지만, 뵘-바베르크는 자신의 우회생산 과정을 순수시간을 대표하지 못하는 수치로 정의했다. 그의 '생산기간'은 생산과정의 실제시간이 증가하지 않더라도 증가할 수도 있고—이것이 자본구조의 '확장'(broadening) 대 '기간연장'(lengthening)의 사례다—실제시간이 감소할 때조차 증가할 수 있다. 둘째, 뵘-바베르크는 그의 추론이 생산자들의 기술 지평(Technological Horizon)에서 처음부터 이루어진 '개선'에만 적용될 수 있다는 점을 분명히 했어야 했다. 이 지평을 넓히는 발명은, 기술적 지평('현 상태')이 주어져 있는 일반생산 이론에서 항상 그렇듯이 배제되어야 한다. 그러나 전에는 가동되지 않았다는 의미에서가 아니라 전에는 알지 못했다는 의미에서 새로운 것은 생산방법의 발명을 도입하는 경우다. 검토하면서 곧 알게 되겠지만, '우월'한 기술의 채택이 뵘-바베르크의 의미에서조차 '생산기간'의 단축을 동반하는 사례를 제공한다. 주어진 고정된 기술지평 내에서 움직이는 한, 뵘-바베르크의 가정은 터무니없는 것이 아니다. 이것을 보이기 위해, 경제가 완전경쟁 균형 상태에 있는 경우에서 출발해보자. 더 나아가 오로지 논의를 단순화하기 위해 생산자원이 주어져 있고, 고정되어 있으며 (이것은 사실상 반복인 셈이지만) 최적으로 배분되어 있다고 가정하자. 이러한 조건에서 현재 사용되고 있는 것보다 생산방법이 '우월'하고, 널리 알려져

은 제번스의 '자본의 투자량'의 증가와 함께 증가한다고 가정했다. 하지만 그는 또한 이러한 증가는 체감적으로 이루어진다고 가정했다.[46] 이것은 다른 생산요소의 한계생산성 체감의 법칙과 형식적으로 유사한 (물리적) 수확체감의 법칙을 설정하는 것이다. 뵘-바베르크는 자신의 생각을 묘사한 도표(*Kapital und Kapitalzins*, II, 3rd ed., p.463 이하)에서, 주어진 생산요소의 양(실제 한 달의 노동량)에 연속적인 시간 단위를 '적용'했다. 여기에 수반되는 제약조건은 필요 이상으로 강했지만, 이후 뵘-바베르크는 그것이 없었을 경우에 비해 훨씬 더 수월하게 나아갔다. 하지만 이런 가정의 의미를 평가하면서, 우리는 물리학자의 관행에서 얻을 수 있는 교훈을 절대 잊어서는 안 된다. 하나의 가정은 주장한 사실을 관찰을 통해 정립하는 방식으로 정당화될 수도 있지만, 그 결과를 이용하는 방식으로도 정당화될 수 있다는 점이 그것이다.

있지만 사용되지 않고 있을 수 있는 유일한 이유는 명백히 이 우월한 방법이 제번스와 뵘-바베르크의 의미에서 '자금조달'될 수 없기 때문이다.

그러나 임금재 자본이 완전하게 최적으로 사용되고 있다는 가정 때문에, 이러한 불가능성의 유일한 이유는 우월한 생산방법이 너무 많은 자본을 너무 오랫동안 '고정'(lock up)시켜 놓는다는 점뿐이다. 이제 다른 모든 조건이 불변인 채, 임금재의 자본을 증가시켜보자. 이것은 주로 좀더 장기의 '생산기간'이 요구되는 생산에 대한 투자에 유리하게 작용할 것이라는 점에는 누구나 동의할 것이다. 여기까지가 (설명에—옮긴이) 필요한 전부다. 증가분의 일부가 임금으로 흡수될 것이며, 그래서 즉각적인 소비를 위한 생산에 투입될 것이라는 사실은 뵘-바베르크 임금이론의 핵심에 대한 반대가 될 수 없다. 비판자들의 잘못에 대한 정상참작을 위해, 다음 두 가지 사항을 인정해야 한다. 첫째, 1888년 새로운 원고묶음을 기다리면서 인쇄업자가 그의 문 앞에서 기다리는 상황에서 뵘-바베르크는 처음부터 자신의 주장을 만족스럽게 전개시키지 못했다. 둘째, 그는 자신에 대한 비판이 쏟아질 때, 종종 (특히 발명의 문제에 대해) 자신을 방어하는 데 실패했다.

46) 물리적 생산물을 p, 생산수단을 $a, b, c, \cdots$, 시간을 t로 각각 표시하자. 그러면 우리는 $p=f(a, b, c, \cdots, t)$라는 관계식을 갖는다. 즉 이러한 생각은 실제로 몇 가지 시간요소를 생산함수에 도입하는 것으로 환원된다.(아래의 7장 8절 참조) 뵘-바베르크의 가정은 (1) $\frac{\delta f}{\delta t} > 0$, 그리고 (2) $\frac{\delta^2 f}{\delta t^2} < 0$이었다.

마지막으로, 제번스의 '자본의 투자량'—이것은 시간차원을 지닌다—을 그의 '투자된 자본량'으로—이것은 시간차원이 없다—나누면, 뵘-바베르크의 유명한 생산기간이 도출된다. 이 수량은 단일한 수치로 생산구조를, 가능하다면 총국민생산(total national production)의 구조를 정의할 수 있으며, 그래서 자본이론의 기본변수로 사용될 수 있다. 수학적으로 이것은 중력의 중심을 나타낸다. 한 직선에 각각 m_1, m_2, ⋯, m_n의 질량을 지닌, n개의 분자가 놓여 있다고 생각해보자. 이 선을 중심축(axis)으로 선택하고 이 선 위에 분자들의 좌표를 각각 x_1, x_2, ⋯, x_n으로 나타낸다면, 중력의 중심인 X좌표는 다음과 같음을 알 수 있다.

$$X = \frac{m_1 x_1 + m_2 x_2 + \cdots m_n x_n}{m_1 + m_2 + \cdots + m_n}$$

이제 m이 n개의 분자들의 질량이 아니라 n개의 시점(t_1, ⋯, t_n)에서 일정한 보관시점[47]이 흐른 후에 팔려서 소비되는 소비재생산에 연속적으로 적용되는, 물리적 자원들의 수량을 나타낸다고 해보자. 이 모델은 불가피하게 이런 물리적 자원들을 단일의 동질적인 요소와 동일시할 필요성—뵘-바베르크는 제번스와 같이 동질적인 노동단위[48]를 선택했다—이나 자원들이 불변의 구성비율로 이루어져 있다는 가정의 필요성을 제기한다. 이제 우리는 중심선까지의 거리 대신에 시간을 선택한다. 그리고 중심선의 원점은 소비재가 팔리는 시점이다. 분명히 t는 모두 원점의 좌측에 놓이고, 따라서 음수가 된다. t_1시점의 초기 투자행위부터 0을 향해 진행한다면 t는 수적으로 감소한다. 이것은 다음과 같이 표현된다.[49]

---

47) 이것은 뵘-바베르크의 모델에서 약간 벗어난 것이다.

48) 엄격하게 말하면 그것은 동질적 수량으로 간주된 '성질'이어야 한다. 그러나 그는 분명히 여기까지 진행시키고 싶어하지 않았다.

49) 이 식은 t의 값이 음수이기 때문에 (−)를 앞에 부여함으로써 양수가 된다. 독

$$T = -\frac{m_1 t_1 + m_2 t_2 + \cdots m_n t_n}{m_1 + m_2 + \cdots + m_n}$$

이렇게 (생산자원 차원은 서로 상쇄되기 때문에) 시간차원만 남은 것이 뵘-바베르크의 생산기간이다. 이것은 가장 적절하지 못한 것——더 이상 부적절한 표현을 찾기 어려울 정도로——으로, 적대적 비판이 홍수처럼 밀려온 이유도 대부분 여기에 있다. 그러나 그 의미 자체는 분명한데, 모든 단위의 '투자된 노동'의 생산물이 판매시점으로부터 시간적으로 떨어진 정도의 평균이 바로 그것이다.50)

이러한 자본이론에 대한 논평의 필요성(이미 언급된 것 외에도)은, 그때까지 가장 뛰어난 비판가였던 나이트가 뵘-바베르크의 모든 가정 아래서는 그것(뵘-바베르크의 자본이론—옮긴이)이 타당하다고 인정했다는 사실 때문에, 크게 감소된다.51) 우선 우리는 뵘-바베르크의 이자

자들은 '투자자'의 관점에서 '투자'를 본질적으로 음의 양으로 간주하는 것은 꽤 타당하다는 사실을 알 수 있을 것이다. 이것은 그가 밝힌 중요한 내용이다. 하지만 T 자체는 양수이어야 한다.

50) 피셔는 자신의 저작(*Rate of Interest*)에서, 왜 이 가중평균값이 생산기간에 대한 '올바른' 측정법으로 간주되어야 하는지를 질문했다. 이 질문에 대해 뵘-바베르크는 분명히 매우 당혹스러워했다.(*Kapital und Kapitalzins*, III, 3rd and 4th eds., *Exkurs* III 참조) 그러나 답변이 그리 어려운 것은 아니었다. 사실상 이것은 질문할 필요가 없는 것이었는데, 왜냐하면 이 공식은 단순히 뵘-바베르크가 생산기간이라고 부르기 위해 선택한 것을 정의한 것에 불과하기 때문이다.

51) 물론 이 지름길은 위험하다. 게다가 이것은 독자들로 하여금 완전한 논의 속에서 꽤 획득할 수 있는 이론화 기법에 대한 훈련의 이득을 놓치게 한다. 이런 점을 보완하기 위해, 나는 독자들에게 칼도의 논문("The Recent Controversy on the Theory of Capital", *Econometrica*, 1937)을 권한다. (이 논문의—옮긴이) 처음 세 각주는 나이트의 대표적인 논문을 포함해서 1930년대의 문헌들을 소개하고 있다. 여기에 나는 몇 가지만 추가하고 싶다. (다만 동 잡지 1938년 1월호와 3월호에 각각 게재된 나이트의 논문 "Reply"와 칼도의 논문 "Rejoinder"는 제외.) F. Burchardt, "Die Schemata des statonären Kreislaufs bei Böhm-Bawerk und Marx"(*Weltwirtschaftliches Archiv*, October 1931 and January 1932); W. Eucken, *Kapitaltheoretische Unter-*

이론이나 이것이 그의 자본이론 중 어떤 요소와 어떻게 연결된 것인지에 대해서는 관심이 없음을 다시 한 번 강조할 필요가 있다. 이것은 많은 차이를 가져온다. 예를 들어 모든 요소가 완벽하게 조정되어 생산과 소비가 모두 연속해서 나란히 이루어지는 동기화된 과정에서는, 생산기간이라는 아이디어는 조금도 중요하지 않고 의미도 없으며, 그래서 생산은 시간을 고려하지 않고도 설명될 수 있다는 주장을 생각해보자. 그러한 과정에서는 생산기간이 이자를 설명하는 데 조금도 중요하지 않다는 점이 타당할 수도 있다.[52] 그러나 이것은 그 개념이 그러한 과정에서 조금도 소용이 없다거나 심지어 아무런 의미도 없다고 말하는 것이 아니다. 완벽하게 균제상태를 가정하는 클라크의 폭포(Clark's waterfall)에서조차, 우리는, 이를테면 시간을 정의할 수 있다. 한 방울의 물이 꼭대기에서 바닥으로 떨어지는 데 평균적으로 걸리는 시간과 같이 말이다. 이것은 아주 불완전한 것이긴 하지만 그 속성을 묘사하는 방법일 수는 있다. 마찬가지로 뵘-바베르크의 생산기간은, 만약 그의 가정을 받아들인다면, '순환이 없긴' 하지만, 경제과정에 대한 가장 의미 있는 특성화의 하나일 수 있다. 이것은 뵘-바베르크의 자본이론에 대한 그리 많지 않은 건설적 기여에 속하는, 마샤크의 논문에서 증명된 바 있다.[53]

---

suchungen(1934); J.M. Thompson, "Mathematical Theory of Production Stages in Economics", *Econometrica*, January 1936. 하이에크의 『순수자본이론』(*Pure Theory of Capital*, 1941)은 그의 최근 견해를 보여주고 있을 뿐만 아니라 (1부에서) 자본논쟁을 흥미롭게 조명해주기까지 한다. 초기의 비판에 대해서는, 피셔의 저작(*Rate of Interest*)과 보르트키에비츠의 논문("Der Kardinalfehler der Böhm-Bawerkschen Zinstheorie", *Schmoller's Jahrbuch*, 1906)만을 언급하고 싶다. 후자에서 흥미로운 점은 그의 비타협적인 적대감인데, 이것은 그가 마르크스에 대한 유명한 비판에서 보여준 정신과는 놀랍게 대조적인 것이다. 이 두 비판에 대한 뵘-바베르크의 그리 적절하지 못한 대응은 『자본과 자본이자』 3판과 4판에 담겨 있다.

52) 나는 이 점을 40년 전에 제시했지만, 잘 받아들여졌다고는 생각하지 않는다.

53) Jacob Marschak, "A Note on the Period of Production", *Economic Journal*, March 1934. 그의 추론은 가치단위에서 진행되는 것처럼 보인다. 그러나 최종소비재 흐름의 가치에 대한 현존상품 스톡 총가치의 비율에서 가

둘째, 우리는 뵘-바베르크가 기법 측면에서 무능력했음을 명심해야 하는데, 그의 생각이 좀더 강한 갑옷으로 무장하고 나타났을 경우에 당했을 법한 정도보다도 훨씬 더 자주 공격을 받고 무릎을 꿇었다고 인정되는 이유도 여기에 있다. 하지만 이 갑옷은 몇몇 학자, 특히 기퍼드[54]와 마샤크에 의해 좀더 강력해졌다.

셋째, 기법상의 결함과는 별개로, 뵘-바베르크가 고안한 생산기간이라는 개념은 경제과정의 한 측면을 묘사하고 다른 모든 측면은 간과하는 장치에 불과하다는 점을 잊어서는 안 된다. 빅셀이 뵘-바베르크의 자본이론은 너무 '추상'적이어서 현실에 대한 첫 번째 근사치도 구성하기 어렵다고 말했던 의도는 바로 이것이었다. 이 두 가지 이유를 보더라도, 전체 구성은 기괴하다고 말할 수는 없더라도, 틀림없이 빈약해 보인다.

이런 인상을 낳는 몇 가지 특징은 쉽게 제거될 수 있다. 제번스는 즉각적으로 소비되는 최종소비재가 생산될 때까지 증가하는 중간생산물에 노동을 추가시키는 것 이상을 알고 있었다. 이미 언급했듯, 그는 '투자 휴지기' 과정을 포함시켰기 때문에, 그의 기간은 단순히 생산기간이 아니었다. 라에의 영향으로, 뵘-바베르크는 스스로 내구소비재의 점진적 소비과정을 덧붙였다. 빅셀은 천연자원 서비스가 어떻게 노동과 함께 나란히 포함될 수 있는지 보여주었다. 그의 제자 애커만(Åkerman)은, 역시 라에의 영향으로, 이 분야의 가장 중요한 저작 중 하나에서, 뵘-바베르크의 도식에서 이상스럽게도 빠져 있는 고정자본의 문제를 분석했다.[55] 비판가들에게 가장 우스꽝스럽게 보이는 뵘-바베르크 도

치 차원은 상쇄된다.

54) C.H.P. Gifford, "The Concept of the Length of the Period of Production", *Economic Journal*, December 1933; Marschak, op cit.

55) Gustaf Åkerman, *Realkapital und Kapitalzins*(1923~24). 이 책에 대해서는 빅셀의 논평(*Lectures*, 2nd appendix)과 애커만의 부분적인 수정(*Om den industriella rationaliseringen*……, 1931) 참조. 린달(Erik Lindahl)의 논문(이용가능한 영어논문으로는 "The Place of Capital in the Theory of Price", in Lindal, *Studies in the Theory of Money and Capital*, 1939, Part

식의 특징 중 하나는, 모든 생산이 그 어떠한 도구나 원료도 없는 상태에서, 그래서 사람들이 맨손으로 물고기를 잡는 상태에서 그의 생산기간이 시작되는 것처럼 보인다는 점이다.

그런데 이 점은, 우리가 모든 경제이론이 계획화에 관한 이론(theory of planning)이므로 과거의 결과들——공장, 설비 그리고 모든 재고를 포함해서——을 주어진 것으로 받아들일 수밖에 없음을 깨닫게 되면 곧바로, 제거될 수 있다. 그렇게 되면 우리는 태초부터(*ab ovo*) 경제과정을 구성하려는 시도를 멈추고, 오직 미래만을 바라보면서 '자본의 투자량' 대신에 '투자가 이루어져야 할 자본'을 고려하게 될 것이다.[56] 부수적으로 모든 자본재를 '노동과 토지' 또는 노동만으로 '분해'하려는 동기 중 한 가지 또한 제거될 수 있다. 이와 비슷하게 우리는 뵘-바베르크 생산도식의 '선형성', 즉 모든 생산물이 각각의 중간단계에서 노동 말고는 그 어떤 것도 이전단계의 결과에 더해지지 않는 과정의 결과로 출현한다는 생각을 제거할 수 있다. 또 내게는 개별기업의 '기간'으로부터 뵘-바베르크 이론에 필요한 사회적 생산기간을 도출하는 것이 불가능한 것처럼 보이지도 않는다.

그러나 다른 비판에 대해서는 어떤 만족스러운 해답도 찾아낼 수 없

III)은 발라에 가까운, 다른 관점에서 이 책을 보완해주고 있다.

56) 뵘-바베르크가 왜 이렇게 하지 않았을까라는 질문은 흥미롭다. 나는 그 해답을 모든 오스트리아인에게서 공통적으로 나타나는, 독특한 태도(a curious attitude)에서 찾을 수 있다고 생각한다. 이들은 동일과정의 이전 상태들로 한 과정의 특정상태를 설명하는 것에 결코 만족하지 않았다. 이들은 이러한 논증이 모두 순환적 추론이거나 최소한 근본물음을 회피하는 것이라고 생각했다. (이들에게—옮긴이) 적어도 진정한 '인과적' 설명은 '발생론'(genetic)적인 것이어야 했다. 그것은 반드시 사물의 (논리적) 기원을 밝혀야 한다. 따라서 자본개념은 자본이 전혀 없던 조건에서부터 전개되는 것이어야 했다. 실제로 뵘-바베르크는, 적절한 단기(a short period)를 정의하기 위해서 하나의 자의적인 가정에 의존하기도 했는데, 어떤 주어진 산업과정의 역사로 되돌아가게 되면, 과거에 사용되었지만 아직도 현존하는(로마시대 주조된 철강은 현대의 휴대용 칼로 존재할 수도 있다) 자원들의 양은 그것들을 늘리는 시간의 증가속도보다 훨씬 빠르게 감소된다는 가정이 그것이다.

다. 뵘-바베르크의 자본구조 개념이 그의 분석의도에 부합되기 위해서는 이 구조가 물리적인 사실이어야 하며, 상이한 시간구조에서 생산되는 생산물의 서로 다른 양이 물리적으로 비교가능할 수 있어야 한다. 첫 번째 조건을 충족하기 위해서는 오직 시간차원에서만 차이가 있는 요소들로 구성된, 물리적으로 동질적인 자원이 실제로 요구된다. 두 번째 조건을 충족하기 위해서는 뵘-바베르크의 도표에 포함된 생산물들이 모두 종류와 질에서는 동일하며 오직 물리적 수량에서만 차이가 나는 것이어야 한다. 매우 특수한 경우가 아니라면, 이 두 조건 중 그 어느 것도 충족될 수 없다. 지금까지도 뵘-바베르크의 자본이론의 분석적 가치가 현실의 한 측면에 대한 비조작적인(nonoperational) 묘사로 여겨질 수 있는 정도의 가치로 평가절하되는 이유는 바로 여기에 있다.[57]

그러나 독자들은 다음과 같이 질문할 수 있다. 만약 우리가 이 모든 것을 인정하고, 이 모든 것을 수정한다면, 뵘-바베르크의 자본이론, 특히 그의 생산기간에서 남는 것은 무엇인가? 기본적인 아이디어 말고는 어떤 것도 남지 않을 것이다. 이 점은 모든 비판과 그것이 촉발했던 건설적 작업에서 그 중요성이 계속해서 증명되고 있다.[58]

---

57) 경제학에서 이런 상황은 우리의 생각보다 훨씬 더 빈번히 목격된다. 마르크스의 체계가 몇 가지 예를 제공한다. 또 다른 예는 피구가 처음으로 도입(*Wealth and Welfare*, 1st ed.)했다가 나중에 빼버린, 자원의 무게(Pound of Resources)다. 또 다른 것은 마셜이 자신의 국제무역론에서 사용했던 재화 바스킷이다. 아마도 이 문제는 해결이 불가능한 것은 아닐 듯 보인다.(W. Leontief, "Composite Commodities and the Problem of Index Numbers", *Econometrica*, January 1936 참조) 어쨌든 이 예들은 위에서 암시한 난제에 빠진 고통이 전혀 가치 없는 것은 아님을 보여준다.

58) 아직까지 언급되지 않았지만, 뵘-바베르크에 대한 최근의 건설적 재해석이 힉스의 저작(*Value and Capital*, 1939, ch.17)에서 제시된 바 있다. 이것은 뵘-바베르크의 정신에 그대로 부합되지는 않는다. 그러나 뵘-바베르크의 생각이 힉스를 꽤나 괴롭혔음을 보여준다. 더글러스(P.H. Douglas)는 자신의 저작(*Theory of Wages*, 1934)의 128쪽(9장)에서 의도와 달리 뵘-바베르크를 위한 헌사를 보여주고 있다.

3절 가치이론[59]과 분배이론의 혁명

이 절에서 우리는 이른바 혁명이라 불리는 이것이 무엇이며 경제분석에 어떤 차이를 가져왔는지에 대해 매우 초보적인 방식으로 정식화해 볼 것이다. 이를 위해 우리는 초창기 가장 무난한 형태의 한계효용 이론의 언어를 채택할 것이다. 주로 오스트리아학파의 한계효용 이론을 사용할 것인데, 왜냐하면 기법상의 결함에도 불구하고, 이 학파(멩거, 비저, 뵘-바베르크)는 제번스나 발라보다 훨씬 더 명확하게 근본적인 측면을 드러내는 데 성공했기 때문이다. 독자들의 이해를 돕기 위해 이들과 대비되는 마셜의 학설을 이 절과 다음 장에 제시할 것이다. 다음 장에서는 발라의 좀더 높은 수준으로 올라가볼 것이다.[60]

한계효용 이론과 그 후계 이론의 역사는 7장에서 다룰 것이다. 그러나 몇 가지 요소는 지금 당장 필요하다. 멩거는 자신이 가정한, 인간 욕구(wants)에 관한 명확한 사실에서 출발했다. 그는 이것을 다음과 같이 정식화했다. 첫째, 욕구나 기호(tastes) 또는 욕망(desires)에는 여러 범주(*Bedürfniskategorien*)가 있는데, 이를테면 의식주에 대한 욕망이 그것이다. 이 범주는 재화의 개념을 정의해주며, (주관적인) 중요성의 특정한 순서에 따라 배열될 수 있다. 둘째, 모든 욕구범주 안에는 각 재화의 추가적인 증가에 대한 특정한 욕망의 순서(*Bedürfnisregungen*)가 심리적 실재로 주어져 있는데, 우리는 이것을 연속적인 소비증가분을 통해 경험할 수 있다. 멩거는 이를 스티글러에 의해 재현된 수치표(앞의 책, 144쪽)로 예시했으며, 이 도식과 관련해서 제기되는 많은 문

---

59) 이 전통적 문구 대신에 나는 '교환비율'이나 '상대가격'이라는 용어를 사용할 수도 있었다. 하지만 이 시기 이론의 대부분의 목적에 비추어보면, 이 세 용어의 의미는 동일하다.

60) 몇 가지 핵심사항에 대해서만 논의될 것이며, 개별저자들의 논의를 재구성하거나 비판하려는 체계적인 시도는 없을 것이다. 좀더 완전한 분석에 대해서는 스티글러의 책(*Production and Distribution Theories*, 1941)을 참고하기 바란다.

제——예를 들어 아무리 욕구가 확장가능하고 신축적이라고 해도, 그것을 주어진 것으로 취급하는 것이 얼마나 가능한가——를 주의 깊게 다루었다. 이런 문제들을 무시하면, 곧바로 '새로운' '심리적인' 가치이론에 핵심적인 공준——이나 '법칙'——을 언급할 수 있다. 우리가 각 재화의 연속적인 증가분을 획득함에 따라, 추가적인 한 '단위'에 대한 욕망의 강도는 그것이 0이 될 때까지(그다음에는 아마도 0 이하로 내려갈 것이다) 단조적으로 하락한다. 또는 멩거의 이산적인 수치를 연속적인 곡선이나 함수로, '추가적인 한 단위에 대한 욕망'[61]을 한계효용으로 각각 대체한다면, "누구에게나 한 사물의 한계효용은 그가 이미 가지고 있는 양이 증가할수록 감소하게 된다".(Marshall, *Principles*, p.168) 이에 대한 다양한 비판을 일단 사상하면, 이로부터 우리는 총효용의 개념을 (합계나 적분integral으로서) 정의할 수 있으며, 누구에게나 한 사물의 총효용은 포화지점에 이르기까지 체감하는 율로 증가한다고 말할 수도 있다.

어느 경우든 간에, 이것은 마셜이 **충족가능한 욕구의 법칙**(the Law of Satiable Wants)이라고 명명한 것이며, 오스트리아학파가 **욕구충족의 법칙**(*Gesetz der Bedürfnissättigung*)이라고 부른 것이다. 이것은 또한 가장 중요한 '선구자'의 명예를 기린다는 의미에서, **고센**(Gossen)의

---

61) 단위라는 용어 대신에 멩거는 **부분수량**(*Teilquantität*)이라는 표현을 사용했는데 이것은, 스티글러가 지적하듯이, 적지만 유한한 크기의 증가분을 의미했다. 분석의 편의를 위해 연속적이고 분석적인 함수를 사용한다면, 우리에게 이것은 무한히 작은 증가분을 의미한다. '단위'라는 용어는 결코 엄격한 의미에서 옳은 것이 아니다. 한계효용이라는 문구는 비저의 것(*Grenznutzen*)이다. 제번스는 **최종효용도**(Final Degree of Utility)라는 말을 사용했으며, 발라는 라레테(*rareté*)라고 언급했다. 후자는 (분명히 희소성이라고 번역될 수 있는데) 카셀과 같이 효용개념은 버리지만 희소성 개념을 유지하고 싶어하는 반대자들의 주장이 그리 중요한 것이 아님을 보여준다. '추가적인 한 단위에 대한 욕망'이라는 교묘한 문구는 피셔의 것이다. 그는 '욕구가능성'(wantability)에 대해서도 언급했다. 파레토는 **기본적 갈망**(*ophélimité élémentaire*)이라는 개념을 소개했고, 클라크는 **특수효용**(Specific Utility)을 도입했다.

제1법칙[62]이라고 불리기도 한다. 여기에 곧바로 고센의 제2법칙이라고 불리거나 그렇게 불리는 것이 마땅한 명제를 덧붙일 수 있다. 제1법칙과 달리 이것은 공준(a postulate)이 아니라 정리(a theorem)다. 서로 다른 욕구를 충족시킬 수 있는 모든 재화(노동이나 화폐를 포함해서)로부터 최대의 만족을 확보하기 위해, 개인(이나 가계)은 모든 재화에서의 한계효용이 균등화되도록 서로 다른 용도에 그것을 배분해야 한다.[63] 언뜻 보면 이 두 진술은 매우 진부한 내용을 기술적으로 포장한 것에 불과하다. 그러나 가장 자랑스러운 지적 구조가 그 자체로는 아무런 흥미도 끌지 못하는 진부한 것에 의존하고 있음을 잊어서는 안 된다. 움직이지 않는 물체는 어떤 것('힘')이 작용해서 그것을 움직이지 않는 한 정지상태를 유지하고자 한다(뉴턴의 제1법칙)는 것 이상으로 진부한 것이 있겠는가? 이제 이 진부함 위에 세워진 구조를 살펴보자.

1. 교환가치론

제번스, 멩거, 발라——고센을 포함해서——가 한계효용이라는 도구를 가지고 도전했던 첫 번째 문제는 물물교환의 문제였다. 이들은, 비록 교환가치가 보편적 전환계수의 거의 특수한 형태며, 이 계수의 도출에 경제현상의 전체 논리가 달려 있다는 점을 '고전파' 선배들과 마찬가지로 독자들에게 충분히 명확하게 전달하지 못했으며, 아마도 자신들 스스로도 충분히 깨닫지 못한 듯 보이지만,[64] 고전파 선배들처럼 교환가

62) 아래 7장 부록, '효용에 관한 노트'를 보라.

63) 멩거는 한 재화가 충족시킬 수 있는 서로 다른 욕구를 '같은 수준의 긴급성을 가지고 만족'되는 것이라고 지적했다. 이 지점까지 이 주장은 좋다. 그러나 제2법칙에 대해 얼마나 많은 학자가 머뭇거렸나를 주목해보는 것도 흥미롭다.

64) 그 결과, 역사적 정신이나 사회학적 정신의 비판가들은 여전히 이 경제이론가들이 하고자 했던 것의 의미를 잘 이해하지 못했다. 경제이론가들이 자신들의 주제를 소개할 때 사용하는 단순화된 분석틀을 액면 그대로 받아들이고 이런 분석틀로 주어진 수량의 소비재의 물물교환을 다루는 것을 발견한 후 비판가들은 이런 분석이 사회생활의 엄청난 문제들뿐만 아니라 생산과 분배라는 실

치의 중심적 지위를 간파했다. 이들의 물물교환 이론이나 훼이틀리의 용어를 다시 한 번 사용하면, 이들의 시장교환 이론(catallactics)[65]은 기법상의 완성도나 정확성 측면에서 매우 달랐다. 이 시기 최고의 성취는 발라의 책(*Éléments*)[66] 5~15강에 담겨 있다. 그러나 이들은 모두(고센을 포함해서) 동일한 목표를 지향했는데, 그것은 바로 한계효용의 원리가 경쟁시장에 나타날 상품들 사이의 교환비율을 유도하는 데 충분하다는 점을, 그리고 유일하게 결정된 교환비율이 가능한 교환비율의 범위로 대체되어야 하는 조건을 도출하는 데 충분하다는 점을 증명하는 것이었다. 다르게 말해서 이들은 스미스, 리카도, 마르크스가 불가능하다고 믿었던 것, 즉 교환가치는 사용가치[67]를 통해 설명될 수 있다는 명

로 흥미로운 순수경제 문제에 적합할 수 있을지에 대해 의아해했다. 베블런의 논문("The Limitations of Marginal Utility", *Place of Science in Modern Civilization*, 1919)은 이런 태도를 완벽하게 보여준다.

65) 훼이틀리는 시장질서를 설명하는 이론을 'catallactics'로 정의했다. 미제스 역시 이 용어를 동일한 의미로 사용했는데, 그리스어에서 유래된 이 말은 '교환하다'나 '사회에서 통용되다'라는 의미를 갖는다—옮긴이.

66) 발라는 세 인물 중 유일하게 간접교환을 포함해서 세 개 이상의 상품이 존재하는 경제를 다루었으며, 초과수요를 통해 만족스러운 균형조건에 거의 필적할 만한 것을 언급했다. 제번스의 교환이론(Theory of Exchange)에 관한 장은 여기에 훨씬 못 미친다. 이와 관련된 멩거의 설명은 진행된 데까지는 타당했지만, 더 이상 진척시키지 못했다. 뵘-바베르크는 자신의 이론을 정교화하려고 시도하자마자 곧바로 기법상의 결함을 드러냈으며, 그래서 그의 저 유명한 말시장(horse market)은 당연히 에지워스의 비판의 사정권으로 들어왔다. 에지워스의 가장 중요한 공헌은 『수리심리학』(*Mathematical Psychics*)에서, 그리고 부수적으로는 다른 많은 그의 논문에서 찾아볼 수 있다.
특별히 언급하고 싶은 것은 『경제학자 잡지』(*Giornale degli Economisti*, March 1891)에 발표된 그의 논문이다. 독자들은 동 잡지 1891년 6월호에서 베리의 흥미로운 논문도 찾아볼 수 있다. 19세기가 끝나기 전에 물물교환 이론이 형태를 갖추게 되었으므로, 마셜의 『원리』는 이 이론에 대해 독자들이 알아야 할 모든 것을 담고 있다. (주로 414~416쪽과 부록의 주 I, II, III을 보라.)

67) 마르크스주의의 용어를 빌리자면, 이것은 교환가치 경제(*Tauschwertwirtschaft*)가 기본적으로 사용가치 경제(*Gebrauchswertwirtschaft*)임을 의미한다. 정통 마르크스주의는 원칙적으로 이 명제를 부정했다. 우리가 어떤 견해를 채

제를 확증했다. 제번스, 멩거, 발라는 모두 이 진술을 승인했을 것이다. 이들이 (교환)가치의 '근거'(cause)를 발견했다고 주장했을 때, 그 의미는 바로 이것이었다.

그러나 어느 정도 인정할 수 있다 하더라도, 이 논의는 그 자체만으로도 대단한 것이라 할 수 없는데, 왜냐하면 우리가 알다시피 '가치의 역설'은 이미 오래전에 해결되었기 때문이다.[68] 좀더 중요한 것은 '새로운' 교환이론이 과거의 것[69]보다 일반적이며, 비록 과거의 이론으로 설명될 수 있는 영역이라 하더라도 좀더 생산적인 결과를 산출할 수 있다(이는 상당 부분이 에지워스 덕택이다)는 점이다. 그러나 이것 역시 핵

택하든 사회주의에 득이 되거나 실이 되는 것은 없다. 두 당사자(아마도 본론에서 언급된 제번스, 멩거, 발라와 스미스, 리카도, 마르크스를 지칭하는 듯하다—옮긴이)나 어쨌든 마르크스주의자들은 이 주제에 현실적 중요성이 있다고 생각했다. 이 주제는 논리적으로 현대 대중경제학의 쟁점, 사용을 위한 생산 대 이윤을 위한 생산이라는 쟁점과는 아무런 관련이 없다는 사실을 지적해두는 것이 전혀 불필요한 일은 아닌 듯싶다.

68) 예를 들어 이 책, 1권, 2부 6장 3절을 참조하라. 하지만 공정하지 못한 비판과 달리 스미스, 리카도, 밀이 경제현상에 대한 이러한 접근법을 자명함 때문에 경멸했다는 것은 사실이 아님을 강조할 필요가 있다. '사용가치'가 어떻게 '교환가치'를 설명할 수 있게 되는지에 대해 이들이 알지 못했다는 것은 사실이다. 이들은 전자가 후자의 조건이 된다는 것 이상을 알지 못했다.

69) 이것을 가장 잘 알 수 있는 길은 노동량 교환가치 이론과의 비교를 통해서다. 이미 보았듯이, 후자는 한계혁명가들, 특히 오스트리아학파가 습관적으로 말하는 것처럼 '오류'는 아니다. 그것은 단지 특수한 경우에만 적용된다고 말하는 것이 훨씬 더 사실에 가깝다. 그것이 적용될 수 있는 경우에도, 상품의 '가격'이 거기에 체화된 노동량과 비례하는 경향이 있다는 정리(theorem)는 균형가격의 속성을 언급하는 것에 지나지 않는다. 이 가격이 정립되는 과정에 대한 설명은 제시된 적이 없다. 따라서 가격이론이라 불릴 만한 것은 없다. 이는 특정조건에서 물가 수준이 화폐량과 비례한다는 진술이 타당할지라도 화폐이론이라 불릴 수 없는 이치와 같다. 또한 특정조건에서 실질임금은 생존의 최소필요량과 같다는 진술이, 비록 그것이 적용되는 경우에도, 임금이론이라 불릴 수 없는 것도 마찬가지다. 이렇게 보면 한계혁명가들 역시 기존의 이론구조를 혁명화했던 것은 아니다. 이들은 다만 그 어떠한 이론구조도 서 있지 않았던 곳에 하나의 이론구조를 정립시켰을 뿐이다.

심은 아니다. 핵심은 '새로운' 교환이론에서 한계효용 분석이 경제적 문제들에 일반적으로 적용가능한 분석도구를 창조해냈다는 점이다.[70] 이것은 앞으로 점점 더 분명해질 것이다.

2. 비용, 생산, 분배

한계효용과 총효용이라는 개념은 소비자의 욕구를 지칭한다. 따라서 이것은 소비자의 욕구를 충족시킬 수 있는 재화나 서비스와 관련될 때만 직접적인 의미를 지닌다. 그러나 멩거는 더 나아가서 다음과 같이 언급했다. 생산수단, 그의 용어로 '고차재'는 간접적인 방식이기는 하지만, 소비자들의 욕구를 직접적으로 만족시키는 재화를 생산하는 데 도움을 줌으로써 소비자들을 만족시킬 수 있다는 사실 때문에 경제적 재화의 개념에 포함된다. 여기서 아주 단순하며 심지어 진부해 보이기도 하지만, 진정한 천재성을 보여주는 이 분석도구의 의미를 잠시 고찰해 보자.[71] 우리는 이 분석도구를 이용해서 철강이나 시멘트, 비료와 같은 것——직접적으로 소비되지 않는 천연자원과 노동서비스를 포함해서——을 불완전한 소비재로 다룰 수 있다. 이를 통해 우리는 한계효용 원리의 적용범위를 생산과 '분배'의 전 범위로 확장할 수 있다. 여기서 생산의 필수품이나 요소 · 자원(agents)은 사용가치를 부여받는다. 즉 그것들은 경제적 중요성 지수를 획득하며, 그래서 경제적 중요성 지수를 제공하는 한계효용 원리로부터 자신들의 교환가치를 획득하고 이를 통해 소비재의 교환가치를 설명하게 된다. 그러나 생산요소의 교환가치나 상대가격은 생산기업의 생산비용을 구성한다.

---

70) 한계혁명가 자신들은 이것을 인식하고 있었지만 적절히 현실화시키지 못했다. 이는 부분적으로 범용도구—극대화 행동이론—가 교환이론에서 특수사례라는 외피를 띠고 나타났기 때문이다. 새뮤얼슨(P.A. Samuelson)의 『경제분석의 기초』(*Foundations of Economic Analysis*, 1947, chs.1, 2, 3)가 출간된 후에야 비로소 이것이 명확해지면서, 비본질적인 것(한계효용 자체를 포함)이 제거되었으며 그 논리적 기초로 돌아갈 수 있었다.

71) 이 도구는 맹아적 형태로나마 고센에 의해 이미 사용된 바 있다.

한편으로 이것은 이제 한계효용 원리가 비용현상을 포괄한다는, 그 결과 자원배분의 논리(생산구조)까지 포괄한다는 점을 의미한다. 그래서 이 모든 것이 경제적 고려에 의해 결정되는 한, 경제문제의 '공급 측면'도 포괄한다는 점을 의미한다. 그리고 다른 한편으로 이것은, 기업의 비용이 가계의 소득인 한, 동일한 한계원리가 위와 동일한 단서조항(아마도 '이 모든 것이 경제적 고려에 의해 결정되는 한'을 지칭하는 듯하다—옮긴이) 아래서 자동적으로 소득형성이나 '분배'의 현상도 포괄한다는 점을 의미한다. 이 두 현상은 서술상의 편의를 위해 당연히 구별해서 다루어지고 있기는 하지만, 실질적으로는 더 이상 별개의 주제가 아니다. 이렇게 해서 순수경제학의 전체 구조가 단일한 원리에 기초하여 통합되었는데, 이는 전례없는 현상이다.

이 체계에서 나타나는 대부분의 문제는 발라가 지배하는 최상 수준에서만 논의될 수 있다. 그러나 나는 위의 사실들에 대한 비전이 제번스의 기여이므로 그에게 우선권이 부여되어야 한다고 믿지만, 지금 논의되는 수준에서는 이론을 체계적으로 확립한 공적이 오스트리아학파, 특히 멩거에게 돌아가야 한다. 그의 『국민경제학 원리』(*Grundsätze*)는 모든 핵심사항을 담고 있다. 실제로 스티글러는 멩거의 서술방법에서 많은 '빈틈'을 찾아내고 그 원인을 직접적으로 소비가능한 재화의 가치결정이라는 임계문제(threshold problems)에 대한 집착에서 찾았는데, 이는 타당하다. 이것은 사실상 멩거가 비용 측면을 무시하고 있다는 인상을 설명해준다. 그러나 스티글러의 해석에서도, 멩거는 모든 핵심 결론을 갖고 있었다. 또한 『국민경제학 원리』는, 마셜의 『원리』와 너무도 다른 의미에서, 거의 개론서를 지향한 책이었음을 잊어서는 안 된다. 실제로 오스트리아학파의 비용과 분배이론을 명시적으로 확립하는 일은 비저에게 남겨졌다. 하지만 그는 세 명의 위대한 오스트리아학파 중에서 분석기법이 가장 뒤떨어진 인물이었다. 그래서 그의 독특한 방법에 대한 비판이 그의 독자들——특히 빅셀——사이에 팽배해 있었으며, 그 결과 진정으로 위대한 성과의 영향이 훼손되기까지 했다. 뵘-바베르크

는 멩거학파의 가치론을 해설하고, 발전시켰으며, 방어했다. 그러나 이 영역에서 그가 독창성을 주장할 만한 것은 결코 없었으며, 그렇게 주장하지도 않았다. 오스트리아학파의 교리에 대한 최고의 정식화는 이후 빅셀에 의해 제시되었다.

생산수단의 교환가치에 대한 설명이 그것의 간접효용, 즉 그것의 최종생산물에 대한 소비자의 사용가치에 기초해 있다면, 즉 그것의 경제적 중요성이 그것이 개별적으로 소비자의 만족에 기여한 것에서 도출된다면, 각 요소의 기여도를 어떻게 구별해낼 것인가라는 문제가 자연스럽게 대두된다. 모든 '생산요소'가 최종생산물을 위해 똑같이 '필요'하며, 그래서 그중 어떤 것이라도 없으면 대부분 산출이 0이 되는 상황을 생각해보라. 독일의 몇몇 비판가는 이 문제가 해결이 불가능하며, 그렇기 때문에 한계효용 이론이 주어진 수량의 소비재 말고는 다른 재화를 평가하는 데 적용될 수 없다고, 그래서 생산에는 적용될 수 없다고 계속해서 주장했는데, 바로 이러한 사실은 실제로 여기에 실질적이면서 사소하지 않은 난점이 놓여 있으며, 이것의 해결이 기본생각을 분석적으로 활용하기 위한 전제조건임을 보여주기에 충분하다. 멩거는 자신이 가치역설을 해결하기 위해 사용했던 방법과 유사한 것을 적용함으로써 이 난점을 제거했다. 그는 협력을 통해 만들어진 생산물에 대한 각 '요소'의 기여도를 분리해내는 것이 불가능하다는 점을 인정했다. 그러나 그는 이 난제를 해결하기 위해 한계기여도(비저의 'Grenzbeitrag')[72]를 결정하는 것으로 충분하다고 주장했다. 그리고 한계기여도는 다른 요소량을 고정시킨 채, 소량의 요소를 연속적으로 감소시킬 때 그것이

---

72) 그러나 이것은 한계주의자들과 그 비판가들 모두에게 소득형성의 한계효용 이론이 구조적으로 자본주의적 분배방법을 '방어'하는 데 무력하다는 확신을 주었다. 왜냐하면 가령 노동요소의 장점—그것이 도덕적인 것이든, 아니면 다른 무엇이든지 간에—은 다른 생산요소의 수량에 비해 노동자들이 너무 많아서 그들의 한계기여도가 적다고 하더라도 전혀 영향을 받지 않는다는 점이 분명하기 때문이다.

소비자의 만족을 감소시키는 정도를 확정하는 방식으로 간단히 발견될 수 있다.

이 절차[73]와 관련된 몇 가지 기술적 쟁점에 대해서는 다음 장에서 검토될 것이다. 그러나 우리가 즉시 주목해야 할 사항은 이것이 바로 오스트리아학파가 한계생산성을 재발견했던 방법이라는 점이다. 그러나 그들의 것은 약간 다른 한계생산성이었다. 이 점을 분명히 하기 위해 물리적인 한계생산성과 한계가치 생산성의 구분을 상기해보자. 한 '요소'의 물리적 한계생산성은 그 요소의 극소량의 증가에 따른 생산물의 증가분이다. 어느 기업의 특정 '요소'의 한계가치 생산성[74]은 물리적 증가분에

---

73) 관련개념을 다뤄 본 경험의 부족 때문에, 오스트리아학파나 그 비판가들에게 나타난 몇 가지 문제에 대해 주목해보는 것도 흥미롭다. 오스트리아학파 내부에서는 멩거가 어떤 생산요소의 소량의 손실로 발생하는 소비자 만족의 감소를 지표로 삼은 것이 과연 옳은지에 관한 논의가 있었다. 어떤 이는 그 대신에 특정한 생산요소의 소량의 증가로 인한 이득을 관찰해야 한다고 주장했다. 실제로 불연속이 존재하는 경우에 부차적인 중요성을 가진 문제가 대두되었다. 그러나 이러한 문제에 대해서는, 우리가 기본원리의 첫 번째 정식화만을 고려하는 한, 고민할 필요가 없다. 그리고 이 문제에 대한 대부분의 우려는 단지 무한소 논리를 적절히 이해하지 못한 데서 비롯된 것이었다. 이러한 사례는 심지어 1920년대에도 쉽게 찾아볼 수 있다. 또 다음과 같은 반대가 일찌감치 출현했다. 만약 당신이 기술적으로 조정된 기업으로부터 소량의 생산요소를 철회한다면 추가적인 철회로 야기될 수 있는 것보다 적지 않은 교란을 초래할 뿐 아니라, 오히려 생산계획을 뒤엎어 그 생산요소의 나머지를 거의 쓸모없게 만들고 생산요소의 '연속적 단위들'의 체감하는 생산성 스케줄을 허구적인 것으로 만들어버릴 것이다. 이것 그리고 이와 유사한 반대주장들은 답변을 얻지 못한 채 남아 있는 이상한 상황이 벌어졌는데, 왜냐하면 어떤 한계효용 이론가들은 어떻게 답해야 하는지를 몰랐고 그 답을 알고 있는 사람들은 그것이 답변이 필요할 정도로 중요하다고 생각하지 않았기 때문이다.

74) 물리적 생산성과 가치생산성은 모두 처음에는 개별기업에 대해 정의되었다. 그러나 사회적 과정 전체에 관심이 있었던 클라크뿐만 아니라 오스트리아학파, 특히 비저는 직접적으로 사회적 생산성, 사회적 가치 사회의 한계효용으로 분석을 확대하려고 시도했다. 이것은 초기 분석단계에 전형적인 또 다른 유형의 난점, 마셜과 빅셀이 피하고자 했던 난점을 만들어냈다. 하지만 사회적 가치에 대한 논의는 그리 소득이 많지 않았고 우리는 사회적 차원에서 추론하고자 하는 희망이 비저나 클라크의 흥미로운 준사회주의적 구성(여기서

그 기업의 총수입이나 총매출의 증가분을 곱한 것이다. 두 개념 모두 오스트리아학파의 이론에 포함된다. 그러나 이것들은 이 학파의 이론의 토대를 이룬 것이 아니라 (이 학파의—옮긴이) 기본이론과는 독립적으로 발전해왔다.[75] 근본적으로 오스트리아학파 한계생산성은 가치생산성이었지만, 상품의 가격을 미리 가정하지는 않았다. 그것은 물리적 한계생산성에 가격을 곱한 것이 아니라 소비자의 한계효용을 곱한 것이었다. 이들은 바로 이러한 기초에 입각해서, 생산이론이자 분배이론이 되는 자신들의 이론을 고안해냈던 것이다. 그러고 나서 이들은 이 이론을 보충하기 위해, 그리고 사유재산 경제에서 이것이 어떻게 작동되는지 보여주기 위해 이전에 형성된 자신들의 물물교환 이론의 분석도구들을 도입했다.

오늘날 이러한 한계가치 생산성이나 한계효용 생산성의 개념은 크루소 경제(a Crusoe economy: 디포Daniel Defoe의 소설 『로빈슨 크루소』에서 비롯된 말로, 한 사람으로 구성된 경제를 지칭한다—옮긴이)에서만 자명한 의미를 지닌다. 크루소는 실제로 각종 희소한 생산수단의 가치를 그 소유 정도에 한계적으로 의존하는 만족 수준——자신이 이해하는——에 따라 평가한다고 합리적으로 가정해볼 수 있다. 비저의 용어를 사용한다면, 크루소는 이런 만족 수준을 그 수단(일을 할 수 있는 자신의 능력도 그중 하나다)에 귀속(Impute)시킨다고, 그래서 자신의 현실적 목적을 위해 무의식적 귀속과정을 수행한다고 가정해볼 수 있다. 그러나 이와 비슷한 귀속과정이 '획득사회'[76](acquisitive society,

---

사회는 경제주체를 감독하는 역할을 수행한다)을 설명해줄 수 있다는 점을 지적하는 정도 이상으로 논의를 더 진행시키지는 않을 것이다.

75) 여기서 우리가 별도의 선구자들을 발견할 수 있는 것은 이 때문이다. 한계효용의 문제에 뒤퓌와 고센이 있다면, 이 문제에는 롱필드나 튀넨이 있다. 사실상 멩거가 튀넨의 저작에 매우 친숙해 있었지만 거기서 자신의 이론과 직접적 관련을 갖는 어떤 것도 발견하지 못한 이유 역시 이 때문이기도 하다.

76) 영국의 경제사가 토니의 용어로, 그는 자본주의 사회를 부의 획득과 소유를 제1원리로 하는 경제적 이기주의와 부의 숭배가 지배하는 사회라고 비판하면

토니Tawney의 용어)의 작동양식의 본질적 의미를 구성한다고 주장하기 위해서는, 그 귀속이 소비자들의 욕구충족 과정을 심리적으로 경험하지 않았으면서도 어떤 경우에나 금전적 이익을 극대화하려고 하는 기업들에 의해 대신 수행된다고 해석될 수 있어야 한다. 이것을 증명하는 것이 진정한 과제다. 이것을 증명하기 위해서는 자유시장의 물물교환이나 가격 메커니즘이 다음과 같은 결과를 보장하는 방식으로 작동될 것임을 보여줄 수 있어야 한다. 먼저 생산요소가 크루소와 동일한 방식으로 평가되고 나서 이것의 효용가치가, 단순한 소비재 시장에서 소비재의 효용가치가 교환가치로 전환되는 것과 동일한 방식으로, 교환가치나 가격으로 전환될 경우, 나타나게 될 결과가 그것이다.77) 분명히 진부하지도 흥미롭지도 않은 이 문제를 제기하는 것 자체가 상당한 성과일 수 있다. 그러나 기법상의 결함을 제외한다면, 멩거와 비저는 이 문제를 사실상 해결하는 데까지 거의 도달했다. 그리고 그렇게 함으로써 자원

서 이것을 획득사회라고 불렀다—옮긴이.

77) 어떤 비판가들은 오스트리아학파의 가치이론이 소비재에 대한 가치평가 이론으로서 자신들의 욕구충족을 위해 생산하는 것이 아니라 시장을 목적으로 생산하는 사람들의 행동에는 적용되지 않는다고 조잡하게 주장했다. 물론 이것은 멩거의 추론에 대한 완전한 몰이해를 드러낸다. 다른 비판가들은 위의 명제에서 순환적 추론을 발견했다. 왜냐하면 시장을 위해 생산하는 생산자들은 자신들이 획득하길 원하는 화폐량에 따라 상품을 평가하는데, 이는 설명해야 할 대상인 기대가격을 전제하는 것이기 때문이라는 것이다. 이 주장에 포함된 오류에 대해서는 명확히 이해할 필요가 있다. 다시 한 번 언급되겠지만, 나는 이 기회에 오스트리아학파의 이론가들에게 책임이 돌려지고 있는 (종종 학파 내부의 구성원들에 의해) 다른 두 가지 악순환에 대해 잠시 언급하고 싶다. 그 하나는 우리가 오직 인간의 행동(실제 선택)을 통해서만 재화에 대한 그의 선호를 알 수 있다는 것으로, 이는 (선택이 선호에 입각해서 이루어진다고 설명했음에도 불구하고 다시—옮긴이) 선호를 통해 선택을 설명한다는 점에서 순환적이다. 다른 하나는 우리가 화폐로 구매될 재화(의 가치평가—옮긴이)를 위해 화폐를 중시해야 한다는 것이다. 그러므로 화폐를 이용한 구매가 이루어지는 경우에 (화폐를 통해 재화의 가치가 평가된다는 점에서—옮긴이) 교환되는 두 재화의 사용가치에 의해 그 가격이 결정된다고 주장하는 것은 순환적이다.

배분(생산)과 이 자원들의 가격결정(분배)이라는 근본적인 문제도 해결했다.

그러나 귀속의 방법을 적용할 때 수반되는 (이론적—옮긴이) 구성은 모든 의사결정 주체에게 나타날 수 있는 실제의 정신과정과는 동떨어진 것——이것은 다른 많은 과학적 구성과 마찬가지로 여기에 포함되는 '가설'(as if)을 고려하면, 그리 중요한 문제가 아니다——일 뿐만 아니라, 불필요한 것이기도 했다. 생산요소의 가격과 그 분배몫을 결정하기 위해 우리가 먼저 효용가치를 알아야 할 필요는 없다. 우리가 반드시 알아야 하는 것은 소비자의 선호, 생산의 기술적 조건, '생산요소' 소유권의 초기분배가 전부다. 그러고 나면 최소비용 원리를 함축하는 순수입 극대화의 원리가 나머지 문제를 해결해줄 것이다. 그러나 오스트리아학파는 모든 단계에서 자신들의 기본생각을 계속해서 주장했다. 그리고 이 생각을 실현하기 위해서는, 상품판매로부터 얻는 수입(*receipts*)이 실제로 생산요소별로 나뉠 수 있듯이, 상품의 사용가치를 그 요소별로 나누는 것이 필요하다고 생각했다. 이 생각은 후자의 과정(방법론적 허구)으로 전자의 과정(현실)을 설명할 수 있다는 것이었다.

그러므로 귀속의 문제(*Zurechnung*)는 소비재의 주어진 효용함수로부터 생산재의 효용함수를 발견하는 것과 같은 형태를 취했다. 이것은 기법상의 결함 때문에 그들에게 매우 어려운 일이었으며, 멩거, 비저, 뵘-바베르크의 기원적 논문으로부터 출발해서 많은 어두운 길을 탐색하거나 빛보다는 열을 발산했던 실증적이거나 비판적인 상당히 많은 문헌을 만들어냈다. 그러나 이것을 다 살펴보는 일은 불필요하다.[78] 그렇지만 귀속이론의 기법상의 장점에 대해 우리가 어떻게 생각하든지 간에, 이 이론은 생산과 분배가 생산적 서비스를 평가하는 문제라는 간단한 진술로는 결코 전달할 수 없는 심오한 진리를 표현하고 있다. 그리고

78) 스티글러도 같은 의견을 강하게 표명하면서, 관련문헌을 몇 편 소개했다.(앞의 책, 5쪽 각주) 이 주제에 관한 글들이 대체로 무능하다는 그의 판단은, 유감스럽게도, 정당하다.

그것은 만족스러운 비용이론을 낳았다.

귀속이론에 입각한, 생산수단의 한계효용에 대한 논의는 생산요소의 보완성과 대체성[79] 그리고 그 대안적 용도가 요소의 한계효용과 맺는 관계에 대한 인식으로 쉽게 이어졌다. 이러한 경로를 통해 오스트리아학파는 이른바 대안용도 비용이론, 즉 기회비용 이론[80]에 도달했다. 이 이론에는, 한 사물의 실질적인 비용이 그것의 생산에 투입된 자원이 다른 것을 생산했더라면 얻었을지도 모르는 효용의 희생이라는 경구로 표현될 수 있는 비용현상에 대한 철학이 담겨 있다.

이러한 비용이론은 과거에도 간헐적으로, 특히 밀의 『원리』에서 제시된 바 있지만, 이전 도식에 부합되지 않는 특수한 사례를 설명하는 데 그쳤을 뿐이다. 자본주의 사회나 사회주의 사회 모두에 대한 일반이론으로서 그리고 비용의 근본적인 사회적 의미에 대한 설명으로서, 이 이론은 새로운 것이었다. 이것이 훨씬 나은 분배이론을 만들어낸다는 점 또한 의심의 여지가 없다. 그러나 내가 특히 주목하고 싶은 점은 이것이 마셜의 분석에서는 거의 빠져 있는 현상을 강조한다는 사실이다. 2상품 경제(두 종류의 상품만 존재하는 가상의 경제를 의미한다—옮긴이)에서 주어

---

79) 물론 대체성에 관한 생각은 당연히 튀넨과 밀접하다. 그러나 처음으로 그것을 명시적으로 정식화한 사람은 멩거였다. "확실한 것은 고정수량의 고차재가 화학제품에서 관찰되는 방식으로 생산에 결합될 수 있을 뿐만 아니라, [……] 일반적인 경험이 보여주듯이 고정된 수량의 그 어떠한 저차재도 고차재의 서로 다른 결합을 통해 생산될 수 있다는 점이다."(*Grundsätze*, p.139; [영역은 슘페터]) 아무리 최소한으로 말하더라도, 이것은 '가변비례의 법칙'(law of variable proportions)과 더 나아가 '등생산물 곡선'(equal product curves)을 미리 보여주고 있다. 더구나 이 정식화는 이후 마셜의 '대체원리'보다 뛰어나다.

80) 이 용어는, 아주 정확히 그린(D.I. Green, "Pain Cost and Opportunity Cost", *Quarterly Journal of Economics*, January 1894)의 것으로, 나이트의 열렬한 후원에 힘입어 미국에서 널리 확산될 수 있었다. 이 문제에 대한 가장 철저한 분석은 대븐포트의 저작(*Value and Distribution*, 1908)에서 발견된다. 그는 (기회비용과—옮긴이) 동일한 의미를 지니는 대체비용(Displacement Cost)이라는 용어를 선호했다.

진 한 유형의 생산필수 요소, 이를테면 노동의 배분을 고려해보자. 우리가 점점 더 많은 노동을 상품 A의 생산에 배분하고 상품 B에는 점점 적은 양을 배분할 때, 상품 A의 한계효용은 감소하고 상품 B의 한계효용은 상승할 것이다. 우리는 이것을 A생산의 효용수익(utility returns)이 감소하거나 A생산의 비용이 증가한다는 식으로 표현할 수 있다. 이렇게 해서 우리는 한계효용 원리에서 새로운 '수확체감의 법칙'을 도출했는데, 이것은 그 어떠한 물리적 체감법칙으로부터도 독립적일뿐더러 심지어 물리적인 수확체증 법칙과 양립할 수 있는 것이기도 하다.

3. 상호의존과 균형

만약 우리가 생존을 위해 노동하고 교환하는 많은 군중을 본다면, 그들의 행동을 이득에 대한 욕구나 재화에 대한 욕구와 연결시키는 데 거의 어려움이 없을 것이다. 그러나 형식적인 논리차원에서 실질소득을 발생시키는 과정이 그 어떠한 간단한 원리로 만족스럽게 묘사될 수 있는지, 또는 거기에 도대체 내재적인 논리가 존재하는지에 대해서는 결코 분명하지 않을 것이다. 이 영역에서 분석적 노력의 역사는 논리적으로 일관된 경제과정의 존재에 대한 인식이 계속해서 향상——처음에는 부분적으로, 이후에는 좀더 일반적으로——되는 역사다. 이러한 인식은 캉티용, 케네, 스미스, 세 그리고 리카도 같은 학자들의 저작에서 처음으로 의식적인 정식화에 도달했다. 그러나 상호의존적인 수량의 체계로 구성된 경제적 우주관이 거기에 내포된 모든 문제——비록 완전히 만족스럽게 해결되지는 않았더라도, 적어도 분명하게 제시된——와 함께, 그리고 순수이론의 중심에 분명하게 자리를 잡고 있는 수량들 사이의 일반균형이라는 생각과 함께 완벽하게 정교화된 것은 지금 우리가 논의하고 있는 바로 이 시기에 들어서였다.

이것은 발라의 업적이었다. 우리는 진정으로 중요한 것이 일반균형체계임을 깨닫자마자, 한계효용 원리 그 자체가 제번스와 오스트리아학파, 그리고 발라 자신이 믿고 있었던 것만큼 중요하지는 않다는 점을 발

견하게 된다. 그러나 이와 동시에 우리는 발라체계에 대한 분석을 통해 그가 일반균형 체계로 나아가는 데 한계효용이 징검다리 역할을 했음을 알 수 있다. 비록 한계효용 원리가 이 수준(일반균형 체계—옮긴이)에 도달한 후에는 모든 중요성을 잃어버린다고 해도, 그것은 발견장치로서(heuristically) 매우 중요한 의미를 갖는다. 이러한 주장은 제번스와 오스트리아학파의 업적을 새롭게 조명할 수 있게 한다. 이들 또한 이 사다리를 발견했다. 단지 기법상의 결함 때문에 끝까지 나아가지 못했을 뿐이다. 그러나 이들은 자신들의 분석기법이 허용하는 최고 수준까지 올라갔다. 달리 말하자면, 우리는 제번스와 멩거의 효용이론에서 일반균형 이론의 맹아적 형태[81]를, 또는 적어도 일반균형 이론의 토대를 이루는 특정형태의 통합원리를 찾아볼 수 있다. 이들은 비록 연립방정식 체계의 의미를 이해하지 못했으므로 그것을 완전히 명료한 형태로 제시하지 못했으며, 한계효용 개념에서 발견적으로 유용한 방법론적 장치를 찾기보다는 그 자체를 자신들의 혁신의 핵심으로 간주하기는 했지만, 발라와 마찬가지로 현대이론의 창시자로 볼 수 있다. 이것은 클라크에게도 적용된다. 후에 비판가들은 자신들의 기법상의 개선에 너무 들떠서, 그리고 제번스나 오스트리아학파들과의 교감을 단절하는 데 너무 열중한 나머지 이러한 사실을 인식하는 데 실패했다.

어떤 의미에서 혁명이 이루어진 것일까? 이 혁명은 경제과정에 대한 새로운 이론을 형성했는가?

첫 번째 질문에 대한 답변은 흔히 오용되고 있는 이 말(혁명—옮긴이)을 우리가 어떻게 이해하는지에 따라 결정될 것이다. 우리가 이것을 철저하게 불연속적인 변화로 이해한다면, 현대이론의 선구자들의 주장——경제학의 '순수' 부분을 혁명화했다——은 인정되어야 마땅하다. 왜냐하면 밀의 취약한 구조가 실제로 제번스, 멩거, 발라가 선택한 노선에 입각한 재구성을 불러일으켰을지라도, 그리고 마셜이 혁명보다는 개혁

81) 이러한 측면은 특히 비저의 저작(*Natural Value*)에서 명확히 나타난다.

을 통해 거의 동일한 것을 이루어냈을지라도, 이 시대의 논쟁은 단절이 발생했음을 강하게 입증하고 있다. 우리는 코페르니쿠스적 업적을 성취했노라는, 고센의 자랑에 웃음 짓기 쉽다. 그러나 이 자랑은 겉보기만큼 그리 터무니없는 것이 아니다. '고전파' 체계를 한계효용 체계로 대체한 것은 천동설을 지동설로 대체한 것과 동일한 종류의 성과였다. 양자는 모두 본질적으로 단순화하고 통합하는 재구성이었다. 우리에게는 이러한 비교가 단지 천문학과 경제학의 서로 다른 지적 위치 때문에 우스꽝스럽게 들릴 뿐이다. 이와 비슷하게 우리는 흑인 군사정객 루베르튀르(Toussaint L'Ouverture, 1743~1803: 프랑스령 식민도시였던 산토 도밍고에서 1791년에 흑인 노예들의 반란을 주도했던 인물—옮긴이)가 자신을 산토 도밍고(Santo Domingo)의 보나파르트(나폴레옹—옮긴이)라고 말했음을 알게 되었을 때 웃음 짓는다. 그러나 이것은 주변 환경을 고려할 때 두 인물(루베르튀르와 나폴레옹—옮긴이)에 아주 분명한 차이가 존재해서라기보다는, 세계적인 중요성에서 프랑스가 산토 도밍고보다 훨씬 크기 때문이다.[82)]

이것은 '한계주의' 이론을 신고전파(neo-classic)라고 묘사하는 미국에서 특별히 발전된 습관과 관련이 있다. 과거의 틀과 태도가 '한계주의자들'에게 얼마나 많이 전해졌는지를 고려하면, 우리는 이것을 인정하고 싶다. 연속성을 유지하고자 하는 마셜의 노력——과 아직도 여전히 그러한 모습을 보이는 것——은 이 혁명가들의 성과에 관한 함축된, 그러면서도 약간은 경멸적인 평가에 대해 또 다른 지지를 제공했다. 그러나 순수이론에 관한 한, 아인슈타인을 신뉴턴주의자(neo-Newtonian)라고 부를 수 없듯이, 제번스-멩거-발라의 이론을 신고전파라고 부르

82) 사실 나는 화려한 출발과 우울한 종말이라는 점에서 두드러진 유사성을 보여주는 두 인물의 경력을 비교해보면 정력적인 활동이나 천재적인 재능면에서 투생 루베르튀르의 업적이 보나파르트에 미치지 못한다고 자신 있게 말할 수는 없다고 믿는다. 그러나 산토 도밍고와 프랑스의 관계는 경제학과 천문학의 관계와 비슷하다.

는 것은 타당하지 않다. 이미 알다시피, 마셜과 그의 후계자들에게 절충주의(Eclectics)라는 용어를 적용하는 것은 훨씬 더 잘못된 것이다. 하지만 이에 대한 책임은 마셜 본인에게 있다.

두 번째 질문에 대한 답변은 당연히 부정적이다. 순수이론이라는 맥락에서는, 그 어떠한 이론도 관련된 현상을 완벽하게 분석했다는 의미의 이론이 될 수 없다. 사실에 대한 가정은 그것으로부터 결과를 검출해내는 분석도구만큼이나 중요하다.[83] 더구나 경제생활은 독특한 역사 과정인데, 우리의 저자들은 스미스에게서 전수받은 것 말고는 경제적 변화에 대한 설명도식을 갖고 있지 못했다. 설령 이들이 자신들의 것을 갖고 있었다고 해도, 이들의 한계효용 이론은 그것에 대해 완전히 중립적이었을 것이다. 마지막으로, 이들은 '고전파' 선배들과 마찬가지로 명시적인 동학적 설명틀을 갖고 있지 못했다. 그래서 이들은 거기서 비롯된 결함들을 매우 비슷한 방식으로 헤쳐나가야 했다. 이 세 가지 단서를 감안해서 질문을 다시 한다면, 그 답변은 당연히 '그렇다'이다. 한계효용 이론가들은 확실히 그 자체로 완결적인 경제정학의 사용가치 체계를 창조하는 데 성공한 듯 보인다. 불행하게도 여기에 단서를 추가해야 한다. 순수이론의 모든 문제가 한계효용 이론에서 유일한 해를 찾을 수 있는

83) 한계효용 이론가들은 (현대의 대부분의 이론가들과 마찬가지로) 자신들의 분석의 형식적 특성에 대해 이해하고 있었지만, 그 정도는 불완전한 수준이었다. 이들은 스스로 심리적 사실이라고 믿고 있던 것에 매몰되어, 자신들이 경제적 현실에 대한 가르침을 제공하고 있다고 실제 수준 이상으로 생각했다. 나는 이번 기회에 의미 없는, 그렇지만 수많은 유능한 사람에게 중요한 것으로 보였던, 논쟁에 대해 다시 한 번 언급하고 싶은데, 순수이론 일반, 그중에서도 특히 가격이론에서 주관주의와 객관주의에 관한 논쟁이 그것이다. 사실상 '주관주의' 이론이 구체적인 결과를 도출하기 위해서는 항상 '객관적인' 사실(주어진 것)에 의존해야 한다. 그리고 모든 '객관적' 이론은 '주관주의적' 행동요소에 관한 공준이나 명제를 언급하거나 포함하고 있어야 한다. 달리 말하면, 모든 완전한 주관주의 이론은 항상 객관적이어야 하며, 그 역 또한 성립한다. 이러한 점에서 차이가 있다면 그것은 오직 서로 다른 부분의 분석과 관련된, 강조점의 차이에서 비롯된 문제일 뿐이다. 하지만 이러한 '쟁점'이 실제적인 것으로 받아들여지면서, 모든 과학자 진영에서 진지하게 논의되었다.

것은 아니라는 점이다. 우리는 이미 기업이론(theories of enterprise)이나 자본이론에서 그 예를 찾은 바 있다. 이 문제들에 대해 한계효용 이론은 가능한 견해차이를 좁히는 데 성공하지 못했는데, 이는 아주 당연한 일이었다. 한계효용 원리가 통합력을 발휘하는 데 실패한 또 다른 예는 이자이론(the theory of interest)이다. 우리가 분배몫에 대해 별도로 논의하게 되는 이유는, 물론 다른 주제도 함께 다루겠지만, 바로 여기에 있다.(아래 5절 참조) 그 전에, 제번스와 멩거의 분석에 대한 마셜의 견해를 논의하는 것이 유용할 것이다.

4절 마셜의 입장과 실질비용

독자들은 마셜이 자신의 이론과 근본적으로 유사한 동시대와 전 시기의 작업들에 대해 보여준 태도와 관련된, 앞 절의 설명에서 언급된 내용을 기억할 필요가 있다. 앞 절에서 소개된 오스트리아학파의 저작에 대한 철저히 비마셜적인 해석과, 정도는 덜하지만 제번스의 저작에 대한 동일한 해석의 관점에서 보면,[84] 이 저작들에 대한 마셜의 상이한 평가와 그가 지지한 몇 가지 주장에 대해 고려해볼 필요가 있다.[85]

나는 마셜의 『원리』의 독자들이, 그가 때때로 도입하는 단서조항에도 불구하고, 다음과 같은 인상을 쉽게 얻을 수 있다고 생각한다. 마셜의 주장에 따르면, (1) 영국 '고전파'의 분석은 군데군데 올바르게 재해석될 필요가 있지만 근본적인 오류는 없으며, (2) 제번스학파나 오스트리

84) 특별히 중요한 내용을 다시 한 번 강조해야 한다. 5장 2절에서 보았지만, 마셜의 『원리』, 부록의 '주 11'의 내용은 마셜의 이론적인 분석의 핵심을 이룬다. 이 주는 일반균형 체계의 윤곽을 보여준다. 앞 절에서, 오스트리아학파의 이론적인 분석도 결함이 많지만 맹아적인 균형체계에 도달하고 있다고 언급된 바 있다.

85) 간단히 처리하기 위해, 마셜의 제번스 비판은 오스트리아학파에게도 적용되며 그 역도 성립한다고 가정할 것이다. 독자들은 앞으로 논의되는 사례들 속에서 이 점을 어렵지 않게 확인할 수 있을 것이다.

아학파의 비판은 주로 그것을 적절하게 해석하거나 이해하지 못한 데서 비롯된 것이며,[86] (3) 제번스나 오스트리아학파의 긍정적 기여는 시장 현상의 수요 측면——리카도 역시 이 다소 분명한 사실을 당연히 무시하지 않았지만——을 명확히 밝힌 데 있으며, (4) 제번스와 오스트리아학파는 수요 측면을 지나치게 강조함으로써 리카도와 밀이 정반대의 측면에서 범한 오류를 동일하게 범하고 있다. 이러한 주장은 서로 다른 세 각도에서 고찰되어야 한다. 첫째, 리카도에 대한 제번스나 오스트리아학파의 비판과 관련된 마셜의 노여움은, 부분적으로 부적절한 측면도 있지만,[87] 타당하지 않은 것은 아니다. 우리는 쿠사누스(Nicolaus Cusanus)나 코페르니쿠스(Copernicus)가 천동설이 '오류'임을 입증하기보다는 단순히 몇 가지 수정만 추가했음을 쉽게 인정할 수 있을 것이다. 둘째, 마셜은, 본성 때문이든 습관 때문이든 간에, 제번스와 오스트리아학파의 성과와 관련된 이들의 조잡한 기법에 대해 가혹하지 않을 수 없었다. 이에 대해서는 더 이상 고려하지 않을 것이다. 하지만 셋째, 이들의 성과의 근본적 의미에 대한 마셜의 해석은, 의도된 것은 아니겠지만, 심각한 오류였다. 앞 절의 우리의 논의가 보완될 필요가 있는 이유는 바로 여기에 있다.

마셜은 다음과 같은 유명한 비유를 통해 (한계효용 이론가들이—옮긴이) 수요 측면을 지나치게 강조하는 것에 대해 비판했다. "'생산비 원

86) 마셜의 목소리에 대한 메아리인, 에지워스의 다음과 같은 유명한 문구 이상으로 이 점을 잘 보여주고 있는 것은 없다. 마셜은 한동안 '영원한 정상'(eternal heights)을 뒤덮었던 '덧없는 비판'의 안개를 쫓아버렸다.

87) 이것은 이 책, 2권, 3부의 우리의 논의로부터 분명해진다. 그러나 우리가 알아야 할 것은 마셜의 노여움이 리카도에 대한 비판보다 밀에 대한 비판과 관련해서는 조금은 덜 부당하다는 점이다. 그리고 마셜은 그토록 많은 글에서 이 점을 인정한 적이 없기는 하지만, 우리 관점의 증인이 될 수는 있다. 그는 결코 '고전파' 구조에서 특히 리카도적 요소들을 신봉하지 않았다. 예를 들어 그는 노동량 가치이론 같은 것을 조용히 수정해서 결코 리카도가 의도하지 않았던 것으로 만들어버렸다.

리'와 '최종효용' 원리는 모든 것을 지배하는 수요 · 공급 법칙의 의심할 여지없는 구성부분으로,[88] 각각 가위의 한쪽 날에 비유될 수 있다. 한 날이 정지상태로 있을 때, 자르는 행위는 다른 날의 움직임으로 진행된다. 이에 대해 무모할 정도로 단순하게, 자르는 것이 두 번째 날에 의해 수행되었다고 말할 수도 있다. 그러나 이런 진술은 정식화될 수 없으며 의도적으로 옹호되어서도 안 된다."[89] 우리가 심지어 오스트리아학파의 분석을, 그것의 포괄적인 다른 측면을 무시하면서까지, 이러한 특수지점으로 협소화시킬 때조차, 그것의 핵심적 업적은 정확히 공급과 비용에 관한 새로운 이론임을 인정해야 한다. 제번스의 다음의 표현은 정확히 이러한 의미에서 이해되어야 한다. "가치는 전적으로 효용에 의존한다." (*Theory*, p.1) 그러므로 제번스와 오스트리아학파에 대해, 자신들이 최초로 합리적으로 유도해냈던, 그리고 비저가 '비용의 법칙'이라고 명명

---

88) 독자들은 이 진술이 비록 밀의 가르침에는 부합될 수 있지만, 철저히 비리카도적인 것임을 알아야 한다. 이것은 맬서스적이다.

89) 『원리』, 569쪽. 이 문장은 428쪽의 또 다른 문장에서 거의 축어적으로 반복되고 있는데, 후자는 곧바로 다음 문장으로 이어진다. "일반적으로 우리가 고려하는 기간이 짧을수록, 수요[효용]가 가치에 미치는 영향에 더 많은 관심을 두어야 한다. 기간이 길수록 생산비가 가치에 미치는 영향이 더욱 중요하게 될 것이다."(429쪽) 엄격히 해석하면, 이 진술은 자명할 정도로 사실이다. 그러나 일반적 의미에서, 이것은 잘못된 방향으로 이끄는 실마리를 제공한다. 이는 비유를 통해 가장 잘 설명될 수 있다. 지폐의 경우에 환율이 수요와 공급에 의해 결정되고, 금화의 경우에 금본위제(gold mechanism)에 의해 결정된다고 말하는 것은 오류다. 중요한 점은 어떤 경우든 수요와 공급 이면의 요소들이 환율을 결정한다는 사실이며, 금화의 경우에 금본위제가 일반적으로 금현송점(gold points) 이상으로 금평가(gold parities)가 이탈하는 것을 막는다는 사실이다. 마찬가지로 한계효용 원리는 장기와 단기 모두 가치문제의 공급과 수요 측면에 적용된다. 생산비용은 장기를 주관하는 독립적인 원리가 아니다. 한계효용 원리는, 상황의 주어진 것들에 영향을 미쳐, (여러 가정 아래서) 장기에 교환가치가 비용과 일치하도록 작동할 수 있을 것이다. 조예가 깊은 마셜학파는 이 주석이 불필요하다고 생각할 것이다. 그러나 나는 이러한 해석의 오류를 너무 자주 들었기 때문에, 마셜과 관련해서는 심지어 보르트키에비츠와 같이 능력 있는 경제학자들에게서도 너무 자주 들었기 때문에, 나는 그렇다고 생각할 수 없다.

했던 바로 그 정리(theorem)의 중요성을 최소화시키려 했다고 비난하는 것은 의미 없는 일이다. 이들은 마셜의 가위의 양날에 대해서 들을 필요가 없었다. 이들이 보이고자 했던 것은 양날이 동일한 질료로 구성되어 있다는 점이었다. 즉 (기존상품의 교환이든 그것을 생산하는 상품의 경우든 간에) 수요와 공급 모두 '효용'을 통해 설명될 수 있다는 점이었다.

본질적으로는 동일하지만 마셜이 또 다른 형식을 부여했던 비판에는 적어도 외관상으로 좀더 많은 것이 담겨 있다. 제번스와 오스트리아학파는 인과연쇄로 표현하는 습관이 있었다. 그래서 이들은, 마치 일정량의 소비재의 효용이 먼저 독립적으로 결정되고 나서 인과적으로 그 소비재의 생산에 투입되는 생산재의 가치가 결정된다는 듯이, 소비재의 가치로부터 자원의 가치로 나아갔다. 이는 소비재의 효용이 그 수량에 의존하고, 후자가 다시 그 비용에 의존한다는 것이므로, 뛰어난 분석가(마셜—옮긴이)에게 이를 인정할 수 없다고 지적하는 일은 식은 죽 먹기였다. 제번스와 오스트리아학파는 학생들처럼 "한 사발에서 세 개의 공 A, B, C가 서로 기대어 정지해 있을 때, 〔……〕 이 세 공의 위치는 중력의 작용 아래서 상호 결정된다"라는 점을 배워야 할 사람들이라고 비난받을 수밖에 없다. 왜냐하면 이들은 대신에 "A가 B를 결정하고, B가 다시 C를 결정한다"(『원리』, 567쪽)라고 주장했기 때문이다. 그러나 누구보다도 마셜은 이러한 비판이 기법상의 결함, 특히 상호의존 논리에 대한 분명한 이해부족을 이용했을 뿐 비판받는 입장의 본질을 정당하게 평가하는 것은 아니라는 점을 깨달았어야 했다. 다시 마셜의 비유로 돌아가자면, 제번스와 오스트리아학파가 실제로 한 일은 위의 구절에서 이들의 몫으로 넘겨진 억지논리가 아니라 아주 다른 것이었다. 이들은 공의 위치가 단일한 원리——즉 역학의 경우에는 중력, 경제학의 경우에는 효용——에 따라 결정되어야 한다는 점을 정확히 간파했다. (마셜이—옮긴이) 리카도에게 보여준 관대함의 절반만 이들에게 보여주었더라면 조야한 기법 이면의 위대한 업적을 발견했을 것이며, 비록 마셜은

그렇게 하지 않았지만, 비판도 유일하게 정당화될 수 있는 한 가지 측면으로 축소되었을 것이다. 제번스는 수학을 충분히 몰랐으며 오스트리아학파는 전혀 몰랐다는 비판이 바로 그것이다.[90)]

이 맥락에서 주목해야 할 또 다른 사항이 있다면, 그것은 오직 마셜의 **실질비용**(Real Cost)뿐이다. 만약 오스트리아학파가 이 용어를 사용했다면, 그것은 우리가 다른 재화를 생산하기로 결정했을 때 '희생'해야 하는 소비재(이것의 소비가 제공하는 만족의 손실과 구별되는 것으로서)를 의미했을 것이다. 마셜에게는 이것이 "그것[상품]을 생산하는 데 필요한 자본을 저축하기 위해 요구되는 절욕이나 기다림과 함께, 그 생산에 직 · 간접적으로 들어가는 모든 종류의 노동의 수행"(『원리』, 418쪽)을 의미했다. 이 사항이 여기에 등장하는 이유는, 당시 이것이 가치나 비용의 본성, 원인이나 '궁극적 표준'에 대한 일반적 논쟁에서 논의되었기 때문이다. 논쟁은 전적으로 멩거학파의 것이었다. '새로운' 가치이론의 대부분의 지지자, 즉 고센, 제번스, 아우슈피츠, 리벤 그리고 클라크 등은 노동의 비효용(제번스의 용어)과 절욕을 자신들의 분석구조에 포함시키는 것에 조금도 거리낌이 없었기 때문이다. 다른 모든 저자는 비용에 독립적인 역할을 부여하는 방식이나, 아니면 또 다른 방법으로 '고전파'를 부활시키려는 마음이 전혀 없었으므로, 비효용과 절욕의 승인이 한계효용(학파나 이론—옮긴이)의 입장을 훼손하거나 다른 입장의 채택을 의미하지는 않는다는 점을 보여주는 것으로 충분하다. 그러나 오스트리아학파는 의견이 달랐다. 뵘-바베르크는 한계효용 이론에 충실하기 위해서는 반드시 이렇게 해야 한다고 믿었으며, 그래서 이 둘의 중요성을 최소화시키기 위해 격하게 싸웠다. 이제부터 관련된 문제들을 살펴보자.

---

90) 마셜의 엄격성은 더 이상 나타나지 않는다. 왜냐하면 그 자신도 때때로 동일한 실수를 범하고 있기 때문이다. 『원리』, 440쪽에서 우리는 다음과 같은 구절을 발견할 수 있다. "정체상태에서, 자명한 규칙은 생산비용이 가치를 지배한다는 것이다."

당연히 절욕은 이자절욕설(an abstinence theory of interest)을 지지하는 모든 경제학자에게는 매우 중요하다. 그러나 이자절욕설을 지지한다는 것은 물론 일반가치 이론에 절욕을 도입하는 것을 의미하지만, 이 문제는 항상 이자이론과 관련해서 주로 다루어졌으며, 우리도 (5절에서) 그렇게 할 것이다. 노동의 비효용에 관한 한, 우리에게는 두 가지 선택대안이 존재한다. (주어진 인구 수준에서) 이용가능한 노동시간의 양을 주어진 것으로, 예를 들어 제도적으로 고정된 것으로 여기거나, 아니면 그것을 결정되어야 할 변수로 취급하는 것이다. 후자의 경우, 우리의 체계는 '미지수' 하나와 독립방정식 하나를 추가적으로 포함하게 된다. (이는 모든 노동자에게 균형조건에서 노동의 한계비효용이 임금소득의 한계효용과 반드시 일치해야 함을 의미한다.) 어떤 것을 선택할 것인지는 현실성과 분석적 편리성에 대한 고려에 따라 달라진다.[91] 그러나 요점은 우리의 선택이 우리의 이론적 패턴에 그렇게 큰 차이를 가져오지는 않는다는 점이다. 왜냐하면 비효용의 요소들은 제공되는 노동량에 대한 (가능한) 영향력을 통해서 상품가치에 영향을 미칠 뿐, 제공되고 있는 노동량의 배분을 관장하는 기회비용의 원리에는 조금도 영향을 미치지 못하기 때문이다. 우선적으로 중시되는 것은 항상 후자다. 아무리 비효용이 중요하다고 해도, 이는 잠시 무시된다. 게다가 만약 우리가 효용에만 기초한 가치이론에 충분한 중요성을 부여한다면, 우리가 해야 할 일은 오직 노동의 비효용을 여가의 효용으로 대체하는 일뿐이다.[92]

---

91) 아마 독자들도 알고 있듯이, 비효용 방정식은 현실성이 없다는 이유로 케인스에 의해 폐기되었다. 뵘-바베르크 역시 다르기는 하지만 현실성을 이유로 그것을 버렸다. 개별노동자들은 노동일의 규제를 반드시 수용해야 하고 기꺼이 제공하고자 하는 노동량을 변경할 수 없다는 이유에서였다. 그러나 뵘-바베르크는 자신이 원했다면 비효용 방정식을 도입할 수도 있었지만, 케인스의 분석체계는 그것을 버릴 수밖에 없다.

92) 이는 모든 경우에 권고될 수 있다. 비효용이 일정한 역할을 수행할 수 있는 특정한 문제, 예를 들어 임금률의 상승이 왜 종종 노동량의 감소로 이어지는가를 설명하는 문제는 우리가 여가개념을 이용할 때 (그리고 무차별 지도indiffe-

그래서 비효용의 중요성을 최소화시키려는 뵘-바베르크의 시도는 제한된 범위에서나마 성공을 거두었지만, 이것으로부터 그리 많은 것을 얻어내지는 못했다. 그러나 마셜 역시 실질비용의 도입으로 많은 것을 얻지 못했다. 이자이론에서 절욕이 수행하는 특별한 기능을 제외하면, 이 개념은 '직접적 · 간접적'으로 상품생산에 수반되는 절욕과 모든 비효용의 합이라는 개념이 내재적으로 지니는 난점은 말할 것도 없고, 어떠한 손실도 없이 폐기될 수 있다. 그러므로 우리는 이 짧은 여정에서 다음과 같은 결론을 가지고 돌아오게 되는데, 이 결론은 무엇이 근본적인 것인가라는 문제와 관련해서 마셜이 제번스-멩거-발라 분석으로부터 이탈한 것에 담긴 의미와 중요성을 탐구할 때 우리가 항시 얻게 되는 것과 동일한 것이다. 그렇지만 이것은 무시할 수 있을 문제다.[93)]

5절 이자, 지대, 임금

어떤 순수이론이든 구체적인 결과를 도출하기 위해서는 사실을 필요로 한다. 이 상투적 문구는 반복(해서 강조—옮긴이)되어야 하는데, 왜냐하면 경제학자들은 자신들이 순수이론이라고 부르는 것에 어떤 특정 사실들을 포함시키려는 버릇이 있기 때문이다. 그래서 이들은, 노동자 행동에 관한 적절한 사실적 가정이 도입된다면 그 어떠한 일반적인 임금이론으로도 최저생계비 정리를 유도해낼 수 있음에도 불구하고, 최저생계비 임금 '이론'을 언급하곤 한다. 그러나 한계효용 이론은 구체적인 사례에 적용될 수 있다고 해도, 특정사실들로 보완될 필요가 있을 뿐만 아니라 일반이론적 명제들을 생산해내기 위해서라도 추가적인 재료에

rence map의 한 축에 여가를 배치하고, 다른 축에 화폐나 실물단위로 임금을 배치하면) 훨씬 쉽게 해결될 수 있다.

93) 게다가 마셜은 어떻게 이런 유형의 실질비용을 도입하는 것이 리카도의 견해를 어떤 식으로든 지원할 수 있을 것이라고 믿을 수 있었는지(만약 그가 정말로 믿었다면) 참으로 이해하기 어렵다.

의해 보완될 필요가 있다. 3절의 마지막 부분에서 언급했듯이, 비록 이 이론이 지대와 임금에 대해 적절하게 설명할 수 있다고 해도, 그 자체로는 이자에 대한 일반이론을 제공하지 못한다. 문제를 일으키고 있는 것이 이자이기 때문에, 우리는 이 시기의 이자이론에 대한 논의로부터 시작할 것이다.

1. 이자

우리는 이 시기의 경제학자들이 이미 기업가 이득과 이자를 명확히 구분하고 있었다는 사실을 알고 있다. 그러나 이들 대부분은 여전히 바본(Nicholas Barbon: 이 책, 1권, 2부 6장 7절 2항 참조)에게서 비롯된 견해, 즉 이자가 사업이익의 대부분을 구성한다는 견해를 가지고 있었다. 이 부분은 물리적 자본을 활용한 결과로서, 토지에 대한 수익(return)이 지대고 노동에 대한 수익이 임금이라는, 바로 그러한 의미에서 물리적 자본에 대한 수익이다. 이런 측면에서, 뵘-바베르크가 이자이론의 역사를 비판적으로 조망하면서, 이윤으로 불리는 수익이 실질적으로 '이자'와 동일한 것인가라는 질문을 제기하지도 않은 채 리카도와 마르크스의 '이윤'이론을 설명했다는 사실은 매우 중요하다. 만일 그가 이 질문을 던졌다면, 그는 스미스나 밀처럼 답변했을 것이다. 그에게 화폐이자는 실질적으로 자본가의 소유——아마도 '화폐형태'로 소유되겠지만——인 실물재화의 공급을 통해 획득되는 이자의 그림자로 남아 있는 것에 불과했다. 이는 뵘-바베르크 자신의 저작이 기본적으로 이러한 설명도식을 해체하는 도구로 기능했다는 점에서 매우 놀라운 사실이다.

우선 기존의 이자이론에 대한 뵘-바베르크의 비판이 기존관점에 내포된 문제를 새롭게 파악할 수 있는 계기를 제공했다는 사실이 충분히 인식되지 않았다. 이전 시기로부터 전해진 모든 이자이론이 계속해서 살아남아 있었다는 것은 어느 정도 사실이다. 심지어 파레토 같은 이론가조차 (실물)자본이 이자를 낳는 것은 체리나무에 체리가 열린다는 사실만큼이나 문제될 것이 없다고 거리낌없이 선언할 정도였다.[94] 그러나 대

다수의 경제학자를 만족시켜왔던 단순한 이론의 입지는 급속히 축소되었다. 이제 어떤 학자도, 쟁기의 도움으로 좀더 많은 밀이 생산되었다고 해서, 그것을 사용했기 때문에 순수익이 발생했음이 틀림없다고 주장하지는 않았다. 자본의 물리적 생산성은 그 가치생산성을 증명하기에 충분치 않다는 뵘-바베르크의 충고는 이자에 관한 생산성 이론의 항로를 곧바로 파괴하지는 않았지만, 이 항로에서 바람을 빼앗아간 셈이다.[95] 이와 유사하게 뵘-바베르크는 이자에 대한 '사용이론'(use theories: 크니스, 멩거, 발라)도 그 자체로는 별로 훌륭하지 못했음을 효과적으로 보여주었다. 주택이나 기계 같은 내구재 서비스에 가격이 형성되고 그 가격에 수량이 곱해지면, 그것은 틀림없이 이 재화소유자들의 수입이 될 것이다. 그러나 이 재화들은 위험에 대한 보험과 감가에 대한 보전이 필요하므로, 어떤 다른 요소들에 의지하지 않고는 이 수입을 순수입으로 잡을 수 없다. 뵘-바베르크에게 최후의 일격을 받은 다른 많은 이론을 제외하면, 살아남아서 영향력을 유지했던 이론은 마르크스주의 착취이론과 절욕이론, 그리고 분명히 좀더 낮은 수준이기는 했지만 몇 가지

94) 파레토의 다른 의견도 논평할 만하다. 그는 이자의 '원인'을 찾는다는 것 자체가 실수였다고 생각했다. 일반균형 체계의 많은 요소 중 하나인 이자율은 다른 모든 것과 동시에 결정된다. 따라서 이자를 '발생'시키는 특정요소를 찾는다는 것은 소용없는 일이다. 이러한 견해에 내포된 오류를 보여주기 위해서는, 한 사발에서 서로 의지하면서 정지해 있는 세 개의 공이라는 마셜의 비유에 내재된 그의 비판에서 알 수 있듯이, 이자는 일반균형 체계의 모든 조건에 의해 결정된다는 명제로는 양의 이자율의 존재가 증명될 수 없다는 점을 기억하는 것으로 충분하다. 체계가 양의 이자율을 낳도록 작동되는 이유는 무엇인가 라는 질문은 별도의 답변이 요구되는 별도의 사안이다. 마셜의 비유에서 사발 속 공의 위치와 마찬가지로, 이것도 별도의 설명원리가 필요하다. 단순히 모든 경제적 변수가 일반적으로 상호의존하고 있다는 사실은 그러한 원리를 제공하지 못한다. 그러므로 언뜻 보기에는 우스꽝스러울지 몰라도, 이자의 존재문제와 그 비율을 결정하는 요소의 문제를 구분한 뵘-바베르크의 논의는 매우 중요하다.

95) 〔J.A.S.는 여기서 비저, 클라크, 나이트의 이름을 언급하는 긴 주를 쓸 생각이었다.〕

형태의 교섭력 이론뿐이었다. 신생이론 중에서, 우리는 뵘-바베르크의 이론과 피셔의 이론에 대해서만 주목할 것이다.

본질적으로 마르크스 이론에 대한 뵘-바베르크의 비판은 성공적이었다. 그렇지만 마르크스 이론은 더 이상 마르크스주의자가 아닌, 이후의 사회주의 이론가들에 의해 조용히 폐기될 때까지 정통 마르크스주의 진영에서 살아남았다. 이에 대해서는 이미 논평된 바 있으므로(5장 8절) 바로 절욕이론으로 넘어가자. 여기서 뵘-바베르크의 비판은 성공적이지 못했다. 확신을 주는 데 성공하지 못했다는 의미에서만이 아니라 별로 설득력이 없었다는 의미에서도 그러했다.[96] 마셜은 논리적 반대에 부딪히지 않고 절욕을 고려한 이자설명을 정식화하는 데 조금도 어려움이 없었다.[97] 사실상 그는 생산성 이론을 부활하는 데 성공했으며, 이 이론을 절욕의 요소와 연결시켰다. 만약 실물자본이 수익뿐만 아니라 순수익을 낳고자 한다면, 수입이 겨우 비용을 충당하는 점까지 생산이 진행되는 것을 막는 요소가 있어야만 한다. 논리적으로는 절욕이 이 역

96) 뵘-바베르크는 절욕에 의지하는 것은 '이중계산'을 내포하고 있다는 사실을 보이려고 노력했다. 그는 실제로 저축자라면 현재와 미래의 즐거움을 두고 선택할 것이며, 만약 후자(미래의 즐거움—옮긴이)가 시간간격에 따라 적절히 할인된다면 거기에 수반되는 그 어떠한 절욕에 대해서도 추가적인 보상의 여지는 없다고 주장했을 것이다. 그러나 만약 저축총량에 대한 미래수익이 할인되지 않는다면 보상의 여지가 있다는 사실이 부정되어서는 안 된다. 비록 뵘-바베르크는 수용하기를 거부했지만, 저축의 '희생'에 대한 강조는 정확히 절욕이론가들이 시간선호의 요소를 도입했던 방법이었다고 주장할 수 있다. 그러나 실제로 그는 자본재를 생산하는 '노동'과 나란히 절욕을 비용으로서 계산하는 절욕이론가들의 관행에서 이중계산을 발견했다. 내가 결코 이해할 수 없었던 것이 바로 이 주장이다. 이런 검토가 절욕이론을 구제하지도 않을 것이고, 그러려는 의도도 없다. 그러나 이것은 논리적 오류라는 혐의를 벗겨주며, 우리가 절욕이론의 논리적 강점이라 불렀던 것을 다시 한 번 보여준다. 그러나 이론은 논리적 오류가 아닌 이유로도 틀릴 수 있는 것이다.

97) 알다시피 그는 맥베인(S.M. McVane)이 제안한 '기다림'(waiting: "Analysis of Cost of Production", *Quarterly Journal of Economics*, July, 1887)이라는 용어를 선호했지만, 내 생각에 타당한 근거를 제시한 적은 없다.

할을 수행할 자격이 있다. 우리는 시니어(Senior)를 따라 이것을 비용이라 부를 수 있다. 이로써 자본의 활용은 다른 비용요소 이상의 수익을 낳는다. 또는 절욕은 자본재 생산의 제동기 역할을 통해 생산이 그 지점(비용과 수입이 같아지는 지점—옮긴이)에 도달하지 못하게 할 수도 있다고 말할 수 있다. 이것은 카버[98]의 견해다. 뵘-바베르크는 두 견해 모두를 공격했지만, 내가 보기에 성공한 것 같지는 않다.[99] 이자에 관한 관점이 뵘-바베르크와 유사했던 많은 학자——이를테면 그 이전에는 제번스, 그 이후에는 페터——는, 피셔를 제외하고는, 절욕에 대해 조금도 어려움을 느끼지 못했다.

낮은 수준의 이론적 분석에서 교섭력 이론이 명맥을 유지했다고 이미 언급한 바 있다. 사실상 일급이론가 중에서 이 이론을 채택한 사람은 없었다. 여기에는 아주 타당한 이유가 있다. 이자라 불리는 잉여를 설명하려 하는 교섭력은 생산의 어떤 필수품의 소유에 근거한다. 이 경우, 이 필수품 소유자의 교섭력에 기대는 것은 효과적이지 못하다. 왜냐하면 결과로 나타나는 순수익에 대한 진정한 설명은 여전히 경제과정에서 이 필수품이 수행하는 역할에서 찾아져야 하기 때문이다. 따라서 마르크스와 뵘-바베르크의 이론에서 교섭력이라는 요소가 쉽게 발견되기는 했지만, 이들 중 어느 누구도 자본가의 교섭력에 기대지는 않았다. 대신에 두 사람은 자본주의 시장 메커니즘이 '교섭력'이라는 간단한 용어로는 전혀 설명될 수 없는 잉여나 프리미엄을 어떻게 생산하는지 보여주고자

---

98) 카버(Carver)의 『부의 분배』(*Distribution of Wealth*, 1904)와 초기 논문 「이자이론에서 절욕의 위치」("The Place of Abstinence in the Theory of Interest", *Quarterly Journal of Economics*, October 1893)를 참조하라.

99) 거듭 말하지만, 이것은 그가 그것의 논리적 오류를 보이려고 했기 때문이었다. 그러나 이 지적이 우리를 뵘-바베르크의 비판자들, 즉 그를 잘못 자리 잡은 독창성, 사소한 것을 따지는 일, 형이상학, 부적절한 심리학 등을 지껄이는 사람으로 비판한 사람들과 같은 선상에 놓는 것은 아니다. 물론 경제이론을 진지하게 검토하기 위해서는 이 문제를 명확히 하려는 모든 노력을 기꺼이 받아들여야 한다. 이러한 노력에 싫증을 느껴서는 문제를 해결할 수 없다.

애써 노력했다. 교섭력이 필수품의 소유와는 구별되는 것으로 구성된다는 주장이 제기되기도 했다. 예를 들어 그것은 자본가 이득에 조세를 부과할 수 있는 권한에 근거한 것일 수 있다. 그러나 이 경우, 그러한 권한의 존재와 이자라는 현상을 설명하는 데 그것(교섭력—옮긴이)이 효과적이라는 점을 입증해야 한다. 그런데 이는 자신의 일을 잘 알고 있는 이론가라면, 결코 떠안으려고 하지 않는 과제다.[100] 이러한 종류의 이론에 속하는, 렉시스의 마크 업(mark-up) 이론에 주목해보자. 여기서 이자는 사업가가 자신이 판매하는 것의 가격을 그 비용보다 높게 설정할 수 있기 때문에 존재한다. 비용이 소요경비를 의미한다면, 이것은, 당연한 말이겠지만, 소요경비에 균형가격으로 평가된 소유 생산요소 서비스에 대한 보상을 합한 것 이상의 잉여의 존재를 증명하지 못한다. 이러한 잉여, 즉 이자를 설명하기에 충분할 정도로 일반적인 잉여의 존재를 보장하기 위해서는, 불완전 경쟁의 존재에 의존하는 것이 분명 가능하다. 그러나 이것은 완전균형과 완전경쟁에는 이자가 없다는 명제를 함축하는 것으로, 이것도 적절한 증명이 요구된다.[101]

논의를 주도했으며 심지어 수많은 격렬한 반대론자에게조차 커다란 영향을 미친, 이 시기 최고의 업적은 뵘-바베르크의 성과였다. 이미 강조했듯이(이 장의 2절 3항), 이 성과의 핵심은 특정한 양의 노동과 생존수단이 주어진 상황에서, 이자와 임금률이 동시에 결정되고, 이것이 다시 자본의 유기적 구성[102]을 결정하는 방식을 고도로 단순화된 형태로

---

100) 그러므로 미국에서 농부 계급의 정치적 힘은, 다른 어떤 것보다도, 루스벨트 행정부 초기에 자신들의 이익을 위해 도입한 가공세(the processing tax)를 틀림없이 설명해준다. 이 조세가 농부의 '이윤'과 '지대'를 상승시켰다고 주장될 수도 있다. 그러나 이것은 결코 근본적인 설명으로 볼 수 없다. 이와 동일한 사항이 보호관세에도 적용된다.

101) 독점개념의 남용에만 의지하면서, 자본주의 사회에서 누구나 똑같이 생산요소를 이용할 수는 없다는 이유로 모든 희소자원에서 독점적 이득을 찾는, 순수익(이자든 지대든 간에) 이론에 대해 재론하는 것은 아마도 불필요한 일일 것이다.

묘사하는 데 있다. 이미 강조된 바 있듯이, 이 핵심도식은 뵘-바베르크의 이자에 대한 인과적 설명에 대해 부분적으로 독립된 것이면서도 부분적으로는 불완전하게 부합된다. 우리가 보기에, 이러한 사실은 그의 작품의 미완성에서 비롯된 것이다. 이제 인과적 설명에 대해 살펴보자. 이것은 재화를 단위로 해서 전개된다. 뵘-바베르크는 화폐가 이러한 문제에서 오로지 일시적으로 고장을 일으키는 기술적 장치라는 역할만을 보여줄 뿐이라고 굳게 믿고 있었다.[103] 여기서 근본명제는, 이자가 현재소비재와 미래소비재 사이의 교환에서 발생하며 본질적으로 전자에 붙는 프리미엄(*Agio*)이라는 것이다. 이렇게 정의할 경우, 문제는 현재의 소비재가 미래소비재(에 대한 청구권)와 교환되는 시장이 통상적으로 그러한 프리미엄을 생성하는 방식으로 작동되는 이유, 즉 사람들이 현재의 재화를 넘겨받으면서 흔히 미래시점에 동일종류와 품질을 가진 더 많은 양의 재화를 상환할 것을 약속하는 이유를 설명하는 것이 된다.[104] 아

102) 여기서 이 마르크스주의 개념은 아주 적절하다. 또한 자본이라는 용어도 마르크스주의적 의미로 사용된다. 나는 이것이 뵘-바베르크의 생각을 그 자신의 용어보다 훨씬 잘, 그리고 훨씬 간단히 전달할 수 있다고 생각한다. 게다가 이것은 두 이론 사이의 유사성 정도와 마르크스가 분명하게 처리하지 못한 문제에서 뵘-바베르크가 마르크스를 능가한 정도를 모두 보여준다. 그러나 두 가지 사항을 명심해야 한다. 첫째, 이 문제를 다루기 위해서는 뵘-바베르크의 체계보다 훨씬 복잡한 관계들의 체계가 필요하다. 둘째, 우리가 오래 존속하는 공장과 설비를 명시적으로 도입한다면, 뵘-바베르크의 이론체계는 본질적으로 장기의 이론임을 즉시 알게 된다. 왜냐하면 단기에는 공장과 설비가 천연자원처럼 단순히 주어진 양으로서, 제번스와 뵘-바베르크적 의미에서가 아니라 일상적 의미에서 한계생산성을 부여받을 수 있기 때문이다.

103) 좀더 정확하게 말하자면, 그는 조야한 수량이론을 채택했다. 화폐총량은 (거래속도를 감안해서) 재화 전체를 구매할 수 있다. 이 명제와 다른 명제, 즉 생존기금 전체로 노동공급 총량을 구매할 수 있다는 명제 사이에는 놀라운 유사성이 있다. 두 명제는 '고전파' 이론(수량이론과 임금기금이론)을 연상시키지만, 최고 수준의 것은 아니다. 하지만 큰 어려움이 없이 적절한 수정이 가능하다.

104) 반복해서 말하자면, 이런 식으로 이자의 문제를 설정하는 것에 대해 그 어떤 유형의 반론도 제기될 수 있지만, 그것이 심리학을 내포하고 있다고 해서 반

마도 독자들은 알고 있겠지만, 이에 대해 뵘-바베르크는 세 가지 이유를 제시했다. 첫째, 사람들이 받은 것 이상으로 대출자에게 기꺼이 되돌려 주려는 이유는 그가 좀더 나은 미래를 기대하기 때문이다.[105] 둘째, 받은 것 이상으로 되돌려준다고 약속하는 것은 그들이 현재의 즐거움을 경험하는 것만큼 실감나게 미래의 즐거움을 경험하지 못하기 때문이다.[106] 개인, 계급 그리고 국가는 이 측면에서 아주 다르다. 그들이 미래를 인식하는 강도의 차이가 그들의 운명을 결정짓는 가장 중요한 요소 중 하나다. 이것이 현대의 경제학자들에게 매우 강한 영향을 미친 진리다. 그러나 그 이전의 벤담이나 제번스와 마찬가지로, 뵘-바베르크도 이런 의미에서 미래에 대한 어느 정도의 평가절하를 일반사람들의 보편적 특징으로 생각했다. 실제 행동, 특히 공공부문에서의 행동을 관찰하면 이러한 견해가 강하게 지지된다.[107] 셋째, 사람들이 현재재에 대해 기꺼이 프리

대하는 것은 소용없는 일이다. 만약 우리가 이러한 이유로 뵘-바베르크의 주장을 폐기한다면, 케인스나 마르크스의 주장 또한 마찬가지 이유로 폐기되어야 한다. (예를 들어 축적동기에 대한 마르크스의 주장을 보라.)

105) 이 이유에는 비판가들이 습관적으로 인정하는 것 이상의 것이 있다. 이것이 마음씨 좋고 병약한 숙모를 가진 학생들에게만 적용되는 것은 아니다. 진보하는 사회에서 대다수의 사람은 미래에 좀더 큰 소득흐름을 당연히 기대할 수 있다. 반면 퇴보하는 사회의 경우에도, 뵘-바베르크가 다음과 같이 가정한 것은 근본적으로 옳다. 소득흐름의 축소를 정확하게 예측했더라도 정상적인 조건의 사람들의 경우에는 이것이 프리미엄을 음으로 만들지 않을 것이다. 따라서 누군가는 지불할 용의가 있는 양의 프리미엄은 이 경우에도 적용될 것이다.

106) 첫 번째 경우—낙관적 기대의 경우—에 차입자는 현재의 재화에 비해 미래의 가치를 낮게 평가한다. 왜냐하면 그들은 동일한 소득의 한계효용 곡선에서 미래의 효용 수준을 낮게 기대하기 때문이다. 두 번째의 경우—현재 시점에서 향유할 때 (미래와—옮긴이) 동일한 강도의 쾌락을 제공할 것으로 기대되는, 미래의 향유물을 체계적으로 저평가하는 경우—에 차입자는 현재와 이후 소득기간에서 서로 다른 소득의 한계효용 곡선을 갖게 된다.

107) 지면의 제약으로 여기서 다루지는 않겠지만, 이 주장은 역사적 증거에 대한 포괄적 논의에 의해서만 확립될 수 있다. 왜냐하면 현대사회에 존재하는 미래에 대한 일반적인 저평가는 부분적으로 단순히 이자존재의 결과며, 그래서

미엄을 지불하려는 것은 현재의 재화를 지배함으로써 사람들이 뵘-바베르크적 의미에서 '장기'의 생산기간이 요구되는, 좀더 생산적인 생산과정을 개시할 수 있기 때문이다.(현재소비재의 기술적 우월성에 대해서는 앞의 2절 참조) 따라서 현재의 소비재는 미래의 좀더 많은 소비재를 의미한다. 러시아의 5개년계획(Five Year Plans)을 목격한 세대라면 거의 주저하지 않고 이 주장을 확신——적어도 제한된 범위에서나마——하게 될 것이다. 물론 이 세 번째 이유를 논하면서 몇 가지 실수[108]를 범

이자를 '발생'시킬 수 있는 독립적인 저평가의 (요소)가 있다는 주장을 확립하는 일은, 특히 명백히 그것에 모순되는 증거가 적지 않기 때문에, 그리 쉽지 않다는 인상이 진실에 가깝기 때문이다. 또한 이러한 논의는 그동안 제기된 많은 반론과도 맞서 싸워야 할 것이다. 그러나 특히 흥미로운 사실 하나를 반드시 지적해야 한다. 어떤 학자들은 만약 미래에 대한 체계적인 저평가가 존재한다면, 사회는 경제적 파멸이나 전면적인 파산을 대비해야 할 것이라고 믿고 있는 것처럼 보인다. 그러나 정확히 이것은 바로 사회가 실제로 수행하는 것이다. 그리고 가장 심오한 경제분석 문제 중의 하나는 왜 자본설비는 그럼에도 불구하고 축소되지 않고 확장하는지를 보이는 것이다. 이 문제는 경제의 성장엔진이 유지되고 있다는 것이나 자기 스스로를 유지한다는 것을 당연한 것으로 가정하는 분석관행 때문에 가려져버린다.

108) 대부분은 빅셀과 그의 제자들에 의해 교정되었다.(특히 Wicksell, "Zur Zinstheorie: Böhm-Bawerks dritter Grund", *Wirtschaftstheorie der Gegenwart*, vol.III, 1927 참조.) 그러나 일반적으로 이 오류들은 부당할 정도로 과대평가되었다. 그래서 마르크스, 리카도, 케인스에 대한 우호적 비판가들과 달리, 뵘-바베르크를 비판하는 사람들은 그의 핵심생각과 잘못 맞추어진 옷을 구별하려 애쓰지 않았다. 이 기회에 나는 그의 가르침을 공정하게 전달하려 할 때 내가 경험했던 두 가지 어려움을 지적하고 싶다. 하나는 지면의 제약이다. 다른 하나는 내가 이론가로서 뵘-바베르크에게 동의할 수 없는 가장 큰 이유로, 나에게는 내 자신의 이자이론이 있다는 점이다. 그러나 나는 나의 관점을 독자들에게 강요하고 싶지도, 내 관점에 근거해서 뵘-바베르크를 비판하고 싶지도 않다. 그래서 나는 이 문제에 대한 그의 '견해'(version)를 수용한다. 그리고 그의 관점에서 보더라도 오류이거나 적합하지 못하다고 증명될 수 있는 진술이나 분석적 틀이 나타나는 경우에만 '오류'라고 이야기할 것이다. 〔J.A.S.는 『국민경제학과 사회정책 그리고 행정에 관한 잡지』(*Zeitschrift für Volkswirtschaft, Sozialpolitik und Verwaltung*, 1913)에서 뵘-바베르크와, 동태적 이자이론과 관련된, 유명한 논쟁을 전개한 바 있다.〕

한 뵘-바베르크가 강조했던 것 이상으로 '개시한다'는 문구를 강조할 필요가 있다. 그렇게 하지 않으면, 그의 동기화 논증(synchronization argument: 동기화란 독립된 두 개 이상의 주기적인 사건을 동시적인 사건의 문제로 전환하는 방법을 의미한다—옮긴이)에 쉽게 매몰되기 때문이다. 뵘-바베르크의 세 번째 이유 자체는, 일단 생산방법이 도입되고 경제 전체가 거기에 적응하게 되면, 잉여의 존속은 이후 주어진 '기간'의 (생산)과정의 연속적 반복으로 설명되지 않는다. 비록 그 존속에 다른 이유는 없을지라도, 이자를 끊임없이 유지시키는 것은 오직 생산기간의 연속적인 '확장'뿐이다.109)

사실상 주목할 만한 경제학자 중에 이자에 대한 이러한 설명을 수용한 사람은 없었다. 심지어 빅셀조차 엄격한 의미에서 후계자라고 할 수

---

109) 이와 유사한 고찰은 동기화에 기초한 반대주장으로부터 절욕이론을 방어하기도 한다. 그러나 이 두 경우는 모두 우리가 여기서 직접 다룰 수 없는, 좀더 미묘한 문제를 안고 있다. 그러나 나는 뵘-바베르크 자신과 그의 옹호자와 비판자 모두를 괴롭혔던 문제 하나를 간단히 지적할 것이다. 이들은 모두 '세 가지 이유들' 상호간의 관계에 대해서는 그리 확신하지 못했다. 언뜻 보면, 이 세 가지 이유가 모두 현재의 빵 한 조각에 비해 미래의 빵 한 조각을 낮게 평가하는 이유라는 의미에서 누적적인 것이다. 그러나 이것이 전부가 아니다. 만약 우리가 세 번째 이유를 다음과 같이, 즉 현재소비재에 대한 지배가 한 사람을 미래에 더욱 유복하게 할 수 있기 때문에 미래의 저평가로 이어진다고 말하는 방식으로 정식화하고, 현재재화의 소유가 세 번째 이유의 경우에는 미래의 복리증진의 조건이 되고, 첫 번째의 경우에는 그렇지 않다는 점만 고려하면, 우리는 세 번째 이유와 첫 번째 이유를 동일한 것으로 간주할 수 있다. 그러나 이 두 경우에 추가적으로 고려해야 할 것은 만약 두 번째 이유가 작동하면, 좀더 큰 미래의 부는 '심리적으로 할인'된다는 사실이다. 그리고 이것이 발생하는 한, 프리미엄을 지불하는 첫 번째와 두 번째 동기는 두 번째에 의해 약화된다. 또다시 이런 상황에서, 물론 우리가 그것을 믿는다고 할 때, 세 가지 이유 각각은 다른 두 가지 이유가 없더라도 프리미엄을 생성해낼 수 있어야 한다. 뵘-바베르크 자신이 보여주고자 했던 바는, (1) 세 번째 이유가 없다면 처음 두 이유가 필연적으로 프리미엄을 생성할 수는 없지만(피셔에 대한 그의 비판은 〔*Kapital and Kapitalzins*—옮긴이〕 3판의 *Exkurs* III 참조), (2) 세 번째 이유는 그 자체로 프리미엄을 생산할 수 있다는 점이었다.

없을 정도로 여기에 많은 단서조항을 추가하면서 수정했다. 그럼에도 뵘-바베르크의 이자이론은 논의를 촉발시키고 사고를 자극했다는 의미에서 영향력이 있었을 뿐만 아니라 훨씬 더 직접적인 영향력도 발휘했다. 이는 그것이 분석구조의 세부사항에 매몰되지 않더라도, 수용할 수 있는 단순화를 허용했기 때문이다. 단순화된 설명들에 따르면, 이자는 ('심리적') 시간선호와 물리적 투자생산성의 상호작용으로부터 발생한다. 뵘-바베르크의 이론은 이렇게 희석화된 형태로 그 시대 이자이론의 하나가 되었을 뿐만 아니라 가장 광범위하게 수용되는 이론이 되었다. 비록 그 과정에서 각 저자들이 일반적으로 다른 저자들 다수의 동의를 얻는 데 실패한, 자신들만의 독특한 특성을 추가했지만 말이다. 많은 사례가 인용될 수 있지만,[110] 그중에서도 가장 강력하고 뛰어난 업적은 피셔의 **이자 내핍이론**(Impatience Theory of Interest)[111]이었다. 이것은 명칭 자체가 그 내용을 설명해준다.

그러나 이것은 뵘-바베르크의 '두 번째 이유'만을 지나치게 강조하는 것이다. 물론 세 번째 이유가 피셔에게 부재했던 것은 아니다. 뵘-바베르크의 독특한 몇 가지 특징은 탈각되었지만, 이것은 본질적으로 동일

110) 예를 들어 '자본의 생산성과 전망'에 대한 마셜의 신중한 언급(『원리』, 142쪽)은 이런 의미로 설명될 수 있다. 그러므로 우리가 뵘-바베르크 이론의 단순화된 판본이라 부른 것이 심지어 1936년에도 일반적으로 수용되었다고 케인스가 해석한 것은 매우 타당하다.(*General Theory*, p.165) 더욱 흥미로운 것은 그 자신도 이것을 받아들였다는 점이다. 그가 실제로 그것이 부적합하다고 선언했던 것은 그것이 유동성 선호의 요소로 보완될 필요가 있다는 의미에서였다.(같은 책, 166쪽) 그러나 케인스에게 이러한 선언은, 그의 모든 후계자에게는 아닐지 몰라도, 그것과 단절하는 것이 아니라 그것을 수정하는 것이었다.

111) 피셔는 이 이론을 먼저 (인내라는 용어를 '아지오'나 시간선호라는 말로 대체하지 않은 채) 정교화시키고 나서(*Rate of Interest*, 1907), 또 다른 판본(*The Theory of Interest*, 1930)을 출간했다. 그가 후자의 「서문」에서, 자신의 이론에 대해 "어느 정도 모든 사람의 이론"이라고 적은 것은 타당성이 없지 않다. 훨씬 더 타당한 것은 "그가 정교화시킬 수 있는 토대를 구축한 사람들인 라에나 뵘-바베르크"에게 자신의 저작을 헌정했다는 점이다.

한 사실들을 표현하는 **투자기회**(Investment Opportunity)라는 외투를 입고 훨씬 더 우아하게 출현했다.[112] 또한 피셔는 뵘-바베르크 이자분석에서 아마도 가장 중요하다고 여겨질 수 있는 한 측면을, 뵘-바베르크의 표현보다도 훨씬 더 분명하게 부각시켰다.

지금까지 우리는 이 시기 대다수의 비마르크스주의 저자가 이자를, 생산의 공간에서 천연자원이나 노동의 서비스와 동일한 선에 있는 생산의 물리적 필수품(공장이나 설비, 절욕까지 포함해서) 서비스에 대한 대가로, 그래서 지대나 임금과 동일한 선에 있는 소득으로 계속해서 여기고 있었음을 확인했다. **아지오**(*Agio*), 즉 프리미엄 이자이론은 완전히 다른 관점이다. 모든 종류의 생산적 서비스의 수익에 대해 일반적으로 시간할인이 적용될 경우, 이자는 이런 수익 모두에서, 말하자면 **물적 자본재 서비스의 수익은 말할 것도 없고, 다른 모든 수익으로부터도 발생가능**하다. 그러므로 이것은 이른바 적절한 모든 생산성 이득, 즉 천연자원의 지대노동의 임금뿐 아니라 자본재의 생산성 이득과도 본질적으로 다르다.[113] 이것은 실제로 뵘-바베르크의 관점이며, (토지와 자본재의 가치

---

112) 그러므로 동일한 「서문」에서 피셔가 "내가 아는 한, 이자에 대한 어떤 이론가도 소득흐름과 그 흐름들의 차이를 이용하거나 연간비용에 대한 수익률을 이용한 적이 없다"라고 쓴 것은 이해하기 어렵다. 만약 뵘-바베르크의 숫자표가 소득(생산물)의 흐름과 그 차이에 들어 있는 요점을 표현하는 거친 방법이 아니라면, 도대체 그것이 무엇을 표현하는 것인지 나는 알지 못한다. 이 기회에, 사소하지만 지적해둘 만한 사항이 하나 있다. 비판가든 옹호자든 간에(빅셀과 피어슨을 포함해서) 모두 뵘-바베르크의 이자이론을 생산성 이론으로 해석하려고 노력했다. 뵘-바베르크 자신은 이들의 주장에 지친 나머지 나중에는 크게 저항하지도 않았다.(*Geschichte und Kritik*, 3rd ed., p.705n.) 그러나 그의 이론은 마르크스와 케인스의 이론을 포함해서 모든 이론이 생산성 이론이라는 의미에서만 생산성 이론일 뿐이다. 왜냐하면 이자는 모든 가격의 한 요소이기 때문이다. 모든 가격은 수요와 공급의 결과로 표현될 수 있다. 그리고 우리가 자본을 어떻게 정의하든 간에, 생산적 목적은 항상 그것에 대한 수요를 자극하는 모든 요소 중 하나로 틀림없이 나타날 것이다. 그러나 중요한 의미에서, 그의 이론은 이른바 생산성 이론이 아니라 오히려, 곧 보게 되겠지만, 정반대라고 할 수 있다.

를 결정하는 방식인) 그의 '현재가치 할인론'(capitalization)[114]이 이를 입증하기에 충분했지만, 그는 분명하게 드러내지 못했다. 그러나 피셔의 용어는 이것을 잘 보여주었다. 이 관점의 참신함을 강조하기 위해, 이 측면에서 마르크스의 착취이론과의 유사성에 주목해보자. 적절한 이데올로기——표현법——가 주어졌다면, 이것은 새로운 착취이론으로 제시될 수도 있었을 것이다.

이 이론에서 비롯된 하나의 자그마한 결과는, 실물자본재의 수익이 이제는 더 이상 바본이 설정하고 스미스가 허가한 방식에 따라 이자로 진단될 수 없다는 점이다. 몇 가지 조건이 결합되면 천연자원의 지대와 유사해진다.(아래 2항 참조) 훨씬 더 중요한 결과는 이제 이자가 완전히 새로운 방식으로 지대이론과 임금이론에 포함되었다는 점이다. 사실상 이것은 우리가 간단히 한계생산성 이론이나 귀속이론에 의지하는 데 만족하지 않고 이 주제들을 다시 한 번 다루어야 하는 가장 중요한 이유가 된다.[115]

---

113) 나는 '이른바 적절한 생산성 이득'이라는 말을 썼다. 이는 '필수품'이라는 말처럼 '생산성'이라는 말에도 내가 말하고자 하는 취지를 흐려놓는 모호성이 있기 때문이다. 어떤 의미에서, 시간은 생산의 필수품이다. 그러므로 생산적이다. 자본주의 사회에서는 화폐 역시 그러하다. 그리고 일부 용도에서는 한계생산성의 개념을 두 경우 모두에 적용할 수 있다. 그러나 어느 것도 노동, 토지, 삽과 같은 의미에서 필수적이거나 생산적인 것은 아니다. 뵘-바베르크는 자신의 생존기금이, 정확히 마르크스가 했던 것처럼, 첫 번째 의미에서는 생산적이지만 두 번째 의미에서는 그렇지 않다고 주장했다. 그러나 그 자신도 비판자나 후계자들처럼 두 의미를 혼동했다.

114) 이 이론은 피셔뿐만 아니라 빅셀에 의해서도 발전되었다. 그러나 이것은 뵘-바베르크의 가장 특징적인 공헌 가운데 하나다. 그 이전에는 이 문제가 비용 측면에서 주로 다루어졌다. 물론 사업관행에서는 오래전부터 주택이나 기계에 적용했듯이 할인과정에 친숙해 있었다. 그러나 마셜이 모든 사업가에게 친숙했던 주요비용과 보조비용의 개념을 도입하고 경제분석을 새롭게 했듯이, 뵘-바베르크는 이러한 관행을 경제이론에 도입하고 거기에 이론적 해석을 부여했다.

115) 달리 말해 이제 '지대와 이자의 관계'는 밀에게는 존재하지 않았던 하나의 문

2. 지대

우리는 이 분야의 발전과정을, 사소한 쟁점이나 여러 가지 막다른 골목을 제외하고, 세 단계로 설명할 것이다. 첫째, 천연자원의 '파괴 불가능성' 여부와 관계없이, 그것의 소유로부터 도출되는 소득을 설명하는 지대론을 고찰할 것이다. 둘째, 이 이론이 제시하는 지대개념의 특정한 일반화를 고찰할 것이다. 셋째, 지대개념을 완전히 다른 목적의 서비스에 적용하려는 움직임에 주목할 것이다. 이 세 가지 항목 아래, 우리는 동요, 불명확성, 허구적인 주제를 만들어낸 중요한 원인——유일한 원인은 아닐지라도——이었던 과거의 생각과 새로운 생각 사이의 투쟁을 고찰할 것이다.[116)]

첫째, 천연자원의 지대에 관한 한, 분명한 것은 제번스-멩거-발라 분석이 이 지대현상에 대해 완벽하게 훌륭한 설명을 제공해준다는, 그것도 관찰할 수 있는 모든 구체적인 사실로 적절히 보완될 경우 우리가 필요로 하는 모든 '법칙'이나 명제까지 제공해줄 수도 있다는 점이다. 이 경우, 우리에게 남아 있는 일은 그저 세나 캉티용으로부터 실마리를 얻어, 지대가 단순히 필수생산 요소의 서비스에 대한 가격설정의 문제임을 인식하고 이러한 가격형성에 한계원리를 적용하는 것뿐이다. 뵘-바베르크적인 시간선호를 고려하면, 그 결과는 천연자원의 지대가 그 한계생산물의 할인가치와 같아지는 경향이 있다는 것으로 나타난다. 이 이론은 자동적으로 동일종류의 천연자원의 질적 차이를 허용한다. 이렇

제가 되었다. 특히 페터의 같은 제목의 논문(*Publications of the American Economic Association*, 3rd series, vol.V, Feb. 1904에 수록)을 참조. 마셜은 다른 경로를 통해 이 문제의 일부를 고려하고 있는 준지대(quasi-rent) 개념을 고안해냈다. 게다가 그는 이자개념이 신규(예상?)투자에만 적용될 수 있으며, 이미 공장과 설비에 투자된 자본은 준지대를 낳지 이자를 낳는 것은 아님을 인식했다.(『원리』, 605~606쪽)

116) 마셜의 학설에 관한 한, 그 동요와 불명확성이 페터에 의해 가차없이 분석된 바 있다.(F.A. Fetter, "The Passing of the Old Rent Concept", *Quarterly Journal of Economics*, May 1901) 페터의 주장은 많은 경제학자가 동의할 정도로 일반화될 수 있을 것이다.

게 설명하게 되면, 지대는 정확히 임금처럼 생산물가격에 포함될 수도, 포함되지 않을 수도 있다. 사실상 이러한 의미에서의 지대는 임금과 병렬적 현상이다. 이 둘 사이의 순수한 경제적 차이는 모든 천연자원의 총공급이 많은 경우에 고정된 것으로 여겨질 수 있으므로 가격변화에 대해 반응하지 않는 반면, 노동의 총공급은 일반적으로 가격변화에 대해 조금은 덜 둔감하다는 점이다. 그러나 이 차이는 두 경우 모두에 동일하게 적용되며, 관련된 설명원리에 영향을 미치지 않는다. 게다가 이 차이는 한 가지 이상의 용도에 사용가능한 천연자원을 어떤 특정한 용도로 이용하지 않기 위해 공급량을 배분하는 문제와는 무관하다. 동일량의 토지가 면화생산에도 사용될 수 있을 때 단위당 얼마의 지대로 얼마나 많은 토지가 사탕수수의 생산에 사용될 수 있을까라는 문제는 단순히 기회비용의 문제일 뿐이다.117)

이 이론은 오스트리아학파와 발라에게서 지지받았지만, 그 단순함과 유용성을 고려할 때 우리가 기대할 수 있는 만큼 쉽게 수용되거나 일반적으로 수용되지는 않았다. 여기에는, 그리고 그 결과로 '리카도' 지대이론이 부활한 데는 두 가지 이유가 있다.118) 하나는 지주의 '불로소득'을 노동자 이마의 땀방울에 대한 보상과 같은 맥락에서 다루고 있는 듯

---

117) 오직 한 가지 용도로만 사용될 수 있는 천연자원의 경우와 비슷한 난점을 불러일으키는 경우(염소 목초지로 사용될 수 있는 포도밭의 경우)를 처리하는 방법에 대해 설명할 필요는 없을 것 같다.

118) 마르크스의 지대이론은 당연히 정통 마르크스주의의 진영에서 생존하고 있었지만, 마르크스와 로트베르투스의 지대이론은 많은 경제학자의 한계생산성 이론에 대한 혐오로부터 그리 큰 이득을 얻지는 못했다. 경제학자들이 이 두 이론의 약점을 확신하는 데는 보르트키에비츠의 파괴적 비판조차 거의 필요 없을 정도였다. 이와 관련해서, 보르트키에비츠의 논문("Die Rodbertus'sche Grundrententheorie und die Marx'sche Lehre von der absoluten Grundrente", *Archiv für die Geschichte des Sozialismus und der Arbeiterbewegung*, 1910~11) 참조. 이 논문(two papers: 보르트키에비츠의 논문은 1~40쪽과 391~434쪽에 나뉘어 실려 있다—옮긴이)은 완전히 유행에서 사라져버린 이론적 작업의 뛰어난 예를 보여주므로, 언급할 만하다.

한 이론에 대해 많은 경제학자가 정서적 거부감을 느꼈기 때문이다. 이 감정은 완전히 비합리적인 것이었는데, 왜냐하면 이 이론에는 경제학자가 도덕적 · 정치적 근거로 양자(지주의 소득과 노동자의 소득—옮긴이) 사이를 원하는 만큼 크게 차별화시키는 것을 가로막는 요인이 전혀 없었기 때문이다.[119] 그러나 이러한 거부감은 효력을 발휘했으며 '리카도' 이론을 옹호하는 근거로 작용했다. 왜냐하면 후자는, 실제로는 그렇지 않았지만, 지대에 대한 부정적 가치판단을 옹호하는 데 훨씬 더 적합한 듯 보였기 때문이다. 다른 하나는, 이미 보았듯이, 이 시기 내내 '고전파' 학설이 많은 경제학자의 사고를 강하게 지배했다는 점이다. 그중에서도 가장 광범위하게 확산되고 견고하게 확립된 명성을 누린 것은 '리카도' 지대이론이었다. 더구나 이 이론은 '고전파' 분석의 다른 부분보다도 방어하기가 용이했다. 왜냐하면, 적절하게 정식화된다면, 이 이론은 실증적으로 틀린 주장을 조금도 담고 있지 않았기 때문이다. 이 이론에 대한 멩거의 『비판』(*Grundsätze*, pp.144~145)은 타당했지만, 아주 중요한 일군의 현상에 대해, 별도의 이론적 장치를 구성해야 한다는 것은 그 자체로 '고전파' 분석의 결함을 보여주는 것이라고 지적하는 데 그쳤을 뿐이다.[120] 따라서 방어자들은 상대적으로 유리한 위치에 있었다. 이들 중에 가장 유명한 사람이 마셜이었다. 그는 이 기회를 대부분 리카도를 방어하는 후방경비대의 역할에 적극 활용했다.[121]

---

119) 그래서 발라는 자신이 생산성 지대이론의 옹호자란 사실에도 불구하고 강력한 토지개혁론자였다.

120) 다른 식으로 말한다면 이 비판은 단순히, 제번스-멩거-발라 분석에 비추어볼 때, 리카도 이론이 불필요하다고 주장하는 것뿐이었으며, 실제로도 그러했다. (이 책, 2권, 3부 6장 6절에서, 지대이론이 리카도 체계에서 수행하는 역할을 참조.) 좀더 과감하게 말하자면, '혁명가'들은 리카도 저서의 두 장을 두 번째 문단의 첫 번째 문장만 남기고 완전히 없애버릴 수 있는 위치에 있었다.

121) 마셜은 이 측면을 길게 서술했지만, 그가 자신의 분배이론을 요약한 것은 (다른 모든 것을 무시하더라도) 의심할 여지없이 그가 한계생산성 지대이론을 수용하고 있음을 보여준다. 그러므로 마셜학파는 독자들이 느낄 수도 있는 어느 정도의 짜증에 대해 이해할 필요가 있다. 그러나 그는 이 이론(한계생

어쨌든 '리카도' 이론은 논의의 중심에 남아 있었으며, 반대자들에게서조차 계속해서 주목을 받았다. 모든 반대가 한계생산성 그룹으로부터만 나온 것은 아니었다. 독점지대 이론은 일반가격 분석이 크게 개선되는 시기에 이르자 그 근거를 상실했다. 그러나 완전히 사라지지는 않았다.[122] 다른 접근들도 역시 시도되었지만 그 어느 것도 크게 성공하지는 못했다.[123]

둘째, 방금 논의된 지대개념의 확장은, 천연자원에 해당되는 대상과 그렇지 않은 대상 사이에 논리적으로 수용될 만한 선을 그리기가 어렵다거나 달리 표현하면 천연자원의 특성을 정의하는 데서 합의에 도달하기가 어렵다는 점에 비추어볼 때, 쉽게 나타날 수 있다. 그래서 마셜은 지대에 대한 자신의 최초의 정의(토지와 기타 자연의 공짜선물을 소유한 데서 파생되는 소득, 『원리』, 150쪽)를 포기하면서, 광산개발권 사용료(mining royalties)가 지대라는 사실을 부정하게 되었다.[124] 다른 학자들은 그의 비유에 훨씬 큰 인상을 받았다. 그러나 그는 지대 개념에 어렵지 않게 농촌의 토지에서 도시의 토지로 확장——만약 이것을 확장이라 부를 수 있다면——할 수 있었다.[125] 좀더 중요한 것은 그의 가장

산성 지대이론—옮긴이)에 담긴, 리카도 일반이론과의 단절을 인정하지 않았다. 그래서 이를테면 ('리카도'의 지대이론에 대해 실제로 유달리 우호적이었던) 제번스에 대해 '지대는 가격에 포함된다'고 주장했다는 이유로 비판했다.(*Principles*, p.483n.) 마치 제번스가 말한 이 명제가 정의상 오류인 것처럼 말이다. 독자들은 그렇지 않다는 점을 쉽게 확인해볼 수 있는데, 이는 사실상 좋은 연습이 될 것이다. (인용으로 제시된) 마셜의 수정정식은 틀리지는 않았지만 공격대상이었던 제번스의 명제를 부정할 만한 것도 아니었다. 게다가 제번스의 명제는, 그 중요성을 인식하지는 못했지만, 밀에 의해 예견된 적이 있었다.

122) 오펜하이머의 저작(*David Ricardos Grundrententheorie*, 1909, 2nd ed., 1927)을 본보기로 인용할 만하다.

123) 예를 들어 Achille Loria, *Rendita fondiaria*……(1880) 참조.

124) 더구나 그는 사용료가 광물가격에 포함되지만 그 의미는 농업용 토지의 지대의 경우와 다르다는, 수용되기 어려운 근거에 입각해서 이렇게 주장했다.

125) 이 주제에 대한 에지워스의 저작(그의 『논문모음집』*Papers* 1권에 재수록)과

뛰어난 창조물 중에 속하는 준지대 개념, 즉 '인간에 의해 이미 만들어진 생산설비에서 파생되는 소득'이었다. 이것은 새로운 이자이론과 관련해서 특히 중요한 두 가지 사실에 대한 인식을 담고 있다. 그 하나는 자본재 서비스에 지불되는 모든 가격이 천연자원 서비스에 지불되는 가격과 매우 유사하다는 사실이고, 다른 하나는 이 비유가 단기에는 특히 타당하지만, 적용되는 시간이 길어질수록 그 (타당성—옮긴이) 정도가 떨어진다는 사실이다.[126)]

또 다른 확장은 리카도적 뿌리에서 직접 그 싹이 나왔다. 리카도가 '차액지대'를 강조했다는 사실에서 핵심을 찾아내고자 계속 노력했던 사람은, 이전의 베일리(Bailey)처럼, 이러한 차액이 토지에만 국한되지 않는다는 것을 쉽게 발견할 수 있었다. 앞서 우리는, 기업가 이득을 차별적 능력에 대한 지대로 해석하는 밀, 만골트 그리고 워커의 견해에 주목해본 적이 있었다.[127)] 마셜도 이 개념에 대해 전반적으로 옹호하는 입장을 보여주었지만, 내 생각에 이것은 그것(개념—옮긴이)의 공허함을 드러내는 데 기여했을 뿐이다.[128)] 이와 마찬가지로 지대를 물리적인

비저의 저작(*Theorie der städtischen Grundrente*, 1909)도 참조. 후자는 리카도의 지대이론의 응용처럼 보인다. 여기서 리카도의 한계지는 '주변부' 도시의 토지로 대체되었지만, 건물용도로 사용되더라도 최적의 농업용도에서 얻을 수 있는 지대보다 결코 더 높은 지대를 제공하지는 못한다.

126) 물론 준지대와 지대의 분명한 경계선은 존재하지 않는다. 만약 우리가 지주 소득의 대부분이 준지대이기도 하다고 가정한다면, 주어진 시점에서 자본가 소득의 대부분(마르크스주의적 의미에서)을 준지대라고 말할 수 있다. 준지대와 임금 사이에도 명확한 경계선은 없다. 의사의 소득은 통상 임금으로 분류되지만 부분적으로는 준지대다. 소유자의 노동으로 재청구되는 토지에서 생긴 '지대'나 '준지대'는 적어도 부분적으로는 임금의 속성을 갖는다. 이것은, 조금만 생각하더라도, 단순한 말장난 이상의 의미를 갖고 있음을 알 수 있다.

127) 〔베일리에 대해서는 이 책, 2권, 3부 4장 3절 3항 참조. 기업가 이득을 차별적 능력에 대한 지대로 해석하는 것에 대해서는 이 장의 2절 2항 참조.〕

128) 『원리』, 6부 5장 7절과 8장 8절 참조. 여기서 (마셜의—옮긴이) 진술과 관련된 두 가지 오해를 피해야 한다. 첫째, 이것이 방금 본문에서 인용된 두 문단

'토지의 체감법칙'으로부터 유도해내는 리카도의 습관을 배운 사람이라면, 생산요소들이 그중 하나의 양이 고정된 경우에 적용될 때마다 이 현상이 보편적으로 나타난다는 점을 쉽게 발견할 수 있을 것이다.[129] 이것은 리카도의 수확체감을 일반화함으로써 리카도의 지대를 일반화하는 것이다. 고정요소가 공장과 설비——사실상 단기에는 고정된 것으로 간주될 수 있는——라면, 우리는 단기에 변동가능한 투입요소를 연속적으로 '투입'할 경우 일정한 지점 이후에는 물리적 수확이 체감한다는 점을 관찰할 수 있다. 그렇게 되면 마셜의 준지대는 '리카도'의 토지지대에 대한 정확한 유비로 나타난다.[130]

셋째,[131] '리카도' 지대이론에서 정책지향적인 경제학자에게 가장 호

—많은 심오한 내용을 담고 있는—의 전체 내용을 가리키는 것으로 이해되어서는 안 된다. 둘째, 이것이 인간의 '천부적' 능력의 다양성—내가 생각하기에는, 경제분석과 사회학적 분석 모두에 대해 매우 중요한—이 지닌 중요성을 부정하는 것으로 이해되어서도 안 된다. 여기서 나는 다음과 같이 말하고 싶을 뿐이다. 우리가 (토지의-옮긴이) 비범한 능력의 역할을 이해하는 데 지대이론이 기여한 바가 없으며, 이 능력을 지대로 명명할 경우 우리가 상이한 토지의 차별적 비옥도가 천연자원의 소유에서 비롯된 소득에 관한 이론에는 완전히 불필요한 것임을 보여줄 수 있다는 점—이것이 베일리의 실제 목적이었다—말고는 얻을 수 있는 것이 조금도 없다고 말이다.

129) 반복해서 말하자면, 이는 바로 클라크가 한계생산성 분배이론을 향해 자신의 길을 개척해간 방식이었다. 적어도 이것은 그의 논문("Distribution as Determined by a Law of Rent", *Quarterly Journal of Economics*, April 1891)으로부터 자연스럽게 추론될 수 있는 듯 보인다. 그러나 그는 이 길을 여행하기 위해 리카도와의 교분을 포기해야 했다. 왜냐하면 그(리카도-옮긴이)의 가르침에서는 지대현상이 토지요소 고유의 것임을 인정하는 것이 필수적이었기 때문이다.

130) 좀더 정확하게 말해서, 이것은 이른바 리카도 지대의 두 번째 사례에 대한 정확한 유비로 보인다. 이 사례는 자본과 노동을 점차 비옥도가 떨어지거나 좀더 먼 거리에 있는 토지에 투입하는 경우가 아니라, 동일토지에 자본과 노동을 계속해서 '투입'하는 경우를 가리킨다. 그러나 준지대 개념의 진정한 주요성은 이 유비와는 아주 독립적인 것임을 명심해야 한다.

131) 나는 여기에 한계효용 체감이나 한계비효용 체증의 '법칙'에서 도출되는 '심리적 지대'를 포함시키지 않을 것이다. 그중 하나인 소비자 지대에 대해서는

소력 있는 측면은 잉여(Surplus)나 잔차(Residual)라는 말이 제시하는 것이다. 이 말을 엄밀하게 사용해서 천연자원의 지대에 적용할 경우, 제번스-멩거-발라 분석에서는 그 의미가 사라진다. 이 분석에서는 지대가 더 이상 특별한 '잔여물'로 설명되어야 하는 것이 아니라, 직접적으로 그리고 다른 소득 유형과 동일한 기본원리에 입각해서 설명될 수 있기 때문이다. 그러나 경제학자들은 곧 자신들이 어떤 식으로든 잉여측면을 유지할 수도 있음을 발견했다. 지대는 필수 생산요소 서비스에 대한 대가로 해석될 수도 있지만, 이 대가가 자본재나 노동 서비스의 경우처럼 그에 상응하는 서비스를 요구하기 위해 반드시 필요한 것은 아니다. 이러한 사실은 후생경제학이나 조세와 관련된 문제에서 중요한 듯 보인다. 마셜은 지대의 잉여적 측면으로 강조점을 이동함으로써, 사회가 천연자원 서비스를 확보하기 위해 (노동과 저축의 비효용 같은) '실질비용'을 부담하지 않아도 된다는 의미에서, 이 서비스는 '비용을 수반하지 않는다'[132]는 말로 그것(지대—옮긴이)을 표현하는 쪽으로 좀더 나아갔다. 그러나 지대에 대해 이렇게 공짜의 잉여라는 측면을 정교화하게 되면, 다음과 같은 두 가지 사항이 발견된다.

첫째, 앞에서 이미 다른 관점에서 발견된 바 있듯이, '잉여'로 정의된

이후에 다룰 것이다.(아래 7장의 6절과 부록 참조) 게다가 우리는, 원한다면, 저축자의 지대에 대해 말할 수 있는데, 이것은 저축자의 행동이 추가적인 1달러 가치의 자원을 저축하거나 소비할 때의 이득이 한계적으로 균등을 이루는 것으로 묘사될 수 있다는 사실, 그래서 한계치 이전의 달러에서는 양의 이득(suplus of advantage)이 존재한다는 사실로부터 도출된다. 아울러 노동자의 지대(마셜의 생산자 지대)에 대해서도 언급할 수 있는데, 이것 역시 또 다른 한 시간의 여가나 노동이 한계적으로 균형을 이룬다는 사실에서 비롯된다. 그래서 한계치 이전의 노동시간에서는 양의 이득이 존재한다는 점을 함축한다. 이러한 개념들의 타당성이 하나의 의문거리라면, 그것들 각자의 가치는 또 다른 의문거리다. 어찌되었든지 간에, 이러한 '지대'를 물리적 수확의 '법칙'과 연결된 지대와 혼동해서는 안 된다.

132) 독자들은 이러한 언급이 위와 같은 서비스에 대한 대가가 '상품가격에는 포함되지 않는다'고 말하는 것과는 다르다는 점을 알게 될 것이다.

지대는 생산성 소득으로 정의된 지대와 마찬가지로 더 이상 천연자원에만 한정되지 않는다는 점이 발견된다. 이와 비슷한 종류의 잉여, 즉 재화와 서비스의 공급을 유도하기 위해 필요한 수준의 대가를 상회하는 차액(differentials)은 경제조직 도처에 널려 있다. 영화배우만이 아니라 많은 노동자 또한 이들이 실제로 수행하고 있는 일을 하도록 유인하는 데 필요한 수준보다 많이 지급받으며, 많은 경우에 이들은 서비스 단위당 대가를 좀더 적게 받았다고 해도 좀더 많은 서비스를 공급할 수 있다. 우리가 가급적 사실로부터 터무니없이 멀어지지 않으면서 완전경쟁이라는 가설을 유지할지라도, 이러한 잉여를 획득하기에 유리한 상황——어떤 것은 짧고, 어떤 것은 긴——은 많다. 완전한 독점은 말할 것도 없고,[133] 독점적 경쟁이라는 조건에서도 그러한 상황은 훨씬 더 빈번하게 나타날 것이다. 마지막으로 '담합'(인위적 희소성)이나 특수한[134] 제도적 형태가 만들어내는 유리한 상황에서 비롯된 이득을 포함시킬 수 있다.

---

133) 다시 한 번 독자들은 이러한 유형의 잉여에 독점이익을 포함시키는 것과 토지 지대를 독점이익으로 설명하는 것 사이에 존재하는 본질적 차이를 인식할 수 있을 것이다. 양자는 서로 관련이 없다. 독자들이 이 점을 깨닫는 과정에서 만날 수도 있는 모든 난점은 이러한 잉여를 지대라고 부르는 것이 타당하지 않음을 보여주는 증거다. 사실상 이것은 다른 이유가 아니라 지대와 같이 경멸적 함의를 담고 있는 용어에 대한 단순한 선호에서 비롯된 불필요한 혼동의 전형적인 사례라 할 수 있다. 만약 이것만 없었다면 '잉여'로 충분하며, 이러한 맥락에서는 '지대'가 불필요한 것임을 쉽게 인식할 수 있었을 것이다.

134) '특수한'이라는 말을 강조함으로써 내가 전달하고 싶은 것은 사적 소유권과 같이 자본주의 사회의 일반적인 제도에 대해 단순히 언급하는 것이 설명할 수 있는 수준 이상의 수익을 설명하는 데 경제학자들이 실패했음을 덮어버릴 수도 있다는 점이다. 이것은 특정유형의 비판가들에게는 상당히 불쾌한 일이겠지만, 어느 시대에나 유능한 경제학자들이 항상 제도적 지대라는 문구를 무비판적으로 사용했던 작업에 대해 곁눈질했던 이유다. 물론 특수한 제도 요소들의 존재와 작동방식이 완전하게 확립될 수 있었던 곳에서는 이와 다르다. 보호관세(결국 보호관세로 이어질, 일부 국가의 조치를 포함해서)를 그 사례로 제시할 수 있으며, 최근의 몇 가지 노동법안도 그러하다.

오늘날에는 모든 잉여를 지대라는 항목으로 묶어버리려는 경향이 나타났다. 천연자원의 소유에서 파생된 소득이 여기에 포함된다고 해도, 이것은 이러한 의미의 지대의 특수한 사례일 뿐이다. 이러한 이론은 이 소절의 첫 부분에서 살펴본 지대이론과는 공통점이 거의 없다.

둘째, 현재 논의되고 있는 유형의 잉여는 분석적으로 중요한 차이가 있는 두 부분으로 나뉠 수 있다는 점이 또한 발견된다. 질적으로 완전히 동질적이고, 완벽하게 분리가능하며, 다양한 이용(산업)범위 안에서 완벽하게 이전가능한, 하나의 천연자원을 고려해보자. 그리고 완전경쟁을 가정하자. 각각의 용도는 우리가 기회비용이라 부를 수 있는 것에 의해 통제될 것이다. 생산요소의 이용자들은 그 서비스의 가치대로 대가를 지불해야 하므로, 그것의 이용에는 어떠한 잉여도 추가되지 않는다.[135)] 그리고 생산요소의 소유자들은 모든 이용자 집단에게서 똑같이 (이용료를—옮긴이) 받을 수 있다. 비록 전체 수입이, 또 다른 의미에서는, 마셜의 실질비용 이상의 잉여일 수 있다고 해도, 이들은 기회비용 이상의 잉여를 받아낼 수 없다.[136)] 또 다른 종류의 사례는 이와 다르다. 굳이 생산의 필수요소 소유자가, 그것이 천연자원이든 그렇지 않든 간에, 기회비용 이상의 잉여를 획득하는 사례를 제시할 필요는 없겠지만, '저축을 특정유형의 자본재로 전환하는 것'의 기술적 어려움이 자본재 소유자에게 기회비용 이상의 수익을 주기에 충분한 사례일 것이다. 이 수익은 또한 실질비용 이상의 것으로, 적어도 단기에는, 아니 심지어 다른 경우에도 매우 자유로운 경쟁조차 제거할 수 없는 사안이다.[137)] 실질비용 이상

135) 이는, 만약 한계점 이전의 '잉여'가 다른 생산요소에 대한 대가로 흡수된다면, 한계점의 수량에 대해 적용되지 않는다. 〔J.A.S.는 이 각주와 본문의 내용에 대해 의문을 품고 있었다.〕

136) 이 단서조항은 기회비용을 변호론적 목적에 사용하려는 모든 생각을 반박하기에 충분하다.

137) 위 문장의 단어들은 파레토의 저작(*Cours*, 2nd vol. § 745 이하)의 한 문장에서 영감을 받은 것이다. 오늘날 영미문헌에서 큰 인기를 획득하고 있는, 낡은 지대개념의 한 측면을 이렇게 일반화하는 것에 파레토가 참여했다는 사실

의 잉여이득 중에서 기회비용 이상의 잉여이득에 속하는 것과 그렇지 않은 것을 구분하는 문제는 독자들에게 주의를 요청하기에 충분할 정도로 중요하다. 왜냐하면 전자와 달리 후자는 자원배분 과정에서 핵심적인 역할을 수행하기 때문이다.[138)]

3. 임금

롱필드와 튀넨의 낡은 한계생산성 임금이론도 1880년대와 1890년대에는 새로운 것이었으며, 적어도 선도적인 경제이론가들 사이에서는 이 시기와 그 이후에도 받아들여진 것이었다. 뵘-바베르크의 수정, 즉 완전균형과 완전경쟁에서는 실질임금률이 **노동의 한계생산물보다 할인된 노동의 한계생산물**과 같아야 한다는 지적은 1910년 이후 미국에서 지지를 얻었다. 이는 주로 타우시히가 여기에 자신의 권위를 실어주었기 때

은, 이를 통해 성취된 분석적 진보에 대한 의심에도 불구하고, 언급될 만한 가치가 있다. 그 이유는 파레토의 지대이론으로 파악되는 사실이 중요하지 않아서가 아니다. 오히려 이 사실을 한계생산성 이론이 만족스럽게 설명하고 있는 매우 이질적인 사실에다 덧붙이는 것에서, 나는 중요한 쟁점을 찾아볼 수 없기 때문이다. 이에 대해서는 파레토의 제자인 센시니(G. Sensini)의 저작(*La teoria della 'rendita'*, 1912)을 참조.

138) 특히 Joan Robinson, *The Economics of Imperfect Competition*(1933), ch.8 참조. 로빈슨 여사는 우리가 살펴보고 있는 '새로운' 지대이론의 가장 뛰어난 권위자라 할 수 있다. 관심 있는 독자들에게 우리 소개의 많은 빈틈을 채워주기 위해 이 소절의 주제와 관련된 네 개의 참고문헌을 추가하고자 한다. A.S. Johnson, "Rent in Modern Economic Theory", *Publications of the American Economic Association*, 3rd series, III, November 1902; B. Samsonoff, *Esquisse d'une théorie générale de la rente*, 1912; F.X. Weiss, "Die Grundrente im System der Nutzwertlehre", in *Wirtschaftstheorie der Gegenwart*(III, ed. Hans Mayer, 1928~32); Gerhard Otte, *Das Differentialeinkommen im Lichte der neueren Forschung*, 1930. 세 번째와 네 번째 문헌은 토지지대에 대한 문헌 중에서 특히 중요한데, 후자는 많은 모호한 점을 분명하게 하면서 부수적으로 차액지대 개념의 공허함을 더욱 효과적으로 보여주었는데, 이는 (역설적으로—옮긴이) 저자가 그렇게 할 의도가 전혀 없었기 때문이다.

문이었다.[139] 우리가 한계생산성 분석이 나타나기 이전의 임금이론에 대해 길게 논의할 필요는 없다. 이는 부분적으로 그 대부분이 대단한 수준이 아니었기 때문이며, 부분적으로는 우리가 그것에 관해 필요한 최소한의 내용을 이미 알고 있기 때문이다.[140] 그렇다면 대부분의 임금이

---

139) 뵘-바베르크의 수정은, 지대와 관련된 비슷한 수정과 마찬가지로, 그의 이자이론이 낳은 결과에 불과하다. 그러므로 그것이 동기화에 근거한 주장에 의해 얼마나 부정될 수 있는지는 별개의 질문이 아니다. 이자에 대한 답변과 동시에 그에 대한 답변이 이루어지기 때문이다. 그러나 여기서 다른 질문이 생긴다. 뵘-바베르크(와 타우시히)의 임금이론을 어느 정도나 임금기금 이론의 부활로 해석해야 하는가? 실제로 우리는 강한 유사성을 끄집어내기 위해(이것은 타우시히가 의도했던 것이다) 우리의 용어를 이용할 수도 있다. 그리고 우리는 리카도, 매컬럭, 밀을 이들의 선구자로 여길 수 있도록 해석할 수도 있다. 그러나 나는 이것이 전체적으로 학설의 발전상을 드러내주기보다는 그 핵심을 놓치고 있다고 생각한다. 뵘-바베르크의 구조에서, 자본은 임금에 대한 관계에서 매우 다른 역할을 보여주며, 임금기금론자들이 인식하지 못했던 다른 많은 요소와 함께 그 힘을 결합한다. 그러므로 느슨한 유사성—틀림없이 있기는 하지만—을 강조하는 것은 교훈적이라기보다는 좀더 많은 혼돈을 유발하는 듯 보인다. 어쨌든 우리가 선구자인 제번스와 라에에게 만족하지 못한다면, 강조되어야 할 사항은 이른바 임금기금론자들과의 유사성보다는 마르크스나 시니어와의 유사성이다.

140) 임금기금의 논쟁은 이와 관련해서 우리가 이 책, 2권, 3부에서 설명하면서 살펴본 시기(6장 6절 6항 참조)에서 우리가 논의했던 시기로 이어졌다. 마르크스주의 임금이론에 대해서는 이 책, 2권, 3부 6장 2절과 6절 참조. 임금에 대한 설명에서 교섭력이라는 요소를 이용한 것은 물론 '이윤'에 대한 설명에서 이 요소를 이용하는 것에 부합된다. 한계생산성 이론가들 외에도 임금이론가들이 여기저기서 가치라는 요소를 추가했지만(예를 들어 이들은 조심스럽게 한편으로는 임금과 시간의 문제를, 다른 한편으로는 노동자의 성과문제를 각각 연구했다. 이에 대해서는 브렌타노의 영향력 있는 저작(영역본) 『생산과 관련된 시간과 임금』*Hours and Wages in Relation to Production*, 1894 참조), 이들은 대부분 '고전파' 문제들을 계속해서 논의했다. 그러나 두 미국인의 저작은 고공비행을 했다. 그 하나가 '잔여청구권'(residual-claimant) 이론을 설명한, 워커(F.A. Walker)의 저작(*Wages Question*, 1876)이다. 이 발상은 실제로 새로운 것이 아니었다. 실질적으로 시니어가 이미 갖고 있었기 때문이다.(*Outline*, pp.185 이하)
그러나 워커는 개념을 고안해냈으며, 자신의 대중적 교과서를 통해 그것을

론가들이 임금기금 이론을 계속해서 공격했으며(이들 중 일부는 그렇게 함으로써 노동자들에게 점수를 딸 수도 있다는 잘못된 믿음을 갖고 있었다), 임금이 자본에서 지급되는 것이 아니라 소비자의 소득에서 지급된다고 사실상 만장일치로 주장했다(조지, 워커, 시지윅, 브렌타노 등)는 사실을 되새기는 것으로 충분하다. 우리가 이미 알고 있듯이, 이러한 주장은 임금기금 이론에 대한 오해에서 비롯된 것이다. 그렇지만 이것이, 실제로 의도된 것은 아닐지라도, 한계생산성 이론으로 나아가는 길을 닦았다는 사실에 대해서는 주목해야 한다.

이러한 분석이 임금에 적용될 때 보여준 승리의 행진에 대해 사소한 점들을 무시하면서, 적어도 주마간산격으로나마 살펴보도록 하자. 먼저 제번스가 자신의 『정치경제학 이론』의 매우 독창적인 5장에서 진술한 내용을 언급해야 한다.141) 그러나 멩거의 서술도, 훨씬 더 불완전하기는

널리 알렸다. 이 점은 리카도와 비교해보면 매우 잘 드러날 수 있을 것이다. 이미 알다시피, 리카도는 가격의 문제를 '이윤'과 임금의 합으로 남겨두기 위해 먼저 이 문제에서 지대를 배제했다. 그러고 나서 그는 계속해서 임금을 (최저생존 수준과 동일시함으로써) 독립적으로 결정하고, 이윤을 잔여로 남겨두었다. (우리가 절욕설을 그의 공으로 돌리지 않는 한, 오늘날 우리는 그렇게 하지 않는다.) 이와 비슷하게 워커는 임금을 잔여로 남겨두기 위해 다른 몫(이윤—옮긴이)을 독립적으로 결정했다. 반대자들(예를 들면 타우시히)은 이것이 근대 임금계약에 관한 사실과 충돌한다고 지적했다. 그러나 결정적인 반론은 그의 이론이 포함하고 있는 방법론, 즉 상호의존적인 체계의 모든 요소를 독립적으로 결정하려는 시도 자체에 있었다.

다른 하나는 타우시히의 저작(*Wages and Capital*, 1896, London School Reprint, 1932)이었다. 여기서 언급해야 할 사항은 이것이 한계생산성 이론에 대한 미국인의 기여에 속하지 않는다는 점이다. 1896년에 저자는 아직 생산성 이론을 받아들이지 않았기 때문이다. 사실상 책에 관한 한, 그는 이 점을 파악하지조차 못했다. 튀넨의 이름도 언급된 적이 없다. 이 책의 역사적 중요성은 상당히 독창적인 그의 시도, 즉 '고전파' 체계에 뵘-바베르크의 학설을 접목하려는 시도에 있다. 그러나 이것은 또 다른 이유에서도 독자들에게 권할 만한 사항이다. 유행에서 완전히 벗어난 이론적 추론형식에서 대가의 성과를 보여주기 때문이다. 이 책을 숙독해보면, 독자도 많은 것을 배울 수 있을 것이며, 아울러 이런 유형의 작업에서 최고봉이란 어떤 것인지를 알 수 있게 해줄 것이다.

했지만, 이와 완전히 동일하다. 발라의 초기 정식화는, 비저처럼, 그의 고정된 생산계수가 각 기업 내부에서 노동과 다른 필수생산 요소 사이의 대체관계를 고려할 수 있는 가능성을 배제했기 때문에 다소나마 손상되었다. 마셜은 영국에서 임금에 대한 한계생산성 분석을 완성했는데, 이는 자신이 원했던 것 이상으로 완벽하게 성공적이었다. 그러나 에지워스의 여러 논문(특히 "Theory of Distribution", 1904; *Papers Relating to Political Economy*, vol.I에 재수록) 역시 잊어서는 안 된다. 다른 무엇보다도, 그는 임금결정의 특수 사례를 연구하기 위해 새로운 시장교환 이론(catallactics)을 활용했다. 특히 뛰어난 그의 생각은 고용주와 고용인의 관계——이를 서로 교역하는 상이한 국가들의 관계로 비유하면서——나 서로 경합하지 않는 노동자 집단 사이의 관계를 규명하기 위해 국제가치론을 활용했다는 점이다. 윅스티드 그리고 특히 빅셀은 오스트리아학파의 이론을 크게 개선시켰다.

미국에서의 발전은 동시대 유럽에서의 발전과 대체로 독립적이었다. 생산요소 간 대체관계를 완전히 파악하고 '현대적인 한계대체율의 개념에 가까이 다가갔던' 가장 진전된 형태의 한계생산성 이론은 우드(Sturart Wood)의 머리에서 완성된 형태로 나타났다. 그는 이 주제와 관련된 두 편의 논문으로 분석경제학의 역사에서 자신의 위치를 확보할 수 있었다.[142] 「임금이론에 대한 새로운 관점」("A New View of the Theory of Wages", *Quarterly Journal of Economics*, October 1888 and July 1889)과 「임금론」("The Theory of Wages", *Publications of the American Economic Association*, IV, 1889)이 그것이다. 후자와 동

141) 그러나 이 책에서 노동의 한계생산물에 대한 할인이 한 번도 도입된 적이 없다는 점은 흥미롭다.

142) 그의 업적에 대한 정당한 (그 이상은 결코 아닌) 평가는 스티글러에 의해 이루어졌다.("Stuart Wood and the Marginal Productivity Theory", *Quarterly Journal of Economics*, August 1947) 본문에 인용된 문장(작은 따옴표 부분—옮긴이)은 이 글에서 끄집어낸 것이다.

시에 (즉 후자의 논문이 실린 동일한 책에서) 클라크는 자신의 한계생산성 임금이론에 관한 논문("The Possibility of a Scientific Law of Wage")을 출간했다. 1892년에는 톰슨(H.M. Thompson)의 『임금론』(*Theory of Wages*)이 나타났다. '한계주의자' 진영에 합류한 타우시히는 미국의 임금이론에 뵘-바베르크의 수정이론을 도입했다.("Outlines of a Theory of Wages", *Proceedings of the American Economic Association*, April 1910)

마지막으로 나는 이 시기의 한계생산성 이론에 기초하고 있는, 우리 시대의 표준 저서 세 권을 언급하는 데 한정할 것이다. 그 첫 번째는 더글러스의 저작(*Theory of Wages*, 1934)이다. 이 책은 계량경제학에서 지금까지 수행된 시도 중 가장 과감한 것으로, 이후에 다시 언급할 것이다. 두 번째는 로(J.W.F. Rowe)의 저작(*Wages in Practice and Theory*, 1928)으로, 이 책의 위대한 장점은 이론도구를 적절히 다루지 못했다는 점 때문에 다소 약화된다. 세 번째는, 이론에 관한 한 이 분야에서 가장 뛰어난 마셜학파의 성과인 힉스의 저작(*Theory of Wages*, 1932)이다. 이러한 디딤돌은 독자들을 케인스학파 논쟁의 출발점으로 안내해줄 것이다.

한계생산성에 관한 좀더 정교한 질문들에 대한 고찰은 다음 장으로 넘겨야 하므로, 여기서 언급할 필요가 있는 것은 이것이 전부다. (하지만 아래 **노동경제학**에 대한 소절을 보라.) 그러나 오늘날까지도 임금에 구체적으로 적용된 한계생산성 분석의 본질과 가치에 대한 오해가 지속되고 있기 때문에 독자들은, 일부 반복이 있기는 하지만, 아마도 다음과 같은 설명을 이해하고 기꺼이 수용할 수 있을 것이다.

첫째, 한계생산성 개념이 롱필드, 튀넨과 제번스, 멩거 사이에 차이가 있다고, 앞에서 언급된 내용을 상기해보자. 롱필드와 튀넨의 개념은 우드가 되살린 것이고 현재 공통적으로 사용되고 있는 것이다. 오늘날의 교과서에서는, 완전균형과 완전경쟁에서 모든 노동의 화폐임금률이 사용된 노동의 '마지막' 증가에 따른 물리적 생산물의 한계증가분(노동의

한계생산물)에 생산물의 균형가격을 곱한 것과 같다고, 설명될 뿐이다. 그러나 제번스와 멩거의 경우, 마셜의 경우에도, 이것은 기본개념이 아니었다. 이들의 기본개념은 개인소비자들이 생산물의 증가분으로부터 경험하는 만족의 증가분이었다.[143] 이 개념을 사용한 이론만이 진정한 귀속임금 이론이므로, 그 개념을 사용하지 않은 단순한 한계생산성 이론과는 실질적으로 구별되어야 한다. 그렇지만 물론 두 이론의 결과는 동일하다. 그래서 만약 제번스와 멩거가 귀속이론이 드러내준다고 믿었던 '심오한 의미'를 좋아하지 않을 경우, 이 개념을 사용하지 않은 채 경쟁임금률에 관한 통상적인 정식을 추론해낼 수도 있다.[144] 많은 중요한 응용임금 이론에서는 이 통상적인 정식이 필요하지 않을 수 있으며 임금률의 결정이 단순히 수요와 공급의 문제로 취급될 수도 있다. 젠킨의 이름이 현대 임금이론의 창시자 명단에 추가되어야 하는 이유는 바로 여기에 있다.(이 책, 2권, 3부 6장 6절 6항 참조) 그는 단순히 공급과 수요의 장치만을 사용했다.(그 이면에 존재할지도 모르는 것을 모두 당연한 것으로 취급하면서.) 그럼에도 중요한 결과를, 이를테면 노동조합 정책의 가

143) U_i를 소비자 i의 총만족, x_j를 그가 소비하는 소비재 j의 수량, L을 이 상품을 생산하는 데 들어간 노동량으로 각각 정의할 경우, 위의 개념은 $\frac{\delta U_i}{\delta x_j}\frac{\delta x_j}{\delta L}$으로 표현될 수 있다. 편미분을 제외할 경우, 이것은 마셜의 『원리』에서도 다시 나타났던, 제번스의 표현법이다. 물리적 한계생산물만이 아니라 한계효용도 개인의 한계효용이고 개별기업의 한계생산물이다. 여기서 사회적 평가의 문제는, 비저나 클라크의 설명에서는 나타나 있을지 몰라도, 고민의 대상이 아니다. 사회적 한계생산물과 같은 것을 대면할 필요도 없다. 실제로 피구는 이 개념을 자신의 후생경제학의 도구로 소개했으며, 에지워스도 이에 대해 논의했다.("The Revised Doctrine of Marginal Social Product", *Economic Journal*, March 1925) 그러나 이것은 특수한 목적을 위한 특수한 구성물이므로, 여기에는 지금 논의되고 있는 임금에 대한 설명적 이론에 해당되는 것이 없었다.

144) 이 통상적인 정식(한계생산물 곱하기 균형가격)은 물론 모든 요소시장과 상품시장이 순수경쟁이거나 완전경쟁인 경우가 아니면 적용되지 않는다. 아래 7장을 보라.

능성에 관한 중요한 결과를 도출해낼 수 있었다. 하지만 그의 상당한 성과에 내포된 중요한 한계도 즉시 인식되어야 하는데, 이는 특히 이 한계가 임금에 대한 마셜의 분석에 그대로 전해졌기 때문이다. 단순한 수요와 공급의 장치를 사용한 분석은 본질적으로 부분(균형—옮긴이)분석이다. 다시 말해서 이것은 수요와 공급의 스케줄을 결정하는 요소들을 독립적으로 주어진 것으로 간주한다. 곧 보겠지만, 이것은 노동처럼 전체 경제체계에 매우 중요한 요소에 대해서는 적용될 수 없다. 이 점을 보여주기 위해 이것이 지닌 가장 분명한 현실적 함의를 잠시 고려해보자. 우리가 임금률이 변하는 동안에 변하지 않는 주어진 수요와 공급의 스케줄과 함께 작업하는 한, 우리는 일반적으로 단일한 균형임금률을 갖게 되며, 이 임금률의 상승은 실업을 창출하거나 증가시킨다. 사실상 이 시기에 대부분의 경제학자는 임금률의 전반적인 상승과 관련해서조차 이 명제에 동의했다.145)

둘째, 한계생산성 이론의 형식적 특성에 관해 언급한 것을 상기하면서, 이 이론이 어느 정도나 임금률에 대한 '인과적' 설명을 할 수 있는가에 대해 질문해보자. 한편에서 우리가 이 이론으로 특정장소, 특정시점에서 관찰되는 특정임금 수준을 설명하기 위해서는 분명 이론에 장소와 시간에 대한 구체적인 사실을 반드시 포함시켜야 한다. 그렇다면 이러한 사실은 생산성의 한계치가 아니라 보완적 요소들의 이용가능한 양과 같은 것으로, 임금률의 진정하거나 궁극적인 결정요소라고 불릴 수도 있다. 다른 한편 이와 마찬가지로 분명한 것은, 임금률이 상호의존적인 수량체계의 요소로서 다른 모든 요소와 동시에 결정되며, 그래서 심지

145) 특히 뵘-바베르크의 이론은 다음과 같다. 만약 균형상태에서 분석체계에 임금률 상승이 부과된다면, 또 다른, 좀더 장기의 생산 '기간'이 가장 수익성 있는 것이 된다. 그러나 만약 이것이 성립하면, 기존의 생존기금은 오직 소수의 노동자 집단의 이해관계만을 충족하고 나머지는 실업자가 될 것이다. 이 주장은 단순한 수요와 공급의 주장을 훨씬 넘어서게 됨을 알 수 있다. 그리고 또한 이것은 임금상승의 경우에만 적용되도록 의도된 것이지, 생존기금의 상승에서 비롯된 변화를 대상으로 한 것이 아니다.

어 순수이론——즉 어떤 특수한 사례의 사실과 무관한——에서도 그것은 마치 궁극적인 소여(datum)처럼 존재하는 생산성의 한계치에 의존한다고 말해질 수는 없다는 점이다. 이것은 마셜이, 임금률이 한계치에 의해서(*by*)가 아니라 한계치에서(*at*) 결정된다고 썼을 때, 주장하고자 했던 내용의 전부였다. 그러나 이 주장은 한계효용——한 사발에서 서로 의지해 정지해 있는 세 개의 공——에 관한 마셜의 주장과 병렬적이어서 비슷한 반응을 불러일으킬 수 있다.[146] 어찌되었든 이것은 임금문제를 해결하는 유용한 도구로서 한계생산성 이론이 지닌 가치를 감소시키지 않는다.[147] 셋째, 노동의 한계생산성을 설명원리이자 임금문제를 해결하는 도구로 사용하길 원하는 사람은 마땅히 이것을 이해해야 하고 이와 관련된 몇 가지 경험을 해야 한다. 그가 이 조건을 충족하지 못한다면, 어려움에 직면하게 될 것이다. 그래서 인간의 본성이 그러하듯이, 특히 그가 변호론적 함정[148]을 의심하면서 애초에 이 이론을 좋아하지 않았다면 그는 반대자로 돌변할 것이다. 그러나 현재 논의되는 시대에는 이에 대한 한 가지 이유가 있었다. 이론이 유용성을 보여줄 정도로 발달되어 있지 않았을 뿐만 아니라(예를 들어 힉스의 『임금론』이 보여주듯이), 많은 경우 그것은 잘못 정식화되기도 했다. 일부 경제학자는 심지어 노동의 한계생산물과 한계(가장 비효율적) 노동생산물의 차이

---

146) 이것의 정식화는 유용한 연습문제로 독자들에게 남긴다.

147) 피구가 자신의 『부와 복지』(*Wealth and Welfare*, 1912)에서 최소임금 문제를 다루는 것을 보라.

148) 이것을 재론할 필요가 없기를 바란다. 그러나 덧붙여야 할 사항은 화폐임금률의 상승을 옹호하고 그 감소에 반대하는 많은 경제학자는 이러한 이론의 교정을 두려워할 이유가 없다는 점이다. 왜냐하면 그들의 주장은 일반적으로 이 이론과 상관성이 없는 사실에 관한 주장에 기초하고 있기 때문이다. 모든 개별사항에서 상식에 따른 보완이 편안함을 가져다준다면, 어느 누구도 이 이론과 실제로 갈등을 일으키는 주장을 애써 신봉하지 않을 것이다. 더구나 한계생산성 이론이 완전경쟁과 완전균형 상태에서 지배적인 임금률에 관한 명제라는 사실은 그 자체로 이 이론이 밝히지 못한 채 남겨둔 드넓은 영역이 존재하고 있음을 보여주기에 충분하다.

를 확인하는 것조차 어려워했다. 다른 경제학자들은 임금소득의 증가나 노동시간의 감소가 노동효율성을 상승시키면 한계생산성 임금이론이 붕괴된다고 믿는 듯 보였다.[149)]

넷째, 그 결과 많은 노동문제가 아직도 '고전파'가 주로 사용했던 도구로 다루어지고 있음을 알 수 있다. 특히 기계의 문제에서 그러하다. 이것은 많은 주목을 받았지만, '보상이론'에 대한 찬성이나 반대라는 과거의 주장 말고는 분석이 거의 없다. 그러나 기술적 실업에 관한 이러한 논의는, 그 자체로, 이 시기의 이론가들이 '마찰적' 요인 말고는 실업에 대해 아는 것이 없다는 케인스의 비판에 대한 하나의 답변을 제공한다. 왜냐하면 기술적 실업은, 비록 어떠한 개별적 기계화 행위에 대해서는 본질적으로 일시적인 것이라 하더라도, 끊임없이 재창출됨으로써 분명히 영구적인 현상이 될 수도 있기 때문이다.[150)] 완전균형과 완전경쟁에서의 완전고용에 관한 순수이론적 질문은 다음 장에서 살펴볼 것이다. 그리고 노동공급에 관해서는 앞서 언급된 내용으로 충분하다.

---

149) 대체이론은, 마셜의 설명에도 불구하고, 이 시기 마지막까지 결코 상식이 아니었다. 불럭의 논문("The Variation of Productive Forces", *Quarterly Journal of Economics*, August 1902)이 결함이 많은데도 중요한 기여로 기록되어야 하는 이유는 바로 여기에 있다.

150) 물론 우리는 자유롭게 마찰적 실업의 범위를 기술적 실업과 또 다른 유형의 실업—이유가 무엇이든지 간에 불완전 경쟁으로 인한 실업, 화폐적 요소에 의한 실업, 경기변동에 의한 실업 등—까지 포함할 정도로 넓게 정의할 수 있다. 그렇게 되면 위와 같은 비판은 그 힘을 잃는다. 이렇게 정의할 경우, 마찰은 더 이상 관찰되고 있는 실업현상에 대한 부적절한 설명이 아니기 때문이다. 특히 피구의 『실업이론』(*Theory of Unemployment*, 1933)에 대해서는 비판하지 말았어야 했다. 이 시기에 대해서는 특히 W.H. Beveridge, *Unemployment*, 1909 참조.

6절 응용분야의 공헌*

반복해서 지적했듯이, 이 시기 경제학자들 대부분은 경제정책의 문제에 접근했다. 그것도 이들 중 상당수는 새로운 정신으로 접근했다. 이 절에서는 이 사실이 재론되지 않겠지만, 이들이 분석에 기여한 바——이는 실제문제에 전념한 결과다——를 추적해볼 것이다. 모든 경우에, 이러한 전념은 주로 사실에 대한 우리의 이해력을 향상시키는 방식으로 과학적 지식을 발전시켰다. 그렇지만 이것이 우리의 분석장치의 발전에 미친 영향은, 당연히 전혀 없지는 않았지만, 기대할 수 있는 것보다 훨씬 적었다. 이제부터 (이러한 전념이—옮긴이) 좀더 전도유망한 분야(8장에서 고려하게 될 화폐와 경기순환은 제외)에 대해 간단히 살펴보자.

그러나 기업경제학 분야(경영학*Privatwirtschaftslehre*)의 발전에 대해서는, 회계와 '보험수리학'(actuarial science)을 포함해서, 고려하지 않을 것이다. 처음부터 강조되었다시피, 기업경제학이 일반경제학에서 분리된 가장 그럴싸한 이유는, 스스로 국가업무에 관심이 있다고 믿는 대다수의 경제학자가 종종 가계와 기업의 세부적인 경제생활에 대해 고려하는 것을 자신들의 영역 밖이거나 아마도 자신들의 관심사보다 수준이 낮은 것으로 취급했다는 사실에 있다. 실제로 이러한 (세부적인—옮긴이) 자료들은 경제학자가 개인행동에 관한 가장 무미건조한 가정에서 벗어나자마자 그의 연구의 토대가 되며, 기업경제학과 일반경제학의 협력은 양자 모두를 위해 가장 필요한 사안이다. 그러나 현재 논의되고 있는 시기에는 그러한 협력이 거의 없었다. 그래서 우리가 할 수 있는 일은 오직, 경제이론의 발전이 기업경제학자들의 영감을 불러일으키는 데 실패했듯이 일반경제학자들을 설득하는 데 실패했던, 기업경제학자들[151]

---

* [이 절은 J.A.S. 사망 당시 미완성이었고, 타자로 정리되지 않았다.]

151) 경제이론과 관련된 몇 가지 기초 명제(예를 들어 평균비용의 체증과 체감에 관한 명제)가 실제로 기업경제학자들에 의해 독자적으로 '발견'되었다는 사실보다 이 상황을 잘 보여주는 것은 없다.

에 의해 수행된 사업행위에 대한 탐구결과의 목록을 작성하는 것뿐이다. 그러나 마셜은 기업가 행동을 폭넓게 취급함으로써 기업경제학과 일반 경제학의 통합으로 나아가는 중요한 초석을 제공했으며, 피셔(*Capital and Income*)는 경제학자의 연구와 회계사의 연구를 통합하기 위한 첫 걸음을 내디뎠다는 점을 명심할 필요가 있다.152)

1. 국제무역

〔이 소절은 계획만 있을 뿐, 실제로 씌어지지는 않았다.〕

2. 공공재정

이 주제에 대한 2장의 설명을 기억해본다면 이 시기는 우리가 안정금융(comfortable finance)이라고 부를 수 있는, 바로 그러한 시기에 해당된다. 이는 한편으로 부의 증가와 비교적 평화로운 조건 그리고 다른 한편으로 공공지출과 과세에 대한 부르주아의 영향력이 빚어낸 결과였다. 이에 따라 경제활동에 대한 압박은 가벼웠다. 그것도 경제과정의 결정요소에 대한 일반분석으로부터 이 주제를 배제하는 것이 정당화될 정도로 가벼웠다. 또한 명심해야 할 사항은, 이 시기의 끝무렵에 정치현실에서 새로운 정신이 출현했으며, 이 정신이 경제학자들의 문헌에도 모습을 드러낸 적이 있다는 점이다. 마셜 같은 학계의 거물들이 당시 고율의 직접세——상속세 포함——로 여겨지던 것을 승인하기 시작했을 뿐만 아니라, 글래드스턴적 재정정책(자유방임—옮긴이)의 정신을 치명적으로 위반하는 범죄(로 여겨졌던 것—옮긴이), 즉 세입을 위한 과세를 넘어 소득분배를 변화('교정')시키기 위해 과세하는 것을 목표로 하는 정책을 신봉하기 시작했다. 독일의 바그너(Adolf Wagner)와 잉글랜드의 피구가 대표적인 사례였다. 고율의, 그것도 누진적인 과세가 경

---

152) 나중에 나타난 것이기는 하지만, 하나의 중요한 반응에 대해 여기서 언급할 필요가 있는데, 캐닝(J.B. Canning)의 『회계의 경제학』(*Economics of Accountancy*, 1929)이 그것이다.

제적 노력과 자본형성——대중적인 수준에서는 황금알을 낳는 거위라는 형태를 띤——에 끼칠 수도 있는 악영향을 지적하는 반론이 많이 나타났는데, 이러한 반론은 저명한 모든 경제학자가 실제로 저축에 대해 상당히 우호적인 관점을 갖고 있었기 때문에 점점 더 많아졌다.

좀더 분석적인 노력은 새로운 이론으로부터 수혜를 받게 될, 오래된 두 주제에 집중되었다. 그 하나는 '정의'였다. 윤리적 공준은 당연히 시간이 흐르면서 달라졌으며, 납세의 '능력원칙'과 '사회적 과세론'——다른 무엇보다도 적용범위가 점차 확대되고 있던, 특권에 대한 특별과세를 포함해서——이 개종자들을 만들어내기 시작했다.[153] 그러나 내가 여기서 말하고자 하는 것은 정의에 관한 이러저러한 규준 자체가 아니라, 그러한 규준의 옹호가 촉발시킨 진정한 분석적 성과다. 정언명법을 제기하는 것은 경제학자의 일일 수도, 그렇지 않을 수도 있지만, 주어진 정언명법의 함의를 분석함으로써 그것을 합리화하는 것은 분명 그의 일이다. 이러한 측면에서 얼마나 많은 일이 이루어졌는지에 대해서는 많은 경제학자가 동등한 희생, 적절한 희생, 최소희생과 같은 생각의 정확한 의미를 전혀 이해하지 못했다는 사실로부터 짐작해볼 수 있을 것이다. 일부는 동등한 희생이 최소희생을 함축한다고 생각했으며(내 생각에 이 오류는 본래 밀의 것이다), 다른 일부는 동등한 희생이라는 공준으로부터 누진과세를 도출해내는 데 소득의 한계효용 체감의 '법칙'만으로 충분하다고 생각했다.[154] 이러한 유형의 다양한 문제가 수많은 학

---

153) (이와 관련해서—옮긴이) 셀리그먼의 저서(*Progressive Taxation in Theory and Practice*, 2nd ed., 1908)가 모든 나라의 수많은 문헌을 대표하고 있음이 틀림없다. 그러나 나는 저자의 뛰어남과 조세를 준자발적인 것으로 만들려는 그의 독창적인 사고라는 두 가지 이유 때문에, 빅셀의 박사학위 논문(Finanztheoretische Untersuchungen, 1896)을 추가하고 싶은데, 이 글에서 제시된 내용은 부분적으로 린달의 *Gerechtigkeit der Besteuerung*(*Justice in Taxation*, 1919)에 의해 발전된 바 있다.

154) 이는 소득의 한계효용이 베르누이(Daniel Bernoulli)의 가설이 제안하는 수준보다 빠르게 하락한다는 가정 아래 성립된다.(이 책, 1권, 2부 6장 3절 2항

자에 의해 해결되었는데, 그중에서도 나는 에지워스, 바로네, 피구의 뛰어난 공헌을 언급하고 싶다.[155)]

다른 주제는 **조세전가**(Shifting)와 **조세귀착**(Incidence)이었다. [이 소절은 완성되지 못했다.]

3. 노동경제학

우리는 2장에서 노동문제 연구를 강력하게 자극할 수밖에 없었던 당시의 정치적인 조건에 대해 살펴보았으며, 4장에서는 **사회정책**(*Sozial-politik*)이, 그리고 이것의 정신은 더욱더 경제전문가에게 미친 영향에 대해 서술했다. 이 장의 5절 3항에서는 경제이론이 노동경제학에 미친 공헌에 대해 개관했다. 이제 노동경제학의 서술적 · '정책적' · 제도적 부분에 대해 간략하게 살펴보는 일이 남아 있다. 이 부분은 정책지향적인 경제전문가들의 '이론'기피 때문에, 일반적으로 오늘날과 마찬가지로 당시에도 분석경제학과 그다지 상관관계가 높지 않았다.[156)] 폭넓게

참조) 만약 그보다 느리게 하락하면, '효용'의 동등한 희생이라는 공준은 고소득자에게 저소득자보다 낮은 세율로 과세되는 것을 요구한다.(물론 절대액은 고소득자가 더 크겠지만)

155) 과세문제에 관한 에지워스의 논문들—그중 하나가 근본적인 중요성을 지니고 있는데—은 『정치경제학 관련 논문모음집』(*Papers Relating to Political Economy*, 1925)의 2권에 포함되어 재출간되었다. 통상 그의 설명은 내가 감히 건포도 따기 방식이라고 묘사할 수 있는 것에 따라 진행된다. 이를테면 관련된 두 개의 재화 중 하나에 대해 과세할 경우 양자의 가격이 모두 하락할 수 있다거나, 두 재화 모두에 대해 과세할 경우 둘 중 하나의 생산자에게 순이득을 가져다줄 수 있다고 언급하는 것이다. 그래서 사실상 이 시대, 이 분야의 최고성과에 대해 포괄적인 전체상을 보여주는 데는 어려움이 따른다. 지금도 여전히 포괄적인 바로네의 논문("Studi di economia finanziaria", *Giornale degli Economisti*, April-May, June, and July-August 1912)은 강한 위력과 독창성을 지닌 것으로, 세 개의 별도연구라는 형태를 취하고 있다. 피구의 다양한 논문들은 마침내 하나의 책(*A Study in Public Finance*, 1928)으로 묶여 출판되었다.

156) 이는 모든 잘못이 한 쪽에만 있다는 의미로 해석되어서는 안 된다. 노동경제학자들은 분석적 정교화처럼 보이는 모든 것에 대해 실제로 비합리적인 혐오

말한다면, 우리는 이 시기에 모든 본질적 측면에서 현대 노동경제학의 토대가 구축되었다고 말할 수도 있다. 다만 아직까지는 이 주제가 현대 미국의 교육체계와 연구업무라는 의미에서 전문분야로 인정된 것이 아니었다. 그러나 빠르게 증가하는 전문가들에게서 서비스가 제공되었다. 기본적으로 이 전문가들은 법률제도와 행정관행의 개혁을 위해 노력했으며, '인간사에 이성을 적용한다는 것'이 의미하는 바에 관한 독자적인 생각을 가지고 있었다. 그러나 이러한 사실발견과 정책권고안은 일반경제학에도 도움이 되었다. 하나의 예로, 영국 빈민법위원회의 소수보고서(the minority report of English Poor Law Commission, 1909)[157]를 들 수 있다. 이 뛰어난 성과는 1873~98년 사이 영국을 압도했던 심각한 실업문제에 대한 때늦은 대응이었지만, 실업이 때로는 노동자들이 통제할 수 있는 요소들에 의해 거의 영향을 받지 않을 수도 있다는 교훈이 필요했던 많은 경제학자에게 가르침을 제공했다. 어쨌든 이것은 일반경제학자가 자신의 분석력을 행사할 수 있는 중요한 원자료였으며, 마땅히 그러했어야 했다.

게다가 노동문제에 대한 연구논문과 전문연구 서적이 대량으로 나타

감을 보였으며, 이론가들의 신비스런 임금분석 공식에 대해서도 비합리적인 불신을 보였다. 이들은 이론적 논증을 배제함으로써 독자적으로 문제를 좀더 쉽게 만들고자 노력했다. 그러나 이론가들 또한 항상 협력의 정신에 입각해서 노동경제학자들의 문제에 개입했던 것은 아니다. 이들이 자신들의 분석을 풍부히 하기 위해 노동경제학자의 사실과 정책제안에서 무엇인가를 얻어내는 일에 항상 노심초사했던 것도 아니다. 이들 중 일부는, 대부분의 노동경제학자와 마찬가지로, 동료들의 주장을 배제했다고 비난받아 마땅하다. 예외도 있었다. 그중 몇 가지 두드러진 예를 본문에서 언급할 것이다. 그러나 전체적으로 협력과 상호지원은 거의 나타나지 않았으며, 오히려 그 반대였다.

157) 이 보고서는 빈민법위원회가 빈곤문제를 해결하기 위해 1904년에 착수했던 포괄적인 빈곤연구의 한 성과로, 웹 부부에 의해 주도된 것이었다. 당시 '다수보고서'(the majority report)도 함께 발표되었는데, 이것은 보즌켓(Helen Bosanquet)이 주도했다. 두 보고서의 가장 큰 차이는 빈곤의 주요 원인을 게으름 같은 개인의 도덕적 문제에서 찾느냐('다수보고서'), 아니면 사회구조적인 문제에서 찾느냐('소수보고서')에 있었다—옮긴이.

나기 시작했다. 웹 부부와 헤르크너(Herkner)의 전문연구 서적과 교과서가 대표적인 사례였다.[158] 통계적 연구는 자료의 부적절성 때문에 방해받았다. 그렇지만 모든 국가에서 약간의 노력이 나타났다.[159] 마셜의 『원리』의 모든 독자가 알고 있듯이, 일반 전문연구 서적들은 노동경제학에 대해 점점 더 많은 지면을 할애했으며, 이것의 순수한 제도적인 측면에 대해서도 그러했다. 이러한 측면에서 폰 필리포비치의 교과서는 이전의 교과서를 훨씬 능가했다. 우리는 기본적으로 이론가인 한 사람이 노동경제학 분야에서 보여준 가장 위대한 모험에 대해 다시 한 번 언급하는 것으로 이 소절을 적절하게 끝맺을 수 있을 것이다. 피구의 『부와 복지』(*Wealth and Welfare*, 1912)가 그것이다.[160]

---

158) B. and S. Webb, *The Public Organization of the Labour Market*(1909); *The History of Trade Unionism*(rev. ed., 1920). H. Herkner, *Die Arbeiterfrage*(1894). 나는 이러한 책의 내용과 방법을 현대 미국의 노동경제학 교과서와 반드시 비교해보도록 강권하고 싶다.

159) 영국의 경우, 부스(Booth)의 조사연구(*Life and Labour of the People in London*, 2 vols., 1889~91; 17 vols., 1903) 외에도 기펜(Robert Giffen)이 왕립통계협회(Royal Statistical Society)에서 1883년과 1886년에 각각 발표했던 논문("Progress of the Working Classes in the Last Half Century" "Further Notes on the Progress of the Working Classes in the Last Half Century")을 참조하라. 1895년에 볼리(A.L. Bowley)는 영국인의 임금에 대한 독보적인 연구에 착수했다. 그 첫 번째 성과("Changes in Average Wages in the United Kingdom between 1880 and 1891")가 1895년에 『왕립통계학회지』(*Journal of the Royal Statistical Society*)에 발표되었다. 볼리의 연구업적 목록을 전부 파악하기 위해서는 1937년에 출간된 그의 저작(*Wages and Income in the United Kingdom since 1860*)에 수록된 문헌목록을 참조. 미국에서 지독한 어려움을 극복하기 위해 수행된 수많은 시도 중에서는 니어링(Scott Nearing)의 저작(*Wages in the United States*, 1908~10, 1911)만을 언급하고 싶다.

160) 이 저작은 본질적으로 저자의 이전 저작(*Principles and Methods of Industrial Peace*, 1905)의 요점을 구체화하고 있다. 『부와 후생』(*Wealth and Welfare*)의 후속작인 『후생경제학』(*Economics of Welfare*)에서, 피구의 노동경제학은 이 책, 2권, 3부와 4부의 1, 5, 7장과 13장에서 찾아볼 수 있다.

4. 농업

〔계획만 있을 뿐, 실제로 씌어지지는 않았다.〕

5. 철도, 공익사업, '트러스트' 그리고 '카르텔'

이 시기의 이와 관련된 분야에 대해서는 노동경제학에 관한 소절에서 소개된 내용이 거의 동일하게 반복될 수 있을 것이다. 경제사상사 연구자라면 여기서도 새로운 문제만이 아니라 그 문제를 다루는 새로운 정신까지 주목해야 할 것이다. 경제분석사 연구자에게는 역사적이고 '서술적인' 작업의 풍부한 성과——그중 일부는 오늘날에도 주목받는다——말고는 언급할 만한 것이 거의 없을 것이다. 이하의 서술은 지금까지의 개관을 마무리하는 데 필요한 몇 가지 과감한 논평으로 한정될 것이다.

제대로 된 비용 · 가격 이론이라면 철도경제학에 대해 귀중한 공헌을 마땅히 제공할 수 있어야 하며, 철도경제학 또한 흥미롭고 구체적인 유형과 문제를 일반이론에 제공함으로써 그러한 도움에 보답할 수 있어야 한다. 앞서 지적했듯이, 경제학자와 공학자 사이에는 협력의 가능성이 많이 있는데, 이 가능성을 철도사업만큼 분명하게 제공한 경우는 거의 없다. 우리는 이와 관련된 몇 가지 사례를, 많지는 않지만, 알고 있다. 좀더 많은 사례는 기술관련 학술지에서 발굴될 수 있겠지만 말이다. 나는 라운하르트의 작업을 하나의 예로 거론하고 싶다. 그는 경사와 곡선이 작업비용에 미치는 효과를 탐색했을 뿐만 아니라 특히 다음과 같은 정리——이것은 그가 철도국유화를 주장하게 된 근거이기도 했다——를 담고 있는 철도요금 이론을 생산해내기도 했다. 철도의 사회적 이익은 요금이 한계비용보다 높지 않을 때(이는 훌륭한 조건이다) 극대화된다는 정리가 그것이다. 여기서 전체 간접비용은 정부의 세수입으로부터 조달되어야 한다는 정리가 도출되는데, 이것은 호텔링(Hotelling)에 의해 독자적으로 발견된 후 우리 시대에 많이 논의된 바 있다.[161] 이것은 물론 떼를 지어 출간된 국유화나 규제의 긍정성에 관한 일반정리들보다

훨씬 더 흥미로운 것이었다.

그러나 대부분의 업적 ── 라운하르트의 저서도 여기에 속한다 ── 은 프랑스에서 나타났다. 여기서는 셰송,[162] 피카르, 콜송의 업적을 언급하는 것으로 충분하다. 이 시기 영국의 철도경제학은 기껏해야 서술적 분석과 애크워스의 소책자로 대표된다. 그러나 피구의 철도요금 분석은 일반경제학과 관련해서, 특히 서비스 비용원리 대 ('이 교통수단이 부담하게 될') 서비스 가치원리라는 쟁점과 관련해서, 훨씬 풍부한 결과를 보여주었다.[163] 이 시기 미국의 철도관련 출판물의 양적 규모는, 유감스럽게도 그에 걸맞은 질적 수준으로 이어지지 않았다. 저명한 저작들에서조차 심각한 분석적 오류가 나타났는데, 이 저작들은 다른 측면에서

---

161) W. Launhardt, *Die Betriebskosten der Eisenbahnen*……(1877). 위의 정리는 그의 1885년 저작(*Mathematische Begründung der Volkswirthschaftslehre*), 203쪽에 있다. 이 책은 제번스와 발라의 원리를 기본이론으로 채택하고 있다. 하지만 우리는 '유사한 접근법'의 독립적 발견이라는 라운하르트의 주장을 받아들여야 하는데, 우리가 이미 다른 사람들의 비슷한 주장을 받아들였기 때문이다. 그의 접근방식은 인정받을 만한 몇 가지 독창적인 업적을 보여주고 있다. 그러나 그가 특정 함수형태를 지나치게 사용하는 것 ─ 그는 이를 통해 당황스러울 정도로 제한된 결과를 산출했다 ─ 은 곧바로 비난받아야 할 사항이라기보다는 좀더 연구되고 개선되어야 할 사항임이 틀림없다. 나는 여기에 그의 1872년 저작(*Komerzielle Trassierung der Verkehrswege*)을 덧붙이고 싶다. 저자는 하노버 기술연구소(Technological Institute in Hanover)의 교수였다. 『팔그레이브 사전』이나 『사회과학 백과사전』에서도 그의 이름은 언급된 적이 없다.

162) 셰송의 『기하 통계』(*Statistique Géométrique*, 1887)는 독창적인 발상으로 가득 찬 그의 연설문에 대한 잘못된 제목이다. 여기서 철도비용과 관세는 진정한 계량경제학적 정신에 입각해서 다루어진 몇 가지 주제에 속했다. 『사회과학 백과사전』에는 그가 사회학과 경제학에 새로운 것을 추가한 것이 없다고 적혀 있다. 이에 대해서는 A.M. Picard, *Traité des chemins de fer* (1887); C. Colson, *Transports et tarifs*(1890; English trans., 1914) 참조.

163) W.M. Acworth, *Railways of England*(1889); *Railways of Scotland* (1890); *Elements of Railway Economics*(1st ed., 1905). 두 번째 책은 '순수'이론 관점에서도 읽어볼 만한 가치가 있다. 피구의 논문은 『부와 복지』(『후생경제학』에서는 2부 18장)의 틀에 입각해서 씌어졌다.

장점이 있었지만 지금은 그 대부분이 거의 잊힌 상태다. 해들리[164]의 교과서는 흔치 않은 예외사례에 속한다. 이 책은 관련주제의 모든 역사적 · 제도적 측면을 적절히 다루고 있다. 게다가 이 책은 분석적으로도 꽤 수준이 높다. 그리고 그는 차별이 차별받는 쪽(굴을 생산하는 두 마을이 있을 때, 한 마을이 다른 마을보다 높은 화물요금을 지불하지 않는 한 내륙시장에 굴을 공급할 수 없는 경우)을 포함해서 모든 관련자에게 오히려 혜택을 제공할 수도 있다는 진실을 납득시켰는데, 어느 누구도 이 두드러진 사례를 능가하지는 못할 것이다. 그러나 이 사례는 차별의 부재가 예외적(이거나 제한적인) 경우를 구성하는, 좀더 일반적인 틀에서 도출된 것이 아니라 흥미로운 예외사항으로 다루어졌다는 점에서 비교적 수준이 떨어지는 분석을 특징적으로 보여준다.

철도와 마찬가지로, 공익사업 또한 이론가들의 중요한 응용영역이자 특수한 (분석—옮긴이)형태의 중요한 원천임이 입증되었어야 했다. 그러나[165] 뒤퓌의 초기성과[166]에 필적할 만한 것은 거의 나타나지 않았다. 우리의 관점에서 볼 때, 국유화와 공유화(municipalization)에 대한 유럽의 논의는 별로 흥미롭지 않다. 또한 공익사업의 적정수익과 관련해서 대법원이 주장한 '재산의 공정한 가치에 대한 합리적 수익'의 문제를 다루고 있던, 미국의 요금규제 논의에서도 경제학의 분석도구에 도움이 될 것이라고 보고될 만한 것은 조금도 없다. 법률전문가들이 쏟아낸 보상금, 과세, 요금 규제목적에 대한 다양한 가치평가 '이론'은 이상하게

---

164) A.T. Hadley, *Railroad Transportation*(1885).

165) 나는 여기서 마셜이 제시한 피츠버그 가스(Pittsburgh gas) 사례에서 내가 발견을 기대했던 것을 보여줄 수도 있다. 이에 대해서는 A. Smithies, "Boundaries of the Production Function and Utility Function", *Explorations in Economics*, 1936, p.328 참조. 마셜의 연구에는 결코 합당한 평가를 받은 적이 없는 비슷한 제안들이 수없이 많이 담겨 있다.

166) 특히 *De la Mesure de l'utilité des travaux publics*(1844), *De l'Influence des péages sur l'utilité des voies de communication*(1849) 참조. 이에 대해서는 아래 7장에서 다시 살펴볼 것이다.

도 논리적 혼동사례만을 보여주었다. 많은 경제학자가 이 문제를 해결하는 데 유용한 작업에 착수했다. 그래서 예를 들면 50여 년의 노력 끝에 기대수익으로부터 계산되는 재산의 가치에 기초해서 '적정' 수익률을 정의하려는 시도에는 순환논리가 담겨 있다고 법률가들을 설득하는 데 성공한 듯 보인다. 그러나 이것은 그 자체로 이 분야의 경제분석의 수준을 특징적으로 보여주기에 충분하다.

제7장 균형분석*

1절 이 시기 경제이론의 근본적 통일성

앞 시기에서조차 우리는 경제분석의 본질에 관한 한 상당한 수준의 일치를 확인할 수 있었으며, 사실상 일반경제학의 평균적이거나 전형적인 체계를 확인할 수 있었다. 이 체계에서 벗어나는 정도는 더욱 커졌지

* 〔4부 7장에 대한 편집자 주. 이 장은 균형분석에 관한 것으로, 처음부터 신중하게 계획되었지만, 슘페터가 사망한 시점에는 최종본 형태로 남아 있는 것이 없었다. 수많은 작은 단편으로 발견되었는데, 타자본도 있었지만 여전히 수고형태인 것도 있었다. 때로는 동일 주제의 여러 판본이 존재하기도 했다. 장 전체에 대해 간략하게 소개한 초기판본이 있었지만, 여기에 출판된 좀더 정교한 이후 판본으로 대체될 수 있다고 믿었기에 제외시켰다. 첫 번째 네 절은 오래전에 씌어졌다. 그러나 3절과 4절은 개정 중에 있었다. 마지막 두 절과 효용에 관한 주석—이 장의 부록—은 1948년과 49년에 작성되었다. 7절(「발라의 일반균형 이론」)의 대부분은 여전히 수고형태였다. 8절(「생산함수」)과 효용에 관한 주석은 타자본의 형태였지만 슘페터는 전자를 거의 읽지 못했으며 후자를 개정할 기회를 갖지 못했다. 슘페터가 속기로 본문을 수정하고 각주에 참고문헌을 추가할 것이라고 지적했듯이, 어떤 의미에서 이 장은 전체가 미완성이었다.

처음에 이 장의 여러 부분을 나를 대신해서 수집해준 굿윈에게 많은 신세를 졌다. 학생이자 유능한 동료로서 그는 이 문제들에 대해 내 남편과 작업을 같이 했으므로, 이 과업을 맡는 데 아마도 가장 적합한 인물일 것이다.

나는 대부분 그의 제안을 따랐지만, 굿윈이 유럽으로 떠난 후 나타난 한두 가지를 추가했으며, 몇 가지 '다른 판본'을 제거했다. 그리고 앞에서 언급한 이 장 전체의 초기판본도 제외시켰다. 관심 있는 독자들은 수고를 포함해서 이 자료들을 하버드대학교 휴튼도서관에서 찾을 수 있을 것이다.

만, 그 횟수는 줄어들었다. 지금 살펴보고 있는 시기와 관련해서, 우리는 대략 1900년 무렵에 하나의 통합된 경제과학은 아닐지라도 그 근본 특징은 어디서나 동일했던 이론분석의 한 엔진이 존재했었다고 매우 자신 있게 주장할 수 있다. 앞 장의 개관에 비추어볼 때, 이는 틀림없는 사실이다. 그러나 우리가 거친 표면을 바라보면서 가질 수 있는 다른 인상이나 많은 경제학사가가 취하고 있는 다른 입장을 고려해볼 때, 이를 다시 한 번 보여주는 것이 좋을 듯싶다.

제번스, 멩거, 발라가 세부적으로는 많은 차이점이 있었지만 본질적으로는 동일한 학설을 가르쳤다는 사실을 부정할 사람은 없다. 그러나 제번스와 마셜의 분석구조는 본질적으로 다르지 않은데, 이는 주택을 짓고 가구를 갖추는 데 이용되는 비계(the scaffolding)가 (어느 경우에나—옮긴이) 다르지 않은 이치와 같다. 그리고 마셜의 『원리』 부록의 21번 주석은 그의 모델과 발라의 모델이 근본적으로 동일하다는 사실을 확증해준다. 빅셀의 매력적인 솔직함은 언뜻 보더라도 그의 이론체계의 두 축을 잘 보여주는데, 발라 이론과 뵘-바베르크 이론이 바로 그것이다. 클라크의 청사진은, 비록 독립적으로 고안된 것이기는 하지만, 마셜(의 『경제학 원리』—옮긴이)의 6부처럼 동일한 원리를 구현하고 있다. 아울러 파레토와 피셔는 발라(의 이론—옮긴이)를 발전시켰다. 그리고 전문적인 이론에 관한 한, 이러한 이름들은 우리가 '일반이론' 분야에서 이 시기의 주요저작이라고 부를 수 있는 모든 것을 실제적으로 포괄하고 있다. 앞의 두 장에서 보았듯이, 이들과 관련된 학설이 이 시기 마르크스주의의 저작을 제외한 거의 모든 이차 저작을 실제적으로 만들어냈다.

그렇다면 이러한 지도자들의 이론구조가 그토록 다르게 보이는 이유는 무엇일까? 그것도 우리들처럼 이들의 이론구조에서 근본적인 동일성(sameness)을 찾아내는 많은 사람조차 이 시기 '일반경제학'의 기본적인 통일성을 부정하는 이유는 무엇인가? 첫 번째 질문에 대한 답은 기법, 세부사항 그리고 개별문제에 대한 관점에서 많은 차이가 존재했

기 때문이며, 게다가 이러한 차이를 지도자와 그 후계자들이 모두 지나치게 강조했기 때문이다. 기법 측면에서 가장 중요한 차이는 미적분과 연립방정식 체계를 사용하느냐 거부하느냐에 있었다. 동일한 '이론'이라 해도 이 옷을 입었는가, 그렇지 않았는가에 따라 매우 다르게 보였다. 미적분에 익숙하지 않은 사람에게는 특히 그러했다. 세부사항에 대한 차이와 함께 이를 지나치게 강조하려는 경향을 보여주는 예는 '실질비용'에 대한 논쟁이다.(이 책의 4부 6장 4절 참조) 그리고 개별문제들에 대한 관점의 차이는 자본이론의 차이와 부분분석(이 장의 6절 참조)에 관한 서로 다른 태도에서 잘 드러난다. 여기서 부분분석은 마셜이 정교하게 다듬었지만, 파레토가 이를 폄하하는 데 영향을 미쳤다.[1] 그러나 이런 종류의 차이 ── 와 여기서 비롯된 논쟁 ── 는 모든 지식영역에서 바로 그 (지식의－옮긴이) 생존과정에 속한다. 만약 우리가 이러한 차이를 수용해서 그 근본적 동일성을 모호하게 한다면, 우리는 스콜라학자들에 대해 방법과 기본결과에 관한 한 통합된 하나의 학파로서 언급할 수 없을 것이다. 심지어 마르크스주의학파에 대해 언급할 수도 없을 것이다.

두 번째 질문과 관련해서, 명심해야 할 사항은 기본적 통일성에 관한

---

1) 마셜과 파레토—후자는 '비수학적인 경제학자들'(literary economists)에 대해서만이 아니라 발라에 대해서도—는 비교적 세부적인 문제를 지나치게 강조함으로써 전문가들 사이에서조차 근본적으로 다른 '체계'가 존재한다는 인상을 만들어낸 좋은 본보기들이다. 그러나 가장 두드러진 예는 카셀이다. 그의 분석구조는 기본적으로 발라적이다. 그러나 그는 자신의 『사회경제 이론』(*Theoretische Sozialökonomie*, 1st German ed. 1918; 4th ed. rev., 1927; English trans., 1923 and 1932) 후기판본에서 발라의 이름을 언급조차 하지 않았다. 그리고 그는 일반이론에 관한 자신의 첫 번째 논문("Grundriss einer elementaren Preislehre", *Zeitschrift für die gesamte Staatswissenschaft*, 1899)에서 발라체계를 단순화한 모델을 제시했다. 여기서 그는 독창성을 주장했다. 그 근거는 한계효용 가치이론을 완전히 제거했다는 점이다. 하지만 그의 모델은, 비록 용어는 달랐지만, 한계효용 가치이론의 핵심내용을 모두 간직하고 있었다. 그런데 그의 주장은 폭넓게 수용되었다.

우리의 명제가 이 시기 전반부에는 적용되지 않으며 오직 1900년 무렵에 나타난 고전적 상황에만 적용된다는 점이다. 물론 그 이전인 1850년 무렵에도 지도적 이론가들 사이에는, 많지는 않았지만, 약간의 일치가 존재했다. 제번스, 멩거, 발라에 의해 1870~80년대에 정립되고 마셜의 『원리』(1890)에서 그 고전적 형태가 확보된, (이론-옮긴이)체계는 대부분의 이론가에게 새롭고 익숙하지 않은 것이었다. 이것은 선구자가 있었음에도 불구하고 실제로 새로운 것이었는데, 사실상 이에 대해 그것이 저항에 직면했었다는 사실만큼 확실하게 증명해주는 것은 없다. 싸움이 지속되었으며 개별옹호자들이 여기저기서 승리했지만, 밀의 경제학——다시 한 번 밀을 대표자로 선택한다면——이 굳건히 자리를 지키고 있었으며, 그래서 이전 시기의 말에 경제학자들을 갈라놓았던 것에 또 다른 분쟁요인이 추가되었다. 이것은 또한 새로운 학설이 실제적으로 승리한 이후에도 과거의 학설을 고수했던 지진아들이, 변화가 조금 덜 '혁명적'이었더라면 나타났을 수준보다 숫자도 많고 더 존경받았다는 사실을 설명해주는 요인이기도 하다. 그러므로 전체 시기에서 임의적으로 선택된 경제학자들——심지어 이론가들까지——의 표본이 여기서 제시된 명제를 반박하는 것처럼 보일 수도 있다.

그러나 '외부인'(outsider)들도 많이 있었다. 이들은 자신들의 이론체계를 옹호했으며, 전문적인 이론을 습득하려고 노력하지 않은 채 그것을 비난했다. 그리고 마지막으로 또 다른 것이 있었다. 언제나 그렇듯이, 당시에도 다수의 경제학자는 다양한 공공정책 분야와 관련된 사실과 실천적 문제를 탐구하는 일에 몰두했다. 이들은 역사주의적이고 제도주의적인 집단의 지원을 받았으므로, '이론'을 거의 사용하지 않았으며 새로운 형식의 이론도 환영하지 않았다. 이들은 이론을 탐구수단으로 수용하지 않았다. 오히려 이들은 '한계주의'를 사변철학의 일종이거나 새로운 분파 '주의'(sectarian'ism')로 간주했으며, 그래서 자신들이 진정 과학적이고 현실적인 연구로 이것을 제거하는 것이 정확히 자신들의 임무라고 생각했다.(앞의 4장 참조) 이에 따라 이들은 이것(한계주

의—옮긴이)에 관한 전반적인 판단을 방법론적이고 강령적인 선언을 통해 날려버렸다. 외관상 그 결과는 엄청난 소동이었다. 특히 독일과 미국에서는 조율되지 않은 목소리들이 많이 나타났는데, 이 모든 것은 난제의 존재를 입증하는 듯 보였다. 독자들은 한편으로 이것이 지극히 자연스러운 것이었으며, 다른 한편으로는 이것이 (실질적으로—옮긴이) 의미하는 바가 외관상 의미와 달랐다는 사실을 이해하고자 노력해야 한다.[2] 말이 난무하는 표면 아래 난제는 없었다.

2절 쿠르노와 '수리학파': 계량경제학

살펴보고 있는 이 시기에 필연적인 것이 발생했는데, 수학적 추론방법이 경제학의 순수이론 분야에서 중요하면서 사실상 결정적인 역할을 수행하기 시작했다는 점이 바로 그것이다. 수적이거나 대수적 정식화와 수적 계산은 물론 이전 단계의 경제분석에서도 나타난 바 있다. 정치산술가들과 중농주의자들 그리고 독자적으로 활동했던 브리스코, 세바(Ceba), 로이드, 콩디야크 같은 인물들——이들에 대해서는 적당한 위치에서 언급된 바 있다——이나 셀리그먼이 망각에서 구출해낸 두 명의 저자가 여기에 해당된다.[3] 그러나 숫자의 사용——리카도는

2) 경제이론이 분석의 동력이라는 진리는 내내 잘 이해되지 않았다. 그리고 오늘날과 마찬가지로 당시에도, 이론가들은 실천적인 문제영역으로 도락적인 유람을 함으로써 이 진리를 가려버렸다. 그러나 이 진리는 마셜이 케임브리지대학교 교수취임 강연("The Present Position of Economics", 1885)에서 저 유명한 말을 통해 강조된 바 있다. 경제이론은 보편적 진리가 아니라 '특정진리를 발견하는 데 보편적으로 사용될 수 있는 기계'라는 말이 바로 그것이다.

3) *Essays in Economics*(1925), pp.82~83. 한 사람은 'E.R.'이라고 알려진 익명의 저자로 『정치경제학의 몇 가지 일반원리에 대한 일고』(*Essay on Some General Principles of Political Economy*, 1822)에서 조세귀착의 문제를 다루면서 대수를 사용했다. 다른 한 사람은 『공공신용 원리와 본질에 대한 고찰』(*An Essay on the Nature and Principles of Public Credit*, 1784~86)을 쓴 게일(Samuel Gale)이었다.

숫자 예를 매우 많이 사용했다——이나 공식의 사용——마르크스에게서 찾아볼 수 있는——은 심지어 비수학적 추론의 몇 가지 결과를 대수적 형태로 진술하는 것까지 수리경제학으로 볼 수 없다. 결과를 도출하는 추론 자체가 분명히 수리적인 경우에만 이 독특한 요소가 들어오는 것이다.[4] 그러나 나는 여기에 해당되는 사례 중에서 튀넨과 쿠르노 이전의 것으로 세 가지 분명한 사례만을 알고 있을 뿐이다. 베르누이, 베카리아 그리고 이스나르가 바로 그들인데, 마지막 인물은 우리가 균형체계를 감지한 것에도 충분한 중요성을 부여할 경우에만 해당된다.[5] 수학적인 독자라 해도 수학이 이 시기 경제이론가들에게 제공한 것의 본질을 좀더 면밀하게 정의해보려는 시도를 기꺼이 수용할 수 있을 것이다.

[1. 경제이론에 대한 수학의 공헌]

이제부터 통계자료를 처리하는 데 수학이 기여한 바를 다룰 것이다. 여기서 우리의 관심사는 수적인(*numerical*) 것이 아니라 수량적인(*quantitative*) 이론분석에서 수학의 용도다. 오늘날 일반사람들은 경제학에 수학을 적용한다는 말을 들을 때, '고급'수학의 활용을 포함하는 기술적

---

4) 이것은 또한 카나르(N.F. Canard, *Principes d'économie politique*, 1801)와 휴얼(William Whewell, "Mathematical Exposition of Some Doctrines of Political Economy", *Cambridge Philosophical Transactions*, 1829, 1831, 1850)이 여기에 속하지 못하는 이유이기도 하다. 휴얼은 중간단계로 인정되어야 할 것이다. 그가 분명히 제번스의 조롱 어린 논평까지 받을 만한 이유는 없었다.

5) 튀넨에 대해서는 이 책, 2권, 3부 4장 1절, 베르누이에 대해서는 이 책, 1권, 2부 6장 3절, 베카리아에 대해서는 이 책, 1권, 2부 3장 4절 4항, 이스나르에 대해서는 이 책, 1권, 2부 6장 3절을 각각 참조.
제번스(『정치경제학 이론』의 부록 I)와 피셔(쿠르노의 『연구』*Recherches*에 대한 영역본의 부록; *Recherches*의 원제목은 *Recherches sur les principes mathématiques de la théorie des richesses*—옮긴이)가 작성한 문헌목록은 완전하지 않았지만, 다른 측면에서 볼 때 매우 포괄적이었다. 이들은 단 하나의 (수학—옮긴이)기호라도 표시한 저자들에게 알려진 모든 저작을 거론하고 있다.

작업('계산'), 즉 대학생의 대수와 분석기하의 고급영역에 처음 모습을 드러내고 나서 비수학적인 사람들의 통제권을 벗어났던 것들을 주로 생각한다. 분명한 사실은 지난 25년(보다 조금 더 긴) 동안 경제학자들에게 고급방법, 즉 전문수학자에게조차 '어렵거나' 매우 '특별하게' 보이는 것으로 인식되는 방법이 실제로 점점 더 많이 소개되어왔다는 점이다. 그러나 1914년 이전에는 그렇지 않았다. 이전에 나타난 출판물 중에서 독자——나 심지어 저자 자신——에게 수학적 기법(technical mathematics)의 숙련을 요구한 것은 거의 없었다. 대수와 분석기하의 기초 이상으로 요구된 것은 미적분에 관한 약간의 지식이었으며, 그것도 적분 같은 어려운 기법이 아니라 일반적인 생각이나 논리에 불과했다. 바로네는 1908년에, 수학이 이론가들의 필수조건으로 굳어지고 있을지라도 정상적으로 교육받은 사람이라면 누구나 6개월 정도의 투자로 필요한 것을 얻어낼 수 있다고 주장했는데, 이는 매우 타당했다.

미적분의 논리는 변수, 함수, 극한, 연속성, 도함수 그리고 미분, 극대와 극소 같은 몇 개의 개념으로 표현될 수 있다. 이러한 개념들——과 단순한 설명으로 충분한 방정식 체계, 결정성, 안정성 등의 관념들——에 익숙해지면 수량적 관계에 대한 이론적 도식에서 비롯된 문제들과 관련된 태도 전체가 바뀌게 될 것이다. 그래서 이 문제들이 새로운 명확성을 획득하며, 그것을 상실하는 지점 또한 분명히 드러난다. 아울러 증명과 반증의 새로운 방법이 출현한다. 변수들 사이의 관계형태에 대해 우리가 알고 있는 아주 적은 것으로부터 수익의 극대화가 도출될 수 있다. 그리고 무한소의 논리가 수많은 논쟁적인 문제를 자동적으로 처리해주는데, 전자의 도움이 없었다면 후자는 분석적 진보의 수레바퀴를 멈추게 했을 것이다.[6] 지면이 허락된다면, 이 시기 논쟁의 대부분이 단순히 사고의 강력한 도구를 갖춘 사람과 그렇지 못한 사람 사이의 논쟁이라는 점을

---

6) 기법에 관한 한, 가치와 분배의 '새로운' 이론은 실질적으로 경제학을 위한 미적분의 발견에 다름 아니다. 이것 자체만으로도 원칙적으로 '한계주의'에 대한 온갖 반대가 터무니없는 것임을 보여주기에 충분하다.

교훈적으로 보여줄 수 있을 것이다. 그러나 앞 장에서 몇 가지 사례를 이미 제시했으므로, 여기서는 또 다른 사례를 제시할 것이다.

이러한 종류의 기여는 단순히 우리의 분석도구의 가장자리를 좀더 날카롭게 다듬는 것이어서 정교한 계산을 필연적으로 포함하지는 않았기 때문에, 수학이 논의의 표면에 반드시 나타날 필요는 없었다. 수학적 이론은 비수학적 이론을 기호(symbols)의 언어로 번역하는 것 이상이지만, 그 결과는 일반적으로 비수학적 언어로 번역될 수 있다. 대다수 비수학적 경제학자가 수학적으로 훈련된 소수에게 진 빚의 규모를 완전히 깨닫지 못했던 이유는 바로 여기에 있었다. 예를 들어 전형적인 이론가들은, 심사숙고 끝에 논의의 표면에서 자신의 수학을 지워버린 마셜을 완전히 이해하지 못했다는 사실조차 깨닫지 못했다. 그래서 이들은 대부분 수학을 마음껏 과시하던 수리경제학자들을 경제학 전문가 일반에게는 조금도 중요하지 않은 특정분파나 '학파'로 쉽게 간주했다. 그러나 이탈리아어를 할 수 있는 경제학자들이 단어의 의미에 걸맞은 학파를 만들지 않았듯이, 수리경제학자들 또한 그 어떠한 학파도 만들지 않았다.

경제학자들 사이에 존재한다고 생각되는 모든 견해차——특정종류의 오류를 예외로 한다면——는 수학적으로 훈련받은 학자들 사이에서도 나타날 수 있으며, 실제로도 그러하다. 그리고 이 시기 지배적인 분석구조에 대한 후자(수학적으로 훈련받은 학자들—옮긴이)의 공헌은 오늘날 사람들이 인식하는 것보다 훨씬 컸다. 이에 대해 살펴보자. 앞 절에서, 우리는 이 구조를 제번스, 멩거, 발라, 마셜, 빅셀, 뵘-바베르크, 클라크, 파레토, 피셔라는 아홉 명의 이름과 연결시켰다. 여섯 명은 수리경제학자이지만, 세 명은 그렇지 않다. 당연한 것이겠지만, 만약 여기에 튀넨, 쿠르노, 뒤퓌와 고센을 덧붙인다면 그 비율은 10 대 3이 된다. 1914년 이전에 저작활동을 했거나 하기 시작한 경제학자들까지 좀더 폭넓게 고려한다고 해도 상황은 달라지지 않는다. 왜냐하면 여기에는 젠킨, 에지워스, 아우슈피츠, 리벤, 피구, 무어, 볼리, 카셀, 판탈레오니

등과 함께, 최고의 업적에 관한 한 비수학적인 경제학자 진영으로부터 거론될 수 있는 이름들이 따라잡기 힘든 그밖의 인물들까지 포함될 것이기 때문이다. 이것은 이 부분을 읽는 비수학적인 독자들이, 적어도 그가 젊은 독자라면, 곰곰이 생각해봐야 할 교훈이다.[7]

그러나 한계효용 이론과 한계생산성 이론의 핵심은 '고급'수학에 완전히 문외한인 경제학자들에 의해서도 고안된 바 있으므로, 이들과 비수학적인 전문가들 대부분이, 몇 가지 불필요한 정교화를 제외하면, 경제학에서 수학적 추론이 없더라도 발견될 수 있는 것에 이 추론이 추가한 것은 없다고 생각하는 것은 당연했다. 이들은 자신들의 성과에 담긴 한계를 깨닫지 못했기 때문에 쉽게 이러한 견해를 갖게 되었지만, 몇 가지 중요한 경우에는 그 한계를 당연한 듯 드러냈다.[8] 그래서 우리는 1900년 무렵이나 심지어 그후에도 지도적 위치나 영향력 있는 위치에 있던 사람들——이는 중년 이상의 나이를 의미한다——이 어렵고 성미에도 맞지 않는 기법,——결국에는 아무런 가치도 없는 것으로 판명될——이라고 간주한 것을 학습하지 않는 구실을 스스로 어렵지 않게 찾아냈다는 점을 이해할 수 있을 것이다. 이해할 수 없는 것은 아니었지만, 이들은 이러한 태도를 합리화했으며, 이를 옹호하면서 수많은 방법론적 주

---

7) 위에서 언급한 인물들의 수학적 성취 수준은 매우 다양하다. 처음 여섯 명만 살펴보더라도, 제번스는 알았으면 좋았을 수준에도 미치지 못할 정도로 (수학—옮긴이)지식이 짧았다. 발라, 마셜, 빅셀은 정규 수학교육을 받았다. 마셜은 자신이 보여준 것 이상을 가지고 있었다. 발라는 자신에게 필요한 수준보다 적게 갖고 있었다. 파레토와 피셔는 완성된 수학자였다. 이와 비슷한 정도의 차이는 오늘날까지도 지속된다. 그리고 훈련의 차이에 못지않게 중요한 것은 타고난 성향의 차이였으며, 이는 지금도 그러하다. 뵘-바베르크는 훈련된 수학자가 아니었지만, 리카도와 마찬가지로 타고난 수학자였다.

8) 이러한 종류의 흥미로운 사례는 오스트리아학파를 지배했던 다음과 같은 믿음이다. 비수학적인 오스트리아학파의 이론은 가격현상에 대한 '인과적' 설명을 제공했지만, 발라적인 단순한 '함수적' 가격이론은 가격이 이미 이해되었다고 생각해서 그것들 사이의 관계만을 설명했다는 믿음이 그것이다. 이미 보았듯이 마셜의 눈에는 오류로 여겨졌던 효용, 비용, 가격 사이의 인과연쇄 구축이 오스트리아학파에게는 다르면서도 우월한 이론으로 여겨졌다.

장, 이를테면 물리학의 도구인 수학을 사회과학에 적용하는 것은 논리적 원칙상 오류라는 주장이나 이와 동일한 종류의 다른 주장——현 시점에서는 더 자세히 들어갈 필요가 없는——을 제기했다.[9] 이후 이렇게 독특한 합리화는 사라졌지만, 그러한 태도 자체는 사라지지 않았다. 그러나 이러한 움직임은 이 시기에 일군의 파생적인 저작들——해석하고 소개하는——의 출현이라는, 중요한 성공의 징표를 보여줄 정도로 그 근거를 충분히 확보하고 있었다.[10] 비호의적인 징표 가운데는 뛰어난 수학자들[11]이 보여준 무관심이나 심지어 적대감까지 있었으며, 수학에

---

9) 「정치경제학에서 수학적 방법」(Mathematical Method in Political Economy)을 그 시대의 관점에서 옹호하는 주장이 에지워스에 의해 『팔그레이브 사전』에 동일 제목으로 제기되었으며, 피셔(*Mathematical Investigations in the Theory of Value and Prices*, Appendix III)에 의해서도 제기된 바 있다. 후자의 저작에서 독자들은 찬성과 반대의 증언에 관한 절을 발견할 수 있는데, 그중 일부는 당시의 지배적인 태도를 잘 보여준다. 그러나 '수학적' 방법—이것의 사용이 경제학자들에게는 '저주'라는 불평과 이미 결합된—을 가장 일찍, 그러면서도 간결하게 옹호했던 주장 가운데 아마도 최고의 수준은 뒤퓌의 저서(*De la Mesure de l'utilité des travaux publics*, 1844)에서 발견된다. 이 책은 뒤퓌의 다른 저서(*De l'utilité et de sa mesure*, ed. M. de Bernardi, 1933)와 함께 재출간된 바 있다.

10) 내가 아는 한, 가장 초기의 교과서는 라운하르트의 저작(*Mathematische Begründung der Volkswirthschaftslehre*, 1885)이었다. 이것은 제번스와 발라의 학설을 가르치면서 추가로 저자의 몇 가지 독창적 결론—특히 교통에 관한—을 가르쳤다.(위의 책, 5장 4절 참조) 커닝햄(H. Cunynghame)의 저작(*Geometrical Political Economy*)은 1904년에 출현했으며, 오소리오(A. Osorio)의 저작(*Théorie mathématique de l'échange*)은 1913년에, 차와드스키(W. Zawadski)의 저작(*Les Mathématiques applkiquées à l'économie politique*)은 1914년에, 모레(J. Moret)의 저작(*L'Emploi des Mathématiques en économie politique*)은 1915년에 각각 나타났다. 다른 저작도 있었지만, 1924년 초에 선보인 볼리의 저작(*Mathematical Groundwork*: 이 책에 대해서는 5장 1절 참조)에 버금갈 만한 것은 없었다.

11) 두드러진 사례가 막 태어나고 있는 수리과학 분과에 대한 베르트랑(J. Bertrand)의 공격(*Journal des Savants*, September 1883)이다. 이것은 권위 있는 경멸로서 수학도 경제이론도 이해하지 못한 사람들의 열성적인 지지에 힘입어, 마땅한 수준 이상의 주목을 받았다. 베르트랑의 혹평 중 일부는 타당하

능력은 있었지만 '수리경제학'에는 우호적이지 않았던 경제학자들도 있었음을 명심하자. 그 대표적인 예가 렉시스였다.

연대기상으로 이전 시기에 속하는 수리경제학 영역의 일부 업적에 대해서는 이미 언급된 바 있다. 그러나 가장 위대한 인물인 쿠르노에 대한 고려는 지금까지 미루어진 상태다. 왜냐하면 전에는 완전히 무시되었다가 이 시기에서야 비로소 그 현저한 중요성이 인식되기 시작했기 때문이다.

[2. 쿠르노의 공헌]

쿠르노(Antoine Augustin Cournot, 1801~77)[12]는 에콜 고등사범학교(École Normale Supérieure)에서 성공적인 경력을 쌓은 후, 교사

지만, 그 대부분은 그가 믿고 있는 것보다는 훨씬 덜 심각한 것이었다. 왜냐하면 부분적으로 관련 경제학에 그가 적절할 정도로 친숙하지 않았기 때문이다.

12) 쿠르노의 경제학 연구는 많은 학자에 의해 높이 평가되었는데, 에지워스도 그중 하나였다.(『팔그레이브 사전』의 '쿠르노' 항목 참조) 그리고 그(쿠르노—옮긴이)의 인물됨과 경제학 저작은 근래에도 종종 찬사를 받고 있다. 특히 다음을 참조하라. H.L. Moore, "The Personality of Antoine Augustin Cournot", *Quarterly Journal of Economics*, May 1905; René Roy, "Cournot et l'école mathématique", *Econometrica*, January 1933; "L'Oeuvre économique d'Augustin Cournot", *Ibid.*, April 1939; A.J. Nichol, "Tragedies in the life of Cournot"; I. Fisher, "Cournot Forty Years Ago." 마지막 두 논문은 『이코노메트리카』(*Econometrica*, July 1938)에 실려 있다.
(쿠르노의—옮긴이) 『부의 이론의 수학적 원리에 대한 연구』(*Recherches sur les principes mathématiques de la théorie des richesses*)는 1838년에 출간되었다. 영어번역은 베이컨(N.T. Bacon)에 의해 1897년에 이루어졌다. 여기에는 피셔의 전기문식 「서문」이 담겨 있으며, 2판(1927년 출간)에는 「쿠르노 수학에 대한 주석」(Notes on Cournot's Mathematics)이라는 유용한 서문이 실려 있다. 우리는 이 책에만 주목할 것이다.(영어번역본, *Researches into the Mathematical Principles of the Theory of Wealth*는 이제부터 『연구』 *Researches*로 표기할 것이다.) 그러나 쿠르노는 경제이론의 영역에 두 번 더 진입했는데, 두 번 모두 주목할 만한 인상을 남기지는 못했다. 1863년에 출간된 저작(*Principles de la théorie des richesses*)과 1877년 저작(*Revue sommaire des doctrines économiques*, 1877)이 여기에 해당된다. 이중 어느

와 행정가로서 그에 못지않은 성공을 거두었다. 그는 1834년 리옹(Lyons)대학교에서 해석학과 역학담당 교수로 임명되었다. 1835년에는 그레노블(Grenoble) 아카데미(대학교)의 총장, 1838년에는 연구총감독관(Inspector General of Studies), 1854년에는 디종(Dijon)아카데미(대학교)의 총장으로 각각 임명되었다. 이렇게 다소 불필요한 사실들을 언급하는 이유는 미국의 일부 쿠르노 숭배자들이 프랑스 공직사회의 심리학을 크게 잘못 해석해서 『연구』가 실패했다는 이유로 그를 일종의 순교자로 만들려는 움직임을 보였기 때문이다. 그는 이 실패를, 그렇지 않았더라면 승승장구할 수 있었을 경력에서 하나의 자그마한 불쾌한 사건으로 생각했음이 거의 확실하다. 게다가 그는 자신이 진정으로 중요한 저작이라고 간주한 것——이것 또한 거의 확실하다——이 인정받는 것에 대해 기뻐할 만한 이유를 충분히 가지고 있었다. 그중에서 나는 당시와 이후에 충분히 주목받아도 될 만큼 훌륭한 업적인 『우연과 확률의 이론』(*Exposition de la théorie des chances et des probabilités*, 1843),[13] 그리고 이론물리학에서 성장해서 1900년 무렵에 매우 대중적인 저작이 된, 철학이나 인식론 유형의 세 편의 모험작(*Essai sur les fondements de nos connaissances*, 1851; *Traité de l'enchainement des idées fondamentales dans les sciences et dans l'histoire*, 1861; *Considérations sur la marche des idées et des événements dans les temps modernes*, 1872)을 언급하고 싶다.

쿠르노는 경제학 문헌에 대해 꽤 많이 알고 있었다. 그러나 그가 스미

책도 흥미를 끌지 못했으며, 둘 다 수학의 사용을 피했다. 『연구』의 수학은(약간의 오류에도 불구하고, 그중 하나는 심각하다) 전문가의 솜씨지만 매우 초보적인 수준이었다. 심지어 결정식(determinants)도 없었으며, 미적분에 관한 한 테일러의 정리를 조금도 넘어서지 못했다.

13) 이것은 물론 평범한 사람들의 찬사다. 그러나 확률론의 권위자인, 빈대학교의 고 추버(E. Czuber) 교수 또한 이 책에 대해 찬사를 표현했다. 나는 그의 권유로 이 책을 40년 전에 공부한 바 있다. 내 생각에, 추버는 『연구』에 대해 결코 들어본 적이 없었다.

스, 세, 리카도를 읽게 된 관심의 본질이 무엇이든지 간에, 그가 펜을 든 이유는 분명 순수한 과학적 관심이었다. 그는 현실적 목적을 추구하지 않았으며, 그래서 서둘러 독자들을 다음과 같이 확신시켰다. "모든 과학의 유아기에는 체계를 향한 충동이 필연적으로 이론을 틀 지우려 하지만, 이론이 〔내 생각에, 정책 규칙들의〕 체계와 혼동되어서는 안 된다." 그리고 그는 "특정조건만을 충족하도록 제약된, 임의적 함수로 이루어진 분석분야"(『연구』의 「서문」)에서 특히 잘 설명될 수 있는 여러 문제를 다룰 것을 제안했다. 체계적 완성이나 원리의 참신성을 목표로 한 것도, 거기에 도달한 것도 아니었다. 모호하거나 혼란스런 형태로만 존재했던 몇 가지 개념과 명제가 좀더 엄격한 방식으로 깔끔하게 재정립되었다. 그래서 그의 업적의 역사적 위대성은 이 겸손한 프로그램의 집행에 수반된 놀라운 성공에 있었다.

(『연구』에는—옮긴이) 도입부에 해당되는 세 개의 장이 있는데, 그중 ('상대적'이고 '절대적'인 가치의 변화에 관한) 두 번째 장은 리카도의 영향을 보여준다. 그리고 세 번째 장에서는 외환의 대수식이 제시되고 있는데, 그 중요성(제번스는 이 점을 인식하지 못했지만, 발라는 인식했으며 실제로 이용하기도 했다)은 그것이 가격 메커니즘 일반에 관한 대수식을 함축하는 상황에 있었다. 이 장을 놓치지 말라는 충고가 타당한 이유는 바로 여기에 있지, 외환이론 자체를 위해 끄집어낼 수 있는 그 어떤 커다란 이득 때문이 아니었다. 4~9장은 특히 유명하다. 여기에는 마셜의 부분분석의 핵심이 담겨 있다. 수요함수, 독점상품의 과세에 관한 친숙한 정리를 포함하고 있는 독점이론, 완전경쟁 이론 그리고 마지막으로 과점과 쌍방독점의 특수사례에 대한 분석——이 둘은 좀더 방대한 문헌의 희생양(whipping boys)이 되었다(이 장의 4절 참조)——이 그것이다. 10장은 중대한 실수로 훼손되었지만 지금까지의 수준 이상으로 주목받을 만하다. 11장과 12장은 엄청나게 많은 비판가에 의해 일고의 가치도 없는 것으로 평가되었는데, 이것은 상당 부분 타당하다. 그러나 적어도 전자는 역사적 측면에서 흥미로운데, 왜냐하면 그 주장이 소

득분석으로 부분분석을 보충하려는 포스트 마셜주의적(케인스적)인 생각을 미리 보여주기 때문이다. 물론 쿠르노는 "경제체계의 일부에 해당되는 문제들의 완전하고 엄격한 해법을 위해서는 전체 체계를 고려하는 것이 필수불가결하다"(앞의 책, 127쪽)는 점을 인식했다. 이것은 정확히 발라가 의도했던 것이다. 그러나 정확히 포스트 마셜주의자(post-Marshallians) 중의 케인스주의자처럼, 쿠르노는 "이것이 수학적 분석 능력과 우리의 현실적 계산방법 능력을 능가할 것"이라고 믿었다. 그래서 그 대신 이러한 문제들을 사회적 소득과 그 변동이 주요 분석대상이 되는 몇 가지 집계치의 집합을 통해 다룰 수 있는 가능성을 타진했다. 그는 그다지 멀리 나아가지 못했지만, 과거의 관행에 대해 이렇게 최초로 명시적인 재정식화를 시도한 것은 주목할 만한 가치가 있는 듯 보이는데, 이에 대해서는 다시 한 번 논의될 것이다.

우리가 유명한 장이라고 묘사했던 곳, 특히 4장("Of the Law of Demand")과 5장("Of Monopoly")의 쿠르노의 업적을 온전히 평가하기 위해서는 다음 사항을 환기할 필요가 있다. 당시 '수학을 이용하지 않는 경제학자들'(literary economists)은 '마셜의 수요곡선'처럼 매우 친숙해진 단순한 관계를 정식화하는 데 매우 어려워했다. 만약 베리의 잊힌 논문을 무시한다면, 쿠르노가 수요곡선 이론을 창조한 인물이다. 그리고 그의 독점분석은 훨씬 더 놀라운 동일유형의 업적이었다. 왜냐하면 마셜이 쿠르노 이론을 완성시킨 저작을 출간할 때까지, 독점적 가격형성에 대해 유익한 내용을 언급한 사람은 없었기 때문이다. 만약 여기에 쿠르노의 경쟁 메커니즘 이론과 비용 이론을 추가한다면, 우리는 그가 사후에 거의 완전한 망각으로부터 명예의 전당에서 현재 그가 차지하는 위치로 상승하게 된 것이 타당함을 알게 될 것이다. 그러나 이 위치는 부분분석의 거장으로, 여기에 덧붙여 수학이 우리에게 줄 수 있는 것까지 처음으로 보여준 인물로 설명된다. 나는 일반균형의 모호하면서도 비조작적(nonoperational)인 생각 이상을 그에게서 찾는 것이 역사적으로 옳지 않다고 생각한다.

지금까지 우리는 이 시기에 잘하면 순수이론으로 불릴 수 있는 것에 수학이 제공하기 시작한 도움에 대해 살펴보았다. 구체적인 계량경제학 프로그램——수학적인 이론에 통계수치가 결합된——은 항상 의식적인 정식화를 위해 분투했지만, 당장 눈에 띄는 몇 가지 중요한 예외사항 말고는 언제나 거기에 도달하지 못했다. 페티와 대브넌트의 메시지는 아직도 드러나지 않았으며, 통계 작업을 수행했던 대부분의 이론가조차 두 연구계보 사이의 결합을 생각하지 못했다. 무엇보다도 가장 중요한 것은, 한편으로 경제학자와 통계학 이론 사이의 관계를, 다른 한편으로 아직까지 이름을 얻지는 못했지만 계량경제학에 해당되는 연구의 진전을 각각 살펴보는 것이다.

전자와 관련해서 몇 가지 사실을 회상해보자. 고급통계학은 확률론으로부터 성장했다. 이러한 종류의 개관에서 출발점에 놓여 있다고 충분히 주장할 만한 베르누이 정리(Jacques Bernoulli's theorem)는 드 무아브르(A. de Moivre), 라플라스 그리고 가우스의 기여에서 절정에 도달한 연구를 촉발했다. 가우스의 오차의 법칙과 최소자승법——사회과학에서는 케틀레(Quetelet)에 의해 정열적으로 전파된——은 50년 이상 응용통계학 분야의 자랑이자 저주였다.[14] 푸아송(Poisson)과 쿠르노의 저작처럼, 이 모든 것은 이전 시기에 속한다. 우리가 살펴보고 있는 시기는 (거의) 렉시스의 새로운 출발과 함께 시작된다. 이것은 가우스의 오차의 법칙의 지위에 처음으로 약간의 충격을 준 것이었다. 그후, 그렇지만 19세기가 지나가기 전에, 통계이론의 붐이 시작되었다. 독자들을 그 성과의 트랙에 올려놓기 위해서는, 페히너, 티엘(Thiele), 브룬스(Bruns), 피어슨, 에지워스, 샤를리에(Charlier) 등의 이름을 거론하는 것으로 충분하다. 렉시스와 에지워스[15]는 경제학자였지만, 이 시기

---

14) 이것이 저주인 이유는 오차의 법칙으로부터 통계자료의 괴리가 단순히 자료의 부족 때문이라는 취지의 부수적인 믿음을 야기했기 때문이다.

15) 이 기회에 잠시 이 주제, 즉 경제이론과 확률에 대한 에지워스의 기여에 주목해보자. 나는 선험확률(a priori probabilities)을 순수이론적 추론에 도입한

에 분석경제학은 통계방법론에 대한 이들의 기여로부터 거의 조금밖에 얻지 못했다. 천문학이나 심리학 · 생물학이 얻어낸 것과 비교하더라도 훨씬 적었다.

후자와 관련해서, 중요한 계량경제학 연구는 엥겔의 법칙(Engel's Law)[16]을 예로 들 수 있다. 이것은 1857년에 출간된 글에서 처음 등장했지만, 지금 논의되고 있는 시기에는 국제적 관심을 끌지 못했다. 심지어 당시에는 엥겔 자신이나 그 어느 누구도 경제이론에 대한 이것의 중요성을 깨닫지 못했던 것 같다. 이 법칙에 따르면, (기호가 크게 다르지 않고, 모두가 동일한 가격에 직면하고 있는 가족집합에서) 식료품의 지출비율은 평균적으로 소득에 대해 체감하는 함수다. 또한 우리는 경제이론에 포함될 수 있는 통계적 '법칙'의 또 다른 사례를 이미 만났는데, 소득규모별 분배에 관한 파레토의 법칙이 그것이다.

그의 방식에 대해 열광적인 찬사를 보낼 수 없다. 아직도 그의 『메트르타이크나 확률과 효용측정의 방법』(*Metretike or the Method of Measuring Probability and Utility*, 1887)은 적절한 주목을 받지 못하는 듯하다. 그의 논문 「확률계산의 다양한 적용」("Miscellaneous Applications of the Calculus of Probabilities", *Journal of the Royal Statistical Society*, 1897 and 1898)도 참조. 매우 흥미로운 것은 은행의 현금유보 최적량 결정과 물가지수에 대한 확률적 고찰을 시도한 것이었다.(아래 8장 4절 참조)

16) 프러시안 통계국 국장을 역임했던 엥겔(Ernst Engel, 1821~96)은 기본적으로 행정가였으며, 그만큼 매우 성공했다. 게다가 그는 자신의 역동적인 정신에 힘입어 노동계약에 관한 연구논문들(『아르바이터프로인트』*Arbeiterfreund*지 1867년판에 수록), 『대도시의 산업』(*Die Industrie der grossen Städte*, 1868), 『인간의 비용가치』(*Der Kostenwerth des Menschen*, 1883: 이 책은 *Der Werth des Menschen*의 1부였는데, 나머지 부분은 출간되지 않았다) 등의 연구성과와 같은, 영구적인 중요성을 지닌 출판물을 남길 정도로 비범한 과제를 수행할 수 있었다. 그가 처음으로 이 '법칙'을 제시한 논문은 「작센왕국의 생산과 소비사정」("Die Produktions- und Consumtionsverhältnisse des Königreichs Sachsen", *Zeitschrift des statistischen Büreaus des Königlich Sächsischen Ministeriums des Innern*, November 1857)이었다. 이것은 1895년에 재출판되었으며(*Lebenskosten Belgischer Arbeiterfamilien*), 같은 해에 『국제통계조사청 회보』(*Bulletin de l'Institut International de Statistique*)에도 수록된 바 있다.

앞서 언급한 피셔와 무어의 저작은 사실상 진정으로 계량경제학적인 작업이었으며, 후자(무어의 저작—옮긴이)는 통계적 수요곡선의 현대적 흐름이 시작되는 결정적 계기를 제공했다고 평가된다.

이와 관련해서 관심 있는 독자들에게 도움이 될 만한 몇 가지 문헌목록이 있다. 베르카우(Louise O. Bercaw)의 논문("Price Analysis", *Econometrica*, October 1934)이 한 가지 사례인데, 이것은 1927~33년 자료와 함께, 좀더 이전의 다른 문헌목록을 제시하고 있다. 슐츠의 저작(*Theory and Measurement of Demand*, 1938)은, 아마 독자들도 알고 있겠지만, 아쉽게도 여기서 살펴보지 못한 주제에 대한 표준적인 연구다. 무어의 연구를 제외한 몇 편의 다른 선구적 연구들은 1914년에 나타났는데, 레펠트(Lehfeldt)의 논문("The Elasticity of Demand for Wheat", *Economic Journal*, June 1914)이 대표적이다. 내가 이해하는 한, 이 사람은 현대에서 킹(Gregory King)의 첫 번째 추종자였다.

이렇게 얻어진 많은 수요곡선의 직접적인 실용가치에 대해 어떻게 생각하든지 간에, 확실한 것은 구성과 해석과정에서 나타나는 문제들을 해결하려는 시도가 우리의 분석력을 발전시키는 가장 좋은 방법 중 하나라는 점이다. 그러므로 정확히 이론에 대해 통계적 수요곡선이라는 주제는 매우 중요하다. 그러나 이런 종류의 연구의 역사는 거의 전적으로 현 시기에 속한다. 이것은 수요이론 이외의 영역, 특히 통계적 생산함수, 통계적 비용함수, 통계적 공급함수의 영역의 연구에도 똑같이 적용된다. 초보적 연구로, 독자들은 슐츠(*Statistical Laws of Demand and Supply*, 1928), 딘(J. Dean, *Statistical Determination of Costs*, 1936), 트웨들과 스톤(W.A. Tweddle and Richard Stone, "Study of Costs", *Econometrica*, July 1936), 힐데브란트(Reinhard Hildebrandt, *Mathematisch-graphische Untersuchungen über die Rentabilitätsverhältnisse des Fabrikbetriebs*, 1925) 등과 함께 브라운(E.H. Phelps Brown)이 주재한 계량경제학회 위원회보고서(*Ibid.*, April and July 1936)를 참조할 수 있다. 이것들을 숙독하면, 독자들은 미래

의 경제이론에 중요한 부분을 미리 보여주는 방법들, 문제들 그리고 결과들의 트랙에 올라서게 될 것이다.

그러나 이미 보았듯이, 지금까지 간략하게 살펴본 데서 1914년 이전에는 거의 진보가 없었지만 농업기술에 대한 탐구, 특히 공장과 토지 비옥도——한계생산성 체감과 같이 경제이론의 오래된 주제에서 매우 핵심적인——에 대한 탐구와 소사육에 대한 탐구는 이 시기에 꽤 높은 발전 수준에 도달했다. 앞서 언급한 브라운위원회의 첫 보고서는 이런 연구들의 이론적 중요성을 독자들에게 잘 인식시켰으며 이들로 하여금 한계생산성 이론이 단지 강단의 사변에 불과하다는 생각에서 벗어나게 한, 특별한 장점을 갖고 있었다.

그러나 이 시기의 이론은 그러한 결과를 흡수하는 데까지 나아가지 못했다. 일부 거장을 포함하는 대부분의 이론가는 결국 숫자의 결과로 나타나는 이론의 가능성을 완전히 인식하지 못했다. 따라서 자신들의 체계를 통계분석에 편리하도록 만든다는 생각에 도달하지 못했다. 이들에게는 그러한 생각이 환상으로 보였을 것이다. 그러나 예외가 있었다. 쿠르노와 제번스는 미래에 펼쳐질 가능성을 보았다. 파레토와 마셜도 그것의 존재를 인식했다. 후자의 연설문 「구세대 경제학자와 신세대 경제학자」(The Old Generation of Economists and the New, 1896)는 지도적인 이론가 중에서 계량경제학 프로그램을 옹호한 첫 번째 선언이었다. 지금도 여전히 매우 중요한 사항은 마셜이 자신의 개념을 수치로 조작가능하도록 이론화했다는 점, 그리고 그가 종종 통계수치[17]에 의존했다는 것이 예시적 중요성 이상의 의미를 지닌다는 점이다. 제도주의적 비판가들은 이것의 함의를 거의 정당하게 평가하지 못했다. 그렇지만 이미 알고 있다시피, 특수영역의 개별연구자들(이를테면 앞의 6장 6절에서 셰송의 연구성과나 철도운송에 대한 연구자들의 업적을 참조)은

---

17) 예를 들면 아칸소 주 실험국(Arkansas Experimental Station)의 보고서에 따른 것으로, 서로 다른 양의 쟁기질과 써레질이 산출량에 미치는 효과에 대한 그의 통계수치표를 보라.(*Principles*, p.232)

약간의 진전을 이루었다.

3절 균형개념*

1. 정학, 동학: 정체상태, 진화

이제 밀의 손을 거쳐 형성된 형태로 우리에게 남겨진 주제로 돌아가보자. 먼저 이 절의 설명을 독자들이 쉽게 이해할 수 있도록 몇 가지 설명적 논평과 함께 이 책에서 채택하고 있는 정의를 다시 진술해보자. 처음 두 가지는 프리슈(Frisch)의 도움을 받은 것이다.

정태분석은 경제현상을 연구하는 한 가지 방법으로, 동일한 시간 하첨자(subscript)를 갖는, 즉 동일한 시점을 지칭하는, 경제체계의 요소들 사이의 관계——상품의 가격과 수량——를 정립하려는 것이다. 모든 교과서에서 설명되고 있는 개별상품 시장의 통상적인 수요와 공급 이론이 이것을 예시해주는데, 여기서는 어떤 관찰시점에 존재한다고 생각되는 수요와 공급 그리고 가격의 상관성이 문제되며, 그밖의 다른 사항은 고려대상이 아니다.

그러나 주어진 시점에서 상호작용하는 경제체계의 요소들은 분명 선행시기 구조의 결과며, 상호작용하는 방식 자체도 분명히 미래의 구조에 대한 예상의 영향을 받는다. 그러므로 이러한 사례를 계속 유지한다면, 우리는 생산자들의 과거 결정에 의해 규정되거나 적어도 영향받는 시장상황을 생각해볼 수 있으며, 이 결정(생산자들의 과거 결정—옮긴이) 또한 관찰을 위해 선택된 시점의 조건이 아니라 오로지 그것이 이루어졌던 시기의 지배적인 조건을 통해서만 이해될 수 있다. 그래서 우리는 변수들의 과거와 미래의 (기대)값, 시차, 연쇄, 변화율, 누적크기, 기

* 〔이 절에 대해 슘페터는 하나의 초기판본(타자본)과 세 개의 불안전한 '대안'(수고)을 남겼다. 후자의 판본 중 두 개는 소절 1과 2로 여기에 소개되었다. 다른 두 개는 하버드대학교의 휴튼도서관에 수고의 나머지 부분과 함께 보관되어 있다.〕

대 등을 고려해야 한다. 이를 추구하는 방법이 경제동학을 구성한다.

정태이론과 동태이론의 관계는 두 가지, 서로 관련되면서도 서로 다른, 관점으로부터 해명될 수 있다. 하나는 정태이론이 고도의 추상 수준을 포함하고 있다는 것이다. 즉 동태적 패턴도 상당히 많은 것을 추상하기는 하지만, 정태적 패턴은 현실의 추가적인 여러 특징, 즉 앞 문단 마지막 부분에서 열거했던 것들을 사상하므로 동학보다도 경제적 수량들의 순수논리에 훨씬 더 가까이 다가갔다는 것이다. 다른 하나는 정태이론이 좀더 일반적인 동태이론의 한 가지 특수한 예를 구성한다고 말할 수 있다는 것이다. 우리는 이것을 다음의 사실에서 확인해볼 수 있는데, 동태적 패턴에서 나타날 수도 있는 '동학적 요소들'을 0으로 만드는 단순한 과정을 통해 동태적 패턴으로부터 정태적 패턴을 도출할 수 있다는 사실이 그것이다.[18]

이제 화성에서 온 새로운 관찰자라면 충분히 다음과 같이 생각할 수도 있을 것이다. 경험에서 영감을 얻는 인간정신은 분석을 비교적 구체적인 것에서 시작해서, 좀더 미묘한 관계들이 밝혀짐에 따라 비교적 추상적인 것으로 나아간다. 즉 동태적 관계에서 출발해서 정태적 관계를 고안하는 쪽으로 나아간다. 그러나 어떤 형태로든 과학적 노력이 나타나는 모든 영역에 이것이 적용되는 것은 아니다.[19] 항상 정학이론은 역사적으로 동학이론에 선행했는데, 그 이유는 그것이 건전한 만큼 분명했기 때문인 듯 보인다. 정학이론을 고안하기가 훨씬 간단하며, 이 이론의 명제는

---

18) 우리의 예에서, 가장 단순한 모델설정은 t시점의 공급량(S_t)을 고려 당시의 가격이 아니라 몇 기 이전에 지배적이었던 가격에 의존하도록 만드는 것이다. 이 '생산시차'를 시간단위로 간주하고 시점 t의 수요량 D_t를 여전히 동일시점 t의 가격 p_t에 의존하는 것으로 설정하면, 이 모델은 두 개의 방정식, 즉 $D_t=f(p_t)$와 $S_t=F(p_{t-1})$로 표현될 수 있다. 여기서 우리는 시차를 0으로 만듦으로써 $D_t=f(p_t)$와 $S_t=F(p_t)$라는 정태모델을 얻어낼 수 있다.

19) 예를 들어 역학에서도 정태적 관계가 먼저 고안되고 난 뒤 동태적 관계가 나타났다. 여기서 정학을 동학의 특수 예로 취급한 사람은 라그랑주(Lagrange)였다.

좀더 쉽게 증명되고 (논리적) 핵심에도 좀더 가까이 있는 듯 보인다. 경제분석의 역사도 예외가 아니다.

용어가 의미하듯이 정체상태(a stationary *state*)는 방법이나 분석가들의 정신적 태도가 아니라 분석대상의 특정한 상태, 즉 동일한 비율로 진행되는 경제과정, 좀더 정확하게 말해서 단순 재생산되고 있는 경제과정을 의미한다. 그럼에도 우리가 여기서 고려하고 있는 의미로 이해할 때, 이것은 방법론적 허구일 뿐이다. 본질적으로 이것은 단순화 장치다. 그러나 그 이상의 것이기도 하다. 그러한 과정이 어떻게 보일 것이며 여기에 현실의 어떠한 현상들이 나타날 것인지 보려고 할 때, 우리는 사실상 현실의 일부가 빠져 있음을 발견한다. 그래서 우리는 결여된 부분을 확인할 수 있게 해주는 분석도구(동학—옮긴이)를 확보했는데, 이것의 중요성은 아무리 강조해도 지나치지 않지만 불행히도 현실은 그렇지 않다.[20] 진화라는 말은 넓은 의미로도, 좁은 의미로도 사용될 수 있다. 넓은 의미에서 그것은 경제과정을 변화시키고(non-stationary) 만드는 모든 현상을 포괄한다. 좁은 의미에서 그것은 이러한 현상으로부터 제도, 선호, 기술지평의 틀이 변하지 않는 상황에서 연속적인 변화율로 묘사될 수 있는, 그래서 성장개념에 포함될 현상을 제외한 것으로 구성된다.

부디 독자들은 적어도 논리적 원리상 '정학'과 '동학', '정체'상태와 '진화'상태가 서로에 대해 독립적인 것임을 명심하기를 바란다. 우리는 정체(stationary) 과정을 동학모델로 설명할 수도 있다. 어떤 주어진 기간의 한 과정의 안정성 조건을 이전 기간의 과정에서 발생한 일에 의존하는 것으로 파악하는 경우가 여기에 해당될 것이다. 우리는 또한 진화과정을 정태모델의 연쇄로 묘사할 수도 있다. 어떤 주어진 상태의 교란

---

20) 우리는 여기서 정체상태라는 개념이 또 다른 의미— '장기적 침체' 상태처럼—를 갖는다는, 즉 실제로 도래하게 될 경제사회의 한 상태를 의미한다는 식의 문제를 무시할 것이다. 이것은 간단히 다음의 연쇄, 즉 스미스-리카도-밀-케인스-한센(Hansen, 5부 5장을 참조)으로 지칭될 수 있는 사고노선에서 두드러지게 드러나는 의미다.

요인에 대해 그것이 시스템에 영향을 미치기 전과 영향을 미친 후의 정태적 관계들을 파악하는 방식으로 설명하는 경우가 여기에 해당될 것이다.[21] 후자의 방법은 **비교정학**(Comparative Statics)으로 알려져 있다. 내가 아는 한, 이 용어는 오펜하이머[22]의 『가치와 자본이윤』(1916, 2nd ed., 1922)에서 처음 사용되었다.

마지막으로 독자들은 지금까지 개관한 개념장치들이 자연과학에서 사용되고 있는 유사한 것들과 조금도 관련이 없음을 명심해야 한다. 정반대의 인상이 널리 퍼져 있는 이유는 다음의 두 가지 사실 때문이다. 첫째, 비록 이 개념장치들이 통상적인 논리처럼 일반적인 인간정신의 습성을 구현하고 있는 것일지라도, 그것들——이거나 이와 비슷한 장치들——은 바로 이러한 이유 때문에 분석대상이 되는 사실들의 특성이 시사하는 것처럼 보일 때마다 채택되어왔다. 자연과학, 특히 역학은 기법면에서 경제학보다 훨씬 앞서 있기 때문에, 이러한 개념장치들은 경제학자들보다 먼저 물리학자들에 의해 의식적으로 정의되었으므로, 보통의 식자층은 이것들을 경제학에서 습득하기 전에 역학을 통해 알게 된다. 이에 따라 경제학자들이 부당하게도 역학으로부터 차용했다는 의심이 쉽게 나타날 수 있었다. 둘째, 느슨한 개념화가 지배적인 영역에서는 이러한 장치들이 친숙하지 않기 때문에 일부 경제학자, 특히 피셔 같

21) 예를 들어 이것은 낡은 화폐수량설이 보여준 것이다. 다른 조건이 불변이라면, 화폐량의 증가는 그에 비례해서 물가 수준을 상승시킬 것이라는 명제가 이 학설에 포함된다면 말이다. 분명히 이것은 '이행'현상을 무시할 수 있다고 가정하며, 그래서 경제조직의 이전 상태의 교란요인에 의해 촉발된 과정의 '궁극적 결과'에 주목한다. 이 사례는 이러한 분석절차가 상당히 의심스러운 것임을 잘 보여준다.

22) 분명하게 지적해야 할 사항은 정의된 대로 동학이론 자체는 역사분석과 아무런 관련이 없다는 점이다. 그것의 시간 하첨자는 역사적 시간을 의미하지 않는다. 우리가 하나의 예로 사용했던 단순모델은 워싱턴 대통령 시절이나 루스벨트 시절의 수요-공급 상황에 대해 그 어느 것도 말해주지 않는다. 여기서 연쇄는 이론적인 것이지 역사적인 것이 아니다. 또는 다르게 표현할 수 있다면, 그것은 역사적 시간(datings)이 아니라 이론적 시간을 사용한다.

은 경제학자는 비전문가들에게 역학적 비유를 통해 그 의미를 전달하는 것이 좋은 생각이라고 판단했다. 그러나 이것이 전부다. 우리는 실제로 경제정학의 개념이 역학보다는 동물학에서 그 연원을 찾을 수 있음을 알고 있다. 훨씬 더 중요한 사항은 경제분석의 태동기 때부터 초보적인 형태로나마 정학이 무의식적으로 사용되었다는 점이다.

이제 기초가 마련되었으니, 나는 다음을 보여주기 위해 노력할 것이다. (1) 경제학의 분석도구는 실제로나 잠재적으로 우리가 논의하고 있는 이 시기에 서서히 개선되었지만, 1914년 이전의 분석작업에 완전한 효과를 미칠 정도로 빠른 (또는 엄밀한 의미에서 충분한) 정도는 아니었다. (2) 후자의 사실은 진전을 지체시켰으며, 실제성과에 담긴 가장 심각한 결함의 일부를 설명해주는 요인이기도 하다.

(1) 알다시피, 정체상태 개념은 이전 시기에 매우 친숙한 것이었다. 그러나 당시에는 이것이 방법론적 허구가 아니라, 미래의 어느 시점에서 기대되는 경제의 실제상태를 지칭하는 것으로 사용되었다. 오직 마르크스에게서만 이것이 전자(방법론적 허구—옮긴이)의 의미로 충분히 사용되었는데, 그는 이것을 단순재생산이라고 불렀다. 그러나 마르크스와 독립적으로, 이것은 지금 논의하고 있는 시기에 초보적 분석에서 특히 단순한 문제들을 선별해낼 목적으로 사용되기 시작했는데, 예를 들면 마셜[23]에 의해 인식된 방식이 그것이다. 그는 "'정체상태'라는 유명한 허구"——비록 방법론적 허구로서의 정체상태는 1890년에 전혀 '유명'하지 않았지만——에 대해 반복해서 언급했는데, 내가 아는 한, 그는 그것을 다양한 목적에 따라 상이하게 (다소 엄격하게) 정의함으로써 그것의 분석적 유용성을 제고시킬 수 있다고 지적한 최초의 인물이었다. 또한 그는 이런 생각을 균형성장(balanced progress), 즉 인구와 부가 거

---

23) 『원리』, 439쪽 이하. 물론 이러한 분석계보에서 최고업적은 피구의 『정체상태의 경제학』(*The Economics of Stationary States*, 1935)이다. 내 생각에, 이 분석도구를 처음으로 분석한 방법론자는 J.H. 케인스(*Scope and Method of Political Economy*)다.

의 같은 비율로 성장하며 '생산방법과 교역조건이 변하기는 하지만 그 정도가 작고, 무엇보다도 인간 자체의 특성이 고정된 수량'인 사회의 경우로 확장하도록 이끈 인물이었는데, 이는 많은 사람, 특히 카셀[24]에게로 이어졌다. 이 개념(균형성장—옮긴이)은 침체경제 모델에서만이 아니라 성장경제 모델에서도 완전고용의 문제와 관련되기 때문에 오늘날 더욱더 관심을 끌고 있다.[25] 안정성의 개념을 이렇게 확장하기 위해서는 좁은 의미의 진화현상을 깔끔하게 떼어내야 했으며, 실제로도 그러했다. 그러나 이 시기의 모든 지도자에게 이것은 이 진화현상에 관한 포괄적인 이론을 구축하는 것이라기보다 그것을 옆으로 제쳐놓는 것을 의미했다.

정태의 관점(*point de vue statique*)이란 용어를 사용했던 발라도, 정태적 방법이란 문구를 사용했던 마셜도 정학이론을 정체상태 이론으로부터 떼어내지 못했다. 대부분의 저자도 양자를 혼동했는데, '정태상태'[26]라는 표현이 점차 인기를 끌었다는 사실이 그 증거다. 그럼에도 엄밀하게 정의되었다기보다는 좀더 분명한 모습을 보여준 것이기는 하지만, 경제정학의 체계가 이 시기에 출현했으며 실제로 상당한 성과를 보여주었다. 그러나 경제동학의 본질은 분명한 모습조차 나타나지 않았다. 일부는 그것을 역사적 변화이론과 동일시하거나 심지어 추세를 설명하는 이론과 동일시했으며, 다른 사람들은 그것을 부분적인 현상에

---

24) *Theory of Social Economy*, ch.1, § 6 참조. 마셜의 지침은 『원리』, 441쪽에 있다.

25) 이런 이유로, 우리가 여행해온 거리를 보여주는 세 권의 현대저작을 언급하는 편이 유용할 듯하다. E. Lundberg, *Studies in the Theory of Economic Expansion*(1937); R.F. Harrod, "An Essay in Dynamic Theory", *Economic Journal*, March 1939; E. Domar, "Capital Expansion, Rate of Growth, and Employment", *Econometrica*, April 1946.

26) 클라크에게 정학은 단순히 정체 사회의 모델이었으며, 동학은 진화적 변화의 모델이었다.(특히 *Essentials of Economic Theory*, 1907 참조) 카셀(앞의 책)은 정태와 안정을 번갈아 사용했다.

대한 부분분석에 상반되는, 일반적 상호의존에 관한 이론과 동일시했다. 심지어 전통에 얽매인 중세의 경제에 상반되는 근대적인 이론과 동일시하는 사람도 있었다. 소수의 인물은 그것을 단순히 경제수량의 작은 변동에 관한 이론[27]으로 생각했다. 뵘-바베르크를 포함해서, 다수는 정학과 동학에 대해 거의 귀기울이지 않았다. 그들에게는 오직 한 유형의 이론만이 있었다. 여기서 다양한 추상 수준은 당연히 허용되지만, 논리적으로 구분되는 '방법'은 허용되지 않는다. 게다가 이 모든 논쟁을 말싸움에 불과한 것으로 여기는 사람도 있었다. 이 모든 것은, 순전히 실용적인 목적을 위한 것일지라도, 논리적으로 엄밀한 정의의 중요성을 보여준다. 왜냐하면 당시에 정학의 본질이 엄밀한 분석의 대상이었다면, 동학의 문제는 거의 저절로 출현했을 것이기 때문이다. 그러나 모든 것이 단순한 혼동은 아니었다. 우리는 오늘날의 동학으로 향하는 암시를 발견할 수도 있다. 그렇지만 그것은 단순한 암시 이상이 아니었으며, 때때로 단순한 말(*obiter dicta*)에 불과한 것이었다. 그중에서도 나는 (비교적) 가장 분명하면서도 가장 중요한 사항만을 언급하고자 하는데, 이는 모두 판탈레오니[28]에게서 나온 것이다.

---

27) 내 생각에, 이것이 바로 발라가 주어진 것의 변화로 균형이 연속적으로 교란되는 동태적인 국면(*Éléments*, p.302)이라고 말했을 때의 의미다. 틀림없이 이것은 바로네가 자신의 중요한 논문("Sul trattamento di questioni dinamiche", *Giornale degli Economisti*, November 1894)에서 전하고자 했던 의미이기도 하다.

28) 이와 관련해서 그의 두 논문("Caratteri delle posizioni iniziali e influenza che esercitano sulle terminali", *Giornale degli Economisti*, October 1901; "Di alcuni fenomeni di dinamica economica", 1909)이 아주 중요하다. 이 중에서 후자는 동년 9월 이탈리아 과학진보협회(Italian Association for the Advancement of Science)에서 행한 연설문이다. 두 논문은 1925년 『경제학 문답』(*Erotemi di economia*, vol.II)이라는 책에 실려 재출간되었다. 요점은 다음과 같다. (1) 판탈레오니는 경제체계 구성요소들의 관찰된 상황과 (논리적으로가 아니라) 시간적으로 선행하는 초기조건의 관계문제를 제기했다. 누구든지 이 문제를 제기하는 순간, 그는 동학의 근본문제를 제기하는 것이다. (2) 동학에 관한 판탈레오니의 정의는 그다지 만족스럽지 않지만(*Erotemi*,

(2) 당시 가장 앞선 사상가들조차 자신들을 도울 명시적인 동학적 도식이나 그것에 도움을 제공할 방법을 갖고 있지 못했다는 바로 그 이유 때문에, 이들은 자신들의 정태적 도식이나 방법의 심각한 한계를 인식하지 못했다. 왜냐하면 그 한계는 동학적 관점에 비추어볼 때에야 비로소 드러나는 것이기 때문이다. 그 결과, 이들은 타당한 이유도 갖지 못한 채, 그리고 알지도 못한 채 끊임없이 자신들의 정학에서 벗어났다. 정태이론과 정체상태——또는 준정체상태——이론의 빈번한 혼돈이 상황을 더욱 악화시켰다.

〔이 판본은 분명 미완성인 채로 여기서 멈췄다. 세 줄의 속기주석은 논증의 방향을 보여주고 있을 뿐이다.〕

2. 결정성, 균형 그리고 안정성

발라의 관점에서, 경제세계의 정태이론은 동시에 서로를 결정한다고 간주되는 경제요소들이나 변수들(소비되거나 생산에 이용되는 재화나 서비스의 가격과 수량) 사이의 수많은 양적 관계의 형태(방정식)로 나타났다. 이 위대한 업적이 완성되자마자, 즉 이제부터 우리가 조금은 상세히 연구하게 될 이 정교한 경제학의 대헌장(Magna Charta)이 씌어지자마자, 발라 이전의 경제학에서는 알려지지 않았던 연구유형이 나타나기 시작했다. 이것은 처음부터 순수이론이거나 거의 그러한 형태로 존재했다. 그러나 그 기법은 단순했다. 그렇지만 발라의 연립방정식 체계는 발라나 다른 어느 누군가가 인식했던 수준보다도 훨씬 더 정교하

---

p.79), 그는 결정적인 생각을 갖고 있었으며, 그에 따라 경제정학이 경제동학의 특수사례(*a caso particolare*)에 불과하다는 점을 인식했다.(같은 책, 76쪽) (3) 그는 두 유형(*generi*)의 동학패턴이 있음을 인식했다. 균형의 위치에 대한 문제가 그 하나라면, 무한히 지속될 수 있는 변동을 제시하는 것이 다른 하나다.(같은 책, 77쪽) 무어는 이러한 생각으로부터 깊은 인상을 받았는데, 아마도 그는 일반이론에 대한 이것의 중요성을 처음으로 인식한 사람일 것이다. 그럼에도 그의 방법은 실질적으로 비교정학에 속했다.

면서도 깊이가 있는, 독특한 논리적 · 수학적 성질을 지닌 새로운 문제들을 많이 제기했다. 이 문제들은 주로 결정성, 균형 그리고 안정성에 관한 것이었다.[29] 이것들은 우리에게 매우 어려웠으며, 특히 아주 기술적이었다. 그러나 이 시기 업적의 본질과 이것이 현대적 연구와 연결되는 방식을 이해하기 위해서는 이 문제들과 관련된 몇 가지 핵심사항에 주목해야 한다.

이를 위해서는 이 시기 분석 방법의 특징 자체였던 한 가지 구분에 대해 고찰해야 하는데, 이는 뵘-바베르크 연구의 비판부분과 건설부분에 잘 나타나 있다. 그는 이자현상을 '이해'하거나 '설명'하고자 노력했다. 이 과제는 그에게 다음과 같은 두 가지 다른 사항을 포함하고 있는 듯 보였다. 첫째, 분명히 이자의 '원인' '원천' '본질'을 발굴해내는 데 필수적인 듯 보였다. 둘째, 이 일을 마치고 그 결과를 다른 '이론'의 반대에 대비해 비판적으로 검토하고 나면, 무엇이 이자율을 결정하는가라는 문제가 대두되었다. 수리경제학자들, 특히 파레토는 이러한 방법론을 경멸했다. 그러나 이것을 다음과 같이 재정식화하면 어느 정도 구제될 수도 있다. 경제체계를 정의되지 않은 것들의 집합으로 취급할 수는 없으므로, 사실상 우리는 먼저 (이자를 포함해서) 그 요소들이 무엇을 의미

---

29) 그러나 수학에 익숙하지 않은 독자들은 힉스의 『가치와 자본』에서 이런 유형의 문제에 대한 생각을 얻을 수 있으며, 수학에 익숙한 독자들은 『가치와 자본』의 수학부록과 발트(Wald)의 (이전의 좀더 기술적인 두 논문을 요약한) 논문("Über einige Gleichungssysteme der mathematischen Ökonomie", *Zeitschrift für Nationalökonomie*, December 1936)을 참고할 수 있다. 또한 새뮤얼슨의 두 논문("The Stability of Equilibrium: Comparative Statics and Dynamics", *Econometrica*, April 1941; "The Stability of Equilibrium: Linear and Nonlinear Systems", *Ibid.*, January 1942)과 폰 노이만(J. von Neumann)의 논문("A Model of General Economic Equilibrium", Review of *Economic Studies*, 1945~46: 독일어로 된 원본을 영어로 번역한 것임)도 참조하라. 이 논문들은 서로를 잘 보완해주고 있다. 또한 R. Frisch, "On the Notion of Equilibrium and Disequilibrium", *Review of Economic Studies*, February 1936도 참조.

하는지 정의해야 한다. 그후에 우리는 그 의미를 포함하고 있는 함수(관계)의 특정한 속성에 비추어 결정성 문제를 정확히 정식화해야 한다. 이어서 문제가 실제로 해결될 수 있다는 증명(해의 존재증명)이 논리적으로 뒤따르게 되며, 마지막으로 그 해가 드러내는 '법칙'(해의 속성)에 관한 탐구가 이어진다. 이 모든 일을 끝냈을 때, 우리는 어떠한 요소나 요소들을 '설명'하거나 '이해'하고자 했든지 간에, 그것을 '설명'했거나 '이해'했다고 말한다.

좀더 일반적으로 그리고 좀더 간단히, 우리는 수량들(변수들)의 집합이 반드시 따라야 하고 그 값의 가능한 범위까지 제약하게 될 관계들을 가리킬 수 있다면, 우리는 그 집합을 결정했다고 말한다. 만약 그 관계들이 단 하나의 값이나 값들의 연쇄를 결정한다면, 우리는 유일한 결정성(unique determination)에 대해 말할 수 있는데, 이는 물론 특별히 만족스러운 경우다. 그러나 그 관계들이 하나 이상의 값이나 값들의 연쇄를 산출할 수도 있는데, 이 경우 만족도는 떨어지겠지만 아무것도 산출하지 못하는 경우보다는 낫다. 특히 그 관계들이 범위만을 결정할 수도 있다.[30] 앞 문단에서 언급된 내용에 비추어볼 때, 우리는 수량들의 집합을 '결정'——우리가 사용하고 있는 의미에서——하는 것으로 현상에 대한 '설명'이라는 과제가 모두 해결되는 것은 아님을 알고 있다. 그러나 우리는 또한 그것이 이 과제의 필수불가결하고 중요한 부분——좀더 정확히 말해서 필수불가결한 단계——임을 알고 있다. 이것이 바로,

---

30) 예를 들어 소득이 1달러 상승하면 항상 추가로 1달러를 차입해서 즉시 2달러를 소비하는 사람들(케인스의 용어로, 이들의 한계소비 성향은 2다)을 분석해야 한다고 가정해보자. 만일 이러한 과정이 계속된다면, 경제체계의 화폐가치는 무한히 상승하겠지만 그 과정은 완벽하게 결정된다. 결정성(determinacy)과 균형의 혼동이 빈번히 발견되므로, 독자들은 이 점을 명심해야 한다. 또한 독자들은 독점기업이 자신의 상품가격이 두 가지 이상인 경우에도 동일한 극대이윤량을 산출할 수 있음을 쉽게 납득할 수 있을 것이다. 마지막으로 쌍방독점인 경우, 가격은 일반적으로 비결정적이다. 그러나 이러한 비결정성은 완전히 결정된 한계 내에서다.

왜 이론가들은 '단순한 결정성' 때문에 그토록 노심초사해야 하는가라는, 종종 비웃음과 함께 제기되는 질문에 대한 답이다.

만일 어떤 현상의 '의미'를 살펴보는 과정에서 도출된 관계들이 그 속에 포함된 사실들만의 영향으로는 변하지 않는 경향을 드러내게 될 변수들의 값을 결정할 정도라면, 우리는 균형에 대해 말할 수 있다. 즉 그 관계들이 균형조건이나 체계의 균형상태를 정의해주며, 균형조건을 만족시키는 변수들의 값이 존재한다고 말이다. 물론 이것이 유일한 경우일 필요는 없다. 즉 주어진 관계집합을 충족하게 될 변수집합이 하나일 필요는 없으며, 몇 개 있거나 무한히 많을 수도 있다. 다중균형이 반드시 무용한 것은 아니지만, 어떠한 엄밀과학의 관점에서 보더라도 '유일하게 결정된 균형(값들의 집합)'의 존재는 물론 가장 중요하다. 비록 그 증명은 매우 제한적인 가정이라는 대가를 치러야 하겠지만 말이다. 추상 수준이 아무리 높더라도 유일하게 결정된 균형——어찌되었든 가능한 소수의 균형——의 존재를 증명할 수 있는 가능성이 없다면, 현상영역은 분석적 통제가 불가능한 사실상의 혼돈일 것이다. '결정된 균형'에 대한 고민으로부터 어떠한 장점을 기대할 수 있는가라는 보통사람들의 질문에 대해, 그리고 발라와 마셜의 사고에서는 이 (균형—옮긴이) 개념이 이토록 중요한 역할을 보여주는 이유는 무엇인가라는 좀더 특별한 질문에 대해, 우리는 여기서 다시금 단순하면서도 설득력 있는 대답을 도출하고자 한다.[31]

우리의 출발점인 관계들은, 그것이 동일한 시간 하첨자를 갖는 요소들과 연결되는지 아니면 다른 시간 하첨자를 가진 요소들과 연결되는지

31) 오스트리아학파, 특히 비저의 사고에서 이 (균형—옮긴이) 개념의 역할은 사실상 근본적이다. 이것이 명시적으로 나타나지 않았다면, 그 이유는 오직 이들의 기법상의 무능력에 있다. 이 무능력을 공유하던 경제학사가들은 '균형론자들'(equilibrists: 말 그대로)을 하나의 학파나 분파로 불렀다. 그러나 사실상 이렇게 불리게 된 학자들은 이 시기—실제로는 이전 시기까지 포함해서—의 모든 이론가가 찾아 헤매던 것을 좀더 명확히 제시했다.

에 따라, 정태균형이나 동태균형으로 정의될 수 있다. 이 시기의 선구자들은 오직 전자의 개념——적어도 수학적 모델에서——만을 사용했으며, 후자의 중심문제에 대해서는 그 어떠한 정교한 생각도 갖고 있지 않았던 것처럼 보인다. 그러므로 우리는, 이들의 분석에 대한 설명과 비판이 우리에게 동학적 측면을 요구하는 경우가 아닌 한, 정태균형으로 논의를 한정할 것이다. 이 절의 도입부에서 '정태'와 '동태'라는 용어 자체에 관련해서 밝혔듯이, 정태적인 것이든 동태적인 것이든 간에, 균형개념은 결코 비슷한 개념이 사용되고 있는 물리학으로부터 차용——정당한 방법으로든 그렇지 않은 방법으로든지 간에——된 것이 아님을 강조해야 할 것이다. 이 용어는 논리적 범주며, 그래서 논리 자체만큼이나 일반적이다. 이것이 물리학과 사회과학에서 모두 나타나는 이유는 두 분야에서 동일한 인간정신이 작동되기 때문이다.

정태적인 것이든 동태적인 것이든 간에, 균형은 안정된 것이거나 그렇지 않은 것일 수 있으며, 중립적인 것일 수도 있다. 이 문제에 들어가기 전에 연립방정식 체계의 의미와 변수집합의 동시결정이라는 개념에 대해 간단히(매우 피상적으로) 논평하는 편이 좋을 듯하다. 네 단계로 나뉜 엄밀한 분석절차의 처음 두 단계에서 다시 출발해보자. 이것은 경제학의 역사에서 처음으로 발라의 저작에서 분명한 모습을 드러낸 것으로, 연구하려는 현상의 본질을 탐구하고 그 본질에 대한 우리 지식을 이용해서 그 현상들 사이에 존재한다고 생각되는 관계를 발견하는 것으로 구성된다. 이 관계를 방정식으로 표현하는 데 성공한다면, 곧바로 세 번째 단계로 나아갈 수 있다. 이것은 그러한 방정식들을 하나의 체계(이론적 '모델')로 결합하고 나서, 이 체계에서 변수(또는 '미지수')로 나타나는 요소들의 값 중에서 동시에 성립되어야 하는 모든 방정식(따라서 연립방정식)을 충족시키는 유일한 값들로 구성된 집합이 존재하는지 질문해보는 것이다. 희망사항일지 몰라도, 지금까지는 모든 것이 순조롭다. 그러나 이 질문에 대한 답변——물론 대부분의 경우 부정적인데——을 찾아내기는 매우 어렵다. 유일한 값들의 집합——'해'——이 존재하기

위해서는 반드시 충족되어야 하는 특정조건이 있는데, 이에 대해서는 사실상 평범한 상식으로도 지적할 수 있다. 그러므로 방정식은 단순한 항등식(이를테면 $x=x$)[32]이 아니라 진정한 방정식이어야 한다. 이 방정식은 그 어떤 다른 방정식을 함축해서는 안 된다는 의미에서 독립적이어야 한다.[33] 방정식은 그 수가 충분해야 하며, 당연히 서로 모순되지 않아야 한다.[34] 그러나 이러한 조건은 발라체계가 속하지 않은, 특별히 간단한 사례에서만 적합하며, 아울러 쉽게 확증될 수 있다. 현대수학의 약간 복잡한 도구를 담고 있는, 매우 진전된 주장은 7절에서 잠시 살펴볼 문제들과 함께 다룰 필요가 있다. 발라와 마셜은 결코 이 문제들을 해결하지 못했으며(그 한 가지 이유는 이들이 필요한 수학적 도구 중 일부를 창조적인 작업이 진행되는 시기에 갖고 있지 못했기 때문이다), 이것들의 성질과 난점에 대한 분명한 관점도 갖고 있지 않았다. 그러나 앞으로 살펴보겠지만, 발라가 한 일은 '단순히 방정식 개수를 세는 것' 이상이었다.[35]

---

32) 그러나 체계의 나머지 부분에서 나타나는, x와 y가 실질적으로 동일하다($x \equiv y$)는 사실을 표현하는 항등식은 x, y 둘 중의 하나를 제약하는 것을 허용하며, 그래서 방정식만큼이나 결정성에 기여할 수도 있다. 항등식인 명제와 균형값을 결정할 수 있는 명제 사이의 오류와 논쟁의 빈번한 원천이다. 이에 대해서는 J. Marschak, "Identity and Stability in Economics: A Survey", *Econometrica*, January 1942 참조.

33) 그러나 독립성은 자율성(autonomy)과 구분되어야 한다. 위의 주장은 그 어떠한 방정식도 다른 방정식으로부터 수학적으로 유도되어서는 안 된다는 점만을 요구한다. 여기서는 경제적 이유 때문에 다른 방정식이 성립되지 않으면 하나 이상의 방정식이 성립되지 않을 수 있는지 여부가 문제되지 않는다. 비록 다른 측면에서는 이 문제가 중요하겠지만 말이다. 자율성 개념—이것은 프리슈의 것이다—은 우리의 관심사가 아니다.

34) 지나가는 김에 말하자면, 후자(이것은 또한 순수논리적 질문이 뜨거운 현실적 쟁점과 직접적인 상관성을 갖고 있음을 보여준다)의 엄청난 중요성을 명심해야 한다. 만약 자본주의 사회의 근본적 특성을 정확히 표현하는 체계나 모델이 서로 모순적인 방정식을 포함하고 있다면, 이것은 자본주의 체계의 고유의 결함(inherent hitches), 즉 허구적인 것이 아니라 현실적인 '자본주의의 모순'에 대한 증명일 수 있다.

〔이 절 역시 미완성이다. 다음 문단은 안정된 균형, 불안정한 균형, 중립적 균형에 대해 매우 간단하게 정의해주기 때문에 초기 판본(이 책의 「편집자 부록」 참조)에서 끄집어낸 것이다. 이 개념들은 이 장의 이후 절에서 다시 다루어질 것이다.〕

그러므로 우리는 정상적 과정과 진화적 과정을 고찰할 수 있으며, 양자를 모두 정태적 방법이나 동태적 방법으로 분석할 수 있다. 이제 균형개념을 도입해보자. 가장 단순하면서도 대부분의 목적에서 가장 중요한 것은 정태균형이다. 우리가 경제 세계에서 어떤 요소들을 결정하고 싶은지, 그리고 그 요소들은 어떠한 자료와 관계들에 의해 결정되는지의 문제를 해결한다고 가정해보자. 그렇다면 동시에 성립한다고 가정된 관계들(연립방정식)이 자신을 충족시킬 요소들(변수들)의 특정값의 집합을 결정하는 데 충분한가라는 의문이 제기된다. 그러한 집합은 존재하지 않거나 하나나 그 이상이 존재할 수 있는데, 몇 개가 있다고 해서 우리의 체계가 무용하다고 말할 수는 없다. 그러나 가장 바람직한 경우이자 모든 이론가가 원하는 것은 당연히 그 집합의 유일성이다. 우리는 이러한 집합이나 집합들을 균형집합이라 부르며, 그 변수들이 위와 같이 결정된 값을 보일 때 경제체계가 균형에 있다고 말한다. 그 값이 중립적이거나 비정상적일 때보다 안정적일 때, 우리에게 훨씬 더 유용하다는 점에 대해서는 재론할 필요가 없다. 안정된 균형값은 약간의 변화가 있더라도 과거의 값을 재생산하려는 힘(forces)을 작동시키는 균형값이고, 중립적 균형(값—옮긴이)은 그러한 힘을 알지 못하는 균형값이며, 불안정한 균형(값—옮긴이)은 변화가 있을 경우 체계를 균형값으로부터 점점 더 멀어지도록 만드는 힘이 작동되는 경우의 균형값이다. 사발의 바닥에 머물러 있는 공이 첫 번째 경우라면, 당구대 위의 공은 두 번째 경우며, 뒤집어놓은 사발의 꼭대기에 놓인 공은 세 번째 경우다. 안정성을 보장하는 조건과 불안정성을 초래하는 이 조건의 부재는 당연히 경제체계의 논리를 이해하는 데 매우

35) 마셜의 『원리』, 수학 부록(Mathematical Appendix), 21번째 주석의 마지막 부분 참조.

흥미로운 사항이다. 이러한 의미에서 우리의 정리를 산출하는 것은 바로 이 안정성 조건(stability conditions)이라고 말할 수 있다.

4절 경쟁가설과 독점이론*

앞서 언급했듯이, 이 시기의 경제이론가들은 '고전파' 선배들의 습관을 실질적으로 유지하고 있었다. 그래서 이들은 '경쟁'을 일반분석을 구축할 수 있는 정상적인 경우로 취급했으며,[36] 선배들과 마찬가지로 그러한 분석의 응용영역을 과대평가했다. 사실상 경쟁을 정상적인 경우로 여겼던 학자들은 아주 많았다. 경쟁이 실제 사업관행을 대부분 포괄한다는 의미에서든(발라, 오스트리아학파), 아니면 아무리 자주 나타날지라도 경쟁도식에서의 이탈은 일시적인 현상으로 인식될 수 있다는 의미에서든(마셜, 빅셀),[37] 아니면 경쟁은 '마땅히' 정상적인 경우여야 하며 그래서 적절한 정책을 통해 '당연히' 유지되어야 하고 유지될 수 있다는 의미에서든(클라크), 아니면 마지막으로 실제체계가 부분적으로는 비경쟁의 영역을 안고 있다고 해도 전반적으로는 경쟁적인 경우처럼 작동된다는 의미에서든(카셀), 아주 많았다. 게다가 이들이 모두 경쟁을 무비

---

* 〔이 절은 네 부분으로 발견되었다. 세 부분은 타자본(각각 독자적으로 쪽수가 표시되어 있었다)이었으며, 나머지 하나는 쪽수가 표시되지 않은 수고였다. 이것들은, 매우 짧을 뿐만 아니라 분명히 아주 이른 시기에 쓰어졌을 법한 마지막 수고를 제외하면, 순서대로 이어지는 듯 보였다. 마지막 수고는 과점에 대한 분석이었는데 분명히 미완성이었다. 게다가 (타자본으로 만들어지지 않은) 예비적인 연구인 듯 여겨지는 좀더 짧은 또 다른 수고가 「독점, 과점, 쌍방독점」(Mono-poly, Oligopoly, Bilateral Monopoly)이라는 제목으로 발견되었는데, 이것은 수고의 나머지 부분과 함께 하버드대학교의 휴튼도서관에 보관되어 있다.〕

36) 그러나 밀의 단서조항과 경고에 대해 언급된 내용을 비교해보라. 이것은 항상 비중 있게 다루어지지 않았다. 또한 명심해야 할 사항은 쿠르노가 독점사례에서 자신의 분석을 구축했다는 점이다.

37) 그러나 파레토는 경쟁이 우리 사회를 실제로 '지배한다'는 점을 철저하게 부정했다.(*Cours*, vol.II, p.130)

판적으로 예찬하는 사람들은 아니었지만(아래 5절 참조), 거의 모두가 정치적 선호와는 무관한 경제이론가 특유의 편향, 즉 다루기 쉬운 모형(patterns)에 대한 편향에 쉽게 빠졌다.

그 결과, 당연하게도 경제행위에 대한 이론가들의 일반화된 설명은 다음과 같은 가정에 의해 크게 단순화되었다. 개별가계와 기업이 모든 상품과 '생산요소'의 가격은 개별가계와 기업에 의해 지각될 수 있을 정도의 영향을 받을 수 없으며, 그래서 이들(개별가계와 기업—옮긴이)의 행위에 관한 이론에서는 가격이 주어진 것(파라미터)으로 취급될 수 있다[38]는 가정이 그것이다. 그렇다면 가격은 일반적으로 '시장'의 모든 가계와 기업의 행위의 종합적 효과에 따라 결정될 것이며, 그 메커니즘은 가계와 기업이 지배적인 가격에 사거나 팔고자 하는 상품과 서비스의 수량을 적응시키는 것 말고는 다른 선택이 없다는 가정 아래 비교적 쉽게 설명될 수 있다. 우리는 이것을 **배제된 전략의 원리**(the Principle of Excluded Strategy)라고 부른다. 따라서 이 시기의 순수이론은 대부분 전략을 배제한 순수정태 균형이론이라고 말할 수 있다. 그 결과, 과학적 엄밀성의 수준이 전반적으로 상승함으로써, 오늘날 우리가 순수경쟁이나 완전경쟁이라고 부르는 것——비록 이 말이 나타나지는 않았지만——의 실체가 형성되었다.[39]

---

38) 주목할 만한 사항은 1939년에 힉스가, 1848년의 밀과 마찬가지로, 성공적인 이론분석이란 본질적으로 경쟁의 경우에 한정되어야 한다고 확신했다는 점이다. (힉스에 따르면—옮긴이) 경쟁가설의 포기는 "경제이론 대부분 〔……〕 난파"로 이어질 수 있는 위협이다.(*Value and Capital*, 1939, p.84)

39) 이 책에서 사용될 순수경쟁이라는 용어는 체임벌린(E.H. Chamberlin)의 『독점적 경쟁의 이론』(*Theory of Monopolistic Competition*: 첫 번째판의 「서문」은 1932년에 씌어졌지만, 그의 주장의 핵심은 본질적으로 1927년에 제출된 그의 박사학위 논문에 담겨 있다)에서 소개된 것이다. 이에 대해서는 아래 5부 2장 참조.

1. 경쟁가설

이 관점은 쿠르노에 의해 그의 『연구』(*Researches*)의 7장 마지막 부분과 8장 도입부에서 명확히 다루어졌다. 그는 순수독점(straight monopoly: 이에 대해서는 이후에 논의될 것임)의 경우에서 출발해서, 먼저 또 다른 판매자를 도입한 후 판매자의 숫자를 무한히 증가시켜 마침내 '무한'경쟁의 경우에 도달했다. 여기서 한 생산자의 생산량은 너무 적어서 가격에 뚜렷한 영향을 미치거나, 가격전략을 구사하기 어렵다.[40] 제번스는 여기에 **무차별 법칙**(Law of Indifference)을 덧붙였는데, 이것은 어떠한 시점에서든 동질적인 상품에 대해서는 하나 이상의 가격이 존재할 수 없다는 완전시장의 개념을 정의한 것이다. 이러한 두 가지 특징——가격전략의 배제와 무차별 법칙——은, 내가 아는 한, 발라의 **자유경쟁**(*libre concurrence*)이 의미하는 바를 보여준다. 파레토의 정의(*Cours* I, p.20)도 이와 동일하다. 그러나 이것이 경쟁시장[41] 개념의 이면에 숨어 있는 모든 논리적 난점을 제거한 것은 아닌데, 그중의 일부에 대해 여기서 간략하게 살펴볼 필요가 있다.

순수경쟁 메커니즘은 사고파는 수량의 최적조정을 이용해서 순이익(만족이나 화폐적 이익)을 극대화하려는, 모든 사람의 소망을 통해 작동되는 것이다. 그러나 독자들이 원하는 만큼의 많은 '전략'은 배제되지만, 이러한 조정이 지식의 범위, 의사결정의 신속성, 행위자들의 '합리

40) 이러한 접근방법의 이점은 순수경쟁이 특정조건에서 도출된다는 사실을 강조한다는 것인데, 이는 그것(순수경쟁—옮긴이)을 제도적으로 주어진 것으로 취급하는 경우보다 훨씬 낫다. 게다가 쿠르노는 각 생산자의 생산량은 총생산인 $D=F(p)$만이 아니라 그 도함수인 $F'(p)$와 비교하더라도 '지각될 수 없을 정도'(로 작은 규모—옮긴이)임이 틀림 없으며, 그래서 〔모든 개별생산자의〕 생산량은 상품가격에 그 어떠한 인지될 정도의 변화도 초래하지 않은 채 총생산인 D에서 제거될 수 있다고 강조했다.(앞의 책, 90쪽)

41) 다른 사람들이 이 개념을 다루는 데 논리적으로 어색함이 있음을 처음으로 보여준 인물은 무어(H.L. Moore, "Paradoxes of Competition", *Quarterly Journal of Economics*, February 1906과 *Synthetic Economics*, pp.11~17)였지만, 그가 다루는 방식도 좀더 만족스러운 수준은 아니었다.

성'에 따라, 그리고 또한 미래의 가격경로에 대한 행위자들의 예상에 따라 달라지는 결과를 산출한다는 사실은 여전히 남아 있을 것이다. 이들의 행위가 자신들의 과거 의사결정이 만들어낸 상황에서 비롯된 또 다른 제약조건에 얽매어 있다는 사실까지 말하지는 않더라도 말이다. 아래에서 보겠지만, 발라는 이 난점에 대해 아주 생생하게 느끼고 있었다. 그래서 그는 곳곳에서(예를 들어 『요론』, 35강 마지막 문단) 이 문제들을 고려하기 위해서는 동학적 체계를 구성할 필요성——미래에 어렴풋하게 드러나는——을 분명히 보여주었다.

그러나 그는 스스로 경제과정에 관한 수학적 이론의 핵심을 고안하는 선구적인 과제에 몰두했으므로, 과감하게 단순화하는 것 말고는 다른 선택방안이 없음을 어느 정도 분명하게 파악했다.(앞의 책, 419쪽) 그래서 그는 (처음에) 다음과 같이 공준화했다. 모든 생산물 한 단위에 투입되는 생산적 서비스의 양(생산계수)은 불변의 기술적 여건(data)이고, 고정비용 같은 것은 없으며, 산업 내 모든 기업은 동일한 방법으로 동일종류의 상품을 똑같은 크기만큼 생산하고, 생산과정에는 시간이 소요되지 않으며, 입지의 문제는 무시될 수 있다고 말이다. 이러한 상황에서 그는 선구자의 특권을 이용하거나 남용하기까지 하면서 모든 가능한 유형의 반응을 한 가지 표준유형으로 축소시켰는데,[42] 이는 거의 당연한 수순이었다. 여기서 다음과 같은 의문이 제기된다. 그는 이중에서 어느 정도나 '자유경쟁'에 포함시켰을까? (여러 사람, 특히 나이트에 따르면) 발라와 동시대의 이론가들은 순수경쟁의 속성을 '전지전능'하고 이상적으로 합리적이며 신속한 반응능력을 갖춘 것으로 만들고자 했다. 그렇다면 이러한 모형으로부터 이탈하게 되면 '마찰'이라고 불리는 실체의 광범위한 영역에 속하게 될 것이다. 여기서 마찰은 순수경쟁이 작동될 수 없다고 증명된 모든 것을 끄집어내는 임무를 부여받은, 순수경

---

42) 그러나 그는 곳곳에서 매우 정교하게 정의된 것이 아닌, 대수의 법칙(Law of Great Numbers)을 사용했다. 이 경우, 그는 쿠르노의 법칙이 시사하는 바를 따랐다.

쟁의 조력자로 나타난다. 그러나 이처럼 지나친 비중을 순수경쟁에 부여한 것은 타당하지 않다고 평가되었다. 그리고 이 시대의 학자들을 해석할 때, 앞 문단에서 정의된 이들의 순수경쟁 개념을 이들이 일반적으로나 특수한 목적을 위해 지식, 신속성, 행위의 합리성과 관련해서, 그리고 앞에서 언급된 다른 모든 것과 관련해서 덧붙여진 가정과 분리하는 것이 가능하다고, 심지어 이들 자신이 이러한 분리를 수행하지 않은 경우에도 가능하다고 평가되었다.[43)]

그러나 마셜은 이러한 경로를 따르지 않았다. 다른 어떤 선구자보다도 발라가 자신의 이론적 틀에 중요하지 않다고 생각되는 것을 모두 없애버리는 성향을 드러냈듯이, 마셜은 영국인의 전통을 따라 자신이 (모델 속에—옮긴이) 능히 남겨둘 수 있는 현실의 모든 부분을 구제하려는 성향을 드러냈다. 지금부터 다루게 될 사례에서, 우리는 그가 경쟁의 논리를 담금질해서 가장 얇은 잎으로 만들려고 시도하지는 않았음을 알게 된다. 『원리』의 초입에서 그는 경쟁보다 경제적 자유를 강조했으며, 경쟁을 엄밀하게 정의하려고 시도하지 않았다. 게다가 그는 이 책 전체에 걸쳐 개별기업의 문제——기업이 전략적으로 행동할 수 있는 **특별시장**(Special Markets)을 정복하는 방식, 그 시장을 다시 상실하는 방식 그리고 그 뒤를 잇는 특정결과——에 훨씬 더 주목했다. 여기에는 흔히 벌거벗은 추상에 대한 단순한 혐오 이상의 것이 있다고 평가된다. 이후 독점적 경쟁이론(체임벌린)이나 불완전 경쟁이론(로빈슨)으로 발전한, 일련의 문제들에 대한 인식이 있으며, 이들의 수호성인인 마셜도 그러한

43) 이 점의 중요성은, 케인스 이전의 이론에 따르면, 완전경쟁의 조건에서 '마찰적' 유형의 실업을 빼고는 비자발적 실업이 존재할 수 없다(Keynes, *General Theory*, p.16)는 진술에서 잘 드러난다. 여기에 내포된 비판은 '완전 고용'이 순수경쟁 자체의 속성이 아니라 순수경쟁 내 완전균형의 속성임을 기억하게 되면 곧바로 완전히 해소될 수 있다. 그러나 순수경쟁이 이상적으로 신속한 적응을 함축하고 있다면, 완전고용과 완전균형은 일반적으로 항상 존재해야 하는데('마찰'은 허용하더라도), 이러한 이론은 현실에 부합되지 않는다는 반론이 실제로 가능하다.

인식을 갖고 있었다는 것이다. 그러나 마셜과 이 이론의 현대적 주창자들 사이에는, 이 문제와 관련된, 설명하기 쉽지 않은 미묘한 태도 차이 또한 존재한다.

만일 우리가 한편으로 무한히 다양한 시장유형 중에서 순수독점이나 완전독점과 순수경쟁이나 완전경쟁은 특정한 속성——그중에서 가장 중요한 것은 두 경우 모두 상대적으로 단순하면서도 (일반적으로) 유일하게 결정되는 합리적 분석도식에 의해 설명될 수 있다는 점이다——때문에 확연히 드러나는 것이라고 생각한다면, 그리고 다른 한편으로는 현실에 나타나는 대부분의 경우가 이 두 가지 유형의 혼합이거나 변종에 불과하다고 생각한다면, 순수독점과 순수경쟁을 두 개의 진정한 유형이나 근본적인 유형으로 수용해서 그 혼합유형이 어떻게 작동되는지를 탐색하는 방식으로 연구를 진행해가는 것이 당연한 듯 보인다. 이것이 바로 독점적 경쟁이나 불완전 경쟁에 관한 이론가들의 보여주는 태도다. 그러나 혼합유형을 근본적인 경우에서 벗어난 이탈이나 변질로 취급하는 대신에, 혼합유형을 근본적인 것으로 취급해서 순수독점과 순수경쟁을 실제 사업행동의 내용이 정제되어 사라져버린 제한적인 경우로 볼 수도 있다. 이것은 마셜이 보여준 방식과 매우 흡사한 것이다. 만일 독자들이 내가 차이 없는 구분을 제시하고자 노력하고 있다고 느낀다면, 앞서 제시된 순수경쟁의 정의가 경쟁적 사업에 관한 우리의 논의가 전하고자 하는 내용에 실질적으로 부합되는지 자문해보기 바란다. 우리가 전하고자 했던 것은 이웃의 동료보다 잘하거나 어떤 식으로든 좀더 성공적이어야 한다는 필요성이 기업에게 부과한 동기구조, 의사결정 그리고 행위도식이 아니겠는가? 아울러 우리는 바로 이러한 상황에서 '경쟁적' 사업의 기술적 · 상업적 효율성의 원천을 찾고 있는 것이 아니겠는가? 나아가 이러한 행위패턴은 순수독점과 순수경쟁에서 모두 조금도 찾아볼 수 없으며, 그래서 이 두 가지 유형을 근본적인 경우로 보기보다는 (현실에서—옮긴이) 퇴행한 경우로 보는 것이 좀더 타당해 보이지 않겠는가?[44] 내가 오해한 것이 아니라면, 이러한 관점은 오늘날

널리 인식되기 시작했다. 마셜의 주장에 대한 분석에서 시작했을 법한 '효과적인'(workable) 경쟁개념에 대한 탐색(J.M. 클라크)이 그 대표적인 사례다. 그러나 이 부분에 대한 마셜의 주장은 그의 학설 중에서 특히 불행하다. 이론가들도, 이론에 대한 제도주의적 적대자들도 자신들이 발전시킬 수 있었던 실마리를 마셜에게서 발견하지 못했다.

2. 독점이론

대규모 사업이 발전함에 따라 독점, 과점 그리고 독점적 관행이라는 현실적 문제가 관심을 끌 수밖에 없었는데, 우리는 이미 이 문제에 관한 이 시기 이론가들의 저작과 관점에 대해 살펴본 바 있다. 이제 이 분야에서 사용하기 위해 개발된 이론적 분석도구에 주목해보자. 비판적인 경제학사 문헌 중에 훌륭한 것이 몇 편 있으므로, 여기서는 가장 일반적인 개관으로 한정될 것이다.[45] 주요성과는 쿠르노의 업적이었으며, 그래서 당시의 연구는 순수독점(straight monopoly)에 대한 그의 정학을 발전시키려는 일련의 성공적인 시도와 그의 과점이론과 쌍방 독점이론을 수정 · 발전시키려는 일련의 훨씬 덜 성공적인 시도로 묘사될 수 있다. 두 번째 영예는 마셜과 에지워스의 공동몫이다.[46]

---

44) 물론 이 이야기의 교훈은, 우리가 어떠한 현상을 이해하고자 할 때 그것을 논리적 구성요소로 분해하고 각각의 순수논리를 고안하게 되면 그 현상 자체를 놓쳐버릴 수도 있다는 점이다. 화학구성물의 핵심은 그 구성물에 있지, 특정 구성요소나 요소 전체에 있지 않다.

45) Gaston Leduc, *Théorie des prix de monopole*(1927); E.H. Chamberlin, *Monopolistic Competition*(5th ed., 1946), ch.1, 3 참조. 후자에서 독자들은 거의 완벽한 문헌목록까지 발견할 수 있다. 아울러 F. Zeuthen, *Problems of Monopoly and Economic Warfare*(1930); H. von Stackelberg, *Marktform und Gleichgewicht*(1934, ch. 5); J.R. Hicks, "The Theory of Monopoly", *Econometrica*, January 1935 참조.

46) 발라의 공헌은 사소하다. 오히려 우리는 쿠르노와 함께 뒤퓌와 엘릿을 거론할 수 있다. 에지워스의 논문 중 일부는 『수리물리학』(*Mathematical Psychics*, 1881)에 수록되어 있으며 나머지, 특히 중요한 「독점에 관한 순수이론」("Theoria pura del monopolio", *Giornale degli Economisti*, July 1897)은

쿠르노의 업적을 평가하기 위해서는 다음의 사실을 환기할 필요가 있다. 우리가 경이로움을 잃지 않고 살펴보았듯이, 실제로 독점이론은 온갖 말이 난무했지만 그 이전에 존재한 적이 없으며, 심지어 그의 출발점인 '마셜식'의 수요함수(판매의 법칙*loi du débit*)조차 1838년 이전에는 적절히 정의되지 않았다는 사실이 그것이다. 먼저 수요함수 $D=F(p)$와 함께 총수입함수 $pF(p)$와 한계수입 함수 $F(p)+pF'(p)$(*Researches*, p.53)가 객관적으로 독점업자에게 주어져 있다는 점에 주목해보자. 여기서 독점업자는 주어진 수요스케줄을 자신이 원하는 대로 활용할 수는 있지만, 그것을 자신의 이익에 따라 변화시킬 수는, 이를테면 광고를 통하거나 상품의 새로운 용도를 소비자들에게 학습시키는 방식으로, 없다고 가정된다. 이렇게 해서 우리에게 처음으로, 암시적으로나마, 독점에 관한 정의가 제시되었는데, 이것은 우리가 실생활에서 관찰할 수 있는 '단일판매자'의 사례를 대부분 배제한 것이다.[47] 그러고 나서 쿠르노는 주어진 수입함수를 총비용곡선, 한계비용 곡선[48]과 대비시켰는데, 이는 오

번역본이 그의 『정치경제학 논문집』(*Papers Relating to Political Economy*)에 수록되어 있다. 피구의 『부와 후생』(*Wealth and Welfare*, 1912)과 『후생경제학』(*Economics of Welfare*, 4th ed., 1932, Part II, ch.15)도 참조. 그리고 이 시기(1870~1914년—옮긴이)를 벗어난 것이긴 하지만, 볼리의 『수학적 기초』(*Mathematical Groundwork*, 1924)도 참조.

47) 그렇지만 오늘날에도 대부분의 경제학자는 이렇게 상당히 제한적인 정의를 수용하고 있으며, 독점이라는 용어와 이에 관한 쿠르노의 이론을 모든 단일판매자의 경우에도 계속해서 적용하고 있다. 쿠르노이론의 논리적 함의는 스위지(P.M. Sweezy, "On the Definition of Monopoly", *Quarterly Journal of Economics*, February 1937)에 의해 분석된 바 있다. 이것(오늘날의 독점 개념—옮긴이)은 체임벌린의 고립된 독점(Isolated Monopoly)이며, 그의 순수독점은……[미완성 각주].

48) 그는 이러한 비용곡선이, 수입함수의 경우와 달리, 독점업자의 행동과 독립해서 주어진 것으로 보지는 않았다. 그가 특히 주목한 것은, 경쟁기업이 조업활동에서 이윤이 발생하는 한 모든 공장을 가동시키는 경향이 있는 반면 독점업자는 여러 공장을 통제하는 경우 가장 경제적으로 작동될 수 있는 공장만을 가동한다는 점이었다.(87쪽) 또한 그는 체감하는 한계비용에 대해 논의했으며, 그래서 에지워스가 대략 60년 후에 정교화시킬 수 있었던 '비용체감'의 올

늘날 초보자들에게조차 아주 익숙한 정리, 즉 한계수입과 한계비용이 일치하는 데서 가격을 설정하면 독점업자의 (순간: 단기—옮긴이) 이익이 극대화된다는 정리를 도출하기 위함이었다.(앞의 책, 57쪽) 물론 이 정리는 엄격하게 정태적이며, 부분분석의 영역에 속한다.(아래 6절 참조) 또한 이것은 오직 미적분의 극대화 기준에만 의존한다. 즉 소규모의 변화에 대해서만, 극대값의 존재와 그 유일성이 증명되고 독점업자의 최적가격이 비용의 변화에 영향을 받는 방식도 결정된다는 것이다.[49] 그러나 여기서 언급할 수 없는 이러저러한 비판에도 불구하고,[50] 이것은 놀라운 성과였다. 이에 대해서는 독점조건에서 생산된 상품에 대한 과세의 분석(6장)과 함께 최고의 찬사를 보내지 않을 수 없다.

바른 의미를, 암시적으로나마, 제시했다는 사실을 명심해야 한다. 마지막으로 그는 총비용의 고정요소가 가격에 영향을 미치지 않으며, 특히 비용 전체가 고정비용이라면, 그래서 한계비용이 0이라면, 비용을 고려할 필요가 없다는 사실을 강조했다.

49) 한 변수의 연속함수가 유일한 극대점을 보이는지를 판별하는 데 미적분이 제공하는 기준은 함수의 1차 도함수가 0이고, 2차 도함수가 음이어야 한다는 것이다. 그런데 이 기준은 소규모 구간에 대해서만 문제의 해답일 뿐, 이 구간을 넘을 경우에도 동일한 함수가 또 다른 극대값을 보여주는지에 대해서는 아무것도 말해주지 않는다. 그러나 쿠르노는 이처럼 자신의 총수입 함수와 총공급 함수의 형태에 관한 가정을 설정함으로써 단일한 극대값을 보장하고자 했다. 그렇지만 한계비용의 약간의 상승이 독점업자의 극대가격을 상승시킬 것이라는, 비록 그 정도는 수요곡선의 형태에 따라 훨씬 크거나 훨씬 작을 수 있지만, 그의 증명은 비용과 가격의 증가분이 너무 적어서 그 제곱(과 그 이상의 거듭제곱)과 곱(products)은 무시될 수 있다는 가정에 의해 심각하게 제한된다.(『연구』—옮긴이) 5장 32절에서, 쿠르노는 증가분이 적지 않다면 그것을 둘로 분할하고 이를 통해 과거의 비용곡선에서 새로운 곡선으로 옮겨가는 장치를 통해 이러한 제약에서 벗어나고자 노력했다. 여기서 그의 증명은 두 부분에 모두 적용될 것이다. 이러한 절차가 수용되지 않은 이유는 쉽게 이해될 수 있을 것이다.

50) 특히 쿠르노의 저서 (『연구』—옮긴이) 87~89쪽에 있는, "독점의 경우보다 경쟁의 경우에 비용이 항상 높을 것이므로", 동일한 총생산량에 대해 독점업자의 최적가격은 항상 순수경쟁의 가격보다 높다는 명제에 대한 그의 증명은 비판 가능성을 안고 있다.

마셜은 (『경제학 원리』—옮긴이) 5부 13장에서 어느 누구도 쿠르노의 것보다 뛰어나다고 여기지 않는, 자신만의 기법으로 이 분석을 재현해 냈다.[51] 그러나 그는 여기에 진정으로 자신의 것이라 할 수 있는 것을 덧붙였다. 쿠르노는 독점업자의 비용구조가 경쟁산업에서 좀더 유리할 수도 있음을 실제로 알고 있었다. 그렇지만 이 가능성의 충분한 의미를 지적하는 일은 마셜에게 남겨졌으며, 그의 실천적 지혜가 충만된 형태로 발표되었다. 사실상 그의 주장은 현대 산업독점체가 동일상품을 '자유경쟁 조건에서' 생산될 때보다 통상적으로 좀더 높은 가격을 설정하고, 좀더 적게 생산한다는 전제를 부정하는 결과로 이어졌다. 거듭 말하거니와, 쿠르노는 독점가격이 경쟁가격이 결정되는 의미와는 다른 의미에서 결정된다는, 즉 순수경쟁 조건에서 기업들은 지배가격을 수용해야 하지만, 독점업자는 그러한 강요 없이, 순간적(단기적—옮긴이) 최적보다 낮은 가격을 설정할 수도 있다——자신의 이윤을 위한 전략적 이유에서든, 다른 사람의 이익, 특히 소비자의 이익이라는 또 다른 이유에서든——는 사실을 당연히 알고 있었지만, 이를 강조하지 못했다. 마셜은 이것이 의미하는 바를 알고 있었다. 이렇게 해서 좀더 넓고 다양한 영역의 중요한 현상과 문제[52]로까지 시야를 넓혔지만, 곧바로 이데올로기적 안개에 다시 갇히면서 길을 잃고 말았다.[53] 그러나 쿠르노와 마찬가지

51) 마셜은 독점업자의 한계조건보다 총순수입의 관점에서 논의를 전개했다.(독점수입 스케줄Monopoly Revenue Schedule, *Principles*, p.539) 1930년 무렵에 체임벌린과 로빈슨에 의해 한계수입 곡선(marginal revenue curve)이 다시 주장되었을 때, 이것이 경제학자들에게 새로운 것으로 인식된 이유는 바로 여기에 있다.

52) 이에 대해서는 독점에 관한 장의 6~8절, 특히 마셜이 타협효과(Compromise Benefit)라고 부른 것에 관한 그의 논증이 담겨 있는 부분(549쪽)을 참조. 다시 한 번 주장하건대, 마셜은 이 장에서 쿠르노의 분석적 뼈대에 거의 아무것도 추가하지 못했다. 그러나 다른 많은 지점에서처럼, 그것으로부터, 자신의 폭넓고 깊은 통찰과 함께, 뼈대와 기법 측면에서 좀더 우월한 이후 세대의 업적을 거의 왜소한 것처럼 보이도록 하는 경제분석을 발전시켰다. 심지어 독점이론의 통계적 보완물도 명확히 보여주었다.

로, 마셜은 독점적 전략의 매우 중요한 측면인 **가격차별화**(Price Discrimination)에 대해 적절하게 주목하지 못했다. 이에 관한 이론은 초보적 형태로나마 뒤퓌, 발라,[54] 에지워스에 의해 발전되었다. 피구가 『부와 후생』에서 이 문제를 설명하는 부분은 가격차별에 대한 당시 경제학자들의 이해 수준을 보여준다. 그러나 명심해야 할 사항은 응용분야, 특히 교통분야의 전문가들이 좀더 멀리 나아갔다는 점이다.[55]

---

53) 그러나 당시의 독점, 준독점 현상에 대한 마셜의 넓고 깊은 통찰은 결실을 맺는 데 실패했을지라도, 경제학자로서 그의 역사적 위대성은 도드라졌다. 왜냐하면 그는 이러한 현상 속에서 의미 없는(functionless) 탐욕이나, 우리 시대의 한 선도적 경제학자가 지적한 것처럼, 편안한 삶에 대한 생산자들의 욕망의 결과 이상의 것을 인식했기 때문이다.

54) 『요론』, 382~384쪽. 발라는 가격차별화가 '자유경쟁'에서도 가능하다고 믿었다. 순수경쟁의 완전균형에서는 아닐지라도, 이것은 경쟁을 정의하는 속성, 균형을 정의하는 속성 그리고 경쟁적 균형을 정의하는 속성을 주의 깊게 구별해야 할 필요성을 보여주는 흥미로운 예다. 그러나 발라는 어떤 실수도 범하지 않았다. 그는 오직 독점요소가 존재하는 경우에만 가격차별화가 균형조건을 위반하지 않는다는 점을 알고 있었다.

55) 나는 차별화가 차별받는 사람을 포함해서 모든 관련자의 상황을 개선할 수도 있는 조건에 관한 증거를 조금도 발견할 수 없다. 그러나 해들리의 굴 사례는 이 가능성을 보여주는 흥미로운 사례다. 화물차 한 대를 가득 채울 수 있을 만큼의 굴이 내륙시장 A에서 150달러에 판매되며, A는 굴생산지 B와 철로로 연결되어 있는데 차량 한 대당 최저운임이 20달러라고 가정해보자. B지역의 생산자는 하루에 차량 반 대 분량의 굴을 62.5달러에 공급할 용의가 있다. 그러나 이들은 차량 한 대에 해당되는 가격(운임—옮긴이)을 지불해야 하기 때문에, 이 사업은 이들에게 7.5달러의 손실을 가져온다.(62.5+20-75) 그러나 근처에 또 다른 굴생산지 C가 있는데, 이 지역 사람들 또한 차량의 나머지 절반을 채울 수 있는 분량의 굴을 62.5달러에 팔기를 원한다. C에서 B까지의 운송비는 5달러다. 만약 이 5달러가 C지역 생산자와 B지역 생산자에게 나뉘어 부과된다면(이는 철도회사가 동일한 서비스에 대해 B지역 사람과 C지역 사람에게 서로 다른 운송비를 징수하는 방식으로 이루어질 수 있다), 분명히 이 사업은 가능하며 모든 당사자—즉 A지역 소비자, C와 B 지역의 생산자, 철도회사—는 '이익'을 볼 수 있다.(Arthur T. Hadley, *Railroad Transportation*, 1885, ch.6, pp.116 이하)

[3. 과점과 쌍방 독점]

그러나 쿠르노는 두 가지 다른 유산을 남겼다. 하나는 과점이론,[56] 즉 흔히 논의되는 복점이론의 특수한 사례로 불리는 것이다. 앞서 언급했듯이, 그는 자신의 연구를 진행해가는 과정에서 과점을 만났다. 그는 독점에서 출발해서, 비슷한 규모의 경쟁기업들을 하나, 둘, 셋, ……도입해서 마침내 '무한'경쟁에 이르게 되었는데, 여기서 그는 오늘날 모든 초보자에게도 익숙한 정리, 즉 순수경쟁의 균형에서 가격은 한계비용과 같다는 정리를 올바르게 도출했다. 종착점만이 아니라 출발점에서도, 그의 논증과정은 모두 옳았다. 그러므로 동일한 논리를 중간단계에 적용해보는 것 이상으로 자연스러운 일은 없을 것이다. 그렇다면 단순화를 위해 하나의 경쟁자만 허용하고 생산비용은 무시해보자.[57] 쿠르노는

---

56) 이 말은 모어 경(Sir Thomas More)에 의해 소개되었으며(이 책, 1권, 2부 6장 참조), 슐레진저(Karl Schlesinger, *Theorie der Geld- Und Kreditwirtschaft*, 1914), 리치(U. Ricci, *Dal protezionismo al sindacalismo*, 1926), 체임벌린(앞의 책)에 의해 다시 도입되었다. 그러나 이 시기에 학자들은 복점사례만을 다루었으므로, 이 말이 사용되지 않았다. 쿠르노는 우리가 순수경쟁이라고 부르는 것을 '무한경쟁'으로 표현했기 때문에 '제한된 경쟁'(illimited competition)이라는 용어의 기원이 될 수도 있을 것이다. 피구는 '독점적 경쟁'이라는 말을 사용했다. '불완전 독점'(incomplete monopoly)이라는 말은 소수의 경쟁자들이 산업산출의 상당 부분을 통제해서 자신들의 단일한 행동으로 가격에 영향을 미칠 수 있는 반면, 다른 사람들은 이들이 설정한 가격을 수용할 수밖에 없는 경우를 가리킨다. 이에 대해서는 Karl Forchheimer, "Theoretisches zum unvollständigen Monopole", *Schmollers Jahrbuch*, 1908 참조. 이 중요한 가격선도자의 사례는 '진짜' 과점의 문제를 제시하지 않았으며, 이 주제와 관련된 대부분의 학자에 의해서 사실상 암묵적으로 배제되었다.

57) 동일한 품질의 광천수를 생산하는 두 우물에 관한 쿠르노의 사례는 이후 독점에 관한 모든 논의에서 보편적으로 채택된 하나의 가정을 안고 있는데, 복점업자들의 비용구조가 정확히 동일하다는 가정이 그것이다. 이것은 복점상황에 관한 순수논리를 드러내는 듯하다. 실제로 이것은 매우 특별한 경우를 정의한 것으로, 좀더 일반적인 과점상황에 특히 중요한, 복점상황의 한 요소를 잘 보여주며, 종종 우리에게 비결정성 영역을 축소할 수 있도록 해준다. 쿠르노의 절차(에 담긴 오류—옮긴이)는 선구자의 특권을 떠올릴 경우 용인될 수도 있다. 그러나 이후 이 문제를 다루었던 사람들은 자신들이 동일한 가정을 채택

쉽게 다음과 같이 주장할 것이다. 이 경쟁자는 시장을 점유하고 있는 독점업자를 발견하고 나서 이 업자의 산출물이 그대로 유지된다는 가정 아래 시장——완전하다고 가정된——에 (완전히 동질적인) 상품을 자신의 수입을 극대화시킬 수 있을 만큼 공급하게 될 것이다. 그러면 이전의 독점업자는 자신의 산출량을 새로운 상황에 맞게 조정하고 신규진입자도 동일한 일을 하게 되는 상황이 반복될 것이다. 그 결과 가격은, 모든 단계에서 두 복점업자의 총산출이 경매로 거래되는 경우처럼, 자동적으로 하락할 것이다. 그리고 쿠르노는 **반응곡선**(Reaction Curves)[58]이라는 자신의 분석도구를 이용해서, 자신의 가정 아래서는 단계별 수량조정이 유일하게 안정적인 균형상태로 귀결된다는 점을 꽤 멋지게 보여주었다. 이 상태에서는 복점업자들이 독점가격보다는 낮고 경쟁가격보다는 높은 가격 수준에서 동일한 수량을 팔게 되며, 만일 여기서 이탈할 경우 "계속해서 그 진폭이 축소되는 일련의 반응을 통해"(앞의 책, 81쪽) 균형으로 되돌아갈 것이다.

이 결과는, 비판의 대상으로든 수용의 대상으로든, 이후 과점에 대한 모든 논의의 중심이 되었으며, 아울러 1930년대까지 지속된 논의의 출발점으로 기능했다. 그러므로 여기서 교훈[59]을 끄집어내기 위해서는,

---

할 경우 무엇인가를 얻기는커녕 오히려 잃어버릴 것임을 깨달았어야 했다. 사실상 마셜만이 이 점을 완전히 알고 있었던 것처럼 보인다.

58) 이전에는 독점업자였던, 한 복점업자의 산출량을 좌표체계의 X축에, 다른 독점자의 산출량을 Y축에 각각 표시해보자. 반응곡선은 두 독점자의 극대수입 조건을 반영하는 두 방정식을 표시한 것이다. (예를 들면 복점업자 I에게 D_1과 D_2가 두 복점업자에 의해 공급되는 양이고 $f(D_1+D_2)$가 가격을 의미한다면, $f(D_1+D_2)+D_1f'(D_1+D_2)=0$이 된다.) 즉 복점업자 II의 반응곡선은, 복점업자 I이 어떤 주어진 수량을 공급한다는 가정 아래, 그가 공급하게 될 수량을 나타낸다.(*op. cit.*, p.81, Fig. 2, 3) 두 반응곡선은 원점에 대해 오목하고 한 점에서 교차하며, 이 교차점은 안정성 조건을 충족한다. (충분한 설명을 위해서는 피셔의 소개논문인 「쿠르노의 수학에 관한 주석」Notes on Cournot's Mathematics, 주 17)을 참조.)

59) 우리에게는 이것이 세부사항에 대한 자세한 설명보다 유익할 것이다. 자세한 설명에 대해서는 스탁켈버그(von Stackelberg)의 『시장형태와 균형』(*Markt-*

먼저 쿠르노의 해(Cournot's solution)에 관한 우리의 생각과 함께 역사적 정보가 부재한 상황에서 추가적인 발전의 예상효과에 대해 명확히 할 필요가 있다. 우선 분명히 해야 할 사항은, 쿠르노의 해가 터무니없는 것은 아니라는 점이다. 그의 복점업자들은, 끊임없이 사실에 의해 오류로 판명되는, 타인의 행동에 대한 가정, 즉 다른 사람이 계속해서 조정하는 것을 보면서도 그 사람의 공급량을 주어진 것으로 간주한다는 가정에 기초하여 행동하도록 예정되어 있다는 말은 사실이 아니다. 이러한 가정을 포함하지는 않는다. 단지 각 복점업자는 다른 사람이 어떻게 반응할 것인지를 확인하기 위해 특정한 방법을 선택하거나 당분간 다른 사람의 산출물이 주어져 있다고 간주하고 이를 자신의 다음 단계 행동의 지침으로 삼는다는 가정이 요구될 뿐이다.

그러나 이와 마찬가지로 분명히 해야 할 사항은 쿠르노가 선택한 행동이 유일하게 가능하거나 심지어 유일하게 '정상'적인 것이 아니라는 점이다. 복점업자가 협력에 동의할 수도 있다. 또 명시적이거나 암묵적인 합의가 없더라도, 이들은 계속해서 독점가격을 설정할 수도 있다.[60)]

---

form und Gleichgewicht, 1934) 5장을 다시 한 번 권한다. 그렇다고 해서 내가 복점문제의 연구사에 관한 그의 평가와 그의 복점이론에 대해 완전히 동의하는 것은 아니다. 이와 관련해서 스탁켈버그의 저작에 관한 레온티예프의 논평("Stackelberg on Monopolistic Competition", *Journal of Political Economy*, August 1936)을 참조.

60) 물론 쿠르노는 담합의 가능성을 알고 있었다. 그리고 그가 복점을 다루기 위해 이 가능성을 배제한 것은 정당화될 수 있다. 그는 또한 복점업자들이 독립적으로 독점가격을 설정할 수 있는 가능성에 대해 알고 있었지만, 그는 이것을 배제했다. 어느 순간에서든, 둘 중 하나는 자신이 추구하는 일시적 이득을 위해 쿠르노의 반응연쇄에 따라 추가적인 행동을 할 것이라는 이유에서였다. (앞의 책, 83쪽) 이것은 쉽게 정당화되지 않는다. 왜냐하면 두 복점업자 모두 완벽하게 그리고 동일하게 합리적이며, 이상적으로 완전한 시장에 직면하고 있기 때문이다. 이러한 시장에서는, 소비자들이 약간의 가격차이에도 다르게 반응하므로 복점업자의 공급조건에는 차이가 없다. 심지어 거리의 차이도, 서비스 만족도의 차이도 없다. 그렇다면 어느 쪽도 시장의 절반 이상을 정복하려는 희망이나 절반 이상을 상실할 수도 있다는 두려움을 가질 수 없다. 심지

또 경쟁자를 시장에서 몰아내거나 그 경쟁자를 자신에게 유리한 행위패턴에 순응하도록 유도하기 위해 싸울 수도 있다. 그 과정에서, 어느 한 쪽이나 두 쪽이 모두 허세를 부릴 수도 있다. 어떤 행동이 나타나든지 간에, 안정상황으로 귀결될 수 있다. 그러나 그렇게 될 것이라는 보장은 없으며, 설령 그렇다고 해도 대부분의 경우 복점 고유의 패턴을 파괴하면서 그렇게 될 것이다. 따라서 이 문제에 관해 추가적인 가정을 도입하지 않는 한, 우리가 지금까지의 논의에서 주장할 수 있는 것은 오직 일반해가 없다는 점뿐이다.[61] 그러나 곧 보겠지만, 복점업자나 과점업자의 선택경로는 부분적으로 그가 어떤 인물이냐에 의존하——며, 이것이 사실인 한에서 우리가 할 수 있는 일은 오직 가능한 행위유형의 목록을 작성하는 일뿐이——며, 일반적인 경제상황과 경쟁자에 대한 상대적 위치, 특히 자신과 경쟁자의 비용구조에도 부분적으로 의존한다. 난제에서 벗어날 수 있는 가능성과 구체적인 상황에 적용되어 종종 '비결정성' 영역을 축소시키는 많은 결과(이것이 항상 재미없는 것은 아니다)로 이어질 수 있는 가능성은 바로 여기에 있다.

우리는 쿠르노가 이 모든 것을 무시한 이유를 이미 알고 있다. 가격설정 이론을 개관하면서, 그는 분명히 순수독점으로부터 출발해서 경쟁자

어 일적인 순간일지라도 말이다. 그리고 "도덕영역에서 인간이 오류로부터 자유롭다고 생각할 수 없다"는 쿠르노의 경고에서, 어떤 위안을 얻는다는 것도 거의 불가능하다. 왜냐하면 그의 가정에서 이 오류는 너무나 명백하기 때문이다. 이와 다르게, 상황 또한 그 조건들의 일부나 전부를 충족시키지 못한다. 즉 쿠르노의 추론방식은 그 전부가 현실에 적용되지 않는다. 독자들은 여기서 정확히 두 복점업자 사이에 아무런 합의도 없는 경우에만 독점가격에서 유일하면서도 안정적인 해를 얻을 수 있다는, 흥미로운 사실에 주목해야 한다. 이들이 협력한다면, 함께 만들어낸 독점이윤을 어떻게 분배해야 하는가라는 문제가 제기되는데, 이에 대해서는 유일한 해가, 아니 그 어떤 해도 존재하지 않는다. 그러나 만일 독립적으로 행동한다면, 이러한 문제는 제기되지 않는다.

61) 이것은 일반적으로 문제가 비결정적이다는 말로 표현된다. 그러나 파레토가 지적했듯이, 해를 도출할 수 없는 이유가 복점업자들의 목표가 서로 양립할 수 없는 데 있는 경우는, 모두 과잉결정(overdeterminateness)이라고 말하는 편이 좀더 정확하다.(*Manuel*, p.597)

의 수를 제외한 다른 어떤 것도 변하지 않은 채 순수('무한')경쟁의 사례에 도달하는, 단절되지 않는 추론과정을 따르고 싶어했다. 그 과정에서 그는 수량조정에만 직면했으며, 그래서 그는 자연스럽게 이러한 패턴에 핵심적인 지위를 부여했다. 그러므로 그에게는 다음과 같은 사실을 무시하거나 간과한다는 비판이 제기될 수도 있다. 우리가 순수독점의 경우에서 벗어나면 이 경우에는 부재했던 요소들이 등장했다가 순수경쟁으로 접근할수록 그것이 다시 사라진다는, 다시 말해서 독점에서 경쟁으로 단절되지 않고 이어지는 과정이 그리 좋은 지침이 될 수 없다는 사실이 그것이다. 이에 따라 다음의 분석단계——1880년대 이후 경제학자들이 쿠르노의 해를 발견하고 여기에 관심을 보이기 시작했을 때——는 이러한 상황을 인식하고, 가격전략을 형성시키는 요소들을 파악하며, 좀더 중요한 요인들에 관한 이론을 고안하는 것이어야 했다. 이 모든 것은 현대산업의 가격설정 문제, 그중에서도 '이전 가격'(delivered prices)의 문제나 지리적 가격차별화의 문제 등에 관한 비옥한 토양을 개발하는 것이었다. 이는 '제도적' 사실에 순수분석을 결합해서 좀더 풍부하면서도 유용한 가격 이론을 만들어내는 것이었다.

사실상 우리는 반세기 이상의 시차와 함께, 비록 아직도 해야 할 일이 많이 남아 있기는 하지만 이러한 지점에 어느 정도 도달했다. 체임벌린의 저작은 이 길에서 두드러진 이정표로 언급될 만하다.[62] 그러나 우리가 살펴보고 있는 기간에 이러한 발전을 예견해주는 것으로 기록될 만한 저작은 거의 없다. (거의 없긴 하지만—옮긴이) 복점업자(과점업자)들이 '수확체증의 법칙' 아래서 개별적으로 영업할 경우 가장 큰 상대적

62) 내가 보기에, 체임벌린의 『독점적 경쟁의 이론』이 지닌 중요성은 그것이 순수과점의 문제를 넘어선다는 데 있는 것 같다. 그러나 3장에서, 그는 또한 "복점은 하나의 문제가 아니라 여러 개의 문제다"라는 경구와 함께 이 문제를 다루고 있다. 다시 말해서 그는 가능한 모든 행위유형에 관한 체계적 분석의 필요성을 인식했다. 나는 왜 스타켈버그가 이 입장을 '절충적'이라고 말했는지 잘 모르겠다. 왜냐하면 이 점에 관한 한, 그 자신의 견해가, 약간의 차이가 있기는 했지만, 궁극적으로는 동일한 것이었기 때문이다.

우위를 가지면서 사업을 확장하는 사람은 '모든 경쟁자를 몰아낼 수 있는' 기회를 만나게 된다는 사실을 빈번히 강조하는 마셜을 그 예로 들 수 있다. 여기에는, 비록 마셜이 명시적으로 언급한 적은 없지만,[63] 가격선도자 유형이라는 매우 중요한 사안에 대한 인식이 담겨 있다.[64] 나는 또한 복점을 독점화된 상품에 대한 관련수요의 제한적인 경우로 취급하려 했던 에지워스의 시도[65]도 그 예로 언급하고 싶다. 그러나 나머지 대부분의 저작은 쿠르노의 해에 대한 쓸모없는 비판이나 마찬가지로 쓸모없는 방어로 이어졌다. 내가 아는 한, 처음으로 원리에 입각해서 쿠르노의 해를 비판한 사람은 베르트랑이었다. 그렇지만 이것은 적절한 수준이 아니었으며,[66] 그래서 나는 이것이, 마셜, 에지워스, 피셔, 파레토[67] 등과 같은 사람들이 전체적으로든 부분적으로든 여러 이유로 쿠르노의 해를 부정하지 않았더라면, 좀더 주목받았을 것이라는 판단에 회

---

63) 이 문구는 1판 485쪽의 각주에 나오는데, 이후의 판본에서는 상당히 변했다. 이것이 만일 마셜이 이 문구에 그다지 만족하지 못했음을 의미한다면, 우리는 여기에 기꺼이 동의할 수 있다.

64) 만일 강한 기업이 모든 경쟁자를 몰아낼 수 없거나 그러한 의사도 없다면, 독점 대신에 가격선도자가 나타날 수도 있다. 이것은 과점분석에서 불완전하거나 부분독점을 완전히 무시하는 것이 논리적으로 문제되지는 않을지 몰라도, 그리 현명한 처사는 아니라는 점을 보여준다.

65) Edgeworth, "La teoria pura del monopolio", *Giornale degli Economisti*, 1897(영역본 *Papers Relating to Political Economy*, vol.I, pp.111 이하) 참조하라.

66) *Journal des Savants*, September 1883. 베르트랑은 모든 복점업자가 경쟁자보다 가격을 낮추려 노력한다는 가설을 쿠르노에게 귀속시켰다. 그런데 이것은 쿠르노의 주장에 대한 오해를 내포하고 있으며, 설령 그렇지 않은 부분이 있다고 해도 쿠르노의 시도보다 나쁜 결과를 초래한다.

67) *Cours* I, p.67 참조. 그리고 약간 다르지만, *Manuel*, pp.595 이하 참조. 후자의 분석은 그의 백과사전(*Encyclopaedia of the Mathematical science*: *Encyclopedia*로 줄여씀—옮긴이) 항목에서 반복된 것으로, 이미 언급된 '문제의 과잉결정에 대한 증명'을 간단히 보여준다. 그러나 파레토는 가능한 패턴의 다중성을 지적했으며(*Manuel*, pp.601 이하), 이중 일부는 오늘날에도 인정될 정도로 결정적이다. 따라서 그는 현대적 과점이론의 선구자로 여겨질 만한 어느 정도의 권리를 가지고 있다.

의적이다. 세기말 무렵에 지도자 중에서는 빅셀[68]만이 이것을 방어했다. 그래서 1912년에 피구는 『부와 후생』에서 비결정성, 좀더 정확하게, 복점상황에서 생산에 투입되는 자원의 양이 결정되지 않는 영역이 존재한다는 것이 '오늘날 많은 수리경제학자에게 수용되고' 있다고 쓸 수 있었다. 이러한 견해는 문제가 완전히 일반적인 형태로, 즉 가격과 산출에 중요한 영향을 미칠 수 있는 판매자(나 구매자)가 몇 명 있다는 점 말고는 그 어떠한 정보도 없는 형태로 설정되었을 때 사실상 수용되었지만, 독자들은 또한 이것이 첫 단계에 불과할 뿐 추가적인 정보(가설)에 기초를 둔 또 다른 분석이 요구된다는 점을 깨닫게 될 것이다. 그러므로 독자들은, 비판이 기본적으로 취약하고 내용이 없음을 감안할 때, 쿠르노의 해가 앞서 개괄했던 상황으로 통합되던 1920년대에 부활했다는 사실을 알게 되면 놀라지 않을 것이다.

〔이 수고는 이 지점에서 갑자기 중단된다. 이 소절(4절 3항)의 도입부에서, 슘페터는 쿠르노가 두 가지 유산——그중 하나가 과점이론이다——을 남겼다고 말을 했으므로, 쿠르노의 쌍방독점에 대한 기여와 관련된 아래의 세 문단은 논리적으로 타당한 듯 보인다. 이 간단한 분석은 훨씬 이전에 씌어져 이미 타자본으로 작성된 상태였으며, 연필로 씌어진 속기형태의 주석이 많이 달려 있었다.〕

쿠르노는 다른 유산도 남겼다. 『연구』 9장에서, 그는 복점과 다르지만 근본적으로는 유사한 경우를 다루고 있다. 여기서 두 개의 서로 다른 상품이 독점자에 의해 통제되고 있는데, 이것의 수요자는 (이 독점자와—

68) 『정치경제학 강의』(*Lectures*), 1권, 96~97쪽의 간단한 주장을 참조. 아울러 조금은 정교한 주장으로, 볼리의 『경제학의 수학적 기초』에 관한 그의 논문("Economisk Tidskrift", 1925; German trans., *Archiv für Sozialwissenschaft und Sozialpolitik*, October 1927〔슘페터의 「서문」이 추가되었음〕)을 참조하라.

옮긴이) 제3의 상품에 대해 경쟁관계에 있는 또 다른 생산자들이며 다른 용도로는 결코 사용되지 않는다. 이 사례는 우리가 지금까지 충분히 탐색했던 것과는 거리가 있는, 다양하면서도 폭넓은 산업구조에 대한 하나의 관점을 보여준다. 게다가 쿠르노의 분석은 이러한 종류의 문제를 취급하는 방법이나 분석을 진행하기 위해 임시방편으로 사용될 수 있는, 유용한 단순화와 관련된 중요한 교훈을 제공한다. 이 두 가지 공헌은 매우 중요하다. 그러나 그밖의 부분의 경우, 쿠르노의 설명은 순수한 복점(straight duopoly)문제에 관한 그의 설명에 제기되었던 비판과 비슷한 반론에 직면할 가능성이 높다. 그는 두 상품의 가격이 다음의 조건에 의해 독립적으로 결정될 수 있도록 했다. 모든 독점자는 다른 상품의 가격이 주어졌다는 가정 아래 자신의 수입을 극대화하려 한다는 조건이 그것이다. 다시 말해서 그는 하나의 행위를 공준화했는데, 이것은 가능한 많은 행위 중에서 오직 한 가지 사례일 뿐이며, 더구나 현실화된다고 해도 안정적인 균형상태를 항시 보장하지는 못한다. 이러한 논의를 더욱 발전시킨 저자 중에서 가장 중요한 인물은 에지워스, 볼리, 빅셀이다. 그러나 이 유형의 문제에 대한 분석에서 가장 귀중한 자료는 마셜의 (『경제학 원리』—옮긴이) 5부에서 찾아볼 수 있다.

쌍방독점의 경우, 우리에게는 고립교환 이론(theory of isolated exchange)이라는 이론적 원형이 있다. 18세기의 일부 저자가 이 경우의 비결정성을 잘 이해하고 있었는데, 베카리아가 대표적이다. 멩거와 그를 추종했던 오스트리아학파도 이러한 결과를 강조했는데, 그 이유는 이것이 경쟁균형 가격의 결정성을 확증하려는 이들의 주장의 일부였기 때문이다. 이것을 가장 쉽게 이해하는 방법은 뵘-바베르크의 말 시장 사례를 연구하는 것이다. 여기서 말 한 필의 가격은 구매자와 판매자가 계속 늘어나 마침내 한 점으로 좁혀질 때까지, 구매자와 판매자의 효용 추정치 범위 안에서 비결정 상태로 남아 있다.[69] 오스트리아학파가 표

69) 말과 같은 단위를 거래하는 시장의 경우에 물론 그 범위가 한 점으로 엄격하

현하고자 했던 내용은, 무차별 곡선과 계약곡선이라는 도구가 쌍방독점에서 비결정성의 범위를 분석하는 목적으로 정확하게 사용된, 에지워스의 『수리 심리학』(*Mathematical Psychics*, 1881)에서 훨씬 더 타당하면서도 우아하게 표현되었다.[70] 마셜은 사과와 땅콩 시장의 예를 통해 이 결과를 대중화시켰다.(*Principles*, p.416; Appendix, note 12) 그는 여기에 베리의 결과,[71] 즉 교환되는 상품 중 하나의 한계효용이 고정되어 있다면(문제의 상품이 화폐라면, 그 크기는 근사치다) 다른 상품의 구매량은 물물교환이 나아갈 법한 그 어떤 경로에 의해 유일하게 결정될 것이라는 점을 덧붙였다.[72]

쌍방독점이나 과점에 관한 이론과 고립교환 사이의 이러한 관계는 우리에게 비결정성의 영역을 제한하는 요소들의 결정에서 무엇이 중요한 문제인지를 알 수 있게 해준다. 그러나 이에 대해 고립교환 이론이 말해주는 것은 실질적으로 거의 없다. 현대산업, 특히 현대의 노동시장에서

게 좁혀지지는 않는다. 그러나 독자들은 원리상 이것은 어떤 중요한 차이를 가져오지 않는다는 것을 알 수 있을 것이다.

70) 『경제학자 잡지』(*Giornale degli Economisti*, March 1891)에 게재된 그의 논문도 참조.

71) *Giornale degli Economisti*, June 1891.

72) 그러나 일반적으로 이것은 사실이 아니다. 그리고 현실의 시장을 분석할 때, 우리는 개장 초기의 거래가 같은 시장에서 이후에 거래되는 가격과 수량에 영향을 미친다는 사실을 반드시 고려해야 한다. 이것은 쌍방독점이나 과점만이 아니라, 순수경쟁에도 적용된다. 비록 이것의 현실적 중요성은 많은 경우 모든 개별거래가 통상적으로 안정된 관계망—모든 관련자에게 상대방의 행위조건을 이해시켜줄 수 있는—의 한 연결고리라는 사실에 의해 크게 축소되지만, 경쟁시장에서 유일하게 결정되는 가격과 수량에 도달하기 위해서는 첫눈에 매우 인위적으로 보이는 특정한 가정을 도입할 필요가 있으며, 이는 매우 타당하다. 이것이 발라의 '거래약정서'(bons)와 에지워스의 '재계약'(recontract)이 의미하는 것이다.(N. Kaldor, "A Classificatory Note on the Determinateness of Equilibrium", *Review of Economic Studies*, February 1934) 그러므로 쌍방독점이나 과점은 그저 순수시장 이론 전체를 관통하는 논리적 문제점의 일부를 매우 분명하게 드러낼 뿐이라는 점에 주목해야 하는데, 이는 아마도 지나친 판단이 아닐 것이다.

발생하는 이러한 종류의 모든 경우에, 교환비율의 하락이 기대될 수 있는 영역의 결정——때로는 개별적인 교환비율의 유일한 결정까지도——은 특별한 가정 때문에 반드시 도입되어야 하는 경우의 특수한 상황에 의존할 것이다. 여기서 성공은 일반적으로 적용될 수 있는 것은 아닐지라도, 상당히 많은 경우를 포괄하거나 특히 중요한 개별사례를 묘사할 수 있는 가설을 우리가 찾아낼 수 있느냐에 달려 있을 것이다. 그러나 우리는 또다시, 복점과 과점의 경우에서처럼, 두 가지 만만치 않은 난제에 직면한다. 실제로 행위는 상황에 관한 관찰자료보다 급격한 자본주의의 발전 속에서 빠르게 변하는 기대에 따라 결정되는 경우가 훨씬 더 많다. 설령 그렇지 않다고 해도, 행위는 전략적으로 중요한 결정을 내릴 수 있는 사람의 특성을 고려하지 않는 한, 주어진 상황의 객관적 요소로는 완전하게 이해될 수 없는데, 대부분의 경우 그러한 사람의 숫자가 너무 적어서 행위양식을 신뢰할 수 없게 한다.

5절 계획화 이론과 사회주의 경제

우리는 이미 이 시기 대부분의 선도적 이론가들이 결코 자유방임의 열렬한 옹호자가 아니었음을, 때로는 그렇다고 주장하기도 했지만, 알고 있다. 그러나 이 장의 목적을 위해서는 이들 모두가 순수경쟁의 무조건적인 예찬론자였던 것은 결코 아니라는 점을 강조하는 것이 훨씬 더 중요하다. 발라는, 비록 토지국유화 계획이라는 단서조항을 달고 있기는 하지만, 사실상 순수경쟁 균형의 상태가 관련당사자들 모두에게 최대의 만족을 보장해준다는 낡은 명제를 반복했다. 그러나 그는 관련된 모든 가정을 새롭고도 엄밀한 방법으로 완전히 해부하면서 그렇게 했지만, 이러한 방식이 그것(낡은 명제—옮긴이)의 현실적 중요성을 얼마나 크게 축소시키는지 알지 못했다. 마셜은 이것을 알고 있었다. 그는 문제의 명제가 관련당사자들 사이의 부의 차이를 모두 무시할 수 있다고 가정한다는 명백한 진리를 지적(*Principles*, p.532)했을 뿐만 아니라, 더

나아가 이 명백한 진리[73]의 문제를 간과하더라도, 경쟁균형의 가격과 수량이 필연적으로 다른 구조(arrangements)에서 나타날 수도 있는 것에 비해 총만족——이 개념이 의미가 있다는 주장을 인정할 때——을 극대화시켜준다고 주장할 수는 없다는 점까지 보여주었다. 그는 좀더 경제적으로 생산이 확대될 수 있는 산업의 자원이용을 보조해줌으로써 '후생'이 증대될 수도 있는 사례를 예로 들면서 이를 보여주었다.[74] 이 주제와 관련주제들은 이 장에 부속된 부록에서 다시 한 번 다루어질 것이다. 당분간은 마셜에 의해 고안된 조치가 계획화에 대한 합리적인 정의의 범위 안에 포함된다는 점을 지적하는 것으로 만족할 것이다. 그는

---

73) 마셜도 잘 알다시피, 이 명백한 진리는 언뜻 보기에 그것이 의미한다고 여겨지는 수준보다는 현실적으로 훨씬 적은 것을 의미한다. 왜냐하면 그것은 불평등의 사회적 분배에 대한 가능한 숨은 효과—시간의 흐름을 고려하면 매우 중요할 수도 있는—를 조금도 고려하지 않기 때문이다. 자유무역 주장의 특수한 사례에서처럼, 우리는 어떤 한 시점에서 바라본 후생효과와 역사적 전개과정에서 바라본 후생효과를 반드시 구분해야 하는데, 후자는 어떤 주어진 사회적 분배 수준에서 '후생'을 증대시키는 사회구조에 의해 방해받을 수도 있다. 그러나 분석의 엄밀한 핵심이 정학에 한정된 것은 이러한 구분을 무시하고 어떤 한 시점에 존재하는 상황을 지나치게 강조하도록 부추긴다.(이 장의 부록에서 후생경제학에 관한 논의를 참조.)

74) 이는 로빈슨 여사("Mr. Fraser on Taxation and Returns", *Review of Economic Studies*, February 1934)와 칸(R.F. Kahn, "Some Notes on Ideal Output", *Economic Journal*, March 1935)이 했던 방식과 동일하다. 마셜 자신의 설명(앞의 책, 533~536쪽)은 몇 가지 측면에서(특히 소비자 잉여개념의 사용을 혐오하는 사람들의 관점에서) 비판받을 가능성이 있지만, 위 본문의 주장이 그가 실질적으로 제시하고자 했던 의미이므로 통상적인 비판은 거의 공정하지 않다고, 나는 믿는다. 이 비판의 핵심은 그에 대해서가 아니라, 그의 학설에 대한 피구의 정식화에 대한 것이었다.(A.A. Young, "Pigou's Wealth and Welfare", *Quarterly Journal of Economics*, August 1913) 이것은 (다른 산업에 비해 상대적으로) 확장과정을 좀더 경제적으로 실현하는 산업을 위한 보조금이 '수확체감의 법칙에 순응'하는 산업의 생산물에 대한 과세를 통해 쉽게 조달될 수 있다는, 마셜의 제안을 겨냥했다. 이것이 정태이론에서는 타당했을지 몰라도, 이 영역 밖에 있는 사항을 고려하면 반론이 제기될 수 있다.

표면만 건드렸을 뿐이다. 그러나 계획화로 이상적인 완전경쟁의 작동을 '개선'할 수 있다고 주장하는 명제는 오래된 장벽의 균열을 의미하며, 따라서 역사적으로 상당한 중요성을 갖는다. 윤리나 문화 측면에서 자본주의를 단순히 비판하는 것──다른 측면에서는 아무리 중요하다고 해도──은 정확히 이 목적을 달성할 수 없다. 다른 사람들, 특히 에지워스와 파레토는 이 균열을 확대하는 일에 게으르지 않았다.[75)]

훨씬 더 중요한 것은 또 다른 업적이었다. 비저, 파레토, 바로네라는 세 명의 선도자는 사회주의에 대해 철저하게 반대했지만, 모든 내용과 취지에 비추어볼 때 사회주의 경제의 순수이론이라 볼 수 있는 것을 창조했으며, 그래서 사회주의 학설에 대해 사회주의자들 자신은 결코 할 수 없었던 공헌을 했다. 알다시피, 마르크스는 자신이 미래를 위해 고려했던, 중앙집중적 사회주의의 작동양식에 대해 스스로 묘사한 적이 없었다. 그의 이론은 자본주의 경제에 대한 하나의 분석이다. 물론 이것은 자본주의 경제가 필연적인 '붕괴'와 그 결과인 '프롤레타리아 독재'를 통해 사회주의 경제를 낳을 것이라는 생각에 따른 것이다. 그러나 이후(분석은—옮긴이) 완전히 중지되면서, 이름에 걸맞은 사회주의 경제이론을 제공하지 못했다.[76)] 또한 알다시피, 그의 제자들은 대부분 이 문제에 직면하기보다는 그것을 회피했다. 비록 그 일부, 특히 카우츠키는 혁명 후 사회주의 체제에서도 기존의 자본주의 가격체계를 임시지표로 사

75) 빅셀 또한 극대만족의 학설을 공격했다. 그러나 그는 "자유경쟁이 일반적으로 생산의 극대화를 보장하기 위한 충분조건"(*Lectures* I, pp.141 이하; 강조는 슘페터)이라고 주장했다. 이것은, 우리에게 '일반적으로'라는 말이 의미하는 바에 따라 오류의 정도가 달라지기는 하겠지만, 결코 타당하지 않다. 그렇지만 그의 입장은 발라의 입장보다 훨씬 앞서 있었다.

76) 실제로 마르크스의 저작에서 그의 시대를 넘어서는 문구를 수집할 수는 있다. 이를테면 사회주의의 공동체에서 정교한 회계장부 체계의 필요성을 암시하는 부분이 그것이다. 그러나 근본적으로 그는, 노동자들이 당연히 가장 효율적으로 생산하고자 노력할 것이므로 거기에는 실질적으로 희소성의 문제가 전혀 없다(요소를 '절약해야 하는' 문제는 없다)고 추론할 수 있다는 식으로 표현하는 데 그쳤다.

용할 수 있다——이는 정확한 방향에서 나온 생각이다——고 지적함으로써 그것(사회주의 경제—옮긴이)의 존재에 대한 인식을 보여주기는 했지만 말이다.

그런데 오스트리아학파는 경제행위의 특정한 근본속성을 설명하기 위해 로빈슨 크루소 경제모델을 사용하는 습관이 있었다. 그러므로 이들은 자신들의 기본적인 가치개념과 그 파생물인 비용이나 귀속이익 같은 개념에 특별히 자본주의적인 것이 없다는 점을 아주 쉽게 깨달을 수 있었다. 이 개념들은 실질적으로 완전하게 일반적인 경제논리의 요소들, 그것도 자본주의라는 모습이 관찰자에게 역사적 · 동시대적 경험을 자본주의 세계와 함께 하도록 하는 상황에서보다 중앙에서 지시되는 사회주의의 경제모델에서 훨씬 더 분명하게 드러날 수 있는 경제행위 이론의 요소들이다. 예를 들어 로빈슨 크루소가 자신의 욕구충족을 최대화하기 위해 희소한 자원을 어떻게 배분하는지를 묘사하려 할 때, 다시 말해서 그가 이러한 자원을 자신의 욕구충족의 대상으로 전환하는 과정에서 따르게 되는 규칙을 정식화하려 할 때, 우리는 곧바로 그의 경제가 경쟁자본주의에서 가격이 수행하는 바로 그 기능을 담당하는 특정한 '전환계수'(coefficients of transformation)로 특징지을 수 있음을 알게 된다. 만약 우리가 어떠한 사회주의 경제를 고려한다면, 예를 들어 욕구충족의 극대화는 다음과 같은 사항을 요구한다는 점이 훨씬 더 분명해질 것이다. 두 소비재 사이의 한계효용 비율은 모든 사람에게서 동일하게 나타나야 하고, 어느 라인에서든 생산은 모든 생산수단을 기술적 최적상태로 사용하도록 조직되어야 하며, 모든 희소한 수단의 한계생산성 가치는 모든 용도에서 동일하게 나타나거나 아니면 어찌되었든지 간에 어느 용도에서나 적어도 다른 용도에서 나타날 수 있는 정도의 크기를 확보해야 한다는 점이 그것이다. 그러나 이 모든 사항은 결국 경제행위의 일반논리를 개발하려는 모든 시도가 자동적으로 사회주의 경제이론이라는 부산물을 낳게 된다고 말하는 것이다. 이것을 처음으로 분명하게 인식한 사람은 비저였다.(*Natural Value*, 1st Germand ed.,

1889)

파레토는 『강의』(*Cours*, 1897) 2권에서,[77] 통찰력 측면에서는 아닐지 몰라도, 명료함과 설명기술의 측면에서는 비저를 능가했으며, 현대적인 순수사회주의 경제이론[78]의 창시자로 여겨질 수 있는 권리를 다른 누구보다도 많이 갖게 되었다. 그러나 사실상 그의 글은 바로네의 영향 아래 있었다. 바로네는 핵심사항에 관한 한 오늘날에도 능가할 만한 것이 없는 유명한 저작을 통해 이 주제 전체를 발표했다.[79] 우리 시대의 많은 경제학자는 여기에 세부사항을 추가했으며, 일부 내용을 좀더 발전시켰다. 그중에서 나는 랑게와 러너를 언급하고 싶다. 나머지 인물에 대해서는 바로 앞의 각주에서 언급된 베르그송의 논문을 참조하라.

바로네의 핵심업적은 다음과 같다. 그는 발라의 전통[80]에 따라 사유재산 경제의 순수경쟁 조건에서 경제균형을 묘사하는 방정식 체계를 보여준 후, 비슷한 방정식 체계를 특정유형의 사회주의 경제에 해당되는 것으로 제시했다. 사유재산 경제에서 소득은, 체계의 다른 변수들과 동시에, 경제과정 자체에서 결정되지만(따라서 앞서 언급했듯이 생산과 분배는 동일한 과정의 다른 측면이다), 사회주의 공동체에서 분배는 당연히 별개의 문제로 존재한다. 다시 말해서 사회는 무엇보다도 먼저 별도의 행위, 이를테면 헌법의 조항으로 사회적 생산물에서 사회구성원의 상대적 분배몫이나 '소득'이 어떠해야 되는지를 결정해야 한다. 그러고

---

77) 예를 들어 2권의 94쪽을 보라. 그는 『개론』(1909) 6장(§§ 52~61)에서 자신의 주장을 상당히 멀리 밀고 나갔다.

78) 이 이론의 발전에 대해서는 베르그송(Abram Bergson)의 논문("Socialist Economics", in H.S. Ellis, ed., *The Survey of Contemporary Economics*, 1948)에 더할 나위 없는 방식으로 설명되어 있다.

79) Enrico Barone, "Il Ministro della produzione nello stato collettivista", *Giornale degli Economisti*, 1908. 영역본은 하이에크가 편집한 책(*Collectivist Economic Planning*, 1935)에 "The Ministry of Production in the Collectivist State"라는 제목으로 실려 있다.

80) 그러나 몇 가지 독창적인 점이 있는데, 그중 두 가지는 아래서 언급될 것이다.

나서 경제과정 관리를 위해 중앙의 사회기관이나 생산부서가 만들어질 수 있고, 회계단위가 도입될 수도 있다. 특정량의 자원이 모든 구성원에게 배분될 수도 있으며, 이들은 이것을 자신의 선호에 따라 공동체가 생산한 소비재를 자유롭게 사용하거나 '저축'할 수 있다. 후자(저축—옮긴이)는 생산부서가 소비를 (미래로—옮긴이) 연기하는 것에 대해 지불하는 프리미엄을 고려해서 생산부서에 소득을 되돌려주는 것이다.

이를 통해 우리는 소비재의 수요함수와 노동과 저축의 공급함수를 도출할 수 있으며, 독자들은 담당부서가 이 함수들과 그 자체의 기술지식에 힘입어 적절한 소비량과 투자재가 생산되도록 유도하는 방법을 어렵지 않게 파악할 수 있을 것이다. 물론 이러한 구조가 유일하게 가능한 것은 아니며, 다양한 방식으로 변화될 수 있다. 예를 들어 우리는 투자결정을 사회구성원의 자유로운 선택에 맡기지 않고 국방비와 마찬가지로 의회나 담당부서의 판단에 맡길 수도 있다. 또한 우리는 사회구성원에게 동일한 '소득'을 제공하는 대신 자신들이 해야 할 일의 종류와 크기를 담당부서의 지시에 따르도록 하거나, 차별적인 소득체계를 고안해서 모든 생산라인에서 해야 할 일의 종류와 크기가 자유롭게 결정되도록, 그래서 '임금'과 노동시장이 도입되도록 유인할 수도 있다. 바로네는 소비, 저축(투자), 고용과 관련된 모든 영역에서 선택의 자유를 가정하는 사회주의 공동체 이론의 윤곽을 그려냈다.

그러나 우리가 여기서 그를 수용하든, 수용하지 않든 간에, 사회주의의 질서와 완전경쟁 자본주의 사회에서 나타나게 될 질서 사이에는 강력한 형식적 유사성이 존재한다. 이것은 심지어 독재 사회주의에서도 사라지지 않는다. 완전한 독재자는 실제로 로빈슨 크루소 경제가 원형인 행위패턴에 따라 행동한다. 그러나 비독재 사회주의 공동체 또한 소비자 주권의 원리와 다른 원리에 따라 작동될 수도 있다. 예를 들어 사회구성원들은 실제로 자신이 원하는 것이 아니라 몇몇 전문가나 관료들이 요구하는 것을 가져야 한다고 충분히 생각해볼 수 있다. 그러나 이 모든 경우에 이론적 난점은 발생하지 않는다. 이 난점은 오직 연방사회

주의, 즉 중앙기구가 존재하지 않고 모든 산업은 거기에 종사하는 노동자들에 의해 자율적으로 통제되는 경우에만 나타난다. 여기서는 과점에서 나타나는 비결정성이 문제가 된다.

바로네의 분석이나 이와 비슷한 모든 분석의 핵심결과는 중앙에서 통제되는 사회주의의 경우, 완전경쟁 자본주의[81]와 동일한 의미에서, 그리고 바로 그러한 단서조항 아래서 유일하게 결정되는 해집합을 갖는 방정식 체계가 존재하며, 그리고 이 집합도 비슷한 극대의 속성을 갖고 있다는 점이다.[82] 조금은 덜 분석적인 의미에서, 이것은 순수논리에 관한 한 사회주의적 계획이 의미가 있으며 필연적으로 혼돈, 낭비, 비합리성을 초래한다는 이유로 제거될 수도 없음을 의미한다. 이는 사소한 일이 아니다. 그래서 우리는 당연히 사회주의학설에 대한 이러한 기여가, 사회주의자가 아니었기 때문에 정치적 선호나 선입견으로부터 경제분석의 독립을 열렬하게 옹호했던 학자들에 의해 이루어졌다는 사실이 지닌 중요성을 다시 한 번 강조할 수 있다. 그러나 동시에 이것이 전부다. 우리가 잊어서는 안 될 사항은 경쟁적인 경제(competitive economy)에 대한 순수이론과 마찬가지로 순수사회주의 이론 또한 매우 높은 추상 수준에서 전개되며, 그래서 체계의 '작동가능성'에 대해 증명된 것은 일반 사람들(과 때로는 이론가들을 포함해서)이 생각하는 수준보다 훨씬 적다는 점이다. 특히 사회주의적 균형을 특징짓는 해(solution)의 극대화 성질에 관한 명제는 당연히 제도적 조건에 따라 달라지며, 그래서 이렇게 순수하게 형식적인 극대화가 여기에 대응되는 경쟁적인 경제의 극대화보다 높은 수준인지 낮은 수준인지에 관한 질문에 대해서는 대답할 수 없다. 우리가 전자와 후자의 제도체계 중 어느 것이 그 자체의 가장

81) 아래의 7절 참조. 유일한 결정(이것은 당연히 일관성을 함축한다)을 확증하기에는 사유재산 경제—비록 완전경쟁이라 해도—보다 중앙집중적인 사회주의가 다소 쉽다는 점을 실제로 보여줄 수도 있다.

82) 물론 경쟁체제가 진정한 극대화에 도달할 수 없는 한, 사회주의적 계획 또한 경쟁패턴에서 벗어나야 할 것이다.

이상적인 모습이나 '진보'에 좀더 유리한 곳에서 조금 덜 벗어났는가라는 추가적인 질문에 대해 살펴보지 않는다면, 더욱더 그러하다. 이러한 질문은 현실적으로 결정성이나 '합리성' 자체에 관한 질문보다 훨씬 더 중요하며, 그래서 때로는 사회주의적 계획에 대한 이후의 비판가들, 특히 미제스[83)]가 파레토-바로네의 분석결과의 타당성을 실질적으로 부정하고자 했는지에 대해 말하기도 쉽지 않다. 왜냐하면 이것을 수용하면서도, 사회주의적 계획은 거기에 내포된 행정적인 난점이나 상당히 많은 또 다른 이유 때문에 '현실적으로 작동될 수 없다'[84)]고 주장할 수 있기 때문이다. 그것도 총산출지표에서 드러나듯이, 자본주의 사회의 효율성에 비교될 만큼 효율적으로 작동된다고 기대하기는 어렵다는 의미에서 (현실적으로 작동될 수 없다고—옮긴이) 말이다.

그러나 순수이론은, 이러한 문제의 해결에 거의 기여하지 못한다고 해도,[85)] 문제를 정확히 제기하고 타당한 견해차이의 범위를 좁혀주는 데 도움을 준다. 그러므로 우리는 비사회주의자가 계획하는 경우와 동일한 결론에 도달한다. 마셜 이후 공공정책으로 순수한 경쟁 메커니즘

---

83) L. von Mises, "Die Wirtschaftsrechnung im sozialistischen Gemeinwesen", *Archiv für Sozialwissenschaft und Sozialpolitik*, 1920. 영역본은 하이에크가 편집한 책(*Collectivist Economic Planning*, 1935)에 "Economic Calculation in the Socialist Commonwealth"라는 제목으로 실려 있다.

84) 베르그송(A. Bergson), 앞의 책. 우리가 이러한 문제들을 자세히 살펴볼 수는 없지만, 순수이론적인 반사회주의 주장(이것은 미제스, 하이에크 그리고 로빈스에 의해 옹호되었다)이 또한 존재했음을 지적할 필요가 있다. 이것은, 설령 사회주의 공동체의 정학을 묘사하는 방정식의 특정한 해집합이 존재한다고 해도, 생산수단에 대한 사적 소유가 없는 한 그것을 현실화시킬 메커니즘은 없다고 주장하는 것으로, 명백한 오류다. 이후에 설명될 '시행착오'(trial and error) 방법에 의해 실현될 수도 있기 때문이다.

85) 그러나 기여한 바가 없는 것은 아니다. 첫째, 그것은 비판가들이 사회주의적 계획의 현실적 세부사항에 대한 논의에 몸소 참여하지 않는 것을 핑계 대기 위해 제기하는 반론을 제거해준다. 둘째, 그것은 후자의 적절한 속성을 보여준다. 즉 그것은 과점업자들 사이의 경제전쟁 같은 불완전 경쟁상황에 내재하는 낭비범주(class of wastes)로부터 자유로울 수 있다.

을 개선할 수 있는 이론적 가능성은 더 이상 논쟁의 대상이 아니었다. 그렇지만 (마셜도 잘 이해하고 있었듯이) 담당부서인 정치 · 행정 기관에 대한 신뢰의 부재를 근거로 해서 특정한 조치나 심지어 계획화라는 생각 전체를 비판하는 것은 여전히 가능하다. (마치 마셜 혼자서만 이 상황을 이해했던 것처럼 보인다.)

6절 부분분석

모든 개별 가계와 기업의 예산을 구성하는 수많은 수량의 거대한 체계──프리슈의 문구를 다시 사용하자면, 미시분석──는 단순화를 요구하는데, 이를테면 그것들을 몇 개의 포괄적인 사회적 집계치로 결합하는 방식──거시분석──이 그것이다. 그러나 일부 목적에서는 거의 동일한 효과와 함께 단순화에 도달하는 또 다른 방법이 있다. 경제의 작은 부문에서 관찰될 수 있는 경제현상, 예를 들면 적당한 크기의 개별 '산업'과 심지어 개별가계나 기업에 관심이 있을 때, 우리는 다음과 같이 가정할 수도 있다. 이 작은 부문에서 발생한 것은 결코 경제의 다른 부문에 지각될 만큼의 영향을 미칠 수 없다고 말이다. 이 가정은, 비록 우리가 다른 조건이 불변이라면(ceteris-paribus)이라는 조항을 사용할 때 거기에 담겨 있는 의미이기는 하지만, 경제의 나머지 부문이 변함없는 상태로 남아 있어야 한다는 점을 필연적으로 함축하지는 않는다. 오히려 이 가정이 의미하는 바는, 고찰하고 있는 작은 부문에 어떤 외부 영향이 행사된다면, 이 부문은 경제의 나머지 부문이나 그것의 어떠한 요소에 사소한 영향 이상으로 영향을 미치지는 않은 채(**무시될 만한 간접효과의 원리**Principle of the Negligibility of Indirect Effects) 스스로를 조정한다는 점이다. 예를 들어 작은 부문에서 발생한 임금률의 변화는, 그것이 이 부문의 조건들에 의해 야기된 것이든 아니면 외부에서 오직 이 부문에만 영향을 미친 것이든 간에, 마치 국민소득이나 시장수요 스케줄에 조금도 영향을 미치지 못하는 것처럼 취급될 수도 있다. 이

러한 공준이 부분분석 방법을 정의해준다. 이것은 아주 오래전부터 계속해서 사용되었지만, 쿠르노와 만골트의 손을 거쳐 그리고 현재 살펴보고 있는 이 시기에는 마셜의 손을 거쳐, 새로운 정의와 독자적인 분석 장치를 획득했다.

앞에서 살펴보았듯이, 마셜은 많은 경제학자에게 무엇보다도 부분분석[86]의 대가였으며 지금도 그러하다. 이 방법은 우리의 상식에 호소한다. 여기에 따르면, 근사치에 만족하는 한 적어도 상당수의 영향과 반영향을 고려할 필요가 없다. 이를테면 핀 생산조건의 변화처럼 원리상으로는 국민소득에 영향을 미치고 이 영향을 통해 다시 가솔린의 수요에도 영향을 미치지만, 그 변화 정도가 아주 미세한 것이 여기에 해당된다. 그러나 동일한 상식이 우리에게 말해주는 또 다른 사항은, 단순화 가설이 너무도 강력해서 그 방법의 적용범위를 심각하게 제한하며, 그래서 작은 부문이 아니라 오직 경제 전체에서만 관찰될 수 있는 모든 관계가 제외된다는 점이다.[87] 그러므로 지금까지 부분분석이 널리 사용되었으며 지금도 그러하다는 사실은 이해할 만하지만, 그것이 처음부터 좀더 엄격한 유형의 이론가, 특히 발라와 파레토에게 모욕을 당했다는 사실 또한 똑같이 이해할 만하다.[88]

---

86) 마셜은 적절한 개념장치를 발전시켰다는 점 외에도, 무시될 만한 간접효과의 원리에 기초한 방법에 대한 일반철학도 발전시켰다. 이에 대해서는, 특히 *Industry and Trade*, 3rd ed., Appendix A, p.677 참조. 여기서 그는 해양력(the Nautical Almanack)을 끼워 넣으면서, 주저하지 않고 뉴턴과 라이프니츠의 권위를 이용했다. 마셜에 대해 그리고 그의 놀랄 만한 시도, 이 경우에는 모든 응용분야의 과학적 방법들 사이에 틀림없이 존재하는 밀접한 상관성을 보여주려는 시도에 대해 모두 적당한 경의를 표시한다고 해도, 경제학에서는 방금 언급된 원리에 대한 주장이 천문학에서 언급될 때와 동일한 비중으로 나타나지 않는다는 점을 부정할 수는 없다.

87) 이러한 제한조건의 무시가 어떻게 오류와 쓸모없는 논쟁으로 양산될 수 있는지에 대해서는 임금률 문제가 잘 보여준다. 작은 부문의 임금률 변동의 효과를 고려한 부분분석의 결과는 큰 부문이나 경제 전체의 임금률 변화에 적용될 수 없다. 작은 부문에서는 타당한 명제가 경제 전체에 대해서는 헛소리일 수도 있다.

[1. 마셜의 수요곡선]

부분분석의 표준도구는 쿠르노나 마셜의 시장수요 곡선이다. 이것은 구매자가 주어진 가격에 기꺼이 구매하고자 하는 상품의 수량을 이 가격만의 함수로 나타낸다.[89] 구매의사에 영향을 미치는 다른 모든 요소, 특히 소득은 수요곡선의 형태에 영향을 미치는 것으로 고려된다. 게다가 소득단위의 한계적 중요성('화폐의 한계효용')은 수요곡선을 따라 이동할 때도 변하지 않는 것으로 간주되며, 그래서 가격 P_0에서 구매한 것은 이보다 낮은 어떤 가격 P_i에서의 추가구매 의사에 조금도 영향을 미치지 못한다. 만일 사람들이 소득 한 단위에 부여하는 중요성이 문제의 상품에 대한 이들의 지출규모가 달라지는 이유와는 다른 요인에 의해 변해야 한다면 개별수요와 시장수요는 위치가 달라지고, 달라지거나 형태도 변할 것이다.(곡선이 '이동'할 것이다.) 『원리』(171쪽 이하)에서 마셜은 이러한 수요곡선 이론을 조심스럽게 발전시켰는데, 이것은 사실상 이후 수요연구의 전체 토대로 기능했다. 그러나 그는 그 타당성이, 심지어 근사성으로서의 타당성조차, 엄격한 제약조건에 기초한 것이라는 점

88) 발라는 『순수정치경제학 요론』, 4판 부록 II로 재출판된 한 논문에서, 쿠르노, 만골트, 아우슈피츠, 리벤(*Untersuchungen über die Theorie des Preises*, 1889: 1장은 1887년에 인쇄되어 배포되었는데, 여기에는 산업의 총비용곡선과 지출곡선이 도함수곡선과 함께 담겨 있다)의 부분분석을 공격했다. 여기서 그는 수요곡선이든 공급곡선이든 간에 (특정상품에 대한—옮긴이) 수요량이나 공급량을 그 상품가격만의 함수로 표현할 경우 정확한 것으로 수용할 수는 없음을 보여주었다. 왜냐하면 한 상품의 가격이 변하면 기존의 균형상황 전체에 교란이 발생하며 이에 따라 그것의 모든 요소가 재조정되어야 하기 때문이다. 그리고 그는, 이 방법(부분균형—옮긴이)을 하나의 근사치 방법으로 옹호하고자 한다면, 이를 위해 필요한 가정이 엄밀한 논리에 비추어보면 모순이라는 난제에 직면하게 된다는 점을 보여주었다. 파레토는 이 주장을 좀더 강하게 반복했으며, 이후에도 이것은 계속해서 강조되었다.

89) 흔히 우리는 독립변수, 이 경우에는 가격을 직각 좌표체계의 X축에 배치하고, 종속변수, 이 경우에는 수량을 Y축에 배치한다. 사실상 이것은 프랑스의 문헌에서 흔히 사용되던 방식이다. 그러나 마셜은 수량좌표를 X축으로, 가격좌표를 Y축으로 선택했는데, 이것은 영미문헌에서 흔히 사용되던 방식이다.

에 대해서는 충분히 강조하지 않았다. 실제로 그것은 상대적으로 중요하지 않은 상품——수요자의 총지출에서 작은 부문을 차지하는——에 대해서만 사용될 수 있거나, 중요한 상품인 경우 매우 작은 가격변화에 대해서만 사용될 수 있다.[90] 오직 이러한 경우에만 개별가계의 수요곡선이 한계효용 체감법칙을 가격으로 '번역'(앞의 책, 169쪽)한 것으로, 다른 모든 가격에 대해서는 고려하지 않은 채, 취급될 수 있으며, 뒤퓌가 고안한 것을 마셜이 발전시킨, 소비자 지대가 그 진정한 의미를 획득하는 것 또한 그러하다.

[2. 탄력성 개념]

소비자 지대의 개념은 이 장의 부록에서 논의될 것이다. 이번 기회에 마셜의 수요의 가격탄력성을 소개해보자. (이미 보았듯이, 이 개념의 맹아는 쿠르노와 밀의 글에 담겨 있다.) 연속적이고 미분가능한 '곡선'의 어떤 한 점에서의 움직임은 그 곡선의 기울기나 그 점에서의 미분계수로 표현된다. 만일 세로축(이 경우에는 가격)과 가로축(이 경우에는 수량)이 각각 Y와 X로 표현되고 x_0가 문제의 점이라면, (그 점에서의 미

90) 물론 마셜 자신은 어떤 특정상품에 대한 지출의 변화에 대해서 '화폐의 한계효용'이 일반적으로 고정되어 있지 않다는 사실을 알고 있었다. 이러한 인식은 『원리』의 본문(특히 207쪽을 보라)과 부록에 있는 수학적 주석 II와 VI에서 분명히 드러난다. 그럼에도 그는 3부 3장과 4장에서 (화폐의 한계효용의—옮긴이) 고정이라는 가정을 계속 고집했다. (여기서 그는 사람들의 화폐소득이 변했다는 이유로, '화폐의 한계효용'의 변화를 허용하기도 한다.) 여기에 커다란 오류가 내포되어 있는 것은 아니다. 왜냐하면 그는 차를 표준적인 사례로 삼아, 조심스럽게 추론하면서 예증하고 있기 때문이다. 이 상품은 그 중요성이 충분히 작아서, 가장 엄격한 기준을 설정하더라도 부분분석이 수용될 수 있으며 오로지 부차적인 중요성을 갖는 작은 양만이 실제로 무시되는 사례라는 기준을 통과할 수 있다. 옹호자나 비판자 모두 이 점을 간과했다. 더불어 이들은 작은 중요성이라는 필수조건이 현실적으로 항시 충분히 협소한 상품정의에 의해 더욱 강화된다는 점 또한 간과했다. 만일 고기일반(meat)이 충분히 하찮은 것이 아니라면, 우리는 (상품범위를 좁혀—옮긴이) 양갈비(lamb chop)에 대한 수요를 고려할 수도 있다.

분계수는—옮긴이) $\left.\frac{dy}{dx}\right]_{x=x_0}$ 로 표현된다. 좀더 완전한 정보는 고차의 도함수에 의해 전달되지만, 이는 우리의 관심대상이 아니다. 그러나 이러한 표현은 숫자에 국한된 문제가 아니라는, 그리고 가격 y와 수량 x가 측정되는 단위에 따라 그 값이 변한다는 단점을 안고 있다. 이를 간단하게 해결할 수 있는 수단은 증가분 dy와 dx를 다시 그것이 참조하는 가격과 수량으로 나누는 것이다. 그러면 우리는 $\frac{dy}{y} \div \frac{dx}{x}$나 $\frac{xdy}{ydx}$에 도달하게 되는데, 이것을 가격의 신축성이라 부른다. 그러나 만일 가격의 작은 변화에 대한 수요량의 반응 정도를 표현하고 싶다면, 앞의 표현의 역수인 $\frac{dx}{x} \div \frac{dy}{y} = \frac{ydx}{xdy}$, 즉 탄력성을 선택하는 편이 좋다. 이것은, 적어도 마셜의 수요곡선에서는 가격이 상승하면 수요가 하락하고 그 반대의 경우도 성립하기 때문에, 근본적으로 음수며, 그래서 양수를 얻기 위해 앞에 (−) 부호를 덧붙일 수도 있다. 그렇다면 마셜이 수요의 탄력성이라 부른 것은 $-\frac{ydx}{xdy}$가 되는데, 오늘날에는 이것을 좀더 정확하게 수요의 가격탄력성이라 부른다. 이렇게 매우 사소한 기여가 그토록 큰 찬사를 받은 경우는 아주 드물 것이다. (예를 들어 『전기』, 228쪽에서 케인스의 찬사를 보라.) 5부에서 이 주제로 돌아가야 할 필요성을 없애기 위해 '탄력성'——이 용어는 초보자들에게 타당하지 못한 연상을 불러일으키기 때문에 적절하지 않다——개념의 역사에 관한 설명을 계속하는 편이 좋을 것 같다.

첫째, 마셜의 수요탄력성은 수요곡선상의 한 점——이것이 '점탄력성'이다——을 가리킨다. 그러므로 이것은 가격과 수량의 무한히 작은 변화에만 적용가능하지만, 정확성은 점점 더 떨어진다. 그러므로 수요곡선의 유한한 영역에 적용될 수 있는 측정도구를 갖고 싶다는 소망이 나타났다. 이러한 '호탄력성'(arc elasticity)의 문제는 돌턴(H. Dalton)에 의해 처음 제기된 것으로, 러너가 주도한 논의("The Diagrammati-

cal Representation of Elasticity of Demand", *Review of Economic Studies*, October 1933; 또 알렌R.G.D. Allen의 분석적 비판과 러너의 답변인 "The Concept of Arc Elasticity of Demand", I과 II, *Review of Economic Studies*, June 1934도 참조)의 주제였다. 그러나 명심해야 할 사항은, 점탄력성이 약간의 가격변화에 대해서는 어느 정도 적용될 수 있는 반면 호탄력성은 좀더 큰 변화에 적용될 수 있지만 부분분석이 준수해야 할 제약을 위반할 가능성이 훨씬 높다는 점이다.

둘째, 탄력성에 근거한 추론은 그것이 마셜의 수요곡선에서 지니고 있는 바로 그 장점을 다른 많은 경우에서도 보여준다. 이에 따라 탄력성 개념이 풍성한 성과를 낳을 만큼 무르익었으므로, 우리는 각종 비용(총비용, 평균비용, 한계비용)함수의 탄력성, 수요의 소득탄력성, 대체탄력성에 대해 언급할 수 있다.(힉스, 로빈슨) 소득탄력성은 새로운 문제를 제기한다. 우리가 어떤 사람의 소득과 관련된 특정상품의 탄력성을 표현할 경우, 조금도 어려움이 없다. 그러나 만일 국민소득과 관련된 특정상품의 총수요탄력성을 표현한다면 우리는 전자의 변화, 즉 국민소득의 증가나 감소가 구매자나 잠재구매자에게 분배되는 방식에 따라 수요량에 상이한 영향을 미친다는 사실에 직면한다. 이 문제는 마샤크와 볼프(P. de Wolff, "Income Elasticity of Demand", *Economic Journal*, April 1941)가 다루었다. 마지막으로 프리슈의 '탄력성 미적분'(elasticity calculus: 이에 대해서는 R.G.D. Allen, *Mathematical Analysis of Economists*, 1938, pp.252~253 참조)에 대해 주목할 필요가 있다.

셋째, 소득탄력성의 개념을 소개하면서 우리는 이미 마셜의 수요곡선 영역에서 벗어났지만, 부분분석의 영역을 떠나지는 않았다. '부분탄력성'이나 '부분가격탄력성'의 개념을 사용할 때, 우리는 부문연구가 실제로 좀더 포괄적인 체계의 한 요소임을 인식하면서도 어찌 되었든지 간에 동일한 부분분석을 수행하고 있는 것이다. 다만 여기서 우리가 양보할 수 있는 부분은 경제의 나머지 요소들을 '동결'시킬 뿐만 아니라 일정한 수준에 고정시키기까지 한다는 점을 보여주기 위해 상미분(ordinary

differential)계수로 표현되던 탄력성을 편미분계수(partial differential)로 대체하는 선까지다. 그러나 일단 여기까지 진행했다면, 우리는 한 상품의 수요탄력성을 다른 상품의 가격변화에 대해서도 똑같이 잘 표현할 수 있으며('교차탄력성'), 모든 상품——산출물뿐 아니라 생산요소까지——의 가격변화에 대해서도 성공적으로 표현될 수 있다. 이 작업은 무어(H.L. Moore, *Synthetic Economics*, 1929)에 의해 체계적으로 진행되었으며, 대체탄력성은 힉스와 알렌(이 사람의 설명은 앞의 책, 503쪽 이하 참조)에 의해 이루어졌다. 이러한 경우에 탄력성 개념은 일반분석의 도구, 즉 우리가 주목하는 관계를 탐색하는 데 사용될 수 있는 도구가 된다. 왜냐하면 그것은 또한 경제 전체에서 확인될 수 있기 때문이다.

[3. 일반분석에 유용한 개념들]

부분분석은 어떤 명확한 경계선에 의해 일반분석과 분리되는 것이 아니라, 오히려 처음에 분석목적에 따라 고안된 개념의 범위를 확장함으로써 점차 일반분석으로 변해가는 것이다. 가장 좋은 예가 마셜의 (『경제학 원리』—옮긴이) 5부다. 이것은 기본적으로 부분분석의 고전으로, 경제 전체에 비해 상대적으로 작은 개별산업의 이론이다.[91] 여기서 산업수요 곡선은 서로 독립적이라고 여겨지는 산업공급 곡선과 만난다.[92] 이 공급곡선 이론은 쿠르노의 비용이론을 발전시킨 것으로, 부분분석이

---

91) 물론 이것은 완전시장—모든 구매자에게 거의 한 가지만이 존재하는 시장—의 존재, 그러므로 잘 정의되고 완벽히 동질적인 '상품'의 존재를 함축한다. 여기서 각 상품의 생산은 특정한 시장수요 곡선을 만나는 '산업'을 정의해준다. 마셜과 동시대의 경제학자들은 체임벌린과 다른 사람들로 하여금 '산업수요 곡선'이라는 생각을 완전히 포기하도록 했던 난제에 대해 완전히 파악하지 못했다. 그러나 보지 못한 것은 아니었다.

92) 간접효과를 무시해도 된다는 원칙에 따르면, 어떤 산업에서든 생산된 수량의 변화는 모든 상품에 대한 총수요는 말할 것도 없고, 그 상품에 대한 수요곡선을 이동시킬 정도로 동일산업의 소득에 강하게 영향을 미쳐서는 안 된다.

수요곡선에 부여한 제약조건보다 훨씬 더 심한 제약조건을 전제하고 있다.[93] 그러나 마셜은 자신의 체계를 이렇게 화려한 세부사항들로 장식함으로써, 그것에 실질적으로 해당되지 않는 중요성을 부여했으며, 그것을 비집계적인 산업과정 연구의 중추로 만들었다. 이 역할은 오늘날까지도 그대로 이어지고 있다.[94] 아울러 그 과정에서 그는 일반분석에

---

93) 이 상황을 다른 누구보다도 잘 정리했던 바로네가 생산물의 공급곡선을 마셜처럼 자유롭게 사용하지 않았던 이유는 바로 여기에 있다. 대신 그는 개별요소들의 공급곡선을 언급하는 데 그쳤다. 이는 생산요소들의 가격이 주어져 있으며, 그 상대가격 또한 생산물의 공급곡선에 따라 이동할 때 변하지 않는다는 가정, 즉 특별한 경우에는 수용될 수 있지만 일반적으로는 수용될 수 없다는 가정을 피하기 위함이었다. 이에 대해서는 "Sul trattamento di quistioni dinamiche", *Giornale degli Economisti*, November 1894 참조. 피구 또한 독자적인 관점으로부터 이러한 제약조건을 마셜보다 분명하게 깨달았다. 특히 『이코노믹 저널』, 1928년 6월호에 발표된 그의 논문("Analysis of Supply") 참조.

94) 이 도식을 개발하면서, 마셜은 분명 거기에 실제로 감당할 수 있는 수준 이상의 역할을 부여했다. 여기서 이러한 행동의 가장 중요한 사례를 언급하는 것이 좋을 것 같다. 이 도식은, 소규모산업의 생산물에 대한 단조적으로 하락하는 시장수요 곡선이 그동안에 단조적으로 상승하는 산업공급 곡선과 서로 교차할 때, 가장 잘 작동된다. 이러한 분석틀은 실제로 기업과 산업이 많은 경우에 (단조적으로—옮긴이) 하락하는 공급곡선에 따라 움직인다는 사실을 설명에서 제외시키는 듯 보이는데, 그러나 마셜은 자신의 논의가 이 틀에 따라 제한되는 것을 분명 원하지 않았다. 그래서 그는 하락하는 공급곡선을 수용했으며, 이를 설명하기 위해 그의 유명한 내부경제 · 외부경제 개념을 도입했다. 그러나 다음사항을 분명히 할 필요가 있다. 이러한 현상을 묘사하는 공급곡선은 비가역적 과정을 다루는 것이므로, 기업이 (시간흐름의—옮긴이) 앞 · 뒤로 자유롭게 이동할 수 있는 보통의 공급곡선과는 결코 같지 않다는 점이 그것이다. 이것(전자의 공급곡선—옮긴이)은 역사과정을 일반적인 형태로 묘사한다. 여기서 순수경쟁 조건에서 산업의 균형에 관한, 다음과 같은 유명한 난제가 제기된다. 하락하는 공급곡선이 수요곡선과 아래로부터 교차할 때, 즉 교차점의 왼쪽에서는 한계비용이 수요가격보다 낮고 오른쪽에서는 그 반대로 높을 때, 마셜은 그 교차점을 안정된 균형점이라 말할 것이다. 그러나 우리가 독점적 요소를 인정하지 않는 한, 어떠한 개별기업도 그 점에서 행동의 변화를 멈출 만한 이유가 없음이 분명하다. 이러한 난제는 아주 불필요한 것이다. 내부경제와 외부경제의 경우에 모두, 산업의 공급곡선은 위치를 이동(아래로 이

도 유용하고, 앞서 말했듯이 경제 전체의 관계를 탐색하는 데도 유용한 개념들을 발전시켰다. 한 가지 사례가 준지대 개념이다. '인간이 만든 장비'가 장기적으로나 단기적으로 천연자원과 똑같이 작동될 수 있다는 사실은, 비록 마셜이 자신의 부분분석과 연결시켜 보여준 것이기는 하지만, 발라유형의 일반분석에서도 당연히 중요한 개념이다.[95] 그러나 가장 중요한 사례는 '대체원리'다. 이것은 비싼 생산요소의 결합을 저렴한 것으로 대체하려는 생산자들의 원리로 꽤나 겸손하게 웅크리고 있다가, 마침내 '튀넨의 저 위대한 대체법칙'이라는 자랑스러운 지위로 격상되었다. 이 법칙은 전체 경제과정에 스며들어 그것을 통제하면서, 경제변수들의 보편적 상호의존 관계에 대한 인식으로 나아가는 몇 가지 가능한 길 중의 하나를 개척한 것이다.[96] 부분분석의 관점에서 그리고 그러한 범위 안에서, 이 보편적 상호의존성은 결합 수요 · 공급(joint and composite demand and supply) 이론과 관련된 상품 일반의 가치이론에 관한 수많은 탐색을 통해 입증되었다. 『원리』, 5부의 매우 뛰어난

동)하는데, 이러한 자리이동을 묘사하는 곡선을 공급곡선이라고 부르는 것은 결코 타당하지 않다.

95) 이 개념에 대한 마셜의 분석은, 지대개념에 대한 그의 분석과 마찬가지로, 비일관성 때문에 다소 손상되었다. 그러나 이미 알고 있듯이, 이것은 '시간요소'에 내재된 난점을 해결하려는 시도에서 그가 생산해낸 가장 중요한 도구 중 하나였다. 이와 비슷하게, 장기와 단기에 관한 그의 이론은 소규모 산업이나 심지어 개별기업에 관한 고찰 속에서 성장했지만, 일반적인 적용가능성 또한 갖고 있다.(『원리』, 519쪽) 이것이 훨씬 더 명확하게 나타난 것은 마셜의 기대이론(422쪽, 446쪽)과 위험이론에서였다.

96) 이것은 우리가 『원리』, 420쪽에 소개된 기술적 대체나 요소대체에 소비자들에 의해 수행되는 훨씬 더 근본적인 생산물의 대체를 덧붙여보면 분명해진다. 마셜 또한 후자를 인식하기는 했지만, 그 이전에 멩거가 발전시킨 방식으로 양자를 완벽하게 조정하지는 못했다. 그 결과, 마셜의 대체원리는 그의 저작과 그의 후계자 집단의 저작에서 진정 올바른 관점으로, 즉 한계효용 이론 내부의 특수한 명제로 제시된 적이 결코 없었다. 이것은, 상당히 강조되기는 했지만, 카셀에 이르기까지 가치와 비용에 관한 근본이론에서 도출되는 것이라기보다는 이 이론에 덧붙여지는 보조원리로 남아 있었다.

일부 문장은 이러한 탐색의 결과인데, 이는 이후 에지워스에 의해 더욱 발전되었다. 사실상 경제체계의 모든 요소 사이에 존재하——는 그래서 아주 쉽게, 모든 것이 다른 모든 것에 의존하는 것에 대해 냉소를 자아내게 만드——는 보편적 상호의존성이라는 포괄적이지만 무미건조한 생각이, 소고기와 양고기의 가치관계나 차와 설탕 사이의 가치관계, 즉 '경쟁적' '보완적' 상품들 사이의 가치관계(피셔)에 대한 구체적인 사례를 통해 많은 사람에게 수용될 수 있다는 것은 지극히 당연하다. 그리고 이것은 부분분석 방법에 내재된 제약조건을 위반하지 않으면서 이루어질 수 있다. 이 경우, 실제로 우리는 가끔씩 엄밀한 논리를 약간 무시하면서 직접적 효과를 넘어 간접효과까지 고려하기도 한다. 그러나 이는 오직 전체 경제에 상당한 영향을 미치지 않는, 즉 적어도 소규모 부문의 구조(setting)를 결정짓는 국민소득과 같은 수량에 영향을 미치기에 충분할 정도로 영향을 미치지는 않는, 소규모 부문 안에서만 타당하다. 이 경우 부분분석으로 다룰 수 있는 소규모 부문의 관계는, 제한된 범위이기는 하지만, 경제질서 전체의 관계를 보여주거나 예시해줄 수 있다.[97)]

그러나 이 지점까지만 진행되었을 뿐이다. 이 지점을 넘어서면, 부분분석의 방법과 결과는 부적절했으며 심지어 오류로 이어지기도 했다. 마셜도 이를 알고 있었다. 그가 자신의 논증을 분배의 '일반이론' 영역으로 상승시킬 때마다, 자신의 발걸음을 신중하게 관찰했다는 사실은

97) 이 계보에 속하는 에지워스의 수많은 연구—즉 부분분석의 사례를 다루지만, 이를 통해 일반적 관계를 보여주는—중에서, 나는 오직 한 가지만 언급하고 싶다. 그의 유명한 과세의 역설(taxation paradox)에 관한 연구가 그것으로, 독자들은 오히려 호텔링의 논문("Edgeworth's Taxation Paradox and the Nature of Demand and Supply Functions", *Journal of Political Economy*, October 1932)을 통해 이것을 공부하는 편이 좋다. 본문에서 설명한 의미에서, 부분분석과 일반분석이 서로 협력할 수 있는 정도는 파노(Marco Fanno)의 1914년 논문("Contributo alla teoria dell' offerta a costi congiunti", *Giornale degli Economisti*, October 1914)과 여기에 해당되는 이 저자의 후기 논문("Contributo alla teoria economica dei beni succedanei", *Annali di Economia*, 1926)에서 잘 드러난다.

매우 시사적이다.[98] 그러나, 그의 부록(21번째 주석)에 비추어볼 때, 분명한 사실은, 만일 그가 좀더 나아가길 원했다면 부분분석의 필수적 보완물을 집계분석이라는 별도의 영역(거시분석)이 아니라 발라유형의 일반적 미시분석 방법에서 찾았어야 했다는 점이다.

앞으로 (5부 5장에서) 보게 되겠지만, 우리 시대의 많은 경제학자, 특히 케인스학파에게 설득력 있는 것은 전자의 방법이다. 이 학파는 경제이론을 개별기업에 관한 이론과 총소비, 총투자, 총고용 등의 관계를 고려하는 거시경제 이론으로 나누었다. 그러므로 첫째, 이 측면에서 마셜과 1930년대 그의 이단적 추종자들(rebellious followers: 아마도 케인스학파를 지칭하는 듯하다—옮긴이) 사이에 존재하는 역사적 연관성을 지적할 필요가 있다. 그리고 둘째, 개별기업 이론과 거시분석의 이러한 결합이 지금 살펴보고 있는 시기에 어느 정도 예견되었다는 사실에 대해서도 지적할 필요가 있다.

첫 번째 주제에 관해, 마셜이 자신의 『원리』 5부에서 소규모 산업을 기마병으로 삼았다고 해서 이에 못지않게 중요한 사실, 즉 그의 산업분석이 대부분 실질적으로 개별기업 경제의 관점에서 이루어졌다는 사실을 간과해서는 안 된다.[99] 심지어 그는 후자(개별기업 경제의 관점—옮

98) 특히 『원리』, 587쪽 이하 참조. 아울러 그가 609쪽과 611쪽에서 '일반정리'에 도달했던 방식도 참조. 전자(609쪽)의 문장과 관련해서 명심해야 할 사항은 그가 사회적 생산함수(경제 전체에 적용될 수 있는 생산함수)의 존재를 가정했다기보다는 오히려 개별산업이나 심지어 개별기업 안에서 분석을 수행한 후 "문제의 본질은 모든 산업에서 동일하다"(588쪽)라고 언급하는 데 그쳤다. 8절에서 다시 이 주제로 돌아갈 것이다.

99) 소규모 산업에 관한 이론과 개별기업에 관한 이론의 연결고리는 그의 대표적 기업이었다. (이것은 이후 피구에 의해 균형기업으로 재정식화되었다.) 이 모호한 개념에는 우리가 개별기업들의 살아 있는 모습에서 발전개념으로 산업과정을 묘사하려고 할 때 발생하는 난점을 해결하거나 우회하려는 가장 흥미로운 시도가 담겨 있다. 이것은 평균기업이나 한계기업이 아니며, 선도기업도 아니다. 오히려 그것은 어떤 주어진 시점에 산업의 조건이 반영된, 그것도 특정한 명제가 그 산업에는 적용되지만 모든 실존기업이나 전체의 산업에 대해

긴이)가 의미하는 바를 넘어 개별기업 이론에 필요한 모든 구성요소를 실제로 수집하기도 했는데, 여기에는 순수이론의 섣부른 일반화를 현실 생활에 곧바로 적용하는 것을 막아주었으며 자신의 일반화에 대한 반론으로 반복해서 제시되기도 했던, 모든 상황에 대한 상당히 완벽한 분류까지 포함되어 있었다. (특히 『경제학 원리』, 6부 8장을 보라. 여기서 정상이윤의 개념이 개발되었는데, 특히 696쪽과 700쪽을 보라.) 그러므로 산업개념이 현대적 비판에 굴복하자마자, 분열된 경제이론 중 하나가 부상했지만, 다른 하나의 장점이 그 제자들에게 훨씬 더 분명하게 다가갔는데, 그 정도는 발라의 이론이 그의 제자들에게 다가갔을 법한 수준을 능가하는 것이었다.

두 번째 주제에 관해, 마셜 자신이 거시분석을 선도한 적이 없었다는 사실은 아무리 반복해서 지적해도 지나치지 않다. 그러나 거시분석 자체와 그것의 개별행동에 대한 미시적 설명의 결합은 오래된 것이었다. 케네의 경제표는 경제생활의 정상적인 순환흐름에 관한 거시적 설명이다. 그리고 케네는, 이미 보았듯이, 이것을 미시적 교환이론으로 보완했다. 그다음 시기에 리카도는 동일한 작업을 많이 보여주었다. 그의 분배몫은 집계치지만, 그 이유는 파편적인 미시분석에서 도출되었다. 우리가 살펴보고 있는 이 시기에는 뵘-바베르크가 동일한 작업을 많이 보여주었다. 그는 개별행위 이론과 여기에 입각한 교환이론에서 출발했다. 그러나 그의 건물의 가장 꼭대기 층에는, 임금재 총합(의 가치), 총산출(의 가치), 총 '생산기간' 같은 집계치만 남아 있었다. 이와 비슷하게, 빅셀도 반론에 대해 별다른 반응을 보이지 않은 채 사회적 생산함수에 기초해서 추론했다. 여기에 케네-리카도-뵘-바베르크-빅셀의 방법이 케인스의 방법이기도 했다는 점을 덧붙일 필요는 거의 없을 것이다.

서는 적용되지 않는 방식으로, 지위와 구조를 안고 있는 기업이다. 이 개념은 교사로서의 마셜의 권위에 힘입어 자동적으로 수용되었다. 그러나 그것은 합당한 비판을 받지도, 가능한 발전을 이루어내지도 못했다.

7절 발라의 일반균형 이론*

이 절에서 우리는 모든 경제변수의 균형값, 즉 완전균형과 순수경쟁 조건에서 모든 가계와 기업에 의해 구매되는 생산물과 요소의 가격과

* 〔발라의 일반균형 이론에 대한 이 절은 저자가 죽기 바로 전 해(아마도 마지막 몇 달 동안)에 씌어졌다. 소절 (1), (2), (3)은 타자본 형태(슘페터가 다시 읽어보지는 않은 상태)로 발견되었으며, 소절 (4), (5)는 수고 형태였다. 아마도 슘페터는 네 개의 소절만을 기획했던 것 같다. 그가 쓴 소절 (2)에는 현재의 소절 (3)이 포함되어 있었다. 쪽수도 없었고 모든 소절에는 제목도 없었지만, 기획했던 순서는 아주 분명해 보였으며 발라의 목차(table of contents; *Éléments*, pp.489~491)를 따르고 있었다. (슘페터에게는—옮긴이) 이러한 종류의 저작에서 흔히 피할 수 없는 사소한 오류를 수정하거나 정정할 만한 기회가 없었지만, 최종본에는 저자가 말하고자 하는 바를 스스로 알고 있었음을 입증해주는 모든 증거가 담겨 있다. 그는 최종본을 만들어내기 전에 여러 번 고쳐보려고 시도했다가 포기하곤 했다.

그러나 그는 제목과 간단한 머리말에 대해서는 마음을 정하지 못했다. 적어도 세 편의 미완성 머리말이 있었다. 그중 하나를 이 각주에 덧붙였으며, 두 번째 것을 본문의 처음 두 문단으로 엮었다. 또한 세 개의 다른 제목이 제시되었다. 그 하나가 이 절에서 실제로 사용된 것이며, 아래에서 소개된 것(발라의 미시분석—옮긴이)이 다른 하나며, 세 번째 것은 "일반분석: 발라의 체계"였다.

추측하건대, 아래의 미완성 「서문」이 마지막에 작성되었을 것이다.

7. 발라의 미시분석. 이 절에서는 발라체계의 주요특징이 개관될 것이다. 일부 주제는 설명의 편의를 위해 재정식화될 것이며, 다른 많은 주제는 8절과 이 장의 부록에서 좀더 면밀하게 검토될 것이다. 발라가 일련의 방정식으로 구체화했던 이 체계는 (수식이 아닌—옮긴이) 서술적으로 논의될 것이다. 간단한 언급이 없는 한, 우리는 항상 순수경쟁을 가정할 것이다.

우리는 외부세계에 영향을 미치지도, 그것으로부터 영향을 받지도 않는 폐쇄된 영역을 고려한다. 이 영역은 생산적 서비스(단순화를 위해 개인서비스처럼 직접적으로 소비되는 서비스는 무시된다. 다만 소유자가 직접 여가나 즐거움의 형태로 소비하는 것은 포함시킨다)를 팔고 생산물을 구매하는 가계와 생산물을 팔고 생산적 서비스를 구매하는 기업으로 구성된다. 가계는 자신의 서비스를 기업에게만 판매하지만, 기업은 생산물을 가계에게만 판매하지 않는다. 어떤 기업은 다른 기업에게 판매하기 위해 특정생산물(원료와 장비)을 생산하기도 한다. 본질적인 문제를 명확히 드러내기 위해 우리는 먼저 이러한 중간재를 무시할 것이다. 그래서 기업은 마치 노동과 천연자원 서비스를 결합해서 가계에 판매하기

그 수량을 결정하게 될 조건이나 관계(방정식)에 관한 발라체계의 논리적 구조를 분석할 것이다. 먼저 주목해야 할 사항은, 이러한 수량의 결정에 집단소득과 사회적 소득만이 아니라 개별소득도 포함되기 때문에, 이 이론에는 소득분석의 개념이 포괄하는 것까지 모두 담겨 있다는 점이다. 아울러 고려해야 할 조건이나 관계는, 근본적으로 미시분석적인 본질을 담고 있다고 해도(기본적으로 개별가계와 기업에 의해 사고 팔리는 수량을 지칭하므로), 거시경제적 측면, 이를테면 사회의 총고용에 관한 측면 또한 담고 있다는 점이다. 그래서 이를테면 케인스 유형의 소득분석이나 거시분석을 발라의 미시분석과 대비시키면서, 후자가 소득분석이나 거시분석을 무시하고 있으므로 이러한 분석에 의해 보완될 필요가 있다고 하는 것은 오류라는 점을 독자들에게 아무리 강조해도 지나치지 않다.

또한 세 가지 다른 주제에 대해서도 일단 주목해야 한다. 첫째, 앞에서 나는 생산물과 요소의 가격에 대해 말했다. 그러나 발라의 가격결정이론은 주로, 그리고 기초단계에서 생산물과 요소의 서비스 가격에 관한 것이다. 이는 오직 한 번 이상 사용되지 않는 생산물과 요소에 관한 것일 뿐이라는 의미와 같다. 다른 모든 경우, 생산물과 요소 자체의 가격결정 문제는, 앞으로 알게 되겠지만, 두 번째 단계에서 해결되는 별도의 문제다. 그러나 이처럼 혼동의 염려가 없는 경우에도 이 점을 계속 언급하는 것은 쓸데없이 아는 체하는 것이다. 둘째, 나는 '완전균형과 순수경쟁에서 지급되는' 가격에 대해 언급했다. 이러한 언급방식은 발라적이지 않다. 발라는, 클라크와 아주 비슷하게, 이러한 균형가격을 실생활에서 가격변동의 중심이 되는 실제적인 수준으로 생각했는데,[100] 여기에는 내가 원치 않는 주장이 담겨 있다. 셋째, 발라는 생산적 서비스를

위한 생산물을 만들어내는 존재로만 고려할 것이고, 그러고 나서……]

100) 클라크와 마찬가지로, 그는 자신의 생각을 전달하기 위해 (균형가격을—옮긴이) 호수의 '수위'에 비유했는데, 이는 스미스가 오래전에 생각해낸 아이디어였다.

토지서비스, 노동서비스, '본래의 자본'(capital proper)'[101] 서비스로 분류했지만, 이것이 오래된 생산요소의 3원소를 수용한 것은 아니었다. 실제로 발라는 무한한 수의 생산수단과 서비스를 인정했다. [원고는 여기서 끝났다.]

1. 발라의 개념화

발라 방정식이 표현하려 했던 경제패턴에 관한 설명은 『요론』[102] 17~19강(leçon)에 담겨 있다. 이 패턴의 작동방식은 35강에 제시된 경제표에서 좀더 구체적으로 드러나는데, 여기서 그는 또한 균형상태 주변에서 발생하는 진동에 관한 견해도 보여준다.[103] 우리는 그의 기업

---

101) 알다시피 발라는 자본(*capitaux*)을 넓은 의미에서는 한 번 이상 사용되는 모든 '재화'로, 좁은 의미에서는 생산된 내구재(본래의 자본*capitaux proprement dits*)로 각각 정의했다. 그는 이것의 서비스를, 그것이 소유자에 의해 소비되든(이를테면 '인적 자본'personal capital인 경우에는 여가로: 이 여가는 여전히 노동*travail*이다) 생산적으로 사용되든 간에, 수입(*revenus*)이라 불렀다. 이러한 개념장치는, 발라가 아버지 안토이네 오거스트 발라(Antoine Auguste Walras, 1801~66; *Théorie de la richesse sociale*, 1849)에게서 차용한 것이자 피셔에 의해 (실질적으로) 채택된 것으로, 논리적 장점을 갖고 있다. 하지만 이것은 발라의 추론(17강)이 올바르게 이해되어야만 한다는 점을 명심했을 경우에만 우리에게 중요하다. 동일한 이유로, 나는 자본이 직접 소비되거나 생산적으로 이용되는 서비스를 제공한다는 점 외에도, 소비될 수 있거나 생산적으로 이용될 수도 있는 조달서비스(*a service d'approvisionnement*)까지 제공한다는 점을 반복해서 말하고 싶다. 18강과 19강은 발라의 생산과정 모델과 기업의 회계체계에 대해 자세히 설명하고 있지만, 그에 합당한 주목을 받지는 못했다.

102) [*Éléments d'économie politique pure ou théorie de la richesse sociale*, lst ed. 1874~77; 4th ed. 1900 참조. 구체적으로 다른 언급이 없는 한, 이후에도 계속 1926년의 최종본을 인용할 것이다.]

103) 이 관점은 본질적으로 스미스와 다르지 않다. 발라가 시장균형을 바람에 흔들리는 호수에 비유한 것은 균형값의 현실성—심지어 정상성—에 대한 자신의 믿음을 매우 특징적으로 보여주는 것으로, 클라크에 의해서 다시 한 번 반복되었다. 이러한 무비판적인 믿음은 당시에 별다른 의심 없이 널리 퍼져 있었지만, 지속불가능하다는 사실을 다시 한 번 강조해야 한다. 그러나 이러

가를 만날 수 있고, 단순화된 회계체계의 매우 유용한 분석을 통해 전형적인 기업의 작동구조를 만나기도 한다. 이러한 분석은 발라의 이론적 구상의 전부는 아닐지라도, 그 대부분을 결정짓는 자산목록[104]과 연결된다. 우리의 현재 목적을 위해 이 자산목록의 몇 가지 두드러진 특징에 주목하는, 아니 (좀더 정확히 말하자면—옮긴이) 다시 주목하는 편이 유용할 것이다. 알다시피 발라의 기업가는 다른 기업가에게서 원료를 구매하고, 지주에게서 땅을 임대하며, 노동자에게서 그의 능력을 빌리고, 자본가에게서 자본을 임대해서, 자신의 책임 아래 이러한 것들의 서비스를 결합하거나 통합시킨 결과인 생산물[105]을 판매하는 경제주체

한 사실이 균형 수준의 속성에 대한 분석을 필요 없는 것이거나 실용성이 없는 것으로 만들지는 않는다. (앞의 3절에서 '균형의 이상적인 상태'를 보라.) 또한 강조되어야 할 사항은 발라가 비록 자신의 이론과 자본주의 현실 사이의 간극을 과소평가하기는 했지만(이를테면 *Éléments*, p.370 참조), 이 간극의 존재를 인식하지 못했던 것은 아니라는 점이다. 아울러 이 점에 관한 한, 파레토를 비판할 수도 없다.

104) 만일 우리가 경제과정을 잠시 멈추고 그 모든 요소의 목록을 작성하고자 한다면, 모든 경제적 고려의 대상은, 심지어 '노동력'(마르크스)이나 인적 자본(*capitaux personnels*: 발라)까지, 자산으로 간주될 수도 있다. 발라는 펀드와 플로 사이의 차이가 분명히 드러날 때 경제과정이 움직이도록 했으므로, 즉시 우리는 자산이 어떻게 스스로를 재생산하는지 알게 된다. 자산에는 열세 가지 항목이 있다. (여가를 포함해서) 직접적으로 소비되는 '서비스'를 생산하는 '자본'(토지, 노동력 그리고 생산된 자본을 포함해서, 한 번 이상 이용되는 모든 것)과 생산적 서비스를 생산하는 '자본'(토지, 노동력 그리고 공장과 설비로 구성된 생산된 자본)이 여기에 속하며, 이러한 여섯 가지 항목 외에도 (신규자본처럼) 생산자의 손에서 판매되기를 기다릴 뿐 아직까지는 그 어떠한 서비스도 제공하지 못한 생산된 자본(공장과 설비), 소비자가 오직 한 번만 이용할 수 있는 소비재 스톡(stock), 곧 사용될 예정인 생산자 소유의 원료와 반가공품, 생산자 손에 있지만 곧 판매될 예정인 (일시적인) 소비재와 원료의 스톡, 그리고 마지막으로 세 가지 유형의 화폐스톡, 즉 소비자가 거래를 위해 조달한 소비자 소유의 화폐, 생산자가 거래를 위해 조달한 생산자 소유의 화폐, *monnaie d'épargne* 등이 여기에 속한다. 마지막 항목(*monnaie d'épargne*—옮긴이)은 케인스 논쟁(The Keynesian controversy) 때문에 번역하기가 쉽지 않지만, 내 생각에는 '투자용 화폐'(라는 번역—옮긴이)가 발라의 의미에 가장 가깝다.

(자연인이나 법인)[106]다. 이렇게 그 자체로는 무엇인가를 만들어내지도 않고 잃을 것도 없는 기업가 개념의 의미에 대해서는 다시 검토하지 않을 것이다. 그러나 다음의 세 가지 사항에 주목하는 것은 중요하다.

---

105) 발라가 자본, 즉 한 번 이상 사용되는 재화(노동력 포함)와 서비스(나 수입)를 엄격하게 구분—이러한 구분은 한 번만 쓰이는 재화의 경우에는 타당하지 않다—한 결과, 그의 가격결정 이론은 두 수준으로 나뉜다. 먼저 (첫 번째 수준에서는) 서비스의 가격결정(일시적 재화의 가격결정을 포함해서)에만 관심을 가져야 한다. 또 다른 수준에서는, 자본 자체의 가격결정의 문제에 직면한다. (여기서 노동력의 가격결정은, 노예의 경우가 아니라면, 당연히 배제된다.) 모든 소득은 서비스의 판매로부터 일관되게 도출된다. 이러한 개념장치는 '토지'(영구적 생산요소)와 '노동'의 경우 그 어떠한 난점도 만들어내지 않지만, 설명과정에서 시간이 흐르면서 마모되는 생산된 재화와 내구재의 경우에는 순소득의 존재에 관한 의문을 야기한다. 당분간 우리는 발라가, 비록 생산적 서비스를 토지, 노동력, 생산된 자본으로 분류함으로써 전통에 굴복했으며 그래서 오래된 생산의 3요소를 수용하고 있는 것처럼 보인다고 해도, 실질적으로는 무한한 수의 생산적 서비스를 인정했다는 점을 다시 주목할 것이다. 또한 우리는, 이후의 발전을 예시해주는 것으로, 그가 토지와 노동력(그리고 공장과 아주 적은 수의 장비)만이 실물로 임대될 수 있다고 지적한 적이 있다(197쪽)는 사실에 주목해야 한다. 비록 처음에는 발라도 화폐가 생산과정에 도입되기 전 자본이 현물로 대부되는 것을 허용했지만, 생산을 위한 내구적 생산수단은 대부분이 기업가에 의해 현물이 아니라 자본가가 저축하고 빌려주는 화폐형태로 차용된다고 보았다. 이것은, 앞으로 알게 되겠지만, 발라가 수용하려 했던 것 이상으로 화폐대출과 자본재대출 사이의 좀더 엄격한 구분을 함축하고 있는 듯 보인다. 사실 그의 자본가들은 기업가에게 대출하기 위해 재화가 아니라 화폐를 가지고 있다. 자본가가 생산된 내구재의 소유자인 것처럼 과정이 지속된다면, 이는 오직 순수경쟁의 완전균형에서만 가능하다. 이러한 미묘한 쟁점은 수학적으로 항등식과 균형조건 사이의 모든 차이를 야기하는 것으로, 특히 발라체계와 케인스체계의 유사성을 보고자 한다면 반드시 명심해야 한다.

106) 비록 발라는 영국의 경제학자들이 기업가 기능을 자본가 기능과 혼동하고 있으며 프랑스 경제학자들이 전자를 노동의 기능(기업가의 업무는 일종의 노동이다)과 혼동하고 있다고 각각 비난했지만, 그의 기업가 이론은 밀과 세의 분석 이상으로 나아가지 못했다. 다만 그는 '결합의 기능'을 좀더 분명하게 부각시켰을 뿐이다. 그가 법인을 기업가의 범주에 포함시켰다는 사실에서 알 수 있듯이, 그의 관점은 일상적인 사업관행 영역에 속하는 것이었으며, 거칠게 말하면 마셜의 네 번째 생산요소인 조직과 비슷했다.

첫째, 발라는 (다른 어떤 학자보다도 훨씬 더) 신중하게 다양한 '시장'을 구성하고 그것들을 현실적으로 구별했는데, 그의 경제 메커니즘은 이러한 시장을 통해 작동되었으며 이것의 상호작용이 그의 분석의 핵심이었다. (그의 분석에 따르면—옮긴이) 가능한 한 단순화하고 많은 것을 결합할 경우, 두 개의 근본적인 시장, 즉 생산물 시장과 생산적 서비스 시장을 갖게 되며, 여기에 자본의 가격을 결정하는, 그러므로 새로운 수입의 비율을 결정하는 시장과 지불수단 시장이 덧붙여진다. 독자들은 내가 이렇게 명백히 사소한 문제를 강조하는 것에 약간 놀랄 수도 있다. 그러나 고도의 추상 수준에서조차, 논증의 모든 부분과 식별가능한 시장을 엄격히 결합하는 것이 발라 절차의 핵심적인 특징인데, 이 절차는 네 가지 경우에 모두 균형문제에 대한 이론적 해로부터 출발해서 그 이론적 해가 '실제로' 그에 상응하는 시장에서 작동되는 방식을 탐색하는 방식으로 구성된다.[107]

둘째, 발라의 자산목록을 자세히 살펴볼 때, 스톡이나 재고(stocks or inventories)가 상당히 강조되고 있음을 알게 된다. 가계와 기업이 보유한 신규자본재의 재고와 소비재 재고가 있으며, 생산자와 사용자 모두가 보유한 원료 재고도 있다. 또한 이미 보았듯이, 다양한 유형의 화폐스톡(현금 보유)도 있다. 이러한 재고의 존재는 관련인물들의 특정한 과거행위를 전제하고 이들의 현재 재생산은 특정한 기대를 전제하기 때문에, (발라의—옮긴이) 체계——비록 완전한 정체상태를 가정하는 모

107) 그러므로 이 네 가지 문제—생산물의 가격결정, 생산서비스의 가격결정, 자본재의 가격결정 그리고 '화폐의 가격결정'—는 각각 두 번씩 풀린다. 즉 모든 경우에 우리는 먼저 균형 해의 존재를 증명해야 하며, 그다음으로 이 해가 순수경쟁 조건에서 시장 메커니즘에 의해 정립되는 경향이 있음을 증명해야 한다. 조금 더 기술적으로 말해서, 우리는 네 가지 경우 각각에서 두 가지 서로 다른 증명(이나 증명시도)에 착수하는데, 균형 해의 존재에 관한 것이 그 하나라면 그 해로 나아가는 경향에 관한 것이 다른 하나다. 후자의 증명은, 균형 해에 일단 도달하면 별도의 추가적인 힘이 개입하지 않는 한 그것이 동요하지 않는다는 명제를 포함하기 때문에, 우리는 균형경향의 증명과 균형 해의 안정성 증명을 동일하게 취급한다.

델이라고 해도——는 여전히 시간에 따른 과정을 묘사하는 것이며 그래서 '암묵적으로 동학적인 것'이라 부를 수 있다. 만일 발라가 이와 같이 생각하지 않았다면, 그리고 우리가 그를 따라 이것을 정학이라고 부른다면, 이는 오직 분석장치 때문이다. 이 장치는 아마도 경제생활의 논리적 골격을 보여주기 위한 목적에 힘입어 정당화되었겠지만, 언제나 매우 인위적인 모습이다. 그는 처음부터, 현존하는 모든 재화와 생산과정이 순간적인 조건에 맞추어 원활하면서도 즉각적으로 조정되는 것이 가능하다면 정립될 수 있는 방식으로, 균형상태를 건설하고자 노력했다. 그의 가계는 무조건 소비재를 구매하지도, 생산서비스를 판매하지도 않는다. 그의 기업(기업가) 역시 무조건 생산서비스를 구매하지도, 생산물을 공급하지도 않는다. 이들은 단지 임의로 매겨진(*criés au hasard*) 가격, 즉 시장의 어떤 행위자에 의해 실험적으로 고시된 가격에 각자 구매하거나 판매(생산)하고 싶은 것을 선언할 뿐이며, 이 가격이 균형가격으로 판명되지 않으면 마음을 자유롭게 변경시킬 수 있다. 그렇게 되면 다른 가격이 고시되고, 구매하거나 판매(와 생산)하려는 의사가 거래약정서——이 종잇조각은 그 어떠한 의무도 수반하지 않는다——에 씌어질 것이다. 이러한 행동은 균형가격, 즉 지불의사가 있는 수요와 수용의사가 있는 공급이 모두 만족되는 가격이 나타날 때까지 지속될 것이다. 이러한 실험적인 가격변동에 대한 반응 메커니즘 중에서, 발라가 유일하게 인정한 것은 그 가격 수준에서 수요가 공급보다 많으면 상품이나 서비스의 가격이 상승하고 공급이 수요보다 많으면 가격이 하락한다는 점뿐이다.[108] 나는 여기서 이러한 대담한 이론화를 완화하기 위해 거론될 수 있는, 뻔한 주장들을 제시하지는 않을 것이다.

〔중요하게 살펴보아야 할 '세 가지 사항' 중에서 마지막 부분에 대한 논의

108) '재계약'을 통해 균형가격과 균형거래량에 도달하는 에지워스의 방법도 당연히 이와 동일하다.

는 분명 없었다.〕

[2. 교환이론]

두 개의 기본시장, 즉 소비재 시장과 서비스 시장에서의 균형과 두 시장이 연결되는 방식——동시에 서로 결정되는——이 발라구조의 강점을 위해 결정적으로 중요하므로, 이제 두 개의 기본 시장을 별도로 고찰해보자. 이를 위해 우리는 저축과 **신규자본**(*capitaux neufs*)의 생산을 무시할 것인데,[109] 여기에는 생산된 자본이 '토지'와 마찬가지로 영구적이며 파괴되지 않는다는 가정이 담겨 있다. 더구나 우리는 분석단계를 강조하기 위해 실제로 뉴메레르——모든 교환관계가 표현될 표준상품——를 도입할 것이다. 그러나 실제로 유통되거나 보유되는 화폐를 도입하지는 않을 것이다.[110] 논의전개를 방해하지 않고는 답변할 수 없는, 몇 가지 질문은 8절에서 다룰 것이다.

이미 우리는 발라가 정교한 교환이론에 기초해서 자신의 구조를 건설했음을 알고 있다. 이 이론은 서로 다른 두 가지 역할을 담당한다. 첫 번째는 경제논리의 근본적 특징을 설명하는 것으로, 발라에게는 이것이 경쟁시장 일반의 근본 메커니즘과 동일하다. 두 번째는 가계의 행태 방정식(극대화 방정식)을 산출하는 것이다. 첫 번째 역할에 관해, 발라의 경제논리 이론은 경제가치에 대한 한계효용의 설명으로 귀결된다. 이에 대해서는 이 장의 부록에서 역사적 의미를 중심으로 논의될 것이다. 여

109) 단순화를 위해 우리는 또한 기업이 서로 원료를 구매하지 않는다고 가정한다. 모든 기업은 가계에 판매할 생산물을 위해 '서비스'를 결합할 뿐이다. 불행하게도 우리는 기업의 소유자 자신이 직접적으로 소비하는 서비스를 위와 비슷한 방식으로 던져버릴 수는 없다.

110) 이 단순화 조치 때문에, 발라 자신의 이론이나 우리의 해석을 화폐가 가치 결정의 근본과정에 포함되지 않고 단지 기술적 장치나 '베일'로만 존재하는 이론으로 해석해서는 안 된다. 다만 우리는 이 문제를 별도로 제기하려는 것일 뿐이다. 그것도 화폐의 개입을 요구한다면, 현재 목표로 하는 결과들을 수정하거나 폐기할 수도 있는 권리를 여전히 보유한 채 말이다.

기서 우리는 한계효용을 가치의 '원인'으로 이야기하는 것이 타당한가라는 의문에 관심이 없다. 그러므로 즉시 발라의 교환이론 두 번째 측면으로 넘어갈 것이다. 이렇게 할 수 있는 이유는, 파레토도 지적했듯이,[111] 우리가 단지 균형조건을 정식화하기를 원할 뿐이라면, 한계효용과 총효용이라는 개념은 불필요하기 때문이다. 그렇지만 이 교환이론의 다른 특징에 대해서는 몇 가지 논평이 요구된다.

발라는, 방금 전에 우리가 필요 없다고 판단해버린 개념들을 폭넓게 활용하면서, 먼저 두 상품의 (경쟁적) 교환이론을 훌륭하게 발전시켰다. 주목할 만한 점은 그가 이 문제에 대한 해가 없거나, 심지어 다중균형이 나타날 가능성을 충분히 알고 있었다는 점이다. 그의 틀에서는 이 균형이 세 개——두 개는 안정되고 다른 하나는 불안정한——로 축소되어 있지만, 일반적으로 이러한 상황은 나타나지 않을 것이며, 만일 시장에 많은 상품이 존재한다면 유일한 균형가격이 현실적으로 항상 나타나는 것도 아니다.

〔수고는 여기서 끝났지만, 다음 소절은 논의의 심각한 단절 없이 이어지는 듯 보인다.〕

[3. 단순교환의 결정성과 안정성]

교환이론은 소비자(가계) 행위에 대한 이론적 설명을 제공한다는 점 말고도, 경제행위 일반의 근본속성(선택의 논리)을 보여주는 데 유용하기 때문에, 바로 여기서 간접교환(차익거래arbitrage: 동일상품의 지역 간 가격차를 이용하여 이익을 얻으려는 거래방법—옮긴이)이 적절히 고

111) 안토넬리, 보닌세그니(Boninsegni) 등은 이미 이것을 암묵적으로나마 인식하고 있었다. 파레토의 언급에 대해서는 *Manuel*, p.542 참조. 이 페이지의 방정식 9는 한계효용만이 아니라 그 어떠한 형태의 '지수함수'도 필요로 하지 않는다. 이 책의 부록에 있는 처음 76개의 문단은 발라의 (『순수경제학 요론』—옮긴이) 5~16강에 대한 파레토의 해석이다.

려되고 화폐가 아닌 표준상품(*numéraire*)만이 사용되는, 완전경쟁 시장에서 단순교환의 결정성과 안정성의 문제를 제기할 필요가 있다.[112) 앞으로 나타나게 될 한 가지 사항만 제외하면, 우리는 이 문제를 발라와 동일한 의미로 제기할 것이다.

특정한 취향을 지닌 사람들—가령 n명—이 처음에 임의의 수—가령 m개—의 잘 정의된 상품을 임의의 수량만큼 소유한 채 시장에 나타났다고 하자. 그것도 자신의 최초의 소유상태를 보장해주던 욕구충족의 정도를 더욱 증가시킬 수 있도록 시장이 제공하는 기회를 이용하기 위해 나타났다고 하자.[113) 그러면 우리는 모든 참여자가 자신의 만족을 극대화하려는 움직임에 관한, 발라의 설명방법을 수용하게 된다.[114) 또한 우리는 적어도 결과적으로 나타나는 시장 '곡선'의 연속성과 미분가능성에 관한 통상적인 가정도 받아들이게 된다. 마지막으로

112) 차익거래의 행위는 뉴메레르를 통해 수행된다고 가정된다. 그러나 거듭 말하지만, 이 행위는 표준상품의 모든 수량이 상품으로서의 그것의 용도에서 벗어나지 않는 방식으로 조직되어야 한다. 만약 사람들이 뉴메레르 상품의 일부를 보유한다면, 이 행위는 그 상품을 화폐로 전환시킬 것이다.

113) 모든 시장참여자의 최초의 소유상태는 주어진 것(data)으로서, 다음의 특정한 조건을 충족해야 한다. 모두 음수가 아니어야 하고, 적어도 그중 하나가 0보다 커야 하며, 최초의 분배상태가 순수경쟁 가설을 위반해서도 안 된다는 조건이 그것이다. 이밖에도 발라가 14강에서, 상품이 참여자들 사이에 재분배된다고 해도, 뉴메레르로 평가했을 때 모든 참여자의 소유의 합이 동일하게 남아 있는 한, 완전균형에서 가격은 변하지 않는다(동등분배 정리*théorème des répartitions équivalentes*)고 주장했다. 지면의 제약상 자세하게 논의할 수는 없지만, 여기서 이 정리를 언급하는 이유는 그가 자신의 분석 틀의 모든 부분을 공식적인 증명으로 새롭게 정립해야 할 필요성을 인식하고 있었음을 예시하기 위함이다. 그는 바로 이러한 인식(증명의 성공 여부와는 무관하게)에 힘입어, 이후 모든 이론가의 교사가 될 수 있었다.

114) 이미 언급했듯이, 이것이 필연적인 것은 아니다. 그러나 이것은, 에지워스나 마셜 같은 수리경제학자들뿐만 아니라 오스트리아학파—그중에서도 뵘-바베르크가 대표적이다—까지 발라세대의 거의 보편적인 관행이었다. 이제 우리 앞에 놓여 있는 문제들은 우리가 초보적인 효용이론으로 일탈한다고 해도 영향받지 않는다. 우리는 (효용의—옮긴이) 측정가능성을 전제하지 않는다. 어떤 만족지수의 극대화라 해도 상관이 없다.

우리는 당분간, 발라가 했던 것처럼, 참여자의 한계효용 함수가 모든 상품에 대해 존재할 뿐만 아니라 그 상품량만의 함수이기도 하다고, 즉 그 참여자가 소유할 수도 있는 다른 상품에 대해서는 독립적이라고 가정한다. 이 함수는 모두 단조적으로 감소하는 특성을 지닌다. 그렇다면 우리는 이제 $n(m-1)$개의 행태방정식을 갖게 되는데, 이것은 n명의 시장참여자가 자신의 개인만족을 더 이상 증가시킬 수 없을 때까지 계속해서 교환한다는 조건으로 주어진 교환관계(또는 뉴메레르로 평가된 가격) 체계에서 사거나 팔게 될 수량(0의 수량을 포함해서)을 나타낸다.[115] n개의 방정식은, 만일 판매량과 구매량에 각각 (-)부호와 (+)부호를 붙인다면, 참여자들이 사고 판 모든 수량에 표준상품으로 측정한 가격을 곱해 그 결과를 합산할 경우 당연히 0이 되어야 한다.(**상품별 수지균형 방정식**Individual Balance Equations) 마지막으로 모든 상품에 대해 판매총량이 시장 전체에서 구매총량과 같아야 하는, m개의 방정식이 존재한다.(**시장균형 방정식**Market Balance Equations)[116] 이제 $m(n+1)$개의 조건이나 방정식이 존재하게 된다. 그러나 쉽게 알 수 있듯이 그중 하나, 예를 들어 시장균형 방정식 중 마지막의 것은 나머지 방정식과 개인별 가계수지균형 방정식으로부터 자연스럽게 도출될 수 있으므로, 비독립적인 것으로 배제되어야 한다. 그래서 우리에게는 $m(n+1)-1$개의 독립방정식이 남게 되며, 이를 이용해 변수나 '미지수', 즉 m개의 균형가격과 mn개의 가계교환량이 결정된다. 이제 우리에게는 다음과 같은 **양자택일**이 남게 된다. 뉴메레르 상품 자체의 가격은 언제나 필연적으로

---

115) 알다시피 이것의 의미는 시장참여자에게 뉴메레르 단위로 측정될 수 있는 모든 상품의 한계효용이 같아질 때까지(만일 뉴메레르가 담배이고 그 단위가 갑이라면, 모든 상품의 한계효용이 담배 한 갑의 한계효용과 같아질 때까지) 계속 교환한다는 것이다.

116) 마지막 방정식 그룹을 만족시키는 가격이 시장균형 가격이다. 발라도 예시했지만 힉스(*Value and Capital*, p.63)가 결정적으로 확립한 용어를 사용한다면, 이 마지막 방정식 그룹을 모든 상품에 대한 초과수요가 0이 되어야 한다는 말로 표현할 수 있다.

1이기 때문에 결정되어야 할 가격은 $m-1$개라고 말하거나, 아니면 첫 번째 두 방정식 집합(행태방정식과 가계수지균형 방정식)은 그 자체만 고려했을 때 가격에 대해 0차 동차방정식이기 때문에, 비록 뉴메레르 가격항등식을 이용해서 교환비율을 절대가격으로 전환할 수 있다고 해도, 우리가 결정할 수 있는 것은 절대가격 수준이 아니라 교환비율에 불과하다고 말하는 것이 그것이다.[117] 여기서 독자들이 틀림없이 이해해야 할 사항은, 이 두 가지 문제설정의 방식이 완전히 동일한 것일 수 있으며, 게다가 이 모델에서 절대가격(또는 '물가 수준')이 결정되지 않는다고 말하는 것이 특별한 의미에서 사실일 수도 있다는 점이다.[118]

이제 우리는 다음과 같이 질문할 수 있다. 이러한 조건이 변수값을 결정하는 데 충분한가? 반복해서 말하자면, 이것은 수학적인 의미에서 조건을 충족시키는 값의 '존재'에 관한 질문이다. 이 질문은 조건을 구현하고 있는 방정식들이 동시에 풀릴 수 있는가라는 질문과 동일하다. 그러나 이것은 우리의 시장에 이러한 해——만일 존재한다면——를 확보하려는 경향이 존재하는가라는 질문도, 이 해나 균형값이 안정적인가라는 질문도 아니다.

발라에게 가해진 모든 부당하거나 심지어 의미 없는 비판 중에서 아

---

117) 함수 $x_1=f(x_2, x_3, \cdots x_r)$가 있을 때, 독립변수에 임의의 양의 상수 λ를 곱했을 때 종속변수의 값이 변하지 않는다면, 그래서 $x_1=f(\lambda x_2, \lambda x_3, \cdots \lambda x_r)$이라면, 이 함수는 0차 동차함수라 할 수 있다. 이제 $\lambda=\frac{1}{x_2}$이라 하면 $x_1=f(x_3/x_2, \cdots x_r/x_2)$를 얻게 되는데, 이는 r개의 독립변수를 오직 $r-1$개의 독립변수들의 비율로 대체한 것이다.

118) 이것은 단지 뉴메레르의 '가격' p_n을 1과 동일한 것으로, 즉 $p_n-1\equiv 0$이라고 설정하는 것이 자연스러워 보인다고 해도, 우리가 이 모델에서 그밖의 어떤 것도 변경시키지 않은 채 그것이 또 다른 임의의 수와 같다고 설정할 수도 있음을 의미한다. 발라는 뉴메레르 이론을 매우 세심하게 논의하면서, 무엇보다도 뉴메레르 상품으로 표현된 가격을 또 다른 것으로 표현된 가격으로 전환시키는 규칙을 제시(*Éléments*, p.150)했다. 명심해야 할 점은 이 규칙이 화폐에는 적용되지 않거나, 아니면 매우 비현실적인 가정에서만 적용된다는 것이다.

마도 가장 부당한 것은, 그가 이 '방정식'과 '미지수'의 개수를 세서 양자의 수가 같음을 확인하자마자 이 존재문제가 해결되었다고 믿었다는 비판일 것이다. 이미 우리는 그가 분명히 또 하나의 추가적인 전제조건——방정식과 별도로——을 고려했음을 알고 있다. 그러나 그의 주장을 분석해보면, 비록 그의 수학적 분석장치에 결함이 있을지라도, 그가 천재적인 능력으로 관련된 문제들을 거의 모두 인식했으며 실천적으로 타당한 결론에 항상 도달했다는 사실을 추가로 발견하게 된다. 비록 그가 모든 질문에 만족스럽게 답변하지는 못했다고 해도, 그러한 질문을 제기했다는 사실만으로도 불멸의 업적을 남긴 셈이다. 그의 연구가 이러한 분석유형의 정점은 아닐지라도, 그 토대임은 분명하다.

그는 우리의 방정식 체계에 전혀 해가 없을 수도 있음을 인식했다. 또한 해가 존재하더라도 유일하지 않을 수도 있음을 인정했으며, 심지어 이를 증명하기도 했다. 다만 그는 통상적으로 해가 존재하며, 시장에 상품이 많다면 일반적으로 유일한 해가 존재할 것이라고 주장(*Éléments*, p.163)했을 뿐이다. 그의 분석틀에서 수요량과 공급량은 가격의 단일가치 함수며 그의 한계효용 함수는 단조감소하기 때문에, 비록 발라가 강조하지 않았다고 해도, 아마도 완전히 인식하지 못했을 수도 있지만, 유일한 해가 '존재'한다면 실제체계가 거기에 부합해서 작동될 수 있다는 의미에서 이 해가 경제적으로 유용할 필요는 없다는 점이 쉽게 인정될 것이다.[119]

---

119) 이러한 경우, 이를테면 시장의 일부 참가자가 기아 수준 이상으로 '만족극대화'를 확보하지 못하는 경우가 나타난다면, 이것은 시스템의 수학적 붕괴의 특수형태는 아닐지라도, 그 경제적 붕괴의 특수형태로 취급될 수 있다. 그러나 추가정보가 부재한 상황에서 특정관계의 논리만을 표현할 뿐인 체계가 재화기준으로 최종적인 분배규모에 대해 아무것도 말할 수 없다는 것은 그 자체로 지극히 자연스러운 일이다. 또한 발라가 문제를 오로지 변수의 동시결정이라는 순수논리 속에서만 설명하는 한, 예를 들어 모든 종류의 시차를 무시하는 한, 그의 주장 중 이 부분의 설명가치는 심지어 순수이론조차 주의해야 하는 여러 측면 중의 하나를 분명히 하는 것 이상을 넘지 않는다는 사실은

다음과 같은 추가질문을 던지는 편이 좋을 듯하다. 우리는 그 이상으로 잘할 수 없는가? 이 질문은 두 부분으로 나뉜다. 첫째, 발라의 가정 안에서 해의 존재, 특히 유일한 해의 존재가 의존하고 있는 조건을 좀더 엄격하게 진술할 수 있는가? 그 대답은 긍정적이다. 좀더 엄격한 진술이 실제로 발트[120]에 의해 제시된 바 있다. 발트의 뛰어난 저작이 제기하는 몇 가지 난해한 질문을 자세히 살펴보지 않은 채, (그리고 이 저작의 모든 문장에 동의하지 않으면서) 우리는 단지 발라의 분석이 실질적으로 훼손되지 않는다는 사실에 주목할 뿐이다.[121] 그러나 둘째, 비록 우리가 총효용과 한계효용을 가계의 예산제약에 포함되는 모든 상품의 함수로 정의——이렇게 하는 것은 당연하다——한다고 해도, 존재정리가 여전히 성립하는가에 대해 의문을 제기할 수 있다. 이것은 물론 실질적으로 어려운 문제다. 그러나 받아들일 만한 제약조건 아래서, 그 대답은 심지어 이러한 경우에도 여전히 긍정적이다. 이것은 아모로소에 의해 제시된 바 있다.[122] 수요이론의 관점에서 이 주제 전체를 분석한 것으로는

아무리 반복해서 지적해도 지나치지 않다.

120) 발트(Abraham Wald, 1902~50)가 잡지(*Ergebnisse eines mathematischen Kolloquiums*, vols.6, 7: 1935, 1936)에 기고한 글과 분석적이지 않은 그의 논문("Über einige Gleichungssysteme der mathematischen Ökonomie", *Zeitschrift für Nationalökonomie*, December 1936)을 참조. 〔후자는 발트를 기념해서 "On Some Systems of Equations of Mathematical Economics"(*Econometrica*, October 1951)라는 제목으로 번역 출판되었다.〕

121) 발라가 안정성을 증명하려 했던 방법에 대한 발트의 (정당한) 공격은 또 다른 문제로, 곧 다루어질 것이다. 나는 발트처럼 이 질문을 위에서 설명된 의미의 해의 '존재'에 관한 질문과 혼합하는 것이 타당하다고 생각하지 않는다. 또한 시장에 아주 많은 상품이 존재한다면 유일한 해가 일반적으로 기대된다는 것에 대해 발라가 『순수정치경제학 요론』, 163쪽에서 제시한 근거가 발트의 훨씬 더 엄밀한 진술보다 낫다고 생각한다. 이것에 따르면, 유일성은 효용가치(한계효용 수량, 이 개념은 비저와 피셔의 것이다)가 수량에 대해 체증하는 형태로 한계효용 함수가 정의되는 경우에 존재할 수 있다는 것이다. 『순수정치경제학 요론』, 125쪽도 참조.

122) 즉 아모로소는 어떠한 (심각한) 오류도 범하지 않은 채 다음의 내용을 증명

볼트의 표준적인 저작을 참조할 만하다.[123)]

이제 안정성 문제로 눈길을 돌려보자. 우리는 존재할 수도 있는 유일한 (이론적) 해로 수렴되는 경향의 존재에 관한 문제도 여기에 포함시킬 것이다.[124)] '존재'의 문제와 '안정성' 문제를 구분하고, 전자에 관한 논증을 후자에 관한 좀더 정교한 논증과 나란히 배치한 것은 발라의 가장 위대한 업적에 속한다. 그러나 그는 안정성 문제를 독특한 방식으로 다루었다. 왜냐하면 그는 이 문제를 엄격한 논리에서는 완전히 다른 문제, 즉 그의 방정식의 수학적 해와 모든 실제 시장과정 사이의 관계라는 문제와 연결시켜 제기했기 때문이다. 그는 무엇보다도 먼저 시장의 사람들이, 분명히 그 어떠한 방정식도 풀지 못하지만, 이론가들이 방정식을 푸는 방식으로 해결하는 사안을 다른 방법으로 해결한다는, 다르게 말해서 완전경쟁 시장에서 사용되는 '경험적' 방법과 관찰자들의 '이론적' '과학적' 방법이 동일한 균형상황을 산출하는 경향이 있다는 점을 보여주고자 노력했다. 그렇다면 이러한 문제제기는 자연스럽게 안정성

했다. 가격이 주어졌다면, 개인들이 시장을 떠나면서 가지고 나가는 상품량의 집합은 수용할 만한 가정 아래서, 항상은 아닐지라도, 유일하게 결정된다. 이것은, 증명할 수 있는 논증(*thema probandum*)의 일부에 불과하지만, 한계효용이 편미분인 경우 매우 중요한 사안이다. 이에 대해서는 "Discussione del sistema di equazioni che definiscono l'equilibrio del consumatore", *Annali di Economia*, 1928 참조.

123) Herman Wold, "A Synthesis of Pure Demand Analysis", *Skandinavisk Aktuarietidskrift*, 1943~44 참조. 이것은 같은 잡지에 연재된 세 편의 (영어) 논문이다.

124) 다시 강조하지만, 일반적으로 '수렴경향'의 문제와 '안정성 문제'를 동일시하는 것은 오류다. 잔디 위에 있는 골프공은, 그것을 치는 선수가 없다면, 적당한 구멍(hole)으로 들어가려는 경향을 보이지 않는다. 때로는 선수가 있더라도, 그러한 경향이 드러나지 않는다. 그러나 누군가 그 공을 구멍에 넣는다면, 그것은 거기서 안정균형 상태로 머물러 있을 것이다. 이것은 두 문제를 구분하는 논거를 보여준다. 그러나 우리의 사례에서는, 균형상황의 안정성을 만들어내는 요인이 동시에 우리의 변수들이 균형상황으로 움직이려는 경향을 설명해주는 '요인'이기도 하다. 그래서 우리는 우리의 반론을 철회하는데, 이것은 오직 진화과정에 대해서만 중요하다.

문제로, 즉 경쟁시장의 메커니즘이 어떻게 체계를 균형으로 이끌며 그 균형을 계속 유지하는가라는 문제로 집중된다.

현실의 시장이 결코 균형에 도달하지 못한다는 점은 처음부터 분명하기 때문에, 이 문제는 여전히 고도로 추상적인 관찰자들의 정신의 창조물에 불과한 시장에 대해서만 제기될 수 있다. 초기의 상품스톡과 일정한 한계효용 스케줄을 가지고 시장에 나타난 사람들은, 누군가에 의해 임의로 매겨진 가격에 직면한다. 이들은 이 가격에 일부상품의 특정량을 팔고 다른 상품의 특정량을 구매한다. 그러나 알다시피, 이들은 실제로 그렇게 하는 것이 아니라 자신들이 원하는 가격에 '판매'하거나 '구매'할 것을 거래약정서에 적을 뿐이다. 만일 계약을 체결한다고 해도, 이들은 재계약의 권리를 보유하게 된다. 만약 어떠한 재계약도 필요하지 않다면, 그리고 만약 거래약정서대로 거래가 이루어진다면, 방정식에 내포된 조건이 실제로 현실화되어야 한다는 점을 파악하기란 쉽다. 그렇지 않다면 언제나 각 상품에 대한 초과수요가 양(+)의 값을 갖느냐 아니면 음(−)의 값을 갖느냐에 따라, 최초의 가격보다 높거나 낮은 다른 가격 수준에서 재계약이 체결될 것이며, 이 과정은 수요와 공급이 모든 경우에 같아질 때까지 계속(*Éléments*, p.133)될 것이다. 우리가 현실적인 맥락[125]에서 이것에 관해 말해야 할 사항이 있다면, 언뜻 보기에는 다음의 내용이 직관적으로 분명한 듯하다. 발라가 유일하게 고려했던 반응 메커니즘만이 인정되는 한, 이러한 가정에서 균형이 확보될 것이며, 그 균형은 일반적으로 유일하면서도 안정적이고, 이러한 상황의 가격과 수량은 이론적 해로부터 추론되는 것과 동일할 것이라는 점이 될 것이라는 것이다.[126] 그렇지만 발라는 발트(*Zeitschrift*, *op. cit.*, p.653)가 강

125) Nicholas Kaldor, "A Classificatory Note on the Determinateness of Equilibrium", *Review of Economic Studies*, February 1934 참조.

126) 심지어 오늘날에도 이론가들이 위와 같이 제기된 문제에 대해 크게 염려하지 않는다는 사실도 이러한 첫인상으로 설명될 수 있을 것이다. 우리는 m개의 상품에 관한 개별수요와 공급(offer)을 결합시켜 다음과 같은 형태의 방정식

하게 다시 강조했던 매우 중요한 사안에서 머뭇거리는 모습을 보였다. 그 사안은 바로 다음과 같은 것이었다. 완전시장에서 균형가격은 시행착오 게임(*tâtonnement*)을 통해 정해진다. 여기서 가격이 조정되면, 그에 상응해서 수량이 재조정된다. 논의를 명확하게 하기 위해, 한 가격을 제외한 모든 가격이 수요와 공급을 일치시키고 있다고 가정하자. 우리는 수요와 공급을 일치시키지 못하는 그 가격을 조정하는 규칙을 가지고 있다.

그러나 만약 우리가 그것을 조정한다면, 시장의 다른 모든 부문의 균형이 흔들리게 되므로 그 가격들은 더 이상 균형가격이 아니다. 왜냐하면 그 가격들은 균형에 도달하지 못한 하나의 가격을 전제해야만 시장의 수요와 공급을 일치시키기 때문이다. 그러므로 우리는 이제 다른 가격들을 조정해야 한다. 새로운 상황이 본래의 것보다 전체적으로 균형에 좀더 가까이 다가갈 것이라고 예상하면서, 발라가 제시했던 '그럴듯한' 이유는 한 가지뿐이다. 처음에 균형에서 벗어난 가격의 조정이 해당 상품의 초과수요에 미치는 효과는 직접적이고 강하며, 모든 것을 **동일한 방향으로** 움직이게 하지만, 다른 가격들의 필수적인 재조정은 대부분 간접적이고 약하며, 모든 것을 동일한 방향으로 움직이기보다는 **부분적으로 서로를 상쇄시킨다.** 알다시피 시장균형의 수렴경향과 안정성을 증명하려는 이 시도는 분명 엄밀함을 결여하고 있다. 이후 이 문제가 점차 인식되었지만, 전반적으로 만족할 만한 해결책은 아직까지 나타나지 않고 있다.[127] 〔이 소절은 미완성이다.〕

---

m개를 얻는다. $D_i(p_1 \cdots p_m) = O_i(p_1 \cdots p_m)$. 이중에서 우리는 하나를 제거할 수 있는데, 이는 그것이 다른 방정식으로부터 유도될 수 있기 때문이다. m개의 가격 중에서도 하나를 제거할 수 있는데, 이는 0차 동차성 때문이다. 여기서 안정성은, 균형가격보다 높은 가격이 음의 초과수요를 유발하고 균형가격보다 낮은 가격이 양의 초과수요를 유발한다는, 조건을 부여함으로써 확보된다. 이 조건은 발라가 신중하게 옹호했던 것이다. 이론가들이 발라의 모델을 특징짓는 가정에 대한 의구심에서 출발하지 않는다면, 실질적으로 이들이 우려했던 모든 의심은 진짜 화폐가 도입되는 시점부터 비로소 나타난다.

[4. 발라의 생산이론]

이제 경제과정에 대한 발라의 순수이론의 두 번째 분야인 생산이론을 살펴보자. 알다시피 이것은 순수경쟁 메커니즘이 서로 다른 종류와 품질의 자연적 요소, 노동력, 생산된 생산수단의 '서비스'를 배분하는 방법에 관한 이론일 뿐이다.[128] 여기서 배분이론은 이 서비스들에 관한 가격결정 이론과 동일하다. 왜냐하면 이 서비스들을 거대한 조각그림 맞추기 게임에서 그것이 실제로 차지하고 있는 위치에 배치시켜 그곳에 머물도록 하는 것이 바로 가격 메커니즘이기 때문이다. 마지막으로 생산이론은 각 기업이 어떤 생산물을 어느 정도 생산하기로 결정했는지, 또한 그 생산물에 대한 미래소비자의 기호와 생산적 서비스의 '소유자'로 고려되는 동일한 소비자의 성향이 주어진 상황에서 (기업이—옮긴이) 어떤 생산적 서비스를 어느 정도 구매할 것인지에 대해 우리에게 말해준다고 할 때, 이는 곧 앞서 언급한 배분이론을 말하는 것에 불과하다. 그렇다면 이제 이 서비스들의 총량, 즉 주어진 시간에 잠재적으로 이용가능한 수량은 주어진 상태다. 그 원천이 주어졌기 때문이다. 그러나 이

---

127) 이 복잡미묘한 문제에 관심이 있는 독자라면, 다음과 같은 안내를 환영할 것이다. 첫째, 이 측면에서 파레토는 (균형—옮긴이)값 부근에서의 진동이 그곳으로 수렴되는 것만이 아니라 그곳에서 발산되는 것으로 이어질 수도 있음을 좀더 명시적으로 인식했다는 점을 제외하면, 발라의 논증을 발전시키지 못했다. 둘째, 파레토에서 힉스에 이르기까지, 다른 측면은 상당히 발전했지만, 이 측면은 거의 발전하지 않았다. 이후 새뮤얼슨과 메츨러(Metzler) 같은 다른 학자들에 의해 개선된 안정성 조건을 처음 정식화한 인물은 힉스였다. 내가 알기에, 명시적인 동학의 틀을 사용하지 않고는, 즉 체계가 균형으로부터 이탈하는 것에 반응하는 방식을 설명하지 않고는 안정성 문제를 결코 제기할 수 없다는 사실을 처음 제기한 사람은 새뮤얼슨이었다. 셋째, 우리의 연구에 따르면, 발라는 이러한 동학체계를 제시했다. 그는 단계연쇄를 설정하고 이를 통해 체계가 안정된 균형을 향해 나아가도록 했는데, 이에 걸맞은 대접을 받지는 못했다. 이 도식은 특수한 경우에만 적용되지만, 이 특수한 경우에 대해서는 엄격한 증명도 가능하다. 그가 몸소 이를 증명한 것은 아니지만 말이다.

128) 우리가 지금 움직이는 수준에서 생산된 생산수단은 실물로서 임대되고, 영구적으로 사용가능하다는 점을 기억하라. 이 가정은 곧 제거될 것이다.

것이 생산에 완전히 흡수될 필요는 없으며, 흡수되지 않는다고 해서 필연적으로 낭비되는 것도 아니다. 왜냐하면 발라분석 체계의 본질적 특징은 이것이 모두 그 소유자들에 의해 직접 소비될 수 있는 것이기 때문이다.[129] 그러므로 이것들의 총량과 이에 대한 소유자들의 소비성향—심지어 소비하기 위해 이것들을 좀더 많이 획득하려는 성향—이나 그것을 시장에 내놓는 성향이 두 번째 자료집단을 구성한다. 그리고 발라의 문제는 생산량과 가치에 관한 일관된 집합을 산출하기 위해, 어떻게 이 자료가 소비자의 기호라는 첫 번째 집합과 결합하는지를 보여주는 것이다.[130]

우리는 발라가 이 문제의 해를 찾기 위해 노력했음을 즉시 알 수 있는데, 이것은 이전에 그가 다상품 소비재 시장에서 물물교환의 일반이론에 대해 고안해냈던 해와 완전히 대칭적인 것이었다. 사실상 그의 생산

---

129) 그러므로 발라에게, 생산에서 사용되는 서비스는 그 '소유자'들에게 사용가치를 갖는 것이다. 이것은 기계와 같은 특정한 생산도구의 경우에 특히 분명한 난점을 만들어낸다. 적어도 잠재적으로나마 기계가 소유주의 뜻에 따라 즉시 안락의자로 전환될 수 있다고 가정하는 것은 사실상 아주 과감한 이론화다. 이후 이 가정은 '신규자본' 이론에서 부분적으로만 완화되었다. 그러나 처음부터 설명되어야 할 사항이 자본재 스톡구조의 논리인 경우에는, 이것도 장점이 있다. 자본가가 실제로 소유하고 있는 자본재의 용도에 관한 과거의 결정이 (현재—옮긴이) 그가 어떤 종류의 자본재를 실제로 소유하는지를 결정했다고 말함으로써, 이것을 조금 더 받아들일 만한 것으로 만들 수도 있다. 이렇게 상황을 벗어나려는 시도는 당연히 정태적인 이론틀을 완전히 붕괴시킬 것이다. 마셜이나 오스트리아학파가 이런 가정을 한 적은 없지만, 이는 오직 이들이 발라보다 덜 엄격했기 때문일 뿐이다. 이 기회에 다시 한 번 강조하지만, 발라는 무한히 높은 수준의 엄격성으로 스미스, 세, 밀의 생산이론을 실질적으로 재정식화했다. 물론 후자의 생산이론을 그(발라—옮긴이)의 (『순수정치경제학 요론』—옮긴이) 1부에서만 찾아서는 안 된다.

130) 파레토는 『개론』에서 이 모델을 자신의 선호와 제약에 관한 이론으로 정교화시켰다. 사실상 이것은 좀더 높은 추상 수준으로 나아갔으며, 특히 이 모델에 숨겨져 있던 논리적 문제점을 좀더 분명하게 드러내는 데 기여했다. 파레토 일반화의 실천적 가치는 그것이 사회화된 경제를 포괄하고 있다는 점에서 드러난다. 그러나 이것은 지금 우리가 살펴보고 있는 수준에서는 그리 큰 도움이 되지 않는다.

이론은 세를 계승해서 생산을 서비스와 재화의 교환, 그리고 최종적으로는 단순히 서비스 사이의 교환이라는 좀더 일반적인 경우로 환원하려는 시도로 설명될 수 있다. 그는 이러한 시도의 비용을 잘 알고 있었으며, 그것을 기꺼이 지불하고자 했다. 첫째, 그는 자신의 메커니즘에 단순한 자본가가 아닌 기업가를 도입하고자 했지만, 우리가 알고 있듯이, 기업가를 독자적인 주도권——이나 소득——이 없는, 소비재의 판매자이자 생산적 서비스의 구매자[131]라는 순수하게 형식적 역할로 축소시켰다.[132] 이 점을 강조하기 위해, 우리는 '기업가'라는 용어를 비인격적인 용어인 '기업'이라는 말로 대체할 것이다. 분명히 발라의 사고에서 가계는 상품의 구매자이자 생산적 서비스의 판매자로서 경제과정을 결정짓는 실질적인 주체다. 둘째, 그는 생산과 생산의 적응이 연기될 수 있다는 사실을 물론 알고 있었지만, 처음에는 이러한 연기를 순수하고 단순하게 무시했다.(*Éléments*, p.215) 책 후반부의 유통과 화폐에 관한 절에서 이것의 역할이 부분적으로나마 인정되었지만 말이다. 우리도 이와 동일하며, 심지어 잠시 동안 고정생산 계수[133]와 모든 간접비용의

131) 우리는, 기업가가 다른 기업가에게서 구매하는 원료와 반제품의 스톡과 플로의 중요성에 대해, 발라가 충분히 파악하고 있었음을 알고 있다. 그러나 그는 생산의 근본문제를 제기하는 곳에서(20~21강), 이것들을 과감하게 다루면서, 기업가가 다른 기업가에게 이것들을 구매하는 것이 과정의 중간단계에 불과하므로 이를 배제하더라도 과정을 이해하기가 어렵지 않다는 점을 보여주고 있다. 이는, 우리가 모든 연쇄나 시차를 무시한다면, 사실상 매우 당연한 일이다.

132) 다시 한 번 강조하자면, 순수경쟁 과정의 균형에서, 즉 아무도 서비스나 생산물의 가격에 영향력을 행사할 수 없는 곳에서 모든 기업가는 사실상 이익을 얻지도 손해를 보지도 않는 기업가일 것이다. 이것은 모순도, 동어반복도 아니며(즉 이것은 정의의 결과가 아니다), 오히려 발라의 가정에서는 균형조건이다. (또는 원한다면 증명가능한 정리다.) 〔이 점은 다음의 8절에서 좀더 논의될 것이다.〕

133) 이것은 실제로 다음과 같이 서로 다른 두 가지 가정을 포함한다. (1) 이 계수들, 즉 상품 한 단위에 들어가는 모든 생산요소의 총량이 기술적으로 주어져 있거나, 모든 생산물마다 기술적으로 가능한 생산방식은 오직 하나 있다는

부재 그리고 각 산업에서 모든 기업은 정확히 같은 양의 상품을 생산한다[134]와 같은, 명백히 불가능한 가정을 받아들이기도 한다. 그리고 다상품 물물교환의 경우에서처럼, 이러한 모든 '단순화'——그 일부는 마침내 복잡한 문제로 드러났다——를 통해 소비자와 생산자의 행위를 포괄하거나 사실상 경제생활의 뼈대를 표현하는 방정식 체계의 유일한 균형 집합이 존재하는지에 대해 무엇보다도 먼저 묻게 된다.

이 질문에 대한 답변은, 다상품 교환이라는 일반적인 경우에 우리가 반드시 부여해야 바로 그 유보조건과 발라가 생산문제를 분석적으로 다룰 수 있도록 추가로 설정한 가정에 의해 우리에게 부여된 유보조건을 수용하는 한, 긍정적임을 직관적으로 할 수 있다. 우리가 (발라에 의해 설정된—옮긴이) 가정을 사용하기를 주저할 수도 있다. 특수한 조건에서만 성립하는 이론의 가치에 의문을 제기할 수 있으며, 그 조건을 간단히 언급하는 것으로도 그 이론을 반박하는 것처럼 보일 수도 있기 때문이다.[135] 그러나 만약 우리가 이러한 유보조건을 수용한다면, 발라의 해에서 발견될 수 있는 오류는 거의 없다. 그렇다면 그 내용은 다음과 같이 설명된다. 발라의 모델에서 서비스를 공급하는 가계는 분명하고 단일한 값으로 서비스를 공급하려는 계획을 가지고 있다. 이 계획은, 한편으로 그 서비스를 직접 소비했을 때 얻을 수 있는 만족에 대한 평가[136]와

점과 (2) 이 계수들은 생산된 수량의 함수에서 변하지 않거나 규모의 경제나 불경제도 없다는 점이 그것이다. 이 모델은 이후 발라 자신에 의해 변경되었다. 이 문제는 다음 절에서 다룰 것이다.

134) 발라가, 이후에 종종 주장되었던 것, 즉 이것이 각 산업의 산출 수준의 결정성을 방해하지는 않지만, 기업의 수를 비결정적인 것으로 만든다는 점을 파악했던 것 같지는 않다. 현재의 논의에서는 이것이 중요하지 않으므로, 이에 대한 고찰 또한 다음 절로 미룰 것이다.

135) 나처럼, 그렇게까지 생각하지 않는 사람들은 반드시 선구자의 업적을 높게 평가하고 발라가 미래에 필요한 (부분적으로는 아직도 여전히 필요한) 작업을 고안했다는 바로 그 사실에서 공적을 찾아야 한다.

136) 발라체계에 대한 카셀의 대중화는 이 특징을 결여하고 있다. 결과적으로 카셀은 (잠재적으로) 존재하는 서비스의 양이 생산에 고용된 (서비스—옮긴

다른 한편으로는 소비재와 서비스의 모든 '가격'집합에서 가계가 벌어들일 수 있는 소득——뉴메레르로 평가된——으로부터 획득가능한 만족에 대한 지식에 의해 결정된다. 왜냐하면 소비재의 '가격'은 서비스 '가격'과 동시에 그리고 서로 상대방을 참조해서 결정되기 때문이다. 예를 들어 모든 노동자는 뉴메레르로 측정된 임금 수준에서 하루나 일주일에 얼마나 많은 노동시간을 공급할 것인지를 결정하는데, 임금은 다시 그 수준에서 공급된 총노동량이 생산할 수 있는 소비재의 특정가격——역시 뉴메레르로 측정된——과 관련된다. 수학적으로 우리는 이것을 모든 사람이 '소유'하고 있는 모든 서비스의 공급을 모든 가격(소비재와 서비스 모두)의 함수형태로 표현할 수 있으며, 마찬가지 이유로 모든 상품에 대한 모든 사람의 수요를 모든 가격(서비스와 소비재 모두)의 또 다른 함수형태로 표현할 수 있다. 모든 사람의 뉴메레르 상품에 대한 수요는 모든 사람의 수지균형 방정식으로부터 간단히 도출된다. (우리가 아직까지는 진짜 화폐와 저축을 배제하고 있으므로) 이것은, 현재의 경우에 공급은 서비스에 국한되며 상품에 해당되는 것은 오직 수요뿐임을 제외한다면, 정확히 다상품 물물교환 경우의 수지균형 방정

이) 양과 동일하다고 설정했어야 했다. 고정된 생산계수를 가지고 이러한 균형조건을 충족시키는 것은 일반적으로 불가능하다는 사실이 빅셀에 의해, 이후에는 스탁켈버그("Zwei kritische Bemerkungen zur Preistheorie Gustav Cassels", *Zeitschrift für Nationalökonomie*, June 1933)에 의해 지적되었다. 이것은 심각한 문제가 아닌데, 왜냐하면 우리가 가변계수, 즉 대체성을 도입하면 어려움이 사라지기 때문이다.(8절 참조) 그러나 우리가 고정계수는 수용하지만, 서비스의 일부가 직접적으로 그 '소유자'에 의해 소비될 수 있다는 발라의 이론은 수용하지 않는다면, 필수적인 보완재가 존재하지 않는 일부 서비스는 일반적으로 고용되지 않을 것이다. 이렇게 사용되지 않는 잉여서비스는 일자리를 찾음으로써 동일종류의 고용된 서비스의 임금을 낮추게 된다. 그러나 이러한 임금의 하락은 실업을 낮추는 데 거의 효과가 없으며(즉 잉여서비스를 상대적으로 많이 흡수하고 있는 상품의 가격을 싸게 함으로써), 균형조건의 양립불가능성 때문에 전체 체계가 불안정해질 수도 있다. 이 경우는 그리 중요하지 않다. 하지만 일부 케인스학파는 실업균형의 가능성을 주장할 때 이것을 염두에 두고 있는 듯 보인다.

식과 유사하다.[137] 이러한 개별수요와 공급에서, 우리는 서비스의 (순) 총공급과 시장에서 상품에 대한 총수요를 도출할 수 있다. 여기서 모든 것은 모든 서비스와 상품가격의 함수다.

그러나 모델의 나머지 부분은 기술적으로 고정된 생산계수라는 가정──이는 분명히 소비와 생산을 동시에 틀지우는 궁극적 요소들 사이의 거대한 사회적 관계에 주목하기 위함이다──에 의해 기형적인 모습이 되었는데, 이것은 우리가 가격을 결정하는 데 필요한 나머지 제약조건을 쉽게 설정해준다. 가격을 결정하기 위해서는 서비스의 수와 같은 수의 방정식 그리고 생산물의 수와 같은 수의 방정식이 각각 요구된다. 전자는 모든 산업에 고용된 서비스 양의 총합이 이 서비스의 총공급과 같아야 한다는 점을 표현한다. 후자는 각 산업에서 사용된 서비스의 생산계수에 그 서비스의 가격을 곱한 값이 산업산출물의 단위가격과 같아야 하거나 모든 산업의 평균비용──발라의 경우에는 한계비용──에서 가격과 같아야 한다는 점을 표현한다.

결정되어야 할 변수들의 개수가 방정식 개수와 같다는 점은 쉽게 보여줄 수 있다. 방정식이 풀릴 수 있는가──즉 균형 해가 '존재'하는가──라는 수학적 질문에 대해, 우리는 전과 동일하게 대답해야 한다. 발라는, 비록 그가 긍정적 답변을 가로막고 있는 모든 장애물을 인식하고 그것을 제거하거나 피했다는 사실을 보여줄 수 있다고 해도,[138] 현대 수학

---

137) 발라는 형편없는 수학실력이나 지나친 수학이용 때문에 종종 비난받는다. 그러나 그가 '이론적' 문제를 해결했던 20강, 특히 서비스의 공급이 한계균형조건으로부터 도출된다는 논의(앞의 책, 120쪽)는 상당히 세련된 모습이다. 내가 보기에, 수학적 비판가들을 포함하는 몇몇 비판가가 여기서 배워야 할 듯하다. 교육적 편리함에서 비롯된, 현재의 관행은 생산물에 대한 개별 수요를 그것의 가격만의 함수로, (또는—옮긴이) 가격과 '소득'의 함수로 정의한다. 이 관행은 장점이 있으며, 특히 오늘날 학생들이 케인스경제학과 발라경제학의 관계를 이해할 때 유용하다. 그렇지만 이것은 발라의 근본관점을 실질적으로 모호하게 하며, 궁극적으로 사태를 더욱 어렵게 만든다.

138) 지면제약 때문에 이를 보여줄 수는 없다. 여기서 우리는 서비스가 그 '소유자'에게 사용가치를 갖는다는 발라의 가정이, 현재 논의되고 있는 사례가 간

자들의 기준을 충족시킬 만한 답변을 제시하지는 못했다. 물론 거듭 말하지만, 전과 같은 의미에서 해의 집합이 존재하거나 심지어 음이 아닌(non-negative) 해가 존재한다는 사실이 반드시 경제적으로 의미 있는 해——즉 현실적으로 가급적 '받아들여질 만한'——의 존재를 의미하는 것은 아니다. 그러나 그의 가정과 앞서 언급했던 유보조건을 수용할 경우, 긍정적 답변은 가능하며, 이에 대한 반론은 발라의 실수나 오류에서 비롯된 측면보다 그를 제대로 이해하지 못한 데서 비롯된 측면이 훨씬 크다.[139] 아울러 발라 분석의 이러한 부분에 관한 한, 우리의 결론은 이론가들의 공통된 의견이거나 그것에 거의 근접한 것이라고 단언할 수 있다.[140]

안정성 문제와 경제과정에 가격과 수량의 균형집합을 확립하려는 경

단한 다상품 물물교환 경제에서 확인되는 난점에 덧붙일 수 있는 유일하게 심각한 난점, 즉 고정생산 계수 이면에 숨어 있는 난점을 사실상 피할 수 있도록 해준다는 점을 반복해서 언급하는 것으로 논의를 제한해야 한다. 물론 본문의 진술은 한계효용이 해당 상품량의 함수로만 정의되는 경우에 무조건 성립되는 것으로 이해되어야 한다.

139) 지나가는 김에 이러한 반론 중의 하나—물론 수리경제학자들이 제기한 것은 결코 아니다—를 언급할 필요가 있다. 적절한 제거를 통해, 우리는 모든 생산물의 가격과 수량을 서비스 가격의 함수로 표현할 수 있다. 명심해야 할 사항은 이러한 형식적 진리가 후자를 전자의 '원인'으로 만들지는 않는다는 점이다. 서비스 가격 자체는 모든 단계에서 해당 생산물의 가격을 고려하는 논증 속에서 결정되기 때문이다. 그러나 일부 경제학자, 특히 오스트리아학파는 모든 가격의 보편적이고 동시적인 상호의존성으로부터 발라체계가 어떤 가격도 설명하지 못한다고 추론했다. 그래서 이 체계는 때때로 오스트리아학파의 '인과적' 체계와 구별해서 '함수적' 체계로 불리기도 했다. 나는 이 시점에서 이것을 자세히 검토할 필요는 없을 것이라는 희망을 마음껏 품어본다.

140) 엄밀한 증명을 위해서는 독자들이 발트(Wald, *Zeitschrift, op. cit.*)를 참고할 수 있다. 독자들은 실제로 발트의 글이 별로 마음에 들지 않을 수도 있다. 그러나 발트의 주요관심은 발라체계보다 카셀의 체계에 있음을 명심해야 한다. 발트가 640쪽에 언급한 대로, 조이텐(Zeuthen)과 슐레진저에 의해 제시된 수정은, 독자적인 장점을 갖고 있지만 발라체계를 쉽게 다루도록 하는 데는 필요하지 않다.

향이 존재하는가라는 문제에 관한 한, 발라의 가정을 수용하기 어렵다는 사실은 우리가 이미 다상품 물물교환 경제에서 발견했던 것보다 훨씬 더 심각한 상황을 야기한다.[141] 우리는 다시 거래약정서(*bons*) 방법에 의존할 수밖에 없다. 그러나 이 경우, 처음에 실험적으로 매겨진(*criés*) 가격이 (기적처럼) 균형가격이 되지 못한다면, 균형을 향한 재조정은 거래약정서에 포함된 모든 임시적 생산결정의 즉각적인 재조정을 포함하게 되는데, 이것은 기존의 상품에 관한 임시적인 구매나 판매 결정을 단순히 재조정하는 것보다 훨씬 더 어려운 문제다. 설령 모든 기업과 생산적 서비스의 모든 소유자가 이 과업에 성공했다고 해도, 이들은 시간이 소요되는 생산계획을 여전히 실행해야 하는데, 그동안에 어떤 것도 변해서는 안 된다. 발라 자신은 이 문제를, 그가 다상품 물물교환의 경우에 제기했던 것과 똑같은 방식으로, 즉 그의 이론적인 문제가 서비스 시장에서 실제로 해결될 것인가라는 의문형태로 제기했다. 그리고 그는 이와 동일한 추론을 통해 다음과 같이 동일한 결론에 도달했다. 순수경쟁의 조건에서 한 가지 반응 메커니즘――초과수요가 있을 때는 가격이 오르고 그 반대일 경우에는 가격이 떨어진다――만이 허용될 경우, 시행착오의 과정은 '아마도' 모든 조정 단계를 실제로 균형으로 이끌면서 균형으로부터 멀어지지 않도록 해줄 것이라는 결론이 그것이다. 나는 독자들에게 이 문제를 자세히 설명할 필요가 있다고 생각한다. 발

141) 그러나 만일 우리가 이 가정을 수용한다면, 안정성은 물물교환의 경우보다 훨씬 더 분명하게 증명될 수 있다. 이는 힉스(*Théorie mathématique de la valeur*, 1937)와 다른 사람들, 특히 코트(L.M. Court, "Invariable Classical Stability of Entrepreneurial Demand and Supply Functions", *Quarterly Journal of Economics*, November 1941)에 의해 대체성을 인정하는 방식으로 이루어진 바 있다. 둘 다 우리가 제거했던 기업가를 다시 도입했으며, 증명은 두 번째 논문의 제목이 암시하는 형태로 이루어졌다. 역사적으로 주목할 필요가 있는 사항은, 이와 같은 글이 분석기법에서는 우월할지 몰라도, 발라분석에 이미 존재하는 것—비록 그중 일부는 암묵적인 것이었지만—을 재진술한 것에 불과하다는 점이다.

라의 구상이 모든 실생활과 어찌해볼 도리가 없을 정도의 편차를 보이고 있다는 이유로 독자들이 이 구상을 외면하는 것을 피하기 위해, 나는 다음과 같이 질문해보고 싶다. 잡아당겼을 때 늘어나지 않는 고무줄이나 마찰 없는 운동 따위의, 이론물리학에서 흔히 이용되는 구상물을 눈으로 본 적이 있는가? 그리고 이를 근거로 이론물리학이 쓸모없다고 믿는가? 아래의 각주에, 나는 독자들의 불만을 줄여줄 만한 논평을 몇 가지 첨가했다. 하지만 지금도 여전히 타당한 사실은 발라 이론이 일상적인 실무경험과 만나기 전에 할 필요가 있었으며 아직도 그러한 것을 발라 자신이나 그의 추종자들이 크게 과소평가했다는 점이다.[142)]

142) 첫째, 독자들은 자신들의 불만이 주로 기술혁명으로 끊임없이 교란되는 경제과정에 친숙하다는 사실에서 비롯된 것임을 알아야 한다. 엄밀한 의미에서 정체상태는 아닐지라도, 적어도 거기서 그리 멀지 않은 과정에서 가계와 기업은 상당한 규모의 일상적 경험을 비축하게 되는데, 이것은 첫눈에 불가능해 보이는 과제를 수행하는 데 크게 도움을 준다. 이들이 생산과 소비에 관한 임시계획으로 반응하게 될 임시가격은, 발라가 언급한 것처럼 실질적으로 우연히 매겨진 것이 아니라, 오히려 정보에 기초한 추측이며 흔히 상대적으로 적은 조정으로 교정이 이루어진다. 발라가 이러한 사실을 이용하지 않은 것은 오직 수요함수와 공급함수의 도출 논리나 그 근거를 명백히 하기 위함이었을 뿐이다. 우리는 마셜에게서 발라의 뼈대에 피와 살을 추가하는 방법을 배울 수 있다. 비록 좀더 현실적인 이론은 발라(와 마셜)의 범위를 넘어서는 새로운 문제의 세계를 제기한다는 점이 여전히 타당하겠지만 말이다. 둘째, 발라체계에 포함된 현실의 요소들은 우리가 적절한 경로를 통해 정복해야만 하는 다른 요소들 때문에 실제로 지나치게 커버린 상태다. 그렇지만 전자는 심지어 거래약정서를 이용한 모색과정(*tâtonnement*)이라는 낯선 형태를 보이는 곳에서조차 관찰가능하거나 증명가능하다. 셋째, 발라체계에서 조정의 모든 부담이 가격에만 집중되어 있다고 말할 수는 없다. 가격이 수량에 적응하듯이 수량도 가격에 적응한다. 그러한 인상을 갖게 되는 이유는 오직 축약된 표현방법 때문이다. 넷째, 발라의 모델에는 우리가 거의 기대하지 않았던 현실적인 측면이 존재한다. 그러므로 조금만 생각해보면 노동자들의, 자신들의 노동력 '서비스'(즉 여가)에 대한 수요가 생산과정을 형성하는 데 실제로 매우 중요한 요소임을 알게 될 것이다. 오늘날 이러한 사실을 부정하는 것은 어리석은 짓이지만, 이러한 수요가 조금도 효력이 없었던 때는 없으며, 노동자들이 스스로 변경시킬 만한 힘이 없었던 고정된 노동일을 수용했다(현대 경제학자들에 따르면, '이들의 선택은 수용하거나 죽음뿐이었다')는 표면적인

[5. 자본형성과 화폐의 도입]

이 절의 나머지 부분은 소비자와 생산자의 행위에 관한 기본도식이 자본형성과 화폐의 도입으로 어떠한 영향을 받──거나 붕괴될 수도 있──는가라는 질문에 대한 하나의 답변형태로 진행될 것이다. 두 주제는 앞 장에서 이미 살펴본 바 있으며 다음 장에서도 다시 살펴보겠지만, 독자들이 발라의 구조 전체를 평가하면서, 발라가 이 분야의 현대적 작업을 예시해주는 정도와 그 근거를 마련한 정도를 파악할 수 있도록 여기서도 주목할 필요가 있다.

발라체계에서 자본형성 이론은 한편으로 이자이론의 토대이지만, 다른 한편으로는 그 자체가 자본재 가격이론에 의존하고 있다. 우선 우리는 생산된 자본재의 가격만을 고찰할 것이다. 지금까지 우리의 이론은 이러한 자본재의 서비스 가격만을 살펴본 것이었으며, 이것조차 이제는 우리가 버려야 할 가정, 즉 생산된 자본재의 수량이 한꺼번에 주어져 있으며 결코 마모되지도 우연히 폐기되지도 않는다는 가정을 이용해서 도달된 것이다. 그러므로 우리는 이제 (자본재 서비스의 가격에서―옮긴이) 감가상각 충당금과 보험료를 공제해야 한다.[143] 그러면 자본재에 의해 생산된 '순수입'만이 남게 된다. 앞서 보았듯이, 발라는 감가상각 기금과 보험료 이상의 잉여가 존재함을 부정할 수 없는 사실로 여겼을 뿐, 이를 확증하려고 노력하지 않았다.[144] 그러나 만약 우리가 논의를

사실도 겉으로 보이는 것만큼 발라의 분석체계와 충돌하지는 않는다. 마지막으로 다섯째, 강의경험에 비추어, 나는 완전경쟁에서 발라의 비용법칙이나 완전고용 법칙 같은 명제가 사실상 완전균형 상태일 때 그의 체계의 속성이 된다는 말을 덧붙이고 싶다. 그러나 적절하게 이해된다면, 이것들은 반대할 만한 것이 아니며(완전고용의 명제에 대해서는 이 절 마지막의 언급을 보라), 무엇보다도 체계를 정의해주는 공준으로부터 도출된 정리이지, 체계에 부여된(그래서 과잉결정을 야기할 수 있는) 공준으로부터 도출된 정리가 아니다.

143) 발라는 이 두 가지를 기술적으로 주어진 상수로 간주했다. 물론 이것은 만족스럽지 못한 것이지만, 선구자의 또 다른 특권으로 간주될 수 있다.

144) 파레토와 바로네 그리고 그 직접적인 계보에 속하는 다른 사람들도 그러한

위해 이것을 수용한다면, 곧바로 이론적인 자본재 시장을 구상하는 쪽으로 나아갈 수 있는데, 이 시장은 발라의 훌륭한 행위에 따르면 그 가격을 결정하기 위해 필요한 것이다.[145] 이 시장에서 자본가——기업가(기업)로서가 아니라——는 신규자본재를 수요하며, 그것을 생산하는 기업은 이 수요에 대응해서 공급한다.

수요되고 생산된 신규자본재는, 기존의 자본재가 흔히 겪게 되는, 마모나 우연한 사고에서 비롯된 손실을 보상하는 데 필요한 규모보다 적거나 정확히 똑같을 수 있으며, 그 이상일 수도 있다. 이 사례 중 마지막 경우가 저축을 정의해준다. 뉴메레르로 측정된 저축이란, 소비(즉 가계가 구매한 생산물의 총가치)를 초과하는 순소득(즉 가계가 판매한 서비스의 총순가치)의 초과분이다. 따라서 정확히 케인스의 『일반이론』에서처럼, **현재저축은 현재 '투자'와 동어반복일 정도로 똑같다**. 여기서 저축은 단지 특정한 종류의 수요, 즉 자본재에 대한 수요를 가리키는 단어일 뿐이다. 지금까지 '저축의 제공이나 공급'이라는 말에는, 우리가 그것을 빵이나 맥주가 아닌 자본재[146]에 제공된 가계서비스의 일부를 지칭하는 것이라고 말하고 싶지 않는 한, 아무런 의미도 없었다. 그래서 현재저축이 현재투자와 어긋날 수도 있다고 말하는 것은 저축이 그 자체와 어긋날 수도 있다고 말하는 것에 불과하다. 그러므로 현재의 저축과 현재투자의 등가는 항등식이지 균형조건이 아니다. 균형조건은 주어진 기간 동안 총저축이 그 기간에 자본재 생산기업에 의해 (생산되고) 판매된 자본재의 비용과 같아야 한다는 것이다. 이 자본재 생산기업 또한 다른

노력을 기울이지 않았다. 그러나 빅셀과 피셔는 뵘-바베르크가 제공한 원료로 그 간극을 메웠다.

145) 지금 묘사되는 시장은 이론가의 구상에 불과하며, 발라 자신도 이후에 이것을 주식시장으로 대체하기 위해 포기했다. 그러나 이 이론적 장치를 현실성이 없다는 이유로 비판하는 것은 오해를 자백하는 꼴이다.

146) 자본재는 한 번 이상 이용되는 재화라는 점을 기억하라. 그러므로 이것을 회계기간 동안 남아 있는 재화 (또는 그 일부)로 정의하는 편이 좀더 정확할 것이다.

모든 기업과 마찬가지로 발라의 비용법칙을 따르기 때문이다.

그런데 (케인스의 『일반이론』 체계에서와 달리) 이 모델에서 자본가들이 자본재를 수요하는 유일한 동기는 그것으로부터 기대되는 순수입이다. 이것이 획득된 내구재로부터 나오는 사용가치로 존재하든, 기업 (또는 자본재 서비스를 직접 소비하고자 하는 개인)에게 그것을 임대함으로써 얻을 수 있는, 뉴메레르로 측정된 수익으로 존재하든 상관이 없다. 이로부터 그것의 가격들에 의해 충족되어야 할 또 다른 균형조건이 유도된다. 이상적인 조건에서 이 가격은 순수익에 비례하거나, 차익거래 (arbitrage operation)를 통해 비례관계를 강화해야 한다. 그러나 이것은 다음과 같이 표현될 수도 있다. 우리의 자본재 시장은 실질적으로 영구적인 순수입 흐름의 시장이며, 이러한 관점에서 보면 모든 자본재는 그 물리적 형태와 무관하게 동일한 기반에 서 있는 것이다. 이 측면을 강조하기 위해 발라는 '영구적 순수입'을 대표하는 관념적이거나 허구적인 상품을 만들어냈다. 이 도구——또 다른 순수한 이론적 구상물[147]——에 힘입어, 우리는 모든 가계에 '영구적 순수입'[148]에 대한 한계효

---

147) 파레토와 바로네, 그리고 다른 사람들도 이 관념적이거나 허구적인 상품을 수용했으며, 이것을 간단히 '저축'(*risparmio*)이라고 불렀다. 이 구상물은 발라의 것이 아닌 이론도식에도 들어맞을 수 있음에 주목하라. 심지어 발라의 도식에서도, 이것은 그가 화폐를 도입했을 때 새로운 (그러면서도 좀더 현실적인) 함의를 획득하게 되었는데, 이에 대해서는 곧 보게 될 것이다. 당분간 이 개념은 뉴메레르로 표현된, 모든 신규자본재의 총량을 의미하며, 그것의 한 측면을 분리하는 데 이용될 뿐 별도로 존재하지는 않는다. 그렇지만 만약 발라가 뉴메레르(로 측정된—옮긴이) 자본시장에 대해 언급한다면 이 시장은, 우리가 아직 도입하지 않은 화폐자본 시장과 달리, 자본재 자체의 시장과 구별되지 않는다.

148) 한계효용 함수는 다른 모든 상품과 마찬가지로, 오직 이 관념적인 상품만의 수량에 대한 단조감소 함수로 여겨질 수 있다. 그러나 또한 다른 모든 상품과 마찬가지로, 이 상품에 대한 수요함수는 모든 생산물과 서비스에 대한 모든 가격의 함수다. 이것은 그것이 또한 소득의 함수이기도 하다는 점을 함축한다는 것에 주목하라. 이 측면에서 발라 이론과 케인스 이론(*General Theory*)의 차이는 발라가 소득의 영향을 무시했다는 데 있는 것이 아니라 케인스가

용과 수요함수를 부여할 수 있고, 자본재의 (알려지지 않은) 모든 가격을 단일가격으로 대체할 수 있다. 이 단일가격은 다시 자본재의 가격, 즉 단위시간당 '영구적 순수입'의 **단위가격**을 결정할 수 있도록 도와주는데, 이는 분석의 체스판에서 나타날 수 있는 하나의 심오한 수다. 이 단일가격은 위에서 언급한 비례조건으로부터 도출되며, 후자의 조건은, 신규자본재에 대한 총수요(항상 저축과 동일한)가 반드시 이 신규자본재를 생산하는 산업들 사이에서 그 비용단위(뉴메레르로 측정된)당 순가치 생산물(뉴메레르로 측정된)을 일치시키는 방법으로 배분되어야 한다는 말로 재정식화될 수 있다.[149] 그러므로 문제의 단일가격은 모든 자본재 가치에 공통된 현상이자 (화폐가 없는 한) 이자율과 쉽게 동일시되는 비례관계의 한 요소인 **영구적 순수입률**(*taux du revenu net perpétual*)의 역수일 뿐이다.

발라는, 여기서 적당한 평가가 불가능할 정도로 아주 신중하게, 이 이론을 주택처럼 그 서비스가 직접 소비되는 생산된 내구재와 생산에 사용되는 생산된 내구재라는 두 가지 경우에 대해 전개시켰다. 그 결과, 정태적 균형에 대한 한계효용(극대화) 조건을 제시했으며[150] 결정성과 안정성에 관해 다상품교환과 생산의 경우와 유사한 결론에 도달했다. 이에 관한 논평이 허용된다면, 그것은 앞의 두 경우에 대한 논평과 유사한 내용일 것이다. 우리는 발라체계가 그에 의해 정식화된 자본형성이라는 사실 때문에, 그리고 자본형성 이론에 담긴 '진보'나 '퇴보', 즉 비

상품가격의 영향을 무시했다는 데 있다.

149) 발라에게 한계비용과 평균비용은 반드시 같다는 점을 기억하라. 그렇지 않다면 분명 교정이 요구된다.

150) 물론 그는 양(+)의 저축이 있을 경우, 연구대상이 되는 경제가 더 이상 정상상태가 아님을 알고 있었다. 그러나 그는 또한 **저축성향**(*dispositions à l'épargne*)과 **소비성향**(*dispositions à la consommation*)이 일정시간 동안 변하지 않는다면, 이 이론이 여전히 정학일 수 있음을 알고 있었다.(*Éléments*, p.244) 아마도 이것은 발라가 정태이론과 정상과정의 차이를 완벽하게 파악했음을 보여주는 가장 확실한 부분일 것이다.(위의 3절을 보라)

정상 상태로의 이탈 때문에 붕괴되지는 않는다(우리는 아직도 진짜 화폐가 제외된 분석을 따르고 있다)고, 별도의 증명도 없이 언급하는 것에 만족해야 한다. 그러나 지금까지 우리가 얻어낸, 또 다른 결론을 정리해 보자.

첫째, 이제 우리는 과거에 존재한 적이 없는, 자본재 가격(뉴메레르로 측정한 가치)에 관한 이론을 가지고 있다. 처음에 이것은 신규자본재의 가격결정 이론이었다. 그러나 이후 이 이론은 신규자본재의 경우에서 나타나는, 동일한 '영구 순수익률'(또는 이자율)[151]을 간단히 적용하는 방식에 힘입어, 생산된 자본재와 생산되지 않은 자본재('토지'; 발라는 심지어 이것을 노동력으로까지 확대했다)로 쉽게 확대되었다.[152] 둘째, 자본재 가격이론의 부산물로서 우리는 이제 모든 수요 · 공급 방정식에 들어가는 이자이론을 갖게 되었다. 그후 이 방정식으로부터 경제에서 이자의 역할에 관한 포괄적 이론이 밝혀질 수 있었다.[153] 자본재 가격 자체는 생산물로서의 수요와 공급의 조건을 묘사하는 방정식을 제외하면, 발라체계의 최종방정식 그 어디에도 포함되지 않는다. 셋째, 저축은 단지 수요의 한 종류이므로, 이자율이나 그밖의 어떤 것을 변화시켜 그것의 '수요와 공급'을 일치시켜야 하는 문제가 존재할 수 없다. 균형조

---

151) 명심할 사항은 이러한 동일시—여기에는 '영구적 순수익률'의 존재가 증명이나 확증이 필요 없는, 부정할 수 없는 사실이라는 믿음이 담겨 있다—의 가장 중요한 현대적 지지자가 나이트라는 점이다.

152) 이로부터 추론할 수 있는 것은, 아주 단정적으로 말할 수는 없지만, 발라가 이자라는 사실을 '진보하는' 사회와 연결시켰으며, 정상적인 사회에서는 아니더라도 '퇴보하는' 사회에서는 그것이 사라질 수도 있음을 알고 있었다는 점이다. 이 기회에 나는 독자들에게 브레시아니 투로니의 뛰어난 논문("The Theory of Saving", *Economica*, February and May 1936)을 권하고 싶다. 이 논문은 저축이론과 그것의 역사를 잘 조명해주고 있다.

153) 이것은 천재적인 성과였다. 그러나 그 유효성은 당연히 발라의 이자개념에 달려 있다. 내가 발라 분석의 독창성과 위대함을 계속 칭찬한다고 해서 모든 측면에 동의하고 있는 것으로 이해해서는 안 되는데, 이 책에서 나 자신을 비우겠다는 나의 원칙을 무시하더라도, 이 점을 언급할 필요가 있다.

건에 힘입어 같아지는 것—단순히 동어반복적인 의미에서 같은 것이 아니라—은 사람들이 저축하고 투자하기로 결정한 양과 신규자본재의 비용이다. 그런데 만일 이 일치가 실현되지 않는다면, 이것은 신규자본재의 가치가 그것을 생산하는 기업에게 좀더 크거나 낮은 비용을 부담 지우는, 그래서 생산을 확대하거나 축소하려는 동기를 갖게 되는 것을 의미한다. 그러나 여기에는 또 다른 측면이 존재한다. 신규자본재의 가치가 그 비용을 상회한다고 해보자. 만일 논증을 위해 자본재의 기대순수익이 불변이라고 가정한다면, 이것은 영구적 순수익률이 하락했음을, 다시 말해서 자본재를 구입하는 자본가에게 영구적 순수익의 한 단위가 이전보다 비싸졌음을 함축한다. 자본가에게 이러한 순수익률의 하락이 절실하게 다가오는 것은 바로 신규자본재의 뉴메레르 가격이 이렇게 상승하는 경우다. 다른 식으로 표현하자면, 직접적인 원인에 해당되는 것이 이자율의 하락이 아니라, (같은 말이지만) 이자율을 하락시킨 것이 자본재 가치의 상승이라는 것이다.[154] 물론 여기서 이자율은, 모든 생산물과 서비스의 수요함수와 공급함수에 포함되는 한, 그것의 적극적인 역할이 인정된다. 그러나 이러한 분석에서는 그것이 처음에 수동적인 역할을 담당한다는 점을 주목하는 것이 중요하다. 왜냐하면 그것은 경제과정에서 그 중요성이 상이한 양상을 띠며, 특히 자본가들의 반응을 서로 다르게 유도하기 때문이다. 물론 이 반응은 자본가가 수요하는 특정한 재화유형의 가격상승에 대한 반응이지, 자본가가 제공하는 서비스의 가격하락에 대한 반응이 아니다.[155] 마지막으로 앞의 주장으로부터

154) 물론 개별자본가의 손실은 그가 이미 소유하고 있는 자본재 스톡에 따른 이익을 통해, 그 일부나 전체를 그 이상으로 보상받을 수 있다. 이 사실이, 다른 측면에서는 중요할지 몰라도, 여기서는 적절하지 않다.

155) 카셀은 발라를 언급하지 않으면서 동일한 관점을 채택했다. 그에게도 저축은 자본재에 대한 수요와 그것의 생산에 대한 생산적 서비스의 적용으로 구성되기 때문이다. 그러나 그는 발라가 진짜 화폐를 도입하면서 어떻게 자신의 관점을 급격히 변화시켰는지 이해하지 못했는데, 이에 대해서는 곧 살펴볼 것이다. 여기서 또 다른 문제가 논의될 수 있다. 구입한 자산가격의 상승이나

다음과 같은 점이 도출된다. 발라의 분석은 튀르고-스미스의 저축이론에 대한 충성을 분명하게 거부하면서 뵘-바베르크의 분석에 동의하게 되며, 그래서 이러한 분석의 가정에 따르면 소비재 가격과 자본재 가격이 원리상 정반대의 방향으로 움직일 것이라고 결론짓는다.

마침내 (발라는 모델에—옮긴이) 화폐와 화폐적 거래를 도입했다. 화폐의 이론과 정책분야에서 발라가 이루어낸 다른 성과에 대해서는 다음 장으로 미루고, 여기서는 그가 어떻게 화폐를 경제과정 도식에 도입했는지, 뉴메레르만이 아니라 화폐도 절대가격을 어떻게 결정했는지, 그리고 그는 자신의 뉴메레르 경제에 귀속될 수도 있는 결정성과 안정성이라는 속성을 자신의 화폐경제도 똑같이 향유할 수 있다고 주장하지만 이것이 과연 옳은지에 대해 살펴보자. 이를 위해서는, 사용가치를 무시해도 될 만한 원료로 구성된 화폐[156]가 일정량 주어진 경우를 살펴보면서, 발라가 『순수정치경제학 요론』 1판(1874~77년)에서는 경제의 '화폐필요량'(monetary requirements)[157] 개념에 기초해서 화폐분석을

하락은 서비스 가격의 상승이나 하락처럼 쉽게 간과될 수 있는 사안이 아니다. 이것은 현재 빈번히 들리는 견해, 즉 이자율의 완만한 변동은 그 어떠한 주목할 만한 영향력도 갖고 있지 않은 듯 보인다는 견해에 대한 하나의 반론을 제공한다. 또한 자본가에게 자산의 용도는 수익을 얻는 것이기 때문에, 발라이론은 자본재 가격의 상승이 그에 대한 수요를 확대시킬 수도 있는 가능성을 인정하고 있는데, 이는 마치……. 〔미완성 각주.〕

156) 다음 장에서 보겠지만, 발라는 단본위제와 복본위제 그리고 상징화폐(token money) 발행으로 '규제되는' 단본위제를 분석하기도 했다. 그러나 그의 기본분석은 주어진 양의 정부발행 지폐를 통해 수행되었다. 본문의 의미는 화폐의 원료가 사용가치가 없다는 것이지, 화폐 자체가 사용가치를 갖지 않는다는 것이 아님을 명심하라. 이에 대해서는 곧 설명할 것이다. 그러나 근본 문제를 논의할 때, 화폐원료의 가치—상품으로서의—가 제기하는 문제에 주목하지 않는 단순화는 임의적으로 고정된 화폐량을 가정해야 하는 비용이 수반된다는 점 또한 명심하라. 이토록 사소한 의미에서, 우리의 질문은 이미 답변을 얻었다. 화폐량이 임의적이기 때문에 절대가격은 유일하게 결정될 수 없다. 그러나 우리의 질문은 이것이 아니다. 오히려 우리는 화폐량이 고정된 경우에, 물가 수준과 경제체계의 다른 모든 화폐적 · 비화폐적 수량이 유일하게 결정될 수 있는가라고 질문한다.

진행했다가 2판에서는 '사람들이 보유하기를 원하는 현금량'(화폐수요 *encaisse désirée*)[158]이라는 개념을 채택했지만, 이것이 4판(1900년)[159] 이전에는 그의 순수 일반균형 이론에 속하지 않았다——이 이론에 충분히 융합되지 못했다——는 사실을 간단히 주목하는 것으로 충분할 것이다. 발라의 순수이론 구조 전체가 그것의 모든 논리적 아름다움을 드러낸 것은 바로 이 4판에서였다.

이 구조의 1층은 소비재 '시장' 이론이다. 2층에는 생산이론과 생산적 서비스 '시장'이 있는데, 이 시장은 첫 번째 시장과 분리된 것이 아니라 통합된 것이다. 3층에는 이 두 시장과 비슷하게 통합된 자본재 '시장'이 있다. 4층에는 다른 세 시장과 통합된, 또 다른 시장인 '유통자본' 시장이 있는데, 이것은 작업진행에 필요한 재화스톡이나 재고의 시장, 즉 생산자들이 보유한 판매용 신규자본재와 온갖 종류의 소비자 · 생산자 재고 '시장'이 있다.[160]

---

157) 화폐필요량(*Circulation à desservir*)이라는 개념은 페티에게 친숙할 정도로 오래된 개념이다. 발라 자신은 이 개념을 중농주의자에게서 빌려왔다.(*Éléments*, "preface", p.9) 화폐수요(*encaisse désirée*)라는 용어가 처음 나타난 곳은 발라의 『화폐론』(*Théorie de la monnaie*, 1886)이다.

158) 우리에게는 '현금잔고 접근법'을 마셜과 연결시키는 습관이 있다. 그는 이것을 독자적으로 1880년대에 발전시켰다. 이 접근법의 중요성과 관련문제에 대해서는 마겟(Marget)의 학술적인 두 논문("Léon Walras and the Cash Balance Approach to the Problem of the Value of Money", *Journal of Political Economy*, October 1931; "The Monetary Aspects of the Walrasian System", *Ibid.*, April 1935)을 참조.

159) 아니 좀더 정확하게 말하자면, 1899년 논문("Equations de la circulation", *Bulletin of the Société vaudoise des Sciences Naturelles*)을 발표하기 전이었다. 마셜이 훨씬 나중에 대체로 비슷한 결과에 도달할 수 있었다.(이에 대해서는 케인스의 마셜 전기인 *Essays in Biography*, pp.196~206 참조.) 그러나 마셜은 발라의 논문이 발표된 후 20년이 지나서야 이 결과를 발표했을 뿐만 아니라, 그 논리를 발라만큼 엄격하고 완전하게 정식화하지도 못했다. 게다가 명심해야 할 사항은 그 이후에 등장한 모든 것이 발라의 경제학만이 아니라 마셜의 경제학에도 적용된다는 점이다.

160) 수학적 설명을 수월하게 하기 위해, 발라는 생산계수의 의미를 흥미로운 방

그러므로 발라는 자신의 생산이론에서 소비재와 생산적 서비스의 균형 (뉴메레르)가격과 수량이 결정된 이후(이 모든 것은 일단 결정되면 재화가 생산되는 동안 변하지 않는다), 이 서비스와 (등가의) 재화의 실제 이전이 즉시, 즉 '원칙적으로' 결정된 생산계획이 실행되기 전에 시작되도록 했다. 물론 이것은 가계와 기업을 처음부터 재화스톡(재고)을 보유하고 있다고 전제하는데, 오늘날에는 이 가정이 일반균형 문제의 주어진 조건(data)으로 도입된다.161) 이미 보았듯이, 발라는 이 스톡을 자본재와 마찬가지로 형식적으로 분석했다. 그래서 (그의 분석에는—옮긴이) 스톡 자체가 있는가 하면 이 스톡이 제공하는 서비스, 즉 재고서비스(*services d'approvisionnement*)도 있다. 그러므로 스톡과 그 서

식으로 확대했다. 이것이 흥미로운 이유는 레온티예프가 최근에 자신의 투입-산출 분석에서 그것을 채택했기 때문이다. 간단하면서도 구체적으로, 우리에게 생산물 (*A*)가 있는데 이것이 자본재 서비스(*K*)에 대해 a_k라는 생산계수를 보인다면, 이 a_k는 (*A*) 한 단위를 생산하는 데 필요한 (*K*)의 수량만이 아니라, (*A*)의 생산이 한 단위 증가할 경우 생산자가 보유하는 스톡이 부수적으로 증가하는 데 필요한 (*K*)의 수량까지 포함하고 있다.(Warlas, *Éléments*, p.298; W.W. Leontief, "Input and Output Analysis……", *American Economic Association, Papers and Proceedings*, May 1949, pp.219~220.)

161) 물론 이 스톡은 창고 속의 포도주나 작업장의 톱처럼 특정형태로 존재한다. 현실에서 이 특정재화가 어떤 주어진 순간에, 심지어 근사적인 수준에서나마, 다음기의 극대화 조건이 요구하는 것일 필요는 없다. 여기서 우리는 이제 본질적으로 동학적인 문제에 직면하고 있는 듯 보인다. 경제과정이 과거로부터 물려받은 상황, 그렇지만 영향을 미치는 순간 언제나 시대에 뒤떨어진 것이 되는 상황에 어떻게 적응하는가라는 문제가 그것이다. 그러나 발라는 이 문제를, 스톡 또한 자본재와 마찬가지로 현재의 조건을 고려해서 과거에 생산된 것과 진배없다는, 과감한 가정을 통해 제거했다. 균형체계는 처음부터 구축된다는 그의 표현이 의미하는 바는 바로 이것이었다. 우리는 이것을 다음과 같이 표현할 수 있다. 생산에는 시간이 소요되기 때문에 어느 누구도 어떠한 빈틈이 존재할지 정확히 알 수 없는 상황에서 생산이 진행될 수밖에 없지만, 그는 모든 요소가 적재적소에 완벽하게 배치된 경제세계를 창조했다고 말이다. 이러한 구상에는 어느 정도 타당한 면이 있다. 그러나 다시 한 번 말하지만, 이것은 긴 여정의 첫 번째 이정표일 뿐이다.

비스는 가격이 별도로 설정되어야 하지만, 모든 스톡의 가격은 그 서비스의 가격과 일정한 상관관계를 보이는데 이는 모든 자본재 서비스의 가격이 그 자본재 자체의 가격과 맺는 관계와 같다.[162] 스톡과 스톡 서비스의 도입이 발라가 경제과정을 동기화하는 방법임을 명심하기 바란다. 서비스의 가격——즉 관련된 유통자본에 대한 이자부담——을 지불한다는 조건으로, 가계는 이제 자신의 생산적 서비스를 즉시 소비재로 '전환'시킬 수 있다. 그러나 이것은 명백히 단순한 세부사항이 아니다. 오히려 이것은 발라가 이미 자신의 생산이론에서 예견방식으로 보여준 바 있는, 일반균형 체계의 본질적인 특징이다.(*Éléments*, p.215)

스톡과 함께 화폐가 도입되었다. 이것은 단지 재고 목록 중 하나의 특수한 항목으로 재고서비스를 공급하는데, 이 서비스는 다른 서비스와 마찬가지로 한계효용 함수를 통해 가격을 얻게 된다.[163] 이 가격은 발라가

---

162) 이 개념장치는 모든 재고서비스에 대해 순가격이 존재한다고 전제하기 때문에, 자본재의 순수입이라는 가정에 대해 제기될 수 있는 것과 동일한 비판을 받을 수 있다. 그러나 이처럼 순가격(즉 스톡의 감소분과 보험의 합계 이상의 가격)을 가질 수 있는 재고서비스의 존재를 인정하자마자, 우리는 스톡과 서비스의 구분에 대해 이중계산을 낳는다는 이유로 반대할 수 없다. 사실상, 발라는 스톡의 가격을 서비스의 가격으로부터 이자율을 경유해서(즉 할인과정과 동일한 방식으로) 도출했기 때문에, 여기에는 뵘-바베르크의 체계와 주목할 만한 유사성이 존재한다. 비극적이게도, 이 두 거인은 서로를 완벽하게 오해하고 있었지만 말이다. 그러나 이 유사성은, 가계가 자신이 원하는 생산물을 (생산기간의 끝에 수령하는 것이 아니라) 즉시 수령하고 그 대가로 이자를 지급한다는 식으로 문제를 진술하면 분명해진다. 이에 대해서는 본문의 다음 문장을 참조.

163) 이 가격을 화폐 자체의 가격과 혼동해서는 안 된다. p'을 뉴메레르로 표현된 화폐의 가격으로, π'를 그것의 재고서비스 가격으로, i를 이자율로 각각 정의한다면, (토지처럼) 마모되지 않는 자본재 가치에 관한 규칙에 따라, 우리는 $\pi'=p'i$ 를 얻는다. 여기서 화폐가 뉴메레르로 기능한다면 $p'=1$이며, 그래서 $\pi'=i$가 된다. 그러나 화폐와 스톡 일반의 서비스의 한계효용에 관한 한 명심해야 할 사항은 이것이 빵이나 맥주의 한계효용 곡선과 같은 의미로 '주어져' 있지는 않다는 점이다. 프리슈의 용어를 빌리자면, 전자는 후자만큼 자율적이지 않으며, 경제과정 자체 때문에 끊임없이 변화되는 생산구조와 지불습

자본시장(*marché du capital*)——자본재시장(*marché des capitaux*)과 구분해서——이라고 불렀던, 그리고 모든 생산적 서비스 시장의 '부속물'(annex)인, 특별한 시장에서 출현한다.(*Éléments*, p.245) 모든 서비스의 공급자는 이제 화폐로 지불하고 생산물을 구입한다. 자본가는 이제 더 이상 생산적 서비스를 자본재와 교환하는 방식으로 저축하지 않고 화폐로 저축하며, 우리는 이제 가계와 기업이 보유한 두 가지 유통화폐(*monnaie de circulation*)량에 덧붙여, 저축화폐(*monnaie d'épargne*)라고 불리는 화폐량을 갖게 된다. 기업은 화폐를 차용해서 신규자본재를 구입한다. 이 시장에서 '상품', 즉 화폐 재고서비스의 균형가격은 이 서비스에 대한 사람들의 수요——화폐수요로 표현되는——가 현존하는 화폐총량과 같다는 조건에 의해 결정된다. 이 균형가격을 결정할 때 우리는 화폐 자체를 뉴메레르로 선택할 수 있는데, 이 경우 앞의 조건은 이자율이 반드시 화폐수요와 같아야 한다는, 그래서 현존하는 화폐총량이 같아야 한다는 말로 재진술될 수 있다.[164]

관에 대해서만 타당하다. 발라는 이 난제를 알았지만, 현실적으로 가계와 기업은 자신들에게 필요한 재화와 화폐의 운전기금이 어느 정도인지를 흔히 '매우 근사적으로' 알 뿐이라고 지적하는 것으로 만족했다. 이것은 분명 진실이지만 이 사실을 이용하는 이론가라면, 발라처럼, 자신이 특수한 가정으로 불확실성을 배제하고 있음을 실제로 지적해야 한다. 덧붙여 말하자면 이렇게 해서 발라는, 그렇게 할 의도는 없었지만, 이후에 나타날 힉스의 이론, 즉 그 어떤 종류의 불확실성도 없다면 화폐를 보유할 필요가 없으며, 그래서 화폐현상은 불확실성에 의존해서 존재한다는 이론을 없애버렸다고 말할 수 있다. 발라는 자신의 이론도식에서 불확실성이라는 요소의 중요성을 정당하게 평가할 기회가 없었다. 하지만 그는 불확실성을 만나는 것이 화폐의 유통과 소유에는 본질적인 측면이 아니며, 그래서 화폐경제가 필연적으로 동학적이라는 명제는 타당성이 없음을 보여주었다. 이것이 화폐에 관한 실질적으로 어려운 문제들이 모두 진화과정에서 발생한다는 점까지 부정하는 것은 아니다.

164) 지금 우리가 갑작스럽게 케인스의 이자이론('자기 이자율'own-rate 이론; *General Theory*, p.223)과 아주 가까운 지점에 놓이게 되었다는 사실에 놀라서는 안 된다. 이러한 유사성은, 그 차이까지 포함해서, 만일 우리가 발라의 도식이 케인스의 세 가지 화폐보유의 동기 중 오직 첫 번째, 즉 거래적 동기만 허용할 뿐 나머지 두 가지, 즉 '예비적' 동기와 '투기적' 동기까지 허용

지금까지 발라체계의 유일한 해집합이나 균형값의 '존재'는 화폐의 도입으로 영향을 받은 것이 없다. 이런 측면에서 상황은, 단서조항을 포함해서, 우리가 뉴메레르 경제에서 발견했던 것과 비슷하다. 이것은, 증명될 수도 있겠지만, 발라가 재고서비스를 마침내 한 번 이상 거래될 수 있는 서비스(직접적인 효용은 없는)로 설정하게 된 분석장치에 의해 화폐를 삽입했다는 사실로부터 직관적으로 이해되어야 한다. 이러한 사실은, 또 다른 상품이나 서비스를 추가로 도입하는 경우와 마찬가지로, 상황논리를 분명히 조금도 변화시키지 않는다.[165]

그러나 덧붙여 지적해야 할 사항은 화폐가 제공하게 될 서비스의 본질에 따라 그 서비스의 가격이 특정한 방식으로 다른 모든 상품과 서비스의 가격을 결정짓는 수요 · 공급 방정식에 들어간다는 점이다. 이것은

하지는 않는다는 점을 알게 된다면(이 세 가지 동기에 대해서는, *General Theory*, p.170), 특히 잘 드러난다. 그러므로 저축계획은 자본시장의 공급계획과 일치한다. 그러나 다른 두 동기도 발라의 모델에 쉽게 도입될 수 있다. 만약 그렇다면, 저축계획은 이제 더 이상 대부자금의 공급계획과 일치하지 않는다. 그러나 이것이 발라 이론의 타당성을 부정하는 것은 아니다. 오직 추가적인 가설을 통해 이 이론을 보완해줄 뿐이다. 이에 대해서는 O. Lange, "The Rate of Interest and the Optimum Propensity to Consume", *Economica*, February 1938; Franco Modigliani, "Liquidity Preference and the Theory of Interest and Money", *Econometrica*, January 1944 참조. 이들의 논증은, 다른 사람의 비판은 몰라도, 파틴킨(D. Patinkin)의 비판("Relative Prices, Say's Law, and the Demand for Money", *Econometrica*, April 1948)으로 그 타당성이 부정되지는 않는다.

165) 최근 이것은 발라가 한계효용 함수를 가지는 대상이나 그 서비스로부터, 즉 상품자격을 갖춘 대상집합으로부터 화폐를 배제했다는, 바로 그러한 이유로 부정되고 있다. 그러나 이 관점은, 화폐가 금이나 은처럼 소비나 생산에서 분명한 가치를 보여주는 재료로 만들어졌을 경우 제기되는 문제를 뒤로 미루기 위해, 발라가 상품으로서의 가치가 없는 재료로 만들어진 화폐를 우선 고려하기로 결정(*Éléments*, p.303)한 것을 오해한 데서 비롯된 것일 뿐이다. 이 질문은 두 가지 관련질문, 즉 (1) '화폐서비스'라는 개념이 수용가능한지, 그리고 (2) 발라가 화폐적 과정과 '실물'과정의 유사성을 너무 지나치게 강조한 것은 아닌지의 질문과는 조금도 관련이 없다.

화폐서비스 가격——또는 화폐를 뉴메레르로 선택하면, 이자——의 변화가 직접적으로 자본재와 스톡(재고)의 가치에 영향을 주고, 이를 통해 체계 내 다른 모든 가격과 수량——수요되고 공급되는 노동의 임금과 수량 같은 생산적 서비스의 가격과 수량을 포함해서——에도 영향을 미치는 점을 관찰하게 되면 쉽게 이해될 수 있다. 다음 사항을 기억하는 것이 중요하다. 가격변화는 다른 모든 가격과 수요 · 공급에 영향을 미치지만, 화폐가격의 변화는 여기에 아주 중요한 영향을 추가한다. 그러므로 화폐가격은 화폐가 아닌 뉴메레르로 표현된 가격을 화폐가 아닌 다른 뉴메레르로 표현된 가격으로 단순히 옮기는 것이 아니다. 화폐가격은 뉴메레르 가격과 비례하지 않는다. 그것은 새로운 조건, 즉 발라의 자본시장에서 균형을 지배하는 조건에 적응된 가격이다. 아직도 우리는 이 화폐적 균형조건을 앞에서처럼 **총화폐수요**가 반드시 현존하는 화폐총량과 같아야 한다는 식으로 정식화할 수 있다. 그러나 명심해야 할 사항은 **화폐수요**가 무엇보다도 거래의 총뉴메레르 가치에 의존하지만, 후자 또한 화폐서비스의 가격에 의존하므로 이 가격——또는 이자율——이 변하면 고정값을 유지할 수 없다는 점이다. 다시 말해 기존의 화폐량만이 아니라, **총화폐수요**에 대해서도 주어진 것으로 취급하면서 오로지 이자율만의 적절한 변화를 통해 화폐균형에 도달하도록 하는 방식으로는 화폐균형 조건을 충족시킬 수 없다. 이러한 사실을 깨닫고 이에 준해서 행동한다면, 우리는 발라의 논증이 상대가격만이 아니라 화폐가격——또는 원한다면 물가 수준——에 대해서도 일관적인 집합을 결정한다고 실제로 단언할 수 있다.

발라 자신은 이러한 상황을 간파했다. 그러므로 독자적인 가정 안에서는 화폐로 측정한 절대가격을 모두 일관되게, 그러면서도 완전히 적절하게 결정하는 화폐이론을 창조해낸 업적은 마땅히 그에게 돌아가야 한다.[166] 그러나 중요한 지점에서 그는 좀더 밀고 나아가지 못했다. 그

166) 이 이론은 현대의 일부 경제학자가 세법칙이라고 치켜세우는 허수아비를 두

는 이자율의 변화가 거래총액에 미치는, 그래서 화폐수요에 미치는 영향이 "간접적이고 미약할" (*Éléments*, p.311) 뿐이라는 이유로, 이를 무시하기로 결정했으며, 그러고 나서 이것이 제외된 단순화 가정에 기초해서 응용화폐 이론에 관한 추론의 대부분을 진행시켰다. 이 가정은, 실제로 그것이 정당화될 수 있는가[167]라는 질문과 별도로, 우리가 그것을 발라의 엄격한 이론의 일부로 받아들일 경우 전체 상황을 변화시킬 수도 있는 요인이다. 그렇다면, 발라 자신도 그러했듯이, 화폐유통 방정식은 실제로 "경제균형을 결정하는 방정식 체계에 외적인 것" (같은 책)이 될 것이며, 그래서 발라체계는 본질적으로 그 자체로 완결적인 '실물'이나 뉴메레르 체계이고, '화폐 베일'이라는 분리가능한 옷감을 덮은 것이라는 말이 어느 정도 타당할 것이다. (그러나 다음 장을 보라.)[168] 그러면 화폐이자와 화폐가격은 더 이상 상대가격과 동시에 결정되지 않으며, 일반적으로 상대가격과 양립할 수 없을 것이다.[169] 그러나 발라 본문의

려워하는 것과 특별한 상관성이 없다. 또한 수요 · 공급 함수의 0차 동차성으로부터 영향을 받는 것도 없다. 다른 이론에서처럼 발라 이론에서도, 사람들이 달러로 계산하는지, 센트로 계산하는지에 대해서는 당연히 무차별해야 하겠지만 말이다.

167) 내가 보기에는, 당연히 일반적으로 그렇지 않다. 하지만 특별한 목적에는 타당할 수도 있다.

168) 이 가정은 발라를 위와 같은 의미로 해석하는 학자들을 유리하게 만드는 두 번째 이유다. (그 첫 번째는 발라가 『순수정치경제학 요론』, 303쪽에서, 화폐를 그 자체의 효용이 없는 대상으로 간주될 수 있다고 신중하지 못하게 언급했다는 점이다.) 세 번째 이유가 있다. 발라의 설명은 가능한 한 화폐 없이 진행되었다. 그래서 화폐이론은 실제로 이전에 이미 완성된 건물의 외벽에 붙여진 그 무엇이라는 인상을 빚어냈다. 그러나 좀더 면밀히 검토해보면, 이것이 그가 생산에 관한 사실을 추상시킨 채 교환이론을 설명했던 방법과 마찬가지로 단순한 설명장치임을 알게 된다. 그러므로 이러한 이유에서 비롯된 의심으로부터 '보편적 상호의존'에 관한 이 위대한 인물을 당연히 해방시켜야 할 것이다.

169) 이것은 분명하다. 만약 이자율의 변화가 적어도 원리상 체계 내 모든 실물과 화폐의 수량을 재조정한다면, 화폐수요가 불변이어야 한다는 가정은 일반적으로 체계를 과잉결정하게 될, 그래서 이러한 의미에서 모순을 야기할 또 다

정신과 문구에 비추어볼 때, 그는 응용화폐 이론을 위해 일반분석 방법을 포기하고 부분분석의 방법을 채택했다고 말하는 편이 훨씬 더 자연스럽다. 이것은 그가 엄격한 분석기준이 적용될 수 없는 근사법을 채택했음을 의미한다.[170)]

그러나 안정성 문제(와 체계 내부에 그 요소들의 균형값을 실현시키는 경향이 존재하는지에 관한 문제)는 이제 전보다 훨씬 더 답변하기가 어려워졌다. 그 이유는 화폐의 도입이 야기한 논리적 상황의 변화——이는 뉴메레르 경제의 경우와 상당히 비슷하다——때문이 아니라, 화폐경제에서는 발라의 일반적인 경제과정 패턴을 수용하기가 훨씬 더 어렵다는 사실 때문이다. 이에 대해 발라는 완벽하게 알고 있었다. 그가 은행신용의 불안정성을 강조하는 것이 그 증거다.(*Éléments*, pp.353~354) 이와 별도로 화폐적 자본시장의 도입은 당연히 경제엔진을 멈출 수 있는 새로운 기회를 제공하는데, 이 또한 뉴메레르 경제에서는 없었던 현상이다. 우리는 발라의 지시에 따라 불확실성을 배제할 수도 있다. 그러나 화폐와 같이 변동성이 강하면서도 순간적으로 매우 쉽게 방향이 변할 수 있는 '상품'의 경우, 우리는 항상 불확실성을 생각할 수밖에 없다. 그렇지만 이러한 조건에서는 우리가 도달한 최종결론의 실천적 가치가 틀림없이 크게 감소된다. 이제 다음과 같이 말할 수 있다. 뉴메레르 경제와 화폐경제 모두에서, 경제과정에 대한 발라체계는 (균형이) 결정되고 안정적이다. 비록 그가 이것을 엄밀하게 증명하는 데는 실패했을지라도, 전통적인 사고방식에 따라 양(+)이나 음(−)의 투자가 제외된 정상과정에서, 발라체계는 앞서 정의한 의미대로 장애가 없으며(hitchless), 자원의 완전고용은 사실상 이 체계의 한 가지 속성이다. 이와 다른 결론은 오직 발라와 다른 가설을 도입해야만 도출될 수 있다.[171)] 결론적으로 발라체계는 아마도 하나의 거대한 연구 프로그램에

른 조건을 도입하는 것과 같다.

170) 주요동기는 '수량이론'의 단순한 형태를 확보하고 싶은 소망이었던 것처럼 보인다.

불과할 수도 있지만, 그것은 아직도 그 지적 수준에 힘입어 실제로 우리 시대의 모든 걸작의 기초로 기능한다.

8절 생산함수

이 시기 고급 수준의 이론적 분석 중에서 언급되지 않은 것이 있다면, 모두 1900년의 고전적 사원의 두 기둥이었던 두 가지 정보집합(two sets of data)으로 편리하게 모아질 수 있는데, 주어진(given) 소비자 선호와 생산자 지평 안에 주어진 기술적 가능성이 그것이다. 전자는 이 장의 부록에서 다루어지겠지만, 후자는 여기서 다루는 것이 좋다. 두 경

---

171) 이것은 케인스학파 논쟁에서 두드러진 역할을 담당했던 노동의 과소고용 균형의 가능성에 대한 질문에서 잘 드러난다. 발라체계에서 이러한 과소고용은 발라의 노동공급 조건이 발라의 균형값보다 높은 수준에서 임금률이 '하방경직성'을 보인다는 가설로 대체되는 경우에만 가능하다. 그러나 우리는 여기에, 비록 경직성이 제거되더라도 그에 따른 임금하락이 균형달성에 실패할 수도 있다는, 또 다른 가설을 추가할 수 있다. 왜냐하면 이러한 하락은 기업의 수입을 감소시키거나, 설령 그렇지 않더라도 전체적으로 경제활동을 위축시키는 비관적인 전망을 초래함으로써 하락하는 임금률이 더 크게 하락하는 균형값을 따라잡지 못할 수도 있기 때문이다. 임금경직성이 주어졌다면, 다음과 같은 가정을 통해 비슷한 결론에 도달할 수도 있다. 수익을 고려하지 않고 저축하려는 자본가는 투자에 대한 현재 수익을 수용하지 않은 채 자신이 저축하기로 결정한 것을 모두 "즉시 유동화될 수 있는 형태"(즉 화폐나 그 등가물)로 보유하고자 한다(Keynes, *General Theory*, p.166)는 가정이 그것이다. 이러한 가정의 현실적 장점에 대해 어떻게 생각하든지 간에 명심해야 할 사항은, 설령 이것이 수용된다고 해도, 발라의 이론을 그의 가정 안에서는 무력화시킬 수 없다는 점이다. 특히 이 가정은 발라의 '완전고용 조건'—이것은 가정이 아니라 정리다—이 발라체계를 과잉결정 상태로 만든다는, 그래서 이런 의미에서 자기모순적인 상태로 만든다는 점을 증명하지 못할 것이다. 여기에 추가되어야 할 사항은, 자본주의 경제에서 영구적 실업이 발생하는 경향을 보여주고 싶은 경제학자라면, 고도의 추상 수준에서 볼 때 완전경쟁의 완전균형이 완전고용을 포함하는지에 관한 증명을 두려워할 이유가 없다는 점이다. 또한 이러한 증명 자체가 완전균형이나 완전경쟁이 없는 세계에는 실업이 만연한다는 사실에 대해 두려워할 이유도 없다.

우 모두, 우리는 좀더 낮은 수준의 분석적 엄격성을 위해 이미 학습했던 내용을 보충하는 선에서 그칠 것이다. 두 경우 모두, 나는 이야기를 현재상황까지 끌고 올 것이다. 두 경우 모두, 옳지 못한 점도 간단하게나마 지적할 것이다.[172)]

[1. 개념의 의미]

오늘날 흔히 사용되는 생산함수의 개념을 뒤돌아보는 데서 시작해보자. 사업가 A가 잘 정의된 상품 X를 이 상품을 위해 건축된 하나의 공장에서 시간단위당 $\bar{x}$의 비율로 생산하기로 계획하고 있다고 가정하자. 이것은, 발라의 생산계수처럼 기술적으로 고정되어 있으면서 우리와 같은 경제학자들이 유일하게 이용할 수 있는 생산 '과정'이나 생산 '방법'을 정의해주는, 시간단위당 투입비율의 유일한 집합——이를테면 마찬가지로 잘 정의된 서비스 $V_1, V_2, \cdots, V_n$에 대해 $\bar{v}_1, \bar{v}_2, \cdots, \bar{v}_n$의 비율로——을 요구할 수 있다. 그러나 일반적으로 $\bar{x}$를 생산할 수 있는 생산과정이나 생산방법은 몇 가지, 심지어 무한히 많이 존재한다. 우리와 같은 경제학자들에게 그것들은 각각 별개의 단위시간당 투입률 집합으로 인식된다. 두 개 이상의 기술적으로 상이한 과정이 $\bar{x}$를 생산하기 위해 정확히 동일한 투입율 조합을 사용한다면, 그것은 모두 우리에게 동일한 과정이다. A씨는 이 가능성 중에서 $\bar{x}$생산에 필요한 총비용을 최소화하기 위해 선택할 것이며, 그래서 모든 (희소한) 서비스 $V_1, V_2, \cdots, V_n$를 상대적으로

---

172) 여기서는 두 주제에 대해 간단하면서도 올바른, 아울러 기본적인 설명을 제시할 수 없는 나의 무능력—나는 이 책의 부록과 이 절을 최종형태로 배치시키기 전까지 이 무능력을 완전히 깨닫지 못했다—이 강조되어야 한다. 왜냐하면 이러한 무능력이야말로 이 두 영역의 상황, 즉 비틀거리면서 이어지던 진보마저 연구자 사이의 오해—쓸데없는 심술로 가득 찬—와 동일한 방향으로의 유인에 대한 거의 모두의 의욕상실 때문에 끊임없이 무력화되던 상황을 매우 분명하게 보여주기 때문이다. 혼동은 때때로 연구자들이 한계생산성 이론과 같은 것을 통해 실질적으로 전하고자 했던 의미가 무엇인가에 대해 분명하게 파악하기 어려운 상태로까지 이어졌다.

많이 사용하는 생산과정은 모두 처음부터 제외할 것이다. (그 결과로—옮긴이) 남는 것들이 선택대안으로 불릴 수 있는데, 그는 이중에서 자신의 계획기간에 요소시장을 지배할 것으로 예상되는 가격상황에 따라 선택할 것이다.

A씨나 그의 기술고문에게 아주 친숙한 모든 선택대안의 완전한 목록은 A씨나 그의 기술고문의 기술지평(technological horizon)을 정의해 준다.[173] $\bar{v}$가 연속적으로 부드럽게[174] 변한다면, 아울러 $\bar{x}$ 또한 그러하다면, 우리는 한 사람의 기술지평을 $x = f(v_1, v_2, \cdots, v_n)$라는 형태의 전환함수로 설정할 수 있다. 우리는 이것을 생산함수라 부르는데, 이것은 주어진 생산요소의 집합 $vi (i = 1, 2, \cdots, n)$과 이 집합으로 생산할 수 있는 x의 최대치를 연결시킨 것이다. 이를테면 새로운 생산과정이 발견되거나, 이미 알려진 생산과정일지라도 과거와 달리 상업적으로 이용됨으로써 기술지평이 변화되면, 이 생산함수는 파괴되면서 다른 것으로 대체될 것이다. 이 모든 것은 매우 단순하다. 그래서 조금은 분명히 해야 할 사항이 있다면, 우리가 생산함수에 부여하게 될 속성이 탐색하고자 하는 특별한 문제의 요구조건에서 비롯된 다양한 추상 수준에 따라 결정된다는 점이다. 그러므로 대기가 희박해질 정도로 높이 올라가서 생산논리의 '가장 순수한' 특징을 찾으려 할 경우, 우리는 방금 전에 했던 것처럼 생산함수가 연속이고 모든 방향에서 두 번의 미분이 가능하다고 가정할 것이다.[175]

현실은 매우 빈번하게 이 가정에 부합되지 않는다. 하지만 우리가 순수한 생산논리에 관심이 있는 한, 이것이 반론의 근거가 될 수는 없다.

---

173) 이것은 기업(이나 개인)의 시간지평(time horizon), 즉 계획된 시간과 반드시 구분되어야 한다. 시간지평 개념은 틴버겐에 의해 도입되었다.

174) 연속함수는 도약이 없으며, 부드러운 함수는 꼬임(kinks)이 없다.

175) 즉 우리는 대표적인 생산적 서비스, v_i와 $v_j (i, j = 1, 2, \cdots, n)$에 대해 $\frac{\delta x}{\delta v_i}, \frac{\delta^2 x}{\delta v_i^2}$ 그리고 $\frac{\delta^2 x}{\delta v_i \delta v_j}$ 같은 형태의 모든 표현이 존재하며 연속적이라고 가정할 것이다.

반론은 오직 이로부터 도출된 결과를 불연속적이고 1계, 2계 편도함수가 존재하지 않는 패턴과 문제에 적용하려는 경우에만 성립된다. 모든 패턴과 문제에 연속성과 미분가능성의 존재를 인정할 것인지 이를 거부할 것인지를 놓고 고민하는 것은 부질없는 짓이다. 이러한 사소한 진실이 무시됨으로써 오늘날 쓸모없는 논쟁이 믿을 수 없을 정도로 많이 나타났으며, 분석의 진보 또한 '과학적 진보'와 '인간 정신의 길'을 연구하는 사람들에게는 매우 흥미로운 방식으로 방해받고 있다. 이런 측면을 드러내기 위해서는 오늘날 역사적 발전과정에 대한 우리의 이야기와 관련된 근거(나 그 일부)를 명확히 하기 위해, 그리고 독자의 이해에 도움이 될 만한 정보를 공급하기 위해 제시되고 있는 몇 가지 쟁점을 먼저 검토하는 편이 좋을 것이다. (주로 정태적인) 생산이론과 비용이론에 관한 현대적 설명에 대해서는 그 일부 목록을 각주에 제시했다.[176]

(1) 우리는 잘 정의된 상품이나 서비스라는 생각을 신뢰하지 않게 되었다. 게다가 기업은 일반적으로 하나의 동질적인 상품만을 생산하기보다는 다양한 품질의 상품을 여러 가지 생산한다. 그래서 이것들 사이에서 생산을 전환하는 능력은 생산체계를 선택하는 데 분명히 중요한 고려사항이다.[177] 마지막으로, 생산적 서비스 조합의 변화는 종종 기업이

---

176) R.G.D. Allen, *Mathematical Analysis for Economists*(1938). 생산함수와 고정산출 곡선에 대해서는 특히 284~289쪽을 보라. 이 부분은 수학에 문외한인 사람도 쉽게 이해할 수 있으며, 이것을 읽으면 이 절이 훨씬 쉽게 이해될 것이다. 또한 J.R. Hicks, *Value and Capital*(2nd ed., 1946); P.A. Samuelson, *Foundations of Economic Analysis*(1947) 참조. 특히 전자의 2부와 후자의 4장의 숙독을 강권하는데, 약간의 수학이 요구되지만 아주 적은 수준이다. 아울러 E. Schneider, *Theorie der Produktion*(1934); Gerhard Tintner, "A Contribution to the Nonstatic Theory of Production"(정학이론에 대한 뛰어난 요약이 수록됨), *Studies in Mathematical Economics and Econometrics*(H. Schultz memorial vol.: 더 이상의 표기가 없는데, 이 책은 단행본이므로 슘페터의 착오로 보인다—옮긴이) 1942 참조.

177) Louis M. Court, "Entrepreneurial and Consumer Demand Theories for Commodity Spectra", *Econometrica*, April and July-October 1941. 이 글

생산하는 상품의 품질이나 심지어 그 종류에까지 저절로 영향을 미칠 것이다. 이것은 생산함수에 많은 상품($x_1, x_2, \cdots, x_m$)을 수용하고 이 함수를 음함수 형태 $\phi(x_1, x_2, \cdots x_m; v_1, v_2, \cdots v_n) = 0$로 표현하면, 어느 정도 설명될 수 있다. 알렌, 힉스, 레온티예프, 틴트너(Tintner) 등이 이러한 시도를 한 바 있다.

(2) 만약 우리가 생산이론의 기초를 제번스, 뵘-바베르크, 타우시히로 이어지는 '우회'이론에 둔다면, 생산함수에 시간을 명시적으로 도입할 수 있으며, 이것은 $x = \psi(v_1, v_2, \cdots v_n; t)$라는 형태로 표현된다. 이 방법은 빅셀이 자본문제를 분석하면서 강력하게 제안했던 것으로, 현대의 일부 학자에 의해 채택되었다.(예를 들어 Allen, *op. cit.*, p.362 참조)[178] 그러나 분명히 기업의 기술패턴에는 투입률과 시간 외에도 다른 특성이 존재한다. 이 투입률의 변화율, 일부 투입물의 시차, 다른 투입물의 누적(적분), 당장은 아니지만 조금은 먼 미래에 기대될 수 있는 산출물 등이 (그것으로, 이것들 또한—옮긴이) 모두 중요할 수 있다. 여기서는 이러한 문제들을 자세히 고찰하지 않고, 생산함수에 이동 파라미터(shift parameter; $\alpha, \beta, \cdots$)를 포함시키는 관행을 살펴보자. 여기서는 생산함수가 $x = f(v_1, v_2, \cdots v_n; \alpha, \beta, \cdots)$ 형태로 표현된다. 이것은 생산함수가 정말로 시간에 따라 변할 수 있다는 사실을 순수하게 형식적으로 인정한 것에 불과하다. 이 관행은 물론 언제나 정당화될 수 있지만 지금까지 나에게는, 앞서 언급했듯이, 혁신이 하나의 생산함수를 파괴하고 새로운 생산함수를 구축한다는 말이 이 사실을 똑같이 잘 표현하는 듯 보인다.[179]

은 무한히 많은 상품이 존재하는 경우를 고찰하고 있는데, 이는 아주 중요한 발상이다.

178) 비록 이유는 다르지만, 시간을 독립변수로 처리하는 것은 마셜체계에도 잘 부합된다. 그러나 마셜은, 말로는 그렇게 처리했지만, 그의 수학적 정식에서는 그렇게 하지 않았다. 물론 가치문제를 다룰 때는 예외였는데, 그러나 이는 또 다른 문제다.

179) 만약 마셜과 힉스의 방식처럼 단순한 생산확대로 '유도되는'(induced) 혁신

(3) 경제학자들에게 생산과정이나 생산방법은, 매우 다른 과정이나 방법까지 통합하기도 하는 기술자들의 경우와는 달리, 생산함수의 독립변수들로 정의된다. 이 관행은 간단히 기술적인 차이 자체가 우리(경제학자들—옮긴이)의 관심사가 아님을 의미한다. 그러나 이것은 한 상품을 생산하는 데 사용가능한 온갖 방법에서 필요한 생산적 서비스를 모두 (생산함수에—옮긴이) 포함시켜야 한다는 것을 의미한다. 비록 이 방법 가운데 일부가 다른 방법에서는 필요하지 않은 생산적 서비스를 요구할 수도 있겠지만 말이다. 여기서 일부 이론가들(예를 들면 슈나이더, 앞의 책, 1쪽)로 하여금 생산함수에 동일한 생산요소를 (비록 그 비율은 다를지라도) 사용하는 과정이나 방법만 포함시키고 기술지평을 하나의 생산함수가 아니라 많은 생산함수로 정의하도록 만들었던, 난제가 제기된다.

그러나 좀더 중요한 것은 또 다른 쟁점이다. 앞서 정의한 대로, 생산함수는 오직 단일기업——좀더 엄격하게 말하면, 단일한 생산단위나 '공장'[180]——만을 지칭할 뿐, 경제 전체를 지칭하지는 않는다. 그러나 이 시기 내내 그리고 심지어 오늘날에도, 사회적 생산함수[181]와 같은 것을 마치 존재하는 것인 양 추론하는 것이 공통의 관행이었으며, 지금도 그렇다. 그 이유를 이해하기란 어렵지 않다. 우리는 분배몫 이론을 설명

—이것을, 처음부터 기업의 기술지평에 포함되어 있었지만 특정한 산출 수준에 도달되기 전까지 채산성이 없었던 생산방법의 단순한 변화와 혼동해서는 안 된다—을 별도의 범주로 설정한다면, 사실상 특정한 목적을 위해서는 구별하는 것이 유용한 중간범주를 인정하는 것이다. 그러나 유도된 혁신의 효과를 정확하게 예측하는 것이 가능하지 않는 한, 여기에 생산함수나 비용곡선을 도입하는 것은 결코 소용이 없다. 만약 효과를 정확하게 예측할 수 있다면, 유도된 혁신은 이미 지평 안에 있는 것이어야 하므로 이것을 '새롭게 소개'할 필요는 없다.

180) 한 공장 이상에서 작동되는 생산함수의 문제는 지면관계상 고려대상에서 제외될 것이다. 그러나 최근에는 일부 학자가 이에 대해 연구하고 있다.

181) 주의 깊게 살펴보면 마셜과 발라는 실질적으로, 이러한 종류의 함의로부터 자유롭다고 판명될 만한, 유일한 학자들이다.

하면서, '사회의' 한계생산성에 대해 분명히 언급하고 싶어한다. 그래서 이 시기의 대부분의 선도자(뵘-바베르크, 클라크, 윅스티드, 빅셀)는 집계적(사회적) 생산함수의 존재를, 적어도 암묵적으로나마, 당연하게 받아들였다. 이 개념을 사용할 수 있는 논리적 권리가 반드시 증명을 전제한다는 점을 깨닫지 못한 채 말이다.[182] 많은 현대의 저자, 특히 케인스파의 학자들 또한 마찬가지로 신중함이 없었다.

(4) 수학적으로 생산함수는 기업행위에 대한 제약조건으로 이론모델에 도입된다. (이는 생산적 서비스에 대한 수요함수를 도출하기 위함인데, 예를 들어 알렌, 앞의 책, 369쪽 이하 참조.) 이제 기업은 생산함수에 포함된 (기술적—옮긴이) 가능성이라는 제약조건 아래서 순이윤을 극대화시키기 위해 노력한다. 여기서 우리는 어떠한 목적에 대해서든, 우리에게 적절해 보이는 모든 기술적 사실을 하나의 식으로 표현하고자 노력할 수도 있다. 그러나, 설령 그것이 가능하다고 해도, 단일관계를 기초로 설정(물론 우리는 주로 경제적인 중요성을 갖고 있는 것을 선택할 것이다)하고, 이어서 추가적인 제약조건으로 고려되거나 아니면 우리가 근본요인으로 여기는 제약조건에 대한 제약조건이라고 말할 수 있는 것으로 고려될 수 있는 다른 사실(가설)을 도입하는 편이 좀더 적합하다. 이것을 명확히 하는 데 가장 좋은 방법은 다음과 같다. n개의 서비스가 있다고 하자.[183] 이것은 $(n+1)$ 차원 초평면에 '생산 곡면'(pro-

---

182) 명시적인 생산함수 개념을 갖지 못한 비수학적인 경제학자들이 이 점을 간과하는 것은 아마도 자연스러운 것일지 모른다. 윅스티드나 빅셀에게는 그렇게 자연스럽지 않았다. 그러나 잊지 말아야 할 사항은 순수경쟁 조건에서는 서로 다른 기업과 산업에서 실현된 한계실물 생산성 사이의 균형관계가 쉽게 확보될 수 있으며, 이것이 그들의 목적에 필요한 전부였다. 마셜의 '한계 양치기'(marginal shepherd)는 모든 고용에서 이런 종류의 노동의 한계생산성, 그러므로 그러한 노동의 사회적 생산성을 대표할 만한 자격을 충분히 갖고 있었다.

183) 물론 우리가 희소한 자원만을 고려한다면, 주어진 서비스의 희소성 여부가 기업의 수요크기에 의존하는 경우를 고려해야 한다. 기업이 특정량 이상의 물을 요구한다면, 그것이 어떤 장소에서는 '자유재'가 아닐 수도 있다. 이 점

duction surface)을 정의해준다. 일반적으로 우리는 기업이 이 생산 곡면 전체를 자유롭게 이동할 수 없으며, 기술적 조건이 특정지역의 경계선 내에서 오직 하나의 선택만을 허용한다는 사실을 알게 될 것이다. 그러므로 여기에는 기술적 필연성 때문에 언제나 산출물의 양이나 다른 요소의 양에 대해 엄격한 비율을 지키면서 사용되어야 하는 '한계 요소'(limitational factors)가 존재할 수 있으며(프리슈), 다른 형태의 제약조건도 존재할 수 있다.(스미시스A. Smithies)[184] 이 문제는 잠시 후에 논의될 예정이지만, 여기서는 이러한 추가적인 제약조건들의 특수한 단기형태에 주목할 필요가 있다. 이것이 한계생산성 이론에 대해 갖고 있는 중요성은 이미 스미시스에 의해 지적된 바 있다.

나는 생산함수 개념을 청사진 세계 속의 '계획화' 함수로 생각할 때에야 비로소 그 논리적 의미가 완전히 드러난다고 강조한 바 있다. 이 세계에서 기술적으로 가변적인 모든 요소는 임의로 변화될 수 있으며, 여기에는 그 어떠한 시간손실이나 비용도 수반되지 않는다.

그러나 이 개념을 독자적인 사업을 진행하면서 이미 공장과 설비 그리고 아마도 기존의 행정기구의 일부까지 얽혀 있는 기업에 적용할 때마다, 이는 분명 우리가 원해서 한 일이지만, 허용된 적응기간에 따라(달라지기는 하겠지만—옮긴이) 변화에 저항하는 기존체계의 요소들이 기술선택에 추가적인 제약조건으로 작동할 것이다.[185] 이것을 제거하는 가정을 통해 순수논리 영역으로 되돌아갈 수는 있겠지만, 현실이 이론

에 대해서는 우리가 이미 다른 맥락에서 살펴본 바 있다.

184) R. Frisch, "Einige Punkte einer Preistheorie……", *Zeitschrift für Nationalökonomie*, September 1931; A. Smithies, "The Boundaries of the Production Function and the Utility Function", *Explorations in Economics, Notes and Essays Contributed in Honor of F.W. Taussig* (1936).

185) 마셜은 이러한 사실과 함께 실제의 사업행위를 이해하는 데 이것이 차지하는 비중까지 알고 있었다. 이에 대해서는 피츠버그 가스(Pittsburgh gas) 사례에 대한 그의 분석을 참조.(스미시스, 같은 책, 328쪽)

모델과 정리, 특히 모델에서 도출된 한계생산성 정리에 조응하지 않는다는 사실이 바뀌지는 않는다. 그리고 완전히 적응할 수 있는 시간을 허용하는 것——이는 마셜의 방법이다——또한 우리에게 별로 유익하지 않다. 필요한 시간이 흐르는 동안, 다른 교란요인이 발생하면서 모델과 현실의 조응관계를 가로막을 것이기 때문이다. 여기서 발생하는 이론과 현실의 필연적인 괴리를 깨닫는 것은 이 괴리가 이론에 대한 타당한 반론근거일 수는 없음을 깨닫는 것만큼이나 중요하다. 책상 위에 놓인 시계가 지구의 중심을 향해 움직이지 않는다는 사실이 중력법칙에 반대하는 정당한 근거일 수는 없다. 전문적인 이론가가 아닌 경제학자라면, 때때로 그렇다고 주장하겠지만 말이다.

(5) 그러므로 우리는 오직 예외적으로 유리한 환경에서만 '논리적으로 순수한' 생산함수를 관찰할 수 있을 뿐이다. 특히 농업이 이러한 경우에 속하는데, 여기서 우리는 생산함수를 구축하는 데 필요한 관찰자료만이 아니라 실험자료까지 확보하고 있다. 그러나 우리가 이 작업을 기존사업체들에 관한 자료만으로 시도할 때마다, 우리는 통계적 수요곡선을 구축하려고 할 때 만났던 것과 비슷한 문제에 직면하게 되며, 그래서 일반적으로 (어떤 식으로든 특별한 예방조치를 취하지 않으면) 우리가 경제이론의 생산함수를 확보할 것이라고 기대할 수 없다. 그럼에도, 아울러 이것이 야기하는 해석상의 오류[186]에도 불구하고, '현실적인' 생산함수는 매우 중요하다. 이것은 생산함수와 한계생산성 스케줄이 이론가의 허구에 불과하다는 보통사람들의 인상을 허무는 데 유용하다. 이것은 우리에게 새로운 문제를 제기하면서 우리 앞에 펼쳐진 길을 비춰

---

186) 이러한 오류 중 하나는 현재 가동 중인 어떤 공장이 특별한 산출물과 특별한 생산방법을 위해 고안된 것이긴 하지만, 종종 매우 경직적이며 그래서 생산적 서비스 조합의 새로운 상황, 특히 서비스 상대가격의 변화에 적응할 가능성이 거의 없다는 사실—그 자체로는 매우 타당한—을 관찰한 데서 비롯된다. 이러한 상대가격에 대한 고려는 이 공장이 설립될 때 이미 예상된 것으로, 공장체계 자체에 (종종 무의식적으로) 내재되어 있다.

준다. 예를 들어 나는 독자들에게 브라운(E.H. Phelps Brown)이 주도했던 계량경제학회 위원회보고서(*Econometrica*, April 1936)를 읽어보도록 권하고 싶다.

[2. 개념의 진화]

앞 장과 이 책, 1권의 2부와 2권의 3부에서 보았듯이, 실물과 가치생산물로 평가된 한계생산성은 튀르고 이래, 아니 심지어 그 이전에도, 계속 사용되었다. 생산함수 자체는 '고전파' 시대에 기술상태(the State of the Arts)라는 이름으로 출현했는데, 여기서 일부의 논의는 기술지식이 고정되어 있다고 가정해야만 성립된다는 점이 인정되었다. 이 논의 중 가장 중요한 것이 토지의 수확체감의 법칙이었다. 그러나 리카도는 이미, 상품의 '실질가치'가 가장 열등한 기업이 직면하는 '실질적인 어려움'에 의해 '규제'된다는 점을 인식함으로써, 좀더 폭넓은 일반화를 지향하고 있었다. 그리고 나서 마셜이 튀넨의 '저 위대한 대체법칙'이라고 부른 것이 나타났다. 이 모든 것은 여전히 한계효용의 원리와 적절한 관계를 찾아야 했으나, 나머지는 뒤쪽으로 눈길을 돌려(가장 단순한 경우에도 배후에 숨어 있는 좀더 어려운 문제들을 제외한 채), 기존의 생각을 다듬고, 조정하고, 개선하는 등의 꽤 손쉬운 작업을 담당했는데, 이 모든 것은 밀의 『원리』에서 발견되거나 어떤 식으로든 밀과 튀넨을 결합한 행태로 발견되었다. 오스트리아학파는 이를 독자적인 방식으로 이루어냈으며, 마셜 또한 그러했다.[187] 비록 마셜이 생산함수를 명시적으

---

187) 여기서 우리 분야를 지배하는 조건의 전형적인 특징인 간결함 때문에 거의 주목받지 못했던 것처럼 보이는 두 편의 논문을 언급할 필요가 있다. 베리는 영국과학진흥협회(British Association for the Advancement of Science) F 분과에서 발표하고 이 협회의 『보고서』(*Reoprt*, 1890)에 게재된 '순수분배이론'(Pure Theory of Distribution)에 관한 논문에서, 생산적 서비스의 가격을 물리적 한계생산물에 상품가격을 곱한 결과와 일치시키는 '한계생산성 방정식'을 제시했다. 그리고 에지워스도 1889년에, 그리고 다시 1894년에(*Papers* II, p.298; III, p.54 참조) 똑같은 것을 제시했다. 둘 다 생산함수를

로 이용하지는 않았지만, 그의 『원리』에는 사실상 매우 완전하면서도 세련된 한계생산성 기업이론과 한계생산성 분배이론이 존재하며, 게다가 그가 그 이상의 문제를 인식하고 있었음을 보여주는 단서도 많다.[188] 만약 우리가 이 주제에 관한 그의 설명을, 그것도 그의 『원리』 초판에 제시된 형태로 완전히 수용한다면, 윅스티드의 『시론』(*Essay*: 원 제목은 각주 참조—옮긴이) 도입부에 있는, 다음과 같은 진술에 조금은 놀랄 수밖에 없다. 즉 "분배의 법칙을 탐색할 때 흔히 사용되는 방법은 중요한 생산요소를 골라서 …… 그것이 제공하는 서비스의 특수한 성격을…… 조사하고…… 산출물에서 〔그것의〕 몫을 규제하는 특수한 법칙을 추론하며", 그러고 나서 "제공된 서비스에 공통된 사실"에 기초하여 이 법칙들을 통합하는 것이다.[189] 그러나 윅스티드는, 마셜의 현명한 망설임과

명시적으로 사용했으며, 포괄적인 균형체계의 한 요소로 지칭되는 균형식을 제시했다. 그러나 둘 다 상당한 업적으로 평가되어야 하는 것에 대한 공로를 크게 인정받지는 못했다. 그러나 스티글러는 두 사람에 대해 주목했다.(*Production and Distribution Theories*, pp.132~322) 둘 다 마셜과 가까웠으므로, 특히 에지워스는 이 분야의 다른 모든 설계자와 가까웠으므로, (에지워스—옮긴이) 개인의 '권리'를 인정받고자 노력하는 것이 부질없는 일처럼 보인다. 그러나 이들의 논문은 우리가 마셜의 저작이 정점을 이루는 파도의 넓이를 이해하는 데 도움을 준다.

188) 스티글러(앞의 책, 12장)는 어떻게 마셜이 전통의 덤불을 천천히 헤쳐나가면서 마침내 한계생산성이라는 분석도구 전체를 수용하게 되었는지에 대해 아주 잘 보여준다. 그러나 만일 그(마셜—옮긴이)가 자신이 실제로 수행했던 일을 완전히 인정하지 않았다면, 내 생각에, 이것은 다음 사항으로 적절하게 설명될 것이다. (1) 그는 동일한 일을 수행한 비영국인 경제학자와 공동운명체가 되는 것을 싫어했다. (2) 그는 생산함수의 편미분 계수에 '인과적' 역할을 부여하는 것을 싫어했는데, 이는 정당한 것이었다. (3) 그는 개념적 어려움—그 일부는 본문에서 암시된 바 있다—을 알고 있었다.

189) P.H. Wicksteed, *An Essay on the Co-ordination of the Laws of Distribution*, 1894, p.7. 만약 위의 진술이 마셜에게 거의 공정하지 않은 것이라면, 발라와 심지어 세에게는 놀랄 정도로 불공정한 것이다. 그러므로 발라가 자신의 논문("Note sur la réfutation de le théorie anglaise du fermage [rent of land] de M. Wicksteed", *Recueil publié par la Faculté de Droit de l'Université de Lausanne*, 1896, republ; 이 논문은 『순수경제

단서조항을 버리고 생산함수를 명시적으로 작성하면서, 과감하게도 문제의 논리를 적나라한 형태로 제시했으며, (마셜이 조심스럽게 인정하기는 했지만 증명하지는 않았던) 다음의 명제에 대한 증명도 시도했다. 이상적인 조건에서 모든 '생산요소'의 분배몫은 그 수량에 한계생산성을 곱한 값과 같아질 것이라는 명제와 이 분배 몫의 총합은 모든 기업의 순생산물과 같아지며(순생산물이 '소진되며'exhaust: 모든 요소 소유자에게 완전히 분배되며—옮긴이), 사회적 총계 수준에서는 마셜의 '국민 분배분'(national dividend)이 된다는 명제가 그것이다. 그런데 이 두 명제는 균형명제이므로, 균형이 존재한다고 가정할 경우 균형지점 밖에서는 성립될 필요가 없다. 물론 마셜은 이 점을 알고 있었지만, 이를 명시적으로 언급하는 일은 빅셀에게 남겨졌다.[190)]

그러나 윅스티드는 자신의 증명을 필요공준(necessary postulate)이 아니라 생산함수가 1차 동차라는 충분공준(sufficient postulate)에 입각해서 전개했다. 이 경우 '소진 정리'(exhaustion theorem)는 균형조건에서만이 아니라 항시, 즉 모든 생산기간에 성립한다.[191)] 이후 그는

요론』 3판에서 부록appendice III으로 재출판되었다가 4판에서는 제외되었지만, 후자에는 한계생산성에 관한 부분인 326소절이 새롭게 추가되었다)에서 드러낸 분노는 스티글러가 평가했던 것만큼 부당한 것이 아니었다. 더구나 발라가 자신이 정의한 한계생산성 이론에 대한 우선권을 주장했다고 생각한다면, 이는 오해다. 이에 대해서는 『순수정치경제학 요론』, 376쪽의 각주 참조.

190) Wicksell, *Lectures* I, p.129 참조. 스티글러가 '현대' 한계생산성 이론—내가 '현대'라고 부르는 이유는 롱필드와 튀넨의 시도와 구분하기 위함이다—의 해에 대한 빅셀의 기여를 설명하는 부분은 매우 흥미롭다. 왜냐하면 그것은, 일류 학자들에게조차, 이미 백주대낮에 모습을 드러냈던, 비교적 새로운 생각을 포착하고 이해하는 것이 얼마나 어려운가를 보여주고 있기 때문이다. 빅셀은 마셜과 오스트리아학파에게서 배울 수 있는 것을 모두 배웠거나 거의 모두 배웠을지도 모른다. 그러나 그는 1893년에 이론을 어렴풋이 드러낸 후 10년이 흐른 뒤에야 비로소 최종적인 관점에 도달할 수 있었다.(스티글러, 37쪽 이하 참조) 부분적으로 이는, 감사의 글에서 드러나듯이, 데이비드슨(D. Davidson)의 도움 덕택이다.

이것을 철회(*Common Sense of Political Economy*, p.373n 참조)했지만, 이런 철회가 요구할 법한 수정을 보여주지는 않았다. 좀더 나아가기 전에, 이 시기 로잔에서는 어떤 일이 벌어졌는지 확인하는 편이 좋을 것이다.

발라는 원래 축소된(degenerate) 생산함수라 불릴 수 있는 것, 즉 기술적으로 고정되고 일정한 생산기술에 제약된 생산함수를 사용했음을 명심하라. 1894년 바로네는 그에게 이 기술적 상수를 경제변수로 바꾸

---

191) 두 개 이상의 독립변수로 구성된 함수에서, 이 변수들이 똑같은 비율로 증가하거나 감소할 때(예를 들어 모두 상수 λ를 곱할 때), 종속변수가 동일한 비율로 증가하거나 감소하는 경우, 이러한 함수는 모든 변수나 그 일부에 대해 1차 동차함수로 불리거나 '선형동차' 함수라 불린다. 이제는 국민 총분배분을 나타내는 x가 매우 미묘한 지수 문제를 불러일으키기도 하지만, 이 x를 과거처럼 생산물이라 해보자. 그리고 이 x를 생산하는 데 사용되는 희소한 생산요소의 양을 $(v_1, v_2, \cdots v_n)$이라 해보자. 만일 어떤 주어진 생산요소 집합 $(v_1, v_2, \ldots v_n)$과 λ에 대해 $\lambda x = f(\lambda v_1, \lambda v_2, \cdots \lambda v_n)$가 성립한다면, 생산함수 $x = f(v_1, v_2, \cdots v_n)$는 1차 동차함수라 불리게 된다. 이 특수한 경우에 $x = v_1\frac{\delta x}{\delta v_1} + v_2\frac{\delta x}{\delta v_2} + \cdots + v_n\frac{\delta x}{\delta v_n}$이라는 관계는 x함수가 존재하는 전 기간에 걸쳐 성립된다. 이것이 동차함수에 관한 오일러의 정리(Euler's theorem), 아니 오일러 정리의 특수한 경우다. 여기서 $\frac{\delta x}{\delta v_i}$이 다양한 생산요소의 물리적 한계생산성과 같다면, 우리는 모든 생산요소의 분배몫이 그동안의 사회적 생산물을, 그리고 그 양이 어느 정도이든지 간에, 완전히 소진한다는 점을 알게 된다. 선형동차 함수가 아닌 경우, 균형점에서 그럴 수 있다는 주장만이 가능하겠지만 말이다. 이것을 경제적인 용어로 옮긴다면, 1차 동차성은 규모의 경제나 규모의 불경제가 없음을 의미한다. 또는 대규모생산과 소규모생산이 모두 똑같이 효율적이거나, '규모에 대한 수익이 불변'임을 의미한다. 물론 이것 자체는 다른 요소들이 변하지 않는 상황에서 오직 한 요소만 증가될 경우 어떠한 상황이 나타날 것인지, 즉 개별 '요소'의 한계생산성 곡선이 어떠한 모습을 보이는지에 대해서는 말해주는 바가 없다. 여기서 λ는 임의의 상수이므로, 이것을 임의의 생산요소 v_i의 역수, 즉 $\frac{1}{v_1}$로 설정할 수도 있음을 명심하자. 그렇다면 생산함수는 $\frac{x}{v_1} = f\left(1, \frac{v_2}{v_1}, \cdots \frac{v_n}{v_1}\right)$으로 표현된다. 즉 모든 '요소들'의 평균생산성은 그것들이 사용되는 절대적인 크기의 함수가 아니라, 상대적 비율의 함수가 된다.

고 그 값을 결정하기 위해 새로운 관계, 즉 **생산방정식**(*équation de fabrication*)을 도입하는 아이디어를 제안했는데, 이 방정식은 어떤 계수가 하락할 경우 다른 계수의 적절한 보상적 증가를 통해 산출량이 그대로 유지될 수 있다는 사실을 표현하는 것이었다. 여기서 이 새로운 '미지수들', 즉 가변적인 새로운 계수들은 산출량과 요소가격이 주어진 상황에서 비용을 극소화하는 조건에 의해 결정되게 된다. 바로네 자신도 이러한 작업에 착수했으며, 여기에 조응되는 분배이론에 관한 글을 두 번에 걸쳐 연재했다.("Studi sulla distribuzione: La prima approssimazione sintetica", *Giornale degli Economisti*, February and March 1896)[192] 그렇지만 이 작업을 계속하지는 않았는데, 그 이유는 곧 알게 될 것이다. 발라는 ('기술적 진보'와 비교해서) '토지'서비스를 점진적으로 자본재 서비스로 대체하는 것으로 정의했던, 자신의 '경제과정' 이론과 연결시켜 생산계수의 가변성을 잠시 살펴본 적이 있었다. 이후 그는 바로네의 제안을 (앞서 언급했던) 1896년의 논문("Note"; "Note sur la réfutation de le théorie anglaise du fermage 〔rent of land〕 de M. Wicksteed"—옮긴이)과 『순수정치경제학 요론』 4판(1900)에 새롭게 추가된 326소절(§ 326—옮긴이)에서 그대로 수용했다. 여기서 그는 '한계생산성 이론'을 다음의 세 명제로 정식화했는데, 이중 마지막 명제는 최종판(1926년)에서 그 어떠한 주의사항이나 이유도 없이 제외되었다. (1) 자유경쟁은 평균비용을 최소화시킨다. (2) 균형에서 그리고 평균비용이 가격과 같다면, 생산적 서비스의 가격은 〔오직 대체가능한(보상가능한) 서비스만을 포함하는〕 생산함수의 편도함수나 한계생산성에 비례한다. (3) 총생산물은 생산적 서비스 사이에 분배된다.[193]

---

192) 스티글러, 앞의 책, 357쪽 이하 참조.

193) 명제 (2)에서, 나는 '그리고'라는 단어를 강조했으며, 대체가능한 생산요소들만 포함된다는 단서조항을 삽입했다. 왜냐하면 이것이 바로, 같은 페이지(375쪽) 바로 앞 문장에서 드러나듯이, 발라가 명시적으로 대체될 수 없는 생산요소의 존재도 인정할 때 전하고자 하는 의미이기 때문이다. 내 생각에,

1897년에(*Cours* II, §§ 714~719), 파레토는 한계생산성 이론을 비판했으며(주된 이유는 오늘날 제한된 생산요소라 불리는 것에 대해서는 성립되지 않는다는 것이었다), 『정치경제학 개론』에서는 좀더 중요한 가능성을 모두 포괄하며 기술적으로도 개선된 이론을 개략적으로 보여주었다. 그러나 그는 이것을 개선이라고, 특히 발라계보에 따른 개선이라고 생각하기는커녕, 오히려 자신의 파리강연(1901년) 『요약』(*Résumé*)에서 '오류'라고 선언했던, 한계생산성 이론의 폐기로 생각했다. 이와 관련된 자세한 내용은 1890년대 후반의 상황을 명확히 이해하는 데 유용하기 때문에, 독자들에게 알려줄 필요가 있다.[194)]

이후 1900년 무렵에 생산함수는, 많은 연구자[195)]가 노력한 결과, 내

이러한 변화는 발라의 진정한 의미를 강조하는 데 불과하다. 그러나 나는, 그가 각 서비스의 보수율이 생산함수의 편도함수와 '동일'하다는, 자신의 부주의한 (그리고 의미 없는) 처음의 진술을 서로 비례한다는 진술로 전환하면서 순수경쟁의 완전균형에서 생산물 가격 사이의 비례관계를 야기하는지에 대해서는 언급하지 않은 이유를 설명할 수 없다. 그리고 나는, 그가 총수입이 총비용과 같다는 조건을 도입했으면서도, 조건에 도출되는 소진정리(exhaustion theorem)를 포기한 이유를 설명할 수 없다. 기업은 무엇을 생산하든지 간에 항상 총비용을 최소화하고자 노력하기 때문에, 명제 (1)과 (2)는 순수경쟁의 균형산출량이 아닌 경우에도 성립되는 것임을 주목하라. 비례관계의 원인은 이제 더 이상 상품 가격이 아니며, 오히려 그것은 한계비용이다.

194) 좀더 상세한 설명은 스티글러의 저작(특히 323쪽 이하)과 슐츠의 논문("Marginal Productivity and the General Pricing Process", *Journal of Political Economy*, October 1929)에서 찾아볼 수 있다. 후자는 유용한 정보를 많이 담고 있으며, 특히 파레토의 생산이론을 영어로 매우 간단한 형태로 설명하고 있다. 하지만 불행하게도, 개별적인 사항만이 아니라 전체적인 인상에서도 오류를 안고 있다. 이에 대해서는 힉스의 논문("Marginal Productivity and the Principle of Variation", *Economica*, February 1932)과 이것의 결과인 힉스와 슐츠의 논쟁(*Economica*, August 1932)을 숙독할 경우 교정될 수 있을 것이다.

195) 이보다 더 구체적으로 설명하기란 거의 불가능하다. 우리는 이처럼 선조를 찾아내기 어려운 사례를 논의할 때 베리, 에지워스, 마셜, 바로네, 발라, 윅스티드 같은 이름을 이러저러한 방식으로 거론하게 될 것이다. 지금 우리는 생

가 이 시기 고전이론의 두 축이라고 명명했던 두 개의 서술적인 함수 중에서 두 번째인 효용함수와 함께 핵심적인 위치를 차지하게 되었다.[196)] 예전의 '수확 법칙'(law of returns)이 적절하게 일반화되고 세련된 모습이 되면서, 생산함수가 일반적으로나 '정상적으로' 누리게 될 속성을 제공하게 되었는데, 이제부터 이 점에 대해 다시 언급해보자. 어떠한 서비스의 한계생산성을 그 서비스의 수량에 관한 생산함수의 편도함수로 정의하고 싶다면, 이미 지적했듯이, 먼저 이 편도함수의 존재를 가정해야 한다. 여기에 덧붙여, 이 편도함수가 양의 값을 갖는다고, 즉 서비스를 소량 증가시키면 생산량이 증가될 것이라고 가정할 수도 있다.[197)] 뷔르고를 따라, 다음과 같은 가정을 추가할 수도 있다. 증가율 자체가 처음에는 증가하다가 $\left(\frac{\delta^2 f}{\delta v_i^2} > 0\right)$, 극대점을 통과하며, 이 점을 지난 후에는 계속 하락한다 $\left(\frac{\delta^2 f}{\delta v_i^2} < 0\text{; 일차적 의미의 수확체감 법칙}\right)$. 여기서 다음과 같은 두 가지 따름정리가 유도된다. (1) 모든 서비스의 평균생산성

산함수 일반의 탄생에 대해 논의하는 것이지, 한 세기 이상 다소간에 생산함수 쪽으로 다가왔던, 과거에 있었거나 새로운 한계생산성 이론이라는 아이디어에 대해 논의하는 것이 아님을 명심하라. 물론 발라-바로네의 생산방정식은 생산함수의 특수한 형태다.

196) 이 절의 첫 문장을 보라. 이러한 비유를 사용한다고 해서, 내가 어떤 관점, 특히 오스트리아학파의 관점에 기대어 효용함수와 생산함수에 대해 완전히 동일한 분석적 지위를 부여하는 것에 반대하면서, 효용함수를 건물의 유일한 기둥으로 간주할 수도 있다는 점을 부정하는 것은 아니다.

197) '유효구간'을 벗어나면, 이것은 당연히 성립되지 않는다. 한 공장에 너무 많은 노동자가 고용되어 있어서, 추가로 고용된 노동자가 산출량을 감소시킬 수도 있다. 마치 모든 사람이 다른 누군가의 발등을 밟고 서 있을 정도다. 이러한 가능성에 대해, 특정지점을 지나면 한계생산성이 음수가 된다고 말로 표현하든, 아니면 고용주가 자유로운 의사결정의 주체로서 경제논리의 규칙을 따라 행동한다면 산출을 감소시키는 생산요소의 증가를 선택하지 않을 것이므로 한계생산성이 0 이하로 떨어질 수는 없다는 말로 표현하든지 간에, 실질적인 차이는 없다. 다만 특정목적을 위해서는 첫 번째 대안이 선호될 수 있다.

$\left(\frac{x}{v_i}\right)$이 하락하기 시작하는 점이 존재한다.(이차적인 의미의 수확체감 법칙) (2) 교차도함수는 양의 값을 갖는데, 이것의 의미는 생산적 서비스 v_i의 양을 소규모 증가시킬 경우 (방금 언급한 지점을 지난 후에는) 그 자체의 한계생산성은 하락하지만 다른 모든 서비스의 한계생산성은 증가한다$\left(\frac{\delta^2 f}{\delta v_i \delta v_j} > 0\right)$는 것이다.

여기에 방법론적 논평을 삽입하는 것이 유용할 것이다. 생산함수에 부여된 속성 중에는 다른 것으로부터 유도된, 그래서 '연역적으로 증명되거나' '정리로 언명된 것'이 있다. 그러므로 (특정지점 이후) 평균생산성의 하락은 한계생산성의 하락으로부터 도출되거나 이것으로 증명될 수 있다. 여기에는 관찰이나 실험을 이용한 별도의 증명이 요구되지 않는다. 그러므로 평균생산성 체감의 '법칙'은 우리가 흔히 가정하는 생산함수의 다른 속성에서 도출된다는 빅셀의 주장은 타당했지만(『튀넨 연보』*Thünen Archiv*, 1909년판에 실린 빅셀의 논문 참조), 이를 부정한 바터슈트라트(F. Waterstradt)의 견해는 틀렸다. 그러나 우리는 일반적으로 어떤 속성을 가정하고 어떤 속성을 정리로 정식화할 것인지에 대해 어느 정도 자유롭게 결정할 수 있지만, 항상 그렇지는 않다. 그러므로 (특정지점을 넘어서면) 실물의 한계생산성이 단조감소한다는 명제를 함축하는 경제적 공리(axiom)는 없다. 그러므로 어찌되었든지 간에 우리의 (또는 모든) 과학의 연역적 부문에서는 논리적으로 증명될 수 없는 몇 가지 명제를 가정해야 한다. 이것은 그것의 지위나 본질에 대한 의문을 제기한다. 형식적으로 이것은 가설(이거나 러셀B. Russell의 의미에서 정의definitions)로 도입되는데, 우리는 원칙상 이것을 원하는 대로 가공할 수 있다. 그러나 응용을 하기 위해 그것이 '맞는지' '타당한지', 즉 가설을 통해 도출된 결론이 (일반적으로나 특정현상이나 현상의 특정 측면에 대해) 증명될 수 있다고 기대되는지에 대해 질문할 경우, 답변가능성은 두 가지뿐이다. 경제학이나 그 연역적 부문을 초

월하는 좀더 폭넓은 체계에서 연역적으로 증명될 수 있다거나, 아니면 관찰이나 실험으로 확증되어야 한다가 그것이다. 생산적 서비스 함수에서 이 서비스의 한계생산성이 (특정지점 이후에) 체감한다고 주장하는 명제가 여기에 해당된다. 이것은 우리가 이 명제를 주장할 때 하나의 사실을 주장하고 있으며, 이것이 다시 우리에게 사실검증의 의무를 부여하고 있음을 의미한다. 물론 이 명제의 증거가 매우 압도적이어서, 우리가 이 과제를 성가신 일로 거절할 수도 있다. 그러나 어느 것이 성가신 일인지를 판가름하는 데 논리적으로 구속력 있는 규칙은 없다. 그러므로 우리는 원칙적으로 이 과제를 언제나 맞이할 준비가 되어 있어야 한다. 우리에게는 과제인 이 명제가 '분명하다'고 대답할 수 있는 논리적 권리가 없다. 우리가 이것에 대해 '자명하다'고 말한다면, 분명한 오류를 범하는 셈이다. 이러한 진리는 우리에게 중요한데, 왜냐하면 '수확의 법칙'에 관한 문제에서 이것이 종종 지켜지지 않았으며 현재도 그러하기 때문이다. 이제부터 이것의 흥미로운 사례인, 1차 동차성(first-order homogeneity)에 관한 논의를 살펴보자. 지나가는 김에 언급하자면, 여기서 우리는 일반적 인식론에 관한 하나의 흥미로운 문제를 개략적으로 살펴보고 있음을 명심하기 바란다.

이 기회에 '수확의 법칙'에 대한 에지워스의 분석(*Economic Journal*, 1911 ; *Papers Relating to Political Economy*, vol.I, pp.61 이하, 151 이하에 재수록)을 언급해보자. 스티글러는 이것을 경제이론에 대한 그의 가장 중요한 공헌이라고 올바르게 평가했다.(이에 대해서는 앞의 책, 112쪽 이하) 흥미로운 사실은 에지워스의 주요업적이 한계수확 체감과 평균수확 체감의 차이를 가르쳐준 데 있지만 그 자신이 반복해서 양자를 혼동했으며 방금 언급된 논문에서의 그의 설명 또한 구체적인 모든 점에서 타당한 것은 아니었다는 점이다. 이에 못지않게 흥미로운 사실은 그가 여전히 매우 초보적인 문제들——이를테면 수확체감의 '법칙'은 토지에만 적용되지 않는다——을 인식하는 데 애쓰고 있었다는 점이다. 이러한 문제는 (경제학자 카를 멩거Carl

Menger의 아들이자 수학자인) 칼 멩거(Karl Menger, "Bemerkungen zu den Ertragsgesetzen", *Zeitschrift für Nationalökonomie*, March and August 1936; 동 잡지에 실린 슐레진저의 논평도 참조)에 의해 다시 다루어졌다. 우리는 이 뛰어난 수학자가 우리의 신중하지 못한 사고방식에 제공한 교훈에 대해 감사해야 한다. 이 교훈은 우리 시대 경제학의 중요한 특징인, 엄밀함의 향상이라는 일반적인 경향을 매우 잘 보여주는 사례다. 그러나 결과적으로 이렇게 드러난 논리적 결함이, 한계수확 체감과 평균수확 체감의 혼동을 제외하면, 결과에 심각한 오류를 야기한 것은 거의 없었다. 심지어 이 혼동조차, 비록 뵘-바베르크 같은 사상가까지 이를 보여주기는 했지만, 그다지 해로운 결과는 없었다는 사실을 반드시 언급해야 한다. 왜냐하면 그는 우회생산 과정의 한계수확 체감에 대해 정확하게 추론했기 때문이다.

독자들은 생산함수의 속성——즉 고용된 생산적 서비스들 사이의 유일한 관계를 구성하는 생산함수가 사용되며, 이 서비스들은 모두 '대체가능'하다고 가정된다——이 이론가들에게, 특히 교육목적으로 추천되는 이유를 어렵지 않게 이해할 수 있을 것이다. 이러한 생산함수는 쉽게 다룰 수 있으며, 단순한 결과를 낳는다. 게다가 그것은 적절한 기술적 사실집합으로부터 경제적 선택에 부합되는, 그래서 경제적 생산논리를 잘 드러내는 것을 정확히 끄집어낸다. 이 생산함수가 실제 작동 중인 공장이 아니라 구상 중인 공장에, 그리고 제한된 생산영역에, 그것도 오직 높은 추상 수준에서만, 타당하다는 사실은 아무리 반복해도 지나치지 않다. 그러나 이 수준과 범위에서, 경제논리가 순수하게 기술적인 성격의 추가적인 제약조건으로 위축되는 경우를 모두 폐기한 점은 이 함수의 단점이 아니라 장점이다.

그러나 이러한 추가적인 제약조건은 심지어 기업을 구상하는 단계에서조차 존재한다. 많은 제약조건이 기존기업의 장기적응에 한계를 부여하며, 단기적응에는 훨씬 더 그러하다. 그래서 실제 사업계의 양상에 접근함에 따라, 우리는 순수논리를 점점 더 놓치게 된다. 그 이유는 완전

균형과 순수경쟁이 충분히 현실화된 적이 없었다는 사실을 제외하더라도, 특히 이러한 제약조건이 즉시 적용가능한 서비스——이를테면 일주일이나 하루 또는 시간단위로 고용될 수 있는 노동——와 그 가격조차 한계생산성의 원리에 따라 작동되지 못하도록 하기 때문이다. 이러한 상황에 대해, '한계생산성 이론은 높은 추상 수준에서 보편적으로 적용된다'고 말하는 경제학자가 있는가 하면, '한계생산성 이론에는 오류가 있다'고 말하고 싶어하는 경제학자도 있는데, 독자들 또한 이에 대해 이해하게 될 것이다. 유감스럽게도 빈번히 발생하는 사례인, 이론의 의미를 이해하지 못하는 상황을 제외한다면, 이것이 오늘날까지 진행된 '한계주의'의 생산 측면에 대한 논쟁의 전부다.[198] 특히 파레토가 한계생산

---

198) 이러한 진술의 가장 두드러진 사례는 레스터(R.A. Lester, "Shortcomings of Marginal Analysis for Wage-Employment Problems", *American Economic Review*, March 1946), 맥럽(F. Machlup, "Marginal Analysis and Empirical Research", *Ibid*., September 1946) 그리고 스티글러("Professor Lester and the Marginalists", *Ibid*., March 1947; 독자들은 또한 동 잡지에서 맥럽에 대한 레스터의 답변과 맥럽의 재답변을 발견할 수 있다) 사이의 논쟁에서 찾아볼 수 있을 것이다. 이러한 맥락에서 독자들은 다음 사항에 주의해야 한다. 한계생산성 이론에 관한 저자들의 관점을 평가할 때, 이들이 이 용어를 통해 전하고자 했던 의미를 반드시 확인할 필요가 있다. 예를 들어 파레토와 스티글러는 곳곳에서, 모든 '요소'가 오직 한 가지 관계로만 연결되어 있으며 이 관계는 보편적 대체가능성(universal substitutability)을 전제한다고 가정하는 이론만을 제시한 듯 보인다. (이들에 따르면—옮긴이) 이러한 한계생산성에는 타당한 진술이 요소 간 다른 관계도 인정하는 한계생산성 이론에는 타당하지 않을 수도 있다. 여기서 채택된 의미는 후자(요소 간 다른 관계도 인정하는 한계생산성 이론—옮긴이)였다. 예를 들어 우리에게는 고정생산 계수를 전제하면서 하나의 상품생산을 다른 상품의 생산으로 대체하는 것을 제외한 그 어떠한 대체도 인정하지 않았던 발라의 최초 이론이나 이와 동일한 모습을 보이는 비저의 이론이 모두 여전히 한계생산성 이론이다. 다음 사항을 기억하는 것이 중요하다. 어떤 이론이 경계조건(boundary conditions)을 안고 있으며 그 조건 때문에 일부 생산요소가 실물의 한계생산성에다 생산물의 가격이나 한계수입을 곱한 결과만큼 수익을 얻지 못한다고 해서, 우리가 이 이론을 한계생산성 이론이라고 부를 수 없는 것은 아니다.

성 이론을 폐기하면서 말하고자 했던 바는, 우리가 고정계수로 설명하는 것에 만족할 수 없듯이, 대체가능한 서비스——유일한 대체관계가 존재하는——로 설명하는 것 또한 만족할 수 없다는 점이었다. 우리는 두 경우를 모두 고려해야 하며, 덧붙여 생산계수가 생산량에 따라 변하는 경우도 고려해야 한다.[199] 이는 단지 우리가 현실에 좀더 가까이 다가가기 위해서는, 대체관계만을 사용하는 기본분석틀을 보완할 필요가 있지만,[200] 그것의 독자적인 영역에서는 여전히 유효하다고 말하는 것일 뿐이다.

---

199) 이 때문에 그는 생산계수를 새롭게 정의했는데, 이는 오직 우리가 이 계수를 그대로 유지하면서도 고정성이라는 가정을 제거하기를 원하는 경우에만 유용하다. 그는 고용된 생산적 서비스의 수량을 상품량의 함수로 표현했다. 이제 그의 생산계수는 다양한 생산적 서비스에 대한 이 함수의 편도함수가 된다.(*Manuel*, p.607) 존슨(W.E. Johnson)이 비슷한 생각을 했으며("The Pure Theory of Utility Curves", *Economic Journal*, December 1913) 어떤 측면에서는 조토프(W. Zotoff)에 의해 일반화되었다. ("Notes on the Mathematical Theory of Production", *Ibid.*, March 1923; 이것은 아주 뛰어난 논문으로, 이것의 무시는 경제학자들의 연구방식에 관한 또 다른 교훈거리를 제공할 것이다.) 어떤 저자도 파레토에 대한 자신들의 빚을 인정한 적이 없다.

200) 그 과정에서 우리는 생산요소가 점차 특수한 것이 되면서 이 '요소'들이 서로 빠르게 대체될 수 있는 범위가 축소된다는 사실을 당연히 발견하게 될 것이다. 토지, 노동, 자본이라는 전통적인 3요소의 경우, 대체가능성은 거의 제한 없이 적용된다. 그러나 더글러스가 제시한, 전나무 목재, 치과의사 그리고 자르는 공구에 이르면, 대체가능성은 단기적으로 거의 사라진다. 이는 단지 모든 사례에서 우리가 어떤 요소, 어느 정도의 기간, 어떠한 문제를 염두에 두고 있는지를 밝혀야 하며, 한계생산성이나 '생산방법' 일반에 대해 다투어야 할 이유가 조금도 없다는 점을 의미할 뿐이다. 거의 믿을 수 없겠지만, 이것이 오늘날까지 논쟁의 원천으로 남아 있는 것은 바로 이러한 사실 때문이다. 이 논쟁은 적어도 부분적으로나마 여전히 살아 있으며 격화되기도 하는데, 이는 두 당사자가 여기에 정치적 이해관계가 달려 있다고 잘못 믿고 있기 때문이다.

[3. 1차동차성 가설]

윅스티드를 좇아 생산함수에 1차동차성이라는 속성을 추가로 부여한다면, 즉 규모의 경제도 규모의 비경제도 없다고 가정한다면, 심지어 오늘날에는 한계생산성 규칙에 따른 분배가 생산물을 모두 소진할 것임을 증명하는데 이것(1차동차성이라는 가설—옮긴이)이 반드시 필요하지는 않다는 점이 일반적으로 인정되고 있는데도, 여전히 많은 학자가 이것을 고집하는 이유를 설명해주는 또 다른 단순화를 확보하게 된다.[201] 또다시 나는 지루하면서도, 결론이 없으며, 쓸데없이 신랄한 논의[202]를 설명해야 하는데, 이것은 다음과 같은 논평 이상의 가치를 거의 갖지 못한다.

첫째, 생산함수의 1차동차성을 주장하는 사람은, 적어도 가설적으로, 하나의 사실을 주장한다. 이 사실은, 우리가 일반적으로, 정상적으로나 특수한 목적을 위해 생산함수에 부여하기로 이미 동의했던 다른 속성에 속하지 않는 것이므로,[203] 사실 확인을 통해서만 확정되거나 부정될 수

---

201) 독자들이 이것을 납득하기 위해서는 단지 알렌이 생산과 분배의 문제를 분석(*Mathematical Analysis for Economists*)하면서 1차동차성을 얼마나 자주(때로는 불필요할 정도로) 사용했는지 확인할 필요가 있을 뿐이다. 좀더 분명한 사례는 힉스의 논문("Distribution and Economic Progress", *Review of Economic Studies*, October 1936)이다. 이러한 단순화 중에서 가장 중요한 것은 대체탄력성 계수다.

202) 이 논의를 상세하게 따라가는 것은 가능하지도 유익하지도 않다. 나는 여기서 윅스티드와 그에 대한 초기의 가장 신랄한 비판자인 에지워스 외에, 다음과 같이 조금은 현대적인 기여만을 언급할 것이다. F.H. Knight, *Risk, Uncertainty and Profit*(1921); N. Kaldor, "The Equilibrium of the Firm", *Economic Journal*, March 1934; A.P. Lerner, *Economics of Control*(1944), pp.143, 165~167; G.J. Stigler, *Theory of Price*(1946), p.202n. 이 모두는 1차동차성 가설을 대표한다. 강력한 반대론은 P.A. Samuelson, *Foundations*, p.84; E.H. Chamberlin, "Proportionality, Divisibility, and Economies of Scale", *Quarterly Journal of Economics*, February 1948 참조. 또한 동잡지 1949년 2월호에 게재된, 두 가지 반론논문과 그에 대한 체임벌린의 재비판을 참조.

203) 모든 '요소'가 대체가능하다는 점이 특수목적에 따른 속성에 속한다. 일부 학

있다. 윅스티드의 1차동차성 가정에 대한 에지워스의 초기 비판은 사실상 잘못된 풍자 때문에 훼손되었다. 그러나 그것은 가설을 반박하는 데 필요한 것은 사변이 아니라 사실이라는 점을 적어도 정확하게 이해했다는 장점이 있다. 그가 모순적인 사례를 애써 찾으려 했던 이유는 바로 여기에 있었다. 그러나 논의에 참가한 사람들은 대부분 오늘날까지 논리적 주장을 통해서나 그것의 자명함이나 명확성의 결여에 호소함으로써 그것을 '증명'하거나 '반박'하고자 노력했지만,[204] 그 필연적인 결과는 막다른 골목이었다.

둘째, 모든 '생산요소'에 상수 λ를 곱하는 것의 현실적 가능성에 대한 주장(부정)은, 설령 이것이 현실적으로 가능하다고 해도, 산출물에 상수 λ를 곱할 수 있음을 주장(부정)하는 것과 별개의 문제인데, 우리는 이를 명심해야 한다.[205] 현실적 가능성이 있는 경우보다 없는 경우가 많

자는 명시적인 경우보다는 훨씬 더 자주 암묵적으로, 1차동차성이 이 속성에서 비롯된다고 믿고 있는 듯 보인다. 슐츠는 심지어 이것을 증명하려고 시도하기도 했다.("Marginal Productivity and the General Pricing Process", *Journal of Political Economy*, October 1929, Appendix I) 이것은 오류다.

204) 자명함에 대한 호소는 물론 단순한 부정으로 대응할 수도 있지만, 새뮤얼슨(*Foundations of Economic Analysis*, p.84)의 말처럼, 이 가설에 대해 '의미없다'는 말로 반박해서는 안 된다. 왜냐하면 이 가설이 분명히 유효하다고 선언한 사람들은, 도전에 직면할 경우 모순적인 사실에 '분리불가능성'(indivisibilities)이라는 딱지를 붙이면서 그것을 방어하고, 이를 통해 그 가설을 정의상 타당한 것으로 만들어버리기 때문이다.(두 번째 뒤의 각주 참조) 그러나 이것은 진실이 아니다. 비록 생산함수가 1차동차성을 보이지 않을 경우 당연히 존재해야 하는 어떤 생산요소의 분리불가능성에 무비판적으로 의존함으로써 이러한 비난을 초래한 점이 있음을 부정할 수는 없겠지만, 분리불가능성 또한 경험적 검증이 요구되고 승인이 필요한 사실이다. 그렇다고 해서, 모든 함수가 다양한 방법으로나 고차원의 초평면(hyperspace)에서 동차함수로 만들어질 수도 있음을 지적하는 것은 적절하지 않다.(Samuelson, *Ibid*., p.84n) 적절한 질문은 항상 완벽하게 열거할 수 있는, n개의 생산요소(나 그 하위집합)의 동차성 여부다.

205) 예를 들어 파레토는 두 가지 이유로 1차동차성 가정의 타당성을 부정했다.(*Cours* II, § 714)

다는 점을 부정할 사람은 없다. 그러므로 논쟁은 가정이 필요 · 충분 조건인 정리에 한정되어야 한다. 통상적인 한계생산성 정리는 어떤 가정도 요구하지 않으므로, 이러한 차이를 명심하면 의견대립의 가능성이 크게 줄어들 수 있다는 점을 쉽게 알게 될 것이다. 이 차이가 무시되는 것이야말로 경제적 논의에 만연된, 엄밀함의 결여를 보여주는 하나의 두드러진 사례다.

셋째, 옹호자들도 보편적으로 인식하고 있는 1차동차성의 한 가지 장애요인은 일부 요소나 요소들——이를테면 경영능력, 철도, 제분기 등——의 분리불가능성, 즉 '덩어리 특성'(lumpiness)이다. 이러한 요소는 구상단계에 있는 공장의 청사진——공장의 크기가 가변적이다——에서조차 소규모의 수량변화가 나타날 수 없으며, 현재 진행되고 있는 사업에서는 더욱더 그러하다.[206] 오직 논의대상이거나 주로 논의대상

---

206) 이러한 분리불가능성의 존재나 그 중요성 그리고 이것이 종종 발생하는, 매우 긴 기간의 물리적 수확체증과 맺는 관계를 부정하는 것은 어리석은 짓이다. 그러므로 이것이 1차동차성과 관찰된 사실의 간극을 만족스럽게 설명해준다는 주장은, 분명히 어느 정도 일리가 있으며, (일부 '요소'나 '요소들'의 수량과 산출량 사이의 직접적 관계와 관련된, 독자적인 특징을 지닌) 생산함수의 동차성을 가정하는 이론가들, 특히 기초이론의 교사들은, 분리불가능성 때문에 불안해졌을 테지만, 아마도 자신이 확보하려 애쓰는 모든 근거를 이미 확보했다고 확신할 수도 있다. 또한 경영자와 같은 '덩어리' 요소가 조언자들의 서비스를 시간제로 고용함으로써 변화되는 경우를 고려하거나, 하나의 '요소'로 이용될 수 있는(예를 들면 값비싼 기계) '덩어리' 단위가 기술적 필연성이 아니라 그것에 대한 수요구조로 설명되는 경우를 고려할 경우, 분리불가능성은 크게 감소될 수 있다. 나는 이에 대해 부정하지 않는다. 다만 나는 한편으로 어떻게 이 모든 것이 논쟁의 기간과 결론 없음을 설명해주는지, 다른 한편으로는 어떻게 이런 사실에 대한 조리 있는 주장으로부터 습관적으로 분리불가능성에 대한 호소로 그토록 쉽게 생각 없이 빠져들 수 있는지를 보여주고 싶을 뿐이다. 분리불가능성은 당연히 생산함수의 연속성과 미분가능성이라는 가정도 방해한다. 이에 대해서는 새뮤얼슨, 앞의 책, 특히 80~81쪽 참조.

마지막으로 1차동차성의 부재(규모의 경제의 존재)가 정의상 분리불가능성을 초래하는 (경우와 그 반대의) 경우(스티글러, 칼도)를 언급해야 한다. 정의에 대해 왈가왈부할 이유는 없다. 이 경우 새뮤얼슨은 분리불가능성이 경

인, '주어진' 규모의 공장에서 산출물을 변화시킬 수 있을 뿐이다. 우리는 다른 유형의 상황을 살펴봄으로써 결론을 내릴 수 있다.

넷째, 주어진 가설은 그 타당성과 직접적으로 연결된 관찰을 통해서만이 아니라, 거기서 도출되는 결과를 검증하는 간접적인 방식으로도 검증될 수 있다. 물리학의 많은 가설은 후자의 방식으로만 검증된다. 그런데 만일 국민적 생산함수를 언급하는 것이 어떤 의미가 있다면, 이 함수의 1차동차성은 하나의 주목할 만한 사실, 즉 국민분배분에서 주요 '요소'의 상대적 분배몫이 비교적 고정되어 있다는 사실에 대한 매우 간단한 설명을 제공할 것이다. 두 생산요소 v_1, v_2에 대해 $x = v_1^a v_2^{1-a} (a < 1)$ 형태의 '사회적' 생산함수가 처음으로 빅셀(*Lectures* I, p.128)에 의해 제안되었으며, 더글러스와 코브에 의해 폭넓게 활용되었다.[207)]

험적 내용을 결여하고 있(으며 이런 의미에서 '무의미'하)지만, 이것이 동차성 가설—경험적 내용을 담고 있지만 우리가 이 가설이 적용되지 않는 사례로 분류하는—에 기초한 이론을 고안하는 것에 반대할 만한 이유가 될 수는 없다고 주장했다는 점에서 옳았다. 다른 한편에서 분리불가능성이라는 단어의 선택은 스티글러와 칼도에게 하나의 정의 이상의 의미를 담고 있는 듯 보인다. 이들은, 모든 결합서비스와 산출물이 '연속적으로 분리가능하다면' 규모의 경제의 부재가 '자명'하다고 선언했던 나이트의 견해에 동의하는 것일 수도 있다. 이것은 아마도 도전할 수 없을 것 같은 사실에 관한 주장이지, 사무엘슨적인 맥락에서 의미 없는 것이 아니다. 그래서 우리는 사실에 도전하거나, 어떤 특별한 사실에 도전하지 않는다 하더라도 문제의 명제가 보편적으로 '자명하다'는 것을 부정할 수도 있다. 만일 어떤 산출물이 n개의 생산적 서비스를 필요로 하며 그중 하나가 윤활유라면(그리고 이 서비스가 모두 대체가능하고 원하는 만큼 분리할 수 있다면), 내가 보기에, 생산량을 증가시키기 위해서는 그 증가율만큼 반드시 윤활유의 투입량을 늘려야 한다는 것이 자명한 사실은 아니다. 다른 모든 서비스는 반드시 그래야 할지라도 말이다.

207) C.W. Cobb and P.H. Douglas, "A Theory of Production", *American Economic Review*, Supplement, March 1928. 이것은 계량경제학 분야의 최초의 연구였으며, 인상적인 계량경제학 연구가 그 뒤를 이었다. 더글러스의 저작(*The Theory of Wages*, 1934)이 나타났으며, 좀더 진전된 연구는 그의 미국경제학회 회장취임 연설("Are there Laws of Production?", *American Economic Review*, March 1948)에 요약되어 있다. 또한 V. Edelberg, "An Econometric Model of Production and Distribution", *Economet-*

이 절에서 우리는 계속해서 생산성의 한계치를 편도함수로 정의했다. 즉 우리의 한계생산물은 다른 모든 요소서비스의 수량이 엄격히 고정된 상황에서 특정한 요소서비스의 이용량이 무한히 적은 규모로 증가될 때 얻게 되는 산출물의 증가분이다.[208] 사실상 우리는 이것이 기술적으로 항상 가능하지 않으며, 불가능할 경우에는 한계생산성이 도출될 수 없다는 점을 알고 있다. 그러나 여기에 덧붙여 말해야 할 것은 다른 모든 조건이 동일한 상황에서 특정서비스의 이용량을 극소량 증가시켜 산출량을 어느 정도 늘렸다고 해도 이것이 이러한 산출증가를 얻어낼 수 있는 가장 경제적인 방법일 필요는 없다는 점이다. 다른 서비스의 이용량까지 조정할 경우 좀더 경제적일 수도 있다. 만일 우리가 애초에 증가시키려 했던 소량의 증가에 매우 엄격했다면, 진실로 이 조정은 매우 극소량일 수 있다. 그러나 이렇게 할 필요는 없다. 더구나 우리의 연구를 위해 선택한 요소의 생산에 대한 효과를 고립시키기 위해 다른 요소들을 고정시키는 것은 적절하고 유용하다는 점 또한 진실이다.[209] 그러나 이와 다른 목적도 존재하는데, 그중에서도 사업행위와 분배행위를 분석하기 위해서는 이렇게 하는 것이 매우 잘못된 것일 수도 있다. 이 난점이 마셜을 크게 괴롭혔으며, 그래서 그는 순한계 생산물(Net Marginal Product)[210]이라는 위험한 개념을 강조하게 되었다. 이것은 다른 조건

---

rica, July 1936 참조. 코브와 더글러스는 또 하나의 상수를 집어넣어 $x = cv_1^a v_2^{1-a}$ 형태로 표현되는 함수를 정식화했지만, 이것이 큰 차이를 만들어내지는 않았다.

208) Marshall, *Principles*, p.465.

209) 예를 들어 실험농장에서 한계생산성 곡선을 도출할 수 있다. 한 마리 황소가, 먹잇감인 건초량을 빼고는, 엄격하게 불변인 조건에서 사육될 수 있는데, 이것이 건초량의 변화가 소의 무게에 미치는 효과를 고립시킬 것이다. 주어진 토지의 밀산출량이 비료사용량에 포함된 질소량의 함수로서 이와 같은 방법으로 연구될 수도 있다. 확인할 수 있겠지만, 이 방법으로 각각의 '생산요소'에 대해 이론적으로 무한한 수의 한계생산성 곡선이 도출될 것이며, 하나의 곡선은 이론적으로 무한히 많은 여러 상황의 조합에 해당될 것이다.

210) *Principles*, pp.585~586 참조. 순한계 생산물은 하나의 가치개념이며, 문제

이 재조정된 후, 한 생산요소의 수량증가에서 비롯된 한계생산물을 지칭한다. 이러한 의미의 한계생산성은 더 이상 편미분계수로 적절히 표현되지 않는다.[211)]

산출량은 분명히 측정가능하므로, 생산함수는 경제학자들이나 그 대부분으로 하여금 효용함수를 포기하도록 만들었던 비판에서 자유로울 수 있었다. 당신은 빵덩어리를 보고 셀 수 있지만, 적어도 동일한 의미에서, 만족을 보고 셀 수는 없다. 그러나 분석기법면에서 보면, 효용함수 없이 분석할 수 있듯이, 생산함수 없이도 분석이 가능하다. 기업(가계)에게는 각각의 '생산요소'(소비재) 1달러의 한계생산성(한계효용)이 또 다른 '생산요소'(소비재) 1달러의 한계생산성(효용)과 적어도 같아야 한다는 기본정리는, 비록 모습이 다양하기는 했지만, 두 경우(생산함수와 효용함수—옮긴이) 모두에서 도출된다. 우리가 생산(효용)함수를 사용하든, 아니면 단순히 한계대체율이나 한계변환율을 사용하든지 간에 말이다. 이는 우리가, 두 생산요소 V_1과 V_2만 존재한다고 가정하고

의 난점은 생산함수 근처에서보다 비용문제 내부에서 발생한다. 그러나 우리는 생산성의 한계치를 편미분계수 대신에 상미분계수로 정의함으로써 그것을 여기에 제시할 수 있다. 다시 한 번, 두 '생산요소', v_1과 v_2만이 존재한다고 가정하자. 그렇다면 생산함수는 다음과 같다. $x=f(v_1, v_2)$. 이 함수를 전미분하면,

$$dx=\frac{\delta f}{\delta v_1}dv_1+\frac{\delta f}{\delta v_2}dv_2$$

이 식의 양변을 dv_1으로 나누면, 생산성의 한계치는 다음과 같이 정의된다.

$$\frac{dx}{dv_1}=\frac{\delta f}{\delta v_1}+\frac{\delta f}{\delta v_2}\frac{dv_2}{dv_1},$$

곧바로 이용할 수 있도록, $dx=0$이라 가정하면 위 식은 다음과 같이 된다.

$$\frac{dv_2}{dv_1}=-\frac{\frac{\delta f}{\delta v_1}}{\frac{\delta f}{\delta v_2}}$$

211) 마셜은 또한 재조정을 고려한다면 적응에 허용된 시간에 따라 한계생산성이 달라질 것임을 간파했다. 이에 대해서는 슈나이더(앞의 책, 28쪽)와 그의 총적응, 부분적응의 개념을 참조.

그 수량인 v_1, v_2를 좌표평면의 두 축에 각각 표시할 경우, 세 번째 축으로 산출을 표시하는 방식으로 보여줄 수 있다. 여기서 산출은 요소평면에 빵덩어리의 모양으로 부풀어 오르면서, 생산곡면을 형성할 것이다.[212] 요소평면과 평행한 부분들은 고정산출을 나타내는 윤곽선을 보여줄 것이다. 요소평면에 투사되면, 그것은 동일산출량 곡선, 즉 등량곡선[213]으로 1사분면을 차지하고 각 곡선은 동일한 산출물을 낳는 두 생산요소의 모든 조합을 나타낼 것이다.[214] 그리고 이것은 어떠한 등량곡선에서 좀더 높은 곡선으로 이동할 때, 즉 산출을 증가시킬 때 나타나는 다른 관계들로부터 대체가능성 관계를 말끔하게 고립시킬 것이다.[215] 이 모든 것은 주로 알렌과 힉스 그리고 그의 추종자들의 노력에 의해 우리 시대에 와서야 비로소 고안되어 유용한 것이 되었──으며 일반적으로 사용되었──다. 내가 여기서 이것을 언급하는 이유는, 이것이 에지워스와 파레토에게서 시작되어, 1914년 무렵에는 현대적 이론의 모든 요소를 적어도 맹아적으로나마 확보하게 되었다는, 역사적으로 중요한 사실을 강조하기 위함이다. 이와 비슷하게, 생산함수 이론과 등량곡선

---

212) 오늘날에는 고전이 되어버린 이러한 구성에 익숙하지 않은 독자라면, 알렌의 저작(*op. cit.*, no.11.8, pp.284~289)을 참조하는 것이 좋다. (안정적인) '요소' 수요함수의 도출에 대해서는 원서 370~371쪽과 502~503쪽 참조.

213) '등량곡선'이라는 용어는 프리슈에 의해 도입되었다. 그러나 원래는 다른 개념을 지칭하는 것이었는데, 이것이 그대로 보존되었어야 했다.

214) 즉 등량곡선에 따라 이동하므로, $dx=0$이다. 한계대체율 $\left(\frac{dv_2}{dv_1}\right)$은 통상적인 제약조건(생산함수의 동차성은 여기에 첨가될 수도, 그렇지 않을 수도 있다)에 종속된다. 모든 (대체가능한) 서비스에 대한 '수확체감의 법칙'은 유효구간에서 동일 생산물곡선이 원점에 대해 볼록하다는 조건으로 표현된다.

215) 나는 이 다른 관계를 보완성으로 부르고 싶지 않다. 왜냐하면 이 용어는 오늘날 다른 의미를 획득했기 때문이다.(알렌, 앞의 책, 509쪽 참조) 그러나 두 개의 생산요소로 구성된 도표(알렌, 371쪽)야말로, 생산에서 서로 협력하는 서비스들이 어떻게 제한된 범위에서 서로 경쟁할 수 있으며 그 반대상황은 또 어떻게 가능한지, 아울러 어떻게 이 두 관계가 대체적인 두 생산요소의 경우에 서로를 지지해주는지를 기초 수준에서 보여주는 데 아마도 최선의 방법일 것이다.

이론이 비용이론을 개선하는 데 크게 기여했음을 직관적으로 깨달아야 한다. 1914년까지 이어진, 이 시기의 가장 위대한 공헌은 사실상 기회비용 이론——과 이것을 소득형성 문제에 응용한 것——이었다. 이 이론은, 이미 6장에서 언급된 바 있으며, 지금 우리의 관심사항인 비용현상 분야의 엄밀한 정교화에 빚지고 있는 것이 거의 없다.[216] 본질적으로 이 공헌은 우리가 현재 비용이론을 통해 이해하는 문제의 거의 주변부만 건드렸을 뿐이다. 정확한 측면만 고려하면, 파레토의 공헌이 최고의 성과였다.[217] 그러나 나는 이러한 발전을 살펴보는 것 대신에, 마셜에게서 시작된 또 다른 발전에 주목하는 것으로 결론을 맺을 것이다. 그 과정에서 우리는 부분분석의 영역에 다시 진입하겠지만, 그곳은 일반분석과의 경계지역이다.

4. 수확체증과 균형

마셜 자신은 다른 어떤 선도자들보다도 확실하게 사업계의 많은 사실

---

216) 개별기업의 극대화 문제라는 관점에서 비용이론을 엄격하게 정식화하는 것—제약조건으로 도입된 생산함수와 함께—이 대안적이거나 적당한 고용기회가 전혀 없는 생산요소의 가격설정 문제를 해결하는 최선의 방법 중 하나라고 말하는 것은 아마도 쓸데없는 일이 아닐 것이다. 이러한 관점에서, 기회비용 원리는 좀더 포괄적인 원리의 특수한 사례로 드러난다. 그러나 이러한 절차가 유일하게 가능한 것은 아니다. 오스트리아학파의 귀속이론 또한 이 경우를 고려했으며(포도밭이 포도밭으로 사용되지 않는 한 쓸모없는 땅이 되거나, 염소의 풀밭으로만 사용될 수 있다), 특히 뵘-바베르크는 이에 대해 언급될 만한 거의 모든 것을 언급했다.

217) 파레토의 비용이론에 대한 훌륭한 설명은 H. Schultz, *op. cit.*, sec.v 참조. 파레토와 함께 우리는 존슨을 다시 한 번 언급해야 한다. 현대적인 설명에 대해서는 알렌의 저작(앞의 책) 곳곳에서 찾아볼 수 있으며, 힉스의 저작(*Value and Capital*, 1939, Part II)과 새뮤얼슨의 저작(*Foundations*, ch.4)도 참조. 또한 von Stackelberg, *Grundlagen einer reinen Kostentheorie*(1932); L.M. Court, "Invariable Classical Stability of Entrepreneurial Demand and Supply Functions", *Quarterly Journal of Economics*, November 1941을 참조.

을 이론체계에 포함시켰다. 그의 폭넓은 이해 수준은 생산이론에서 가장 인상적으로 드러난다. 우리는 이 성과를 정당하게 칭송할 수도 있지만, 아직까지는 순수분석적인 측면과 '현실적'인 측면 모두에 대한 그의 놀라울 정도로 포괄적인 이해가 많은 허점과 함께 후계자들에게도 분명히 많은 문제를 남긴 서술로 이어졌다는 생각을 지울 수 없다. 마셜이 한계비용과 평균비용의 체감이라는 현상[218]과 관련지어 시간요소를 강조한 것은 그의 주요한 공헌에 속한다.[219] 그의 친숙한 개념들인 주요비용과 보조비용, 준지대, 대표적 기업,[220] 정상이윤 그리고 무엇보다도 내부경제와 외부경제는, 거의 모든 기업의 환경을 개별적으로 보여주는 자료의 구체적인 양상에 관한 그의 관심[221]과 더불어, 다양한 의미와 측

---

218) 우리가 살펴보고 있는 논의과정에서는 비용체감과 수확체증, 비용체증과 수확체감이 흔히 동의어로 취급되어왔지만, 이것들은 당연히 동의어가 아니다. 1944년이 되어서야 비로소 러너가 이 문제에 주목할 필요가 있음을 알아차렸다.(*Economics of Control*, p.164) 나는 이 잘못된 습관이 어떠한 오류를 초래했는지 알지 못하지만, 이 습관은 수많은 초보자를 혼란스럽게 했을 것이다.

219) 오늘날 사실탐구자들은, 개별기업의 비용곡선에서 평균비용과 한계비용이 하락하는 구간—이미 알고 있듯이, 이 구간은 비용곡선의 관찰가능한 영역 전체를 포괄한다—의 존재와 그 중요성을 계속 발견하면서, 이 발견이 '신고전파'(neo-classic) 비용분석의 기초를 흔들 것이라고 믿고 있는데, 실제로는 마셜을 재발견하고 있는 셈이다. 이것은 대다수 경제학자가 (마셜의 저작을—옮긴이) 읽지 않았음을 보여주는 충격적인 사례다.

220) 이른바 대표적 기업이라는 방법론적 허구를 만들어낸 분석적 의도는 『원리』, 514쪽에서 드러나며, 이것이 비용체감과 맺는 관계 또한 그러하다. 이후 논의에서, 피구는 균형기업이라는 개념을 도입했는데, 대표적 기업이 산업의 표준조건을 대표하는 데 반해 이것은 그렇지 않다는 점에서만 차이가 있을 뿐이다.(*Economics of Welfare*, 3rd ed., p.788) 이러한 표준기업(modal firm) 개념은 현실적 이론의 한 가지 가능한 목적 이상의 중요성을 갖고 있지만, 완전히 활용된 적은 없다.(그러나 S.J. Chapman and T.S. Ashton, "The Sizes of Businesses, Mainly in the Textile Industries", *Journal of Royal Statistical Society*, April 1914 참조)

221) 예를 들어 *Principles*, p.506 참조. 그러나 5부의 10~11장은 이런 종류의 제안—과 경고—으로 가득 차 있다. 다시 한 번 강조해야겠지만, 마셜은, 이를

면에서 비용체감을 만족스럽게 분석하는 데 필요한 모든 실마리를 제공하는 편이다. 그렇지만 우리는 실마리만을 확보했을 뿐이다. 그러므로 이 분야에서 마셜의 분석이 거의 완성되지 않았으며 그 대부분이 우리에게 과제로 넘겨졌다는, 케인스의 주장은 타당하다.(*Essays in Biography*, pp.225~226) 내 생각에, 이것은 마셜이 순수한 분석도식을 완성하는 것을 싫어해서 어설픈 현실주의로 경도되었기 때문이다. 그는 자신의 (산업) '공급'스케줄에 내부경제와 외부경제를 포함시키는 것을 계속 고집했다.(물론 이에 대한 반론도 알고 있었다. 『원리』, 514쪽 각주) 이는 내 생각에, 이 공급스케줄을 좀더 현실적인 것으로 만들기 위한 것이었지만, 그렇게 될 경우 이것의 가역성이 파괴되어 정태이론이라는 목적에는 더 이상 사용될 수 없는 것이 된다는 위험성이 있었다. 그것(외부경제—옮긴이)은 경제사의 조각들을 도식적으로 반영하는 (그래서 동태적인—옮긴이) 것이다.222)

이렇게 그는 우하향하는 비용곡선과 비용곡선의 하방이동, 생산함수

테면 수확체증이 단기에는 거의 나타나지 않는다는 진술로 반복해서 부인했지만(pp.511~513), 앞에서는(pp.397~398) 수확체감 '법칙'과 수확체증 '법칙' 사이에 잘못되거나 적어도 오도된 구분을 설정했으므로, 자신의 의미를 전달하면서 독자들을 납득시키기가 매우 어려웠다.

222) 마셜의 외부경제 개념에 대한 스티글러의 비판은 오로지 정태이론의 관점에서만 완전히 정당화될 수 있다.(앞의 책, 68쪽 이하) 내부경제와 외부경제는, 이 두 범주로 나뉠 만한 가치가 있는, 부정할 수 없는 사실들을 가리킨다.(그러나 비용체감 논쟁의 초기단계인 1924년에 처음 출간된 F.H. Knight, *Fallacies in the interpretation of Social Cost* 참조. 이 책은 1935년에 *Ethics of Competition*이라는 제목으로 재출간되었다.) 우리는 외부경제를 환경의 역사적 성장에서 도출된 것일 수 있는(그 '산업'의 성장으로부터는 필연적으로 도출되지 않는) 개별기업의 한계비용 곡선과 평균비용 곡선의 하향이동만으로 이해할 것이다. 물론 마셜이 이러한 사실을 체감하는 '비용곡선'—이것은 본질적으로 비슷한 원인 때문에 상승할 수도 있는 수요곡선과 유사하며, 이 곡선처럼 막대그래프상의 점들을 연결한 단순한 곡선이다—으로 표현했으며, 그의 일부 추종자, 특히 로버트슨이 이 방법을 고수했음을 고려하겠지만 말이다.

가 불변인 상태에서 하락하는 비용과 생산함수의 변화에서 비롯된 비용 하락 사이의 분명한 구분을 흐릿하게 만들었다.[223] 어쨌든 경제이론의 기초에 관심을 보이는 환경에서는 언제나 마셜이 선도한 부분과 그가 남긴 느슨한 결론이 모두 논쟁을 촉발시켰는데, 이는 충분히 이해할 만하다. 유일한 의문은 왜 이러한 논의가 그토록 오랜 시간이 지나서야 비로소 과학적 대중에게 일반적으로 공개되고 출판되었는가 하는 점이다. 예를 들어 마셜의 분석에서 출발해서 그 분석의 토대 대부분을 성공적으로 해명했던 바이너의 유명한 논문("Cost Curves and Supply Curves")은 1931년 9월에 발표되었다.(*Zeitschrift für Nationalökonomie*) 영(Young)의 논문("Increasing Returns and Economic Progress")이 발표된 것은 1928년 12월이었다.(*Economic Journal*) 이제부터 우리는 수확체증과 균형이라는 제목으로 우리의 간단한 논평을 정리해볼 것이다. 그렇다고 해도 공정하게 고려되어야 하는 수많은 중요한 기여 중에서 몇 가지에만 집중할 것이다.[224]

무시해도 될 만한 여러 가지 사소한 불평이 지나간 후, 영국판 불완전경쟁이론을 생성시킨 스라파의 유명한 논문이 『이코노믹 저널』(1926. 12)에 출현했다.[225] 그러나 현재 우리의 주제에 관한 한 그의 비판은,

---

223) 나에게, 비용스케줄에 비해 산업의 '공급'스케줄을 지나치게 강조하는 것처럼 보이는 것 또한 아마도 비슷하게 설명될 수 있을 것이다. 이에 대해 살펴볼 수는 없지만, 설명을 위해 개별공급 곡선만을 사용할 것이다.

224) 케인스는 천재적인 편집자의 능력으로 이 주제('Increasing Returns and the Representative Firm')에 관한 심포지엄을 조직했다.(로버트슨, 쇼브, 스라파 등 참가. 그 결과는 *Economic Journal*, March 1930 참조.) (여기에 발표된 글들은—옮긴이) 지금도 읽어볼 만한 가치가 충분하다. 케인스는, 내가 독자들에게 권하고 싶은, 단편적인 문헌목록을 소개하면서 서문을 썼다. 나는 여기에 해러드(R.F. Harrod)의 중요한 연구(특히 "Notes on Supply", *Economic Journal*, June 1930)와 그의 논문("Law of Decreasing Costs", *Ibid.*, December 1931) 그리고 『이코노믹 저널』, 1932년 12월호와 1934년 3월호에 각각 게재된 로빈슨 여사의 논문과 로빈스의 논문을 첨가하고 싶다.

225) Piero Sraffa, "The Laws of Returns under Competitive Conditions." 그러나 비판적이면서 건설적인 주요 아이디어는 이미 1년 전에 나타났다.("Sulle

케인스가 심포지엄 개회사(introductory remarks)에 비추어볼 때, 케인스가 했을 법한 정도로 '파괴적'이지는 않았다. 스라파는 순수경쟁 조건에서 산출증가가 내부경제(효과—옮긴이)로 나타날 때 기업이 완전균형 상태에 있을 수 없다고 지적했을 뿐이다.[226] 부분적으로는 스라파의 영향으로, 부분적으로는 마셜의 가르침을 발전시키는 방식으로, 피구는 자신의 논문("Analysis of Supply", *Economic Journal*, June 1928; *Economics of Welfare*, 3rd ed., Appendix III에 재수록)에서, 우하향하는 산업공급 곡선을 외부경제에만 의존하는 것으로 설명한다고 해도

---

relazioni fra costo e quantita prodotta", *Annali di Economia*, 1925) 후자는 스라파의 출발점과 동시에 그의 뛰어나게 독창적인 업적의 본질을 전자보다 훨씬 잘 보여준다. 심포지엄에 발표된 그의 논문도 참조.

226) 이것은 어떤 기업이 원하는 만큼 팔 수 있는 시장가격에서, 순수논리에 관한 한, 단기한계 비용과 장기평균 비용이 하락하는 경우에 산출을 증가시키는 것이 기업에게는 언제나 유리할 것이므로, 이 조건의 작동이 멈추기 전에는 균형산출량에 도달할 수 없음을 의미할 뿐이다. 그러므로 본문의 명제는 자명한 듯 보인다. 마셜도 이것을 부정한 적이 없었다. 곧 보게 되겠지만, 마셜의 우하향하는 공급곡선—산업공급 곡선—에서 균형점은 외부경제라는 사실에 기초해야 한다. 마셜은 (순수경쟁이 실제로 지배한 적이 없는) 현실세계에서 우리가 관찰할 수 있는 기업들이 어디서도 명확하게 제시된 적이 없었던 우리의 명제에 따라 작동될 수 없도록 하는 많은 상황을 지적하는 데 열중했을 뿐이다. 그의 추종자들, 특히 로버트슨—그의 상식은 경쟁적이라고 여겨지는 산업에서조차 내부경제가 도처에 존재하며 매우 중요하다는 인상에서 비롯된 것이다—은, 이 경우에 내부경제의 존재를 부정하는 것이 자명한 사실을 부정하는 것으로 귀결된다고 생각했다. 그 이유가 흥미롭다. 이들은, 순수경쟁의 완전균형에서는 순이윤이 존재하지 않는다는 명제를 받아들이기를 꺼려 했던 많은 경제학자가 밑바탕에 깔고 있던, 바로 그 이유로 그렇게 생각했기 때문이다.(다음번 각주와 소절 5 참조) 두 정리는 완전균형 상태에만 적용된다. 그리고 완전균형은 현실세계에서 순수경쟁보다도 더 존재할 가능성이 없기 때문에, 순이윤과 마찬가지로 내부경제도, 사실상 두 정리 중 그 어느 것도 타당성이나 가치를 손상시키지 않은 채 도처에 존재할 수 있다. 그러나 '완전균형점에서'라는 단서가 사라진다면, 좀더 나아가 우리의 명제가 '순수경쟁과 내부경제는 양립이 불가능하다'는 잘못된 형태로 제시된다면, 우리는 일부에게 자명한 것으로 보이는 명제가 어떻게 다른 사람에게는 명확하게 오류로 간주될 수 있는지에 관한 의문을 즉시 해결하게 된다.

개별기업의 우상향하는 공급곡선이 여전히 유지될 수 있으며, 그래서 우리가 실제로 '수확체증'과 경쟁균형 조건 사이에 갈등관계가 존재한다고 믿고 있더라도 이것을 모두 피할 수 있다——적어도 형식적으로는——고 주장했다.

여기에 덧붙여, 그는 산업의 성장이나 그 환경이 전문화를 유도하며, 이것이 다시 그 산업을 구성하는 기업들의 규모를 증가시키고 내부경제 효과를 누릴 수 있는 기회를 증대시킨다면, 어느 정도 분석적 유용성을 갖춘 내-외부 경제유형(a type of external-internal economies: 이는 로버트슨이 명명한 것임)을 확보하게 된다고 주장했다. 좀더 중요한 사항은, 그가 기업의 비용을 그것 자체의 산출과 그것이 속한 산업이나 집단의 산출——우리가 이 개념의 의미를 명확하게 정의할 수 있다는 가정 아래——의 함수로 설정하자고 제안하는 부분이다. 해러드, 쇼브, 바이너, 영의 손을 거치면서, 관련주제가 훨씬 더 효과적인 형태를 갖추게 되었다. 그러나 이 제한된 지면에서, 나는 다만 독자들에게 이 분야가 분석적 진보의 지체와 우회를 놀라울 정도로 잘 보여준다는 점을 지적하면서,[227] 1890년에 확보될 수도 있었을 이론적 결과들이 1930년 무렵에서야 비로소 확보된 이유에 대해 곰곰이 생각해보기를 권유하고 싶다.

우리의 논평을 비용체감에 집중하기보다는 정상이윤에 관한 마셜의 복잡한 학설에 집중하는 편이 좀더 좋았을지도 모르겠다. 이 개념은 오늘날까지도 잘 살아남아서, 이윤항목을 마셜의 정상이윤과 우연적인 이윤(windfall profits)으로 구분하는 교사를 흔히 만날 수 있을 정도다.[228] 이러한 문제영역에 대해 이미 살펴본(6장 참조) 바 있으므로, 현

227) 독자들은 나의 간략한 설명 때문에 오해할 수도 있겠지만, 이러한 가지치기 작업이 당시의 논쟁에서 얻을 수 있는 전부라고 생각해서는 안 된다. 개별기업의 한계가치 생산물(한계순생산물)과 한계사회적 순생산물 사이의 유용한 구분이 피구와 쇼브에 의해 고안되기도 했다. 어떤 의미에서 이 연구는 칸(R.F. Kahn, "Some Notes on Ideal Output", *Economic Journal*, March 1935)에게서 그 정점을 보인다.

228) 정상이윤율의 개념은 일부 현대의 경제학자들, 특히 로빈슨, 쇼브, 해러드 등

재 우리의 관심사인 좀더 높은 이론적 수준에서 훨씬 쉽게 다룰 수 있는 두 가지 사항만을 덧붙이고자 한다. 그 하나가 생산함수와 비용함수의 일반적인 관계에 관한 것이라면, 다른 하나는 '0의 이윤으로의 수렴경향'이라는 특수한 문제에 관한 것이다.

[5. 0의 이윤으로의 수렴경향]

그러나 이윤이라는 주제는 다른 주제보다 훨씬 더 혼돈스럽기 때문에, 먼저 우리의 관심사항을 습관적으로 연결되는 다른 주제로부터 분리시키는 데 유용한 몇 가지 명제를 재진술하는 편이 좋을 것이다. 통상적으로 마셜은 '순이윤'이라고 불릴 만한 것보다는 오히려 기업의 대차대조표——와 특히 소유자 경영기업의 대차대조표——상의 이윤항목을 고려했다.

또한 이 이윤항목을 정상과정의 (정태적) 균형에서 존재할 만한 것이 아니라 사실 그 자체로 고려했다. 다른 경우에서처럼 이 경우에서도, 주의 깊은 분석을 통해 모든 것이 적재적소에 배치된 포괄적인 체계——그러나 평범한 사람에게는 율리시스의 활(Ulysses' bow)[229]이 되는 체

에 의해 세련된 모습을 갖추게 되었다. 이에 대해서는 Harrod, "A Further Note on Decreasing Costs", *Economic Journal*, June 1933 참조. 우연적인 이윤개념은 오늘날 주로 저축을 상회하는 투자분에서 발생하는 총이윤(이 목적을 위해서라면 우리는 케인스의 『화폐론』에 있는 이 용어를 사용할 수도 있다)을 지칭하는 것으로 사용되고 있으며, 그래서 우연적인 개별이윤은 관심사항에서 제외되는 경향이 있다. 그런데 이러한 설명은 이윤현상의 본질을 놓치고 있으며, 마셜이 도달한 수준에도 미치지 못한다고 주장하는 사람도 있다. 또한 해러드의 정의—정상이윤율은 기업을 자본투자의 증가유인도 감소유인도 없는 상태로 남겨두는 수준의 기대이윤율이다—가 이윤과 물리적 자본수익의 상관성을 재정립했는데, 1914년 이전 시기의 주요업적은 바로 이 양자를 단절시킨 것이었다고 주장하는 사람도 있다. 그러나 여기서는 이 모든 것이 문제되지 않는다. 여기서 우리의 관심은 오직 비용곡선의 구축과 관련된 '생산요소'에 대한 (실제나 귀속)지불 이상의 수입이라는 잉여 문제에 국한되기 때문이다.

229) 율리시스의 활은 오직 그만이 활줄을 당겨서 걸 수 있는 것으로, 토로이전쟁

계—의 윤곽을 틀림없이 찾아낼 수 있겠지만, 보통의 독자들은 단순히 다음과 같은 항목의 잡탕(*fricassée*)을 발견할 뿐이다. 평균 이상의 경영이익을 포함하는 모든 종류의 경영이익, 성공적인 위험부담과 불확실성 부담에 따른 이익(즉 기대치와 실제 결과치의 관계가 유리한 쪽으로 귀결된 데서 비롯된 이익), 특정 종류의 생산요소를 통제하는 이점—일부 생산요소가 다른 기업에서는 동일한 이익을 제공하지 못하는—에서 비롯된 이익, 잔여청구권자로서 소유자에게 돌아가는 우연적 이익(이것은 능력 있는 사람만이 일관성 있는 행운을 향유할 수 있다는 괴테의 격언에 담긴 지혜에 대한 적절한 보상이다), 무엇보다도 경쟁기업보다 상대적으로나 절대적으로, 두 기준에서 모두 성장함에 따라, 심지어 성장했기 때문에 발생하는 기업의 이익, 필요할 때마다 암묵적으로든 명시적으로든 포함되는 독점요소 등이 그것이다. 분명히 이 항목들은, 온갖 단서조항을 덧붙일 수 있다고 해도, 임금과 같은 의미에서 논리적으로 동질적인 전체를 구성하지 못한다. 그렇지만 마셜은 이 복합물에서 신중하게 순환논리의 위험을 피해가면서도 일종의 정상이윤을 창조해냈으며, 이것을 한계기업이 아닌 대표적 기업과 적절하게 연결시켰다.230) 이 정상이윤율은 사업을 시작하거나 계속 유지할 수 있게 하는(이 두 표현은 결국 같은 것을 의미한다) 정도의 비율로 느슨하게 정의될 수 있으며, 이를 통해서 엄격한 논리보다는 상식 수준에서 쉽게 정당

에 참전했다가 오랜 역경 끝에 20여 년 만에 고향에 돌아온 율리시스가, 그의 부인인 페넬로페 여왕을 수많은 경쟁자에게서 되찾게 된 계기가 되었다. 율리시스의 활에 활줄을 걸 수 있는 사람을 남편으로 정하겠다는 페넬로페의 제안에, 많은 사람이 도전했지만 율리시스만이 성공했기 때문이다. 이런 점에서, 본문의 의미는 아마도 모든 난제를 일거에 해결할 수 있는, 그렇지만 평범한 사람에게는 불가능한, 해결책을 지칭하는 듯 보인다—옮긴이.

230) 이러한 행동의 지혜에 주목하라. 한계기업을 분석하면서, 이론가들은 '준한계 기업'이라는 폭넓은 영역을 제외시켰다. 이것의 존재가 종종 산업의 실제 상황을 지배하므로, 한계기업에 관한 정의 자체를 회의하게 만드는데도 말이다. 그러므로 이것은 아직까지도 제대로 평가받지 못하고 있는 대표적 기업 개념을 위한 또 다른 옹호론이다.

화될 수 있는 경영자 봉급과의 차이를 확보할 수 있다. 어쨌든 이 모든 것은 마셜 추종자들의 단순화된 정상이윤으로 성장했으며, 이후 케인스의 『일반이론』의 한계효율성 개념으로 이어졌다.

그런데 이러한 이윤율이 0이 되거나 0으로 수렴되는 경향을 갖는다고 주장한 사람은 없다. 발라가 이득도 손해도 보지 않는 기업가 개념을 고안할 때, 그 의미는 전혀 다른 것이었다.[231] 그가 제시하고자 했던 의미는 마셜의 이윤율을 형성하는 요인들을 분석해보면 쉽게 알 수 있다. 또한 알 수 있는 것은, 이윤이 결코 사라지지 않는 마셜의 이론과 그렇게 되는 발라의 이론이 서로 모순되지 않을 뿐만 아니라, 동일한 추상 수준에서 비교해보면 결국 같아진다는 점이다. 독자들은 다음 사항을 관찰함으로써 이것을 이해할 수 있다. 첫째, 마셜의 이론은, 그 자신이 밝혔듯이, 정태균형이 배제하고 있는 변화나 성장의 현상에 초점을 두고 있다.[232] 둘째, 마셜의 분석에는 명시적이라기보다는 암묵적으로 독점요

231) 그러므로 에지워스에게서 시작되어 현재까지도 아주 많은 경제학자가 보여주고 있는 발라개념에 대한 거의 폭력적인 혐오감은 완전히 부당한 것이며, 발라를 조금도 이해하지 못한 데서 비롯된 것일 뿐이다. 이밖에도 발라개념에 대한 두 가지 비판 또한 논리적으로 타당하지 않다고, 나는 반복해서 말하고 싶다. 그 첫 번째는 에지워스가 제기한 것으로, 이윤동기에 따라 작동되는 자본주의 경제를 분석하면서 0의 이윤을 말하는 것 자체가 어불성설이라는 비판이다. 그러나 이윤동기가 민간기업 경제의 동력이라고 주장함과 동시에 이윤이 순수경쟁의 완전균형에서 완전히 사라진다고 주장하는 것은 어불성설도, 자기모순도 아니다. 두 번째는 0의 이윤명제가 경제적 현실에서 사실 그 자체에 의해 반증되고 있다는 비판이다. 그러나 비유적인 근거에서 볼 때, 설령 순잉여의 존재가 실제보다 훨씬 더 확실한 사실이라고 하더라도, 이러한 비판은 진화적인 현실—균형상태에 머물러 있지 않으며, 순수경쟁이 존재하지도, 존재할 수도 없는—에서 소집된 사실들과 관련된 종류의 균형명제에서 비롯된 호소력 앞에서는 거의 힘을 발휘하지 못할 것이다. 이 상황의 흥미로운 특징에 주목해보라. 지금 우리에게는 명제가 하나 있는데, 이것은 생각해볼 수 있는 어떠한 상황에서도 현실에 거의 적용될 수 없다. 그런데도 이것은 현실을 이해하는 데 매우 중요하다.

232) 특히 이것은 불확실성을 관리하는 기능을 배제하고 있는데, 이것의 중요성은 변화와 관련된다.

소가 포함되어 있는데, 이것은 정태균형이라는 가정을 통해 필연적으로 배제되지는 않지만 순수경쟁이라는 가정을 파괴한다. 그래서 우리가 순수경쟁의 완전균형의 논리적 특성을 묘사하고자 한다면, 마셜의 이윤은 발라의 이윤과 마찬가지로 사실상 사라질 것이다.

이것이 경찰과 좋은 관계를 유지하는 데서 비롯된 제도적 이익을 여관주인에게서 반드시 제외시키는 것은 아니라는 점에 주목하라.[233] 또한 이것은 체계내부의 순잉여의 존재도 배제하지 않는다. 다만 훌륭한 논리라면 이 순잉여를 이윤이 아니라, 오히려 이윤을 낳는 요소들에 대한 통제와 연결시켜야 한다. 가장 완전한 경쟁에서조차 '생산요소'는 종종 (1) 생산적 용도로 서비스를 제공하고 (2) 체계의 어떠한 장소에서든 그 서비스를 제공하는 데 필요한 수준 이상(의 보수—옮긴이)을 받을 것이다.[234] 앞서 언급했듯이, 파레토는 또한 다소 다른 시각에서 자원의 최적 배분에 대한 기술적 · 제도적 장애(불완전한 전환*transformations incomplètes*)에서 비롯된 잉여가 자신의 지대이론의 핵심이라고 밝혔다. 이 잉여를 부주의하게 다루면, 쉽게 순환논리에 빠지거나 어떤 논리적 필연성——잉여는 '반드시' 이러저러한 요소와 연결되어야 한다——에 '무의미하게' 호소할 수 있다. 그러나 잉여의 존재와 이러한 연결사

233) 이러한 제도적 이점은, 아무리 그 중요성이 강조된다고 해도, 확인되고 정립되어야 한다. 그렇지 않을 경우, 이것을 언급하는 것은 실제로 의미가 없다. 그러나 이러한 조건에 얽매어 있을지라도, 이론가들은 자신들이 원하는 대로 강조할 수 있으므로, 나로서는 왜 0의 이윤명제를 부정하는 것이 급진적인 성향의 이론가들의 소중한 상징이 되어야 하는지 이해할 수 없다. 게다가 이론가들의 편의를 위해 의지할 수 있는 독점요소가 항시 존재한다.

234) 항상 구분되지 않는 두 경우가 있다. 로빈슨 여사(*Economics of Imperfect Competition*, 1933)는 이 잉여를 첫 번째 의미로 정의했다가(102쪽), 두 번째 의미로 정의(103쪽)하기도 했다. 그러나 그녀가 이러한 잉여를 포함하는 비용곡선과 그렇지 않은 비용곡선을 구분한 것(10장)은 중요한 진전을 보여준 것임을 명심해야 한다. 그녀는 이 모든 잉여를 지대라고 불렀다. 이미 알고 있듯이, 이 지대개념은 (알다시피 시니어, 밀 그리고 마셜에게서 비롯된 것으로) 몇 가지 목적을 위해 도입되었다.

항은 확증하기 어렵지 않은, 분명한 사실이다. 이 때문에 나는 이러한 종류의 실수들을 분명하게 예시해주는 문헌에서 관련사례를 찾을 수 있다고 생각하지 않는다.[235] 마지막으로 이번 기회에 이미 살펴본 바 있는 비용체감과 이윤의 관계에 대해, 순수경쟁의 완전균형의 경우에는 이에 대해 걱정할 필요가 없겠지만, 지적하는 편이 적합할 것 같다.

이 목적을 위해서는 마르크스의 주장을 빌려오는 것이 가장 좋다. 알다시피 그는 산업착취 이득——마르크스는 이를 이윤이라고 불렀지만, 실제로는 자본 이득(capital gains)이다——의 투자를 경제진화의 주요한 동력으로 삼았다. 이 과정을 내부경제와 외부경제 때문에 하락하는,[236] 그리고 부수적으로는 개별기업의 규모 증가 때문에 하락하는 비용곡선의 도식에 밀어넣게 되면, 우리는 곧바로 두 가지 사항을 깨닫게 된다. 첫째, 이 과정은 개별기업이나 부르주아 계급 전체에게 궁극적으로 이득을 주지 못하지만, 모든 단계에서 우리의 기준으로는 이윤인 일시적 이득이 동반되며, 이것은 위와 같은 방식으로 다른 기업보다 빠르고 성공적으로 성장하는 기업에게 돌아간다. 전체적으로 불균형이 지배적이지만, 마르크스는 이 불균형이 자본주의의 생명 자체라고 보았으며,[237] 한편에서는 이 불균형이, 다른 한편에서는 이런 의미의 비용체감이 순수이윤과 연결된다고 파악했다. 둘째, 마르크스가 놓치지 않았듯이, 그의 과정은 엄격한 논리에서 반드시 초기이점을 확보한 기업의 독과점으로 이어지게 된다. 일반적으로 동일한 종류의 문제, 특수하게는

---

235) 이러한 사례에 동의하기 어려운 점은 마셜부터 새뮤얼슨까지 이것을 찾아낸 저자들이 항상 참고문헌을 제시하지 않았기 때문에 한층 배가된다. 물론 나쁜 교과서에는 그러한 것이 헤아릴 수 없이 많다.

236) 물론 이것은 그렇게 타당하지 않다. 하지만 우리의 현재 목적에는 적합하다.

237) 이 진리에 대한 암시는, 스미스가 생산물의 가격을 결정하는 것은 그 산업에서 평균비용이 가장 낮은 기업이라고 썼을 때, 그의 마음속에 틀림없이 존재했을 것이다. 이것은, 마셜의 생각처럼(『원리』, 484쪽), 리카도의 반대진술과 모순되지 않는다. 스미스는 진화과정을 고려했지만 리카도는 정상과정을 생각했으며, 그래서 전자에서는 사실상 최저비용이 지배적인 경향이지만 후자에서는 최고의 비용이 지배적인 경향이다.

비용체감의 문제에 관한 마셜의 분석은 이 두 가지 문제에서 실질적으로 동일한 결과로 이어진다. 설령 그가 기법상 우월하다는 점과 함께 나무가 높은 하늘에까지 자라지 못하게 만드는 모든 사실적 요인――이를테면 마찰 같은――에 대해 정당하게 평가하려는 그의 열망까지 적절히 감안하더라도 말이다. 우리는 역사적으로 중요한 이 학설상의 유사성――비록 '객관적인' 모습에 국한된 것이긴 하지만――으로 다시 한 번 돌아가야 할 것이다. 이렇게 토대가 마련되었으므로, 우리의 두 가지 문제를 아주 빨리 해결할 수 있다.

명시적인 형태로 생산함수가 등장한 것은, 우리의 현재 목적에 비추어볼 때, 윅스티드의 저작(*Essay on the Co-ordination of the Laws of Distribution*, 1894)과 연결될 수 있는 발전인데, 이에 따라 전례 없는 생산이론과 비용이론의 조화문제가 제기되었다. 밀이나 심지어 마셜에게서도 발견할 수 있는 구(舊)생산이론은 단순히 '생산요소'에 관한 논의였으므로 '비용법칙'과 쉽게 조화를 이룰 수 있었다. 그러나 생산함수의 도입은, 다른 문제들을 분명히 하는 데 효과적이었을지 몰라도, 상당기간에 기술과 생산의 경제학 사이의 관계, 굳이 이야기할 수 있다면, 생산기술과 비용 · 분배 관계에 관한 문제를 모호하게 만들었다. 이것은 윅스티드가 국민분배분의 분배에 관한 명제, 즉 한계생산성 원리에 따라 분배몫이 결정되면 국민분배분이 완전히 소진될 것이라는 명제를 다른 어떤 것도 아닌 생산함수의 한 가지 속성인 1차동차성으로부터 '분명히'[238] 도출하려고 시도한 데서 가장 잘 드러날 수 있다. 오늘날 쉽게 확인할 수 있듯이, 생산함수만으로는 생산비용이나 분배를 결정하지 못하며, 특히 기업순이익의 존재 여부에 대해 말해줄 수 있는 것이 많지 않다. 이에 못지않게 쉽게 확인할 수 있는 것――물론 오늘날에――은

238) '분명히'라고 말하는 이유는 이후 그의 생각이 변했다는 사실 때문만이 아니라, 이 해석이 공정하지 못하다는 점을 강조하기 위함이기도 하다. (위의 명제는―옮긴이) 다른 조건에 대해서도 부분적으로는 진술하고 부분적으로는 함축하고 있다.

어떻게 생산함수가 비용 · 분배 현상과 연결되는가 하는 점이다. 이 목적을 위해 우리가 해야 할 일은 그저 다음 사항을 기억하는 것뿐이다. 순수경제 논리의 영역에서 생산의 문제는 기업의 수입과 비용 사이의 차이를 극대화하는 문제며, 이 극대값은 생산함수에 체화된 기술제약에 종속된다고 말이다.[239] 그러나 1900년 무렵에, 보통의 경제학자가 이것을 알기란 쉽지 않았다. 이러한 경우에 모든 것을 깔끔하게 정리할 수 있는 간단한 수학적 형태로 자신의 생각을 전환시키는 습관을 갖고 있지 않았던 경제학자라면, 특히 그러했다. 이러한 혼동의 중심에는, 추측할 수 있듯이,[240] 당연히 0의 이윤명제가 있었는데, 우리는 이것의 의미를 어렵게 파악할 수 있었다.

이렇게 볼 때 분명한 것은, 이미 지적되었――으며, 아울러 순환명제나 동어반복적인 명제를 피할 수 있도록 해주었――던 단서조항을 고려할 때, 순수경쟁의 완전균형을 향해가는 과정에서 순이윤은 사라지는 경향이 있음을 스스로 납득할 수 있는 완벽하게 좋은 방법이 존재한다는 점이다. 우리가 해야 할 일은 단지 우리가 생각할 수 있는 실제 지불비용이나 귀속비용을 상회하는 이러한 잉여의 모든 원천을 수집하고 나서,[241] 왜 그것이 모두 줄어드는지, 그리고 극단적인 경우에는 왜 그러한 방식으로 사라지는지를 보여주는 것뿐이다. 이로부터 (적절히 할인된) 예상수입과 예상비용의 일치를 정당하게 추론할 수 있다. 비록 언젠가는 누

239) 물론 다른 제약조건도 많이 존재할 수 있다. 그중에는, 개별기업의 관점에서 매우 중요하지만, 그에 걸맞은 평가를 받지 못한 것, 즉 자유롭게 처분할 수 있는 기업의 기금이 있다.

240) 다시 한 번 사례를 들고 싶지는 않다. 왜냐하면 나는 경제학자들이 자신을 느슨하게 표현하는 방법에 비추어 볼 때, 좀더 우호적인 해석이 가능한 진술에 따라 개인들을 분류하기가 매우 어렵다는 점을 알았기 때문이다.

241) 귀속을 정확하게 사용할 경우, 경영행위에 관한 주관적인 귀속비용은 순환논리나 동어반복이라는 이유로 비판받을 만한 구멍이 아니라는 점을 명심하는 것이 특히 중요하다. 반대로 반대자들이 불특정한 이득의 불명확한 가능성을 언급한다면, 이들이 바로 이러한 오류를 범하는 것이다.

군가가 정반대의 구체적인 사례를 제시할 수도 있다는 유보조항이 따라붙기는 하겠지만 말이다. 그런데 이 일치는, 위와 같은 의미에서 총비용 이하의 성과를 내는 기업은 장기적으로 퇴출될 것이며 총비용 이상의 성과가 예상되는 사람이, 가정된 조건 아래서, 장기적으로 진입할 것임을 고려하면 한층 강화된다.[242] 여전히 초보적이지만, 좀더 엄격한 증명이 제시되었으며, 교육에서 통용되기 시작했다.

단순화를 위해, 우리는 대체요소를 제외한 모든 것이 사라지고(이렇게 되면 기업의 이윤극대화 행위에 대한 유일한 제약조건은 앞에서 정의한 일상적이거나 '정상적인' 생산함수뿐이다), 비용곡선의 불연속성에서 나타나는 문제들 또한 사라졌다고 가정한다.[243] 완전균형과 완전경쟁에서 기업의 한계비용은 다른 모든 요소가격처럼 기업이 주어진 것으로 받아들이는 생산물의 가격과 같아질 것이다. 많은 경우에 이 조건은 산출량을 유일하게 결정한다. 엄밀한 논리에서 기업은 모든 산출에 대한 총비용과 평균비용을 최소화할 것이므로, 평균비용은 (유일하게 결정된—옮긴이) 이 산출량에서도 역시 최소여야 한다. 그러나 이 최소점에서, 평균비용 곡선은 아래로부터 올라오는 한계비용 곡선과 교차한다. 그러므로 이 점에서 한계비용과 평균비용은 동일하며, 양자는 다시 가격과 같아진다. 진실로, 1930년대 초 케임브리지학파의 이론(칸, 로빈슨)에서 평균비용은 정상이윤을 포함하고 있다. 그러나 이 도식은 불완전 경쟁에만 적용된다. 즉 불완전 경쟁에서만 이 정상이윤이 요소의 시장가격으로 평가된, 요소소유에 따른 수익 외에 또 다른 무엇인가를

242) 기업의 수와 규모에 대한 설명은, 심지어 1차동차성의 경우에서조차, 결코 어렵지 않다. 내가 이것을 여기서 다시 한 번 언급하는 이유는 다음과 같은 놀라운 사실을 강조하기 위함이다. 일반이론에 관한 한, 항상 마셜은 예외였지만, 지금까지 이렇게 명백히 흥미로운 문제들이 거의 완전히 무시되었거나 해결불가능한 것으로 선언되었다는 사실이 그것이다.

243) 이 문제는 우리 시대에 약간 주목받았지만, 지면제약상 여기서 논의할 수는 없다. 하나의 참고문헌으로도 충분하다. G.J. Stigler, "Note on Discontinuous Cost Curves", *American Economic Review*, December 1940.

포함할 수 있다. 그러므로 순이윤은 완전경쟁에서 0이다.[244] 이것은 부당한 '추상'일 수 있다. 하지만 논리적 오류는 없다.

제7장의 부록: 효용이론에 대한 주석

이 주석에서 우리는 가능한 한 범위를 좁혀 효용가치 이론의 전체 역사를 살펴볼 것이다. 여기에는 우리가 이미 알고 있는 초기의 발전과 우리 시대의 형태변환에 이르는 이후의 발전이 모두 해당된다. 명심해야 할 사항은 우리가 이제부터 효용이론(과 그 계승자)을 소비자 행동이론으로 취급하겠지만, 앞 장에서 지적했듯이, 그 중요성은 이 분야를 훨씬 넘어 생산이론과 소득형성 이론에까지 확대되고 있다는 점이다.

[1. 초기발전]

알다시피 이 이론은 아리스토텔레스라는 뿌리에서 출발했으며 스콜라학자들에 의해 발전되었는데, 이들이 '효용과 희소성'에 기초해서 가치와 가격을 분석하는 데서 없는 것은 한계적 분석도구뿐이었다. 우리는 또한 효용가치 이론이 스콜라학파의 학설과 함께, 이 학파의 영향이 전혀 없지는 않았겠지만, 세속인들――다반차티(Davanzati)가 대표적이다――에 의해서도 설파되기 시작했음을 알고 있다. 이후 이것은 스미스의 시대까지 계속해서 꽤 정상적으로 발전했는데, 제노베시도 빼놓을 수 없는 인물이긴 하지만 갈리아니의 저작이 이 시대 최고의 업적이었다.[245] 심지어 '가치의 역설'――비교적 '쓸모없는' 다이아몬드가 '유용한' 물보다 훨씬 비싸다――이 명시적으로 제기되었으며, 존 로(John Law) 같은 많은 학자에 의해 해결되기도 했다. 비록 크게 주목받지는

---

244) 새뮤얼슨은 이 이론을 정식화(*Foundations*, p.83)했지만, 거의 정당성이 없었다. 순수경쟁(의 완전균형)에서조차 '순수입'— '순이윤'을 의미한다면— 이 0으로 수렴되지 않는다는 그의 진술(*Ibid.*, p.87)도 마찬가지였다.

245) 〔이 인물들과 이들의 저작에 대해서는 이 책, 1권, 2부에서 논의된 바 있다.〕

못했지만, 소득의 한계효용에 대한 베르누이(Daniel Bernoulli)의 표현도 있었다.(이 책, 1권, 2부 6장 3절 2항 참조)

그러나 그후 이러한 발전은 정체되었다. 비록 많은 경제학자가, 특히 대륙에서, 그중에서도 프랑스와 이탈리아에서, 효용이라는 요소를 당연한 것으로 언급——했으며, 벤담이 고센(Gossen)의 충족가능한 욕구의 법칙(law of satiable wants: 흔히 '고센의 제1법칙'으로 정의되는 것으로, 오늘날의 '한계효용 체감법칙'을 의미한다—옮긴이)으로 알려진 것을 명시적으로 정식화하기도——했지만, 이것을 좀더 발전시키는 데는 완전히 실패했다. 그러한 시도를 했던 일부 학자는 그 방법이 너무도 적절하지 못했기 때문에, 그것의 사용을 확산시키기보다는 오히려 불신을 조장할 정도였다. 예를 들어 콩디야크는 18세기 마지막 4반세기에 가장 중요한 지지자로 여길 수 있는 인물인데, 공기와 물의 효용을 공기를 들이마시고 물을 마시는 데 필요한 노력으로 설명했다. 스미스만이 아니라 그를 계승한 영국의 '고전파'——시니어를 제외한[246]——도 거의 모두 분명히 경제적 가치현상에 대한 효용접근의 가능성을 깨닫지 못했으며, 더 이상 역설일 수 없는 가치의 역설을 '사용가치'(value-in-use)와 무관하게 언급하는 데 만족하고 있었다. 거듭 말하지만 이러한 태도를, 특히 리카도의 경우에, 효용에 대해 알아야 할 모든 것을 확인하는 동안 아주 분명한 측면을 정교화하지 못했다는 말로 설명하는 것은 분명한 오류다. 매우 분명한 사실은, 리카도의 경우 그의 서신으로 증명될 수 있듯이, 이들이 효용의 실마리를 계속 추적하지 않았다는 점이다. 그 이유는 이들이 그것을 효과적으로 활용하는 방법을 알지 못했기 때문이다. 그러나 시니어의 설명은 분명히 한 단계 진일보한 것이다. 프랑스와 이탈리아에서는 효용접근을 선호하는 과거의 전통이 완전히 사라지지 않았다. 그러나 여기서도 결실은 없었다. 세는 이것의 연장선에서 몇 가

246) 내 생각에, 맬서스는 또 다른 예외가 아니다. 비록 그의 리카도 비판은 효용이론으로 나아가는 방향을 가리키고 있지만 말이다.

지 시도를 했지만, 피상적이라기보다는 훨씬 더 서툰 방식으로, 그것도 그 어느 것도 도출할 수 없는 방식으로 문제를 다루면서 기회를 놓쳐버렸다.

그러나 수많은 '선구자'가 출현하기 시작했다. 당시에는 어느 누구도 인정받지 못했지만 말이다. 사후에 가장 크게 이름을 떨친 사람이 둘 있는데, 이미 언급한 고센과 뒤퓌가 바로 그들이었다. (선구자에 속하는 사람이—옮긴이) 몇 명 더 있지만, 세 명을 언급하는 것으로 충분하다. 레옹 발라의 아버지 오귀스트 발라, (주요저작을—옮긴이) 3년 늦게 출간한 로이드 그리고 제닝스가 바로 그들이다.[247] 세 사람의 업적은 그 본질과 결과가 매우 비슷하다. 특히 한계효용 개념(발라의 희소성 *rareté*, 로이드의 특수효용special utility)[248]은 세 사람 모두에 의해 분

---

247) A.A. Walras, *De la Nature de la richesse et de l'origine de la valeur*, 1831. 그의 1849년 저작(*Théorie de la richesse sociale*, 1849)은, 내가 아는 한, 가치이론에 추가한 것이 없지만 몇 가지 논점을 담고 있는데, 이를테면 1회 이상 생산에 기여하는 모든 재화를 자본으로 정의한 것이 그것이다. 로이드는 (옥스퍼드대학교—옮긴이) 크라이스트 처치(Christ Church) 칼리지의 '학생'(이 영광스러운 명칭은 오직 진정한 학자 한 명에게만 적합한 것으로 여겨지는데, 현재에는 해러드Harrod에게 그 영예가 돌아간다)이자 옥스퍼드 정경학부(Political Economy in the University of Oxford)의 교수직을 역임한 인물로, 그의 1834년 논문("A Lecture on the Notion of Value ……")은 원래 1833년 옥스퍼드대학교에서 행해진 연설문이다. 옥스퍼드대학교의 한 교수가 반드시 재발견될 필요가 있었다는 점이 신기하(게 보일 수도 있—옮긴이)다. 그렇지만 이 필요성은 분명한 것이었다. 로이드라는 이름을 망각에서 구해낸 공은 고(故)셀리그먼의 것이다.("On Some Neglected British Economists", *Essays in Economics*, pp.87 이하: 이 저작은 이미 여러 번 참고문헌으로 추천된 바 있다.) 그러나 이 글에서 셀리그먼이 오늘날 한계가치 이론이라고 알려진 것을 제시하고 가치가 한계효용에 의존한다는 점을 설명한, 세계 최초의 사상가라는 영광스러운 자리를 로이드에게 부여한 것은 오류였다.(*op. cit.*, p.95)

〔슘페터는 이 각주를 완성하지 못했다. 제닝스(*Natural Elements of Political Economy*, 1855)에 대해서는 『팔그레이브 사전』의 해당항목과 제번스(*Theory of Political Economy*, 2nd ed., ch.3) 참조.〕

248) 누구나 알다시피 발라는 희소성(*rareté*)이라는 개념을 유지했다. 고센은 '마

명하게 제시되었으며, 50년 후에는 매우 친숙해진 주장, 즉 어떻게 욕구와 효용이 가치와 관련되는지에 관한 일반적인 주장도 제시되었다.

[2. 현대적 발전의 출발]

레옹 발라는 자신의 출발점이 아버지의 가르침이었다고 말한 바 있다. 그러나 제번스와 멩거는 확실히 혼자 힘으로 (효용—옮긴이)이론을 재발견했다. 그 과정에서 세 사람은 모두 그것을 개선하고 발전시켰지만, 이들의 역사적 업적은 이러한 개선에 있는 것이 아니라 그것을 기초로 구축한 이론구조에 있었다. 이미 보았듯이 이들은 모두 고센, 벤담, 베르누이의 욕구포화 법칙을 재진술했으며, 그 과정에서 이들은 모두 효용(이나 욕구의 만족)을 내적 성찰을 통해 우리에게 알려지는 심리적 사실로, 그리고 가치의 '원인'으로 취급했다. 측정가능성에 대해서 이들은 거의 고민하지 않았거나 조금도 고민하지 않았다.[249] 이들은 모두 모든 상품이 소유자에게 제공하는 효용을 그 상품 자체의 수량에만 의존하도록 만들었다.[250]

지막 원자의 효용'이라고 언급했으며, 제번스는 최종효용(final utility)과 최종효용도(final degree of utility)를 도입했다. 한계효용(*Grenznutzen*)이라는 말은 비저의 것이었다. 윅스티드는 아주 작은 효용(fractional utility)을, 클라크는 구체효용(specific utility)을, 파레토는 기본적 갈망(*ophélimité élémentaire*)을 각각 제안했다.

249) 사실상 발라는 혼자 힘으로나 위대한 수학자인 푸앵카레의 도움으로 효용이 수량이기는 하지만 측정할 수는 없다는 확신에 도달했다. 그러나 이것 때문에 그가 자신의 『순수정치경제학 요론』에서 반대되는 진술과 함의를 삭제했던 것은 아니었다. 예를 들어 이 책의 최종판(1926년) 103쪽을 보면, 그는 자신의 희소성(*rateté*: 한계효용)을 아버지의 속도에 대한 비유—즉 시간에 따른 대체의 도함수—를 빌려 소유한 상품량과 관련된 총효용의 도함수로 정의한다.

250) 그러나 고센과 달리, 이들은 한계효용 함수의 선형성을 가정하지 않았다. 이것은 무해하지도 사소하지도 않은 문제인데, 이는 다음과 같이 질문해보면 분명하게 드러난다. 적절한 인플레이션은 그동안에 화폐소득이 불변인 사람들의 화폐소득의 한계효용에 어떠한 영향을 미치는가? 이 해답은 함수의 형

부분적으로 적대적인 비판에서 비롯된, 좀더 진전된 작업이 얼마 지나지 않아 이 '심리적' '주관적' '현대적' 가치이론을 전환시켰다. 지면 제약상 이것을 충분히 설명할 수는 없지만, 그 핵심을 전달하기 위해 검토할 사람의 숫자를 최소한으로 제한하고, 실제로는 논점이 없는 것만큼이나 때로는 신랄하기도 했던 논쟁의 연속을 논리적 단계의 연속으로 환원시킬 것이다.

[3. 공리주의와의 연관]

'새로운' 가치이론의 지지자들이 직면한 첫 번째 과제는 이 이론이 불러일으킨 모든 오해——그 일부는 아주 유치한——로부터 이것을 방어하는 것이었다.[251] 그 결과 (이 이론에 대해—옮긴이) 훨씬 더 풍부해진 재진술——구체적인 사례에 적용되면서 더욱 풍부해진 것으로, 쓸모없는 궤변이라는 조롱을 받기는 했지만 가치가 없는 것은 아니었다——이 나타나면서 좀더 발전하는 데 필요한 토대를 명확히 해주었다. 예를 들어 오스트리아학파는 강력한 반공리주의 성향을 지닌 독일의 적대자들을 만나자, 자신들에게서 쾌락주의적 특성을 떼어버릴 필요성을 재빨리 간파했다. 효용이론과 공리주의 철학의 역사적 연합은 분명했다. 우리는 이론가(를 비판하면서, 이론가—옮긴이)가 아닌 사람들을 (이론가와

태에 따라 다르다. 그리고 선형형태는 (무한히 적은 구간을 제외하면) 분명히 비현실적이므로, 그것으로부터 도출된 답변은 실제로 오류임이 틀림없다. 이에 대해서는 R. Frisch, *New Methods of Measuring Marginal Utility* (1932) 참조.

251) 이 작업의 대부분을 담당했던 오스트리아학파의 대표적인 인물은 뵘-바베르크였다. 단지 나는 『국민경제 연보』(*Jahrbücher für Nationalökonomie*, 1890~92)지를 통해 그가 디첼과 벌였던 논쟁, 그리고 자본과 이자에 대한 그의 걸작(*Kapital und Kapitalzins*) 3판의 본문과 부록을 언급하고 싶다. 주장과 반론에 대한 간단하면서도 뛰어난 요약은 로젠슈타인-로단(P.N. Rosenstein-Rodan)에 의해 기술된 독일 백과사전(*Handwörterbuch der Staatswissenschaften*, 4th ed., vol.IV, 1927)의 '한계효용'(Grenznutzen) 항목을 참조.

비슷한—옮긴이) 논리적인 측면이 있다는 혐의로 비난할 수는 없다. 게다가 한계효용의 가장 뛰어난 옹호자 중 일부는 사실상 신념에 찬 공리주의자들이었다. 고센이 그러했으며, 제번스와 에지워스도 그러했다. 이들은 그리고 다른 사람들도 역시, 한계효용 이론이 공리주의적이거나 쾌락주의적인 전제조건에 의존하고 있으며(벤담은 확실히 이렇게 생각했다), 그래서 후자를 공격하면 비판에 성공할 수 있다는 인상을 쉽게 빚어내는 언어를 사용했다. 제번스가 주범이었다. 그는 심지어 경제이론을 '쾌락과 고통의 미적분학'이라고 부르기까지 했으며(이전에는 베리가 그러했다), 그래서 마셜에게서 경제학과 '쾌락설'을 혼합하고 있다는 비판을 받기도 했다.

마셜이 공리주의와의 연합을 한탄하면서 이를 폐기한 것은 효용분석에서 그가 이루어낸 많은 업적 중 하나였다. (특히 그의 『원리』, 1부 5장, 77~78쪽의 각주를 보라.) 그러나 그도 한 측면에서는 제번스를 따랐는데, 공리주의로부터 좀더 자연스럽게 도출되는(거듭 말하지만, 이 관계는 논리적인 것이라기보다는 연상의 문제다) 학설을 교육할 때가 바로 그것이었다. 쾌락과 고통의 미적분학이라는 관점에서 보자면, 제번스의 용어인 '비효용'은 사실상 효용과 동일한 수준에서 도입되어야 한다. 제번스는 실제로 그렇게 했다. 발라는 그렇게 하지 않았으며, 오스트리아학파, 특히 뵘-바베르크는 여기에 강하게 반발했다. 그러나 마셜과 피구는 제번스의 관점을 유지했다. 마셜은 이것을 자신의 실질비용(노력과 희생) 학설로 발전시켰는데, 어떤 면에서 이 학설은 그가 '고전파' 선배들에게 바친 올리브 가지였다. 클라크와 빈의 아우슈피츠와 리벤 역시 그것(제번스의 관점—옮긴이)을 수용했다. 그러나 주목할 만한 사항은, 이 관점이 독립적으로 도출된 것이긴 했지만, 옛 전통과 나란히 서 있었으며(예를 들어 앞서 언급했던 갈리아니의 가치이론에 대한 언급과 비교해보라), 효용이론 전통에 속하지 않는 스미스(와 많은 자연법 철학자)의 지지까지 확보하고 있었다는 점이다. 잉글랜드에서 케언스(Cairnes)는 이것을 지지했지만, 윅스티드는 이것을 거부했다.

좀더 효과적으로 거부한 사람은 케인스였다. 이 문제의 분석적 중요성은 그것이 노동공급 개념——만약 이자의 절욕설을 채택한다면 자본공급 개념——과 맺는 관계에 있다. 다른 모든 측면에서는, 우리가 이용할 수 있는 노동력을 주어진 것으로 보든지, 아니면 그것을 결정하기 위해 체계에 또 다른 방정식(실질임금의 한계효용=노동의 한계비효용)을 도입하든지 간에, 거의 차이가 없다.

효용가치 이론을 모든 쾌락주의적 가설이나 철학과 완전히 독립적인 것으로 보는 것은 실제로 어렵지 않다. 왜냐하면 효용이론은 그것의 출발점이 되는 욕망과 욕구의 본질에 관해서는 그 어떠한 진술이나 함의도 제시하지 않았기 때문이다.[252)]

[4. 심리학과 효용이론]

일단 이론가들의 효용개념의 순수형식적 특성을 인식하게 되면, 자연스럽게 효용가치 이론과 심리학의 관계문제가 제기된다. 초기 오스트리아학파의 일부는 자신들의 이론이 심리학에 뿌리를 두고 있다고 믿었던 것처럼 보인다. 심지어 자신들이 본질적으로 '응용심리학'의 한 분야를 발전시키고 있다고 믿기까지 했던 것처럼 보인다.

---

252) 본문에서 우리가 또한 알 수 있는 것은, 이 이론이 인간행위에서 이기주의의 역할에 관한 그 어떤 가설도 갖고 있지 않으며 특별히 '개인주의적'인 것도 아니라는 점이다. 그러나 다음 사항은 흥미롭게 주목할 필요가 있다. 첫째, 자신의 사고 전체가 '철학적'인 용어로 진행되며 가능한 철학적 함의에 주목하는 사람이라 하더라도, 이 모든 것을 깨닫는 것은 어렵다. 그리고 이 어려움은 이 이론에 대한 지지가 사실상 쾌락주의나 개인주의 철학 또는 그러한 정치학과 결합되어 있는 경우에 크게 증가되며, 심지어 이러한 철학적 · 정치적 선호는 없지만 저자의 언어가 쾌락주의적이거나 개인주의적인 의미의 해석을 불러일으키는 경우에도 마찬가지다. 후자의 경우에 사용된 단어가 촉발하는 바람직하지 않은 연상을 제거한다는 것은 불가능에 가깝다. 실제로 원하는 것이라는 단순한 사실 이상의 의미를 전달하는 듯 보이는, 효용이라는 단어를 욕구(desiredness, 피셔)나 갈망(ophelimity, 파레토) 같은 용어로 대체하려는 수많은 시도가 등장했던 이유는 바로 여기에 있다.

이러한 믿음은 마이농(Meinong)과 에렌펠스(Ehrenfels) 같은 일부 오스트리아학파 심리학자들에 의해 조장되었다. 이들은 멩거가 일반적인 적용이 가능한 심리학에 중요한 공헌을 했다고 주장했다. 구체적인 적용, 이를테면 종교심리학 분야에 대한 적용이 실제로 시도되었지만, 이것은 결코 헛소리가 아닐지라도, 실소 없이는 보고될 수 없는 내용이었다. 그래서 에렌펠스는 한계적 신앙심과 한계적으로 경건한 개인들에 대해 실제로 언급했다. 그러나 오스트리아학파의 이론에 동조했던 많은 비오스트리아학파 경제학자 또한 심리적 측면의 중요성을 대단히 크게 생각했다. (아직까지도 그러하다.) 이에 대해서는 아구솔(Maurice Roche Agussol)의 두 저작(*La Psychologie économique chez les Anglo-Américains*, 1918; *Étude bibliographique des sources de la psychologie économique*, 1919)을 비교해보라. 그의 논문("Psychologische Ökonomie in Frankreich", *Zeitschrift für Nationalökonomie*, May 1929 and January 1930)도 비교해보라.

말이 나온 김에, 지금까지 그 가치에 걸맞은 주목을 받지 못했던 한 가지 주변적 쟁점에 대해 잠시 주목해보자. 만약 심리학이 경제학을 효과적으로 지원할 수 있다면 경제학자들은 실험심리학, 특히 감각측정에 의존하는 연구를 간과해서는 안 된다. 아무리 줄여서 말하더라도 흥미로운 사실은 이 분야의 초기업적에 속하는 베버(E.H. Weber)의 연구가 페히너에 의해 좀더 일반화되어, 소득의 한계효용에 관한 베르누이(Jacques Bernoulli)-라플라스의 가설과 형식적으로 동일한 '정신물리학의 근본법칙'이라는 결과로 이어졌다는 점이다.(4부 3장 3절 참조) 이 법칙은 다음과 같이 표현된다. 만약 x와 y가 각각 물리적으로 측정가능한 외적 자극과 감각의 강도이고 k가 개별상수라면, $dy = k \quad dx/x$.

이것은 실제로 일부 경제학자의 관심을 끌었다. 그러나 이것은 선도적인 오스트리아학파 경제학자들, 예를 들면 비저가 이 법칙이 고센의 욕구포화 법칙과 관련이 없다고 선언(*Theorie der gesellschaftlichen Wirtschaft*, § 1)하면서, 관심대상에서 멀어졌다. 그렇지만 적어도 조금은 과학적 상상력이 있는 경제학자들에게 심리적 크기를 측정하려는 심리학자들의 노력은 무관

심의 대상이 아니었다. 감각측정 분야에서 최근의 진보를 보여주는 사례로는, 특히 스티븐스(Stevens)의 논문("A Scale for the Measurement of a Psychological Magnitude: Loudness", *Psychological Review*, September 1936)과 스티븐스 · 볼크만(Volkmann)의 공동논문("The Relation of Pitch to Frequency", *American Journal of Psychology*, July 1940)을 보라.

그러나 오스트리아학파와 다른 경제학자들은 모두 자신들의 '심리학'이 오류라는 점을 곧바로 깨달았다. 효용가치 이론은 가치의 심리학보다는 오히려 가치의 논리로 불리는 것이 훨씬 더 타당했다. 그러나 처음에는 옹호자들만큼이나 적대자들도 이 점을 인식하지 못했다. 그 결과, '심리적 가치이론'의 지지자들은 두 가지 추가적인 비난을 감수해야 했다. 첫 번째 (비난—옮긴이)는 경제과정의 객관적 사실과 무관한 사용가치의 심리적 측면을 탐색했다는 것이며, 두 번째는 이들의 심리학이 나쁘다는 것이다. 첫 번째 비난은 이론의 수입을 이해하지 못했다는 점 말고는 근거가 없었다.[253] 두 번째 비난은, 경제적 균형이론으로 여겨지는 효용가치 이론에 어떤 심리학이 연루되어 있다면, 완전히 타당할

253) 이것은 많은 마르크스주의자가 제기한 것으로, 마르크스의 『잉여가치 학설사』에 대한 카우츠키(Karl Kautsky)의 「서문」이 대표적인 예다. (이 비난에 따르면—옮긴이) 심리적 이론은 개인들이 가치화 과정에 대해 어떻게 느끼고 있는지를 설명하지만, 이 과정은 초개인적인 사회적 힘에 의해 결정되므로 그런 감정과 상관없이 진행되는 것이다. 철도사고가 그 승객이 어떻게 느끼고 있는지와 상관없이 발생하듯이 말이다. 독자들은 여기에 존재하는 오류—(효용가치—옮긴이) 이론은 이러한 비난이 강조하고자 하는 바로 그 객관적인 사실이 자신의 범위의 바깥에 있음을 설명하는 데 성공했다는 점을 간과하는—와, 사회적 과정에 관한 사실을 개인심리 속에 존재하는 그 사실에 대한 이미지와 혼동해서는 안 된다는, 완벽하게 타당한 원리를 신중하게 구분해야 한다. 그러나 많은 비마르크스주의자 또한 사용가치의 '심리학'을 탐색하는 방식으로는 효용이론이 경제과정에 대한 우리의 이해에 기여할 것이 없다고 주장했다. 예를 들면 『국가학 소사전』 2판에서 렉시스가 작성한 '한계효용'(Grenznutzen) 항목을 보라.

것이다. 만약 우리가 소비자들이 어떻게 특정한 심리학적 명제와 관련된 인간행위의 온갖 폭넓은 문제에서처럼 행동하게 되었는지 질문한다면, 사실상 우리는 현대의 모든 전문심리학——프로이트주의에서부터 행태주의까지——이 우리에게 제공해줄 수 있는 모든 것에 호소해야 할 것이다.

그러나 일반적으로 기술적 경제학에서는 그러한 호소의 필요성이 제기되지 않는다. 물론 경제사회학에서는 다를 것이다. 사실상 우리 대부분은, 아무리 우리가 통계적으로 관찰가능한 사실들만 사용하는 경제이론을 열렬하게 원한다고 해도, 동기, 기대, 현재와 미래의 만족도에 대한 비교 등에 관한 모든 언급을 완전히 피하는 것이 어렵거나 아니면 적어도 매우 불편하다는 점을 알고 있다. 그러나 이와 같이 심리적 관측치를 사용하는 것을 전문심리학에서 차용된 방법과 결과를 사용하는 것과 혼동해서는 안 된다. 다른 모든 연구분야——그 분야가 무엇이든지 간에——의 학자들처럼, 우리는 우리가 발견한 사실을 가지고 있다. 이 사실이 다른 과학분야에서 사용되든지, 사용되지 않든지 간에 말이다. 우리가 농업의 수확체감이라는 고전적 법칙에 담긴 물리적 사실을 이용할 때, 아마추어 물리학자가 되는 것은 아니다. 이와 마찬가지로 동기에 대해 언급하거나 이 문제와 관련해서 욕구와 만족에 대해 언급할 때, 아마추어 심리학자가 되거나 전문심리학으로부터 차용하는 것도 아니다. 이러한 행위는, 비록 경제학과 심리학의 관계에 관한 것은 아닐지라도, 또 다른 문제를 제기한다. 초기의 효용이론가들은 아주 자신 있게 심리적 사실에 관해 이야기했다. 이들은 이것을 공통경험이라는 냄비에 담았는데, 이 냄비는 일상생활에 관한 지식의 보고로서, 합리적인 사람이라면 그 내용에 대해 의문을 제기하지 않는다.

그러나 이 심리학적 사실이 오직 자신의 내면에서 진행되는 것을 관찰해야만, 즉 내적 성찰을 통해서만 우리에게 알려지는 한, 그 지위는 분명히 인정되어야 한다. 비록 그 대부분이, 이를테면 갈증해소에서 비롯된 만족과 같은 것이 너무도 단순하며 거의 문제될 것도 없어서, 그것

에 문제를 제기할 경우 정교함이 떨어지는 방법론적 인식틀을 갖고 있는 사람들에게도 쉽게 체면을 구기는 꼴이 되겠지만 말이다. 어찌되었든지 간에, 어느 누구도 주어진 명제집합을 내적 성찰에 의해 정립된 전제로부터 도출하는 것보다 가능하다면, 외적으로나 '객관적으로' 관찰가능한 사실로부터 도출하는 것이 좋다는 점을 부정하지 않을 것이다. 그리고 곧 보게 되겠지만, 이것이 효용가치 이론에서 실제로 이루어질 수도 있다. 적어도 가치와 가격에 관한 균형이론에 필요한 가정이나 '제약조건'을 제급하는 것 이상을 이 이론에 대해 요구하지 않는다면 말이다. 이후 발전의 추동력(*Leitmotiv*)은 바로 여기에 있었다.[254]

5. 기수적 효용

다시 한 번 반복하지만 처음에 효용은, 총효용이든 한계효용이든 간에, 심리적 현실, 즉 내적 성찰로부터 자명해지는 느낌으로 여겨졌다. 이 느낌은 외적인 관찰과 무관한 것——그러므로 다시 반복하자면, 이것으로 설명되어야 할 시장행위에 대해 외적으로 관찰가능한 사실로부터 추론되는 것이 아니었다——이었으며 직접적으로 측정가능한[255] 수량

254) 좀더 나아가기 전에, 단순한 남용에 불과한 일종의 의사심리학(pseudo-psychology)으로 눈길을 돌려보자. 소비성향에 관한 케인스의 저 유명한 심리법칙이 두드러진 사례다. 이 법칙에 따르면, 개인이나 사회는 모두 소득이 증가되면 일반적으로 지출이나 소비를 늘리지만, 그 정도는 소득증가분보다 적다. 이것이 사실이든 아니든 간에, 케인스는 이렇게 통계적으로 관측가능한 사실에 관한 진술을 가정의 지위로 격상시켰다. 이것을 심리법칙으로 명명한다고 해도 가짜 권위 말고는 얻는 것이 없다. 17세기부터 시작된 '인간본성의 법칙'에 관한 우리의 경험은 분명 고무적인 내용이 아니다. 그러나 심지어 제번스조차 이것(인간본성의 법칙—옮긴이)이 없이는 아무것도 하지 못했을 것이다.(*Theory of Political Economy*, p.59)

255) 직접적인 측정가능성의 의미는 길이의 측정에서 가장 잘 드러난다. 이것은 단위감각으로 해석될 수 있는 단위선택의 경우를 제외하면 실수와 모든 효용감각의 유일한 결합으로 정의될 수 있다. 이것이 길이의 경우처럼 쉽게 이루어질 수 있다고 주장한 사람은 없다. 그러나 일부 저자는 여기에 원리상의 난점은 없다고 주장했다. 효용측정을 개략적인 '추정치'로 환원시키는 데 있을

과도 무관한 것이었다. 나는 이것이 멩거와 뵘-바베르크의 견해였다고 믿는다. 마셜은 비록 효용을 측정가능한 수량이라고 과감히 주장하기는 했지만, 『원리』 1부 5장 2~9절의 놀라울 정도로 신중한 논증에서 다음과 같은 약한 가정을 채택함으로써 좀더 세련된 모습을 보여주었다. 우리가 효용이나 '동기' 또는 감각의 쾌 · 불쾌를 직접적으로 측정할 수 없지만 관찰가능한 효과, 즉 개인이 없이 지내기보다 그것(쾌락—옮긴이)을 획득하기 위해 기꺼이 포기하고자 하는 화폐량으로 측정된 쾌락의 크기를 이용해서 이것을 간접적으로 측정할 수 있다는 가정이 바로 그것이다.[256] 이것은 틀림없는 한 단계 진전이었다. 그러나 우리는 지금부터 이러한 두 가지 효용측정 이론을 우리가 기수적 효용(이론)이라고 부르게 될, 하나의 관점으로 통합시킬 것이다. 이 두 이론은 모두 난점을 안고 있으며 비판도 받았지만, 단순한 헛소리는 아니었다.

그러나 심지어 이러한 단계에서조차, 아울러 단순한 방어와 정교화는 논외로 하더라도, 해야 할 일이 많았다. 이를 보여주기 위해 나는 가장 중요한 세 가지 기여를 언급할 것이다. 첫째, 설립자 중 어느 누구도, 심지어 발라조차, 근본적인 것에 적절한 주의를 기울이지 않았다.[257] 이론은 엄밀한 재진술이 반드시 필요했다. 이것은 이후의 많은 성과를 예견하는 방식으로 안토넬리에 의해 이루어졌다.[258] 둘째, 에지워스는 모든

수 있는 현실적 난점은 뵘-바베르크에 의해 인식되었다.(*Kapital und Kapitalzins*, 3rd ed., Appendix)

256) 그는 순환논리를 피하기 위해 신중하게 접근했다. 이러한 의미의 측정가능성에 대한 정확한 정의는 다음과 같다. 단위선택의 경우를 제외하고, 실수와 모든 효용감각을 유일하게 연관시키는 것은 가능하다. 이 단위는 외적으로 관찰가능한 반응을 불러일으키기에 충분한, 외적으로 관찰가능한 유인의 단위수량으로 해석될 수 있다. 그리 만족스러운 것은 아니지만, 온도계로 열을 재는 방법이 여기에 속한다.

257) 오스트리아학파의 장황한 논평을 기억하는 독자들은 이것에 놀랄 것이다. 그러나 그때 비저와 뵘-바베르크는 필요한 수학지식이 없어서 심각한 한계를 안고 있었다.

258) G.B. Antonelli, *Sulla teoria matematica della economia politica*(1886).

상품의 효용이 그 상품량만의 함수라는 가정을 없애고, 개인이 누리는 효용을 그의 예산에 포함되는 모든 상품의 함수로 만들었다. 마셜은 이 수정을 (말을 아껴서 말한다면) 냉담하게 환영했는데, 이는 아마도 그가 상미분 방정식이 아니라 편미분 방정식으로 설정할 때 나타나는 수학적 복잡함을 생각했기 때문일 것이다. 세 번째 사례로 우리는 소비자 지대(Consumer's Rent) 개념을 사용해서 효용을 측정하려 했던 마셜의 시도를 선택할 수 있다.

소비자 잉여나 소비자 지대라는 용어는 마셜의 것이지만, 핵심발상——세부적인 내용은 제외하고——은 뒤퓌의 것이었다. 이 지면은 논평을 위한 것이므로 독자들은 필요하다면 『원리』의 3부 6장을 참조해서 기억을 되살려보길 바란다. 거기서 마셜은 뒤퓌의 이름을 거론한 적이 없으며, 상당히 멀리 떨어진, 또 다른 곳(4부 12장의 결론격인 각주)에서 다음과 같은 진술을 통해 부적절한 교정만을 보여주었을 뿐이다. "도해의 방법은 1844년에 뒤퓌에 의해 이 장에서 채택한 방법과 다소 유사하게 이용된 적이 있으며, 1871년에는 젠킨에 의해 별도의 방법으로 이용되기도 했다." 어떤 주어진 상품량의 소비로부터 개인이 얻는 총효용을 그의 수요함수를 0부터 그 소비량까지 정적분한 것(이 경우, 소비자 잉여는 실제 지불가격에다 구매량을 곱한 값과 이 적분값의 차이가 된다)으로 표현되는 화폐량으로 '측정한다'는 발상은 처음에 많은 반론에 직면했는데, 사실상 그 대부분은 마셜의 의미를 오해한 데서 비롯된 것이다. 이 도구의 가치는, 다음과 같이 적어도 마셜의 최초의 정식화에는 인정할 수밖에 없는 한계들(이 존재한다는 점—옮긴이)을 솔직하게 인정할 때 가장 잘 평가될 수 있다. 첫째, 이것은 본질적으로 부분분석의 도구다. 그래서 한 상품의 가격만이 변할 수 있으며, 다른 모든 가격은 고정된 것으로 가정된다. 둘째, 이러한 영역에서조차 소비자 지대의 개념은 근사방법을 보여준다.(어떠한 경우에는 정확할 수도 있지만) 왜냐하면 개인이 문제의 상품 한 단위를 처음에는 100달러에, 두 번째는 99달러에, 세 번째는 90달러에 구입하듯이, 점점 더 많은 화폐를 점차 하락하는 가격으로 제공되는 추가

단위를 위해 계속 지출한다면, 이것은 소득의 한계효용이 불변이라고 가정하기 때문이다. 엄격히 말해서, 이것은 수용될 수 없다. 그러나 만약 이러한 지출이 그의 총지출에서 아주 적은 부분에 불과하다면, 그래서 그의 다른 지출이 이것에 의해 거의 영향을 받지 않는다면, 실제로 발생하는 소득의 한계효용의 변화를 부차적인 문제로 무시할 수도 있다. 물론 이것(소득의 한계효용이 불변이라는 가정—옮긴이)은 방법을 심각하게 제한한다. 이것은 음식 일반이나 거주공간 같은 경우에는 적용할 수 없으며, 가격변화가 아주 적은 경우에만 적용할 수 있다. 마셜 또한 이를 보여주기 위해 차(tea)를 예로 들어야 하는 이유를 잘 알고 있었다.

그러나 이러한 한계 안에서 그 방법은 오류가 아니며 무용하지도 않다. 심지어 한 개인이 향유하는 모든 소비자 잉여의 총합——몇몇 비판가가 부조리하다고 생각하는——이나 개별상품을 구매하는 모든 개인이 향유하는 소비자지대의 총합조차, 우리가 습관적으로 설정하는 비교적 나쁘지 않은 추가가정 아래서는 의미를 가질 수도 있다. 그러나 소비자지대는 처음부터 홀대받았다. 다른 측면에서는 마셜의 가르침을 매우 충실하게 발전시켰던 피구도 여기서는 마셜의 권위를 인정하지 않았다. 그러나 최근 힉스가 후생경제학에서 이것의 유용성을 인식하고(아래 8절을 보라), 이것——또는 이와 유사한 것——을 죽은 주제들의 망각의 늪에서 끄집어내어 또 다른 생명권을 갖고 있는 것으로 소생시켰다. 이에 대해서는 그의 『가치와 자본』 2장의 주석과 그의 여러 논문("The Rehabilitation of Consumer's Surplus", *Review of Economic Studies*, February 1941; "Consumers' Surplus and Index Numbers", *Ibid.*, Summer 1942; "The Four Consumers' Surpluses", *Ibid.*, Winter 1943) 참조. [R.L. Bishop, "Consumer's Surplus and Cardinal Utility", *Quarterly Journal of Economics*, May 1943도 참조.]

6. 서수적 효용

물론 측정가능성이 효용이론을 받아들이는 데 유일한 장애물이라면, 효용이나 만족개념을 유지하면서도 그것을 측정불가능한 양으로 전환

하는 재정식화를 통해 비판자들을 설득할 수 있을 것이다.[259] 왜냐하면 극대화 문제에만 관심을 두는 한, 실제로 측정가능성을 반드시 주장해야 할 필요는 없기 때문이다. 우리는 서 있는 위치의 고도를 측정하지 않더라도 언덕의 정상에 있는지 아닌지에 대해 말할 수 있다. 그리고 측정가능성에 대한 반론은 처음부터 한계효용 이론의 비수학적 내용에 대한 비수학적 반대자들에 의해 제기된 반론 중에서 가장 심각한 것이었기 때문에 그들(효용이론가들—옮긴이) 중 일부, 특히 비저는 곧 자신이 적어도 총효용——한계효용과 구분되는——과 관련된 논점[260]을 양보할 수도 있음을 알게 되었다. 파레토 또한 처음에는 발라유형의 한계효용 이론을 받아들였지만, 1900년[261] 무렵에는 그 반대편으로 돌아서, 다음과 같이 새로울 것 없는 반론을 제기했다. "나에게 세 배 큰 효용이나 만족을 보여주시오!" 그러나 어느 누구도 서로 다른 상품묶음으로부터 기대되는 만족도를 측정 없이 비교할 수 있는 사람들의 능력, 즉 이 묶음들을 독특한 '선호의 척도'(scale of preference)로 배열할 수 있는

---

259) 양이나 크기(그리스어 μέγεθος)는 어떤 다른 것보다 크거나 작은 것으로 정의된다. 이 특성은 단지 이행성, 비대칭성, 비반사성(aliorelativity: 이 용어는 어떤 것도 자신보다 크거나 작을 수 없음을 의미한다)을 포함한다. 또한 그것은 등가관계를 포함하기도 하는데, 그렇지만 이 관계는 대칭적이고 반사적(reflexive: 이 용어는 aliorelative의 반대말이다)이다. 이제 이 일반적인 의미의 양이 측정가능성을 함축하지 않기 위해 두 가지 추가적인 조건이 요구된다. (1) 단위를 정하는 것이 가능하다. (2) 연산에서 더하기를 정의할 수 있으며 실제로 더하기가 가능하다.

260) 내 생각에, 이것이 비저가 효용은 '연장'(extension)이 아니라 '강도'(intension)라고 말했을 때 그가 전하고자 했던 의미였다. 만약 내 해석이 옳다면 이 표현은 확실히 매우 부적절하다.

261) 90년대 파레토의 저작, 특히 『강의』는 실질적으로는 초기 효용이론(이나 그가 명명했듯이 경제적 만족이론ophelimity theory)이다. 나는 그의 심경변화가 1900년 프랑스 고등연구원(École des Hautes Études)의 강의에서 처음 나타났다고 생각한다. 내가 아는 한, 새로운 노선에 따른 첫 번째 출판물은 『경제학자 잡지』 1900년 3월과 6월 합본호에 실린 논문("Sunto di alcuni capitoli di un nuovo trattato di economia pura")이다.

사람들의 능력을 의심하지 않았다. 이것이 바로 우리가 **서수적 효용**(Ordinal Utility)이라 부르는 것의 의미다.

현재까지 경제학자들 사이에 합의가 이루어질 수 없었던 한 가지 사항에 대해 짤막하게 언급할 필요가 있다. 이미 언급했듯이, 우리는 가정된 상품묶음을 서수적으로 배열할 수 있다. 어떤 개인이 상품묶음 (A)보다 상품묶음 (B)를, 상품묶음 (B)보다 상품묶음 (C)를 각각 더 선호한다고 가정해보자. 그러면 그는 상품묶음 (A)보다 상품묶음 (C)를 더 선호한다.(이행성) 그러나 더 나아가 우리는, 실험이 보여주듯이, (A)를 선택했다가 (B)를 선택하게 되었을 때 반드시 느끼게 되는 만족도의 증가가 (B)를 선택했다가 (C)를 선택하게 되었을 때 느낄 수 있는 만족도의 증가보다 크거나 작거나 같을 수 있다고 가정할 수 있는가? 이 문제는 간단한 문제가 아니다. 왜냐하면 어떤 사람은 이 가정의 승인이 측정가능성에 대한 뒷문을 열어두게 된다(**그 자체로는 측정가능성을 보장하기에 충분하지 않다고 해도**)고 주장하며, 다른 사람은 그렇지 않다고 주장하기 때문이다. 우리는 이 문제에 깊이 들어갈 수 없으며, 그 대신 이와 관련된 가장 중요한 논문 세 편을 언급하는 것으로 만족해야 한다. 랑게의 「효용함수의 결정성」("The Determinateness of the Utility Function", *Review of Economics Studies*, June 1934), 새뮤얼슨의 「순서에 따른 분류의 기수적 표현과 효용개념」("The Numerical Representation of Ordered Classifications and the Concept of Utility", *Ibid.*, October 1938) 그리고 특히 알트(F. Alt)의 「효용의 측정가능성」("Über die Messbarkeit des Nutzens", *Zeitschrift für Nationalökonomie*, June 1936)이 그것이다. 덧붙여 나는 이러한 종류의 문제에 천착할 수 있는 독자들을 위해 이 가정의 중요성을 파악하게 된 것은 랑게의 공이라고 말하고 싶다. 그러나 랑게는 그것이 측정가능성을 증명하기 위한 필요조건이지 충분조건은 아님을 보지 못했다. 새뮤얼슨의 주장은 정확히 이 점을 지적하고 있다. 또한 (사무엘슨에게는 알려지지 않았던) 알트의 주장은 논리적으로 옳을 뿐만 아니라, 문제범위를 일곱 가지 관련된 가정에 대한 경험적 입증의 문제로 충분히

타당하게 축소시켰다. 그런데 이는 그때까지 시도된 적이 없었다.

파레토는 서수적 효용개념을 발전시켰으며 마침내 현대가치 이론의 토대로 마땅히 여길 만한 성과를 보여주었다.[262] 그러나 그는 그에 대해서 전혀 일관적이지 않았으며 계속해서 사고형성기에 습득했던 사고방식으로 빠져들었다. 그래도 존슨과 슬루츠키에 의해 진보가 이루어졌으며, 1934년 알렌과 힉스에 의해 그 작업이 완성되었다.[263] 그 과정에서

---

262) 그의 『개론』의 부록을 전부 참조. 그러나 『수학백과사전』(*Encyclopédie des sciences mathématiques pures et appliquées*, 1911)의 프랑스어판에 수록된, 그의 후기논문은 몇 가지 개선을 담고 있다. (초기 독일어판 논문은 중요하지 않다.)

263) W.E. Johnson, "The Pure Theory of Utility Curves", *Economic Journal*, December 1913. 이 중요한 논문은 우리 과학의 어떤 역사에서든 그 저자를 위한 자리를 보장하는 몇 가지 결과를 담고 있다. 그러나 그것이 파레토의 저작을 무시한 채 씌었다는 점이 이탈리아 경제학자들의 당연한 분노를 야기했다. 왜냐하면 그것은 가장 본질적인 면에서 파레토의 우선성을 인정하지 않았기 때문이다. 러시아의 경제학자이자 통계학자며 카르코프대학교(the University of Kharkov) 교수인 슬루츠키(Eugen Slutsky)는 『경제학자 잡지』 1915년 7월호에 「소비자 예산이론」(Sulla teoria del bilancio del consumatore)이라는 제목의 논문을 게재했다. 이탈리아 이외의 지역에서 이 논문에 무관심했던 것은 아마도 이 해를 지배했던 상황으로 설명될 것이다. 이 논문은 효용이 비록 측정불가능할지라도 하나의 양(quantity)이라는 생각을 담고 있으며 효용의 특성에 대한 특수한 가정을 하고 있고, 그 관점의 효용을 받아들이는 한 거의 실수가 없는 소비자 행위이론을 발전시켰다. 이 논문에 대한 무관심은 슐츠(Henry Schultz, "Interrelations of Demand, Price, and Income", *Journal of Political Economy*, August 1935)와 알렌(R.G.D. Allen, "Professor Slutsky's Theory of Consumers' Choice", *Review of Economic Studies*, February 1936) 그리고 『가치와 자본』에서 슬루츠키의 이름을 써서 근대가치 이론의 기본방정식을 표현한 힉스에 의해 충분하게 보상되었다. 예기치 못하게 선구자들을 발견한 경우 이 책에서 올바른 행동이라고 생각되는 훌륭한 사례인 알렌의 논문을 정독한다면, 이탈리아인을 잘 알지 못하는 독자들이 알아야 할 모든 것이 슬루츠키의 성과임을 깨닫게 된다. 슬루츠키를 넘어 상당한 진보를 이룩한, 알렌과 힉스의 유명한 논문("Reconsideration of the Theory of Value", *Economica*, February

추가적인 문제들이 발견되었다. 그중 어떤 것은 다양한 형태를 취하고 있지만 친숙한 결론은 다음과 같이 간략히 언급할 수 있다.[264] 기수적 효용은 개인이나 가계에서 처분되는 상품량(주어진 기간에 대해)에 의해 유일하게 결정된[265] 실함수로 생각될 수 있다. 서수적 효용은 그렇게 생각될 수 없다. 그러나 어떤 주어진 상품묶음으로부터 개인들이 선호하는 다른 상품묶음으로 옮겨갈 때마다 증가하고, 어떤 주어진 상품묶음으로부터 개인들에게 덜 받아들여지는 다른 상품묶음으로 옮겨갈 때마다 감소하며, 어떤 주어진 상품묶음으로부터 개인들에게 똑같이 받아들여지는 다른 상품묶음으로 옮겨갈 때마다 일정한(변함없는) 가치——마치 건초 두 묶음이 뷔리당의 당나귀(Buridan's ass)에게 그랬던 것처럼——를 보여주는, 동일한 양에 대한 어떤 실함수에 의해 서수적 효용의 변화를 '설명하는' 것은 여전히 가능하다. 그런 함수는 앞에서 말한 '선호의 척도'를 나타내지만, 기수적 효용을 나타내는 함수와 다르게 그 크기가 유일하게 결정되는 방식으로 이루어지지는 않는다. 왜냐하면 그것이 우리에게 의미하는 바는 오로지 효용이 증가하는지 감소하는지 아니면 동일한지의 여부이기 때문이다. 그것에 대한 그밖의 모든 것, 즉 그것의 대수적 · 산술적 특징은 완전히 자의적이며 사실상 어떠한 경제적 의미도 갖지 않는다. 따라서 만약 φ가 그러한 함수라면,[266]

---

and May 1934)에 대해서는 더 이상 설명이 필요 없을 것이라 믿는다.

264) 나는 대로에 있는 중요한 이정표를 지적할 수밖에 없다. 다른 많은 것은 포기해야 한다. 예를 들어 이 책에서 내가 설명하려는 발전의 일부는, 비수학적 방식의 비효율성으로 인해 전혀 정당한 평가를 받고 있지 못하지만, 후기 오스트리아학파의 사상에서 발견된다. 이 빈학파(Viennese)의 발전에 대해서는 A.R. Sweezy, "The Interpretation of Subjective Value Theory in the Writings of the Austrian Economists", *Review of Economics Studies*, June 1934 참조.

265) 물론 이것은 두 가지 단서조항이 있어야 한다. 우리가 항시 단위선택에서 자유롭고, 영점선택에서도 자유롭다는 점이 그것이다. 이 두 가지 점에서 기수적 효용은 항상 자의적이다. 물론 다른 측정방식보다는 덜 그렇다.

266) 그러나 기술적인 이유로 우리는 어떤 다른 특성, 가령 연속성과 미분가능성

φ에 대한 어떤 단조증가 함수를 $f(\varphi)$라 부를 때, 이 함수는 동일하게 작동될 것이다. 파레토는 그러한 함수를 **지수함수**(Index Function, *funzione-indice*)라 불렀다. 그 함수들은 서수적 효용에 기반을 둔 가치이론에서 기수적 효용에 기반을 둔 가치이론에서의 효용함수와 동일한 역할을 수행했다. 사실 우리는 그것들을 측정가능성에 대한 반론을 우회하는 효용함수라고 부를 수 있을 것이다.

그러나 사실상 이 단계에서 가치이론의 특징은 지수함수 자체가 아니라 다른 개념, 즉 무차별 평면이나 두 상품의 경우에는 무차별 곡선(**동등한 선택의 곡선***curve di scelti uguali*)이다. 역사적으로 볼 때 이것들이 측정가능한 기수적 효용교리를 완전하게 받아들였던 에지워스[267]에 의해 서수적 효용과는 완전히 무관한 목적을 위해 독립적으로 '발견되었다'는 사실은 매우 흥미롭다. 잠시 이 교리로 되돌아가자. 두 상품의 경우로 제한한다면 우리는 이 상품들을 3차원의 다이어그램 중 두 개의 축으로 나타낼 수 있으며, 세 번째 축으로는 두 상품의 모든 가능한 조합에 대응하는 총효용의 변화를 나타낼 수 있다. 그 결과, 효용평면은 원점에서 시작하여 두 상품의 양이 증가할 때 증가하며 나중에는 평평해질 수 있다. 이것은 마치 빵덩어리 같은 모양이다. (파레토는 이것을 **만족의 언덕***la colline du plaisir*이라고 불렀다.) 수평면의 연속체, 즉 두 상품축 평면과 평행인 평면은 이 덩어리로부터 총효용이 일정한 곡선들——상품량은 한 쪽의 증가가 정확히 다른 쪽의 감소를 개인에게 보상해주는 방식으로 변화한다——을 잘라낼 것이다. 모든 의미가 효용이 측정가능하다는 가정에 의존하는 것처럼 보이는 이 곡선을 에지워스는 무차별 곡선이라고 불렀다. 만약 우리가 그것을 상품평면에 그린다면, 우리는 익숙한 '무차별 지도'를 얻게 된다. 에지워스는 그의 물물교환 이론, 특히 물물교환의 가능한 조건이나 교환비율의 범위를 한계 짓

을 필요로 한다.

267) 이는 『수학적 심리학』(*Mathematical Psychics*, 1881)에 나타나며, 따라서 파레토 형태의 서수적 효용분석보다 약 20년 앞선다.

기 위해 그것을 이용했다.[268]

그러나 우리가 상품평면에 무차별 곡선을 그리자마자 효용차원은 사라지며 따라서 무차별 곡선의 의미는 더 이상 측정가능성에 대한 그 어떤 가설에도 의존하지 않는다. 그것들은 단지 (1) 한 개인이 두 상품의 어떤 조합들을 동일하게 소망한 것으로 간주하며 (2) 그가 어떤 '더 높은' 무차별 곡선으로 나타나는 조합들을 어떤 '더 낮은' 무차별 곡선으로 나타나는 조합들보다 더 선호한다는 것을 나타낼 뿐이다. 이러한 함의를 처음으로 본 인물은 피셔다.[269] 그는 측정가능성에 반대하지 않았다. 반대로 그는 그것을 계산가능하게 만들려고 노력했다.(7절과 8절 사이에 있는 편집자 주 참조) 그러나 그는 그렇게 하는 도중에 자신의 저작 2부에서 각 재화의 효용이 오로지 그 상품의 양에만 의존한다('독립재' independent goods)는 가정을 버리자마자 어떤 난제에 직면했다.[270] 이 점에서 단지 측정가능성뿐만 아니라 그것의 존재 자체에 대한 의문이 일어나게 되었다. 따라서 피셔는 현대적 의미에서 오로지 무차별 지도에 기반했던 효용가정과 완전히 무관한 분석을 제시했다. 그에게, 후에는 알렌과 힉스에게, 무차별 곡선은 분석의 출발점이었다. 그러나 그 출발점은 에지워스와는 다르게 효용평면으로부터 유도되지 않았다.

그러나 무차별 곡선은 지수함수의 일부며 그것으로부터도 유도될 수 있다. 이것이 바로 파레토가 했던 것이다. 그러나 마치 무차별 곡선이

---

268) 마셜은 이 뛰어난 저작에 감명을 받아, 그 요점을 자신의 『원리』(*Principles*) 부록에 기록할 정도였다. 그러나 이것이 무차별 곡선과 관련해 그가 했던 전부다. 마셜이 『국제무역에 대한 순수이론』(*Pure Theory of Foreign Trade*, 1879)에서 사용했던 곡선도구를 보고 그가 아이디어를 예고했다고 말한다면 이는 잘못이다.

269) *Mathematical Investigations*(앞의 5장 7절 2항 참조). 이 책이 부분적으로는 명시적으로, 부분적으로는 암묵적으로 현대가치 이론의 좀더 발전된 부분을 예고했다는 점은 충분히 인식되지 않았다.

270) 이 난제의 본질에 대해서는 다음 각주에서 지적될 것이다. 나는 마셜이 독립재 개념을 고수하게 된 이유가 이 난제 때문이었다고 추측하며, 이것이 크게 잘못된 것이라고는 생각하지 않는다.

선호의 저울에 의해 유일하게 결정된 특정형태의 기수적 효용함수와 독립적인 것처럼 무차별 곡선은 선택된 특정 지수함수와 독립적이다. 이것은 또한 지수함수가 불필요하다는 생각을 보여준다. 왜냐하면 지수함수는 피셔가 효용함수를 다룰 때 부딪쳤던 것과 유사한 난제를 야기하기 때문이다.[271] 그러나 그 생각을 완전히 실행하여 오로지 선택논리에만 존재하는 이론이 발전된 것은 1934년이다. 내가 아는 한, 이 해에 출판되었던 알렌과 힉스의 이론은 지수함수의 존재와 완전히 독립적이고 그 체계에서 한계대체율로 대체된 한계효용의 끈질긴 영향력에서마저 완전히 벗어난 첫 번째 이론이었다.[272] 결과적으로 대체탄력성과 보완탄력성은 오로지 선호의 척도로부터 정의되고 효용과 무관한 것이 되었다. 우리는 이것을 넘어 나아갈 수 없다. 그 대신 이 선택이론의 영역에 포함되지만 해결되지 못한 가장 중요한 문제를 언급하는 것으로 충분할 것이다. 지금까지 무차별 곡선은 단지 개별가계에 대해서만 만족스럽게 정의되었다. 현재 가장 뛰어난 이론적 연구의 일부에서 사용되고 있는 집합적 무차별 곡선——예를 들어 한 국가의 무차별 곡선——의 의미에 대한 문제는 그대로 남아 있다.[273]

〔효용이론에 대한 노트의 처음 여섯 절은 거의 완벽했으며 타자로 처리되어 있었다. 다음 몇 문단은 그의 주장을 속기로 쓴 불완전한 초고형태로 발견

---

271) 우리가 항상 주어진 지수함수로부터 무차별 곡선으로 나아갈 수 있다고 할지라도 항상 주어진 무차별 곡선에서 지수함수로 나아갈 수 있는 것은 아니다. 후자가 가능하기 위해서는, 즉 지수함수가 존재하기 위해서는 무차별 곡선의 미분방정식이 적분가능하다는 점이 필요조건이다. 두 변수(두 상품)의 경우에는 항상 적분인수가 존재한다. 그러나 세 변수 이상인 경우, 적분인수가 반드시 존재하는 것은 아니다. 적분가능성의 문제는 파레토 접근방식에 매우 중요하다. 이후의 전개는 이것의 중요성을 없애버렸다.

272) 이것이 포화될 수 있는 욕구에 대한 고센의 법칙을 부정한다는 것은 명시적으로 지적하는 것이 좋을 듯하다.

273) Leontief, "The Use of Indifference Curves in the Analysis of Foreign Trade", *Quarterly Journal of Economics*, May 1933.

되었다. 이 절 끝부분에 있는 편집자 주 참조.]

7. 일관성 공준

독자들이 알고 있듯이, 무차별 곡선분석은 마침내 현재 교과과정의 일부가 되었다. 학계는 여기에 익숙해졌으며, 심지어 이것이 중급과정에 적합한지에 대한 논쟁조차 종료된 상황이다. 그러나 처음부터 분명히 해야 할 사항은 사태가 무차별 곡선(indifference varieties)에서 멈추지 않고 여전히 진행 중이라는 점이다. 무차별 곡선은 과거 효용분석보다 우아하고 방법론상으로도 안전하지만, 과거 효용이론이 논증할 수 없었던 결론에 대해서는 도움이 되지 않는다. 과거 효용이론의 그 어떤 결론도 무차별 곡선분석에 의해 명확히 틀렸다는 점이 증명되지 않았다. 더욱이 무차별 곡선분석이 효용분석보다 '적게 가정'하지만, 균형이론을 위해서는 아직도 더 많이 가정하고 있다면, (전자 또한—옮긴이) 가정이 필수적이며 편리함을 제공하기도 한다. 그리고 무차별 곡선분석이 원칙적으로 관찰되지 않는 것을 이용하지 않는다면, 이는 그것이 지금까지 어느 누구도 사실로 만들어내지 못한 잠재적인 관측치를 이용하기 때문이다. 실제적인 관점에서 보면, 순수하게 가상적인 무차별 곡선을 그려내는 경우가 순수하게 가상적인 효용함수를 사용하는 경우보다 나은 것은 없다.[274] 균형이론의 방정식을 작성하기 위해서는 (무차별

---

274) '무차별 함수의 실증적 유도'(The Empirical Derivation of Indifference Functions)의 가능성에 대해서는 랑게 외가 편집한 『수리경제학과 계량경제학 연구』(*Studies in Mathematical Economics and Econometrics*, 1942, 슐츠 기념논문집)에 수록된 월리스(W. Allen Wallis)와 프리드먼(Milton Friedman)의 동일한 제목(*The Empirical Derivation of Indifference Functions*—옮긴이)의 논문 참조. 물론 여기서 다시 한 번 말하지만, 우리는 (이 가능성이—옮긴이) 절대로 실현될 수 없다고 결코 말할 수 없다. 이에 대해서는 발트의 중요한 논문("The Approximate Determination of Indifference Surfaces by Means of Engel Curves", *Econometrica*, April 1940) 참조. 물론 이것이 논리적인 차이를 무시하도록 하는 것은 아니다. 칸트의 문구를 사용하자면, 어떤 개념이 '가능한 경험에 대한 관계'(Relation auf

곡선이나 효용함수 중—옮긴이) 어느 것도 필요하지 않다고, 일찍이 1902년에 보닌세그니가, 그리고 몇 년 뒤에는 바로네[275]가 각각 지적한 바 있다.[276] 이렇게 다른 모든 것을 설명에서 배제한다면, 이 목적을 위해 필요한 것은 무엇인가? 조금 더 생각해본다면, 심지어 초기의 효용가치 이론조차, 주어진 가격과 주어진 '소득' 아래서는 누구나 유일하게 결정되는 방식으로 구매(나 판매)를 선택한다는 공준 말고는 그 어떤 것도 사용하지 않았음을 알 수 있다. 다른 모든 것은 무익한 장식이며, 설령 그렇지 않다고 할지라도 그것은 다른 목적에서 그것에 주어질 수 있는 관심으로 정당화될 뿐이다. 바로네는 이것을 알았지만, 이 공준을 정확하게 정식화하고 그것의 충분성을 증명하는 데 실패했다. 일관성 공준을 다음과 같이 정식화한 인물은 새뮤얼슨[277]이다. 만일 아래와 같은 식이 성립한다면,

---

mögliche Erfahrung)를 내포하는가 아닌가는 분명히 다르다. 또한 효용분석의 경우처럼 무차별 곡선분석도 순환성이나 내용 없음이라는 이유로 비난받을 만하지는 않다는 점을 보여줄 수 있다.

275) P. Boninsegni, "I Fondamenti dell' economia pura", *Giornale degli Economisti*, February 1902; E. Barone, "Il Ministro della produzione", *Ibid.*, September and October 1908.(앞의 5절 참조)

276) 물론 이들은 수요함수의 특성들이 도출되는 소비자의 행위에 대해 제약적인 가정이 필요하다는 것을 깨달았다. 바로 이 점 때문에 이들의 관점은 그 가정을 궁극적인 소여로 만들기 위해 수요함수 배후에 있는 모든 잡동사니를 단순히 지지하기만 했던 카셀의 관점과 구분된다. 카셀의 관점에 대해서는 그의 논문 「가격에 대한 기초강의 요강」("Grundriss einer elementaren Preislehre", *Zeitschrift für die gesamte Staatswissenschaft*, 1899) 참조. 이 논문은 수학교육을 받았던 경제학자에 의해 수행된, 효용가치 이론의 전체 구조에 대한 가장 비타협적인 급진적 공격이기 때문에 언급될 만하다. 카셀은 『사회적 경제이론』(*Theory of Social Economy*)에서 그 주장을 되풀이했다.

277) Samuelson, "A Note on the Pure Theory of Consumer's Behavior", *Economica*, February 1938; "The Empirical Implications of Utility Analysis", *Econometrica*, October 1938. N. Georgescu-Roegen, "The Pure Theory of Consumer's Behavior", *Quarterly Journal of Economics*, August 1936.

$$\psi_i = h^i(P_1, \cdots P_n, I)\ (i = 2, \cdots n),$$
$$\sum_{i=1}^{n} \psi_i P_i - I = 0$$

공준이 우리에게 필요한 다음과 같은 제약조건을 모두 제공한다는 점이 훌륭하게 증명될 수 있다.

$$\sum_{i=1}^{n} P_i d\psi_i = 0 \text{ 그리고 } \sum_{i=1}^{n} dP_i d\psi_i < 0 \ \ (\text{not all } d\psi_i = 0).$$[278]

〔편집자 주: 7장의 부록(효용이론에 대한 노트)의 나머지 부분에 대한 계획은 조금도 분명하지 않다. J.A.S.는 효용이론에 대한 여담이나 주석(이 장 5절, 「계획이론과 사회주의 경제이론」의 첫 번째 문단 참조)인 이 부록에서 자신의 후생경제학을 서술하려고 의도했음이 분명한데, 이는 8번째 주제(8절)에 약간의 증거가 있다. 이어지는 후생경제학에 대한 절은 아마도 1946년이나 1947년에 씌어진 예비적인 서술인 듯하다. 효용이론에 대한 노트 중 처음 여섯 개의 절은 분명히 1948년 말에 씌었다. J.A.S.는 이 자료를 타자로 치고 교정을 보았다. 이후 때때로 그는 7절(「일관성 공준」)을 개괄했으며 8절(「주검이 생명의 징후를 보이다」The Corpse Shows Signs of Life)을 서술했다. 후생경제학은 여기서 논의되었을 것으로 생각된다. 그러나 8절은 아주 파편적이어서 다음 두 문단에서 편집자 주의 일부로 삽입되었으며 후생경제학을 7장 부록의 8절로 만들었다.

8절에서 우리는 오류와 우회에도 불구하고 결국 새뮤얼슨에 의해 달성된 것처럼 보이는 최종목표로 향한 발전노선을 개괄했다. 그러나 만약 그 노선과 차이를 보이는 많은 징후에 주목하지 못하고 또 다른 발전방향을 지적하지 못한다면 상황파악은 불완전할 것이다. 만약 징후가 과거 관점의 잔존으로 해석될 수 있다면 그것은 언급할 가치가 없을 것이다. 그러나 당연하게도

---

278) 〔J.A.S.는 이 절을 마치지 못했으며 새뮤얼슨 공준의 수학기호를 채워넣지 못했다. 위의 수학공식은 R.M.G.에 의해 제공되었다.〕

100년의 전통과 일상적인 사고방식과 말투에 뿌리 깊게 박힌 효용과 같은 개념은 쉽게 사라지지 않을 것이다. 그러나 이것 이상의 것이 있다. 효용개념은 균형가치 이론에서 불필요하며 오히려 균형가치 이론은 효용개념을 위한 가장 강력하면서도 필수적인 반론이다. 그러나 효용개념이 그 어떤 다른 목적을 위해서는 유용하지 않다는 점이 지금까지 증명되지 않았으며, 그 본질상 증명될 수도 없다. 우리가 그것에 대해 어떻게 느끼든 간에, 효용개념이 과거에 보여준 발견장치로서의 유용성(heuristic service)——역사적으로 볼 때 이것은 이제는 효용개념 없이 작동될 수 있는 바로 그 이론(균형가치 이론—옮긴이)의 발견이었다——을 부정할 수는 없으며 효용개념의 풍부함이 완전히 고갈되었는지에 대해서도 말할 수 없을 것이다. 이런 관련 아래서 그 개념에 반대하는 일부의 주장은 조금도 중요하지 않으며, 다른 주장은 너무 지나쳤다고 지적하는 편이 타당하다. 심지어 측정가능성에 대한 반론도 지나친 측면이 있다. 물론 좀더 나아가서 우리가 측정수단을 고안하게 된다면, 그것은 과거의 심리적 실재가 아닐 것이다. 우리는 그 잠재성을 기대할 수 있으며 심지어 주관적인 실재 없이 측정하게 될 수 있다.〔속기 메모〕

"그리고 이러한 맥락에서 〔속기 메모〕 효용개념에 대한 모든 반론서술 〔속기 메모〕."

〔J.A.S.는 분명히 논의할 의도로 다음의 참고문헌을 적어놓았다.〕

1. Irving Fisher, *Mathematical Investigations in the Theory of Value and Prices*(1925). 이것은 피셔의 박사논문으로, 원래는 Transactions of the Connecticut Academy of Arts and Sciences라는 출판사에서 1892년에 출판되었다.

2. Aupetit〔불확실, 해독 불능〕.

3. Irving Fisher, "A Statistical Method for Measuring 'Marginal Utility' and Testing the Justice of a Progressive Income Tax", in *Economic Essays Contributed in Honor of John Bates Clark*(1927).

4. Ragnar Frisch, "Sur un Problème d'économie pure", *Norsk Matematisk Forenings Skriften*, 1926.

5. Ragnar Frisch, *New Methods of Measuring Marginal Utility*(1932).

6. Paul A. Samuelson, "A Note on Measurement of Utility", *Review of Economic Studies*, February 1937.

…… 〔속기 메모〕 후생경제학 〔속기 메모〕 일관성 〔속기 메모〕 계수, 특징 〔속기 메모〕 잠재성, 〔속기 메모〕 엥겔곡선.

8. 후생경제학[279)]

독자들은 아마도 현재의 교과과정에서 이루어지는 실증경제학과 후생경제학의 구분에 익숙할 것이다. 이 구분은, 만일 실증경제학이 설명하는 것이고 후생경제학이 처방하는 것임을 의미할 뿐이라면, 설명상의 편의 이상을 거의 넘어서지 않는다. 왜냐하면 실증경제학의 모든 명제가 적절한 가치론적 공준이 추가될 경우 명령법으로 전환될 수 있는 것처럼 후생경제학의 모든 명제도 직설법으로 정식화될 수 있기 때문이다. 그러나 현대 후생경제학은 분명 독자적인 지위를 획득했기 때문에, 그것의 발전을 따로 주목하는 것이 편리하다. 또한 우리에게는 그렇게 해야 할 또 다른 이유가 있는데, 이 주제는 지금까지 다루어지지 않았던 개인 간 만족비교라는 주제와 관련되기 때문이다.

우리는 후생경제학의 신성한 고대를 안다. 스콜라학자들과 그 제자들의 저작뿐만 아니라 카라파(Carafa)와 그 제자들의 많은 저작은 후생경제학과 관련된 것이었다. 또한 우리는 후생 관점이 18세기에도 많았으며 이탈리아에서 공공복리(*felicità pubblica*)라는 문구가 책의 목차에서 자주 나타났음을 알고 있다. 이 관점은 일반적으로 벤담과 영국 공리주의자들의 교리에서 핵심요소였다. 따라서 리카도 경제학의 실증적 정신에도 불구하고 우리는 영국 '고전파', 특히 밀한테서 이 관점을 발견할 수 있다. 이러한 관점에서 볼 때, 현대 후생경제학은 단지 벤담주의

---

279) 〔편집자 주〕 후생경제학에 대해서는 많은 점에서 비슷한 두 가지 원고(타자본과 필사본)가 있었다. 여기서는 필사본을 선택했다. 두 원고 모두 예비적이며 효용이론에 대한 부록의 일곱 개의 절 이전에 씌어졌다.

전통의 부활에 불과할 뿐이다.

당연히 효용이론의 일시적인 승리는 새로운 추동력을 제공했다. 우리는 이것을 이미 뒤퓌, 고센 같은 선구자들에게서 발견할 수 있다. 그러나 후생경제학의 현재연구는 피구에 의해 발전되고 에지워스와 파레토로 이어지는 마셜의 가르침으로 돌아가고 있다. 마셜은 자신들의 서술기조에 알맞은 일반적 고려사항을 많이 제공했다는 점 말고도 두 가지 기여를 했다. 첫째 앞에서 언급되었듯이 그는 뒤퓌의 소비자 잉여나 소비자 지대를 발견했으며, 그래서 특히 이 분야에서 응용되기에 적합하다고 생각되고 생각되었던 분석도구를 후생경제학에 제공했다. 둘째 그는 현대 후생경제학의 전형이라고 할 수 있는 몇몇 명제를 정식화했다. 가장 유명한 것이 아래 각주에서 제시된 것이다.[280] 이것의 중요성은 명제 자체에 있는 것이 아니라 그것이 새로운 출발점을 의미한다는 사실에 있다. 완전경쟁 균형의 장점——마셜이 만족극대화설(*doctrine of maximum satisfaction*)이라고 불렀던——은 이전에 많은 관점에서 의문시되었다. 그러나 완전경쟁 균형상태에 대한 순수이론의 영역에서 이 명제가 다루어지고, 이론영역에서 개인의 행위를 자유방임이 아니라 일반적 후생과 관련시킬 가능성이 고려된 것은 이것이 처음이었다. 에지워스의 많은 공헌은 아마도 정의(justice)와 관련된 과세이론에 의해 가장 잘 예시될 것이다. 그의 접근방식은 그의 『윤리학의 과거방법과 새로운 방법』(*New and Old Methods of Ethics*, 1877)의 정신, 즉 쾌락주의나 공리주의 정신이었다. 핵심은 동일희생, 비례적 희생, 최소희생 사이의 구분과 엄격한 정의 그리고 수량화며, 마지막 개념(최소희

280) 마셜(*Principles*, pp.533 이하)은 수확이 체감하는 상품생산에 과세하고 그 수익금을 수확이 체증하는 상품생산에 보조하게 되면, 한 사회의 만족도의 총합이 자유방임 아래 완전경쟁의 완전균형 상태에서 달성되는 극대치를 초과할 수도 있다고 주장했다. 우리가 여기서 논의할 수 없는 이 명제는 피구와, 특히 이 문제에 대한 최고의 권위자인 칸에 의해 상세하게 설명되었다. 이에 대해서는 R.F. Kahn, "Some Notes on Ideal Output", *Economic Journal*, March 1935 참조.

생—옮긴이)의 평등주의적 함의는 충분히 확인된다.[281] 에지워스의 노력은 주로 널리 퍼진 추론오류, 예를 들어 동일희생 공준으로부터 누진과세가 도출되기 위해서는 소득의 한계효용이 체감한다는 가정뿐이라는 대중적인 믿음을 비판하는 것이었다.[282]

이 모든 것은 단순한 벤담주의—더 나은 기법이 가미된 벤담주의—의 부활로, 효용이나 만족 또는 후생개념의 수량화뿐만 아니라 서로 다른 개인의 만족이 비교될 수 있으며 특히 사회의 일반적 후생으로 합계될 수 있다는 좀더 진전된 생각까지 담고 있다. 효용의 개인 간 비교에 대한 사고는, 오늘날 많은 경제학자가 여기에 기대어 자신의 주장을 제시하지만, 소수의 경제학자만이 이를 본격적으로 방어하고자 노력하는 것[283]으로, 파란만장한 과정을 안고 있다. 그것은 거의 모든 연구자에 의해, 예를 들면 처음에는 제번스에 의해, 이후에는 측정가능성의 어려움을 제기했던 연구자와 그렇지 않았던 연구자 양쪽에 의해 도전받았다. 그러나 그것은 후생경제학에 매우 유용해 보였기 때문에 계속 영향을 미쳤다. 마셜 자신은 분명히 그것을 반대했으며,[284] 빅셀은 실제로

---

281) 결정적인 명제는, 주어진 총액을 증가시키는 것과 관련된 총희생의 최소화를 위해 적절하게 부과되어야 할 조세규모는 최고 수준의 소득이 두 번째 높은 소득을 초과하는 금액을 완전히 흡수해야 하며, 그다음에는 두 번째 높은 소득이 세 번째 높은 소득을 초과하는 금액을 완전히 흡수하고 이후에도 동일한 과정이 반복되어야 한다는 점이다.

282) 우리의 느슨한 사고습관을 볼 때, 이 오류는 매우 존경받을 만한 경제학자의 저작에서 발견될 수 있다. 비록 납세자들로부터 동일한 만족도의 '크기'만큼 거두어 들이려 의도한다면, 소득의 한계효용 체감 '법칙'으로부터 소득에 비례해서 절대액을 납부해야 한다는 결론밖에 나오지 않겠지만 말이다. 그 의도에 영향을 주도록 고안된 조세가 누진적인가, 비례적인가, 역진적인가는 우리가 한계효용 체감법칙을 받아들이면서 선택하는 특수한 형태에 의존한다.

283) L. Robbins, "Interpersonal Comparison of Utility", *Economic Journal*, December 1938.

284) 그는 다음과 같이 썼다.(*Principles*, Book I, ch.5, p.76) "우리는 두 사람이 흡연을 함으로써 느끼는 만족을 직접 비교할 수 없다. 그뿐만 아니라 동일한 사람이 다른 시점에서 흡연을 함으로써 느끼는 만족도 비교할 수 없다." 그

서로 다른 개인의 효용이 비교불가능하다면 과세문제에 대한 의회의 논의가 의미 없다고 말할 정도였다.[285] 이것은 지나치지만, 다른 한편으로 효용의 개인 간 비교[286]는 어떤 의미도 없으며, 어떠한 목적에도 유용하지 않다고 단서 없이 말하는 것 또한 지나치다.

그러나 개인 간 비교와 개인효용의 측정 양쪽에 대해 확고부동하게 반대하는 경제학자의 관점에서 보면 어떤 시도도 구름 위를 걷는 것보다 나을 것이 없다. 그럼에도 그들은 후생경제학을 포기할 마음이 없었다. 파레토가 이러한 상황을 해결하기 위해, 적어도 부분적으로나마 등장하는 지점은 바로 여기다. 그와 그의 추종자인 바로네는 개인 간 비교(나 측정가능성)에 대한 반론이 다른 개인에게 손해를 끼치거나 이득을 주지 않으면서 사회의 다른 구성원들에게 이득을 주거나 손해를 끼치는 사건을 다루는 후생경제학의 명제를 무효화하지 않는다고 지적했다.[287] 어떤 사람이 손해를 보지만(어떤 것을 잃는다), 이 이득을 본 사람의 희생으로 완전히 보상을 받으며(따라서 그는 더 이상 새로운 상황보다 과거의 상황을 선호하지 않는다), 이러한 과정이 끝난 후에도 이득을 본 사람이 이전보다 더 나아졌다면, 우리는 이 원리를 이용해서 조금 제한

러나 강조점은 '직접'이라는 단어에 있다. 그리고 이 문장은 주어진 개인의 요구를 측정하는 것이 앞에서 설명한 의미에서 항상 간접적인 측정인 것과 마찬가지로 개인 간 비교는 반드시 간접적 수단에 의존해야 한다는 점 이상을 의미하지 않는다. 마셜의 추론은 사실 지속적으로 개인 간 비교가능성을 암시한다.

285) 예를 들어 카셀체계에 대한 그의 논문 참조. 이 논문은 영어판 『정치경제학 강의』(vol.I, p.221)의 「부록 I」로 재출판되었다.

286) 내가 이전에 측정가능성과 적분가능성에 대해 설명했듯이, 아마도 나는 이것이 그저 가난한 사람 A에게 1달러가 가지는 의미와 부자 B에게 1달러가 가지는 의미의 관계에 대한 가설을 설정할 수 있으며 이러한 설정이 합리적인 결과를 산출할 것이라고 말하는 것임을 설명해야 할 것 같다.

287) 물론 이것은 그러한 사건, 제도변화, 조치가 개인 간을 비교하거나 수혜자나 피해자의 수혜 정도나 피해 정도에 대한 문제와는 무관하게 '유익하다'거나 '유해하다'고 불릴 수 있다. 모든 개인이 이득을 보거나 손해를 보는 경우는 분명히 우리의 정식화가 다루는 점이다.

적인 의미에서 '사회적으로 유익한' 사건에 대해 언급할 수 있게 한다.[288]

새로운 영미 후생경제학의 출발점이 된, 표준저작인 피구의 『후생경제학』(*Economics of Welfare*, 1920; 3rd rev. ed. 1929)[289]은, 방금 언급된 관점을 고려하기는 하지만, 파레토의 제안——특히 상대적으로 부자인 사람으로부터 상대적으로 빈자인 사람에게로 부를 이전하는 것과 관련하여——이 설정한 한계를 훨씬 넘어선다. 종종 금단의 영역으로 침투하기는 하지만 새로운 영미 후생경제학 자체는 그 한계를 준수하려고 노력한다. 즉 원칙적으로 그것은 효용의 개인 간 비교나 효용의 측정가능성의 도움 없이 확립된 명제에 자신을 한정하려 한다. 그것의 주요결과가 대부분의 현대경제학자가 심정적으로 애착을 가지는 신념에 대한 많은 평등주의적인 논문으로부터 과학적 토대나 유사과학적 토대를 빼앗아버리는 것임을 고려한다면, 이러한 자기제약은 놀랍게 보인다. 그러나 후생경제학이 그런 제약을 우회할 수 있게 하는 장치가 발견되었기 때문에, 실제로 많은 제약이 필요한 것은 아니다. 그것은 **사회적 가치평가**(Social Valuation)라 불리며, 개인만족도의 합계——이것은 사회구성원의 (측정불가능한) 욕구에 얼마만큼의 상대적 가중치를 부여할 것인지를 결정하는 어떤 대리자의 명령에 의해 가능하다——로 정의되는 사회후생 개념을 대체하고 있다.[290] 이 대리자는 결국 18세기의

288) 처음에 이것은 '사회'를 좀더 풍요롭게 만드는 것에 관한, 후생증가에 대한 인위적인 규정처럼 보이지만, 독자들이 좀더 깊게 생각해보면 그 이상임을 깨닫게 될 것이다.

289) 최초의 제목은 『부와 후생』(*Wealth and Welfare*, 1912)이었다.

290) 이것은 빅셀이 생각한 의회의 과세문제에 대한 토론으로 설명된다. 현대적 관점에 따르면 의회도, 다른 어떤 사람도 납세자의 효용을 그에 상응하는 정부지출에 의해 다른 방식으로 이득을 본 사람의 효용을 비교할 수 없다. 그러나 이것이 진정한 문제는 아니다. 의회의 다수파는 관련된 희생과 이득에 대해 단순히 비교(서수적)가치를 부여한다. 그리고 이와 유사하게 독자들은 두 절차의 상대적 장점과 절대적 장점에 대해 자신이 선호하는 가치를 부여하게 될 것이다.

일반의지(*volonté générale*)일 뿐임을 명확히 인식해야 한다. 그래서 이 대리자는 단지 분석자의 이해관계와 이상(ideals)의 다른 이름이 될 위험이 있다.

이러한 상황에서 현대의 후생경제학이 영국 '고전파'와 어떻게 다른가에 대한 의문이 다시 한 번 제기된다.[291] 첫째로 현대 후생경제학은 기법 측면에서 좀더 세련되었다. 둘째, 부분적으로 더 세련된 기법은 더 세련된 결론을 낳기 때문에, 그리고 더 주요하게는 현대 근본주의자의 선입관과 기원은 과거 근본주의자의 선입관이나 기원과 다르기 때문에, 현대 후생경제학은 사업행위와 자유방임에 대한 태도 측면에서 다르다.

---

291) 현대 후생경제학의 방법과 결론에 들어가는 것은 불가능하므로, 독자들은 아래와 같은 참고문헌을 반길 것 같다. A. Burk(Bergson), "A Reformulation of Certain Aspects of Welfare Economics", *Quarterly Journal of Economics*, February 1938; H. Hotelling, "The General Welfare in Relation to Problems of Taxation and of Railway and Utility Rates", *Econometrica*, July 1938; N. Kaldor, "Welfare Propositions in Economics and Interpersonal Comparisons of Utility", *Economic Journal*, September 1939; J.R. Hicks, "The Foundations of Welfare Economics", *Economic Journal*, December 1939; T. de Scitovszky, "A Note on Welfare Propositions in Economics", *Review of Economic Studies*, November 1941; O. Lange, "The Foundations of Welfare Economics", *Econometrica*, July-October 1942; G. Tintner, "A Note on Welfare Economics", *Econometrica*, January 1946. 호텔링의 논문은 현대 후생경제학의 가장 실천적 명제, 즉 일반후생(특수한 의미에서)의 극대화는 모든 재화와 서비스가 한계비용과 가격이 일치하는 수준에서 생산되고 소비되어야 하며 심지어 평균비용의 체감 때문에 이것이 해당산업에 손실을 낳는 경우에도 그러해야 한다는 명제를 포함하고 있기 때문에 특히 흥미롭다. 이 명제는 매우 이론적인 관심사에 속한다. '현재 영향을 미치고 있는 현대후생경제학'의 다른 뛰어난 예는 새뮤얼슨의 「후생경제학과 국제무역」("Welfare Economics and International Trade", *American Economic Review*, June 1938), 「국제무역의 이득」("Gains from International Trade", *Canadian Journal of Economics and Political Science*, May 1939)과 『경제분석의 기초』(*Foundations*, 1947) 8장이다. 〔처음 원고에는 이 절의 마지막 참고문헌이 『이코노메트리카』*Econometrica*, January 1946)에 게재된 틴트너의 논문으로 표기되어 있었다. 새뮤얼슨의 『경제분석의 기초』(*Foundation*, 1947)는 나중에 연필로 추가되었다.〕

셋째, 현대 후생경제학은 신뢰받지 못하는 상황에 처했다는 점이 다르다. 놀랍게도 고전적 후생경제학 명제 ── 벤담을 포함하여 ── 는 미래를 고려할 때 순간적 후생극대화에 대한 연구가 고려해야 할 단서조항을 인식하고 있다. 또한 놀랍게도 그런 연구가 현대 후생경제학자의 저작에는 거의 완전하게 부재하다. 실천적으로 그들의 유일한 주제는 기존산업 구조에 의해 제공되는 수단에 대한 관리다. 후생경제학 명제가 순수이론의 활용이고 그렇게 설명되는 한, 이것은 반론이 아니다. 후생경제학자들이 오래전에 논파된 방법론적 오류를 되풀이하면서 '처방을 제시하는' 한 그것은 치명적인 반론이다. 모든 후생경제학 교훈 중 가장 대중적인 것 ── 소득평등 ── 에 대한 주요한 반론은 그것이 엄밀하게 방어될 수 있는 토대가 없다는 것이 아니다. 오히려 주요한 반론은, 지지받는다고 할지라도 그것이 문화적인 변화와 경제적인 변화에 미치는 영향이라는 문제와 비교할 때 전혀 흥미롭지 않다는 점이다.

제8장 화폐, 신용, 경기순환

1절 실제적인 문제

다시 한 번 말하지만, 이 시기에 출간된 화폐나 이와 관련된 주제에 관한 방대한 문헌들은 대부분 당대의 문제에 대한 논의로부터 시작되었다. 예나 지금이나 화폐에 대한 문헌이 항상 그러하듯이, 많은 문헌이 완전히 쓸모없는 출판물이었으며 훨씬 더 많은 문헌이 자신들의 분야에서는 다소간 기여한 부분이 있을지 몰라도, 경제분석의 역사라는 관점에서는 흥미 없는 출판물이었다. 그렇지만 2장 3절에서 언급한 내용을 상기하면서 다소 중요한 논의를 촉발시킨 몇 가지 실제적인 문제들에 대해 재론할 필요가 있다.

1. 금본위제

이 시기 화폐정책을 지배하던 경향의 이론적인 반영인 금본위제의 유지나 채택은 우리가 제공할 수 있는 것보다 좀더 주의 깊게 분석될 만한 가치가 있다. 거의 모든 나라에서 실천적인 정신으로 일국의 화폐정책의 현실을 논의하는 사람 중에는 무조건적인 '옹호자'가 아주 많았다. 모든 실제적인 논쟁의 당사자가 그러하듯이, 이들 중에는 몰지성적이고 편협한 열광자들도 있었지만 높은 수준에 도달한 인물들은 존경받을 만한 집단이었다. 다른 많은 3인방(trios)을 거론할 수도 있겠지만, 나는 밤베르거, 기펜, 파리외를 그 예로 들겠다.[1)]

우리 중 일부가 이 시기 화폐사상에 대해 가지고 있는 피상적인 생각을 고려하면, 다음과 같은 점을 주목해야 한다. 첫째, 무조건적인 '옹호자'의 의견과 권고안은 끊임없는 논쟁의 대상이었다. 즉 이 시기 경제학자들이 하나같이 황금송아지를 경배했다는 것만큼 진실과 동떨어진 생각도 없다. 둘째, 이들의 견해는 그 분야에서 실제로 연구하던 주도적인 과학적 경제학자에게서 지지를 받았지만 제한적이었다. 앞으로 살펴보겠지만, 제번스, 발라, 마셜, 빅셀, 비저, 피셔 같은 인물 중에서 어느 누구라도 별다른 단서조항 없이 이론적 · 실천적 순수금본위주의자(gold

---

1) 밤베르거(Ludwig Bamberger, 1823~99)는 전형적이고 교조적인 독일형 자유주의 사상가다. 그는 1848년에는 혁명론자였으나 그 이후에는 사회주의, 보호무역, 심지어 사회보험의 확고한 반대자였다. 제국의회(Reichstag)의 의원인 그는 화폐에 대한 권위자로 명성을 얻었으며 그의 위대한 목표는 독일의 금본위제 도입과 유지였다. 그는 복본위제 배후에 있는 은과 관련된 이해관계자들을 지적하면서 복본위제 논의를 배격한, 강력한 복본위제 반대자였다. 하지만 이론적인 결함을 이유로 그의 관점을 비난하기 전에 그가 성취하고자 노력했던 특정한 과업과 그 과업이 전제한 특정한 역사적 조건에 대해 고려해야 한다. 그의 연설과 글 중에서 중요한 부분은 헬페리히(K. Helfferich)에 의해 편집되어 단행본(*Ausgewählte Reden und Aufsätze über Geld- und Bankwesen*, 1900)으로 출간되었다.

경제저널리스트이자 공무원이었던 기펜(Robert Giffen, 1837~1910) 경은, 이 책에서는 정당하게 평가될 수 없지만, 기여가 많고 뛰어난 경제학자에 속한다. 그의 『지난 반세기에 걸친 노동계급의 성장』(*Progress of the Working Classes in the Last Half Century*, 1884)과 『자본의 성장』(*Growth of Capital*, 1889)은 경제통계학사의 이정표다. 여기서 우리는 금본위제에 대한 대담한 옹호(*Case against Bimetallism*, 1892; *Evidence before the Royal Commission on Gold and Silver*, 1886~88)와 가공적 (즉 금이 아닌) 화폐본위(Fancy(i.e. non-gold) Monetary Standards)에 대한 맹렬한 증오에 주목해야 한다.

파리외(F.E. de Parieu, 1815~93)는 세 명 중 가장 중요한 인물이다. 공인, 즉 절반은 정치인, 절반은 공무원인 그는 조세부과(소득세와 그와 관련된 문제)와 화폐정책 분야의 전문가였다. 1857년부터 불가항력적인 조류를 인지한 그는 금본위제—하지만 프랑스 은문제(silver problem)를 적절히 고려하면서—와 국제화폐 협조(아래 3항 참조)를 지지했다. 화폐에 대한 그의 저작은 그의 다양한 보고서에 포함되어 있다. 공공재정에 대한 그의 저작은 이미 언급되었다. 〔J.A.S.는 미완의 6장 6절에서 이것을 서술하려 했으나 그렇게 하지 못했다.〕

monometallist)로 불릴 수는 없다. 게다가 1880~90년대 침체는 물가하락 내지 주기적인 물가변동이 금의 책임이라는 문제를 제기했다. 그리고 금환본위제(gold-exchange standard)의 등장은 리카도가 이미 부정적으로 보았던 실제적인 금유통의 장점에 대해 의문을 품도록 만들었다.[2)]

2. 복본위제

이 시기에 복본위제는 '실천적' 논쟁의 가장 풍요로운 원천이었다. 은 지지자들의 대중적이고 정치적인 문헌――은의 정당성, 우리의 대부인 달러, 당신은 인류를 금십자가에 못 박아서는 안 된다(아마도 당시 유행하던 논문제목이나 슬로건을 의미하는 듯하다―옮긴이)――은 많은 주장을 담고 있었지만, 그 수준은 금옹호자들의 저작에서 발견될 수 있는 수준에 미치지 못했다. 특히 이 문헌들은 거의 병적인 상태의 저작들에 의해 감염되었는데, 왜냐하면 당시 복본위제는 순수본위제도 옹호자들(monetary monomaniacs)의 주요표적이었기 때문이다. 그렇지만 과학적 입장을 가진 많은 사람이 복본위제 강령을 지지했다는 점을 제외하더라도, 높은 수준에서 보면, 복본위주의자는 실질적으로 훌륭한 논쟁을 수행했음이 사실이다.[3)] 그러나 이러한 사실은 거의 병적 상태의

---

2) 금환본위제는 본질적으로 실무가의 발상이었다. 과학적 분석은 이 '발견'과 거의 관련이 없다. 그러나 과학적 경제학자들이 환본위제(exchange standard)에 대해 비판적으로 해석한 문헌은 많았는데, 이는 충분히 언급할 만한 가치가 있다. (대표적인 사례는 다음과 같다―옮긴이) L. von Mises, "The Foreign-Exchange Policy of the Austro-Hungarian Bank", *Economic Journal*, June 1909; J.M. Keynes, *Indian Currency and Finance*(1913); Fritz Machlup, *Die Goldkernwährung*(1925); C.A. Conant, "The Gold-Exchange Standard", *Economic Journal*, June 1909. 또한 케머러(E.W. Kemmerer)의 중요한 논문과 보고서도 여기에 해당된다. 이에 대해서는 *Political Science Quarterly*, XIX와 XXI(December 1904 and December 1906)에 실린, 그의 직접결제(Straits Settlement)에 대한 분석 참조.

3) 그러나 수많은 출판물을 분류한다는 것은 불가능하다. 그 대신 나는 대중적 문

저작뿐만 아니라 금지지자(gold party)의 승리로 망각되었다.

3. 국제화폐 협조

라틴동맹, 스칸디나비아동맹, (제국건설 이전의) 독일동맹과 같은 다양한 국제화폐 연합과 국제화폐 협약(international monetary unions and conventions)은 자연적으로 더 포괄적인 구상을 제안했다. 프랑스 주도로 1867년에 개최된 국제통화 회의는 파리외의 지도 아래 복본위제주의자들의 맹공을 피하는 데 놀라울 정도로 성공했으며, 단일한 국제금주조의 문제를 의논하면서 전세계화폐동맹을 위해 가장 대담한 제안을 채택했다. 그러나 1878년, 1881년, 1892년에 이어진 국제회의에서 미국의 압력으로 논의방향이 복본위제로 전환되면서 원래의 구상이 사라졌다.[4] 그러나 1892년 국제회의에서 독일경제학자 볼프(Julius Wolf)는 중립국에 국제 금준비를 예치하고 이를 기초로 국제은행권(international banknotes)을 발행한다는 새로운 구상을 제안했는데, 이 구상은 비록 완전히 상이한 형태이기는 했지만 브레턴우즈 체제의 국제통화기금(IMF—옮긴이)에 의해 실현되었다.

4. 안정화와 화폐관리

최소한 은생산에 직접적인 이해관계를 가지지 않은 사람들에게 복본

헌들의 소개서로서 도움이 될, 의심할 여지없이 과학적인 관점의 두 저작(J.S. Nicholson, *Treatise on Money and Essays on Monetary Problems*, 1888; F. A. Walker, *International Bimetallism*, 1896)을 소개하고 싶다. 이 주제에 대해 좀더 탐구하고 싶은 독자에게는 복본위제 동맹(Bimetallic League)의 많은 출판물을 추천하고 싶다. 추가적인 자료는 호튼(S. Dana Horton)의 보고서와 저서며, 다음으로는 국제복본위제에 대한 미국의 지도적 옹호자인 워커다. 복본위제에 대한 뛰어난 순수분석적 성과는 발라의 저작(*Éléments*, leçons 31 and 32)이다.

4) 많은 분석적 성과를 담고 있는 이 국제회의의 보고서에 대해서는 Russell, *International Monetary Conferences*(1898) 참조.

위제 주장의 주요매력은 당연히 물가상승에 대한 전망이었다. 그러나 공식적으로는 복본위제주의자도 물가안정이라는 말을 선호했다. 그러나 은과 관련 없는 다른 안정화 계획도 제시되었는데, 예를 들면 화폐유통(circulation)에서 금을 완전히 분리시키고 지폐를 사용하려는 계획이 그것이다. 그리고 30년의 물가하락기 동안 사람들이 우선적으로 고려한 것은 물가안정(항상 그렇듯이 이 목적은 개별가격, 특히 농산물가격을 안정시키려는 목적과 의도적으로나 비의도적으로 혼동되었다)이었지만, 더 포괄적인 목적이 부재한 것은 아니었다. 더욱이 가장 순수한 경제적 동기인 물가안정조차 국가 경제상황의 안정화를 고려한다. 하지만 종종 고용의 안정이 명시적으로 언급되었다. 특히 금환본위제에 대한 논의와 관련하여, 화폐이자율 안정화에 대한 논의가 많았다.[5)]

이 모든 것은 이미 어떤 종류의 화폐관리(monetary management)

5) 경제정책을 둘러싼 거의 모든 논의에서 나타나는 '착각희극'(comedy of errors)은 이 문제와 관련된 특정한 사례를 통해 교훈적으로 설명될 수 있다. 90년대 오스트리아가 금환본위제를 채택했을 때 정치가들과 언론은 이 제도의 이점이 순수금본위제(the case of a fullfledged gold currency)보다 더 낮은 이자율을 보장할 수 있는 데 있다고 강력히 주장했다. 이 경우 진실과 착각은 쉽게 밝혀질 수 있다. 금현송점 내에서 환율을 유지하려고 하는 중앙은행은 장기적으로 순수금본위제(fullfledged gold standard)에서 중앙은행이 수행하는 모든 것을 수행하는 동시에 해서는 안 될 것을 하지 않아야 한다. 따라서 정상적인 경우라면, 금환본위제에서 화폐시장의 이자율이 순수금본위제에서 화폐시장의 이자율보다 더 낮을 수 없다. 그러나 우선 금환본위제를 도입하는 데 필요한 금량은 실제적인 금유통을 개시하는 데 필요한 금량보다 작다. 따라서 초기의 높은 화폐이자율은 순수금본위제와 비교할 때 금환본위제에서는 오랫동안 유지될 필요가 없다. 둘째, 국가의 화폐금보유량 전체를 통제하는 중앙은행으로서는 순수금본위제보다 금환본위제 경우에 불황기를 거치면서 중앙은행 재할인율을 변화시켜야 할 필요성을 모면하는 데 더 유리하다. 그러나 정치가와 일간신문은 정상적인 경우라면 이자율이 순수금본위제에서보다 금환본위제에서 더 낮다고 주장했다. 그리고 그들의 잘못된 주장을 논박하려는 열정 때문에 전문적인 경제학자들은 보통 (이들의 주장에 들어 있는—옮긴이) 두 가지 진실을 인정하기를 거부했다. 그래서 우리 분야에서 흔히 나타나듯이, 논쟁의 두 당사자들은 결과적으로 맞기도 하고 틀리기도 했다.

를 의미했다. 예를 들어 복본위제주의자들은 복본위제를 작동시키기 위해서 은의 가격을 규제——즉 은이 금을 화폐유통에서 몰아내지 않도록 하기 위해 구매를 통해 은가격을 고정시키는 것——해야 할 때마다 관리를 언급했는데, 이 경우 화폐제도는 더 이상 자동적으로 작동되지 않기 때문이다. 물론 더 나아가 모든 제도는 더 많은 관리를 내포했다. 예를 들어 다소 지지를 받았던, 정부부문에 의해 규제되는 불환지폐라는 제안을 보자. (이 제안에 따르면—옮긴이) 정부는 물가가 하락할 때마다 유동성을 증가시키기 위해 국채를 구매하고 물가가 상승할 때마다 국채를 판매한다. 이 제안은 연방준비제도(Federal Reserve System)의 공개시장 조작의 많은 선구 중 하나로 간주될 수 있다. 그러나 공개시장 조작이라는 사고는 다른 형태의 화폐관리에서도 발견된다. 왜냐하면 화폐관리가 통화관리에만 한정되지 않기 때문이다. 그것은 외환, 더 중요하게는 은행신용 관리까지 확대된다.[6] 그것은 '계획'의 차원에 머물러 있지도 않았다. 화폐관리는 점차 모든 훌륭한 중앙은행에 의해 실행되었다.[7] 그리고 다양한 유형의 화폐관리가 국가의 금보유량 보호만을 목적으로 했다는 것도 사실이 아니다. 그것은 치료(therapeutic)목적으로 수행되었다. 이 목적은 우리 시대의 목적과 다르며, 완전고용은 지배적인 목적이 아니었다. 그러나 1914년 이전의 화폐제도의 '자동성'이 의미하는 것처럼 금본위제 게임을 위한 금본위제 게임이 수행되었다고 하는 것에 부여된 중요성을 지나치게 강조하는 것은 적절치 못하다.[8] 이것이 명확히 이해되지 않는다면, 그 시대의 사상적 발전을 그 자

---

6) 이렇게 최근에 진행되는 신용통제 대 화폐통제라는 문제에 대해서는 이미 논의된 바 있다.

7) 특히 영국에 대해서는 W.T.C. King, *History of the London Discount Market* (1936) 참조.

8) 1914년 이전의 화폐제도는 매우 원활하게 작동되었기 때문에 실제보다 더 자동적으로 보였다. 더욱이 (통계적으로 볼 때) 영란은행(Bank of England)이 금의 유출입에 대해 주로 재할인율 정책으로 대응한 것처럼 보인다고 할지라도 약 1900년경의 조건에서 금의 유출입에 대응하는 것은 십중팔구 국내경기 상황에

체로나 우리 시대의 사상과 관련하여 평가한다는 것은 불가능하다.

나머지 부분에서 우리는 과학적 선구자들이 '화폐개혁' 분야에서 이룩한 몇 가지 성과를 주목하는 것으로 만족해야 한다. 제번스는 그에게 이상적인 완전통화 제도(An Ideally Perfect System of Currency)[9]로 보이는 것을 묘사했는데, 여기서 금은 교환수단과 가치척도로 사용되지, 이연지불 수단으로는 사용되지 않는다. "금으로 표현된 부채액은 다른 상품에 대한 금(의 상대적—옮긴이) 가치의 변동에 반비례해서 변한다." 이것은 로(Lowe)의 '계표본위제'(tabular-standard plan: 이에 대해서는 이 책, 2권, 3부 7장 3절 참조)를 부활시켰으며, 마셜 제안의 핵심이기도 하다.[10] 그러나 마셜은 새로운 사고를 담고 있다. 리카도의 지금제도(ingot plan)를 채택한 그는 지금이 금과 은 두 금속으로 구성되어야 하며, 일정 무게의 은괴는 일정 무게의 금과 법적으로 고정시켜 화폐단위는 서로 고정된 비율로 교환되는 금과 은 모두에 대한 청구권을 형성해야 한다는 제안을 했다.(합성본위제Symmetallism)[11] 피셔의

대응했을 것과 본질적으로 동일한 행위를 포함했다는 점을 잊지 말아야 한다. 이것이 더 이상 가능하지 않게 되자, 중앙은행은 점차 '금보관소'(gold devices)에 의존했으며, 다시 말해 점차 정통적 금본위제 게임을 포기했다.

9) 1875년 무렵에 씌었지만 1884년 제번스 부인과 폭스웰이 사후 편집한, 그의 중요한 『통화와 금융에 대한 연구』(*Investigations in Currency and Finance*)에서 처음으로 출판되었다. 폭스웰의 「서문」은 주목할 만하다.

10) 지면문제상 나는 금에 기초한 국제발권과 청산제도에 관한 제번스 계획의 다른 측면을 무시할 것이다. (그가 표현한 대로) '비전문적 통화개선자'(amateur currency-mediciner)로서 마셜의 공헌은 다음 논문과 증언, 그의 소고에서 실마리를 발견할 수 있다. 1855년 산업부흥회의(Industrial Remuneration Conference)에서 그가 발표한 논문("How far do remediable causes influence prejudicially (a) the continuity of employment (b) the rates of wages?", *Essays in Biography*, p.204 참조), 무역과 산업의 침체에 대한 왕립위원회(1886), 금은위원회(1887~88), 인도통화위원회(1899)에서의 그의 증언(*Official Papers*, 1926), 그의 소논문("Remedies for Fluctuations of General Prices", *Contemporary Review*, March 1887), 에지워스의 논문("Thoughts on Monetary Reform", *Economic Journal*, September 1895)이 그것이다.

제안[12]인 보상달러(Compensated Dollar)는 금환본위제를 달러가 일정한 금량을 나타내는 대신에 일정한 구매력을 나타내도록 공식 물가지수의 변화에 따라 화폐단위의 금함유량을 변동시키는 제도와 결합했다. 마지막으로 발라는 프랑스의 실제관행과 관련된 계획안을 단순한 동시에 독창적인 방식으로 옹호했다. 여기서 금은 본위적인 화폐금속이었고 민간의 이해에 따라 제한 없이 주조된다. 은은 소액권(*billon divisionnaire*)을 제공할 뿐만 아니라 물가관리 목적으로 사용될 수 있는 일종의 법화통화(*billon régulateur*)인 법정주화(*billon*)의 재료가 된다. 즉 정부는 물가가 하락할 때는 은의 유통을 확대하고, 물가가 상승할 때는 은의 발행을 축소시킨다. 이 제안의 현대적 영향은 더 강조할 필요도 없다. 발라는 우리 시대의 '100퍼센트 제도'의 선조가 될 만한 다른 제안을 추가했다. 그는 비록 은행권에 한정되기는 했지만, 은행이 지불수단을 창조한다는 것이나 그가 표현한 대로 은행은 자본가(저축자)한테 그만큼의 액수를 차입하지 않고도 기업가에게 대부할 수 있다는 사실을 인식했다. 그러나 그는 그것을 인정하지 않았다. 그리고 그는 은잉여가 미결제은행권 중에서 은화를 추가하여 미결제은행권 ——발권은행이 보유한 법정화폐액을 감한——을 감소시키도록 하는 데 사용되어야 한다고 제안했다.[13]

이 계획들의 장단점을 여기서 문제 삼지는 않겠다. 그것들은 두 가지 이유에서 언급되었다. 첫째, 그것들은 과학적 선구자가 화폐개혁 문제에 주목하지 않았다는 오늘날까지의 믿음이 완전히 근거가 없음을 보여준다. 둘째, 이 모든 계획은 분석적 작업에 기초했으며 그것의 근본적인

11) 합성본위제는 일정량의 금과 은으로 구성된 바스켓이 가치척도로 기능하는 것으로, 여기서는 화폐금속의 가치가 복본위제와 달리 변화가능하다. 그렇지만 이러한 마셜의 제안이 실제로 적용된 적은 없다—옮긴이.

12) 브라운(Harry G. Brown)에게서 도움을 받은 피셔의 『화폐의 구매력』(*The Purchasing Power of Money*, 1st ed., 1911) 참조.

13) *Études d'économie politique appliquée*, I과 V 참조.

중요성이 그 계획 자체에 대한 우리의 선호여부와 상관없이 인식되어야 한다.

2절 분석작업

앞으로 우리가 주목하게 될 이 시기의 순수분석적 연구에 대한 논의는 성공적인 진보의 이야기다.[14] 방금 보았듯이 대부분의 선구자는 당대의 실천적 문제들에 대한 논의에 열성적으로 참가했지만, 이들의 연구는 선배연구자들에 비해 그러한 자극에 덜 의존했다. 분석은 이전보다 더 많이 자신의 힘으로 나아갔으며 순수과학적 사고의 계통화(filiation)——사실과 정치상황의 변화에 대한 단순반응이 아닌 학설상의 변화——는 이전 시기보다 더 명확해졌다. 경제학의 다른 어떤 분야보다도 새롭고 가치 있는 방법과 결과가 기존지식의 보고에서 나왔다. 이렇게 본다면 '일반이론'에서는 혁명(revolution)을 언급할 수 있지만, 화폐이론에서는 단지 강력한 진보(evolution)가 있었을 뿐이다. 밀이 다소 불완전한 체계로 버려두었던 연구와도 단절이 없다. 또 오늘날 화폐분석 구조가 서 있는 지반 대부분이 실제로 획득되었다.

우리에게는 이 시기 사실연구가 적어도 '이론'만큼이나 중요하지만, 내가 제시하려는 전반적인 상은 이에 대한 충분한 설명으로 부족할 수 있다. 아주

14) 네 가지 참고문헌이면 충분할 것이다. 마겟의 저작 『가격이론』(*Theory of Prices*, 1938~42)은 역사적 관점에서 서술되지 않았지만 이 시기 화폐분석의 역사에 대한 가장 좋은 지침서다. 리스트(Rist)의 『화폐이론과 신용이론의 역사』(*History of Monetary and Credit Theory*, 영역본 1940년)는 다시 한 번 언급되어야 한다. 엘리스(Howard Ellis)의 『독일 화폐이론, 1905~33』(*German Monetary Theory, 1905~33*, 1934; 참고문헌에서 인용되거나 언급된 권위자들과 함께 만든 책)은 이 분야의 연구의 철저한 방식을 보여준다. 바그너(V.F. Wagner)의 『신용이론사』(*Geschichte der Kredittheorien*, 1937)는 리스트 저작의 보완으로 유용하다.

예외적인 경우를 제외하고는 제시되지 못할 수도 있기 때문이다. 그러나 이와 같은 개괄적 묘사에서 할 수 있는 최선은 유형들을 언급하고 각각에 대해 한두 개의 예를 제시하는 것이다. 첫 번째로 매우 뛰어난 공식보고서가 있다. 보통 먼저 언급되는 영국의 공식보고서 이외에 나는 국제통화토론회의 보고서와 미국국가통화위원회(U.S. National Monetary Commission, 1911~12)의 보고서를 지적할 것이다. 둘째로 쇼(W.A. Shaw)의 『통화사, 1252~1894』(*A History of Currency, 1252~1894*)(1895)나 섬너(W.G. Sumner)의 고전 『미국통화사』(*A History of American Currency*, 1874) 같은 통화와 은행업에 대한 역사서가 있다. 셋째, 이 시기는 매우 가치 있는 자료의 축적을 낳았다. 죄트베(Adolf Soetbeer, 1814~92)의 『귀금속의 경제적 비율에 대한 설명과 평가를 위한 자료집』(*Materialien zur Erläuterung und Beurteilung der wirtschaftlichen Edelmetallverhältnisse*, 1885; 2판은 1887년에 영역됨. 7부는 유명한 가격표Table of Prices를 담고 있다)은 이 천재의 두드러진 성과다. 네 번째 유형은 숫자로 하여금 말하게 하는 기법의 대작인 팔그레이브(Inglis Palgrave)의 중앙은행, 특히 영란은행에 대한 통계적 연구다. (그 대부분은 그의 『영란은행 할인율과 화폐시장』*Bank Rate and the Money Market*, 1903에 요약되어 있다.) 특정결과를 정식화하는 것은 매우 어려운 일이지만 이 책을 정독하는 사람은 자신이 그 주제를 이해하게 되었다는 것을 어느 순간 발견하게 될 것이다. 다섯 번째, 우리는 현대의 통계적 방법이 그 분야에 침투했다는 것에 주목해야 한다. 나에게 알려진 가장 초기의 예는 노턴(J.P. Norton)의 『뉴욕 화폐시장에 대한 통계적 연구』(*Statistical Studies in the New York Money Market*, 1902)다.

그렇다면 이 시기의 연구가 때때로 너무 가볍게 취급되고, 우리 중 다수가 이 시기와 현재 시기 사이에 완전히 비현실적인 단절을 만들어낸 이유는 무엇일까? 한 가지 답변은 새로운 방법과 결과의 진보적 특성이 그것들을 단순히 과거재료의 재정식화로 보이게 만들었다는 점이다. 그러나 과학적 '진보'의 메커니즘에 대한 연구자에게는 매우 흥미로울 또

하나의 답변이 있다. 이 시기는 모든 함의와 응용이 철저하게 연구되고 은쟁반 위에 전시되어 모든 경제학자가 쉽게 받아들일 수 있는 형태로 자신의 성과물을 발전시키고 체계화하지 못했다. 이에 따라 그 성과는 통상적인 문헌목록에, 특히 교과서에 수록되지 못했기 때문에 경멸적인 비난을 받았다. 또한 이 경멸적인 비난은 마겟 같은 학자들의 정당한 분노를 자아내기도 했지만, 통상적인 문헌목록, 심지어 헬페리히(Karl Helfferich)의 『화폐』(*Das Geld*, 1903), 로플린의 『화폐의 원리』(*Principles of Money*, 1903), 화이트(Horace White)의 저 유명한 『화폐와 은행제도』(*Money and Banking*, 1판은 1895년에, 5판은 1914년에 각각 출판됨), 킨리(David Kinley)의 『화폐』(*Money*, 1904), 포빌레(Alfred de Foville)의 『화폐』(*La Monnaie*, 1907)처럼 잘 알려진 성공적이고 (나름대로) 의미 있는 책에서 인용됨으로써 정당화되었다. 심지어 고공비행하면서 몇 가지 독창적인 점까지 담고 있던 바그너의 『화폐의 사회경제 이론』(*Sozialökonomische Theorie des Geldes*, 1909)도 그다지 좋은 저작은 아니었다. 크니스(Karl Knies)의 『화폐와 신용』(*Geld und Credit*, 1873~79)은, 다른 점에서는 중요할지 몰라도, 제목에 담긴 주제에 덧붙인 것이 거의 없었다.

그러나 솔직히 우리는 한두 가지 이유로 두드러지는 몇 권의 교과서를 추가로 언급해야 한다. 여러 판본이 출간된 제번스의 『화폐와 교환의 메커니즘』(*Money and the Mechanism of Exchange*, 1875)은 평범한 요소들이 때때로 독창적인 번득임에 힘입어 축복받은 매력적인 책이다. 니컬슨(J. Shield Nicholson)의 『화폐론과 화폐문제에 대한 에세이』(*Treatise on Money and Essays on Monetary Problems*, 1888)는 정당한 평가를 받지 못한 저작이다. 워커의 유명한 교과서 『화폐』(*Money*, 1878)는 아마도 당대의 사상에 익숙해지도록 만드는 가장 좋은 수단일 것이다. 마르텔로(Tullio Martello)의 『화폐』(*La Moneta*, 1883)의 가치는 자유주조에 대한 자유주의적인 변덕에도 불구하고 아주 경미하게 손상되었을 뿐이다. 메세다글리아의 『화폐』(*La*

Moneta, 1882~83)는 발라-마셜-빅셀-피셔의 업적에 선행하는 화폐에 대한 과학적 문헌 중에서 가장 훌륭한 성과 중 하나다. 더욱이 피어슨, 디비지아, 콜송 같은 인물의 일반적인 저작의 화폐에 관한 장이나 절도 언급되어야 한다.[15] 그러나 우리는 카셀의 『이론적 사회경제학』(*Theoretische Sozialökonomie*, 1918년, 1927년 4판 개정판, 1923년 영역, 1932년 영역신판)의 3판(third book)에 대해서만 설명할 것이다. 이 저작은 주목받을 만하다. 왜냐하면 그것은 의혹을 허락하지 않는 명쾌함과 함께 경제과정의 근본논리가 화폐현상과 완전히 독립적이라는 견해를 보여주는 대표적인 사례이기 때문이다. 화폐현상에 대한 이론은 근본적으로 물가 수준——화폐수량설 전통에서는 이것에 의해 상대가격(교환비율)이 절대가격으로 전환된다——에 대한 이론일 뿐이며, 따라서 화폐현상에 대한 이론은 단순히 표면적으로가 아니라 실질적으로 일반적 경제이론 체계의 밖에 존재한다. 이 점에서 카셀은 다른 점에서는 매우 가깝게 따랐던 발라의 논지를 놓쳤다. 그러나 만약 우리가 그의 서술을 그 문제에 대한 완전히 고전적인 관점의 훌륭한 본보기로 간주한다면, 우리는 그가 이런 관점을 아주 효과적으로 서술했고 따라서 그의 서술은 중요하다는 점을 추가해야 한다. 또한 이 중요성은 단지 역사적인 의미에 국한되지 않는다. 우리는 우리 시대의 진보가 실질적으로 도달한 바를 찾고자 할 때 언제나 카셀을 이용할 수 있다.

이 시기 주요한 분석적 성과의 특징과 운명에 대한 간략한 묘사가 이러한 역설적 상황을 잘 설명해줄 것이다.

1. 발라

무엇보다도 가장 뛰어난 업적은 발라의 성과다.[16] 그가 경제정학(economic statics), 즉 경제균형의 근대이론을 창조했다고 말하는 것

---

15) 피어슨, 디비지아, 콜송에 대해서는 앞의 5장 참조.

16) 발라의 완전히 만개된 순수화폐 이론은 『순수정치경제학 요론』 4판에서만 찾아볼 수 있다. 화폐분석의 가장 중요한 이 부분을 향한 더딘 진보는 1876~99

이 사실인 것과 동일한 의미에서 그가 근대화폐 이론을 창조했다고 말하는 것은 또한 사실이다. 사실 그의 화폐이론과 신용이론은 간단히 경제균형에 대한 일반이론의 한 부분이다. 따라서 그는 지난 20년 동안 계속 강조되었던 절실한 요구, 즉 화폐분석이 독립적으로 발전되어 일반이론 체계에 부착되는 대신에 일반이론 체계 내부로 들여와야 한다는 요구를 실질적으로 충족시켰다. 그리고 화폐정학(*monetary statics*)에 관한 한, 화폐와 화폐과정에 대해 전개된 모든 명제는 그의 체계 내에 포함되어 있거나 추가적인 가정을 도입함으로써 이 체계로부터 유도될 수 있다. 따라서 랑게[17]가 보여주었듯이, (1930년의 『화폐론』*Treatise*이 아닌) 『일반이론』에서 케인스의 분석은 발라의 진정한 일반이론의 특수한 경우일 뿐이다. 그러나 우리가 보았듯이, 발라는 1920년대까지 제대로 인정받지 못했다. 현재 논의 중인 시기에, 그의 영향은 주로 빅셀과 판탈레오니를 통해 이루어졌다. 그러나 이 두 인물은 그의 화폐연구의 중요성을 온전히 평가하지 못했다. 그의 직접적 계승자인 파레토도 그것을 제대로 보지 못했으며, 이 분야에서 진보했다기보다 퇴보했다. (이 분야에서—옮긴이) 발라에게는 뛰어난 두 명의 추종자가 있었다. 그러나 이들, 즉 오프티와 슐레진저는 완전히 잊혀진 인물이 되었다.[18]

이 시기에 관한 한 발라의 화폐이론은 대다수 경제학자에게 존재하지 않는 것에 불과했다. 그러나 나는 그 시기의 끝무렵에 부분적으로 발라에 기초하여 시작된 델 베키오의 독창적 연구로 눈을 돌리겠다.[19]

년 사이에 나타났다. 그 출발점과 각 단계는 처음 세 개의 판본과 결국 『응용정치경제학 연구』(*Études d'économie politique appliquée*)에 수록된 응용문제에 대한 많은 논문에 반영되어 있다.(앞의 7장 7절 5항 참조)

17) O. Lange, "The Rate of Interest and the Optimum Propensity to Consume", *Economica*, February 1938.

18) A. Aupetit, *Essai sur la théorie générale de la monnaie*(1901); Karl Schlesinger, *Theorie der Geld- und Kreditwirtschaft*(1914). 이 두 권의 책, 특히 후자는 우리의 분야에서 일급의 성과는 성공을 위한 필요조건도 충분조건도 아님을 보여주는 놀라운 예다.

19) 볼로냐대학교의 교수 델 베키오(Gustavo Del Vecchio)는 1909년에 유명한

발라연구와 관련된, 화폐에 대한 또 다른 독창적 연구, 즉 피셔의 연구는 여기서 언급하는 것이 편리할지 모른다. 그것의 대부분은 당대에 영향을 미치기에는 너무 늦게 등장했다. 그리고 그 연구가 등장했을 때 전문가의 관심은 하나의 책, 『화폐의 구매력』(*The Purchasing Power of Money*, 1911)에 너무 많이 집중됨으로써 현재 우리가 이해하고 있듯이 그 책의 성공은 그것이 저자의 화폐이론 가운데 하나의 측면만을 표현할 뿐이며, 가장 중요한 측면도 아니라는 사실을 가려버렸다. 이 책의 출판 이후 피셔는 엄격한 화폐수량설의 지지자로 분류되었으며(이하의 5절 참조), 경제과정 전체에 대한 화폐분석――케인스의 『일반이론』이 화폐분석이라는 의미에서의 화폐분석――에 대해 그가 기여한 부분은 무시되었다. 이는 그가 그것을 화폐분석이나 소득분석이라고 부르지 않고 『이자론』(*Theory of Interest*)이나 『호황과 불황』(*Booms and Depression*)이라는 다른 제목을 선택했다는 사실 때문이었으며, 지금도 그러하다. 결과적으로 그의 독자들은 그의 화폐연구에 대한 완전한 견해를 얻지 못했고, 특히 그 안에 있는 발라의 영향을 눈치 채지 못했다.[20]

일련의 논문을 출간하기 시작했다. 그것들은 그의 『화폐이론의 기본』(*Grundlinien der Geldtheorie*, 1930)에, 좀더 완전하게는 『화폐의 일반이론에 대한 연구』(*Ricerche sopra la teoria generale della moneta*, 1932)에 요약되어 있다.

20) 실제로 피셔의 많은 책과 논문은 모두 언젠가 조정업무에 도전할 학자를 필요로 할지 모른다. 나는 여기서 앞의 5장 7장 2항에서 언급되지 않았던 책 가운데 가장 중요한 책인 『평가절상과 이자율』(*Appreciation and Interest*, Publication of the American Economic Association, 1896년 8월), 『화폐의 구매력』(*The Purchasing Power of Money*, H.G. Brown, 1911, 1913년 개정판), 『화폐환상』(*The Money Illusion*, 1928), 『호황과 불황』(*Booms and Depressions*, 1932)만을 언급할 것이다. 그러나 이미 언급된 『이자론』(1907)으로 완전하게 발전된 『이자율』(*The Rate of Interest*)이라는 책이 현대적 의미의 화폐이론으로는 실질적으로 훨씬 더 중요하다. 지수에 대한 피셔의 연구는 후에 언급될 것이다.

2. 마셜

19세기 마지막 30년 동안 두 번째 위대한 업적은 마셜의 성과다.[21) 비록 덜 명시적이지만 발라처럼 그도 화폐문제를 경제과정에 대한 일반적 분석의 일부 그리고 고용이론으로 나아갈 관문 중 하나로 보았다. 그는 빅셀보다는 덜 강조했지만 발라보다는 명쾌하게 '실물'이자율과 '화폐'이자율의 구분과 화폐량의 변화가 경제체계에 미치는 세부적인 메커니즘에 주목하는 것의 중요성을 가르쳤다. 비록 이 장에서는 그 일부만이 언급되겠지만, 미래의 발전을 암시하는 많은 실마리가 있었다. 비록 스스로 내딛지는 않았지만 그는 결정적인 진보에 필요한 모든 요소를 가지고 있었다. 발라와 달리 그는 실질적인 지도자의 위치에 있었다. 만일 1885년 이후 그가 그것에 대해 언급했다면 전 세계의 경제학자들은 경청했을 것이다. 그러나 그 중요성에 비해 그의 말년에, 『화폐, 신용과 상업』(*Money, Credit and Commerce*, 1923)의 출판까지 화폐문제에 대한 단상만이 유지되었으며, 그 책이 출판되었을 때 그 내용은 더 이상 새로운 것이 아니었다. 그의 케임브리지대학교의 제자들과 다른 추종자들은 (그의 말을—옮긴이) 경청했다. 역사적으로 평가하자면 우리 시대 영국화폐 이론의 발전에서 호트리, 라빙턴, 케인스, 피구, 로버트슨은

---

21) 현재 이 책에서 언급되는 마셜의 공헌이 담긴 최종적인 글들은 공식청문회와 수많은 토론을 거친 후 『공식보고서』로 재출판되었고, 『회고록』(*Memorials*)의 많은 구절에 의해 보충될 수 있을 것이다. 그러나 『원리』(*Principles*) 역시 뛰어난 전체를 구성하는, 중요한 요소를 포함하고 있다. 독자들은 케인스의 전기적 회고록(*Essays in Biography*, 195~206쪽)에서 가장 핵심적인 점에 대한 개괄을 발견할 수 있다. 그러나 독자들은 이 전기가 열정적인 제자에 의해 씌어졌다는 것에 유념해야 한다. 어떤 점에서 스승의 독창성과 우선권을 위해 제자들이 언급한 많은 주장은 분명 액면 그대로 받아들여져서는 안 된다. 그밖의 점에 대해서는 마셜이 70년대 동안(아마도 1870년대를 지칭하는 듯 보인다—옮긴이) 그의 화폐이론 전체를 발전시켰다는 케인스의 언급을 그대로 수용할 필요가 있다. 다만 발라와 빅셀의 주장에 대한 편견은 없어야 한다. 주목해야 할 또 다른 흥미로운 점이 있는데, 그것은 바로 마셜의 화폐분석이 그의 경제분석 일반처럼 확실히 밀에게서 출발해서 그의 가르침을 발전시킨 것으로 이해되어야 한다는 점이다.

그들 나름의 방식이긴 했지만 마셜의 가르침을 발전시켰다.

모든 제자의 연구에 대해 언급할 필요는 없다. 여기서 지적할 필요가 있는 것은 마셜과의 관련성이다. 아마도 호트리는 다른 사람에게 적용되는 것과 동일한 의미로 제자라고 불릴 수 없을 것이다. 그러나 호트리의 가르침을 특징 짓는 대부분의 명제 ── 독자들도 알다시피 주로 경기변동과 관련된 ── 는 마셜(그리고 어느 정도는 빅셀)에 연원하는 듯하다. 아마도 가장 적절한 설명은 호트리의 분석이 마셜의 분석을 어떤 특정한 방면으로 독창적으로 발전시켰다고 말하는 것이다. 여기서는 그의 수많은 저작 중에서 『유리한 교역과 불리한 교역』(*Good and Bad Trade*, 1913), 『통화와 신용』(*Currency and Credit*, 1st ed., 1919), 『중앙은행의 기술』(*The Art of Central Banking*, 1932), 『자본과 고용』(*Capital and Employment*, 1937)을 언급하는 것만으로 충분할 것이다. 라빙턴(Frederick Lavington)의 저작들(*The English Capital Market*, 1921 ; *The Trade Cycle*……, 1922)은 그 가치만큼 잘 알려져 있지는 않다. 그런데 이것들은 여지없이 마셜적이다. 화폐이론 자체에 대한 피구의 주요한 공헌인 그의 논문, 「화폐의 가치」("The Value of Money", *Quarterly Journal of Economics*, November 1917)도 그렇다. 그의 다른 기여는 『산업변동』(*Industrial Fluctuations*, 1927)에서 발견된다. 나머지 중에서는 그의 경제과정에 대한 화폐분석인 『고용과 균형』(*Employment and Equilibrium*, 1941)만을 언급하고 싶다. 케인스의 첫 번째 책인 『인도의 통화와 금융』(*Indian Currency and Finance*, 1913)의 이론적 골격도 마셜적이며, 몇몇 주요한 지점에서 자신의 색깔을 드러내긴 했지만 『화폐개혁론』(*A Tract on Monetary Reform*, 1923)에서 케인스는 "〔화폐이론에 대한〕 자신의 서술이 피구와 마셜의 일반적인 노선을 따른다"(85쪽 각주)라고 썼다. 그의 가장 야심적인 저작 『화폐론』(*A Treatise on Money*, 1930)은 마셜노선과 빅셀노선의 발전(이탈도 포함하고 있지만)으로 묘사될 수도 있다. 그러나 여기서 빅셀의 요소는 빅셀과는 다른 형태로 재발견된 것이다. 마셜에 대한 충성이 공식적으로 거부된 것은 『고용, 이자, 화폐에 관한 일반이론』

(*The General Theory of Employment, Interest, and Money*, 1936)에서였다. 이것은 마셜에 대한 뒤늦은 단절이 이론적인 차이 때문이 아니라 사회적 비전——마셜과 케인스의 당대 경제상황에 대한 진단——의 차이 때문이라는 점을 주목하는 것을 한층 더 중요하게 만든다. 사실적인 가정이나 실천적 권고안이 아니라 이론적 관점에 관한 한, 단지 저축과 투자에 대해서만 중요한 차이점이 있을 뿐이다. 그렇지만 케인스에게는 그가 '고전파 이론'(classic theory)이라고 명명한 것과 자신의 단절이 본질적인 것이 아니었다면, 이 차이도 강조점의 이동 문제로 환원되었을지 모른다. 로버트슨의 매우 독창적인 저작인 『은행정책과 물가 수준』(*Banking Policy and the Price Level*, 1926)은 실제로 이 단락에서 언급한 그 어떤 저작들보다 더 마셜을 넘어섰다. 이 저작만 본다면 로버트슨을 마셜의 제자로 분류하는 것은 적절치 않을 것이다. 그의 경기변동 이론 때문에 그렇게 분류할 수도 없다. 그러나 그의 화폐에 대한 나머지 저작들(그의 잘 알려진 교과서를 포함하여), 즉 그의 『화폐이론 논구』(*Essays in Monetary Theory*, 1940)에 담겨 재출판된 가장 중요한 논문들은 마셜의 뿌리에서 자라났다고 말해야 할 것이다.

그러나 화폐에 대한 마셜의 가르침은 매우 늦게 각광을 받았으므로, 그는 그와 관련된 영예의 일부를 잃어버린 셈이다. 1914년까지 케임브리지(학파—옮긴이) 외부의 화폐이론은 실제로 마셜의 영향을 받지 않았다.

3. 빅셀

세 번째로 언급할 위대한 업적은 빅셀의 성과다.[22] 사후에 빅셀은 화폐이론가로서 마셜이나 발라를 능가하는 세계적인 명성을 얻었다. 이

---

22) 빅셀의 주요한 공헌은 『이자와 물가』(*Geldzins und Güterpreise*, 1898)에 있다. 올린이 빅셀사상의 변화에 대해 서술한 「서문」이 포함된 칸(R.F. Kahn)의 영역본 *Interest and Prices*는 1936년에 출판되었지만 핵심적인 사상, 특히 유명한 빅셀의 '누적적 과정'(cumulative process)은 「이자율이 물가에 미치는

행운은 그의 스웨덴 제자들이 그를 비판하고 넘어서는 과정에서도 자신들을 계속해서 빅셀학파라고 불렀다는 사실과 그의 글이 비교적 초기에 독일어로, 그것도 발라와 달리 그다지 난해하지 않은 형태로 접근가능했다는 사실에 기인한다. 그러나 그는 수십 년이 지나서야 영미권에 알려질 수 있었다.

뮈르달, 올린, 린달, 룬트베리와 같이 잘 알려진 이름을 다시 언급할 필요는 없다. 뮈르달(Gunnar Myrdal)의 『화폐균형』(*Monetary Equilibrium*, 스웨덴어본은 1931년에, 독일어본은 1933년에, 영어본은 1939년에 각각 출판됨), 스웨덴 실업위원회에 제출된 화폐정책에 대한 보고서에 수록된 올린의 경기팽창 이론에 관한 스웨덴어 논문("Penningpolitik, offentliga arbeten, subventioner och tullar som medel mot arbetslöshet"), 린달의 저작에 관한 영어요약본(*Studies in the Theory of Money and Capital*, 1939), 룬트베리(Erik Lundberg)의 『경기팽창 이론 연구』(*Studies in the Theory of Economic Expansion*, 1937) 등이 빅셀 이후의 발전을 대표할 것이다. 약 10년 전까지 이 발전은 영국 경제학계에 알려지지 않은 채로 영국(케인스주의)의 발전과 나란히 진행되었으며, 어떤 중요한 점에서는 영국(케인스주의)의 발전을 예고하기까지 했다는 사실은 경제분석의 역사에서 흥미로운 사항이다. 이러한 연유로부터 자연스럽게 온건한 저항들이 나타났으며, 두 사상체계의 차이점과 상대적 장점에 대한 논의가 이루어졌다. 이에 대해서는 올

영향」("The Influence of the Rate of Interest on Prices", *Economic Journal*, June 1907)과 『정치경제학 강의』(*Lectures on Political Economy*, 원래는 스웨덴어본, 영역본은 1934년에 출간되었다: 이하 『강의』*Lectures*—옮긴이)의 두 번째 권으로 영어권 독자에게 소개되었다. 또한 화폐이론의 불명확한 점에 대한 그의 (스웨덴어) 논문("Den dunkla punkten i penning-teorien", *Ekonomisk Tidskrift*, December 1903)은 앞의 두 권에서 크게 두드러지지 않았던 몇 가지 사항을 강조하고 있기 때문에 매우 중요하다. 마셜처럼 빅셀도 밀에서 시작했다는 점과 그의 화폐이론이 밀과 밀 이전의 영국의 저자들, 특히 투크에 대한 비판으로부터 발전되었다는 점에 주목해야 한다.

린의 「스톡홀름학파의 저축과 투자 이론에 대한 노트」("Some Notes on the Stockholm Theory of Savings and Investment", *Economic Journal*, March and June 1937)와 이 논문이 실린 잡지에서 이후에 이어진 논쟁을 참조하라.(아래의 5부 5장 참조) 빅셀의 동시대인이자 협력적인 비판가였던 데이비드슨도 간과되어서는 안 된다. 독자들은 토머스(Brinley Thomas)의 뛰어난 논문("The Monetary Doctrines of Professor Davidson", *Economic Journal*, March 1935)에서 데이비드슨의 화폐사상에 대해 독자들이 알아야 할 모든 것을 발견할 수 있다. 토머스의 『화폐정책과 공황』(*Monetary Policy and Crises*, 1936)에는 빅셀 이후 스웨덴의 화폐이론에 대해 짧지만 유용한 개괄이 있다.

4. 오스트리아학파

네 번째로 오스트리아학파의 기여가 있었다. 이 학파는 멩거[23]에서 출발했다. 하지만 멩거 자신이 새로운 길을 개척한 것은 아니었다. 멩거의 이론은 매우 훌륭한 성과이기는 했지만, 다반차티 이론의 후예일 뿐이었다. 새로운 출발을 시도했던 사람은 비저였다.[24] 이것을 정당화하려고 할 때, 우리는 일반이론(general theory)의 역사에서 그의 위치를 규정하려 시도하는 경우와 동일한 어려움을 만나게 된다. 화폐현상에

---

23) *Collected Works*(4 vols., London School Reprints, 1933~36) 참조. 화폐에 대한 멩거의 주요견해는 『원리』(*Grundsätze*)의 화폐이론에 대한 장과 『국가학 소사전』(1909) 3판의 '화폐'(Geld) 항목에 있다.

24) 발라처럼 비저의 화폐사상은 일반이론에 대한 그의 독창적 연구가 완성되었을 때 발전되었다. 그 분야에서 그의 첫 번째 출판물은 빈대학교에서 멩거의 후임으로 취임하면서 행해진 강연("Der Geldwert und seine geschichtlichen Veränderungen", *Zeitschrift für Volkswirtschaft, Sozialpolitik und Verwaltung*, 1904)이었다. 개정판은 1909년 빈 사회정책학회(Verein für Sozialpolitik) 빈회의에서 행한 연설에서 나타났으며 『사회정책학회 논총』(*Schriften*) 132권에 출판되었다. 그리고 또 다른 개정판은 『국가학 소사전』(1927) 4판에 수록된 '화폐'(Geld: Allgemeine Theorie des Geldes) 항목에 나타났다.

대한 비저의 폭넓은 비전은 그를 '소득접근'(income approach)[25]의 지지자나 소비규준(consumption standard)의 지지자로 부르는 것만으로는 적절하게 표현되지 못한다. 그의 비전은 그것보다 훨씬 넓으며, 특히 경제과정 전체에 대한 화폐이론이라는 개념을 포함한다. 그러나 그는 기법이 부족했으며 자신의 금속을 주조할 능력이 부족했기에 이로부터 나왔어야 할 그 어떤 것도 만들어지지 못했다. 그래서 단지 소수만이 그의 영향을 받았다. 이 집단의 화폐에 대한 표준적 연구의 저자며, 이 분야에서 가장 뛰어난 교사였던 미제스[26]——사실상 그 자신의 학파를 창시한 인물인——는 분명 그들 중 한 명이었다. 그러나 그는 비저의 견해에 대해 단지 부분적으로만 동의했다.

3절 근본문제

1. 화폐의 본질과 기능

화폐의 본질과 기능에 관한 논의, 따라서 그 정의를 둘러싼 논의는 이 시기 전체에 걸쳐 진행되었다. 그러나 아래 2항에서 살펴볼 것을 제외하면, 그것들은 많은 관심을 불러일으키지 못했으며 예외없이 그렇게 흥미로운 결과를 낳지도 못했다. 나는 대다수의 저자가 로셔의 정의를 받아들였거나 받아들이려 했을 것이라고 믿는다.[27] 멩거와 그의 추종자

25) 소득접근의 지지자인 비저에 대해서는 아래의 6절 2항 참조.

26) Ludwig von Mises, *Theorie des Geldes und der Umlaufsmittel*, 1st ed., 1912; 2nd ed., 1924; 영역본은 1934년에 *Theory of Money and Credit*라는 제목으로 출간되었다.

27) "화폐에 대한 잘못된 정의는 두 부류로 나뉜다. 화폐를 판매가능성이 가장 높은 상품 이상으로 생각하는 부류와 그 이하로 생각하는 부류"(Roscher, *Grundlagen*, 2권 3장, § 116〔J.A.S. 영역〕)가 그것이다. 대조적인 견해의 한 가지 사례로, 나는 화폐란 상품이 아니라 '상품의 대립물'이라는 점을 배울 수 있는 힐데브란트(Richard Hildebrand: 더 중요한 브루노 힐데브란트의 아들)의 『화폐이론』(*Theorie des Geldes*, 1883)을 거론하고 싶다. 『이자와 물가』(*Interest and Prices*)에서 빅셀은 두 저자를 모두 인용했다. 그리고 이 주제

들은 특히 강조하면서 받아들였지만, 모든 의미까지 받아들일 의도는 없었다. 다른 이들, 특히 미국인들 또한 워커의 깔끔한 구절 ——"화폐는 화폐의 기능이다" ——을 애매한 태도로 받아들였다. 대부분의 연구자는 화폐나 본원(primary)통화(항상 그러한 것은 아니지만 흔히 주화나 정부불환 지폐를 의미하거나 은행권이나 적어도 중앙은행권을 의미하는)와 '신용' 또는 신용화폐(fiduciary money: 신용거래로부터 발생하는 지불수단을 의미)를 구분했다. 어떤 이는 이 구분에 매우 중요한 의미를 부여했으며,[28] 뒤에서 살펴볼 몇몇 경우에는 사실상 이 구분이 용어선택 이상의 의미를 가리켰다. 앞에서 보았듯이, 화폐에 대한 지도적인 권위자들은 무비판적인 금본위제의 숭배에 빠지지 않았다. 이탈리아처럼 금본위제를 지지했던 곳에서는, 그렇게 해야 하는 타당하면서도 충분한 현실적 이유가 있었다. 그러나 실제적으로 우리의 용어를 따를 경우, 이들은 모두 이론적 금속주의자로 분류되어야 한다.[29] 이와 관련해서 다음과 같은 점에 주의할 필요가 있을 것이다.

첫째, 교환수단, 가치척도, 가치저장, 이연지불의 표준이라는 화폐의 오랜 네 가지 기능으로부터 화폐이론을 발전시키려는 관행이 여전히 유행했다. 많은 저자는 이 기능들의 분리가능성과 함께 그 기능들이 결합

에 대한 그의 논평은 어떻게 그런 일반적인 언명이 진지한 연구자에게는 사실상 아무런 의미가 없는지를 잘 보여준다. 그러나 그것들 사이의 모순은 그 정의를 액면 그대로 받아들이고 다른 모든 것이 그것으로부터 나온다고 믿는 일반인과 역사가로 하여금 경제학을 불신하게 만드는 데 일조했다.

28) 예를 들어 로플린의 앞의 책이나 미제스의 앞의 책 참조. 위와 같은 구분을 간과하는 것이 많은 이론적 · 실천적 오류의 근원이라는 견해를 지지하는, 우리 시대의 권위자로는 리스트(앞의 책)를 들 수 있을 것이다. 그러나 이러한 오류는 우리가 '신용'을 화폐에 포함시키더라도 피할 수 있으며 그렇지 않다고 할지라도 발생할 수 있다.

29) 이탈리아 통화문제에 넌더리가 난 파레토는 지폐를 '잘못된 화폐'(moneta falsa, false money)라고 부르기까지 했다. 또한 판탈레오니 같은 다른 이탈리아학자는 그것을 병리적인 경우로 생각했다. 이처럼 강력한 금속주의는, 비록 그 동기가 다르기는 하지만, 마르크스에게서만 발견될 수 있다.

되어 나타나는 실제적인 이유 모두를 주장했다. 물론 발라는 스미스와 맬서스같이 노동을 가치표준으로 사용했던 모든 저자가 먼저 보여주었던 뉴메레르(*numéraire*)——그 단위는 가격과 가치를 표현하기 위해 사용되지만, 이러한 역할 때문에 그 자신의 가치가 변하지는 않는 상품——와 화폐(*monnaie*)——실제적으로 교환수단으로 기능하고 따라서 그 화폐적 역할이 공급의 일부를 흡수하기 때문에 결국에는 그 가치가 영향을 받게 되는 상품——를 구별하는 유용한 방식을 도입했다.

둘째, 많은 연구자는 화폐의 저장기능을 강조하기 위해 매우 노력했다. 이는 이 시기 경제학자들이 오늘날 케인스 경제학에서 유동성 선호(Liquidity Preference)라고 불리는 현상을 얼마나 인식했는가라는 문제를 제기하기 때문에 중요하다. 마셜은 금퇴장의 수요가 금가치에 비례해서 증가한다는 퇴장법칙(law of hoarding)을 언급했다.(*Official Papers*, 6쪽 참조) 종종 그는 사람들이 구매력이 있더라도 지출하지 않을 수 있다는 사실을 생각한 듯 보인다.[30] 미제스는 화폐가 어떤 때는 자산(*Vermögensanlage*)으로 보유되기도 한다고 지나가는 말로 언급했다. 더 나아가 케머러는 "많은 화폐액이 지속적으로 퇴장되고 있"으며, "때로는 퇴장되는 유통수단의 비율이 경기심리에 영향을 주는 모든 요소에 의해 변하기도 한다"라고 주장했다.(*Money and Credit Instruments*, p.20) 더욱이 마셜과 다른 연구자, 특히 피셔는 지출하지 않으려 한다는 의미에서 퇴장이 경기침체의 메커니즘에서 수행하는 역할에 대해 알고 있었다. 그러나 홉슨 같은 이단자들만이 그것에 교란 일반, 특히 실업의 원인이라는 '결정적 중요성'을 부여했다.[31] 유동성 선호이론을 구성하는 것이 바로 이러한 특징이기 때문에, 내 생각에, (유동성 선호와 관련된—옮긴이) 이론의 도입은 케인스의 공으로 돌려야 하거나

---

30) 이는 그의 『산업의 경제학』(*Economics of Industry*)에서 찾아볼 수 있다. 또한 케인스의 『일반이론』, 19쪽 각주도 참조.

31) 케인스가 인정하면서 인용했던 홉슨의 『산업의 생리학』(*Physiology of Industry*), 102쪽 참조. 앞의 각주도 참조.

아니면 그에게 빚지고 있는 것으로 보아야 한다.(이에 대해서는, 아래 6절 참조)

셋째, 당시의 화폐이론은 베허와 케네가 정의한 의미[32]이거나 근대적인 의미의 화폐분석이 아니었다. 즉 그것은 화폐경제에 대한 일반이론이 아니었다. 우리는 실로 발라의 화폐이론이 가치와 분배에 대한 일반이론에 완전히 통합된 것임을 알고 있다. 지금까지 우리는 이러한 방향으로의 또 다른 진전, 특히 빅셀의 이름과 관련된 진보에 주목했으며, 이후에도 다시 주목하게 될 것이다. 그러나 대체로 화폐이론은 '가치이론과 분배이론'이라는 건물과 떨어진 별채에 남아 있었다. (소득률rates of income을 포함한) 가격은 기본적으로 교환비율이었으며 화폐는 교환비율을 절대적인 수치로 변화시켜 교환비율에 화폐의 외관을 입히는 경우를 제외하고는 교환비율에 조금도 영향을 미치지 못한다. 달리 말하면 경제과정에 대한 모형은 본질적으로 물물교환 모형이며, 인플레이션과 디플레이션이 작동을 교란시킬 수 있지만 논리적으로 경제과정에 대한 모형은 완전하고 자율적이었다. 실제적으로는 그 개념이 화폐로 표현되었더라도, 특수한 화폐문제와 관련되지 않는 한, 그 시기에 가장 가치 있는 연구는 **실물분석**이었다.[33]

이러한 상황은 그것과 함께 등장했다가 사라진 흥미로운 개념의 형성에서 발견된다. 만약 한편에서 가치와 분배에 대한 사실은 논리적으로 화폐와 독립적이어서 화폐에 대해 지나가는 언급만으로도 설명될 수 있지만 다른 한편으로는 화폐가 교란장치로 작동할 수도 있다는 점이 인

---

32) 이와 관련된 베허와 케네의 견해에 대해서는 이 책, 1권, 2부 6절 참조.

33) 이 문장은, 예가 없다면, 초보자들에게 어려울지 모른다. 뵘-바베르크의 생존기금(Fund of Subsistence)은 모든 종류의 소비재를 나타내는 실물개념이다. 그런데도 그는 이것을 화폐로 표현했다. 그러나 이것이 그가 자본에 대한 화폐적 개념을 채택했다거나 자신이 묘사한 경제과정에 화폐가 어떤 영향을 미칠 수 있다고 보았음을 의미하지는 않는다. 그의 화폐—리카도가 『원리』의 일반이론에서 보여준 화폐처럼—는 단지 다양한 물리적 재화량의 동질적 표현에 지나지 않는다.

정된다면, 물물교환 경제모형의 실물적 과정에 영향을 주지 않기 위한 화폐의 작동방식을 정의해야 하는 문제가 발생한다. 빅셀은 이 문제를 명쾌하게 인식하고 **중립화폐**(Neutral Money)라는 적절한 개념을 만들어낸 첫 번째 인물이다. 이 개념은 그 자체로 순수 '실물'분석의 가능성에 대한 기존의 믿음을 표현한 것에 지나지 않는다. 그러나 이것은 또한 화폐가 반드시 중립적일 필요는 없다는 사실에 대한 인정을 보여주기도 한다. 그래서 이 개념의 창조는 화폐의 중립조건에 대한 탐구를 유도했다. 그리고 이 점이 결국 그러한 조건이 정식화될 수 없다는 발견, 즉 중립화폐나 진정으로 중요한 현상 위에 덮인 단순한 장막 같은 화폐는 없다는 발견으로 이어졌다. 이것은 작동불가능하다는 것을 증명함으로써 가치 있는 기여를 하게 되는 개념의 흥미로운 예다.[34)]

넷째, 화폐이론이 실제로 별채에 남아 있는 동안 그것의 중심적인, 그리고 실제적으로 유일한 문제는 화폐의 교환가치나 구매력이다. 이 점은 이 시기 분석적 연구에서 전보다 훨씬 더 분명하다. 따라서 『화폐와 가격』(*Money and Prices*)이라는 책제목의 대중성은 전후시대까지 지속되었다.[35)] 확실히 지수방법 진전에 영향을 받은 많은 연구자, 특히 미

---

34) J.G. Koopmans, "Zum Problem des 'neutralen' Geldes", *Beiträge zur Geldtheorie*, 1933 참조. 물론 이 문제는 물가안정, 고용안정 등과 같은 문제와 혼동되지 말아야 한다. 화폐체계나 화폐정책이 그런 안정을 확보하는 것이라고 주장하자마자 정확히 우리는 그것이 영향력을 가진다는 것, 따라서 그것은 중립적이지 않다는 점을 인정하게 된다. 경제학자들이 물물교환 모형과 중립화폐의 가능성에 대한 믿음으로부터 화폐의 행태에 대한 구체적인 언급 없이 경제적 과정에 대해 어떤 것을 주장하는 것은 불가능하다는 믿음으로 발전하는 경우를, 빅셀 다음으로 두드러지게 보여준 사례는 피구의 일련의 연구다. 내가 생각하기에 전환점은 그의 『실업이론』(*The Theory of Unemployment*, 1933)이다.

35) 다른 곳에서 언급된 것들에 추가하여 몇 가지 예를 보자. Antonio De Viti de Marco, *Moneta e prezzi*(1885). L.L. Price, *Money and its Relations to Prices*(1896); Richmond Mayo-Smith, "Money and Prices", *Political Science Quarterly*(June 1900); E.W. Kemmerer, *Money and Credit Instruments in Their Relation to General Prices*(1907). J.L. Laughlin,

국의 연구자는 화폐구매력의 가치를 물가지수의 역수로 정의하는 데 주저하지 않았다. 오스트리아학파는 지수를 불신했으며,[36] 화폐가치의 본질과 관련해서 좀더 이론적인 의구심을 느꼈다.

이 의구심에 대해 짧게나마 언급할 필요가 있다. 처음부터 오스트리아학파는 자신들의 한계효용 이론을 화폐에 적용하려는, 이들의 입장에서는 당연한, 소망——이 이론의 반대자들뿐만 아니라 빅셀과 같이 적극적인 지지자조차 불가능하다고 공언했던——을 가지고 있었다. 이제 개인들이 화폐소득에 부여하는 중요도에 한계효용 이론을 적용하는 것은 쉽다. 베르누이(Daniel Bernoulli: 이 책, 1권, 2부 6장 3절 참조)는 이미 이것을 수행한 바 있다. 그러나 화폐의 구매력이나 교환가치——멩거의 화폐의 객관적 교환가치——를 설명하고자 할 때, 개인들이 화폐소득 한 단위——멩거가 불렀듯이 그것의 주관적 교환가치——에 대해 갖는 중요도는 전혀 도움이 되지 않는다. 왜냐하면 개인들이 화폐에 주관적인 가치를 부여할 수 있기 전에 화폐의 구매력이 개인들에게 알려져야 하기 때문이다. 즉 개인들은 그의 화폐로 무엇을 구매할 수 있는지를 알아야 한다. 따라서 그런 상황에 직면한다면 다른 모든 경우에 행해질 수 있는 작업, 즉 한계효용 곡선이나 한계효용 스케줄로부터 교환가치를 도출하는 작업을 화폐에 적용하기는 불가능하다. 그러한 시도는 순환논리로 귀결되는 듯 보인다. 우리는 비저, 특히 미제스가 이러한 난제를 극복하기 위해서나 이들이 자신들의 해법에 대한 앤더슨의 반론을 극복하기 위해 노력하는 모습을 논의할 여유가 없다.[37] 그러나 이러한

Money and Prices(1919); *A New Exposition of Money, Credit and Prices*(1931). Albert Aftalion, *Monnaie, prix et change*(1927). 케머러의 저작은 불운하게도 위대한 피셔의 저작에 의해 압도된, 뛰어난 성과다.

36) 물론 그들이 그렇게 했던 유일한 연구자는 아니다. 로플린은 미국의 한 예다. 대체로 지수는 느린 침투과정을 통해 전문가들에게 수용되었으며, 그 과정은 전문가들을 적극적으로 설득하기보다는 반론을 지치게 하는 과정이었다.(아래의 4절 참조)

37) *Theorie des Geldes*(2nd ed., p.100) 참조. B.M. Anderson, *The Value of*

질문과는 별개로 개인의 행태와 의사결정을 강조하고 다양한 유형의 물가 수준이 아닌 개별상품과 관련하여 화폐의 교환가치를 정의하려는 오스트리아학파의 방식은 인플레이션 과정 분석에 특히 장점을 보인다. 그것은 단순하고 부적절한 상황묘사를 덜 명료하지만 더욱 현실적이고 더 풍부한 결과를 가진 상황묘사로 대체시키는 경향이 있다.

대부분의 경제학자는 한계효용 분석이 화폐의 교환가치 경우에는 적용될 수 없다는 데 동의했——거나 아마도 그러한 질문을 받았다면 동의했을 것이——다. 그러나 수요 · 공급 도구가 그것에 적용되는가 하는 질문에는 대부분 긍정적으로 답변했다. 이것은 오스트리아학파와 캐넌처럼 화폐를 다른 상품들과 동일하게 취급하려는 사람들로서는 당연한 입장이었다. 그러나 교환방정식이나 현금잔고방정식(아래 5절과 6절 참조)처럼 화폐에 대한 특수한 공식을 채택함으로써 화폐는 그렇게 다루어질 수 없다는 자신들의 믿음을 증명했던 많은 사람도 그러한 입장을 취했을 것이라는 사실은 흥미롭다. 사실 화폐수량설의 친구와 적 모두 그것이 수요 · 공급 도구를 화폐에 적용한 것이라는 설명에 동의했다.[38]

[2. 크나프의 화폐국정설]

독일에서 찻잔 속의 태풍으로 묘사될 수도 있는 것이 크나프의 『화폐국정설』(*State Theory of Money*)에 의해 제기되었다.[39] 이 책은 "화폐

Money(1917) 참조.

38) 피구는 실제로 자신의 논문("The Exchange Value of Legal-Tender Money", *Essays in Applied Economics*, 1923)에서 이러한 사고를 자세히 보여주었다.

39) 이것은 루카스(H.M. Lucas)와 보나르(J. Bonar)가 크나프(G.F. Knapp)의 『화폐국정설』(*Die Staatliche Theorie des Geldes*, 1905)을 요약하여 영역한 제목이다. 나는 다작가인 크나프의 문헌을 다루지 않을 것이다. 독자들은 엘리스의 『독일 화폐이론, 1905~33』(*German Monetary Theory, 1905~33*)에서 그에 대해 좀더 많은 것을 발견할 것이다.(앞의 2절 참조) 또한 거기서 독자들은 크나프의 성과에 대해 내가 할 수 있다고 느끼는 것보다 더 관대한 평가를 발견할 것이다.

는 법의 피조물이다"라는 격언에 기초한 화폐이론을 제시했다. 만약 크나프가 정부가 어떤 물건, 보증서, 허가권, 상징물(기호를 포함한)을 법화로 공언할 수 있다는 점과 이러한 취지의 공언이나 어떤 지불증서 내지는 허가권이 세금납부 때 받아들여질 것이라는 공언이 지불증서 내지는 허가권에 가치를 부여하는 데 오랜 과정이 소요된다는 점을 주장했을 뿐이라면, 그는 진실이지만 진부한 사실을 주장한 것이다. 만약 그가 정부의 행위가 지불증서 내지는 허가권의 가치를 결정할 것이라고 주장했다면, 그는 흥미롭지만 잘못된 명제를 주장한 것이다. 그러나 그는 어느 쪽도 아니었다. 그는 자신이 화폐가치에 관심을 두고 있음을 명시적으로 부정했다. 그의 이론은 간단히 법적으로 유효한 지불수단으로 간주되는 화폐의 '본질'에 대한 것이었다. 이러한 의미에서, 그것은 결혼제도가 법의 피조물이라고 말하는 것과 마찬가지로 진실임과 동시에 오류다.

그러나 사정이 이러하다면, 비록 독일에 한정되기는 했지만 그 책의 놀라운 성공을 어떻게 설명할 수 있는가? 이 질문에 대한 답변은 경제분석의 사회심리학에 대한 흥미로운 연구를 요구한다. 첫째, 크나프의 서술은 매우 효과적이었다. 그의 강력한 독단주의(dogmatism)와 이론의 독창적 개념화[40]는 일반인(laymen)과 경제이론 분야의 일반인인 경제학자들에게 강한 인상을 주었다. 둘째, 당대의 많은 사람, 특히 정치가들은 점차 대중성을 확보하던 국가관리 화폐의 기초를 제공하는 듯 보이는 이론을 반겼다. 사실 그의 이론은 제1차 세계대전기에 통화의 인플레이션이 치솟는 가격과 조금도 상관성이 없음을 '증명'하는 데 폭넓게 사용되었다. 셋째, 크나프는 관련주제의 문헌과 논리에 대해 거의 완전히 무지하면서도, 자신의 이론이 이론적 금속주의——그의 혐오대상인——의 대안이자 지폐의 존재이유를 설명하는 데 유일하게 가능한

---

40) 그는 새로운 개념을 만들고 그것에 알맞은 이름을 짓는 데 뛰어난 기술이 있었다. 그 목적을 위해 차용된 그리스 낱말은 매우 적절했다는 것에 주목해야 한다. 그 시기 독일의 경제학자들은 대체로 훌륭한 이론가는 아니었지만 고전교육을 받았으며 그리스어를 알고 있었다.

대안이라고 믿었다. 그리고 크나프는 화폐가치에 대한 비금속주의 이론을 완성하는 데 완전히 실패했음에도 이 불합리한 주장은 광범위하게 받아들여졌다.[41] 넷째, 그런 이론으로 나아갔던 비저와 호트리 같은 지도자들도 자신들의 이론과 피상적인 유사성을 지닌 그의 연구에 어느 정도 공감을 느꼈다. '무엇이 성공하는지 그리고 그 방법이나 이유는 무엇인지'에 관한 물음에 관심이 있으며, 이에 대한 답변이 다른 어떤 것보다 인간의 활동영역의 일반적인 조건을 잘 드러낸다고 믿는 사람이라면, 이 사례를 고찰해보는 것이 좋을 것이다.

4절 화폐가치: 지수접근법

화폐의 구매력에 대한 이론적 논의보다 훨씬 더 중요했던 것은 그것의 통계적 보완이었다. 이 시기 물가지수 분야에서 이루어진 약진은 전체 경제학의 역사에서 가장 중요한 사실 중 하나며, 수량적(quantitative) 경제이론뿐만 아니라 산술적(numerical) 경제이론(수량적 경제이론은 수리경제학을, 산술적 경제학은 계량경제학을 의미하는 듯하다—옮긴이)을 향한 가장 중요한 발걸음 중 하나다. 생산지수는 상당한 시차를 두고 가격지수의 발전을 뒤따랐지만 이미 전후 발전을 위한 토대가 있었다. 그리고 임금지수와 고용지수의 작성은 초기단계였다. 그러나 정확히 이 주제는 광범위한 차원으로 확장되었기 때문에, 여기서 그것의 성장에 대해 개괄할 수는 없다. 나는 다만 준독립적인 전문분야나 과학으로 발돋움하던 분야를 체계화하고자 했던 두드러진 노력들을 언급하면서, 독자들이 이 주제와 경제분석의 나머지 주제들을 관련시키고 좀더 일반적인 함의를 인식하는 데 도움이 될 만한 몇 가지 논평을 제시할 것이다.[42]

41) 어느 정도 이것은 언급할 만한 가치가 있는 그의 비판가 중 한 명에 의해 이루어졌는데, 이에 대해서는 벤딕센(Friedrich Bendixen)의 『화폐의 본질』(*Wesen des Geldes*, 4판, 1926)과 수많은 다른 저작을 참조.

[1. 초기연구]

영국과학진흥협회(the British Association for the Advancement of Science)가 지수에 주목했으며, 그 주제의 연구를 위해 위원회의 간사로 활동하던 에지워스는 두 편의 유명한 보고서(1887년과 1889년)를 저술했다.[43] 그 보고서는 실제적인 지수작성 방법 관점에서 제시된 권고안들보다 지수의 의미와 목적——노동표준, 소비표준, 모든 목적의 지수문제 등——에 대한 포괄적인 분석이라는 이유에서 주목받을 만하다. 1901년 월시는 『일반적 교환가치 측정』(*Measurement of General Exchange Value*)을 출판했는데, 이 책은 통계적 기법에 대한 논의를 그의 중요한 책인 『화폐과학의 근본적인 문제』(*The Fundamental Problem in Monetary Science*, 1903)에서 확립된 지수에 대한 포괄적 경제이론에 근거를 두었다. 다음으로 미첼(W.C. Mitchell)의 도매물가 지수에 대한 논문인 『미국과 해외의 도매물가 지수』(*Index Numbers of Wholesale Prices in the United States and Foreign Countries*, 미국 노동통계사무소Bureau of Labor Statistics의 회보 173호, 1915년; 이

---

42) 독자들은 필요한 배경지식을 『사회과학 백과사전』에 수록된 월시(C.M. Walsh)의 지수(Index Numbers) 항목에서 발견할 수 있다. 생산지수에 대해서는 A.F. Burns, "The Measurement of the Physical Volume of Production", *Quarterly Journal of Economics*, February 1930 참조. 임금지수와 고용지수에 대한 가장 좋은 참고문헌은 볼리의 뛰어난 저작, 특히 『왕립통계학회지』(1898~1906)에 수록된 14편의 논문(부분적으로 우드G.H. Wood와 공동으로 작성됨. 우드의 논문, 「1850년 이후 실질임금과 안락감 수준」 "Real Wages and the Standard of Comfort since 1850", *Ibid*., March 1909은 이 14편 논문을 보완해주는 성과다) 모음집인 『지난 100년 동안 영국의 임금통계』(*Statistics of Wages in the United Kingdom during the Last Hundred Years*)와 「고용측정」("Measurement of Employment", *Ibid*., July 1912)이다.

43) 이 두 편의 보고서는 그의 『정치경제학 관련논문 모음집』(*Papers Relating to Political Economy*, 1권 3절에서 가장 쉽게 접근가능하다. 이 책에서 그것들은 「화폐가치 변화 측정」(Measurement of Change in Value of Money)이라는 제목으로 재출판되었다.

논문은 1921년에 발간된 개정판 회보 284호에서 찾아볼 수 있다)를 언급해야 한다. 그러나 미국에서 지수의 전성기는 피셔의 기념비적 저작이며 거의 모든 뛰어난 후속연구의 원천이 된 『지수작성』(*Making of Index Numbers*, 1922)[44]에 의해 시작되었다. 그러나 그 성과의 풍부함에 대해 여기서 지적할 수 있는 모든 것은 다음과 같다. 피셔는 사전에 확립된 몇 가지 '검정방법'을 통해 기존의 지수화 방법과 가능한 지수화 방법을 분석하고 분류하고 '교정'했다. 즉 그는 지수가 충족시켜야 할 조건을 정식화했으며 그 이후 대부분의 지수이론은 사실상 이 검정방법들에 대한 이론으로 되었다. 검정방법은 이상적인 지수의 모색을 합리화하기 위해 고안되었지만 이것은 이상적인 지수 자체에 대한 탐구보다 훨씬 더 중요하다.

[2. 경제이론가의 역할]

지수에서 경제분석의 역사와 가장 밀접한 상관성이 있는 부분은 그것의 발전에서 경제이론가들이 보여준 주도적 역할이다. 외관상 지수는 통계전문가(technician)의 영역에 속하며, 따라서 지수이론은 예를 들어 표본추출 이론(the theory of sampling)처럼 통계학의 일부여야 한다. 지수에 대한 대부분의 연구는 사실상 통계학자나 '경제이론'에는 별 관심이 없었던 경제학자들에 의해 이루어졌다. 예를 들면 가장 긴 생명력을 보여준 공식은 아무런 단서조건 없이는 경제학자라고 불릴 수 없는 사람인 라스파이레스에 의해 만들어졌다.[45] 그러나 18세기와 19세

---

44) 화폐이론과의 상관성은 『화폐의 구매력』(*Purchasing Power of Money*, 1911) 중에서 지수와 관련된 부분에서 더 명확하다. 이 부분은 앞서 언급된 책들과 함께 정독되어야 한다.

45) 라스파이레스(E. Laspeyres)는 그에게 불멸의 명성—학생들은 스미스를 듣지 못할 수는 있어도 라스파이레스를 듣지 않고는 경제학 학습을 완전히 마칠 수 없다—을 제공한 공식 $\frac{\sum p_1 q_0}{\sum p_0 q_0}$를 『국민경제학과 통계 연보』(*Jahrbücher für Nationalökonomie und Statistik*, 1864년, 1871년)에 발표했다.

기 전반에 그랬듯이 거의 모든 중요한 추동력과 발상은 경제이론가들에게서 나왔다. 이 점을 확증하기 위해 제번스, 에지워스, 피셔——여기에 영[46]도 추가되어야 한다——의 이름을 언급하는 것으로 충분할 것이다. 그러나 이들이 예외적인 경우는 아니었다. 모든 사람이 기본적으로 이론가로 분류할 만한 경제학자 중 점점 더 많은 이가 지수화 방법을 개발하거나 지수의 의미나 목적에 대해 비판적이면서도 건설적으로 설명하는 데 관심을 보였다. 마셜은 연쇄가중 측정방법(chain system)을 제안했다.[47] 소수의 지도자만 언급하자면, 렉시스, 발라, 빅셀, 비저, 피구가 이론적 토대에 실질적으로 기여했다.[48] 이들의 연구는 1920~30년대에

---

46) 제번스의 논문 두 편("A Serious Fall in the Value of Gold……", 1863; "The Variation of Prices and the Value of the Currency since 1782", 1865)은 진정으로 결정적인 추동력을 제공하기는 했지만, 그를 "아마도 지수의 아버지로 간주할 수 있을 것이다"라는 피셔의 언급이나 케인스의 비슷한 언급까지 정당화하지는 못한다. 이 두 편의 논문은 모두 『통화와 금융에 대한 고찰』(*Investigations in Currency and Finance*)에 수록되었다. 매우 중요하고 빛나는 저작이지만, 이론가로서는 관련된 이론적 문제에 대해 놀라울 정도로 무관심하다. 에지워스의 저작이 부분적으로 이러한 결점을 보완했으며, 피셔의 저작은 이미 언급된 바 있다. 이 분야에서 영(Allyn A. Young)의 저작은 완전히 잊힌 그의 다른 저작에 비해 비교적 나은 편이다. 왜냐하면 그중의 일부가 리츠(H.L. Rietz)의 유명한 『수리통계학 교본』(*Handbook of Mathematical Statistics*, 1924)에 수록되었기 때문이다.

47) 1887년에 발간된 그의 논문("Remedies for Fluctuation of General Prices", *Contemporary Review*, 1887)에 수록되었다.

48) 물론 렉시스는 기본적으로는 경제이론가가 아니다. 그러나 그의 논문 「가치총량」("Über gewisse Wertgesamtheiten……", *Zeitschrift für die gesamte Staatswissenschaft*, 1886)은 주목받지 못했지만, 매우 중요한 이론적 추론을 담고 있었다. 발라의 기여(1874년, 1885년)는 『응용정치경제학 연구』(*Études d'économie politique appliquée,* ed. définitive, 1936, pp.20 이하)에 실려 있다. 빅셀의 기여는 『이자와 가격』 2장에 실려 있다. 비저의 기여는 「화폐가치 변화의 측정」("Über die Messung der Veränderungen des Geldwert", *Schriften des Vereins für Sozialpolitik*, vol.132, 1910)에 담겨 있다. 피구의 기여는 『후생경제학』(*Economics of Welfare*, 1920. 이전에는 『부와 후생』 *Wealth and Welfare*, 1912)에 담겨 있다.

대규모로 지속되었다. 아쉽게도 우리는 1920년 이후의 발전을 자세히 살펴볼 수 없다. 그렇지만 이 시기의 세 가지 성과에 대해서는 아래에서 디비지아, 하벌러, 케인스의 성과를 다루면서 언급할 것이다.

좀더 나아가기 전에 지수화 방법의 발전에서 경제이론가의 몫을 강조하는 것이 필요하다고 생각되는 이유를 다시 언급하고 싶다. 반이론적 성향의 통계학자와 경제학자는 이러한 '현실적' 분석이 근거가 박약한 이론적 구조물과 대비되는 어떤 것이며 단순한 사변을 대체할 목적으로 진정한 과학적 정신 아래서 창조된 것으로 생각할지도 모른다. 이러한 견해를 교정하는 것이 중요해 보인다. 지수라는 주제는 이론적 탐구와 통계적 탐구가 진정으로 관련되는 방식, 특히 통계적 방법이 이론가의 연구로부터 발전되는 방식에 대한 훌륭한 예를 제공한다.

[3. 하벌러, 디비지아 그리고 케인스]

비저를 예외로 하면 대부분의 주도적인 오스트리아학자들은 지수로 화폐구매력(물가의 역수)의 변화를 '측정한다'는 사고에 대해 적대적이지는 않더라도 비판적인 태도를 취했다. 그들은 물가라는 개념의 시민권을 부인하고자 했으며 어쨌든 원칙상으로는 그것의 측정가능성을 부인하는 성향이 있었다.[49] 그토록 많은 경제학자가 지수에 대해, 그 의미와 관련해서 고민하지도 않은 채, 무비판적인 신뢰를 보였으며, 지금도 그러하다는 사실에 비추어보면,[50] 이러한 태도는 절실한 해독제를 제공한 셈이다. 그뿐만이 아니다. 이러한 비판이 처음에는 부정적이기만 했으나, 마침내 지수의 의미를 다룬 하벌러의 책에서는 건설적인 것으로

49) 이 태도의 가장 강력한 표현은 미제스의 『화폐이론과 신용이론』(*Theory of Money and Credit*)에서 발견된다.

50) 이것은 물리적 산출물에 대한 지수를 포함하여 어떤 지수에도 적용된다. 지난 10여 년 동안 반작용이 시작되었다. 그것의 가장 중요한 징후는 케인스가 『화폐론』(*Treatise on Money*, 1930)에서 확실히 이론적 분석의 도구로서 물가지수에 많은 중요성을 부여한 반면 『일반이론』에서는 그것의 사용을 완전히 피했다는 사실이다.

변했다.[51]

그의 분석의 핵심은 다음과 같은 명제에 기반을 둔, 물가지수의 의미에 대한 해석이었다. 만일 어떤 개인이 불변의 기호를 가지고 있고, 그의 화폐소득이 동일하다고 전제할 때, 그가 t_0기에 구매할 수 있었던 상품묶음보다 선호하는 상품묶음을 t_1에 구매할 수 있다면(t_0시점에서 구매한 상품묶음보다 선호되는 상품묶음을 t_1시점에는 구매할 수 없다면), 물가 수준은 t_0시점과 t_1시점 사이에서 하락(상승)한 것이다. 이러한 해석은 지수를 후생경제학과 관련시킨다. 그러나 결정적으로 중요한 점은 그러한 해석이 지수를 선택이론에 기초하도록 만들고, 따라서 지수를 근대가치 이론의 중심에 위치시킨다는 사실에 있다.[52]

하벌러가 '객관적인' 물가라는 아이디어를 포기하고 주관적인 물가라고 이름 붙일 수 있는 것으로 대체한 반면, 디비지아는 객관적 물가와 화폐모수(monetary parameter)와 화폐지수(*indice monétaire*)를 만들어냈으며, 이는 극히 중요한 성과였다. 핵심생각에 대한 간단한 설명은 아래 각주를 보라.[53]

---

51) G. von Haberler, *Der Sinn der Indexzahlen*(1927).

52) 비슷한 방식의 파레토 설명(*Cours*, vol.I. pp.264 이하)과 수많은 관련설명(그중의 하나는 앞에서 언급된 에지워스의 보고서에 수록되어 있다)은 훨씬 더 설득력이 부족하다. 그러나 우리는 여기에 머무를 수 없다.

53) 모든 재화와 서비스에 대한 지출을 E, (양이나 음의) 변화분을 ΔE라고 할 때 인과관계에 대한 어떤 함의 없이 순수하게 형식적인(formal) 방식으로 ΔE를 세 부분으로 나누는 것이 확실히 가능하다. 첫 번째는 가격변화에서 '비롯된' 부분으로, 이것은 이전에 구매한 각각의 수량과 각각의 가격변화분을 곱한 것과 동일하며, $\Sigma q \Delta p$로 표현된다. 두 번째 부분은 구매한 수량변화에서 '비롯된다'. 이것은 이전에 구입한 각각의 가격과 각각의 수량변화분을 곱한 것과 동일하며, $\Sigma p \Delta q$로 표현된다. 그리고 세 번째 부분은 변화된 수량이 변화된 가격으로 구매되는 경우에서 비롯된다. 이것은 각각의 수량변화분과 가격변화분을 곱한 것과 동일하며, $\Sigma \Delta q \Delta p$로 표현된다. 이제 만약 가격과 수량의 변화분(Δq와 Δp의 변화)이 수량과 가격 자체(q와 p)에 비해 아주 작은 부분이라면(이는 우리가 아주 짧은 시간을 고려할 경우에만 가능하다), 그것의 곱은 매우 작을 것이며 아마도 실천적인 목적을 위해서는 그것을 무시할 수도 있을 것

총물가(over-all price level)라는 사고를 받아들인다고 할지라도, 그것은 부문별 물가, 예를 들면 생산자 물가(나 투자재 물가)와 구별되는 것으로서 소비재(소비표준), 서비스의 물가, 생산적 서비스 물가와 구별되는 것으로서 최종재 물가와 같은 사고보다 많은 목적에서 훨씬 덜 유용하다. 특히 총물가는 이들 부문들 각각의 상대적 변화를 감추고 있는데 이 상대적 변화는 특정한 경기변동 이론, 특히 하이에크 이론의 핵심축이다. 또 상대적 변화는 케인스의 『화폐론』 2권에 보이는 화폐동학의 핵심축이다. 『화폐론』 2권은 완전히 이 주제에 바쳐졌으며, 이러한 유형의 분석을 위한 주요한 참고문헌이다. 〔이 절은 미완성인 채로 남아 있었다.〕

5절 화폐가치: 교환방정식과 '화폐수량적 접근'

이미 우리는, 이 시기 대부분의 화폐연구자에 관한 한, 화폐분석은 말 그대로 별채에 남아 있었다는 표현에 일말의 진실이 담겨 있음을 알고 있다. 발라나 오스트리아학파 같은 예외도 있었지만, 이 별채 안의 가구는 화폐의 가치나 구매력을 설명하려는 특별한 목적으로 구성되었을 뿐 다른 용도는 없었다는 점 또한 사실이다. 경제체계의 한 변수의 행태를 설명하려고 할 때마다, 다른 모든 변수를 묶어 소수의 집계변수로 만들

이다. 그러나 우리는 두 항을 가지게 된다. 그 하나는 가격이 불변이며, 그래서 어떠한 가격변화의 '효과'도 없을 때 우리가 관찰하게 될 지출에 대한 '효과'를 나타낸다. 다른 하나는 수량이 불변이며 따라서 어떠한 수량변화의 효과가 없을 때 우리가 관찰하게 될 지출에 대한 그 '효과'를 나타낸다. 그리고 최초의 지출($E=pq$)의 백분율로 표현된 후자의 크기($\Sigma q \Delta p$)는 물가변화나 가격지수(monetary index)의 변화—따라서 이것은 명료하고 분석적으로 중요한 의미를 지닌다—를 정의하는 데 기여한다. 부분적으로 렉시스(앞의 책)가 이미 보여준 이 이론은 디비지아에 의해 『르뷔 데코노미 폴리티크』의 여러 호(1925~26년)에 걸쳐 「화폐지수와 화폐이론」(L'Indice monétaire et la théorie de la monnaie)이라는 제목으로 수록되었으며, 그의 『합리적 경제학』(*Économique rationelle*) 14장에 재수록되었다.

고 이것을 피설명변수의 '원인'으로 취급하는 것은 분명 편리한 방법이다. 이른바 교환방정식(Equation of Exchange)은 확실히 화폐가치나 가격 수준 일반을 포함하는, 가능한 가장 단순한 집계변수 체계다. 만약 후자가 피설명항이라면, 다른 항들은 자연스럽게 (비록 비논리적이기는 하지만) '원인'의 역할을 맡는다. 그리고 그 자체로는 그 어떠한 인과관계도 내포하지 않은 채 형식적 관계를 표현할 뿐인 교환방정식이 화폐수량설(Quantity Theory)로 변화되거나 변화될 수도 있다. 이것이 바로 이 시기에 교환방정식과 화폐수량설 양쪽이 추가적인 생명력을 누린 이유며, 화폐이론에 대한 수많은 논의가 화폐수량설에 대한 찬반형태를 취한 이유다. 따라서 우리는 이 저자들이 제시한 화폐수량설이 실제로 의미하는 바가 무엇인지 알아내기 위해 노력해야 한다. 독자들에게 가장 유용한 방식으로 이것을 달성하기 위해 우리는 이 노선의 뛰어난 성과인 피셔의 화폐의 구매력 이론에 집중할 것이다.[54]

피셔 방정식이나 뉴컴-피셔 방정식으로 불리게 된 것은 그 자체로는 새로운 것이 없다. 이것은 단순히 물가(P)를 (1) 유통화폐량(M), (2) 그 '효과'(efficiency)나 유통속도(V) 그리고 (3) (물적) 거래량(T)과 연관시킨다. 이것을 $P=f(M, V, T)$라고 표현해보자. 피셔 방정식은 이 함수관계에 $P=f(M, V, T)=\frac{MV}{T}$나 $MV=PT$라는 특수한 형태를 부여한다. 또한 이 방정식은 항등식이 아니라 균형조건이다. 왜냐하면 피셔는 MV가 PT와 동일(same)하다거나 정의상 PT와 일치(equal)한다고

54) 그 과정에서 우리는 최고 수준의 화폐수량설 분석(quantity theory analysis)을 얻게 된다. 따라서 대략적으로 볼 때 다른 수많은 정식에 대한 정보와 관련하여 발생하는 손실은 크지 않다. 그러나 피셔의 성과에 의해 가려지기는 했지만 케머러의 성과(*Money and Credit Instruments in Their Relation to General Prices*, 1907) 역시 그 못지않게 우리의 목적에 부합한다. 피셔는 뉴컴(Simon Newcomb)이 사회적인 유통(Societary Circulation; *Principles*, 1885; 앞의 5장 7절 1항 참조)을 취급하는 방식—사실 중요한 공헌이다—에 대해 관대한 평가를 내렸다. 그러나 우리는 그것의 고유한 장점을 살펴볼 수는 없다.

말하지 않았기 때문이다. M, V, T의 값이 주어지면 P값이 결정되는 경향이 있지만, 그것들이 단지 특정 P를 의미하지는 않는다. 그러나 진정으로 흥미로운 화폐분석은 방정식이라는 겉모습 이면에서 시작된다. 두 종류의 질문이 제기된다.

[1. 개념 정의]

첫째 P, M, V, T의 정확한 의미는 무엇인가? 화폐수량설 접근에 대해 어떠한 반론이 존재하든지 간에, 이 접근은 확실히 하나의 장점을 가지고 있다. 이론가들은 통계자료에 대한 개념의 분명한 근접성에 힘입어 이러한 (접근의—옮긴이) 강요 없이는 자신들이 종종 실패하는 것, 즉 개념을 정확하고 조작가능한 형태로 정의할 수 있게 되었다는 점이 그것이다. 우리는 교환방정식의 일반적인 목적을 위해 어떤 가격이 P에 포함되어야 하는지, 그래서 결과적으로 어떤 거래가 T에 포함되어야 하는지에 대한 질문 뒤에 숨겨진 모든 문제를 논의하거나 심지어 그 목록을 작성할 수 없으며, 단지 그것들을 지적하는 것만이 가능할 뿐이다.[55)]피셔는 「서론」에서 T를 화폐로 구매한 '재화'량으로 정의했으면서도, 자신의 통계작업에서는 증권을 포함하는, 좀더 넓은 개념을 채택했다. 그러나 M의 정의와 관련된 몇 가지 문제에 주목해보자.

대부분의 화폐연구자는 당좌예금(checking deposit)을 화폐——적

55) 이 문제와 관련된 아이디어는 피셔의 『화폐의 구매력』(1911) 부록에 대한 면밀한 검토로부터 유도될 수 있다. 내가 아는 한, 화폐를 대가로 구매되고 판매되는 모든 것에 대한 일반물가라는 개념(1920년대에 스나이더Carl Snyder의 일반물가 개념에 의해 극단적으로 수행되었던 사고에 대해서는 "A New Index of the General Price Level from 1875", *Journal of the American Statistical Association*, June 1924 참조)을 포기하고 그것을 부문별 물가(소비재, 투자재 등)로 대체한다는 생각은 물가개념에 대한 오스트리아학파의 적대감 속에 내포되어 있었다는 점을 제외한다면 이 시기에 논의된 적이 없다. 다양한 물가 수준이라는 생각에 우호적이었던 여론동향은 결국 1930년 케인스의 『화폐론』(*Treatise*) 2권에서 확실히 승리했다.

어도 아무런 단서조항 없이——로 부르기를 꺼렸다. 우리가 보았듯이 그들은 보통 화폐와 '신용'(아래 6절 참조)의 차이와 '본원적'(primary) 화폐와 '가공적'(fiduciary) 화폐의 차이를 강조했다. 그러나 교환방정식을 연구하는 데 이르자, 대다수——특히 가장 많은 통계작업을 수행했던 미국인들——는 양적으로 가장 많은 '신용수단'(credit instrument) 형태인 당좌예금을 (화폐에—옮긴이) 포함시켰으며, 종종 그것을 '예금통화'(deposit currency)라고 부르기도 했다. 이에 따라 교환방정식의 M은 실질적으로는 주화, 정부불환 지폐(government fiat), 은행권, 요구불예금을 의미하게 되었다. 이것이 실제로는 '구매에 사용된 모든 것'을 포함하는 것을 의미하기 때문에, 그들은 한편으로 물물교환(그리고 또한 사회적 생산물의 일부는 생산자 자신에 의해 소비된다는 사실)을 고려해야만 했으며 다른 한편으로 유통되지 않는 화폐(은행의 지불준비금과 퇴장)를 배제해야만 했을 것처럼 보인다.

내 생각에, 첫 번째 난제는 그다지 진지하게 다루어지지 않았다. 두 번째 난제에 대해서는, 나는 다만 케머러의 견해만을 인용하고 싶다.(앞의 책, 23쪽) "새로운 화폐가 즉각적으로 아니면 느리게 상품과 교환되는가, 전혀 그렇지 않는가 하는 문제는 화폐수량설의 진리 여부에 아무런 영향도 미치지 않는다." 왜냐하면 유통되지 않는 화폐는 간단히 0의 유통속도를 가지기 때문이다.

유럽, 특히 유럽대륙에서 이 개념체계는 훨씬 덜 대중적이었는데, 이는 부분적으로 대부분의 유럽인이 통계작업에 적극적으로 나서지 않았기 때문이었다. 대안적 도식의 대표적인 사례로는, (이전의 로트베르투스처럼) 빅셀이 M을 금속화폐(와 내 생각에 금속으로 태환될 수 없는 불환지폐)로 제한하고, 은행권과 예금을 '화폐'의 유통속도를 증가시키는 도구로 해석한 것이 있다. 이 경우, 은행 지불준비금의 유통속도는 0이 아니라, 아주 높은 값을 갖게 된다.(피셔의 실질유통 속도virtual velocity) 독자는 어떤 도식이든 내재적인 장점이나 단점을 갖지는 않는다는 점에 주목해야 한다. 편리함만이 선택의 기준일 뿐이다. 물론 이

기준은 '미국식 대안'에 매우 유리하다. 그러나 주목해야 할 또 다른 사항이 있다. 피셔는 상이한 유통속도(V')를 가진 당좌예금(M')을 분리시켜 교환방정식에 도입하고, 이것을 다음과 같이 표현했다. $MV+M'V'=PT$. 그러나 그는 여기에 두 가지 가설을 추가로 도입했다. 첫째, 그는 사람들이 휴대하거나 금고에 보관하는 본원적 화폐와 당좌계정(checking account)으로 보유하고 있는 유동성 사이에 안정적인 관계가 있다고 가정했다. 둘째, 그는 균형에서 그리고 그리 길지 않은 기간에 은행체계의 지불준비금과 당좌예금의 총량 사이에 매우 안정적인 관계가 존재한다고 가정했다. 이것이 의미하는 바를 살펴보자. 이 두 가지 가설 때문에, 피셔의 입장은 (구매력 문제에 관한 한) 요구불예금과 '은행외부에 있는 통화'를 구분하지 않은 채 두 범주를 M에 포함시키는 사람들의 입장과 빅셀처럼 오로지 주화와 불환지폐만을 포함시키는 사람들의 입장의 중간 어딘가에 위치하게 되었다. 화폐량 중에서 피셔가 '본원적'이라고 부른 화폐와 그가 1911년 영국과 미국의 상황을 살펴보면서 금과 동일시했던 화폐는 당좌예금이 공유할 수 없는 위상을 지니기 때문이다. 당좌예금은 사실상 '예금통화'였지만, 이 통화량의 변화는 '본원통화'의 양이나 그 상황(1911년 영국과 미국의 상황—옮긴이)에서는 금의 양에 따라 결정되었기 때문이다. 독자들은 이것이 화폐단위의 금함유량을 적절하게 변화시킴으로써 물가를 통제하려는 보상달러(compensated-dollar) 계획과 얼마나 긴밀한 상관성이 있는지 알게 될 것이다.

V, 즉 유통속도에 대해서는, 이 개념이 우리가 채택한 화폐량 개념에 의존한다는 앞의 고찰에 덧붙여 두 가지 사항을 추가로 언급해야 한다. 첫째, 화폐유통 속도 배후에 있는 요인분석에서 밀을 넘어서는 큰 진전은 없었다.[56] 사실상 다양한 유형의 유통속도가 명확히 구분되고, 그중

56) 재화의 유통속도라는 개념의 운명에 대해서는 마겟의 저작(앞의 책) 참조. 케머러는 이 개념을 자신의 교환방정식에 도입했다.

에서도 가장 중요한 **소득유통 속도**(Income Velocity)——오늘날에는 익숙한——가 전문연구자들 사이에서 폭넓게 도입된 것은 피구의 『산업변동』(*Industrial Fluctuations*)[57]이 출간된 이후였다. 그러나 이 시기 경제학자들이 유통속도를 습관적으로 상수로 취급했다고 말해서는 안 된다. 케머러[58]가 전반적 경기상황에서 비롯된 유통속도의 가변성을 강조했다는 사실만으로도, 끊임없이 반복되고 있는, 그러면서 많은 사람에게 이 가변성을 인식한 것이 현대분석의 주요장점이라는 완전히 비현실적인 인상을 초래한, 비난을 반박하기에 충분하다. 둘째, 우리는 유통속도의 통계적 측정을 위한 선구적인 노력에 존경을 표시해야 한다. 이런 노력은, 비록 부분적으로는 성공했지만, 에사르(des Essars), 킨리, 케머러 그리고 무엇보다도 피셔라는 이름과 함께 산술적(numerical) 경제학을 향한 도정의 주요한 이정표를 보여주었다.[59]

---

57) A.C. Pigou, *Industrial Fluctuations*(1st ed., 1927), Part I, ch.15. 이 연구 이전에는, 빅셀의 기여(*Interest and Prices*, ch.6)를 제외하면, 그리 많지 않았다.

58) 앞의 3절 1항 참조.

59) Pierre des Essars, "La Vitesse de la circulation de la monnaie", *Journal de la société de statistique de Paris*, April 1895; David Kinley, Doc. "The Use of Credit Instruments in Payments in the United States", *Reports of National Monetary Commission*, No.399, "Credit Instruments in Retail Trade", *Journal of Political Economy*, March 1895, "Credit Instruments in Business Transactions", *Journal of Political Economy*, March 1895; Kemmerer, *op. cit.*; Irving Fisher, *op. cit.* (그러나 원래는 "A Practical Method of Estimating the Velocity of Circulation of Money", *Journal of the Royal Statistical Society*, September 1909.) 피셔는 (『화폐의 구매력』과 방금 언급된 논문 492쪽에서) 유통속도의 값을 도출한 후, 실제로 교환방정식 전체를 숫자로 제시하기 시작했는데, 이는 비록 아우스터리츠(Austerlitz) 전투보다는 보로디노(Borodino) 전투에 훨씬 더 가깝기는 했지만, 진정한 나폴레옹의 승리와 같은 것이었다. (아우스터리츠 전투는 1805년에 나폴레옹군이 오스트리아와 러시아의 연합군을 대파한 전투로 유럽대륙의 지배권이 프랑스에게 넘어오게 된 결정적인 계기였다면, 보로디노 전투는 나폴레옹의 러시아 원정 도중인 1812년에 벌어진 최대의 격전으로 양쪽에 막대한 사상자만 나온

[2. 교환방정식과 화폐수량설의 구분]

두 번째 문제군은 교환방정식과 화폐수량설의 구분과 관련되어 있다. 당시의 연구자들은 $MV=PT$라는 형식적인 균형관계에 대한 언명에서 실제로 얼마나 벗어났을까? 이 문제에 대한 답변은 이 시기 연구자들이 스스로 그런 구분을 하지 않았으며, 단지 (분석상의—옮긴이) 이점 때문에 교환방정식이나 그와 유사한 등식을 사용하는 경우에도 종종 자신을 화폐수량설의 옹호자로 묘사했다는 사실 때문에 더욱 어려워진다. 그러나 대부분의 선도적인 연구자에 관한 한, 우리는 피구가 조금 후에 제시한 다음과 같은 견해("The Value of Money", *Quarterly Journal of Economics*, November 1917)를 그 전형으로 간주해도 될 것이다.[60] "종종 화폐수량설(Quantity Theory)은 마치 그것이 참 아니면 오류여야 한다는 특정한 명제집합인 것처럼 옹호되거나 반박된다. 그러나 사실 그 이론의 기술에 사용되는 공식은 단지 화폐가치를 결정하는 핵심 원인을 논리정연한 방식으로 제시할 수 있게 해주는 도구에 불과하다." 이 문장은, 화폐수량설이라는 용어를 교환방정식으로 대체했어야 한다는 의미로, 마셜 자신과 마셜의 모든 추종자에게는 분명 타당하다. 이들은 각자의 교환방정식의 변종을 사용하는 것 이상이 아니었다. 이는 화폐량의 독립적 변화가 물가에 미치는 영향에 대한 빅셀의 처리방식에도 똑같이 적용된다. 빅셀은 이자율의 역할을 너무 많이 강조했기 때문에 화폐량의 독립적인 변화가 가지는 직접적인 영향을 위한 여지를 남겨두지 않았다. 이제부터 살펴보겠지만, 방금 언급된 의미의 화폐수량설에 대한 극단적인 반대자들은 화폐량의 독립적인 변화가 화폐가치에 어떤

채 승패를 가리지는 못했지만 더 이상의 희생을 피하기 위해 러시아군이 후퇴하는 바람에 나폴레옹군이 모스크바에 입성하게 된 계기였다. 후자는 근대 전쟁사상 유례 없는 대격전으로, 톨스토이의 『전쟁과 평화』의 주요소재이기도 하다—옮긴이.)

60) *Essays in Applied Economics*(1923; "The Exchange Value of Legal-Tender Money")도 참조.

영향을 미친다는 것을 거부했는데, 이들의 견해에 따르면, 빅셀――과 마셜――은 화폐수량설 이론가로 분류되어야 한다.[61] 그런데 발라의 경우, 적어도 표면적으로는 이와 다르다.

발라의 입장을 이해하기는 아주 어렵다. 이 문제에 대한 그의 순수분석적 연구(*Éléments*; "Note sur la Théorie de la Quantité", *Études d'économie politique appliquée*, pp.153 이하 참조)는 무엇보다도 가장 흥미로운 점을 보여준다. 그는 단순히 화폐가치가 화폐량에 반비례한다는 가정에 그치지 않고, 그것을 한계효용 원리로부터 합리적으로 유도하고자 시도했다. 심지어 그는 전자(화폐가치와 화폐량의 반비례 관계－옮긴이)를 거부하려면 후자(한계효용 원리－옮긴이)도 거부해야 할 것이라고 언급할 정도였다. 또 다른 흥미로운 사항은 그가 고정자본량과 유동자본량이 주어진 이자율에 따라 사전에 결정되도록 했다는 점이다. 그러나 이런 제약조건 아래서 증명된 그의 정리는, 당연히 타당하기는 했지만 매우 취약하여 우리가 종종 부딪히게 되는 비판, 즉 화폐수량설은 그 자체를 사소하고 무용하게 만드는 가정 아래서만 성립한다는 비판에 완전히 노출되어 있었다. 왜냐하면 발라의 정리는 다른 조건들이

61) 빅셀은 화폐량의 독립적인 변화가 은행대출 이자율을 통해 은행신용 팽창을 시킴으로써 경제과정에 영향을 미친다는 점을 설득하는 데 열중했기 때문에, 종종 직접적으로 영향을 미친다는 점을 부정했다. 그러나 그는 항상 자신의 위치로 되돌아갔다. 예를 들면 그는 금스톡의 증가가 적어도 금생산자의 소득과 지출을 증가시키는 한에서, 물가에 직접적인 영향을 미쳐야 한다는 점을 보였다. 이에 대해서는 아래 6절 2항 참조.

미제스가 취한 입장은 우리가 맞서야 할 난점을 완벽하게 보여준다. 그는 물가개념에 대한 가장 열렬한 비판가다. 그는 화폐증가가 항상 그에 비례하여 물가를 상승시킨다는 주장에 의미가 있음을 부정했다. 그가 주장한 바는 화폐가치의 변화와 화폐수요와 화폐공급의 비율변화 사이에 어떤 '관계'가 존재한다는 점이다.(*op. cit.*, 2nd, p.111) 그는 이것을 화폐수량설의 유용한 요소라고 불렀으며, 더 나아가 많은 반론에 맞서 이 견해를 변호한다. 내 생각에, 우리는 그가 제공한 실마리를 취하고 그를 역사적인 의미의 화폐수량설, 즉 그 반대자들이 싸우고자 했던 화폐수량설에 대한 반대자로 분류해두는 것이 좋을 듯하다.

완전히 동일할 때 모든 가격이 동일한 비율로 하락한다면 주어진 거래량이 훨씬 더 적은 양의 화폐단위로도 충분히 이루어질 수 있다는 점 이상이 아니었기 때문이다. 그러나 발라는 이것을 화폐수량설(*théorie de la quantité*)——우리는 이 정리만으로 그를 화폐수량설의 반대자로 분류할 수 있는데, 만일 이것이 진정으로 (화폐수량설에 대한—옮긴이) 정확한 정식화라면 분명 화폐수량설에는 아무런 의미도 없는 셈이다——로 불렀을 뿐만 아니라, 이 정리가 자신의 통화개혁안에 필요한 분석적 기초의 모든 것이라는 착각의 희생물이 된 것처럼 보인다. 즉 그는 이 정리를 자신의 증명된 정리——옳든 그르든지 간에——와는 조금도 상관성이 없는 명제, 즉 실제적인 물가통제는 화폐량을 통제함으로써 달성될 수 있다는 명제와 동일시했다.

유통수단의 퇴장량이 단기에 매우 크게 변한다는 케머러의 명제는 엄격한 의미의 화폐수량설에 대한 거부다. 또한 그의 명제에 따르면, 화폐수량설이란 *P*가 세 변수 *M*, *V*, *T*에 의해 결정된다고 해서 마찬가지로 *M*이 *P*, *V*, *T*에 의해, *V*가 *P*, *M*, *T*에 의해, *T*가 *P*, *M*, *V*에 의해 결정된다고 말할 수는 없다는 명제로 집약된다. 피셔는 이것을 "물가는 통상적으로(*normally*) 교환방정식에서 절대적으로 수동적인 요소다"(*Purcha-sing Power*, p.172)라고 표현했다.[62] 그러나 그는 이보다 더 나아갔다. 그는 또한 일반이론이 아니라 통계적 사실의 관점에서 볼 때, 실제적으로 모든 경우의 커다란 물가변동에서 설명변수로 간주될 수 있는 것은 *V*나 *T*가 아니라 오직 *M*밖에 없다는 점, 즉 *M*은 통상적으로

62) 독자들은 첫 번째 정식화에서 '마찬가지로'라는 말과 두 번째 정식화에서 '통상적으로'라는 말이 매우 핵심적이라는 것을 깨닫게 될 것이다. 이 점에 대한 이 책, 2권, 3부 7장의 언급을 되풀이하자면, 어느 누구도 물가상승(하락)이 금생산의 감소(증가)와 금유출(유입)을 가져올 것이며, 그래서 자유금본위제 아래서 물가는 '절대적으로 수동적일 수' 없다는 점을 부정하지 않으며 부정할 수도 없다. 더욱이 이제부터 보게 되겠지만, 피셔의 주장은 불균형상태('이행기간'transitional period)가 아니라 균형근방의 상태에만 적용된다. 부주의한 독자는 이 사실과 그 함의를 실제로 간과할 것이 틀림없다.

가장 중요한 '능동적' 변수며 P는 통상적으로 수동적 변수라고 주장했다. 이것은 일급경제학자가 보여준 것 중에서 가장 대담하게 화폐수량설을 제시한 것처럼 보인다.[63] 추가적으로 만약 우리가 총유통수단이 (1911년 영국과 미국의 상황에서) 금생산과 금의 수출입에 의해 규제되도록 하는 당좌예금과 금의 관계에 대한 피셔의 엄격한 가정을 기억한다면 우리는 화폐가치에 대한 화폐수량설뿐만 아니라 (그 특별한 가정에 힘입어) 금수량설(gold-quantity theory)도 얻게 되는 것처럼 보인다.

더욱더 중요한 것은 피셔를 가장 엄격하면서도 가장 기계적인 유형의 화폐수량설 옹호자로 분류하고 이에 근거하여 피셔로 대표되는 이 시기의 화폐이론과 1920~30년대 화폐이론 사이에서 건널 수 없는 간극을 발견한 비판가들에게 잘못이 있음을 인식하는 것이다. 이들은 두 가지

---

63) 똑같이 최선두에 있었던 유일한 경제학자인 카셀의 설명과 피셔의 설명을 비교하는 것은 흥미롭다.(예를 들어 그의 *Theory of Social Economy*, 3부 참조) 우선 그는 M의 차이 따라서 P의 차이, 이외에 모든 점에서 정확히 동일한 서로 분리된 두 경제상태라는 가상적인 경우에 대해서만 엄격한 화폐수량설을 설명했다. 그러면서 그는 어느 누구도 그만큼 힘주어 강조하지 않았던 것, 즉 이것이 실물경제에 도입된 M의 변화가 미치는 영향에 관한 한 '어떤 것'도 증명하지 '못한다'는 점을 강조했다. 이 점에서 그는 일반적으로 화폐수량설의 반대자가 주장하는 관점을 채택했다. 그러나 M의 실제적인 변화가 현실생활에서 가지는 영향에 대해 아무것도 선험적으로 얘기할 수 없으며 사실을 보아야 한다고 언급하면서 그는 1850~1910년(그리고 신뢰감이 떨어지지만 19세기 초반)에 화폐수량설은 결국 이론이 아니라 통계적 사실로서 타당하다는 점을 발견했다. 그는 이 사실을 과감히 일반화하여 그의 유명한 3퍼센트의 법칙(Law of 3 percent)을 제시했다. 사우어벡(Sauerbeck)지수는 1850년과 1910년 사이에 대략 비슷하며 이 기간에 세계 금스톡은 대략 매년 2.8퍼센트로 증가했으므로 T는 대략적으로 그 비율로 증가하는 경향을 가져야 한다. 따라서 금생산이 세계 금스톡을 매년의 이 비율보다 더 크게 증가시키는지 그보다 더 작게 증가시키는지에 따라 물가도 상승하거나 감소할 것이다. 이것은 참으로 독창적인 이론이다. 이것은 그 자체로 흥미로울 뿐만 아니라 방법론 측면에서도 그렇다. 독자는 물리학자가 대부분의 경제학자보다 이러한 방법론에 덜 반대할 것이라는 것을 알아야 한다. 그 사실에 대해서는 예를 들어 J.T. Phinney, "Gold Production and the Price Level", *Quarterly Journal of Economics*, August 1933 참조.

점에서 틀렸다. (1) 1920~30년대 화폐이론은 일반적으로 인식되는 것보다 훨씬 더 화폐수량설의 영향 아래 있었다.[64] (2) 특별한 경우를 제외한다면, 피셔가 화폐수량 이론가(quantity theorist)로 분류될 수 없는 이유는 그의 모든 저작, 특히 『이자론』(*Theory of Interest*)에서 분명하게 드러난다.

첫째, 그는 *T*가 *V*와 *M*에 모두 영향을 미친다고 인정함으로써 완전한 의미의 화폐수량 정리(quantity theorem)를 받아들이지 않았다.(*Purchasing Power of Money*, ch.8, § 6) 이것은 적어도 장기에 관한 명제로서 화폐수량 정리를 상당히 약화시켰다. 왜냐하면 그것은 *P*에 대한 *T*의 직접적인 영향에 끼어드는, '독립변수들' 사이의 관계를 도입했기 때문이다. 둘째, 화폐수량 정리는 오직 균형상태에서만 타당하기 때문에, 피셔가 '이행기간'(transition period)이라고 정의했던 경우에

---

64) 불행하게도 이 가장 중요한 사실을 여기서 완전하게 보여줄 수 없다. 나는 과거의 화폐수량 분석과 더 현대적인 연구 사이의 연결을 위한 한 가지 지침만을 언급하겠다. 예를 들어 연방준비제도(Federal Reserve System)의 공개시장 조작과 관련하여 유통수단의 양을 통제함으로써 경기조절('안정화')이 가능하다는 믿음에 기대어 추론했던 모든 화폐연구자, 특히 미국의 화폐연구자들은 극단적인 화폐수량 이론가다. 이들은 상이한 제도적 환경에서 자연스럽게 자신을 통화학파(Currency School)와 다르게 표현했기 때문에, 이 사실이 부분적으로 망각되었다. 이와 관련해서, 은행이 정상적으로는(*normally*) '대출확대'를 추구한다는, 즉 은행은 법률적 규제가 허락하는 한 대출을 확대하려고 한다는 이론은 특히 흥미롭다. 이것의 이론적 중요성은 그것이 '화폐'(예금)량이 '화폐당국'의 행위에 크게 의존하도록 만든다는 점이다. 즉 경제과정의 관점에서, *M*은 주어진 것이나 완전한 독립변수가 된다. 이러한 유형의 신화폐수량설(neo-quantity theory)의 특징적인 예에 대해서는 L. Currie, *The Supply and Control of Money in the United States*(1934) 참조. 그러나 다른 어느 학파보다도 화폐수량설에 대한 반감을 강조했던 케인스주의자조차 이것의 영향에서 자유롭지 못하다. 케인스 자신도 처음에는 그것을 받아들인다고 공언했다.(*Tract on Monetary Reform*, p.81 참조) 그러나 피구처럼 그도 실제로는 교환방정식만을 받아들였다. 『일반이론』에서 그는 그것을 거부한다고 공언했다. 그러나 그는 그 족쇄에서 완전하게 벗어나지 못했다. *M*을 독립변수로 다루는 저자는 누구나 불가피하게 그것의 가치를 어느 정도 인정하는 셈이다.

는 유효하지 않다고 말하는 것은 당연히 (그 정리에 대한—옮긴이) 제한도, 반박도 아니다. 그러나 사실 경제시스템은 실제로 항상 이행상태나 불균형상태에 있기 때문에 화폐수량 정리와 양립되지 않는 듯 보이는, 그래서 반대자들에게 많은 근거를 제공하는 현상이 거의 항상 발견된다. 피셔는 이러한 현상——그중에서도 특히 가격의 상승과 하락에 대해 시차를 두고 조정되는 이자율의 움직임(아래 8절 참조)[65]——에 주목함으로써 완전히 이 상황을 바꾸어버렸다. 물론 엄밀한 논리라는 맥락에서 본다면, 이를 통해서 그는 단지 화폐수량 정리가 제공하는 정보를 보충했을 뿐이다. 그러나 실제적인 목적을 위해서, 그리고 특히 만일 우리가 화폐수량 정리에 대한 순진한 옹호자나 반대자의 입장에 선다면, 우리는 그가 자신의 많은 연구에서 그것도 특히 가치 있는 연구에서 이 정리를 보호하고 있다고, 거의 똑같이 타당하게 말할 수도 있다. 셋째, 피셔는 *M*, *V*, *T*가 단순히 *P*의 '근인'(近因, proximate cause)에 불과하다고 끊임없이 강조했다. 그 배후에는 구매력에 간접적인 영향을 미치는 거의 십여 개의 요인이 존재하며, 이것이 *M*, *V*, *T*를 통해 물가에 영향을 미친다고 보았다.(앞의 책, 5~6장) 어느 시대에나 화폐수량설 이론가라면 누구나, 적어도 심각한 비판이 제기되는 상황이라면 이것을 받아들였을 것이다. 그러나 여기에는 임계점이 있는데, 이를 넘어서까지 간접적인 영향을 강조하게 되면 근인으로서의 지위가 손상되기 시작하며, 그렇게 되면 근인은 곧 매개적 원인(intermediate cause)으로, 결국에는 우리가 '실질적인' 원인이라고 부르는 것의 단순한 명칭으로 쉽게 변질되게 된다. 그런데 피셔는 바로 이런 지점에 도달한 듯 보

---

65) 피셔의 가장 독창적인 기여 중 하나인 시차분포(Lag Distribution) 문제에 대한 연구도 참고문헌의 목록에 포함되어야 한다. 이에 대해서는 그의 1923년 논문("Business Cycle Largely a 'Dance of the Dollar'", *Journal of the American Statistical Association*, December)과 1925년 논문("Our Unstable Dollar and the So-Called Business Cycle", *Journal of the American Statistical Association*, June) 참조.

인다. 실제로 그는 실질적으로 문제되는 동학분석(그의 '이행기간' 분석)에서, 이 간접적 원인(indirect causes)을 *M*, *V*, *T*라는 구속복(straitjacket) 안에 억지로 집어 넣을 수 있는가, 없는가라는 문제보다 훨씬 더 크게 주목하고 있다.

그러나 어째서 이 위대한 경제학자는, 자신의 사상에서 벗어나는 것은 아닐지라도, 좀더 꼼꼼하게 살펴보면 매우 협소하면서도 부적절한 점이 드러나는 것을 고집스럽게 채택할 수밖에 없었을까? 하나의 가설적 답변을 제시한다면, 다음과 같다. 그는 자신이 거대하면서도 직접적인 실용성까지 지닌 계획안——보상달러 계획——을 생각했다. 실용적 계획안이 성공하기 위해서는 단순성이 핵심이다.[66] 따라서 그의 마음을 사로잡고 서술방식을 지배했던 것은 피셔분석의 가장 단순한 측면, 즉 화폐수량설 측면이었다. 『화폐의 구매력』(*Purchasing Power of Money*)에 나타난 이론은 사회공학의 일부로 기여하게 될 통계작업을 위한 발판으로 생각된다. 이것이 다른 모든 고려사항을 제쳐두게 만든 요인이었다. 그러나 이러한 고려사항은 남아 있었는데, 바로 이러한 사실 때문에 그의 이론은, 비록 화폐수량설이 틀림없을지라도, 다른 화폐수량설과는 크게 다른 것이다.

위의 논의들이 잘 보여주듯이, 화폐수량 정리를 옹호한 경제학자와 이를 거부한 경제학자 사이에 설득력 있는 경계선을 설정하기는 쉽지 않다. 그러나 화폐수량 정리에 대해 논거가 약하거나 심지어 완전히 무

---

66) 단순성이 주요한 고려사항이었다는 점은 두 가지 사실로부터 추론될 수 있다. 첫째, 그는 다른 중요한 모든 사항을 '이행기간'이라 이름 붙여진 곳에 몰아 넣었다. 사실 이 이름은 독자들이 단순한 균형명제에 주목하기를 바라는 소망을 반영한다. 둘째, 그는 단순한 균형명제를 쉽게 '동학화'될 수 있는 방정식 체계로 훨씬 더 만족스럽게 표현하여 균형명제가 자연스럽게 하나의 특별한 경우라는 자신의 진정한 위치를 찾아가도록 하는 대신에, 그것을 하나의 방정식으로 표현했다. 다른 저자라면, 이러한 실수는 쉽게 이해될 수 있을 것이다. 그러나 피셔 같은 전문수학자의 경우에는 단순화하려는 의도만이 그것을 설명할 수 있다.

가치한 것이라고 주장하는 수많은 공개적인 반대자——그 대부분은 독일[67]과 프랑스에 있었다——는 언제나 존재했다. 이들의 주장은, 피셔의 성과나 어떤 의미에서 화폐수량 정리가 지금까지 사용되는 데 기여했던 지도적 학자 중 그 어느 누구의 성과와 비교하더라도, 별로 두드러지지 않는다. 이는 최고 수준의 화폐수량 이론가에 관한 한, 반대자들이 실제로는 (돈키호테처럼—옮긴이) 풍차와 싸우고 있었다는 사실에 기인한다. 경제학의 경우 종종 그렇듯이 이들은 자신들이 만들어낸 환상을 깨뜨리려 노력했다. 이들은 주장된 적이 없는 것——예를 들어 유통화폐량은 화폐가치의 유일한 규정요소(regulator)다——에 반대하거나, 자신들에게는 알려지지 않았지만 이 비난받는 정리에 대한 좀더 나은 설명에서 이미 충분히 고려된 사항을 주장하느라 애썼다. 이렇게 이들은, 종종 사실적으로나 이론적으로 타당하기는 했지만, 반론으로서는 적절하지 않은 것을 제기했다. 이와 달리 이들은 자신들의 주장이 타당한 반론——예를 들면 화폐량은 화폐의 가치와 조금도 상관성이 없다——을 구성할 만한 곳에서 종종 명백한 오류를 범하기도 했다. 마지막으로 이들은 타당하고 적절하지만, 중요하지는 않은 사항을 지적하곤 했다. 이는, 그렇지 않았더라면 다른 누구보다도 훨씬 더 뛰어났을 앤더슨의 비판에도 똑같이 적용된다.[68] 또한 이러한 단점은 '화폐수량설을

67) S.P. Altmann, "Zur deutschen Geldlehre des 19. Jahrhunderts", *Festgabe für Schmoller*, 1908, I.

68) B.M. Anderson, *Value of Money*(1917). 여기서 그의 비판의 한 가지 예가 유용할 것이다. 하인들의 임금이 증가해서 (어떤 하인도 해고되지 않으면서) 이들이 추가소득을 고용주가 이전에 사용했던 것과 정확히 동일한 크기만큼 사용했다고 가정해보자. 그렇다면 물가지수에 포함되어야 하는, 직접적으로 소비된 서비스(하인의 노동—옮긴이)의 가격이 상승한 것 말고는 그 어떠한 변화도 없다. M과 T는 불변이지만, P는 상승했다. 이에 대해 에지워스는 앤더슨의 책에 대한 자신의 서평(*Economic Journal*, March 1918)에서, M과 T가 불변일지라도 V가 증가했음을 지적함으로써 반박했다. 그러나 분명히 말하건대, 모든 가격의 변화에 따라 자동적으로 발생하는 V의 증가는 앤더슨의 비판에 대한 반론이 될 수 없다. 따라서 앤더슨은 옳았다. 그러나 그의 비판은 타

거부하기 위한' 관점에서 이루어진, 그 자체로도 매우 가치 있는 사실연구의 비판적 함의를 손상시킨다. 인플레이션의 초기단계에서는 물가가 *M*보다 작게 증가하고 후기단계에서는 *M*보다 크게 증가하는 현상이 계속해서 화폐수량설의 타당성을 반박하는 증거로 제시되었다. 이것은 목표를 맞추는 데 완전히 실패한 일격이었다.[69] 시계열의 상관관계에 관한 몇몇 비판에 노출되기는 했지만, 이를 확증하려는 피셔의 시도는 반

당할지라도, 대략적인 근사치 이상은 아니라고 주장하는 화폐수량설에 대한 심각한 반론은 아닐 것이다.

69) 이와 관련해서 다음과 같은 몇 가지 사례는 일부 독자에게 유용할 것이다. H. P. Willis, "History and Present Application of the Quantity Theory", *Journal of Political Economy*, September 1896; Alfred de Foville, "La Théorie quantitative et les prix", *L'Économiste Français*, April and May 1896; D. Berardi, *La Moneta nei suoi rapporti quantitativi*(1912); J.L. Laughlin, "A Theory of Prices", *Publications of the American Economic Association*, 3rd series(February 1905); W.C. Mitchell, *Gold Prices and Wages under the Greenback Standard*(1908); "Quantity Theory of the Value of Money", *Journal of Political Economy*, March 1896; J. Lescure, "Hausses et baisses générales des prix", *Revue d'économie politique*, July 1912; B. Nogaro, "Contributions à une théorie réaliste de la monnaie", *Ibid.*, October 1906; E. Dolléans, *La Monnaie et les prix*(1905). 나는, 화폐수량 정리를 반대하기는 했지만 설득력은 없었던, 이 시기 화폐와 화폐정책에 대한 훌륭한 독일의 연구자 두 명을 언급하고 싶다. 이들의 주장은 부분적으로 1873~98년 가격하락이 금생산이나 금본위제 채택지역의 확대와는 조금도 관련이 없음을 보여주려는 특별한 목적을 위해 고안된 것이었다. 나세(Erwin Nasse, "Das Sinken der Warenpreise", *Jahrbücher für Nationalökonomie*, July and August 1888)와 (유명한 통계학자였던) 렉시스가 바로 그들인데, 후자에 대해서는 그의 수많은 논문, 예를 들어 발라의 계획안에 대한 비판을 담은 논평문("Neuere Schriften über Geld- und Edelmetalle", *Ibid.*, July 1888)을 참조. 그러나 렉시스가 원칙적으로는 화폐수량설을 받아들였음을 보여주는 인용구에 대해서는, 리스트(앞의 책, 253쪽 각주)를 참조. 결국 그렇게 복잡하지도 않은 주장을 적절하게 다루지 못한 무능력이 놀라울 따름이다. 이는 화폐생산 비용(어떻게 정의되든지 간에)이 화폐공급에 미치는 영향을 통해 틀림없이 상품가격에도 영향을 미친다는 점을 보지 못한 마르크스에게도 똑같이 적용된다. 그는 『자본론』(*Capital*, English trans., Kerr ed., vol.I, p.136)에서 화폐량이 가격에 미치는 영향을 부정했다.

대자들의 그 어떤 시도보다도 훨씬 더 뛰어나다.[70] 그렇지만 이들은 굴복하지 않았다. 그리고 그러한 태도가 정당화되었다. 왜냐하면 이들에게는 하나의 주장이 있었기 때문이다.

이렇게 분명히 모순적인 상황은 하나의 간단한 사례로 설명될 수 있다. 다음과 같은 과정을 보여주는 전시 인플레이션을 생각해보자. 국내 생산과 수출입의 교란은 우선 대부분의 가격을 상승시키고, 정부의 전쟁수요는, 전쟁이 없었다면 민간에 의해 소비되었을 수단을 통해 조달된다. 다음으로 이렇게 물적 단위의 전시수요가 가속적으로 증가하는 상황을 동반하는 가격상승은 '화폐'(나 이 경우에는 정상적인 상업신용수단의 성격을 가지지 않은 신용수단)의 증발을 강요하게 된다. 마지막으로 생산자들의 대출수요 증가——상업적 의미이기는 하지만, 계속되는 가격상승에 의해 끊임없이 증대되는 신용팽창——가 진행된다. 이제 역사가 · 정치가 · 사업가는 이런 상황을 전쟁 자체와 관련시키면서, 그것을 한편으로는 전시교란과, 다른 한편으로는 전쟁이 야기한 초과수요와 연결시켜 설명할 것이다. 이들은 인플레이션의 '원인'이 전쟁, 전시교란, 전쟁수요가 아니라 M, V, T며, 그중에서도 M과 V만이 진정으로 중요한 문제임을 알고 놀랄 것이다. 그리고 만약 이것들이 '근인'이며 전쟁, 전시교란, 전시수요는 오로지 일시적으로 작동하는 '간접적' 원인——화폐수량설 이론가들은 항상 T변화의 '직접적인' 역할을 인정해야

70) 피셔의 결과를 확증하려는 또 다른 시도(Oskar Anderson, "Ist die Quantitätstheorie statistisch nachweisbar?", *Zeitschrift für Nationalökonomie*, March 1931)는 작업솜씨의 탁월함 덕분에 돋보인다. 통계자료를 통한 입증과 반박은 모두 설득력이 없는데, 지나가는 김에 그 한 가지 이유를 언급해보자. 대체로 주어진 통계적 증거를 수용하느냐 거부하느냐는 매우 주관적인 문제다. 화폐수량설을 100퍼센트 정확하게 확증해주는 통계자료는 없으며, 적어도 10년을 포괄하는 통계자료 중에서 P, T, M 사이의 어떠한 관계를 보여주지 못하는 경우도 없기 때문에, 주어진 통계결과의 진정한 의미에 대해서는 대부분의 경우에 정당한 의견차이가 존재할 수 있다. 단순한 '인상'보다 신뢰할 만한 기준을 제공한다는 점이 앤더슨의 경우처럼 좀더 세련된 방법이 지닌 장점이다.

할 것이다——이라고 듣게 된다면, 이들은 만족하지 못할 것이다. 설령 만족한다고 해도, 단순한 이론적인 주장 이상의 것들이 좀더 중요한 관건이 아닐까 의심하게 되면, (위와 같은 설명에—옮긴이) 불만을 느끼게 될 것이다. 물론 이 경우에는 이들이 옳다.

1920~30년대뿐만 아니라 19세기에도 *M*에 경제적 처방전이라는 부당한 역할을 부여하는 엄격한 화폐수량설은 다소 조심스러운 정식화로부터 갑작스럽게 등장했다. 특히 미국의 경우, 건전통화 지지자들(the sound-money men)——과 통화문제가 좀더 근본적인 문제의 반영임을 아주 정확히 깨달은 모든 경제학자——에게는 화폐수량 정리의 실천적 함의를 불신할 만한 이유가 많았다. 그러나 부당하게도 그 불신은 화폐수량 분석 자체에까지 확대되었다. 오히려 이들은 순수과학적 근거를 촉구할 수도 있었을 것이다. 내가 구속복이라고 묘사한 것은 어떤 제한된 목적, 이를테면 케인스 체계에서처럼 과도하게 단순화된 모형설정을 위해서는 유용할 수도 있다. 이러한 목적을 벗어날 경우, 그것들은 좀더 근본적인 분석을 방해하는 장애물이 된다. 더욱이 만약 *V*의 순환적 가변성을 인정하고 이자율, (*P* 자체에 대한) *P*의 변화율 등과 같은 '간접적인' 원인의 중요성을 강조한다면, 그것들은 더욱 쓸모없는 것이 된다. 그리고 최근 화폐이론의 주요한 발전은 구속복을 찢어버리고 화폐수량설에 대한 가장 훌륭한 설명방식이 간접적인 영향이라는 중간영역으로 분류해버린 모든 것을 명시적으로, 그리고 직접적으로 도입하는 경향의 성과라고 해도 과언이 아니다. 여기서 교훈을 얻는다면, 다른 어떤 분야에서보다도 경제학에서는 마침내 설득력을 얻게 되는 올바른 원인이 오랫동안 잘못된 원인으로 보였을 정도로 매우 부적절하게 옹호되었다는 점이다.

[3. 구매력 평가와 국제지불 메커니즘]

계속 진행하기 전에 두 가지 다른 문제를 다루어보자. 이 시기에 우리는, 이전보다 좀더 명확하게, 화폐수량 정리의 오랜 친구인 외환에 대한

구매력 평가이론, 즉 자유방임 아래서는 외국통화 대비 특정국가의 화폐단위 가격이 각국의 물가 수준 사이의 관계에 반비례한다는 명제를 보게 된다. 예를 들어 마셜과 슐레진저가 이미 이것을 반복해서 언급한 바 있지만, 카셀이 제1차 세계대전 시기와 그 이후에 발생한 환문제에 대한 논의에서 이것을 열성적으로 강조했을 때 대부분의 사람은 그것을 새로운 발견으로 받아들였다.[71] 이미 언급했듯이, 이 명제는 매우 흥미로운 것처럼 보이지 않았다. 마셜과 슐레진저 모두 여기에 동조했지만, 이를 크게 강조하지는 않았다. 그런데 우리는 '구매력 평가'가 만들어낸 수많은 출판물 중에서 분석도구로서 이 명제의 장점을 논의한 것은 극히 소수에 불과하다는 점을 발견할 수 있다.[72] 놀라운 점은 카셀이 그것을 엄격한 화폐수량설과 결합시키고, 그 응용과정에서 전시 인플레이션 문제와 연결시켰다는 사실에 있다. 그 결과, 구매력 평가설은 이른바 외환에 대한 '인플레이션 이론'으로 변했다. 여기서 *M*의 증가는 물가상승

---

71) 이 주제에 대한 카셀의 많은 저작은 1916년에 시작되었다. 독자들에게 가장 유용한 참고문헌으로는 카셀의 『사회경제 이론』(*Theory of Social Economy*, 12장)과 엘리스의 저작(*German Monetary Theory*, 3부)이 있다. 후자는 독일의 논의를 뛰어넘는 내용을 담고 있으며, 내가 관심만 보인 주제에 대해 좀더 완전하게 파고들기를 원하는 독자들에게 유용할 것이다.

72) 이러한 기여의 원천은 대부분 영국이었다. 이에 대해서는, 특히 A.C. Pigou, "The Foreign Exchanges", *Quarterly Journal of Economics*, November 1922; J.M. Keynes, *Tract on Monetary Reform*(이 책의 3장은 외환의 선물거래에 대한 뛰어난 서술로 평가된다) 참조. 이 논의는 몇 가지 훌륭한 질문을 제기하는 장점을 가지지만, 적절한 단서조항 아래서 구매력 평가설은 아무 가치가 없다는 내용 없는 결론으로 끝나버렸다. 사실 이것은 진실이 아니다. 그리고 케인스가 매우 귀중한 출발점을 그렇게 가볍게 취급하지 않았다면, 청산동맹(Clearing Union: 케인스가 1943년 4월에 제안한 국제통화기금 설립을 위한 안으로, 가맹국들이 초국가적인 중앙은행super-national bank의 역할을 하는 국제청산동맹을 설립하고 각 가맹국에 할당되어 있는 당좌대월의 원칙을 적용하여 국제통화기금을 창출하려는 내용이었지만, 실제로는 미국의 화이트(White)가 제안한 내용을 브레턴우즈 체제가 성립했다—옮긴이)과 브레턴우즈 계획안(Bretton Woods plans)을 준비할 때 그는 균형환율에 대해 좀더 훌륭한 정의에 도달했을 것이다.

을 가져오며, 일국의 물가상승은 인플레이션이 없는 외국통화에 비해 화폐단위의 가치를 하락시킨다. 이에 대해, 항상 그런 것은 아니었지만, 종종 물가에서 환율로가 아니라 환율에서 물가로의 인과관계를 상정하는 '국제수지'(balance-of-payment) 이론의 기치 아래 반론이 제기되었다. 논쟁 참가자들이 서로 동일한 영역의 사실과 추상 수준에서 자신들의 주장을 제기하지 않았으며, 좀더 나아간 점이 없지는 않았지만, 대체로 많은 경제논쟁의 불모성——많은 부분 참여자의 부족한 분석력에 기인하는——을 드러내는 슬픈 예를 보여주었던 이 논쟁에 대해, 우리가 여기서 다룰 필요는 없다.

나는 좀더 유익한 다른 논쟁(이나 일련의 논쟁), 즉 국제지불 메커니즘에 대한 논쟁에 주목하고 싶다. 이 논쟁은 1920년~30년대에 진행되어 성과를 낳았지만, 그것의 원천은 19세기 저작들에 있었으며 가장 중요한 참가자 중 일부는 손턴(Thornton)과 리카도의 논쟁에서 영감을 끌어냈다.(이 책, 2권, 3부 7장 3절 참조)[73] 우리는 여기서 정상적인 과학발전의 전형적인 예를 본다. 과거의 연구자들은 다소 분명하게 문제의 모든 핵심적 요소를 지적했다. 그러나 밀이 그들의 연구를 종합했을 때 그것은 불완전하고 일면적인 측면, 즉 일방적인 국제지불 메커니즘 도식(이전 · 대출 또는 대출상환)이었다. 이것에 따르면, 지불국이 먼저 금을 이전하면 그 결과로 수취국의 물가가 상승함과 동시에 지불국의 물가가 하락하면서 지불국은 나머지 지불문제를 해결해주는 수출잉여를 얻게 된다. 바스타블(Bastable, "On Some Applications of the Theory

73) 우리 시대의 연구와 과거 시대의 연구 사이에 또 다른 '교량'을 지적하는 것 이상이 아닌, 이하의 간결하고 부적절한 논평은 『국제무역 이론 연구』(*Studies in the Theory of International Trade*, 6~7장)에 실린 관련주제에 대한 바이너(J. Viner)의 서술로 보충될 수 있다. 『캐나다의 외채수지』(*Canada's Balance of International Indebtedness*)에 대한 자신의 기여가 가지는 중요성을 지나치게 강조함으로써 자신의 위신을 깎아버린 연구자를 비판하는 것은 즐거운 의무다. 이 참고문헌에 다시 한 번 근거하여, 이하에서는 매우 간결하게 기여에 대해 언급할 것이다.

of International Trade", *Quarterly Journal of Economics*, October 1889)과 다른 이들은 조정부담 전체를 물가에 부여할 뿐만 아니라 그러한 조정과 불가피하게 관련된 현상을 무시하는 이러한 설명의 부적절함을 인식하고 지적했지만, 많은 비판(이를테면 Wicksell, "International Freights and Prices", *Quarterly Journal of Economics*, February 1918)에도 불구하고 그 이론은 견고한 장치로서 1920년대까지 정규교육 과정에 남아 있었다. 독일배상금 문제로 이 메커니즘 문제에 대해 모든 사람의 관심이 모아졌을 때, 그 어떠한 요소도 새롭지 않았지만 새로운 분석방식을 구축하는 데 상대적으로 빠른 진보가 있었다. 올린의 성과(*Interregional and International Trade*, 1933)는, 다른 점에서도 그렇지만, 이 점에서도 편리한 이정표를 제공한다. 타우시히가 이룬 업적의 역할을 특히 주목해야 한다. 그는 밀의 도식에서 출발하여 많은 개선을 추가했음에도 개인적으로는 그것을 절대 포기하지 않았다. 그러나 그는 자신이 제기한 비판과 그의 지도력에 고무받은 제자들의 연구에 의해 자신이 창조한 것과 거의 다름없는 새로운 분석을 발전시키는 데 기여했다. 한편으로 매우 많은 유의미한 이론적 연구, 특히 바이너의 연구가 그의 가르침으로부터 발전했다. 다른 한편 그는 중요한 일련의 사실연구를 시작했다.[74)]

6절 화폐가치: 현금잔고 접근과 소득접근[75)]

뉴컴-피셔의 교환방정식 그리고 이와 아주 유사한 다른 방정식이 매우 폭넓게 사용되(거나 완곡한 표현으로 암시되)었지만 보편적이지는

---

74) 일반적으로 이 시기 국제자본 이동에 대한 사실연구는 고맙게도 대부분의 제목에서 나타난다. 홉슨(C.K. Hobson)의 『자본수출』(*The Export of Capital*, 1914)이 그 예다.

75) 다시 한 번 말하지만, 구체적인 참고문헌은 이 주제를 다루고 있는 마겟의 책에 있다.(앞의 책, 1권, 12~16장)

않았다. 이제 우리는 다른 두 가지 중요한 공식을 잠시 살펴볼 것이다. 이 두 공식의 경우, 뉴컴-피셔의 교환방정식과 근본적으로 동일하다는 점만큼이나 많은 경제학자로 하여금 그것들을 선호하도록 만든 차이점의 본질을 이해하는 것이 중요하다. 동일한 내용을 다른 시각으로 본다면, 중요한 점은 그것들이 뉴컴-피셔의 교환방정식과 근본적으로 동등하면서도 상이한 방향으로의 진보를 암시하게 된 이유를 이해하는 것이다.

1. 현금잔고 접근

발라는 종종 화폐량을 언급했다. 그러나 그의 화폐분석에서 중심적인 개념은 현금수요(*encaisse désirée*), 즉 사람들이 어떤 순간에 개인적으로 보유하고자 하는 현금량이다. 이와 비슷하게도, 마셜의 지도와 페티-로크-캉티용 전통을 따르는 케임브리지의 경제학자들은 동일한 사고를 표현하는 정식을 채택했다. 대중이 보유한 '유통현금'량을 n, 생계비 지수를 p, 대중의 현금보유량의 물리적 대응물을 나타내는 '소비단위'의 크기에 대한 지수를 k, 이와 유사하게 대중의 당좌예금의 물리적 대응물을 대표하는 소비단위의 크기를 k', 은행이 k'에 대해 지불준비금으로 보유하는 k'의 일부분을 r로 나타낼 때, 우리는 다음과 같은 방정식을 얻는다.[76]

---

76) 예를 들면 J.M. Keynes, *Monetary Reform*, American ed. 1924, pp.82~86 참조. 이 특수한 방정식과 관련하여 세 가지 점을 주목해야 한다. (1) '대중'은 사업계를 포함한다. 사업계는 소비재에 대해 지출하지 않지만 그럼에도 사업계의 보유현금와 은행잔고의 물리적 대응물은, 소비자의 현금과 잔고의 물리적 보완물이 그러하듯이, 정확히 '소비단위'로 측정된다. (2) 이러한 케임브리지 이론에 대한 서술이 들어 있는 장에서 케인스는, 다른 많은 연구자가 그러했듯이, 교환방정식의 이용과 화폐수량설의 수용을 혼동했다. 사실상 그는 엄격한 의미에서 화폐수량 정리를 받아들였음을 의미하지는 않았다. (3) 특히 이미 『화폐개혁론』에서 그러했듯이, 케인스는 k, k', r의 폭넓은 가변성을 강조했으며 다소 온건하기는 했지만 "단순한 통화량의 변화가 k, k', r에 영향을 줄 수 없다"라는 무비판적 가정에 대해 이의를 제기했다. 이 언급들은 『일반이

$$n=p(k+rk')$$

이것이 **현금잔고 접근**(Cash Balance Approach)을 체현하고 있는 이른바 케임브리지 방정식이다. 그것은 뉴컴-피셔 방정식이 가정하고 주장한 바를 정확히 그대로 가정하고 주장한다. 특히 이것은 항등식 이상도 이하도 아니다. 실질적인 차이를 구성하는 것으로 보이는 특징, 즉 유통속도의 부재는 그리 중요하지 않다. 뉴컴-피셔 방정식에서 **유통속도**(Velocity)라는 이름으로 다루어지는 모든 문제는 케임브리지 방정식을 연구하려고 할 때 동일한 형태로 나타난다. 그렇지만 여기에는 주목해야 할 점이 있다. 왜냐하면 그것은 **과학적 사고의 계통화**(The Filiation of Scientific Ideas)의 중요한 측면을 보여주기 때문이다. 케임브리지 방정식을 말로 표현할 때, '대중'이 $p(k+rk')$를 현금과 잔고로 보유하기로 '선택'하거나 '결정'한다고 말하는 것이 자연스러우며 모든 케임브리지 경제학자들이 그렇게 말했다. 그리고 이러한 표현방식은 이후의 견해, 특히 케인스 견해로 이어지는 심리적 교량이다. 왜냐하면 그것은 유동자산 보유에 대한 대중의 행태 뒤에 있는 개인의 의사결정을 **지시**하고 있으며 그것을 추동하는 동기에 대한 분석을 **제시**하기 때문이다. 특히 우리가 그 문제를 화폐보유와 다른 형태의 자산보유 사이의 문제처럼 '이득의 균형'(balance of advantage)에 대한 문제로 간주한다면, (현금잔고 접근을—옮긴이) 케인스의 명예인 **유동성 선호이론**(Liquidity Preference Theory)을 향하는 이정표로 볼 수밖에 없다. 그러나 다시 한 번 우리는 이것이 유동성 선호이론으로 직결되는 것이 아니라는 점

론』에 보이는 분석의 몇몇 특징을 보여준다. 『화폐론』은 중간입장을 취했는데, 그 특징은 일반 물가와 부문별 물가의 분리와 명시적으로 **저축**(Saving)과 **투자**(Investment)를 변수로 도입한 것이다. 『화폐론』의 방정식들(*Treatise*, Book III)은 위 방정식의 발전으로 간주되어야 한다. 그것들은 20년대와 30년대 화폐분석의 발전은 교환방정식의 포괄적 집계변수 분석 대신에 '간접적인 영향'을 표현하는 변수를 명시적으로 도입하는 것에 있다는 나의 진술이 의미하는 바를 보여준다.

을 덧붙여야 한다. 한 쪽에서 다른 쪽(현금잔고 접근에서 유동성 선호이론—옮긴이)으로 옮겨가기 위해서는, 특히 발라의 **현금수요**(*encaisse désirée*) 경우, 대중의 현금보유 행태에 관한 추가적인 가정이 분명 필요하다.

2. 소득접근

이미 우리는 투크가 자신의 '13번째 테제'에서 물가에 대한 설명이란 마땅히 소비자의 소득에서 출발해야 한다고 제안했음을 보았다. 알다시피 그는 이것을 자신이 거부했던 화폐량에 의한 물가설명에 대한 대안으로 제시했다. 이후 **소득접근**(Income Approach)은, 다른 이들에 의해서 채택되기도 했지만, 화폐수량설 심지어 교환방정식에 반감을 가진 분석가들에게 호소력을 지니게 되었다.[77] 그러나 그 자체로 보면 전자는 후자의 다른 표현일 뿐임을 쉽게 알 수 있다. 더욱이 물가가 소득을 '결정한다'는 것과 완전히 동일한 의미로 소득이 물가를 '결정하기' 때문에 수정은 아무런 가치도 없어 보인다. 그러나 이 접근 역시 교환방정식을 통해서 얻을 수 없는 결과를 얻지 못함에도 이 접근에 대한 비저[78]와 호트리의 선호는 쉽게 이해된다. 즉 현금잔고 접근처럼 소득접근도 개인의 행태를 지적한다. 현금잔고 접근과는 다르게 소득접근은 '물가

---

77) 이것이 단호하게 소득이 가격을 결정한다고 말한 아프탈리옹(*L'Or et sa distribution mondiale*, 1932)과 리프만(*Geld und Gold*, 1916) 그리고 투크의 추종자인 바그너(Adolf Wagner)에게는 타당하지만, 소득접근의 가장 저명한 지지자인 호트리에게는 그렇지 않다. 호트리는 "미지출 여유분(unspent margin)〔(발라의—옮긴이) **현금수요**와 동일한 의미—J.A.S.〕과 화폐유통 속도에 공히 비례하는" **소비지출**(Consumers' Outlay)로부터 시작한다.(*Currency and Credit*, 3rd ed., 1928) 그는 이것을 "화폐수량설의 한 형태"(60쪽)라고 불렀다. 그러나 몇몇 독일연구자는 이것을 거부했으며 소득이론과 화폐수량설 사이에는 모순이 없다고 본, 나이서(Hans Neisser, *Tauschwert des Geldes*, 1928)를 따랐다.

78) 그의 『사회경제학』(*Social Economics*)과 『국가학 소사전』(4th ed., 1927)에 수록된 그의 글("Geld") 참조.

의 근인'(proximate cause)에서 화폐량을 제거하고 그것을 물가에 더욱 가까운 것——소득 심지어 소비지출——으로 대체한다.[79] 마지막으로 소득접근은 화폐로 간주해야 할 것은 무엇인가라는 문제로부터 화폐가격 이론(theory of money price)을 구출한다. 화폐량의 증가가 가격에 미치는 영향은 누가 추가적인 화폐를 획득하는가, 그가 그것으로 무엇을 하는가, 그리고 새로운 화폐가 영향을 미치는 경제 유기체의 상태가 어떠한가를 알지 못하는 한 불확정적이다. 소득방정식은 그 자체로는 이 모든 문제를 고려하지 않지만 우리의 관심을 그것들로 향하게 하고 따라서 화폐분석이 별채에서 벗어나도록 돕는다. 이러한 이점은 특히 인플레이션 과정을 분석할 때 분명하다. 인플레이션을 '야기한' 것이 화폐량 증가인가 소득 증가인가에 대한 논쟁이 희생자의 죽음을 '야기한' 것이 총알인가 살인자의 의도인가에 대한 논쟁만큼이나 의미가 없는 것이긴 하지만, 화폐량 증가가 작동하는 메커니즘에 대해 집중한다는 점에서는 분명 장점이 있다. 경제학에서는 많이 고려되는 추가적인 이득, 즉 소득-지출 정식은 교환방정식이 직면한 편견에 직면하지 않는다는 매우 중요한 추가적인 이득에 대해서는 더 이상 말할 필요가 없다.

7절 은행신용과 예금'창조'

상업화된 모든 나라의 은행제도 분야에서, 그리고 중앙은행의 기능과 정책분야에서 이 시기에 이루어진 중요한 발전에 대해서는 당연히 지적되고, 설명되고, 논의되었다. 이 작업을 수행한 문헌은 방대하며, 그중에서 공식위원회의 보고서와 훌륭한 금융잡지의 기사, 특히 런던에서 발간되는 『이코노미스트』지가 아마도 가장 가치 있는 부분이겠지만, 우

79) 독자들은 교환방정식을 이용할 때 유통속도의 변화, 특히 경기순환적 변화를 지배하는 요인에 적절한 관심을 둔다면, 이 특수한 이점이 크지 않음을 깨닫게 될 것이다. 다른 한편에서 그렇게 된다면, 우리는 이미 소득접근이 전달하고자 하는 바를 진정으로 받아들였다고 말할 수 있을 것이다.

리는 이에 대해서 문헌을 검토할 수 없다. 그것들은 은행업의 현황, 기법, 당시의 실제적 문제에 정통하지만 '원리'——기존의 구호를 언급하는 것을 제외하고——에는 무관심하고 자신들이 관찰한 제도적 추세의 의미를 명쾌한 사고로 보여줄 능력이 없는 모든 유형의 사업가, 금융전문가, 산업경제학자에 의해 기술되었다. 따라서 과학적 분석의 관점에서 보면, 이 출판물들은 최종생산물이라기보다 원재료였다. 그리고 화폐와 신용에 대한 '과학적 분석가'는 자신의 역할, 즉 이 원재료를 가공하여 분석적 구조로 만들어내는 데 실패했기 때문에, 화폐와 신용에 대한 문헌이 일반경제학 문헌의 별채였던 것처럼 은행업과 금융에 대한 문헌들도 화폐와 신용에 대한 문헌의 별채였다고 말함으로써, 우리는 이러한 상황을 완전히라고는 할 수 없지만 거의 특징지을 수 있다.

영국에 대한 많은 책, 특히 킹(W.T.C. King)의 『런던 할인시장의 역사』(*History of the London Discount Market*, 1936)와 다양한 영란은행사 관련저작(예를 들어 최근에 발간된 Sir John Clapham, *The Bank of England*, 1944)은 여기서 제공하지 못하는 정보를 제공한다. 다른 참고문헌을 위해서는 『사회과학 백과사전』의 「상업은행」(Banking, Commercial) 항목에 딸린 짧은 문헌목록을 참조하라.(특히 다음 저자들의 책을 참조하라. C. A. Conant, A.W. Kerr, A. Courtois, E. Kaufmann, A. Huart, J. Riesser, O. Jeidels, C. Supino, C. Eisfeld, H.P. Willis) 이 문헌목록에는 탁월함 때문에 특히 언급될 만한 두 저작이 들어 있다. 던바(C.F. Dunbar)의 『은행업의 이론과 역사』(*Theory and History of Banking*, 5th ed., 1929, 그러나 실제로는 19세기 저작) 그리고 소마리(F. Somary)의 『은행정책』(*Bankpolitik*, 1st ed., 1915 ; 2nd ed. 1930)이 그것이다. 민츠(L.W. Mints)의 『은행업 이론의 역사』(*History of Banking Theory*, 1945)는, 매우 협소하게 정의된 은행업에 대한 상업이론(commercial theory of banking ; '진성어음 이론'real-bills doctrine)의 결점을 부당하게 강조함으로써 방대한 자료에 대한 서술을 다소 손상시키기는 했지만, 이 책을 정독하게 되면 서술적 문헌이 화

폐 이론과 은행업 이론에 관한 저작들에게 얼마나 많은 '영향'을 미쳤는지 알 수 있을 것이다.

앞서 별채비유를 이용해서 묘사된 상황에 힘입어 일반독자만이 아니라 경제학자들에게도 은행업이나 금융의 현황과 문제를 알려주기 위해 씌어진 특별한 유형의 책이 등장하게 되었다. 이러한 책들의 두 부문(본채와 별채-옮긴이)의 분리가, 상호 연결고리를 찾으려는 노력이 존재하기는 했지만, 어느 정도였는지 보여준다. 주목할 만한 두 가지 유명한 예가 있다. 그 하나는 이 시기의 전체 경제학 문헌에서 가장 빈번하게 인용되었으며 가장 격찬받기도 했던 책 중 하나인 배젓(W. Bagehot)의 『롬바르드 가: 화폐시장에 대한 설명』(*Lombard Street: A Description of the Money Market*, 1873)이다. 틀림없이 이것은 훌륭한 저작이다. 그럼에도 그 명성을 염두에 두고 책을 본 사람이라면 누구나 약간의 실망을 느낄 것이다. 영란은행 이사회의 재조직과 금준비에 대한 잉글랜드 관행의 개혁에 대한 청원을 제외한다면, 이 책은 경제학 연구자에게 새롭다고 여겨질 만한 것을 하나도 갖고 있지 않다. 그러나 확실히 이 책은 많은 경제학자에게 그들이 모르던 것과 기꺼이 배우려 했던 것을 가르쳐주었다. 다른 예는 위더스(Hartley Withers)의 훌륭한 책, 『화폐의 의미』(*The Meaning of Money*, 2nd ed., 1909)다. 이제 보게 되겠지만, 이 책의 장점은 은행의 화폐 '제조'(manufacture)에 대해 과감하게 언급한 데 있다. 그러나 이것은 어느 누구도 놀라게 하지 못했을 것이다. 하지만 이 책은 새로우면서도 조금은 이단적인 교리로 생각되었다.

이렇게 신용과 은행업에 대한 학계의 분석――몇몇 은행가처럼 전문적인 경제학자는 아니지만 학구적인 관행을 따른 연구자의 기여를 포함하여――은, 틀림없이 이전 시기로부터 물려받은 착상들의 보고를 기반으로 그것을 세련화시키고, 명료화시키고, 발전시켰지만 새로운 것을 많이 추가하지는 않았다. 실질적으로 이것은 상업어음, 좀더 일반적으로 현물거래의 자금조달을 은행신용의 이론적 핵심으로 만들었던 은행업에 대한 상업이론의 유행을 의미했다. 물론 우리는 이러한 입장을 투

크와 풀라턴으로까지 거슬러 올라갈 수 있다. 그러나 통화학파의 영향은 겉보기보다 강했다. 이 시기 마지막 무렵에, 그 영향은 특히 경기순환 이론 분야에서 발견된다.(아래 8절 참조)

중앙은행에 관해서 경제학자들은 그 기능, 특히 '최종 대부자'(lender of last resort)의 통제기능과 규제기능에 대한 자신들의 개념을 사실상 확장했다. 그러나 그들 대부분은, 이미 보았듯이, 자신들의 눈앞에서 발전하고 있던 **화폐관리**(Monetary Management)의 함의를 완전히 인식하는 데 놀라울 정도로 느렸다. 물론 이는 부분적으로 은행업에 대한 상업이론의 고수 때문이었다. 그 결과 통제는 계속해서 '재할인율 정책'(discount policy)에 의한 통제를, 전적으로는 아니지만 주로 의미하게 되었다. 경제학계는 시장이자율을 규제하는 것이 중앙은행의 힘인지 아니면 중앙은행 재할인율이 단순히 '선언적인'(declaratory) 것에 불과한지에 대해 조금도 확신하지 못했다.[80] 두 견해의 당사자들은 모두 재할인율의 효과를 두 가지 고전적인 **작동방식**(*modi operandi*)과 관련하여 논의했는데, 그 하나가 신용제약(할인을 목적으로 제시된 상업어음량과 거의 동일한)이 물가에 미치는 압박이고 다른 하나는 해외로부터 외국자금을 끌어오거나 자국자금을 회수하는 것이었다.

은행업 일반과 관련하여, 경제학자들은 은행업에 대한 상업이론을 철저하게 고집했기 때문에 이 시기의 가장 중요한 은행업의 발전을 간과하거나 오해했음이 확실하다. 그럼에도 오늘날 이것에 대해 쏟아지는 경멸적인 비판이 완전히 정당화되는 것은 아니다. 우선 그것은 영국에서 그렇게 비현실적인 것이 아니었으며 영국은행업의 명성에 힘입어 영

80) 이 논쟁의 무익함은 간단한 사실확인으로도 해결될 것처럼 보일 정도로 분명하다. 그러나 만약 이 시기에 '중앙은행 재할인율을 유효한 것으로 만드는' 기술이 매우 느리게 발전했다는 점과 경제학자들은 실제로 진행되는 상황을 더욱더 느리게 인식했다는 점을 고려한다면, 우리는 이에 대해 좀더 관대하게 생각할 수 있다. 이 기술이 없었더라면, 중앙은행이 시장을 따라가는 것—중앙은행의 이자율이 '선언적'이라는 문구가 의미하는 바는 바로 이것이다—이상을 할 수 있는가라는 질문은 참으로 정당하다.

국의 관행은 표준화되곤 했다. 그러나 이 점을 제외한다면, 은행업에 대한 상업이론의 수용이 할인 메커니즘의 작동에 대한 무비판적 낙관주의를 필연적으로 포함하는 것은 아니다. 경제학자들은 상품거래를 위한 자금조달에 기반을 둔 은행제도의 '탄력성'을 강조했다. 그러나 이들은, 은행이 단순히 '거래상의 필요'(need of trade)를 위해 자금을 공급한다면, 화폐와 생산이 필연적으로 보조를 맞춰 움직일 것이며 교란도 발생하지 않을 것이라는 견해——정말로 반대할 만한 테제——로부터 성장했고, 성장하고 있었다. 한편으로 이전에 리카도와 투크가 그러했던 것처럼, 이들 대부분은 양적으로 확정된 대출요구나 할인요구 같은 것이 없으며 차입자 실제수요량은 차입자의 신용수요의 문제일 뿐만 아니라 은행의 대출성향과 은행이 부과하는 이자율의 문제이기도 하다는 점을 인식했다. 다른 한편으로 이들은 오직 현물거래를 위해서만 자금조달을 하는 관행——우량 상업어음을 할인하는 것——이 가격과 전반적인 사업상황의 안정성이나 침체기에 은행의 유동성을 보장하지 않는다는 점도 점점 더 인식하게 되었다.[81] 그리고 두 가지 사실을 **누적적 과정**(Cumulative Process)이라는 유명한 모형을 통해 화폐에 대한 일반이론에 도입한 것이 빅셀의 성과였다.(아래 8절 참조)

마지막으로 이 모든 사항과는 별개로 주목해야 할 점은 이 시기에 은행신용의 본질에 대한 관점이 놀라울 정도로 좁았으며 현실성도 결여하고 있었다는 사실이다. 이 점을 명확히 지적하기 위해 전형적인 견해에 대한 언급이 가지는 모든 한계와 위험을 염두에 두면서, 1900년 무렵 전형적인 경제학자가 신용이란 주제를 설명할 때 썼을 법한 방식을 다시 언급해보자. 그는 다음과 같이 말했을 것이다. (논리적인) 출발점에

81) 다른 식으로, 즉 신용통제 정책의 관점에서 문제를 제기한다면, 자금조달의 목적(현물거래)과 관련 신용수단의 품질(우량 상업어음)에 대해 주목한다고 해서 중앙은행이 미결제된 신용량에 대해 관심을 기울이지 않아도 되는 것은 아니라는 점 또한 점점 더 인식되었다. 적절하지 않을 수 있겠지만, 이것이 바로 재할인율 이론에 담긴 것이다.

는 화폐가 있다. 모든 화폐, 신용, 은행업에 대한 교과서는 그것에서 시작한다. 간단히 금화만을 생각해보자. 이제 이 화폐의 소유자는 퇴장하거나 소비지출을 하지 않는다면 그것을 '투자한다'. 또는 우리 식으로 표현한다면, 자신 또는 다른 누군가에게 '저축'을 '대부하'거나 '자본을 공급한다'. 그리고 이것은 신용에 대한 근본적인 사실이다.[82] 따라서 본질적으로 신용은 은행의 여부와는 독립적이며 은행을 고려하지 않고 이해될 수 있다. 만약 분석을 더 진행시켜 은행을 도입하더라도 현상의 본질은 변하지 않는다. 대중은 여전히 진정한 대부자다. 은행가들은 대중을 대신하여 실제로 대부를 수행하는 단순한 그들의 대리자 · 중개인이며, 은행가들의 존재는 단지 분업의 문제다. 이 이론은 '타인계정에 근거한 대부'(lending on account of others)[83]의 경우와 저축예금의 경우에는 충분히 만족스럽다. 그러나 이 이론은 또한 당좌예금(checking deposits: 요구불예금, 영국의 당좌계정)에도 적용된다. 이것들 역시 사람들이 소유했던 자금(우리의 경우 금화)을 은행에 예탁함으로써 발생했다. 예금자는 두 가지 의미에서, 즉 자신의 화폐를 은행에 대부('신탁')한다는 의미와 은행이 그 화폐의 일부를 대부할 경우 그 자신이 궁극적인 대부자라는 의미에서 대부자가 되며 그렇게 남는다. 따라서 몇 가지 기술적인 차이에도 불구하고 예금은행이 공급한 신용——자본주의 사회에서 대부분의 상업신용——은 두 사적 개인들 사이의 신용작용의 패턴 속에서 추론될 수 있다. 예금자가 대부자이므로 은행가는 거래에 이용가능하도록 하기 위해 수많은 소액으로부터 '유동적 자본'을 모집하는 중개인이 된다. 비록 그들은 더 많은 일을 하지만 기존의 유동자

82) 우리는 선도적인 이론가들이 그 과정을 신용작용이 궁극적으로 이전시키고자 하는 상품을 이용해서 설명했음을 알고 있다. 그러나 우리의 목적상 다시 이것을 볼 필요는 없다.

83) 이것은 당장은 필요하지 않은 많은 자금의 소유자, 예를 들어 채권발행 수익을 금방 받은 제조업체가 화폐시장에서 일시적인 유휴자금을 주식중개인이나 어음중개인에게 대부하기 위해 은행서비스를 이용하는 계약제도를 의미한다.

산량을 조금도 더 늘리지 못한다. 캐넌은 1921년 1월에 출간된 논문("The Meaning of Bank Deposit", *Economica*)에서 그것을 다음과 같이 설명했다. "만약 물품보관소의 안내원이 자신에게 맡겨진 물품꾸러미 중 정확히 4분의 3을 대여한다면, ……우리는 확실히 물품보관소의 안내원이 물품보관소의 꾸러미 이상으로 대여된, 꾸러미의 초과분만큼 물품꾸러미를 '창조했다'고 비난해서는 안 된다." 이는 100명의 경제학자 중 99명의 견해다.

그러나 만약 물품꾸러미의 소유자들이 그것을 사용하기를 원한다면, 차입자에게서 그것을 찾아내야 할 것이며, 그러면 차입자들은 그 꾸러미를 잃게 될 것이다. 예금자와 이들의 금화의 경우에는 그렇지 않다. 그는 자신의 화폐를 사용하는 것을 포기했다는 의미로는 그 어떤 것도 대부하지 않는다. 그는 주화 대신에 수표를 지불함으로써 계속 지출한다. 그리고 그가 마치 자신의 주화를 보유한 것처럼 지출하는 동안 차입자 역시 '동일한 화폐를 동일한 시간에' 지출한다. 분명히 이런 현상은 화폐에만 독특한 것으로, 상품세계에서는 유사한 사례를 찾아볼 수 없다. 양(sheep)에 대한 청구권이 양의 수를 증가시키지는 않는다. 그러나 예금은 비록 법적으로 법화에 대한 청구권에 불과할지라도 매우 넓은 범위에서 화폐 자체가 기여하게 될 목적과 동일한 것에 기여한다. 물론 은행은 법화를 '창조하지' 않으며, 더군다나 기계를 '창조하지'도 않는다. 그러나 은행은 경제적 효과면에서 법화를 창조하는 것과 매우 유사하고 이러한 행위 없이는 창조되지 못했을 '실물자본'(real capital)의 창조로 이어질 수 있는 그 무엇——아마도 은행권 발행의 경우에 이것을 확인하기란 좀더 쉬울 것이다——을 보여준다. 그러나 이것은 분석적 상황을 크게 변화시킨다. 이에 따라 완전히 가상적인 저축행위에 의해 이전의 용도로부터 분리된 자금이 소유자에 의해 대출된다는 모형에 기초하여 은행신용을 추론하는 것은 그다지 추천할 만한 사항이 되지 않는다. 이제는 은행이 자신에게 신탁된 예금을 대출한다고 말하는 것보다 은행이 '신용을 창조한다'고 말하는 것, 즉 은행이 대부행위에

의해 예금을 창조한다고 말하는 것이 훨씬 더 현실적이다. 그리고 이를 주장할 수 있는 근거는 예금자가 자신이 행하지 않는 역할에 대한 훈장을 받아서는 안 된다는 점이다. 경제학자들이 그토록 집요하게 매달리는 이론은 예금자가 저축을 하지도, 그러한 의사도 없을 때 그들을 저축자로 만들어버린다. 이 이론은 예금자가 갖고 있지 않은 '신용공급'(supply of credit)에 대한 영향력을 예금자 쪽에 부여한다. '신용창조'(credit creation) 이론은 인위적인 구성이 가려버린 명확한 사실을 인식할 뿐만 아니라 만개한 자본주의의 고유한 특징인 저축-투자 메커니즘과 자본주의적 진화에서 은행의 진정한 역할을 밝혀준다. 따라서 이 이론은 대부분의 경우에 부과되어야 하는 것보다 적은 단서조항으로 분석의 진보를 이루어낸다.

그럼에도 그것은 경제학자들이 은행대출과 은행투자가 예금을 창조한다는 점을 인식하는 것이 매우 어렵다는 사실을 보여주었다. 사실 이 시기 경제학자들은 거의 만장일치로 그렇게 하는 것을 거부했다. 그리고 심지어 1930년에 대다수가 개종해서 그 교리를 당연한 것으로 받아들였을 때, 케인스는 올바르게도 그 교리를 재설명하고 충분히 방어해야 할 필요성을 느꼈는데,[84] 가장 중요한 측면 중 몇 가지는 오늘날에조

---

84) *Treatise on Money*, ch.2. 더욱이 늦게나마 1927년 6월에 크릭(F.W. Crick)의 논문 「예금통화의 창조」("The Genesis of Bank Deposits", *Economica*)가 나올 수 있었다는 사실은 매우 의미심장하다. 이 논문은 어떻게 은행대출이 예금을 창조하고 대출상환이 그것을 파괴하는지를, 그것도 '전통적인 이론'이 마땅히 했어야 했지만 그때까지는 분명히 하지 못했던 방식으로 설명한다. 그러나 『1930년판 화폐론』(*Treatise on Money*)에서 케인스가 신용창조에 대해 서술하는 부분에는 하나의 결말이 있는데, 이에 대해 간단하게나마 주목할 필요가 있다. 예금을 창조하는 은행대출과 그것이 투자자금 조달에서 보여주는 역할—대부된 자금만큼 사전에 저축된 것이 아닌데도—이 『일반이론』의 분석도식에서는 실질적으로 사라져버렸다. 그 무대에 다시 등장하는 것은 대중의 저축이다. 정통 케인스주의(Orthodox Keynesianism)는 사실상 과거의 관점으로 복귀했으며, 그 결과 분석적인 의미에서 화폐시장의 핵심은 유동성 선호와 결합된 대중의 저축성향이 되었다. 나는 이 사실을 언급하는 것 이상을 할 수 없다. 이것이 진보를 의미하는지 퇴보를 의미하는지는 모든 경제학

차 완전히 이해되었다고 말할 수 없다. 이것은 분석의 진보가 넘어서야 하는 장벽과, 특히 사람들이 오랫동안 어느 현상에 완전히 친숙해져 종종 그 현상의 진정한 의미를 인식하지 못하고 그것을 사상의 일반도식 안으로 끌어들이지 않은 상태에서 논의하기도 한다는 사실을 보여주는 가장 흥미로운 예다.[85)]

왜냐하면 처음부터 신용창조——적어도 은행권 형태의 신용창조——라는 사실은 모든 경제학자에게 익숙했을 것이기 때문이다. 특히 미국에서 사람들은 자유롭게 **수표통화**(Check Currency)라는 용어를 사용했고, 은행의 '화폐주조'에 대해 이야기했으며, 그래서 의회의 권리를 침해했다. 1885년에 뉴컴은 예금이 대출에 의해 창조되는 과정에 관한 기초적인 설명을 제공했다. 이 시기 마지막 무렵(1911년)에 피셔도 이와 비슷한 설명을 제공했다. 그는 또한 예금과 은행권이 근본적으로 동일한 것이라는 명백한 진리를 강조했다. 그리고 위더스는 은행가들이 화폐의 중개인이 아니라 '제조자'(manufacturers)라는 관념을 설파했다. 더욱이 때때로 과장되기는 했지만, 17세기와 18세기에 많은 경제학자는 신용창조와 이것이 산업발전에서 차지하는 중요성에 관한 분명한 생각을 가지고 있었다. 그리고 이 생각은 완전히 사라지지 않았다. 그런데도 처음으로 은행신용이라는 사실에 적합한 체계적인 이론을 구성하고자 했던, 매클라우드[86)]의 시도——완전히 성공적이지는 않았지만

자가 스스로 판단해야 할 사항이다.

85) 이전에 어떠한 형태로든 언급된 적이 없는 것을 결코 언급하지 않았음을 입증할 수 있는 저작은 장점과 함께 새로움까지 갖고 있다. 사실 우리는 이것을 여러 번 관찰했다. 내가 보기에, 신용창조 교리의 발전에 대한 마겟 교수의 설명(Marget, 앞의 책, 1권 7장)은 이러한 고려사항을 충분하게 강조하지 않는 듯하다.

86) 매클라우드(Henry Dunning Macleod, 1821~1902)는 자신의 많은 훌륭한 생각을 전문가들이 받아들일 만한 형태로 표현할 능력이 부족했기 때문에, 별로 인정받지 못했으며 심지어 진지하게 평가받지도 못했지만 많은 장점을 가진 경제학자였다. 비록 그가 실제로 성공한 것은 상당 기간에 이 이론의 평판을 나쁘게 만든 것이지만, 이 책에서는 논의 중인 주제에 대한 근대이론의 기

——는 거의 주목받지 못했으며, 우호적인 관심조차 거의 없었다. 그다음은 빅셀이었다. 은행이 부과하는 이자율이 물가에 미치는 효과에 대한 분석을 통해, 그는 자연스럽게 '신용창조'의 몇 가지 측면, 특히 강제저축(Forced Saving) 현상을 인식하게 되었다.[87] 이후, 예상할 수 있듯이, 미국에서 완전한 이론을 위한 기여들이 나타났다. 대븐포트, 테일러, 필립스가 그 예라고 할 수 있다.[88] 그러나 이론적 작업이 한(Hahn)

초를 제공한 다음의 세 저작을 언급하는 것 이상으로 그에 대해 재평가할 수는 없다. *Theory and Practice of Banking*(1st ed., 1855~56; Italian trans. 1879); *Lectures on Credit and Banking*(1882); *The Theory of Credit*(1889~91).

87) 아이디어 자체는 새로운 것이 아니었는데, 이에 대해서는 F.A. von Hayek, "Note on the Development of the Doctrine of 'Forced Saving'", *Quarterly Journal of Economics*, November 1932, republ. in *Profit, Interest and Investment*(1939) 참조. 그러나 오늘날 이것은 좀더 넓은 맥락에서 새로운 강조점과 함께 나타나고 있다. 최근 십년 동안 이 개념은 부당한 홀대를 받았다. 그러나 이 개념은 장점을 갖고 있다. 특히 이 개념은 많은 사람에게 곤란을 야기했던 점을 명쾌히 밝혀준다. 리카도가 언급했듯이, 은행업이 '자본'(즉 물질적 생산수단)을 창조할 수는 없다. 오로지 저축만이 이것을 할 수 있다. 이제 은행이 창조한 예금으로부터의 지출이 물가를 상승시킬 때마다, 즉 완전고용이라는 조건 아래서(그리고 다른 조건에서도) (소비희생에—옮긴이) 비례해서 소득이 상승하지 않은 사람에게는, 그렇지 않았더라면 저축에 의해 달성되어야 했을 것을 이루기 위해 소비희생이 요구된다. 이는 통상적으로 저축(자발적 저축Voluntary Saving)이라 불리는 것에 대비하여 비유적으로 비자발적 저축(Involuntary Saving)이나 강제저축(Forced Saving)이라 불린다. 실업과 유휴설비 아래서는 누구에게나 이러한 희생이 필연적으로 요구될 필요가 없다는 사실이 그 개념을 포기해야 할 근거는 아니다.

88) 대븐포트의 기여는 그가 『가치와 분배』(*Value and Distribution*, 1908)에서 체계화하지 못한 채 제시한 단상들뿐이다. 예를 들어 그는 '은행이 예금을 대출한다'고 말하는 것은 올바르지 않다고 강조했다. 테일러는 (대븐포트의 저작과 마찬가지로) 합당한 평가를 받지 못했던 책에서 훨씬 더 나아갔다.(W.G.L. Taylor, *The Credit System*, 1913) 필립스(C.A. Phillips, *Bank Credit*, 1920)는 관련된 이론적 문제를 명쾌히 밝혀냈을 뿐만 아니라 다른 은행과 경쟁하는 개별은행에서 가능한 대출 및 투자의 확대와 전체로서 고려된 경쟁적 은행시스템 아래서 발생하는 대출 및 투자의 확대 사이의 차이를 지적함으로써 큰 진보를 이루었다.

에 의해 한 권의 책으로 완결된 것은 1924년이었으며, 더군다나 성공도 즉각적인 것은 아니었다.[89] 영국의 선도자 중에서는 당연히 로버트슨과 피구의 공헌이 컸다. 왜냐하면 이들은 그 이론을 전문연구자의 구미에 맞게 만들었을 뿐만 아니라 몇 가지 새로운 발전을 추가했기 때문이다.[90] 다른 곳, 특히 프랑스에서는 (이 이론에 대한—옮긴이) 반감이 오늘날까지 강하게 남아 있다.

진보가 그토록 느리게 진행된 이유를 찾기는 어렵지 않다. 첫째, 이 교리는 인기가 없었으며 어떤 이의 눈에는 거의 부도덕한 것이었다. 이는, 이 교리의 선조 중에 로(John Law)가 있음을 상기한다면, 이해하기 어렵지 않다.[91] 둘째, 이 교리는 '예금'의 법률적 해석에 의해 형성된, 전형적인 사고방식과 어긋났다. 화폐와 신용의 구분은 너무나도 명백함과 동시에 많은 경우에 매우 중요했으므로, 이 구분을 분명히 하지 못하는 이론은 무용할 뿐만 아니라 사실관계에서도 오류——사실상 법화와 법화에 관련된 계약관계를 반영하는 회계항목을 혼동하는 초보적인 오류——를 범할 수밖에 없었다. 그리고 양자의 구분이 모호하지 않아야 한다는 점은 매우 옳다.[92] 신용창조 이론이 항상 이 구분을 모호하

---

89) Albert Hahn, *Volkswirtschaftliche Theorie des Bankkredits*(3rd ed., 1930). 그러나 이 책이 그렇게 많은 경제학자에게 설득력이 없었던 하나의 이유는 거기에 나타난 은행신용 이론이 지속적인 성장가능성에 대한 과도한 낙관적 관점에 사로잡혀 있어서 그것의 핵심적 성과에 대해 일부 경제학자가 편견을 갖도록 했다는 사실이다.

90) D.H. Robertson, *Banking Policy and the Price Level*(1926). 이 책에서 강제저축은 강제결핍(Imposed Lacking)이라는 명칭으로 나타난다. A.C. Pigou, *Industrial Fluctuations*(1927), Part I, chs.13 and 14.

91) 이런 이유로 발라는 (비록 은행권에 한정되기는 했지만) 신용창조 현상을 매우 명확히 보았다. 그러나 발라는 그것을 억제해야 할 폐해로 간주했으며, 그래서 그것을 그의 일반적 도식의 정상적 요소로 만들기를 거부했다.(*Études d'économie politique appliquée*, ed. of 1936, p.47 and pp.339 et seq.)

92) 그중 하나가 오래된 쟁점인 '화폐'통제와 '신용'통제의 구분문제다. 그러한 종류의 고려사항은 신용창조 사상에 대한 수많은 프랑스 관료들의 반감을 설명하는 데 시사점을 제공한다. 예를 들어 리스트의 『화폐이론과 신용이론의 역

게 만들지는 않았다는 사항은 그것의 오용을 두려워하는 사람들에게 자그마한 위안이다.

8절 공황과 순환: 화폐적 이론

우리는 한편으로 넓은 의미에서 이 시기의 화폐분석이 화폐가치의 문제(또는 물가)에 집중했으며, 다른 한편으로는 일부 선도적 경제학자들이 경제과정 전체에 대한 화폐적 분석——여기서 단순한 물가문제는 부차적인 문제에 불과하다——을 향해 나아갔음을 보았다. 이러한 경향은 현금잔고 접근과 소득접근에 담긴 함의를 통해 예시되었지만, 다른 다양한 방식으로도 나타났다. 예를 들어 마셜의 『화폐, 신용 그리고 상업』이 원래 『화폐, 신용 그리고 고용』(*Money, Credit, and Employment*)이라는 제목으로 기획된 것이라는 사실은 의미심장하다. 이 책에는 최근의 소득과 고용분석(Income and Employment Analysis)의 범위 안에 포함되는 많은 것이 실제로 담겨 있다. 더욱 의미심장한 점은 빅셀이 다소 머뭇거리면서도 결국 생산물 전체에 대한 화폐수요 개념이 필요하다는 결론에 도달했다는 사실이다.[93] 이것은 맬서스의 사고를 부활시켰

사』(*History of Monetary and Credit Theories*)의 주요목적 중 하나는 화폐와 신용의 '혼동'과 싸우는 것이다.

93) 독자에게 가장 유용한 참고문헌은 뮈르달의 『화폐균형』(*Monetary Equilibrium*, Swedish ed. 1931, 영역 1939; 앞의 2절 3항 참조)이다. 다시 한 번 파악해야 할 요점은 이것이다. 수요스케줄(demand schedule)은 단일상품에 대해 정의된다. '고전파' 이론(세법칙)에 따르면 모든 재화와 서비스(또는 모든 소비재와 용역)를 포함하는 하나의 수요표에 대해 논하는 것은 의미가 없다. 그럼에도 우리가 그렇게 한다면, 우리는 특별한 목적을 위해 정상적인 수요이론에는 포함되지 않는 무언가를 하고 있는 것이며 따라서 한 발짝 더 나아가고 있는 것이다. 이 특별한 목적은 의미가 있을 수도 없을 수도 있다. 그것은 총수요기법에 의해 도움을 받을 수도 받지 못할 수도 있다. 그러나 어떤 경우든, 그 자신의 고유한 문제를 포함하는 독자적인 무엇으로 인식되어야 한다. 빅셀이 이를 채택한 것은 세법칙을 포기하는 결과를 가져왔다. 따라서 그는 현재 세법칙을 거부하는 모든 경제학자의 수호성인이다.

으며, 비록 불완전한 형태이기는 하지만, 케인스의 『일반이론』의 소비 함수를 미리 보여주었다.

그러나 오늘날의 의미에서 화폐분석을 향한 가장 큰 진보는 이자와 경기변동 문제에 관한 분야에서 이루어졌다. 우리는 이미 경제학자들 사이에서 화폐적 자본개념을 인식하고 사용하려는 경향이 점차 늘어나고 있는 징후를 확인했다. 이것으로부터 아무런 성과도 나오지 않았으며 이자를 순수한 화폐현상으로 해석하려는 소수의 시도 또한 성공하지 못했다.[94] 이 시기 전체에 걸쳐 실질적으로 모든 경제학자에게 이자율은, 어떻게 설명되든지 간에, 물적 자본의 수익률이었으며, 화폐이자율은 실물이자율의 파생물에 불과했다.[95] 물론 두 이자율이 서로 괴리될 수 있다는 인식은 오래된 것이었다. 새로운 화폐가 유통에 투입되는 방식에 대한 리카도의 설명은 이에 대한 인식을 함축하며 은행업에 대해 저술한 저자들은 항상 그것을 인지했음이 틀림없다. 그러나 빅셀이 그것을 화폐가치 이론의 중심에 놓으면서 빅셀의 누적적 과정(Wicksellian Cumulative Process)을 만들어낸 정교한 분석의 주제로 삼기 전까지 어느 누구도 그것에 많은 중요성을 부여하지 않았다. 그는 만약 은행이 실물이자율 이하로 대출이자율을 유지한다면(우리가 알고 있듯이, 그는 뵘-바베르크의 이론노선에서 이것을 설명했다) 생산확대, 특히 내구설비와 내구장비에 대한 투자가 유도될 것이라고 지적했다. 물가는 결국 상승하고 만약 은행이 이러한 상황에서도 대출이자율을 상승시키지

---

94) 이러한 시도들은 거의 주목받지 못하거나 완전히 잊혔으며, 그래서 1930년대 이 주제에 관한 논쟁에서는 언급조차 되지 못했다. 그러나 그중 하나인 게젤(Silvio Gesell)의 시도는 케인스에 의해 망각에서 구출되었다. *General Theory*, ch.23, VI 참조.

95) 여기서 실물이자율이나 '자연'이자율의 의미를 마셜(*Principles*, Book VI, ch.6, concluding note)이 이 문구를 사용했을 때의 완전히 상이한 의미, 즉 물가로 조정된 화폐이자율(또는 '명목'이자율)과 혼동해서는 안 된다. 양자는 관련되어 있지만 동일한 것이 아니며, 내가 아는 한 마셜은 지금 논의 중인 빅셀의 사고를 공유하지 않았다. 명목이자율과 실제이자율의 구분을 강조하는 마셜의 장점은 피셔(*Appreciation and Interest*, 1896)에게 이어졌다.

않는다면 다른 모든 비용항목이 비례적으로 상승한다고 할지라도 물가는 어떤 정해진 한계 없이 누적적으로 상승할 것이다.[96]

이 주장이 만들어낸 분석적 상황은 다음과 같이 설명될 수도 있다. 화폐이자율과 실물이자율의 괴리가 초래하는 효과에 대한 빅셀의 강조는 그 자체로는 이자율에 대한 근본적인 사실이 물적 재화의 순수익이라는 입장, 빅셀 자신이 결코 벗어나지 못한 입장을 포기해야 할 불가피한 이유를 구성하지 않는다. 그러나 그것은 화폐이자율을 적어도 부분적으로는 물적 자본의 순수익(자연이자율이나 실물이자율)을 규제하는 요인들 이외에 다른 요인에 의존하는 별개의 변수로 다루어야 하는, 훌륭하면서도 충분한 근거를 구성한다. 물론 두 이자율은 연결되어 있다. 더구나 그것들은 균형에서 일치한다. 그러나 그것들은 이제 더 이상 '근본적으로 동일한 것'이 아니다.[97] 우리가 이 점을 인식하자마자 그것들은 서로 더 멀리 떨어질 것이며, 우리는 이러저러한 종류의 물적 재화의 순수익이 대출시장의 이자율에 대한 근본적인 사실이라는 입장, 즉 바본(Barbon)까지 거슬러 올라가고, 케인스가 이자율과 (물적) 자본의 한계효율 사이의 '혼동'이라는 근거에서 비난했던 입장으로부터 더욱더 멀리 벗어날 것이다.[98] 그러면 은행의 대출정책 같은 다른 요인들은 우

---

96) 이 주장에 대한 뵘-바베르크의 논평은 다음과 같다. "빅셀이 그것을 쓸 때 그는 꿈을 꾸고 있었음이 틀림없다."

97) 위의 문단 중에서 다음의 구절은 도움이 될 것이다. 발라체계에는 하나의 이자율, 즉 물적 '자본'의 순수익률인 이자율만 도입된다. 엄밀하게 보면, 이것은 화폐이자율이 균형에서 이 순수익률과 일치할 뿐만 아니라 화폐이자율이 단지 물적 '자본'의 순수익율의 화폐적 표현이라는 의미에서 그것과 동일함을 의미한다. 만약 우리가 화폐이자율이 순수익률과 동일한 것(화폐이자율이 '근본적으로 동일한 것이다'라고 말하는 것)이 아니라 어느 정도 독립성을 가지고 있다는 것을 명시적으로 인식하기를 원한다면 우리는 그것을 별도의 변수로 도입해야 하며, '실물이자율'과의 일치를 추가적인 균형조건으로서 제시해야 한다. 빅셀이 한 것은 이것이다. 화폐균형 조건에 대한 빅셀의 연구는 완전히 성공하지는 못했다. 그러나 그 연구는 동시대와 특히 그의 스웨덴 추종자들에 의한 그 이후의 연구에 자극을 주어 분석의 역사를 만들었다.(예를 들어 뮈르달, 앞의 책)

리에게 근본적인 것처럼 보이게 되며, 이후에 등장하고 케인스주의자가 다른 어떤 것보다 더 주의를 기울인 이자율에 대한 순수화폐적 이론을 향한 길이 열린다. 그러나 세 가지 점을 염두에 두어야 한다. 첫째, 우리는 바본에서 시작하여 지금 케인스로 종결되는 사상발전의 흥미로운 노선을 개괄했다. 그러나 이자율에 대한 좀더 새로운 화폐적 이론을 가져온 개인이 빅셀의 분석에 의해 만들어진 상황의 함의를 연구함으로써 의식적으로 자신들의 결론에 도달했다고 말하는 것은 아니다. 이것은 스웨덴의 빅셀 제자——비록 내가 누군가의 주관적 독창성을 의심하는 것은 아니지만——에게 해당될 뿐, 다른 사람에게는 해당되지 않는다. 둘째, 바본의 발자국을 거슬러 올라감으로써 우리 시대의 경제학자들이 단순히 바본 이전 시대의 화폐이론으로 회귀했다고 말하는 것도 아니다. 몇몇 중요한 점에서 이 시기 그리고 스콜라학파의 시기와 비슷하다고 할지라도 그것은 다른 측면에서는 틀림없이 새로운 것이다. 셋째, 경제시스템의 새로운 변수, 화폐이자율을 단지 그 형태뿐만 아니라 본질에서도 화폐적인 것으로 정의함으로써 어떤 근대경제학자들이 생각하는 것처럼 우리가 대출이자율의 문제로부터 '실물적' 요인을 완전하게 제거하는 것은 아니다. 최소한 물적 투자의 순수익률은 대부수요의 한 요인이며 따라서 어떠한 완전한 화폐이자율 이론(theory of money rate)에서도 사라질 수 없다.[99)]

---

98) 빅셀의 실물이자율과 자연이자율은 (물적) 자본의 한계생산성(좀더 정확히 뵘-바베르크의 우회생산의 한계생산성)이다. 따라서 그것은 피셔의 비용에 대한 한계수익률(marginal rate of return over cost, *Theory of Interest*, p. 169)과 동일하고 현재투자의 한계생산성을 의미하는 케인스의 한계효율과 다르다. 그럼에도 두 개념(빅셀의 실물이자율과 케인스의 한계효율—옮긴이)은 서로 독특한 관계를 형성하고 있으므로 지금의 목적을 위해서는 그것들이 쉽게 서로 바꾸어 사용될 수 있을 것이다. 따라서 케인스는 화폐이자율과 실물이자율의 '혼동' 또는 오히려 그것들을 너무 밀접하게 관련시키는 19세기 경제학자들의 습관에 대해 비난했다고 얘기할 수 있다. 빅셀은 이 관습의 토대를 침식시킨 첫 번째 인물이었다.

99) 이 사실은 자주 부정되기 때문에, 또 비록 이자율에 대한 그의 화폐이론에서

근대화폐적 경기순환 이론의 발전에서 빅셀의 위상은 근대화폐적 이자이론의 발전에서 그의 위상과 매우 비슷하다. 그 자신은 화폐적 이자이론(monetary interest theory)을 주장하지 않았듯이 화폐적 경기순환이론(monetary cycle theory)도 주장하지 않았다. 그러나 그는 화폐적 이자이론을 위한 길을 개척했을 때 화폐적 경기변동 이론을 위한 길을 개척했다. 사실 누적적 과정 자체는 조금만 조정하면 경기순환 이론이 될 수 있다. 은행이 회복기나 유동적 휴면상태에서 등장했다고 가정하자. 은행이자율은 은행으로 하여금 대출을 확대하도록 자극할 것이다. 그렇게 하기 위해 일반적으로 은행은 빅셀의 실물이자율——우리가 알고 있듯이, 그것은 뵘-바베르크의 실물이자율이다——보다 낮아질 때까지 은행이자율을 하락시킴으로써 대출수요를 자극해야 할 것이다. 결과적으로 기업들은 실물이자율과 일치하는 더 높은 화폐이자율로 인해 멈추어야 했을 수준을 넘어 투자——특히 이자율이 매우 중요한 내구장비[100]에——할 것이다. 이렇게 한편으로 누적적 인플레이션 과정은 시작되고 다른 한편으로 생산의 시간구조는 왜곡된다. 그러나 이 과정은 무한정 계속될 수 없다. 여기에는 몇 가지 가능한 이유가 있는데, 가장 간단하게는 은행이 준비금에 의해 제약된 대출한계에 부딪히는 것이다. 그리고 대출이 중단되고 화폐이자율이 실물이자율을 따라잡을 때 우리는 '인위적으로' 낮은 이자율의 자극에 기초한 투자가 손실의 원천

다른 부분 못지않게 핵심적인데도 『일반이론』에서 케인스의 설명이 그것을 불명확하게 하는 경향을 가졌기 때문에 매우 중요하다. 그것은 균형현재 투자량은 '한계효율'과 화폐이자율이 일치하는 양이라는 조건에 의해 도입된다. 이자율이 투자를 제한하는 요인이라는 진술은 자동차가격이 자동차수요를 제한하는 요인이라고 말하는 것만큼이나 타당하지만, 그만큼 불완전하기도 하다.

100) 확실히 단기투자에서 부차적 요인인 이자율이 내구기계, 철도, 생활기반 시설에 대한 투자와 같은 장기에서는 주요인이다. 이자율이 하락할 때 자본가치는 빠르게 증가한다. 〔J.A.S.는 이것을 상술하고자 했다. 그는 "이것은 위험(risk)에 의해 모호해진다. 그렇지 않다면"이라고 썼다.〕

이 되는 지속불가능한 상황에 직면한다. 호황은 침체를 가져올 파산으로 끝맺는다.

이 이론은 미제스[101]에 의해 개괄되었다. 그는 빅셀에 대해 비판적 인정을 표하는 동시에 그것을 통화학파 관점의 발전으로 설명했다. 그것은 하이에크에 의해 더욱 정교한 분석적 모형[102]으로 발전했다. 그 모형이 영미 경제학계에 발표되었을 때 매우 엄밀한 이론적인 저서가 결코 경험하지 못한 파죽지세의 성공을 거두었다. 그러나 그 이론적 저서는 계획안과 정책제안을 포함하는 방식으로 엄밀성을 보완하거나 애증을 보이는 독자들에게 다른 방식으로 접근하는 데 실패했다. 강력한 비판적 반응은 처음에는 (이 저작의—옮긴이) 성공을 뒷받침했지만 곧 경제학계는 다른 지도자와 다른 관심사항으로 돌아서 버렸다.[103] 이것의 사회심리학은 연구해볼 만한 흥미로운 문제다.

호트리 자신이 설명했듯이 그[104]의 분석은 미제스-하이에크의 경기

---

101) *Theorie des Geldes*……, 1924 Third Part, ch.5, secs. 4, 5. 이 참고문헌의 2판은 위의 추론과정이 경기순환에 대한 완벽한 설명으로 제시된다. 그러나 근본적인 생각은 이미 1912년 최초의 판본에 포함되어 있었다.

102) *Geldtheorie und Konjunkturtheorie*(1929); *Prices and Production*(1931). 몇 가지 중요한 측면에서 주장을 바꾼 새로운 판본 『이윤, 이자 그리고 투자』(*Profits, Interest, and Investment*)가 1939년에 출판되었다. 많은 새로운 근거를 포함한 추가적인 저작인 『순수자본 이론』은 1941년에 출판되었다.

103) 이론적 저서의 다른 성공, 예를 들어 체임벌린의 『독점적 경쟁의 이론』(*Monepolitstic Competition*)과 힉스의 『가치와 자본』의 성공은 더 지속되었으며 결국 더 대단해졌다. 그러나 그들의 성공은 하이에크의 성공에 있던 화려한 특성을 결여했다. 케인스의 『일반이론』의 더욱 대단한 성공은 비교불가능하다. 왜냐하면 『일반이론』의 분석장점이 무엇이든 간에 그것의 주장이 많은 수의 근대경제학자의 강력한 정치적 선호를 충족시켰다는 사실로 인해 그것은 화려한 경력을 소유하게 되었다는 것에는 의심의 여지가 없기 때문이다.(아래 5부 5장 참조) 정치적으로 하이에크의 저작은 그 흐름을 역류했다.

104) R.G. Hawtrey, *Good and Bad Trade*(1913). 아울러 많은 다른 후기 저작도 참조. 『자본과 고용』(*Capital and Employment*)을 정독한다면, 호트리가 초기 관점을 수정한 정도를 확인할 수 있을 것이다.

순환과는 다른 의미에서 경기순환을 순수화폐적 현상으로 다루었다. 호트리는 기계설비와 장비(plant and equipment)의 시간구조를 교란(또는 조정실패)시키는 요소를 이용하지 않는다. 오로지 화폐적 요인에 의해 발생한 화폐소득 흐름의 변동이 거래와 고용의 일반적인 순환적 변동의 유일한 원인이다. 그러나 그는 누적적 과정을 사용했으며 미제스처럼 그것의 근원을 근대신용 제도의 내재적 불안정성에서 찾았다. 그때 은행은 또다시 대출조건의 완화에 의해 비정상적 활동을 시작하는 것으로 가정된다. 이것과 전반적인 호황조건 사이에 유일하게 주요한 연관은 새로운 기계설비와 장비에 대한 주문증가가 아니라 대출이자율의 작은 변화에 반응하는 도매거래의 재고증가다. 경기팽창이 계속 진행되고, 따라서 화폐소득의 증가와 은행의 현금감소로 이어진다. 은행은 무한정 대출을 확대할 수 없으므로 이것은 과정을 역전시키는 이자율인상을 가져온다. 이것이 중앙은행의 재할인율이 이 분석에서 중요한 역할을 하는 이유다. 이들 사이의 유사성은 매우 두드러져서 우리가 단일한 화폐이론이라고 불러도 손색이 없을 정도다. 다만 화폐적 경기변동 이론의 신봉자는 오직 한 가지 점, 은행대출 이자율이 '내구자본재'에 주요한 영향을 미치는지 아니면 도매업자의 재고를 통해 영향을 미치는지에 대해서만 서로 동의하지 않을 것이다. 호트리의 이론은 20년대를 풍미했다. 특히 미국에서 그의 이론은 당시 퍼져 있는 연방준비제도의 공개시장 조작의 무한한 효력에 대한 무비판적 믿음에 대한 탁월한 합리화였다.

(경기변동—옮긴이) 현상의 원인을 금의 변덕 탓으로 돌리는 경제학자들은 화폐적 경기변동 이론[105]의 신봉자들이 보인 근본적인 만장일치

105) 화폐적 경기변동 이론을 언급할 때 이론이라는 말(이 책, 1권, 1부 참조)의 두 가지 의미가 머릿속에 떠오른다. 화폐적 경기순환 이론은 경기순환을 화폐나 대출과 관련시켜 설명하는 가설이다. 그러나 그 현상에 대한 어떠한 설명도 화폐적 특징을 고려해야 한다는 것을 부정하는 사람은 없다. 따라서 우리는 화폐이론이란 낱말을 화폐와 신용이 경기순환 과정에서 움직이는 방식

를 심각하게 훼손하지 않았다. 이 사고는 대략 1849~72년이나 1872~91년과 같이 금생산의 상당한 변화와 다소간 관련된 장기 사이의 전반적인 번영과 전반적인 침체를 '설명하'는 데 이용되었을 때 더 많은 동의를 얻었다. 그러나 그 사고는 경기순환 자체를 '설명하는' 데도 이용되어왔다. 이 경우 금생산의 증가는 은행준비금에 영향을 미치고 따라서 은행의 대출의사와 능력을 증가시키기 때문에 우리는 미제스와 호트리가 정식화한, 좀더 일반적인 근거 이외에 경기팽창을 기대할 수 있는 특수한 근거를 가지게 되었지만, 나머지 부분에서 이 논의는 거의 동일하게 낮은 화폐이자율에서 비롯된 신용 인플레이션, 이자율이 물가를 따라잡는 지점 그리고 과정의 역전을 다시 거론하는 방식으로 진행될 것이다. 이런 유형의 화폐이론의 가장 저명한 지지자인 피셔는 처음에 자신의 『화폐의 구매력』(*Purchasing Power of Money*, 1911, ch.4)에서 복잡하지 않은 방식으로 표현했다.[106] 그는 이 현상의 화폐적 측면을 계속 강조했지만, 분석의 토대를 너무 넓히는 바람에 결국 자신의 과도할 만큼 제한된 주장과는 반대로 기록된 모든 경기변동에 적용되고, 본

에 대한 모든 명제에 대해서도 사용할 수 있다. 그리고 이러한 의미에서 화폐적 경기변동 이론에 대한 기여로서 생각해보면 호트리의 주장과 같은 많은 주장은 그것이 설명가설의 역할로서 적합하다고 간주하지 않는 경제학자에게도 중요성을 갖는다.

106) 『화폐의 구매력』(*Purchasing Power of Money*)에서 제시된 설명은 이전에 『무디스 매거진』(*Moody's Mangazine*)에 「금가치하락과 이자율」("Gold Depreciation and Interest Rates", February 1909)이란 제목으로 간략하게 게재된 바 있다. 부채디플레이션 이론의 핵심토대는 두 논문("The Business Cycle Largely a 'Dance of the Dollar'", *Journal of the American Statistical Association*, December 1923; "Our Unstable Dollar and the So-Called Business Cycle", *Ibid.*, June 1925)으로, 둘 다 순수하게 화폐적인 조건에서 근원을 찾을 수 있는 물가와 이자율의 변동에 집중한다. 그리고 『호황과 침체』(*Boom and Depression*, 1932)라는 책은 「대공황에 대한 부채디플레이션 이론」("Debt-Deflation Theory of Great Depression", *Econometrica*, October 1933)에 부분적으로 요약되어 있고 부분적으로 보완되고 있는데, 이에 대해서는 본문 참조.

질적으로는 화폐적이라 할 수 없는 **부채디플레이션 이론**(Debt-Deflation Theory)으로 끝맺고 말았다. 표면적으로 보면 번영의 분위기에서 부채가 축적되고, 이어지는 가격구조의 파괴로 침체의 핵심인 파산이 불가피하다는 사실에 부담이 집중된다. 이 표면적인 메커니즘의 배후에 실질적인 작동요인——주요하게는 신기술과 상업적 확장가능성——이 있었다. 피셔는 이것을 보지 못한 것은 아니었지만 '부채유발 요인'(debt starter, *Econometrica*, October 1933, p.348)이라는 부차적 지위로 추방했으며, 그래서 그의 일반적 화폐분석(앞의 2절 참조)의 경우와 똑같이 위대한 성과의 진정한 중요성이 애를 써야 발굴될 수 있을 정도로 독자들에게 알려지지 않았기 때문에, 실제로 학계에 결코 인상을 남기지 못했다.

9절 비화폐적 경기변동 분석

앞에서 정의된 의미[107]에서 경기순환 현상에 대한 비화폐적 분석에 속하지만 하이에크의 분석과는 다른 것을 간단하게 살펴보는 편이 유용할 것이다. 이것이 이 장에서 다루는 주제의 범위를 벗어나기는 하겠지만 말이다. 그렇지만 우리는 아주 중요한 명제, 즉 경기순환 분석에 대한 모든 핵심적인 사실과 개념이 1914년 이전에 나타났다는 명제를 확립하는데 필요한 수준 이상으로 논의를 진행시키지는 않을 것이다. 물론 이후 30년 동안 통계, 역사적 자료 그리고 많은 새로운 통계적 · 이론적 기법이 봇물처럼 쏟아져 나왔으며, 그것들은 명료화와 정교화를 통해 이

107) 이 강조는 중요하다. 왜냐하면 앞 절에서 이미 논의되었던 사실, 즉 화폐수요, 특히 은행신용 수요가 경기변동을 설명하는 데 분명 어떤 역할—대체로 중요한—을 수행한다는 사실에 비추어볼 때, 좀 덜 엄밀하게 '순수화폐적 이론'을 정의하게 되면 더 많은 것을 포함하게 될 것이기 때문이다. 그렇지만 이에 대한 경계선은 주관적 판단의 문제로, 무 자르듯 정확하게 나뉠 수 없는 것이다. 예를 들어 미제스의 이론에 대해 모든 경제학사 연구자가 순수화폐적 이론으로, 하이에크의 이론을 비화폐적 이론으로 취급하지는 않을 것이다.

주제를 경제학의 공인된 분야로 발전시켰다. 그러나 이전에 알려지지 않았던 새로운 원리와 사실을 추가한 것은 없었다.[108]

1. 쥐글라의 성과

이미 살펴본 것처럼, 이전 시대에 처음으로 경제학자들의 이목을 집중시킨 것은 '공황'이라는 극적인 현상과 이보다는 덜 극적이지만 조금 더 신경 쓰이는 문제인 불황('과잉생산'glut)이었다. 그렇지만 우리는 이미 일부 경제학자가 불황 이상의 문제를 보았음을 확인했다. 이를테면 투크와 오버스톤은 공황과 과잉생산이 좀더 큰 과정의 부수적인 사건이나 한 국면임을 완전하게 인식했다. 다른 많은 경제학자가 이 사실

---

108) 이러한 평가와 경기순환에 대한 이 후기문헌의 성과를 개괄하려는 (불가능한) 시도를 하지 않는 것을 비난의 의미로 해석해서는 안 된다. 오히려 나는 이 문헌에 포함된 연구가 이제까지 경제학자들에 의해 수행된 다른 연구결과 못지않게 가치 있다고 생각한다. 이것은 적어도 내가 5부에서 말하고자 하는 바를 보면 분명해질 것이다. 그럼에도 이 연구가 1914년 이전에 제시된 논의에 얼마나 의존하고 있는지 이해하는 것이 중요하다. 이에 대해서는 고든의 글("Selected Bibliography of the Literature on Economic Fluctuation, 1930~36", *Review of Economic Statistics*, February 1937)과 일리노이대학교 경영대학의 경영연구소(the Bureau of Business Research, University of Illinois, College of Commerce and Business Administration)에서 1928년에 출간한 경기변동에 대한 도서목록을 참조. 하벌러의 현대자료에 대한 대가다운 소개서(*Prosperity and Depression*, 1937; 제3확장판, 1941)는 이 주제에 대한 입문서로 추천할 만하다. 나는 이 저작을 가급적 간단하게 언급하고자 하는데, 그 주된 이유는 이 책을 참고할 수 없는 경제학도가 거의 없을 것이기 때문이다. 그러나 독자들은 이 책에 대한 나의 존경이 모든 점에 대한 동의를 의미하지는 않는다는 점을 알게 될 것이다. 1895년 이전에 출간된 저작들에 대해서는, 이 해에 출간된 베르크만의 이론사 관련저작인 『국민경제 공황이론의 역사』(*Geschichte der nationalö konomischen Krisentheorieen*)에서 매우 잘 설명되고 있다. 역사적이고 중요한 출판물의 긴 목록 중에서, 나는 한센의 『경기순환론』(*Business Cycle Theory*, 1927), 루츠의 『국민경제의 경기변동 문제』(*Das Konjunkturproblem in der nationalö konomie*, 1932) 그리고 미첼의 『경기순환』(*Business Cycles*……, 1927)—특히 1장—만을 언급하고 싶다.

에 대해 모호한 인식의 징후를 드러냈다. 그런데도 경제학자들의 사고에서 '경기순환'이 '공황'을 완전히 몰아내고, 근대적 경기순환 분석이 발전할 수 있는 토대를 마련한 것은 바로 이 시기였다. 그런데도 실제 이 분야에 종사하는 모든 사람은 오래된 표현을 여전히 사용했는데, 이는 '용어사용의 시차'(terminological lag)를 보여주는 흥미로운 예다. 이미 1862년에 출판된 것을 여기서 결정적인 성과로 살펴보는 이유는 바로 여기에 있다. 그것은 바로, 물리학자로 교육을 받았지만, 과학적 방법에 대한 재능과 활용면에서 모든 시대의 가장 위대한 경제학자 중 한 명으로 평가되어야 하는, 쥐글라[109]의 저작이다. 이러한 평가는 다음 세 가지 사실에 근거한다. 첫째, 그는 처음으로 특정현상의 분석이라는 분명한 목적을 가지고 시계열 자료(주로 가격, 이자율, 중앙은행 수지)를 체계적으로 사용했다. 이것은 현대의 경기순환 분석에서 가장 근본적인 방법이기 때문에, 그는 이 분야의 선구자라 칭송받을 만하다. 둘째, 그는 자료에서 분명하게 나타난 10년 주기의 경기순환을 발견——대륙을 발견한 것은 분명 그였으며 이전의 저술들은 그 근처의 섬만을 발견했을 뿐이다——했으며, 더 나아가 '국면'(상승upgrade, '폭등' explosion, '파산' liquidation)이라는 개념을 통해 경기순환에 관한 형

109) 쥐글라(Clément Juglar, 1819~1905)는 1848년에 경제학을 위해 의사직을 포기했다. 그는 경제학에 대해 정식교육을 받지 못했고, 심지어는 표준적 경제이론에 대한 관심은 지식보다 더 적었다. 그는 자신이 계획한 길을 걸어가면서 다른 길에는 눈길을 주지 않는 전형적인 천재였다. 경제학 같은 분야에서 많은 사람이 그렇게 한다. 그러나 대개 그들은 기형적인 것만 만들어낼 뿐이다. 천재라는 것은 오랫동안 지속되는 진리를 스스로 생산하는 경우에만 나오는 법이다. 그의 많은 출판물 중 가장 중요한 것 한 가지만 언급할 필요가 있다. *Les Crises commeriales et leur retour periodique en Frnace, en Angleterre et aux Etats Unis*('crowned' bt the Academie des Sciences Morales et Politiques in 1860, publ. as a book in 1862, 2nd ed. 1889, English trans. by W. Thom, from 3rd ed., 1916). 그의 생애와 저작을 소개하는 것으로는 『전집』(*Competes rendus, Academie des Science Morales et Politiques*, 1909)에 실린 보르가르(Paul Beauregard)의 글이 있다.

태학적 연구를 전개시켰다. 투크와 오버스톤이 비슷한 연구를 했지만, 경기순환의 형태학에 대한 현대적 연구는 쥐글라로부터 시작되었다고 보아야 한다. 이와 동일한 의미에서 '주기'(periodicity)에 대한 연구 또한 마찬가지다. 그가 이론과 가설에 대한 어떤 선입견도 없이 자신 있게 '공황의 법칙'(the law of crises)을 발견했다고 주장했을 때 말하고자 했던 바는 바로 '주기적' 과정에 대한 형태학이었다.[110] 셋째, 그는 꾸준히 설명을 하고자 시도했다. 이러한 시도가 보여주는 위대한 특징은 그것이 '사실'과 '이론'을 결합하는 거의 이상적인 방식이라는 점이다. 경기하강(은행의 현금손실, 신규구매의 실패)을 가져오는 요소에 대한 그의 주장 대부분은 그렇게 가치 있는 것이 아니다. 그러나 그의 분석에서 가장 중요한 것은 경기불황의 본질에 대한 진단인데, 그는 이를 다음과 같은 유명한 문장을 통해 경구적으로 표현했다. "불황의 유일한 원인은 호황이다." 이것은 불황이란 이전의 호황기가 가져온 상황에 대한 경제 시스템의 적응결과에 지나지 않으며 결과적으로 경기순환 분석의 기본적인 문제는 호황의 원인에 대한 질문으로 환원된다는 점을 의미한다. 그러나 쥐글라는 만족스러운 답변을 제시하지 못했다.

경제학자들은 처음에 쥐글라의 선구적 업적을 쉽게 따르지 않았다. 그렇지만 이후 그들 대부분은, 심지어 '원인'에 대해 특수한 가정을 하는 것을 쥐글라보다 더 좋아했던 사람들까지 쥐글라의 일반적 접근을 채택했다. 그래서 오늘날에는 쥐글라의 저작이 오랫동안 구전된 이야

---

110) 쥐글라는 9~10년의 주기만이 자신의 자료에서 나타나는 유일한 파동은 아니라는 점을 고려하지 못했다. 자연히 이후 연구자들은 다른 파동을 발견했는데, 적어도 콘드라티에프(N.D. Kondratieff, 1922)와 키친(Joseph Kitchin, 1923)의 이름은 언급되어야 한다.(이들과 선구자들에 대해서는 Mitchell, *op. cit.*, pp.227, 380 참조) 그렇지만 우리는 단지 이러한 방향의 진보를 언급하는 것으로 그칠 수밖에 없다. 이후의 이러한 발전에도 불구하고, 쥐글라의 업적은 퇴색되지 않는다. 사실상 이것들은 오히려 그의 역사적 지위를 높여주었을 뿐이다.

기처럼 읽힌다. 이 시기 끝무렵에 한편으로 쥐글라의 정신을 온전히 담고 있으며, 다른 한편으로 우리 시대에서 경기순환 분석의 가장 중요한 부분을 개척한 저작은 미첼의 『경기순환』이다.[111]

2. 공통지반과 대립적인 '이론들'

이 시기는 끝무렵에 대부분의 경기변동 분석가가 동의하고, 우리 시대 대부분의 연구에 이용될 방법, 아니 적어도 방법의 근본적인 원리를 확립했다. 그러나 동의 수준은 이것을 넘어섰다. 이 시기 끝무렵에 다양한 경제학자가 묘사했거나 묘사했을 법한 경기순환의 국면을 특징짓는 일련의 특징이나 징후는 거의 비슷해졌다. 이뿐만 아니라 이 시기 끝무렵에 대부분의 연구자는 경기순환의 근본적 사실이 기계설비와 장비생산의 독특한 변동이라는 점에 동의했거나 암묵적으로 이를 당연하게 받아들였다. 어떻게 이렇게 되었는가? 언뜻 보기에, 우리는 연구활동의 상당한 유사성과 연구결과의 상당한 일치를 보장해줄 수도 있었을 많은 공통지반을 발견한 듯하다. 그러나 문헌검토가 보여주는 바는 이것이 결코 아니다. 반대로 우리는 오직 불일치와 적대적인 노력만을 보게 되는 것 같다. 과학을 불신하거나 심지어 우스꽝스러운 상태에 이를 때까지 불일치와 적대감은 지속되었다. 그러나 모순은 단지 표면적인 것이

111) *Business Cycles*(1913; 완전히 다시 씌어진 판본, *Business Cycles: the Problem and Its Setting*(1927); A.F. Burns and W.C. Mitchell, *Measuring Business Cycles*(1946). 그러나 나는 미첼이 자신의 접근법을 쥐글라에게서 가져왔다거나, 더욱이 하버드지표(Harvard Barometer)의 고안자들(불럭, 퍼슨W.M. Person 등. 이들은 경기순환의 고점과 저점을 측정하는 방법으로서 지표접근법을 시도했다—옮긴이)이 주관적으로 쥐글라에게 의존했다고 주장하는 것이 아니다. 내가 지적하고 싶은 바는 그 방법의 발전에 대한 객관적인 윤곽선이다. 과학적 사고의 계통화는 객관적 과정으로 주관적 관계를 동반할 수 있지만 반드시 그럴 필요는 없다. 이와 유사하게, 멩거는 자신의 한계효용 분석방식을 발전시키고 난 뒤에도 한참 동안 고센에 대해 알지 못했다. 그러나 멩거의 연구는 시간상으로 그 앞에 고센이 놓여 있는 객관적 연쇄 위에 있다.

었다. 특징에 대한 목록이 완전하다고 할지라도[112] 여러 특징에 대한 동의가 특징들 사이의 관계에 대한 동의를 의미하지는 않는다. 그리고 분석도식이나 경기순환 '이론'을 구별짓는 것은 이 관계의 해석이지 특징 자체가 아니다. 심지어 경기변동의 특징이 기계설비와 장비('자본재') 산업의 경기라는 것에 대한 동의조차도 결론에 대한 동의를 보장하는데 이르지는 못했다. 왜냐하면 그것은 해석이라는 결정적인 문제를 열린 채로 남겨두기 때문이다. 오해를 피하기 위해 우리는 경기순환의 국면들이 보이는 특징──그것이 무엇이든 간에──이 그 자체로는 경기변동의 존재이유를 설명해주는 '요인'을 포함하지 않을 수도 있음을 강조해야 한다. 이 '원인'은 여전히 다른 어딘가에, 예를 들면 소비영역에 있을 수도 있다. 그러나 이 모든 것에도 불구하고 동의 수준은 표면상의 갈등이 보여주는 것보다 더 나아갔으며 매우 상이한 이론을 개발하는 경기순환 현상의 분석가 대부분은 사실 공동지반에서 출발했다는 것은 사실이며 중요하다.

(1) 침체국면만을 본다면 주목받지 못할 수 있지만, '소비와 비교해 볼 때 상대적으로 폭넓은 건설산업의 변화'는 '산업변동의 가장 분명한 일반적 특징' 중 하나라는 사실[113]이 경기순환을 전체적으로 보도록 교육받은 사람[114]에게는 눈에 띄지 않을 수 없다. 그럼에도 이 사실이 의

---

112) 그 목록은 상당히 많기는 하지만 완전하지는 않았다. 한 예를 보자. 누구나 물가가 경기순환 과정에서 특징적으로 움직인다는 것을 인식할 수 있다. 그러나 물가의 행태가 매우 규칙적이지는 않으며 물가가 상승하지 않았던 호황기도 있다. 이것이 물가가 일련의 '정상적인' 특징에 포함되어야 하는지에 대한 의견차이를 가져올 여지를 남긴다.

113) Pigou, *Industrial Fluctuations*(1927), Part I, ch.2.

114) 발라가 '새로운 자본의 생산'이 교대로 나타나는 상승기와 하강기—각각 높은 할인율과 높은 물가, 낮은 할인율과 낮은 물가로 특징지워지는—에 이루어진다는 사실을 공통지식으로 여겼으며 (1884년에는) 그것을 우리가 대략 10년 주기의 경기순환이라고 부르는 것과 동일시했다는 사실은 흥미롭다. 그는 쥐글라가 아니라 제번스를 인용했다.(*Études d'économie appliquée*, 1936, p.31)

식적으로, 그것도 그것의 핵심적 중요성이 완전히 인식되면서 받아들여지기까지는 시간이 필요했다. 대략적으로 말하자면, 우리는 이 성과나 이 성과의 결정적인 몫을 투간-바라노프스키[115]의 연구와 관련지을 수 있다. 그러나 그 연구의 역사적 업적은 오로지 그 사실의 핵심적 중요성에 대한 강조였을 뿐이다. 그것에 대한 그의 해석, 즉 그의 독특한 이론——축적과 유동적 저축의 사용이 교체되는——은 심지어 능력 있고 진지한 연구자일지라도 전도유망한 출발점에서 막다른 골목으로 옮겨가는 길이 얼마나 짧은지를 보여주는 예로서만 가치가 있다.

(2) 지금 논의 중인 노선에서 두드러진 연구는 슈피토프의 것이다.[116]

---

115) 투간-바라노프스키(Mihail Ivanovich Tugan-Baranowsky, 1865~1919)는 이 시기에 가장 뛰어난 러시아 경제학자로, 추측하건대 다른 맥락에서도 언급될 만하다. 그의 연구방법론은 매우 흥미롭다. 그는 높은 수준의 역사연구를 많이 했다. 그러나 그는 '이론가'이기도 했다. 게다가 그는 이 두 가지 관심사를 그가 마르크스에게서 배웠던 방식 그리고 결코 평범하지 않았던 방식으로 더 높은 차원의 단위로 결합하거나 융합했다. 그가 영국 고전파와 오스트리아학파의 영향을 경험했지만, 마르크스에게서 이론화하는 법을 배우기도 했으며, 그 결과 그의 이론적인 연구는 마침내 '비판적 종합'(critical synthesis)에 이르렀다. 그러나 그의 『마르크스주의 이론적 기초』(*Theoretische Grundlagen des Marxismus*, 1905)와 『분배에 대한 사회적 이론』(*Soziale Theorie der Verteilung*, 1913)에는 그 어떠한 영향의 흔적도 남아 있지 않다. 두 권의 책이 보여준 엄밀한 사유방법의 부재라는 부족이라는 관점에서 보면, 이는 오히려 당연하다. 그렇지만 그의 능력을 생각할 때, 이는 흥미로움과 동시에 안타깝다. 더 중요한 것은 러시아 산업자본주의 역사에 대한 그의 연구(러시아어 초판, 1898; 독일어판, 1900)와 『현대사회주의와 그 역사적 발전』(*Modern Socialism in Its Historical Development*, 1906; 영역본 1910)이다. 훌륭한 전체 저작 중에서 언급될 필요가 있는 다른 유일한 저작이 가장 중요한데, 왜냐하면 이것은 그의 영국 상업공황의 역사연구(러시아어 초판, 1894; 독일어판, 1901; 불어판, 1913)로서, 명성을 얻음과 동시에 폭넓게 영향을 미쳤기 때문이다. 다시 한 번 말하지만, 이론을 다룬 첫 장은 매우 빈약하다. 나머지 장은 경제분석이라는 과학의 역사에 속한다.

116) 슈피토프에 대해서는 이 책, 4장 2절 4항 참조. 그의 연구는 혼자서 방대한 세부사실연구를 수행하겠다는 그의 영웅적 결단 때문에 더디게 진행되었다. 실제로 그는 연구보조원도 없이 그 일을 수행했다. 비록 그가 1902년 (『슈몰러

그의 분석도식은 우선 생산설비와 장비의 확대과정을 가져올 수 있는 수많은 유발요인들을 열거한다. 그리고 생산설비와 장비의 확대과정은 모든 역사적 사례의 개별적 특수성에 대한 설명에 세심한 주의를 기울이면서도 호황기에 관찰되는 모든 다른 현상을 어려움 없이 설명한다. 생산설비와 장비의 확대에 대한 강조는 기본적인 지수의 역할을 위해 철소비(생산+수입−수출)를 선택한 것에 반영되었다. 남아 있는 문제, 즉 이 확대가 결국 생산의 일반적 조건('과잉생산')으로 이어져 손실을 낳는 이유는 특정분야에서 수요의 일시적 포화와 같은 몇 가지 요인——예를 들면 운영자본의 부족——으로 설명된다. 모든 단계마다 대안의 여지를 많이 남겨둔 이 도식은 다른 이론에 의해 순환적 변동의 고유한 추동력으로 간주된 많은 다른 요인——예를 들면 '심리적' 요인, 화폐적 요인, 가속도(acceleration), 저축부족 등——을 흡수하여 그 중요성을 과장하지 않고 적절한 위치에 두는 데 매우 적합하다. 따라서 슈피토프의 분석은 관련된 요소들의 유기적 결합에 근접했으며 출발점의 조정능력을 거의 완전히 이용했다. 그리고 여기에는 또 다른 장점이 있다. 아마도 마르크스를 제외하면, 슈피토프는 경기순환이 단순히 자본주의적 진화의 비본질적 부산물이 아니라 자본주의적 활동의 본질적 형태임을 명시적으로 인식한 첫 번째 인물이다. 또한 그는 경기순환의 번영국면이 호조건에 의해 강화되는 긴 기간('호황기')과 침체국면이 악화되는 다른 긴 기간('침체기')이 존재한다는 점을 관찰한 최초의 인물 중 하나다. 그러나 그는 현저한 번영과 침체의 긴 기간을 '장기순환'(long cycles)으로 결합하지 않았으며 그것들 사이의 인과관계에 대한 판단을 유보했다.

경기순환에 대한 로버트슨의 연구는 슈피토프와 독립적으로 이루어

연보』를 통해) 단편적 결과만을 출판하기 시작했지만, 전체에 대한 예비적 소개—실제로 단순한 개괄일 뿐인—는 1925년 『국가학 소사전』의 4판 6권에 '공황'(Krisen)이란 항목으로 출판되었다. 나는 영역본의 완간작업이 진행 중인 것으로 알고 있다.

지기는 했지만 중요한 측면에서 유사성을 보여준다는 점에서, 두 연구를 비교하는 것은 매우 흥미롭다.[117] 접근방법에는 그 어떠한 유사성도 없다. 슈피토프는 쥐글라의 정신으로 이용가능한 통계자료의 세심한 고찰에서 시작했다. 로버트슨은 시종일관 오로지 가장 명료하고 포괄적인 사실만을 기초로 받아들이고 해석도구를 만들어내는 데 집중하는 '이론가'로서 연구했다. 따라서 그들의 연구는 경쟁적이라기보다는 보완적이

117) 로버트슨(D.H. Robertson)의 첫 출판물은 1914년 1월에 『왕립통계학회지』에 수록된 논문("Some Material for a Study of Trade Fluctuation")으로, 이것은 중요했지만 거의 알려지지 않았다. 이 논문은 경기순환이 새로운 산업이 경제과정에 미치는 영향과 관련된다는 전도유망한 생각—로버트슨은 그것을 더 발전시키지는 못했지만 그의 시야에서 결코 완전히 사라지지는 않았다—을 지지하는 역사적 자료를 제시했다. 예를 들어 어떤 호황은 철도건설과 관련되며, 어떤 호황은 강철생산 분야의 발명, 전기발명, 점화식기관(explosion motors)발명 등과 관련된다. 다음 저작은 슈피토프와 매우 유사한 상황을 묘사한 『산업변동연구』(*Study of Industrial Fluctuation*, 1915)였다. 화폐 측면의 보완요소들(저축, 강제저축, 신용창조 등)은 그의 유명한 『은행정책과 물가』(*Banking Policy and Price level*, 1926; 3rd ed., 1932)에서 추가되었으며, 『화폐이론 논구』(*Essays in Monetary Theory*)에 실려 재출판된 다양한 논문에서 정교화되었다. 『은행정책과 물가 수준』(5쪽)의 한 구절은 우리 시대 화폐분석의 내적 역사(*histoire intime*)에서 매우 중요하므로 인용이 필수적이다. "나는 5장과 6장〔화폐분석을 포함하는〕의 주제에 대해 케인스 씨와 많은 토론을 했으며 그의 제안으로 과감하게 재서술했으므로, 이제 우리 중 어느 누구도 그중 어느 만큼이 그의 것이며 어느 만큼이 나의 것인지 알지 못한다고 생각한다." 물론 이것은 『일반이론』의 케인스가 아니라 『화폐론』의 케인스였지만, 로버트슨의 책에는 전자를 지시하는 몇 가지 징후가 있었다. 이후 두 저명인사 간의 의견 차이를 고려할 때 직접적인 원인이 무엇이었든지 간에 항상 다음과 같은 근본적인 차이가 있었다는 것에 주목하는 것이 바람직하다. 케인스는 처음부터 화폐 측면과 화폐정책을 집중했지만, 로버트슨은 화폐적 · 심리적 요인에 반대하여 처음부터 '실물요인'을 강조했다. 그리하여 로버트슨의 분석은 그 지반을 광범위하게 확대시켰으며, 케인스의 분석은 결코 그 지반에 침투하지 못했다. 더욱이 포괄적인 이론틀 아래서 화폐적 명제는 그 자체만 보자면 동일한 화폐적 명제가 가지게 될 의미와 함의와는 완전히 상이한 의미—그리고 실천적 응용과 관련된 의미—를 획득한다.

다. 그러나 경기순환 과정과 그 인과관계에 대한 그들의 일반적인 비전은 매우 유사했다.[118]

(3) 대부분의 경기순환 이론이 단지 '생산설비와 장비'(plant and equipment)라는 공통줄기에서 나온 상이한 가지에 불과하다는 사실을 보여주는 데는 몇 가지 예로 충분할 것이다.

첫째, 독자는 심지어 순수한 화폐적 경기변동 이론도 '투자이론'에 포함될 수 있다는 것을 어렵지 않게 알게 될 것이다. 왜냐하면 이 이론이 경기순환적 변동의 원인을 화폐영역에서 찾더라도, 여기서 생산설비와 장비산업에 대한 영향은 필연적으로 어떤 역할을 해야 한다. 특히 화폐이자율을 중축으로 설명한다고 할지라도, '물적 자본'구조의 교란은 항상, 예를 들어 호트리처럼 단기적 관점에서 볼 때, 결정적인 요인이 아닐지라도 경기순환적 상황의 한 요인이어야 한다. 만약 우리가 그것을 결정적 요인이라고 간주한다면, 우리는 하이에크의 비화폐적 · 반(半)화폐적 이론——한계이윤율 이하로 이자율이 하락하여 내구적인 생산설비와 장비의 생산증가('생산기간의 연장')——을 얻게 된다.

둘째, 경기순환을 주로 투자순환——투자라는 용어의 물리적 의미에서——으로 해석하는 데 동의하는 연구자들도 경기변동의 '유발요인'에 대해서는 여전히 의견차이를 보일 수 있으며 그런 의견차이가 각 이론을 구분짓게 해줄 것이다. 가령 영구운동 이론(perpetuum-mobile theory)으로 불릴 수 있는 이 이론은 침체 자체가 그 과정 속에서 회복, 그리고 새로운 생산설비와 장비의 건조에 유리한 조건을 만들어낼 것이라는 사실에 만족한다. 다른 예를 들자면, 좀더 설득력 있는 원인의 필요성을 느꼈던 잉글랜드 여사는 사업추진가의 활동과 좀더 일반적으로

118) 로버트슨은 이러한 사실을 알고 있었음을 반복적으로 표현했으며 유감을 표하면서 언어의 장벽을 암시했다. 나는 과학적 연구자가 그것을 그대로 내버려두는 일은 오직 경제학에서만 발생한다고 생각한다. 내가 이것을 비난조로 얘기하는 것은 아니다. 내가 이것을 언급하는 이유는 그것이 경제학의 역사에서 매우 일반적인 상태를 보여주며 많은 것을 설명하기 때문이다.

새로운 기술적 · 상업적 가능성이 기업가의 시야 안에 들어오는 것을 지적했다.[119]

셋째, 호황의 추동력이 무엇이든 간에 우리는 그런 자극에 반응하여 착수된 생산설비와 장비의 건조는 시간——그 시간 동안 추동력의 예각을 무디게 할 어떤 것이 존재하지 않는 시간——을 필요로 하며 작업순서에 따라 진행되어야 한다는 확고한 사실을 강조함으로써 다른 이론을 이끌어낼 수도 있다. 결과적으로 시간이 지난 후 추가적인 생산물의 흐름이 소비재 시장에 영향을 미치게 될 때, '일반적 과잉생산'과 같은 것, 즉 기대이윤을 실제 손실로 바꾸어버리는 가격하락이 나타날 수도 있다. 만약 우리가 이 설명방식을 충분히 신뢰한다면 우리는 경기순환에 대한 '시차이론'(lag theory)을 말할 수 있다. 만약 우리가 소비재 가격의 하락 대신에 비용항목의 가격상승을 강조한다면 우리는 다른 설명방식의 이론을 얻게 된다. 비록 주요하게 강조되는 요인에 대한 압력을 완화시키는 많은 요소가 다음 세 명의 저자 모두에게 있지만 전자의 설명방식은 부니아티안과 아프탈리옹의 연구를, 후자는 레스큐어의 연구를 예로 들 수 있다.[120] 부수적으로 우리는 이로부터 경기순환은 주요하게는 가격의 순환적 변동이라고 말하는 것은 경기순환은 주요하게 투자의 순환적 변동이라고 말하는 것과 정확하게 동일한 것을 의미할 수도 있다고 추론할 수 있다.

---

119) 잉글랜드(Minnie Troop England)의 흥미로운 논문 중에서, 우리는 특히 「공황의 원인으로서의 산업진흥」("Promotion as the Cause of Crises", *Quarterly Journal of Economics*, August 1915)과 「공황주기 분석」("Analysis of the Crisis Cycle", *Journal of Political Economy*, October 1913)에 주목한다.

120) Mentor Bouniatian, *Wirtschaftskrisen und Ueberkapitalisation*(1908), 증보판은 *Les Crises économiques*(Russian original, 1915; French trans. 1922); A. Aftalion, *Les Crises peeriodiques de surproduction*(1913); J. Lescure, *Des Crises générales et périodiques de surproduction*(1906; 3rd ed., 1923). 이 세 저자 모두, 특히 마지막 두 저자는 쥐글라의 방법론적 원리의 엄격한 고수 때문에 특히 주목받을 만하다.

넷째, 이전 시기와 마찬가지로, 이러저러한 방식으로 경기침체의 원인을 전반적인 화폐소득의 부족——좀더 정확하게는 실제적이거나 잠재적인 소비재 생산과 보조를 맞추어 증가하지 못한 화폐소득[121]——이나 대중의 저축습관, 마지막으로 어떤 계급의 소득부족과 다른 계급의 저축습관에서 찾는 많은 이론이 존재했다. 나는 이러한 이론들이 대중적 호소력에 힘입어 획득한 불멸의 생명력에 대해 이미 언급한 바 있다. 이것들이 살아남을 수 있었던 이유는 분석적 기초를 획기적으로 개선했기 때문이 아니라, 이러한 호소력——특히 긴 침체기에 강력해지는——때문이었다. 그러나 주도적인 과학적 견해는 계속해서 그러한 이론들에 대해 호의적이지 않았으며, 케인스의 적절한 문구를 빌리자면, 과학의 지하세계에 계속 살아남았다. 이것은 주도적인 경제학자들이 그것의 분명한 의미에 대해 신경조차 쓰지 않았던 경우다. 왜냐하면 과잉저축 이론이 저축을 교란의 궁극적이면서 독립적인 '원인'이라고 주장하는 한, 이 이론에 대해 강력한 반론을 제기할 수는 있지만 다음 두 가지 사항을 부정해서는 안 되기 때문이다. 저축-투자 메커니즘에 많은 장애가 존재한다는 점이 그 하나라면, 저축이 아닌 다른 이유로 이미 시작되었을지라도, 특히 침체기에 흔히 그러했지만, 저축이 퇴장의 형태를 취한다면 그렇지 않은 경우보다 저축이 상황을 더욱 악화시킬 수 있다. 그러나 영향력 있는 견해를 가진 선도자들은 이 모든 것을 종종 파악했으면서도,[122] 그 문제를 적절하게 다루는 데 완전히 실패했다. 이러한 사실은

---

121) 이것은 때때로 '가격체제의 결함'으로 불렸으며, 자본주의 사회의 생산확대가 장기적인 가격하락 경향('디플레이션')을 동반한다고 말로 표현될 수도 있다. 많은 주목을 받은 이 사실이 그것의 유기적인 유의미성 속에서 보이지 못했다는 점은 경제학에 널리 퍼진, 매우 특징적인 사고습관 때문이다. 몇몇 경제학자—나는 마셜도 그중의 한 명이라고 생각한다—는 스미스가 "저가와 풍요"(cheapness and plenty)를 승인했던 만큼 그것을 승인했다. 다른 경제학자들에게 그것은 단지 '결함'일 뿐이었다. 어떤 연구자들은 가격하락이 교란을 의미하지는 않았다는 견해를 지적했지만, 다른 연구자들은 가격하락에 대한 화폐적 처방이 그 자신의 교란(이윤 인플레이션)을 만들어낼 것임을 지적했다는 점이 언급될 수 있는 사항 중 최선이다.

최근 경제학의 역사에서 많은 것을 설명해준다. 이 선도자들은 확실히 이 교란가능성에 대해 거의 중요성을 부여하지 않았다. 그들은 심지어 경기순환에서 은행대출의 상환에 사용되는 저축의 역할에 대해서조차 강조하지 않았다. 이렇게 광활한 영역의 많은 부분이 버려졌으나, 오늘날의 경제학자가 되돌아본다면 그곳에는 후광을 받는 것처럼 보이는 홉슨이라는 인물이 서 있다. 실제로는 그가 유일한 인물이 아니었다. 그가 오늘날의 케인스주의 교리 비슷한 것을 예고했던 것도 아니었다. 그러나 우리는 그에게 집중할 것이다.[123]

대부분의 경우 과소소비 이론과 다른 이론 사이에 명확한 경계선은 없다. 그것의 전부는 아닐지라도, 그 일부는 과잉생산이나 과잉투자, 화폐적 경기변동 이론이나 '실물'경기 변동이론으로 표현하는 편이 더 나을지도 모른다. 그래서 과소소비설은 단지 생산설비와 장비계보(plant-and-equipment tree)의 한 갈래로 볼 수 있다. 이는 특히 홉슨이 주창한 유형의 과잉저축설의 경우 분명하다. 저축을 악역으로 간주하는 오늘날의 많은 연구자가 저축자들이 현재소비나 '투자재'에 전혀 지출하지 않는 데서 해악이 나온다고 주장한다. 그러면 문제는 저축한 사람들이 왜 투자하지 않으며 결국 실업과 유휴화폐를 만들어내는지를 보여주는 것이다.[124] 그러나 홉슨은 그 문제의 이러한 측면을 주목했으면서도, 비논리적이게도 완전히 다른 주장에 근거하여 경기순환적 변동과 일시적 실업에 대해 설명했다. 그가 보기에 저축자는 즉각적으로 투자하고 따

---

122) 마셜의 경우를 간략히 살펴보기 위해서는 케인스의 『일반이론』(19쪽 각주) 참조.

123) 앞의 5장 2절 1항 참조. 이 절의 주제와 가장 직접적으로 관련이 있는 두 저작은 『산업체계』(*The Industrial System*, 1909)와 『실업의 경제학』(*Economics of Unemployment*, 1922)이다.

124) 물론 그 문제를 보는 이러한 방식은 현대의 분석이 주요하게는 단기분석이라는 사실과 관련 있다. 단기에서 저축이 퇴장된다면 저축은 곤란을 만들어낼 수 있다. 만약 저축이 투자행위에 곧바로 지출된다면 저축은 우선 경기를 유지한다. 그리고 저축의 장기효과는 단기상황과 관련이 없다.

라서 비용가격을 보전할 수 있는 판매가능성 이상으로 경제엔진의 생산능력을 증가시키기 때문에 저축은 번영과 침체의 반복을 초래한다. 이러한 추론노선은 **저축을 통한 과잉생산**(Overproduction-through-Saving)으로 이름 붙일 수 있는 것으로, 분명 케인스주의적이지 않다. 그러나 홉슨은 자신보다 앞선 투간-바라노프스키처럼 대부분의 저축은 상대적으로 부유한 사람들에 의해 이루어진다는 것을 지적했으며 그는 이 사실을 경기순환적 교란과 그에 수반되는 실업의 궁극적 원인이 소득의 불평등이라는 명제를 끌어내는 데 이용했다. 따라서 우리는 오로지 정치적으로 유용한 결론에만 관심을 두는 경제학자가 홉슨을 케인스의 선구자로서 칭송하는 이유를 알게 된다.[125)]

다섯째, 내가 마르크스를 마지막 예로 둔 것은 오로지 편리함 때문이다. 당연히 그는 첫 번째 인물이어야 했다. 왜냐하면 그는 다른 어떤 경제학자보다도 경기순환을 추가적인 생산설비, 장비의 생산과정, 운영과정과 동일시했기 때문이다.

추종자와 적대자 모두 마르크스에게서 어떤 명확한 경기순환 이론을 발견하는 데 큰 어려움을 느꼈다. 이 어려움을 느낀 분명한 이유는 마르크스가 이 주제에 대한 자신의 생각을 체계화하기 위해 살지 않았다는 점이다. 그의 이론은 그의 저작에서 커다란 '미완의 장'(unwritten chapter)으로 남아 있었다. 그러나 좀더 근본적인 또 다른 이유가 있다. 그의 주제는 자본주의의 진화였다. 그가 저술한 모든 것, 심지어 정체사회(stationary society)에 대한 그의 도식조차 이 주제를 규명하기 위해 쓰였다. 자본주의 진화는 결국 체계의 붕괴로 결판날 것이다. 그러나 그는 일찍부터 현재의 공황이 붕괴의 전조, 즉 결국 최종적인 붕괴(혁명의 경제적 보완물인)를 야기하기 위해 스스로를 더욱 강화시킬 필요가 있는 유형의 현상이라는 생각——이미 『공산당 선언』에 나타난——을 채

125) 케인스 자신이 지적했듯이(*General Theory*, ch.23, VI) 게젤(Gesell)이 위와 같은 명예를 요구하는 것은 지나치다.

택했다.[126] 따라서 자본주의 현실의 모든 요소는 경기순환 현상에 대한 그의 비전과 직 · 간접적으로 연관되었다. '미완의 장'(이 완성되었더라면 그것—옮긴이)은 그의 자본주의 분석 전체를 종합했을 것이다. 그리고 이 분석의 전체는 다시 ① '실물자본'의 생산과 ② 그것의 구성을 변화시키는 요인(가변자본에 대비한 고정자본의 상대적 증가)[127]에 집중되었다. 이것은, 그렇지 않았더라면 분절적이고 심지어 모순적인 암시로 보였을 수도 있는 사항을 반드시 참조해야 하는 통일적 관점이다. 물론 여기에는 많은 요인이 있는데, 이를테면 (수익과 상관없는) 폭발적인 투자활동을 촉발시키는 축적에 대한 자본가의 불가피한 소망(이는 좀더 실체적인 요인에 대한 여러 제안으로 강화되기는 했지만 가장 약한 고리다), 광란과 대폭락을 가져오는 항상적인 충격들(엥겔스에 의해 생생하지만 피상적으로 묘사된), 이윤율의 저하 경향(충분하든 아니든), 과잉생산과 자본주의적 의사결정의 무정부성(불확실성), 경기하강기로 이어지는 재투자(물리적 생산설비의 갱신)기의 반복 등이 있다. 그외에도 다양한 요인이 있었지만, 그중에는 '모든 진정한 공황의 최후 원인'으로서 노동대중의 과소소비(*Capital*, vol.III, p.568)와 그 결과

---

126) 이것은 마르크스가 시간이 지날수록 공황의 강도가 더해갈 것이라는 것, 즉 힐퍼딩(Hilferding, 1910)과 1902년에 가장 열성적으로 그것을 방어하려고 했던 카우츠키 또한 결국 포기했던 테제를 가정하게 했던, 그리고 가능하다면 증명하려고 했던 본질적인 이유다. 이 시기 대부분의 다른 경기순환 분석가들은 그 주제를 언급하지 않았다. 이것은 그들이 침체가 더 악화되거나 덜 악화되어야 하는 근거를 찾지 못했음을 의미한다. 또는 그들은 반대의 견해를 취하는 경향이 있었다. 이 반대의 견해는 두 가지 상이한 의미로 이해될 수 있다. 근본적인 운동의 변동폭이 감소했을 수 있다는 점이 그 하나라면, 사람들이 표면적인 현상과 그 효과(투기, 사기, 은행파산, 실업으로 인한 지출감소)를 처리하는 법을 배우게 될 것이며 그래서 비록 근저의 과정이 동일하다고 할지라도 관찰된 변동폭이 감소했을 수 있다는 것이다. 그러나 내가 아는 한, 그 어떤 영향력 있는 저작에서도 그러한 구분은 명시적으로 이루어지지 않았다.

127) 물론 고정자본은 생산설비나 장비와 동일하지 않지만 후자의 상대적 증가가 이 과정의 특징이다.

이미 생산되어 상품으로 '존재하는' 잉여가치를 '실현시키'지 못하게 되는 자본가의 무능력이 있다. 그러나 궁극적 정체상태를 조건짓는 데 과소소비가 일정한 역할을 수행할 수는 있지만 상반되는 증거로 인해 과소소비론적 경기순환 이론이 마르크스에게서 비롯된 것으로 보기는 어렵다.[128)]

그러나 개별적으로 고려된 암시들, 또 그것들의 총체가 경기순환 이론이 되지 못한다. 마르크스 자신에 관련되는 한 분석의 역사가는 기본 개념과 특히 만족스럽지 못한 화폐와 신용에 대한 서술방식을 지적한 후에 그것을 그대로 두어야 한다. 그런데도 많은 수의 마르크스주의 경기변동이론이 있다. 그러나 그것들은 마르크스의 것이 아니라 다른 저자들——그들에게 좀더 호소력 있는 암시를 선택하거나 마르크스를 토대로 자신의 생각을 발전시키려 노력하면서 '미완의 장'을 재구성하기보다는 그것의 대체이론을 제공했던 마르크스주의자들——의 것이다. 의심의 여지없이 그들은 자신들이 마르크스를 해석하고 있었다고 믿었으며, 항상 현실의 공황과 자본주의의 궁극적인 파국 사이의 소중한 관계를 염두에 두고 있었다. 지금과 같이 개괄하는 데서 이것들을 자세히 서술하기란 불가능하다.[129)]

---

128) 상반되는 증거는 쉽게 발견된다. 예를 들어 『자본론』(*Capital*) 2권 476쪽(20장 4절—옮긴이)에서 마르크스는 공황이전의 시기에 소비재에서 노동자 계급의 몫은 증가한다고 주장한다. 이 구절은 몇 줄 전에 마르크스가 공황은 "지불능력 있는 소비자의 부족"으로 인해 발생한다는 명제는 "완전히 동어반복"이라고 선언했기 때문이 아니라 그 명제가 자신의 체계에서 논리적으로 도출되었다는 사실로 인해 더 중요해졌다.

129) 이 문제의 경우, 마르크스를 케인스주의자로 전환시키려는 소망 때문에 다소 손상되기는 했지만, 좀더 진전된 연구를 위해서라도 스위지의 연구는 매우 유용하다. 여기서는 다만 이미 언급된 이름(바우어, 부하린, 그로스먼, 힐퍼딩, 카우츠메, 룩셈부르크 그리고 스턴버그)을 반복하는 것으로 그치고 싶다. 내가 아는 한, 마르크스의 관점에 대해 가장 훌륭한 분석은 스미스(H. Smith)의 「마르크스와 경기순환」("Marx and the Trade Cycle", *Review of Economic Studies*, June 1937)이다.

3. 기타 접근

경제변동의 성격과 그 인과관계에 대해 이 시기에 등장한 다른 모든 생각을 개괄한다는 것은 불가능하지만, 그 대부분은 비전문적인 관찰에 의해 제시되었다는 점 말고도 경제정학(economic statics)을 과학의 중심으로 발전시킨 경제학자들에게 호소력을 가졌다는 사실을 지적하는 것은 가능하며 필요하기도 하다. 앞서 보았듯이 이 학자들은 자연스럽게 자신들의 주요성과를 과장했다. 이들은 그 속에서 우리보다 더 많은 것, 즉 어떤 균형관계를 밝히는 데 유용하지만 자체로는 주어진 현실 과정에 직접적으로 적용될 수 없는 논리적인 도식 이상의 것을 보았다. 이들은 이 논리적인 도식을 벗어난 현상이 얼마나 많으며 얼마나 중요한지 깨닫지 못했으며 이들은 본질적이고 '정상적인' 모든 것을 포착했다고 믿고 싶어했다. 이제 이러한 유형의 분석관점에서 보자면, 관찰된 교란의 '원인'은 당연히 경제체계 외부[130]에서 찾거나, 아니면 다른 엔진처럼 경제엔진도 결코 완벽하게 작동하지 않는다는 사실에서 찾아야 한다. 그리고 관찰된 변동에 대한 이러한 입장은 언뜻 보기에 서로 아무런 관련이 없어 보이는 다른 부류의 이론들과 동일한 뿌리——또는 동일한 특성——다.[131] 우리는 세 가지 사례에 주목할 것이다.

---

130) 외부에서 경제체계에 영향을 주는 요인은 외부요인이나 외생요인이라고 불리며, 그런 요인을 연구하는 이론을 외생적 이론(내생적 이론과 구분하여)이라고 부른다. 그러나 이 개념이 겉보기만큼 명확한 의미를 가지지 않는다는 것을 염두에 두어야 한다. 한편으로 그것의 내용은 우리가 경제체계 내에 무엇을 포함시키느냐에 따라 달라진다. 누구나 통제불가능한 자연적 사건을 제외하겠지만 누구나 '정치'를 제외하지는 않을 것이다. 다른 한편으로 심지어 우리가 그 개념에서 '사업행위'에 대한 이론에 의해 포괄되지 않는 모든 것—이것이 중앙은행의 행위나 그와 같은 것이라 할지라도 다루기 어렵다—을 제외시킨다고 할지라도, 그 개념의 내용은 내생적 과정이 단지 초기상황(베르헨의 의미)에 의해 유일하게 결정되는 그런 과정을 의미하는지, 아니면 초기 상황에는 존재하지 않는 요인들, 예를 들어 예상하지 못한 새로운 생산방법의 도입에 의해 영향을 받는 그런 과정을 의미하는지에 따라 여전히 달라질 수 있다.

131) 우리의 이론과 부분적으로 중첩되는 또 다른 종류의 이론은 그 시기 가장 훌

첫째, 경제생활에 영향을 주는 모든 요인 중 가장 외생적인 요인은 윌리엄 스탠리 제번스(William Stanley Jevons), 허버트 스탠리 제번스(Herbert Stanley Jevons, 그의 아들)와 무어가 경기변동을 설명하기 위해 제시한 요인, 즉 기상조건에서 비롯된 농작물 수확의 변화다.[132)]

둘째, 경제엔진이 멈출 수도 있다는 사실은 경기순환 분석을 위해 다양한 방식으로 이용될 수 있다. 가장 직접적인 방식은 '잘못된' 의사결정을 가져올 수 있는 일반적인 불확실성에 책임을 돌리는 것이다. 그러나 이 불확실성은 많은 점에서 사기업 경제의 근본적인 특징에서 비롯되기 때문에, 우리는 직접적으로 사기업 경제의 제도를 문제 삼을 수도 있다.[133)] 그리고 개별적인 착오들은 압도적으로 한 방향을 향하지 않는

륭한 이론가들이 균형분석에 부여했던 과도한 확신과 관련된다. 그것은 불비례설(Disproportionality Theory)이라 불릴 수 있는데, 여기에는 경기순환적인 어려움의 원천을 서로 다른 부문 사이의 가격과 수량의 '조정실패'(maladjustment)에서 찾는 이론들이 모두 포함된다. 이 생각은 세법칙을 경기순환 분석(경제과정에 대한 일반이론이 아니라)의 출발점으로 삼는 이들에게 자연스럽게 다가왔으며, 더욱이 매우 분명한 사실의 관찰로부터 쉽게 구체화될 수 있었다. 그것을 흔쾌히 받아들인 많은 경제학자—비록 기본적으로 경기순환 분석에 대한 전문가는 아니었지만—를 인용할 수 있을 것이다. 그러나 나는 이러한 견해를 논점으로 선택하지 않았다. 왜냐하면 불비례는 그것을 설명할 수 있는 다른 명확한 요인들과 관련되지 않는 한 공허한 문구며, 불비례가 그렇게 관련되는 순간 불비례 자체보다 각 요인들이 개별연구자들의 이론적 특징을 규정하기 때문이다. 그러나 몇몇 형태의 불비례—주요하게는 시차 때문이다—를 강조하는 분석의 한 가지 사례로 레더러(E. Lederer)의 『경기변동과 공황』(*Konjunktur und Krisen, in Grundriss der Sozialuuökonomik*, Part IV. xi, 1925)을 언급할 수 있을 것이다.

132) 제번스의 논문들은 『통화와 금융에 대한 연구』(*Investigations in Currency and Finance*, 1884)로 재출판되었다; 또한 H.S. Jevons, *The Sun's Heat and Trade Activity*(1910); H.L. Moore, *Economic Cycles: Their Law and Cause*(1914)도 참조.

133) 독자는 이 '설명'이 사실 자명하고 공허한 일반성으로 퇴보될 수 있다는 것을 인식하게 될 것이다. 이것의 고전적 예는 다음 문장이다. "경기순환의…… '원인' ……은 화폐경제를 구성하는 사람들의 습관과 관습〔제도〕에서 찾아야 한다."(L.K. Frank, "A Theory of Business Cycles", *Quarterly Journal*

한 큰 교란을 낳는다고 설득력 있게 주장될 수 없기 때문에, 우리는 '낙관과 비관의 파동', 즉 매우 일반적이고 후에는 피구와 해러드 같은 권위자에게 호소력을 가졌던 설명방식을 좀더 신뢰하게 될 수 있다.[134] 이 주제와 관련된 많은 변종이 존재한다. 그중 어떤 것도 진리의 요소를 완전히 결여하지 않았으며, 그것들 모두 상이한 타당성을 갖고 있다.

셋째, 경제체제가 자신의 논리에 의해 일반적 변동을 낳는다고 믿을 만한 근거를 찾지 못하는 한, 우리는 이유가 무엇이든 간에 단순히 충분히 중요한 무언가가 잘못될 때마다 경기변동이 발생한다고 쉽게 결론지을 수 있다. 로셔는 이미 이러한 취지로 얘기한 적이 있었으며 뵘-바베르크 역시 한때 경기순환이나 공황에 대한 일반적인 설명은 없다는 견해[135]를 보였다. 즉 경기순환이나 공황은 경제학 논고의 '마지막 장'에 속하며 그 장에는 모든 가능한 원인이 언급되어야 한다는 것이다. 이 견해는, 비록 쥐글라의 성과로 그 한계를 충분히 보여줄 수 있지만, 언뜻 보이는 것 이상의 의미를 담고 있다. 나는 마셜이 여기에 동의할 것이라고 믿고 싶다. 이 견해는, 비록 지나치게 강조하는 측면이 있기는 하지만, 열정적 '이론가'에 의해 자주 무시된 사실, 즉 모든 경기순환은 어느 정도 역사적으로 개별적이며, 독특한 환경조합이 특정사례의 분석에 대체로 포함되어야 한다는 점을 고려한다. 더욱이 그것은 저축이나 착취처럼 오로지 연구자의 혐오에 기초한 모든 단일요인 분석을 효과적으로

---

of Economics, August 1923.)

134) Pigou, *Industrial Fluctuations*(1927) and Harrod, *Trade Cycle*(1936) 참조. 경기순환 현상에 대한 우리의 이해에서 그들의 중요한 기여는 그 이론에 대한 그들의 편파성과 무관하며 그것에 의해 거의 손상되지 않았다. 영국에서 로버트슨이 그것의 가장 뛰어난 반대자다.

135) 나는 이것을 확신하지만 참고문헌을 제시할 수는 없다. 만약 내 기억이 맞다면, 그는 논평에서 그것을 언급했다. [이 부분의 초고를 읽은 하벌러는, J.A.S.가 베르크만의 저작(E. von Bergmann, *Geschichte der nationalöknomischen Krisentheorieen*(1895), *Zeitschrift für Volkswirtschaft, Sozialpolitik und Verwaltung*, vol.VII, 1898)에 대한 뵘-바베르크의 논평을 지적한 것이라고 말했다.]

억제한다. 마지막으로 모든 순환이 독특하다는 사실은 개별 메커니즘들에 대한 세밀한 연구를 유도하는데, 이러한 연구는, 항상은 아닐지라도 상당히 오랫동안 우리를 유혹한다. 그러나 이 노선에서 수행된 작업의 대부분은 전후 시기에 속한다. 필수적인 분석기술은 느리게 발전했다.[136)] 〔전후 발전에 대해서는 아래의 5부 4장 참조.〕

8절에 언급된 것을 포함하여 이 모든 것은 우리의 테제, 즉 기법의 세련화를 제외한다면 오늘날의 경기순환 분석에 이용되는 방법과 설명원리의 핵심은 1914년 이전의 시기에 그 뿌리가 있음을 확증해준다. 이것은 발전의 연속성이나 사고의 계통화에 대한 매우 흥미로운 사례인데, 왜냐하면 의식적인 노력은 다른 방향으로 이루어졌기 때문이다. 주요한 사실이 빠짐없이 고려되고 추가적인 연구의 훌륭한 토대를 구성할 수도 있었을 상당히 만족스러운 종합이 당시에는 '객관적으로' 가능했다. 그런데 왜 그것이 시도되지 않았는가? 객관적 가능성과 그것의 실현은 서로 별개라는 점이 그 대답일 수 있다. 다른 역사처럼 연구의 역사도 개인적인 요소를 무시할 수 없다. 경제학자들은, 종종 사소한 논쟁에 사로잡혀 자기의 생각과 자신이 강조하는 것에만 빠지기는 했지만, 충분히 성공적으로 나아갔다. 그러나 어느 누구도 지도자라는 가장 어려운 위업을 달성하지는 못했다.[137)]

우리 대다수가 그 시기 연구에 대해 보통 가지고 있는 완전히 근거 없는 비판의 관점과는 반대로 경제학자들은 실업에 대해 명백히 잘못된 것은 아닌 설명을 제공했다는 점이 추가되어야 한다. 이미 언급된 문헌들로 되돌아가서 실업에 대한 그것의 함의를 면밀히 검토한다면 독자들

---

136) 그러나 이 시기의 일부 연구자는 '가속도의 원리'(principle of acceleration)를 이용했다.(하벌러, 앞의 책, 85쪽 이하) 그리고 이들은 주목받지는 못했지만, 이후 발전의 선구가 된 몇 가지 기여를 남겼다. 예를 들어 옥수수-돼지가격 경기순환(hog cycle)은 이미 1876년 초 베너(Benner)에 의해 발견되었다.(*Benner's Prophecies of Future Ups and Downs in Prices*)

137) 전후 시기에는 피구(앞의 책)가 아마도 가장 근사적으로 이러한 위업을 이룬 인물일 것이다.

은 쉽게 그것을 깨닫게 될 것이다. 거기에는 부문별실업과 일반실업, 기술적 실업과 '화폐적' 실업, 일시적 실업과 '장기'실업 등 온갖 유형의 실업이, 균형 잡힌 종합을 위한 시도가 있었다면 그려냈을 만한 사태 속에 모두 등장한다. 심지어 그 안에는 우리 자신의 실수도 들어 있다. 그 시기 경제학자들이 모든 실업을 단지 마찰적인 것으로 간주해버렸다는 비판은 오로지 우리가 그 비판을 동어반복적으로 만들 만큼 마찰의 정의를 매우 광범위하게 정의할 때만 타당하다.[138)]

그러나 그들이 연구하는 분석적 상황을 고려할 때, 그것을 비판이라고 부르는 게 적합하다면 그 시기 대다수의 경제학자에 대한 또 다른 비판이 존재한다. 즉 소수——그중에서 마르크스가 가장 영향력 있는 인물이다——를 제외한다면, 그들은 경기순환을 자본주의적 생활의 정상적 과정에 중첩되는 현상이며, 대개는 병리적인 현상이라고 간주했다. 대다수는 결코 경기순환을 자본주의적 현실에 대한 근본적인 이론을 구성할 재료로 생각하지 않았다.[139)]

---

138) 이 비판은 이 시기 분석가와 특히 마셜이 사실로서 실업의 지속성을 부정하지 않으면서도 완전고용을 체계가 끊임없이 '지향하는 정상'(norm)으로 간주했다는 식으로 재구성함으로써 더 지지받을 수 있을 것이다. '정상'이라는 용어가 완전경쟁 아래의 완전균형이라는 논리적 도식의 속성을 의미한다면 이 비판은 설득력이 없다. 왜냐하면 이러한 논리적인 도식에서 사실상 비자발적 실업은 존재하지 않는다는 점이 증명될 수 있기 때문이다. 만약 '정상'이라는 용어가 현실의 속성, 즉 완전고용에 접근해가고 완전고용 상태로부터 벗어나게 하는 일이 발생하지 않는 한 거기서 머무르고자 하는 자본주의 체계의 경향을 의미한다면, 발라-마셜 유형의 경제학자들이 그런 경향이 부딪히게 되는 제약조건을 적절하게 인식하지 못했다고 말하는 것은 타당하다. 다만 이러한 비판은 그 이상을 의미하지 않는다.

139) 〔물론 이것은 J.A.S. 자신이 그의 기념비적 저작에서 시도했던 것이다.〕 이에 대해서는 *Business Cycles: A Theoretical, Historical, and Statistical Analysis of the Capitalist Process*(2 vols., 1939); *Theorie der wirtschaftlichen Entwicklung*(1912; 2nd rev. ed. 1926; English trans., *Theory of Economic Development*, 1934) 참조.

제5부
결론 – 현대의 발전에 대한 소개

“대전 중 그리고 종전 이후에 관찰된 경제적 사실이나 과정은
과학적 경제학자들에게 어떤 새로운 것도 가르쳐주지 않았다.
특징적으로 나타난 인플레이션 과정은 오래된 도식 중에서도
가장 오래된 도식에 더할 나위 없이 들어맞았다. 의아스러울 것도 없었다.
경제학은 무척이나 만족스럽지 못한 과학이다.
그러나 전쟁 같은 사건이 아무리 광범위하고 파괴적이라고 할지라도,
훨씬 더 불만족스러운 점은 그것이 경제학의 가르침까지
전복시키기에 충분하다는 사실이다.”

제1장 서론: 구성

1절 5부의 구성

다시 한 번 글의 전개방식을 바꾸고 싶다. 2~4부는 사실상 완전함과 거리가 멀다. 그러나 그것들은 불완전하기는 하지만 꽤 포괄적인 그림을 전달하는 데 목적이 있었다. 통상적인 의미의 과학적 경제학을 고려하는 한, 중요한 인물이나 업적 · 운동 중에서 적어도 의도적으로 빠뜨린 것은 없다. 아울러 나는 이 책의 수준에서 좀더 중요한 틀과 미개척 영역의 질문을 살펴보는 데 할 수 있는 모든 노력을 다했다. 이 5부는 이러한 계획에 따라 진행하지 않을 것이다. 어떤 의미에서 우리의 연구는 마셜-빅셀이라는 거대한 산의 작은 언덕배기에서 1900년경의 고전적 상황에 대해 마지막으로 살짝 살펴보는 것으로 끝난다. 좀더 나아간다면, 이 과정은 다르면서도 매우 제한된 목적을 갖고 진행될 것이다. 아마도 바람직한 방법은, 먼저 이 시기의 연구가 현재 우리 시대의 연구와 어떻게 연결되는지 보여주고,[1] 다음으로 그것으로부터 길이 시작되거

---

1) 〔상당한 정도로, J.A.S.는 이 내용을 4부에서 이미 다루었다. 이 책, 1권, 1부에서 이 책의 전체 계획을 소개한 내용을 상기해보자. 그는 "4부는, 비록 일부 주제에 대한 역사를 편의상 현시대로 가져왔지만, '고전파' 시기 말부터 제1차 세계대전까지 분석적 내지 과학적 경제학의 성쇠를 다룬다. ……부는 방금 언급한 4부에서 예견되었던 현대의 (경제학—옮긴이)발전에 대한 개략적 소개에 불과하며, 독자들이 현대의 업적이 어떻게 과거업적과 연결되는지를 이해하는 데 도움을 주기 위한 것이다"라고 썼다.〕

나 그것을 넘어서 다른 길로 나아가고 있음을 지적하며, 마지막으로 동시대의 노력들에 대한 진단과 예측을 시도하는 것이 될 것이다. 이것은 세부적인 상황과 미개척 영역을 제외하지만, 몇 가지 훌륭한 상황에 대해서는 최대로 조망할 수 있게 해줄 것이다. 게다가 이러한 관점은 매우 선택적인 것임이 틀림없을 것이다.

내가 제외시키고자 하는 모든 것의 목록을 보여줄 수는 없다. 그렇지만 나는 두 사람을 언급하고 싶은데, 고틀과 슈판이 바로 그들이다. 이들의 후학들이 남긴 문헌의 상당 부분에서 실제로 명백하게 나타나듯이, 이들의 매우 다양한 메시지는 많은 사람의 사고를 형성시켰다. 이러한 의미에서, 아마도 이들은 그 어떤 두 명의 탁월한 경제이론가들보다 훨씬 더 중요한 인물일 것이다. 그렇지만 우리에게는 이들이 중요한 의미를 갖지 않는다. 우리의 관심은 분석가들에 있다. 말하자면 농업기술사에 대해 쓰는 사람이라고 해서 그가 이것을 종교사보다 더 중요하게 생각한다는 점이 입증된 것은 아니다. 이러한 저술가들이나 동일한 종류의 다른 저술가들이 이 책에서 채택한 목적에 따라 실제로 분석작업을 시도하는 한에서만, 우리가 이들을 제대로 다루지 못했다는 점이 이들이나 이들의 지지자들이 반대할 수 있는 함의를 담게 된다. 이 점이 분명히 이해되는가?

〔J.A.S.는 결론부의 「서론」을 완성하지 못했으며, 그가 계획했던 주제의 일부는 다루지도 못했다. 그는 자신이 쓰고자 했던 「서론」을 대신하여 다음 절에서 다섯 개의 강좌를 요약하고 있는데, 여기에는 5부로 계획되었던 내용과 4부의 마지막 2~3개 장의 내용이 요약되어 있으며, 동시에 J.A.S.가 최근의 주요 진보라고 생각하는 것이 축약되어 있는 듯 보인다.

실제 그가 결론에 해당하는 이 5부(이하의 2, 3, 4, 5장)에서 다루고자 했던 것은 두 장으로 축약된 노트(대부분이 미친 듯이 써내려간 속기인)를 통해 유추할 수 있을 뿐이다. 이는 부록에 실어놓았다. 이중 그가 "아직도 5(부)에서 완전히 빠져 있는 것"으로 열거한 항목은 다

음과 같다.

(1) 모르겐슈테른(Morgenstern)과 폰 노이만(von Neumann)의 『게임이론과 경제행위』(*Theory of Games and Economic Behavior*, 1944)

(2) 레온티예프의 선형계획법

(3) 소득분석 ——사회계정

(4) …… 체너리(Chenery)의 공학적 생산함수…… 프리슈

(5) (몇 줄의 속기)

3절 두 번째 문단을 볼 때 J.A.S는 또한 "전대미문의 풍부한 통계적 사실"과 계량경제학, 즉 "경제이론과 통계적 방법의 새로운 관계"에 대해 평가하고자 했음이 명백하다.〕

2절 지난 25년 동안 이론경제학의 진전[2)]

1. 강좌의 범위

제1차 세계대전 때문에 모든 국가의 경제정책은 완전히 변했으며, 이후에도 이러한 추세가 지속되고 있다. 그 이유는 첫째로 모든 국가가 이전에는 전혀 직면하지 못했던 정치 · 경제적 상황에서 비롯되는 새로운 문제에 맞닥뜨렸기 때문이다. 그러나 둘째로 이러한 정책변화는 또한 전쟁이 이전 시대 정치적 비중의 배분구조를 완전히 뒤바꾸어놓았기 때

2) 〔1948년 1월에 J.A.S.는 멕시코대학교 경제학 학부에서 이 주제와 관련해서 다섯 개의 강의로 구성된 강좌를 열었다. 이는 그가 5부에서 쓰고자 했던(부분적으로는 4부에도 포함되는) 내용과 대략적으로 일치한다. 이후의 내용은 결국 끝내지 못했던 이 강의에 대한 간략한 요약본이다. 이 요약본은 에스파냐어로 번역되기 위해 미리 만든 것으로, 여기서는 완성되지 못한 「서론」과 계획을 대신하여 실었다. 이 요약본은 부분적으로 중복되기는 하지만 전문을 그대로 옮긴 것이다. 꺾쇠괄호의 참고사항은 관련된 주제를 이 책의 어느 부분에서 다룰 것인지 알려준다. 물론 강의는 여러 청중을 대상으로 했으므로 다소 일반적이고 초보적일 필요가 있었다.〕

문이기도 하다. 따라서 우리는 새로운 문제와 새로운 상황뿐만 아니라 이것들에 대한 새로운 태도도 관찰해야 한다.

경제학과 정치경제학 경제학자들은 시대흐름에 따라 변했으므로, 실제적인 질문에 대한 이들의 관점에도 상당한 변화가 발생했다. 우리는 이러한 관점들 전체와 거기에 깔려 있는 사회적 가치도식을 묶어 정치경제학이라 부를 것이다. 이에 따라 우리는 새로운 정치경제학이 1918년 이후에 나타났다고 말하고자 한다. 그러나 이 새로운 정치경제학을 묘사하고 이것의 사회적 기원에 대한 질문을 던지는 것이 흥미진진하기는 하지만, 이것이 이 강좌에서 다룰 우리의 과제는 아니다. 경제정책에 대한 새로운 관점은 오직 그것이 과학적 경제학의 발전과 관련되는 한에서만 살펴볼 것이다.

우리는 정치경제학에 대비하여 과학적·분석적 경제학을 경제현상을 설명하기 위한 목적으로 경제학자들이 모아놓은 사실과 방법의 축적물로 정의할 수 있다. 분석적 경제학과 정치경제학의 차이는 의과대학에서 배우는 과목들의 차이에 비유될 수 있을 것이다. 외과나 내과 같은 분야의 교수진은 환자를 다루는 실제적인 기법을 가르친다. 그러나 화학·생리학·생물학 교수들도 있는데, 이들은 의술의 과학적 기초를 가르칠 뿐 의술 자체를 가르치지는 않는다. 우리가 고려하는 것은 바로 후자와 비슷한 의미의 것이다.

경제학과 경제이론 우리는 우리의 대상을 좀더 제한할 것이다. 아마도 과학적 경제학에서 일어난 가장 중요한 진보는 사실에 대한 장악력이 크게 향상되었다는 점일 것이다. 사실에 대한 모든 종류의 정보는 지난 세대의 사람들이 가장 대담하게 꿈꾸었던 수준을 뛰어넘을 만큼 늘어났지만, 우리 시대의 실제적 특징은 과학적 연구의 새로운 가능성을 열어줄 정도로 통계정보가 크게 증가했다는 점이다. 통계자료의 증가와 보조를 맞추어, 통계적 방법에서도 똑같이 중요한 발전이 있었다. 그러나 이 모든 것을 우리는 무시할 것이다. 우리는 경제이론이라고 부르는 제한된 영역의 발전에만 집중할 것이다.

경제이론의 본질 · 사용 · 한계에 대한 오해가 여전히 넘쳐나고 있기 때문에, 내가 갖고 있는 경제이론에 대한 개념이 무엇인지 설명하는 것이 필요하다. 경제이론이 앞에서 언급한 정치경제학과 정확히 같은 의미를 갖던 시기가 있었다. 당시에는 '자유주의 이론' '사회주의 이론' '중상주의 이론'이 있었는데, 이것들은 모두 다소간 정치적 교리를 의미하거나 적어도 실제적인 권고안을 담고 있었다. 이는 현대적 관점이 아니다. 현대경제학자들은 이론을 단지 연구의 도구라고 생각한다. 경제이론의 이러한 **도구적 특성**에 대해서는 사례를 통해 예시되는데, 이 사례들은 경제이론과 경제정책의 관계로 설명될 것이다.

경제이론이 연구의 도구라는 바로 그 이유 때문에, 경제이론은 통계학이나 비통계적 서술을 통해 제공되는 사실이 없이는 구체적인 결론을 내놓을 수 없다. 16, 17세기의 에스파냐 경제학자들도 이미 이런 사실을 알고 있었다. 그렇지만 통계학과 이론적 경제학의 동맹관계는 현대의 계량경제학이 등장하기 전까지 완전하지 못한 것이었다.

경제이론 내 주요진전 과학이 진보하는 가장 분명한 방법은 바로 **새로운 출발점**, 즉 새로운 사실이나 낡은 사실의 새로운 측면, 사실들 사이의 새로운 관계의 발견을 통해서다. 경제학과 물리학의 역사를 통해 그 사례를 보여줄 것이다. 덧붙여 다른 방법도 있다. 우리가 선구자들에게서 물려받은 개념과 공리를 사용할 때, 우리가 과학의 **분석적 장치**라고 부르는 이 개념과 공리는 우리 손에서 변할 것이다. 우리가 덧붙이고 수정하게 되면, 이 장치는 전혀 다른 모습으로 서서히 발전한다. 우리의 첫 번째 목표는 대략 1890년부터 1914년 사이에 하나의 경제이론 체계가 어떻게 뿌리내렸는지, 그리고 의도한 것은 아니지만 이 체계가 1920년대 초반에 시작된 이후 연구작업의 토대를 형성하고 변화시켰는지 살펴보는 것이다.〔5부 2장〕 그다음 우리는 새로운 분석장치가 경제동학으로 어떻게 발전해나갔는지 살펴볼 것이다.〔5부 4장〕 그러고 나서 주로 케인스라는 이름과 관련된 또 다른 출발점에 대해 살펴볼 것이다.〔5부 5장〕 마지막으로 무엇을 성취했는지 그리고 가까운 미래에 무엇이 기대

되는지에 대한 총평을 할 것이다.

2. 마셜-빅셀의 체계와 그 발전

과학적 경제학은 18세기(메카리아, 스미스, 튀르고)에서 출발하여 여러 가지 '혁명'을 거쳐 밀의 『정치경제학 원리』에서 체계적 형태를 갖추게 되었다. 그다음에 이 체계는 한계효용 원리(제번스, 멩거, 발라)의 도입으로 혁명적 변화를 겪었다. 하지만 1890년부터 1914년 사이에 또 다른 공고화 과정을 거치면서, 마셜과 빅셀의 표준작업에 체화된 분석장치와 이론적 체계가 나타났다. 이제 이 체계의 두드러진 특징과 다른 나라의 전문적인 이론가들이 이 체계를 어느 정도까지 받아들였는지〔4부 참조〕에 대해 잠시 살펴볼 것이다. 그러고 나서 이 체계에서 시작된 진전에 대해 논의할 것이다.

개인기업과 독점적 경쟁의 이론 마셜이나 빅셀 모두 개별기업의 행위를 분석하는 일을 소홀히 하지 않았다. 그러나 독점을 제외하면, 이들의 정리(theorem)는 대개의 경우 기업들의 전체 집단(산업)이나 사회 경제 전체의 유기체와 관련된다. 이들은 산업이나 사회경제와 관련시킬 수 있는 현상을 야기하도록 결합되어 있는 개별단위의 행위를 좀더 면밀하게 조사할 필요성을 거의 인식하지 못했다. 이런 행위를 분석하면서, 이론가들은 곧장 완전경쟁이나 순수경쟁이 법칙처럼 나타나기보다는 드문 예외라는 점과 특히 평균비용이 하락하는 경우는 경제유기체가 완전경쟁이나 순수경쟁에서와 마찬가지로 작동하지 않는다는 점을 발견했다. 그래서 불완전 경쟁이론(로빈슨)이나 독점적 경쟁이론(체임벌린) 같은 일군의 새로운 정리가 나타나게 되었고, 이 이론들의 주요특징에 대해 간략하게 설명될 것이다.〔5부 2장〕

다양한 재화의 무차별성 파레토와 다른 학자들의 반대에도 불구하고 마셜-빅셀 세대의 이론가들은 한계효용 개념을 무비판적으로 사용했다. 이 개념은 1920~30년대에 '무차별 곡선' 접근방식이 선호되면서, 급속하게 폐기되었다. 그 이유와 무차별 곡선 접근방식의 장점에 대해서는

간략하게 논의될 것이다.(Hicks, *Value and Capital* 2nd ed., 1946 참조)〔이 책의 4부 7장 8절, 부록, 5부 2장 참조〕 후생경제학에서 전통적 한계효용 이론을 폐기한 결과에 대해서도 간략하게 언급하고 넘어갈 것이다.〔4부 7장, 「부록: 효용이론에 대한 노트」〕

마셜-빅셀적 분석장치의 또 다른 개선 과학적 엄격성이 향상되고 특히 경제이론에서 수학의 사용이 늘어나면서, 지난 25년 동안 이론가들은 마셜과 빅셀이 가르친 교리의 상당수를 발전시켜왔고 다른 교리들을 수정했다. 대체탄력성 개념을 창조한 대체이론이 이런 발전을 보여주는 한 가지 사례일 것이다. 이 개념은 과거에 수많은 쪽과 심지어 수많은 책에서 제기되기도 했던 많은 문제를 해결하는 데 유용했다.(예를 들어 기계의 도입이 노동의 이해에 미친 영향문제) 생산함수의 성격에 대한 엄밀한 분석을 통해 낡은 생산이론을 주로 수정했다.〔4부 7장 8절〕

3. 경제동학

우리는 경제수량들이 동일한 시점과 관련되어 있을 때의 관계를 **정학**이라고 부른다. 따라서 특정시점(t)에서 한 상품의 수요량이 동일시점(t)에서 그 상품의 가격에 의존한다면, 이는 정학적 관계다. 우리는 경제수량들이 서로 다른 시점과 관련되어 있을 때의 관계를 **동학**이라 부른다. 그러므로 특정시점(t)에서 상품의 공급량이 그 이전 시점(t-1)의 지배적인 가격에 의존한다면, 이것을 동학적 명제라 할 수 있다. '정학'과 '동학'에 대한 이러한 정의는 과거에도 사용되었으며, 오늘날에도 여전히 종종 사용하고 있는 정의들과는 주의 깊게 구별되어야 한다. 마셜-빅셀 체계는 본질적으로 정학이다.

동학이론의 중요성 동학이론을 발전시켜야 할 필요성은 다음의 세 가지 사실에 근거한다. (1) 가격이나 소득만이 아니라 완성된 상품과 생산요소에 대한 수요량과 공급량의 대부분 또한 동일한 순간이 아니라 과거나 예상되는 미래에 속하는 다른 경제수량들과 관련되어 있음이 분명하다. 독점자들이 순간적인 이득이 아니라 상당시간 동안의 이득을 극대

화하고자 한다는 점도 아주 분명하다. (2) 이것이 매우 명백하다고 말하기는 힘들지만, 그럼에도 결과적으로 매우 큰 차이를 보인다는 것은 사실이다. 만약 우리가 경제의 각 요소들이 동일한 시점에 존재하는 다른 요소들에만 오로지 의존하고 있다는 가정을 버린다면, **내생적 경기변동**(Endogenous Fluctuations) 현상과 같이 전혀 다른 결과와 아주 새로운 현상이 나타난다. (3) 결론적으로 동학이론을 발전시키는 일은 매우 힘들며 단지 정학이론에 동적인 조건을 부가한다고 해서 거기에 도달하는 것이 아니다. 이를 위해서는 새로운 기법이 필요하고, 독자적인 근본문제를 제기해야 한다. 새로운 기법의 예는 차분방정식 이론 같은 것이다. 동학의 관점에서 경제균형을 고려하게 되면 새로운 빛이 나타나게 되리라는 점은 근본문제의 예가 될 것이다.

예증: 거미집 문제 농부들은 예를 들어 돼지고기와 사료의 현재 가격을 관찰하면서, 현재의 돼지고기와 사료가격의 관계에 비추어봤을 때 돼지를 키우는 것이 이익인지 아닌지에 따라 돼지를 더 많이 키울지, 덜 키울지 결정할 것이다. 그러나 이 결정은 일정기간이 지난 다음에야 효과가 나타난다. 그 결과 돼지공급은 일정시점 후에야 시장에 영향을 주고, 기존의 돼지고기와 사료가격을 바꾼다. 이러한 변화는 다시 농부들에게 새로운 결정을 하게 할 것이고, 이 과정은 반복적으로 일어난다. '거미집 문제'나 '돼지가격의 순환'에 관해서는 단순한 가정 아래 간단한 그림을 통해 논의될 것이다. 이와 비슷한 문제는 틴베르겐(Tinbergen)이 연구했던, 이른바 조선업 경기주기였다.(*Weltwirtschaftliches Archiv*, 1931)〔경제동학과 관련해서 이 강좌에서 간략히 소개된 모든 문제는 5부 4장에서 다루어질 것이다.〕

4. 소득분석

우리는 다뤄야 할 경제변수의 수를 줄이는 데 강한 과학적 관심을 갖고 있다. 수백만 개의 기업과 가계의 정태균형을 결정하기 위한 방정식을 적어야 한다면, 우리는 결코 그것을 해낼 수 없을 것이다. 특히 이러

한 체계의 필연적인 보충물이 될 통계자료를 열거할 수도 없을 것이다. 이는 변수의 수를 몇 개의 커다란 사회집계치로 줄여야 한다는 생각을 시사한다. 이러한 생각은 아주 오래된 것이다. 처음부터 경제학자들은 국민소득, 국민총임금과 같은 것들을 추론하기 위해 노력했다. 이번 세기의 지난 25년 동안에야 비로소 이러한 생각이 체계적으로 실천에 옮겨졌다. 일부 목적을 위해서나 모든 목적을 위해서나 국민소득, 총소비와 총투자, 화폐량, 고용, 이자율 같은 변수에 한정시켜볼 수 있다면, 경제이론을 통계학에 적용하고 통계학을 경제이론에 적용하는 데 훨씬 더 좋은 위치에 놓이게 되었음이 분명하다. 이러한 시도의 분석은 **거시분석**(프리슈)이라 불린다. 여기서 우리에게 특히 관심이 있는 핵심 변수는 국민소득이므로, **소득분석**(Income Analysis)이라고도 불린다.

케인스학파의 이론 경제이론의 구조를 단순화하려는 희망에서 영감을 받은 모든 이론체계 중에서 가장 성공한 사례는 고 케인스라는 이름과 관련된 정학적 체계다. 많은 다른 사람이 이런 체계를 세웠는데, 아모로소, 프리슈, 칼레츠키(Kalecki), 피구, 틴베르겐, 빈치(Vinci)가 그 예다. 케인스는 명시적으로 화폐량(예금), 소비, 투자 그리고 이자율이라는 네 개의 변수만 사용했다. 소득도 포함되지만 이는 단지 투자와 소비의 합으로만 나타난다. 모든 수량이 표현되는 노동시간이나 '임금단위'를 사용함으로써 가격 수준이라는 변수를 제외시켰다. 소득은 임금단위와 강한 비례관계를 보인다는 가정을 도입함에 따라 고용은 소득과 강하게 연결되어 있다. 변수들은 유동성 선호함수, 소비함수(여기에는 그 유명한 '승수'가 포함되어 있다), 투자함수라는 세 가지 관계에 따라 상호연결되어 있는데, 이에 대해서는 모두 간략하게 설명될 것이다.

케인스 이론에 대한 논의 케인스는 자신의 이론을 **거시정태** 체계라고 제시했다. 그러나 이를 거시동학 체계로 바꾸기는 그다지 힘들지 않다.

케인스가 생산방식이 변하지 않은 채로 있다고 가정했을 뿐만 아니라 산업시설의 규모도 변하지 않는다고까지 가정한 것은 매우 심각한 문제다. 이러한 가정은 그의 분석을 매우 짧은 기간의 분석(3~10개월)에

해당되는 것으로 제한시킨다. 게다가 기술변화가 자본주의 (발전—옮긴이)과정의 정수고, 자본주의가 갖는 문제 대부분의 근원이라는 점에서 볼 때, 이러한 가정은 자본주의적 실재의 가장 두드러진 특징을 배제하고 있다.

케인스의 저축이론의 새로움은 간단히 다음과 같이 설명된다. 케인스 이전의 경제학자들은 통상 저축되는 만큼 투자가 생겨난다는 점을 당연하게 여겼다. 케인스는 사람들이 명확한 투자의도 없이 저축하며, 투자하기 위해서가 아니라 화폐 형태로 저축을 유지하기 위해서 저축할 수도 있다고 가정했다.(*General Theory of Employment, Interest, and Money*, 1936, pp.165~166) 이러한 가정 위에서만, 그의 이자이론의 독창성이 성립할 수 있다. 하지만 투자 없는 저축은 심각한 불경기에만 나타나는데, 이는 장기평균으로 볼 때 십 년에 일 년꼴이다. 자본의 한계효율성 개념은 이전 자본의 한계생산성 개념과 같지는 않지만, 본질적으로 그것은 동일한 사실을 표현하고 있다.

주기적인 실업과 구별되는 항상적인 실업을 설명하기 때문에, 임금에 대한 케인스의 이론은 흥미롭다. 그렇지만 이 주장은 화폐로 표현되는 임금률이 경직적이라는 가정 아래서만 그러하다. 그리고 이런 경우에도 실업이 무한정 지속될 수 있음을 거부하는 사람은 없다.

케인스 이론의 성공 우리는 근본적으로 케인스가 마셜적인 경제이론의 장치를 개념화하고 있음을 확인했다. 그는 단지 이 장치의 몇 가지 사항을 조정했을 뿐이다. 그러나 이 사항은 1930년대의 불황을 설명하는 데 매우 중요한 역할을 했으며, 따라서 적절하게도 주의를 끌었다. 게다가 몇 가지의 집계변수만을 고려하고 있는 그의 단순한 체계는 쉽게 익히고 다룰 수 있었다. 그렇지만 우리는 이러한 과학적 성공의 요인을 정치적 성공을 훨씬 더 효과적으로 설명해주는 요인으로부터 구별해야 한다. 스미스 이후 나타난 부르주아 경제학자들 대다수가 항상 칭찬해온 큰 미덕인 저축이 자본형성의 원인이 아니라 실제로는 실업과 자본파괴의 원인인 악덕이라는 점을 케인스는 주장한 것처럼 보인다. 이러한 생

각은 다른 이유 때문에 자본주의 사회의 가치에 대한 충성을 포기한 많은 사람에게 매력적으로 보였고, 아주 논리적이지는 않지만 케인스 교리에 경제적 급진주의라는 깃발을 제공했다. 〔소득이론에 대한 이 강의의 모든 독특한 분석은 5부 5장 「케인스와 현대 거시경제학」에서 발전된 형태로 설명될 것이다.〕

5. 강좌요약

미래세대가 1920년부터 1945년까지의 경제이론의 연구결과를 어떻게 생각할지 예측하는 것은 불가능하다. 우리는 후손들이 판단할 수 있도록 요점을 모아놓을 수는 있지만, 그것들의 가치에 대해 단언할 수는 없다. 그렇지만 명심해야 할 사항이 하나 있다. 우리 시대와 모든 미래 시대의 경제이론은, 교양인들이라면 누구나 (경제이론을—옮긴이) 이해할 수 있었고, '영구법칙'과 실천원칙을 직접적으로 확립한 듯 보였던 시대에 폭넓은 대중에게 매혹적인 인상을 주었던 것과 같은 상황을 재현하지 못할 것이다. 누구나 스미스를 이해할 수 있다. 전문가들만이 행렬연산과 함수방정식을 이해할 수 있다. 누구나 자유무역과 보호무역에 관심이 있다. 전문가들만이 결정성과 안정성 문제에 관심이 있다.

기법의 진보 우리가 정리해온 시기의 연구작업들에 대해 확신을 갖고 단언할 수 있는 유일한 점은 기법에 관한 한 1945년의 이론이 1900년의 이론보다 월등히 우월하다는 것이다. 더욱 신뢰할 수 있는 결과들이 존재하며, 증명도 더욱 엄격해졌다. 이는 또한 본질적으로 무한히 다양한 경제현실에 적합한 결과와 전문화된 결과가 좀더 많아졌음을 뜻한다. 동시에 근본적으로 새로운 생각들은 거의 완전히 부재했음을 인정해야만 한다. 즉 우리는 전 시대로부터 물려받았거나 때로는 우리에게 새로운 빛을 던져준 생각들을 좀더 중시하기는 했지만, 우리가 거기에 덧붙인 것은 거의 없다. 두드러진 사례인 경기순환 이론에 대해 간략하게 논의할 것인데, 이는 이 이론에 관한 핵심적인 생각들이 1914년 이전에 모두 발전되었음을 보여주기 위함이다.〔5부 4장 참조〕

경제정책에 공헌한 경제이론 현대이론은 자유무역이 언제 어느 때나 그리고 어느 곳에서나 적절한 정책이라는 점을 더 이상 보여주지 못한다. 그러나 현대이론은 특정 보호수단이 사회의 모든 계급의 이익에 미치는 영향을 스미스나 밀보다 더 잘 보여준다. 현대이론은 완전경쟁이 이상적이라는 점을 더 이상 증명하지 못한다. 그러나 현대이론은 경쟁으로부터 어느 정도 멀어지면 그 결과가 어떠할 것인지에 대해서는 보여줄 수 있다. 현대경제 이론은 더 이상 모든 상황에서 저축을 권고하지 않는다. 그러나 경제정책을 수립하는 데 저축과정과 각기 다른 종류의 저축이 한 국가의 경제상황에 미칠 효과에 대해서는 완전한 설명서를 제공할 수 있다. 현대의 이론가들이 단순하지 않지만 마치 이론 물리학이 공학에 도움을 준 것처럼 결국 경제정책에 도움을 줄 수 있는 장치들을 발전시켰음을 보여줄 수 있는 다른 많은 예를 언급할 수도 있다.

계획과 사회주의 방금 언급한 바는 모든 종류의 경제계획에 적용될 수 있을 것이다. 경제이론은 계획을 '합리화'하고, 계획 입안자들에게 특정의 주어진 목표를 달성하기 위해 그들이 무엇을 해야만 하고 무엇을 피해야 하는지를 알려주는 데 필요한 **사고도구**(Mental Instruments)를 서서히 발전시켜왔다. 만약 사회주의 사회를 완전계획 사회라고 정의한다면, 우리는 현대이론이 진실로 '과학적' 사회주의의 기초를 닦을 수 있다는 점을 강조할 수 있다.〔4부 7장 5절 참조〕 순수이론이 실천에 관심이 없다고 말하는 것은 마치 순수기계학이 우리가 원하는 기계를 만드는 데 관심이 없다고 말하는 것만큼이나 비합리적이다. 목표 그 자체, 바꿔 말하면 우리가 특정종류의 사회나 문화를 원한다면, 우리는 우리 자신의 것(과학적 경제이론—옮긴이)을 선택해야만 한다. 과학은 단지 우리가 원하는 것이 무엇이든지 그것을 얻는 수단을 가리킬 뿐이다.

[3절 배경과 양식[3]]

매우 개략적으로 볼 때, 경제분석의 역사에서 새로운 시기의 시작은 제1차 세계대전으로 거슬러 올라가야 하지 않을까 싶다. 그렇지만 이는 우연의 일치다. 인과관계를 따져본다면, 세계대전은 새로운 경향과 거의 관계가 없다. 이 경향은 사실 1914년 이전에도 감지된다. 물론 인상 깊은 사건이 발생한 시대에는 언제나 그러하듯이, 대중은 자신들이 관찰한 경제현상에서 완전히 신기하며, 이전에는 들어본 적이 없고, 본질적으로 경제분석의 도식을 완전히 전복시킨 것 같은 인상을 받는다. 어떤 이들은 부자가 아니라 가난한 사람이 되었고, 다른 이들은 가난한 사람이 아니라 부자가 되었으며, 어떤 이들은 정치인들에게서 자신들의 이익이 무시되지 않고 옹호되는 것을 보았고, 다른 이들은 그 이익이 정치인들에게서 예전처럼 보호받기는커녕 공격받는 것을 보았는데, 이는 새로운 경험이었다. 그러나 대전 중 그리고 종전 이후에 관찰된 경제적 사실이나 과정은 과학적 경제학자들에게 어떤 새로운 것도 가르쳐주지 않았다. 특징적으로 나타난 인플레이션 과정은 오래된 도식 중에서도 가장 오래된 도식에 더할 나위 없이 들어맞았다. 의아스러울 것도 없었다. 경제학은 무척이나 만족스럽지 못한 과학이다. 그러나 전쟁 같은 사건이 아무리 광범위하고 파괴적이라 할지라도, 훨씬 더 불만족스러운 점은 그것이 경제학의 가르침까지 전복시키기에 충분하다는 사실이다.

경제분석의 새로운 시대를 가져온 발전이 전쟁의 영향으로부터 근본적으로 독립적이라는 점은 다음을 통해 쉽게 입증된다. 첫째, 통계자료의 풍부함이 이전 시대에는 없었다. 둘째, 이전의 분석장치를 통해 나온 새로운 결과들이 존재한다. 셋째, 동학이 발전했다. 넷째, 경제이론과 통계적 방법의 새로운 관계(계량경제학)가 나타났다. 앞으로 논의될 내

---

3) 〔분명히 J.A.S.는 앞서 4부 2장에서 매우 간략하게 다룬 내용을 이 절에서 다루고자 했다.〕

용은 동시대 연구가 갖는 바로 이 네 측면이다. 이것들은 상호연관된 것이 분명하다. 이 장의 다른 부분은 '환경'(atmosphere)문제에 할애될 것이다.

모든 시대는 필연적으로 이행의 시대라는 의미에서뿐만 아니라, 근본 환경의 사회 변화가 실재하면서 절박하다는 것을 누구나 인식하고 예상했으며 변화가 급격했다는 그런 특별한 의미에서도, 우리가 사는 시대는 이행의 시대다. 이를 부정할 사람은 거의 없다. 우리의 영역에서 사실이 과학 연구와 관련되는 두 가지 방식에 대해 일단 언급하는 것이 편리할 듯싶다.

우리들 대부분에게 먼저 떠오르는 것은 새로운 양식들과 새로운 문제들이다. 그러나 이것들을 고려하는 한, 우리가 진정으로 새로운 과학적 문제에 직면하고 있는 정도를 아는 것보다 이 문제들이 새로운 사회학적 외피를 덧씌운 오래된 친구들에 불과한 정도를 아는 것이 더 중요하다. 우선 방금 전에 언급했던 제1차 세계대전의 경제사의 내용을 최근 경제사에 대해서도 반복해서 언급할 수 있다. 사회양식, 경제정책과 기타 정책들, 경제상황은 모두 서로 다르다는 점이 양식, 정책, 상황이 기본적으로 새로운 경제원리에 암시를 주거나 이를 이해하기 위해 새로운 경제원리가 필요하다는 의미는 아니다. 괜찮은 구자유주의자들에게는 신기한 이설로 다가오고 조금 더 열성적인 관찰자들에게는 위대한 발견처럼 보일 경제정책이나 기타의 대외정책들은, 우리가 살펴본 것처럼 마리네스(Gerard de Malynes, 1586~1641)나 미셀덴(Misselden, 1608~54)의 주장과 매우 닮았다. 노동계약은 더 이상 '자유롭지' 못하다. 그러나 이는 비교적 짧은 역사의 한순간을 제외하면 자유로운 적이 없었을 뿐 아니라, 단지 자신의 도구상자에서 서로 다른 모델을 꺼낼 뿐인 분석가에게는 신기한 문제가 아니라는 점에서도 그렇다. 정치적 지대——특정 경제서비스와 관련이 없는 특정 집단에 공공재원을 지불하는——는 현대사회의 두드러지는 특징이다. 그러나 루이 15세의 사회에서 정치적 지대가 덜 중요했던 것은 아니다. 순수한 경제분석이라는

목적에 비추어볼 때, (정치적 지대의—옮긴이) 수령자들이 각기 다른 계급적 함축을 담고 있다는 사실은 보기보다 덜 중요한 것으로 보인다. 뉴딜정책의 지지자나 반대자 모두 이를 새로운 것으로 취급해야 한다는 점에 동의할 것이다. 이것은 한 가지 이상의 의미를 담고 있다. 그러나 우리의 관점에서는 아니다. 실제로 그런 종류의 구호로 포장된 모든 정책에 대해서는 이미 관찰했으며, 충분히 분석된 바 있다. 그렇지만 이것이 전부는 아니다. 역사적으로 새로운 상황을 만들어낼 수 있는 사건들의 발생가능성이 있다. 현대산업 사회에서 선택된 충분히 성숙한 (비볼셰비키적) 사회주의가 그 예다. 사회주의 경제에 관한 이론은 이미 준비되어 있다. 이것은 순수이론을 실제 사용해보려는 희망이나 그와 관련된 위험이 존재하지 않던 시기에, 부분적으로 부르주아적인 경제학자들에 의해서 완성될 것이다. 이런 점에서 경제학자들은 자신들이 듣는 평판보다 낫다.

그럼에도 분석적으로 새로운 양식과 문제들이 나타난다. 금유출(going off gold), 평가절하(devaluation), 가치절하(depreciation), 환율통제, 화폐관리의 다른 특성들이 항상 찬사를 받은 것이 아니고, 따라서 칭찬받지 못할 이름으로 알려져 있었다면, 나는 이것들이 유서 깊은 도구들의 사례라는 점을 언급했을 것이다. 그러나 이는 오로지 본질적으로만 정확하며, 어쩌면 딱히 정확한 것도 아니다. 지금까지 우리는 이전에 보지 못한 이것들의 다른 면을 볼 수 있고, 이것들에 대해 다른 방식으로 추론할 수 있도록 배웠다. 게다가 암묵적인 동의를 통해 이론가들이 동일한 사회 · 경제적 양식을 관찰할 때, 이론은 전문화되는 경향——부분적으로 의도된 것이긴 하지만 아직도 완전히 의도되지 않은 것이 좀더 많은——이 있다. 그렇다면 이런 특성은 당연한 것으로 받아들여졌으며, 많은 명제가 자신들을 가장 덜 지지하는 것에도 부합될 수 있도록 구조화되었다. 만약 중앙은행이 실질적으로 재무부라면, 다른 은행들은 거의 모든 기능을 상실하고 단순히 수표를 현금으로 바꿔주거나 정부채권을 사는 등의 사무적 기능만 담당한다면, 시장이자율이 아

무런 의미를 갖지 않고 화폐시장과 주식교환의 체계가 거의 마비된다면, 산업가 집단의 이윤동기가 급속히 사라진다면, 봉급생활자가 가장 중요한 업무를 관리한다면, 민간부문의 절약과 투자가 기능을 멈추고 정부지출을 통해 산출된 소득이 경제과정의 정상적인 요소로 받아들여진다면, 그래서 과세가 좀더 많은 소득을 흡수한다면, 이와 같은 상황이 발생할 경우 자본주의 엔진의 다양한 부속(이 부속들의 상당수는 전혀 작동하지 않겠지만, 이전에는 당연히 무시되었던 부속들이 중요한 역할을 할 것이라고 가정할 수 있다)이 갖는 상대적인 중요성은 매우 근본적인 영향을 받게 될 것이다. 그래서 모든 '응용'영역이 자연스럽게 완전히 다른 모양새를 갖게 될 정도로 말이다. 그리고 이론가들은 자신의 다양한 모델의 강조점을 재분배하면서, 모델 중 일부는 더욱 충분히 사용하겠지만 일부는 고이 모셔둘 것이다. 하지만 이것이 전부며, 분석기법이라는 관점에서 본다면 이는 속인들이 믿고자 하는 수준에 못 미친다는 점을 깨닫는 것이 중요하다.

〔완결되지 못했다. 많은 속기 노트가 남아 있었으며, 다음과 같이 시작되는 문장이 있었다. "실질적으로 절박한 변화가 과학적 연구에 영향을 미친다는 점을 알 수 있는 다른 방법은……"〕

[제2장 마셜-빅셀의 분석 장치에서 비롯된 발전]

[1절 현대 소비자 행동이론과 '새로운' 생산이론]

주로 소비자행동과 관련된 경제학 분야에서 실제로 이용되고 가르쳐지는 학설에 관한 한, 현대이론은 대부분 지난 4반세기 동안 발전했다. 그러나 과거에 발전했고 오늘날에도 발전하고 있는 분야는 방법론과 결과에 대한 것으로, 이는 주로 피셔, 파레토, 바로네, 존슨의 연구업적과 관련되어 있으며, 출판 이후 10년 이상 실제로 잊혔던 한 논문을 과감하게 추가할 수 있다면, 여기에 슬루츠키도 포함되어야 한다. 이는 제1차 세계대전 종료 이전에, 이미 근본적인 개념들이 맹아적인 형태의 제안으로서만이 아니라, 주로 세계적인 명성의 학자들에 의해 전문이론가들이 접근할 수 있는 형태――그렇다고 생각해야 한다――로까지 잘 가공된 채 제시되었음을 의미한다. 그 개념들은 충분히 이해되었고, (발전―옮긴이)과정 속에서 명료해지고 확장되고 응용되었으며, 때로는 정돈되었다. 그러나 근본적으로는 새롭게 추가된 것이 거의 없다. 이는 자동차 산업과 거의 유사한 상황이다. 개선이 일어나고 새로운 장치들이 추가되기는 했어도, 현대의 자동차는 1914년의 자동차와 여전히 같은 종류의 것이다.[1] 새로운 생산이론에서도 이와 너무도 똑같은 상황이 벌어지

---

1) 이 사실은 현재의 상황을 이해하는 데 매우 핵심적이므로 나는 이것을 강조할 필요가 있다고 생각하지만, 오해하지는 말았으면 한다. 예를 들어 이 사실을 강조하게 되면 우리 시대의 업적이나 거기에 들어간 노력이 평가절하된다는 취지

고 있다. 대체탄력성 개념은 주어진 환경 아래, 이 영역에서 무엇을 성취했는가만이 아니라 무엇이 가능했는가까지 아주 잘 예증해준다.[2)]

과거의 비슷한 사건들을 관찰하면서 영감을 얻는 역사가라면 발라가 호기를 놓쳤을 것이라고 생각할지 모른다. 즉 마침내 그를 이해할 수 있게 된 시대에 그의 연구는 정작 자신의 시대가 도래했음에도 분석기법의 부적절성이라는 이유로 비판받아 당대에는 온당히 평가받지 못했던 연구들이 머무는 연옥에 던져졌을 것이라고 생각할지도 모른다. 그렇지만 실제로는 그렇지 않았다. 발라의 체계에 부합될 수 있으며, 부분적으

에서 독자들이 느낄지도 모르는 어떠한 인상에는 오해가 놓여 있다. 1730년에 글을 쓴 물리학자는 뉴턴과 동등한 지적 지위에 있었을 테지만, 그가 『수학적 원리』(*Principia Mathematica*, 1687)와 비슷한, 다른 연구를 내놓는 것은 '객관적'으로 불가능한 일이다. 그는 아마도 '객관적으로'나 '상대적으로' 수준이 떨어지는 일에 눈을 돌릴 것이다. 이와 비슷하게 수정 중이라거나 계속 연구 중이라는 범주로서 프리슈나 새뮤얼슨의 성과를 포함시키는 것은 제대로 된 고려가 아니다. 오히려 두 사람의 업적은 이들이 저술활동을 하던 시점에서 소비자 행동에 대한 이론영역에서 나타날 수 있는 독창성의 전형을 보여주고 있다. 두 사람의 업적은 모두 새로운 발명이지만, (1912년에 발명된—옮긴이) 자동시동장치(self-starter) 같은 것이지 오토식 모터(Otto motor: 1876년에 오토가 발명한 4행정 내연기관—옮긴이) 같은 것은 아니다.

2) 전체 대체탄력성이나 부분 대체탄력성의 성질과 용도에 대한 일반적인 정리에 대해서는 Allen, *Mathematical Analysis*, pp.341~345, 372, 504, 512 참조. 가장 단순한 형태로 개념을 처음 소개한 사람은 힉스(*Theories of Wages*, 1932)와 로빈슨(*Economics of Imperfect Competition*, 1933)이었는데, 이 둘은 바로 이 개념을 명제의 공식화에 적용시켜서 매우 유쾌한 단순성을 얻을 수 있었다.(예를 들어 J.R. Hicks, "Distribution and Economic Progress: A Revised Version", *Review of Economic Studies*, October 1936 참조) 한동안 이 개념은 응분의 인기를 얻었지만, 두 개 이상의 재화나 '요소'를 고려하기 시작하면 관련된 사실들이 더 이상 단순해지지 않았고, 통계자료에 적용하고자 했을 때 어려움이 있어서 이런 인기는 곧 시들었다. 나는 이 개념으로 자극을 받은 상당량의 문헌을 살펴보지 못한 것을 후회한다. 그렇지만 『리뷰 오브 이코노믹 스터디즈』(*Review of Economic Studies*, February 1934; February 1936)에 실린 논쟁을 참조하라. 이런 종류의 도구로서 사용된 또 다른 예는 러너의 독점도 측정이다.("The Concept of Monopoly and the Measurement of Monopoly Power", *Review of Economic Studies*, June 1934)

로는 파레토에 의해 짜맞추어진 소비자행위와 생산에 대한 연구들은, 그가 적절한 위치를 차지하는 것을 막기보다 오히려 발라체계를 현대화시켰다. 그 과정은 볼리의 『경제학의 수학적 기초』(*Mathematical Groundwork of Economics*)에 힘입어 발라의 균형체계에 대해 국제적으로 접근가능해진 1924년부터 힉스의 『가치와 자본』이나 이 책(『가치와 자본』—옮긴이)의 1~2부가 임무를 완수했던 1939년까지 이어졌다.[3] 어느 정도까지 이 책은 발라 자신이 알지 못했던 발라체계의 문제를 발견하는 데 부분적으로 성공했다. 그리고 부분적으로는 이러한 연구에 영향을 받아, 부분적으로는 독립적으로, 내가 '이름순으로' 언급할 랑게, 메츨러, 모삭(Mosak) 그리고 새뮤얼슨——이 마지막 위치는 오직 알파벳순에 따른 것이다——의 연구가 기여할 수 있는 풍부한 흐름이 형성되었다. 이 연구의 상당 부분이나 대다수는 결정성 문제와 안정성 조건을 중심으로 이루어졌고, 우리 시대의 연구들이 다루는 근본적인 이론영역과 심지어는 **기초연구**(Grundlagenforschung)의 상당수를 구성하고 있다.

2절 개별기업 이론과 독점적 경쟁이론

개별기업 이론, 그리고 이와 관련된 **독점**이나 **불완전 경쟁이론**[4]은 객관적으로 마셜에게서 비롯된 또 다른 발전으로, 실용적인 문제에 직접적

---

3) 이 1~2부에서조차 힉스는 발라를 현대화하는 것 이상으로 많은 일을 했다. 단순한 현대화의 의미를 사용한다면, 그는 마셜도 현대화했다. 그리고 나는 '현대화'라는 말이 『가치와 자본』의 두 부분을 정확하게 묘사한다고 생각하지 않는다. 오히려 힉스의 논법은 발라와 마셜을 완전히 현대화하기에는 너무 단순하다. 이보다 그가 현대화를 위한 핵심적인 재료를 제공했다고 말하는 것이 나을 듯하다.

4) 다른 경우보다도 이 경우에, 나는 손상되고 있는 외관 때문에 역사적 계통화에 대한 나의 강조를 철회하고 싶은 열망으로 가득 차 있다. 이 강조는 피할 수 없는 것으로 보이는데, 왜냐하면 서로 다른 두 가지 사실집합 때문이다. 첫째, 마셜은 자신의 도식 대부분에서 빈번하게 (소규모)개별산업이라는 개념을 사용했

으로 응용되며 그래서 경제학계 전체에 도움이 된다는 점에서 다른 것들과 마찬가지로나 그 이상으로 중요하다. 우리는 모두 경제학자의 분석엔진이라는 이 새로운 무기가 독립적으로 연구했던 영국과 미국의 학자들에 의해 서로 다른 형태로 덧붙여졌음을 모두 알고 있다. 이는 이런 종류의 이론의 실용적 필요성보다는 지적 필요성을 보여주는 강력한 증거이자, 과학적 상황의 논리가 어떻게 서로 다른 사람들의 심성을 따라 유사한 형태의 발전을 이끌어낼 수 있는지를 마찬가지로 강력하게 예증해주는 사례다.[5] 미국에서 『독점적 경쟁이론』(*The Theory of Monopolistic Competition*)은 1933년[6]에, 어떤 사전 인지도 없이 완전히 체

기 때문에, 개별기업에 대한 경제학을 무시했다고 종종 비난받아왔다. 그러나 우리가 살펴본 것처럼 그리고 그의 주장과 기업의 특별시장, 즉 내부경제와 같은 개념의 분석에서 알 수 있듯이, 오히려 그는 개별기업의 문제에 관해 유별난 주의를 기울였으며, 개발될 필요가 있는 시사점을 실제로 제공했는데, 바로 이러한 점 때문에 우리는 이후의 연구, 특히 마셜주의자들에 의해 수행된 연구를 그의 연구에서 비롯된 것으로 볼 수밖에 없었다. 둘째, 개별산업과 보수증가에 대한 마셜의 개념과 논법은 비판을 불러왔다. 이것들의 결점은 너무도 많아서, 비판자들은 비판의 건설적 임무가 그에게는 제거된 상태라고 확실하게 말할 정도였다.

5) 이 점과 함께 우리가 소수만이 역사적으로 기록될 흔적을 남겼지만 많은 사람이 참여한 광범위한 흐름을 다루어야 한다는 사실은, 우리가 과점양상에 관한 문헌들도 고려한다면 더욱 분명히 나타난다. 여기서 우리는 북유럽 국가들(특히 F. Zeuthen, "Mellem monopol og konkurrence", *Nationaløkonomisk Tidsskrift*, 1929; *Problems of Monopoly and Economic Warfare*, 1930)과 독일(von Stackelberg, *Marktform und Gleichgewicht*, 1934; 이 책의 저자는 대부분의 독일어 문헌만큼이나 비독일어 문헌들도 알고 분석했다)에서 나타난 이와 비슷한 움직임에 대해 알고 있어야 한다.

6) (분배에 대한) 8장은 2판(1937)에 추가된 것으로, 이것은 원래 미국 경제학회(필라델피아회의, 1933)에서 처음으로 발표되었으며 이후 증보논문이 타우시히를 추모하는 책(*Explorations in Economics*, 1936)에 실렸다. 7장—판매가격에 관한 두 번째 장—은 마감일에 맞추기 위해 박사학위 논문에서 제외된 채로, 1927년 4월 1일 하버드대학교에 넘겨졌지만, 이후에 완전히 합체되었다. 이 글은 『왕립경제학회지』(*Economic Journal*, December 1926)에 실린 스라파의 논문("The Laws of Returns under Competitive Conditions")이 나오기 수개월 전에 최종 수정본 상태에 있었기 때문에, 스라파의 논문에 기대고 있는

임벌린의 머릿속에서 솟아나왔고 성공했다. 이는 힘이 넘치고 광채가 나는 그의 능력 때문이기도 하겠지만, 과학적 상황의 성숙에 기인하기도 한다. 이 연구는 독점과 경쟁이라는 분리된 이론을 혼합하거나 융합시킴으로써 가치이론 전반을 재구성하도록 요구했다. 이것이 전부는 아니다. 새로운 불빛으로 보면 모든 경제문제가 드러난다는 관점에서 볼 때, 이것은 또한 새로운 경제적 **세계관**(Weltanschauung)을 가르칠 것을 요구했다. 어떤 경우에든 주로 제품차별화와 판매가격을 다루는 4~7장에 집중되어 있는 이 연구의 가장 중요한 독창적인 기여에 대해, 설령 이견이 있다 할지라도 근본적인 부분에서는 거의 없다. 그렇지만 이런 기여들을 확대적용하려는 모든 문헌은 이 연구의 행적을 따르고 있다.

영국에서 로빈슨 여사의 『불완전 경쟁의 경제학』(*Economics of Im-*

것이 전혀 없지만, 본질적인 부분에서는 1판과 크게 다르지 않다. 저자는 박사학위 논문의 주제를 1921년에 정했는데, 이때는 그가 미시간대학교 학생이었다.(저자와의 대화에서 확인) 처음부터 마셜주의자들에게서 교육받았기 때문에 여기서 비롯되었을지도 모르는 잠재의식적 영향에도 불구하고, 우리는 주관적이고 객관적인 독창성과 '직접적인 경험증거들의 집합'에 전혀 빚지고 있지 않은 이론적 유형의 순수한 독창성의 두드러지는 예를 확인할 수 있다. 비록 '지도원리'(guiding principle)가 체임벌린이 현재 유행하는 경쟁이론이라고 생각했던 것보다 더 사실에 부합되는 이론을 만든 것이 분명하기는 하지만 말이다.(저자와의 대화에서 확인) 이 경우, 이 책, 특히 이 5부에서 견지하고 있는 개괄의 원칙을 포기하는 것이 나을 듯싶다. 단지 1918년 이후 생산된 이론경제학 책 중에서 가장 성공적인 사례—케인스의 『일반이론』, 힉스의 『가치와 자본』 그리고 하이에크의 연구 다음으로—로 인식해야만 하는 이 책의 중요성 때문만이 아니라, 이 책에서 언급하고 있는 대부분의 저자처럼 저자와 개인적인 면담을 할 수 없는 상태가 아니라는 점 때문이기도 하다. 특히 원래의 연구가 나타나고 효과를 갖게 되는 방식과 인간의 심성을 연구하는 방법 중 하나일 뿐이기는 하지만, 사적인 접촉은 중요한 의미를 가질 수 있으며 특히 다른 것들을 점검하는 데 유용하다. 과학적 성취의 세 가지 요소가 이 경우에 명백하게 나타나는데, 이 세 가지는 과학적 상황의 성숙, 중요한 착상을 강력한 힘과 열정으로 잡을 수 있는 능력, 이를 지속시키고 다른 과학적 착상이나 외관으로부터의 교란요인을 제거할 수 있는 능력이다.

perfect Competition)도 1933년에 출판되었는데, 좀더 준비되지 않은 학자들에게는 영향을 미쳤지만, 이러저러한 이유로 화려한 성공을 거두지는 못했다. 우리가 알고 있다시피, 1926년에 스라파는 독점이론에 의지하는 것이 보수증가와 관련되어 나타난 균형에 관한 난제들의 해결책이라는 생각을 포기했다. 그 과정에서 그는 산업의 실제조건이 보통 독점과 경쟁의 중간 지대에 있을 것이며, 학계를 장악하고 있는 것은 경쟁이론이기 때문에 '독점으로 방향을 바꾸는 것'이 필요하다는 암시를 이미 던진 셈이었다. 로빈슨은 독점을 찾은 후에, 경제분석의 핵심적인 몸통에서 격리된 채 머물고 있던 "불편한 우리에서"(앞의 책, 4쪽) 그것(독점—옮긴이)을 해방시켜 그것이 "경쟁분석을 집어삼킬" 수 있도록 가치론을 재구성해야 한다고 제안했다. 여기서 모든 기업은 독점가, 즉 자신만의 상품을 파는 개별판매자고, 경쟁이 조금씩 변하면서 마침내 한계적인 상황에 도달하게 될 것이다. 이 상황은 바로 완전대체재를 판매하는 단일판매자의 수가 많고, 이들 상품에 대한 수요도 완전 탄력적이어서 보통 완전경쟁에서 묘사하는 상황이다.[7](같은 책, 5쪽)

---

7) 「머리말」(Foreword)과 「서문」(Introduction)에서, 로빈슨 여사는 마셜과 피구의 은혜에 답례할 뿐만 아니라 스라파와 그의 논문들—4부 7장 8절 4항에 언급된 영어와 이탈리아어 문헌—에 대해 충분한 신뢰를 보냈다. 따라서 그녀의 근본적인 분석의도를 언급하고 있는 모든 문제를 상기하는 것이 필요하다. 문제를 더 복잡하게 만드는 것은 스라파가 로빈슨주의자들이 의미하는 독점이 아니라 일반적 의미에서 독점이라는 단어를 사용했다는 사실(본문의 다음 문장을 참고하라)이다. 그리고 그녀는 다른 동료경제학자들 상당수에게도 일종의 동업자 정신일 수도 있지만 감사를 표했는데, 이들 중 우리가 특히 주목해야 할 사람은 세 명이다. 우선 해러드(Harrod)가 있는데, 불순하거나 불완전한 경쟁 양식에 대한 분석에서 그가 차지하는 지위는 그의 논문("Doctrines of Imperfect Competition", *Quarterly Journal of Economics*, May 1934; "Imperfect Competition and the Trade Cycle", *Review of Economic Statistics*, May 1936; "Price and Cost in Entrepreneurs' Policy", *Oxford Economic Papers*, May 1939)보다 더 높게 평가해야 하는데, 이는 특히 이 논문들의 출판일을 고려한다면 알아볼 수 있을 것이다.

그리고 쇼브와 칸이 있다. 언젠가 미래에 이들의 이름을 아마 로빈슨 여사의 후

독점에 대한 이런 개념은 전통적인 것이 아니라는 점을 알아야 한다. 사실 전통적인 개념은 쿠르노-마셜 독점이론의 적용이 허용되는 기준에서만 만족스럽게 정의될 수 있다. 그러나 이 이론은 독립적으로 주어진 수요곡선의 존재와 고려대상인 기업의 행위가 다른 기업에게서 영향받지 않는다는 점을 미리 가정하고 있다. 그러므로 전통적인 독점이론은 이런 영향을 무시할 수 없는, 그래서 전통적인 독점개념이 적용될 수 없는 상황을 '부정하는' 것이 구조적으로 불가능하다.

한 찬사에서 확인할 수 있을 것이다. 이 찬사는(칸에 대한 케인스의 찬사와 비슷한데, 이에 대해서는 이후 5장 참조) 충분히 받을 만한 것이다. 두 사람 모두 과학적 경제학이나 과학일반의 다른 중심들보다 케임브리지학파가 더 쉽게 만들어낼 수 있는 그런 종류의 학자였다. 이들은 자신들의 착상을 만인에게 공개했다. 비판적인 제안과 긍정적인 제안이 오고 가면서 이들은 다른 사람들의 생각을 명확한 존재로 이끄는 데 도움을 주었다. 그리고 이들은 지도자의 영향처럼 그들의 출판물에서 나올 수 있는 것을 넘어서는 눈에 보이는 영향을 행사했다. 나는 여기서 로빈슨 여사가 「머리말」과 책 전반에 걸쳐 강조한 점, 즉 '한계수입 곡선'에 대해 언급해야겠다. 그녀는 그의 몇몇 동료, 특히 해러드, 인테마(Yntema) 그리고 바이너에게서 도구와 어휘 모두를 빌려왔다. 이 편리한 도구를 사용하는 것이 자연스러웠는데, 이 도구는 당시 많은 사람(체임벌린을 포함하여), 특히 서투른 마셜적인 총곡선과 이미 싸웠던 많은 사람에게 제공되었다. 그렇지만 우리가 잊지 말아야 할 것은 이 도구를 처음 사용한 것은 쿠르노였고, 1920년대와 1930년대의 저자들은 아무도 이 사실에 객관적으로 반대하지 않았다는 점이다.

[제3장 전체주의 국가의 경제학*]

일부 독자는 '전체주의' 경제학 문헌을 무시하는 것이 부당하다고 생각할 수 있는데, 이에 대해 설명할 필요는 없다. 다만 나는 그런 무시가 정치적인 편견과는 조금도 관련이 없음을 말하고 싶다. 나는 '전체주의' 국가에서 나왔거나 진행 중인 그 어떠한 분석적 연구도 무시할 의도가 없다. 나는 그런 연구가 '전체주의' 철학의 포장으로 제시되었거나 심지어 그 철학에 기여하고 그것을 완수하고자 한다는 단순한 사실 때문에 그것을 무시하고 싶지는 않은데, 이는 내가 공리주의에 대한 반감 때문에 벤담의 연구를 무시하지 않는 것과 같은 이치다. 하지만 공리주의 철학을 철학으로 인정한 데 반해 다양한 전체주의 철학은 배제했는데, 이는 후자가 '전체주의적'이어서가 아니라 '철학', 즉 경험과학의 외부에 존재하는 사변이기 때문이다. 이런 측면에서 우리는 그저 이 책, 1권, 1부에서 충분히 논의되었고 지금까지 충실히 지켜온 원칙을 따를 뿐이다. 1부에서 분석경제학과 정치경제학의 구분은 이 원칙을 위해 도입된 것이다. 이런 관점은 깊이 뿌리 내린 믿음과 차이가 있으므로, 독자들은 1부에서 언급된 내용에 관한 기억을 되살렸으면 한다.

그렇지만 앞에서 언급한 원칙으로는 전체주의 국가에 도입된 경제학 문헌이 앞으로 개략적으로 설명할 부분에서 크게 부각되지 않는 이유

---

* 이 장은 5부를 위해 작성된 유일한 장으로, 멕시코에서의 강의에서 언급되지 않은 주제를 다루고 있다.(1장 2절 참조)

를 충분히 설명하지 못한다. 여기에는 두 가지 이유가 있다. 첫째, 스탁켈버그의 『시장형태와 균형』, 델 베키오의 화폐연구 같은, 일부 중요한 기여는 현재까지 전해 내려오는 수많은 주제의 역사를 다룬 4부에서 이미 언급된 바 있다. 둘째, 전체주의 체제에서는 경제분석의 역사에 포함될 만한 재료들이 많지 않았다. 이제부터 살펴볼 세 개의 주요한 전체주의 국가들, 즉 독일, 이탈리아, 러시아[1]는 매우 달라서 하나의 특징으로 일반화시킬 수 없다.

1절 독일

독일에서는 바이마르공화국(1918~32년) 시기에, 교수방법과 연구가 급속하게 개선되었다. 역사연구와 사회정책학회가 개척한 종류의 당대의 문제에 대한 연구도 이전처럼 계속되었다. 4부 4장에서 언급했듯이, 이런 종류의 연구는 반(反)이론적 방법론이라는 경향에서 점차 벗어났으며, 카셀연구[2]의 폭넓은 이용이 하나의 효과나 원인이 되거나 하

1) 전체주의라는 말의 의미를 어떻게 이해하든지 간에, 일본과 에스파냐는 '전체주의적'이지 않았다. 하지만 일본의 경우, 전쟁 동안 연락이 중단되었고, 내가 일본어를 모르기 때문에 내 마음대로 채울 수 없는 공백이 존재한다. 전쟁 이전의 연락에 비추어보건대, 이 공백의 중요성은 무시해도 될 만한 것이 아니며, 아마도 심각하게 고려되어야 할 것이다. 〔그가 죽은 지 2년 후, 예전의 일본인 학생들이 J.A.S.의 모든 책과 장문의 에세이를 번역출판하거나 번역준비를 했다. 여기에는 독일에서의 초기연구들과 이 책도 포함된다. *Das Wesen und der Hauptinhalt*……(1908), *Theories der Wirtschaftlichen Entwicklung* (1912)은 각각 1936년과 1937년에 (일본에서—옮긴이) 번역되었다.〕

2) 카셀은 이전에도 거듭 언급된 바 있다. 그렇지만 여기서 1920년대 경제학에서 가장 영향력 있는 세계적인 지도자의 경력을 다시 되새겨보는 것도 적합할 듯싶다. 비판자들의 비판과 관계 없이 당시의 지도자였기 때문에 그의 비판자들(나를 포함해서)은 무엇이든 말할 수 있을 것이다. 우리는 『국가학 연구』(*Zeitschrift für die gesamte Staatswissenschaft*, 1899)에 게재된 물가이론을 개괄하는 글과 언급된 적은 없지만 일반가격 수준에서 편차의 원인들을 다룬 글("Orsakerna, till förändringar i den allmänna prisnvån", *Ekonomisk*

나의 징후만큼이나 중요성을 갖게 되면서 '이론'에 대한 관심과 능력이 모두 증대되었다. 덧붙여 고틀, 리프만, 오펜하이머, 슈판 같은 교사들이 전하는 자생적인 메시지가 있었는데, 이에 대해 가장 신랄한 비판을 가하는 사람들조차 그것이 많은 사람을 자극했다는 장점까지 부인할 수는 없다. 그리고 영미식 사고(와 내 자신의 사고)에 좀더 접근한 딜(Diehl)이나 오이켄(Eucken) 같은 사람들의 성과 그리고 무엇보다도 슈피토프와 좀바르트의 성과가 있었다. 미제스가 이끈 빈학파는, 1930년대에 사라질 때까지 독자적인 활동성을 유지했지만, 다른 독일의 경제학자들과 이전보다 가까운 관계를 보이면서도, 자신들 나름의 교리를 주장할 수 있는 위치에 있었다.

여기서 두 가지 미국화 경향을 빠뜨릴 수 없다. 그 하나는 냉정한 전문화 과정이다. 일반경제학, 경제(와 사회)정책 그리고 공공재정에 관한 포괄적인 강좌가 여전히 지배적인 지위를 유지하는 상황에서 전문화된 집단이 점점 더 뚜렷한 위치를 차지하기 시작했다. 1918년 이후에는 이전보다 더 중요한 의미로서 농업경제학자, 노동경제학자, 산업경제학자에 대해 언급하는 것이 가능해졌다. 다시, 미국의 경제조사국(The

---

Tidskrift, 1905) 그리고 『이자의 본질과 필요성』(*The Nature and Necessity of Interest*, 1903)이라는 책을 기억해야 한다. 부분적으로는 그가 '중립적'이었기 때문에, 그는 제1차 세계대전 시기와 그 이후 주로 화폐와 국제관계에 대한 전문가이자 이런 주제로 열리는 국제회의의 열성적인 참가자로서 세계적 명성을 얻을 수 있었다. 이와 관련해서, 나는 오직 『1914년 이후 화폐와 외환』(*Money and Foreign Exchange after 1914*, 1922)만을 예로 들고 싶을 뿐이다. 오늘날의 화폐전문가는 이 책의 연구보다 못할 수 있다. 마지막으로, 적어도 정통적인 사회주의 영역의 외부에서, 그는 큰 성공을 거두었다. 이는 그의 논고(*Theoretische Sozialökonomie*, 1918)가 우연히거나 다른 방식으로 아주 빈틈없는 직관을 주었기 때문이다. 그는 이 책을 독일어로 출판했다. 나는 이 책의 4판(1927)에 대한 비평을 썼는데, 빅셀의 『강의』(*Lectures*) 1권 영어판에 부록으로 수록된 그의 비평만큼이나 우호적인 것과는 거리가 멀었다. 나는 빅셀이나 내가 삼가야 할 말을 했다고는 생각하지 않는다. 그렇지만 우리는 간과한 것이 있는데, 그것은 바로 이 책이 독일경제학자들이 원하던 것이었다는 점이다.

National Bureau of Economic Research)이나 농업경제국(the Bureau of Agricultural Economics) 같은 연구기관이 경제문제와 관련된 정부부서의 내외부에서 설립되었다. 이와 관련해서, 역사상 가장 효율적인 연구조직가에 속하는 함스(Bernhard Harms)가 설립한 킬대학교(University of Kiel)의 세계경제연구소(the Institut für Weltwirtschaft)와 비슷하게 효율적인 조직가인 바게만(Ernst Wagemann)이 베를린에 세운 경기연구소(the Institut für Konjunkturforschung)[3)]를 언급하는 것으로 충분할 것이다. 이 두 연구소는 모두 새로운 경제학 잡지를 추가했다. 상당한 진전과 그 이상의 희망을 보여주는 이러한 모습에서, 오직 한 가지 사항만이 이 책의 관점에서 보기에, 불길함을 내포하고 있는 것으로 보인다.

바이마르공화국이 자리를 잡아가면서 각 주의 정부들——국립대학이나 사립대학은 없고 주립대학만 있었다——은 정치집단, 주로 사회민주당과 중앙당의 요구에 점점 더 굴복하기 시작했다. 따라서 경제학 전문직의 임명은 후보자의 정치적 입장을 고려해야 했다. 매우 개방적으로 논의된 주장은 다음과 같았다. 물리학과 다르면서 철학과 비슷한 경제학은 세계관 과학(*Weltanschauungswissenschaft*), 즉 연구자나 교사

---

3) 이 연구소의 연구는, 주로 통계적인 것으로 하버드 지표곡선이 의미하는 바를 훨씬 뛰어넘어 확장—하버드 경제학회(Harvard Economy Society)의 연구만큼이나—해갔음에도, 이 곡선에서 출발하고 있음을 숨기지 않았다. 이 연구소는 아마도 현대 통계방법의 지식을 확산시키는 데(그리고 이해시키는 데) 가장 중요하고 단일한 영향력을 행사했을 것이다. 따라서 이 연구소의 방법론적 연구는 역사적 중요성을 갖는다. 이는 주로 이 연구소가 발행하는 잡지(*Vierteljahrshefte zur Konjunkturforschung*)에 부록으로 실려 있다. 이를테면 헤니히(H. Hennig)의 저작(*The Analysis of Economics Curves*)에 관한 동 잡지의 부록 4호, 도너(O. Donner)의 저작(*Seasonal Variations*)에 관한 부록 6호와 11호, 로렌츠(P. Lorenz)의 저작(*Trend*)에 관한 부록 9호, 바인슈타인, 퍼분신, 이그나티에프(A.L. Wainstein, S.A. Perwuschin, M.W. Ignatieff)의 저작(*Russian Contributions*)에 관한 부록 12호 참조. 통상적인 출판물 외에 일련의 전공논문을 출판하는 연방통계국(Statistisches Reichsamt)과의 긴밀한 협

의 궁극적인 믿음과 충성이 연구와 교육에 필연적으로 포함되는 '과학'이다. 이런 궁극적인 믿음과 충성이 사회당과 중앙당(가톨릭), 그리고 사회주의자도 가톨릭교도도 아니라는 부정적인 성격으로 정의되는 다른 모든 정파의 집합체에 체화되었다. 이에 따라 어느 누구도 분명히 자질과 관계없이 배분되어야 한다고 주장하지 않았지만, 교수직이 이 세 정치집단 구성원 사이에서 가능한 한 동등하게 배분되었다. 이 점을 다시 논의할 필요는 없다. 개방성의 정도가 약하긴 했지만 세계관 과학의 이론으로 표현되는 움직임은 모든 상황, 모든 국가에서 감지되었다. 다만 이것은 근대 러시아를 제외하고 다른 어느 곳에서도 번성하지 못했다. 바이마르공화국에서는 교수진과 관료들의 저항 덕분에 상대적으로 좁은 범위에 묶여 있었다.

이런 상황에서 국가 사회주의의 도래는, 해외의 관찰자들이 기대하는 것처럼, 엄청난 단절을 의미하지도, 온갖 피해를 야기하지도 않았다. 국가사회주의 체제는 자신의 정책에 대한 비판뿐 아니라 당철학에 동의하지 않음을 표명하는 것도 허용하지 않았다. 이 체제는 당원을 옹호하고 유대인을 배격했다. 만약 받아들일 만한 신념의 선언을 강요하지 않았더라도, 국가사회주의는 그런 선언을 환영했다. 개별사례에서는, 당이나 당내 집단, 그리고 심지어 당국조차 이 모든 것이 의미하는 것보다 훨씬 더 나아갔다. 그리고 덧붙인다면, 당시 연구를 지배하던 일반적인 조건의 교란효과가 반드시 고려되어야 한다. 그러나 물리학의 영역에서보다 약하기는 했지만, 전문연구 작업이 다소 덜했음에도, 계속되었다. 특히 새로운 이론과 통계적 도구를 고안했다고 어느 누구도 고통스러워하지 않았다. 케인스의 『일반이론』 같은 연구는 방해받지 않고 나타날 수 있었고, 실제로도 그러했다.[4] 명심해야 할 사항은 국가사회주의의

조도 있었다.

4) Carl Föhl, *Geldschöpfung und Wirtschaftskreislauf*, 1937 참조. 저자는 「서문」에서 우리에게 그의 원고가 1935년 12월에 완성되었다고 알려주고 있다. 더 흥미로운 점은 그의 주장과 『일반이론』 사이에 나타나는 완전하지는 않지만 광

신조가 주로 본질적으로 경제적인 것은 아니었으며 따라서 그것은 모든 종류의 기술적 경제학뿐만 아니라 매우 타당한 정책의 주장도 양립가능하다는 점이다.

2절 이탈리아

이탈리아에서 우리는 비슷한, 훨씬 더 뚜렷하게 표현된 상황을 발견한다. 파시스트체제는 자신의 정책을 비판하는 것에 대해 독일만큼 분노했다. 아니 개별정책이 훨씬 더 지도자 개인과 가깝게 연관되어 있었기 때문에, 독일의 경우보다 훨씬 더 분노했다.[5] 이 체제는 또한 경제학자들에게 동감을 요구하거나 적어도 중립성을 요구했다. 정부가 요구하는 것은 파시스트 원칙에 대한 적극적인 적대감의 부재였다는 말이 아마도 이 상황을 가장 잘 표현하는 방법일 것이다. 리치나 투로니처럼 소수의 선구적인 사람은 국외추방을 당했지만, 대부분은 심각하게 곤란을 겪지 않았다. 순수하게 과학적인 연구는 조금도 방해받지 않았다.[6] 이

범위한 유사성이다.(이에 대해서는 이후 5장 참조)

5) 히틀러는 개별적인 조치들, 특히 경제적 조치들을 자신의 부관들에게 맡겼다. 이들은 상대적으로 오랫동안 지도적 위치에 머물러 있었으며, 대중의 지지를 획득하고 자신들 나름의 정책을 발전시킬 수 있었다. 무솔리니는 이것을 허용하지 않았다. 결과적으로 파시즘의 경제정책은 세부적으로 고려하더라도 대중의 눈에는 무솔리니 개인의 조치로 비칠 수밖에 없었다.

6) 조합국가(*città corporativa*)에 학문적으로 동감하는 태도를 갖는 논문들에서조차 분석적 부분은 일반적으로 받아들여지는 경제교리와 다르지 않았으며, 파시즘의 적들도 그런 태도를 가졌다는 점을 강조하는 것이 중요할 듯하다. 그 예로, 나는 아모로소의 저작(*Principii di economica corporativa*, 1938)을 꼽고 싶다. 이 책의 1~2부는 각각 화폐이론과 균형이론을 다루고 있는데, 이 이론들은 정치적 함의, 파시스트나 그 반대자에게서 완전 자유롭다. 3부에서만 파시즘의 경제철학이라고 이름 붙일 수 있는 것을 발전시켰는데, 그 대부분은 아모로소가 공식화했던 것으로, 통상적인 미국경제학자들에게서 마음에서 우러나오는 승인을 얻은 듯 보인다. 다른 예로서 언급할 것은 경제정책이나 정치경제학에 대한 강의로 구성된 강좌들이다. 이 강좌들은 우리가 이 책에서 '순수과학

런 조건에서 과학적 경제학은 제2차 세계대전 때까지 4부에서 보았던 움직임을 계속 이어갔으며, 파레토학파의 내부나 외부에서 모두 상당한 수준에 도달했다. 전쟁의 효과를 제외하면 중단은 없었으며 체제가 붕괴한 이후에도 그러했다.

3절 러시아

스탈린 시대 러시아의 경제학[7]은 독일이나 이탈리아의 경우와 다른데, 정도의 차이가 아니라 종류의 차이다. 대략 1917년부터 1927년까지, 선행하는 10년 동안에는 이 차이가 그다지 심하지 않았다. 소비에트 체제의 반대자들은 심지어 이 체제에 중립적인 사람들조차 국가사회주의나 파시즘 체제의 반대자들보다 더 무자비하게 다루어졌다. 정책에 대한 토론만이 아니라 과학적 연구도 독일과 이탈리아에서는 들어보지 못한 방식으로 통제되었다. 이는 볼셰비키 행정부의 특성과 방식 때문만이 아니라 서로 모순되면서도 서로를 강화하는 두 개의 다른 이유 때문이기도 했다. 한편으로 소비에트 강령이 적어도 이데올로기적으로는 본질적으로 경제주의적 강령이며, 비록 순수하게 이론적인 것일지라도 그

적 연구'라고 부르는 것을 상아탑에 가둬두지도, 강한 구속을 가하지도 않았다. 예를 들어 Giovanni Demaria, *La politica economica dei grandi sistemi coercitivi*, 1937 참조.

7) 다시 말하지만 나는 러시아어를 모른다. 이후의 비평은 다음의 세 가지에 기반을 두고 있다. (1) 내가 아는 언어, 특히 영어와 독일어로 작성된 러시아인의 연구, (2) 러시아어를 아는 동료들과의 대화(하지만 이로부터 내가 받은 인상에 대한 책임까지 동료들이 지지는 않는다.) (3) 공평하지 않은 시각을 가진 2차 문헌들(전부는 아닐지라도, 이들 대부분은 반볼셰비키적이다)이 그것이다. 내가 판단할 수 있는 한, 다른 어떤 것보다 공정하고 유용한 논문만 언급해야겠다. 차우버만(A. Zauberman)의 〔소련의 경제사상〕("Economic Thought in the Soviet Union", *Review of Economics Studies*, vol.XVI(1), 1948~49, vol.XVI(2), (3), 1949~50)이 유일하게 여기에 해당된다. 〔J.A.S.는 차우버만의 논문 세 편 중 첫 번째 것만 읽은 것이 분명하다.〕

러한 성스러운 책(마르크스와 엥겔스의 저작을 지칭하는 듯—옮긴이)들에서 약간 일탈한 것이 우리가 이해하기 힘든 중요성을 획득했다.

다른 한편으로 천년왕국이 도래하면 더 이상 '경제법칙' 같은 것은 존재하지 않고 따라서 어떤 경제분석도 필요하지 않다고 믿는 '혁명적 인민'의 소박한 감정을 볼셰비키 정부는 매우 자연스럽게 완전히 이용했다. 이런 상황에서 논의는 오로지 지배적인 지위에 있거나 이에 근접해 있거나 그렇다고 믿는 사람의 일시적인 희망에 따라서만 조정되기 쉬우며, 특정관점이 '반동적'인지 '좌파적'인지에 관한 논증——사실상 순전히 선언이었던——이 과학적 관점을 대체하기 시작했다. 그렇지만 단절은 완전하지 않았다. 지금은 정해진 교리인 마르크스주의가 러시아의 경제학자들에게 1917년 이전에도 강한 영향력을 행사하고 있었고, 이 원리들에 대한 충성에 따라 설정된 범위 안에 과학적 분석을 위한 공간이 충분했기 때문에 소비에트 정통으로의 전환은 쉬웠다. 부하린같이 진정한 마르크스주의의 충신이 일정한 역할을 담당하는 한, 우리는 여전히 양적인 의미에서보다 질적인 의미에서 순수하게 분석적인 연구가 쇠퇴하고 있었다고 말할 수 있겠지만 진정으로 학술적인 연구가 있었다는 사실——마르크스-엥겔스 연구소의 존재만으로도 이것을 충분히 보여줄 수 있다——에 의문을 제기할 이유는 없다.

그러나 다른 연구소도 있었다. 이를테면 농업경제학연구소, 기업, 경기순환연구소가 그것이다. 이것들은 잠시나마 경제자료를 수집하는 것뿐만 아니라 이를 해석하는 데도 자유를 누렸다. 이미 언급했듯이, 콘드라티예프의 연구는 큰 자극을 주었으며,[8] 내가 아는 한, 많은 능력 있는

8) 콘드라티예프의 장기순환 이론은 여러 책과 논문에 소개되었는데, 그중 일부는 러시아어로만 씌어 있다. 콘드라티예프 자신이 (그의 이론 중 핵심을 담고 있다고 생각했던) 독일어 논문이 스톨퍼(W.F. Stolper)에 의해 축약해서 번역된 글이 『경제통계학 리뷰』(*Review of Economic Statistics*, November 1935)에 실려 있다. 그리고 이 글을 둘러싼 논쟁을 가비(Geroge Garvy)가 정리한 글("Kondratieff's Theory of Long Cycles")이 같은 저널 1943년 11월호에 실려 있다. 이 논문은 한편으로는 당시 분위기에서 논쟁의 치열함을 보여주고, 다른

경제학자(페르부스친Perwuschin, 오파린Oparin, 소콜리니코프Sokolnikoff 등)의 연구 중에서 이 연구는 이후 최상의 결과를 보여주었다. 일부 연구자에 대해 들어보지 못했다는 사실의 불길한 의미에도 불구하고, 본격적인 경제학이 스탈린 체제의 엄혹함이 최대한 발휘될 때까지도 살아 있었음을 보여주는 증거로 취급될 수 있다. 그러고는 마침내 단절이 일어났다. 소련경제연구소의 연구만이 아니라 교육까지 점점 더 소비에트 정부의 실천적인 문제에 대한 처방과 끊임없는 생명의 위협에 사로잡힌 노예들의 상호비방으로 축소되었다.[9] 미래를 위해 좀더 나은 것을 약속하는 두 가지 사항으로 논의를 한정시켜보자. 첫째, 소비에트 러시아는 소비에트 이전 시대의 통계방법에 관한 훌륭한 연구전통과 수학적 배경——주로 확률론——을 물려받았다. 경제학보다 정치적 공격에 덜 노출된 덕에, 이러한 연구는 살아남았으며 국제적으로 인정받을 만한 업적을 계속 생산했다. 둘째, 투자목적 자체가 독재정권에 나온 것일지라도 투자대안들을 비교할 수 있는, 아울러 약간의 선택의 자유가 있다면 대안적인 투자목적을 비교할 수 있는 장치——아무리 초보적인 수준일지라도——를 개발하지 않은 채 투자를 '계획'하기란 분명히 불가능하다. 그러나 그렇게 하려는 모든 시도에는 보험산정의 원칙과 가치, 한계생산성 그리고 이자율 개념이 논리적 필요성에 따라 도입되었다. 소비에트 경제학자들의 임무는 예나 지금이나 이 개념들을 개선하

한편으로는 과학적 관점이 부재하지 않았으며 과학적 연구가 여전히 가능했다는 사실을 보여준다. 콘드라티예프는 1930년에 시베리아로 추방당했다.

9) 소련과학아카데미(경제학과 법학분과)의 소식지는, 화석화된 마르크스주의에 대한 비난과 권고 사이에서 왔다갔다하는 이런 상황(위에서 언급된 의미는 아닐지라도)에 대한 평가를 담고 있다. 그렇지만 이단으로 흐르지 않는 경제논리의 요소를 재발견하려는 유치한 시도와 함께 제시된 유형의 분석작업이 이런 연구의 전체적인 중지에 비해 좀더 실질적으로 선호되었는지 의문이다. 이런 시도의 중요성은 란다우어(C. Landauer)의 논문("From Marx to Menger", *American Economic Review*, June 1944)에 의해 상당히 과대평가된 듯 보인다. John Somerville, *Soviet Philosophy*, 1946도 참조.

는 것이 아니라, '자본주의적' 개념에 상응하는 그것들의 근본적인 정체를 숨기는 방식으로 몰래 들여오는 것이다.[10]

당시 이런 종류의 출판물이 받았을 법한 비우호적인 비평 배후에 숨어 있는 끊임없는 폐기위협 때문에 위와 같은 방향의 진전은 힘들고 느렸다. 그러나 이런 출판물 중에도 미래를 약속하는 것이 있었는데, 특히 이는 그러한 협박이 진부한 것이 되어버릴 것임을 예측하는 편이 안전했기 때문이다. 마침내 볼셰비키 경제학자들은 파레토와 바로네가 반세기 전에 알게 된 사실, 즉 특별히 '자본주의적'이지 않은 경제논리가 존재한다는 사실을 발견할 수밖에 없었다. 이것이 전부는 아니다. 국민소득 계정과 예산기법이 비볼셰비키 국가——더 이상 '자본주의적'이라고 부르기 힘든——에서도 빠르게 발전했으며 전통적인 경제학은 이것들을 수용해야 할 것이다. [J.A.S.는 이 결론부에서 국민소득 계정에 관한 절을 쓰고자 했지만 실제 쓰지는 못했다.] 이런 기법과 이에 상응하는 분석적 방법들은 소비에트 국가에서 훨씬 더 분명히 필

---

10) 거의 애처로운 사례는 헌터(Holland Hunter, "The Planning of Investments in the Soviet Union", *Review of Economics and Statistics*, February 1949)가 보여준다. 헌터는 여기서 카차투로프(Khachaturov)의 논문("Economic Principles of Railroad Transportation", 1946) 한 장을 번역했고, 투자의 상대적 효율계수(Coefficient of Relative Effectiveness of Investment)를 가장 도움이 되는 방식으로 본문에 언급하면서 분석했다. 다소 덜 완벽하게 진척되기는 했지만, 독자들은 다른 예를 차우버만의 논문들[세 편의 논문 중 첫 번째]에서 찾을 수 있을 것이다. 차우버만은 스트루밀린(S.G. Strumilin)의 연구를 탁월하다고 평가했다. 그는 또한 크미엘니츠카야 여사(Mrs. B. Khmielnitskaya)가 아주 분별력 있게 사회주의('조직된') 사회의 합리적 경영을 위한 과학적 원칙으로 경제이론을 정의함으로써, 경제이론을 위한 공간을 확보하려는 초창기 시도에 대해 언급(vol.XVI(1), p.3 각주)하고 있다. 그렇게 하면서 그녀의 목적을 독일인 고틀의 개별성 연구(idiography: 개별적 사실에 대한 기술로 '표의문자'ideographic는 분명한 오자다)와 법칙정립(nomothesis: 일반화된 법칙진술로, 그녀는 이것을 '법칙기록'normography이라는 말로 바꾸었으며 이와 함께 현명하게도 고틀의 '법칙'nomos을 '규범'norm으로 바꾸었다) 개념에 적용시킨 것은 놀라운 일이다.

요한 듯 보인다. 따라서 비슷한 필요성에 의해 태어나 러시아와 다른 곳, 특히 미국에서 독립적으로 주장되기 시작한 두 경향이 존재했으며, 오늘날 이것들도 다른 많은 것과 마찬가지로 수렴하는 경향을 보인다. 이 점을 제외한다면, 경제분석의 역사에 대해 기록될 것은 없는데, 이 점에 대해 이 책의 목적을 파악하지 못한 사람만이 의문을 제기할 수 있다.[11]

---

11) 우리가 살펴보고 있는 이 시기 러시아 경제학의 과학적 불모성의 한 가지 원인은 물론 일부 지도자, 특히 레닌, 트로츠키 심지어 스탈린조차 보통 전문적인 경제학의 영역에 속하는 질문들에 대해 아주 광범위하면서도 권위적인 글을 썼기 때문이다. 따라서 이 책의 목적을 이해하고 정치경제학으로부터 경제분석을 구별할 줄 아는 독자라 해도, 내가 이 세 사람의 연구, 적어도 특히 레닌의 풍부한 분량의 연구에 대해 기록하지 않으려는 것에 대해 아마 반대할 것이다. 이에 대한 답변은 이미 나와 있다. 다른 측면에서는 그것들이 역사적 중요성을 갖고 있다 하더라도, 경제분석에 대한 기여는 무시해도 좋은 수준이다.

제4장 동학과 경기순환 연구

다시 한 번 언급하지만, 이 책 전체에서 동학은 이론적으로 서로 다른 시점에 속하는 수량들을 연결하는 분석——이전에 거듭 설명한 의미로서——을 의미할 뿐, 역사적 시간의 진로를 따르는 진화적 과정의 이론을 의미하지는 않는다. 동학은 실제로 순차분석(sequence analysis)과 동일하며, 특별한 경우에는 기간분석(period analysis)을 포함하지만, 경제성장이나 발전, '진보'와 동일하지는 않다.[1] 따라서 이렇게 정의된 동학은 진실로 새로운 출발점이다. 우리는 연구과정의 전환점에서, 특히 시스몽디의 경우에, 우리가 정의한 의미의 동학적 고려를 경제분석에 주로 암묵적이긴 하지만 때로는 명시적으로도 여러 번 밀어넣은 사례를 확인할 수 있었다. 그런데도 경제학의 정확한 핵심은 정태적이며, 이것이 모두이거나 거의 대부분의 본질적인 통찰력을 담고 있는 일련의 자기완결적 교리체계를 구성하고 있다고 믿어졌다. 이것은 발라의 경우에 명백하다. 그러나 마셜에게도 적용될 수 있다.[2] 그는 의심의 여지없

1) 여기서 이 점을 반복하는 이유는 현대의 많은 경제학자가 동학을 성장이론과 동일시하기 때문이다. 우리가 사용하는 용법으로서는 프리슈와 힉스가 최고권위자다. 또 다른 용법의 두드러지는 예는 해러드(특히 *Towards a Dynamic Economics*, 1948 참조)와 스티글러다. 중간 입장을 갖고 있는 사람은 많은데, 예를 들면 루스(Charles F. Roos, *Dynamic Economics*, 1934)를 꼽을 수 있다. 나는 이런 구분에 대한 내 주장을 다시 반복하고 싶은데, 이는 말싸움을 하고 싶어서가 아니라 단지 혼동을 피하기 위함이다.

2) 뵘-바베르크는 아니다. 이에 대해서는 4부 6장 5절 참조.

이 부가적인 정태적 고려를 주로 성장에, 그러나 축차적 변수에도 상당히 많이 덧붙였는데, 이는 마치 그가 미래 계량경제학의 임무를 제시하듯이, 미래 동학이론의 임무를 제시했다고 말할 수 있을 정도였다.(『원리』, 519쪽 참조) 그러나 그는 재료, 관점 그리고 절실한 필요성을 제시했으면서도 루비콘 강을 건너지는 않았다. 이후에 우리는 판탈레오니와 파레토처럼 의미 있는 지적을 하는 사람들을 확인하겠지만, 이들이 지적했던 목적으로 나아간 전진은 없었다.

여기서 '루비콘 강을 건너다'라는 구절이 의미하는 바는 다음과 같다. 때때로 순차분석으로 나들이하는 것이 아무리 중요할지라도, 경제이론의 본체는 '정태적인' 강둑에 남겨놓은 상태며, 해야 할 일은 이 나들이의 산물로 정태이론을 보충하는 것이 아니라 정학이 특별한 경우로 들어오는 일반적인 경제동학 체계로 정태이론을 대체하는 것이다. 정태이론조차 명시적인 동학도식 없이 완전히 발달할 수 없다는 사실을 아는 것(새뮤얼슨)[3]이, 이미 살펴본 것처럼, 이런 방향의 첫걸음이며, 지면이 허락된다면 몇 가지 다른 사항을 언급할 수 있다.[4] 그렇지만 발라이론에 대한 전면적인 공격은 아직까지 발전되지 않았고, 설계도를 구성하는 일과 함께 하는 분석은 아쉽지만 여전히 시의적절한 일이다. 하지만 좀더 많은 연구자가 새로운 목적을 보았다. 그러나 당분간 이것은 실제로 모든 것이었는데, 이는 무어의 노력이 근본적으로 비교정태를 넘어서지 못했기 때문이다. 좀더 긍정적인 성공은 집계이론을 동학화하는

---

3) *Foundations*, 2부, 특히 11장 참조. 나는 이 기회를 통해 11장과 부록 B, 그리고 『현대경제학 연구』(*A Survey of Contemporary Economics*, H.S. Ellis ed.)에 실린 그의 논문("Dynamic Process Analysis")을 통해 새뮤얼슨이 교육적 임무에 상당한 공헌을 남겼음을 언급하고 싶다. 현대동학의 의미와 기술에 대해 이보다 나은 입문서는 없다.

4) 그러나 지면 제약이라는 이유만으로 자제하는 것은 아니다. 한편으로 나는 세부적인 사항 때문에 핵심적인 윤곽을 흐리게 하고 싶지 않다. 다른 한편으로 나는 이 개괄이 서지목록으로 격하되길 원하지 않는다. 지름길을 찾기 위해서라면, 독자들이 해야 할 일은 『이코노메트리카』를 잘 살펴보는 것이다.

노력을 동반해야 할 것이다.

[1절 동적 집계이론: 거시동학]

이것은 이해가 가능하다. 한편으로, 가장 단순한 동학도식에서도 불가결하게 나타나는 복잡성 아래서 집계이론은 정말 셀 수 없이 많은 변수의 배열을 여섯 개나 그보다 적은 수로 줄임으로써 분명히 발라체계보다 훨씬 더 잘 세워질 수 있다. 일례로 시차(lag)와 같이 단순한 동태화 도구의 도입을 생각해보자. 당분간, 아니 지금 가능한 것보다 훨씬 더 강력한 방법이 발명되기 전까지는 발라체계에 들어가는 모든 수량을 서로 다른 시간별 지수로서 표현할 경우, 그렇게 함으로써 통제가 힘들어진다는 점 말고는 언급할 수 있는 것이 거의 없다. 하지만 우리가 다루어야 하는 변수가 '소비' '투자'뿐이라면, 현재소비와 현재투자의 합과 완전히 동일한 국민소득뿐이라면, 더 이상 그럴 필요가 없다. 특정시점(t)의 소비(C_t)가 특정시점(t-1)의 소득의 일정한 비율(α), 즉 αY_{t-}과 같다고 임의로 가정해보자. 그리고 t기의 투자(I_t)는 현재소비와 그 이전 시기의 소비의 차이에 대한 일정한 비율(β), 즉 $\beta(C_t - C_{t-1})$이나 $\beta(\alpha Y_{t-1} - \alpha Y_{t-2})$와 같다고 하자. $Y_t \equiv C_t + I_t$임을 기억한다면, 문법학교(grammar-school)에서 가르치는 수학실력만으로도 다음과 같은 결과를 쉽게 확인할 수 있다.[5)]

$$Y_t = \alpha(1+\beta)Y_{t-1} - \alpha\beta Y_{t-2}$$

5) 이것이 한센-새뮤얼슨 방정식(의 요점)인데, 이에 대해서는 Samuelson, "Interactions between the Multiplier Analysis and the Principle of Acceleration", *Review of Economic Statistics*, May 1939 참조. 이 글은 미국 경제학회의 한 위원회(위원장은 하벌러)가 발간한 『경기순환론 독해』(*Readings in Business Cycle Theory*, 1944)에 재수록되었다.

이것은 불변계수를 갖고 있는 동차 2계 차분방정식과 동일한 것으로, 지금 갖고 있는 기초적인 기법만으로도 아주 쉽게 풀 수 있으며 경제학적으로 아주 흥미로운 결과를 보여준다. 사람들을 끌어들이는 이런 단순화의 유혹은 아주 대단해서, 거의 저항할 수 없고 이론적 배경에서 제기될 반대에도 손상을 입지 않는다.[6] 그러므로 1930년대 초반에 이런 집계적 도식, 이를테면 프리슈의 거시동학이 넘쳐났다는 사실에 놀랄 필요는 없다.[7] 물론 이때 모든 것이 수학적으로 엄밀한 것은 아니었다. 좀더 문헌을 정리하다 보면 비수학적인 경제학자들, 예를 들면 하이에크 같은 사람이 남긴 몇 가지 중요한 사항을 언급하지 않을 수 없다. 여기서 신중하게 고려해야 할 사항은 이렇게 거시동학으로 방향을 몰고 가는 것이 기본적으로 경제이론과 통계수치의 긴밀한 연합에 대한 어떤 희망과도 완전히 독립적인 것이라는 점이다. 과거와 비교해서 이론가들이 통계수치에 대한 태도를 전혀 바꾸지 않는다 할지라도 거시동학은 자신의 목소리를 높일 것이다. 그리고 사실상 이런 태도변화의 징후를 전혀 보이지 않는 일부 저자는 다른 사람들과 마찬가지로, 똑같이 집계적 단순화의 이점을 확보하게 되기를 갈망하고 있었다.

6) 이런 반대와 이것들에 덧붙여야만 하는 중요한 자격들에 대한 고려는 미루는 것이 편하겠다. 하지만 우리의 예는 또한 경제학자들이 추가적인 단순화를 도입함으로써 상황을 개선하고자 하는 유혹에 앞으로도 굴복하는 경향이 있다는 사실을 보여주고 있음을 주목해야 한다. 우리의 예에서 변수의 수를 줄이는 것뿐만 아니라, 계수가 상수라는 공준도 사물을 단순화한다. 계수들이 상수가 아니라면 방정식을 다루기가 그렇게 쉽지는 않을 것이다.

7) 나는 여기서 한 가지 예, 즉 프리슈 자신의 도식이 제시된 그의 감동적인 논문("Propagation Problems and Impulse Problems in Dynamic Economics", *Economic Essays in Honour of Gustav Cassel*, 1933)만을 언급하고 싶다. 독자들은 다음 각주에 인용된 틴베르헨의 논문에서 반대되는 것들을 많이 발견할 수 있을 것이다.

[2절 통계적 보충: 계량경제학]

그러나 다른 한편으로 수량경제학, 즉 통계적으로 접근하는 경제학을 향한, 똑같이 강력했던 움직임이 우리의 과학환경에 나타난 또 다른 지배적인 요소다. 그리고 이 요소는, 경제이론 자체의 단순화를 추구하려는 소망하는 양상과 별개였지만, 거시동학적 방법을 옹호했다. 왜냐하면 몇 가지 예외를 제외할 경우 집계변수——특히 그 값이 가격 수준과 이자율에 의해 증대되는 경우——들은 우리의 중요한 시계열에서 쉽게 동일시되기 때문이다. 밀접하게 연관된 두 경향을 보여주고, 우리 시대 경제 연구에서 아주 중요한 요소를 구성하고 있는, 그래서 이것(우리 시대의 경제연구—옮긴이)을 개괄하고자 할 때 결코 생략되어서는 안 되는, 뛰어난 예로, 틴베르겐의 연구를 간략하게나마 언급하고 넘어가야겠다.[8)]

그의 많은 집계도식은, 그 대부분은 처음부터 다른 저자들의 연구보다 많은 변수를 사용하는데, 처음에 순수하게 이론적 고려를 기반으로 세워졌는데, 이 고려는 아마도 상식적인 고려를 말하는 것이 더 나을 정도로 매우 단순했다. 즉 그것은 상수를 계수로 가진 선형(거의 항상)방정식 체계에서 이것들은 분명히 중요한 집계치에 대한 정의(정의방정식), 상식적으로 이들 사이에 존재해야 하는 관계(균형방정식), 가계와

---

8) 틴베르겐의 긴 출판목록에서, 미국과 영국의 독자들에게 그의 이론적 · 통계적 방법에 대한 입문서로서 가장 적당한 것은 그의 『경기순환 이론에 대한 통계적 검증』(*Statistical Testing of Business-Cycle Theories* I, *A Method and its Application to Investment Activity* II, *Business Cycles in U.S. 1919~32*, League of Nations, 1939)일 것이다. 지금은 동학의 초기연구라고 부를 수 있는 것들에 대한 정리로 여전히 유용한 그의 논문은 「수량적인 경기순환 이론 고찰」("Suggestions on Quantitative Business Cycle Theory", *Econometrica*, July 1935)이다. 두 제목 모두 지나치게 겸손하다. 오늘날 독자들은 경기순환 연구에 대한 특정 참고문헌을 무시해야 하는데, 그 이유는 곧 설명될 것이다. 우선 일반동학에 대한 논문 한 편을 읽은 후 일반동학에 대한 정리문헌을 확인하기 바란다.

기업의 행위를 묘사하는 것으로 추정되는 관계(행태나 '의사결정' 방정식)를 포함했다.[9] 여기에는 이론적 설정의 구성이 통계적 작업에 선행해야 한다는 근본적인 원리가 담겨 있었다. 관계 자체는 통계적 관찰에 의해 제시되지 않는다. 그것은 공준이지 결과가 아니기 때문이다.[10] 통계치는 다중상관법——편회귀계수가 영향력의 비유의성을 알려주는 '설명'변수들을 제거하는——을 이용해서 어떤 변수들의 숫자값을 주어진 다른 변수들의 숫자값으로 '설명'하기 위한 것이다. 이 체계는 일련의 대입과정을 거쳐, 경제적 작동양식을 묘사하는 '최종'방정식으로 환원된다.[11] 본래 이 절차의 모든 단계는 심각한 비판에 노출되어 있는데, 이 비판에 대해서는 이 선구적 노력의 위대함을 가리지 말아야 한다는 점 이상으로 말해져서는 안 된다. 대부분의 비판은 통계적 성질에 대한 것이기 때문에, 프리슈의 통계연구——부분적으로 틴베르겐에 의해 고려된——와 그의 동료들을 이 시점에서 다시 언급해야겠다. 특히 미국에 짧게 체류하는 동안 가르치는 자리를 맡은 적은 없지만, 교수 한 사람의 평생의 연구에 필적할 만한 영향력을 보여준 호벨모(Trygve Haavelmo)의 연구를 언급해야겠다.[12]

그러나 어떤 경우에든 거시동학을 액면 그대로 받아들이는 경제학자는, 통계적 보충을 동반한 것이든 그렇지 않은 것이든 간에, 이미 성취

9) 예를 들어 앞의 각주에 인용한 연구들을 참고하라. 이런 유형에 대한 틴베르헨의 연구는 (내가 아는 한) 1934년부터 시작되었음을 기억해야 한다.

10) 이것이 틴베르겐의 방법과 미첼의 방법 사이에 존재하는 근본적인 차이점이다. 미첼의 방법론에 대해서는 이후에 다룰 것이다.

11) 나는 이런 종류의 보고서에 대해 틴베르겐에게 사과해야만 하는 의무감을 느끼고 있다. 그러나 나는 그와 독자들이 이런 영양가 없는 문장보다는 부족하나마 그의 연구—모든 독자가 이해할 것으로 믿지는 않지만—를 참고하는 것을 선호했으면 한다.

12) 그의 가르침의 상당수는 『이코노메트리카』에 게재된 많은 논문에서 확인해 볼 수 있다. 하지만 그중에서도 특히 호벨모의 논문("The Probability Approach in Econometrics", Supplement to *Econometrica*, July 1944, Cowle's Commission Papers, New Series 4)을 참조.

한 정복에 대해, 그래서 늘어나는 비판에 대해서만이 아니라 목적의 점증하는 명료성에 대해서도 언급할 수 있는데, 이것은 바로 우리가 발라체계와 파레토체계를 동학화하는 과정에서 기록할 수 있는 전부였다.

[3절 거시동학과 경기순환 연구의 상호작용]

예나 지금이나 거시동학은 특정한 계량경제학적 추진력——통계치를 가지고 추론하려는 경향——에 의해 추동되어왔듯이, 거시동학 연구의 이론적인 요소와 수치적인 요소는 모두 경기순환 문제에 관한 관심에 의해 추동되어왔다. 이미 보았듯이, 이 관심은 우리 시대의 두드러진 특성이다. 지금까지 거시동학, 특히 통계적 거시동학을 만들어낸 요인들을 분석한 바에 따르면, 이러한 학문적 발전은 흔히 경기순환으로 인식되는 특정한 종류의 변동이 없을 때에도 나타날 것이라고 추론해볼 수 있다. 이 부의 첫 부분과 4부에서 말한 것으로부터 현대 거시동학이 나타나지도 않았던 1914년 이전의 시대와 비교해볼 때, 우리는 앞으로 경기순환에 관한 관심이 늘어날 것이라고 생각해볼 수 있다. 하지만 이 두 가지 발전은 서로 얽혀 상대방을 강화해주고 있음이 분명하다. 또 한편으로 경기순환 연구의 방법, 재료, 결과가 일반경제학의 점점 더 많은 부분을 포괄하고, 다른 한편으로 기본적으로 경기순환 연구에 기여하려는 목적에서 현대 거시동학의 방법, 재료, 결과가 발전했음이 분명하다.[13] 그래서 심지어 좀더 광범위한 범위의 많은 거시동학 관련저작의 제목에도 경기순환 관련 참고문헌이 들어갈 정도였다.[14] 이런 상호작용

---

13) 독자들이 이것을 간단하게 인식할 수 있는 방법은 이미 언급된 바 있는 『경기순환 이론 독해』(*Readings in Business-Cycle Theory*)의 부록인 소머스(H.M. Somers)의 논문("Classified Bibliography of Articles on Business Cycle Theory")을 한번 보거나, 아니면 이 책에서 언급된(444쪽) 다른 서지목록의 일부, 특히 고든의 글을 살펴보는 것이다.

14) 이것이 거시동학을 있는 그 자체로 말하고 경기순환 연구를 특정지어서 말하지 않는 이유다. 그럼에도 나는 이전의 각주에서 틴베르겐의 두 연구—그 제

의 본질과 결과를 더 정확히 공식화하는 것이 이제는 쉽다.

우리는 이미 4부 8장에서 경기순환 현상을 고려하는 모든 근본적인 발상이 1914년 이전에 제시되었음을 확인했다.[15] 우리 시대에 덧붙여진 것은, 이런 발상에 대한 비판적 발전 말고도 무엇보다 풍부한 새로운 자료, 이들을 다루는 새로운 통계적 방법이었다. 계량경제학 프로그램조차 '고급' 수준의 수학을 제외하더라도, 쥐글라, 미첼, 슈피토프 같은 걸출한 연구자들이 이끌었다.[16] 하지만 1919년 이후에는 비교될 수 없을 정도로 큰 가능성이 제시되었다. 일부 연구자는 자신들의 분석장치로 설명가능한 수치라면, 그 어떤 것이든 기꺼이 사용했다. 대표적인 예가 피구다. 그의 『산업변동』(*Industrial Fluctuation*, 1판, 1927)은 '이론적' 연구에 머물렀음에도 불구하고, 새로운 자료 덕분에 비슷한 종류의 경제학자가 1914년 이전에 만들었을 법한 연구와는 아주 다른 모습이었다. 다른 연구자들은 통계자료에 직접적으로 뛰어들어 기존의 설명가설만이 아니라 기존의 설명장치까지 폐기처분하는 경향을 보였다. 우리는 이 경향을, 다른 측면에서는 거의 관계가 없는 두 가지 예로 살펴볼 수 있는데, 하버드위원회의 연구(퍼슨)와 미첼의 연구가 그것이다.

불럭이 의장을 맡고 주로 퍼슨과 크럼(W.L. Crum)이 이끌었던 하버드경제연구위원회(The Harvard University Committee on Economic Research)는 광범위한 역사적 통계조사를 수행했고 중요한 시계열을 개발했

목에서 이런 함축을 담고 있는—를 인용해야만 했다. 내가 학자연하지 않고, 이 점을 고집하는 이유는 단순히 이것이 현대과학의 상황을 정확히 진단하는 데 필수적이기 때문이다.

15) 만약 이것을 미제스의 연구와 연결시킬 수 있다면, 하이에크의 이론에도 적용될 수 있다. 그렇지 않다면, 사과하고 싶다.

16) 사실상 경기순환 분석에 대한 슈피토프의 시론적 설명은 전체적으로 1923년 이후에야 비로소 나타났는데, 그의 광범위한 연구는 이것을 영어로 옮기는 것만큼이나 여전히 기대되는 것이다. 이렇게 더딘 진행은 예나 지금이나 광대한 재료를 혼자 습득하겠다는 영웅적 시도 때문이다. 미첼의 경우, 위의 내용에 대한 참고문헌은 1913년에 나온 그의 책이다.

다. 그런데 이 위원회의 세계적 명성——이들의 방법은 세계 곳곳에서, 그중에서도 특히 바게만의 베를린연구소(Berlin Institute)에서 논의되고 모방되었으며 심도 있게 발전되었다——은 '세 개의 곡선지표'에서 비롯된다. 독자들은 이것의 수정된 형태를 『경제통계학 리뷰』(*Review of Economic Statistics*) 1927년 4월호에 실린, 상당히 설득력 있는 논문("The Construction and Interpretation of the Harvard Index of Business Conditions")에서 발견할 수 있다. 여기서는 이 방법에 대해 분석하지는 않을 것이다. 다만 우리는 근본원리가 무엇인지 지적하고, 독자들이 즉시 마음속에 새겨두어야 할 세 가지 평가를 덧붙이기만 할 것이다. 원리는 계절변동과 '장기추세'를 '제거'하여 순환을 잔류로 만든 후, 상식적으로 연관되어 있다고 생각하는 시계열 자료들을 연관시킨 것이다.(구체적인 내용에 대해서는 W.M. Persons, "Correlation of Time Series", *Rietz's Handbook of Mathematical Statistics*, 1924, ch.10 참조)

나는 여기서 다음과 같은 세 가지 평가를 덧붙이고 싶다. (1) 하버드위원회가 사용한 통계적 방법은 이후나 심지어 동시대의 '고급'통계학의 발전에 비추어볼 때 심각한 반대에 노출되어 있다. 그렇지만 이런 이유로, 우리가 통계수치의 좀더 나은 편집과 이런 선구적인 사업에서 비롯된 통계 방법의 발전이 던진 충격을 간과하거나 이들의 방법에는 그 결과를 근사치로서 정당화시켜줄 만한 요인이 존재한다는 대체로 상식에 속하는 사실을 간과해서는 안 된다. 그 누가 평가하든지 간에 말이다.

(2) 비판자들이 이러한 시도의 역사적 중요성에 합당한 무게를 부여하지 못하는 실수를 범하고 있다면, 지표의 예측적 가치에 반대하려는 비판의 일부라는 점에서는 훨씬 더 심각한 실수를 범하는 셈이다. 사실 지표곡선은 다가오는 1929년의 파국을 아주 분명하게 지적했다. 문제는 이 곡선을 해석하는 사람들이 자신들의 방법을 믿지 않았거나, 심지어 자신들이 믿은 것이 불황을 예측하는 데 진정으로 중요하다고 생각하지 않으려 했다는 점이다.

(3) 하버드지표를 만든 사람들은 독자들에게 그 장점을 강조하고, 자신들은 불신받고 불신하는 괴물, 즉 경제이론을 사용하지 않았다고 믿었다. 퍼슨

교수는 자신의 지도 아래 파악된 수백 개의 상관계수를 지적하는 방식으로 이론적 반대에 아주 쉽게 반박하는 경향이 있었다. 그러나 사실 그들은 잠재의식적이기 때문에 매우 위험한 이론을 사용했다. 즉 그들은 마셜적인 진화 이론이라고 부를 수 있는 것을 사용했다. 다시 말해서 (만약 우리가 중요한, 그렇지만 이 관계에서는 부차적인, 계절적 요인의 교정, 즉 가장 오래 지속되는 영향 중의 하나를 무시할 수 있다면) 그들은 경제구조가 (우연적인 기울기의 변화, 즉 '단절'break을 제외하면) 점진적이거나 완만한 방식으로 진화하며, 순환은 이런 추세로부터 위나 아래로 벗어나는 것으로 독립적이며 분리가능한 현상을 구성한다고 가정한다. 이는 우리가 머지않아 다시 언급해야만 될 오류다. 그러나 오류가 있음에도 불구하고, 이러한 관점은 하나의 이론이나 이론의 중추를 형성한다. '이론 없는 경기순환 연구'라는 주제에 관한 자그마한 방법론적 논쟁——어쩌다가 격화된 적은 있지만——은 본질적으로 미첼과 경제조사국(the National Bureau of Economic Research)의 연구에 대한 논쟁과 비슷하다. 그래서 앞으로는 후자(미첼과 경제조사국의 연구)도 함께 다룰 것이다.

미첼과 경제조사국의 연구——그가 주도하고 이끈——가 지닌 중요성에 대해서는 이미 강조된 바 있다. 바게만이 어디선가 자신의 경기연구소(the Institut für Konjunkturforschung)에서 발간되는 출판물은 자신의 『일반화폐론』(*Allgemeine Geldlehre*, 1923)의 속편에 불과하다고 말했듯이, 미첼도 경제조사국의 (대부분의) 출판물은 그가 1913년에 출판한 책의 엄청나게 큰 속편이라고 말할 수 있을 것이다. 그의 1927년 책, 『경기 순환: 문제제기』(*Business Cycles: The Problem and its Setting*)는 바게만의 『경기변동론』(*Konjunkturlehre*, 1928)처럼 문제 관점, 그리고 자료를 체계적으로 정리한 것이다. 설령 완결되지 않았을지라도, 적어도 그(와 번A.F. Burns)의 기념비적 저작인 『경기순환의 측정』(*Measuring Business Cycles*, 1946)까지 그가 짊어지고 갈 작업이었다. 우리는 순환을 정태적으로 묘사하는 경제조사국의 방법으로 알려진 것에 대해 논할 수는 없다. 여기서 우리가 해야 할 일은, 오직 엄청나게 많은 (일차) 통계자료를 모으고 구조화하는 노력이 본질

적으로는 1913년의 책에서 부분적으로 수행된 계획을 지속하는 것으로, 거시동학 이론에는 조금도 빚지고 있지 않다는 점을 지적하는 것뿐이다. 비록 거시동학 이론이 결국에는 문제들을 설정하고 중요한 확인사항을 알려주겠지만 말이다. 미첼과 그의 그룹의 연구는 주로 우리가 설명해야 하는 것이 무엇인지를 보여주는 데 목적이 있으며, 더 나아가 그렇게 하도록 만든 관점을 보여주고 있다.

이 기회에 앞서 언급했던 자그마한 방법론 논쟁에 대해 간략하게 언급해보자. 미첼이 설명가설이라는 의미의 이론과 분석장치라는 의미의 이론을 좀더 뚜렷이 구별할 수 있었다면, 이 논쟁을 막는 쪽으로 행동했을지도 모르겠다. 만일 그가 설명가설을 형성하기 위해서는 사실에 대해 좀더 완벽하게 장악할 때까지 기다려야만 하는데, 지금까지 제공된 설명가설이 오래된 것이든 새 것이든 간에 적절한 구체화가 결여되어 있어 자신이 수집하고자 하는 사실들에 비추어볼 때 유지될 수 없을 것이라고 생각했다면, 우리들 대부분은 그에게 동의했을 것이다. 심지어 그는 자신의 1927년도 책에서 아주 공정하게 거론했던 경기순환 '이론들'에 대해 어떠한 적극적인 적대감도 보이지 않았다. 게다가 그는 통계방법의 현대적 세련화를 소홀히 취급했던 것만큼이나 도구적인 의미의 이론을 기법 측면에서 세련화하는 문제를 가볍게 취급했다. 젊었을 적에 그가 베블런의 관점과 가까웠다는 사실 때문에 전문가들의 눈에는 이후 그의 모습이 실제보다 더 반(反)이론가적인 인물로 비쳤다. 그리고 경제이론과 수학적 모델을 동일한 것으로 여기는 열성적인 거시동학의 지지자들 눈에도 더욱더 그러했다. 그렇지만 사실로든 의도한 바로든, 그는 '이론'——경기순환 이론과 경제과정에 대한 일반이론——을 위한 토대를 마련했는데, 다만 그것이 다른 이론이었을 뿐이다. 이와 비슷하게 하버드위원회는 이론 없이 작업을 진행하긴 했지만, 이는 오직 자신들의 사실작업이 미리 전제된 설명가설에 의해 이끌리지 않기를 원했기 때문이다.

그러나 경기순환 연구는 거시동학 연구의 주제이거나 그 일부인 일련의 경제상황에 대한 연구다. 이 둘의 협력은 분명하게 확인될 수 있다. 수학적 능력의 부족으로 제외되는 것이 아니라면, 경기순환을 공부하는 모든 학생은 이것을 먼저 알아야 했다. 시차, 변화율, 누적 그리고 이것들이 만들어낼 수 있는 변동에 대한 형식논리는 시계열 자료의 관찰된 행태를 해석하는 데 도움이 될 것이다. 거시동학은 현존하는 이론적 재료를 좀더 유망한 형태로 탈바꿈하려는 시도에, 이를테면 결정성 문제를 확립하는 데, 그리고 제동이나 폭발, 그와 비슷한 것의 조건을 공식화하는 데 많은 도움을 줄 것이다. 경제체계를 통해 충격이 전파되는 작동양식의 문제는 거시동학적 방법에 의해 말끔히 해소될 것이다. 따라서 거시동학적 방법은 어떤 것들보다도 주기적인 전환점을 이해하고자 하는 데 본질적으로 도움이 된다.[17] 그 자체로는 완벽하게 안정적이지만, 즉 변동과 무관하지만 체계 내에서는 변동을 일으키는 요소들에 대한 진자이론이 이러한 방법의 유용함을 보여주는 뛰어난 예다.[18] (수학을 이용하지 않고—옮긴이) '서술적 표현으로만' 경기변동을 공부하는 학생은 이것의 가능성을 쉽게 보지 못한다. 그들은 그 자체의 시계열이 진동적이지 않는 한 어떤 요소도 주기적인 변동을 야기할 수 없다고 주장하는 경향이 있을 것이다. 그래서 그들은 자신들의 지평을 넓히기 위해 거시동학에 일정 정도 감사를 표시할 것이라고 기대될지 모른다. 마치 다른 경우에 자신들의 주장을 가다듬고 수정하기 위해 보여주어야 했던 것처럼 말이다. 만약 그들이 그렇게 하지 않았다면, 그 이유는 의심의 여지없이 무엇보다도 수학적 능력의 부족 때문이다. 그렇지만 이

17) 이런 종류에 대한 도움이 되는 예는, 소비의 전환점과 순환에서의 자본재생산을 둘러싸고 프리슈와 J.M. 클라크 사이에 벌어진 논쟁("The Interrelation between Capital Production and Consumer-Taking" "Reply" "A Further Word", *Journal of Political Economy*, 1931~32)이다.

18) 기계적인 모델이 이 현상을 예증해줄 것이다. 전기시계를 상당히 망가진 탁자 위에 올려놓아보자. 탁자의 진동을 만들어낼지 몰라도 흐르고 있는 전기가 계속 시계를 가게 하는 것은 완벽하게 안정적이다.

것을 말하는 것이 중요한 또 다른 이유가 있다.

앞에서 우리는 전파양식을 이해하는 데 거시동학이 도움을 줄 수 있을 것이라고 언급한 바 있다. 이는 독자들이 경제체계를 일종의 공명기(resonator)——그것의 물리적 구조에 의해 부분적으로 결정되는 방식으로 교란요인이나 '자극적인' 사건의 영향에 반응을 하는——로서 본다면 아마도 도움이 될 수 있을 것이다. 예를 들어 연주자가 사용하는 활대에 의해 '자극'받을 때, 특정한 방식으로 '반응'하는 바이올린을 생각해보라. 이런 반응의 '법칙'을 이해하는 것은 우리가 바이올린 공연이라고 부르는 현상을 완전히 '설명'하는 데 기여한다. 그렇지만 분명히 이러한 기여는, 설령 신경생리학자의 공헌으로 더욱 강화된다 하더라도 공연 전체를 설명하지는 못한다. 미학적인 평가나 이와 비슷한 것들을 제외하더라도, 음향학과 생리학이 근본적으로 다룰 수 없는 순수과학의 영역이 존재한다. 이와 비슷하게 거시동학은 주기적인 현상을 설명하는 데 본질적인 사항이지만, 특정한 한계로 고통을 받는다.[19] 즉 이것의 경기순환 설명모델은 공명기의 음향학적 모델이 바이올린 공연을 설명하는 것과 같은 것이다. 그러나 거시동학의 열정적인 지지자들은 이것을 알지 못한다. 그들은 모든 것——경제학자들이 경기순환 현상에서 설명

---

19) 모든 비유가 그러하듯이 이 비유는 당연히 정확하게 일치하지 않는다. 그리고 비유가 아닌 이후의 제안도 역시 그러하다. 자본주의 경제의 역사적 진화에 따라 순환은 자신의 경로를 따른다. 우리의 분석에 피할 수 없이 들어올 모든 경제사회학을 무시한다 하더라도, 우리는 그들의 이론이나 (이 말을 피하고 싶다면) 그들의 분석이 어떤 역사적 시간도 갖지 않은 순차분석에 대한 이론이나 분석인 동학보다는 진화의 이론이나 분석과 주로 관련되어 있음이 틀림없다는 점을 인식하지 않을 수 없다. 의심의 여지없이 1857년에 큰 부분을 차지한 어떤 작동양식들은 1929년에도 큰 부분을 차지했다. 그리고 꼭 그래야 하는 것처럼 낮은 수준의 기법, 즉 통상적인 수요공급론에 기반을 둔 어느 정도 일반적으로 적용할 수 있는 거시동학 도식은 어떤 관찰된 경기순환이라도 고려대상에 넣어야만 한다. 그러나 그것들은 단지 도구일 뿐이며, 생각할 수 있는 모든 시계열을 공급한다 하더라도 기본적으로 현상을 전체적으로 재구성하기에는 불충분하다. 그리고 물론 장기적 결과로도 여전히 부족하다.

해야 할——을 설명할 수 있는 거시동학 모델을 건설하려고 한다. 바로 이런 시도는 사실에 대한 분명한 몇 가지 오류를 수반한다.[20] 임의의 가정에 근거한 취약한 구조는 즉각적으로 정책에 '적용'되고 지침을 제공한다. 물론 이런 실천은 상대방의 진영을 자극하는 이유에 대한 목록까지 전부 갖출 것이다. 때때로 사람들은 두 부류의 경제학자만 있다는 인상을 가질 것이다. 하나는 차분방정식을 이해하는 사람들이고 다른 하나는 아무것도 이해 못하는 사람들이다. 따라서 나는 감히 말하건대, 생산적인 상호작용을 자연스럽게 막는 이렇게 완전히 불필요한 장벽——우리의 과학에서 전혀 새롭지 않은——이 사라질 것이라는 점은 즉시 충족될 예측이라기보다는 오히려 희망이다.

나는 아직도 사실상 미시경제학이 아닌 동학의 한 가지 유망한 분파로 눈길을 돌려야 하는데, 왜냐하면 이것은 개별적인 의사결정 행위자를 포함하지 않는 것이기 때문이다. 거시경제학도 역시 아닌데, 그 모델이 경제 전체를 포괄하지는 않기 때문이다. 이것은 마셜의 부분분석과 유사하며 개별산업을 (주로) 고려한다. 유명한 곡물-돼지값 순환은 가장 널리 알려진 예다. 돼지고기의 가격과 이것을 키우는 데 드는 비용(곡물 가격) 사이에 존재하는 양의 상관관계라는 영향 아래, 만약 농부들이 모두 거의 동시에 돼지생산을 늘리기로 결정했다면, 그리고 이 예에서 드러나듯이 만약 이들이 모두 거의 동시에 늘어난 돼지공급량을

---

20) 이중 세 가지를 예로 들어보자. 동시에 이것들이 왜 각각의 반대가 그 모델 자체에 대한 것이 아니라 그보다 단지 넌지시 비추는 주장에 대한 것인지를 보여줄 것이다. (1) 이 주장과 함께 제시되는 거시동학 모델은 경기순환의 원인이 사회집계 변수 그 자신들 사이의 상호작용에서 발견되어야만 한다는 주장을 포함하고 있다. 하지만 경기순환은 부분별 교란에서 비롯된다는 것은 증명 가능하다. (2) 같은 단서로, 거시동학 모델은 경제를 변형시키는 구조변화가 역사적으로 경기순환과 아무런 관련이 없다는 의미를 갖고 있다. 하지만 경기순환은 구조변화가 취하는 형태다. (3) 거시동학 모델을 만드는 사람은 단일한 '최종'방정식을 통해 거의 항상 순환의 모든 국면(과 전환점)을 설명하고자 한다. 이것이 불가능한 것은 아니다. 하지만 이것이 가능해야만 한다고 가정하거나, 이런 조건에 대한 분석에 경도되는 것은 잘못된 생각이다.

출하한다면, 이것은 돼지고기의 가격을 폭락시킬 것이며 곡물가격을 올릴 것이다. 이런 현상은 대부분의 농부들로 하여금 생산을 축소하도록 할 것이나, 이것은 다시 돼지생산량의 또 다른 확장으로 이어지는 데 우호적인 상황을 조성할 것이다. 그 결과, 순환은 당연히 수렴, 발산, 안정적이고, 이 관찰된 작동양식을 설명하기 위해 아주 간단한 일반 델——돼지시장뿐 아니라 좀더 큰 범주의 경우에도——이 만들어질 수 있다.[21] 또 다른 유명한 예는 내구재에 관한 현상을 보여주는 틴베르헨의 조선업 순환이다.[22] 한편으로 이런 도식이 실제보다 분명하게 산출하는 결과에 큰 신뢰를 보내지 않는 것이 합당하며, 만약 그것이 어떤 실제적인 경우에 어떤 식으로든 적용가능하다고 해도 실제에는 당연히 극도의 주의가 필요하다. 따라서 틴베르겐의 논문을 읽는 독자들은 사실에 반

---

21) M. Ezekiel, "The Cobweb Theorem", *Quarterly Journal of Economics*, February 1938(*Readings in Business Cycle Theory*에 재수록) 참조. 독자들은 이 책에서 거의 모든 관련문헌을 포함하여 필요한 모든 것을 찾을 수 있을 것이다.

22) Tinbergen, "Ein Schiffbauzyklus?", *Weltwirtschaftliches Archiv*, July 1931. 이 모델은 매우 흥미롭다. 현재 이용가능한 화물선의 톤수를 시간축으로 나타낸다고 보자. 이를 $f(t)$라 정의하고, 이것이 첫 번째 근사값으로 새롭게 생산된 톤수에 의해서만 변한다고 가정하자. 그러면 우리는 이를 $f'(t)$로 표시할 수 있다. 톤수(의 변화율—옮긴이)가 운송료의 변화율보다 상대적으로 낮을(높을) 때, 운송료는 높아(낮아)질 것이다. 이 경우 새로운 톤수에 대한 주문이 촉진(억제)될 것이며, 이 주문의 실행은 미래의 주문을 억제(촉진)할 것이다. 이 과정은 반복될 것이다. 특정시점의 톤수증가는 이전 어떤 시간(θ년이라 하자)의 톤수가 상대적으로 희소한가, 풍부한가에 달려 있다. 즉 $f'(t) = -\alpha f(t-\theta)$이며, 여기서 α는 상수로서 반응의 강도를 나타낸다. 이것은 차분과 미분 방정식의 혼합으로, 이러한 유형의 첫 형태가 경제이론에 들어온 것이다. 발전의 초기간격이 주어졌다면, 이 식의 해답은 (이론적으로는 계속될) 톤수의 시간에 따른 발전을 묘사할 것이다. 물리학자들이 사용하는 표준적인 방법에 따르면, 우리는 (임시적인) 대입, 즉 $f(t) = e^{\alpha t + \beta}$을 통해 해답을 얻을 수 있다. 수학적으로 훈련된 독자라면 우리가 α를 허수(오일러의 관계식: $e^{i\alpha t} = \cos\alpha t + i\sin\alpha t$로 만들 경우 그 해답이 주기적인 성격을 보일 것임을 알게 될 것이다.〔J.A.S., *Business Cycles*, p.533〕

대되는 가정들——수용이 요구되는——의 굉장히 긴 목록을 주의 깊게 살펴봐야 한다. 그러나 독자들이 그것을 모두 받아들인다 하더라도, 다른 산업과 일반적인 경기상황이 조선업에 미칠 수밖에 없는 모든 영향을 완전히 무시하는 것을 스스로 수용하기는 어렵다는 점을 알게 될 것이다. 그리고 그들은 기본그림에서(앞의 책, 154쪽) 도식과 분리된 작동양식보다 경기순환의 자취를 좀더 많이 보게 될 것이다. 그렇지만 다른 한편으로, 이런 종류의 도식은 좀더 완벽한 동학이론으로 나아가는 첫걸음이며, 그래서 선구적인 모험가들의 첫머리에 놓여야 한다. 결점에 인상을 받은 사람들——아마도 콜럼버스의 기함에 대한 묘사를 읽은 사람들만큼이나——은 다음의 사실, 즉 그들이 묘사한 작동양식의 요소가 의심의 여지없이 모든 실제적인 경우에 나타나고 있다는 점에 깊은 인상을 받았음이 틀림없다. 그리고 더 나아가 동일한 선상에서 이후의 심도 깊은 연구를 제안하는 잘 정의된 임무집합에도 깊은 인상을 받았음이 틀림없다. 이런 연구는 지금으로서는 탐사 수준을 넘어설 수 없다. 그렇지만 이것은 언젠가 새로운 구조가 딛고 서야 하는 기반을 탐사하는 것이다.

[제5장 케인스와 현대 거시경제학[1)]]

경제분석의 역사에서, 우리가 케인스의 『일반이론』을 우리 시대의 가장 훌륭한 업적으로 취급해야 하는 이유는 현대 거시경제학의 관점에서 보기 때문이며, 오직 이러한 관점에서만 우리는 이 책을 공정하게 평가하고자 시도할 수 있다. 다른 관점에서라면, 불공정성을 피할 수 없다. 자신의 취지를 일반대중에게 전하는 대부분의 위대한 경제학자――특히 스미스――처럼 케인스도 경제분석의 영역에 종사하는 연구자 이상의 능력을 갖고 있었다. 그는 강력한 힘을 가진 불굴의 여론지도자였으며, 자신의 조국――제1차 세계대전기에 형성된 사회적 외관이 전쟁 이후에도 그 주름이 좀더 깊어진 채 지속된 영국――에 대한 현명한 조언자이자, 자신의 관심을 성공적으로 표현한 인물이었으며, 특별히 과학적인 연구를 한 적이 없음에도 역사에서 한 자리를 꿰찬 인물이었다. 그는 비슷한 통찰을 가졌지만 용기가 부족했거나, 비슷한 용기를 가졌지만 통찰력이 부족했던 사람들이 침묵할 때 『평화의 경제적 귀결』(*The Economic Consequences of the Peace*, 1919)을 써서 세계적 명성을 단숨에 얻은 사람으로 여전히 남아 있을 것이다.[2)]

---

1) 〔이 장은 J.A.S.가 이 책에서 가장 마지막으로 쓴 부분이다. 이것은 1949년 12월 크리스마스 휴가를 위해 케임브리지를 떠나면서, 타자본을 만들도록 남겨둔 것이었다. 이 원고는 그가 죽기 전까지 타자본으로 만들어지지 못했다. 따라서 수정하거나 개선할 수 없었다.〕

2) 2~4부에서, 나는 종종 개성 있는 인물을 개성 있는 인물로 묘사하려 했다. 이

그의 『일반이론』은 어떤 의미에서 리더십의 위업과 유사하다. 이 책은 외관상 일반분석의 형태를 띠고 있지만, 영국의 사회 · 경제적 상황에 대한 그의 개인적인 견해와 '이에 대해 무엇을 할 것인가'에 대한 그 자신의 견해를 영국에 가르치고 있다. 덧붙여 대공황에서 비롯된 도덕적 분위기와 높아져가는 급진주의의 파고와 부딪히면서, 이 책의 메시지——케임브리지대학교의 선진토양에서 유래하여 능력 있고 충실한 많은 제자에 의해 보급된——는 다른 나라, 특히 미국에서 영국과 비슷한 성공을 거두었다. 케인스의 태도가 여러 측면에서, 특히 기업의 자유를 다루는 문제에서 보수적이라는 점을 고려해볼 때, 이것은 놀라운 것처럼 보일 수도 있다. 하지만 그는 중요한 모든 측면에서 평등주의에 결정적인 기여를 했음을 잊어서는 안 된다. 평등주의적 경향을 보이는 경제학자들은 단 한 가지를 제외하면 소득의 불평등이 가져오는 모든 다른 측면이나 그 기능을 무시해도 된다는 점을 오래전에 배웠다. 이들은 밀처럼 평등주의 정책이 저축에 미칠 영향에 대해 양심의 가책을 안고 있었다. 케인스는 이들을 이런 양심의 가책에서 해방시켰다. 그의 분석은 반(反)저축적 관점에 대한 지적인 존경을 회복시킨 듯 보인다. 그리고 그는 이것의 함의를 『일반이론』 24장에서 명시적으로 설명했다. 그의 과학적 메시지는 가장 뛰어난 경제학 전문가 중 상당수에게 호소력을 보여주었다. 또한 전문경제학의 경계에 서 있던 저술가와 좌담가들에게도 큰 호소력을 보여주었는데, 이들은 **새로운 소비경제학**(the New Economics of Spending)을 제외하면 『일반이론』으로부터 아무것도 얻어내지 못했지만, 케인스에 의해 마르셋 여사(이 책, 2권, 3부 4장 2절

장에서는 그렇게 하지 못한다. 덧붙여 말하면 위의 찬사는 이 인물을 총체적으로 묘사하는 것도, 심지어 그의 풍부한 관심을 보여주는 것도 아니다. 심지어 그의 순수하게 과학적인 연구의 모든 측면조차 우리의 묘사에 들어오지 못한다. 나는 이 장에서 찬사만을 썼을 뿐이다. 그렇지만 이 뒤에는 여기서 다 쓰지 못한 많은 찬사가 남아 있다. 〔이에 대해서는 J.A.S., "John Maynard Keynes (1883~1946)", *American Economic Review*, September 1946(*Ten Great Economists*, 1951에 재수록) 참조.〕

참조)의 행복한 시절——모든 여학생이 몇 개의 간단한 개념 사용법만 배우더라도 무한하고 복잡한 자본주의 사회 유기체의 모든 유출과 주입을 판단할 능력을 가질 수 있었던——로 돌아갈 수 있게 되었다. 문자 그대로 최고라는 의미에서 케인스는 리카도에 필적하는 인물이었다. 하지만 케인스는 그의 연구가 우리가 앞서 리카도의 악덕——빈약한 기반에 기대어 아주 큰 실천적 결론을 도출하는 습관으로, 이러한 단순성이 매력적일 뿐만 아니라 설득력도 보인다는 점에서 전례가 없는——이라고 부른 것의 두드러진 예라는 점에서도 리카도에 필적한다고 할 수 있다. 이 모든 것이 항상 우리의 관심을 끌어온 질문, 즉 케인스의 메시지에서 그에게 사람들이 귀를 기울이게 만드는 요인이 무엇인지, 왜 그리고 얼마나 그러한지에 답하는 완전한 방법은 아니지만, 그 길로 나아가는 방법이다. 그렇지만 우리의 임무는 오직 분석적 장치에 대한 케인스의 기여를 살펴보는 것이다. 그러나 이를 하기에 앞서 그의 연구가 지닌 중요성 때문에 좀더 넓은 측면에서 그의 연구에 관한 몇 가지 평가를 제시해야 할 듯 보인다.

[1절 케인스의 저작에 대한 폭넓은 평가]

첫째, 케인스의 연구는 원칙적으로 사실과 의미에 대한 비전이 분석적 연구에 선행하고, 이 비전을 충족하기 위해 분석적 연구에 착수하며, 비전이 끝없이 주고받는 관계 속에서 전승된다는 우리의 명제를 아주 훌륭하게 보여주는 사례다. 가장 분명한 사실은 케인스 연구의 상당 부분이 처음부터 영국의 노쇠한 자본주의에 대한 그의 비전과 이에 대한 그의 직관적인 진단(다른 가능한 진단에 대해서는 조금도 고려하지 않은 채 제시했던)에 기반하고 있다는 점이다. (당시 영국은—옮긴이) 모험적 사업에 활발하게 뛰어들 수 있는 기회가 넘쳐나던 옛시절의 저축 습관이 그대로 남아 있는 반면, 경제는 활력이 줄어들면서 동맥경화에 걸린 상태였다. 이러한 비전은 『평화의 경제적 귀결』의 첫부분에 뚜렷

이 공식화되어 있다. 그리고 이후 연구, 특히 『화폐개혁론』과 케인스의 가장 야심적인 학문적 모험인 『화폐론』에서 점점 더 명료하게 나타나고 있다. 『화폐론』은 통상적인 의미에서 잘못된 점이 없었을지라도, 경청할 만한, 그렇지만 타격이 큰 비판에 직면하게 되었으며 무엇보다 케인스의 비전을 정확하게 드러내지 못했다. 그래서 그는 감탄할 정도로 단호하게 방해가 되는 장치를 버리기로 결정하고, 자신의 근본적인 생각을 표현할 뿐, 다른 어느 것도 표현하지 않는 분석체계의 틀을 짜는 일에 매진했다. 1936년의 세계에 모습을 드러낸 그 결과는 그를 완전히 만족시켜주었다. 너무 만족한 나머지 그는 자신이 150년 동안의 오류로부터 경제학을 구출하여 분명한 진실의 땅으로 인도했다고 생각했다. 이는 시험해볼 수 없는 주장이었지만, 일부사람들에게는 쉽게 받아들여졌던 것만큼, 다른 사람들의 시각에서는 그의 연구가 불신되었다.

둘째, 케인스가 빚지고 있는 사람들——이들은 모든 경우에 서로 무관하긴 했지만——을 기록해야 하는데, 로빈슨 여사, 호트리, 해러드 그리고 특히 공동저작을 남기지 않았다고 해서 역사적인 업적이 과소평가될 수 없는 칸(R.F. Kahn)이 바로 그들이다. 이번 기회에 나는 칸이 케인스의 『일반이론』에 미친 영향과 불완전 경쟁이론에 기여한 바를 덧붙이면서 그를 망각에서 구해내고 싶다. 마셜은 단기과정 이론에 대해 풍부한 재료를 제공하면서도 항상 장기정상의 속성을 주로 강조했는데, 이 말은 미래 어느 시점에서 실제로 나타날지도 모르는 그 어떤 상태라기보다 경제적 과정의 순수논리를 의미했지만, 아마도 이를 충분히 명확하게 하지는 않았던 것 같다. 실제 나타나는 것과 관찰될 수 있는 것은 연속되는 단기사건들과 이에 대한 단기반응들의 결과라는 점을 인식할 필요가 있다. 이것은 더 이상의 교란이 발생하지 않는 상태에서 모든 것이 완전히 작동될 수 있는 시간이 주어진다면 나타나게 될 완전균형과 일반적으로 거의 유사성을 갖지 않을 것이라는 점도 인식할 필요가 있다. 분명히 경제분석의 개선에 매우 중요한 이 관점을 칸은 일관되게 고수했다. 그것도 내가 믿기에 다른 어느 누구보다도 일관되고 의식적

으로 그렇게 했다. 비록 내가 이 주장을 실증할 만한 그의 저작물에 대한 정보를 제공할 수는 없지만 말이다.(이런 과학적 기여가 우리 시대의 단기철학과 맺을 수 있는 관계에 대해서는 이 책의 4부 7장 참조)

셋째, 사실이 그러하듯이 케인스는, 칭찬이든 비판이든 간에, 현대 침체론(modern stagnationism)의 아버지로 기록되어야 한다. 사실상 침체론 자체는 경제사상만큼이나 낡은 것이다. 경제적 불행(*malaise*)이 지속되는 동안, 경제학자들은 다른 사람들처럼 동시대의 분위기에 빠져 불황이 계속될 것임을 보여주려는 이론을 내놓는다. 우리는 이미 그 예를 알고 있다. 하지만 우리의 시대와 과학적 문헌을 고려한다면, 이러한 태도는 이미 보았듯이 케인스의 『평화의 경제적 귀결』로 거슬러 올라갈 수 있다. 이것은 미국에서 1929년부터 1932년 간의 공황이 되기 전까지 거의 받아들여지지 않았는데, 이는 매우 자연스러운 현상이었다. 하지만 공황 이후에는 이것이 지나칠 정도로 받아들여졌다. 거의 학파라고 불릴 수 있으며 거의 모든 여론주도층——고통받는 사업계의 여론까지 포함해서——으로부터 반향을 일으킨 집단이 한센의 뛰어난 지도 아래 과학적 중요성을 높이기 시작했다. 한센은 부분적으로는 케인스와 다른 기반에서 경제의 성숙과 침체에 관한 교리를 확장시켰다. 우리는 이에 대해 비판적인 분석을 시도할 수 없다. 다만 우리는 그것이 분명히 모순되는 상황에 직면할 것으로 기대되는 것보다 좀더 굳건하게 서 있을 수 있다는 점을 주목하는 일로 관심을 제한할 것인데, 이는 다음과 같은 세 가지 이유 때문이다. (1) 모습을 드러낸 새로운 경제적 기회는 부분적으로 정의를 동반했던 제2차 세계대전의 결과로 설명될 수 있으며, 그래서 근본적인 흐름에 대한 질문과는 무관한 막간극으로 해석될 수 있기 때문이다. (2) 모든 번영기는, 아무리 연장된다 하더라도, 결국 후퇴하는 모습을 띠게 될 것인데, 이것이 언제나 하나의 흐름으로 해석될 수 있기 때문이다. (3) 케인스의 논리에서든 한센의 논리에서든 '침체론자'가 아닌 연구자 중 일부는 독자적인 추론을 통해 이들과 동일한 결과에 도달할 수 있기 때문이다.[3] 적어도 우리가 침체론자 개개인의 주장

을 비판하는 것으로 주제를 제한했던 모든 반침체론적 저자를 무시한다면, 때때로 우리가 침체론자나 반침체론자에 대해 말하기보다 침체론자의 논쟁에서 나타나는 두 개의 서로 다른 흐름을 말하는 것과 같다.

네 번째, 마지막으로 1930년대의 다른 연구들이 독자적인 방식으로 중요한 요점들에서 케인스와 비슷한 견해를 보이고자 시도했다는 중요한 사실, 어느 정도는 케인스의 『일반이론』이 당시에 널리 받아들여지던 생각에 대한 응답이었다는 점에서 중요한 사실에 주목해보자. 예컨대 어떤 열렬한 케인스주의자가 '케인스로 향하는 스웨덴의 디딤돌'에 대해 말하고 있는데, 우리가 만약 이 문구가 내포한 가치판단을 무시한

---

3) 따라서 케인스와 한센의 주장에 수긍하지 않을 수 있다. 그럼에도 근대국가가 자본주의의 동력을 파괴하거나 마비시키기 때문에 자본주의적 진화가 소멸되는, 즉 정확히 '침체'(stagnation)라고 묘사될 수 있는 상태로 나아가는 경향이 있다고 예측하는 것은 가능하다. 오늘날의 과세는 이런 방식으로 작용하는 여러 요소 중 유일한 사례며, 현재 영국의 상태를 분석하면 이 모든 것이 확인될 수 있다. 더욱이 자본주의 역사의 불가피한 결과로 나타나는 이런 종류의 억제책은 케인스와 한센이 강조한 요소와 마찬가지로 작동(자본주의의 동력을 파괴하거나 마비시키는—옮긴이)할 것이다. 이윤을 추구하는 경제에서는, 수익성 있는 사업의 객관적 기회가 줄어들거나 이윤이 창출된 후 세금으로 사라져버리는 것은 분명히 같은 것이다. 말이 나온 김에 덧붙인다면, 어떤 점에서 정체상태의 도래에 관한 한 케인스-한센의 주장과 리카도-밀의 주장 사이에 강력한 친화성이 존재한다는 점에 주목하자. 초기저작에서 반복적으로 '인간노력에 대한 자연의 체감적 대응'(decreasing response of nature to human effort)—팔 수 없는 음식물과 원자재가 나타나기 이전에—과 인구압력에 대해 반복해서 언급했던 케인스의 경우에 이런 친화성은 특히 분명하게 나타난다. 이러한 요소는 한센의 주장에서 찾아볼 수 없을 뿐 아니라 오히려 그는 이와 반대로 주장했다. 그렇지만, 리카도와는 다른 방식으로 다루기는 했지만, 사람들의 저축성향에 대비하여 미래에는 투자기회가 줄어든다는 생각이 이 두 학자〔한센과 케인스〕 모두에게 있었다. 중요한 차이는 이들이 모두 경제가 정체상태에 안착하는 것이 어려울 것이라고 예측했지만 리카도는 그렇지 않았다는 것이다. 〔J.A.S.는 그의 책 『자본주의 · 사회주의 · 민주주의』(*Capitalism, Socialism, and Democracy*, 1942)에서 "근대국가가 자본주의의 동력을 파괴하거나 마비시키기 때문에 자본주의적 진화가 소멸되는 경향을 보인다"는 관점을 제시했다.〕

다면 선구적인 스웨덴의 경제학자들, 특히 린달, 뮈르달 그리고 올린이 빅셀의 특정 지침을 발전시켜 비슷한 구성에 따라 비슷한 재료를 만들었다는 데 동의할 것이다. 그런데 나는 내가 의미하고자 하는 바를 보여주게 될 두 연구를 간단하게 언급할 것이다.

룬트베리의 『경기팽창 이론 연구』는 케인스의 『일반이론』이 출판된 지 일 년 후에 나왔는데, 『일반이론』의 내용을 모두 담고 있으며, 『일반이론』이 '자극'을 제공했음을 명시적으로 인정하고 있다. 하지만 저자 자신이 이미 혼자 힘으로 어느 정도는 동일한 결론에 도달한 상태가 아닌 한, 외부적 영향만으로는 1년 이내에 그만한 범위와 깊이를 가진 저작을 만들어낼 수 없다. 덧붙여 말하자면 케인스보다 빅셀의 영향이 훨씬 더 분명하게 나타나는데, 룬트베리의 연구는 방법과 결론에서 모두 케인스와 충분히 다르며, 따라서 케인스로부터 근본적인 독립성을 유지했음이 틀림없다. 게다가 표현의 효과를 제외한다면, 그가 더 우월하다고 말할 수 있는데, 이는 특히(유일한 이유는 아니지만) 룬트베리는 케인스가 후계자들에게 남긴 연속성의 문제를 처음부터 건드리고 있기 때문이다. 이 책은 케인스 자신이 한 것보다 오늘날 케인스주의의 미시적 · 거시적 동학의 기원을 훨씬 더 잘 보여주고 있다는 점에서, 우리에게 흥미롭다. 그리고 우리 시대의 포스트케인스학파는 특히 관심을 더 가져야 하는데, 이는 그것이 '케인스적인' 가정들을 다른 관점과 다른 연관 속에서 볼 수 있게 하는 계몽적 경험을 제공하기 때문이다.

푈(Carl Föhl)의 『화폐창조와 경제순환』(*Geldschöpfung und Wirtschaftskreislauf*, 1937)은 케인스의 『일반이론』에 빚진 것이 전혀 없다. 왜냐하면 저자가 「서문」에 썼듯이, 수고를 1935년 12월에 끝냈으므로 그는 여기저기에 『일반이론』을 참고문헌으로 추가하는 것 말고는 더 이상 할 수 없었다. 더 놀라운 사실은 그와 케인스의 주장 사이에 수많은 유사성이 존재한다는 점이다. 비록 영국과 미국의 독자들이 처음에는 이에 대해 완전한 동의를 하지 않겠지만 말이다. 이는 두 가지 사실 때문이다. 푈 박사는 다른 개념장치를 사용했으며, 둘의 유사성에 대

한 동의를 어렵게 만드는 방법을 통해 자신의 결론에 도달했다. 그리고 다른 환경에서 집필했기 때문에, 미국의 학자들에게는 더 이상 관심이 없는 문제들에 많은 지면을 할애했다. 바로 이런 사실 때문에 이 책을 연구하는 것은 미국경제학자들에게 큰 도움이 될 것이다. 또 명백히 비케인스적인 접근이라는 바로 그 이유 때문에, 이것은 (객관적인) 교리적 관계를 드러내고, 케인스주의의 몇 가지 문제, 특히 불완전고용 균형 문제에 어느 정도는 새로운 빛을 던진다. 이 책은 독일에 약간의 영향을 주었으며, 그래서 나는 이 책을 덴마크에서 상당한 영향력이 있는 덴마크인 동료경제학자에게서 소개받았다.

[2절 『일반이론』의 분석장치]

첫째, 『일반이론』의 분석장치는 본질적으로 정학이다. 우리는 우선 이 책이 분석의 역사에서 차지하는 위치가 그것이 거시동학에 던진 충격과 결부되어 있다는, 명백한 역설에 대해 설명하고자 한다. 나는 책의 대부분——어떤 사람은 가장 값진 부분이라고 하겠지만——이 동학적 고찰에 할애되어 있다는 사실을 부인할 의사가 없다. 그러나 이것은 원리상 모든 과정과 기간을 무시할 정도로 강력하게 정학적인 뼈대[4]에 추가된 것일 뿐이다.[5] 둘째, 이 정학이론은 장기정태의 정학일 뿐만 아니라 단기균형 이론이다. 셋째, 이러한 맥락에서 가장 중요한 점은 오직 신규투자의 지출효과만이 투자과정의 모든 측면에 포함되어 있다는 점이다. 케인스 자신이 정확히 강조했듯이, 실물자본(설비)은 종류나 수

---

4) 이러한 뼈대는 여러 번 정확히 공식화되었다. 여기서는 랑게의 「이자율과 최적 소비성향」("The Rate of Interest and the Optimum Propensity to Consume", *Economica*, February 1938)과 클라인(L.R. Klein)의 『케인스 혁명』(*The Keynesian Revolution*, 1947)을 언급하는 것으로 충분할 것이다.

5) 이것의 두드러진 사례는 칸-케인스 승수다. 〔J.A.S.는 이 장의 나머지 부분에서 이것을 다룰 계획이었지만, 끝내지 못했다.〕

량 모두 분석기간 내내 불변인 것으로 가정되어야 한다. 이 가정은 이론을 현존하는 산업 장비의 활용도를 결정하는 요소들에 대한 분석으로 제한한다. 이런 장비의 끊임없는 재생산과 여기에 수반되는 끊임없는 혁신에서 자본주의의 본질을 찾는 사람이라면, 이러한 자본주의적 과정의 본질을 사상시켜버린 케인스의 이론을 계속 지지할 경우 그에 대한 변명거리를 제시해야 한다.[6] 넷째, 집계적이기는 하지만, 케인스적인 분석은 틀림없이 단순성 때문에 모든 상품시장과 요소시장의 '자유'경쟁——실제로 '순수' 완전경쟁은 아닐지라도——을 전제한다. 다섯째, 모든 사람은 특정한 종류의 '실질'가치, 즉 고용자와 피고용자의 협상에 의해 결정되는 임금단위로 표현된 가격이나 노동단위당 평균 임금으로 나뉜 가격에 반응한다고 가정된다. 이것은 임금률이 서로 다른 두 시점에서 같지 않으면 두 시점의 결과를 비교하는 것이 불가능해지는, 거의 최악의 단순화 방식이다. 그러나 이 공준에 중요한 예외가 있는데, 사람들은 다음과 같은 의미에서 실질가치 개념으로 계산한다는 점이 그것이다. 즉 근로자는 저축과 투자를 할 때만 실질가치 개념으로 계산을 하고, 자신들의 노동에 대한 협상을 벌일 때는 그렇지 않으며, 임금계약을 협상할 때는 오로지 화폐임금률만을 고려한다.[7]

---

6) 이것이 케인스주의자와 마르크스주의자 사이의 몇 가지 접점을 찾는 것을 막지는 못한다. 그렇지만 근본적으로 그들은 대척점에 서 있다.

7) 이것은 (1) 이 공준 자체의 현실성에 대한 문제, (2) 사용한 원칙이나 다른 모든 취급에 대해 이러한 예외를 보증하는 근거의 문제, (3) 이러한 공준이 케인스의 임금이론에 미치는 영향에 대한 문제라는 세 가지 문제를 야기한다. 지면의 제약으로 이런 질문에 대해 위와 같은 공준 때문에 이와 상반되는 공준에 근거한 노동공급 함수에 대한 일반적인 이론을 케인스가 거부할 수 있었다는 점을 지적하는 것 이상으로 대답하기는 힘들다. 이 점의 중요성을 좀더 과장하면서, 케인스는 "고전파 체계로부터의 탈출점"(앞의 책, 17쪽)이라고 말했다. 그의 주장을 정확히 살펴본다면, 이 공준에 힘입어 그는 자신의 체계에서 핵심적인 명제, 즉 임금계약은 원칙적으로 실질임금을 결정하지 않는다는 것을 방어할 수 있었다. 그의 추종자들은 점차 그리고 암묵적으로 유지할 수 없는 이 명제로부터 발을 빼기 시작했다. 이 명제는 케인스 자신이 생각했던 것보다 그의 주장에서 덜 중요했다. 그렇지만 이 명제에는 지지될 만한 점도 있음을 인정해야 한다.

이 다섯 가지 사항으로 구성된 틀 내에서, 케인스적인 분석——경상 국민소득 분석——은 다섯 개의 내생변수, 즉 결정짓는 변수들로 작동된다. 국민소득, 고용, 소비, 투자, 이자율이 그것이다. 여기에 '당국'의 행동으로 체계에 주어지는 한 가지 외생변수, 즉 화폐량이 존재한다.[8] 아마도 아주 짧은 기간에는 가능할 법한, 고용은 국민소득에 의해서만 결정된다는 가정의 힘 때문에, 고용은 변수에서 빠져도 될 것이다. 후자의 경상가치는 정의에 의해 현재소비 더하기 현재투자와 동일하다. 이 세 개의 변수 모두 임금단위로 표현될 수 있다.[9] 그리고 다른 모든 '변수'가 주어졌을 때, 국민소득의 경상가치는 케인스가 '심리법칙'[10]이라

임금률의 상승이나 하락이 경제의 핵심적인 부분에서 (아니면 국지적으로라도) 충분하게 임금소득을 상승시키거나 하락시킨다면, 이는 가격에 영향을 줄 수 있으며, 이런 영향은 부분적으로나 전체적으로 화폐임금률의 변화가 갖고 있는 효과를 상쇄시킨다. 이 연쇄는 당연히 강조될 만하다.

8) 우리의 주장은 『일반이론』에 정통한 것으로 보이는 독자들의 사고에 몇 가지 본질적인 점을 일깨워주는 것 이상을 목표로 하지 않는다. 그런데 이 주장이 갖고 있는 많은 부적당한 점 중 하나는 우리가 지불수단의 양은 외생적으로 주어져 있다는, 즉 이 양이 정부와 중앙은행에 의해 자유롭게 늘어날 수 있다는 많은 케인스주의자의 가정을 따라야 한다는 것이다. 모든 반대에도 불구하고, 우리는 이 가정 때문에 이미 본 것처럼 외생적으로 주어진 화폐량이 두드러진 특징인 조야한 수량이론에 위험스럽게도 근접하게 된다. 이것은 스미시스가 지적했듯이, 우리가 화폐량을 유통화폐량(legal tender outside of banks)과 법과 '정부'가 허가하는 수준에서 은행이 창출할 수 있는 최대예금의 합으로 정의하지 않는 한, 심지어 현대 영국의 경우에서도 받아들여질 수 없을 정도로 비현실적이다.

9) 저축을 소득과 소비의 차이로 정의했기 때문에, 이 항등식은 이와 유사한 현재저축과 현재투자(율)의 항등식을 낳는다. 하지만 케인스가 밝혔듯이, 후자의 항등식이 유효하려면 역으로 현재투자가 새로운 자본설비의 생산율과 같아져서는 안 된다. 이에 대해서는 P.A. Samuelson, "The Rate of Interest under Ideal Conditions", *Quarterly Journal of Economics*, February 1939, pp. 292~295 참조.

10) 물론 이 세 함수는, 심지어 일시적으로 고센의 충족가능한 욕구의 법칙(law of satiable wants)이라고 부르는 것이 허용될 수 있는 순간에도 위와 같은 타이틀을 붙일 만하지 않다.

는, 그럴싸한 이름을 붙인 세 개의 함수나 스케줄에 의해 결정된다고 말할 수 있는데, 소비함수, 투자함수, 유동성 선호함수가 그것이다. 이 세 개의 커다란 단순요소는 경제과정에 대한 케인스의 비전을 구현하고 있는데, 특히 과소고용 균형의 존재를 입증하려는 그의 시도와, 어쩌면 용납할 수 없는 강조이겠지만, 투자(나 다르게 표현해서 이자율)가 국가를 가난하게 만드는 악역을 맡고 있다는 그의 믿음을 잘 보여준다.[11)]

마셜적인 수요함수가 쿠르노에게서 (객관적으로는 베리에게서도) 이어받은 것이라는 점과 비슷한 의미에서, 케인스의 소비함수는 맬서스와 빅셀[12)]에게서 계승되었지만, 케인스는 거기에 정밀도를 더했다. 모두들

---

11) 경제적 사실과 케인스의 분석이 이 믿음을 지지하지 않는다는 것과 믿음에 담겨 있는 요소의 진리는 밀, 로셔, 마셜이 이미 인식하고 있는 것에 지나지 않는다(이에 대한 케인스와 심지어 홉슨의 마지못한 인정은 앞의 책, 19쪽 각주 참조)는 견해를 가진 사람들은 자연스럽게 비분석적인 설명을 찾을 것이다. 우선 이들은 영국의 상황에서 그런 설명을 찾을 수 있는데, 영국은 정치적 명분으로 '금리생활자'에게서 수탈함으로써, 그런 방법 말고는 해결될 수 없는 많은 문제를 해결했다. 둘째, 케인스 같은 종류의 인물들은 공평무사한(unattached) 지식인으로서 부르주아의 도덕을 혐오했지만, 폭력적인 수단을 선호하기에는 너무 교양이 높았는데, 그래서 그는 아주 자연스럽게 채권자의 이해를 안락사시키는 것을 선호했다.

12) 그렇지만 마셜과 케인스 사이에는 바로 이러한 차이가 있다. 경제학사 연구자가 마셜이 엄밀성이 떨어지는 밀의 표현에서 자신의 수요곡선을 찾고, 여기에 엄밀함과 '날카로움'을 덧붙였다고 말할 수 있다면, 마셜과 케인스는 정확히 비슷하다. 그러나 마셜은 쿠르노에게서 엄밀함과 날카로움을 찾은 것이 분명하다. 케인스가 맬서스에게서 영감을 받았다면(이때만 해도 그는 빅셀을 알지 못했다), 그는 여전히 밀의 제자로서 마셜적인 수요곡선에 대해 남겨진 일을 처리했어야 했을 것이다. 그렇지만 케인스와 맬서스의 (객관적인) 친화성은 케인스가 자신의 총공급과 총수요함수의 개념 그리고 유효수요의 개념을 밝힌 『일반이론』 첫머리(25쪽)에 아주 분명하게 드러난다. 케인스의 경고에 어떤 무게를 싣더라도, 우리는 필연적으로 한 번(또는 여러 번)이나 교차될 수 있지만 어떤 경우에도 항등식은 아닌 이 함수를 개별상품에 대한 수요와 공급의 진정한 개념을 일반화시킨 것으로 간주하게 될 것이다. 케인스는 한계를 알고 나서 이후에는 이 개념을 잘 사용하지 않았다. 하지만 이는 맬서스적인 개념이다. 그리고 이것이 유효하다면, 완전고용을 특성으로 하지 않는 균형의 가능성을 스스로 세우는 데 충분할 것이다. 반복하지만, 케인스 자신이 고전파 이

알고 있다시피 이것은 현재 총국민소비(임금단위로 측정된 '소비'에 대한 총지출)를 현재 국민소득(임금단위) 함수의 형태로 보여주고, 후자의 증가는 이보다 낮은 비율로서 항상 전자의 증가를 수반한다는 임의의 공준을 표현한다.[13] 투자함수는 몇 마디로 정리하기가 다소 쉽지 않은데, 그 이유는 명시적으로 드러나지는 않았지만 케인스가 11장과 12장에서 고려한 매우 중요한 동학적 문제들 때문이다. 총투자율을 "투자율이 결정하는 일반적인 (실물)자본"(앞의 책, 136쪽)의 한계효율성에 연결시킨다. 자본의 한계효율성은 (적절히 선택된) 자본재 한 단위 증가의 기대수익과 이 단위를 생산하는 데 드는 비용의 관계로 정의된다.[14] 케인스가 지적했듯이, 이것은 피셔의 '비용에 대한 한계보수율'과 같

론(그가 정의한 의미에서)이라고 생각하는 것에 반대한다는 것을 공표했다는 주장은 완전고용 균형이론에 대한 정확한 진술에 대해 완전히 부적절하다. 또 되풀이하는 말이지만, 고전파 이론에서는 마찰적 실업을 제외하고 실업이 없었다는 그의 고발은 마찰이라는 말을 너무 넓게 정의해서 이 고발의 모든 의미를 제거할 정도일 때만 타당하다.

13) 소비성향에 대한 '심리법칙'은 물론 개인에게도 해당된다. 하지만 문제의 공준은 사회적 집계다. 나는 이를 단지 여러 가지 가능성 중 단 하나를 형식화한다는 사실을 강조하기 위해 임의적으로 씌어진 것으로 간주한다. 우리는 소비함수를 $C=f(Y)$라고 쓸 수 있다. 그리고 한계소비 성향은 dC/dY로, 항상 1보다 작다. 하지만 명심해야 할 것이 있다. 소비함수 대신 우리는 저축함수 $S=\varphi(Y)$를 쓸 수 있다. 많은 케인스주의자가 일반적으로 두 개의 함수에 모두 두 번째 변수, 즉 이자율 i를 집어넣는데, i의 영향력이 무시할 정도라는 가정으로 인해 이런 양보의 중요성은 축소된다.

14) 투자함수는 보통 $I=F(Y, i)$로 쓰는데, 이는 함수 F의 형태로 자본의 한계효율성을 표현한다. 따라서 주어진 이자율에서의 한계소비성향은 $\delta F/\delta Y$다. 그러나 투자가 '자율적'인 경우, 즉 정부와 같이 외부적 요소로부터 체계에 부과되거나 현재의 상황에 대해 전혀 고려하지 않고 투자가 들어오는 경우를 강조하기 위해, 이자율 i를 제거하기도 한다. 이와 반대로 우리는 투자가 완전히 소비자의 구매로부터 '야기'된다고 생각할 수 있는데, 랑게가 이미 한 것처럼(앞의 각주 4) 참조) 투자함수를 $I=\varphi(C, i)$로 쓸 수 있다. 이 표현들과 다른 표현들은 이런저런 가능성을 강조하기 위한 것이지만, 이들 중 어느 하나도 혼자서 케인스의 생각을 완전히 표현하지 못하고 있다. 케인스는 현명하게도 스스로 이런 표현들을 삼갔다.

다.[15] 그렇지만 여기에는 다음과 같은 차이가 있다. 피셔의 비용에 대한 한계보수율——이것은 일련의 기대수익에 대한 할인과정을 의미한다——은 이자현상에 대한 기본사실을 구성하는 반면 케인스는 이 점에서 내가 바본의 전통이라고 이름 붙인 것에서 이탈했으며 적어도 의도상으로는 화폐적 이자이론을 구축했다. 이 이론에 따르면, 이자는 어떤 식으로든 자본재의 순보수와 관련된 것의 표현이거나 그 파생물이 아니다.[16]

15) *Theory of Interest*(1930), p.168. 그렇지만 나는 케인스—그는 경제학 문헌, 특히 동시대와 비영어권의 문헌에 대한 지식이 뛰어나지 못했다—가 완전히 독자적으로 자신의 개념에 도달했으며, 그가 인식한 바를 피셔의 공식에 주의를 기울이다 생긴 문제에 삽입시켰다는 사실을 입증할 수 있다. 그가 정보를 받았을 때 케인스는 너무 많은 것을 인지하고 있었을 것이다. 적어도 이것이 러너의 견해다. 반면 두 개념 모두 마셜과 특히 빅셀—그리고 이는 다시금 뵘-바베르크로 돌아간다—이 발전시킨 자본의 한계생산성 개념에 대한 개선 그 이상은 아니라고 주장할 수도 있다. 자본의 한계효율을 사용하는 연구자들이 존재한다 하더라도 이들은 이것에 대한 '전망'과 대체 비용의 관계를 무시했을 것이다.

16) 이론적 분석의 관점에서만 본다면, 이것은 아마도 『일반이론』의 가장 중요한 독창적인 기여일 것이므로, 몇 가지 평가가 요구된다. 첫째, 케인스의 화폐적 이자이론은 화폐적 이자이론으로서 주관적으로 독창적이지만, 객관적으로는 그렇지 않다. 스콜라학자들로부터 이들의 프로테스탄트 계승자를 거쳐 케인스에 앞서 케인스적인 사고를 한 이전의 현대학자들에 이르기까지, 이자라는 현상에 대한 설명은 화폐와의 연결을 제시했으며 이에 대한 연구자들은 모두 케인스가 선언한 비화폐적 자본의 발생과 이자의 분리에 동의할 것이다. 이것을 고려하는 한, 케인스의 연구가 갖는 객관적인 중요성은 그의 가르침이 성공했다는 점이다. 실제 그는 1920년대나 그 이전부터 화폐적 이자이론에 대해 심각하게 고려해본 적이 없는 많은 수의 동료 경제학자를 전향시켰다. 둘째, 빅셀이 화폐이론을 채택하지 않음으로써 그의 스웨덴 추종자들로 하여금 화폐적 이자이론으로 나아가는 위대한 발걸음을 내딛도록 유도했다는 사실을 다시 한 번 기억할 필요가 있다. 영어권 독자들이 찾아보기 가장 쉬운 빅셀적인 전통의 진전에 대한 글은 린달의 저작(*Studies in the Theory of Money and Capital*, 1939)과 올린의 논문 두 편("Some Notes on the Stockholm Theory of Savings and Investment", *Economic Journal*, March and June 1937)이 있다. 올린의 논문은 케인스, 올린, 로버트슨 그리고 호트리 사이에 논쟁을 불러일으켰다. 이후 이에 관한 다른 경제학자들의 논문이 많이 나왔다. 셋째, 하지만 여기서 우리는 케인스가 자신의 화폐이론에 남긴 특정한 형

이것은 우리를 케인스의 세 번째 기본함수나 스케줄인 유동성 선호함수로 안내한다. 『일반이론』의 13장에서 케인스는 이자율을 '심리적 저축성향(시간선호)과 자본의 한계효율 스케줄의 상호관계에 의존하도록' 만드는 이론을 받아들이는 것처럼 보인다. 왜냐하면 그가 유일하게 반대한 것은, 이자율이란 그가 무엇을 저축하든 간에 저축하는 사람이 원하는 형태에도 의존하기 때문에, 그것을 단지 이 두 가지 요소로부터만 연역하는 것은 불가능하다는 점이다. 그가 "미래소비에 대한 일종의 통제형태로 얼마나 남길"(166쪽, 이 구절의 고전파적인 고리에 주목하라) 것인지 결정했더라도, 그는 여전히 자신의 유동성 선호에 따라 특정한 기간이나 불특정기간 동안 직접적인 통제권(immediate command)을 내어줄 것인지, 어느 정도까지 그렇게 할 것인지 결정해야 한다.[17] 외관상 이것은 분명히 수정에 지나지 않는다. 그렇지만 이후에 케인스 자신은 『일반이론』에서조차 그리고 그의 후계자 중 일부, 특히 러너[18]는 여기서 더 나아가, 이자는 단지 자신이 현재 이상적으로 생각하는 유동자산(자기 이자율)을 떨쳐버리기 힘들어 하는 것을 극복한 데 대한 보상이고 화폐량은 그 결정을 완전히 직접적으로 통제할 수 있는 요소

태는 주관적으로나 객관적으로나 독창적이라는 점을 덧붙이는 데 만족해야 한다. 화폐적 이자이론을 완전히 받아들이고 있는 영미문헌들이 장악하고 있는 영역에 가장 근접하고 있을 스웨덴적인 이론이나 힉스가 지지하는 이론(*Value and Capital*, ch.12)과 케인스의 이론은 다소 차이가 있다. 하지만 다른 형태들과는 훨씬 큰 차이를 보인다. 차이가 너무 커서 이 이론들로부터 케인스주의적인 형태를 찾으려고 노력하는 것은 단지 기분문제일 뿐이다.

17) 정확하게 형식화한다면, 유동성 선호는 $\overline{M} = L(Y, i)$의 방정식 형태로 보통 도입된다. 이는 부분적으로 거래량(Y로 대표되는)에 의해 결정되고, 부분적으로 다양한 이자율(i로 대표되는)에 대한 미래행위('투기적 수요')에 대한 사람들의 기대에 의해 결정되는 화폐에 대한 수요와 이용가능한 화폐량(각주 8 참조)을 비교한다.

18) 러너의 주장에 대해서는 Franco Modigliani, "Liquidity Preference and the Theory of Interest and Money", *Econometrica*, January 1944 참조. 나는 이 자리를 빌려 모든 범위에 걸친 문제들에 대한 전반적인 비평이 잘된 글로서 이 논문을 추천하고 싶다.

라고 주장하기도 한다.[19] 현재의 저축과 현재의 투자는 동일한 것이지만 아무것도 결정할 수 없다. 계획된(사전적인) 저축과 계획된(사전적인) 투자는 소득(총순생산)을 결정하지, 이자를 결정하지는 않는다. 그리고 수많은 역설이 등장하는데, 이에 대해서는 심각한 불황의 야릇한 상황에서 몇 가지 증거가 발견될 수 있다.[20]

[3절 케인스 메시지의 영향]

이 세 가지 기본함수나 스케줄을 이용하여 도출된, 세 개의 균형 조건(방정식)과 하나의 항등식 체계는 외생적으로 주어진 자료인 화폐량과 적절한 가정 아래, 이자, 투자와 저축, 소비를 유일하게 결정할 것이며 케인스의 임금률 같은 다른 변수를 포함할 수 있도록 확장될 수 있다.[21]

---

19) 다른 여러 가지 중에서 이자는 반드시 현금과 다른 자산을 보유하고 있는 것의 이익과 같아야만 한다는 점을 인식하라. 이는 케인스가 리카도 같은 방식으로 추론했음을 보여주는 또 다른 예다. 이자율은 반드시 저축하는 사람들의 한계 '절욕'(abstinence)을 보상해주어야 한다는 사실—만약 그렇지 않는다면, 이자율은 이자율이 아닌 것이 되어버린다—은 이자율의 절욕설을 확립하는 데 불충분하다. 더 나아가 다른 모든 명제와 마찬가지로 두 명제 모두(자신이 판단한 이자율과 절욕설) 충분한 수의 가설이 '주어지면', 이 표가 이 주장의 가정을 이해하고 있지 못하고 있는 반대자들에게 가장 쉬운 형태로 전환하게 된다는 장점과 함께, 형식적으로 사실일 수 있다. 이 관계에 대해서는 W. Fellner and H.M. Somers, "Alternative Monetary Approaches to Interest Theory", *Review of Economic Statistics*, February 1941 참조.

20) 한 가지 예를 들어보자. 케인스주의—문자 그대로 받아들였을 때—의 이론에는 투자유인, 투자성향, 이 소비성향의 증가가 고용만 증가시킬 뿐, 이자율을 올리는 경향은 존재하지 않는다. 모든 정상적인 경우에는 이와 반대의 경우가 분명히 나타나는데, 이에 대해서는 새뮤얼슨이 케인스주의의 교리에 대한 반대로서가 아니라 이 교리의 일부분으로서 언급한 바 있다. 이에 대해서는 *Foundations*. p.279 참조. 아울러 이를 힉스의 논문("Mr. Keynes and the 'Classics'; A Suggested Interpretation", *Econometrica*, April 1937, pp.152~153)과 비교해보라.

21) 항등식은 $Y \equiv C + I$이거나 $S \equiv I$이다. 우리는 첫째 항등식에 방정식 $C=f(Y,$

그러나 매혹적인 것은 케인스의 메시지를 엄밀하지만 기형적으로 묘사한 것이 아니라 화려한 메시지 전체다. 특히 투자와 이자 그리고 불완전고용과 관련해서, 이 메시지는 자본주의 과정에 대한 기발한 관점을 우리가 이미 본 것처럼 대중과 '경계선상의 저자들'만이 아니라, 전문적 분석의 영역에서 최고의 지성을 지닌 사람들 다수에게도 드러낸 듯 보인다. 그 기발한 관점은 어떤 사람에게는 매력적인 것만큼이나 다른 사람에게는 혐오스럽게 보였다.[22] 이것은 원리적으로 리카도가 1817년에

---

i)와 $I=\varphi(C, i)$를, 둘째 항등식에는 방정식 $S=\varphi(Y, i)$와 $I=F(Y, i)$를 대입할 수 있다. 좀더 심도 깊은 논의는 모딜리아니(앞의 책, 46쪽)를 참조하라. 하지만 체계, 특히 모든 확장된 체계는 일반인들이 생각하는 것처럼 간단한 문제가 아니다. 이것은 바로 내가 이와 관련된 문제를 다룰 수 없을지라도, 바로 '적절한 가정 아래'라는 구절을 삽입함으로써 나의 양심을 지키려고 한 이유다. 비일관성을 보이고 단일균형, 심지어 다수균형을 규정할 수 없는 체계를 만드는 것은 어렵지 않다. 이는 살펴볼 만한 가치가 있는데, 왜냐하면 케인스를 둘러싼 논쟁에서 이런 불균형 체계가 중요한 역할을 하기 때문이다. 케인스학파에게 이것은 정부지출('재정정책')이 없을 때, 경제가 우연이라도 균형상태, 특히 완전고용 균형상태에 도달할 수 없음을 보여주는 수단이다.

이제 다른 중요한 점에 주목하자. 만약 우리가 현재가 아니라 계획된 소비와 투자를 말한다면, 이 체계의 안정성 조건은 한계소비 성향과 한계투자 성향의 합—한계지출 성향—이 1보다 작다는 것이다. 만약 이것이 1보다 크거나 같다면, 이 체계는 여전히 결정되겠지만, 이것으로 치환되었을 때 균형으로 수렴하기보다 '발산'(explode)할 것이다. 몇몇 저술가는 자신들이 지지하고 있기 때문에 자본주의적 현실에서 경제는 발산하지 않으므로, 소비성향이 실제로 1보다 작다는 것을 '증명'하는 데 안정성 조건을 이용할 수 있다고 주장하는 경향이 있다. 이 주장은 한마디로 말해 결코 받아들일 수 없는 논리적 근거에 기반하고 있다. 이론적 단기체계는 발산할 수 있지만 이에 조응하는 장기체계는 그렇지 못하다. 그리고 장기이론 체계는 발산할 수 있지만, 이에 조응하는 현실은 그렇지 못하다.

22) 학문적 견해의 분열이 모든 국가에서 동일한 어휘로 표현될 수는 없다. 어떤 나라에서 이는 수면 위의 잔물결에 지나지 않았다. 그러나 영국과 미국에서는 분열이 심각한 정도로 진행되었다. 여기서는 틀림없이 주목을 받을 만한 현상이 나타났다. 케인스주의는 무엇보다도 우선 젊은 이론가들에게 매력적이었다. 반면 나이 든 이론가들 대다수는 강도의 차이는 있을지 몰라도 반(反)케인스주의자들이었다. 이러한 사실의 한 측면은 너무도 명백해서 우리의 관심대

만들어낸 분위기와 비슷하지만 사실적으로는, 엄청나게 증가한 전문적인 경제학자들이 만들어낸 열기에 힘입어 그 이상인, 열정으로 가득 찬 싸움에 이상적으로 적합한 분위기를 거의 즉각적으로 만들어냈다. 이 장에서 할 수 있는 것은 단지 세 가지 유형의 임무를 열거하는 것뿐인데, 이것이 바로 다소간 케인스학파에 속하는 문헌에서 1936년 이후 10년 동안 특징적으로 나타났던 조류를 설명해주는 요인이다.

물론 첫 번째 임무는 거의 대부분의 경제학자가 누구도 무시할 수 없는 메시지와 관계를 맺고 있는지 알고 싶어하고 말하고 싶어하는 욕구에서 비롯된 것이다. 상당한 분량의 전문적 연구가 통상적으로 진행되었지만, 그 메시지에서 영향을 받은 것은 거의 없었다. 하지만 화폐, 은행업, 경기순환 분야의 모든 이론가와 일반적인 경제학자 그리고 (위의—옮긴이) 욕구는 오직 지난한 분석, 비판, 발전을 통해서만 충족될 수 있었다. 우리가 이런 종류의 문헌을 만족스러울 정도로 검토할 수는 없으므로,[23] 두 가지 사실에만 주목해보자. 그 하나는 이러한 반응을 만들어내는 것 자체가 하나의 성과며, 이를 솔직하게 인정하는 것은 케인스를 기리기 위해 마땅히 표현해야 할 찬사 중에서 최고의 것임과 동시에 최고로 인정받는 것이라는 점이다. 이것을 해낸 것은 분석적 성취가

상이 될 수 없지만, 그런데도 때로는 강조되기도 했다. 물론 모든 독창적인 교리가 마주치는 저항처럼 이 저항의 일부는 단지 동맥경화의 저항일 뿐이었다. 하지만 다른 저항도 있다. 노년이나 심지어 중년의 학자도 자신의 과거 연구의 피해자일 뿐 아니라 사고습관의 수혜자이기도 하다. 나는 여기서 수십 년의 노력으로만 성취될 수 있는 사물에 대한 심도 깊은 이해를 말하는 것이 아니다. 이것과 여기에 유래하는 '정책'에 대한 태도의 차이를 배제하더라도, 분석적 경험 같은 것이 존재한다. 훈련에 자주 결함이 나타나고 젊은 학자가 충분히 알지 못하는 상황이 매우 자주 나타나는 경제학 같은 영역에서 이러한 요소는 물리학처럼 훈련이 항상 충분—비록 아무것도 고무시키지 못할지라도—한 영역보다 훨씬 더 중요하게 평가된다.

23) 독자들은 해리스(S.E. Harris)가, 너무나 '편애'하기는 했지만, 편집하고 「서문」을 쓴 『신경제학』(*The New Economics*, 1947)에서 그 예를 찾아볼 수 있을 것이다.

아니었다. 실제적으로 제기된 문제가 주는 흡입력도 아니었다. 리카도의 경우에서처럼, 이것은 우리의 영역에서 혼자서는 아무것도 성취하지 못했을 법한 것을 성취한 시대의 핵심문제와의 상관성(실제로든 상상으로든)이 가미된 지적 성취였다. 이런 지적 성과의 오점과 케인스의 실천적 해답에 제기될 수 있는 반론은 화려한 성공을 가져오는 데, 그리고 정책권고안과 순수하게 논리적인 방법문제들 사이에 존재하는 영역 전체 ── 정책권고안과 순수하게 논리적인 방법문제까지는 ── 에 걸쳐 논쟁을 확장시키는 데 유효하다. 다른 하나는 이런 종류의 성공이 교육과 연계되어 가장 잘 전달될 때 나타나는 누적적인 특성이다. 과학적인 입장의 성공적인 연구라면, 모두 관련된 주제의 강좌에서 반드시 언급되어야만 한다. 그렇지만 교사는 학생들이 자신의 가르침과는 독립적으로 연구할 것이라거나 수업받기 전에 이미 자신의 가르침을 알고 있었다고 믿을 수 있다는 점을 발견하자마자, 이전 지식을 참조함으로써 그리고 거기에 기반을 둠으로써 발전할 수 있는 교육의 장점도 발견하게 될 것이다. 그리고 그는 자신의 주장이 무엇이든 간에, 그 장점에만 집중하는 경우보다 훨씬 더 집중적으로 그러한 연구에 몰입할 것이다. 은행업이나 보험업에서처럼, 성장은 유보량의 증가만으로도 더 큰 성장을 가져오며, 성공은 성공을 낳는다. (이와 마찬가지로—옮긴이) 문헌이 문헌을 낳는다.

『일반이론』이 던진 두 번째 임무는 수많은 개별적인 관점의 발전 ── 그것이 비판적인 것이든, 건설적인 것이든, 이론적인 것이든, 실증적인 것이든 ── 이다.[24] 여기에는 케인스의 과소고용 균형문제, '자기 이자

---

24) 이론의 내용에 미치는 효과를 고려하는 한, 비판이나 정교화 심지어 변명까지도 아주 비슷한 지점에 도달한다는 점을 명심해야 한다. 연구자의 연구는, 그의 의도와 상관없이, 점차 변화되며, 마침내 본래의 의미를 완전히 벗어나버린다. 하지만 유명한 연구와 그것이 궁극적으로 과학의 역사에서 차지할 지위에 관해서라면 그렇지 않다. 여기서는 연구자의 태도와 가치판단이 훨씬 더 중요하다. 이는 심지어 미래이론가들의 견해를 위해서도 그러하지만, 전문가와 독자층의 미래견해를 위해서는 더욱더 그러하다. 예를 들어 힉스, 랑게, 모

율' 이론 대 '대부자본' 이자율 이론문제, 화폐와 실질임금 문제 같은 수많은 문제가 존재하는데, 이것들은 모두 각자의 '특수한 연구'를 만들어낸다. 하지만 한 가지, 즉 소비함수에 기초해서 진행되었으며 지금도 그러한 연구라는 점은 반드시 충족되어야 한다. 명성이 있는 이론가 중 어느 누구도 소비지출(임금단위로 평가된)을 소득(임금단위로 평가된)에만 연결시키는 공준을 엄밀한 주장으로 받아들일 수 없었다. 지금도 이 함수가 지닌 케인스적인 특성(dC/dY, 앞의 주 13) 참조)을 보편타당한 것으로 받아들이기는 쉽지 않다. 이에 따라 우리 앞에는 근사값이 놓여 있다. 그러나 이 근사값은 얼마나 가까운 것일까, 그리고 특히 적절한 시점에서 함수를 이동시킬 수 있는 항을 추가하는 데 정확히 얼마나 필수불가결한 것일까? 그리고 함수가 선형이라고 판결을 내린다면 얼마나 심각한 잘못을 범하는 것일까? 아니면 우리는 원래의 마음을 접고 소득이 아닌 다른 독립변수들——예를 들면 개인들이 이미 갖고 있는 자산이나 적어도 유동자산——을 인정해야 하는가? 이 모든 문제는 함수의 자율성[25]이나 우리의 주장과 동일한 수준에서 받아들이기로 했던

딜리아니 그리고 새뮤얼슨의 저작에서 (그들이 보여주었던 것보다—옮긴이) 덜 우호적이다 못해 아주 치명적인 비판이 되었을 (그렇지만 모두 타당한) 주장의 목록을 수집하기는 쉬울 것이다. 하지만 그들은 치명상을 입히려는 의도가 없었다. 케인스의 경우 공적과 행운 때문에, 마셜이 리카도에게 취했던 태도와 비교하더라도, 부상을 입힐 능력을 갖고 있던 유능한 사람 중 일부의 비판의 칼날이 무뎌졌다.

25) 함수와 방정식의 자율성 개념은 프리슈에게서 나왔다. 주어진 자료틀 내에서 동시에 달성되는 것으로 보이는 관계(수학적이든 아니든)의 체계에서, 다음의 세 가지 경우에만 개별적으로 달성되는 관계가 있다. 다른 것들이 달성되었을 때, 주어진 자료틀이 변하지 않을 때 그리고 어떤 것들은 달성되지 않았지만 (그리고 아마도 다른 자료틀에서) 다른 것들은 개별적 유효성을 유지하고 있을 때다. 후자를 우리는 자율성이라고 부른다. 비록 우리가 이 말을 다른 의미('자율적 투자')로도 쓰기는 하지만 말이다. 이 특성은 절대적이지 않다. 관계는 다른 것들의 실패에 다소 영향을 받을 수 있다. 그러므로 우리는 자율성의 정도가 높은지 낮은지에 대해 말하는 것이 좋을 듯싶다. 이 주제에 대한 프리슈의 글(내가 알고 있는 한 출판되지는 않았지만)은 현대 이론의 순수논리에

다른 관계와의 일관성을 고려해서 처음부터 답변되어야 하는 이론적인 문제들이라는 점을 명심해야 한다. 하지만 이것들은 가장 중요한 사실적 측면을 또한 갖고 있다. 그리고 놀랍다기보다 축하할 만한 사항은 일부 계량경제학자들이 이것에 주목했으며, 지금도 그러하다는 점이다.

세 번째 임무는 케인스 자신이 제안한 방식이나 다른 방식으로 케인스 체계를 '동태화'시킬 필요성에서 나왔다. 이 필요성은 사람들이 케인스 체계를 진지하게 '연구하기' 시작하자마자 곧 분명해졌다. 왜냐하면 이미 알고 있듯이, (그의 체계에서는—옮긴이) 정태적인 안정성에 관한 단순한 질문이 곧장 동학적인 고려로 이어지기 때문이다. 그런데 여기에 덧붙여, 많은 케인스주의자는 자신들의 모델에 통상적인 '동학화 요소'(dynamizer), 특히 시차(lags)를 도입하고자 시도했다. 나는 이미 그 사례로 스미시스의 모델[26]과 이후 한센-새뮤얼슨 방정식을 언급한

가장 흥미로운 기여 중의 하나다. 〔편집자의 질문에 대한 답변에서 프리슈는 자신이 함수나 방정식의 자율성 개념을 몇 회에 걸친 노르웨이에서의 등사판 강의록(mimeographed lectures)에서 길게 설명했으며, 인쇄본으로는 「오슬로의 반복연구」("Repercussion Studies at Oslo", *American Economic Reveiw*, June 1948)의 각주에서 간략하게 언급한 바 있다고 알려주었다.〕

26) Arthur Smithies, "Process Analysis and Equilibrium Analysis", *Econometrica*, January 1942. 이미 지적한 것처럼 대부분의 케인스주의자(또는 케인스의 장치나 이와 유사한 장치를 사용하는 저술가들)는 계획된(또는 사전적인*ex ante*) 저축과 계획된 투자를 도입하여 항등식 대신 저축과 투자의 등식을 균형조건으로 바꾸었다. 이는 실제 저축과 투자가 이루어지는 방식이다. 케인스가 저축과 투자결정 사이의 큰 간격을 충분히 강하게 강조한 것은 분명했기 때문에, 이것은 케인스의 입장과 일치한다. 하지만 우리가 명시적으로 저축과 투자를 과거의 수량, 이를테면 어제의 소득과 일치시킬 때만 그렇다. 따라서 논리적 필연성에 의해서는 아니지만, 우리는 쉽게 케인스학파의 정학뿐 아니라 케인스학파의 구조 전체로부터 벗어나게 된다. 유휴저축(idle savings) 개념을 예로 생각해보라. 일반사람들은 종종 케인스가 경제 어딘가에 투자되지 않는다는 의미에서 놀고 있는(idle) 저축이 존재한다고 주장한 것으로 믿는다. 그렇지만 이런 생각은 케인스의 주장 내에서는 아무런 의미가 없다. 그렇지만 시차를 도입하면 이것은 곧 의미를 갖는다. 시차의 도입이 우리를 어디로 이끌 것인지에 대해서는 말하기 힘들다. 이것 때문에 우리가 케인스에서 멀어진다

바 있다. 따라서 케인스의 균형분석은 점차 케인스학파의 '과정 분석'에 길을 내주었다. 그리고 현재 케인스학파의 과정분석은 이전의 더 광범위한 거시동학과 합쳐지려는 추세다. 이러한 발전에 대해 우리는 이미 이전에 간략하게 살펴보았다. 여기서 마침내 우리는 경제학에 대한 케인스의 순수분석적 기여의 역사적 중요성을 규정하고 자리 매김할 수 있는 시점에 도달했다. 이것은 중요하면서 설명은 간략하기 때문에 이해하기 쉽지 않겠지만, 이후의 요약을 따라오려면 독자의 집중이 요구된다.

정확한 핵심을 고려하는 한, 케인스의 체계는 근본적으로 정태적이다. 이 정태이론은 그가 실제로는 마음속에만 담아두었던 목적, 특히 그의 과소고용 균형의 교리에는 충분했다. 그러나 부분적으로는 그가 이 핵심에 동학적인 고려를 더하려 했다는 점이 명백하다는 것, 또 부분적으로는 그의 연구가 거시동학에 대한 독특한 관심이 지배(그와 무관하게)하고 있는 순수이론 영역의 상태에 영향을 주었다는 것에 의해서, 거시동학이 그의 연구를 동화시키고 있다. 그러나 케인스의 연구가 학자들의 사고를 정복했다는 것 때문에, 이것은 간단하게 거시동학에 압도당하지 않았고 오히려 거시동학을 주조하고 추진하는 것을 도와주었다. 왜냐하면 케인스의 모델은 단순성이라는 장점을 갖고 있기 때문이다. 힉스가 분명히 옳게 말한 것처럼 "『일반이론』은…… 동태적인 경제학의 시작도 끝도 아니다."[27] 그러나 의도하지 않았고 아마도 그의 의지에 반하는 것이겠지만,[28] 케인스는 동태적인 경제학에 강한 자극을 주었다. 거시동학의 거의 모든 연구가 그의 모델을 동태적으로 만드는 것에서 시작한다. 분석의 역사에서 이것은 강조해야 할 부분이다.[29]

면, 로버트슨과 룬트베리에 가까워질 것이다.

27) "Mr. Keynes and the 'Classics'", *Econometrica*, April 1937, p.159.

28) 그는 제자들에게 "기간(periods)에 대해서는 모두 잊어버려라"라고 말한 적이 있다.

29) 흥미롭게도 메츨러(Lloyd A. Metzler)의 논문("The Nature and Stability of

경제사상의 역사에서는 시대구속적인 케인스의 정책적인 제안과 이미 영향력을 잃어버린 케인스 교리의 특정 부분이 훨씬 더 중요한 것일지도 모르겠다.

〔원고는 여기서 끝났다. 일부 속기가 포함된, 다음과 같은 짧은 주가 있었다. "다른 점을 더해야 한다…… 거시경제학은 새로운 개념장치를 필요로 할 것이다…… 새로운 일반적 대상…… 승수…… 가속도……"〕

Inventory Cycles", *Review of Economic Statistics*, August 1941)은 케인스의 소비함수를 사용하여 내가 전달하고자 했던 것을 예증한 재고순환의 거시동학적 모델이라는 흥미로운 사례다.

편집자 부록

이 부록은 책의 각 부분이 어떤 순서로 씌어졌으며 어느 정도 완성되었는지에 대해 관심이 있는 전문가들을 위한 것이다. 나는 이 문제에 대해 이미 편집자 「서문」과 책 전체에 존재하는 ([ ]로 표시된) 편집자 주를 통해 간략하게 언급한 바 있다. 보통의 학구적인 독자라면, 「서문」에서 자신이 알고 싶은 바를 모두 찾을 수 있을 것이다. 「서문」에서 언급했듯이, 이 책은 처음부터 속기가 아니라 공들여 씌어졌다. 어떤 장은 처음에 씌어진 것이 나중에 다시 씌어지기도 했다. 대부분의 장은 타자로 처리된 후 J.A.S.에 의해 연필로 수정되었다. 소수의 절은 타자본 작업이 거의 완성된 상태였는데, 타자본은 너무 빠르게 검토되었거나 전혀 검토되지 않은 것도 있었다. 그리고 마지막으로 여전히 수고상태로 남아 있던 원고도 있었다. 심지어 균형분석에 관한 장(4부 7장)은 각기 다른 내용의 수고가 있기도 했다.

독자들이 명심해야 할 사항은 원고와 그 수정본, 폐기된 수고의 많은 부분, 노트(일부는 모든 학생과 가까운 동료들이 친숙한 노란 종이에 씌어졌다) 그리고 J.A.S.의 수정과 교정이 담긴 첫 번째 타자본은 모두 하버드대학교의 호턴도서관에 보관될 예정이므로, 관심 있는 학자들은 여기서 참고자료를 찾으면 될 것이다. 나는 실제 씌어진 것과 비교해 최대한 완벽하고 정확한 책을 만들려 했지만, 몇몇 부분에서 다르게 해석할 수도 있음은 더 말할 여지가 없다. 따라서 나는 호턴도서관에 개정판을 위한 원고와 노트가 항시 준비되어 있다는 사실이 매우 만족스럽다.

나는 저자가 연구의 진척이 없었다면 이 책을 출판사에 보내지도 않았을 것이라는 점을 보여주고자 노심초사했는데, 이는 내가 이 책의 완성도를 과대평가하는 것일 수도 있다. 실제로 이 책은 실질적인 완성상태였다. 세 개의 핵심적인 부(2, 3, 4부)를 여기저기 다듬고, 몇 개의 절의 내용과 소수의 장 · 절 제목을 완성하기 위해 원고가 추가될 필요가 있었으며, 물론 참고문헌도 확인할 필요가 있었다. '중상주의' 문헌(2부)과 사회정책과 역사적 방법(4부)은 일찍 집필되었는데, (시간이 있었다면—옮긴이) 교정되었을 것이다. 시니어의 네 가지 공준(3부 6장)도 그러하다. 균형분석에 관한 장의 일부 절은 손볼 것이 약간 남아 있었다. 그러나 전체적으로 봐서 2, 3, 4부는 거의 완성된 상태였다. 나머지 서론격인 1부와 결론격인 5부의 경우 마지막 순간에도 집필 중이었으며 그래서 다소 덜 완성된 상태였다. 그렇지만 1부와 5부는 1914년에 출간된 『학설사와 방법론사의 시대』(*Epochen der Dogmen- und Methodengeschichte*: 이하 『시대』—옮긴이)에 기대 시대를 구분하는 주요계획안을 독특하게 보완하기는 하지만, 여기에 절대적으로 필요한 것은 아니었다. 1부는 마지막 장의 마지막 두 개의 절에서 썼듯이 방법의 문제에 대해 간략히 제시하려는 것이다. 5부는 이전의 핵심적인 세 부에서 다룬 과거의 연구결과들이 현재 경제학의 상황과 어떻게 연결되는지를 1부와 마찬가지로 간단하게 보여주려는 것이다. 5부의 계획안을 보여주는 원고사진(부록에 수록되어 있다)을 보면 아마도 결론의 3분의 2 정도가 씌어졌음이 틀림없다. 서론과 결론 전체의 상대적 중요성을 확인할 수 있는 다른 방법이 있는데, 그것은 바로 이 부분에 할당된 양의 상대적 크기를 비교하는 것이다. 마지막으로 출판사에 전해진 원고는 1919쪽의 타자본이었고, 이중 20퍼센트는 줄 사이에 여백이 없는 상태였다. 만약 이 책이 완성되었다면 아마도 2000쪽의 타자본이었을 것이며, 그중에서 서론은 많아야 100쪽을 조금 넘었거나 전체의 5퍼센트 정도를 차지했을 것이다. 그리고 결론 역시 많아야 100쪽 정도이거나 전체의 5퍼센트 정도였을 것이다. 따라서 이 두 부분은 고작해야 전

체의 10퍼센트 정도를 차지했을 것이다.

「편집자 서문」에서 J.A.S.가 이 책의 집필을 아마도 1941년이나 1942년에 시작했을 것이고, 많은 부분이 1942~43년에 타자본으로 만들어졌을 것이라고 이미 언급된 바 있다. 그때만 해도 그는 단지 『시대』를 영어로 번역하면서, 개정함과 동시에 최신내용을 추가하는 정도로만 생각했다. 이후 초기의 저작이 대부분 다시 씌어졌으며, 아주 완전히 다시 씌어진 바람에 원래 책에서 한두 쪽(대부분이 삭제되고 다시 씌어졌다)만이 최종판본에 남게 되었다. 여기에 자연스럽게 다음과 같은 질문이 제기된다. 수많은 장과 절을 쓴 시기가 언제인지 우리가 어떻게 알 수 있을까? 대부분의 경우 우리는 정확한 집필시기를 알지 못한다. 그렇지만 많은 경우 타자로 처리된 시기는 정확하게 알 수 있거나 대략적으로나마 알 수 있다. 보통 J.A.S.는 타자본을 만들기 위해 수고를 보내기 전에 상당한 분량을 쌓아놓았기 때문에, 타자본을 만든 날은 아마도 집필한 날로부터 상당 기간 뒤일 것이다. 1948년 가을까지 그는 임시직 비서조차 두지 않았기 때문에, 적어도 다섯 명의 사람들이 각기 다른 타자기를 이용해서 확연하게 다른 스타일로 타자를 쳤다. 소프 여사(Mrs. Thorpe)가 1943년부터 48년 중반까지 상당 부분의 타자작업을 해주었는데, 그녀는 사본에 종종 타자친 날을 기입해두었다. (이 사본은 아카시아 거리에 있는 우리집 다락에 보관되어 있었는데 꽤 많은 분량이어서 처음에 나는 단지 무엇을 썼는지만 알 수 있었고 수고와 최초의 타자본을 찾으려면 모든 사본을 직접 확인해봐야 했다.) 한 젊은 여성이 1948년 여름에만, 두 번째 여성은 1948~49년도에, 세 번째 여성은 1949년 가을에 각각 타자작업에 참여했다.

대략적인 날짜와 집필순서를 확정할 수 있는 다른 방법은 1947년 하반기와 1948년 상반기에 그가 나에게 보여주고자 작성한 진척상황에 대한 두 개의 보고서와 인용된 몇몇 참고문헌의 출판일이다. 이제 곧 제시될 타자본이 만들어진 시기에 대한 설명을 통해 독자들은 이 책의 집필순서에 대한 자세한 설명과 많은 부분이 다시 씌어진 정도에 대해 이

해할 수 있을 것이다. 많은 수고에 제목이 없었다. J.A.S.가 제목을 단 부분에 대해서는 따옴표로 표시했다. 그렇지 않다면 제목은 단지 원고가 포괄하고 있는 내용에 대한 설명일 뿐이다. 각각의 설명 마지막에 삽입된 참고사항은 해당주제를 궁극적으로 다루고 있는 부, 장, 절을 가리킨다. 1950년(과 그 이후)으로 기록된 항목들은 저자 사후에 타자본이 만들어진 부분이다.

타자본이 만들어진 시기——이미 알려졌거나 추정되는——에 대한 설명[1)]

1942(?)	'초기.' 그리스-로마 경제학, 스콜라학자들과 자연법 철학자들, 행정자문가와 팸플릿저자에 관한 초기본(2부 1~3장)
1943. 1. 10	역사적 방법.[2)] 최종본(4부 4장 2절)
1943. 2. 19	균형분석. 초기본(4부 7장)
1943. 3. 15	임금, 고용, 빈곤. 초기본(2부 5장 3~4절)
1943. 6. 19	'행정자문가와 팸플릿저자.' 중간본(2부 3장)
1943. 6. 19 1943. 7. 10	'"중상주의." 문헌'[2)] 최종본(2부 7장)
1943. 7. 13	인구, 수확의 체감과 체증. 초기본(2부 5장 1~2절)
1943. 12. 1	'정치적 · 지적 풍경.' 초기본(3부 3장)
1943 (?)	'범위와 방법.' 초기본(3부 5장)
1943. 12. 12	시니어의 네 가지 공준.[2)] 최종본(3부 6장 1절)
1943. 12. 17	사회정책.[2)] 최종본(4부 4장 1절)

1) 알고 있는 날짜는 연, 월, 일 순으로 적었다. 대략적인(특히 1948년 중엽 이후) 날짜는 사용된 타자기와 타자 스타일에 근거하고 있다. '최종본'이라는 말은 가장 마지막 수고, 즉 실제 사용된 원고를 말한다. 물론 때로는 하나의 수고만이 존재하기도 했다. 이런 경우, 미완성이라 할지라도, 이것이 최종본이다.

2) 수고에서 이 네 부분(710쪽 각주 2) 표시부분까지 포함—옮긴이)은 결코 수정되지 않았다. 최종본이 초기본이다. 이는 저자가 이들을 개정할 의사가 있었음을 보여주는 충분한 증거다.

1944. 3. 26	1700년 이전의 가치와 화폐. 초기본(2부 6장)
1944. 3. 27 ~ 1944. 4. 4	스콜라학자들과 그 계승자들. 중간본(2부 2장)
1945. 8. 23 ~ 1945. 9. 17	'그리스-로마 경제학' 그리고 '스콜라학자들과 자연법 철학자들.' 최종본(2부 1장과 2장)
1946. 2. 21	'실업과 "빈민의 상태."' 최종본(2부 5장 4절)
1948 여름	'화폐, 신용 그리고 경기순환.' 최종본(3부 7장)
1948~49	'원리에 대한 몇 가지 질문.' 「서론」의 초기본(1부)
1948~49	'이 시기 경제이론의 근본적 통합.' 완성본(4부 7장 1절)
1948~49	'쿠르노와 "수리학파": 계량경제학.' 최종본(4부 7장 2절)
1948~49	'정학과 동학. 결정성. 안정성. 균형.' 초기본(4부 7장 3절)
1948~49	'경쟁가설과 독점이론.' 초기본(4부 7장 4절)
1948~49	'계획이론과 사회주의 경제.' 최종본(4부 7장 5절)
1948~49	'부분분석.' 초기본(4부 7장 6절)
1948~49	'효용이론에 대한 주석.' 최종본(4부 7장 부록 1~6절)
1948~49	'후생경제학.' 초기본(4부 7장 부록 8절)
1949 말	'서론: 범위와 방법.' 최종본(1부 1~4장)
1949 말	'부분분석.' 최종본(4부 7장 6절)
1949 말	'발라의 일반균형 이론.' 최종본(4부 7장 7절 1, 2, 3)
1949 말	'생산함수.' 최종본(4부 7장 8절)
1949 말	마셜-빅셀의 분석장치에서 비롯된 발전. 최종본(5부 2장)
1949 말	전체주의 국가의 경제학. 최종본(5부 3장)
1949 말	'동학과 경기순환 연구.' 최종본(5부 4장)
1950	발라의 생산이론. 최종본(4부 7장 7절 4)
1950	케인스와 현대거시경제학. 최종본(5부 5장)
1950	'가치와 화폐.' 최종본(2부 6장)
1950	'응용분야의 공헌.' 최종본(4부 6장 6절)
1950	'균형의 개념.' 폐기

1950	‘정학, 동학, 정체상태, 진화.’ 최종본	(4부 7장 3절)
1950	‘결정성과 균형, 안정성.’ 최종본	
1950	‘경쟁가설과 독점이론.’ 최종본(4부 7장 4절)	
1950	‘후생경제학.’ 최종본(4부 7장 부록 8절)	
1951. 9	발라: 자본형성과 화폐의 도입. 최종본(4부 7장 7절 5)	
1952. 4	스미스와 『국부론』 최종본(2부 3장 4절 5)	

물론 위와 같은 개략적인 설명이 완전한 것은 아니다. 이 책의 많은 부분에 대해, 우리는 타자본이 만들어진 시기에 대한 명확한 정보를 갖고 있지 못하다. 그러나 위의 개요는 맨 처음과 맨 나중에 집필된 것이 무엇인지 보여준다. 1942년과 1943년의 타자본은 (편집자 부록의—옮긴이) 각주 2)에서 언급한 항목을 제외하고 모두 완전히 다시 씌어졌다. 2부에 관한 한(가치와 화폐에 관한 장을 제외하면) 1945년 말에 거의 완결되었다.[3] 내 생각에 3부의 1~5장과, 4부의 1~5장은 그 이후에 집필된 것 같다. 3부와 4부의 순수이론에 관한 장 그리고 이 3~4부에서 화폐에 관한 장들은 비교적 늦게 집필되었다. 화폐에 관한 장들은 순서대로 씌어졌다기보다 대략 동시에 씌어졌지만, 마지막 장이 가장 먼저 씌어졌다. (2부의) 가치와 화폐에 관한 최초의 장은 1950년까지 타자로 처리되지 않았다. 그리고 솔직히 나는 언제 이 장이 다시 씌어졌는지 모르겠다.[4] 이 책의 상태에 대해 J.A.S.가 나에게 설명해준 두 번의 짧은 인터뷰를 통해 나는 뒤에 나오는 장들을 쓴 순서에 대해 알 수 있었다. 그는 마지못해 나의 요청에 응답했는데, 이 인터뷰는 출판사 편집인들이 나를 통해 이 책이 언제 끝날 수 있는지 알고 싶어했기 때문에 이루어졌다. 나는 대략적인 개요를 적기는 했지만 안타깝게도 날짜를 적지

---

3) 5장(「인구, 수익, 임금 그리고 고용」)에 대한 최종본을 1946년 2월 타자본으로 만들었으며, 7장은 1943년에 씌어진 상태 그대로 남아 있었다. 「가치와 화폐」에 관한 6장은 매우 늦게(아마도 1948년에) 다시 씌어졌다.

4) 이 문제는 앞으로 언급할 것이다.

는 못했다. 내 생각에 첫 인터뷰는 아마도 1947년 가을경이고, 두 번째 인터뷰는 1948년 초였던 것 같은데, 왜냐하면 1947~48학년도의 가을 학기에 J.A.S.가 반년짜리 연구년을 가졌기 때문이다. 이 기간에 그는 꾸준히 이 책을 저술했다. 첫 번째 인터뷰에서 그는 내게 가치와 화폐에 관한 장을 제외하고 2부가 완성된 상태며, 3부 또한 쓸 내용이 많이 남아 있기는 하지만 6~7장을 제외하면 완성된 상태라고 말했다. 그리고 4부에서는 1~5장과 8장(「화폐, 신용 그리고 경기순환」)[5)]의 타자본이 완성된 상태이지만, 6장과 7장은 아직 다 쓰지 못했다고 말했다. 효용이론에 대한 주석(7장 부록)도 다 쓰긴 했지만 타자본으로 만들지는 못했다고 말했다. 두 번째 인터뷰에서 4부 6장이 실제로 인용될 수 있을 정도라고 말했다.

3부의 6장은 1948년 여름 이전에, 3부의 7장——화폐에 관한 장——은 그해 여름에 각각 타자본으로 만들어졌다. 마지막으로 J.A.S.는 '좀 더 순수한 이론'(4부 7장 「균형분석」)에 관한 장을 연구하기 시작했다. 1~6절과 부록(효용에 대한 주석, 이 부분은 틈나는 대로 씌어졌다)은 1948년 가을에 타자본으로 만들어졌다.

생애의 마지막 해였던 1949년에 J.A.S.는 서론과 본론인 1부와 5부를 쓰고, 4부 7장(「균형분석」)의 3~6절을 수정했으며, 발라적인 이론의 일반균형에 관한 이 장의 7절과 생산함수에 관한 8절을 썼다. 이 모든 작업은 1949년의 마지막 4분기에 타자본으로 만들어졌거나, 저자의 사망 이후 수고상태로 발견되어 타자본으로 만들어졌다. 몇몇 절과 장에서 참고문헌으로 언급된 논문들은 1949년 2월과 5월에 출판된 잡지에 게재된 것이었으므로, 이를 통해 집필시기에 대한 막연한 생각을 확인시켜주었다.

---

5) 나는 여기서 J.A.S.가 나중에 결정한 최종적인 장 번호 매김을 따랐다. 이때 그는 열 개의 장을 생각하고 있었다. 사회정책과 역사적 방법은 두 개(4장과 5장)로 분리되고, 효용에 대한 주석은 9장이 될 예정이었다. 이는 자연스레 다른 장들의 번호를 바꾸었다. (화폐에 관한 장은 10장이 되었다.)

1부는 케임브리지 서재의 노트, 수고, 재인쇄물 더미에서 발견되었다. 1부는 여섯 개의 장으로 구성될 예정이었지만 나는 이것을 네 개의 장으로 줄였다. 처음 세 장이 너무 짧아서 나는 이것을 1장의 세 절로 만들었다. 다만 원래의 장과 절의 제목은 그대로 유지했다. 노트에서 발견된 1부에 대한 두 개의 개략적인 구성을 보면 J.A.S.는 「서론」의 마지막 장을 연구하고 있던 것으로 보인다.(이 책, 1권, 116~118쪽에 있는 편집자 주 참조)

1948~49학년도에 일했던 임시비서가 그 전년도에 타자작업을 진행했던, 「서론」의 초기본이 있다. 이 타자본은 38쪽이었지만, 미완성된 최종본은 87쪽이었다. 이것은 「1장: 원리에 대한 몇 가지 질문」이라는 제목을 달고 있었다. 여섯 개의 하위제목이 있었으며 그 일부는 최종본에서 절 제목이 되었다.

왜 경제학사를 연구하는가?
하지만 경제학은 과학인가?
우리의 주제가 지닌 역사적 성격
경제학은 이데올로기인가?
경제 사상과 경제학
경제학과 경제이론

이 「서론」의 초기본 중에서 최종본에 포함된 내용은 매우 적다. 대부분은 삭제되거나 수정된 채 타자본 1쪽과 6~8쪽이 1장(J.A.S.의 의도로는 1, 2, 3장)에, 그리고 15~17쪽이 4장(J.A.S.의 애초 의도로는 6장)에 각각 포함되었다. 이를 제외하면 1부의 최종수고에 포함된 내용은 완전히 새로운 것이었다.

나는 왜 J.A.S.가 2장과 3장(원래는 4장과 5장)의 제목을 「간주곡 1」과 「간주곡 2」로 했는지 모르겠다. J.A.S.가 구체적인 제목을 달지 않은 부분에 대해서는, 다른 곳에서와 마찬가지로 꺾쇠괄호([ ])로 제목과 하

위제목을 붙였다. 그는 2장을 여섯 개의 절로 나누려고 했다. 내가 붙인 제목(「경제분석의 기법」)은 딱히 정확한 제목이라 하기 힘든데, 왜냐하면 엄격하게 말해 이 장에는 단지 세 개의 기법(경제사, 통계학, 이론)이 나와 있으며 굳이 추가한다면 경제사회학(12쪽, 20~21쪽 참조)이 네 번째 기법의 후보로 거론될 수 있기 때문이다. 1부에서 미완성된 마지막 장(「경제학의 사회학」)은 저자의 미국경제학회 회장 취임연설(1948년 12월)이었던 '과학과 이데올로기'에서 다룬 많은 문제를 언급하고 있는데, 나는 그가 연설준비와 초고작성 두 가지를 동시에 진행했다고 확신하고 있다. J.A.S.는 자신의 관습대로 다소 자세한 내용을 준비해서 연설한 다음 그 연설문을 출판했다.

2부는 화폐에 관한 장을 빼면 완성된 상태였다. 이 장에 대한 수고는 있었지만, 타자본은 없어서 수정이 불가피했다. 2부의 1~4장과 7장(2~5장, 8장)에 해당되는 수고, 노트 그리고 폐기된 수고가 타코닉 서재벽장의 원고더미에서 발견되었다.[6] J.A.S.가 읽고 교정까지 한 1~5장과 7장(2~6장 그리고 8장)의 첫 타자본은 그가 이름을 써 붙인 서류상자 안에 들어 있었다. 5장(6장)을 위한 수고 또한 분명히 이 서류상자에 있었는데, 왜냐하면 그는 4절과 결론절의 타자본을 아직 읽어보지 못했기 때문이다. 이 부의 사본은 다른 사본들과 함께 케임브리지의 집 3층에 있는 방에 있었다. 1944년 4월의 초기타자본에 포함된 몇몇 쪽을 포함하는 「가치와 화폐」라는 제목의 6장(7장)의 수고는 많은 노트와 폐기된 많은 수고더미와 함께 다른 서류상자에서 발견되었다.

생의 마지막 해나 그 무렵까지 J.A.S.는 2부를 여덟 개의 장으로 할 계획이었다. 이후 그는 이를 일곱 개의 장으로 줄였다. '1. 부의 구성'으로 시작하는 '발단으로부터 최초의 고전적 상황까지'라는 제목의 1장에 관한 미완성 유고가 있었다. J.A.S.는 이 장의 처음 두 문단을 그리스-로

6) 결국에는 바뀌었지만, 괄호 안의 장 번호는 원래의 장 번호를 뜻한다. 수고에서 번호가 바뀌는 일은 흔한 것이지만 여기서 이를 굳이 밝히는 이유는, 호턴의 수고들을 사용하게 될 사람에게 편의를 제공하기 위함이다.

마 경제학에 관한 장의 시작에 사용했는데,(이 책, 1권, 125~126쪽 참조) 왜냐하면 그는 미완성 원고를 2부의 2장이 아니라 1장으로 정했을 때, 시작 부분을 수정하지 않은 것이 분명하기 때문이다.

2부는 가장 일찍 씌어졌으며 또 다른 어떤 부보다도 많이 고쳐졌다. 여기서 우리는 애초의 계획(교리와 학설에 관한 초기 밑그림을 번역하고, 교정하며, 최신내용을 덧붙이겠다는)이 어떻게 확대되어 거의 알아보기 힘들 정도로 바뀌어 나가는지를 가장 명확하게 확인할 수 있다. (「편집자 서문」 5쪽에 썼듯이) 『시대』가 네 개의 부와 장으로 나뉘어 있었으며, 각기 많은 절로 나뉘어졌다는 점을 다시 한 번 생각해보자. 이 절들은 목차에 있는 대로 제목이 붙었지만, 이는 단지 본문에 나타나는 순서대로 번호 매김한 것에 불과하다.

이렇게 각각의 절에 제목 없이 번호만을 부여하는 것은 J.A.S.가 이 책을 쓰기 시작할 때 보여준 관행을 따른 것이다. 이는 주로 초기에 쓴 장에서 나타나는데, 이후에도 수정되지 않았으므로(2부 1장과 7장, 4부 4장) 편집자가 절의 제목을 달아야만 했다. 이후에 저자는, 3부와 4부에서처럼 절뿐만 아니라 소절에도 제목을 붙였다. 이후에 보여준 이런 행동이 2부에서는 전혀 나타나지 않았다. 2부의 절들은 너무도 길어서 편집자는 이것들을 나누고 소절에 제목을 붙였다.

『시대』의 1부와 1장(「과학으로서 경제학의 발전」)에서는 철학자들(고대에서 18세기까지)의 저술과 대중적인 논의에서 찾아낸 경제학의 원천이 매우 간략하게 다루어지고 있지만 2부 1~3장에서는 이러한 내용이 매우 상세하게 다루어지고 있다. (『시대』의—옮긴이) 2부와 2장(「경제생활에서 순환흐름의 발견」)은 대략 이 책의 2부 4~7장에서 논의될 저자들(중농주의자들, 튀르고 그리고 스미스)과 주제들을 담고 있다. (이와 관련해서—옮긴이) 『시대』는 32쪽——분명히 말해서 약간 많은 양이다——을 이에 할애하고 있지만 이 책은 326쪽(51~376쪽: 이 책, 1권, 2부에 해당된다—옮긴이)에 걸쳐 다루고 있다.

타자본이 만들어진 시기——이미 알려졌거나 추정되는——에 대한 설명(1964~1966쪽)을 잠깐 살펴보면, 2부의 장들이 진화되는 과정을 추적하는 데 많은 도움을 얻을 수 있을 것이다. 대부분의 장은 적어도 두 단계(의 수정—옮긴이)를 거쳤지만 2장과 3장(「스콜라철학자들과 자연법철학자들」「행정자문가와 팸플릿저자」)은 적어도 세 단계——초기본, 중간본, 최종본——를 거쳤다.

1~3장의 초기본('1장: 초기'라는 제목이 붙은)은 77쪽의 타자본이었고 제목 없이 17개의 절로 나뉘어 있었다. 이 초기본은 고전적 상황에 대한 저자의 개념서술로 시작해서 행정고문관들과 공공재정에 대한 짧은 설명으로 끝났다. 이 초기본은 적어도 1942년 이후에 타자로 처리된 것이 아님이 분명하다. 왜냐하면 그 일부가 1943년 6월 19일에 타자로 처리된 2장의 중간본에 들어 있기 때문이다. 이 초기본의 일부 내용은 1장인 「그리스-로마 경제학」의 최종본에도 그대로 사용되었다. 예를 들어 (초기—옮긴이) 타자본 5~6쪽, 14~16쪽 그리고 19~21쪽은 최종본 원고에서 2~3쪽, 42~44쪽 그리고 52~54쪽이 되었다. 나는 이 경우에 타자날짜에 관한 약간의 오해가 있다고 믿는다. 왜냐하면 이 부분에 대한 타자작업은 보류되었으며, 2장이 1944년에 수정되고 1945년에 재수정되어 완성된 후에야 비로소 타자작업을 맡겼을 것으로 생각하기 때문이다.

2장과 3장은 두 번에 걸쳐 수정·증보되었다. 스콜라학자들에 관한 중간본에는 초기본의 흔적을 찾아볼 수 없다. 행정자문가에 관한 중간본에서는 초기본의 4쪽(39~42쪽)만을 찾아볼 수 있다. 초기본과 중간본 중에서 2장과 3장의 최종본에 이용된 것은 아주 적으며, 내용의 대부분은 완전히 새로운 것이다. 1장과 2장의 최종타자본은 1945년 8월과 9월에 만들어졌으며, 3장의 타자본 또한 같은 시기에 만들어진 듯 보이지만, 정확한 날짜는 알지 못한다. (이 책, 1권—옮긴이) 333쪽의 편집자 주에서 우리는 저자가 타자작업을 진행하지 않은 채 폐기시켜버린 3장 4절 5.(「스미스와 『국부론』」)를 편집자가 어떻게 되살렸는지 설명한

바 있다.

4장(「계량경제학자들과 튀르고」)은, 「행정자문가와 팸플릿저자」에 관한 중간본에서 가져온 두 쪽의 타자본을 제외하면, 완전히 새로운 내용이다. J.A.S.는 이 제목에 다소 의심을 품고 있었다. 원래의 제목은 '계량경제학자들'이었다. 그는 첫 번째 타자본에 연필로 '그리고 튀르고?'라고 덧붙였다.

5장(「인구, 수익, 임금 그리고 고용」)은 1943년 3월 15일과 같은 해 7월 13일에 두 개의 절로 만들어진 초기타자본 중 최종본에서는 초기본의 두 쪽만을 사용했을 뿐 완전히 새로 집필된 것으로, 최종본의 마지막 절은 1946년 2월 21일에 타자본으로 만들어졌다. J.A.S.는 타자본의 이 마지막 절을 읽고 수정하지 못했다.

6장(「가치와 화폐」)은 수고에서 찾을 수 있었는데, 분명히 완결된 상태가 아니었으며, 쪽수가 매겨지지 않은 원고에다 약간 섞여 있기까지 했다. 이 경우 쪽의 순서는 마겟이 결정해주었다. 그는 이 장을 한데 모으고 대부분의 편집일을 맡아주었다. 수고의 일부는 삭제되거나 수정되었지만, 일곱 개의 절로 구분된 것처럼 보였으며 그중 1, 3, 6, 7절은 제목이 있었다. 이 수고가 들어 있던 서류상자에는 상당한 분량의 노트(대부분 속기로 씌어진)와 수고 중 폐기된 많은 부분——화폐를 다룬 초기수고(1944년 3월 타자본으로 만들어진)를 포함해서——이 들어 있었다. 초기수고 중에서 타자본으로 만들어진 몇 쪽은 이후의 수정본 2절과 3절에서 사용되었다. 노트 중에는 이 장의 구성에 관한 기록——뒷면에 적어놓은——이 있었다. 이것은 일곱 개의 절로 계획되고 생략된 제목이 추가되었을 것이라는 막연한 느낌을 확인시켜주었다. 이 부록에서 제시되는 다른 세 가지 종류의 원고와 마찬가지로 이 기록은 수많은 노트의 존재와 이를 해독하는 어려움을 독자들에게 단순히 말로만 전해주는 것보다 좀더 생생한 인상을 제공할 것이다.

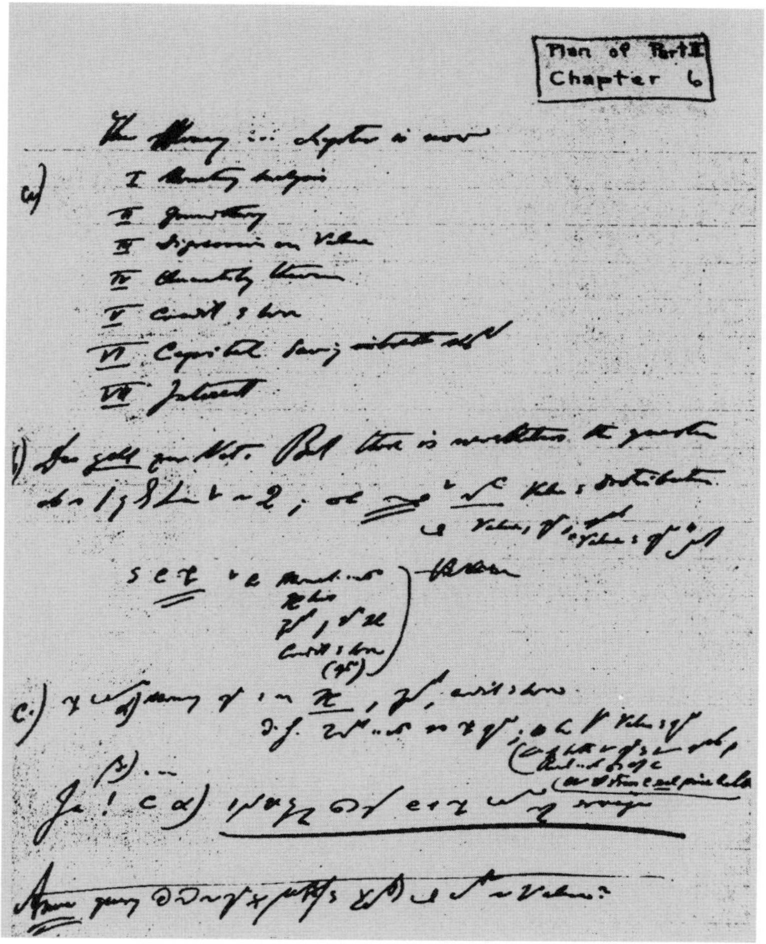

2부 6장(「가치와 화폐」)의 목차가 표기된 원고.

이미 말했듯이, 가치와 화폐에 관한 초기본의 수정이 언제 이루어졌는지 솔직히 혼란스럽다. (이 책, 1권—옮긴이) 495쪽의 각주에서 오히려 일찍 수정되었을지도 모른다고 밝힌 바 있는데, 이렇게 생각하는 몇 가지 이유가 있다. 그러나 그렇다 할지라도, J.A.S.가 이 부분을 위해 많이 노력하고 싶어했던 것이 아닌 한, 그리고 3부와 4부의 화폐에 관한 장에 착수할 때까지 타자작업을 기다리기로 결정한 것이 아닌 한,

왜 이 장에 대한 타자작업을 한 번도 시도하지 않았는지 나는 이해하지 못한다. 우리는 31쪽의 타자본으로 이루어진 초기본이 1944년 3월 26일에 타자본으로 만들어졌다는 사실을 알고 있다. 이 초기본의 1~12쪽은 이후 수고에서 2절로 들어갔으며(이 책의 2부 6장 2절 2~3항 참조), 갈리아니에 관한 14~18쪽은 3절로 들어갔다.(이 책의 2부 6장 3절 1항)

나는 한동안 화폐에 관한 이 장이 다소 늦게, 즉 3부와 4부의 화폐에 관한 장보다 나중에 집필되었다고 확신했다. 이 책의 진척도를 확인하기 위해 J.A.S.와 한두 번의 인터뷰 중 1947년 가을에 이루어진 첫 번째 인터뷰를 했을 무렵에 4부의 화폐에 관한 장은 타자본이 만들어진 상태였다. 그때 그가 내게 말하길, 가치와 화폐에 관한 장을 제외하고 2부는 완성되었으며, 3부는 할 일이 많이 남아 있는 6장(「순수이론」)과 7장(「화폐, 신용 그리고 경기순환」)을 제외하고 완성되었다고 했다. 7장은 두 번으로 나뉘어 타자본이 만들어졌다. 두 번째는 1948년 여름이었다. 나는 3부와 4부의 화폐에 관한 장을 순서대로 끝마치고, 그런 다음에 그가 2부의 「가치와 화폐」(1790년 이전)를 다시 쓰기 시작했다고 추측한다. 아마도 이때, 그는 경제학 교과서 총서(Economics Handbook Series)의 일부로 두 편의 짧은 글——각각 화폐와 은행에 관한——을 쓰기로 계약된 듯하다. 그래서 그는 자신이 1934년 아니면 1935년 여름에 유럽을 떠나오면서 버려두었던 갈색의 대형 여행가방을 꺼내, 그 안에 들어 있던 화폐에 관한 책의 수고[7]를 꺼냈다. 자신의 초기견해를 수정함과 동시에 자신의 화폐이론에 중요한 근본개념들을 강조하는 것은 자연스러운 일일 것이다.

이러한 판단이 안고 있는 유일한 문제점은 수고가 1948년 이후에 씌어진 것으로 보이지 않는다는 점이다. 시간이 지나면서 J.A.S.는 자신이

7) 이 수고는 독일어로 씌어졌는데, 마겟이 번역과 편집을 하고 있는 중이다. 차후에 이것도 출판되었으면 하는 바람이 있다.

말하고자 하는 바를 더욱 확신하게 되었다. 수고가 매우 급하게 작성되었으므로, 그는 그 내용에 완전히 만족하지 못했을 것이며 그래서 그는 당연히 타자본을 만들기 전에 다시 고치려 했을 것이다. 게다가 어떤 절은 먼저 수정되고 어떤 절은 나중에 수정되었을 것이다. 제목을 가진 절과 그렇지 않은 절이 있는 이유는 여기에 있을 것이다. 2, 4, 5절은 제목이 없었고 완결되지도 않았다. 이 장의 마지막 문단이기도 한, 「이자」에 관한 7절의 마지막 문단(이 책, 1권, 591쪽)은 미완성이었다. 다음 쪽 사본그림은 논증에 사용될 주석으로 가득한 수많은 원고의 전형적인 사례를 보여준다.

2부의 7장(「'중상주의자' 문헌」)은 매우 일찍 씌어졌지만, 이 부의 다른 장들의 초기본과 달리 수정된 적이 없다. 두 부분으로 나뉜 타자본은 각각 1943년 6월 19일과 같은 해 7월 13일에 만들어졌다. 주제에 대해 비교적 길고(타자본으로 71쪽) 상세하게 다루고 있으면서도, 제목이 없으며 심지어 절로 나뉘어 있지도 않았다. 하버드대학교 경영대학원의 크레스도서관에 가면 관련문헌을 읽은 기록을 확인할 수 있다. 저자는 이 장의 타자본을 읽고 수정하면서 연필로 장의 제목을 적어놓았다. 편집자는 이 장의 절과 소절을 나누고 제목을 달았다.

3부는 지금까지 우리가 살펴본 것과 같은 문제가 없다. 3부는 완전히 순서대로 씌어졌으며, 6장의 첫 번째 절을 제외하고 완성된 상태였다. 이 부는 『시대』의 3부와 3장(「고전적 체계와 이의 분기」)에 대응된다. 타코닉 서재에서 3부 전체를 모았다.

각주와 폐기된 자료가 붙어 있는 첫 번째 네 장(chapter)의 수고를 타코닉 서재의 벽장에서 찾아냈다. 이 장들에 대한 첫 번째 수고는 책상 위 두 개의 문서철에 있었다. 5장과 5장의 수고와 타자본을 한 서류상자에서 찾았으며, 이 장을 쓰다가 폐기한 수고와 노트가 들어 있는 상자가 하나 더 있었다. 화폐, 신용 그리고 경기순환에 관한 두 개의 장(3부 7장, 4부 8장)에 대한 수고와 타자본도 같은 서류상자에 들어 있었다.

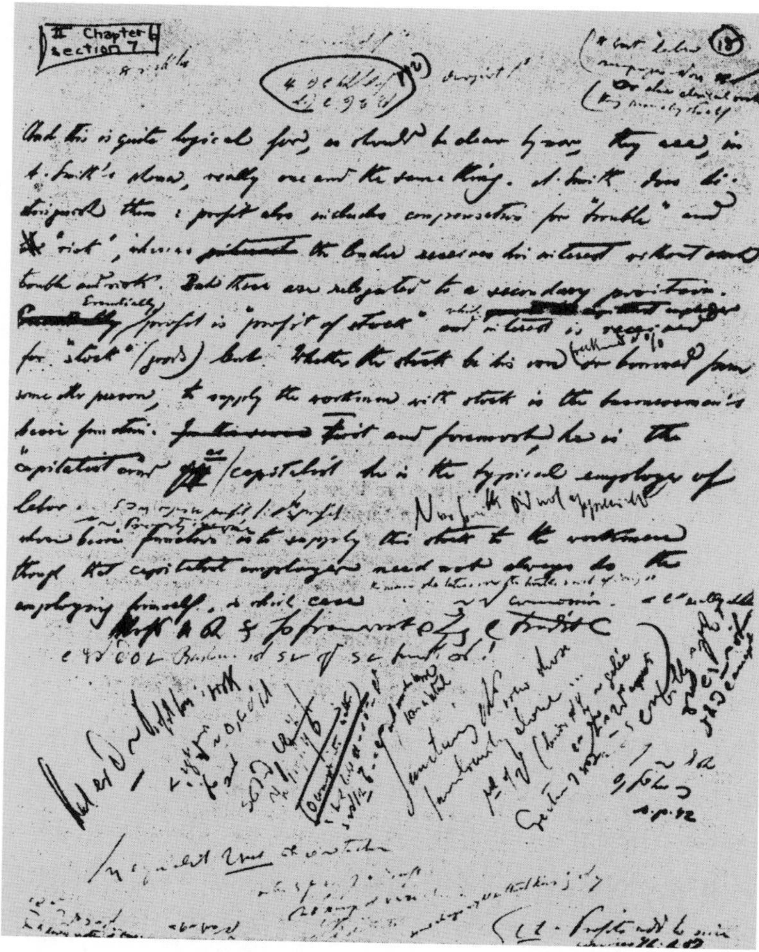
II Chapter 6 section 7

And this is quite logical for, as should be clear by now, they are, in A. Smith's scheme, really one and the same thing. A. Smith does distinguish them: profit also includes compensation for "trouble" and "risk", whereas the lender receives his interest without any trouble and risk. But these are relegated to a secondary position. Essentially profit is "profit of stock" and interest is ... for "stock" (goods) but. Whether the stock be his own or borrowed from some other person, to supply the workmen with stock is the businessman's basic function. First and foremost, he is the "capitalist" ... capitalist he is the typical employer of labor ...

타코닉 서재에서 발견된 3부의 원고.

저자는 6장의 마지막 두 절인 5절(「자본」)과 6절(「분배몫」)을 제외하고 3부의 모든 수고를 읽었으며 연필로 수정했다. 그렇지만 이 두 절은 타자본이 103쪽에 이를 정도로 매우 길고 중요한 절이라는 점을 명심해야 한다. 다른 장 중 일부, 특히 화폐에 관한 장의 중간부분은 주마간산식으로 읽었다. 죽기 며칠 전인 1949년 12월 말에 미국경제학회의 회의에서 돌아오면서, J.A.S.는 3부를 체계적으로 구성하기 시작했다. 타자

본을 연필로 수정했을 뿐만 아니라 '3부를 읽을 것? 30. Xii. 49.'이라는 제목을 붙인 몇 쪽의 자그마한 노트도 만들었다. 이는 틀림없이 수정을 제안하는 것이라고 봐야 한다. 이 무렵쯤이나 그 이전에 그는 5장의 마지막 부분(5절 3, 「모델」, 6절 「경제발전에 관한 '고전파'의 관념」)에서 일부 내용을 삭제했다. 삭제된 부분의 첫 장에는 "5장 5절 너무 엉성해!"라고 갈겨 쓴 쪽지가 클립으로 끼워 있었다.

3부의 경우 2부만큼 '초기본'이 많지 않다. 그중에는 일부가 3장의 최종본에서 사용된 '2장: 정치적 · 지적 풍경'(의 초기본—옮긴이)이 있으며, 5장의 최종본에서 일부가 사용된 '3장: 범위와 방법'(의 초기본—옮긴이)이 있었다. 그리고 수정 없이 6장의 첫 번째 절이 된 '시니어의 네 가지 공준'에 대한 수고(제목 없이)가 있었다. 이 셋 중 첫 번째와 세 번째 것은 1943년 12월에 타자본이 만들어졌다.

(이 책, 2권—옮긴이) 345쪽의 편집자 주에서 우리는 J.A.S.가 시니어의 네 가지 공준에 대한 수고를 수정하고, 이 장의 나머지 부분과 통합하려 했음을 설명했다. 그런데 우리는 이것을 어떻게 알았을까? 이 장의 나머지는 다소 늦게(아마도 1948년에) 씌어졌다. 161쪽에 이르는 타자본이 있으나, 이것은 2절(「가치」)부터 시작하고 있다. 2절의 첫 장이 타자본의 첫 장이었다. 문서철에 있는 시니어의 네 가지 공준에 대한 자료는 장의 서두에 놓여 있다. (이 책, 3권—옮긴이) 24쪽에서 4부의 구성을 언급하면서, J.A.S.는 "7장(「균형분석」)은 3부의 6장과 대응되며, (6장이—옮긴이) 3부에서 시니어에게 지표 기능(piloting function)을 부여한 것처럼 (7장이—옮긴이) 같은 기능을 발라에게 부여한다"라고 썼다.

또 다른 문제가 있는데, 그것은 바로 6장의 제목에 대한 것이다. 3부의 다른 모든 장은 장제목, 절제목, 많은 경우 소절제목까지 완성되어 있었다. 2절 이후 6장의 모든 내용은 절제목과 소절제목을 갖추고 있었다. 하지만 1절은 수정되지도 않았고, 장과 마찬가지로 제목도 없었다. 장제목은 1절 앞에 나오기 때문이었다. 여기서도 3부의 구성이 해결책

을 제공했다. J.A.S.는 (이 책, 2권-옮긴이) 22~23쪽에서 3부의 구성에 대해 설명하기를 "한 단면(a cross section)을 참조해서 분석작업의 발전상을 살펴보는 것…… (5장에서) 밀의 『원리』가 이 단면을 보여줄 것이다.(5장) 그러나 문제를 단순화하기 위해 순수이론과 화폐에 관한 상세한 설명은…… 두 개의 장(6장과 7장)으로 넘긴다"고 밝힌 바 있다. 이에 따라 우리는 5장과 6장의 제목을 각각 「일반경제학: 교차접근」과 「일반경제학: 순수이론」으로 결정했다.

4부는 『시대』의 4부와 4장(「역사학파 그리고 한계효용 이론」)의 발전된 형태로 여길 수 있지만, 단 그것은 훨씬 더 폭넓은 주제를 고려하고 있다. 초기의 밑그림에서, 이 부분은 27쪽에 지나지 않았지만, 이 책에서는 거의 400쪽으로 늘어났다.

한때 이 4부는 열 개의 장으로 구성될 계획이었다. 하지만 아홉 개의 장으로 줄어들었다가, 마지막에는 여덟 개의 장이 되었다. 이는 내용의 일부를 삭제한 결과가 아니라 4장과 5장을 4장으로, 8장과 9장을 7장으로 통합 정리한 결과다. 중간에 있는 장들도 번호가 바뀌었다. 이런 변화가 처음에는 나를 혼란스럽게 했고 호턴도서관에 보관된 수고와 노트를 사용할 사람들도 혼란스러울 것이라고 생각했기 때문에, 편집되기 이전의 본 그대로의 4부 1장에서 인용하기로 결정했다. 아마도 4부의 첫 세 장과 여기에 대응되는 3부의 장들은 1947년 초 이후에 씌어졌거나 타자본으로 만들어지지는 않은 것 같다. 첫 세 장에 대해 언급한 후, (이 책, 3권-옮긴이) 23~24쪽에는 「4부의 구성」을 요약하는 내용이 다음과 같이 씌어 있다.

"그러고 나서 서로 별개로 취급되기 쉽지만, 서로 연결된 두 집단과 그 사상에 대해 언급할 것인데, 사회개혁에 관한 당대의 관심사에 작업을 집중하고 그 지도자들이 '강단 사회주의자들'이라는 부적절한 이름으로만 불렸던 집단과 역사학파라 명명되고 스스로도 그렇게 불렸던 집단이 그것이다.(4장과 5장; 이 책, 3권, 23쪽에는 4장으로만

표기되어 있다—옮긴이) 수없이 논쟁된 경제학자의 가치판단 문제는 전자와 관련해서 논의될 것이며, 저 유명한 '방법논쟁'(과 이것의 미국판인 제도학파 논쟁)은 후자와 관련해서 논의될 것이다. 어느 정도 이러한 서술방식은 우리의 기획안을 손상시키는데, 왜냐하면 우리가 '일반경제학'에 속한 인물과 집단 그리고 그 발전에 대해 약술하게 될 때는(6장과 7장; 이 책, 3권, 24쪽에는 5장과 6장으로 표기되어 있다—옮긴이) 이미 이 '일반경제학'에 대해 가장 중요하게 영향을 미친 요인 가운데 두 가지를 제거한 상태일 것이기 때문이다. 그러므로 나는 독자들에게 이 장들을 그 순서대로 정독해보길 권유한다. 이 부의 마지막 두 장은 독립된 영역으로 남겨두는 것이 가장 좋을 듯 보이는 주제들을 다룬다. 7장(이 책, 3권, 24쪽에는 8장으로 표기되어 있다—옮긴이)은 3부 6장에 대응되는 부분으로, 여기서는 3부에서 시니어에게 부여되었던 지표기능이 발라에게 부여된다. 이 장의 목적은, 비록 그 방법이 비이론가들에게 지나치게 보이는 것만큼이나 오늘날의 이론가들에게는 만족스럽지 못한 것으로 드러날까 두렵긴 하지만, 오늘날의 순수이론을 구성하는 요소들의 출현에 대해 설명하려는 것이다. 전자라면 5장과 6장에서 이 주제와 관련된 부분을 읽어보는 데서 만족하는 편이 좋을 것이다. 효용이론과 현재까지의 그 계승자들의 흥망성쇠에 관한 7장의 부록은 별도의 장이거나 그에 준하는 상태이므로, 이 문제에 특별한 관심이 있는 사람들만 읽어보길 원한다. 마지막 장(10장; 이 책, 3권, 24쪽에는 8장으로 표기되어 있다—옮긴이)에서 화폐, 신용, 저축 및 투자 그리고 경기순환이라는 주제를 별도로 분리시킨 것에 대해서도 설명이 필요하다."

1~5장의 수고와 타자본은 서류상자에서 찾아냈다. 4장이 들어 있던 문서철에는 4장을 다시 쓰는 데 사용된 노트와 재인쇄물이 들어 있었다. 6장과 7장의 수고, 타자본, 노트, 폐기된 수고들은 다른 서류상자에서 찾을 수 있었다. 리타워(Littauer: 하버드대학교의 건물 명칭으로, 경

제학과는 이 건물에 자리잡고 있다—옮긴이)의 책상에서는 7장의 일부가 발견되기도 했다. 무엇을 했는지 그리고 어디에 속하는지 확인하기가 다소 힘들어지자, 1948년 중반 이후에는 사본을 아카시아 가에 있는 집의 다락방에 더 이상 보관하지 않았다. J.A.S.는 타자본의 대부분을 매우 빠르게 간략히 훑어보았고 연필로 약간씩 수정했다. 연구의 막바지에 접어들면서 그는 분명 처음의 몇 장들을 체계적으로 읽지 않았을 것이다. 예를 들어 그는 앞에서 부의 구성에 관해 인용한 대로 장번호를 수정하지 않았다.

4부는 완결되지 않은 4장(「사회정책과 역사적 방법」), 7장(「균형분석」) 그리고 6장의 결론부분(6절 「응용분야의 공헌」)을 빼고는 큰 어려움이 없었다. 4장은 1943년에 만들어진 두 개의 초기타자본——이미 상당히 많이 수정된 상태일 것이다——으로 구성되어 있다. (이 책, 3권—옮긴이) 101~102쪽에 있는 긴 편집자 주에서 이 장에 관한 모든 것이 언급된 바 있다. 6장은 상대적으로 늦게 씌어졌고 타자본으로 만들어졌지만, 응용영역에 관한 마지막 절을 제외하면 완성된 것처럼 보인다. 이 절은 단지 대강의 윤곽만 그렸을 뿐이다. 다섯 개의 소절 중에서 두 개에만 제목이 있었고, 공공재정에 관한 나머지 절들은 미완성 상태였다. 이 원고는 저자가 죽은 후 수고 중에서 발견되어 타자본으로 만들어졌다.

7장(「균형분석」)은 '현대 순수이론 요소발생을 보여주는 것'이 목적으로, 발라에게 선도기능을 부여했다. 이와 관련된 간략한 초기타자본은 1943년 2월에 만들어졌다. 이것은 29쪽짜리 타자본이었는데, 나중에 각주로 채워 넣을 빈 공간이 많았다. 결론에 해당되는 문단은 과학적 경제학에 대한 발라의 기여를 요약하고 이를 칭송하는 것이었는데, 문장의 중간이 끊겨 있었다. J.A.S.는 첫 번째 타자본을 읽었으며[8)] 가장자리와 기타 여백에 연필로 많은 주를 달았다. 이는 수정이 아니라 논

---

8) 이 타자본은 수고와 함께 하버드대학교의 호턴도서관에 보관될 것이다. 굿윈이 이 장의 여러 절을 읽고 난 후인, 1950년 늦은 봄이 지나서야 보관이 가능해졌다. 굿윈은 1절의 마지막 부분에 이 타자본을 포함시키고 싶어했다.

증의 정교함을 위한 것이었다. 이 긴 장의 최종본은 200쪽 이상의 타자본(인쇄본으로는 123쪽)이었고, 저자가 자신의 고급경제 이론 강좌인 '경제학 203'(Economics 203; 아마도 하버드대학교에 개설된 강좌명인 듯하다—옮긴이)에서 밝힌 주제와 본질적으로 같은 내용을 다루고 있었다.

이 장의 대부분은 1948년 하반기와 1949년 내내, 아마도 주제에 대한 토의를 수업시간에 마치고 돌아와서 조금씩 쓰는 식으로 집필된 듯하다. 이것이 사실이라면, 일부 절에 대해서는 많은 수의 폐기된 '초기본'이 있으며, 어떤 절에 관해서는 상이한 원고가 존재했음을 어느 정도 설명해줄 수 있다. 처음에는 그중 어느 것을 고를지 약간 혼란스러웠다. 하지만 초기본이 수정·증보되어 최종본이 만들어진 경우(예를 들어 4절과 6절)에는 선택하기가 쉬웠다. 이 장의 구성과 절의 순서는 아래에서 설명될, 후생경제학에 관한 원고를 어디에 배치할 것인가 하는 한 가지 고민을 제외하고 거의 완전히 명확했다.

7장의 1~6절과 이 장에 대한 부록(「효용이론에 대한 주석」)의 1~6절 그리고 후생경제학에 대한 절은 1948~49학년도에 타자본이 만들어졌다.[9] 1, 2, 5절은 사소한 수정과 교정내용이 연필로 적힌 채 타자본이 남아 있었다. 3절의 타자본은 편집자가 폐기했으며, 대신 두 가지 서로 다른 수고를 원고로 사용했다. 4절과 6절은 저자에 의해 수정되고 첨가된 상태였다. 6절의 최종본, 7절의 일부(1, 2, 3) 그리고 8절은 1949년 마지막 4분기에 타자본으로 만들어졌다. 1948~49년의 「후생경제학」 타자본은 편집자에 의해 폐기되었으며 수고에서 찾아낸 다른 것으로 대

9) 여기서 나는 (이 책, 3권—옮긴이) 347쪽, 396쪽, 525~527쪽 편집자 주에 적힌 날짜에 대한 암시를 바로잡고 싶다. 내 생각에 7장의 1~4절은 언급된 대로 '오래전에'가 아니라 1948년 무렵에 씌어진 듯하다. 「효용이론에 대한 주석」은 1948~49년에 타자본이 만들어졌지만 실제로 집필된 시기는 이전이다. 이것의 8절(후생경제학)은 1~6절과 거의 같은 시기에 씌어졌다. 이런 수정은 부분적으로 타자본을 주의 깊게 살펴본 바에 기인한다. 그리고 어느 정도는 효용에 관한 「부록」이 계획상 9장이었던 것을 알게 되었기 때문이다.

체되었다. 이것이 부록(「효용이론에 대한 주석」)의 8절이 되었다. (7장과 그 부록이 여덟 개의 절로 이루어졌다는 점이 약간 혼란스러울지도 모르겠다.)

이제 특별한 문제를 보이지 않은 1, 2, 5절——이미 언급했던——을 제외하고, 다른 절들을 번호순에 따라 설명하겠다. 3절(「균형의 개념」)은 몇 가지 문제를 안고 있다. 각기 다른 제목을 가진 네 개의 다른 원고가 있는데, 1948~49년에 만들어진 타자본과 세 가지 수고가 그것이다. 이 대안들에는 J.A.S.가 "〔알아볼 수 없는 속기〕 3〔절〕을 어쩔 수 없이 다시 써야 한다면, 거기에는 세 개의 대안이 있다"라고 휘갈겨 쓴 쪽지가 클립으로 끼워 있었다. 타자본의 제목은 '3. 정학과 동학. 결정성. 안정성. 균형'이었다. 나는 세 개의 대안이 되는 수고들을 (3a), (3b) 그리고 (3c)라고 하겠다. 이들의 제목은 (3a) '균형의 개념', (3b) '정학, 동학 그리고 정체상태, 진화', (3c) '결정성과 균형. 안정성'이다. 이 네 가지 안에서 거듭 논의되는 문제들은 아주 많았지만, 그들 중 완결된 것은 하나도 없었다. 나는 한 가지만 제외하고 타자본을 제외시켰는데 그 이유는 다음 문단에서 설명할 것이다. 나는 대안 중 (3b)와 (3c)를 선택했다. 이 둘은 대략이나마 보충적인 성격이 있었지만, (3a)는 (3b)에서 심도 깊게 다루는 내용을 반복하는 듯했다. 처음 나의 의도는 (3a)와 다른 초기본이나 대안본을 여기 부록에 포함시키는 것이었다. 하지만 이것들이 하버드대학교의 호턴도서관에 소장되면서 그럴 필요가 없어졌다.

「균형분석」에 대한 장 첫 머리의 편집자 주에서, 나는 이 모든 것을 굿윈의 도움으로 한데 모을 수 있었다고 설명한 바 있다. 굿윈이 유럽으로 떠나야 했기 때문에 이 작업은 2~3부와 4부의 처음 몇 개의 장이 편집되기 전인 1950년 늦봄부터 초여름 사이에 끝났다. 3절을 다루면서, 그는 모두 네 개의 형식으로 된 부분들을 최대한 일관되게 배열했다. 이 책의 초기편집 작업이 상당 부분 끝난 후에, 나는 이 부분을 가능한 한 원래의 원고 그대로 보여주기로 결정했다. 이는 물론 동일한 주제를 다루는 서로 다른 원고들을 혼합하거나 다시 배열하겠다는 의미는 아니었

다. 설령 이런 작업이 좀더 완전하게 포괄하는 데 필요할지라도 말이다.

3절의 타자본에 맞는 수고는 발견하지 못했다. 이 타자본은 각주가 아주 일반적이고 완벽할 정도로 달려 있지 않아서 나는 구술된 것이 아닌가 의심하기 시작했다. 이후에 나는 「후생경제학」에 대한 타자본을 보면서 같은 이유로 같은 느낌을 받았다. 내가 몇 번인가 지적했듯이, J.A.S.는 처음에 이 책을 혼자 힘으로 쓰려고 생각했다. 종종 그는 할 일이 너무 많다는 점과 이를 하기에는 시간이 너무도 부족하다는 점을 아쉬워했다. 1948~49년에 그는 처음으로 유능한 비서를 고용했다. 기억하기에, 나는 그에게 자신이 잘 알고 있는 내용을 이후에 수정할 수 있는 생각으로 구술하도록 권유했었다. 그는 이 실험이 성공적이지 못했다고 말했다.

4절(「경쟁가설과 독점이론」)은 수고에 쪽번호가 전혀 매겨지지 않았고 타자본의 일부는 독립적으로 번호가 매겨져 있었으므로 순서를 짐작할 길이 없을 때 발생하는 문제들의 예를 잘 보여주었다. 이 절의 최종본은 서로 다른 시기에 씌어진 네 부분으로 나뉘어 있었다. 세 부분(처음 두 부분과 마지막 부분)은 1948~49년에 타자본이 만들어졌으며, 나머지 하나는 수고만으로 존재했다. 사실 처음 두 부분은 각각 1쪽에서 8쪽, 1쪽에서 5쪽까지 쪽번호가 매겨져 있었지만, 곧장 차례대로 배열할 수 있었다. 처음에 J.A.S.는 두 타자본을 읽고 연필로 수정한 다음, 새로운 수고의 첫 쪽에 타자본의 마지막 문단을 싣고 이어서 몇 장을 덧붙였다. 세 번째 수고본의 마지막이 확실하지는 않지만, 결국에는 네 번째 부분(타자본으로 3쪽)이 새로운 수고본 마지막 문단에 이어지는 것으로 보인다.(이 책, 3권, 396쪽 각주 68) 참조) 「독점, 과점, 쌍방독점」이라는 제목이 붙은 수고가 발견되면서, 상황은 더욱 혼란스러워졌다. 이것은 분명히 타자본이 만들어지지 않은 채 폐기된, 간결한 첫 번째 시도였다.

6절(「부문분석」)의 세 가지 안은 모두 수고를 타자본——두 개는 1948~49년에, 다른 하나는 1949년 마지막 4분기에——으로 만든 것

이다. 이들 중 첫 번째의 것(5쪽의 타자본)이 타코닉 서재의 벽장에서 타자본과 수고가 함께 묶여 있는 상태로 발견된 점으로 보아, 폐기된 것이 분명하다. 다른 두 안은 이 장에 대한 자료들과 함께 서류상자에서 발견되었다. 저자는 두 번째 안(8쪽의 타자본)을 읽고 수정했으며, 새로운 수고 몇 장을 덧붙였다. 그리고 이것을 다시 타자본으로 만들었는데, 이것이 세 번째 안(12쪽의 타자본)이 되었다.

이 마지막 안을 타자본으로 만든 후, 저자는 이를 읽지 않았으며 교정하지 않았다.

이제 완결되지 않았으며 대부분 타자본으로 만들어지지도 않은, 7절(「발라의 일반균형 이론」)에 대해 말할 차례다. 다행히도, 이 부분은 이 장에서 중요한 절이었기 때문에 수고에서 많은 것을 찾을 수 있었다. 여기서 1391쪽에 나온 발라의 연구에 대한 다음과 같은 평가를 상기하는 것이 적합할 듯싶다. "'혁명적인' 창조성이라는 자질과 함께 고전적 종합이라는 특성까지 겸비하고 있는 그의 경제균형 체계는 이론물리학의 성과에 견줄 만한 유일한 경제학 저작이다. ……그것은 경제학이 엄밀하고 정확한 과학의 지위를 향해 여행하는 도정 위에 놓인 뛰어난 이정표였으며, 오늘날에도 유행에 뒤진 것이긴 하지만 우리 시대에 가장 뛰어난 이론적 저작들의 근저에 놓여 있다."

(이 책, 3권—옮긴이) 419쪽의 편집자 주는 어떻게 여섯 개의 서로 다른 부분——두 개는 타자본으로, 네 개는 수고로만 존재하는——이 한데 묶여 한 개의 장이 되었는지 설명하고 있다. 많은 부분이 소절제목을 갖고 있지 않았다. 타자본 두 부분(각각 9쪽씩)은 수고와 함께 발견되었다. J.A.S.는 이 타자본을 읽지 않았다. 지금 이 책의 7절 1, 2, 3항이 여기에 해당된다. 다섯 개의 다른 부분은 쪽 번호가 매겨지지 않은 상태로 발견되었다. 나는 그것들에 대해 각각 1~3, 4~7, 8~24, 25~36 그리고 37~55로 쪽번호를 달았다. 1~3쪽은 이 절의 「서론」으로 사용했고, 4~7쪽은 폐기했으며, 8~36쪽은 7절 4항(「발라의 생산이론」)이 되었고, 37~55쪽은 소절 7절 5항(「자본형성과 화폐에 대한 서론」)이 되었

다. 중요한 마지막 절을 수고에서 발견한 것은 다소 극적이었다. 이 절을 처음 한데 모아놓았을 때는 거의 주의를 끌지 못했다. 나는 이 주제에 관한 폐기된 문단이 있지 않을까 하는 희망을 갖고 1951년 9월에 서류상자를 찾아보고 있었다. 결국 몇 장의 초고를 발견했고 이를 타자본으로 만들었다. 이것이 37~55쪽이 되었다. 마지막 소절들은 1949년 하반기에 씌어진 것이 틀림없다. (이 책, 3권—옮긴이) 453쪽 각주 160)을 보면 레온티에프의 「투입산출 분석」("Inputs and Output Analysis", *Papers and Proceedings, American Economic Association*, May 1949)이 참고문헌으로 달려 있다.

8절(「생산함수」)은 1949년의 마지막 4분기에 타자본으로 만들어졌다. 이 부분은 그해——아마도 여름——에 씌어진 것이 틀림없다. 왜냐하면 『쿼털리 저널 오브 이코노믹스』 1949년 2월호에 실린 논쟁을 참고문헌(이 책, 3권, 481쪽 각주 202)—옮긴이)으로 달았기 때문이다. (2월호는 아마도 3월에 나왔을 것이다.) J.A.S.는 타자본을 대강 훑어보는 것 이상을 하지 못했으며 보통 연필로 하던 수정도 하지 못했다. 하버드대학교에서의 통상적인 강의와 전문가 회의와 함께 『쿼털리 저널 오브 이코노믹스』지에 게재될 미첼에 대한 논문을 쓰고, 미국경제학회 12월 회의에서 발표할 「사회주의로의 행진」(The March into Socialism)을 작성하고, 시카고대학교에서 (다음 해—옮긴이) 1월에 진행할 월그린 강의(Walgreen Lecture)의 개요를 준비하느라, 그는 1949년 12월에 무척 바빴다. 그래서 1949년 말의 타자본을 꼼꼼히 읽고 수정할 수 없었다.

마지막으로 이 장의 부록에 대해 말할 차례가 되었다. 「효용이론에 대한 주석」 여섯 절과 「후생경제학」에 대한 안(노트의 8절로 인쇄된)은 이 장의 다른 부분보다 먼저 씌어졌다. 내가 1947년 후반기에 이 책의 진행상태에 대해 J.A.S.와 첫 번째 인터뷰를 가졌을 때 '효용이론의 재산과 현재까지의 그 계승자들'에 대한 설명(한때는 9장이기도 했던)이 완성되기는 했지만 타자본으로 만들어지지 않았다고 말했음을 상기해보

자. 「주석」에 대한 여섯 개의 절은 번호가 매겨져 있었지만, 처음 네 절은 제목이 없었다. 7절(「일관성 공준」)과 새로운 8절(「시신은 삶의 흔적을 보여준다」)의 시작 부분은 나중에 씌어진 것이 분명하며 타자본으로 만들어지지도 않았다. (이 책, 3권—옮긴이) 525~526쪽의 편집자 주에서 밝힌 이유 때문에, 나는 「후생경제학」이 원래 「효용이론에 대한 주석」의 8절이라고 믿고 그 위치에 집어넣었다. 이 새로운 8절은 하나의 문단과 몇 개의 각주로만 구성되어 있기 때문에, 나는 이미 말한 것처럼 이것을 편집자 주에 포함시켰다.

실제 사용된 「후생경제학」에 대한 원고는 1948~49년의 타자본이 아니었다. 후자는 한 가지 점만 제외하고 다소 일반적이면서 구체적인 각주가 부족했다. 게다가 이와 관련된 수고를 찾을 수도 없었다. 이미 설명했듯이, 나는 3절의 초기본처럼 이것이 구술되었을 것이라는 인상을 받았다. 타자본 작업이 전혀 진행되지 않은 다른 수고도 있었다. 「효용이론에 대한 주석」의 처음 여섯 절처럼 이것은 잉크로 씌어졌으며 파란색 연필과 보통 연필로 수정되어 있었다. 분명히 이것은 후자와 동시에 씌어진 것 같다. 「주석」의 절 번호(1~6)는 괄호 안에 적혀 있었다. 「후생경제학」의 경우 제목 앞에 번호가 적혀 있지 않은 괄호가 있었다. 마지막으로 「후생경제학」에 대한 이 안(원래 썼던)에 들어 있는 가장 최근의 참고문헌은 『이코노메트리카』지 1946년 1월호에 실린 틴트너의 논문이었다. 이후 그는 여기에 새뮤얼슨의 『경제분석의 기초』(*Foundations*, 1947)를 연필로 추가했다. 이는 처음 여섯 개의 절을 쓴 것으로 보이는 시기와 일치한다. 이 수고는 타자본보다 더 구체적이다. 각각의 안은 서로 부족한 점을 보완하고 있다. 굿윈은 두 개에서 일부분씩을 사용하여 혼합하기를 제안했는데, 편집원칙을 들어서(그 이유에 대해서는 이미 기술했다) 나는 이런 해결책에 반대했다. 결국 나는 불안하지만 단호하게 수고본을 쓰기로 결정했다.

8장(「화폐, 신용, 경기순환」)은 첫 번째로 완성된 화폐에 관한 장일 것이다. 분명히 J.A.S.는 타자작업을 위해 이것을 보내면서도 거기에 만

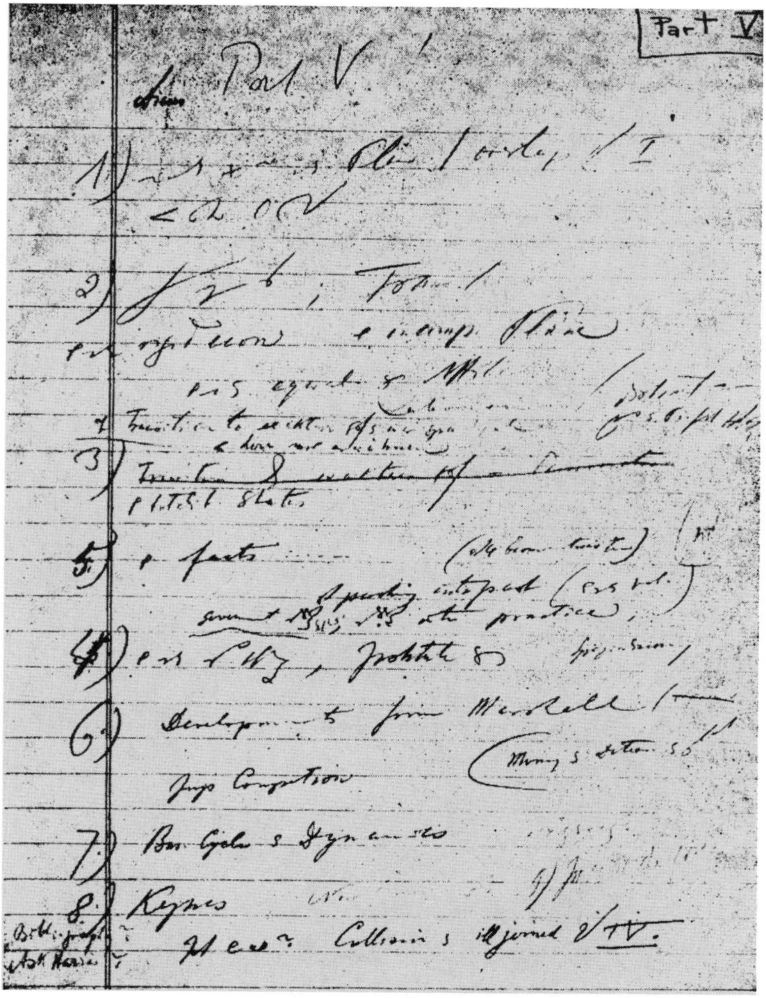

'5부를 위한 노트와 간단한 구성'이라는 제목의 서류상자에서 발견된 원고.

족하지 않았다. (물론 그는 자신의 연구에 대해 진정으로 만족한 적이 결코 없었다. 그가 생각하기에, 시간이 좀더 있었더라면, 여러 면에서 충분히 개선될 수 있었을 것이다.) 급하게 읽고 수정한 첫 번째 타자본에 클립으로 끼운 몇 장의 종이에는 이름, 개요, 갈겨 쓴 주석이 들어 있었다. 바깥쪽에는 "부가사항과 수정이 필요한 상태다. 절망 속에서 (타

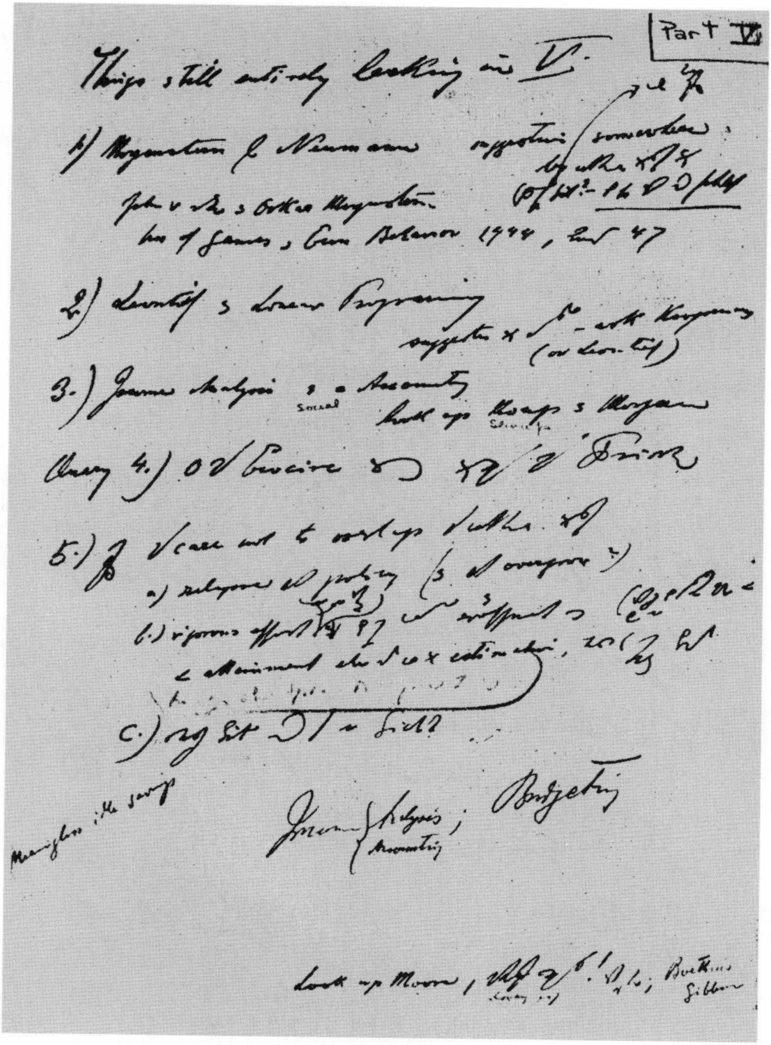

'5부를 위한 노트와 간단한 구성'이라는 제목의 서류상자에서 발견된 원고.

자작업을 위해—옮긴이) 이 장을 보내면서 수정작업이 진행되지 않은 채로 그대로 있다"라는 말이 적혀 있었다. 나는 이 장에서 몇 개의 소절 제목을 달았는데, 이 제목들은 통상 써온 꺾쇠괄호 안에 들어 있으므로 쉽게 알아볼 수 있을 것이다. 나는 「공황과 순환」에 관한 8절을 두 개의

절(8절과 9절)로 나누었는데, 그렇게 함으로써 「비화폐적 경기변동 분석」에 있는 소절제목들을 보존할 수 있었다.

5부(「결론: 현대의 발전에 대한 소개」)는 서론격인 1부처럼 간략한 내용을 담고 있을 예정이었다. 이 부의 기능은 독자들이 현대의 연구들이 어떻게 과거의 연구들과 연결고리를 갖고 있는지 이해하도록 도와주는 것이었다. J.A.S.는 죽기 직전 1부와 5부를 쓰고 있었다. 케임브리지 서재에는 '5부를 위한 노트와 간단한 구성'이라는 제목의 서류상자가 있었다. 다음에 나올 두 개의 그림은 이 노트에서 따온 것이며, 이것을 보면 무엇이 논의의 중심이었는지 알 수 있다. 안타깝게도 구성 자체는 대개 속기로 씌어졌다. 여기에는 여덟 개의 항목이 있었고, 그중 적어도 마지막 세 개──「마셜에 기원을 둔 발전」「경기순환과 동학」 그리고 「케인스」──를 사실상 다 썼다고 봐야 한다. '5부에서 여전히 부족한 점들'의 목록은 좀더 분명한데, 이는 이 목록이 정서되었기 때문이다.

이 부의 「서론」은 미완성 유고로만 존재한다. 그래서 1장에 「지난 25년간 이론경제학의 진보」라는 제목의 멕시코 강연(이 책, 3권, 634~635쪽 편집자 주 참조)에 대한 요약을 실어야 했다.

2~5장은 1949년에 씌어졌다. 2~4장은 1949년 말에 타자본으로 만들어졌지만, 5장(「케인스와 거시경제학」)은 완성되지 않았고 저자가 죽은 뒤에야 타자본으로 만들어졌다.

이 장들 중 오직 4장(「동학과 경기순환 연구」)에만 제목이 달려 있었다. 이 장은 타자본 중 저자가 읽어본 유일한 장인 것으로 보인다. 다른 장의 제목과 모든 절의 제목은 편집자가 붙였다.

앨리자베스 부디 슘페터(Elizabeth Boody Schumpeter)

자주 인용된 참고문헌

아래 목록은 이 책에서 인용된 모든 책을 포함하는 것이 아니다. 몇 번 인용된 책조차 포함되지 않은 경우도 있다. 아래의 목록은 반복적으로 인용된 책이나, 사용된 판본이 중요하며 인용될 때마다 판본에 관한 구체적인 정보가 제공된 것도 아닌 책으로 한정했다.

Allen, R.G.D., *Mathematical Analysis for Economists*, London, 1938.

Aquinas, Saint Thomas, *Summa Theologica*[Latin, 6 vols.], Turin(Italy), Libraria Marietti, 1932.

Böhm-Bawerk, Eugen V., *Capital and Interest: A Critical History of Economic Theory*[1st German ed. 1884; English trans. 1890], Reprint, New York, 1932.

———, *The Positive Theory of Capital*[1st German ed. 1889; English trans. 1891], Reprint, New York, 1923.

Bowley, A.L., *The Mathematical Groundwork of Economics: An Introductory Treatise*, Oxford, 1924.

Cairnes, J.E., *Some Leading Principles of Political Economy Newly Expounded*, London, 1874.

Cannan, Edwin, *A History of the Theories of Production and Distribution in English Political Economy from 1776 to 1848*[1893], 3rd ed. 1917; 4th printing, London, 1924.

[Cantillon, Richard], *Essai sur la nature du commerce en général*[1755], Reprinted for Harvard University, Boston, 1892.

Chamberlin, Edward Hastings, *The Theory of Monopolistic Competition: A Re-orientation of the Theory of Value*[1933], 5th ed., Cambridge,

Mass., 1946.

Cournot, Augustin, *Researches into the Mathematical Principles of the Theory of Wealth*[1st French ed., 1838; English trans. by Nathaniel T. Bacon, 1897], New York, 1927.

Custodi, Pietro, *Scrittori classici italiani di economia politica*(50 vols.), Milan, 1803~16.

Fisher, Irving, *Mathematical Investigations in the Theory of Value and Prices*[1892], New Haven, 1926.

Hayek, Friedrich A., *The Pure Theory of Capital*, London, 1941.

Heckscher, Eli F., *Mercantilism*[1st Swedish ed. 1931], London, 1935.

Hicks, J.R., *Value and Capital: An Inquiry into Some Fundamental Principles of Economic Theory*, Oxford, 1939.

Jevons, W. Stanley, *Investigations in Currency and Finance*[papers written 1862~82], ed. with introd. by H.S. Foxwell, London, 1884.

———, *The Theory of Political Economy*[1871], 2nd ed., rev. and enlarged, London, 1879.

Keynes, John Maynard, *Essays in Biography*, London, 1933.

———, *The General Theory of Employment, Interest and Money*, London, 1936.

———, *A Tract on Monetary Reform*, London, 1923. *Monetary Reform*(American ed. of above), New York, 1924.

———, *A Treatise on Money*(vol.I, *The Pure Theory of Money*; vol.II, *The Applied Theory of Money*), London, 1930.

Malthus, T.R., *Principles of Political Economy Considered with a View to Their Practical Application*, London, 1820.

Marget, Arthur W., *The Theory of Prices*, New York, 1938~42.

Marshall, Alfred, *Principles of Economics*[1890], 4th ed., London, 1898.

Marx, Karl, *Capital: A Critique of Political Economy*.

vol.I, *The Process of Capitalist Production*[1867], original English trans. by Moore and Aveling, rev. and amplified according to 4th German ed. by Ernest Untermann, Chicago, Charles H. Kerr & Co., 1906.

vol.II, *The Process of Circulation of Capital*[1885].

vol.III, *The Process of Capitalist Production as a Whole*[1894].

vols.II and III, trans. by Untermann, Chicago, Charles H. Kerr & Co.,

1909.

Mill, James, *Elements of Political Economy*, 1st ed., London, 1821.

Mill, John Stuart, *Autobiography*, London, 1873.

———, *Principles of Political Economy with Some of Their Applications to Social Philosophy*[1848], 7th ed. 1871; ed. with introd. by Sir W.J. Ashley, London, 1909.

Pareto, Vilfredo, *Cours d'économie politique*, Lausanne, 1896~97.

———, *Manuel d'économie politique*[Italian ed. 1906], Paris, 1909.

Ricardo, David, *The Principles of Political Economy and Taxation* [1817], 3rd ed. 1821, Everyman's Library ed., London and New York, 1912, reprinted 1917.

Rist, Charles, *History of Monetary and Credit Theory from John Law to the Present Day*[1st French ed. 1938], New York, 1940.

Robinson, Joan, *The Economics of Imperfect Competition*, London, 1933.

Roscher, William, *Principles of Political Economy*[1st German ed. 1854], New York, 1878.

Samuelson, Paul Anthony, *Foundations of Economic Analysis*, Cambridge, 1947.

Say, Jean Baptiste, *A Treatise on Political Economy; or The Production, Distribution, and Consumption of Wealth*[1st French ed. 1803], trans. from 4th French ed. by C.R. Prinsep, Boston, 1821.

Seligman, Edwin R.A., *Essays in Economics*, New York, 1925.

Sempere y Guarinos, Juan, ed., *Biblioteca española economico-politica* (4 vols.), Madrid, 1801~21.

Senior, Nassau William, *An Outline of the Science of Political Economy* [1836], Library of Economics Reprint, London, 1938.

Smith, Adam, *An Inquiry into the Nature and Causes of the Wealth of Nations*[1776], ed. by Edwin Cannan from text of 5th ed., Modern Library, New York. [The Modern Library ed. is the one referred to throughout except in Part II, ch.3, sec.4e, where the page references are to the Everyman's Library ed., London and New York, 1910, reprinted 1917.]

Stigler, George J., *Production and Distribution Theories*, New York, 1941.

Sweezy, Paul M., *The Theory of Capitalist Development: Principles of Marxian Political Economy*, New York, 1942.

Tagliacozzo, Giorgio, *Economisti napoletani dei sec. XVII e XVIII*, Bologna, 1937.

Thornton, Henry, *An Enquiry into the Nature and Effects of the Paper Credit of Great Britain*[1802], Library of Economics Reprint, London, 1939.

Tooke and Newmarch, *A History of Prices and of the State of the Circulation from 1792 to 1856*[6 vols., 1838~57], reproduced from original with an introd. by T.E. Gregory, New York, 1928.

[Turgot, Robert Jacques], "Réfiexions sur la formation et la distribution des richesses", *Éphémérides du citoyen*, 1769, vols.11 and 12; 1770, vol.I. [Republished in Oeuvres ed. by Dupont de Nemours, vol.V, Paris, 1808.]

Viner, Jacob, *Studies in the Theory of International Trade*, New York, 1937.

Walras, Léon, *Éléments d'économie politique pure*(*Théorie de la richesse sociale*) [1874~77], 5th ed., Paris and Lausanne, 1926.

Walras, Léon, *Études d'économie politique appliquée*(*Théorie de la production de la richesse sociale*)[1898], Paris and Lausanne, 1936.

———, *Études d'économie sociale*(*Théorie de la répartition de la richesse sociale*)[1896], Paris and Lausanne, 1936.

Wicksell, Knut, *Lectures on Political Economy*[1st Swedish ed. 1901~1906], English trans., ed. with introd. by Lionel Robbins, London, 1934.

찾아보기

ㅇ

ㅎ

지은이 조지프 슘페터

슘페터(Joseph A. Schumpeter, 1883~1950)는 옛 합스부르크 제국 모라비아 지방의 트리시(현 체코공화국)에서 태어났으며, 빈대학교에서 뵘-바베르크(E. von Bohm-Bawerk)와 비저(F. von Wieser)에게 경제학과 법학을 배웠다.

그는 체르노비치대학교를 필두로 그라츠대학교의 교수를 거쳐 1919년 오스트리아 연립내각의 재무장관을 지냈다.

슘페터는 제1차 세계대전 전후(戰後)의 오스트리아를 전면적으로 사회화하려는 사회주의자들의 계획을 반대했다. 그는 사회화를 추진해야 하는 적당한 시기를 전쟁으로 피폐된 오스트리아의 경제를 복구하고, 시장경제의 재건을 통해 자본주의를 완전히 발전시켜, 사물과 정신이 사회화된 다음에야 추진해야 한다고 주장했다.

이러한 견해 차이로 다른 각료와 겪은 불화로 말미암아 재무장관직은 단기간에 끝나고 말았다. 그 후 민간은행의 은행장을 맡았으나 이 은행의 파산으로 은행장도 사임했다.

정계와 비즈니스계에서 뚜렷한 성공을 거두지 못한 그는 독일의 본대학교를 거쳐 1932년 미국의 하버드대학교 교수로 부임하여 타계할 때까지 경제이론과 경제학설사를 강의했다. 경제학·사회학·역사 및 정치학을 아우르는 종합적인 사회과학을 발전시키기 위해 사회학자 파슨스(Talcott Persons)와 긴밀히 협력하기도 했다.

주요 저서로는 『자본주의·사회주의·민주주의』『이론경제학의 본질과 주요 내용』『경제발전의 이론』『경기순환』『10대 경제학자-마르크스에서 케인스까지』와 사후에 출판된 『경제분석의 역사』가 있다.

이 가운데 『경제분석의 역사』는 슘페터가 죽기 전 9년간의 연구역량을 쏟은 책으로, 미완성본이기는 하지만 평생의 연구를 집대성한 저작이다.

「조세국가의 위기」「인종적으로 동질적인 환경에서의 사회계급」「제국주의들의 사회학」「오늘날의 사회주의적 가능성」과 「자본주의의 불안정성」 외에도 수백 편의 논문을 남겼다.

옮긴이 김균·성낙선·이상호·정중호·신상훈

김균(金均)은 고려대학교 경제학과를 졸업하고 미국 듀크대학교에서 경제학 박사학위를 받았다. 지금은 고려대 경제학과에서 경제학사, 서양경제사 등을 가르치고 있다. 저서로는 『자유주의 비판』(공저), 『위기 그리고 대전환』(공저) 등이 있고 하이에크, 케인스, 폴라니 등에 관한 여러 논문이 있다.

성낙선(成樂善)은 고려대학교 경제학과를 졸업하고 같은 대학교 대학원에서 경제학 박사학위를 받았다. 지금은 한신대학교 경제학과 교수로 있다. 주요 관심사는 경제사, 경제학사, 제도 및 진화 경제학 등이다. 저서로는 『미국 자본주의 해부』(공저), 『위기 이후 한국자본주의』(공저), 『한국경제와 마르크스경제학의 도전』(공저) 등이 있고, 역서로는 카를 마르크스의 『자본주의적 생산에 선행하는 제형태』, 조지프 슘페터의 『경제학의 역사와 방법』, 미셸 아글리에타의 『자본주의 조절이론』(공역) 등이 있으며, 「생산적 노동자에 대한 국가재정의 소득재분배 효과」 「슘페터, 경제발전, 그리고 기업가의 역할」 「맑스, 잉여가치율 그리고 기술진보」 등 다수의 논문이 있다.

이상호(李相鎬)는 고려대학교 경제학과를 졸업하고 같은 대학교 대학원에서 경제학 박사학위를 받았다. 지금은 원광대학교 경제학부 조교수로 있다. 주요 관심사는 환경경제, 경제윤리, 경제학사 등이다. 저서로는 『경제학 더 넓은 지평을 향하여』(공저), 『양극화시대의 한국경제』(공저) 등이 있고 다수의 논문이 있다.

정중호(鄭仲鎬)는 고려대학교 경제학과를 졸업하고 같은 대학교 대학원에서 경제학 박사학위를 받았다. 지금은 하나금융경영연구소 금융산업연구실장으로 재직 중이다. 주요 관심사는 금융규제와 거시건전성감독, 금융산업 비즈니스 모델, 금융회사의 글로벌 진출전략 등이다. 논문으로는 「은행부문의 구조변화가 시스템리스크에 미치는 영향과 거시 건전성감독」 「SW벤처 금융과 VC투자 활성화 방안」이 있다.

신상훈(辛尙勳)은 고려대학교 경제학과를 졸업하고 같은 대학교 대학원에서 경제학 박사학위를 받았다. 지금은 감사원 재정경제감사국 부감사관으로 재직 중이다. 주요 관심사는 재정정책, 재정관리, 공공감사, 반부패정책 등이다. 「국가재정 위험요인분석 및 위험관리 방안연구」 「재정사업에 대한 성과평가의 현황과 문제점」 등을 비롯해 고용정책, 재정사업평가 등에 대한 논문이 있다.

한국연구재단 학술명저번역총서

서양편 ● 79 ●

'한국연구재단 학술명저번역총서' 는
우리 시대 기초학문의 부흥을 위해
한국연구재단과 한길사가 공동으로 펼치는
서양고전 번역간행사업입니다.

경제분석의 역사 3

지은이 · 조지프 슘페터
옮긴이 · 김균 성낙선 이상호 정중호 신상훈
펴낸이 · 김언호
펴낸곳 · (주)도서출판 한길사
등록 · 1976년 12월 24일 제74호
주소 · 413-756 경기도 파주시 광인사길 37
www.hangilsa.co.kr
E-mail: hangilsa@hangilsa.co.kr
전화 · 031-955-2000~3
팩스 · 031-955-2005

상무이사 · 박관순 | 총괄이사 · 곽명호
영업담당이사 · 이경호 | 관리이사 · 김서영 | 경영기획이사 · 김관영
기획 및 편집 · 배경진 서상미 김지희 홍성광 이지은 백은숙
전산 · 한향림 노승우 | 마케팅 · 윤민영 조민수 임은호
관리 · 이중환 문주상 김선희 원선아

CTP출력 · 알래스카 커뮤니케이션 | 인쇄 · 오색프린팅 | 제본 · 경일제책

제1판 제1쇄 2013년 7월 30일

값 35,000원
ISBN 978-89-356-6261-6 94320
ISBN 978-89-356-5291-4 (세트)
• 잘못 만들어진 책은 구입하신 서점에서 바꿔드립니다.

한국연구재단 학술명저번역총서

● 서양편 ●

1 신기관
프랜시스 베이컨 지음 | 진석용 옮김
2001 한국출판인회의 선정 이달의책
2005 서울대 권장도서 100선

2 관용론
볼테르 지음 | 송기형 · 임미경 옮김

3 실증주의 서설
오귀스트 콩트 지음 | 김점석 옮김

4 데카르트적 성찰
에드문트 후설 · 오이겐 핑크 지음 | 이종훈 옮김
2003 대한민국학술원 우수학술도서

5 우리는 어디로 가는가
정보사회와 인간의 조건
아담 샤프 지음 | 구승회 옮김

6 정당사회학
로베르트 미헬스 지음 | 김학이 옮김
2003 가담학술상
2004 대한민국학술원 우수학술도서

7 언어의 기원에 대하여
요한 고트프리트 폰 헤르더 지음 | 조경식 옮김

8 전형성, 파토스, 현실성
벨린스키 문학비평선
비사리온 그리고리예비치 벨린스키 지음
심성보 · 이병훈 · 이항재 옮김
2005 대한민국학술원 우수학술도서

9 로마사 논고
니콜로 마키아벨리 지음 | 강정인 · 안선재 옮김
2005 대한민국학술원 우수학술도서

10 마서즈 비니어드 섬 사람들은 수화로 말한다
장애수용의 사회학
노라 엘렌 그로스 지음 | 박승희 옮김

11 영웅숭배론
토머스 칼라일 지음 | 박상익 옮김

12 윤리학 서설
토머스 힐 그린 지음 | 서병훈 옮김
2005 대한민국학술원 우수학술도서

13 낭만파
하인리히 하이네 지음 | 정용환 옮김

14 자연법
게오르크 빌헬름 프리드리히 헤겔 지음
김준수 옮김
2004 가담학술상 번역상

15 건축구조물의 소성해석법
B.G. 닐 지음 | 김성은 옮김

16 신통기
헤시오도스 지음 | 천병희 옮김

17 현대예술의 혁명
한스 제들마이어 지음 | 남상식 옮김

18 에스파냐 이상
앙헬 가니베트 이 가르시아 지음 | 장선영 옮김

19 근대 정치사상의 토대 1
퀜틴 스키너 지음 | 박동천 옮김
2004 한국간행물윤리위원회 10월의 읽을 만한 책

20 양자역학과 경험
데이비드 Z. 앨버트 지음 | 차동우 옮김

21 통계학의 역사
스티븐 스티글러 지음 | 조재근 옮김
2006 대한민국학술원 우수학술도서

22 키루스의 교육
크세노폰 지음 | 이동수 옮김 | 정기문 감수

23 부조리극
마틴 에슬린 지음 | 김미혜 옮김
2006 대한민국학술원 우수학술도서

24 로마의 축제일
오비디우스 지음 | 천병희 옮김

25 레싱 전설
프란츠 메링 지음 | 윤도중 옮김

26 파르치팔
볼프람 폰 에셴바흐 지음 | 허창운 옮김

27 플렉스너 보고서
미국과 캐나다의 의학교육
에이브러햄 플렉스너 지음 | 김선 옮김

28 의식의 기원
줄리언 제인스 지음 | 김득룡 · 박주용 옮김
2006 대한민국학술원 우수학술도서

29·30 인간의 유래
찰스 다윈 지음 | 김관선 옮김
2007 대한민국학술원 우수학술도서

31 러시아 경제사
따찌야나 미하일로브나 찌모쉬나 지음 | 이재영 옮김
2006 한국간행물윤리위원회 6월의 읽을 만한 책
2008 대한민국학술원 우수학술도서

32·33 팡타그뤼엘 제3서·제4서
프랑수아 라블레 지음 | 유석호 옮김

34·35 로마혁명사
로널드 사임 지음 | 허승일 · 김덕수 옮김
2007 대한민국학술원 우수학술도서

36 교양과 무질서
매슈 아널드 지음 | 윤지관 옮김

37 달랑베르의 꿈
드니 디드로 지음 | 김계영 옮김

38 프롤레타리아 독재
카를 카우츠키 지음 | 강신준 옮김

39 러시아 신분사
바실리 오시포비치 클류쳅스키 지음
조호연 · 오두영 옮김
2008 대한민국학술원 우수학술도서

40 섹슈얼리티의 진화
도널드 시먼스 지음 | 김성한 옮김

41 기본권이론
로베르트 알렉시 지음 | 이준일 옮김
2008 대한민국학술원 우수학술도서

42 국가론
마르쿠스 툴리우스 키케로 지음 | 김창성 옮김

43 법률론
마르쿠스 툴리우스 키케로 지음 | 성염 옮김
2008 대한민국학술원 우수학술도서

44 잉글랜드 풍경의 형성
윌리엄 조지 호스킨스 지음 | 이영석 옮김
2008 대한민국학술원 우수학술도서

45·46 에밀 또는 교육론
장 자크 루소 지음 | 이용철 · 문경자 옮김
2008 한국간행물윤리위원회 대학신입생을 위한 추천도서
2008 대한민국학술원 우수학술도서

47 의상철학
토이펠스드뢰크 씨의 생애와 견해
토머스 칼라일 지음 | 박상익 옮김

48·49 고대 러시아 문학사
니꼴라이 깔리니꼬비치 구드지 지음 | 정막래 옮김

50·51 과정으로서의 과학
과학 발전에 대한 진화론적 설명
데이비드 L. 헐 지음 | 한상기 옮김

52 여권의 옹호
메리 울스턴크래프트 지음 | 손영미 옮김
2009 대한민국학술원 우수학술도서

53 여성 · 문화 · 사회
미셸 짐발리스트 로잘도 · 루이스 램피어 엮음
권숙인 · 김현미 옮김
2009 대한민국학술원 우수학술도서

54 일탈의 미학
오스카 와일드 문학예술 비평선
오스카 와일드 지음 | 원유경 · 최경도 옮김

55 나의 도제시절
비어트리스 웹 지음 | 조애리 · 윤교찬 옮김

56·57 신엘로이즈
장 자크 루소 지음 | 서익원 옮김

58 프랑스혁명에 관한 성찰
에드먼드 버크 지음 | 이태숙 옮김
2009 한국연구재단 대표우수성과

59·60 초록의 하인리히
고트프리트 켈러 지음 | 고규진 옮김

61 회상
나데쥬다 만델슈탐 지음 | 홍지인 옮김

62·63 랑그도크의 농민들
에마뉘엘 르 루아 라뒤리 지음 | 김응종 · 조한경 옮김

64 숭고와 미의 근원을 찾아서
쾌와 고통에 대한 미학적 탐구
에드먼드 버크 지음 | 김혜련 옮김
2011 대한민국학술원 우수학술도서

65 정신 · 자아 · 사회
사회적 행동주의자가 분석하는 개인과 사회
조지 허버트 미드 지음 | 나은영 옮김
2011 대한민국학술원 우수학술도서

66 중국사유
마르셀 그라네 지음 | 유병태 옮김
2011 대한민국학술원 우수학술도서

67·68 경제학원리
앨프레드 마셜 지음 | 백영현 옮김

69·70 지식의 형태와 사회
막스 셸러 지음 | 정영도 · 이을상 옮김
2012 대한민국학술원 우수학술도서

71 농업위기와 농업경기
유럽의 농업과 식량공급의 역사
빌헬름 아벨 지음 | 김유경 옮김

72 카를 마르크스의 역사이론
역사유물론 옹호
제럴드 앨런 코헨 지음 | 박형신 · 정헌주 옮김

73 타키투스의 역사
타키투스 지음 | 김경현 · 차전환 옮김
2012 대한민국학술원 우수학술도서

74 행위와 사건
도널드 데이빗슨 지음 | 배식한 옮김
2013 대한민국학술원 우수학술도서

75 19세기 유럽 사상사
과학적 사고
존 시어도어 머츠 지음 | 이은경 옮김

76 국제법의 역사
아르투어 누스바움 지음 | 김영석 옮김

77·78·79 경제분석의 역사
조지프 슘페터 지음
김균 · 성낙선 · 이상호 · 정중호 · 신상훈 옮김

● 한국연구재단 학술명저번역총서 서양편은 계속 간행됩니다.